2005

天津科技年鉴

TIANJINKEJINIANJIAN

天津市科学技术委员会主办

天津市科技史志编修办公室编

方志出版社

图书在版编目(CIP)数据

天津科技年鉴.2005/《天津科技年鉴》编辑委员会编. —北京:方志出版社,2006.2
ISBN 7-80192-724-9

Ⅰ.天... Ⅱ.天...Ⅲ.科学研究事业—天津市—2005—年鉴 Ⅳ.G322.721-54

中国版本图书馆CIP数据核字(2006)第013304号

天津科技年鉴(2005)

编　　者:《天津科技年鉴》编辑委员会
责任编辑:李　江
出 版 者:方 志 出 版 社
(北京市建国门内大街 5 号中国社会科学院科研大楼12层)
邮编　100732
网址　http://www.fzph.org
发　　行:方志出版社出版发行部
(010)85195814
经　　销:新华书店总店北京发行所
法律顾问:北京市京诚律师事务所
印　　刷:天津市云海科贸开发公司
开　　本:889×1194　　1/16
印　　张:30
字　　数:930千字
版　　次:2006年2月第1版　　2006年2月第1次印刷
印　　数:0001-1000册
ISBN 7-80192-724-9/K·534　　**定价**:180.00元

2004年 12 月 30 日，中共中央政治局委员、天津市委书记张立昌，为天津市科技重大成就奖获得者余国琮颁发奖状和奖金

2004年 1 月 21 日，中共中央政治局委员、天津市委书记张立昌亲切看望著名数学家、中国科学院外籍院士陈省身

天津市软件行业协会

WWW.TSIA.COM.CN

会长：李之珍

天津市软件行业协会于1999年3月16日成立，是具有社团法人资格的社会团体组织。目前拥有326家会员单位，49家理事会成员。协会的宗旨是：促进全市软件行业内的企业单位和个人之间联合、交流与合作；加速社会信息化、软件开发工程化、软件产品商品化和集成化、软件企业集团化、软件市场国际化；在企业与政府之间、企业和企业之间发挥桥梁和纽带作用，为推动天津市软件产业的发展作贡献。

按照国务院颁布的《鼓励软件产业和集成电路产业发展的若干政策》(国发[2000]18号文件)的要求，天津市软件行业协会在市场调查、信息交流、咨询评估、行业自律、知识产权保护、资质认定、政策研究等方面发挥着重要作用。

协会承担的政府职能有：信息产业部授权的软件企业、产品认定；市科委、地税局授权的软件技术合同登记；国家版权局授权的天津软件著作权登记代办；市科委授权的天津软件产业归口统计；市科委、市财政局、市人事局授权的高级人才初审认定；承担京津软件产业共同体系列活动。

此外，协会在维护公平的行业竞争秩序，推动软件出口，宣传软件产业，保护知识产权，组织技术交流等方面，开展了大量工作。

6年来，协会做了大量富有成效的工作，充分发挥了在政府和企业之间的桥梁纽带作用，得到了有关部门和业界的高度认可，2004年，先后被中国软件行业协会和天津市人民政府评为“先进软件行业协会”及“天津市先进行业协会”。

李之珍，原市科委副主任，现市政府咨询委员会副主任，高级工程师，政府特贴专家。

地址：天津市华苑产业区海泰发展六道6号
海泰绿色产业基地G座（综合楼）三层
邮编：300384
电话：022-26055216　传真：022-83710260
Web:www.tsia.com.cn　E-mail:tsia@tsia.com.cn

TianJin Software Industry Association

《天津科技年鉴》编辑委员会

《天津科技年鉴》编辑人员

编辑说明

一、《天津科技年鉴》是天津市科学技术委员会主办、天津市科技史志编修办公室编辑的专业性年鉴。2004年出版的年鉴“创始卷”获中国地方志指导小组办公室颁发的首届地方志年鉴奖一等奖；从2005年起，每年出版一卷，公开发行。

二、编辑科技年鉴，坚持以邓小平理论和“三个代表”重要思想为指导，用科学发展观统领全书，科学地分析研究天津科技进步发展规律和特点，为开展自主创新提供参考依据。

三、每卷新版年鉴，力求全面反映上年度天津科技发展的新面貌、新变化，系统介绍从基础研究到高新技术的新进展、新成果，记载科技促进天津经济社会发展的主要成就和一年的科技大事、要事。有些重要科技事项记述的时限向前延伸，以保持天津科技资料的完整性。年鉴力求突出科技在天津经济社会发展中的第一生产力作用，体现天津实现跨越发展的时代特色和地方特色。

四、年鉴采用分类编辑法，以类目为纲，类目下设分目，分目下设条目，以条目为主体。此外还设有“特载”、“大事记”和“附录”。全部内容的记述使用规范的语体文，文中涉及的计量单位、数字均按国务院颁布的命令和国家相关条例、标准记述。

五、为便于读者使用，年鉴卷首设目录，卷末附主题词、单位名称、人名索引。根据目录，读者可按学科、行业或部门查找到相关条目。各索引按首字笔画数排列。索引款后的数字表示该内容所在的页码。

六、在年鉴编辑过程中，得到天津市科学技术委员会各处室、天津市科技档案馆、天津市科技统计研究中心的积极配合和支持。天津市经济委员会、天津市发展和改革委员会、天津市农村工作委员会、新技术产业园区与经济技术开发区及各区县科委、各有关局及工业集团以及各科研院所、大专院校等部门和单位都提供了大量有价值的资料，在此我们一并表示衷心感谢！

七、疏漏之处欢迎读者批评指正。

天津市科技史志编修办公室

2005年9月

目　　录

特　载

领导同志谈科技工作

中共中央总书记胡锦涛在中国科学院第十二次院士大会和中国工程院第七次院士大会上的讲话 ………(1)
中共中央总书记胡锦涛在中共中央政治局第十八次集体学习会上的讲话摘要 ……………………………(4)
中共中央政治局常委、国务院总理温家宝在国家科学技术奖励大会上的讲话………………………………(5)
中共中央政治局委员、天津市委书记张立昌在新技术产业园区调研时的讲话摘要…………………………(6)
中共中央政治局委员、天津市委书记张立昌在参加天津市科普日活动时的讲话摘要………………………(7)
中共中央政治局委员、天津市委书记张立昌在科学技术奖获奖人员座谈会上的讲话摘要…………………(8)
科技部部长徐冠华在全国科技工作会议上的讲话摘要 ……………………………………………………(8)
天津市市长戴相龙在天津市第二届“金桥之友”联谊会上的讲话摘要……………………………………(13)

重要科技活动

2004 年科技工作会议 ………………………………………………………………………………………(14)
2004 海水淡化及利用技术国际研讨会 ……………………………………………………………………(14)
全国工业节水科技工作交流会在津召开……………………………………………………………………(15)
太平洋电信组织(PTC)2004 年中会暨 PTC 博览会和第九届中国(天津)信息技术博览会在津召开 ……(15)
海岸带地质环境与城市发展研讨会…………………………………………………………………………(15)
天津市成功举办 2004 中国泰达生物论坛 …………………………………………………………………(16)

专　文

天津科技进步综述…………………………………………………………………………………………(17)

基础与应用基础研究

概况……………………………………………(21)

数学领域

塞伯格-威顿理论与四维拓扑…………………(21)

李群,李代数与数学物理中前沿问题………(22)

组合函数的研究 ……………………………(22)

采样理论与信号处理 ………………………(22)

有限典型群的结构与应用 …………………(22)

系统科学领域

电力大系统电压稳定可行域可视化初探 …(23)

输配电系统综合规划的全局优化算法 ……(23)

分叉、混沌理论及其应用 …………………(23)

整数线性系统及在人力资源中应用研究 …(23)

遗传算法在供水系统优化调度中的应用 …(24)

城市电网规划理论与应用 …………………(24)

现代工业工程理论与应用 …………………(24)

力学和物理学领域

湍流及其控制 ………………………………(25)

现代核物理及在天体物理中应用研究 ……(25)

智能高分子凝胶结构与相转变研究 ………(25)

自适应动力稳定腔的研究 …………………(26)

细菌视紫红质的特异性质 …………………(26)

铣削过程动力学建模、物理仿真与控制理论 ……………………………………(26)

共振筛动力学性能分析与调整技术 ………(27)

非线性系统分岔控制及应用 ………………(27)

大直径薄壁圆筒结构的力学机理应用研究 …(27)

数字图像相关测量技术研究 ………………(28)

化学与化学工程科学领域

湿法制备钴蓝颜料中尿素水解行为的研究 ……………………………………(28)

自由基—金属配合物及多自旋体系基础研究 ……………………………………(28)

富勒烯化学的理论研究 ……………………(29)

人工合成受体的分子有序聚集体研究 ……(29)

含硒人工酶及紫杉醇复合新药应用基础研究 ……………………………………(30)

负载型纳米非晶态合金催化剂基础研究 …(30)

组合化学中新型聚合物载体研究 …………(30)

光信息核苷化合物应用基础研究 …………(30)

对映选择催化中的非有机金属磷试剂研究 ……………………………………(31)

光学活性杀菌剂不对称合成方法研究 ……(31)

单分散分子印迹材料应用基础研究 ………(31)

新型离子筛的研制及其应用 ………………(31)

2-氰基吡嗪合成新方法的研究 ……………(32)

生物与生命科学领域

DNA 超螺旋对大肠杆菌调节机制研究 ……(32)

肝癌转移基因疫苗的研究 …………………(32)

蛋白质分离复性方法和理论研究 …………(32)

人工限制酶分子设计和 DNA 切割机制研究 ……………………………………(33)

四环素-RGDY 化合物对骨代谢影响 ……(33)

肿瘤坏死因子吸附剂的研究 ………………(34)

多重耐药细菌感染基础和临床研究 ………(34)

多孔微载体培养肝细胞聚集体的研究 ……(34)

基因重组 BCG 的研究 ……………………(35)

双向分化恶性肿瘤血管生成拟态研究 ……(35)

血液肿瘤耐药机制及克服耐药研究 ………(35)

内毒素新型配基的分子识别 ………………(36)

中医药抗 SARS 病毒基础和临床研究 ……(36)

总状共头霉杀虫活性物质的研究 …………(36)

BP-10 对钙调素区域化调节作用的研究 …(37)

内真菌转接对植物干旱适应性影响研究 …(37)

Δ6 转基因大豆的研究 ……………………(37)

细胞代谢信息与次生产物表达的基础研究 ……………………………………(37)

黄瓜育种应用基础研究 ……………………(38)

小麦抗白粉病的基因筛选与利用研究 ……(38)

超临界相态下微生物反应过程研究 ………(39)

微生物过量转化研究 ………………………(39)

植酸酶基因工程菌株的构建及应用技术 …(39)

材料科学领域

掺杂碱金属稀土锰氧化物的研究 …………(39)

光子晶体制备技术研究 ……………………(40)

焊接结构延寿应用基础研究 ………………(40)

压电与界面材料破坏理论与实验研究 ……(40)

新型电荷传输材料的研究 ……………………(41)
新型电极材料合成及电化学性能研究 ……(41)
锂离子电池负极材料中间相炭微球研制 …(41)
高比能量镁离子电极活性材料的研究 ……(42)
新型镁基储氢合金材料制备及性能研究 …(42)
分子组装制备高分子纳米结构复合材料 …(42)
刚性共轭键大分子物理结构和功能相关性研究 ………………………………………(42)
多金属分子磁体的组装及有序结构研究 …(43)
防止海洋生物附着的智能凝胶研究 ………(43)
胶原基骨组织工程支架材料的研究 ………(43)
新型生物降解聚合物研究 …………………(43)
金属氢化物-镍电池关键材料研究…………(44)
高性能纤维结构与性能研究 ………………(44)
金刚石薄膜压力和温度传感器研制 ………(44)

微电子信息技术科学领域

多晶硅薄膜晶体管技术应用基础研究 ……(45)
多晶硅 TFT 显示器的研制 …………………(45)
多晶硅 TFT 有源选址基板的研制 …………(45)
直接沉积 ITO 透明导电膜应用基础研究 …(46)
超宽带掺杂光纤放大器 ……………………(46)
多波长全光纤激光器研究 …………………(46)
多功能、分布式光纤传感网络系统研制……(46)
实用化三维光学数据存储器 ………………(46)
光互连及其检测技术的理论与实验研究 ………………………………………(47)
非晶硅基薄膜功能集成器件研究 …………(47)
光纤光栅传感技术与应用 …………………(47)

地学与环境科学领域

北方地区安全饮用水保障技术研究 ………(48)
黄河上游航道整治关键技术研究 …………(48)
内河航道与港口水流泥沙模拟技术规程 …(48)
引滦黎河下游河道治理技术措施研究 ……(48)
于桥水库流域污染源调查与防治研究 ……(49)
光栅谐振子检测地震波应用基础研究 ……(49)
柴油车微粒捕集器关键技术 ………………(49)
环境友好熏蒸剂及残渣再资源化研究 ……(49)
固体废弃物焚烧技术与设备 ………………(50)

高新技术研究

先进制造与精密测控技术

纯电动汽车动力总成控制系统开发研究 …(51)
纯电动轿车研制 ……………………………(51)
电动中型客车的研究与开发 ………………(51)
汽车排放后处理技术 ………………………(51)
赋形缓冲减振坐垫设计与制造研究 ………(51)
摩托车排气污染物测量装置研制 …………(52)
动态环境模拟系统研制 ……………………(52)
数控等温锻造液压机研制 …………………(52)
机器人辅助显微外科手术系统 ……………(52)
纳米级多作动器微进给平台 ………………(53)
原油管道泄漏检测与定位技术 ……………(53)
食品安全快速检测方法和装备研究 ………(53)
基因电导入技术的研究 ……………………(54)
X 射线影像板及数字化影像仪研制 ………(54)
全光纤白光干涉型光纤传感器 ……………(54)
海洋技术两项成果通过验收 ………………(54)
船载航行数据记录仪的研制 ………………(55)
MEMS 动态测试系统 ………………………(55)
高速、轻型、低成本并(混)联机械手 ………(55)

计算机与软件技术

虚拟 MEMS 加工工艺原形系统 ……………(55)
基于部件库 MEMS 设计环境原形系统研究 ………………………………………(56)
基于虚拟现实技术的 MEMS 设计环境 ……(56)
电子商务加密交易系统研究 ………………(56)
智能预测自适应控制器及其实现 …………(57)
数学公式图像识别与理解 …………………(57)
南开之星超级计算机集群系统 ……………(57)
水利工程仿真基础理论与方法研究 ………(57)
河流、海洋水环境数值模拟…………………(58)
智能诊断与动态测控系统 …………………(58)
中国水墨画仿真绘制系统 …………………(58)
大规模网络入侵检测与战略预警系统 ……(59)
天津房地产系统分析与应用研究 …………(59)

能源开发与综合利用技术

复杂断块油藏难采储量有效开发 …………(59)
黄骅坳陷中碳酸盐岩沉积与储层特征研究 ………………………………………(59)
新型针管式锂锰电池 ………………………(60)

平面镜聚光获取高温太阳热的中试研究 …(60)
高亮度 LED 铁路信号机的研制 ……………(60)
井下电法注水水线推进探测技术 …………(60)
海洋综合利用技术
海水循环冷却示范工程 ……………………(61)
低温多效海水淡化示范工程 ………………(61)
新型高效溴化剂中试技术研究 ……………(61)
卤水提溴新技术百吨级中试示范研究 ……(61)
聚丙烯中空纤维微孔膜研发及应用 ………(62)
现代生物工程技术
修复养殖水生态的微生态菌制剂研发 ……(62)
发菜细胞培养技术研究 ……………………(62)
现代医药技术
复方丹参滴丸质量分析与控制技术 ………(62)
氟洛芬和吡格列酮的新品研制 ……………(63)
尼莫地平缓释微囊制备工艺研究 …………(63)
薯蓣皂素提取技术扩大实验 ………………(63)
药物控释胶囊研制 …………………………(63)
人促血液血管细胞生成素及其制造方法 …(64)
中药对照品的研究 …………………………(64)
中药新药筛选及药理毒理研究 ……………(64)
微生物转化法制备美雄酮研究 ……………(64)
蛇毒纤溶酶的研制 …………………………(65)
治疗前列腺增生新药物的研究与开发 ……(65)
临床前药物代谢动力学关键技术研究 ……(65)
抗疱疹病毒的地鳖核酸研制 ………………(65)
东北鹤虱胶囊剂制备及药理研究 …………(65)
盐酸大观霉素分子组装与产业化技术 ……(65)
青霉素 G 钠盐分子组装与产业化技术 ……(66)
新材料技术
变截面三维多向编织技术 …………………(66)
二步法三维编织复合材料的基础研究 ……(66)
中空纤维膜组件优化研究 …………………(67)
无机盐溶液凝胶法制备功能陶瓷薄膜 ……(67)
催化法制备纳米碳材料 ……………………(67)
均匀颗粒成型法制备磁性粉末的研究 ……(67)
环糊精聚合物在食品分析中的应用研究 …(68)
聚 3-羟基丁酸酯发泡材料加工技术 ………(68)
超细晶超高碳钢的开发研究 ………………(68)

重点学科 研究基地 重点实验室（选介）

重点学科与研究基地
天津师范大学 ………………………………(69)
天津农学院 …………………………………(69)
中国人民解放军军事交通学院 ……………(69)
天津大学启动二期“985 工程”建 9 个创新平台 ……………………………………(70)
院校联姻、资源共享…………………………(70)
天津医科大学生物医学工程学科 …………(70)
天津医科大学影像医学与核医学学科 ……(70)
天津科技大学制浆造纸工程学科 …………(70)
天津市高性能计算中心 ……………………(71)
天津市软件评测中心 ………………………(71)
细胞产品国家工程研究中心 ………………(71)
干细胞工程产业化基地 ……………………(71)
中国汽车研究中心 …………………………(72)
国家海洋技术中心 …………………………(72)
重点实验室
交通部工程泥沙重点实验室 ………………(72)
天津市制浆造纸重点实验室 ………………(73)
车辆装备动力机械特殊环境适应性研究实验室 ……………………………………(73)
内燃机污染控制实验室 ……………………(73)
车辆混合动力技术实验室 …………………(73)
车辆振动实验室 ……………………………(74)
天津市食品营养与安全重点实验室 ………(74)
天津市工业微生物重点实验室 ……………(74)
乳腺癌防治教育部重点实验室 ……………(75)
天津市神经损伤变异与再生重点实验室 …(75)
天津市泌尿外科基础医学实验室 …………(76)
天津市针灸学重点实验室 …………………(76)
天津市中药药理学重点实验室 ……………(76)
天津市生物安全 3 级实验室投入运行 ……(76)

工业科技

概况
新一轮"嫁改调"提高了工业的整体素质 …(78)
工业投资项目呈现新特点 ……………………(78)
围绕结构调整加大对六大支柱产业投资 …(79)
高新技术产业发展简况 ……………………(79)
高新技术产业技术水平稳步提高 …………(79)
高新技术产业发展促进全市产业结构调整 ……………………………………(80)
高新技术产业化和传统产业技术改造项目 ……………………………………(80)
14 项市级重大高新技术产业化项目 ………(80)
整合社会科技资源产学研共建企业技术中心 ……………………………………(81)
企业技术中心综合实力进一步提高 ………(81)
企业技术中心原始创新能力显著增强 ……(81)
新的手段和条件提升企业技术中心创新实力 ……………………………………(82)
产学研合作向纵深发展 ……………………(82)
打造企业核心技术赶超国际先进水平 ……(83)
一批关键工艺和技术取得新的突破 ………(83)
电子信息产业
信息产业和信息化建设简况 ………………(83)
建设国家级电子信息产业基地 ……………(84)
电子信息产业技术创新项目面广收效大 …(84)
启建世界最大半导体硅整流器件生产基地 ……………………………………(85)
天津光电集团有限公司研制成多项新产品 ……………………………………(85)
全数字型交流电动机软起动器 ……………(85)
数控 YAC 激光焊接机 ……………………(85)
笔记本电脑电池全自动检测线 ……………(86)
成品油销售及测控系统 ……………………(86)
电泳法玻璃钝化芯片制造技术开发成功 …(86)
IC 读写机具及应用系统产业化国内领先 …(86)
激光打印机硒鼓磁辊专用注射磁体开发成功 ……………………………………(86)
天磁公司开发新产品增加出口品种 ………(87)
数据传输线缆新品的开发和规模化生产 …(87)
防水式坚固型计算机 ………………………(87)
实施十大信息化工程 ………………………(87)
信息化基础设施建设稳步发展 ……………(88)
信息化基础工作进一步加强 ………………(88)
信息技术应用领域更加广泛 ………………(88)
电子政务专网开通、党政会议电视系统试运行 ……………………………………(89)
第三个网上办公百项工程实施顺利 ………(89)
制造业信息化工程辐射全市重点企业 ……(89)
行政许可服务中心信息与网络系统投入使用 ……………………………………(89)
加强信息安全保障工作 ……………………(89)
天津电力公司构建数字化企业 ……………(89)
天津电力客户服务系统建成并投入运营 …(90)
西青供电分公司建成经营管理决策支持系统 ……………………………………(90)
电子海图显示信息系统 ……………………(91)
商务安全支撑平台的研究 …………………(91)
网上报表采集系统研制成功 ………………(91)
轻轨通信系统工程成功应用 ………………(92)
数字签名和工程图纸整合技术的应用 ……(92)
网络数字化视听档案馆的研究 ……………(92)
非接触 IC 卡综合型自动售货机 …………(93)
金融交易系统(FTS)及储蓄事后监督系统 ……………………………………(93)
基于 GSM 和 ISDN 的烟草销售移动支付系统 ……………………………………(93)
智能化网络多媒体教学支撑环境及软件库 ……………………………………(94)
太平洋电信组织 2004 年中会议在天津召开 ……………………………………(94)
化学工业
渤海化工集团公司科技进步简况 …………(94)
高抗冲、纳米抗菌 PVC 树脂批量生产 ……(95)
乳液法糊树脂生产工艺及 DCS 控制系统 …(95)
两项聚氯乙烯树脂项目通过国家发改委验收 ……………………………………(96)
天津大沽化工公司技术创新简况 …………(96)

20万吨/年 PVC 扩产项目投料试车成功……(96)
烧碱蒸发节汽技术改造项目完成 …………(97)
天津长芦海晶集团有限公司科技工作简况 ……………………………………(97)
500吨/年工业级二溴甲烷中试项目 ………(97)
新型高效氯化溴 100 吨/年中试完成 ………(97)
气态膜提溴项目通过鉴定验收 ……………(98)
长芦海晶集团取得压力容器设计资质 ……(98)
海水提取硝酸钾项目通过鉴定验收 ………(98)
高纯溴化氢项目完成中试 …………………(98)
600 吨/年 1-溴丙烷中试项目 ………………(99)
浓海水制浆状氢氧化镁中试研究 …………(99)
天津碱厂向保税区供热工程运行供汽 ……(99)
天津碱厂电站锅炉氨法脱硫项目投入运行 ……………………………………(99)
新型立体传质塔板为国际首创 ……………(99)
高效精馏塔技术及应用获市科技进步一等奖……………………………………(100)
高浓缩倍率冷却水处理技术………………(100)
腈纶聚合物造粒剂的研制与开发…………(100)
高档有机颜料红 179 生产工艺……………(101)
长效防污闪涂料成为全国电力系统知名产品……………………………………(101)
低温催化合成双环戊二烯改性不饱和聚酯树脂……………………………………(101)
华士公司完成两个技术创新项目…………(101)
天津国际轮胎橡胶公司以出口带动新品开发……………………………………(102)
压敏型自愈合非硫化橡胶防水材料通过鉴定……………………………………(102)
气调贮藏设备技术开发……………………(102)
天津石化公司企业技术中心建设健康发展……………………………………(102)
天津石化公司不断调整产品结构开发新产品……………………………………(103)
甲苯歧化与烷基转移催化剂工业试验成功……………………………………(103)
三井工艺优化和操作优化…………………(103)
国产纤维毡代替进口生产熔体滤芯………(103)
涤纶异形短纤维研制成功…………………(103)
己烯共聚拉伸缠绕膜专用料研制成功……(104)
大棚膜专用料线型低密度聚乙烯…………(104)
EO催化水合制 EG …………………………(104)
芳香纤维及汽车装饰布的制造……………(104)
大港油田着重特色增优势开展科技创新…(105)
多段塞复合凝胶体系调驱技术效益显著…(105)
中低压油气层试油(测试)工艺技术广泛应用……………………………………(105)
低毒正电聚醇钻井液体系研究成功………(105)
国产数控测井技术并测获得突破…………(106)
高陡构造区块快速钻井技术取得突破……(106)

冶金工业

抓好重点项目推动技术创新………………(106)
天津钢管公司提前实现“三个 100”目标 …(107)
高效圆坯连铸机研制获市科技进步一等奖……………………………………(107)
天津钢管公司获国家认定企业技术中心成就奖……………………………………(107)
天津钢管公司为新疆油田开发注水井专用套管……………………………………(108)
X60 管线管开发获冶金科技三等奖 ………(108)
天铁冶金集团靠科技进步推动企业快速发展……………………………………(108)
天铁集团全面实施指标升级规划…………(109)
天铁集团加强新品种开发创名优品牌……(109)
天铁集团全面开展技术攻关活动…………(110)
天铁集团实施科技节能降低成本指标……(110)
天铁集团 CIMS 工程运行效果显著 ………(110)
天铁集团炼钢厂科技进步成绩突出………(111)
天铁集团炼铁厂科技创新上新台阶………(111)
工业现场总线技术在高炉控制系统成功应用……………………………………(111)
连铸新技术开发成功………………………(111)
新建 15000m³/h 制氧机的研制与开发成功……………………………………(112)
降硅冶炼工艺降硅效果明显………………(112)
天津钢铁公司技术进步简况………………(112)
天钢公司采用新技术淘汰落后设备工艺…(113)
天钢公司围绕市场开发优线品种…………(113)
天钢公司采用串罐静态无料钟炉顶技术…(113)
天钢公司采用高炉综合长寿技术…………(113)
天钢公司采用环保型新 INBA 水渣技术 …(114)
天钢公司采用高炉煤气清洗系统…………(114)
天钢公司采用高炉煤气余压回收透平发电

装置……………………………………………(114)
天钢公司采用卡卢金式顶燃热风炉………(114)
天钢公司采用煤粉喷吹系统………………(115)
汽车及机械装备工业
天津市汽车产业群不断扩大………………(115)
围绕新车型及新产品开发开展汽车研究…(115)
引资扩大汽车尾气净化三效催化剂产业…(116)
汽车排气系统计算机模拟技术填补国内
空白……………………………………………(116)
机动车尾气净化催化剂为国产汽车配套…(116)
天津汽车零部件国际化生产力促进中心
建立……………………………………………(116)
丰田"花冠"汽车下线…………………………(116)
天津清源公司参与制定国家混合动力汽车
标准 …………………………………………(117)
清源电动轿车参加必比登挑战赛获佳绩…(117)
机电工业实施"嫁改调"促进产品结构
调整……………………………………………(117)
机械装备产业技术创新重点项目…………(117)
机械成套综合服务形成多元化业务链条…(118)
天津金山公司开发成功多种新型系列
电缆……………………………………………(118)
PY180 高原型平地机………………………(119)
PY180Q、PY200Q 静液平地机 ……………(119)
精密高效智能温冷挤压液压机生产线……(119)
大型液压机模块化设计和 CAD/CAPP/CAM
系统……………………………………………(120)
立式双吸大流量三螺杆泵产品……………(120)
QT系列部分回转阀门装置达国际先进
水平……………………………………………(120)
三相三绕组环氧树脂浇注干式电力变
压器……………………………………………(121)
TW30-6300 智能型万能式断路器 ………(121)
TM40 系列智能型塑壳断路器 ……………(121)
TH-JB300 搅拌摩擦焊机 …………………(121)
HW 型汽液集输泵橇装系列产品 …………(121)
基于风险的在役检验在石化设备中
的应用…………………………………………(122)
进口短丝装置成功实现提产………………(122)
562(5-5/8")潜油电泵机组研制成功 ……(122)
螺杆钻具………………………………………(122)
浅海铺管设备…………………………………(122)
生物技术与现代医药产业
天津抢占全球生物芯片研发制高点………(123)
生物技术与现代医药产业技术创新重点
项目……………………………………………(123)
中新药业现代中药产业园落成投产………(124)
华立达生物园在天津经济技术开发区
落成……………………………………………(124)
科技攻关项目盐酸法舒地尔实现产业化…(124)
实施中药安全性评价中心规范化建设……(125)
重大科技攻关项目中药对照品的研究通过
验收……………………………………………(125)
新型口腔黏膜黏附制剂研究………………(125)
新机制促进头孢菌素研发取得新成果……(126)
重大科技创新药物阿加曲班产业化………(126)
阿德福韦酯在国内率先完成临床研究……(126)
50种绿色现代中药配方颗粒的研制起步 …(126)
抗肿瘤新药 SPRIDA 研究 …………………(126)
多西他赛原料与制剂的产业化开发………(127)
一类新药博安霉素获准生产………………(127)
三类新药盐酸尼莫司汀原料及制剂获准
生产……………………………………………(127)
紫龙金治癌药获准扩大临床范围…………(127)
天津同仁堂股份有限公司技术中心成立…(128)
天津市同仁堂医药销售有限公司通过 GSP
认证……………………………………………(128)
鼻炎灵片糖衣花片技术攻关获质量
攻关奖…………………………………………(128)
安福隆水针获国家发明专利和国际发明
专利……………………………………………(129)
色甘酸钠滴眼液获准生产…………………(129)
盐酸美沙酮获准恢复生产…………………(129)
速效心痛滴丸、舒脑欣滴丸获准生产 ……(129)
第六中药厂两个剂型通过 GMP 认证 ……(129)
医药集团又有三个产品被评为天津市名牌
产品……………………………………………(130)
天津力生制药公司再次通过高新技术企业
认定……………………………………………(130)
天津力生制药公司通过 GMP 复查 ………(130)
四类新药富马酸福莫特罗原料及制剂获准
生产……………………………………………(130)
四类新药盐酸多萘哌齐原料及制剂获准
生产……………………………………………(130)

吲达帕胺原料获准生产……………………(130)
美扶胶囊制备工艺国内领先 ……………(130)
一种新型护肤品问世………………………(130)
TY-1 型输卵管通液仪研制成功 …………(130)
体外循环成套设备获准生产………………(131)

新能源与新材料产业

高比能量、低温型聚合物锂离子电池 ……(131)
高功率型软包装锂-二氧化锰电池 ………(131)
三结 InGaP2/GaInAs/Ge 太阳电池…………(131)
带通滤光器高效硅太阳电池实现批量生产……………………………………………(132)
深潜器用锌银蓄电池………………………(132)
三域全调节母线的卫星电源分系统………(133)
直径 115mm 的氢镍电池 …………………(133)
大容量聚合物锂离子电池…………………(133)
700-AAA 镍氢电池的研制及其产业化 …(133)
5兆瓦/年非晶硅薄膜太阳电池生产线投产……………………………………………(134)
天津市燃料电池储氢罐打入欧美市场……(134)
电动自行车用锂离子电池组………………(134)
高容量金属氢化物镍蓄电池关键技术研发成功……………………………………………(134)
镍、钴、锰新型三元阳极新材料……………(135)
锂离子电池正极氧化钴锂材料……………(135)
锂离子电池负极材料中间相炭微球研制成功……………………………………………(135)
层压型专业制卡带胶膜……………………(135)
双向拉伸聚酯电容器薄膜开发成功………(136)
压敏电阻、陶瓷电容器专用阻燃环氧包封料……………………………………………(136)
纳米技术研发简况…………………………(136)
纳米金属粉润滑修复剂……………………(137)
具有明显创新性和先进性的纳米汽车漆…(137)
天津纳米/微米药用树脂占国际市场一半 …(137)
固相有机合成载体树脂……………………(137)
高强度通讯蜂窝式 PVC 纳米管材高抗冲管件……………………………………………(138)
负载型纳米新型催化剂……………………(138)
硬质合金鞋楦铣刀…………………………(138)
不锈钢加工用硬质合金新材料……………(138)

传统工业

天津高新纺织工业园开始建设……………(138)
纺织集团用科技开发高新产品……………(138)
羊毛物理改性细化技术……………………(139)
纯棉特细号 160S 特高支缎条织物开发成功……………………………………………(139)
羊毛蛋白/纤维素复合纤维纺丝工艺小试成功……………………………………………(139)
涤/棉莫代尔混纺特细号纱及其织物通过鉴定……………………………………………(140)
棉涤雪尼尔纱织物试制成功并通过鉴定…(140)
经长丝提花织物开发成功并通过鉴定……(140)
锦棉泡绉织物开发成功并通过鉴定………(141)
精梳纯棉异向强捻平布开发成功并通过鉴定 ……………………………………………(141)
中鸥表业集团推出国际先进水平手表机芯……………………………………………(141)
华特公司成为全国造纸烘缸铸造重点企业……………………………………………(142)
宽幅高速瓦楞原纸纸机国内领先…………(142)
3680mm/0.8MPa 合金铸铁烘缸试制成功 …(142)
二轻集团技术创新简况……………………(143)
乐金电子公司开发成功微波等离子发光技术……………………………………………(143)
GPCY6-300 型液压剖层机研制成功 ……(143)
适用于美国 NBA 比赛用篮球架开发成功……………………………………………(144)
乐金电子公司技术中心通过国家认定……(144)
天津北方食品有限公司技术创新简况……(144)
生物化工新产品二元酸……………………(144)
用新工艺路线生产苯磺隆…………………(144)
发酵法生产普鲁兰多糖开发研究成功……(145)
红葡萄酒稳定性的技术研究获重大进展…(145)
玫瑰香汉沽产地葡萄酒生产技术体系建立……………………………………………(145)
酿酒葡萄果实生长发育特性研究国内领先……………………………………………(146)
用于高强高性能混凝土的超细矿物掺合料……………………………………………(146)
干粉砂浆及其生产应用技术国内领先……(146)
蒸压砂加气砼产品生产线建成……………(146)

农业科技

概况
综述……(147)
农业科技基础设施进一步完善……(147)
国家杂交水稻研究中心天津分中心成立…(147)
袁隆平院士在天津市的科研全面启动……(147)
建立天津市农业科技成果转化与推广资金……(148)
农村劳动力"351"培训工程……(148)
农业科技合作取得新进展……(148)
援助汤加王国小型示范农场技术合作结束…(148)
津南国家农业科技园建设速度加快……(149)
农业信息化
农业信息化工程结硕果……(149)
人工智能作物育种专家系统研制成功……(150)
农业基础数据库系统验收……(150)
河蟹养殖专家决策咨询系统投入应用……(150)
奶牛养殖专家决策咨询系统开发与应用…(150)
蔬菜育种与栽培
黄瓜抗病育种新成果……(151)
津优黄瓜新品种推广……(151)
大白菜育种及配套技术国内领先……(151)
花椰菜新品种"津雪88"推广……(152)
苤蓝雄性不育系的创造及新品种选育……(152)
蔬菜种苗规模化生产……(153)
蔬菜育苗新模式——播种纸及育苗技术…(153)
胡萝卜新品种推广……(153)
无公害蔬菜全程监测高产栽培技术示范…(153)
无公害韭菜基地生产配套技术推广……(153)
粮食作物
优质食味水稻新品种问世……(154)
影响粳稻食味特性的因子分析及应用研究……(154)
优质高产水稻"津原45"、"津原5"通过审定……(154)
"津香黑38"填补天津市水稻品种空白…(155)
优质水稻系列品种通过国家审定……(155)
抗旱、耐盐型水稻在宁河县选育成功……(156)
盐碱荒滩变致富良田……(156)
"津强1号"小麦原种扩繁基地建成……(156)
富硒植物营养调节剂研制成功……(156)
玉米新品种通过品种审定……(157)
高油玉米开发示范工程通过验收……(157)
粮饲兼用型玉米品种通过审定……(157)
系列鲜食玉米繁育和推广……(157)
大豆主栽品种更新换代……(158)
林果业
天津市现代化林木种苗基地建设验收……(158)
蓟县山区综合技术开发与示范……(159)
应用组培技术繁殖北海道黄杨获得成功……(159)
无公害板栗、金丝小枣栽培技术通过审定……(159)
鲜食大枣新品种填补天津空白……(159)
提高玫瑰香葡萄优系纯度及标准化栽培……(160)
酿酒葡萄采收标准与国际接轨……(160)
果树盆景产业化……(160)
植保
药、肥复合型种衣剂技术推广……(160)
冬小麦、夏玉米轮作区动态平衡施肥配方……(160)
生物有机肥发酵菌剂研究成功……(161)
酿酒葡萄施肥技术的研究……(161)
生防木霉菌制剂化研究成功……(161)
专性寄生菌生测技术及防治方法……(162)
农药多残留检测技术……(162)
农产品保鲜
果蔬用上了生物涂被保鲜剂……(162)
减压贮藏甜樱桃保鲜……(162)
粮食保鲜膜的研制与应用……(163)
畜牧业
简况……(163)
创新技术推广体制和机制……(163)
优良种猪的引进、选育与推广……(163)
奶牛全混合日粮(TMR)饲养技术推广……(164)
奶牛血型鉴定中心建立……(164)

奶牛小区综合饲养技术……………………(164)
无公害优质牛奶生产技术与产品开发……(165)
肉羊胚胎移植产业化………………………(165)
优良肉鸭品种及配套技术推广……………(165)
精品三黄鸡饲养技术推广…………………(166)
紫花苜蓿拉伸膜青贮技术推广……………(166)
禽多杀性巴氏杆菌病油乳剂灭活疫苗开发……………………………………(166)
天津地区主要畜禽疫苗的开发研究………(166)
鸡减蛋性病毒病诊断试剂盒的研制与应用……………………………………(167)
免疫调节剂——胞肽研究成功……………(167)
农业微生物生态制品基地建成……………(167)

水产养殖

简况…………………………………………(168)
优质河蟹筛选培育技术研究成功…………(168)
海水名特优水产品养殖技术推广…………(168)
养殖水环境生态修复微生态菌制剂研制成功……………………………………(168)
天津沿海水产资源增殖……………………(169)
观赏鱼新品种培育成功……………………(169)

农机与设施农业

简况…………………………………………(169)
4MJ-2 型棉秆收获机获专利………………(169)
秸秆锯切式玉米免耕播种机研制成功 …(170)
葡萄埋藤机替代人工操作…………………(170)
秸秆饲料压块机为秸秆废物利用提供新途径……………………………………(170)
冬季日光温室生产克服障碍性天气技术研究……………………………………(170)
设施蔬菜生产规范化………………………(171)
城市再生水灌溉农田与示范工程…………(171)
渠灌区管道输水灌溉节水技术推广………(171)
流量遥测系统在农田节水灌溉中的应用…(171)

医药卫生

概况

卫生局系统科技简况 ……………………(172)
天津医科大学科技简况 …………………(172)
天津中医学院简况 ………………………(173)

基础医学与实验研究

通里攻下法在腹部外科疾病中的应用 ……(174)
介入性心血管内药物和基因的靶向投递与控释 ………………………………(174)
急性脑创伤后迟发性神经元死亡的机制研究 ……………………………………(175)
常温和亚低温下针刺法治疗颅脑损伤 ……(175)
电阻抗断层图象技术研究 ………………(175)
代谢酶基因多态性与喉癌发病及预后关系 ……………………………………(175)
164 例中国女性病理骨盆研究 …………(176)
米非司酮对子宫内膜异位症作用机理研究 ……………………………………(176)
大鼠腺垂体促卵泡素细胞形态及功能研究 ……………………………………(176)
微囊生物细胞移植研究 …………………(176)
微囊肝细胞的安全性及疗效研究 ………(177)
恶性肿瘤抗血管新生治疗新方法 ………(177)
血研所分离出一种新型的干细胞因子……(177)
脐带血造血干细胞库的建设和相关技术研究……………………………………(178)
用干细胞移植方法治疗肢体缺血性疾病…(178)
介入治疗海藻酸钙系列栓塞剂研究………(179)
非线性动力学应用于难治性癫痫病………(179)
大鼠癫痫模型的代谢与形态学研究………(179)
亚洲最大的肿瘤组织库在津建立…………(179)
天津城市居民恶性肿瘤流行趋势及预防的研究……………………………………(180)
双向分化恶性肿瘤血管生成拟态分子机制研究……………………………………(180)
胃癌及其癌前病变肿瘤相关基因的克隆和鉴定……………………………………(180)
肝癌治疗技术研究…………………………(181)
神经干细胞移植治疗脑梗死实验研究……(181)
亚低温治疗大面积脑梗死的临床研究……(181)
动脉粥样硬化狭窄和再狭窄实验模型的建立……………………………………(181)
丙泊酚对胎鼠神经元缺氧损害的保护作用……………………………………(182)
氯氨酮对内皮细胞和白细胞活化的影响…(182)

放射性球囊血管照射预防血管成形术后再狭窄……(182)
大鼠多潜能神经干细胞培养及相关实验研究……(182)
脑动脉临时阻断的动物实验研究 ……(182)
应用牛磺酸体外干预实验研究AD发病机理……(183)
狼疮肾炎病理机制的实验研究……(183)
药物动力学数学模型与新药的药代动力学研究……(183)
临床前药物代谢动力学关键技术及平台研究 ……(183)
高通量与高内涵相结合的药物筛选技术研究……(183)
毛蚶壳微晶人工骨治疗颌骨缺损……(184)

卫生与预防

SARS流行病学调查、随访与干预试验……(184)
天津市卫生与人口健康问题战略研究……(184)
嗜肺军团杆菌分布规律及分子标记技术…(185)
保持豆浆中尿素酶活性固体成分制备方法……(185)
天津“非典”疫情报告指挥网研制成功……(185)
卫生防病网络化信息系统的建立……(185)
膳食纤维干预改善便秘……(186)
卫生检验样本管理系统的研制……(186)
转基因抗虫棉子油营养与卫生质量评价…(186)
对灭菌乳中过氧化氢检测方法的建立……(186)
性健康及艾滋病教育国际研讨会在津举行……(187)

临床研究

多层螺旋CT在OSAS中应用 ……(187)
脑电觉醒对睡眠呼吸障碍的辅助诊断技术……(187)
DTI技术测量MPI评价心绞痛患者总体心功能 ……(187)
^{11}C-MET PET鉴别脑放射性坏死与脑肿瘤复发……(188)
氦氖激光体表照射治疗下肢缺血性病变…(188)
内镜、腹腔镜联合治疗肝外胆管结石 ……(188)
原位肝移植围麻醉期凝血功能调控……(188)
颈内动脉残端指数测定在内膜切除术中应用……(189)
腓肠神经和隐神经营养血管逆行岛状皮瓣的临床应用……(189)
三镜联合治疗复杂性肝外胆管结石……(189)
先天性脊柱侧凸前路截骨后路三维矫形术……(190)
异位性皮炎皮损的临床研究……(190)
恶性实体肿瘤的分子诊断和个体化治疗研究……(190)
一种崭新的功能成像技术……(190)
彩色多普勒血流显像用于颌面部肿瘤诊断……(190)
恶性肿瘤血管栓塞联合超低温氩氦冷冻治疗……(191)
上颌窦癌临床治疗研究……(191)
ECT胸部肿瘤代谢显像区域性半定量分析技术……(192)
可降解的长效避孕埋植剂……(192)
子宫内膜腺癌腔内治疗相关因素研究……(192)
TBS报告在宫颈脱落细胞学诊断中的应用……(192)
产前监护的研究……(193)
染色体图像分析系统在羊水染色体中的应用……(193)
胶原基复合软组织引导再生材料……(193)
随意髂骨皮瓣临床和实验研究……(193)
复杂上颌骨、颧骨、颧弓联合骨折的治疗…(194)
强直性脊柱炎后凸畸形外科矫形治疗……(194)
急性闭角型青光眼的治疗……(194)
BME-200型眼科超声诊断仪 ……(194)
BME-280白内障超声乳化仪 ……(195)
三维有限元的模型在口腔修复中的应用…(195)
口腔精密附着体的研制与应用……(195)
引进并改进亚历山大直丝弓矫正技术……(195)
引进新技术提高牙周病的治疗水平……(196)
数码光纤根管纤维内窥镜用于治疗牙髓病……(196)
尿液分析室内质控双误差累计方法的建立……(196)
尿游离皮质醇化学发光免疫分析……(196)
应用PNP-葡糖苷酸快速检测大肠杆菌方法……(197)
间接免疫荧光法检测CMV感染 ……(197)
蛋白C单克隆抗体的制备及应用……(197)
HPLC法测定医院制剂中醋酸曲安奈德的含量……(197)
高效液相色谱法测定替硝唑乳药浓度……(197)

中医中药研究

健脑宁心柔肝滋肾法治疗甲亢……………(198)
补气固表治疗变态反应性鼻炎……………(198)
补肾活血胶囊治疗老年痴呆………………(198)
疏肝活血颗粒剂对黑素细胞及黑素代谢的影响……………………………………(198)
黄芩总黄酮提取物治疗荨麻疹的药理作用………………………………………(199)
烟酸占替诺氯化钠注射液的研制…………(199)
SARS 中医证候学及中西医结合疗效研究………………………………………(199)
复方丹参方药效物质及作用机理…………(199)
中药对老年动脉硬化影响的临床与实验研究………………………………………(199)
针刺治疗呆症的临床及分子机理研究……(200)
针刺对老年性痴呆鼠异常表达基因的影响…(200)
熄风胶囊治疗小儿癫痫强直-阵挛性发作…(200)
针刺治疗老年期痴呆的临床及基础研究…(200)
中药对子宫内膜异位症的整体调节………(201)

城建科技

概况 ……………………………………(202)

城市规划

《天津市城市总体规划(2004~2020 年)》方案………………………………………(202)
海河两岸综合开发改造规划………………(203)
滨海新区新规划……………………………(203)
历史文化名城保护规划……………………(203)
中国城市化快速发展背景下规划建设研究………………………………………(204)
供水管网改造五年规划编制完成…………(204)
利用海水改善滨海新区水环境规划………(204)
天津市海挡综合开发利用建设规划………(205)
北大港水库综合发展规划…………………(205)
虚拟现实技术实验室开始运行……………(205)
天津市城市规划协(学)会换届……………(205)
《天津城市历史地图集》出版发行…………(206)
天津市水文地质环境地质图系……………(206)
天津市地质环境图集………………………(206)

市政工程与建筑工程

市建委科技工作简况………………………(206)
市建委开展百项工程建设地方标准的编制工作………………………………………(207)
市建委积极推动建筑节能工作……………(207)
2004 年天津城建实现较大突破 …………(207)
高层建筑超长结构无缝设计与施工全过程控制………………………………………(208)
现代中高层钢结构住宅体系的研究………(208)
天津博物馆工程设计上采用的新技术……(208)
天津博物馆工程施工中采用的新技术……(209)
天津城建集团科技简况……………………(209)
钢桥面沥青铺装层施工技术研究…………(210)
金汤桥开启系统复原与改进关键技术研究 …(210)
子牙河自锚悬索施工工艺研究……………(210)
建筑物及构筑物抬升与平移新工艺研究…(210)
桥梁深水岩层基础双壁异型钢围堰施工技术………………………………………(211)
市政企业施工现场远程监控系统…………(211)
中国第一本省级基桩检测规程编制完成…(211)
挤扩灌注桩技术规程编制完成……………(211)
预应力管桩技术规程编制完成……………(212)
高密度电法在滨海软土地基勘察检测中的应用………………………………………(212)
低位抽真空吹填土及其下软土地基加固技术………………………………………(212)
水泥搅拌土防渗墙无损检测新技术研究…(213)
超声波法检测中小直径钢管混凝土方法的研究………………………………………(213)
混凝土液体多功能抗裂减缩剂的研究……(213)
体外预应力技术在津塘立交桥项目中的应用………………………………………(214)
快速路工程中的新技术应用 ……………(214)
大沽桥巨型双拱合龙………………………(214)
卫国道立交桥建设中的创新理念…………(214)
金钟河立交桥施工技术攻关………………(215)
新建成的金汤桥开启系统…………………(216)
天津首次整体平移大楼成功………………(216)
揭示滨海地面沉降主因……………………(216)
海岸带地质环境与城市发展国际研讨会…(217)

地铁与轨轨

天津地铁二期 2、3 号线工程……(217)
地铁 1 号线的 8 个地上车站……(218)
津滨轻轨东段通车试运行……(218)
津滨轻轨列车采用国外先进技术……(219)
津滨轻轨西段桥梁设计方案……(219)
天津地铁环控系统节能技术研究……(219)
天津地铁(含其他轨道交通)供电制式研究……(220)
天津地铁 1 号线再生电能回收技术研究…(220)
天津地铁 1 号线运营经济分析……(220)
天津地铁 1 号线工程质量检验评定标准的研究……(220)
天津地铁土建工程施工技术规程的编制…(220)
天津地铁深基坑车站施工与安全监测技术研究……(220)
地铁双层车站地下隧道交叉施工相互影响研究……(221)
地铁既有线隧道结构性能检测及病害治理研究……(221)
地铁既有线新旧结构差异沉降控制措施研究……(221)
SMW 工法在天津地铁基坑支护中的试验研究……(221)
盾构掘进施工参数与地面隆起及沉降关系研究……(222)
暗挖隧道施工法在天津地铁中的应用……(222)
天津地铁工程建设项目集成化信息管理系统研究……(222)
经营性城市基础设施项目融资途径及政策研究……(222)
地铁区间隧道盾构法施工质量关键工艺技术……(222)
深基坑支护与监测……(222)
下承式移动模板支架系统研制与应用…(223)
大跨度钢—混结合梁施工工艺研究……(223)

环境保护与生态建设

关停迁移治理污染企业 培育环保产业…(223)
天津环境监测技术跨入全国领先行列……(223)
启动环保在线监测推广工程……(224)
市污水处理率达国标……(224)
大港区被评为全国生态建设示范区……(224)
宝坻区着力打造生态新区……(224)
转炉烟气净化回收与综合利用技术……(225)
大型垃圾中转站设备及配套系统技术研发……(225)
城市生活垃圾热解处理技术与设备的研制……(225)
多种废水处理技术开发成功……(226)
干化污泥的利用……(226)
于桥水库流域污染源调查与防治措施研究……(226)
环保型绿色植被混凝土开发应用研究……(226)
燃气豪华空调大巴车试运行……(227)
南开大学建环保重点实验室……(227)
对使用膜生物反应器技术处理医疗污水的评估……(227)

水资源开发与水利工程

天津努力建设节水型社会……(227)
反渗透海水淡化示范工程……(228)
天津依托科技优势促进水的可持续发展…(228)
高校节水综合示范工程研究……(229)
万吨级海水淡化项目动工……(229)
黄港洼水源地勘探井创平原区出水量新纪录……(229)
天津市武清区北部应急供水水源地……(229)
宁河北水源地应急开发工程供水水文地质勘探……(229)
海岸带大断面海挡工程植物护坡技术研究……(230)
天津海岸堤防结构与植物护岸技术研究…(230)
淤泥质河道清淤效果分析及工程泥沙问题研究……(230)
天津市河道清淤工程设备开发应用研究…(231)
引滦工程暗渠泵站经济运行方案研究……(231)
引滦黎河下游河道治理技术措施研究……(231)
于桥水库大坝监测安全系统研究……(231)
库容测量新技术在中小型水库的推广应用…(232)
水库大坝地基基础地震液化研究……(232)
天津市水利水电工程造价管理系统……(232)
天津市机井工程管理信息系统……(232)
天津市水利信息化指标体系研究……(232)
SW-2000 系列水位计、闸位计研制成功…(233)

公用事业

北方地区安全饮用水保障技术研究……(233)
天津市供水区域计量系统……(233)
供水管网改造工程……(234)
城市供水管网维护管理技术规程编制

完成……………………………………………(234)
抄表到户改造工程…………………………………(234)
大口径顶管工程创市顶管工程新纪录……(234)
以环戊烷为聚氨酯发泡剂的保温管生产
技术……………………………………………(234)
“北方水业网”全方位改版…………………(235)
天津城市供水水质督察工作走在全国
前列……………………………………………(235)
天津市燃气集团科技工作简况……………(235)
天津市燃气管网地理信息系统的研究……(235)
故障或检修状态下天然气供气方式
的研究…………………………………………(236)
燃气连续自动配气系统……………………(236)
津城路灯全部实现自动光控………………(236)
园林绿化
现代草坪卷生产及应用推广………………(236)
城市园林绿化草种筛选制种技术研究……(237)
草坪草病虫害防治及科学养管技术………(237)
公园和居住区绿地病虫害系统防治技术
研究……………………………………………(237)
园林植物主要病虫害预测预报技术研究…(237)
应用转基因技术培育花卉新品种研究……(237)
园林长效(缓释)复合肥的研究……………(238)
房屋管理与修缮
天津市城镇住房普查分析与研究…………(238)
天津市房地产拆迁管理系统………………(238)
天津市小片危陋房屋改造研究……………(239)
天津市小康住房标准及发展思路研究……(239)
天津市建立社会保障住房制度研究………(239)
框架住宅墙体裂缝修缮技术的研究………(240)

交通与电信

天津市综合交通规划概况 …………………(241)
天津港
简况 ……………………………………………(241)
天津港适航水深应用与维护措施研究 ……(242)
软基上新型码头结构与土相互作用研究 …(242)
天津港维护疏浚工程与回淤规律的研究 …(242)
天津港船用引航系统 ………………………(242)
港机液压系统污染度控制等研究 …………(243)
天津港集装箱物流管理信息系统 …………(243)
天津港集装箱装卸设备远程控制系统 ……(243)
民用航空
建立空中交通流量监控网络系统 …………(243)
空中管理信息系统 …………………………(244)
航空气象信息服务系统 ……………………(244)
稳健阵列信号处理新方法及其应用 ………(244)
应用神经网络技术发动机故障诊断研究 …(245)
机场工程民航科研基地建设 ………………(245)
民航收益管理系统 …………………………(245)
华北地区建成第一个农用机场 ……………(245)
公路与海上运输
道路运输驾驶员指纹身份识别系统 ………(246)
客运业务管理系统 …………………………(246)
汽车行车记录仪(专用型) …………………(246)
散体物料运输车辆密闭式装置和标准……(246)
生产经营管理系统和新版 OA 系统运行 …(246)
机务综合管理系统…………………………(246)
中远公司船舶局域网………………………(247)
船载航行数据记录仪………………………(247)
铁路
新建铁路客运专线路基设计技术研究……(247)
铁路分局科技工作简况……………………(247)
水运与航道整治
水运工程物理模型试验参考定额…………(248)
水运工程建设检测设备计量检定体系
研究……………………………………………(248)
西部地区水电枢纽通航建筑物投资政策
研究……………………………………………(248)
内河航道与港口水流泥沙模拟技术规程…(249)
回流区水沙运动及其三维数值模拟研究…(249)
黄河上游贵德至李家峡航道整治关键技术
研究……………………………………………(249)
松花江三姓浅滩航道整治关键技术研究…(250)
山区河流航道整治关键技术研究…………(250)
电信
简况……………………………………………(250)
数据骨干节点成为 CHINANET 八大中心

之一……………………………………………(251)
城域网全网智能化 ………………………(251)
信息化解决方案库 ………………………(251)
天津移动网络发展迅速……………………(251)
天津移动会议电话系统国内领先…………(252)
天津移动交换机智能巡检系统建成………(252)
多功能无线系统维护优化支撑系统………(252)
天津通信电子商务统一支付支撑平台……(253)
天津通信“视听新干线”业务平台 …………(253)
天津通信 PHS 网互通技术 ………………(253)
新锐综合业务计费系统……………………(254)
无线传真机…………………………………(254)

综合科技

质量技术监督
简况…………………………………………(255)
计量科技研究工作…………………………(255)
测量边界允许误差单向性理论及其应用研究…………………………………………(255)
天然气实流检测标准装置建立的可行性研究…………………………………………(256)
加油机计量自动监测装置的研制…………(256)
ZR-1 型热能表 …………………………(256)
天津市现代中药质量检验中心通过专家评审…………………………………………(256)
多残留快速检测试剂盒的研制和开发……(256)
棉花公证检验在线检验数据处理终端及软件系统……………………………………(257)
JFX 棉花公证检验衡重专用电子秤 ………(257)
原子荧光光度法检测水中砷、硒、铅、汞标准化研究…………………………………………(257)
检验检疫
简况…………………………………………(257)
出口货物包装容器性能系列检验规程……(258)
检验检疫标准体系研究……………………(258)
进出口食品安全监测预警与风险控制技术研究…………………………………………(258)
国家转基因植物产品检测实验室及检测技术体系…………………………………………(258)
动物组织中硝基呋喃代谢产物的检测、残留规律及控制………………………………(258)
打火机试验方法及设备的研究……………(259)
进口原木检疫除害处理技术研究…………(259)
木质包装检疫除害处理技术研究…………(259)
高效液相色谱-质谱法测定家禽药物代谢物残留量……………………………………(259)
国境卫生检疫标准编写基本规则…………(259)
公共安全
简况…………………………………………(259)
公安科普活动………………………………(260)
GSM+GPS 机动车报警服务系统 …………(260)
天津金盾技术防范报警服务中心落成使用…………………………………………(261)
硬切换式计算机安全隔离器 ……………(261)
非接触式网吧实名登记、实时监控管理系统…………………………………………(261)
天津市消防防灾减灾中心落成……………(261)
建立“119”火灾定点报警系统网络 ………(262)
制订消防技术标准和规范…………………(262)
实施人体损伤鉴定标准的研究……………(262)
CHN 法骨龄鉴定计算机管理分析系统 …(262)
彩色喷墨打印机伪造印文的化学快速检验技术…………………………………………(263)
天津市公安交通管理综合办公系统………(263)
道路交通事故现场勘查测绘系统…………(263)
YBK 系列远程控制增强型信号机 ………(263)
车辆识别系统的开发与应用………………(264)
基于电话网络的远程拨号绿波带控制系统…………………………………………(264)
基于新型取力方式的交通护栏清洗设备…(264)
机动车安全检验多媒体网络信息资源管理系统…………………………………………(265)
气象测报
简况…………………………………………(265)
开展局校气象科研合作……………………(266)
天津市近 30 年来天气预报水平变化比较分析…………………………………………(266)
短期预报自动即时评分软件开发…………(266)
顶凌覆膜抗旱保春播节水技术预研究……(266)
花粉浓度预报………………………………(267)

Windows 下的专业气象预报产品制作及发布系统……(267)
EOS/MODIS 卫星资料在渤海海冰监测中的应用研究……(267)
环境评价气象实验资料处理系统软件研制……(268)
空气质量预报资料信息库及空气质量预报方法集成……(268)
城市智能型防洪减灾决策支持系统研究…(268)
天津市首次发布地质灾害气象预警预报 …(268)
农田除涝区防灾减灾系统开发研究……(268)
黎河流域产汇流基本特征研究……(269)
防震减灾
简况……(269)
天津市中短期地震预报技术系统研究……(269)
FRP 减灾技术研究……(270)
天津滨海新区晚第四纪地层测年方法研究……(270)
GPS 新技术用于地形变与地震活动预测研究……(271)
自动垂直形变仪在天津市地铁一号线施工中的应用……(271)
中国大陆地壳运动与活动地块研究……(271)
晋冀蒙综合流动形变监测网改造……(272)
区域网第三次 GPS 联测 ……(272)
地形变测量监测天津市地面沉降……(272)
水库大坝地基基础地震液化及加固处理措施研究……(272)
广播电视
简况……(273)
荣获广播节目技术质量奖……(273)
建立数字化、网络化广播工艺系统 ……(273)
路况信息辅助播报系统……(274)
低成本小型广播电视全数字音频广播系统……(274)
广播节目进入有线广播电视网……(274)
荣获电视节目质量奖……(274)
多通道硬盘播出系统……(274)
车载数字卫星移动上行站……(274)
非线性新闻制作网络系统……(275)
新闻系统进入数字化、网络化 ……(275)
虚拟演播室系统……(275)
建成高/标清兼容演播室 ……(275)
杨柳青发射台全固态中波发射机更新改造……(276)
天津广播电视塔电视发射设备改造工程…(276)
调频同步广播网建设……(276)
网络运行管理中心……(276)
数字电视集成平台……(277)
智能化电能量实时监测与结算系统……(277)
数字电视视频信号重构技术研究……(277)
宽带网络数字媒体资产管理系统软件……(277)

科技队伍

概况
专业技术人员基本情况……(279)
公有制经济单位自然科学技术人员情况…(279)
在津两院院士……(279)
队伍建设
市政府特聘专家工作……(280)
再次聘请国内外院士为市特聘专家……(281)
市政府举行特聘专家聘请仪式……(281)
特聘专家来津当领头军……(281)
专家选拔工作……(282)
引进国外智力……(282)
吸引海内外优秀人才……(282)
市海外人才招聘团赴日招聘海归人员……(283)
职称评审工作……(283)
“131”人才工程 ……(283)
又有 12 人入选全国新世纪百千万人才工程……(284)
博士后工作……(284)
赴欧博士后携成果回国……(284)
专业技术人员和管理人员继续教育……(284)
人才市场建设……(284)
事业单位人事制度改革……(285)
引进人才居住证制度……(285)
“师傅工程”启动……(286)
优秀科技人才简介
天津市人民政府特聘专家……(286)

袁隆平……(286)
白春礼……(286)
赵忠贤……(286)
甘子钊……(287)
周　廉……(287)
李启虎……(287)
巴德年……(287)
钟南山……(287)
王永炎……(287)
陈　竺……(287)
孔祥复……(287)
吴祖泽……(287)
王正国……(287)
雅克·冈……(287)
刘新垣……(287)
杨胜利……(288)
王阳元……(288)
时铭显……(288)
邬贺铨……(288)
邹　竞……(288)
王占国……(288)
万哲先……(288)
张玉奎……(289)
丁德文……(289)
王启明……(289)
解思深……(289)
简水生……(289)
徐玉如……(289)
梅自强……(289)
季国标……(289)
袁晴棠……(290)
天津市科技重大成就奖获得者……(290)
余国琮……(290)
缅怀津城科技先导……(290)
"微分几何之父"陈省身……(290)
"中国肿瘤之父"金显宅……(291)
国内制浆造纸工程专业首批博导隆言泉……(291)
郝希山当选中华医学会"肿瘤"学会主任委员……(292)
中国青年科技奖获得者……(292)
吕晓龙……(292)
许京军……(292)
吴文清……(292)
钟登华……(292)
首届中国青少年科技创新奖获得者……(292)
张昕楠……(292)
易龙……(292)
孙涛……(293)
柴恭泉……(293)
天津青年科技奖获得者……(293)

科技机构

科学研究与技术开发机构
简况……(294)
自然科学研究与技术开发机构……(294)
转制自然科学研究与开发机构……(295)
科技信息与文献机构
简况……(295)
天津市博士后设站
简况……(296)
企业技术中心
简况……(298)
部分科技机构简介
中国电子科技集团公司第十八研究所……(299)
天津工程机械研究院……(300)
机械工业第五设计研究院……(301)
天津化工研究设计院……(302)
天津水泥工业设计研究院……(302)
交通部天津水运工程科学研究所……(303)
中国包装科研测试中心……(303)
中国地震局第一监测中心……(304)
中国医学科学院生物医学工程研究所……(305)
中国医学科学院血液学研究所……(305)
天津市电子计算机研究所……(305)
天津市工业自动化仪表研究所……(306)
天津市电视技术研究所……(306)
天津市市政工程设计研究院……(307)
天津市建筑科学研究院……(307)
天津市林业果树研究所……(307)
天津市园艺工程研究所……(308)
天津市产品质量监督检验所……(308)
天津市特种设备监督检验技术研究院……(308)

天津市卫生防病中心……………………(309)
重新组建天津市中医药研究院……………(310)
获“成就奖”的国家级企业技术中心………(310)
新被认定的国家级企业技术中心…………(310)
钢管集团检测中心通过国家认可委员会
认可……………………………………(310)
天津工业大学复合材料研究所……………(311)
天津工业大学功能纤维研究所……………(311)
天津市泌尿外科研究所……………………(311)
天津市感染性疾病研究所…………………(311)
天津市眼眶病研究所………………………(311)
天津心脏病学研究所………………………(311)
天津普通外科研究所………………………(312)
天津性传播疾病研究所……………………(312)
中国人民武装警察部队军事预防医学
研究所…………………………………(312)
中国人民武装警察部队心血管病研究所…(313)

科技管理与服务

组织实施科技发展计划

科技发展计划执行概况
项目安排……………………………………(314)
资金和人员投入……………………………(314)
执行绩效……………………………………(314)
科技发展战略研究计划
项目简况……………………………………(314)
项目研究的特点……………………………(314)
取得的研究成果……………………………(315)
重点科技攻关专项
科技攻关计划执行简况……………………(316)
重点科技攻关专项执行简况………………(316)
海河生态建设关键技术专项………………(316)
海洋资源综合利用技术专项………………(317)
集成电路设计专项…………………………(317)
软件技术及产品专项………………………(317)
生物芯片专项………………………………(317)
新药专项……………………………………(317)
重大流行病预防与控制专项………………(318)
高性能电池专项……………………………(318)
电动汽车专项………………………………(319)
智能交通专项………………………………(319)
纳米技术专项………………………………(319)
制造业装备现代化专项……………………(319)
动植物新品种选育专项……………………(320)
津南国家农业科技园区专项………………(320)
高性能光电子器件专项……………………(320)
高清晰电视专项……………………………(320)
宽带多媒体专项……………………………(321)
膜生物反应器及集成分离技术专项………(321)
光电子与数字技术产品专项………………(321)
微电子技术专项……………………………(321)
发酵工程技术产品专项……………………(322)
新型化工技术产品专项……………………(322)
重大科技攻关工程
制造业信息化工程…………………………(322)
中药现代化工程……………………………(322)
环保科技工程………………………………(323)
水资源综合利用科技工程…………………(323)
农业信息化工程……………………………(323)
农产品深加工及食品科技工程……………(323)
应用基础研究计划
项目简况……………………………………(324)
项目进展……………………………………(324)
成果和成效…………………………………(324)
社会发展科技计划
项目简况……………………………………(324)
项目进展……………………………………(324)
成果和成效…………………………………(325)
火炬计划
项目简况……………………………………(325)
项目进展……………………………………(326)
成果和成效…………………………………(326)
星火计划
项目简况……………………………………(326)

项目进展……(326)
成果和成效……(326)
科技成果推广计划
项目简况……(327)
项目进展……(327)
成果和成效……(327)
国际科技合作计划
项目简况……(327)
项目进展……(327)
成果和成效……(327)
国家科技型中小企业技术创新基金项目
项目申报和立项情况……(328)
成果和成效……(328)
国家重点新产品计划
项目申报和立项情况……(328)
成果和成效……(328)
工业重点技术改造项目贴息资金
项目安排和经费投入……(328)
项目进展……(328)
成果和成效……(329)
国家农业科技成果转化资金项目
项目简况……(329)

科技成果管理与奖励

科技成果管理
科技成果登记……(329)
科技奖励……(329)
科技成果推广……(330)
技术市场……(330)
国家级科技奖励
获奖简况……(330)
2003 年度国家自然科学奖……(330)
2003 年度国家科学技术奖……(331)
市级科技奖励
获奖简况……(332)
2003 年度天津市科学技术重大成就奖……(332)
2003 年度天津市自然科学一等奖……(332)
2003 年度天津市自然科学二等奖……(332)
2003 年度天津市自然科学三等奖……(333)
2003 年度天津市技术发明一等奖……(333)
2003 年度天津市技术发明二等奖……(333)
2003 年度天津市技术发明三等奖……(333)
2003 年度天津市科学技术进步一等奖……(334)
2003 年度天津市科学技术进步二等奖……(335)
2003 年度天津市科学技术进步三等奖……(338)

知识产权

简况……(346)
专利申请……(346)
建立知识产权管理体系……(347)
知识产权工作推动会……(347)
市政府知识产权办公会议……(347)
知识产权保护……(347)
专利技术的实施……(348)
企业专利工作……(348)
知识产权服务体系建设……(348)
知识产权宣传培训……(349)
全国知识产权工作会议在津召开……(349)
知识产权战略与区域经济发展报告会……(349)
开展国际交流与合作……(350)
中国-欧盟知识产权国际研讨会……(350)
专题报告会……(350)

科技服务

科技创业投资
简况……(350)
行业管理……(350)
资金管理……(351)
科技基础条件平台建设
简况……(351)
天津科技网改造工程……(352)
科技文献中心建设……(352)
科研条件网建设……(352)
实验动物管理……(352)

科学普及与科技社团活动

科学普及

科普法的贯彻落实……(353)
实施百万公民科技素质培训计划……(353)
第十八届科技活动周……(353)
科普管理工作……(353)
青少年科普工作……(353)
三下乡活动常抓不懈……(353)
实施科普示范工程……(353)

科技社团活动

组织经济发展重大课题研究……(354)
开展重点建设项目咨询论证……(354)
推动企业技术进步和创新……(354)
支持农业结构调整……(355)
大力开展学术交流……(355)
广泛开展科学普及……(355)
加强民间国际科技交流……(356)
推动人才强市战略的实施……(356)
充分发挥科协的桥梁纽带作用……(357)

新技术产业园区与经济技术开发区科技

新技术产业园区

园区发展简况……(358)
科技创新体系建设……(358)
园区诞生首位工程院院士……(359)
绿色能源产业……(359)
国家干细胞产业化基地……(359)
首届海泰发展杯企业创新创业大赛……(359)
太平洋电讯组织会议……(360)
知识产权工作……(360)

经济技术开发区

简况……(360)
科技促进工作取得重大进步……(360)
科技创新能力继续提高……(361)
高新技术产业化进展顺利……(361)
对外科技交流成果显著……(361)
知识产权工作成绩突出……(361)

区县科技

和平区

通过国家和市级科技进步考核……(363)
园区健康发展……(363)
科技管理工作……(363)
第十八届科技活动周……(364)
青少年科技活动……(364)
实施科普示范工程……(364)
加强科协组织建设……(364)
区科协第六次代表大会……(365)
反邪教活动……(365)

河西区

通过市级科技进步考核……(365)
创建国家级可持续发展实验区……(365)
民营科技企业……(365)
技术市场……(365)
科技成果与知识产权……(365)
科学普及……(366)

河东区

科技工作简况……(366)
创业园建设……(366)
电气节能孵化器建设……(366)
发挥民营科技企业作用……(366)
加强知识产权工作……(366)
第十八届科技活动周……(367)
青少年科技活动……(367)
社区科普工作……(367)

南开区

科技工作简况……(367)

科技进步监测……………………………………(368)
科技进步奖评审…………………………………(368)
高新技术产业……………………………………(368)
信息化建设………………………………………(368)
知识产权工作……………………………………(368)
科普工作…………………………………………(368)
科技活动周………………………………………(369)
社区科普活动……………………………………(369)
青少年科技活动…………………………………(369)
反邪教活动………………………………………(369)
科普示范城区建设………………………………(369)
研制出轮胎耐久/高速性能试验机 ………(369)
特大型干式变压器研制成功……………………(370)

河北区

科技工作简况……………………………………(370)
科教兴区…………………………………………(370)
社会发展科技工作………………………………(370)
科技成果与奖励…………………………………(371)
实行党政领导科技进步目标责任制考核…(371)
民营科技企业……………………………………(371)
技术市场…………………………………………(372)
知识产权工作……………………………………(372)
信息化建设………………………………………(372)
科技活动周………………………………………(372)
街道社区科普……………………………………(372)
全国科普日活动…………………………………(372)
科技进修学院河北分院…………………………(372)

红桥区

科技工作简况……………………………………(373)
科技创新服务体系建设…………………………(373)
科技园区建设……………………………………(373)
民营科技企业……………………………………(373)
知识产权工作……………………………………(373)
技术市场…………………………………………(374)
科技成果的申报与鉴定…………………………(374)
科协组织建设与科普工作………………………(374)

塘沽区

科技工作简况……………………………………(374)
创建全国科普示范城区…………………………(375)
企业信息化建设…………………………………(375)
知识产权工作……………………………………(375)
海洋创业服务中心扩大孵化面积………………(376)
污水治理技术研究与应用………………………(376)
高压旋喷插芯扩底桩技术………………………(376)
红鳍东方鲀养殖技术研究………………………(376)
畜禽废弃脂肪生物利用的产业化开发……(376)

汉沽区

科技工作简况……………………………………(377)
科技发展战略研究………………………………(377)
新型改性塑料螺纹保护器获金奖………………(377)
茶淀玫瑰香葡萄栽培技术研究…………………(377)
粗四氯化钛生产过滤系统研究…………………(378)
利用煤制气熬制固体烧碱………………………(378)
南美白对虾高产养殖技术………………………(378)
带装饰边的异管散热器…………………………(378)
企业信息平台……………………………………(378)
葛柏解酒液的实验研究…………………………(378)
复合型活菌生物净化剂的应用研究……………(378)
美国白蛾防治技术研究与应用…………………(379)

大港区

科技工作简况……………………………………(379)
推进高新技术产业化……………………………(379)
产业基地建设……………………………………(379)
技术培训…………………………………………(379)
民营科技企业……………………………………(380)

东丽区

科技综合实力上新水平…………………………(380)
科技计划项目的实施……………………………(380)
科技成果管理与奖励……………………………(380)
高新技术企业发展………………………………(380)
民营科技企业……………………………………(380)
科学普及…………………………………………(381)
生物预防畜禽疫病的研究………………………(381)
阻燃环氧包封料研究……………………………(381)
天然级肉味香精现代化生产技术………………(381)

西青区

科技工作简况……………………………………(381)
科技奖励和专利工作……………………………(381)
信息化建设………………………………………(382)
组织实施重点科技项目…………………………(382)
拓展科技引进领域………………………………(382)
科普工作…………………………………………(382)

津南区

科技工作简况……………………………………(382)
津南国家农业科技园区…………………………(383)
津南区农业专家组………………………………(383)

引进水产新品种 ……………………………(383)
农作物新品种引进与选育 …………………(383)
开展农业技术培训 …………………………(384)
“神农”种子成为全国十大名牌之一………(384)
新型牙轮钻头 ………………………………(384)
中口螺纹对夹闸阀 …………………………(384)
北辰区
工业科技 ……………………………………(384)
农业科技 ……………………………………(385)
信息化建设 …………………………………(385)
玻璃钢梯具 …………………………………(385)
工业余热作为动力的制冷项目 ……………(385)
燃煤电厂烟气脱硫装置 ……………………(385)
H 型钢生产线粗精轧设备 …………………(385)
非金属外壳低压配电箱 ……………………(386)
纳米复合粉末渗锌防腐技术 ………………(386)
防爆带压气液罐装流水线 …………………(386)
药用塑料瓶生产线基地 ……………………(386)
刘房子花鸟鱼虫示范基地 …………………(386)
果树新品生态园示范基地 …………………(386)
蔬菜新品种示范基地 ………………………(386)
观赏鱼繁殖基地 ……………………………(387)
大田、蔬菜良种示范基地 …………………(387)
武清区
科技工作简况 ………………………………(387)
科技发展战略研究 …………………………(387)
玉米秸秆及饲用玉米产业化技术 …………(387)
全国星火科技下千县武清科技咨询活动 …(387)
血必净注射液的研究 ………………………(388)
农村“三废”综合治理技术集成与示范 ……(388)
专用小麦引种开发 …………………………(388)
核果类新品种示范推广 ……………………(388)
设施果树优质高效新技术示范 ……………(388)
西瓜新品种惠农八号 ………………………(389)
区级科技进步奖评选及表彰 ………………(389)
“星火学校”和“科技服务示范单位”挂牌 …(389)
举办第十八届科技周 ………………………(389)
科普示范基地与科普车间 …………………(389)
青少年科技创新大赛活动 …………………(390)
宝坻区
科技工作简况 ………………………………(390)
猪血蛋白肽生产技术研究与开发 …………(390)
废纸生产箱纸板废水处理循环回用技术 …(390)
“两带一帮”科技入户工程 …………………(391)
肉用绵羊杂交改良技术推广 ………………(391)
天鹰椒新品种引进与筛选 …………………(391)
创建农村特色科普园区 ……………………(391)
宁河县
科技工作简况 ………………………………(391)
建成现代畜牧技术工程中心 ………………(392)
组织农业技术推广 …………………………(392)
无公害蔬菜配套技术研究 …………………(392)
信息化工程 …………………………………(392)
开展科普活动月活动 ………………………(392)
第十八届科技活动周 ………………………(393)
南美白对虾优质高效养殖技术 ……………(393)
水稻新品种津宁 901 ………………………(393)
选育观赏鱼新品种 …………………………(393)
制造业信息化取得成效 ……………………(393)
静海县
用高新技术改造提升传统产业 ……………(393)
科技攻关与科技示范推广 …………………(394)
科技培训 ……………………………………(394)
开展青少年科技活动 ………………………(394)
举办科技活动周 ……………………………(394)
蓟县
科技工作简况 ………………………………(395)
深入推进县院合作 …………………………(395)
扎实开展科普工作 …………………………(395)
实施科技特派员行动计划 …………………(395)

科技大事记

2004年 ……(396)

附 录

政策法规

国家科技部《关于进一步提高我国软件企业技术创新能力的实施意见》 ……(406)
天津市政府《关于进一步实施科技兴贸战略的意见》 ……(407)
天津市科委、天津市财政局《天津市创业投资机构财税优惠政策实施办法》……(410)
天津市科委、天津市财政局、天津市国家税务局、天津海关、天津市新闻出版局
《天津市科普税收优惠政策实施细则》 ……(410)
天津市科委《天津市科委直属企事业单位领导干部年度任期经济责任审计办法(试行)》 ……(413)

重要报道

渤海湾畔龙抬头——记天津经济技术开发区20年暨滨海新区10年发展 ……(415)
2004年世界十大科技突破 ……(417)
2004年中国十大科技进展 ……(418)

索 引

主题词索引 ……(420)
单位名称索引 ……(423)
人名索引 ……(432)

CONTENTS

Special Publications

Leaders of State and Tianjin Talking about the Work of Science and Technology .... (1)
Important Activities for Science and Technology .... (14)
Summary of Scientific and Technical Advancses in Tianjin 2004 .... (17)

Basic and Applied Basic Research

Mathematical Science Field .... (21)
System Science Field .... (23)
Mechanics and Physics Field .... (25)
Chemistry and Chemical Engineering Science Field .... (28)
Biology and Life Science Field .... (32)
Material Science Field .... (39)
Micro–electron and Information Technology Science field .... (45)
Geomorphology and Environmental Science Field .... (48)

Hi–tech Research

Advanced Manufacture, Precision Survey and Control Technology .... (51)
Computer and Soft–ware Technology .... (55)
Energy–developing and Comprehensive Utilization .... (59)
Oceanic Multipurpose Use Technology .... (61)
Modern Biological Engineering Technology .... (62)
New Medical Technology .... (62)
New Material Technology .... (66)

Importance Disciplinary, Laboratories and Research CENTERS (Selective Introduction)

Some Importance Disciplinary and Research Centers ······ (69)
Some Importance Laboratories ······ (72)

Science and Technology in Industry

General ······ (78)
Electron and Information Industry ······ (83)
Chemical Industry ······ (94)
Metallurgically Industry ······ (106)
Mobil and Mechanical Equipment Industry ······ (115)
Biological Technology and Modern Medical Industry ······ (123)
New Power Resource and New Materials Industry ······ (131)
Traditional Industry ······ (138)

Science and Technology in Agriculture

General ······ (147)
Agricultural Informatization ······ (149)
Vegetable Cultivation Techniques ······ (151)
Cereal Cultivation Techniques ······ (154)
Forestry and Pomiculture ······ (158)
Plant protection ······ (160)
Agricultural Products Preserving Freshness ······ (162)
Livestock Husbandry ······ (163)
Aquaculture ······ (168)
Facilities Mechanize Farming ······ (169)

Medicine and Health Undertaking

General ······ (172)
Basic Medicine and Experiment ······ (174)
Health and Prevention ······ (184)
Clinical Examination ······ (187)
Research of Traditional Chinese Medicine ······ (198)

Science and Technology in Urban Construction

General ······ (202)
City Planning ······ (202)
Municipal and Architectural Engineering ······ (206)

Light and Underground Railway ········ (217)
Environment Protection and Ecological Construction ········ (223)
Development of Water Resources and Water Conservancy ········ (227)
Public Utilities ········ (233)
Plant Trees in and around City ········ (236)
Housing Management and Repair ········ (238)

Urban Traffic and Telecommunication

Port of Tianjin ········ (241)
Civil Aviation ········ (243)
Highway and Marine Transportation ········ (246)
Railway ········ (247)
Water Transportation and Dredge Waterways ········ (248)
Telecommunication ········ (250)

Comprehensive Science and Technology

Supervision of Quality Technology ········ (255)
Commodity Inspection and Quarantine of Animals and Plants ········ (257)
Public Security ········ (259)
Meteorological Phenomena ········ (265)
Shockproof and Reduce Natural Disasters ········ (269)
Broadcast and Television ········ (273)

Scientific and Technological Personnel

General ········ (279)
Personnel Construction ········ (280)
Brief Introduction of Outstanding Talent ········ (286)

Scientific and Technological Institutions

R&D Institutions ········ (294)
Scientific and Technological Information and Literature Institutions ········ (295)
Tianjin Work-stations of Postdoctoral ········ (296)
Enterprises´ Engineering Technology Centers ········ (298)
Brief Introduction of Some Institutions ········ (299)

Administration and Service for Science and Technology

Management of S&T Development Plans ········ (314)
Management and Reward of Scientific and Technological Achievements ········ (329)
Intellectual Property Right ········ (346)

Scientific and Technological Service ······ (350)
Popular Science and Public Organization of S&T ······ (353)

Park of New Technology Industries and EconomicTechnological Development Area

Tianjin Park of New Technology Industries ······ (358)
Tianjin Economic Technological Development Area ······ (360)

Scientific and Technological Works in Districts and Counties

Heping District ······ (363)
Hexi District ······ (365)
Hedong District ······ (366)
Nankai District ······ (367)
Hebei District ······ (370)
Hongqiao District ······ (373)
Tanggu District ······ (374)
Hangu District ······ (377)
Dagang District ······ (379)
Dongli District ······ (380)
Xiqing District ······ (381)
Jinnan District ······ (382)
Beichen District ······ (384)
Wuqing District ······ (387)
Baodi District ······ (390)
Ninghe County ······ (391)
Jinghai County ······ (393)
Ji County ······ (395)

Chronicle of Scientific and Technological Events

2004 ······ (396)

Appendix

Policy and Regulation ······ (406)
Important Publications ······ (415)

Index

Theme-words Index ······ (420)
Name Index for S&T Institutions and Enterprises ······ (423)
Surname and Personal Name Index ······ (432)

特　载

领导同志谈科技工作

中共中央总书记胡锦涛在中国科学院第十二次院士大会和中国工程院第七次院士大会上的讲话
（2004年6月2日）

各位院士，同志们：

今天，来参加中国科学院第十二次院士大会和中国工程院第七次院士大会，我感到十分高兴。首先，我代表党中央、国务院，向大会的召开表示热烈的祝贺！

中国科学院学部和中国工程院是国家科学技术和工程方面的最高咨询机构，是国家的科学技术思想库。长期以来，以两院院士为代表的我国广大科技人员发扬爱国奉献、顽强拼搏、团结合作、开拓创新的精神，创造了举世瞩目的科技成就，为党和人民作出了杰出贡献。在这里，我代表党中央、国务院，向各位院士和全国各条战线的广大科技人员致以崇高的敬意！

下面，我就推进我国科技进步和创新谈几点意见。

一、深刻认识我国科技工作面临的机遇和挑战

进入新世纪以来，国际形势继续发生深刻而复杂的变化，世界多极化和经济全球化的趋势在曲折中发展，我们既面临着必须紧紧抓住的发展机遇，也面临着必须认真应对的严峻挑战。这种机遇和挑战并存的情况，不仅表现在经济、政治、文化等领域，也突出地表现在科学技术领域。

当今世界，科技进步日新月异。特别是上个世纪80年代以后，世界科学技术发生了新的重大突破，以信息科学、生命科学为标志的现代科学技术突飞猛进，不仅给世界生产力的发展带来了巨大推动，而且也给人类的生产方式和生活方式造成了深刻影响。世界科学技术酝酿着新的突破，一场新的科技革命和产业革命正在孕育之中。专家们预计，在未来30年到50年内，世界科学技术将会继续出现重大创新，很有可能在信息科学、生命科学、物质科学、脑与认知科学、地球与环境科学、数学与系统科学以及自然科学与社会科学的交叉领域中形成新的科学前沿，出现新的科学飞跃，为人类社会发展打开新的广阔前景。未来科学技术引发的重大创新，将会推动世界范围内生产力、生产方式以及人们生活方式进一步发生深刻变革，也将会进一步引起全球经济格局的深刻变化和利益格局的重大调整。这个发展趋势，必然对世界经济、科技发展和国际综合国力竞争带来重大影响。在这样的大背景下，如果看清世界科技进步的大势，能够制定出正确的科技发展战略，奋力跟上科技发展的时代潮流，就可以在未来的发展中进一步把握住机遇、赢得主动。反之，如果没有看清世界科技进步的大势，不能制定出正确的科技发展战略，在全球激烈的科技竞争中落伍了，那就会失去机遇、陷于被动。机遇和挑战并存，关键看我们能不能把握住机遇、加快发展，开创事业发展的新局面。

科学技术作为第一生产力，对一个国家、一个民族现在和未来的发展具有决定性意义。综观当今世界，尽管各国在历史文化、发展水平、社会制度等方面存在着这样那样的差异，但普遍关注和重视科技进步。特别是各大国都高度关注科学技术的发展趋势，纷纷加强科学展望和技术预见，认真思考和积极实施新的科技发展战略和科技政策，希望通过科技进步来推动本国的经济发展和社会进步。

我们党和政府一向高度重视科学技术的发展。新中国成立后不久,毛泽东同志就深刻地指出,不搞科学技术,生产力无法提高。上个世纪80年代,邓小平同志提出了科学技术是第一生产力的著名论断,强调科学技术要走在前面,中国要在世界高科技领域占有一席之地。江泽民同志也反复强调,要坚持把科学技术放在优先发展的战略地位,充分发挥科学技术对发展我国先进生产力和先进文化、对维护和发展我国最广大人民根本利益的重要作用。党的十一届三中全会以来,我国的科技事业在改革开放中焕发出新的活力,取得了长足的发展,对推进现代化建设、实现人民生活总体上由温饱到小康的历史性跨越作出了重大贡献。在新世纪新阶段,为了更好地推进我国社会主义物质文明、政治文明和精神文明的协调发展,为了全面建设小康社会、不断开创中国特色社会主义事业的新局面,我们必须大力推进科技进步和创新,进一步发挥科学技术对经济社会全面发展的关键性作用。新的形势和任务对我国科技界提出了更高的要求。广大科技人员要肩负起光荣而艰巨的历史使命,为进一步推进我国科技事业的发展,为全面建设小康社会、加快推进社会主义现代化贡献智慧和力量。

二、坚持以科学发展观指导科技工作

坚持以人为本,全面、协调、可持续的发展观,是我们以邓小平理论和"三个代表"重要思想为指导,从新世纪新阶段党和国家事业发展全局出发提出的重大战略思想,揭示了经济社会发展的客观规律,反映了我们党对发展问题的新认识。

我们提出树立和落实科学发展观,就是要以实现人的全面发展为目标,让发展的成果惠及全体人民;就是要以经济建设为中心,实现经济发展和社会全面进步;就是要统筹城乡发展、统筹区域发展、统筹经济社会发展、统筹人与自然和谐发展、统筹国内发展和对外开放,推进生产力和生产关系、经济基础和上层建筑相协调;就是要促进人与自然的和谐,走生产发展、生活富裕、生态良好的文明发展道路。树立和落实科学发展观,要依靠全党全国人民思想认识的普遍提高,依靠正确的方针政策和工作措施,依靠科学有效的制度和机制,也要依靠科技进步和创新。促进人的全面发展也好,促进经济发展和社会全面进步也好,优化经济结构也好,做到"五个统筹"也好,实现经济发展和人口、资源、环境相协调也好,都离不开科技进步和创新。因此,我们必须坚定不移地实施科教兴国战略,把经济发展真正转到依靠科技进步和提高劳动者素质的轨道上来,坚定不移地依靠科技进步和创新来实现全面、协调、可持续发展。

当前,我国发展势头很好,但也存在一些亟待解决的重大问题。比如,农业和农村经济的科技水平还比较低,提高农业综合生产能力还缺乏有力的技术支撑;高新技术产业在整个经济增长中所占的比例还不高,传统产业优化升级的任务十分繁重;产业技术的一些关键领域存在较大的对外技术依赖,不少高技术含量和高附加值产品主要靠进口;人口、资源、环境对经济发展的压力越来越大,特别是资源的制约作用日益明显;生态环境总体恶化的趋势尚未根本扭转,环境治理的任务依然相当艰巨;大江大河防洪体系尚不完善,农村基础设施比较薄弱;消耗高、资源浪费、污染环境等粗放经营方式仍比较严重,如此等等。这些问题,既是我国现代化建设进程中需要不懈努力解决的长期问题,也是当前必须下大气力解决的紧迫问题。如果这些问题不能得到有效解决,最终势必影响经济社会发展的全局。我们必须清醒地看到,我国人口多、资源人均占有量少的国情不会改变,不可再生性资源储量和可用量不断减少的趋势难以改变。从长远看,经济发展和人口、资源、环境的矛盾会越来越突出,可持续发展的压力会越来越大。我们必须按照科学发展观的要求,立足当前,着眼长远,坚持用改革和发展的办法,坚持依靠科技进步和创新,抓紧解决这些问题。

我国科技界和广大科技人员要在解决经济社会发展中急需解决的科技问题上发挥重大作用, 更要在树立和落实科学发展观中起到先锋作用。为此,要切实做好以下三项工作。

第一,要从科学的角度不断充实和丰富科学发展观。落实科学发展观,是一项系统工程,不仅涉及经济社会发展的方方面面,而且涉及经济活动、社会活动和自然界的复杂关系,涉及人与经济社会环境、自然环境的相互作用。这就需要我们采用系统科学的方法来分析、解决问题,从多因素、多层次、多方面入手研究经济社会发展和社会形态、自然形态的大系统。我们不仅要从科学理论上进一步明确科学发展观的内涵,而且要从科学的基础研究和应用研究、各学科研究和跨学科研究等方面来确定在经济社会发展的各个领域落实科学发展观的具体要求。要把自然科学、人文科学、社会科学等方方面面的知识、方法、手段协调和集成起来,不断认识和把握社会发展的客观规律,对科学发展观进行周密的科学解释,为科学发展观提供坚实的科学理论基础。

第二,要为全面、协调、可持续发展提供强有力的科技支撑。党的十六大提出,要坚持以信息化带动工业化,以工业化促进信息化,走出一条科技含量高、经济效益好、资源消耗低、环境污染少、人力资源优势得到充分发挥的新型工业化路子。不断探索和走出一条既适应现代经济、科技发展要求、又适合我国国情的新型工业化道路,对我国实现全面、协调、可持续发展具有重大意义。走新型工业化道路,必须发挥科学技术的重要作用,注重依靠科技进步和提高劳动者素质来改善经济增长的质量和效益。为探索和走出新型工业化道路,提高经济增长的质量和效益,实现全面、协调、可持续发展提供科技支撑,是我国科技界和广大科技人员的一项重要任务,也是贯彻科学技术工作面向经济建设、经济建设依靠科学技术的战略方针的必然要求。要大力发展高新技术和先进适用技术,促进经济结构的调整,推动高新技术产业发展和传统产业改造,促进产业结构优化升级,增强企业的开发创新能力、核心竞争力和国际竞争力,加快经济增长方式由粗放型向集约型转变。要大力加强能源领域的科技进步和创新,提高我国资源特别是能源和水资源的使用效率,减少资源浪费,寻找和开发替代资源,发展可再生资源,为建立节约型社会提供技术保证。要大力加强生态、环境领域的科技进步和创新,降低污染物的排放,加强对废弃物的再次利用,加快治理环境污染和促进生态修复,保护生物多样性,遏制生态退化现象,发展循环经济。

第三,要在全社会广泛宣传科学发展观。在全社会大力宣传和普及科学发展观,使科学发展观深入人心,是树立和落实科学发展观的基础性工作。只有全体人民和社会方方面面都了解科学发展观、掌握科学发展观、实践科学发展观,科学发展观才能成为全社会的自觉行动,才能真正贯彻到经济社会发展和社会生活的各个领域、各个环节。科技创新和科学普及,是科技工作的两个重要方面。广大科技人员特别是两院院士要承担起向全社会传播科学知识、科学方法、科学思想、科学精神的重任。要把宣传和普及科学发展观作为科学普及工作的重要内容,在全社会大力普及以人为本,全面、协调、可持续发展的观念和知识,使广大干部群众牢固树立正确的生产观和生活观,树立节约资源的意识、保护环境的意识、保护生物多样性的意识。要通过普及科学发展观和其他科技知识的持久活动,使广大人民群众更多地了解科技知识和科技创新,更好地接受科学知识和科学技术的武装,在全社会进一步形成讲科学、爱科学、学科学、用科学的浓厚氛围和良好风尚。

三、加快推进我国科学技术事业的发展

科学技术是经济社会发展的一个重要基础资源,是引领未来发展的主导力量。实现现代化,关键是科学技术现代化。新中国成立以来特别是改革开放以来,我国科技事业蓬勃发展,初步建立了学科齐全的科学技术体系,产生了一大批重大创新成果,为经济发展、社会进步和国家安全作出了重大贡献。但是,我们也必须看到,与现代化建设的需要相比,与世界先进水平相比,我国科技发展的水平还相对落后,有利于科技进步和创新的充满活力的体制机制还没有完全形成, 有利于科技成果更快更好地向现实生产力转化的有效机制还没有真正建立起来。这些问题,必须抓紧解决。为了推进我国科技事业的发展,使科学技术在全面建设小康社会、加快推进社会主义现代化的进程中更好地发挥作用,尤其要抓紧做好以下三项工作。

第一,深化科技体制改革,促进科技资源的合理配置。深化科技体制改革,是推进科技进步和创新、加速科技成果向现实生产力转化、加强科技同经济社会发展结合的根本途径。要自觉适应我国经济社会发展和科技事业发展的要求,进一步推进科技体制改革。一是要深化宏观管理体制改革。要加强政策规划引导,改进宏观调控手段,进一步完善适应社会主义市场经济发展要求的政府管理科技事业的体制机制。要以制定国家中长期科技发展规划为契机,完善国家科技计划体系,将重点集中到事关现代化全局的战略高技术,事关实现全面、协调、可持续发展的重大公益性科技创新和重要基础研究领域。要依据政府引导市场、市场引导企业的原则完善科技开发性计划,减少重复计划、重复投资、重复建设。要充分发挥市场配置资源的基础性作用,通过市场引导,调整科技创新目标,促进科技创新要素和其他社会生产要素的有机结合,形成科技不断促进经济社会发展、社会不断增加科技投入的良好机制。二是要深化科技体制改革。要适应国家发展需要和世界科技发展趋势,改革科技管理体制,加快国家创新体系建设,提高科技创新能力,进一步密切科技和经济社会发展的结合。对于国家支持的从事基础研究、战略高技术、重要公益性研究领域创新活动的研究机构,要按照职责明确、评价科学、开放有序、管理规范的原则,加快建立现代科研院所制度。对于面向市场的应用技术研究开发机构,要坚持向企业化转制,加快建立现代企业制度。要积极推动高等教育和科技创新紧密结合,加快建立军民结合、寓军于民的创新机制。三是要完善科技资源配置方式。要建立健全绩效优先、鼓励创新、竞争向上、协同发展、创新增值的资源分配机制和评价机制,优化科技资源配置,使资源真正向创新能力强、创新效率高的科技队伍、创新团队和科研机构倾斜,从根本上改变长期形成的分散重复、忽视绩效的资源配置方式,彻底改变一些地方和部门中存在的科技资源平均分配、科技产出自我循环的现象。要支持企业大力开展技术创新活动,真正成为技术创新和科技成果产业化的主体。各级党委和政府要加强对科技事业的支持,把科技投入作为公共战略性投资,加大投入的力度,同时要重视科学技术在制定发展规划和促进经济社会发展中的重要作用,努力做到依靠科学决策、依靠科学统筹。

第二,要选择重点领域实现跨越式发展,带动科学技术的整体发展。当代科技革命的一个显著特点,是科技创新出现群体性突破态势,表现为新的技术群和新的产业群的蓬勃发展。尤其是科技创新、转化和技术更新速度不断加快,自主创新能力已经成为国家核心竞争力的决定性因素。我国要在激烈的国际科技竞争中赢得主动,就必须把促进科技进步和创新作为推动整个科技事业发展的关键环节,通过重点领域的突破,带动国家整个科技竞争力的显著跃升。要大力加强基础研究和高技术研究,推进关键技术创新和系统集成,实现技术跨越式发展。要坚持有所为有所不为的方针,选择事关我国经济社会发展、国家安全、人民生命健康和生态环境全局的若干领域,重点发展,重点突破,努力在关键领域和若干技术发展前沿掌握核心技术,拥有一批自主知识产权。要加大对信息、生物、能源、纳米和材料等关键性领域实施重大科技研究的支持,积极促进战略技术及产业的发展。广大科技人员要大力发扬"两弹一星"精神和载人航天精神,树立创新跨越的勇气和信心,加强自主创新,努力创造世界一流的科技成果。

第三,坚持以人为本,充分发挥广大科技人员的创造性。人才是科技创新的关键。要坚持贯彻尊重劳动、尊重知识、尊重人才、尊重创造的方针,全面贯彻人才强国战略,完善适合我国科技发展需要的人才结构,不断发展壮大我国科技人才队伍。要坚持在创新实践中识别人才,在创新活动中培育人才,在创新事业中凝聚人才,努力造就一批德才兼备、国际一流的科技创新人才,建设一支高素质的科技创新队伍,特别是要为年轻人才脱颖而出、施展才干提供更大的舞台和更多的机会。要大力加强科技创新文化建设,形成能够极大提高创新能力和创新效率的体制机制,最大限度地激发科研人员的创新激情和活力。要在全社会培育创新意识,倡导创新精神,完善创新机制,充分营造鼓励科技人员积极创新、支持科技人员实现创新的社会氛围。广大科技人员要始终把祖国和人民放在心中,坚持从推动国家发展和创造人民幸福生活的需要出发,确定科研方向,开展科研工作,不断在为祖国和人民的奉献中实现自己的理想和价值。我国广大海外留学人员是我们的宝贵财富,要积极创造条件,完善政策措施,鼓励和支持他们通过多种方式为祖国现代化建设服务。

同志们,我国宏大的科技队伍,是实现全面建设小康社会的宏伟目标、进而实现现代化和中华民族伟大复兴的一支重要生力军。中央殷切希望我国广大科技人员坚持以邓小平理论和"三个代表"重要思想为指导,进一步增强推进我国科技事业发展的责任感、使命感,与时俱进,发愤图强,锐意创新,在全面建设小康社会的伟大征程上,不断创造无愧于时代的新业绩,不断铸造我国科技事业的新辉煌。

中共中央总书记胡锦涛在中共中央政治局第十八次集体学习会上的讲话摘要
(2004年12月27日)

科学技术是第一生产力,是经济社会发展的重要推动力量。当今世界,全球性科技革命蓬勃发展,高新技术成果向现实生产力的转化越来越快,特别是一些战略高技术越来越成为经济社会发展的决定性力量。我们必须认清形势,居安思危,奋起直追,按照科学发展观的要求,加快发展我国的科学技术,为推进经济结构调整优化、实现经济增长方式的根本性转变,为推动经济社会全面协调可持续发展,提供更加有力的科技支撑。要坚持把推动自主创新摆在全部科技工作的突出位置,大力增强科技创新能力,大力增强核心竞争力,在实践中走出一条具有中国特色的科技创新的路子。要瞄准世界科技发展的前沿,加快国家创新体系建设,加强原始创新能力和集成创新能力。要坚持有所为有所不为的方针，抓住那些对我国经济、科技、国防、社会发展具有战略性、基础性、关键性作用的重大课题，努力把科技资源集中到事关现代化全局的战略高技术领域，集中到事关实现全面协调可持续发展的社会公益性研究领域，集中到事关科技事业自身持续发展的重要领域和基础研究领域，抓紧攻关，争取突破。

要坚持贯彻经济建设必须依靠科学技术、科学技术必须面向经济建设的战略方针，继续推进科技体制改革，形成科技与生产紧密结合的有效机制。要确立企业技术创新和科技投入的主体地位，增强企业的研究开发能力，坚持先进技术引进和消化、吸收、创新相结合，实现市场开拓、技术创新和生产经营一体化。要加强经济政策和科技政策的相互协调，营造有利于技术创新、发展高新技术和实现产业化的政策环境。要促进产学研相结合，加快高新技术产业发展和传统产业优化升级。国家要继续增加科技投入，同时要吸引社会资金参与科技开发，逐步形成多元化的科技投资体制。

统筹城乡发展，统筹区域发展，统筹经济社会发展，统筹人与自然和谐发展，统筹国内发展和对外开放，既要从政策上采取得力措施，也需要从科技上给予有力支撑。要适应城乡、区域、经济社会协调发展以及人与自然和谐发展的需要，优化科技力量布局，加大对经济社会发展薄弱环节的科技力量投入。要坚持以人为本，加强对社会事业和公益事业的科技支持，加强直接涉及人民健康和生活质量的医药卫生、计划生育、环境保护、生产安全、社会公共安全等方面的技术攻关。要加强对节约能源资源的科技研究开发，促进循环经济发展，逐步建设节约型社会，真正走出一条生产发展、生活富裕、生态良好的文明发展道路。

各级党委和政府都要切实把科技工作摆上重要议事日程，扎扎实实地把科教兴国战略落到实处。要立足当前、着眼长远，制定和实施正确有效的科技政策措施，着力推动科技进步和创新。要抓住重点、集中力量，形成协调一致和分工合作的良性机制，切实提高科技资源的利用效率。要尊重知识、尊重人才，坚持把发现、培养、使用、凝聚优秀科技人才作为科技发展的重要任务，建立健全一整套有利于人才培养和使用的激励机制，促进创新人才特别是年轻人才脱颖而出。要大力弘扬科学精神、普及科学知识、树立科学观念、提倡科学方法，努力形成全社会共同促进科技进步和创新的良好氛围。

中共中央政治局常委、国务院总理温家宝
在国家科学技术奖励大会上的讲话
（2004年2月20日）

同志们：

今天，党中央、国务院在这里隆重召开国家科学技术奖励大会。胡锦涛主席向获得2003年度国家最高科学技术奖的刘东生、王永志院士颁奖。大会为获得国家科学技术进步奖特等奖的“中国载人航天工程”项目和获得2003年度国家自然科学奖、国家技术发明奖、国家科学技术进步奖的科技工作者颁奖。我代表党中央、国务院向全体获奖人员表示热烈的祝贺！向全国各条战线的科技人员致以诚挚的问候和崇高的敬意！

本世纪头20年，对我国来说，是一个必须紧紧抓住并且可以大有作为的重要战略机遇期。我们要集中力量，全面建设惠及十几亿人口的更高水平的小康社会。用好这个战略机遇期，力争有所作为，必须把发展科学技术放在更加重要、更加突出的位置。邓小平同志说过，科学技术是第一生产力。当今世界，综合国力的提升和竞争，愈益取决于科学技术的进步。我国要走出一条科技含量高、经济效益好、资源能耗低、环境污染少、人力资源得到充分发挥的新型工业化路子，促进经济社会的全面、协调、可持续发展，实现2020年翻两番的目标，比以往任何时候都更加需要强有力的科技支撑。我们要立足全局，精心规划，加大投入，深化改革，加快科技事业的发展。

科学的本质在于创新。江泽民同志指出，创新是一个民族进步的灵魂，是一个国家兴旺发达的不竭动力。我们是一个发展中的大国，要积极学习引进外国先进技术，同时必须把科技进步的基点放在增强自主创新能力上。近代世界科技发展的历史表明：一个科技整体水平相对落后的国家，只要增强民族自信心，坚持有所为有所不为的方针，在掌握前人成果的基础上艰苦努力，大胆创新，完全有可能在某些关键领域取得重大突破，带动整个国家科技的跨越发展。我国“两弹一星”和“神舟”五号载人飞船的成功发射，已经证明了这一点。我们要在广大科技工作者中大力倡导创新精神，支持企业成为技术创新的主体，加强重大科技项目联合攻关，促进基础性科学研究、社会公益性科学研究和科技应用开发的结合，力争在世界高新技术领域占有一席之地。

科技创新，人才为本。为了尽快把我国科技事业搞上去，我们需要造就一支规模宏大的科技人才队伍，需要一批在关键领域和重点岗位的科技领军人物，需要一批世界一流的科学家。为此，必须认真贯彻落实人才强国战略，大力培养、积极引进、合理使用科技人才，为优秀人才脱颖而出、人尽其才创造更加良好的体制和机制。要打破论资排辈的传统观念，大胆启用中青年拔尖人才，让他们在关键岗位上发挥关键作用。同时，要在全社会形成崇尚科学、尊重人才的良好风尚。

总之，经济和社会发展要依靠科技，科技进步要依靠创新，科技创新要依靠人才，这是我们从实践中得出的三点启示，也是这次表彰大会的重要精神。

同志们，让我们在以胡锦涛同志为总书记的党中央领导下，高举邓小平理论和“三个代表”重要思想的伟大旗帜，全面贯彻党的十六大精神，团结拼搏，勇攀科技高峰，为全面建设小康社会，实现中华民族的伟大复兴，创造更加辉煌的业绩！

中共中央政治局委员、天津市委书记 张立昌在新技术产业园区调研时的讲话摘要 （2004年5月14日）

党中央、国务院科学地分析当前我国的经济形势，针对经济运行中存在的突出问题，适时适度地采取了宏观调控的政策措施，这是非常必要的，对于引导各方面把经济工作重点转到调整结构、转变增长方式、提高增长质量和效益上来，保持国民经济发展的好势头，具有十分重要的作用。我们一定要用中央的精神统一思想和行动，以积极的态度认真抓好贯彻落实。

用先进水平的组合构成天津的经济总量，是市委八届五次全会强调的一个重要思想。当今世界的竞争，实际是水平高低的较量。天津经济已经连续12年保持两位数的快速增长，如何增强可持续发展的能力，增强综合竞争实力，这是一个决定全局、关系长远的根本性问题。多年来，我们坚持走科技路、吃科技饭，新上项目严把“病从口入”关，坚决不搞低水平的重复建设，努力做到高人一筹、领先一步，培育了一批具有先进水平的支柱产业，为长远发展积聚了强大能量。我们必须牢固树立和认真落实科学发展观，按照先进生产力的发展要求，从天津的城市特点出发，努力在提高经济发展水平上下功夫。要充分发挥科技作为第一生产力的作用，实施可持续发展战略，提高科技含量，提高经济效益，减少资源消耗，减少环境污染，努力实现经济增长方式的根本性转变，走出一条投入少、产出高、消耗低的集约化发展路子。

转变经济增长方式，必须以提高效益为中心，加快产业结构调整，注重经济增长与社会发展相协调、经济增长与资源利用相协调、经济增长与环境保护相协调。尽管我市国有企业的嫁接改造调整取得了显著成效，但也必须清醒地看到，结构不合理的问题仍然比较突出，一些企业工艺落后、产品老化、管理粗放、机制不活，缺乏竞争力。国家严格控制低水平的重复建设，这是我们优化投资结构、加快调整步伐、提高经济整体水平的大好时机。我们必须始终把调整作为经济工作的主线，主动调整，顺势调整，使经济结构更加体现先进生产力发展的要求。存量要优化升级，加快技术改造，走新型工业化的道路；增量要坚持领先水平，技术一流、工艺装备一流、产品一流。企业是经济活动的基础，转变经济增长方式必须从企业做起。要摸清底数，分类指导，深化企业的改革、改组和改造，调整企业的组织结构、产品结构，形成自主创新机制，实行科学管理，加快先进技术的引进、消化和吸收，加强新产品的研究与开发，培育一批名牌拳头产品，做大做强优势产业。

科技进步的文章很大、很多、很深，要把追求先进技术水平贯穿于调整的全过程。大量事实证明，高水平是财富，低水平是包袱。现在，技术更新很快。在日益激烈的市场竞争中，发展高新技术产业一定要抓住时机，抢占市场。要创造良好的政策环境和社会环境，加快科技成果的产业化，尽快形成规模。对于消耗原材料和能源高、污染严重、缺乏竞争力的产品，要坚决淘汰。全市各方面都要增强科技意识，讲科学、讲技术、讲水平，切实依靠科技进步,形成天津发展的新优势。

园区是全市技术进步的象征,要突出“科技”,紧紧围绕科技做文章,吸引更多的科研成果到园区进行孵化,更好地担当起加快高新技术产业化、推动技术进步的重任,努力把园区建设成为在国内外有影响的高新技术产业基地和示范区。

中共中央政治局委员、天津市委书记张立昌在参加天津市科普日活动时的讲话摘要(2004年7月12日)

科学普及是一项基础性工作,也是一项战略性任务。我们要从树立和落实科学发展观的高度,深刻认识科普工作的重要性,各级领导高度重视,全社会广泛参与,普及科学知识,倡导科学方法,传播科学思想,弘扬科学精神,大力提高全市人民的整体素质,为实现天津“三步走”战略提供强有力的人才保证和智力支撑。

中央提出的科学发展观,深刻揭示了经济社会发展的客观规律,充分反映了我们党对发展问题的新认识,这是贯彻落实“三个代表”重要思想的具体体现,是全面建设小康社会和实现现代化的根本指针。落实科学发展观,要求我们紧紧依靠科技进步,加快经济增长方式的转变,走新型工业化道路,降低资源消耗,减少环境污染,增加科技含量,提高经济效益,努力实现全面、协调、可持续发展。中央采取的宏观调控措施,就是要抑制低水平的重复建设,消除经济发展中不稳定、不健康的因素,促进国民经济既快又好地发展。真正把科学发展观体现在各个方面,落实到各项工作中,要靠全民的共同努力。只有全市人民了解、掌握和实践科学发展观,才能成为全社会的自觉行动。

天津的大好形势来之不易,这是我们多年来打基础、上水平、聚能量的结果。在加快天津发展的过程中,我们高度重视科技进步,始终把科技和教育摆在突出位置,较早地实施了科教兴市战略,强调教育兴旺、天津兴旺,坚持走科技路、吃科技饭,努力做到高人一筹、领先一步。我们严把“病从口入”关,努力跳出低水平的竞争圈子,不断加大科技投入,同时下大力量抓好科学技术的普及工作。全市的科技综合实力和教育发展水平走在了全国前列,全市人民的科学文化素质有了明显提高。实践证明,天津的发展符合中央宏观调控的要求,没有走弯路,这与我们坚定不移地走依靠科技进步的发展路子是分不开的。

天津已经进入了一个新的发展阶段,充分体现先进性和协调性,是这一阶段的显著特征。我们必须在进一步提高经济发展水平上下功夫,增加科技含量,增强综合实力。要深刻认识到,随着经济全球化的不断加快,竞争日趋激烈,这是科技的竞争、水平的竞争、整体素质的竞争。科学技术作为第一生产力,正在深刻地改变着人类社会的生产方式,生活方式和思维方式,越来越成为经济和社会发展的决定性因素。谁抢占了科技的制高点,谁就抢占了发展的制高点。全市上下必须按照先进生产力的发展要求,牢固树立“高水平是财富,低水平是包袱”的观念,不断增强追求科技进步的紧迫感和自觉性,向科技要综合实力、要可持续发展能力,推动天津更快更好地发展。

加强科普工作,是发展先进生产力的客观要求,是发展先进文化、培育和弘扬民族精神的有效手段,是提高人的整体素质、促进人的全面发展的重要途径,是一项关系国家发展和民族兴盛的基础性工作。建设物质文明、政治文明、精神文明,都离不开科学意识、科学精神,都与科学普及密切相关。科技的力量在于普及,科技的发展必须根植于人民群众之中,人们的科学文化素质越高,社会的文明程度就越高,经济和社会就会更快更好地发展。没有科学普及,谈不上科技进步。对科普工作的重要性,怎么讲都不为过。面对新的形势,我们还有许多不适应的地方,加强科普工作的任务十分繁重。全市上下必须进一步提高认识,与时俱进,开拓创新,不断开创我市科普工作的新局面。

科学普及永无止境,是一项长期的工作,是全社会的共同任务和义不容辞的责任。我们要大力实施《科学技术普及法》,把提高全民的科学文化素质作为一项战略任务,把科普工作纳入国民经济和社会发展规划,常抓不懈,抓紧抓好。要围绕经济发展和社会进步的客观需要,深入持久地开展科普活动,加大科普宣传力度,引导人们树立正确的世界观、人生观和价值观,形成科学的行为准则和生活方式,自觉抵制各种愚昧、迷信和歪理邪说,努力营造重科学、讲科学、学科学、用科学的良好风尚。要创新科普工作方法,学习和借鉴先进的科普经验,探索新途径,建立新机制,推动科普工作进农村、进企业、进学校、进社区、进家庭,使科普工作更加贴近实际、贴近生活、贴近群众,不断增强科普工作的针对性和实效性。全社会都要关心支持科普工作,充分发挥科协在科普中的主力军作用,充分发挥广大科技工作者和科普工作者的作用,形成各方面齐抓共管的工作格局。

中共中央政治局委员、天津市委书记张立昌在科学技术奖获奖人员座谈会上的讲话摘要（2004年12月30日）

当今的国际竞争,实质上是技术的竞争。谁拥有先进的技术,谁就能够抢占竞争的制高点,掌握发展的主动权。世界科学技术正在酝酿着新的突破,信息技术、生物技术、新材料和新能源技术等的发展日新月异,一场新的科技革命和产业革命正在孕育之中。未来科学技术引发的重大创新,必将推动生产力、生产方式以及人们生活方式的深刻变革,引起全球经济格局的深刻变化和利益格局的重大调整。我们必须认清世界科技进步的大势,跟上科技发展的时代潮流,不断增强自主创新能力,加强引进技术的消化吸收,缩小差距,赶超先进,在激烈的竞争中抢占主动地位。

天津作为一个经济中心城市,必须把科技创新作为经济工作的生命线,坚持走科技路、吃科技饭,努力走出一条依靠科技进步、提高整体素质、实现加快发展、增强经济实力的路子。我们强调"高水平是财富、低水平是包袱",就是要瞄准世界科技进步的前沿,加快实施科教兴市战略,真正把经济工作的着力点转到追求高水平、低成本上来,努力构建集约型、节约型、生态型的发展模式,实现经济又快又好的发展。高水平,主要应体现在技术水平上;低成本,也主要应靠提高技术水平来实现。要把提高技术水平摆在更加突出的位置,不停步地进行技术改造,不间断地进行结构调整。要着力抓好一批重大高新技术产业化项目,大力发展高技术含量、高附加值的产品,积极培育新的优势产业。要大力开发具有自主知识产权的关键技术,储备一批具有国际先进水平的科研成果,做到研发不断层,项目不断档。

科技创新,人才为本。人才的数量和创造力,往往决定着科技进步的速度,决定着经济社会发展的水平。特别是领军人物和尖子人才的作用尤为重要。要坚持人才资源是第一资源的思想,认真贯彻尊重劳动、尊重知识、尊重人才、尊重创造的方针,抓住培养、吸引和使用三个环节,加快实施人才强市战略。要进一步完善政策、健全机制、优化环境,最大限度地激发人才的创造力,真正做到人尽其才、才尽其用。要用感情留人、事业留人、适当的待遇留人,对有突出贡献的人才要高酬重奖。要鼓励创新,支持冒尖,宽容失败,努力为各类人才施展才华营造良好的氛围。

各级党委、政府要把科技工作摆上重要的议事日程,切实加强对这项工作的领导。要不断深化对科学技术发展规律的认识,立足当前,着眼长远,认真制定和实施科技发展规划。要不断深化科技体制改革,加强科技资源整合,多渠道增加科技投入,更好地发挥科技第一生产力的作用,进一步开创我市科技工作的新局面。

科技部部长徐冠华在全国科技工作会议上的讲话摘要（2004年2月20日）

2004年是完成"十五"计划的关键年,又是国家中长期科技发展规划的完成年。全国科技工作将按照上述总体部署,突出抓规划、抓落实、抓重点突破。抓规划,就是要在国务院领导下,切实做好中长期科学和技术发展规划的研究制定工作;抓落实,就是要抓好党中央、国务院有关科技发展和改革各项政策的落实,力争在已经部署的各项工作方面取得明显进展;抓重点突破,就是要在重点推进基层科技工作、科技基础条件平台建设、科技评价办法的实施等方面取得新突破。

1. 完成国家中长期科学和技术发展规划制定和组织"十一五"计划编制工作。

制定国家中长期科技发展规划，是党中央、国务院根据世界科技发展新趋势和国内全面建设小康社会的迫切要求，做出的一项重大战略决策。通过此次规划的制定，要对未来15年我国的科技发展战略和重点进行新的重大部署。目前，中长期科技发展规划的制定已经进入一个非常关键的阶段。我们要认真落实温家宝总理和陈至立国务委员对高质量完成规划制定工作的指示精神，再接再厉，加倍努力。今年上半年要基本完成战略研究工作。规划战略研究成果在送“三院”咨询的同时，要广泛征求各部门、行业和地方的意见。在充分集中专家智慧的基础上，加强与有关部门、行业和地方的沟通，特别是加强与经济和社会发展计划之间的衔接，通过广泛、深入地研讨，凝聚和集成全社会的智慧和力量，全面高质量地完成规划纲要编制工作，争取年底前报国务院审定发布。同时，还要做好规划实施的具体方案和相关配套政策的制定落实工作。各地要在国家规划战略研究成果的基础上，结合本地实际和特点研究制定地方科技规划，同时要防止各自封闭，以免造成新的分散和重复。我们深信，在科技界以及全社会的共同努力下，这次中长期规划将在中国科技发展史上留下浓墨重彩的篇章，具有重要的里程碑意义。

今年，我们还将提前启动“十一五”计划(规划)编制工作。“十一五”计划要充分体现国家中长期科学和技术发展规划的战略思想，为中长期规划的顺利实施赢得良好开局。要与“十五”计划保持紧密衔接，使各项重点工作得以稳步推进。在此我要特别提出，为了更加充分地体现相关领域发展的整体要求和国家目标，国家“十一五”科技计划的决策和管理机制将要做出重要调整。

2. 抓紧“十五”科技计划重点任务的落实，加大对经济社会发展重大问题科技攻关和成果转化的力度。

目前，“十五”计划和重大专项的实施已进入攻坚阶段。各有关部门、地方和单位一定要以高度负责的精神，对已经部署的各项工作一抓到底，真正抓出成效。科技管理部门要继续加大12个重大科技专项的实施力度，做好后期进展的督促和评估验收工作。在973、863、攻关等国家科技计划中期评估的基础上，加强计划管理，做好计划后期立项、滚动和调整，做好计划间的协调、衔接、集成和产业化工作。在计划滚动调整中，要加强国家科技计划与地方科技计划的衔接集成。在863、973、科技攻关计划、重大科技专项等有明确国家目标的重点领域，重大项目的确立和管理要充分发挥相关部门、行业和地方的积极作用。科技部今年将会同各相关行业和部门对这一问题进行专门研究，尽快形成具体的调整方案。

今年，科技部将与有关部门和地方紧密配合，集中力量优先解决农业和社会发展领域一系列突出的科技问题。围绕粮食安全问题，启动实施粮食安全重大科技专项，以水稻、小麦和玉米三大作物为主攻方向，以东北、华北和华中三大平原为重点区域，抓好科技攻关、成果转化和示范推广工作。科技攻关计划、星火计划、农业成果转化基金、重大专项等要加强集成，进一步向保障粮食安全和增加农民收入方面聚焦和倾斜。以星火计划为主导，加速农业科技成果转化和产业化。积极推进重大科技专项成果的产业化，大力发展农产品加工业，延长农业产业链，提高农产品附加值，拓宽农民增收渠道。积极探索新形势下的农业科技成果转化机制，推动科技特派员制度试点工作，发挥农业科技园区、农业示范区、星火培训、农业专家大院和高等院校等在农业科技成果转化中的作用。加强农村小城镇建设，建设一批具有特色的科技示范小城镇。围绕提高公共卫生整体科技水平，着力解决肝炎、艾滋病等重大传染性疾病防治科技工作的统筹协调，重点加强检测、预防和治疗等关键技术研究，切实保障人民生命健康。“非典”、禽流感的科技攻关今年力争取得重要进展，相关科技成果要迅速转化应用。加强对新发传染病的基础研究工作。围绕落实《可持续发展科技纲要》，着力抓好水资源、油气和矿产资源、能源、环境污染和生态环境治理、食品安全、生产安全、社会安全等重大问题的科技攻关，提高支持强度，力争取得一批重要阶段性成果。

加大高新技术产业化工作力度，加速高新技术改造提升传统产业的步伐。集成863、火炬计划等各方面优势资源，调动各方面力量，形成推进高新技术产业化的强大合力。以软件、集成电路设计、第三代移动通信、电动汽车、半导体照明、信息安全、机器人、数字化医疗设备、高性能镁合金、中药现代化等为重点，集中力量启动和实施一批高新技术产业化项目，积极推进重大科技专项成果的产业化，培育一批新的经济增长点。继续实施制造业信息化工程、清洁汽车行动与清洁能源行动，推进流程自动化、电子商务与现代物流、智能交通、工业设计、工业节水、再制造等高新技术在传统产业中的推广应用。针对目前高新区建设和发展中反映出来的问题，科技部将和有关部门、地方密切配合，加强调查研究，重点围绕高新区如何进一步提升发展质量和水平,加速高新区“二次创业”步伐,提出更加明确的意见和措施。

坚持科技创新与科技普及并重,推动科普事业全面发展。继续做好《科普法》的学习宣传和贯彻落实工作,组织开展《科普法实施条例》拟订的前期调研工作,贯彻落实国家有关鼓励科普工作发展的税收优惠政策。启动和实施针对优秀科普作品的“后补助”计划。以农村科普工作为重点,逐步建立全国性的科普统计制度,筹备建设国家科普人才库。办好2004年科技活动周和第三届APEC青年科技节等大型科普宣传活动。

3. 以促进公益类科研机构改革和发展为重点,加速国家创新体系建设步伐。

近几年,随着科教兴国战略的深入实施,国家科技投入不断增加,基础研究和战略高技术研究工作明显加强,但公益科研工作长期投入严重不足的局面尚未得到根本改变。在国家创新体系中,公益类科研机构已成为最薄弱的环节之一。加强社会公益科研机构创新和服务能力建设,根本出路在于深化改革,并在此基础上增加投入,双管齐下才能见到实效。

全面推动社会公益类科研机构改革。今年所有部门公益类科研机构改革方案将批准实施。按照“成熟一批、验收一批”的原则,对改革方案实施到位的部门进行阶段性验收。科技部和财政部正在研究进一步提高人均事业费标准问题,对已经达到改革要求的机构将加大投入强度,争取在原有人均事业费提高的基础上继续有所提高。同时,努力增加对公益类科研项目经费,特别是相关国家科技攻关计划经费的投入。在科技基础条件平台建设中,也要重点支持公益类科研条件建设。

加快地方社会公益类科研机构改革步伐。目前,各地社会公益类科研机构改革进展很不平衡,一些地方改革进展较好,但也有些地方“按兵不动”,还有些地方采取“一刀切”办法,将社会公益类科研机构全部实行企业化转制。各地要按照中共中央、国务院《关于加强技术创新,发展高科技,实现产业化的决定》中社会公益类院所分类改革的要求,对于有面向市场能力的科研机构,要转为科技型企业、整体或部分进入企业,或转为企业性的中介服务机构;对于向社会提供公共服务、无法得到相应经济回报的科研机构,在调整结构、分流人员的基础上,按非营利性机构的机制运行和管理,政府主要通过扶持政策、竞争择优方式提供科研项目和基地建设经费。各地科技主管部门要与有关部门加快协商,争取今年内形成省属公益类院所分类改革方案,使支持政策落实到位。科技部将会同有关部门对各地改革进展情况进行检查监督,并及时通报。

加速建立现代科研院所制度。按照十六届三中全会确定的“职责明确、评价科学、开放有序、管理规范”的原则,推行科技人员聘用制和岗位管理,实行科研院所长和重要科研岗位人员面向社会公开招聘制度,实行岗位任期制,形成人员能上能下、能进能出的良性机制。针对改革中出现的新情况、新问题,科技部将与有关部门一起,就富余人员分流、高层次人才培养、完善评价激励机制等问题进行深入调研,提出具体的对策措施。今年要出台支持人才分流的扶持政策、公益类院所分类改革评估验收办法、公益类科研事业单位按非营利机构运行和管理的若干规定等相关配套政策,确保改革有序稳定地推进。同时,要以深化产权制度改革为核心,深入落实《关于国有高新技术企业开展股权激励试点工作的指导意见》、《关于转制科研机构深化产权制度改革的若干意见》,推动开发类科研机构加快建立现代企业制度,增强持续创新能力。要进一步发挥转制院所在科技进步中的作用,重点加大竞争前技术和关键技术领域的国家支持力度。今年各地方也都要全面启动转制院所产权制度改革工作,争取用一、两年的时间,使大部分转制院所建立起真正意义上的现代企业制度。

统筹部门、行业科技工作。积极推进企业技术创新工作。目前,企业作为技术创新主体的地位正在逐步确立,在国家创新体系建设中发挥着越来越重要的作用。随着国家宏观管理体制的调整,政府对于企业科技进步和技术创新工作如何加强指导的问题日益突显出来。科技部将与有关部门加强协调,今年上半年组织对这一问题的专门调研,研究新形势下鼓励和支持企业技术创新工作的具体政策措施。

扩大国家实验室试点。针对目前多数国家重点实验室学科单一、研究领域偏窄、规模较小、开放流动不够等问题,对学科相近、关联度高的若干国家或部门重点实验室整合重组;推动有条件的实验室拓宽领域,组织开展跨学科、跨领域的综合交叉研究;探索新的管理体制和运行机制,如理事会制度、开放流动竞争机制、聘任制等,主要学术带头人在世界公开招聘,为增强基础研究、战略高技术研究和社会公益研究领域的原始性创新能力奠定基础。去年科技部会同中科院、教育部启动了5个国家实验室建设的试点工作。今年,要结合中科院知识创新工程试点和教育部985工程的实施,结合推进现代科研院所制度建立和基础条件平台建设,通过评估论证，再推进几个国家实验室的试点，形成一批按照全新管理机制运行的高水平国家科学研究基地。

加快科技法制建设和知识产权有关工作。配合全国人大等有关部门，积极推进《科技进步法》的修改完善。研究制定专利战略推进措施，强化科技计划知识产权管理，加快推进专利战略的具体实施。加强有关机构的知识产权能力建设，选择部分科研机构、科技计划项目承担单位、民营科技企业和国家级高新区，进行知识产权能力建设试点工作。

4. 科技条件平台建设要有大的进展，全社会科技资源共享取得新成效。

在当今信息化时代，先进科研设施及其他科技基础条件建设是高水平科研必不可少的物质基础。信息网络、数据、文献资料等科技资源的广泛社会共享，是充分利用已有知识积累提高科研水平和效率的有效途径。目前，我国科技创新能力还比较薄弱，科研基础设施相对落后，运行管理水平较低。其中，部门和单位所有制下多种经费渠道的重复购置和封闭使用，加之运行维护经费不足、相关技术人才短缺等问题，使得科研设备条件的社会共享程度和利用率很低。不解决长期困扰我国科技发展的科研条件分散重复和浪费问题，实现不了社会共享，科研基础条件落后的状况就难以改变，科研水平和创新能力就难以提高。

经国务院批准，自2002年起，科技部会同16个部门开始启动国家科技基础条件平台建设试点工作，得到了各部门、地方的大力支持和广大科技工作者的积极拥护。在财政部的支持下，科技部去年整合相关专项经费共5.5亿元，围绕平台建设重点任务，开展了更大范围的试点工作。有关地方也结合地方科技、经济发展需要，开展了平台建设试点工作。这对于改善科研条件，促进科技资源共享和高效利用，提高我国科技创新能力，意义十分重要和深远。今年，科技部将召开全国科技条件平台建设工作会议，对相关工作进行具体部署，指导思想是：

坚持顶层设计，统筹规划和布局。按照统筹中央与地方、统筹创新与产业化发展需求、统筹物质信息保障与人才保障、统筹资源建设与资源共享、统筹国内资源与国际资源利用等方面的要求，以建立共享机制为核心，全面整合国家科技资源。

以部门和地方为主组织实施。科技基础条件平台建设需要调动全社会的力量共同参与。要坚持政府主导、社会共建的方针，形成与部门、地方的互动和合作机制。发挥各部门、地方参与建设管理的积极性，引导部门、地方配套投入，通过加强集成和联建，优化配置科技资源。

坚持管理先行。建立完善科技资源共建共享和科技资产管理新的运行机制，不能建设时行共享之名，运行时又各自为政，从而造成新的力量分散、项目交叉和低水平重复问题。要通过建章立制，做到有法可依。今年将发布《国家科技基础条件平台建设纲要(2003~2010年)》、《大型科学仪器设备管理条例》、《科技计划数据共享管理办法》等规章。

重视队伍建设。科技基础条件平台的管理与运行，客观上要求有一支稳定和高水平的人才队伍。因此，必须重视加强实验、设备维护、科技条件服务等人才队伍的建设，制定相关政策保障这些人才的工作和生活条件，稳定科技条件人才队伍。只有人才队伍这些“软件”搞好了，硬件建设才会有保障。

今年科技基础条件平台建设的重点内容包括：大型科学仪器设备的开放共享和国家重点实验室等实验基地的建设；以基础性、公益性的数据资源为主，依托具有共享和服务优势的数据机构，构建面向全社会的共享服务体系，实现数据的有效利用与增值；推动国家自然科技资源共享平台建设，重点支持动植物种质等资源库共享平台建设；加强科技文献服务的信息化建设，构建门类齐全、结构合理的国家文献资源保障体系和网络服务体系；加强网络资源共享服务体系、网络协同工作体系和网络运行管理服务体系等网络平台环境建设；加强科技成果转化公共服务平台和技术支撑服务体系建设，在孵化器等科技中小企业密集的区域，构建共性技术开发、成果工程化、产品测试、技术信息交流等专业化平台。

5. 全面实施新的科技评价办法，使科技评价不合理状况明显改观。

科学技术评价是改进科技管理、优化创新环境的重要内容。近年来，我国科技评价制度存在一些缺陷，如评价标准单一、指标不尽合理，对不同性质的科学技术活动评价工作指导性不强等，已经成为影响科技创新的突出问题。目前科技界内部反映出来的浮躁浮夸、急功近利乃至学术腐败等问题，都与现行科技评价制度的弊端有关，科技界要求解决这一问题的呼声日益高涨。在广泛深入调研的基础上，科技部、教育部、中科院、工程院、基金委联合发布了《关于改进科学技术评价工作的决定》,又制定颁发了《科学技术评价办法》,得到了科技界的普遍赞同和积极响应。制定这两个文件的主要目的,就是要加强和改进科学技术评价工作,规范科学技术评价活动,形成有利于鼓励原始性创新、防止和惩治学术不端行为的科学技术评价环境。今年科技部将召开科技评价工作交流会,认真落实科技评价办法,加强科技评价工作,促进科技评估机构健康发展,逐步建立专业化、规范化的科技评估制度,使科技评价在引导和激励创新方面取得重要成效。

全面落实两个文件精神,使绝大多数科技评价工作今年内按照新的办法运行。要有弘扬科学精神和人文精神的举措,进一步加强宣传力度,在科技界和社会上形成强大宣传声势。修改和完善已有的科学技术评价管理办法,制定相应的实施细则。各级科技管理部门要根据《决定》和《办法》,结合本地区、本部门实际,针对科学技术评价工作中存在的主要问题,改进相应的评价制度,充分发挥评价工作对各类科学技术活动的正确导向作用。

严格按照评价办法所要求的基本程序进行评审。要在提高评价的公开性、公正性、科学性上下功夫,建立科学技术评价监督机制,接受社会和舆论的监督,杜绝评价过程中的不正之风。

逐步实行各类科技计划、基金和重大专项评审专家信用制度试点。遴选评价专家应遵守随机原则、回避原则和更换原则,建立评价意见反馈机制、评价申诉制度。尽快发布《关于在国家科技计划管理中实施信用管理(试行)的若干意见》,明确针对项目评审专家、项目管理单位、项目负责人和项目承担单位,形成具有可操作性的相应管理办法。

加强科技评价相关的信息库和机构建设。重点加强科技项目基本信息库、科技成果基本信息库和科技评价专家数据库共享机制建设,扶持科技评价中介机构建设,为科技评价体系建设提供支撑。科技部将分批分期对各部门和地方科研管理部门、重点科研院所、重点高等院校、重点实验室的有关(负责)人员进行培训,保障《决定》和《办法》的贯彻落实。

6. 加强地方科技工作,把科教兴国战略落实到基层。

近年来,随着地方经济实力的不断增强,对科技工作的要求十分迫切,各级地方政府对科技工作的关注程度越来越高,地方科技投入规模越来越大。科技部在加强地方科技工作中采取了许多重大措施,2002 年出台了《关于加强地方科技工作的意见》,对推动地方科技工作起到了积极作用。科教兴市(县)工作作为推动市县科教工作的重要抓手,取得积极进展,全国 50%以上的市县区参加了科技进步考核,39%的市县区进入科技进步先进行列。对促进市县科教进步起到了较好推动作用。在国家各类科技计划中,12 个重大科技专项 60%的资金投入在地方,攻关、863 计划落实在地方的资金占到一半以上;国家级高新区、大学科技园、国家农业科技园区、特色产业示范基地等建设取得突出成效;45 个国家可持续发展实验区和 70 多个省级实验区,通过示范解决了一些区域经济和社会发展的重点、难点和关键问题,为我国市县经济、社会、生态环境的相互协调与可持续发展,提供了有益的尝试,取得了一定的成效。

但是,目前地方科技工作还存在不少困难和问题。区域之间科技发展状况很不平衡,特别是县(市)一级基层科技工作薄弱和困难的局面仍然没有从根本上得到扭转。全国约 46.7%的县(市)基层科技资源存量和能力难以对地方经济结构调整提供支撑作用,经济欠发达地区的县(市)基层科技投入普遍不足,一些地方科技投入和项目经费被挤占和挪用,一些县(市)基层科技工作难以摆上地方党委和政府的议事日程,使得本来就十分薄弱的基层科技工作更加弱化。

加强地方科技工作,要以“三个提高”为目标,即提高科技进步对地方经济社会发展的支撑力度,提高科技工作和科技管理部门在党委和政府中的地位,提高各级党委政府对科技工作的支持力度。今年要以加强各类科技资源集成为主要手段,重点推进以下工作:

认真贯彻落实“第一把手抓第一生产力”的方针。“第一把手抓第一生产力”是党的第三代领导集体提出的一项重要决策,是各级党委和政府落实科教兴国战略的具体体现。近年来,上海、浙江、福建、安徽和宁夏回族自治区等地方涌现出一批第一把手抓第一生产力的先进典型,科学技术在当地经济社会发展中发挥了显著作用。今年,我们将联合中央有关部门,对县市科技工作和党政主要领导抓科技进步成效进行评价,加大对先进典型的宣传。要强化“第一把手抓第一生产力”的工作力度,使科技工作真正成为各级党委、政府的中心工作之一。

进一步扩大地方参与实施国家相关科技计划。紧紧依托星火计划、火炬计划等科技计划，通过改进管理办法和运行机制，增强对区域科技产业化的引导示范作用。今年我们将重点解决相关经费多头分散的状况，重大专项和科技攻关经费，中小企业创新基金、农业成果转化资金、重点新产品补助经费、科技条件大平台建设以及西部开发、东北老工业基地改造等专项经费都要进行集成和统筹安排，并与地方的科技经费配套和协调使用，集中力量为区域经济社会发展干几件大事，取得一些重大成果和突破。

加强省部联动和集成。根据不同区域的特点，在高技术产业化、农业产业化、社会发展等对区域经济社会牵动作用较大的领域，与地方联手抓一批重大科技产业化工程和应用示范项目。重点抓好长江三角洲、珠江三角洲和东北三省区域创新体系建设试点工作，在全国范围内形成更多具有特色的高新技术产业集群。鼓励地方增加对科技型中小企业基金的匹配投入力度，重点向各类科技企业孵化器、大学科技园倾斜。根据西部省区的特点，发挥科技先导、示范和带动作用，继续推进缩小西部数字鸿沟行动、西部新能源行动、西部新材料行动、西部生产力促进行动、西部党政领导科技培训等。积极参与东北老工业基地改造，在组织实施西部大开发专项的同时，今年将启动"振兴东北老工业基地科技行动"专项，投入专门资金，重点加强东北老工业基地重点科技工作。

加强区域创新体系和能力建设。重点抓好长江三角洲、珠江三角洲和东北地区的区域创新体系建设工作。进一步推动高等院校和中央属科研院所向地方企业开放，围绕地方经济社会发展和产业发展的重大科技问题联合进行研究开发。继续推进生产力促进中心、科技企业孵化器等科技中介服务机构建设。继续推进区域技术创新试点、示范工作。结合科技条件平台建设，重点在地方建立一批共享程度较高的研究开发和创业平台。继续扩大省部共建实验室试点范围，引导国家的科技力量以多种形式为地方科技进步和创新服务。积极推动科技发达城市和中西部科技欠发达地区的对口合作。充分利用对外科技交流与合作渠道，为各地开展技术、人才引进和招商引资等提供更大的便利；在国际科技合作计划中进一步加大地方项目的比例；结合各地实际，设立国际合作重点项目计划，并在本地科技经费中安排一定比例专项资金用于开展国际科技合作；加强中外科技合作基地建设，支持地方企业实施"走出去"战略。

以启动全国科技管理网络建设为切入点，提升各级科技管理部门的信息化管理水平及县(市)科技管理部门的信息服务能力。在整合科技部、地方科技厅(局)现有网络设施和资源的基础上，由科技部与地方共同支持，建立到县(镇)的全国科技管理信息网。建立包括各地和各类科技成果在内的技术信息、相关市场信息数据库，建立健全通过网络的全国技术市场和技术产权交易系统，实现地方特别是企业的科技需求与国家各类科技计划、大学、科研院所科技成果的供需交互机制，服务地方、企业的技术需求；通过网络建设，增强各级特别是县市科技管理部门科技服务的能力；同时使国家和地方科技计划管理、项目申报更加公开、透明，提高全国科技管理水平和工作效率。

采取切实措施加强县市科技工作。县市科技工作与广大人民群众利益最密切，是科教兴国战略落实到基层的关键。因此，我们明确把 2004 年作为"县市科技工作年"，这不仅是针对目前多数县市科技工作薄弱的问题，而且也具有重大而深远的意义。今年科技部将与地方科技部门联合开展广泛深入的调研，在此基础上制定"县市科技工作年实施方案"，重点就如何加强县市管理机构、人员队伍建设、增加科技投入等问题，制定出切实可行的具体措施。特别是在科技成果转化、经济社会协调和持续发展、全社会科技普及等方面，一定要充分发挥县市科技部门的积极作用。今年科技部将出台"加强县市科技工作的意见"，并召开全国地方科技工作会议进行具体部署。力争用 2~3 年的时间，使县市科技工作面貌得到明显改善。

天津市市长戴相龙在天津市第二届"金桥之友"联谊会上的讲话摘要
(2004 年 5 月 17 日)

"金桥之友"联谊会制度建立以来，更有效、更及时、更方便地促进了企业、金融和科技部门的交流合作，推动了科技成果转化为生产力，已真正成为我市企业、金融和科技互动合作的金桥，对于我们树立和落实科学发展观，落实国家宏观经济调控政策，促进经济社会协调发展和人的全面发展具有积极意义。去年以来，针对全国经济发展中存在的一些问题，党中央、国务院出台了一系列加强宏观调控的政策和措施。按照中央的部署，我们加大了组织经济工作的力度，着力调整经济结构，提高经济运行质量，促进全市经济平稳协调较快发展。我们严格执行中央关于土地供给和信贷投放的有关政策，同时，有针对性地对有市场、有效益产品生产企业和高科技行业和支农项目继续给予信贷支持。

科技已成为支撑我市经济社会发展的关键力量，是我市率先实现现代化的重要保障。希望通过“金桥之友”联谊活动的深入开展，更好地服务于引进、消化和吸收国外先进技术，同时，不断提高高新技术自主开发和产业化能力，大力培育和发展具有自主知识产权的产品，把更多科技成果转化为现实生产力，全面提升产业科技含量，增强市场竞争力。各级政府和政府各部门要全力支持科技界、企业和金融部门的结合，搭建沟通平台，创造宽松环境，建立起更完善的科企银合作机制。希望“金桥之友”活动越办越好，科技界、企业、金融部门的联系更加紧密，共同促进天津经济加快发展。

重要科技活动

2004年科技工作会议

2004年1月2日，天津市召开科技工作会议，贯彻落实天津市委八届五次全会精神，总结2003年科技工作，安排部署2004年科技工作。天津市人大常委会副主任梁肃，市政协副主席陆锡蕾出席，副市长杨栋梁讲话。

2004年科技工作总的思路是，树立和落实科学的发展观，强化“三个意识”，提高“三个能力”。通过实施六大科技行动，抓好优化科技进步环境的五项保障措施，完成三大工作目标。六大科技行动一是实施科技攀登行动，加强应用基础研究，抓好15个科技专项，进一步提高自主创新能力，抢占一批科技制高点。二是实施科技跨越行动，加快国家级产业化基地建设，促进科技型中小企业快速成长，做大做强优势高新技术产业，培育新的经济增长点。三是实施科技联盟行动，加速高新技术向产业转移的速度和广度，支持主导产业提升竞争力。四是实施科技燎原行动，加快区县科技进步。五是实施科技阳光行动，加大社会发展科技攻关力度，加强科普工作，促进社会的可持续发展。六是实施科技明星行动，落实“人才强市”战略，造就高素质的科技人才队伍。

杨栋梁在讲话中强调，科学技术是第一生产力。一方面，要瞄准国际国内一流水平，进一步加快高新技术产业化步伐，把天津的高新技术产业做强做大，不断提高高新技术产业在全市经济中的比重，增创经济持续快速发展新优势。另一方面，继续加大高新技术和先进实用技术的渗透和改造，提高支柱产业的科技含量，增强产业竞争力，为经济发展和社会进步提供技术支撑。

最后杨栋梁指出，要深化体制改革，加快科技创新体系建设。下一步要抓好三个环节：细化近期科技创新体系建设方案，量化指标，排出时间表，有步骤地推动实施；搞好各类创新机构的运行模式与运行机制的设计，使新机构照新机制运作，把各类创新机构的功能充分发挥出来；尽快增强科技创新体系的实力。

2004海水淡化及利用技术国际研讨会

2004年4月11日，天津市政府与国际脱盐协会共同主办，天津市科委、经济技术开发区管委会承办的2004海水淡化及利用技术国际研讨会（中国·天津），在天津市经济技术开发区开幕。天津市人大常委会副主任梁肃出席了开幕式，副市长杨栋梁，中国工程院副院长沈国舫、国际脱盐协会会长阿布都哈米特·曼索尔在开幕式上致辞。市科委负责同志和国际脱盐协会的专家分别做了主题报告。国际脱盐协会技术委员会主席利昂·艾微布克、中国工程院院士、杭州海水中心高从堦研究员、天津大学海水淡化与膜技术研究中心主任王世昌教授等近30位国内外专家相继在会上进行专题演讲。涉及海水淡化发展趋势、海水淡化技术与发展战略、海水淡化的经济评价等10多个专业领域。参加研讨会的代表来自100多个科研机构和高新技术企业。境内外的外资企业占30%,大都来自海水淡化技术与产业较为发达的欧美国家及中东地区。国内参会的70多家单位分别来自北京、上海、四川、广东等12个省市。既有地方政府主管部门、科研院所、高校,也有从事海水淡化开发与生产的高新技术企业。此次会议,不仅向国内外展示了天津市在海水淡化与利用上的研发实力和示范工程建设上的成就,同时为国内外搭建了海水淡化与利用领域科技交流与合作的平台,对天津市逐步成为国际海水淡化科技创新中心,起到重要的作用。

全国工业节水科技工作交流会在津召开

2004年4月28日,由国家科技部高新技术发展及产业司和全国节约用水办公室共同主办,天津市科委、市经委、市节水办、中化化工科学技术研究院协办,天津化工研究设计院承办的全国工业节水科技工作交流会在天津天宇大酒店召开。天津市人大常委会副主任梁肃会见了科技部副部长马颂德等国家部委负责同志及专家并出席了开幕式。科技部副部长马颂德在开幕式上致词。会上,国家科技部提出全国工业节水科技试点市的要求,天津市科委负责同志通报了天津市创建工业节水科技试点市的方案,并得到与会领导和专家的肯定。有关省市科技领导部门,科研单位,大学及企业的代表200多人参加了交流会。

会上,国家科技部、国家节水办有关负责同志分别作了全国工业节水科技工作报告和全国节水状况报告,全面回顾十年来我国工业节水科技创新工作,并明确了“十五”后期和“十一五”的工业节水科技攻关的方向、目标及主要任务。天津化工设计研究院院长郑书忠研究员、北京化工大学魏刚教授、国家海洋局杭州水处理中心罗菊芬高级工程师、南京工业大学副校长徐南平教授分别作了专题报告。与会代表一致认为,天津市委、市政府十分重视依靠科技进步增强天津市的水资源可持续利用能力。近几年来,通过系统集成科技优势,在水资源可持续利用方面加大了科技攻关和科技示范工程建设的力度,在工业节水、污水资源化和海水淡化与利用等方面取得一系列突破,主要节水指标保持全国领先水平。工业用水重复利用率达80%,高于发达国家工业用水重复利用率75%的水平;万元产值取水量由1998年的35.4立方米降至2002年的27.6立方米,远高于45立方米~60立方米的国内平均水平。

太平洋电信组织(PTC)2004年中会暨PTC博览会和第九届中国(天津)信息技术博览会在津召开

2004年9月14~17日,由国家信息产业部、天津市人民政府和PTC理事会共同主办,天津市人民政府信息化办公室、天津新技术产业园区、太平洋电信组织年中会议委员会和迅龙通讯科技有限公司共同承办的太平洋电信组织(PTC)2004年中会暨PTC博览会和第九届中国(天津)信息技术博览会在天津召开。中共中央政治局委员、市委书记张立昌出席开幕式,并会见专程前来参加会议的嘉宾代表,对客人来津表示热烈欢迎,对会议的召开表示诚挚祝贺。全国政协副主席罗豪才为开幕式启幕。国家信息产业部部长、国务院信息化工作办公室主任王旭东,天津市市长戴相龙,PTC理事会主席布鲁斯·德莱克,摩托罗拉公司执行副总裁吉恩·戴莱尼分别致辞。会议期间共发布电子信息、生物医药等六大类项目51个,项目总投资额12亿元。参加博览会人数达到2万人次,来自美国、日本、韩国等PTC成员及中国电信、中国移动、中国网通、中国联通等45家知名企业参加了博览会。

海岸带地质环境与城市发展研讨会

海岸带地质环境与城市发展研讨会于2004年10月16~18日在天津召开,中国科学院刘东生等4位院士与国内外200余名专家共同研讨海岸带地质环境问题。国土资源部党组成员、中国地质调查局局长孟宪来，天津市副市长陈质枫出席会议并讲话。

会议期间，中国科学院院士刘东生、陈梦熊、王思敬、林学钰在大会上做了报告。来自美国、日本、荷兰、埃及的6位专家分别介绍了各自国家面临的海岸带环境地质问题，国内30多位专家介绍了各自最新研究成果，这些研究与社会经济发展紧密相关。其中，海平面上升、风暴潮、海水入侵等灾害，咸水、微咸水、地下水库的开发利用，地铁修建等城市地下空间开发中的环境地质问题，地面沉降、地裂缝灾害，污水处理问题，地震与活动断裂对地质环境的影响6类问题，因与城市发展关系密切而分外引人关注。与会专家还对天津市沿海地面沉降、近现代海岸淤积与侵蚀、典型贝壳堤等进行了实地考察。

海岸带是海洋和陆地相互地质作用最活跃、最敏感的地区，也是地质环境最脆弱的地区之一，开展海岸带综合治理与保护，进行沿海城市环境地质调查评价成为当务之急。随着海岸带经济的发展，天津也不同程度地出现了地面沉降等地质灾害和水资源危机，市政府每年都投入大量资金开展治理工作，并取得了明显的成效。特别是环渤海海岸带地质环境调查成果的完成，为天津市保护海岸带地质环境，促进城市发展提供了科学的依据。

天津市成功举办2004中国泰达生物论坛

2004中国泰达生物论坛10月23日上午在天津经济技术开发区开幕。泰达生物论坛由共青团中央、全国青联、国家发改委、中国科学院、国家科技部、国家药监局、天津市政府共同主办。来自海内外的知名专家学者1000余人会聚天津，围绕全球生物技术与生物经济发展，研讨生物技术最新前沿进展，探讨生物技术为人类服务的新过程。

中共中央政治局委员、市委书记张立昌会见了前来出席论坛开幕式的共青团中央书记处第一书记周强、国家科技部副部长李学勇、中国科学院副院长白春礼、全国侨联副主席林淑娘等，对论坛开幕表示热烈祝贺，对国家有关部门领导及海内外人士来津出席论坛表示热烈欢迎。全国人大常委会副委员长、中国科学院院长路甬祥向大会致贺信。市长戴相龙出席论坛致开幕辞。

张立昌在会见时说，科学技术是第一生产力。社会生产力的每一次飞跃与发展，人类社会的一切文明与进步，都离不开科学的重大发现与技术的重大发明及其广泛应用。当今世界，科技进步日新月异，技术更替不断加速，一场新的科技革命和产业革命即将到来。只有认清科技进步的趋势，跟上时代发展的潮流，积极抢占科技制高点，才能在日益激烈的市场竞争中把握机遇，赢得主动，更好地推动经济发展和社会进步。多年来，天津坚持走科技路、吃科技饭，不断追求科技进步，通过自主研发和引进吸收两条途径，大力发展高新技术产业，努力提高产品的科技含量，促进了经济结构的优化升级和经济素质的显著提高，走出了一条依靠科技进步、促进经济发展的路子。在新的发展阶段，我们将牢固树立“高水平是财富、低水平是包袱”的观念，按照“国内领先、世界一流”的标准，加快推进技术创新和科技进步，大力发展科技含量高、能耗少的优势产业和产品，进一步转变经济增长方式，提高经济发展的整体水平。生物技术及其产业是世界新技术革命的重要组成部分，发展潜力巨大，前景非常广阔。我们要充分发挥优势，促进快速发展，尽快形成规模。相信这次论坛的举办，必将对推动生物技术及其产业的发展发挥积极的作用。

已成功举办两届的TEDA-WATSON生物技术与医药国际年会，2004年正式提升为中国泰达生物论坛，并成立相应的组织机构，确立科学化、国际化的管理和运行机制，使中国泰达生物论坛逐步成为亚洲乃至世界生物技术及医药产业界高水平的年度盛会。论坛除进行基础理论和热点问题的研究外，还增设了大型会展活动，聚集业内企业进行产品展示、项目发布与洽谈、人才交流等。

中国泰达生物论坛会期两天，于24日下午闭幕。

专 文

天津科技进步综述

天津市科委主任 李家俊

2004年，天津市科技工作认真树立并落实科学发展观，围绕年初确定的工作目标和工作任务，实施六大科技行动、落实推动科技进步的各项具体措施，取得了明显成效。

1. 综合科技进步水平继续位居全国前列。国家科技进步监测结果表明，天津市综合科技进步水平在全国排名第3位。科技进步促进了经济结构调整，推动了全市走新型工业化道路的进程。一批节水、节能、减污和资源综合利用技术得到推广应用。在保持经济健康快速发展的同时，能耗、水耗和电耗持续下降。根据中科院可持续发展战略报告(2004)，天津市的区域可持续发展总体能力在上海、北京之后列全国第三，新型工业化综合指数连续两年位居全国第一。全年申请专利8406项，比上年增长23.4%，其中发明专利4103项，企业专利3812项，职务发明专利4703项；获专利授权2578项。全市科技成果获市级科技奖励218项，获国家科技奖励14项，其中获国家自然科学二等奖3项，占全国的1/6，标志着天津市基础研究水平在多年积累的基础上有了新突破。全年登记市级科技成果1406项，技术合同交易额45亿元。科技服务业总收入90亿元。

2. 科技创新取得新突破。2004年，围绕天津市经济社会全面、协调和可持续发展的重大需求和关键科技问题，安排科技发展计划项目520项，当年市财政投入经费1.98亿元，引导承担单位研发投入27.9亿元，其中银行贷款5.5亿元。市财政资金放大倍数超过11倍。通过市科委推荐申报有151个项目获国家立项，新增项目资助经费5600万元。全社会R&D经费支出占GDP的比重预计在1.8%左右。科技攻关和自主创新取得新突破。如LCOS数模混合芯片的CMOS制造技术和反射式显示用近眼虚拟光学放大系统研究，居国内领先地位。飞斯卡尔强芯和南开强芯的片上系统(SOC芯片)设计达到90纳米的国际先进水平。开发出了基于J2EE标准的高端软件中间件系列产品，填补了国内空白。用于病原微生物检测的生物芯片取得新进展，已累计申请国内外专利88项，获专利授权3项，开发出的重要致病菌检测基因芯片即将进入临床试验。抗艾滋病病毒膜融合抑制剂Ⅰ类新药“西夫韦肽”被批准进入临床试验，高纯度亚单位流感疫苗等一批具有自主知识产权的生物工程新药研发取得重要进展。铜铟硒薄膜太阳能电池开发出大面积集成组件。纯电动轿车在2004年上海举行的“国际清洁能源电动车竞赛”中获得了环保、节能及能源效率、安全可靠性能等5项一等奖。组织实施了海水淡化、城市水系治理、高性能计算、锂离子电池配套材料等7个重大项目，总研发经费近亿元，其中市财政经费2837万元。在应用基础研究和高水平科技人才培养上取得显著成效。全年完成的155项市级基金项目中，发表科学论文1167篇，在国际学术刊物上发表科学论文208篇，被国际三大检索系统收录371篇，申请发明、实用新型专利分别为101项和17项。在国际上首次发现了一个新的干细胞因子人血液血管细胞生成素，在国内首次临床确认一个与血液肿瘤耐药和一个与血液肿瘤恶性度相关的基因，引起国内外广泛关注。应用基础研究吸引并聚集了大批优秀人才和回国留学人员。在项目负责人中，回国留学人员分别占了重点基金和面上基金的36.1%和28.6%。加大了国际科技交流与合作力度，全年共支持并派出科技专家和学者200批、418人次，赴美、欧、日本等国家和地区开展科技交流与合作。

南開大學

科技工作简况

2004年，南开大学自然科学研究继续保持良好势头，获得国家基金委各类基金项目88项；国家自然科学基金当年立项面上项目63项(包括青年基金项目11项)，重点项目3项，重大研究计划2项(面上项目)，创新群体1项。全校理科到校科研经费超过1.75亿元，比2003年的1.54亿元增长了13.63%，创历史最好成绩。其中，光电子薄膜器件与技术研究所孙云教授承担的863计划项目获得滚动支持资助金额1557万元；程津培院士带领的团队获得基金委创新研究群体科学基金360万元支持，既是学校、也是天津市首次获得创新群体支持。2004年取得一批具有重大影响的标志性成果，共获各类奖励9项；其中，南开数学研究所龙以明教授主持的“辛道路的指标理论与在非线性哈密顿系统中的应用”项目，获国家自然科学二等奖；作为第一完成单位，获得天津市自然科学一等奖1项，天津市技术发明一等奖1项，天津市自然科学二等奖4项，天津市科技进步二等奖1项；作为第二完成单位，获得天津市科技进步二等奖1项。根据2004年12月中旬科技部公布2003年度中国科技论文情况，南开大学被SCI收录论文数为564篇，全国高校排名第11位；被引用论文662篇，1408次，全国高校排名第8位。2004年科研基地建设取得新进展，新建一个国家环保总局重点实验室——“国家环境保护城市空气颗粒物污染防治重点实验室”，经国家环境保护总局审核，通过专家论证；获天津市科委以及教委的批准，新增7个天津市重点实验室，包括：“天津市信息光子材料与技术重点实验室”，“天津市光电子薄膜器件与技术重点实验室”，“天津市微生物功能基因组学重点实验室”，“天津市金属与分子基材料化学重点实验室”，“天津市组合数学重点实验室”，“天津市城市生态环境修复与污染防治重点实验室”及“天津市农药科学重点实验室”。2004年共有12项科研成果通过鉴定；申请专利135项，其中发明专利114项，实用新型专利21项；已获授权专利38项，比2003年的32项增长了18.8%，其中发明专利25项，实用新型专利13项；计算机软件著作权申请6项，计算机软件著作权登记证书获得4项；商标申请标识5项共计55类。

基础与应用基础研究

概　况

2004年，天津市基础研究工作紧紧依靠专家，加强对项目执行的过程管理，注重培养人才和培育项目相结合的原则，吸纳了大量优秀人才，促进学科建设和国际科技合作交流，取得一批创新性和有应用前景的研究成果。全年共执行基础研究计划项目762项(含新增项目)，其中重点项目174项；面上项目588项。当年新增重点项目42项，资助经费836万元，新增面上项目120项，资助经费720万元。2004年共结题完成的基础研究计划项目155项：实际完成论文1167篇(计划完成693篇)；实际申请发明专利101项和实用新型专利17项(计划申请发明专利和实用新型专利分别为79项和12项)；实际完成新型原理性样机、样品86台件(计划研制出样机、样品64台件)；全部超额完成预期的各项计划指标。2004年基础研究项目产出成果中以论文形式在国际学术刊物上发表208篇，在国内刊物上发表696篇，已被SCI、EI、ISTP三大检索系统收录371篇(其中SCI收录150篇EI收录179篇ISTP收录42篇)，英文文章已发表在影响因子最高达8.427的国际期刊上，中文文章已发表在影响因子最高达1.848的国内核心期刊上，共撰写出版技术专著6部。完成的36项重点基金项目中，有9项达到国际领先、13项达到国际先进水平，占重点基金项目的61.1%；完成的119项面上基金项目达到上述水平的，分别为4项和37项，占面上基金项目的34.4%。体现出重点基金为进入国家层面各类计划培育项目、出高水平的研究成果、高水平论文的工作思路；面上基金侧重于“应用”基础研究、培养人才、培育项目的宗旨。通过基金项目的资助，南开大学化学学院教授程鹏承担的“新型信息功能材料研究”项目，获2003年国家自然科学二等奖和天津市自然科学一等奖。天津市共有16项基金项目获省、部级以上的科技奖励，其中获一等奖2项、二等奖8项、三等奖6项。从完成的项目统计，2004年天津市已有101项基金资助项目进入国家科技部或各部委的计划，获得国家资助经费3897.8万元（其中获“973”资助5项；获“863”资助14项；获得国家、部委攻关12项；获得国家基金36项；获得其他省、部专项29项）。如天津医科大学“水分子簇结构及其振转运动对生命大分子活性的影响及调控机理”、天津师范大学“来源于小麦和簇毛麦抗白粉病新基因的克隆研究”，同时获科技部批准立项，分别获资助55万元和20万元。2004年完成的155项基础研究项目，共培养出博士123人（36项重点基金项目培养47人，119项面上基金培养76人）、硕士326人(重点基金培养90人，面上基金培养236人)。并且，吸纳和聚集了大批优秀人才和回国留学人员，形成了一支高水平的基础研究队伍。在项目负责人中，回国留学人员分别占了重点基金和面上基金负责人的36.1%和28.6%。

数学领域

【塞伯格－威顿理论与四维拓扑】　“塞伯格-威顿(Seiberg-Witten)理论与四维拓扑”由南开大学承担，方复全研究完成。该项目建立了“四维流形到欧氏空间的实现”理论；证明了“Seiberg-Witten不变量的模p消灭定理”；证明出“若M是一个闭三维有理同调球，则M×R上有不可数多个光滑结构”；该项目完成了“高维完全交的拓扑分类”；部分解决了大数学家嘉当的一个公开问题及有四个不同主曲率的等参超曲面的重数问题。该项目的创新点包括：引入了Surgery理论方法，解决了“四维流形到欧氏空间的实现问题”；在国际上首次将Seiberg-Witten不变量与群作用联系起来，证明了该不变量的模p消灭定理；将四维流形的光滑结构与流形的嵌入联系起来，发现了一类非紧四维流形上有不可数多个光滑结构；创造性地应用示性类簇理论解决了高维完全交的拓扑分类问题；该课题首次将K-理论方法应用于等参超曲面的研究，部分解决了g=4的等参超曲面的重数问题等。依据研究成果在《Invent. Math.》、《Duke J. Math.》、《Amer. J. Math.》、《Topology》等国际一流学术刊物上发表论文30余篇，其中20余篇被SCI收录。与他人合作，在很大程度上解决了著名数学家丘成桐的两个公开问题，被美国几何学家称为“近年来该领域最重要的研究成果之一”。研究者因此被特邀在 2002 年“国际数学家大会”上作 45 分钟报告。此外，也被俄国数学家 Petrunin、日本数学家 Furuta 在 2002 年“国际数学家大会”的 45 分钟特邀报告中同时引用。有关成果被著名几何学家 Berger（法国科学院院士）在其数学史综述报告《二十世纪后半叶的黎曼几何》中引用；当代著名数学大师 Gromov（法国科学院院士、美国科学院外籍院士）在其名著中也引用该成果；有关成果还被美国著名数学家岡普夫（Gompf）列入美国数学会研究生丛书教材中，也启发了埃德蒙兹（Edmonds）等美国数学家的有关工作等。该项目获得 2003 年度天津市自然科学一等奖。

【李群，李代数与数学物理中前沿问题】 “李群，李代数与数学物理中的若干前沿问题”得到国家自然科学基金专项基金资助，由南开大学承担，白承铭研究完成，项目评价日期为 2003 年 1 月 1 日。项目以李理论为基础，研究流体力学型 Poisson 括积的代数结构（Novikov 代数），Yangian 表示论，经典与量子杨–巴克斯特（Yang–Baxter）方程等数学物理前沿领域，取得成果主要包括：①完善 Novikov 代数的实现理论(分别从交换结合代数和李代数)。讨论 Novikov 代数的重要性质，如双线性形、导子、自同构、中心扩张等，并构造一些重要例子；②明确给出 Novikov 代数与一类特殊顶点（算子）代数的对应关系。利用 Yangian 给出哈珀（Happer）奇怪简并模型中的升降算子，并用 Yangian 表示论，解释在实验中存在的简并为什么只发生在 S=1 的情形；③利用 Yangian 表示论给出 3 个张量及 angian 存在的可能性的预言；④探讨新守恒量 J2 的物理应用。给出左对称代数与几何经典 r–矩阵之间的具体对应，明确与群上量子 Yang–Baxter 方程解的关系。利用线性函数构造新的左对称代数。讨论左对称代数与完备李代数的关系。给出集合上的量子 Yang–Baxter 方程的一些新的解等。该研究发表 13 篇论文均为 SCI 收录。

【组合函数的研究】 “组合函数”项目得到国家自然科学基金、专项基金资助，由南开大学承担，陈永川、郭军伟、杨立波、付梅、赵静宇共同研究完成，2003 年 12 月通过验收。数学大师 I. M. Gelfand 指出组合数学和几何将是本世纪数学的前沿学科。组合数学在生物信息学，离散动力系统，数学物理（量子角动量理论）等领域的应用明显增多，一些新兴的如量子计算、组合化学领域也用到组合数学方法。组合数学中有很多来源于其他学科的函数，如特殊函数、对称函数、超几何级数、特殊行列式、群表示函数等等。随着组合方法的发展，组合函数的研究成为了组合数学以至其他学科的重要课题。该研究主要内容包括：q–级数在数论中有非常重要的作用；Schubert polynomials 在 Yang–Baxter 方程研究中的作用；Schur 函数在图的计数中的作用；Askey–Gasper 关于超几何级数的恒等式在解决 Bieberbach 猜想中的作用；经典的关于行列式的 MacMahon 定理，在量子角动量理论中的作用等等。

【采样理论与信号处理】 “采样理论与信号处理”项目得到国家自然科学基金专项基金资助，由南开大学承担，孙文昌、周性伟研究完成，项目评价日期为 2004 年 1 月 1 日。采样定理是脉冲编码调制通讯系统的理论基础。该项目主要研究了高维频谱有限函数的不规则采样，平移不变子空间上的平均采样和采样误差估计，以及采样理论在小波框架和 Gabor 框架研究中的应用，给出了两个参数同时扰动时的稳定性条件。有很多研究者研究 Gabor 框架的稳定性，其中绝大部分结果的共同点是仅仅研究了平移参数或调制参数扰动时的稳定性。项目成果共发表 11 篇论文，全部被 SCI 收录，其中 3 篇发表在《美国数学会会报》。有关结果在美国《数学评论》和 Birkhauser 出版社出版的小波分析专著中得到高度评价。

【有限典型群的结构与应用】 “有限典型群的结构与应用”由中国民用航空学院承担，高有、高永馨、石新华共同研究完成。有限典型群的结构是典型群研究的重要课题之一，得到许多群论学者的重视，20 世纪 90 年代国内外在这方面的研究主要集中在有限典型群的极小生成元集与有限典型群的子群结构方面。该项目研究主要包括：①有限域上奇异辛群和奇异酉群作用下子空间轨道生成的格及其几何性；②利用有限域上典型群作用下的各种几何空间的子空间构作了一系列 Cartesian 认证码；③利用有限域上典型群作用下的各种几何空间的子空间构作了一系列 PBIB 设计；④确定了有限域上典型群的二元生成问题；解决了有限交换环上典型群的阶的问题；

确定了有限交换环上典型群的卡特(Carter)子群的结构；确定了有限域上奇异典型群的卡特子群的结构。在对该问题研究的基础上，在国内外核心学术期刊发表研究论文20篇，其中3篇被SCI光盘版收录；一篇被EI收录(2003年，高有发表了论文《有限奇异酉群作用下的子空间轨道生成的格及其特征多项式》)；17篇被《美国数学评论》(Mathematical Reviews)收录；有4篇论文被《中国科学引文数据库》收录的论文引用6次。成果发展了有限典型群的结构理论，丰富了有限典型群在组合数学、信息安全方面的应用内容。

系统科学领域

【电力大系统电压稳定可行域可视化初探】 该项目由天津大学承担，余贻鑫、宿吉锋、贾宏杰、李鹏共同研究完成。研究成果在利用电压稳定局部指标LI对参数空间降维的基础上，通过前馈神经网络描述相应电力系统结构的电压稳定可行域边界(鞍-节分岔界面)，基于这一神经网络可以在线快速地在二维或三维空间上绘出相关的可视化图形。对于系统结构改变的情形，用同一神经网络描述的近似稳定边界通常仍具有满意的精度。在天津(华北)1659母线系统上得出了令人满意的可行域直观描述，有望达到在线监控的实时性要求。通过项目研究，撰写的论文于2001年发表在《电力系统自动化》第25卷第22期。

【输配电系统综合规划的全局优化算法】 该项目由天津大学承担，段刚、余贻鑫研究完成。该课题为解决输配电系统规模大造成的计算量问题，给出基于输配电系统知识的最短路算法。成果提出了改进的最短路遗传算法，用于对多个电压等级的纯开环输配电网进行综合规划，算法能考虑复功率、电压、容量以及树状约束，并得到全局优化解。在只考虑有功潮流的情况下，通过控制节点的出入度，提出了开环与非开环混合的输配电系统综合规划问题的近似解决方法。通过该项目研究撰写的论文于2002年4月发表在《中国电机工程学报》第22卷第4期。

【分叉、混沌理论及其应用】 在机械系统、社会经济、环境系统中存在着大量的非线性动力学问题，迫切需要用一种新的理论来研究机械系统复杂的动力学行为，这就为非线性动力学的发展提出了深刻的理论问题。高维非线性系统动力学是目前国际上非线性动力学领域的前沿课题，并且已经列入中国力学学科“十五”发展规划。天津大学、北京工业大学、石家庄铁道学院的王洪礼、张伟、杨绍普、张琪昌、苏文利等共同进行研究。在理论研究方面对高维非线性系统的全局分叉、混沌动力学和全局摄动法、高维非线性系统规范形和最简规范形的计算和应用、滞后非线性系统分叉动力学进行研究；在应用研究方面，运用上述理论研究成果对车辆运载系统运行稳定性、非线性转子——形状记忆合金轴承系统的振动与控制等问题进行深入研究。主要创新点如下：首次研究了具有一对双零和一对纯虚特征值的四维非线性系统的规范形，利用“单步变换法”提出了一种计算半单系统规范形的新方法；首次发现在广义Lienard振子中可以同时存在多个极限环解及其跳跃现象；首次用现代非线性动力学分叉与混沌理论研究了形状记忆合金对转子系统振动的主动控制、汽车四轮转向系统和轮胎动力学以及高速机车车辆运行稳定性等问题，提出了研究非光滑多重非线性机车悬挂系统分叉动力学行为的新方法。通过该项目研究，在国内外重要刊物和国际学术会议上已发表了62篇高水平的学术论文、出版专著一册，其中被SCI收录12篇，被EI收录20篇，被ISTP收录2篇，该项成果被SCI引文期刊发表论文的作者正面引用了9次。研究工作受到了国内外同行的关注和好评，国外同行曾邀请两位青年骨干去做博士后研究。自1998年以来已培养博士研究生14名，培养硕士研究生24名。该项目获得2003年度天津市自然科学二等奖。

【整数线性系统及在人力资源中应用研究】 国家自然科学基金项目“整数线性系统及其在人力计划和其他问题上的应用”由南开大学承担，涂菶生、李勇建、李旭东、孙俊清、岳德全等共同研究完成，项目评价日期为2003年1月1日。该项目是由涂菶生教授和香港中文大学蔡小强教授在研究香港新机场人力调度和计划系统的过程中，针对实际问题共同提出的，取得的成果包括：①研究了根据人力资源需求，制定招聘与解聘的人力资源计划问题，建立了整数上线性系统的动态数学模型，研究了具有高级工种可以替代低级工种的情况，以成本费用作为目标函数，招聘与解聘作为控制变量的最优控制问题，利用动态规划求解了这类问题，表明了优化算法为拟多项式算法。在此基础上得到最优控制为反馈+前馈形式。在需求数据给出情况下，表明了其算法复杂度为 O(T)。得到了这类问题许多重要性质、公式和原理；②在上述基本问题基础之上，进一步将问题拓广，研究了招聘与解聘具有启动费用，人力资源需求具有随机性，目标函数为非线性等更为复杂情况，给出了 Lagrangean 松弛法，Dantzig-Wolfe 法和遗传算法等求解方法；③在人力资源计划的研究基础上，研究了人力计划与人力调度的集成问题，提出了一种三阶段逻辑分析模型，给出了相应最优算法和协调关系；④对人才租赁问题中人才租赁与中介中心的雇员规模问题进行了研究，在用工企业对租赁与中介中心的雇员需求和外部临时雇员对租赁与中介中心的供给都不确定的情况下，考虑了一个租赁与中介中心进行单类雇员的租赁与中介业务，提出人才租赁中心中单类雇员规模的离散随机优化数学模型，证明了最优解的存在性，得出租赁中心雇员规模的最优解的惟一性和求最优解的方法。并得出人才租赁中心不需要保留内部雇员仅从事人才中介业务的充分条件。又考虑了一个租赁与中介中心进行两类雇员的租赁与中介业务，其中一类雇员具有复合技能，能够替代另一类雇员进行工作。提出了替代策略下的人才租赁中心中两类雇员规模的离散随机优化数学模型，证明最优解的存在性和最优解的必要条件，并提出求最优解的搜索算法。项目研究完成了18 篇论文。其中，发表或已被接受的论文 8 篇，其中国际刊物发表 2 篇，国内重要核心期刊 3 篇，国际会议论文 3 篇。

【遗传算法在供水系统优化调度中的应用】 天津市自然科学基金项目“遗传算法在供水系统优化调度中的应用”，由天津大学田一梅、李江涛、戴雄奇、李鸿承担完成。该项目根据系统优化理论，结合供水管网实际运行工况，建立管网事故状态多目标优化调度数学模型。由于模型中既含连续变量“水泵供水量”，又含离散变量“水泵开机台数”，属于混合离散变量有约束非线性规划，采用通常的数学规划方法求解时难度较大，特别是模型中变量较多，配水系统比较复杂、水泵配置型号较多时。为克服数学规划难以求得全局最优解的弊端，该研究尝试采用遗传算法：根据优化调度问题的特点，定义了一套编码规则，构造适应度函数，并模仿生物的进化过程，不断进行复制、交换和突变等操作，不断“优胜劣汰”，直到得到最优解。该研究成果：遗传算法解连续/离散混合变量问题，具有下述优点：①遗传算法适用面宽，对问题要求很少，如对目标函数只要求有定义，不要求其连续、可微，对约束条件也无任何限制，克服了传统优化方法的一些弱点，为许多困难的全局寻优问题提供了一个新的思路；②遗传算法在整个解空间内搜索，具有较大的把握求得全局最优解；③遗传算法计算时间较短，以该项目为例，计算时间仅需 2~3 分钟，满足在线调度要求。根据 2003 年的国内外查新表明，该项目首次将遗传算法用于求解优化调度模型。其成果值得在供水优化方面推广应用。在项目研究中，课题组首次采用遗传算法求解供水管网优化调度数学模型，撰写的论文发表于《中国给水排水》杂志 2001 年第 17 期。

【城市电网规划理论与应用】 “城市电网规划理论、模型、方法的研究与工程应用”项目由天津大学自动化学院余贻鑫教授等完成，获 2004 年度国家科技进步二等奖。电力系统的安全、可靠、经济运行，是城市总体发展规划的重要组成部分，又是城市电网改造的重要依据。该成果在国家自然科学基金、博士点基金项目以及多个大型企业委托项目的资助下，取得了突破性成果。提出了认知反馈、认知遗传算法与高效全局优化算法为基础的城市电网优化规划新算法和多层次分解模糊多属性空间电力负荷预测算法等一系列的理论、方法。发表了高水平论文 60 多篇，其中有 30 多篇被 SCI、EI 收录。所研发的城市电网规划计算机辅助决策系统软件包，已在 3 个直辖市、18 个省、区的 50 多个城市得到了应用。实际应用情况表明该软件包是中国电力规划领域中，应用最成功、最广泛的系统，取得了巨大的经济效益和社会效益。该成果总体水平达到国际先进水平，部分成果处在国际领先地位。

（天津大学科技处）

【现代工业工程理论与应用】 “现代工业工程理论、建模、控制与应用”由天津大学承担，齐二石、马军海、何桢、简祯富、霍艳芳等共同研究完成。该项目是工业工程(Industrial Engineering，IE)领域的应用基础类研究课题。工业工程原名科学管理，是一种管理与工程的集成理论与技术，1911 年起源于美国，在各国工业化与管理现代化过程中发挥了重要作用。IE 具有很强的本土性,美、日、欧模式各具特色。中国工业化和管理现代化过程中，需要适合国情的中国 IE(Chinese IE,CIE)理论与技术。由于工业化起步晚,CIE 理论与应用体系,尚处于成长期。该项目系统研究了 IE 发展的基本规律、理论与体系等,做出基础性和开创性研究成果如下：①IE 产生和发展的三大动因理论；②中国两元经济与错差理论,论证了管理科学与 IE 发展的复杂性与阶段性；③CIE 理论与技术体系的结构与内容;④基于 IE 的管理累积理论与快速累积方法论;⑤信息化工程中的 2 平台理论与能力测度模型和 2 平台相关度模型等;⑥现代 IE 在管理系统创新中的建模技术与方法,包括监测、控制与预测等;⑦现代 IE 控制理论创新,如集成质量系统、集成成本工程、APS/MES 集成等；⑧形成一套中国 IE 应用的系统模式与工具,如改进式 LP/TPS (Lean Production/Toyota Production System)哲理与体系、质量控制辅助管理系统等。项目研究人员 2003~2004 年发表论文 120 余篇，出版专著 4 本。研究成果在与科龙、美的、华为等 30 余家企业的合作中得到检验和丰富，获得显著经济效益和社会效益。

力学和物理学领域

【湍流及其控制】 湍流是流体力学领域的最基础问题之一,具有重要学术意义,也是当前制约流体力学在工程技术中应用的关键问题。该项目由天津大学周恒、罗纪生、姜楠、舒玮、曹伟完成。研究内容包括湍流生成机理、演化特性及其控制方法。该项目以平板边界层近壁区为研究对象，给出了边界层近壁区相干结构基本完整的动力学模型。提出有效增强超音速混合层混合的新方法。提出了两种判断小激波是否存在的方法。在国内第一个将子波分析方法用于湍流实测信号分析和湍流大尺度相干结构识别。该项目的创新点如下:①提出基本完整的边界层近壁区相干结构的动力学模型，可直接应用于湍流的计算；②提出控制超音速混合层以增强混合的方法。提出两个判断小激波存在的准则,特别是提出用流体质点熵的跃增确证小激波存在的方法，证实在超音速混合层及边界层流中引入扰动均会导致小激波的出现，因而不能把不可压缩流的非线性稳定性理论作简单地推广;③发展湍流相干结构检测方法,使实验结果有更高的可信度。将小波分析方法用于湍流实测信号分析。通过“湍流及其控制”这一项目的开展，发表的有关研究论文已被 SCI 和 EI 检索 40 多篇,并被国内外学者多次引用,研究成果达到国际领先水平,具有较高的社会效益和学术价值。培养了 10 余名博士生和 20 余名硕士生。该项目获得 2003 年度天津市自然科学奖一等奖。

【现代核物理及在天体物理中应用研究】 国家自然科学基金项目 “夸克层次上的核多体方法及其在天体物理中的应用”由南开大学承担,申虹、宁平治、李磊、张小兵、罗延安共同研究完成,项目评价日期为 2003 年 12 月 31 日。项目主要在夸克层次研究核多体系统,研究现代核物理在天体物理中的应用。①从组分夸克模型出发，提出夸克平均场模型，采用该模型研究无限大核物质和有限核系统的性质,研究核子性质在核介质中的改变;②推广该模型至包含奇异夸克的系统,研究超核的性质。结果能够很好地符合核物质、有限核及超核的实验结果,为在夸克层次研究核多体系统开拓出一条重要并切实可行的途径。由于关于恒星演化和致密星体中的核物质状态方程是国际天体物理学界热点，以该项目负责人为主完成的相对论状态方程及其相关的两篇论文,已被国际同行引用 100 余次。项目在此基础上进一步研究了奇异强子自由度对高密度区状态方程的影响,构造了中子星物质的状态方程,并研究中子星的结构和性质，表达研究成果的论文已发表在 Phys.Rev.C 和 Nucl.Phys.A。

【智能高分子凝胶结构与相转变研究】 国家自然科学基金项目 “软态核磁共振波谱研究智能高分子凝胶结构与相转变”由南开大学承担,孙平川、陈铁红、金庆华、李宝会、林海共同研究完成,项目评价日期为 2003 年 12 月 31 日。智能高分子凝胶对环境具有特定刺激响应性功能,在柔性执行元件、药物控释体系、生物材料等方面有着诱人的应用前景,微观相互作用对于聚集态结构的影响、阐明智能高分子凝胶的结构性能关系和刺激响应性机理、进而设计新型的智能凝胶材料，具有重大的理论与应用价值。该课题主要研究内容包括：建立表征溶胀态高分子凝胶结构的软态 NMR 理论及相应的实验新技术；建立监测凝胶相转变时聚集态结构变化的 NMR 实验新方法，进一步阐明智能高分子凝胶的相转变机理，为设计新型智能高分子凝胶提供理论依据。项目研究领域是核磁共振理论与软凝聚态物质相结合的交叉学科,具有开创性的意义。建立的研究方法丰富和发展了现有的液态和固态高分辨 NMR 理论和实验技术。

【自适应动力稳定腔的研究】 该项目为国家自然科学基金项目,由南开大学承担,张光寅、宋峰、颜彩繁、张潮波、焦志勇共同研究完成,2003 年 12 月通过验收。在固态激光器中,激活介质在光泵作用下引起的热透镜效应是一个重要的动力学因素,它对激光器的运行特性有着决定性的影响作用。在热透镜焦距大幅值变化的激光器中如何保持激光模式的稳定运行是一迫切需要解决的新课题。在对固体激光腔的动力学稳定性的分析中已经表明,激光介质处的基模光斑尺寸与动力因子具有双“U”曲线的依赖关系,在稳模式运行条件下的最小基模光斑尺寸的平方与激光腔的动力稳定区宽度之间存在着相互制约的反比关系。欲使激光器在较大功率下高亮度运行,需使激光介质具有较大的孔径,并在其中包含有较大的基模光斑尺寸。这必然导致激光腔的动力稳定区大大地变窄,使固体激光器的稳定运行只能限制在极窄的动力状态的范围内,遂使固体激光器的输出功率难以继续增高。该成果提出固体激光谐振腔设计的一种新概念,即自适应动力稳定腔。在其中通过轴向移动腔内一二个元件,使腔的双“U”曲线随动力因子的增大,同步地向横坐标的增量方向移动,使激光器总保持在动力稳定区内运行,并使激光介质处的基模光斑尺寸保持不变;或在腔内引入一个具有负热透镜效应的介质元件,其负热透镜的光焦度随光泵浦功率的增大相应地增大,以达到完全补偿激光介质的动力因子的影响作用,使谐振腔运行的动力状态不随泵浦功率的变化而改变,从而使固体激光器的输出功率随光泵浦功率的增大,可持续地增高,并使激光介质处的基模光斑尺寸保持不变。研究成果是解决高功率固体激光器输出功率继续提高的一条重要途径。

【细菌视紫红质的特异性质】 国家自然科学基金项目“细菌视紫红质的特异性质及其新应用研究”由南开大学承担,张春平、陈桂英、富光华、祁胜文、许棠等共同研究完成,项目评价日期为 2004 年 2 月 24 日。该成果首次提出“光偏置光子晶体管”的新模型,这种全光学器件具有操作简便、实时、成本低、无相干噪声等优点。其基本原理是建立 bR 分子的基态和最稳中间态之间的两能级系统和速率方程。当蓝光和黄光同时照射 bR 膜时,可实现双光束互补抑制透射。利用此方案实现了亮背景滤除、图像翻转、新事物滤波以及数字计算,并对亮背景滤除和新事物滤波应用中 bR 膜参量的影响做了分析。利用高斯光束照射 bR 膜时产生的折射率和透过率变化的非线性,实现了高斯光束的整形和束腰位置的测量。对由非线性折射率变化引起的高阶衍射和自衍射的特性做了实验研究并给出了理论解释。利用 bR 紫膜去质子化处理后得到的 bR 蓝膜,实现了重复使用的用于信息存储的生物膜片。测量了偶氮聚合物薄膜的光致双折射特性;获得了双硫腙汞聚合物薄膜的非线性折射系数及其折射率与波长的关系,研究了其自衍射现象及在光限幅方面的应用;从理论上分析了毛细管测量样品折射率的方法,得到了 650nm 连续激光入射到生物组织模拟液中不同方向散射光沿空间分布的实验结果;分别用光纤和 CCD 测量了几种动物组织的表面漫反射光和透射光的分布,与 Monte Carlo 模拟结果相符合。对光在散射介质中分布的实验结果作了合理的解释。

【铣削过程动力学建模、物理仿真与控制理论】 国家和天津市自然科学基金项目“铣削过程动力学建模、物理仿真与控制理论”,由天津大学承担,张大卫、黄田、杨志永、徐安平、闫兵等共同研究完成,项目评价日期为 2004 年 6 月 9 日。该成果发展了一套完善的切削过程动力学建模和仿真理论体系,实现了复杂曲面加工过程恒力控制和切削参数的离线优化,达到国际先进水平,丰富了国内先进制造技术理论,具有巨大的社会效益和广泛的应用前景。其成果创新之处包括:①构建了一种广义棒铣刀铣削力预测模型,以及仿真、参数识别和高效封闭解算法。该模型脱化后,可获得圆柱、圆锥和球头等螺旋铣刀的铣削力模型。建立了考虑柔性刀杆和再生反馈效应的动态铣削力模型。基于模式识别理论,提出了铣削过程颤振模式识别方法;②考虑到动态铣削力的非线性因素,建立了三维广义非线性动态铣削力模型,提出一种基于瞬时切屑厚度的非时变铣削力系数识别方法,考虑到切削过程再生效应,导出动态铣削力集度表达式。基于频域信息和统计理论,建立非确定参数机床系统动力学模型,应用小参数摄动方法构造了相应的频域求解算法；③提出一种适用任意轮廓铣刀的可扩充式广义铣削加工表面创成模型，导出刀具切削刃上任意切削点相对于工件实际运动的轨迹方程，构造出一种三维表面形貌仿真算法。提出了一套完整的切削过程离线物理仿真和参数优化方法；④建立了考虑铣削力和振动信息融合的广义预测控制数学模型、控制律和高效求解方法以及计算机仿真技术，开发了基于 DSP 技术的铣削过程广义预测控制软硬件系统。研究成果可置入数控系统，实现复杂曲面加工过程恒力控制；⑤提出了基于空间填充曲线的数控加工刀具路径规划方法，重新定义 Hilbert 空间填充曲线基本生成单元模型，提出子域等分、曲线连接最小距离原则和子域形心驱动法、以及填充曲线升、降阶原则，有效地解决了不同阶 Hilbert 空间填充曲线间的连接问题。编制出刀具路径规划应用软件。上述轨迹规划方法可有效地拟制切削过程颤振问题；⑥基于有限元和弹塑性力学理论，研究林业用圆锯片适张度动态设计方法和评价准则，探讨圆锯片锯切过程失稳机理，提出保持锯切稳定性的圆锯片适张度处理方法，建立考虑带有面内残余应力锯片的有限元模型，提出动态失稳问题的求解算法。解决了锯片减薄后锯切稳定性问题，可节省 3%~5%木材。

【共振筛动力学性能分析与调整技术】 该课题由天津大学承担，陈予恕负责完成，2004 年 6 月 14 日通过由天津市科委组织的项目鉴定。共振筛具有高效节能、结构简单、工作性能良好等优于引进大型振动筛的一系列优点。课题组应用非线性动力学理论，为合理设计共振筛的工作点(振次和振幅)提出计算方法，并且给出大型非线性共振筛组合参数(线性刚度、非线性刚度、碰振间隙、激励频率与幅值、导向刚度、支撑刚度等)的非线性优化方法和技术。研究成果提出的大型非线性共振筛参数调整技术包括：共振筛支撑簧安装技术、上下筛体的质心和导向板簧调整技术、串联橡胶线性簧的安装调整技术和非线性碰振簧安装调整技术。该成果通过理论分析、数值计算与现场测试相互结合，研究了大型筛分机械的运动学与动力学参数，即动态强度和刚度的问题，提出了结构改进的优化方案，并进行产品设计加工，已经取得较大的经济效益，并具有很好的推广应用前景。

【非线性系统分岔控制及应用】 该项目是非线性动力学领域的前沿课题，由天津大学承担，陈予恕、吴志强、唐友刚、梁建术、丁千共同研究完成，项目评价日期为 2004 年 6 月 16 日。该项目重点研究分岔和混沌控制问题，在多项国家自然科学基金、教育部博士点基金、天津市自然科学基金资助下，系统研究了非线性系统分岔控制，提出了分岔鲁棒控制的新思想，开辟了分岔和混沌控制新的方向和领域。研究结果具有广阔的科学工程应用前景。主要研究内容包括：①将 C-L 方法应用到分岔控制研究，提出参数鲁棒控制方法，将分岔控制从分岔点控制推进到分岔模式的控制(即系统参数的控制)，开辟了分岔控制新的领域；②通过计算约束分岔的转迁集来确定参数空间失稳边界，实现了多平衡点静态、动态分岔的同时控制，并可根据需要改变平衡点处分岔类型；③成功应用于转子、船舶等系统的振动及分岔控制。将倍周期分岔点的能量作为安全界限，利用观察空间能量相比正面积准则，确定稳定域度，为解决非线性系统安全裕度和稳定裕度量化计算问题提供了一种有效的方法；④建立了舰船横摇与纵摇耦合的两自由度模型方程，揭示出舰船大幅运动的能量转移、亚谐共振、横摇的分岔与混沌 3 种机理，为舰船的抗倾覆非线性动力学设计奠定了基础；⑤在迟滞非线性系统的动力学分析中，发现外部共振激励导致经典滞后模型失效的情况，揭示超谐、亚谐共振失效机理；⑥对迟滞型材料阻尼转轴的分岔研究，发现做好动平衡和提高外阻尼水平是控制其大幅自激振动的有效措施。成果提出的复杂非线性系统参数动力学控制的思想，将引起故障的原因消除在设计阶段，与传统的故障控制路线相比，能使产品性能更优越。在解决转子动力学、舰船运动工程方面的问题得到较普遍的应用。该项成果达到了国际先进水平，开创了分岔控制理论的新方向——分岔参数鲁棒性控制。该项目有关学术论文，均发表在同领域国内外最高水平杂志上，被 SCI、EI、ISTP 等共收录 34 篇次，共被引用 115 次(其中他人引用 68 次)。

【大直径薄壁圆筒结构的力学机理应用研究】 “大直径薄壁圆筒结构的力学机理研究及工程应用”项目由天津大学承担，周锡礽、孙克俐、王晖、张建辉、张伟等共同研究完成。该研究始于 1985 年 5 月，2004 年 8 月 7 日通过鉴定。大直径薄壁圆筒结构为港口、海岸及近海工程中近年来发展起来的一种新型结构，在大陆沿海地区已得到广泛应用。其基本组成为无底的大直径薄壁圆柱壳结构，多由钢筋混凝土或钢质材料制成，可以安置于抛石基床上或插入于地基土体中，筒内一般填充砂石料或废矿渣等。由于该结构受力体系以壳体的中面力为主，弯曲应力较小，筒体应力分布较为均匀，因此可以大大节省材料用量。大陆沿海具有深层淤泥质海岸及近海地区，采用插入式大直径薄壁圆筒结构比一般传统的梁板式结构具有更大的经济和社会效益。据已建两个码头和岸壁工程的估算比较，每延米造价可节约35.4%，施工期可缩短1/4~1/2，因此课题成果具有广阔的应用前景与实用价值。由于此类结构受载条件复杂，筒体与土体间的相互作用，筒内外土压力强度与摩阻力的分布，以及筒体内力计算与结构整体变形与稳定分析等力学机理和结构破坏形态预测等，均无现成理论依据、可靠的实验结果以及具体的方法、规范可循，为此课题组所取得的成果，具有一系列创新意义：①基本确定了大直径薄壁圆筒结构受力机理与破坏形态等相关理论体系；②明确了作用于薄壁圆筒结构上不同工况的计算荷载及其分布规律；③建立起大直径圆柱壳结构与地基土体相互作用的复合体系的力学模型与相关计算求解方法；④提出与规范接轨的结构稳定性分析的常规计算方法和专用计算软件；⑤以大型通用有限元计算软件ANSYS与MARC为平台，开发出薄壁圆筒结构的三维弹簧元数值分析模型，为用户创造了良好的前后处理环境。研究成果已发表学术文章19篇，在16项工程项目中应用，曾获国家优秀设计奖、省部级优秀设计奖与科技进步奖，累计节约工程投资1.08亿元以上，并且必将产生更为重大的经济和社会效益。

【数字图像相关测量技术研究】 该项目由天津大学承担，秦玉文、陈金龙、计欣华共同研究完成，项目评价日期为2004年8月7日。数字图像相关测量技术是现代数字图像处理技术与光测力学结合的产物，以物体表面自然纹理或人工形成的随机斑点作为信息的载体，由摄像机记录物体表面的散斑图，利用变形前后的两幅图像进行相关运算，从而达到求解变形体表面位移和应变的目的。该技术主要包括两大方面：数字图像相关法和数字散斑图像错位术。在具体实验中，因为试件的刚体位移和随体位移，常常使变形前后两幅图像中的待测点位移较大，有几个像素甚至几十个像素，造成迭代不收敛或结果不准确。早期研究者多采用实验方法平移试件或采集系统(CCD摄像机和成像镜头)，利用图像采集卡实时相减的原理来消除刚体位移，获得一幅比较理想的图像，再进行相关计算，但实验操作较困难，并且容易引入更多的随机误差。该项目研究成果提出的方法，旨在用计算的方法消除刚体位移，先确定要计算的点的整像素位移值，然后再用迭代法去计算确定小数位的位移及其一阶导数，即称之为两步数字图像相关法。在迭代过程中，改进了亚像素重建的方法，采用三次样条插值提高插值精度。利用以上所述的方法，不仅适合于微区测量，还适合于微变形测量，并成功地用在纳米陶瓷化表面改性金属的力学行为细观实验研究领域和稀土陶瓷的力学性能研究。同时，又研究了光源位置和光强等因素对测量精度的影响。数字散斑图像错位术主要利用半导体激光器作为光源，照射物体表面，利用CCD摄像机捕捉物体表面变化的信息，通过图像相减的原理，实现变形测量。成果主要创新点集中在：①提出宽音频扫描加载，方便了现场检测；②利用大错位系统实现了室外离面位移测量，突破了对抗振的严格要求；③采用液晶体做相移器，提高了测量精度。课题组做出了相应的仪器，并成功地用在混凝土结构碳纤维加固层的无损评估中。

化学与化学工程科学领域

【湿法制备钴蓝颜料中尿素水解行为的研究】 该项目由天津大学承担，谭俊茹、韩云芳、侯文祥、陈秀增、张丽莉共同研究完成，论文于2002年5月发表在《天津大学学报》第35卷第3期。该研究成果不但确认ABO_3化合物具有光催化活性，且总结出影响因素及相关条件，可进行材料设计；不但利用多种类型的可溶性染料进行了光催化降解实验，还利用ABO_3化合物悬浮体系进行了CO_2光还原实验，得到一系列还原产物。

【自由基—金属配合物及多自旋体系基础研究】 "自由基—金属"配合物是近年来国际上一个新的研究领域，对高新技术的开发及学科发展均具有重大意义。由南开大学姜宗慧、阎世平、赵琦华完成的该项研究，处于化学、物理、材料和生物学多学科交叉点，属无机化学新兴领域，是当今国际化学研究非常活跃的前沿领域之一。他们设计合成了各种预期磁性的单、双、三、四和六核新型配合物；在磁性研究中归纳出某些新规律；提出了某些定量评估含自由基杂自旋体系磁交换作用的新方法；合成出一系列结构新颖、性质独特的一维、二维及三维新型功能配合物；获得国内首例"自由基-金属"类分子铁磁体，其 Tc=5.7K。该项的主要创新点如下：合成了新类型的"自由基-金属"杂自旋配合物；在国际上首次提出自由基取代基及其共配体对磁性影响的新规律；首次将分子力学和量化计算方法应用于自由基的多自旋体系中，并提出了定量评估磁不对称"杂自旋"体系中磁相互作用的新方法；在国际上首次报道了某些结构新颖、性质独特的配合物；获得国内首例"自由基-金属"类分子铁磁体。该项研究成果已在美国、英国、法国、加拿大、瑞士、荷兰、波兰等国际杂志和《中国科学》、《化学学报》等国内杂志上发表论文 82 篇，其中 SCI 收录 78 篇，被他人引用 51 篇次。该项目获得 2003 年度天津市自然科学二等奖。

【富勒烯化学的理论研究】 南开大学赵学庄、尚贞锋、潘荫明、王贵昌等在富勒烯多加成衍生物的稳定性规律、氧化加成反应的机理、异质富勒烯、低碳富勒烯及碳纳米管等富勒烯研究的多个方面进行了深入的研究，获得了多项创新成果。他们系统研究了 C60 和 C70 等富勒烯及其衍生物的结构、光谱和稳定性，获得了一系列规律，为设计合成新的富勒烯衍生物提供了一定的理论基础。通过对富勒烯的一些典型的氧化、加成反应机理的研究，合理解释了一些实验现象。通过对异质富勒烯的杂原子分布、结构与性质的变化等研究，得到了一系列的规律。该项目的创新性研究成果如下：对 C60[6-6]或[6-5]C-C 键上环加成的选择竞争及其方式进行了深入研究，总结了双加成和多加成物有关异构体的加成位置与其稳定性的相关规律；在国际上首次用量化方法研究 C60 的臭氧化反应及加成反应，从动力学角度解释了实验现象；深入、系统地研究了 C60、C70 等富勒烯中 B、N 取代碳原子的异质富勒烯，并将 B、N 取代碳原子的位置和一般富勒烯加成位置的规律性相关连，得到了其稳定性的一般规律。在项目研究期间，培养博士后 1 人，博士生 12 人(其中 8 人的学位论文属于该项目的内容)，硕士生 2 人，本科生 3 名，访问学者 1 人。该项目成果多次在国内重要学术会议上作特邀报告，产生了重要影响。近年来发表论文 60 多篇，被他人引用 46 次，在国内外相关研究领域产生了重要影响。该项目成果获 2003 年度天津市自然科学二等奖。

【人工合成受体的分子有序聚集体研究】 该项目由南开大学承担，刘育、张衡益、陈湧、韩宝航、厉斌共同研究完成，项目评价日期为 2003 年 9 月 8 日。以分子识别和分子组装为主要研究内容的超分子化学，其发展不仅与大环化学(冠醚、穴醚、环糊精、杯芳烃、C60 等)的发展密切相联，而且与分子自组装(双分子膜、胶束、DNA 双螺旋等)、分子器件和新颖有机材料的研究息息相关，因此超分子化学为分子器件、材料科学和生命科学的发展开辟了一条崭新的道路。该研究成果主要包括：①人工合成受体建筑块的合成与分子识别：成功设计与合成了几种硒、氮等杂原子桥联环糊精及其与金属离子配位的简单分子聚集体、具有不同空穴尺寸的硒、氮等杂原子冠状化合物和桥式杯芳烃等人工合成受体，进而研究了合成受体与典型的无机、有机客体分子的包结配位行为；②分子有序聚集体高级结构的构筑：由环糊精与 4,4′-联吡啶包合物通过金属软连接成功地构筑了"分子链条式"的分子聚集体；将简单的芳香基连接到环糊精的主面，构筑了类螺旋和通道状的有序高级结构，发现连接芳香环的支点原子可以控制有序高级结构的构型，即二重螺旋和四重螺旋；以杯芳烃的萘基衍生物为连接器，通过改变萘基的取代位置，与丙二硒桥式双环糊精成功地构筑了具有不同致密程度的纳米线；以桥联环糊精为主体单元，以高分子链为客体分子，通过金属软连接成功构筑了双纳米线和双分子管道；成功地构筑了基于杯芳烃的通过 p-p 相互作用而形成的内锁式一维链状分子聚集体；③分子有序聚集体构筑规律的研究：通过超导核磁、圆二色谱、荧光光谱、紫外光谱、荧光寿命、飞秒质谱、透射电子显微镜、电子隧道扫描显微技术、四圆衍射仪、滴定量热仪、停流分光光度计等一系列先进手段研究从分子到聚集体、从聚集体的低级结构到高级结构的构筑与形成规律，以及分子聚集过程中的驱动力。该项目通过金属软连接构筑的分子有序聚集体在作为分子电线、纳米材料和药物传输器等方面具有潜在的应用前景，并且为环糊精如何构筑复杂有序、玄妙精巧的组装体提供了一种简便的方法和可借鉴的思路。

【含硒人工酶及紫杉醇复合新药应用基础研究】 该项目由南开大学承担，刘育、张衡益、韩宝航、陈湧、尤长城等共同研究完成，2003年12月8日通过天津市科委验收。紫杉醇具有良好抗癌活性，是继阿霉素和顺铂之后的第三代抗肿瘤药物。但紫杉醇几乎不溶于水，使用中需加入助溶剂，其乳针中助溶剂可导致病人严重过敏，甚至死亡。为此，各国科学家致力于半合成制备水溶性紫杉醇前体药物，以便制成水剂应用。课题研究内容包括：①设计与合成了功能化环糊精衍生物(一类由D型吡喃葡萄糖单元形成的环聚多糖)，采用现代谱学等先进技术研究了一系列功能性硒和氮杂等修饰环糊精的分子识别，尤其是研究了作为谷胱甘肽过氧化物酶和超氧化物歧化酶的活性，探讨了结构与活性之间的关系，为进一步研究抗衰老等类酶作用机理奠定了基础；②采用超分子技术制备并分离得到含有两个环糊精空腔的多胺桥联双环糊精和紫杉醇复合物固体，将紫杉醇的水溶性提高到大约2.0 mg/ml，大大提高了该药物在水中的溶解性。体外试验表明，该紫杉醇复合物对K562白血病癌细胞的抑制能力高于紫杉醇自身。该发现为紫杉醇的替代品应用于临床，提供了新的潜在的水溶性缓释复合物，也为开发紫杉醇复合新药奠定坚实的基础。该课题研究中，在《美国药物化学杂志》、《美国有机化学杂志》等国内外重要刊物上发表论文26篇，SCI收录25篇，申请国家发明专利1项。

【负载型纳米非晶态合金催化剂基础研究】 国家自然科学基金项目“二氧化钛载体负载非晶钛合金新型催化剂的设计”由南开大学承担，李伟、陶克毅、张明慧、王来军、马研风共同研究完成，项目评价日期为2003年12月16日。该项目首次将“化学镀”原理与技术引入到催化剂制备中，开发出非晶态合金催化剂的制备新技术“金属诱导催化粉末化学镀”。新制备方法可在简单、可控条件下，制备出负载型纳米非晶态合金催化剂，实现非晶态合金的高分散、高比表面积和高催化活性。研究成果为国内外首创，达到国际先进水平。开发出的负载型纳米非晶态合金催化剂，克服了在制备中传统骨架镍催化剂对环境的污染，在环丁烯加氢反应中达到骨架镍的催化活性，并且克服了骨架镍的不安全性。采用新型非晶态合金催化剂用于环丁烯加氢制重要溶剂环丁砜反应，其催化剂成本可下降30%，显著低于骨架镍。

【组合化学中新型聚合物载体研究】 该项目为国家自然科学基金项目，由南开大学承担，黄文强、罗君涛、孙维敏、程绍玲、李茜共同研究完成，项目评价日期为2003年12月16日。组合化学是在固相合成化学的基础上发展起来的新技术。项目通过设计和合成新的连接基团，增加反应基团与聚合物骨架之间连接臂的长度，开发载体的新合成应用等方法，研究合成了聚苯乙烯基磺酰氯树脂、聚苯乙烯基磺酰胺树脂、聚苯乙烯磺酰胺基乙醇树脂、聚苯乙烯磺酰羟胺树脂、聚苯乙烯磺酰基乙醇树脂和聚苯乙烯磺酰基丙醇树脂，并研究了这些树脂在固相合成中的性能和应用。利用磺酰胺树脂的反应活性，采用Zn/$TiCl_4$自由基直接还原裂解磺酰胺基的S–N键的新方法，开发了一条合成酰胺库的新途径；利用酰基磺酰胺上的酰基反应活性，开发了酰基转移的方法合成酰胺库的途径。聚苯乙烯磺酰胺基乙醇树脂、聚苯乙烯磺酰基乙醇树脂和聚苯乙烯磺酰基丙醇树脂，已被成功地应用于固相合成海因、异恶唑和脲化合物。

【光信息核苷化合物应用基础研究】 国家自然科学基金项目“用修饰的核苷酸合成基因、性能及应用研究”，由南开大学承担，孟继本、张鹏、高宇、邹武新、季奇等共同研究完成，项目评价日期为2003年12月31日。该项目以化学为基础，利用化学手段和方法，把光信息材料、药物分子等直接嫁接到基因或核苷上，形成以化学、信息科学、生命科学、医学等多学科交叉的研究领域——光信息基因学，主要用于光信息存储、光运算、光通信和生物探针、核苷药物、不对称合成等高新技术领域。课题在国内外核心期刊发表10多篇论文、授权1项专利，申请4项专利，参加2次国际会议，所发表论文、会议报告受到专家们的好评与关注。研究成果的创新点包括：①创新性地将光致变色材料利用化学手段和方法，嫁接到基因上，合成5种光信息基因材料；又将光致变色材料分别连接到4种不同核苷上，合成了10几种新的光信息核苷化合物；②把光信息材料、淬灭材料同时引入基因的5位和3位上，形成光信息基因分子信标，用于新基因检测和体内疾病跟踪探测，如对SARS病毒的检测等；③将药物分子、单味中草药分子和具有手性催化性能天然产物分子，直接连到基因或核苷上，合成几十种新的核苷类化合物，它们可能是性能优异的药物或用于不对称合成的催化剂等；④改进了 2-脱氧-D-核糖、4 种脱氧核苷的合成工艺,提高产率,降低成本,它们都是用于合成治疗艾滋病的基本原料。

【对映选择催化中的非有机金属磷试剂研究】 该课题为国家自然科学基金项目,由南开大学承担,唐除痴、周正洪、吴桂萍、李康应、何可共同研究完成,2003 年 12 月通过验收。催化不对称合成是当代有机化学的前沿领域,其中手性磷配体催化(即非金属手性磷试剂催化)更是近几年才发展起来的领域。该项目从便宜易得的手性源 D-樟脑、L-氨基酸、(-)-alpha-苯乙胺、(+)-Betti 碱、(-)-联萘二胺等出发,设计合成出多种类型的新型手性磷配体催化剂,并在潜手性酮和亚胺的不对称硼烷还原反应、醛的不对称硅氰化反应、不对称贝利斯-希尔曼(Baylis-Hillman)以及环氧烷的不对称开环反应中取得了一些很好的结果(高产率和高对映选择性)。研究成果不但有很高的学术价值,丰富了不对称合成的方法学,而且在有机合成上有很好的应用前景。

【光学活性杀菌剂不对称合成方法研究】 该课题为国家自然科学基金项目,由南开大学承担,周正洪等共同研究完成,2003 年 12 月通过验收。Alpha,beta-不饱和三唑醇衍生物是一类重要的三唑类农药,其中烯效唑和烯唑醇是两种重要的商品化品种,不仅有高效内吸的杀菌活性,而且有很好的植物生长调节活性和除草活性。这类化合物既含有双键,因而有顺反异构体;又含有手性中心,因而有光学异构体。文献报道其反式异构体是有效体,而顺式为无效体,进一步研究发现,其反式(-)-异构体有很好的杀菌活性,而顺式(+)-异构体具有很好的植物生长调节活性和除草活性。基于这一事实,根据防治对象的需要,使用单一的对映异构体不但可以减少用量、提高效率,而且可以减少对环境的污染,增加安全性。但文献方法所得产物的 ee 值一般均低于 75%。该项目用从 L-脯氨酸出发合成的手性 beta-氨基醇为手性辅助剂,用于烯效唑和烯唑醇前体酮的硼氢化钠还原,得到了高产率和高对映选择性的产物,其 ee 值最高达 93%。成果为烯唑醇和烯效唑两种农药光学异构体的合成提供了一种便利实用的方法,对应用以上两个品种的单一对映体将起到很大的促进作用。

【单分散分子印迹材料应用基础研究】 国家自然科学基金项目“单分散表面模板印迹材料在免疫检测中的应用基础研究”由南开大学承担,郭天瑛、张邦华、宋谋道共同研究完成,2003 年 12 月通过验收。该项目以单分散分子印迹功能材料在医学免疫检测中的应用作为最终目标,开展了属于当今学术前沿课题的具有分子识别功能的模板印迹高分子材料的应用基础研究工作,旨在设计和创制制备单分散高选择性吸附能力的表面模板印迹聚合物材料的新途径。研究工作主要分两部分:①单分散氨基酸衍生物分子印迹聚合物研究。先从构成蛋白质的基本单元的生物小分子入手,首次成功合成出一系列单分散不同氨基酸衍生物分子印迹的聚合物。高效液相色谱表征结果显示,该材料在很短的柱子(50×4.6mm i.d)上就可以对氨基酸衍生物进行手性拆分,并达到基线分离的水平。由于是表面印迹,识别和分离的效率相当高,该特征也正是快速免疫检测技术中所需的技术特征。在实验数据的基础上,对表面印迹识别过程提出关于功能基团和表面空穴两方面协同作用的识别机制。在合成工艺上,在借鉴有关三步聚合合成单分散分子印迹聚合物的基础上,改进为效率更高且产物均匀性更好的两步法;②壳聚糖基质的蛋白质印迹聚合物的制备研究。制备出均匀分散的大孔壳聚糖球,然后利用镶嵌法将印迹聚丙烯酰胺凝胶固定于壳聚糖骨架上,得到对血红蛋白印迹的复合壳聚糖球,结果表明以牛血白蛋白为参比,印迹球对血红蛋白具有很好的选择性。学术论文被国际同行专家评价为具有很强创新性的工作。制备复合印迹球主要采用两条途径,一是物理镶嵌法;二是接枝镶嵌法,接枝法主要是想通过加强聚丙烯酰胺凝胶与壳聚糖骨架之间的联系,防止 PAm 反复使用后 Hb 印迹聚丙烯酰胺凝胶可能会从壳聚糖骨架中破坏脱落,使识别能力下降。结果显示两种方法所制备的印迹壳聚糖复合球皆对 Hb 具有明显的选择性识别能力。该研究成果在氨基酸及其衍生物和蛋白质的分析分离方面及传感器器件方面具有诱人的前景。

【新型离子筛的研制及其应用】 天津大学化工学院王榕树教授等完成的“新型离子筛的研制及其应用”项目获 2004 年度国家技术发明二等奖,达到国际先进水平。该成果系统研究了多种材料对镭的吸附行为,从理论上研究了吸附作用的机理,提出了镭废料的处理方案,为镭厂退役的含镭废料的处置提供了可行的方法，研制成功脱铅离子筛和固镭的离子筛，获得了国家发明专利，研究成果得到了国内外同行专家的重视和多次引用，申请和授权发明专利12项。所取得的成果对核废料处理与工业废料处理，以及水体深度净化和充分资源化方面均具有重要的和广泛的应用前景。

（天津大学科技处）

【2-氰基吡嗪合成新方法的研究】 该项目为天津市自然科学基金资助项目，由天津大学承担，冯亚青、张尚湖、周立山、孟舒献、张卫红等共同研究完成，2004年3月11日通过鉴定。2-氰基吡嗪在医药、香料等领域有着比较广泛的用途，是生产药品吡嗪酰胺的中间体。由于吡嗪酰胺在抗结核药中的应用越来越引起重视，2-氰基吡嗪的研发在国际上掀起热潮。项目主要研究内容包括：①建立以乙二胺和1,2-丙二醇及环氧丙烷为原料，经环合、脱水、脱氢制备2-甲基吡嗪，再经氨氧化制备2-氰基吡嗪的工艺，研究其反应历程；②制备并筛选高活性、高寿命催化剂，探讨不同条件下对反应的影响；③研究了产品分离、提纯等后处理技术，将小试技术应用于中试放大生产；④将获得的环合技术推广于其他吡嗪类氮杂环合物的制备。成果的特点与创新点在于：①开发出从廉价原料环氧丙烷出发、制备高效催化剂，经气固接触固定床连续反应器，经两步反应制备高质量、低成本的2-氰基吡嗪的新技术；②创新性研制出两类新型高效催化剂，降低了反应条件及生产成本；采用的短程蒸馏技术，解决了产品高温分解的问题；③中试放大生产结果表明该工艺产品收率高，质量好，适合于大规模工业化生产；④与国外同类工艺路线相比：达到国外产品要求与技术指标，并且研制出一种适用于该工艺路线的新型催化剂，与文献报道的催化剂相比，无需活化期，催化活性与选择性高，储存稳定性好，使用寿命长。

生物与生命科学领域

【DNA超螺旋对大肠杆菌调节机制研究】 国家自然科学基金项目“DNA超螺旋对大肠杆菌CFA/I基因表达的调节研究”由南开大学承担，黄熙泰、徐建国、张臻峰、于春风、万庆等研究完成，2002年2月通过验收。CFA/I菌毛是致泻大肠杆菌的致病因子之一，国内外学者对开发菌毛蛋白作为保护性抗原，积极性很高，但对该基因操纵子的调节机制了解很少。该课题研究DNA超螺旋对CFA/I基因表达的调节作用，既能增加对原核生物基因表达调节的了解，又有利于CFA/I菌毛的保护性抗原和DNA疫苗的开发研究。该研究利用构建的一系列含有CFA/I基因的质粒pJGX15A、pJGX15B、pJGX15C，进行了大量实验，取得了以下成果：①CFA/I基因的表达水平与质粒DNA的超螺旋水平有负相关性，这个结果与传统认识相悖；②当CFA/I基因去掉启动子区后插入tetr基因下游，其高表达不需要正调节因子cfaR；③CFA/I菌毛的表达依赖于cfaA、cfaC和cfaE基因，这些基因的突变可导致菌毛低水平表达；④拓扑酶I基因缺失不是导致细胞内质粒DNA高度负超螺旋的惟一原因；⑤topA基因缺陷导致两种特殊DNA结构实体“拓扑连系数不定cccDNA”和“低迁移率cccDNA”的产生，这是前人未曾发现的两种DNA结构；⑥获得一株CFA/I菌毛高表达克隆；⑦证实了质粒DNA的螺旋管型结构。

【肝癌转移基因疫苗的研究】 天津市自然科学基金项目“肝癌转移相关基因的分离及其基因疫苗的研究”，由南开大学生命科学学院承担，叶丽虹、张晓东、吴莲英、秦宵然、刘新元等研究完成，项目评价日期为2002年11月19日。该项目旨在进一步分离肝癌转移相关基因和蛋白，为进一步制备肿瘤转移基因疫苗奠定基础。肝癌是危害人类健康的恶性肿瘤之一，国内每年约有10万人死于肝癌，而肝癌的转移和复发已成为影响肝癌疗效和生存率的关键之一。对于肿瘤转移的研究，临床取材较为困难，且影响因素多，实验重复性差。如果能够采用同一细胞系并具有不同转移能力的细胞进行比较，利用当代先进的分子生物学和蛋白质组学技术进行筛选将更有机会获得肿瘤转移相关基因和蛋白。因此，建立理想的肿瘤转移实验材料和理想的肿瘤转移动物模型为探讨肿瘤转移的分子机理，筛选肿瘤转移相关基因和蛋白，进而针对特异基因或蛋白研制成基因疫苗具有重要的价值和意义。

【蛋白质分离复性方法和理论研究】 蛋白质分离纯化是现代生物技术的主要内容，对促进社会经济发展和提高人类健康水平具有重要意义。蛋白质复性是大部分基因重组蛋白质分离过程的关键步骤；亲和分离利用分子识别原理，具有高度的选择性。因此，研究开发蛋白质的高效亲和分离技术和复性方法是蛋白质类生物大分子生产过程的核心，具有重要理论意义和实际价值。该项目由天津大学孙彦、董晓燕、白姝、史清洪、甘一如承担。项目研究内容涉及蛋白质高效分离和复性这两个生物下游过程的核心问题：系统研究了蛋白质亲和分离技术和理论，在亲和沉淀载体、亲和反胶团系统、亲和分离设备、亲和分离纯化和亲和过滤理论研究中取得重要成果；系统研究了蛋白质复性技术和理论，在复性动力学、辅助复性机理和高浓度蛋白质复性新方法等方面均取得独创性研究成果。该项目的创新点：研制成功离子强度响应性的可逆沉淀聚合脂质体，实现了蛋白质的快速亲和沉淀纯化；发现生物相容性表面活性剂，研制成功新型亲和反胶团系统，开发了中空纤维膜亲和反胶团分配色谱装置；建立了折叠与聚集的竞争复性过程动力学模型，阐明了分子伴侣促进蛋白质复性的机理；提出固定化分子伴侣复性色谱方法，复性产率大幅度提高；发现人工伴侣与盐酸胍协同作用现象，建立了人工伴侣与尺寸排阻色谱耦合辅助蛋白质复性的新方法。在该项目进行期间，在国际权威的生物技术和生物化工学术刊物上发表学术论文 51 篇，出版专著 1 部，获国家发明专利 1 项。论文被 SCI 收录 26 篇，EI 收录 13 篇，已被他人引用 49 次，得到国际学术界的积极评价和关注，并成为国内外一些课题组研究工作的基础，有些研究成果还被收入到国外的科学技术专著，对推动蛋白质分离科学与技术的进步发挥了重要作用。该项目获得 2003 年度天津市自然科学一等奖。

【人工限制酶分子设计和 DNA 切割机制研究】 该课题由南开大学承担，阎世平、王庆伦、顾文、谢承志、彭艺、于丽华共同研究完成，项目评价日期为 2003 年 12 月 16 日。项目主要研究内容有：①人工限制酶的分子设计：即模拟天然限制酶的结构和功能。已发现生物体中限制性内切酶可以选择性地定位、定点切割 DNA，这种酶在基因工程、基因药物研究中具有重要价值。从配体的设计为出发点，设计出 3 大系列的配体，它们分别是 Schiff base 配体、大环配体以及多齿非环配体，以其与过渡金属组装，研究其结构、光谱等特征；②研究上述配合物与生物大分子 DNA 或 RNA 相互识别和作用；③研究上述识别和作用中的机制，探讨外部环境对与 DNA 作用机理的影响，研究 DNA 断裂机理，重点是以水解方式切割 DNA 的机理，从而筛选出部分人工核酸酶化合物。作为项目阶段性的研究成果，筛选出几个具有生物活性、即可以以水解方式断裂 DNA 的金属配合物，这些配合物均是文献未报道的。进一步研究其切割机理，对开发 DNA 选择性切割试剂可提供有价值的信息。

【四环素-RGDY 化合物对骨代谢影响】 “四环素-RGDY 化合物对骨代谢影响”由天津医科大学总医院承担，邱明才、陈昆明、戴晨琳、冯淑华、丁晓颖等共同研究完成，2003 年 12 月 29 日通过市科委组织的项目鉴定。四环素-RGDY 是一种新型的抗骨吸收化合物。它的提出基于以下两方面考虑：①四环素是一种全身分布的抗生素，它具有亲骨性；②RGD（精氨酸-甘氨酸-天门冬氨酸）是一种由 3 个氨基酸组成的短肽，它与整合素 alpha v beta 3 特异结合，存在于体内各个器官组织。整合素 alpha v beta 3 为破骨细胞上最丰富的整合素，在破骨细胞功能发挥中起主要作用。RGDY 是将一个酪氨酸与 RGD 相连，有利于进行同位素示踪研究而不会影响 RGD 的生理作用。设想四环素与 RGDY 结合，使得该新合成的化合物既具有四环素的亲骨性又可以抑制骨吸收。项目主要研究内容：四环素-RGDY 的合成；四环素-RGDY 的体内分布研究；四环素-RGDY 对骨代谢的影响。研究成果包括：①多肽固相法合成四环素-RGDY，经 FAB-MS 分析证明，新型化合物结构确为四环素-RGDY；②利用 I125 标记四环素-RGDY 进行体内示踪研究，结果显示四环素-RGDY 可以在骨组织中聚集，也就是四环素发挥了载体作用，但这种聚集能力有一定限度，而且与骨转换状态密切相关。初步了解到该物质在体内的分布情况，确认其通过肝脏进行代谢，在肾脏排泄；③研究结果显示，所用的四环素-RGDY 剂量水平具有较好的防治骨质疏松作用，改善了骨小梁空间结构，增加骨小梁板厚度，一定程度上减少绝经后骨小梁的丢失，但其并不能完全阻止绝经后骨小梁的丢失。成果具有显著的创新性，查新结论显示除该项目研究人员发表的文章外，国内外未见与该项技术特征相符的研究四环素-RGDY 化合物对骨代谢影响的文献报道。在研究中参考相关文献首次利用维甲酸建立了小鼠骨质疏松模型，与大鼠骨质疏松模型比较，利用这种方法建立小鼠骨质疏松模型具有廉价、操作简单、时间短、成功率高和动物骨质疏松表现明显等优点。从而为骨质疏松研究提供了新的动物模型选择。

【肿瘤坏死因子吸附剂的研究】 国家自然科学基金项目“适用于全血灌流的肿瘤坏死因子亲合吸附剂”课题由南开大学承担,俞耀庭、孔德领、魏佼、方晖共同研究完成,2003 年 12 月通过验收。肿瘤坏死因子(TNFα,Tumor necrosis factor α)是人体内一种炎症介质,正常情况下适量的 TNFα 对人体有保护作用,但是过量的 TNFα 则对人体有害。TNFα 参与介导内毒素休克时的多器官病变,在发病过程中起主导作用,引发心血管功能紊乱、心输出量降低、肝脏损害、弥漫性血管凝血、以及多器官功能衰竭。该项目研究 TNFα 吸附剂,用于血液净化去除病人体内的大量 TNFα,既能减小 TNFα 的直接毒害,又能有效阻断 TNFα 在致病过程中的作用环节,因而减轻病症。研究内容包括:①研究了 NK-110,碳化树脂和 MET-1004 三种不同大孔吸附树脂对 TNFα 的吸附性能,并研究了吸附动力学机制。结果表明,NK-110 和 MET-1004 对 TNFα 的吸附性能相近,优于碳化树脂,而 MET-1004 的吸附速率最快;②使用 8 种不同氨基酸修饰 NK-110 大孔吸附树脂,发现经半胱氨酸修饰的 NK-110 对 TNFα 的吸附性能最好。进一步的机理研究发现,TNFα 的受体上含有半胱氨酸结构,因此,对 NK-110 进行半胱氨酸修饰,增加了 TNFα 对树脂的亲合性;③以凝胶型载体(球形琼脂糖)固载免疫球蛋白 IgG,利用 IgG 与 TNFα 之间的特异亲合能力,研制更为高效的 TNFα 亲合吸附剂。通过对 IgG 进行化学修饰,研究 TNFα 与 IgG 的结合机理。结果表明二者是通过电性作用的结合,正电性有利于 TNFα 与 IgG 的结合,吸附剂对 TNFα 的吸附量最高达 7084.68U/ml gel;④在 TNFα 吸附剂的研究基础上,把实验扩展到与 TNFα 相关的内毒素。TNFα 和内毒素是相近的病理物质,也是一种炎症介质,常常一起存在于病人体内,导致人体休克和器官衰竭。课题组以氨基酸为配基,以球形纤维素为载体,制备了一系列内毒素吸附剂。发现以赖氨酸为配基的吸附剂对内毒素具有最佳的吸附性能,达到 1.6EU/ml gel;⑤用这种吸附剂进行了动物体内灌流实验,使用新西兰大白兔,经过 2 小时治疗,动物体内的内毒素从 5.56±0.54EU/ml (1EU=100pg) 下降至 0.41±0.26EU/ml,平均吸附率达到 92.6%。肝功能、肾功能、败血症等症状得到明显改善。以上研究结果已经发表在 Biomaterials(生物材料),高等学校化学学报,生物工程学报等核心杂志上,并申请一项中国发明专利。

【多重耐药细菌感染基础和临床研究】 “医院感染中多重耐药细菌感染的基础和临床研究”由天津医科大学第二医院、中国医学科学院血液学研究所和天津医科大学总医院共同承担,宋诗铎负责完成,2004 年 2 月 10 日通过市科委组织的项目鉴定。该研究项目是针对医院内多耐菌株感染及死亡率日益增高、抗生素泛用和滥用对生态造成威胁,开展的基础和临床研究,共包括 3 个子课题:①医院内感染多重耐药菌的目标监测和分子流行病学方法的建立;②免疫功能不正常患者医院多重耐药细菌感染的临床对策研究-诊断防治新思路;③医院感染多重耐药菌耐药性的分子机制及翻转耐药性的实验研究。课题成果及其创新点包括:①在细菌流行病方面。首次获得天津市流行菌株耐药性本底;建立多位点长度序列分析 (MLST) 方法对耐甲氧西林金葡菌(MRSA)临床株进行分子遗传学分析;建立以念珠菌25S rDNA 基因中可转座 I 型内含子片段为分型依据的 PCR 方法,对天津市医院感染的深部白色念珠菌临床株进行分型;②在临床研究方面。对免疫功能不正常患者的多重耐药细菌感染,建立以不同危险程度为依据的治疗和预防方案;③在基础研究方面。发现多重耐药大肠杆菌临床株中存在 Mar 耐药,其外膜蛋白 OmpF 减少,外排泵系统 AcrAB-TolC 的 acrA 基因表达有不同程度增高,序列分析表明,其中 LC-1 株的 marOR 基因出现有突变,可能与多重耐药有关;多重外排泵在嗜麦芽窄食单胞菌耐药株中普遍存在,泵抑制剂可部分逆转其耐药性。

【多孔微载体培养肝细胞聚集体的研究】 国家自然科学基金项目“多孔微载体的合成、表征和肝细胞聚集体的培养”由南开大学承担,潘继伦、俞耀庭、李结良、张立国共同研究完成,项目评价日期为 2004 年 2 月 16 日。肝细胞的微载体培养和聚集体培养是两种提高肝细胞密度的有效方法,但市售的 cytodex-3 微载体,是一种被覆胶原的葡聚糖微载体,虽有利于细胞附着,却并不为肝组织工程特制。肝细胞在胶原表面伸展形态不同于体内的圆形,且不易形成聚集体,限制了细胞密度和代谢功能的进一步提高。课题组为克服使用 cytodex-3 微载体培养时,肝细胞只能在微载体表面生长的缺点,将微载体培养和聚集体培养的优点结合起来，制备高孔隙率的大孔微载体，在其互穿网络内部高密度培养细胞聚集体，其生长密度高于 106/cm³ ，细胞白蛋白和尿素的合成能力优于国外同行报道的研究结果。除微载体孔径、孔隙率和形态等因素外，微载体的表面化学组成也直接影响肝细胞对材料的粘附和肝细胞的代谢活性。为进一步提高反应器中肝细胞的培养密度并保持其高代谢活性，课题组用肝细胞表面受体的配基修饰微载体，优化了微载体表面化学组成。调控肝细胞聚集体形成动力学和代谢活性。使用壳聚糖、纤维素等天然聚合物为原料，制备不同孔径的微载体并分别用促细胞粘附材料进行修饰。用修饰的微载体进行原代大鼠肝细胞培养，研究了肝细胞在不同微载体表面的形态与代谢功能的关系。结果显示醣基修饰的壳聚糖微载体性能优于国内外研究者常用的 Cytodex-3 微载体，是一种优良的肝细胞培养支架。课题成果通过相分离法制备大孔壳聚糖载体，平均孔径大于 50μm，孔隙率 90%以上，用促细胞粘附醣基配体修饰大孔载体并用于细胞培养，取得良好效果。大孔壳聚糖复合物载体上肝细胞聚集形成类组织的三维结构，细胞白蛋白合成和尿素合成能力优势明显，其中白蛋白分泌平均达到 60~70μg/106cells/24hrs，尿素合成达到 4.0~5.2μmol/106cells/24hr 。

【基因重组 BCG 的研究】 该课题由天津市泌尿外科研究所承担，韩瑞发负责完成，2004 年 3 月 11 日通过市科委组织的项目鉴定。BCG 膀胱内灌注，用于预防浅表膀胱肿瘤复发、治疗原位癌与术后残存肿瘤，是国际公认的首选生物制剂，但在临床上大约有 35%~45%的病人对治疗无反应，部分病人因其毒副作用强而不能完成治疗疗程。BCG 与 IFN-alpha-2b 联合灌注，可显著提高防治效果，但治疗费用昂贵。迄今国内尚未研究与开发膀胱腔内灌注的免疫治疗专用的 BCG 菌苗。课题组应用基因重组技术成功地构建了重组 BCG 分泌型表达载体；通过基因转导技术和克隆筛选技术成功地建立了人 IFN-alpha-2b-BCG 菌苗；对该菌苗经过连续 10 代克隆传代，其基因重组菌苗表达 IFN-alpha-2b 水平(930pg/ml)、增长周期、克隆形成单位(2.75×108CFU/ml)稳定；在扩增 500ml 条件下，连续 3 批实验结果证实上述指标仍保持稳定。该研究成果对于重组 BCG-GFP 的构建，为探讨 BCG 的作用机制和检测作用过程，提供了一种简便工具。课题成果应用基因工程技术研究出用于膀胱腔内灌注、免疫预防复发与治疗浅表性膀胱肿瘤的高分泌人 IFN-alpha-2b-BCG 菌苗，具有广阔的应用前景和巨大的经济、社会效益。

【双向分化恶性肿瘤血管生成拟态研究】 “双向分化恶性肿瘤血管生成拟态分子机制的研究”获得国家自然科学基金资助，由天津医科大学肿瘤医院承担，孙保存、郝希山、张诗武、赵秀兰、赵文华等共同研究完成，2004 年 6 月 18 日通过市科委组织的项目鉴定。该项目在大样本人体双向分化恶性肿瘤石蜡包埋样本的回顾性研究基础上，利用常规组织学检查、超微结构观察、动物实验、组织化学和免疫组织化学重复染色研究，从细胞水平、亚细胞水平、蛋白水平等多角度定位研究双向分化恶性肿瘤血管生成拟态。成果主要创新点包括：①研究证实了双向分化恶性肿瘤；黑色素瘤、滑膜肉瘤、腺泡状横纹肌肉瘤、恶性间皮瘤组织中，也存在血管生成拟态这一独特的肿瘤血液供应模式以及临床意义；②首次提出在肿瘤的生长过程中可能存在不同肿瘤血液供应模式间彼此过渡的“三阶段假设”；③首次阐述了肿瘤细胞自身可以分泌 PAS 阳性物质、CD31 蛋白、IV 型胶原等血管生成拟态形成的物质基础；④通过免疫组化染色证实双向分化恶性肿瘤细胞可以表达 TIMP、MMP-2、MMP-9、E-cad、ICAM 参与血管生成拟态形成过程中基质重塑，此类研究国内外尚未见诸报道；⑤构建了恶性黑色素瘤细胞株的三维培养体系和动物移植瘤模型证实了恶性黑色素瘤细胞存在自身变形现象和管道化趋势，B16 动物移植瘤模型也证实了动物移植瘤模型中存在血管生成拟态这一血液供应方式。

【血液肿瘤耐药机制及克服耐药研究】 该课题由中国医学科学院中国协和医科大学血液学研究所血液病医院承担，杨纯正负责完成，2004 年 6 月 22 日通过天津市科委组织的成果鉴定。课题组多层次、多方面、系统地研究了血液肿瘤耐药机制以及克服肿瘤耐药策略，获得一系列创新科研成果，主要包括：①完成了国内第一株阿霉素诱导的具有典型多药耐药特征的耐药细胞株 K562/A02 的建立及其相关耐药机制的研究；②发现 sorcin、ERGIC-53 等与肿瘤细胞耐药相关的基因；③在临床试验中，首次确证

sorcin基因与血液肿瘤耐药相关、Ergic-53基因与血液肿瘤恶性度有关；④首次发现咯萘啶具有明显的逆转肿瘤MDR的作用(已获得国家发明专利,并已成功转让)，并发现PHⅡ一7对人耐药肿瘤细胞有明显的生长抑制作用(已获得国家发明专利);⑤设计、构建和制备出一种具有较好的生物学活性的抗Pgp/抗CD3双功能小抗体Diabody,该型抗体在体外和动物体内均具有激活T细胞靶向杀伤耐药肿瘤细胞(包括白血病和实体瘤)的作用,并且对白血病患者骨髓中Pgp+表型的耐药细胞也有特异性杀灭作用,为今后临床上开展肿瘤残留灶和微小转移灶的治疗提供了一种安全、有效的新途径;⑥建立了肿瘤多药耐药逆转剂和抗耐药肿瘤药物的药效学平台。部分成果已经应用于临床检测和治疗。已在国内外发表相关论文60余篇,其中SCI收录8篇,奠定了该课题组在国内外肿瘤耐药和治疗研究领域的重要学术地位，也为国家耐药相关基因蛋白组学和靶向耐药肿瘤细胞基因药物(如抗Pgp/抗CD3双功能抗体)的研究,作出了开拓性的贡献。

【内毒素新型配基的分子识别】 该项目由南开大学承担,魏佼、俞耀庭、方晖、袁毅、多佳共同研究完成,研究成果于2004年7月8日通过鉴定,达到国际先进水平。细菌内毒素是内毒素血症及感染性休克等的主要致病介质,尚无良好治疗方法。应用血液灌流方法吸附清患者机体内毒素，效果明显优于其他方法,已成为国内外抗内毒素治疗的研究重点。该项目受天津市自然科学基金资助，研制开发了新型球形纤维素赖氨酸的内毒素亲和吸附剂。经静态吸附实验和动物实验表明,吸附剂的吸附效果显著,可将患病动物机体内毒素水平降低90%以上,并可显著改善患病动物的肝功能、肾功能等生理指标。经天津市医用生物材料检测研究中心测试，吸附剂的生物相容性和毒理指标全部合格，证明其具有较高的临床使用安全性。由于吸附剂的机械强度、稳定性较好,成本低廉,课题研究成果具有十分广阔的应用前景。

【中医药抗SARS病毒基础和临床研究】 “中医药抗SARS病毒的基础和临床研究”由天津医科大学总医院承担,陈津生负责完成,2004年6月22日通过市科委组织的项目鉴定。传染性非典型肺炎(SARS)是2003年春夏之交由SARS病毒引起的急性突发性传染病,其传染性、暴发性、高死亡率震惊世界。课题组结合津京地区发病期的实际“寒湿”特点和环境特征,以及SARS临床表现的分析研究,重点研究了以下内容:①提出SARS属于中医“寒疫”的新理论;并在寒疫理论指导下,结合治疗病毒性疾病的长期临床积累,研制出“抗萨一、二号”方。两方在SARS流行期，用于海河医院SARS患者和天津医大总医院发热门诊患者，取得良好的退热效果和快速消除临床症状的良好治疗作用；②实验研究证明，该两种处方药物对RDA细胞培养的冠状病毒04号分离株,具有有效的抑制作用,其最小有效浓度为46.8μg/ml。急性毒性实验表明，抗萨一号方LD50大于438g/kg,是人体用量的300倍,证明其治疗用药量具有安全性。研究成果为SARS的防治提供较深的认识和有效的治疗药物,其创新性、实用性突出。同时,两种处方药物可以迅速有效地治疗病毒性感冒、流行性感冒,具有广泛的社会效益及可观的经济效益。

【总状共头霉杀虫活性物质的研究】 “总状共头霉(Srl8)杀虫活性物质工艺放大及分离纯化研究”由天津师范大学与天津科技大学共同承担，孙建华负责完成,2004年7月23日通过市科委组织的鉴定。该成果的创新点包括:①确定筛选到的Srl8代谢产物具有杀线虫活性,其作用方式为触杀型,并具有耐热、水溶性、杀线虫谱广等特点;②确定Srl8菌摇瓶发酵的优化条件以及5L罐发酵放大的工艺参数,发酵液1/2浓度的室内杀线虫活性超过95%；③确定了菌液分离的工艺以及制备高活性杀线虫制剂的方法，制得的浓缩剂在3小时内可将线虫全部杀死；④通过重结晶和色谱层析等技术确定了杀虫活性组分中含包括有机酸在内的多种活性组分；⑤药效试验证实，其发酵制剂对番茄和黄瓜根结线虫病害有较好的防治效果,可大大降低病情指数,对番茄根结线虫病和黄瓜根结线虫病害的防效，分别相当或部分优于化学杀线剂(甲萘威、灭线磷)及生物杀线剂(阿维菌素)的效果。该成果研制的发酵制剂经天津市化学品毒性检定所进行的毒理学评价试验，证明其对大鼠急性经口、经皮、吸入毒性属低毒;眼、皮肤刺激实验属无刺激性级。查新表明课题组在国内外首次利用总状共头霉(Srl8)开发生物杀线虫制剂,其成果填补了线虫生物防治剂的国内空白，达到国内领先水平。

【BP-10 对钙调素区域化调节作用的研究】 国家自然科学基金项目“BP-10 对植物细胞 CaM 区域化调节作用的研究”，由南开大学李翠凤、凌启阗、刘华、周铁林、饶恩于等承担完成，2003 年 12 月通过验收。CaMBP-10 是课题组在中国大白菜中发现的一种新的植物钙调素结合蛋白，它与钙调素(CaM)的结合具有钙不依赖特性。前期研究结果表明，它通过与 CaM 的结合，参与植物激素应答和光合作用等生理功能的调节。该项目进一步深入研究 BP-10 与 CaM 在不同植物组织、器官、不同生长发育时期表达特征的相关性以及 BP-10 的亚细胞分布特点，以查明其是否对 CaM 具有区域化调节作用。研究结果表明：BP-10 在豌豆幼叶中的含量高于成熟叶，茎尖的含量高于茎；与文献中报道的 CaM 在植物中的分布表达特征相吻合，即在植物生长旺盛的区域如分生组织中含量最高，在生长缓慢的部位含量较低。在白菜不同生长期的表达特点是子叶中含量最低，在 2 叶、4 叶、8 叶期的白菜叶中 BP-10 含量依次增高，12 叶期含量最高；随着白菜的生长趋于旺盛，BP-10 含量也随之升高。特别是 BP-10 和 CaM 的金标免疫共定位研究结果表明：BP-10 不仅与 CaM 一样在细胞中广泛分布，而且在电镜下观察到 BP-10 和 CaM 的金颗粒聚集在一起的共定位现象。上述结果初步说明，BP-10 可能在蛋白水平上对 CaM 具有区域化调节作用。

【内真菌转接对植物干旱适应性影响研究】 国家自然科学基金项目“内真菌转接对可相容宿主植物干旱适应性的影响”，由南开大学承担，高玉葆、任安芝、何兴东、常学礼、陈磊等共同研究完成，2003 年 12 月通过验收。筛选具有干旱胁迫抗性但并不引起草食家畜中毒现象的内生真菌菌种或菌株，并将它们转接到可相容的宿主植物中形成稳定的互惠共生体，对于建立可持续的草地生态系统具有重要的理论和实践意义。该项目研究内容包括：从黑麦草和高羊茅的带菌植株中分离出内生真菌菌株 61 株，按照形态观察和分子生物学标记的方法将其划分为 3 个形态群；在所调查的内蒙古中东部草原的 9 种禾本科植物中，只发现羽茅体内含有内生真菌；从分离到的内生真菌菌株中提取生物碱麦角固醇和麦角结氨酸，建立起菌丝生物量与特定生物碱的定量关系，选择了愈伤组织培养法进行人工转接。该项目的主要创新体现在：通过生物碱种类化学分析与鉴定，筛选对草食家畜无害或者仅有轻微影响的内生真菌菌种或菌株，分离纯化后人工转接到可相容的草地禾本科植物中，构建一个抗旱低毒的内生真菌-植物共生体；通过稳定性测验，确定其能否成为北方人工草地建植所需可靠种质资源。

【Δ6 转基因大豆的研究】 “Δ6-脂肪酸脱氢酶转基因大豆的研究”由南开大学承担，邢来君、李明春、胡国武、卜云萍、财音青格乐等共同研究完成。该项目多年来分别获得天津市自然科学重点基金、国家自然科学基金等资助，研究成果于 2004 年 1 月 5 日通过鉴定。该项目主要内容与创新点包括：①采用农杆菌介导的大豆子叶节转化系统，首次成功地将来源于深黄被孢霉的 Δ6-脂肪酸脱氢酶基因导入东北栽培大豆的 6 个品种中，并在转录水平 mRNA 上得到表达，获得一批转基因植株和种子；②在大豆再生系统的基础上，对大豆遗传转化受体系统进行相应的调整和改良，建立一套大豆子叶节转化系统，并申请发明专利；③成功克隆了大豆 β-伴球蛋白 α′-亚基基因启动子，并已申请发明专利；④从少根根霉(Rhizopus arrhizus)中成功克隆了 Δ6-脂肪酸脱氢酶基因，并完成了该基因在啤酒酵母和毕赤酵母中的表达，并申请发明专利。经科技查新和专家鉴定结果表明，△6-脂肪酸脱氢酶转基因大豆研究为国际首例。课题成果为产业化开发奠定良好基础。

【细胞代谢信息与次生产物表达的基础研究】 国家自然科学基金项目“细胞代谢信息与次生产物表达的基础研究”，由天津大学承担，元英进、葛志强、曾安平、马红武、李春等共同研究完成，项目评价日期为 2004 年 5 月 9 日。利用植物细胞培养法生产次生代谢产物是解决人们对天然产物需求日益增长的一种最有发展前景的方法。但植物细胞生长缓慢，目的产物含量低，代谢途径复杂，通过研究细胞代谢信息来调控次生代谢产物的合成，提高植物细胞次生产物的产量，是解决上述问题的有效方法之一。该课题以培养的红豆杉细胞生产紫杉醇为例，研究细胞内外各种因素对细胞代谢信息的影响，为促进植物细胞生产次生代谢产物以及优化细胞培养工艺提供理论依据。研究成果及其创新点包括：①确定了真菌和稀土两种诱导子、作为信号分子在培养体系中的信号跨膜转导、信号级联放大与紫杉醇合成调控间的关系。确定信号转导的途径及其放大模式、信号级联放大的强度及其关键控制点。利用现代数学手段结合电信号传输理论建立合理的数学模型；②建立细胞的氧化还原生理态势的状态函数与细胞信号转导强度、细胞生长和紫杉醇生产的关系表达式。运用定量手段确定寡聚糖诱导信号转导的关键控制点和信息流波形。拓扑简化了细胞信号转导的主要途径；③发现剪切力诱导了红豆杉细胞的氢离子内流以及三时象的氧迸发；④建立了外界剪切力与植物细胞防御应答反应之间的关系模型。考察不同细胞状态下以及不同剪切力作用下细胞信号转导的差异，阐明细胞剪切敏感性差异原因在于细胞对剪切信号的感受时间以及转导速度的差异，阐述了 H_2O_2 在刺激次生代谢中可能起到的第二信使的作用。该课题在研究植物细胞代谢信息与次生产物合成的关系中，不仅将工程学方法与生物学结合，而且将生物信息学与电信号转导理论有机地结合起来，为调控次生代谢产物的表达开辟新的方向，对利用植物细胞培养生产次生代谢产物具有重要的指导意义。

【黄瓜育种应用基础研究】 “利用分子标记和单倍体技术创造黄瓜育种新材料研究”由天津科润黄瓜研究所承担，杜胜利负责完成，2004 年 7 月 19 日通过市科委组织的鉴定。课题研究内容包括：①研究影响黄瓜离体雌核发育的主要因素，明确基本培养基类型、基因型、子房(胚囊)发育时期对黄瓜雌核发育的影响；②提出黄瓜组培苗的移栽化方法；③建立一套高效、稳定的黄瓜未受精子房培养的技术体系，再生频率达 25%；④研究和建立一套简单、快速而有效的倍性鉴定方法，包括不同倍性黄瓜间期核的异染色质数目、植株保卫细胞叶绿体数目、不同倍体植株的花冠形态、花粉粒差异等方法；⑤筛选出诱导黄瓜单倍体、双单倍体染色体加倍的有效方法，加倍频率达 16.9%。课题成果包括：①发现黄瓜未受精子房培养的前 6 天，外植体细胞酶活性发生了很大的变化，在雌核发育情况下，POD 酶活性急剧上升，是雌核发育的显著特征，SOD 酶活性先上升后下降，Ca^{2+}-ATP 酶和 Mg^{2+}-ATP 酶活性变化较小。外植体中 IAA、iPA、Zr、GA3、GA4 含量均较低，尤其是 IAA 含量明显下降；②采用 BSA 方法和 AFLP 技术筛选到与黄瓜白粉病抗性相关基因紧密连锁的分子标记，标记与目标基因间的遗传连锁距离为 5.56cm；③进一步将该标记转换为便于育种上直接应用的 SCAR 标记。利用该标记对 80 多个高代自交系的白粉病抗性进行了盲测，分子标记验证结果与其田间抗病性符合率高达 95%，其采用 BSA 方法和 AFLP 技术筛选到与黄瓜霜霉病抗性相关基因紧密连锁的分子标记，标记与目标基因间的遗传连锁距离为 5.22cm；④将该标记转换为 SCAR 标记。利用该标记对多个高代自交系的霜霉病抗性进行了盲测，符合率高达 96.2%。

【小麦抗白粉病的基因筛选与利用研究】 白粉病是小麦生产中的严重病害。由于抗源单一、抗性品种重复使用及白粉病菌生理小种的不断产生，许多抗病小麦品种丧失抗性，生产上急需寻找新抗源。分子标记技术可以找到与抗病基因紧密连锁的分子标记，对寻找小麦白粉病新抗源、积聚抗病基因、培育抗病优质小麦品种有重要意义。天津师范大学承担的天津市科技攻关项目“小麦白粉病主要抗原的分子标记与产业化应用研究”、“小麦抗白粉病基因的克隆与分子标记育种”和天津市自然科学基金项目“小麦抗白粉病相关特异 DNA 片段的克隆与测序”，于 2004 年 7 月通过天津市科委组织的项目专家鉴定，项目研究成果达国内领先水平，并获 2003 年度天津市科技发明二等奖。该项目的研究工作是以抗病栽培小麦 Brock、近等基因系 Brock/015//京 4117、轮回亲本京 411 及抗性单株为材料，利用分子标记方法，筛选与抗白粉病基因紧密连锁的分子标记，完成连锁性分析及遗传距离测定，分子标记的克隆、测序、SCAR 标记转换，利用分子标记选择出抗病、农艺性状良好的高产小麦新品系。研究发现：①进一步确定抗病栽培小麦 Brock 中存在一个未知的强抗白粉病基因；②以 Brock 为抗性基因供体，配制了近等基因系 Brock/015//京 4117；③从 Brock 和近等基因系中筛选出与未知抗性基因紧密连锁的分子标记两个，以前国内外未见报道。成果主要创新点如下：根据分子标记选择出 2 个小麦新品系，具有抗病、农艺性状优良、高产的特点，其研究实验工作是现代生物技术在小麦育种上的首次尝试。小麦中利用分子标记辅助抗病选择育种，可以克服传统小麦抗病育种中抗性基因不易聚合、周期长、抗性不易持久的缺点，具有精确、可靠、便捷、快速培育抗病、优良小麦品种的特点。这对于避免和减少小麦生产中因白粉病造成的损失，促进小麦的稳产、高产具有很大的潜在经济效益。

（赵海军）

【超临界相态下微生物反应过程研究】 2004年12月1日,天津科技大学贾士儒承担的国家自然科学基金"超临界相态下微生物反应过程的基础研究"通过国家基金委的验收。极端条件下已有工业微生物性能研究可以最大限度地提高已有微生物资源的应用领域,进行温和压力(0.5~1.0Mpa)下和高压及其超临界相态下微生物活性变化的研究正是符合这一需求的工作,特别是温和压力下的研究更为重要。结果表明:一定压力下影响微生物活性的主要原因是升降压速度和加压介质的性质,其次是厌氧环境。当选择高纯空气为加压介质,控制合适的条件,微生物活细胞率不会损失。由于一定压力的影响,微生物的代谢通量和相应的酶活性发生变化。温和压力下有的酵母菌的海藻糖合成酶活力较常压下提高1倍,相应的酵母菌海藻糖生物合成能力最高提高200%,酵母菌代谢过程分析表明,一定压力下与海藻糖生物合成相关的代谢分枝的获得加强;利用蓝色梨头霉进行氢化可的松生物转化的过程中,若采用加压生物转化,可提高氢化可的松生物转化率15%左右,酶学研究同样表明此时相应的酶活力大幅度提高。基于获取的大量基础数据,开发了加压生物转化技术,同时,申报了两项国家发明专利。所有这些结果对于充分利用已有微生物资源和寻求新的生物资源具有重要的学术意义和实用价值。

(王 琥、李明琪)

【微生物过量转化研究】 2004年12月1日,天津科技大学王昌禄主持的国家自然科学基金项目"微生物过量转化目的产物的条件及其代谢通量分析的研究"通过国家基金委验收。该项目以低能离子生物学、代谢工程、发酵工程等理论为基础,以D-核糖为微生物代谢产物代表,以短小芽孢杆菌(B. pumilus)为菌株,采用离子注入等诱变方法,定向、推理选育带有转酮酶缺陷等遗传标记的D-核糖高产突变株;通过注入不同剂量离子,研究离子注入对D-核糖高产菌生物学效应及突变株的遗传特性;比较发酵过程中菌体形态、D-核糖转化关键酶系的酶活力变化等因素与D-核糖产量的关系;解析该微生物过量转化D-核糖的机制、条件;构建该微生物进行D-核糖转化的代谢网络并进行代谢通量分析,为离子注入定向、推理育种和利用代谢工程等技术平台研究微生物过量转化不同目的产物的机制和条件奠定基础。

(王 琥、李明琪)

【植酸酶基因工程菌株的构建及应用技术】 绿色农业和有机农业是使农业可以持续发展的必由之路,而在施用农家肥、粪肥、有机肥料的过程中会将大量的植酸带入土壤耕层。植酸含有大量的磷营养,但植物不能直接吸收植酸所携带的磷营养,同时,植酸还具有抗营养作用。土壤中因施用农家肥、粪肥、有机肥料而增加的难溶性植酸磷,可以经植酸酶的酶解催化转变成植物可直接吸收的有效磷。这种新型的生物肥料在农业生产中具有广阔的应用前景。该课题是天津师范大学刘丽丽承担的天津市重点科技攻关项目,于2004年7月通过天津市科委组织的项目验收和鉴定。项目自行筛选出属于原核生物的植酸酶基因供体菌株,以基因克隆的方法获得植酸酶基因,以分子生物学的方法进行植酸酶基因的转化和表达。受体菌经转化植酸酶基因后,可以降解植酸及其盐类,释放无机磷酸营养,促进植物生长。以往微生物肥料的生产菌种均为原核生物,该项目为由自然菌株构建植酸酶基因工程菌株,为创建新型基因工程菌种的微生物肥料奠定基础。该项目所获得的植酸酶是一种耐热性的植酸酶,还特别适合于生产饲料添加剂,植酸酶饲料添加剂的应用可以消除高磷粪便对环境的污染。因植酸酶的使用将使畜禽粪便中磷的排出量减少40%~75%,使全国每年磷的排放量减少约为180万吨,从而可大大减轻江河、水域、土壤等环境的磷污染。植酸酶市场的开发起源于欧洲,后至美国,现遍及世界许多国家。据国际期刊《SCIENCE》(科学)报道和国内有关人士分析,植酸酶每年有27亿美元的市场。开发植酸酶市场前景广阔。

(赵海军)

材料科学领域

【掺杂碱金属稀土锰氧化物的研究】 "$La_{0.85}Na_{0.15}MnO_3$的结构、电磁转变和电子结构",由天津大学承担,李志青、姜恩永、刘新典、李文润、张宝丰、白海力共同研究完成,论文于2001年9月发表在《天津大学学报》第34卷第5期。具有庞磁电阻(简称CMR,Colossal Magneto-resistance)现象的材料,可望在磁传感领域得到应用。关于CMR研究主要集中在掺杂二价碱土金属的钙钛矿型稀土锰氧化物中，对掺杂一价碱金属的锰氧化物方面少有研究。对于在掺杂二价碱土金属稀土锰氧化物中观察到的一些现象是否在掺杂一价碱金属的稀土锰氧化物中也会出现，对掺杂一价碱金属是否会表现出一些奇异的特性,人们充满期待。而且,从器件应用方面考虑，亦希望能找到在室温附近具有较大磁电阻的材料；从基础研究的角度考虑，希望能够对CMR材料中的导电机制有更进一步的了解,并且对低场磁电阻的物理机制有较为清楚的认识。课题组采用Pechini方法制备了$La_{0.85}Na_{0.15}MnO_3$多晶样品，Pechini方法能够保证制备出均匀性很高的样品,有利于对其物理性质的研究;对$La_{0.85}Na_{0.15}MnO_3$的晶体结构,电子结构和电磁性质作了较为系统的研究。由于对居里温度以上的导电机制目前尚有一定的争论，因此该课题以居里温度附近材料的结构随温度的变化为突破口，结合居里温度以上电阻率与温度的关系,解释居里温度以上$La_{0.85}Na_{0.15}MnO_3$的导电机制。另外,课题组以X射线为主要探测手段,对材料的电子结构作了较为系统的研究，从而对该材料的导电机制有了更为清楚的认识。

【光子晶体制备技术研究】 天津大学承担完成的天津市自然科学基金项目“多孔阵列光子晶体制备技术研究”经专家鉴定达到国际先进水平,2004年3月20日通过市科委组织的验收。该成果初步建立和形成光子晶体研究群体，在模板法光子晶体制备技术方面已与世界同步，这为加速开展光子晶体应用研究打下基础。光子晶体是指具有不同介电常数的介质材料,在空间周期性排列,在其中传播的光波的色散曲线成带状结构，带与带之间会出现类似于半导体禁带的光子禁带，频率落在禁带中的光被严格禁止传播。光子晶体的另一个特征是光子局域化。光子晶体用途广阔,可设计制作光子晶体全反射镜、光子晶体天线、无阈值激光器、光子晶体激光二极管、光过滤器、光波导、光子晶体谐振腔、光子晶体偏振片等,也可用于光开关、光放大、光聚焦和光子计算机等。光子晶体在自然界存在不多,材料制备昂贵。因此，通过仿造蛋白石的结构来开发人造光子晶体材料格外引人注目。该项目研究内容包括:①研究建立粒径均一分布聚苯乙烯、二氧化硅乳胶粒子及复合粒子的制备技术；②探索几种不同制备蛋白石结构光子晶体的制备技术,在此基础上构制了CdS量子点蛋白石结构光子晶体和CdS反蛋白石结构光子晶体;③首次制备出钛酸钡/二氧化钛杂化反蛋白石结构光子晶体及钛酸钡光子晶体，并对蛋白石结构光子晶体光学特性进行了测试。该项目光子晶体制备是一项艰巨的任务，而光子晶体的理论和应用研究又有赖于材料的获得。因此加强材料的基础研究和不同学科的合作交流，加快光子晶体应用研究步伐是光子晶体研究领域的中心任务之一。

（高建平）

【焊接结构延寿应用基础研究】 “焊接结构延寿中的超声波及相变应力作用研究”由天津大学承担,霍立兴、王东坡、王文先、张玉凤、荆洪阳、杨新岐等完成,项目评价日期为2004年5月28日。该项目获得“焊接结构延寿中的超声波及相变应力作用研究”、“相变应力及其改善焊接结构疲劳性能的应用研究”两项国家自然科学基金资助。研究工作取得创新性成果:①创造性设计并研制了用于改善焊接接头疲劳性能的超声冲击装置;②超声冲击装置为压电式,具有激励压电陶瓷换能器且工作于冲击状态的IG-BT功率超声波电源；③研制了使用压电陶瓷换能器为核心部件的手持式执行机构(超声冲击枪)；④研制开发了以奥氏体和马氏体双相组织为基的相变焊条,其焊缝金属在冷却过程中发生奥氏体向马氏体的转变,因而在焊缝金属及其邻近母材中形成相变压缩应力;⑤将所开发的相变焊条用于焊趾熔修,其结果是在降低成本的基础上,大幅度提高焊接结构疲劳强度,延长使用寿命;⑥全面探讨了焊接结构延寿中的超声波及相变应力作用,研究了改善焊接接头疲劳性能的机理、影响因素、工艺规范和理论基础。大量试验证明:经过超声冲击处理和相变焊条作用的焊接接头,其疲劳强度提高60%至70%,疲劳寿命延长几倍到几十倍。该项目成果已获得国家发明专利2项;在国内外重要期刊发表论文29篇，其中SCI收录2篇,EI收录20篇,ISTP收录1篇。

【压电与界面材料破坏理论与实验研究】 “压电与界面材料的破坏问题理论与实验研究”是国家自然科学基金与教育部长江学者奖励基金项目，由天津大学承担,亢一澜、秦庆华研究完成,项目评价日期为2004年6月9日。现代材料与微电子工业的迅速发展,使新型材料与智能结构研究,成为国内学术界和工程界所关注的前沿领域。其重要的科学基础是组成智能结构的物质载体——材料的可靠性问题。该项目研究内容包括:①在实验方面,测定了功能梯度材料与界面材料在温度载荷作用下的位移场与应变场,给出温度应力沿界面层分布,与界面材料相比,证实功能梯度材料能够有效地缓释界面端部的应力集中,改善界面区域的应力分布,减缓局部变形与应变。课题组用云纹干涉法研究界面裂纹问题,讨论了垂直界面裂纹尖端的变形场,从实验的角度分析界面裂纹的应力奇异性的阶数,给出应力强度因子,讨论裂纹尖端的角位移分布;②在理论方面,提出了一类修正的变分原理,用于压电体的 Trefftz 有限元分析,它包括 4 种变分泛函,每种变分函数都基于一种自由能量密度,都以两个独立变量作为基本变量,给出变分泛函驻值条件和极值存在定理的证明,得到力学模型。课题成果对压电与界面材料的宏微观力学行为和断裂机理进行理论分析和实验研究,并以此为依据发展正确的力学模型,具有重要的科学意义,为工程界应用材料、优化设计、可靠性研究,提供了基础性工作。

【新型电荷传输材料的研究】 “新型电荷传输材料的合成及其与电荷产生材料物质的复配效应研究”由天津大学承担,刘东志、周雪琴、李巍、褚吉成、曹晓丹等研究完成,2004 年 11 月 23 日通过鉴定。该项目以新型功能材料为根本,合成出两大系列共 9 种偶氮电荷产生材料,两类共 8 种芳乙烯基三苯基胺类电荷传输材料以及 3 种新型的均三嗪基修饰 1,3,4-噁二唑类小分子化合物;研究了这些新型材料的结构与性能关系,结果表明:①偶氮化合物的晶体结构及其纯度对其光敏性有很大影响,随着结晶度的降低可以提高化合物的光敏性;②混合合成法制备的偶氮类复合材料当与传统腙类电荷传输材料相匹配制备成光电导体时,可以具有优异的光电性能,光敏度甚至可达到 2.5Lux.s;③研究了电荷传输材料的电化学和光物理性能,在溶液中和固体薄膜状态下均具有优良的荧光性能,荧光发射波长在 467nm~492nm 之间,是蓝色电致发光材料。其中 2 种芳乙烯基三苯基胺化合物的氧化峰值在 0.50V~0.65V 之间,具备高感度电荷传输材料所应具备的氧化电位值;④对合成的电荷传输材料与酞菁类或偶氮类复合电荷产生材料相匹配,所制备的光电导体光敏性高,达到实用化水平,可与现在使用的腙类化合物等相比拟;⑤培养了 5 种电荷传输材料的单晶,通过 4 源 X-射线单晶衍射仪研究其衍射情况,首次分析了其晶体结构与电子结构。该研究成果所制备的偶氮化合物与偶氮复合物具有良好的内光电效应,是性能优良的电荷产生材料,在电子照相领域具有良好的应用前景;合成的系列芳乙烯基三芳胺类化合物和 1,3,4-噁二唑类基团修饰的不对称均三嗪化合物,不仅是传输性能优良的载流子传输材料,也是一类性能稳定的有机电致发光材料,在电子照相、有机电致发光等光电功能材料应用领域具有很好的应用前景。

【新型电极材料合成及电化学性能研究】 国家自然科学基金项目“新型电极材料高铁酸盐电化学性能的研究”由南开大学新能源材料化学研究所承担,叶世海、宋德瑛、林东风、王永龙、周宁、许天军共同研究完成,项目评价日期为 2003 年 12 月 30 日。项目研究内容包括:①以次氯酸盐氧化法,通过合成工艺参数的研究,直接合成了高纯度的高铁酸钾,并在此基础上通过离子交换的方法合成高纯度的高铁酸钡,完全符合电极材料对纯度的要求,达到国内外先进水平,并对其结构进行了表征和分析;②研究高铁酸钾和高铁酸钡作为电极材料,分别以锌和储氢合金为对电极在以 KOH 溶液为电解质的一次碱性电池中的电化学性能及初步反应机理。初步结果显示:高铁酸钾在 9mol/L KOH 溶液中,0.4C 放电容量在放电截止电压为 1.0V 时,能达到 500mAh/g 以上,在国际国内处于领先水平;③在国内外首次进行了直接以高铁酸钾作为活性物质,金属锂为对电极,在有机介质中的电化学性能研究。特别是该体系在 1M $LiPF_6$(溶剂为 EC/PC/DEC)介质中,3.0V~0.05V 电压范围,其首次充放电容量达到 2000mAh/g 以上,经过 50 多周期循环后,其容量仍保持在 500mAh/g,在国际国内处于领先水平。

【锂离子电池负极材料中间相炭微球研制】 该项目由天津大学承担,王成扬、贾永平、郑嘉明、高林汉、张毅民等研究完成,2004 年 8 月 24 日通过鉴定。优质中间相炭微球作为锂离子电池负极材料中的高性能产品,由于其电化学性能、工艺性能和安全性能较好,还能够满足动力电池大电流充放电的要求,被国内外锂离子电池厂广泛采用,使高质量、低成本中间相炭微球的市场需求不断增加。课题组采用具有创新性的“共缩聚法中间相炭微球生产技术”,直接将煤沥青与较为纯净和较高反应活性的乙烯裂解焦油进行混合，作为生产中间相炭微球的原料，既调整了煤焦油沥青中影响中间相成核喹啉不溶物的含量,又增加了沥青原料的反应活性;经过共缩聚反应,得到含有中间相炭微球的沥青产物,然后用煤焦油轻质馏分的混合溶剂对沥青产物进行热溶解和过滤，经过洗涤、干燥后进行炭化和石墨化处理,最终得到中间相炭微球产品。该项成果技术及设备已获得中国发明专利和中国实用新型专利各1项,具有独立的知识产权。与现有工艺相比,该工艺过程简单合理,产品粒径均匀,产品质量容易控制,同时达到了24%~25%的较高收率,生产成本明显降低,具有较高的技术先进性和实用性。

【高比能量镁离子电极活性材料的研究】 该课题是国家自然科学基金项目由南开大学承担,袁华堂、曹建胜、周勇、武绪丽、王一菁等研究完成,2003年12月通过验收。项目评价日期为2002年12月16日。课题研究内容包括:①MgxC及掺杂镁合金正极材料，合成含氧酸盐$MgCo_2O_4$、$Mg_{1.2}Mn_{1.8}O_4$、MoS_2等正极材料,并进行结构的表征和性能测定,合成金属有机化合物电解质$Mg(ZnCl_2Bu)_2$等,对在非质子惰性溶剂AN、PC、DMF、THF的溶解度、电导进行了测定；②用掺杂镁合金做成负极,$MgCo_2O_4$等做成正极,采用$Mg(ZnCl_2Bu)_2$的THF溶液为电解液,组装电池,测试可充镁电池的电化学性能。结果表明,几种可充镁电池体系有较好的电化学充放电性能和电化学循环寿命。镁作为一种较活泼的金属，资源丰富,价格低廉,由于具有电极电位较负、能量密度高、不污染环境并且加工处理较方便等特点，被认为是很有发展前途的未来电池负极材料，有可能成为最理想的动力电源。可充镁电池的工作原理与锂离子电池的原理相同,研究尚处于初步阶段。

【新型镁基储氢合金材料制备及性能研究】 该课题由南开大学承担,王一菁、袁华堂、曹建胜、杨恩东、邹雅冰等共同研究完成,2003年12月21日通过天津市科委验收。课题组在现有工作基础上,研究镁基合金的制备成分、制备条件等对新相的影响,新相的结构与性能的关系，以及吸放氢过程中的结构转化等问题。采用掺杂形式,合成新型、具有新相结构的多元镁基合金，探讨镁基储氢合金结构与性能间的规律,寻找一种容量高、循环寿命好的多元镁基储氢合金。利用正电子湮灭技术,研究储氢合金的缺陷、界面等对氢在合金相中的传输占位等性能的影响。

【分子组装制备高分子纳米结构复合材料】 该课题是天津市自然科学基金项目，由南开大学承担，李贺先、王国昌、斯志怀、张吉祥、杜满泉等研究完成,2003年通过天津市科委验收。项目评价日期为2003年12月20日。纳米材料系介于本体材料与分子尺度之间的一种介观分立结构,具有量子效应和许多奇特性能,是近年世界发展最快的高新技术之一。依据分子组装机理形成纳米结构,其最重要的进展之一是制备中成功地运用了嵌段共聚物自组装形成各种结构形态,并将其交联与降解,对结构进行化学“锁定”与“裁剪”,得到各种“永久”高分子纳米结构。该课题研究了小分子自组装形成高分子纳米球体、嵌段共聚物自组装形成纳米结构以及磁性杂化纳米纤维自组装形成超晶格有序结构的机理和方法;发明了磁性杂化纳米纤维自组装超晶格结构材料及其制备方法和高分子纳米球体及其准临界聚合制备方法。课题成果制备的超晶格结构材料具有有序介观结构、不同几何结构形态(如四楞锥形)并达到微米尺度,这种材料在显示技术和高密度存储器等方面具有重要的应用前景。高分子纳米球体特点是:产物组分单一,既不含有痕量表面活性剂,也未引入其他极性基团;可在难溶或不溶的溶剂中形成稳定的高分子纳米球体溶液;具有高疏松高分子链段和高溶胀活性,其干态与湿态体积溶胀比高达1000倍以上。该纳米球体在吸附分离材料,高纯纳米填充物、涂料以及制药工业等方面具有广泛的应用前景。

【刚性共轭键大分子物理结构和功能相关性研究】 该课题是国家自然科学基金项目，由南开大学高分子所承担,王维、段学欣、翟雪梅研究完成,项目评价日期为2003年12月16日。聚噻吩是一个典型的共轭pi键大分子。众多研究集中在半导体特性,发现其电导特性取决于结晶形态和结构。高结晶度的聚噻吩具有高的导电率。该课题研究内容包括:①在研究聚噻吩的物理结构时发现,从溶液浇铸成膜时,这种聚噻吩能够形成球晶;②SEM和TEM观察时,发现球晶内部存在几十到几百纳米长、直径在20到

30纳米范围内的“微纤维”结构；③为了进一步证实“微纤维”的存在，采用 SAXS 和 XRD 两种方法，再次证实球晶中存在“微纤维”结构。考虑到聚噻吩刚性分子难于折叠的本性，提出类似于“樱状胶束”的物理模型来描述“微纤维”内分子的排列；④同时，合成树枝状聚苄醚-线形聚乙二醇嵌段共聚物。采用一维和二维 NMR 方法证实嵌段共聚物的形成；⑤在研究聚乙二醇嵌的结晶行为时，发现熔点变低，结晶速率变慢。观察到结晶导致的微相分离，微区结构由结晶和非结晶层交替排列而成。由于聚苄醚不具有线形大分子的特性，已有的描述结晶和非结晶嵌段共聚物的交替层厚与聚合度的标度关系不适用于该体系。研究成果加深了对刚性的共轭键大分子物理结构与性能相关性的理解，对于提高这些高分子材料的性能有较大的帮助。

【多金属分子磁体的组装及有序结构研究】 该课题是国家自然科学基金项目由南开大学承担，廖代正、杨光明、王文珍、司书锋、高恩庆、唐金魁共同研究完成，项目评价日期为 2003 年 12 月 16 日。该项目在分子磁性理论指导下，进行了如下几个方面的研究：①选用多种有效金属断片(如含 CN- 的配合物桥基；含草酰胺基的大环配合物配体)，多种桥基以及不同自旋载体的组合，设计、合成了多系列的含不同桥基、不同自旋载体、不同核数及不同维数结构的新型磁性多金属配合物；②解析了 70 多个单晶结构；进行了波谱分析和磁性表征；提出了某些文献未见报道的理论处理方法，评估了复杂体系的磁相互作用的本质和大小；归纳出某些磁和结构的相关性；③研究获得了 17 个具有铁磁偶合或高自旋基态的分子；研制出 4 个具有 Tc 温度的配合物分子基磁体。研究成果已在国内外重要刊物上发表论文 56 篇，52 篇已被 SCI 收录。取得的成果已作为重要的一部分内容，获得 2003 年度国家自然科学奖二等奖。

【防止海洋生物附着的智能凝胶研究】 该项目由天津工业大学承担，陈莉、刘文广、赵义平、董晶、李风雷完成，于 2003 年 5 月 28 日通过专家验收，研究成果达到国际先进水平。项目从高分子凝胶的结构与性能出发，研究防止海洋生物附着的凝胶制备科学，考察海带孢子在各类凝胶表面的吸附平衡特性、发芽及生长行为，优选可防止海带附着的凝胶，探索防止海洋生物附着的有效方法。成果主要创新点：①提出了一类可防止海带孢子附着的凝胶材料，即离子型凝胶比非离子型凝胶具有更好的防附着能力，其中聚 3-丙烯酰胺基丙基三甲基氯化铵凝胶和聚丙烯酸凝胶表面的防附着能力最好，适合作为防附着材料；②确认凝胶的交联密度可影响离子型凝胶表面孢子的附着量，而对配子体数、排卵量以及发芽率等没有影响；③提出一种可提高凝胶力学强度的方法：利用 IPN 技术，对某一凝胶进行第二次交联聚合，可以得到一种力学性能优良的水凝胶；④对凝胶的微观形态进行研究发现，二次凝胶比一次凝胶具有更为紧密的微观结构。课题组在国内外期刊、会议发表和投寄论文近 10 篇。

【胶原基骨组织工程支架材料的研究】 该项目由中国医学科学院生物医学工程研究所承担，张其清、刘玲蓉、张立海、王福筠、马东瑞共同研究完成，2004 年 9 月 28 日通过鉴定，达到国际先进水平。课题模拟天然骨组织细胞外基质成分，以胶原、羟基磷灰石(HA)、粘多糖-硫酸软骨素(CS)、细胞生长因子-骨形态发生蛋白(BMP)为主要原料，构建成胶原基骨组织工程支架材料。该成果将胶原与羟基磷灰石共混，用冷冻干燥方法制备成多孔状材料，以碳化二亚胺(EDC)交联并复合 CS，然后将 BMP 通过吸附的方法与支架材料结合，形成胶原- HA- CS- BMP 骨组织工程支架材料。成果完成的支架材料配方、工艺、理化性能、生物学性能等技术指标，达到同类项目的国际先进水平。支架材料具有良好的理化和生物学性能。种植实验和动物实验表明，成骨细胞在支架材料上生长状况良好并分泌大量细胞外基质，能诱导新骨形成。该成果为胶原基支架材料作为组织工程化人工骨的研究和临床应用提供了实验数据和科学依据。组织工程化的人工器官材料能在新组织生成修复的同时可生物降解，从而真正实现缺(病)损组织的修复和替代，其应用前景乐观。

【新型生物降解聚合物研究】 国家自然科学基金项目“新型仿生物有机胍盐催化剂合成生物降解聚合物研究”，由南开大学承担，李弘、王晨宏、岳进、白峰、赵晓娜共同研究完成，2003 年 12 月通过验收。生物降解性聚乳酸在生物医学领域有重要用途(如：控释药物载体，植入性软硬组织支撑、替代材料，手术缝合线等)，此类材料目前一直沿用辛酸亚锡催化法合成。近年世界众多学者研究证明,辛酸亚锡为细胞毒性化物。因而研发高度生物安全性、无毒催化剂法合成聚乳酸成为该领域中新的挑战性课题。该项目开展了仿生有机胍催化法及 Red-Al 催化法合成生物降解聚合物，取得国内外首创性科研成果包括:①首次合成醋酸六烷基胍,证明该仿生型有机胍催化剂能催化丙交酯的活性开环聚合；②首次证明生物质胍基化物肌酐能催化 L-丙交酯的立构专一性开环聚合反应,合成得到高等规度全同立构聚 L-乳酸;③首次证明双(2-甲氧乙氧基)铝氢化钠(Red-Al)能催化 L-丙交酯的活性及立构专一性聚合,合成得到高等规度及单一性分子量的聚 L-乳酸；④上述研究成果已申请 5 项中国发明专利,并在《Organometallics》(有机金属)和《Biomaterials》(生物材料）等国际一流学术刊物发表理论研究成果。该研究成果应用前景广阔,效益大。采用本法合成的生物降解性聚乳酸可用作控释药物载体等诸多方面。

【金属氢化物—镍电池关键材料研究】 氢能是最清洁且储量丰富的能源,储氢材料的发现、发展及应用促进了氢能的开发与利用，镍氢电池的商业化是储氢材料研究成果最有经济价值的突破。该项目由南开大学高学平、阎杰、王先友、周震、刘剑等完成,该项目主要针对 MH-Ni 的关键材料——储氢电极和氢氧化镍电极材料的基础应用进行了多年探索。研究内容包括高容量莱夫斯(Laves)相储氢电极材料制备、表面改性和反应机理研究;碳纳米管制备及其复合电化学储氢研究；氢氧化镍电极材料表面包覆 CoOOH 及其电化学性能研究；纳米氢氧化镍电极材料研究;MH-Ni 电池相关基础研究。项目的创新点包括：首次提出了储氢合金电极表面氢的表面电催化、吸附和传输机理。首次采用储氢合金为催化剂制备出碳纳米管，并直接制备出储氢合金和碳纳米管的复合储氢材料。率先在国内开展碳纳米管电化学储氢碳纳米管及其复合储氢电极材料研究,多壁碳纳米管电化学储氢容量比 1999 年报道数据提高一倍以上。与国外机械掺杂金属钴和 CoO 方法不同，率先在国内外采用化学法对球型氢氧化镍进行金属钴及 CoOOH 表面包覆，改善电极的导电性能和可逆性能。通过该项目研究，课题组共发表论文 54 篇,其中 SCI 摘录 30 篇(不包括在国外研究发表论文),5 项中国发明专利获授权,论文被 SCI 他人引用 75 次,另被非 SCI 期刊他人引用 89 次,培养博士后 1 名,博士研究生 8 名,硕士研究生 18 名。该项目成果获得 2003 年度天津市自然科学二等奖。

【高性能纤维结构与性能研究】 该项目以柔性超高相对分子质量聚乙烯纤维和刚性芳香族共聚酯纤维,进行了高性能纤维结构与性能关系的基础研究,为合理开发和使用新型高性能纤维提供科学和实践依据。天津工业大学肖长发、张宇峰、安树林、贾广霞、吴世臻承担完成的该研究主要内容如下:①煤油为溶剂、汽油为萃取剂,超高相对分子质量聚乙烯凝胶纺丝-超拉伸成形原理、结构与性能关系;②液晶芳香族共聚酯聚 (对羟基苯甲酸-6-乙酰氧基-2-萘甲酸)纤维成形原理、结构与性能关系;③芳香族共聚酯/脂肪族聚酯共混纤维原位增强机理及其聚集态结构;④有机高性能纤维轴向压缩、冲击及弯曲变形机理,变形结构模型。该项目的主要创新点包括:阐明煤油系 UHMW-PE 凝胶纺丝成形原理,发现高倍拉伸纤维中出现变形带结构;建立 P(HBA/HNA) 纤维结晶模型，发现热处理纤维中同时存在两种晶型结晶;发现 P(HBA/HNA)/PET 纤维是一种“混晶”结构;发现轴向压缩 UHMW-PE 纤维中出现两种与晶面滑移有关的变形带结构；提出芳香族共聚酯纤维轴向压缩变形结构模型;在高倍拉伸 PVA 纤维中发现周期 1μm 带状结构,轴向压缩变形后带状结构内大分子发生与斜方 (101) 晶面滑移有关的倾斜变形。该项研究阐述和解释了超高相对分子质量聚乙烯和芳香族共聚酯两类有代表性高性能纤维成形原理、结构与性能关系等基本问题和现象,填补了该领域基础研究某些空白，成果发表在国内外期刊及专著上，获得同行好评。该成果还被有关研发企业引用,对促进国内高性能纤维材料发展起到积极作用。该项目获得 2003 年度天津市自然科学二等奖。

【金刚石薄膜压力和温度传感器研制】 该项目是天津市应用基础研究重点项目，由天津理工学院常明、杨保和、曲长庆、潘鹏等完成。课题组依据 CVD 金刚石薄膜热敏特性和压阻效应，利用化学气相沉积(CVD)(Chemical-Vapor-Deposited)技术,研制出高温平衡电桥式自补偿温度和压力传感器，完成最佳设计方案与最佳工艺方案。该项目的主要创新点是：提出“无籽晶无偏压金刚石准单晶膜的沉积方法”,使承载膜片应力分布均匀，提高传感器稳定性和一致性,发明专利已进入实审。“金刚石薄膜片状温度电阻器”在 1997 年获专利。把金刚石薄膜制成惠茨通(wheatstone)电桥直接沉积在超高阻硅衬底制作压力和温度传感器,国内外未见报道。用数值计算中的有限元理论和 ANSYS 程序,提出了电阻条圆角设计方案,从而优化了电阻条形状及长、宽、厚尺寸设计。金刚石薄膜传感器耐高温性能好、工作频率高、输出功率大、易于集成化,有广泛的市场前景。截至 2003 年 8 月,已销售传感器 702 只,新增利润 22 万元,新增税收 8 万元。该项目成果获得 2003 年度天津市技术发明二等奖。

微电子信息技术科学领域

【多晶硅薄膜晶体管技术应用基础研究】 “高性能金属诱导横向晶化多晶硅薄膜晶体管技术”由南开大学承担,孟志国、吴春亚、熊绍珍、王文、郭海成共同研究完成,于 2004 年 1 月 11 日通过鉴定。在各种多晶硅薄膜晶体管技术中,采用金属诱导横向晶化(MILC)制备多晶硅的薄膜晶体管技术,具有高迁移率、良好的均匀性和制备设备简单的优势,在有源选址平板显示器中具有重要的应用价值,有望成为工业化技术。该项技术的关键因素是要使制备的 TFT 器件,具有低的漏电电流 I_{off}、尽量高的开关电流比 I_{on}/I_{off},同时要求降低阈值电压 V_{th} 与增大迁移率 μEF。该成果的创新点包括:①薄膜晶体管有源岛制作在镍剩余量较低的横向晶化区,采用优化的工艺流程,将镍剩余量较高的区域从器件中去除,从而获得高迁移率、高开关比、低阈值电压、低亚阈值幅摆、低漏电流的单栅结构多晶硅薄膜晶体管;②通过采用超薄沟道使得阈值电压和开关比得到进一步改善;③采用多栅结构使关态电流得到进一步降低。所研制出的多晶硅薄膜晶体管的漏电流降低了 1~2 个量级,低亚阈值幅摆约为 0.7Dec/v,其他主要性能指标亦均已达到计划书预定的考核指标。该项技术不仅可以用于制备有机发光器件、液晶显示器件(LCD)、新型场致发射显示器件(FED)的有源选址电路和外围驱动电路,还可以用于制备大面积薄膜图像传感探测器件(如 a-Si PIN/TFT)的有源选址开关。

【多晶硅 TFT 显示器的研制】 “玻璃衬底上 LCD 和 OLED MIUC poly-Si TFT 显示驱动电路的设计和制备”项目由南开大学承担,吴春亚、孟志国、熊绍珍、王文、郭海成共同研究完成,于 2004 年 1 月 11 日通过鉴定。该课题来源于国家高技术研究发展计划(863 计划)“高清晰度平板显示器”重大专项中的“全彩色有机发光有源驱动技术的研究”课题,主要进行了适用于 LCD 和 OLED 显示的玻璃衬底上 MIUC poly-Si TFT 行扫描和列驱动电路的设计和制备,将其和像素单元驱动电路制备在同一玻璃衬底上,可获得外围驱动电路一体化的全集成有源选址基板。课题成果的创新点包括:①以自有的高性能 MIUC poly-Si TFT 为基础,研制出能满足 AM-LCD 和 AM-OLED 要求、版图与像素尺寸适配、制备工艺和像素电路兼容的行扫描和列驱动驱动电路;②列驱动电路能实现红绿蓝三基色信号的并行输入,可使工作频率降低 2/3;③制备出像素数为 80×RGB×60、显示效果良好的全集成型 LCD 屏。利用该技术成果,与 LCD 或 OLED MIUC poly-Si TFT 像素单元电路相结合,可制备出外围驱动电路一体化的全集成型有源选址基板,从而大幅度降低外围引线的数量和烦杂程度,提高显示屏与外围其他部分连接的可靠性。显示器是信息时代人机交互的重要窗口,其技术发展迅速,市场巨大。课题成果为全集成多晶硅显示器的研制打下坚实的基础。

【多晶硅 TFT 有源选址基板的研制】 “适用于彩色有机发光显示器的 MIUC poly-Si TFT 有源选址基板”项目由南开大学孟志国、吴春亚、熊绍珍、王文、郭海成共同研究完成,于 2004 年 1 月 11 日通过鉴定。该课题来源于国家高技术研究发展计划(863 计划)“高清晰度平板显示器”重大专项中的“全彩色有机发光有源驱动技术的研究”课题,有机发光器件的 poly-Si TFT 有源选址技术受到广泛的关注,该成果研究出适用于彩色有机发光显示器的有源选址基板,其特点和创新性包括:①研制出的 OLED 有源基板,利用 MIUC poly-Si TFT,有较好的空间均匀性,像素单元电路采用常规的双管结构;②通过电路版图的优化设计,基板的像素单元开口率达到 46%,彩色显示分辨率达到 3 线/mm。将该基板应用于有源选址有机发光显示,其基板功耗为总功耗的 5%,并可用普通 STN-LCD 驱动模块实现彩色显示驱动;③该基板既可以直接驱动 RGB OLED 像素获得彩色显示,也可以通过微彩色膜和有机白光二极管相结合获得彩色显示。将该基板和彩色膜上室温直接沉积透明导电膜以及有机白光二极管技术相结合，实现了透射式有源选址有机白光彩色化视频显示。采用该技术制备出的中国第一块彩色AMOLED屏，具有像素单元电路简单、开口率高、功耗低、信息容量高等优点，可用作手机、PDA、数码相机、DVD等便携式设备的显示屏。

【直接沉积ITO透明导电膜应用基础研究】 “适用于LCD和OLED平板显示的彩色膜上室温直接沉积ITO透明导电膜及微细加工技术”由南开大学承担，吴春亚、孟志国、熊绍珍、王文、郭海成共同研究完成，于2004年1月11日通过鉴定。通常在LCD中的电极结构是在ITO上涂覆彩色膜。彩色膜的绝缘性使LCD显示器驱动电压有所增大，导致功耗增加、液晶的响应速度减低等问题。该课题提出的彩色膜上室温直接沉积ITO透明导电膜及微细加工技术，在降低彩色LCD的驱动电压和功率消耗上有明显的作用，并在高性能低成本白光OLED彩色显示器中，具有很好的应用价值。该技术成果使用直流磁控溅射方法，在室温下直接在已光刻成微小图形的彩色膜上沉积出粘附性良好的ITO透明导电薄膜。选择优化的工艺条件，可溅射出多晶态的室温ITO，方块电阻为120欧姆/方块，对应450nm的蓝光、530nm的绿光、630nm的红光的峰值透过率达到85%左右。采用脱膜(Lift-off)方法对ITO进行微细加工，以得到完整的ITO微图形。在有源显示器件中，为避免彩色膜的显影液对铝电极造成腐蚀以及彩色膜制备后长时间的180℃烘烤使铝电极表面形成氧化层的问题，对彩色膜光刻、坚膜及ITO与铝电极接触孔的刻蚀进行了流程次序的优化。经查新检索国内外的23个数据库和专业网站，均未发现有相同的专利文献报导。

【超宽带掺杂光纤放大器】 该项目由南开大学承担，袁树忠、刘艳格、董孝义、开桂云、张伟刚等共同研究完成，2004年6月3日通过鉴定。该成果包括：①增益平坦的C-波段掺铒光纤放大器样机；②提出3种新颖的L-EDFA的结构，利用光纤环形镜反射C-ASE和L波段信号光，可以在较低泵浦功率下得到高的增益，泵浦效率大大提高，增益性能和噪声性能有很大改善。研制出L-波段高增益、低噪声的高效掺铒光纤放大器样机；③C+L-波段超宽带掺铒光纤放大器样机。该样机的特点是既可以组成C+L-EDFA使用，也可以作为C-EDFA和L-EDFA使用。该成果作为宽带光源使用，已达到可实用性要求；加以改进，可应用于波分复用光纤通信系统。

【多波长全光纤激光器研究】 “DWDM通信系统用多波长全光纤激光器研究”由南开大学承担，开桂云、董孝义、袁树忠、张伟刚、刘艳格等共同研究完成，2003年12月27日通过鉴定。课题研制的多波长全光纤激光器可作为DWDM通信系统中的重要光源，还可以用于光纤传感测试用的可调谐光源。该光源具有光束质量高、线宽窄、波长可调、受温度影响小等重要特点，故在光通信和光传感研究中具有巨大的应用前景，是近几年来科学界争相研究的热点，受到广大科技工作者的广泛重视。

【多功能、分布式光纤传感网络系统研制】 “AF-SN-1型光纤光栅传感网络系统的研制”由南开大学现代光学研究所承担，董孝义负责完成，2003年6月18日通过市科委组织的项目鉴定。研制者将光纤光栅与多种通信复用技术集成起来，提出一种新型光纤光栅调谐解调技术，研制成一种多功能、分布式光纤传感网络系统。该系统能够同时对32个点的多个物理量(例如温度、应变等)进行测量，可检测最大应变20000$\mu\varepsilon$，应变分辨率1$\mu\varepsilon$，可检测温度范围-30℃~200℃，温度分辨率0.03℃，并可给出相关物理量的分布曲线。该项目成果在反射解调原理及传感网络解调系统和数据快速处理等方面具有创新性。将多个光纤光栅传感头同时埋入待测材料和建筑结构内部或粘贴于其表面，便可方便地实现对其诸多特性(如温度、压力、应变等)进行实时的多点监测。其研制的光纤光栅传感网络系统在大型结构（如大坝、桥梁、智能建筑)的安全在线健康监测、各种物体(如水下潜艇、空中飞行器)的实时测量等诸多方面具有极其重要的应用前景。

【实用化三维光学数据存储器】 该课题由南开大学承担，卢桂章、安刚、黄大刚、郝铭、车秀阁等共同研究完成，2004年10月23日通过鉴定。该研究成果的提交形式是一套体全息数字数据存储器的样机，它采用空间-角度复用方式，能读可写，机械部件自制，整机35×35×35cm，各项指标达到合同规定要求。其主要创新点是：①所研制的体全息数字数据存储器是材料科学、计算机技术、激光技术、显示技术、自动控制技术等多项新技术的成功结合，并由此取得创新性的成果;②在机械结构、光路以及读取方式方面具有明显特点，为进一步减小体积并使之成为实用的装置奠定基础。该成果已经申请国家发明专利。

【光互连及其检测技术的理论与实验研究】 基于网络环境的机群系统目前主要采用局域网作为互联网络,由于通讯延迟和通信开销较大,限制了机群系统性能的发挥。在强电磁干扰的场合,为了把传感器采集到的信号实时地传送到计算机系统进行分析处理,需要高宽带、抗干扰、高可靠性的数据传输网络。为了保证光互连网络运行的安全性和可靠性，需要相关的光纤网络检测技术。天津大学井文才、张以谟、周革、刘铁根、刘文耀等对该问题进行了研究,通过以光纤为介质进行数据传输，实现了计算机 PCI 总线之间高带宽、低延迟的互连通信;采用可编程逻辑器件(FPGA)实现硬件路由功能,在数据包寻址过程中不占用 CPU 资源，降低了通信延迟和通信开销。把时分复用和波分复用技术相结合,提高网络的性能,并开发出相应的光纤网络检测技术。其创新点包括:①采用时分复用和硬件路由技术,实现了计算机 PCI 总线间峰值速率下的虚拟并行光纤互连。提出了并行处理机内部光纤互连的解决方案及相应的互连体系结构；②采用时分复用和波分复用相结合的方法，设计完成了硬件路由和波长路由相结合的分层光互连网络结构,提高了网络的数据吞吐率,扩展了网络的规模；③提出并设计完成多种光互连相关器件方案，包括:计算机虚拟并行光纤互连模块;具有分布时钟功能的多通道道速光通信模块等;④采用联合变换相关技术及白光干涉技术，对光纤内部缺陷进行高精度检测，提出了相应的高精度检测算法并设计完成检测系统。该项目发表的相关论文,被 SCI 收录 22 篇,有 6 篇论文被 SCI 收录的文献引用 15 次(其中自己引用 3 次,他人引用 12 次);EI 收录 46 篇;《中国科学引文数据库》收录的文献引用 8 次(其中自己引用 3 次,他人引用 5 次);被《万方数据库》收录的文献引用 26 次(其中自己引用 11 次,他人引用 15 次);被《中国科学技术期刊数据库》收录的文献引用 4 次(其中自己引用 2 次,他人引用 2 次)。该项目获得 2003 年度天津市自然科学二等奖。

【非晶硅基薄膜功能集成器件研究】 “非晶硅(a-Si)基薄膜功能集成器件和技术的研究”由南开大学熊绍珍、赵颖、吴春亚、孟志国、代永平等承担完成。该成果主要创新点：①在国际上将磁悬浮等离子刻蚀法应用 TFT 研制中；发现 TFT 矩阵中 Ta 栅阳极氧化“自修补效应”;②首次在国际上提出 Mo 和 Si 在室温下形成 Mo:Si 合金低阻层 n 概念；首次在 TFT 有源层与绝缘层间进行氢处理；③首次在国际上提出用有源选址的 TFT/PIN 作为神经网络信号并进行探测的面阵;④发现 OLED 可逆场致漂移效应、OLED“负阻”效应、“迟滞回线”状伏安特性;⑤首次在国际上采用 PIN/OLED 耦合对，构成独特的传感/显示器件。通过该项目研究,解决大面积有源平板显示与二维集成型图像传感与显示问题。可促进国内高性能平板显示器、笔记本电脑、医学图像处理、军事侦察、红外(紫外)等不同波段图像的探测/显示等领域的发展,具有巨大的社会和经济效益。项目进行期间，课题组在国内外核心期刊和国际会议等发表相关论文 54 篇，被国内外同行引用 20 次。特别是 a-Si PIN/OLED 器件方面工作,被“EE Times”评述为“一种以前极少见的集成图像传感/显示器件”。培养 20 余名硕士和博士,建立显示和探测方面的实验室和学科点,发展了薄膜半导体材料和器件物理理论,丰富了薄膜光电子领域的大面积二维图像探测与显示。该项目获得 2003 年度天津市自然科学二等奖。

【光纤光栅传感技术与应用】 在信息领域中,光纤传感技术占有极为重要的地位。近年来光纤光栅传感技术的崛起格外引人注目。研制的各种光纤光栅及其各种传感器与技术，促成了这一新技术在中国的发展,而且在大型结构建筑、井下石油等诸多方面的检测与监视已获得推广应用。南开大学董孝义、开桂云、袁树忠、张伟刚、盛秋琴、刘志国利用光纤的光折变效应,自行设计并研制出多种新颖光纤光栅,利用折射率调制与编码效应,研制出应变、温度等多种新型光纤传感器件。通过进一步与光纤通信技术中的波分复用、时分复用、空分复用等巧妙结合,研制出光纤光栅传感网络与系统,促成了光纤传感的多功能化、分布式多点化与多维化,扩大了光纤光栅传感技术的应用领域。其主要创新点包括:①利用自行研制的光纤光栅写入系统,研制出 Chirped、Tapped 等多种光纤光栅;②提出多种光纤光栅敏化技术,并研制出多种新颖的力敏、温敏传感机制及其器件;③设计和研制出力学量、电磁量等系列性光纤光栅传感器件；④首次提出光纤光栅传感解调模型，并建立了关联理论；⑤首次研制出一种多参数、多功能、分布式光纤光栅传感网络系统；⑥首次研制出一种微震动光纤光栅传感技术。该课题已有4项技术成果通过鉴定；申报、公开和授权国家专利9项；在国内外核心期刊和国际会议等发表相关论文182篇，被国内外同行引用90余次。SCI、EI收录190篇；培养60余名硕士和博士等。该项目获得2003年度天津市技术发明一等奖。

地学与环境科学领域

【北方地区安全饮用水保障技术研究】 “863”计划资源环境技术领域办公室对国家“十五”重大科技专项部分课题进行公开招标。天津市自来水集团有限公司为主标单位，与哈尔滨工业大学等5所大学联合投标“北方地区安全饮用水保障技术”课题，并一举中标。2002年11月7日，科技部下达批复文件，资助资金1140万元用于该项目的研究。课题组以天津市芥园水厂技术改造工程项目为示范工程，针对天津市的水源水质特点，根据供水工艺的特点，以水质保障技术为核心，以示范工程为依托，从水源水质改善技术、水厂常规工艺强化技术和深度处理技术、新型安全消毒技术、浮游动物灭活技术、出厂水安全输配技术、饮用水安全评价体系、示范工程建设等7个方面开展研究，在此基础上，开发涵盖从水源、水厂净化工艺一直到管网末梢全过程的技术集成系统，建立完善的饮用水水质安全保障体系，有效地解决天津市饮用水安全问题。2004年课题研究重点：进行各分项工艺技术优化组合，50万t/d的示范工程的设计和施工。2004年在原水水质预警技术、预氧化、常规工艺强化、深度处理技术和优化组合、安全输配技术研究方面取得成果，为示范工程提供了工艺参数和系统化技术方案。取得的阶段成果已申请发明专利8项，在核心期刊发表论文8篇，专业会议交流论文5篇，并培养了3名博士、9名硕士。

（杨　华、刘　红）

【黄河上游航道整治关键技术研究】 该研究项目是交通部西部交通建设科技项目，由交通部天津水运工程科学研究所及天津大学等单位承担。该项目研究包括5个专题，技术核心是两坝间航道整治关键技术，即上游枢纽坝下通航水位非衔接段和下游枢纽变动回水段的航道整治。主要研究内容有：两坝间航道整治技术参数的确定、李家峡水库变动回水区及上游河段河床演变分析、贵德至阿什贡河段河床变形分析计算研究、麻巴园艺场至阿什贡河段航道整治物理模型试验研究。该项目研究紧密结合依托工程，针对项目技术难点，通过原型非恒定流观测、数据采集，采用分析对比、水流和泥沙数学模型、定床和动床物理模型试验研究等综合研究手段，所研究的河段既有受上游电站坝下波形多变非恒定流的影响急流滩和浅滩，又有同时受上游坝下非恒定流和下游枢纽回水影响的宽浅、散乱型浅滩及峡口急流滩，获得较为系统的研究成果，主要成果包括：①龙羊峡枢纽日调节非恒定流条件下航道整治技术参数的确定；②龙羊峡枢纽日调节非恒定流特性及其对通航条件的影响；③李家峡水库变动回水区散乱型浅滩航道整治方案。以上3项关键技术成果于2003年12月经专家鉴定认为具有针对性、创新性、实用性，成果整体达到国际先进水平。项目研究成果已应用于依托工程的设计，对类似工程也具有借鉴作用。

（孙玉平、白　静）

【内河航道与港口水流泥沙模拟技术规程】 该项目是交通部重点项目，由交通部天津水运工程科学研究所主编，南京水利科学研究院、西南水运科学研究所参编。《内河航道与港口水流泥沙模拟技术规程》概括了模型设计、验证试验、工程方案试验及修改方案试验各个环节的试验程序和具体方法，既有水流定床模型，又有推移质和悬移质泥沙动床模型；既有正态模型又有变态模型；既有物理模型又有数学模型；既有水工、河工模型又有船舶模型。规程反映了当今内河航道与港口水流泥沙研究最先进的科学水平与模拟技术，对实验研究具有规范的指导性和实际可操作性，为研究工作提供了一个现代化的实用性很强的模拟技术标准。该项目于1998年5月经部级专家鉴定认为：规程总结国内外内河航道与港口水流模拟技术的实践经验，反映了该领域的最新成果。《内河航道与港口水流泥沙模拟技术规程》的颁布实施，填补国内水运工程规范的空白，总体上达到国际先进水平，部分达到了国际领先水平。

（孙玉平、白　静）

【引滦黎河下游河道治理技术措施研究】 由天津市

水利科学研究所承担完成的“引滦黎河下游河道治理技术措施研究”项目，于2004年12月27日通过专家鉴定。该研究针对引滦黎河下游河道特点及存在的问题，用加权质量集中的有限元方法，建立弯曲河道二维水流数学模型，模拟黎河西梁子河段在输水流量和洪水流量情况下的水流流态；根据水流动量方程，提出河道两岸水流冲击应力和剪切应力的计算方法；对不同曲率弯道河段的应力进行理论分析，给出黎河西梁子河段的不冲流速、抗冲应力、抗剪应力和相应的失稳系数，提供了河道稳定性的判定方法。软体排、模袋混凝土具有强度高、柔性好、施工简便、滤水保土和吸收水流冲击能量等优点，可有效地起到保护岸坡的作用。项目试验工程针对黎河下游河道高、陡边坡的特点，采用上部模袋混凝土护坡、下部充沙管袋软体排护底的岸坡防护技术方案，经过3年的引滦输水和汛期洪水的考验，证明其设计应用合理，工程实施方便可行，保证引滦输水安全和沿线土地安全。研究成果总体达到国际领先水平。

（张　雁、常守权）

【于桥水库流域污染源调查与防治研究】“于桥水库流域及州河下游段污染源调查与防治措施研究”由天津市水文水资源勘测管理中心承担完成，于2004年2月24日通过专家验收。研究成果包括：①利用水量、水质同步检测的技术手段，探索水库以上流域内，入库河流跨流域调水的水污染负荷变化规律，为水库水环境治理提供科学依据；②通过对重点排污口采取连续的水量、水质同步检测方法，掌握工厂、企业、城市污水的排放规律及各种污染物的排放总量，确定治理重点；③利用前置库水生植物净化措施和汛期洪水、引滦输水的优化调度方案，大幅度削减污染物负荷的入库量，有效地提高水库的水质；④通过对流域以上污染负荷的总量控制和于桥水库周边的工程和非工程治理，大幅度改善向天津市区供水的水质；⑤利用检测成果进行水库营养盐及富营养程度的量化分析；⑥通过水库、底质污染物的溶出分析试验，对水库底质现状提出治理方案；⑦依据水库以上流域的面源污染问题提出治理方案。

（张　雁、常守权）

【光栅谐振子检测地震波应用基础研究】 2004年12月1日，天津科技大学李淑清主持完成的国家自然基金“光栅谐振子检测地震波的方法和理论研究”通过国家基金委验收。光栅数字地震检波器是一种从信号的产生、传输到信号的输出全面数字式的传感器，不需要A/D环节，目前采用100线计量光栅和4倍细分输出，该检波器分辨力和动态范围已超过了市场现有检波器，通过深入研究和开发，采用200线光栅和80倍细分输出，将可以得到更高的分辨力和动态范围。从技术上来说，光栅数字地震检波器的动态范围达到90dB是可以实现的。该项目还研究了与现有物探装备输入信号兼容的信号输出系统，工艺性和工程化在研究设计中已充分考虑，该设备单只成本约在3000元人民币，是一种易于产业化的产品，市场前景十分可观。

（王　琥、李明琪）

【柴油车微粒捕集器关键技术】“柴油车微粒捕集器关键技术研究及产业化”系国家高技术研究发展计划(863计划)研究项目，由军事交通学院内燃机污染控制重点实验室、清华大学汽车安全与节能国家重点实验室、武汉理工大学、北方交通大学、中国汽车技术研究中心、宜兴非金属化工机械厂、广州穗环技术工程有限公司等单位共同承担，军事交通学院内燃机污染控制重点实验室为课题总负责单位。课题主要研究成果包括：研发出壁流式过滤体的关键技术、柴油机微粒捕集器再生技术、柴油车氧化催化剂及其快速老化技术和方法；实现柴油机微粒捕集器系统集成与匹配；建立了柴油车微粒捕集器研究平台与生产线。2004年1月15日，课题成果在北京通过国家科技部组织的专家验收，评价为：“课题在壁流式过滤体生产工艺和微粒捕集器再生方法方面取得了创新成果，在微粒捕集器与发动机匹配方面的研发工作系统科学，微粒捕集器产品已经系列化、模具化生产，研究成果已经集成应用于样车”。

（蒋美华）

【环境友好熏蒸剂及残渣再资源化研究】“环境友好的熏蒸剂发生与残渣再资源化技术”由天津大学承担，沈美庆、王军、王晓玲、翟燕萍、许全瑞、王燕鸿共同研究完成，2004年7月25日通过鉴定。熏蒸剂在国际上是一种歼灭仓库害虫最为有效的武器，其中以磷化氢熏蒸应用最为广泛。但由于单一用药及操作不当等原因使得害虫对磷化氢的抗药性事件不断发生，同时处理技术不成熟导致熏蒸残渣严重污染土壤和地下水资源。课题组采用不加添加剂的磷化铝粉剂为原料，研究高效粮食熏蒸剂发生及输配技术，降低粮食储备成本；同时，对熏蒸操作过程中产生的有毒残渣进行无害化处理和再资源化工艺研究，实现熏蒸工艺的清洁生产。研究成果主要创新点包括：①提出以磷化铝粉剂为原料的环境友好熏蒸剂发生工艺，减少资源占用，降低熏蒸成本；开发的磷化氢发生——环流分配装置安全可靠、操作简单方便；②提出熏蒸残渣无害化和再资源化处理工艺，将有毒熏蒸残渣处理成高热稳定的纳米活性氧化铝：比表面>$250m^2/g$，孔容 $0.7cm^3/g$；经 1000℃煅烧后仍然保持 γ 相，并具有 $160m^2/g$ 左右的高比表面和 $0.6cm^3/g$ 左右的孔容；③研究得到残留磷在资源化样品 Al_2O_3 中的分布规律，提出磷在 γ-氧化铝晶体中的“壳核分布模型”，得到以磷化铝为原料所得氧化铝高温热稳定化的机理；④以先进的循环经济理念为出发点，提出了建立以“生产者责任制”为核心的残渣回收利用体系和质量保障体系，为研究成果的推广应用奠定坚实的基础。项目研究成果的推广应用，可节约大量的土地资源，避免含毒残渣对土地资源和地下水资源的污染，极大地提高自然资源的利用率。

【固体废弃物焚烧技术与设备】 “工业有毒有害固体废弃物焚烧技术与设备”项目由天津市环境保护科学院承担，项目评价日期为 2004 年 6 月 9 日。该成果建成具有焚烧、物化、高温高压蒸汽消毒、固化和安全填埋等工艺技术的示范工程，可安全处理处置医疗废物、废旧电池、废弃灯管等 41 类约 400 多种危险废物。研制设备的国产化率达到 90%以上，形成具有自主知识产权的设计和项目总承包能力，为国家实施“十五”危险废物及医疗废物处理设施的规划提供工程技术支持的基础。研发和工程建设中完成的焚烧、物化处理与回收汞、玻璃及重金属、高温高压蒸汽消毒处理医疗废物、固化填埋等工艺设备具有先进性和可靠性，并发挥综合集成的特点，有所创新，技术成果总体水平属国内首创，达到同类研究的国际先进水平。

高新技术研究

先进制造与精密测控技术

【纯电动汽车动力总成控制系统开发研究】 “纯电动汽车动力总成控制系统及其相关技术的开发研究”由天津大学承担,谢辉负责完成,2004年6月13日通过由市科委组织的成果鉴定。课题主要研究内容是研制开发纯电动汽车主控制器、车载记录仪以及车载智能信息单元等装置；建立控制策略仿真分析、硬件在环测试、在线监控标定、数据记录及分析、无线远程调控等一系列开发工具，形成完整的开发平台。其所开发的、基于CAN总线的主控制器,以先进的微处理器为核心，集成实现了电动汽车的驱动控制、制动回馈控制、系统安全管理及故障诊断、网络管理及网关等功能;其电磁兼容、抗振动以及高低温等性能,满足相应国家标准。该成果的创新点包括：①针对纯电动汽车控制系统的CAN总线网络，开发出一套具有自主知识产权的CAN总线应用层协议,并率先投入样车运行,具有很高的可靠性;②开发的基于先进微处理器的车载记录仪,通过实时记录电动汽车CAN总线上的全部信息,为电动汽车控制系统的性能评估、功能完善和优化提供重要依据；③首次开发出具有自主知识产权的电动汽车车载智能通信单元和运营监控系统，该系统可在任一台接入互联网的计算机上，对道路运行的多辆电动汽车实施监控、标定、故障预警管理及定位等,极大地提高道路调试效率。研究成果具有广阔的应用前景,不仅可以满足纯电动汽车开发应用要求,其车载记录仪和智能通信单元完全可以应用于混合动力汽车甚至现代内燃机汽车的开发和使用过程。

【纯电动轿车研制】 2004年4月,由中国汽车技术研究中心等十几个单位共同承担的国家“863”计划项目纯电动轿车,通过国家科技部验收,认定在天津市诞生的纯电动轿车具有世界领先水平，两年内将实现大规模产业化。纯电动轿车是新一代动能汽车,具有零污染、低噪声、能源来源广的特点。其生产技术涉及原材料、自动化技术、计算机技术、控制技术等多个相关学科和领域。天津一汽公司利用中国汽车技术研究中心、天津电源研究所、天津大学等院校的科研体系以及在电动汽车技术开发方面的成熟经验,积极研发纯电动轿车,形成具有自主知识产权的生产技术,并在全国首批开发出5辆纯电动轿车。纯电动轿车的产业化,将以天津一汽公司为基地,应用天津和平海湾公司的镍氢电池和天津电源研究所的锂离子动力电池，通过双重技术和产业整合加以实现。

【电动中型客车的研究与开发】 这是天津市“十五”期间的技术攻关项目,由天津市清源电动车辆有限责任公司承担,赵航组织完成,2003年6月12日通过市科委组织的项目鉴定。项目成功地开发出QY6700EV和QY6720EV两种型号的纯电动中型客车样车;经过国家轿车监督检测中心的检测,取得产品检测合格的检测报告;制定的企业产品执行标准,取得天津市技术监督局的标准证书。样车正在天津市经济技术开发区505公交线上进行示范试运行。该研制成果总体技术方案先进、布置合理、操作简便、工作可靠,在动力性、能量消耗率和安全性等指标上优于国内同类产品。其创新点包括:①采用机电集成传动方案,取消离合器与变速器,简化结构;②采用电池快换装置,电池组可在车下充电,减少了停车充电时间,提高运行效率;③采用电池管理系统，保证电池正常工作状态，延长电池使用寿命;④采用国际先进的空间矢量控制方法、智能化能量管理策略及优化的制动能量回收算法。

【汽车排放后处理技术】 2004年7月6日,催化净化工程中心承担的“汽车排放后处理系统计算机模拟技术的开发与应用”,通过天津市科委组织的专家鉴定。专家一致认定:该项目成果开发的汽车排放后处理系统计算机模拟技术，可以全面反映催化转化器的速度场、压力场、浓度场和温度场,在国内处于领先水平。

【赋形缓冲减振坐垫设计与制造研究】 “赋形缓冲

减振坐垫设计及其制造模具研制”由天津大学与天津市天大银泰科技有限公司共同承担，崔国起负责完成，2004 年 6 月 30 日通过市科委组织的项目鉴定。成果集成一系列数字化现代高新技术，解决了航天员人体三维赋形设计的复杂问题，针对赋形缓冲减振坐垫的复杂曲面形状，形成了由快速取模、三维非接触式光学测量、虚拟设计和激光快速成形等技术构成的一套全新的坐垫赋形工艺；完成中国首飞航天员梯队的坐垫赋形设计及其生产模具的研制；并按此工艺研制了空间飞行赋形坐垫，取得重大社会效益。该成果所采用的一系列数字化产品研发技术，既可以为航天工程服务，又可以为汽车、航空、家电和 IT 等其他制造业新产品开发服务。

【摩托车排气污染物测量装置研制】 “TCP-I 摩托车排气污染物测量装置研制”课题由天津大学承担，汪瞧负责完成，2004 年 5 月 30 日通过市科委组织的项目鉴定。课题成果 CVS 系统自行设计、计算、加工、系统集成及调试，系统流量恒定、测量精度高、流量调节范围宽(4~8m³/min)，能满足从 50~250~400ml 排量摩托车工况法排气污染物的测量要求。成果的分析仪器单元采用自行系统集成的技术方案，将 HC、NO_X、C0、CO_2、O_2 5 种气体分析仪、NO_X 效率转换测定仪与气路系统，高度集成化在一台仪表柜中，操作人员使用方便。分析仪器单元采用 PLC 作为直接执行元件，根据触摸屏的指令对 5 台分析仪器进行零气、量程气、样气的切换。成果中央计算机控制单元采用了以运行嵌入式操作系统的工控机为核心构建的分布式控制系统的方案，自行设计抗干扰电路和保护电路，采用以太网作为现场数据通信的方式。该成果整套系统设计可靠、稳定性好、能够正常工作在具有较强电磁干扰的底盘实验室中，并可以在互联网上传递数据，进行远端监控。其软件系统在国内外先进的工控组态软件开发平台下设计，采用顺序扫描结构作为系统的总体程序结构，避免了常见的死循环和异常中断现象。整套系统采用德国西门子公司生产的 CFO 标准设备进行标定试验，结果显示该仪器具有很好的重复性和线性度，误差在±2%以内，符合国际通行的成套设备指标。

【动态环境模拟系统研制】 该项目由天津鼎盛高新技术产业有限公司承担，张国胜负责完成，2004 年 6 月 30 日通过市科委组织的项目鉴定。研制成果为中国第一台大型、重载、高精度、具有三自由度实时姿态角输出的动态环境模拟试验系统。成果的创新点包括：①台体采用组合十字轴联接的封闭箱式结构，刚度大，重量轻。其高置式内环结构，减小了台体的外形尺寸，改善结构工艺。其偏航运动支承采用无齿、军品级回转支承，减小传动误差；②采用电液伺服驱动方式，大摇摆角的中环采用单出杆伺服液压缸、双缸并联交叉油路方式，既解决了油缸空间布置难的问题，又保证伺服液压缸受力均匀，运行平稳；③对模拟系统的摇摆运动，采用软件进行 PID 调节控制，并对每个自由度运动控制进行“小幅值、高精度”与“大幅值、快周期”的分别整定调节方法，提高系统的频率特性；④测角软件采用上层应用程序和底层驱动程序相结合的编程方式，既有良好的人机界面和数据处理功能，又有良好的采集实时性和可靠性；⑤采用多种谱的处理技术，包括实测角数据分析、正弦波的 n 次谐波叠加处理、实录谱复现技术、运动能谱模拟技术等，使该模拟系统具有丰富的运动仿真功能。专家鉴定确认研制成果功能完善，技术先进，在大型、重载、高精度、三自由度摇摆环境模拟技术领域填补国内空白。

【数控等温锻造液压机研制】 “THPl0-10000 型数控等温锻造液压机”由天津市天锻压力机有限公司承担，卢志永负责完成，2003 年 11 月 5 日通过市科委组织的项目鉴定。该项目是应用于航空、航天、兵器、船舶、核能、石油、化工、电力、冶金和机械等领域的重大技术装备，具有数字化控制的等温自由锻造和模锻超塑性成形功能。该成果以油为传动介质，采用闭环液压控制系统；组合框架式的主机结构，精度高；具有数字化控制功能，对锻造工艺实现异地远程控制和诊断。该成果填补国内外空白，取得了“用于加工钛合金制品的等温锻造液压机”、“加工钛合金等温锻造液压机上的快速换模装置”、“加工钛合金等温锻造液压机上的带缸滑块装置”、“带有四角液压同步调平装置的大型钛合金制品锻造液压机”、“可异地通讯数控液压机”等 18 项专利。其等温锻造(超塑性成形)速度达到超微速 0.005 mm／s，工作行程：≥1600 mm，移动工作台有效尺寸：3000×3500 mm。

【机器人辅助显微外科手术系统】 该项目由南开大学承担，张建勋、王树新、韩宝平、卢桂章、章青等共同研究完成。课题成果于2004年2月26日通过鉴定。研究内容包括：①开发研制出机器人辅助显微外科手术系统(RAMS)原理样机，对动物的显微手术操作实验表明：机器人系统满足显微手术操作的运动、稳定度与控制精度等技术要求；②建立了基于辅助显微外科手术操作的主-从形式的微操作机器人系统的整体体系结构，设计、研制出具有6个运动自由度、高精度定位、低速稳定运动性能的显微手术从动操作机构(Slave)，具有多自由度运动控制功能的主动操作机构(Master)；③研制开发出机器人多轴协调运动控制系统模块，步进电机高精度、超低速运动功率驱动控制模块，成功地应用到微操作机器人控制系统中。

【纳米级多作动器微进给平台】 "纳米级多作动器微进给平台研究与设计"由天津工程师范学院承担，阎兵、张大卫、田延岭、袁国强、贺琼义等共同研究完成，2004年11月27日通过鉴定。该课题紧密结合先进制造技术的需要，以纳米制造技术为研究内容，着重研究了纳米级磨削辅助微进给平台的动态设计和制造、运动学和动力学建模以及静动态特性分析和闭环反馈控制方法等几个方面。主要研究内容包括：①设计了一台以压电陶瓷驱动器为动力源、以弹性铰链作为预紧和导向机构的纳米级微进给平台。平台采用对称布置的3个压电陶瓷驱动器和3个电容式位移传感器，构成微进给平台的驱动机构和反馈装置，可以实现z向的进给和绕x、y轴的旋转；②对微进给平台的关键部件，弹性预紧机构，进行设计、分析，获得其在外力作用下的变形图以及固有频率和模态振型；③对微进给平台特性分析，获得了微进给平台的固有频率、模态振型和传递函数曲线；④建立了微进给平台的动力学模型，利用拉普拉斯变换法得到了微进给平台在阶跃控制信号作用下的响应。并对各个控制通道的响应进行仿真分析；⑤建立了微进给平台在磨削温度场下的模型，获得不同的冷却方式对微进给平台在磨削过程中温升和变形的影响；⑥在微进给平台的闭环控制方面提出了前馈解耦的控制方法，使得多输入多输出系统变为多个单输入单输出系统，从而对每个单输入单输出通道进行闭环反馈控制；⑦在试验研究方面得到了微进给平台的位移特性、静态刚度和动态特性。与理论分析结果吻合较好。

【原油管道泄漏检测与定位技术】 该项目由天津大学承担，靳世久、李健、王立坤、曾周末、周琰等共同研究完成，2004年7月25日通过鉴定。该课题研究从1991年4月至2004年5月，历时13年，成果主要创新点有：①针对国内原油的高粘度、高含蜡、高凝点，必须加热输送的特点，研究出热输原油管道的水力模型与热力模型。首次提出一种考虑沿程温降影响的、改进的压力梯度定位方法和温度梯度定位方法，适用于对较缓慢的泄漏定位。与常规的压力梯度法相比，定位精度大大提高；②首次提出一种新的负压波定位公式和搜索算法；分析了压力变送器动态响应时间差对定位精度的影响，提出一种消除其影响的方法；采用离散小波变换，准确提取负压波的特征拐点；采取GPS统一管道各站数据采集系统的时间。上述技术措施保证了泄漏点的定位精度；③提出"长杆法"判断管道工况是否进入非正常工作状态；提出基于分段积分算法的结构模式识别方法和基于小波包分析的"能量-故障识别方法"判定管道泄漏信号的真伪；④提出一种非平稳输送条件下的泄漏信号实时统计处理方法（序贯概率比检测法），可预设误报率，可以检测小的泄漏；⑤提出一种管道停输时的泄漏检测与定位方法（附加微压法），解决了由于停输时压力趋于零、流量等于零，而不能检测泄漏的难题；⑥采用上述技术研制的原油管道泄漏检测与定位系统，由安装在输油泵站的压力、流量、温度等变送器，数据采集与传输装置和安装在中心调度室的数据实时分析与报警系统组成。当输油管道发生泄漏时，可自动报警并指出泄漏点位置。自1996年10月在胜利油田孤岛采油场研制成功国内第一套"原油集输管道泄漏检测系统"至今，课题组已在国内原油长输管道和胜利油田、辽河油田的集输管道，镇海炼化、燕山石化、天津炼化的输送管道等共3019.2千米的管道上安装了"原油管道泄漏检测与定位系统"，取得巨大经济效益和社会效益。

【食品安全快速检测方法和装备研究】 该项目由军事医学科学院卫生学环境医学研究所承担，高志贤负责完成。研究成果包括：①建立了甲醇、亚硝酸盐、巴比妥、桐油、安妥、铅、汞、敌鼠、杂醇油、锰、有机磷农药、砷、组胺、氰化物、磷化物、生物碱、镉、酸度、硝酸盐、苯并(a)芘、酸价、过氧化值、游离矿酸、甲醛、细菌总数及大肠菌群等26项检测指标的前处理和快速检测方法。其中,甲醇、亚硝酸盐、桐油、铅、汞、敌鼠、杂醇油、锰、有机磷农药、组胺、磷化物、酸度、甲醛13项指标可实现定量检测;②研制出与其相配套的多功能光反射传感器和多功能光电检测装备。该装备集检测方法、试剂、器材、智能化微型光电检测仪和光反射传感器于一体,携带、使用方便,实用性强,便于推广,用于食品安全现场样品快速检测,能在15秒至30分钟内完成,检出灵敏度符合国家标准要求。经检索证明,国内外尚未发现与该项成果相同的方法和装备的报道。该成果2004年6月30日通过天津市科委组织的成果鉴定,专家认定该成果达到国际先进水平。在全国"两会"和神州飞船发射等重大任务的饮食卫生监督保障中发挥了重要作用。在全国若干次食物中毒事件的处理中为中毒人员的及时救助做出了重要贡献。

【基因电导入技术的研究】 该课题由天津理工大学承担,徐宝强、袁其平、刘建民、童峥嵘、林航友等共同研究完成,2004年8月10日通过鉴定。细胞电穿孔是一种新型生物工程技术,通过电激法向细胞内导入外源RNA、DNA、蛋白分子和各种小分子,产生具有新的生物性状的转化细胞株。该技术具有高效、低毒、普适性和可控性的特点,在细胞工程和基因工程等方面应用范围广泛。该成果在国内首先攻克了"工字铝电极的放电小池"、"新型的放电托盘"、"新型的特大组合电容"等技术难题,开发系列模具,可以应用于基因治疗和临床医学,为产业化奠定了基础;研制成功LN-301智能化基因脉冲导入仪样机,经测试,输出电压2500V,输出电流大于160A,能产生超宽脉冲和提供特大组合电容。该成果经全国一些研究机构、大学、医院使用表明,其研究样机为农业、医学、生物、制药等领域的基础及应用研究提供了良好的工作平台,具有良好的推广、开发、应用前景。

【X射线影像板及数字化影像仪研制】 由天津理工大学和天津光学仪器厂共同承担的天津市重大科技攻关项目"X线影像板及数字化X线影像仪的技术开发"于2004年6月21日通过了由北京交通大学徐叙瑢院士为主任,吉林大学邹广田院士为副主任的验收委员会验收。专家们高度评价项目成果,认为:X线影像板及数字化X线影像仪是具有取代X线感光胶片摄取和读出医学影像能力的新一代元件和设备,不但已应用于医学成像,还可以用于工业无损探伤,安全检测及射线仪器检测,具有广阔市场;课题组新研制的X线影像板,采用了改变色心周围势场、形成缔合色心的方法,在不改变材料基质的前提下,使光激励峰值红移到大于650nm的波段,使得读出仪能使用廉价小巧的半导体激光做激励光源;该新材料具有自主知识产权,已申报并被受理国家发明专利,其性能和主要技术指标与国际上最好的日本富士胶片公司生产的影像板基本一致。新研制的数字化X线影像仪实现了影像的读取和图像处理,适合医学临床工作需要。研制中申报了3项专利技术。该设备的核心部分具有自有知识产权,主要性能达到国外同类影像仪产品的性能指标,属国内首创。项目研究成果已达到国内领先水平。

【全光纤白光干涉型光纤传感器】 "全光纤白光干涉型光纤传感器及应用研究"由天津大学承担,刘铁根负责完成,2004年6月30日通过市科委组织的项目鉴定。课题研究成果包括:①完成了全光纤白光干涉型光纤应变传感器系统的设计,可进行大量程的绝对测量,具有良好的线性度,测量动态范围大;②设计出全光纤白光光纤光栅传感器的探测方案和解调处理技术,并配套开发了双路探测器电路,将与光纤光栅波长有线性对应关系的分光比信号,转化为电压信号,利用悬臂梁标定实验,在5kg载荷范围内显示出很好的线性输出,应变分辨率为38;③在改进和完善检测系统基础上,研制出"FBG-SD1光纤光栅传感解调仪",仪器量程达到8000,基本满足钢绞线应变测量的要求,试验结果与计算数据基本相符,在工程结构检测中有应用前景;④基于熔锥型光纤波分复用器,研制出便携式光纤光栅解调系统,应变解调范围在0~20000。该成果应用于预应力混凝土结构的应变检测与诊断,使预应力混凝土结构能够充分发挥高强钢材的抗拉能力和混凝土材料的抗压能力,从而减小构件断面、节约材料、减小自重、增大结构跨度,是现代建筑领域的重要发展方向之一。该成果已广泛地应用于桥梁、房屋建筑、水工结构、轨枕、电杆、压力管道、贮存罐、水塔等结构。

【海洋技术两项成果通过验收】 2004年2月13日至14日,国家海洋技术中心承接的国家"863"计划"海洋动力环境立体监测动态信息服务集成示范系统"及"系缆式剖面测量自动升降平台技术研究"

两个项目通过了国家“863”计划“十五”海洋监测技术主题专家组的验收。专家组认定:“海洋动力环境立体监测动态信息服务集成示范系统” 项目完成了海洋动力环境立体监测实时传输和信息服务系统设计和第一阶段技术开发,系统的结构、功能、数据流程及运行模式等技术设计合理规范, 达到合同计划的要求;“系缆式剖面测量自动升降平台技术研究” 项目完成了系缆式剖面测量自动升降平台原理样机研制, 实现了剖面测量平台自动升降和自动控制等主要功能, 该项目技术的开发将改进以往锚泊系统的分层测量方式, 具有连续进行循环全剖面测量的先进性和经济性。

【船载航行数据记录仪的研制】 该项目由天津大学承担,舒歌群负责完成,2004 年 1 月 11 日通过市科委组织的项目鉴定。课题组采用一种开放的组态结构,以适应现有船舶技术先进程度不一、品种繁多、现场繁杂的状况;以现有 PC 机作为平台,构成接口灵活的数据采集系统。数据存储单元的核心采用大容量固态存储器,具有体积小、重量轻、抗振、可靠性高等突出优点。数据记录仪的保护装置采用 3 层结构,最外层为保护壳,抵抗海水的静压、腐蚀、重物的冲击、穿刺等;中间层为隔热层,防止内壳工作温度过高,保证记录仪正常工作;最里层为一层薄壳,分隔存储器与隔热层。该数据记录仪具有记录日期、时间、船位、速度、航向、驾驶室声音、通信声音、雷达数据等船舶航行诸重要参数,具有防火、防水和抗冲击的性能。整套装置拥有自主知识产权,申请中国发明专利 1 项。课题组共研制成两套数据记录仪,其中一套在天津远洋运输公司船务分公司的 2 号加水船上进行实船效用实验,运行效果良好。

【MEMS 动态测试系统】 由天津大学精仪学院教授胡小唐等承担完成的国家“863”计划重大专项课题“基于计算机视觉和显微干涉技术的 MEMS 动态测试系统”于 2004 年 8 月 30 日通过国家“863”计划 MEMS 重大专项课题验收专家组验收。该课题站在国内外相关研究方向的最前沿, 研制出具有自主知识产权的基于计算机视觉和显微干涉技术的 MEMS 动态测试系统样机,申请国家发明专利 2 项,发表论文 7 篇。该课题利用纳米级平面栅格和台阶对 MEMS 动态测试系统功能样机进行标定, 并结合 MEMS 器件动态测试的需求进行了 MEMS 谐振器、扭镜等器件的几何形貌、运动参数、表面变形及谐振频率等参数的测试工作,并在工艺平台进行应用,为产品化的 MEMS 测试系统提供了理论基础和技术储备。专家组认为: 该课题将计算机微视觉测量技术、显微干涉测量技术、频闪成像技术及激光多普勒测量技术充分融合,实现 MEMS 微结构三维静态几何量参数、周期运动特性和瞬时运动特性的综合测量,在系统的整体构思、模块化和虚拟仪器的设计思想、时间平均法的快速测试及三维运动参数重构等方面具有创新性。

(天津大学)

【高速、轻型、低成本并(混)联机械手】 由天津大学机械学院教授、长江学者黄田主持,由天津大学机械学院先进制造技术实验室和天津市力神电池股份有限公司合作完成的国家“863”项目“高速、轻型、低成本并(混)联机械手及其示范工程”于 2004 年 9 月 7 日通过国家“863”计划先进制造与自动化技术领域办公室及专家组的验收。该课题针对医药、轻工、电子、食品等行业中急需高速抓取装备的需求,成功研发了一种具有自主知识产权的、可实现 2 个平动自由度的高速、轻型、低成本全铰接并联结构机械手。获得国家发明专利和实用新型专利各 1 项, 并申请国际专利 1 项、国家发明专利 3 项,在国际学术刊物和会议上发表高水平论文 6 篇。专家组认为:该课题对机械手设计理论和关键技术进行了深入研究,在尺度综合,伺服电机参数预估,传动系统的高刚度、轻量化设计与制造, 以及运动学标定等方面均有创新。目前已向英国出口样机 1 台,在国内销售 2 台。基于上述技术研制出的锂电池充电质量高速自动分拣系统已在天津市力神电池股份有限公司得到试用。

(天津大学)

计算机与软件技术

【虚拟 MEMS 加工工艺原形系统】 天津市自然科学基金项目“虚拟 MEMS 加工工艺原形系统”,由南开大学承担,赵新、卢桂章、张红光、张蕾、王晓娜等共同研究完成,项目评价日期为 2003 年 11 月 8 日。MEMS 器件的制作包括一系列复杂的物理、化学过程,制作周期长、费用高、改进不方便,因而计算机辅助设计在MEMS设计中起着至关重要的作用。现有MEMS设计工具未能将MEMS加工因素引入设计环节,造成MEMS研究中设计与加工脱节,使设计完善的MEMS器件,无法精确地加工出来,因而其机械性能就无法保证。该研究成果提出了虚拟MEMS加工工艺的概念,着眼于在MEMS设计阶段对加工工艺进行仿真。其中,虚拟加工工艺过程采用实际MEMS加工的工艺模型来描述、用三维图形学手段来实现,包括3项关键技术:工艺描述、工艺模型和虚拟加工工艺过程的可视化。该系统可用于MEMS设计过程,在MEMS设计与加工之间架起了桥梁,可较好地解决目前MEMS器件研制过程中设计与加工脱节的问题;从而大大提高MEMS器件设计效率,缩短整个开发周期;最终促进微电子机械系统技术的发展。

【基于部件库MEMS设计环境原形系统研究】“基于部件库的MEMS设计环境原形系统研究与实现”由南开大学承担,卢桂章、安刚、刘景泰、赵新、李彬等共同研究完成,2004年8月30日通过鉴定,研究成果在利用虚拟现实技术建立动态模型,通过虚拟工具“生长”被设计器件,以及基于部件库的思想实现MEMS设计等方面,已达到国际先进水平。该课题研究成功一个基于部件库MEMS设计系统的原形系统,该系统的主要创新之处包括:①针对MEMS器件具有运动功能的特点,提出在设计过程中建立动态模型,并结合虚拟现实技术,使得设计出的器件可以进行3D虚拟运行,并考察其运动性能;②针对所要用的工艺,通过虚拟工艺可“生长”出所设计的器件的可视化三维结构,从而考察其合用性;③创建了包括动态模型在内的器件的全部文件的器件库,并可以进行调用,达到知识复用。该成果已经进行软件版权登记,具有自主知识产权;建立起来的可应用、可扩充的系统框架,实现了与现有商品化MEMS设计工具的无缝对接,成为一个新的可应用的系统。该系统已经成功地实现了微流量泵等MEMS器件的系统再设计和仿真,验证了该系统的扩充性;系统功能全面。

【基于虚拟现实技术的MEMS设计环境】 天津市自然科学基金资助项目“基于虚拟现实技术的MEMS设计环境”,由南开大学承担,赵新、卢桂章、刘景泰、安刚、张蕾等共同研究完成,项目评价日期为2002年12月18日。课题成果还构成国家自然科学基金“基于虚拟现实技术的具有部件库的设计环境研究”、国家“973”计划“集成微光机电系统”、“微系统设计方法、建模、数据库和仿真相关问题研究”、国家高技术研究发展计划(863计划)“基于部件库的MEMS设计环境原形系统研究与实现”及“微机械(MEMS)虚拟环境中部件设计过程的三维可视化”的部分研究内容。MEMS主要是利用硅工艺制造各种小尺度的器件。硅工艺在IC芯片制造商已经非常成熟,而且IC芯片设计也已达到很高的水平。但是MEMS器件与IC有很大的不同,追求的不是器件的集成度(MEMS器件的尺度与IC的线宽相比还要大得多)。MEMS器件的主要特点是:在运行过程中要产生变形,或者与其他像物质有相对运动,亦即MEMS器件一般具有机械功能。IC要实现的主要是逻辑功能,设计中考察的主要是其电性能;而MEMS功能的实现,在于它的变形或和其他物质的相对运动。该课题试图针对目前MEMS设计需要解决的问题,研究其解决方法及其系统实现,最终得到一个功能更加完善的设计系统。课题研究的主要内容是:①研究建立MEMS器件动态(运动)模型;利用这一模型,进行虚拟运行(三维可视化的运动仿真),从而考察其运动性能;②针对特定的工艺过程,提取专家知识,建立虚拟工艺,生成该器件在该工艺流水线上形成最终产品的全过程及“真实”产品的三维可视化;③建立MEMS部件库的整体框架,从而在设计时增加对资源的复用和资源共享;④以部件库为核心,建立包括结构拓扑设计,虚拟组装,建模,虚拟运行,虚拟工艺等模块的设计系统的原形系统,使其能与现有设计系统的某些模块对接;⑤建立虚拟显微镜仿真模块,实现对三维几何模型到显微镜模型投影的功能,从而生成具有显微图像特征的二维图形,为虚拟组装提供辅助作用。课题成果已经成功地实现了对MEMS器件设计的过程,例如微泵等,并且体现出很好的性能。该软件已经申请软件版权。国内外查新均未发现课题组成员之外的其他人员发表的有关文献报导。

【电子商务加密交易系统研究】 天津市自然科学基金(重点)课题“应用于电子商务的加密交易系统研究”,由南开大学承担,辛运帏、卢桂章、刘景泰、张蕾、王松等共同研究完成,项目评价日期为2003年11月8日。课题成果主要内容包括:①提出包含身份认证中心、交易中心及加密模块在内的加密交易系统的系统架构，并在 Windows 平台下开发出一个加密交易平台，为电子商务中的双方提供在网上自由安全地进行贸易谈判的环境；②实现加密模块。基于 Windows 平台、使用面向对象技术开发的加密模块，采用混合加密机制，配合身份认证中心，可以完成网上信息的加密、解密及数字签名和验证操作，使得信息在网上均以加密方式进行传送，保证信息的安全性、完整性及不可否认性；③身份认证中心（CA 中心）是保证 SET 协议能够顺利进行的关键环节。项目按照国际标准化组织制订的 X.509 标准，开发了 CA 中心。CA 中心负责为用户发放数字身份证书，可以实现用户对证书的查询及验证，并相应地具有证书的管理功能，包括对到期证书及作废证书的管理。认证中心证书数据库采用商用数据库软件，数据记录容量仅受机器配置及运行环境的限制；④交易中心是基于网络应用现状，为方便用户而建立的交易环境。交易中心采用目录管理方式，用户可以在交易中心内发布信息、选择交易对象、进行加密交易谈判，直到最终签订电子合同。项目实现的加密交易系统具有良好的应用前景，可以用在城市流通领域、政府办公系统等涉及信息加密传送的应用中，顺应了电子商务发展的新方向。

【智能预测自适应控制器及其实现】 天津市重点自然科学基金项目“智能预测自适应控制器及其实现”，由南开大学承担，陈增强、孙青林、袁著祉、刘忠信、王增会等共同研究完成，2004 年 3 月 2 日通过鉴定。项目主要研究成果包括：将多变量预测控制算法进行简化和解耦等处理，使得算法在所占存储空间及运算速度上均达到能在单片机上实现运行的要求；研制出多变量 GPC、多变量 β-GPC、多变量模糊 GPC、多变量神经网络 GPC 等多种预测控制器的快速算法；制成软件模块，在基于单片机的嵌入式控制系统中实现；通过项目的资助已研制成多变量、多模块智能预测自适应嵌入式控制系统样机，在油田的成功应用，每年可节约资金 200 万元。该项研究已发表学术论文 26 篇，其中 3 篇被 SCI 检索、8 篇被 EI 检索。此外，该项目还研制开发出“神经网络非线性预测控制仿真”软件包。形成了自动控制算法教学和研究的实验平台，并获得了两项国家软件著作权登记。

【数学公式图像识别与理解】 该课题由南开大学承担，王庆人、靳简明、史广顺共同研究完成，2004 年 8 月 24 日通过鉴定。数学语言是不分领域、不分国度、不分种族的人类“通用语言”，数学公式广泛存在于各类文献之中。数学公式的自动识别、分析和理解具有重要性和必要性，但是数学公式的识别、分析远比文字段落的识别困难。该项目研究在世界上率先实现完整演示数学公式处理功能的系统，在处理方法上的主要创新点包括：①首次提出采用 Parzen 窗定位独立公式以及通过检测二维结构定位内嵌公式的方法；②首次采用统计特征与结构特征相结合，先识别再验证的一般符号识别方法，取得比单一方法更高的识别率；③首次提出识别公式类型，并分解其为一系列子表达式的公式版式识别方法，为此定义 11 种基本公式类型，并用产生式规则限定了每类公式的惟一分解方法，该方法能够分析的公式类型，比以往方法都丰富；④实现公式分析结果的 LATEX 格式输出；⑤首次提出基于树匹配的公式处理自动性能评估方法，该方法是惟一能够发现公式符号切割、识别以及公式分析中产生的任意错误的评估方法。研究成果建立了 300 页样本库，完成了 Page 级数学公式自动处理原型系统的研发，建立了产品级应用的基础。

【南开之星超级计算机集群系统】 “南开之星超级计算机集群系统”于 2004 年 6 月 1 日通过鉴定，由南开大学科学计算研究所承担，邓越凡、梁科、Alex Korobka、朱少红、向兵共同研究完成。“南开之星”是在南开大学科学计算研究所所长邓越凡教授领导下，由科学计算研究所技术人员设计、并联合 IBM 公司制造的超级计算机，其实测峰值达到了 3.231 万亿次、实测效率达到 68.74%，跻身世界 Top500 前 42 位。该项目以“南开之星”为基础，构建天津市高性能计算平台，为天津市信息产业、石油化工、制药业、制造业、农业、能源、材料、医药、气象、地质、环保、城市建设管理、科学研究开发、高等学校的教学、学科建设与科研等各行各业提供计算资源。

【水利工程仿真基础理论与方法研究】 国家与天津市自然科学基金资助项目“水利工程仿真基础理论与方法研究”由天津大学承担，钟登华、白玉川、曹志先、冯平、刘东海共同研究完成，项目评价日期为 2004 年 6 月 20 日。课题采用计算机仿真技术来研究复杂水利工程问题,不仅直观简便,能克服物理模型试验弊端，而且极大地促进了学科的交叉与发展。研究内容包括:①针对大型水利工程复杂施工问题,结合地下洞室群施工、大坝施工、施工导流以及施工总布置等应用领域，重点研究水利工程施工全过程动态仿真的理论方法，并研究结合地理信息系统(GIS)的可视化仿真方法;②针对粘性泥沙起动与输移、紊流拟序结构演化与掀沙过程、紊流拟序结构与床面形态的相互作用等方面,开展河流海岸动力过程模拟的基础理论研究；并深入研究水流泥沙数学模型及其在工程中的应用；③深入研究流域水文过程模拟的理论与方法,提出了洪水演进过程的模拟方法，研究了水文过程模拟下的洪水风险计算方法，并结合海河流域的特点,进行了应用研究。

【河流、海洋水环境数值模拟】 由天津大学承担,陶建华负责完成的“河流、海洋水环境数值模拟”研究项目,2004 年 1 月 10 日通过市科委组织的项目鉴定。该项目对河流、海洋和环境领域中 6 个基础性数学模型进行优化、标准化、规范化和软件的商业化；建立河流、海洋水环境数值模拟的基础研究平台，平台是 4 套数学模型以及前后处理和图形显示系统的组合集成;在上述平台基础上,结合实际对多项水环境问题和海岸工程中波、流和波—流共同作用问题进行研究。研究成果的创新点:首先,提出了缓坡浅水海湾污染物的输移扩散规律；在大面积波浪场数学模型和沿岸流模型的基础上，建立缓坡海岸波浪、潮流共同作用下污染物输移扩散的数学模型；提出波浪是缓坡海岸污染物输移扩散的重要影响因素；从理论上证明天津沿岸滩涂的严重污染是由于波浪引起的沿岸流使污染物沿岸徘徊所致。其次,建立了考虑氮、磷转化和水动力学条件的渤海湾的生态水动力学模型,其中包括无机氮、氨氮、磷、浮游植物(P)、浮游动物(Z)、悬浮碎屑(D)6 个状态变量;研究了渤海湾中氮磷转化和浮游生态系统,得出渤海湾的生态水动力学特性；为天津和同类海区的海洋生态环境管理目标提供相关技术支持。最后,该成果将“水滚”破碎模型和“波浪多次破碎”模型引入到高阶近似抛物缓坡方程数学模型(NWBl)中,使之能够用于模拟大面积波浪场；并且将高精度紧致差分格式应用到 Boussinesq 方程中，改善了模型对波浪的“非线性”和“浅化特性”的模拟能力。该项目成果的数学模型和软件，已在多项国家重点海岸和港口工程及规划中得到了应用。

【智能诊断与动态测控系统】 该研究课题由天津大学承担,王太勇负责完成,2004 年 6 月 12 日通过市科委组织的项目鉴定。课题成果为高性能智能数据采集单元、模块化设计的动态测试与信号分析集成化软件系统等集成的多功能动态测试及信号分析系统,可以单机版或网络版的形式应用于教学、科研及工程测试分析和控制中,具有自主知识产权,可替代昂贵的进口设备。课题主要研究内容和成果的创新点包括:①采用二次采样的方法实现数据的重构,实现了时变连续信号采样重构技术；②研究了 ICP 传感器集成单元技术,可替代国外同类产品,其开发的基于网络的工业级移动式装甲车辆诊断与故障预测系统,具有网络接口和军品级移动式特点,可实现远程监控；③实现了基于现代谱识别技术的时变故障预测技术,将谱阵分析和状态预测技术进行集成,可实现谱阵预测；④实现了微弱低频信号变频细化滤波包络识别技术,采用变带宽包络分析技术,针对具体的信号，可方便地选定包络分析的中心频率和带宽,并对包络后信号进行各种谱分析。该成果已应用于大专院校、科研院所、工业及国防等领域,取得很好的经济社会效益。

【中国水墨画仿真绘制系统】 该项目是国家自然科学基金资助项目,由天津大学孙济洲、王秀锦、孙美君、冯志勇、王征等研制完成。中国水墨画仿真是计算机图形学领域具有挑战性的课题。为了弘扬国粹,丰富图形渲染领域的处理手段,推动计算机仿真技术的发展，课题组基于长期的绘画实践和对水墨画艺术效果特征及笔墨纸砚等绘画材料特性的分析,建立了画笔模型,并引入了分形、纹理合成、图像类比等当前热点技术,成功地实现了单笔扩散、多笔次叠加及侧锋、干笔飞白及中锋、侧锋等中国水墨画特殊效果,并在上述研究成果的基础上,最终开发了以数位板及压感笔为主要输入设备，与用户交互良好的实时水墨画创作与绘制系统（BrushSprite),只要用户具有初步的绘画基础，便可轻松绘制出具有水墨韵味的艺术作品，成为其艺术创作和设计的得力助手。该仿真系统操作简单,与用户交互性良好,绘画速度能达到实时性，并能够充分体现出水墨画的韵味；可以通过对画笔数据结构的处理来实现颜色和透明度变化丰富的侧锋效果；可以充分利用数据结构各个特性分量的变化消除尖锐的边界，解决走样问题；画笔模型中灵活改变透明度 Alpha，可以模拟晕染的效果以及体现多笔次叠加中水墨画的不可覆盖性，在笔法的多变性方面，甚至可以超越真实的毛笔。“水墨画创作与绘制系统软件”填补了中国画仿真软件在该领域的空白，已申请软件著作权，并拟与有实力的软件企业进行合作，在完成包装等产品化过程后，更快地将该项成果推向市场。

【大规模网络入侵检测与战略预警系统】 “大规模网络入侵检测与战略预警系统”来源于 2002 年国家“863”信息安全项目，由天津大学承担，孙济洲、李明楚、车明、徐庆、张加万等共同研究完成，2004 年 6 月 25 日通过鉴定。研究成果的主要创新点包括：①提出新的二维总体模型的设计方案；②提出自适应重组的实现方法和用分布式并行计算提高系统性能的策略；③提出了虚拟分布式“蜜罐”(Honey Pot)欺骗技术的思想；④提出分布式入侵攻击源反向追踪的解决方案；⑤提出分布式互动代理的概念并在此基础上提出使用手持无线移动设备实时控制 NIDS 的设计方案；⑥将智能分词技术应用于入侵日志数据检索，提高了检索的速度和准确度；⑦提出了 NIDS 可视化的概念并构建 NIDS 可视化模型。该成果的推广，将在节约网络管理经费及有效降低网络犯罪破坏后果方面将带来可观的直接和间接经济效益。

【天津房地产系统分析与应用研究】 该项目由天津大学、天津市建设管理委员会赵黎明、刘翠乔、李波、王文红、徐青青等承担，他们重点研究城市房地产发展理论，提出天津房地产发展模式；建立科学的预测模型，进行天津市房地产发展的准确预测；构筑信誉评估体系，建立企业经营预警系统；建立项目管理系统，加强项目风险防范；运用研究成果，编制管理软件。该项目主要创新点为：①提出了天津“环境—产品”城市经营模式；②建立天津房地产企业预警系统、房地产企业信誉评价系统；③建立组合预测模型，对房地产市场需求、房地产区域发展潜力进行预测。项目取得的研究成果包括：①提出天津“环境—产品”城市经营模式为天津房地产健康发展提供理论依据和政策建议；②将天津市商品房价格、需求预测结果、经济周期研究应用于天津房地产市场宏观管理，天津市房地产企业预警系统、企业信誉评价系统、开发项目管理系统应用于天津市人民政府房地产管理工作，促进城市房地产行业健康发展和良性循环；③天津市房地产管理系统软件为未来天津市房地产业的企业管理、项目监控、市场预测提供了信息化支持。该项目获得 2003 年度天津市科技进步二等奖。

能源开发与综合利用技术

【复杂断块油藏难采储量有效开发】 “复杂断块油藏难采储量有效开发技术研究与应用”由大港油田集团钻采工艺研究院承担，白武后负责完成，2004 年 6 月 24 日通过市科委组织的项目鉴定。研究内容包括①利用层序地层学，结合岩性、电性及古生物组合等综合研究，确定地层对比标志，对塘沽油田地层进行划分与对比；其利用地震叠加、VSP 测井和声波测井综合进行速度分析，模拟出适用于该区的时深转换关系，为提高构造解释精度打下坚实基础；②利用时间切片、瞬时振幅技术，综合进行构造精细解释、分析断裂和构造特征，编制出的塘沽油田构造形态与断裂展布，更加符合塘沽油田的实际；③从三维地震资料出发，利用“层幻(Stratimagic)微相”分析、地震属性参数分析、测井约束地震反演技术，对塘沽油田主要目的层进行储层预测研究，其纵向上按照 5 个(Es31~Es35)油组，平面上按照塘沽西、塘沽东、塘沽北、新村北、新村南进行储量复算，建立了塘沽油田三级资源序列；④应用小泵深抽技术，并针对油藏特点进行技术配套，实现塘沽油田的效益开发。研究成果的创新点包括：首次在射孔试油、压裂酸化、修井作业过程中，采用全过程的油层保护措施，并提出了针对塘沽油田具体情况的油层保护方案；在压裂过程中，采用新型压裂液体系——无残渣压裂液，优选高强度支撑剂，并采取裂缝纵向延伸控制技术，保证压裂措施的效果。

【黄骅坳陷中碳酸盐岩沉积与储层特征研究】 “黄骅坳陷中北区沙一下碳酸盐岩沉积与储层特征研究”，由中国石油大港油田油气勘探开发技术研究中心承担，滑双君负责完成，2004 年 6 月 10 日通过市科委组织的项目鉴定。该研究的主要成果包括：①从宏观—微观角度系统划分了沙一下湖相碳酸盐岩沉积相、亚相类型，阐述了滨湖岸滩的发育特征；通过古气候、古水体介质、岸线变迁、湖岸形态、古坡度、水深、水体封闭程度等的研究，指出控制湖相碳酸盐岩发育的关键因素；②应用构造沉降量分析成果，首次定量计算了沙一下沉积时期地形坡度；首次提出湖岸形态影响碳酸盐岩，尤其是粒屑灰岩发育的认识，即：处于凹岸区粒屑灰岩厚度较大，而凸岸区很少沉积，并且随着岸线迁移，沿水进方向，地层逐层超覆，岩性也由碎屑岩—云灰岩—粒屑灰岩呈逐层超覆之势；③提出沉积相带是控制沙一下湖相碳酸盐岩储层发育的关键因素，并尝试性建立了该区湖相碳酸盐岩储层评价标准，指出优质储层的分布规律；④应用研究成果，在周清庄、扣西、齐家务—孔店西坡实施勘探，部署了齐家务地区旺32井，扣村扣50井，周清庄地区歧北20井，沙一下碳酸盐岩均获工业油流，并已获探明、控制石油地质储量257×10^4t，预测石油地质储量550×10^4t。

【新型针管式锂锰电池】 该项目由天津大学承担，唐致远、马聪、郑广泉、宋全生、徐强等研究完成，2004年7月3日通过鉴定。锂锰电池CR435可被应用于电子发光浮漂、感应手写笔、玩具、微型指示灯、微型数字设备的数据保持、各种仪器仪表及医疗设备的微型照明等，由于它体积小、重量轻，也可用于军事装备中。课题组总结了国内各生产厂家研制过程中失败的经验，研制出国内第一批合格的CR435电池，并实现小批量生产。经“信息产业部化学物理电源产品质量监督检验中心(即十八所)”检测，容量达69mAh，工作电压平台为2.75V，超过了日本松下产品，彻底打破日本在这类电池生产上的垄断地位，填补国内在研发针管式锂锰电池的空白。该成果主要创新点包括：①首次采用灌浆技术制备出直径为4毫米的针管式锂锰电池(CR435)，从而彻底解决针管式锂锰电池在生产中遇到的各种难题，有利于实现批量化工业生产；②在锂锰电池正极制备工艺中明显增加了石墨的含量，并大大减少粘合剂的使用量，既提高电池的容量，又增加电极材料的导电性，减少电池的内阻，提高电池的工作电压平台；③新型的正极制造技术，可在直径为2mm~5mm的电池壳内制造正极，并且深度可达80mm。可以制造外径Φ2.0~Φ5.0mm；全高10mm~80mm的各类细长形针管式锂锰电池。该成果已申报国家发明专利。经教育部科技查新工作站联机检索，国内外均未见到同类专利或技术成果报导；④在小试成功的基础上，实现班产量800~1000只CR435锂锰电池的小批量生产，合格品率为95%~98%。产品经用户检测和试用，符合要求。

【平面镜聚光获取高温太阳热的中试研究】 由天津大学承担的“用条形平面镜聚光获取高温太阳热的中试研究及示范工程”项目，2004年4月4日，通过天津市科委组织的科技成果鉴定，专家认为达到国际领先水平。该成果研究开发的采用条形平面镜聚光、太阳方位角自动跟踪、选择性吸光液体获取高温太阳热能技术，可以有效、经济地获得高质量的太阳热能。课题组在天津市建成了72m²、500m²、308m²等3个中试示范工程，经实际应用与测试表明：反光镜反射率为0.92，方位角跟踪太阳精度优于0.5°，高角度跟踪太阳精度优于0.8°；对直射阳光的光热转化效率达60%以上，获得高于306℃的高温液体；在集光比为1:20的情况下，集光系统的综合造价低于300元/m²。该成果在条形平面反光镜线聚焦技术方面具有原创性。使用太阳能在资源环境和可持续发展方面有着非常巨大的意义，该技术系统造价低廉，稳定性好，推广应用前景广阔，将使仅限于提供生活用热水的太阳能利用局面一举打破，形成新的以太阳能空调、热发电、工业用热、光伏发电、海水淡化、新法制盐及污水浓缩等工业为背景的太阳能应用产业。

【高亮度LED铁路信号机的研制】 南开大学光学研究所方志良等承担的天津市科技攻关培育计划项目“高亮度LED铁路信号机”，于2004年5月21日通过天津市科委组织的专家验收。科技部近年来启动半导体照明工程，重点推动LED光源的关键技术及其应用。该项目以应用为突破口，重点解决LED光源光学系统的关键技术和产品化设计，开发研制出以LED为光源的新型铁路信号机，信号机的主要技术指标符合铁道部颁发的相关标准，并具有其高效率、长寿命的优点，有望替代基于白炽灯光源的传统信号机。

【井下电法注水水线推进探测技术】 该项目由大港油田集团钻采工艺研究院承担，刘延平负责完成。课题研究内容包括：①利用电位测试技术的基本原理，推导并得出等效微分表达式，在理论上从电位法扩展到电阻率法，从而扩大了电位法测试技术的应用范围和测试精度；②其研制的“可控源同步相关检测高精度电测台阵自动检测系统”，将通讯领域中先进的伪随机码技术引入到测试仪器中，使该系统具有测量精度高(±0.2%)，分辨率高，采集速度快，抗干扰能力强等特点，填补了国内石油测试仪器的一项空白；③课题成果可对注水、调驱压裂全过程进行实时、可视化动态监测，提高观测精度，对现场实时调整施工参数具有指导意义；④建立以套管作为电极供电的低电阻率导体的数学模型，可以将地层异常导体用两个或多个形状相似的异常导体进行模拟；⑤编制了能够为被测井的场源特征进行分析处理的软件。2003年，课题组利用该成果，分别在大港油田第二采油作业区、胜利油田临盘采油场进行了6口注水井的注水、调驱现场监测，测试分析结果与动态分析结果吻合率达100%。2004年对20口井进行技术服务，获技术服务收入120万元。

海洋综合利用技术

【海水循环冷却示范工程】 经“九五”、“十五”科技攻关，2004年6月天津市率先在全国建成具有自主知识产权的“2500m³/h海水循环冷却示范工程”，开中国海水循环冷却工业化应用先河，实现海水循环冷却产业化技术突破。“2500m³/h海水循环冷却示范工程”是科技部“十五”重大科技攻关计划项目，由国家海洋局天津海水淡化与综合利用研究所提供技术、天津渤海化工有限责任公司天津碱厂负责建设，于2004年6月在天津碱厂建成，经调试运转，7月19日正式切换到氨碱循环水系统，运行效果良好。据天津碱厂有关生产部门统计，采用海水循环冷却技术，生产设备的换热效率得到明显提高，满足热季生产需求，为纯碱增产及质量保证创造有利条件。项目采用海水淡化研究所自主研制的水处理药剂和精心设计的首座海水冷却塔，水质稳定、效果良好、冷却塔飘水率、热力性能达到考核指标要求或超过设计要求，可以全面推广应用。同时根据实际用水量及药剂消耗量统计，工业用水的价格按4.7元/m³计算，海水循环冷却综合运行成本较淡水循环冷却(浓缩倍率按5倍计算)可降低50%以上，年节约淡水约56万m³，经济社会效益显著。

（李文颖）

【低温多效海水淡化示范工程】 2004年6月4日，由国家海洋局天津海水淡化与综合利用研究所承担的国家“十五”重点科技攻关计划项目“3000 t/d低温多效海水淡化示范工程”，在山东青岛黄岛电厂正式建成并投入运行，表明天津市在海水淡化关键技术及产业化方面的开发应用研究取得重大突破。该示范工程为国内首台具有完全自主知识产权、自主设计、自主加工制造的蒸馏淡化装置，是国家海水淡化技术发展史上一个重要标志。“3000t/d低温多效海水淡化示范工程”研究，取得省部级科技成果6项，开发及应用的新技术、新产品等15项，正在制定行业标准及技术规范2项，获得国家发明和实用新型专利9项，已受理及正在申请的专利17项，发表论文以及为国家、部委、省市地方政府等提供技术咨询报告56篇。该技术的推广应用，将加快中国海水淡化产业的发展，对缓解淡水资源的紧缺，保障沿海经济社会可持续发展具有非常重要意义。

（李文颖）

【新型高效溴化剂中试技术研究】 2003年天津市科技攻关项目“新型高效溴化剂——氯化溴年产100吨中试技术研究”由国家海洋局天津海水淡化与综合利用研究所和天津长芦海晶集团有限公司联合承担，2004年5月，在天津长芦海晶集团提溴厂取得中试成功，其研究成果通过天津市科委鉴定。该成果的推广应用，对于解决国家溴衍生物品种少、附加值低等问题，推动沿海地区海洋化工高新技术产业的发展具有重大意义。产品氯化溴含量大于99%，原料氯、溴收率均大于98%，实际生产能力达250吨每年，无三废排放。与国外同类工艺技术相比，具有流程短、投资低、控制点少、运行成本低、操作安全等特点。新型高效溴化剂——氯化溴还可广泛应用于各种水体净化处理、自来水消毒、废水处理、工业用冷却水的杀菌、控藻等领域。该项研究成果填补了国内氯化溴技术及产品的空白，实现了关键技术的突破。其“低温一步法合成氯化溴技术”已申请发明专利。

（李文颖）

【卤水提溴新技术百吨级中试示范研究】 国家海洋局天津海水淡化与综合利用研究所在成功完成国家“十五”科技攻关计划“气态膜法海水和卤水提溴新技术研究”课题的基础上，2004年初与天津长芦海晶集团有限公司合作，申请“十五”科技攻关计划滚动项目“百吨级气态膜法海水(卤水)提溴技术与示范研究”课题,完成立项论证并获批准。该项目利用现代气态膜分离高新技术,实现从海水和卤水中提取溴素,具有高效、节能、高收率、无污染的特点。通过100吨级中试,提出生产性试验的工程(工艺)设计参数,为生产性试验提供技术依据。2004年度主要进行了提高膜组件性能的研究、膜组件标准化设计及加工制造、百吨级示范装置的选址、设计、土建施工等工作,提出修改国内溴素质量标准建议。

(李文颖)

【聚丙烯中空纤维微孔膜研发及应用】 2004年5月,由国家海洋局天津海水淡化与综合利用研究所承担完成的“聚丙烯中空纤维微孔膜研发及应用”研究项目,通过国家海洋局鉴定,成果技术水平居国内领先。项目利用国产原料和自主配套设备,采用熔纺纺丝、拉伸法制膜工艺,成功研制出聚丙烯中空纤维微滤膜。该技术可实现清洁生产(无公害和污染),具有优良的耐化学药剂、耐细菌侵蚀性、生物相容性和疏水性等;同时,可亲水化、并具有良好的耐热性、耐折绕性,机械强度高,便于装配、使用及清洗。液体充氧(或CO_2)技术及装置属国内首创,可以部分取代传统气体吸收与解吸工艺过程。天津海水淡化研究所所属公司利用该成果建成年产40万平方米的微孔膜工业化生产线,天津市最大的聚丙烯中空纤维微孔膜生产企业。产品已大批量销往国内市场,并销往韩国、马来西亚、新加坡等国家及中国香港、台湾等地区,用户反映良好,经济效益和社会效益显著。

(李文颖)

现代生物工程技术

【修复养殖水生态的微生态菌制剂研发】 由南开大学和天津兴欣融实业有限公司共同承担,张清敏、王兰、胡国臣、朱琳、钟欢等共同研究完成的“养殖水环境生态修复微生态菌制剂的研究与开发”,2004年5月18日通过天津市科委组织的科技成果鉴定,其研究成果达到国际先进水平。成果以枯草芽孢杆菌和乳酸菌为主体菌,辅以适量的放线菌,并吸附于麦麸上制备成菌制剂,该菌制剂以高效、高活性为主要特点,每克菌制剂的有效活菌数高达10000亿个(1012CFU/g)。这种菌制剂经活化,在水中能很快形成微生态优势菌群,发挥其降解有机物、促生、益生的作用,从而能迅速降低COD,降低亚硝酸态氮,能使氨态氮和pH值保持在一定水平上,抑制有害病菌的繁殖,调节水中藻类密度,促进水生态系统修复和平衡,促进虾胃肠道健康。与对照相比,防治成本降低80%,虾产量提高近1倍,并显著改善了虾的品质。专家认定,该成果具有创新性,研制的微生态菌制剂适应性强,对养殖水生态环境修复效果好,活菌数高,有良好的开发应用前景,2003年已经在汉沽杨家泊建立了该成果的应用示范工程。

【发菜细胞培养技术研究】 天津科技大学研究的发菜细胞培养技术在2004年首季取得进展,成功地获得2升容积规模的培养技术,并申报发明专利。发菜是一种陆生蓝藻,生长于荒漠地带,广泛分布于中国西北和华北地区,是荒漠化土壤中的“先锋生物”,对环境保护和生态恢复具有重要意义。由于发菜具有很强的营养和保健功效,20世纪90年代以来遭到了掠夺性的采收。又因为其生长极其缓慢,以致资源濒临枯竭,给生态造成了很大的破坏。国务院已于2000年明令禁止发菜的采收、加工和销售,发菜也被列为国家一级重点保护植物。发菜细胞培养的研究为发菜的生产开辟了一条新的途径。如果发菜能够实现规模化人工培养,就会为加工业提供充足的原材料来源,并且对环境保护具有重要意义。

现代医药技术

【复方丹参滴丸质量分析与控制技术】 “复方丹参滴丸指纹图谱分析与质量控制技术”来源于国家“十五”科技攻关计划项目及国家重点基础研究发展规划项目,由浙江大学承担,浙江大学药学院、中国药品生物制品检定所和天津天士力集团有限公司协作,程翼宇、林瑞超、叶正良、钱忠直、范骁辉等共同研究完成,2004年4月13日通过鉴定。该研究成果不仅可用于复方丹参滴丸的质量控制,也可推广应用于中药复方制剂的质量分析与评价。成果的主要创新点包括:①在国内外首次对复方丹参滴丸主要化学成分进行系统分析。通过筛选和优化色谱分离条件,并运用LC/MSn分析技术,结合标准品对照和文献数据,鉴定出10种丹参水溶性成分(其中两种为首次报道)和20种三七皂苷类成分,基本揭示出复方丹参滴丸化学物质基础,为其化学指纹图谱的建立提供了科学依据;②首次提出多元化学指纹图谱技术概念和方法学，以多张化学指纹图谱来完整表征复杂中药体系的化学组成特征，并创建了基于信息融合的多元化学指纹图谱计算分析技术；③首次提出以指纹图谱整体相似度为评价指标，运用多元化学指纹图谱计算分析技术定量考察提取时间、醇沉浓度、溶剂 pH 及单合煎等制药工艺参数波动对中药产品质量稳定性的影响，并成功应用于复方丹参滴丸生产质量控制。应用该技术建立的全球首张中药复方产品多元化学指纹图谱，大大提高了中药质量控制水平和产品技术含量，为国家实施中药质量指纹图谱检测标准起了示范作用。对于提升中药工业整体技术水平，发展形成具有自主知识产权的现代中药质量控制技术，使中药冲出国门走向世界，具有重要的战略意义。

【氟洛芬和吡格列酮的新品研制】 "氟洛芬和吡格列酮的新品研制"由南开大学承担，徐效华等共同研究完成，2004 年 2 月 12 日，课题成果通过鉴定。氟洛芬是美国公司开发的新抗菌素，是目前世界上最好的兽用广谱性抗菌素，广泛应用于牛，羊，猪，鱼等各种动物。课题成果开发的整个工艺使氟洛芬具有高产率，操作方便，易于工业化。吡格列酮是日本武田制药公司研制的抗 II 型糖尿病新药品种。II 型糖尿病名列国内五大难治愈疾病。吡格列酮直接靶向胰岛素抗体，而对产生胰岛素的胰 B 细胞无副作用，可有效地控制血糖。课题组优化了吡格列酮工艺的各步反应条件，重点解决了醚化反应产物的难以结晶纯化，避免用柱层析方法分离，采用低温结晶高产率地得到了醚化产物；碱基成盐酸盐反应，文献的反应不完全，产品纯度低，课题组采用通 HCl 气的方法，高产率、高纯度地得到产品；对各步中间体与产品建立了 TLC 和 HPLC 方法；并对整体路线进行了百克级发大平行实验。开发研制这两个品种的工艺路线，具有重大的市场前景和经济价值。

【尼莫地平缓释微囊制备工艺研究】 天津市自然科学基金资助项目"尼莫地平缓释微囊制备工艺研究"，由天津大学化工学院承担，何明霞、王康、邢琦、齐崴、刘畅、杨帆共同研究完成，2004 年 9 月 30 日通过鉴定。尼莫地平临床主要用于缺血性脑血管病、老年性痴呆和高血压等疾病的治疗，但尼莫地平的半衰期短，普通片需日服 3~4 次。研制尼莫地平缓释微囊具有较高的临床应用价值，可提高药效、延长给药间隔、方便患者服药。该项目结合固体分散与缓释技术，以尼莫地平固体分散体为包埋对象，以海藻酸-魔芋葡甘聚糖-壳聚糖微囊为缓释载体，利用毛细管破碎法制备了尼莫地平缓释微囊。研究成果包括：①建立毛细管破碎装置制备出尼莫地平缓释微囊，微囊粒径 1mm 左右，粒径偏差<10%；②尼莫地平非漂浮缓释微囊，其在模拟胃液中的药物释放量小于 5%，在模拟肠液中持续释放可达 4 小时以上；③以碳酸氢钠作为发泡剂，用冷冻干燥的方法，制备了尼莫地平漂浮缓释微囊，与非漂浮微囊相比，消除了药物在胃内的延迟释放，基本达到了在模拟胃肠液中的均匀释放。成果的创新点包括：①以尼莫地平固体分散体作为包埋对象，提高了药物的生物利用度并减少微囊制备过程中喷头的堵塞；②利用二氧化碳的制孔作用，提高了药物在模拟胃液中的溶出，同时增加了壳聚糖在微囊表面的渗透，减少微囊进入模拟肠液中药物爆释的可能。该项目尚处于实验室研究阶段，还需进一步开展药效学和相关药代动力学等方面的研究。

【薯蓣皂素提取技术扩大实验】 "利用生物技术协同提取薯蓣皂素的扩大实验"由天津大学化工学院承担，张裕卿、牛文泰、王东青、马振荣、曲云共同研究完成，2004 年 7 月 31 日通过鉴定。薯蓣皂素是合成甾体激素类药重要的医药中间体，被医药界称为是"药用黄金"。每年国内对薯蓣皂素的需求量为 2000 吨，市场缺口在 1000 吨左右。通常，在薯蓣皂素生产中，用酸水解提取植物中的皂素成分，但常规方法只能提取出植物中皂素成分的 45%~55%。该课题研究成果利用生物协同提取技术，可将植物中 99%以上的薯蓣皂素成分提取出来，该提取技术已经申请中国发明专利，并且得到中国博士后科学基金的资助。课题研究主要内容包括：①小试实验，薯蓣皂素的收率可以达到 2.5%，熔点为 201℃~203℃(符合优级品标准)，红外光谱的测试结果与标准品相吻合；②中试实验，薯蓣皂素的收率可以达到 2.7%，熔点为 202℃~204℃(符合优级品标准)，红外光谱测试结果与标准品相吻合。

【药物控释胶囊研制】 "可在体内形成壁上孔隙结构的药物控释胶囊"由中国医学科学院生物医学工程研究所承担，宋存先、孙洪范、王彭延、史瑞文、崔秀敏共同研究完成，项目评价日期为 2001 年 9 月

26日。该成果提供一种用于药物长效制剂的新辅料：可降解医用聚己内酯F68药用新辅料和用它制成的皮下埋植药物缓释胶囊，其特点是：①囊壁在体内形成孔隙结构，孔的大小和孔隙度可人为调控，具有可控制的药物通透性，达到所需要的药物释放速度；②药物释放完成后聚己内酯F68胶囊自行降解并经代谢系统排出体外，无需再动手术取出空囊，因此它完全克服了非降解型长效埋植剂需动手术取出的缺点。聚己内酯F68药用辅料在体内完全降解的时间从6个月到2年可以调控。主要用于小剂量长期服用的药物，制成体内植入缓释制剂，一次植入体内长期有效，维持恒定的血药溶度，克服频繁注射或服用带来的麻烦和副作用，更重要的是减少给药剂量和毒副作用。该创新技术已获得国家专利，具有自主知识产权，是国内第一个用于临床的可降解长效药用辅料。用该辅料制成的长效抗生育制剂“左炔诺孕酮聚己内酯埋植剂”已经完成了I期临床试验，正在进行II期临床试验，预计两年半完成II期临床试验，是目前国内外最新一代可降解的长效抗生育埋植剂，居国际领先水平。作为一种新型的药物辅料，聚己内酯F68与其他像药物结合也将会派生出一系列新的药物埋植剂，除用于避孕药的长效埋植剂外，还可用于许多其他药物的长效制剂，例如米非司酮、雌二醇、释放胰岛素的胰岛细胞胶囊等；聚己内酯F68投产后，将很快带动起一个全新的高附加值药物新制剂产业的发展，将会大大推动可降解药物埋植剂的医学基础研究和临床应用研究，并将形成一个药物新制剂产业。

【人促血液血管细胞生成素及其制造方法】 该项目由中国医学科学院血液学研究所承担，韩忠朝、刘拥军、蔡英林共同研究完成，2004年10月13日通过鉴定。该课题在国家“863”计划和国家重大科技专项基金的支持下，在国际上首次发现一个新的干细胞因子——人血液血管细胞生成素(HAPO)。通过根据已知序列，设计多对引物进行PCR扩增获得一系列基因片段，通过双酶切位点，克隆至原核表达载体，其中879bp和558bp两片段在工程菌中表达，经酶切得到分子量为31.8KD和20.1KD的HAPO（分别为292和186氨基酸），经纯化后免疫家兔，获得特异性抗体，为临床诊治造血及血管疾病提供了工具。课题组已完成HAPO的基因工程生产并开始对HAPO进行药物开发。药效学研究发现HAPO具有成为药物的潜能，其临床适应症将是各种原因(包括放化疗)引起的血细胞减少症，以及心、脑及周围血管性疾病，临床应用前景广阔。

【中药对照品的研究】 由天津药检所、天津药物研究院和天津医药科学研究所承担的天津市“中药现代化工程项目中药对照品的研究”，2004年3月8日，通过天津市科委组织的专家验收和鉴定。该项目系统地研究了从15种中药材中提取活性成分作为对照品。全部15种对照品纯度均达到98.0%以上，并按照国家药监局颁布的《中药新药质量标准用对照品研究的技术要求》进行结构确认。其中甲基莲心碱，钩藤碱等两个对照品经检索确证为国内外首创。该项目是天津市中药现代化规范建设的标准化部分，对照品的研究成功，解决了科研和生产中质量检测缺乏对照品的问题，也为新药研发奠定了物质基础。以此为基础的新药“胡黄连总苷胶囊”和“姜黄素片”已上报国家药监局，即将取得临床批文。

【中药新药筛选及药理毒理研究】 由天津中医学院承担的天津市科技发展计划项目“中药新药筛选及药理毒理研究”于2004年3月中旬通过天津市科委组织的专家验收。该项目利用新购置的高效液相色谱仪、多道生理记录仪、心脏体外工作系统等仪器装备，对新来源天然冰片与合成冰片进行毒性对比研究，包括天然冰片与合成冰片的急性毒性、长期毒性和致突变性、生殖毒性试验、急性胃刺激试验、皮肤和眼刺激试验、主要脏器超微结构观察等；对脂肝清颗粒进行临床前研究，包括初步确立脂肝清颗粒主要原料药的质量标准、工艺和药效，为今后进行作用机制研究和提高疗效和安全性、进行二次开发奠定基础。专家认定，课题组对新设备实行的规范管理和开放应用，运行良好，完成多项科研任务，取得显著效益。

【微生物转化法制备美雄酮研究】 由天津科技大学与天津市福兴达精细有机化工有限公司合作研究的“微生物转化法制备美雄酮”，2004年4月初完成小规模试验，填补国内空白。美雄酮(Methandienone)是一种蛋白质同化类激素药物，主要用于严重烧伤、手术后慢性消耗性疾病、老年骨质疏松和肿瘤恶液汁等病人，对治疗再生障碍性贫血也有较好的疗效。该项目采用简单节杆菌BY31250为菌种，以17α-

甲基睾丸素为底物，经生物脱氢获得美雄酮。通过控制相关工艺技术，在7升发酵罐上转化率达到80%，最终收率达75%。该工艺与传统的化学法SeO_2脱氢相比，既可克服Se对工人的毒害和对环境的污染，又提高产品的产率和质量、降低生产成本，将为企业和社会带来巨大经济效益。天津市是全国最大的甾体激素类药物产地，该项目的研究成果将进一步提升天津市甾体生物转化技术在全国的地位，促进绿色化工的发展。

【蛇毒纤溶酶的研制】 由南开戈德集团承担的市科技攻关项目“蛇毒纤溶酶的研制”，于2004年4月12日通过专家验收。该项目研制的蛇毒纤溶酶是一种安全、有效、廉价的溶栓药物，为单一蛋白组分，含量高于96%，“比活”达到1000u/mg，制剂成本低于1.8元每支。课题建立了从长白山白眉腹蛇蛇毒中提取、纯化纤溶酶的工艺以及相关制剂组的工艺；同时完成了蛇毒纤溶酶的理化性质、毒理、一般药理、药代动力学等研究。研究结构表明，经纯化的蛇毒纤溶酶能产生快速、持久的溶栓作用，无出血性副作用，无明显的毒性。

【治疗前列腺增生新药物的研究与开发】 由天津市医药科学研究所承担的“治疗前列腺增生一类合成药物的研究与开发”于2004年5月通过专家验收。该化合物合成路线成熟，产品结构经核磁、质谱、红外等多项分析获得证实，毒理学完成了急性毒理研究，Ames、染色体畸变及骨髓微核试验均为阴性，研究显示该品种毒性较低，有望成为治疗前列腺良性增生的药物。对大鼠前列腺增生及老龄犬自发前列腺增生的药效学研究证实效果明显，中高剂量组优于临床一线用药“保列治”。国内外文献查新检索，未见该化合物有抗前列腺增生的报道。

【临床前药物代谢动力学关键技术研究】 2004年6月10日，由天津药物研究院承担的国家十五攻关“创新药物与中药现代化专项”的“临床前药物代谢动力学关键技术及平台研究”课题，通过由科技部组织的中期检查。以全国人大常委会教科文委副主任桑国卫院士为组长的专家组，对项目研究给予高度评价，认为完成了合同约定的中期任务，希望药物院突出技术创新和特色，跟踪国际前沿，对国内药物代谢研究起到示范作用。天津市科委主任李家俊会见了与会专家和科技部领导。

【抗疱疹病毒的地鳖核酸研制】 由天津市医药科学研究所承担的“抗疱疹病毒的地鳖核酸研制”于2004年7月下旬通过专家验收。该项目通过葡聚糖凝胶和膜透析，以体外抗单纯疱疹病毒HSV-1和HSV-2为指标，筛选得到有效成分，并完成定性和定量分析。针对疱疹病毒的药效实验表明：该新药对小鼠镇痛作用有明显的效果。该项目正进一步进行临床前研究，按新药申报要求，完善资料。

（高新技术处、生物环保处）

【东北鹤虱胶囊剂制备及药理研究】 该项目由天津医科大学承担，孟林等负责完成，2004年5月21日通过市科委组织的项目鉴定。东北鹤虱属野生植物，项目完成了采集、植物学观察，化学成分初检及植物和种子标本制作，药物性状研究。对东北鹤虱胶囊的急性毒性实验证明，该药口服的安全性很大。课题组以药理活性评价为导向，进行提取分离方法的研究，首次发现并报导：①该植物含有平滑肌松弛组分，并以此作为药理活性的导向评价指标，采用大孔树脂、薄层层析以及硅胶柱层析等较先进的方法，对东北鹤虱的药理活性成分进行分离筛选，追踪到活性最强组分——LEG-13；②东北鹤虱中有钙拮抗组分，其以维拉帕米为阳性对照药，发现东北鹤虱具有与维拉帕米相似的钙通道阻滞作用及抑制各种来源的钙离子引起的肠平滑肌收缩；③东北鹤虱胶囊可剂量依赖性地使回肠平滑肌自律性收缩幅度下降，并对抗Ach和5-HT引起的肠平滑肌收缩亢进。其对动物实验性腹泻有对抗作用，使小肠推进活动减弱，稀便率和腹泻指数明显降低，并可对抗芒硝引起的肠腔内水份过多和明显减轻小鼠的炎症反应，对化学刺激引起的疼痛有镇痛作用。抑菌作用筛选显示，其主要对球菌，特别是金葡菌有明显抑制作用，而对杆菌作用较差，包括肠道正常菌群。该成果以LEG-13作为指标性成分，对正交设计的东北鹤虱“水提醇沉”工艺进行考察，确定了东北鹤虱“水提醇沉”的工艺条件，且提取物经过制剂工艺过程可制成胶囊剂。

【盐酸大观霉素分子组装与产业化技术】 “盐酸大观霉素晶体产品分子组装与新型产业化技术”由天津大学承担、王静康院士负责完成，2004年5月28

日通过市科委组织的项目鉴定。课题组完成了其冷却耦合结晶过程应用基础理论的系统研究，包括晶体产品分子组装与晶形预测以及耦合结晶过程热力学与动力学研究；建立了耦合结晶过程的数学模型，确定构筑优化晶体形态的新型溶析——冷却耦合结晶过程工艺，为工程放大与设计提供了充实的依据；其按照新型耦合结晶过程特征，运用计算流体力学分析方法，结合冷模实验结果，完成了人工智能型的新型耦合工业结晶装置的设计，由500ml小试装置一步放大到$6m^3$，成功地应用于该项目的产业化生产；采用自主开发的以模糊控制为主的控制器，实现耦合结晶过程的全程计算机辅助控制与操作，具有可靠性高、可操作性强的特点，解决了批量生产能力低及产品质量不稳定的问题。课题组开发的30吨每年盐酸大观霉素新型耦合结晶生产线与原装置比，产品质量大幅提高，晶形完美，粒度分布均匀，产品主粒度可根据用户要求在10 μm~150 μm范围内调节，产品效价达到了790 μ/mg以上，根本性地解决了原产品比容大、易挂壁、通针困难、易潮解等问题，全面达到国际先进产品质量标准。

【青霉素G钠盐分子组装与产业化技术】 “青霉素G钠盐晶体产品分子组装与新型产业化技术”由天津大学与山东鲁抗医药股份有限公司合作承担，王静康院士负责完成，2004年5月28日通过市科委组织的项目鉴定。课题组完成了青霉素G钠盐结晶基础数据的测定及应用基础研究，包括晶体产品分子组装与晶形预测以及结晶过程热力学与动力学研究，建立相关数学模型，确立优化晶体形态的新型蒸发结晶过程工艺，为工程放大及工程设计提供充实的依据。该成果实现过程工程放大，摸索出结晶装置放大的流体力学规律，开发出计算机辅助控制与操作的新型控制器的应用软件，研制成人工智能型的新型工业结晶装置。其年产千吨青霉素G钠盐结晶生产线采用以上技术，全面达到设计目标，产品质量稳定，超过国内外药典标准。

新材料技术

【变截面三维多向编织技术】 该项目由天津工业大学李嘉禄、陈利、焦亚男、陈光伟、吴晓青等完成，研究开发了变截面编织技术、三维多向编织技术及计算机辅助设计系统，研制了具有多向加轴纱装置和移纱控制装置的多台联动式三维编织设备，实现了具有变截面复合材料结构件的整体预成型，完成了先进防热碳/碳螺钉的研制，并通过了发动机的热试车。该项目的创新点：①变截面编织技术(均匀移纱减细技术)。通过控制编织纱线在各个截面的运动规律，优化移纱点分布及移纱点处纱线的粗细，可保证制件截面变化和纤维体积含量均匀；②三维多向编织技术。该技术可使制件中增强纱线的空间分布达到七种取向，满足制件在不同方向上的力学性能；③联动式三维编织机。具有多台联动、加纱和移纱功能，可实现变截面制件的近尺寸预成型。该项目独创的变截面三维多向编织技术，成功研制的先进防热材料——碳／碳螺钉，具有国际先进水平，为未来型号上使用质轻、耐高温的新紧固材料提供了一条新的技术途径。研制的卫星发动机支架接头已成功应用于东三、东四、北斗等平台卫星上。同时，完成了国家下达的以及航天、航空等部门委托的多项课题，研制了多种先进的三维编织复合材料制件，为国家航天、航空事业的发展做出了贡献。研究成果获得2003年度天津市技术发明一等奖。

【二步法三维编织复合材料的基础研究】 “二步法三维编织复合材料的细观结构和对力学性能的影响”由天津工业大学承担，李嘉禄、陈利、孙颖、吴晓青、周清等共同研究完成，项目评价日期为2003年11月20日。三维编织复合材料是从美国发展起来的一种高级复合材料，纤维在三维空间中沿平面内和平面外的多个方向取向，并相互交织在一起，形成一个不分层的整体结构，完全克服了传统复合材料层间力学性能差的致命弱点，并具有高比强度、高比刚度、高抗冲击和抗裂纹扩展等优良的性能。二步法三维编织复合材料是三维编织复合材料的一种，是航空、航天领域所急需的高级复合材料。该项目首次从三个层次划分了二步法方型三维编织复合材料细观结构的单胞模型，确定了二步法三维编织复合材料更加接近实际的细观结构。在此基础上，推导了二步法三维编织复合材料的编织参数和结构参数的关系，为设计此种复合材料的编织工艺打下了基础。在给定二步法三维编织复合材料的外形尺寸、所用纱线(轴纱和编织纱)的种类和规格、编织角、体积含量的情况下，可以计算出：编织满足结构参数条件的预制件时所需的轴纱根数、排列方式、用纱长度、平均内部编织角等参数。分别采用修正的层合板理论和有限元法对二步法三维编织复合材料的刚度进行了分析和预测。预测的结果和实验的结果吻合较好。研究成果为设计和应用二步法三维编织复合材料打下基础。

【中空纤维膜组件优化研究】 “膜生物反应器的中空纤维膜组件优化研究”由天津大学环境科学与工程学院承担，杨大春、顾平、刘锦霞共同研究完成，论文发表于《中国给水排水》杂志2002年第18期。课题组采用水力计算方法对中空纤维膜组件进行优化设计，发现膜的几何尺寸对产水量的影响很大。由于出水的驱动力只是在中空纤维总长度很短的一部分保持高的数值、故随着长度增加，单位纤维长度的出水量递减，因此在经济允许的条件下应将膜造得尽量短；同时纤维的粘合长度越长，出水量越低，故在膜的制造过程中，在强度允许的条件下应尽量缩短粘合段长度。选用单位面积效率作为目标函数，仅从水力学的角度对膜组件进行了计算和优化设计，在实际工程中还应该考虑其他因素的影响。

【无机盐溶液凝胶法制备功能陶瓷薄膜】 该课题由天津大学承担，徐廷献、徐明霞等共同研究完成，项目评价日期为2003年4月17日。该项目通过研究可溶性无机盐溶液凝胶(ISG)法中无机盐的可溶性、离子化合物的络合机理、络合剂的选择、溶胶和凝胶结构、稳定性、配比和纯度以及基片的影响等若干关键基础科学和技术问题，制备出高性能功能陶瓷膜，为批量生产提供基础科学依据。研究结果还进一步应用到粉体和难烧结材料的制备。研究的重点材料有：具有类金属能带结构的氧敏陶瓷材料，包括TiO_{2-x}(含Mo^{+6},Nb^{+5}等)，$SrTiO_3$及其稀土氧化物掺杂$LaNi_{(1-x)}CoxO_3$等，得到的重要结论是：①具有类金属能带结构的化合物同时又含有可变价氧化物时，有可能研制出对氧气或其他像氧化性和还原性气体敏感的陶瓷材料，也可作为轿车ECU空燃比传感器用材料；②TiO_{2-x}系材料的主晶相为α-Ti_3O_5，导电机理为电子电导；③$SrTiO_3$经1000℃在空气中煅烧的薄膜，在富氧区，电阻随氧分压的降低而增加，呈现p型半导体特性；在近中性气氛(N_{2+}微量O_2)中，薄膜电阻下降，呈现n型半导体特性，即随氧气浓度的变化发生p-n转变；④发现La_2NiO_4为类钙钛矿结构，是P型半导体，在H_2/N_2气氛中电阻增大3个数量级，具有很好的开关型氧敏特性。除Ni外，Fe、Co、Cr均不能与La形成类钙钛矿结构。研究的重点制膜方法有：①ISG法用离心制膜法和提拉法。可有效地用于制多孔氧敏薄膜。得出了制膜过程的凝胶化和膜生长动力学关系；②微波等离子体雾化法可有效地用于制致密多晶薄膜。研究成果已申请专利6项，已授权4项；在国内外重要期刊上发表论文33篇，SCI收录8篇，EI收录6篇；培养博士生11名，硕士生11名；在新型汽车空燃比传感器制造中已得到初步应用；在国家“863”计划支持下完成中试；在天津市发改委支持下正进行产业化。

【催化法制备纳米碳材料】 “催化法制备纳米碳材料及其应用基础研究”由天津大学承担，崔岫、崔兰、乔亚莉、杨吉生、吕成章等完成，论文于2003年8月发表在《化学研究与应用》第15卷第4期。课题主要成果①采用催化法制备多壁碳纳米管的制备规模已经达到了约30g/d（次），收率在30 wt%~40wt%之间；②对多壁碳纳米管的纯化方法也进行了比较系统的研究，获得了优化的纯化条件，建立了比较成熟的纯化方法；③开展了多壁碳纳米管/聚合物复合材料制备的研究工作，研究结果表明多壁碳纳米管/聚合物复合材料在力学机械性能和导电性等方面均有显著提高；④制备出了有一定的取向性、分布比较均匀、平均外径约70nm的碳纳米管薄膜，薄膜的厚度可以控制在几微米至几十微米之间；⑤使用纳米级Mg粉还原普通的SiO_2粉末，以CH_4为碳源，使制备SiC晶须/纤维的反应温度降低到800℃，提供了一种新的制备纳米级SiC晶须/纤维的途径，这对于研制新型高性能的纳米陶瓷复合材料具有特别重要的意义。查新结果表明，上述制备纳米级SiC晶须/纤维的研究成果为国内外首创，已经获得中国专利。

【均匀颗粒成型法制备磁性粉末的研究】 “一种制备磁性粉末的新技术——均匀颗粒成型法”由天津大学承担，吴萍、赵慈、姜恩永、李志青共同研究完成，论文于2002年10月发表在《金属功能材料》第9卷第5期。该新方法制备的颗粒粒度分布均匀，性能一致，大小优于传统的粉末制备方法。采用该新技术，即均匀颗粒成型法，制备出Fe基合金粉末。课题成果具有广泛的应用前景。

【环糊精聚合物在食品分析中的应用研究】 该项目由天津商学院承担，李荣、姜子涛、陆兰丽、张久春共同研究完成，并于 2001 年 7 月通过结题验收。研究成果主要创新点包括：①提出了环糊精聚合物相可见分光光度法。将一些有机显色剂，如 PAN、5-Br-PADAP 等，直接包覆到环糊精树脂上，利用此功能化的聚合物从样品溶液中分离富集微量金属离子，并直接用于固相光度法测定。所提出的聚合物相分光光度法的灵敏度要比传统的液相光度法提高 10~200 倍；②提出了环糊精聚合物相荧光光度法。将荧光试剂如中性红等，直接包覆到环糊精树脂上，荧光寿命是液相法的 60 倍，直接固相荧光光度法测定食品中的微量亚硝酸盐。所提出的固相荧光法的灵敏度要比通常的液相荧光法提高 10~100 倍。为食品中微量成分分析提供一种新方法；③提出了环糊精聚合物相紫外分光光度法。利用环糊精聚合物直接包覆样品溶液中具有紫外吸收的化合物如香兰素等，并直接利用紫外分光光度法测定。灵敏度要比传统的液相光度法提高 5~40 倍；④以多酚类化合物为客体的环糊精树脂超分子络合物的研究，利用环糊精树脂脱除多酚类化合物（如茶多酚），解决了茶饮料的冷后浑浊、放置后颜色变深的问题。确定了最佳包覆条件。静态、动态包覆率均可达到 95%以上。提出的方法新、手段新、介质无毒，有很好的应用前景；⑤提出环糊精聚合物可作为一种新型的选择性固体提取剂，利用该聚合物从废水中分离富集苯系芳烃，并结合 GC/MS 技术测定这些化合物。新方法灵敏度很高，检出限小于 ppm 级。在该项目研究期间，课题组发表论文 9 篇。

【聚 3-羟基丁酸酯发泡材料加工技术】 由中国民用航空学院承担的“聚 3-羟基丁酸酯（PHB）发泡材料加工技术”项目 2004 年 10 月 17 日通过天津市科委组织的科技成果鉴定，达到国际先进水平。该研究及成果包括：①筛选了与 PHB 很好相熔的增韧剂，其效果使流动温度明显降低，热降解减少，拓宽了 PHB 的可加工温度区域；②研究了适合该共混体系的发泡助剂，能改变 AC 发泡剂热分解温度，发气量适中；③设计了成型加工工艺路线，使共混改性体系一次即可成型为制品，工艺加工方便，易于操作和推广应用。经过国家塑料制品质量监督检验中心及天津市塑料研究所测试中心检测表明：研制材料 57 天生物降解率为 70.09%，加入的改性组分均为完全生物可降解，不影响材料的完全生物降解特性。该成果的 PHB 发泡材料加工技术，为生物原材料后期产品应用于包装材料及产业化奠定了基础，各项研究具有很强的针对性、实用性，其理论价值、工程价值和现实意义非常显著。该成果是首次将发泡技术应用到 PHB 材料加工，依据查新报告，国内外尚未见同类产品。

【超细晶超高碳钢的开发研究】 “超细晶超高碳钢的开发研究”由天津职业大学承担，石淑琴负责完成，2004 年 8 月 4 日通过市科委组织的项目鉴定。课题研究内容：①针对铁一碳一铬系超高碳钢化学成分，对铝元素的添加量进行优化调整；②通过成分优化，确定了含碳 1.5%超高碳钢的合理铝添加量；③在上述工作基础上对 Fe-1.5C-1.5Cr-2.OA1 超高碳钢进行等温处理。课题研究制备的超细晶超高碳钢，具有超高强度、高硬度及高塑性，其等温处理 10 小时的超高碳钢室温性能为：抗拉强度=1744lMPa，延伸率 δ=6.86%，HV532。该成果的等温处理，是一种制备超细晶超高碳钢的普通热处理工艺，在制备超细晶超高碳钢 3 大类工艺中，属最经济实用的工艺。由于处理温度低，淬火应力小，减少了变形与开裂倾向，减少了工件的报废率。超高碳钢主要合金元素铝和铬，属常用也是较廉价的合金元素，并且所添加的铝和铬的总含量不超过 5%，符合环境及资源保护。经查新表明，国内外尚未见类似的研究成果报道。

重点学科 研究基地 重点实验室（选介）

重点学科与研究基地

【天津师范大学】 天津师范大学始建于 1958 年，是天津市属重点师范院校。学校现有各类专任教师 1007 人，其中有教授、副教授 519 人，博士生导师 31 人。学校设有 43 个科研机构，22 个教学型学院、3 个管理型学院，52 个本科专业和 31 个专科、高职专业。2004 年学校科研工作出现新局面，共获得国家级科研项目 10 项(含国家级横向科研项目 1 项)。其中 7 项获得国家自然科学基金面上项目的立项，立项数量比上年提高了 133%，经费总额 116 万元，均创历史最高记录。与中国科学院贵阳地球化学研究所合作组建"水资源和水环境重点实验室"的工作顺利启动，计划用 1 年时间正式建成市属重点实验室，力争为改变天津市水资源严重短缺、水环境压力日趋严峻的局面做出贡献。

（天津师范大学科研处）

【天津农学院】 天津农学院始建于 1976 年，东西 2 个校区，共占地 66.7 万平方米。学院设有 26 个本科专业，20 个高职专业，涵盖农学、理学、工学、管理学、经济学、文学等 6 大学科门类。本科专业中水产养殖学专业为市级重点发展学科，作物遗传育种学是天津市"十五"投资重点建设学科。学院现有专任教师 405 人，硕士以上学历教师占教师总数 53%，副高级以上职称教师占教师总数 44.3%，享受政府特殊津贴的专家 22 人，授衔专家 1 人。自建院以来，共承接了 237 项科研项目，已经通过鉴定或技术验收的科研成果 136 项，其中获省部级以上奖励的 59 项。2004 年天津农学院新立项目 69 项，其中包括市科技攻关项目 14 项；市基础研究面上项目 2 项；市国际合作项目 2 项；与两院一校合作项目 1 项；天津市高校科技发展基金项目 6 项；农业部农业标准制定项目 1 项。结题验收、鉴定 25 项，申请专利 9 项，进行成果登记 21 项。有 5 项成果获 2003 年度市科技进步三等奖，3 项获天津市第九届社会科学优秀成果奖。

（天津农学院科技处）

【中国人民解放军军事交通学院】 军事交通学院隶属于中国人民解放军总后勤部，于 1973 年复建，坐落在天津市河东区，占地面积 95 万平方米，现有教研人员 750 余人，其中教授、副教授、高级工程师 250 余人。1988 年开始招收硕士研究生，2001 年开始联合培养博士研究生，是全军惟一培养军事交通运输和军用车辆装备领域高层次人才的高等学历教育院校。至 2004 年 7 月，学院累计培养硕士研究生 15 届、159 名，目前在校研究生 194 名。有后方专业勤务、军队管理学、军事装备学、军事运筹学、交通信息工程及控制、交通运输规划与管理、道路与铁道工程、载运工具运用工程、车辆工程、机械电子工程、动力机械及工程等 11 个硕士学位授权点。学院建有设备齐全、技术先进的军交运输指挥自动化模拟演练室、汽车运输勤务演练室、汽车越野性能实验室、汽车诊断室、汽车试验中心、军事交通实验中心和车辆振动实验室、内燃机污染控制实验室、车辆混合动力技术实验室以及车辆装备动力机械特殊环境适应性研究实验室等一批集教学、科研为一体的重点实验室与研究中心。图书馆藏书 60 多万册，实现了馆藏资源数字化、管理手段自动化、信息服务网络化。学院设有汽车指挥、装备保障指挥、车辆运用工程、管理工程(装备器材管理)、军事交通指挥与工程、指挥自动化工程、系统工程、机械工程及其自动化等 8 个本科专业，以及汽车维修工程、装备保障指挥等 2 个大专专业。截至 2004 年，学院获得军队级科技进步奖 103 项，其中，5 项成果获军队科技进步一等奖，23 项成果获军队科技进步二等奖，71 项成果获军队科技进步三等奖。此外，有 1 项成果获 2003 年国家科技进步二等奖。2004 年，学院 11 项科研成果获得军队科技进步奖，其中一等奖 2 项，二等奖 4 项，三等奖 5 项。另外，还有 2 项联合申报成果获三等奖。

2004年,学院承担国家“863计划”等科研项目216项;全年发表学术论文600余篇,其中在国外学术刊物和会议上发表13篇,在国内核心刊物上发表155篇,被国际著名检索机构收录6篇;出版专著12部。学院主办公开发行的学术刊物有:《汽车运用》和《军事交通学院学报》。

(顾 英、蒋美华)

【天津大学启动二期“985工程”建9个创新平台】 2004年3月教育部、财政部批准天津大学“985工程”二期科技创新平台建设项目申报工作。天津大学整合学校优势资源,申报拟建10个科技创新平台。经教育部组织专家论证和批复,有9个科技创新平台和社科基地获准为“985工程”二期建设项目,即:绿色化学化工科技创新平台、精密测试技术科技创新平台、内燃动力工程科技创新平台、先进材料加工科技创新平台、港口与海洋工程科技创新平台、绿色建筑设计理论与工程技术科技创新平台、电气工程安全与控制科技创新平台、化工过程工程化科技创新平台、现代企业管理技术哲学社会科学创新基地。

(天大科技处)

【院校联姻、资源共享】 2004年2月,天津医科大学与天津药物研究院正式签署合作协议,由医科大学校长郝希山院士和刚刚受聘医科大学名誉教授的药研院刘昌孝院士领衔,重组天津市医药学人才资源,共建药学学科,追求医药科技和教育的高水平发展,力争短期内在药物学研发领域取得更大发展。天津医科大学是天津市惟一进入国家“211工程”建设的市属高校,拥有7家教学医院,医药学科办学优势显著;天津药物研究院转制后,成为天津市新药的研发中心,承担国家高水平课题的能力突出,一直处于国内药物研究的领先行列。双方通过合作协议,医科大学和药研院整合科研力量,利用共同的实验室条件、仪器设备和信息资源,联合申报国家及省部级科研课题,共同开展新药研发;双方将互聘高级人员从事教学和科研工作,医科大学为药研院培养高层次人才,药研院提供科研实习基地;在2004年年内,合作双方联合申报医学博士学位授予权点,以填补天津市高校在该专业上的空白。

【天津医科大学生物医学工程学科】 2004年7月天津市教委组织专家对天津市重点学科进行了评估验收,天津医科大学生物医学工程学科在验收评估中获得高度评价。专家认为,该学科具有较高的发展起点和较强的自我发展能力,近年来发展势头良好,研究方向明确,人才梯队建设有了长足进步,学科发展有后劲。学科带头人田心教授对学科发展方向把握的比较准确。学科交叉与整合方面比较突出,已形成一定的优势领域,有较强的自我发展能力,有望在1~2个主要研究方向取得突破。在建设过程中,重点发展了3个稳定的、有特色的研究方向:神经信息学、激光医学、生物材料和人工器官。此外,基因工程也列入了该学科的重点发展方向之一。

(天津医科大学生物医学工程系)

【天津医科大学影像医学与核医学学科】 天津医科大学影像医学与核医学学科包括总医院放射科、核医学科和天津市影像医学研究所。拥有目前国际上较先进的各种大型医学影像学设备,包括:1.5T双梯度磁共振机、1.5T超导MR机、螺旋CT机、新型数字减影血管造影机、双靶乳腺机、数字胃肠X线机及各种新型X线机。设备总价值4000余万元。该学科有科技人员60名,其中高级职称15人,博士生导师4人,有4人享有国务院特殊津贴。近5年来,该学科的门诊量约11万例/年,病源涵盖天津、华北及东北地区。在神经影像诊断、内分泌疾病的诊断和周围血管病的介入治疗方面颇有影响。1981年被卫生部授权为全国放射医师培训点,现已承办23期。1978年被首批批准为影像医学硕士学位授权点,1984年成为博士学位授权点。已培养博士33名,硕士45名,进修医师600余名,外国留学生3名。1994年、1998年该学科被评为天津市重点发展学科、重点学科,列入国家“九五”、“十五”、“211工程”重点建设学科。该学科已形成稳定的3个重点研究方向,即血管病(脑血管病、周围血管病)、肿瘤、骨矿量影像学研究,成为天津市的优势和特色。1996年以来承担科研项目34项,其中参加国家级项目6项,省部级项目15项,局级课题13项。获得省部级以上奖励19项,其中获国家科技进步奖科技著作三等奖1项,天津市科技著作二等奖2项、科技进步奖二等奖1项、三等奖12项。主编或副主编科技著作30部,参编23部,其中教材7部。发表论文及讲座195篇。

(天津医科大学总医院)

【天津科技大学制浆造纸工程学科】 天津科技大学

制浆造纸工程重点学科自1981年起为原轻工业部和轻工总会部级重点学科,所属实验室为原轻工总会部级重点实验室。该学科招收研究生已有40年历史,1983年被国务院学位委员会确定为第一批博士学位授权点,2003年建立“轻工技术与工程”一级学科博士后流动站,所属实验室2004年被评为天津市重点实验室。该学科主要研究方向是:清洁制浆生产新技术与环境保护、特种功能纸的研制及开发、造纸助剂与湿部化学研究、生物质资源综合利用、生物技术在制浆造纸过程中的应用、废纸再生综合利用等。在制浆化学、特种功能纸、造纸化学助剂、造纸废液废水治理、木素化学及木素高分子材料、生物技术在制浆造纸工业中的应用(生物漂白、酶脱墨、生物法废水废液处理、生物法纤维废渣处理等)等方面的研究、开发处于国内领先水平,部分研究(如非木材制浆造纸机理,生物脱墨、溶剂制浆等)达到国际先进水平。已完成和正在承担着国家“九五”重点科技攻关项目、国家创新项目、国家自然科学基金项目、天津市自然科学基金项目和其他省部级项目等10余项,同时承担或完成42项各类横向科研项目。申报专利6项,主编教材和专著13部,发表论文418篇,其中在国外重要刊物及国际会议上发表论文220篇。拥有国家级制浆造纸图书资料馆藏中心,专业中外文藏书合计29.2万册,拥有中外文期刊49种。该学科具有标准化、国际化的专业实验室和实验仪器设备,拥有以制浆造纸科学技术研究室、制浆造纸工艺实验室、木质资源化学研究室、黑液研究室、纸包装与结构设计研究室、造纸过程视觉检测与仿真模拟实验室为代表的实验室体系,具有国际水准的纸和纸板性能测试实验室、废纸资源回收利用实验中心及造纸湿部化学和造纸助剂研发中心等。目前正在与天津造纸研究所联合,增加科研实力,开拓在特种纸、涂布纸和国防用纸研制领域的研究方向,用新技术提升和改造传统老工业,为国家和天津市的经济服务。

（李明琪、王 琥）

【天津市高性能计算中心】 天津市高性能计算中心成立于2004年8月23日,是继上海之后成立的全国第二个高性能计算中心。该中心以跻身全球50强的超级计算机——“南开之星”计算机群为支撑,并以专项资金的形式支持应用南开之星,通过其高性能计算,解决大规模科学与工程计算问题,达到资源共享的目的,推动天津市大规模科学与工程计算的应用及相关领域的发展,并使天津市建成全国重要的高性能计算基地。由南开大学科学计算研究所设计、IBM制造的超级计算机“南开之星”,具有强大的运算能力,其运算速度居世界第42位、全国第3位。天津市科委已与该中心签订协议,并出台相应的管理办法,设立高性能计算专项资金。“高性能计算专项资金”2004年度项目的组织申报与专家评审工作在同月相继完成,全市共申报高性能计算科研项目11项,内容涉及虚拟药物设计和筛选、基因组拼接和注释、新材料、环境与生态及表面化学等领域。

（高新技术处、生物环保处）

【天津市软件评测中心】 2004年6月25~26日,中国实验室国家认可委员会派遣专家评审组来津对天津市软件评测中心进行了国家实验室认可现场评审。8月4日,天津软件评测中心获得了中国实验室认可委员会的认可证书,即获得了中国国家实验室认可并被授权使用实验室认可标志。在获得中国国家实验室认可后,天津市软件评测中心可以得到与CNAL签订相互承认协议的40多个国家和地区范围内的实验室认可机构的认可,评测中心出具的软件检测报告结果,即可在上述相关国家和地区范围内得到承认。

（高新技术处、生物环保处）

【细胞产品国家工程研究中心】 在天津市发展改革委员会支持、组织下,在卫生部和中国医学科学院的协助下,由血液学研究所血液病医院、协和干细胞基因工程有限公司和血研所泰达生命科学技术研究中心3家单位组建的“细胞产品国家工程研究中心”,获得国家发展改革委员会的批准。这是自2000年国家批准干细胞工程产品产业化基地项目列入国家生物技术高技术产业化专项和2002年批准组建国家干细胞工程技术研究中心以来,又一个重大发展。这次国家工程研究中心的批准,是经过国家发展改革委员会组织的专家组,对北京、长沙、长春和天津等近10个地区建设方案进行考察、评审后获得的结果,是目前国内惟一被国家批准的细胞产品国家工程研究中心。天津市在干细胞生物工程领域的国内领先地位进一步得到肯定和巩固。

【干细胞工程产业化基地】 国家干细胞产业化基

地一期工程基础设施建设，于2004年5月全部竣工，它是国内最大、世界一流、可存储30万份脐带血的干细胞库。该项目的建成将促进中国医学科学院血液学研究所成果的产业化进程。脐带血公共储存与自体储存相结合的模式是血研所在全国最先推出的，目前储存有1.5万新生儿脐带血，并先后为配型相合的数十例患者成功进行了脐血干细胞移植，形成了“产、学、研、医”四位一体的发展模式，开拓生物技术尖端领域的巨大市场。为了把这个朝阳产业做大、做强，国家发改委支持将干细胞产业化基地项目列为全国高新技术产业化示范工程项目。该基地坐落在新技术产业园区占地4万m^2，总建筑面积达5.8万m^2，分两期建设。其中一期建设8700m^2的干细胞大楼、8700m^2的工程中心大楼和1700m^2的动力站。二期将建3.8万m^2的移植医院和综合楼等。一期投入使用的干细胞库日处理脐带血可达到100份，总存储量可达30万份。该干细胞库与世界发达国家脐带血干细胞库相比，在存储数量、处理能力、洁净等级和安全等指标方面均居领先水平，为中国乃至全世界脐带血干细胞库的建设提供示范和标准。

【中国汽车研究中心】 2004年2月4日，汽车研究中心与美国通用电气公司(GE)在上海共同签署战略合作意向书，双方将面向中国汽车行业，针对企业管理信息化、生产自动化等领域，在技术交流与合作、市场开发等方面建立战略合作伙伴关系。中心主任赵航、美国通用电气自动化全球总裁兼首席执行官杰夫·加伍德(Jeff Garwood)代表双方在合作意向书上签字，共同出席新闻发布会。根据意向书，双方将在中心建立一个模拟试验室和设立一个针对汽车行业的、由通用电气授权的发展及培训中心，为中国汽车企业提供包括6δ在内的多种技术和管理培训。

【国家海洋技术中心】 2004年3月，国家海洋技术中心获得人事部、国家知识产权局联合颁发的“全国专利系统先进集体”光荣称号。近几年来，国家海洋技术中心对专利工作非常重视，尤其是加入世贸组织以来，中心多次做出专项部署，提出以专利管理为基础，以专利宣传为先导，以专利申请为核心，以促进中心发展为目的，全面推进专利工作开展的工作思路，并且取得重大进展：2002~2003年，该中心18项实用新型专利获得国家知识产权局的授权；10项专利正在申报过程中；2004年中心专利工作要点为“树立创新思想，强化专利意识，加大申请力度，保护专有技术”。

重点实验室

【交通部工程泥沙重点实验室】 工程泥沙实验室于1999年12月14日被交通部批准为首批部级重点实验室，拥有总建筑面积近4万平方米的大型试验厅8座，试验厅内配有完善的试验设备及先进的测试仪器和数据采集系统，如大型蛇形多方向不规则生波系统、河工模型智能化测试系统、120路以上浪、流力试验数据采集系统等国内外先进仪器设备。经过几年建设，实验室利用交通部重点实验室建设资金和单位自筹资金建设完成浪、流水槽等3座水槽，对大型蛇形多方向不规则生波系统进行无反射改造，还引进了MIKE21数值模拟部分模式等国际先进的软件系统。实验室利用物理模型、数学模型、复合模型、电子遥控自航船模、卫星遥感、动态仿真技术等手段，承担工程泥沙基础理论、国家和行业攻关以及海岸河口、内河航道、港口建设、通航水力学、波浪及其防护建筑物等方面的工程服务科研任务。实验室的主要研究方向是：水流、波浪基础理论的应用研究；泥沙物理、化学特性的研究；推移质泥沙运动规律的研究；悬移质不平衡输沙规律的研究；海岸泥沙运动规律的研究；泥沙治理及工程应用的研究；试验手段和方法的研究；模拟技术的研究。

实验室拥有一支老、中、青三个年龄段相结合，学历结构为博士、硕士、学士的科研学术梯队，共有进站博士后2人，攻读博士学历或学位5人，攻读硕士学历或学位10人。一大批中青年科研人员通过交通部人才培养项目和西部交通建设科技项目等得到了锻炼，2人获政府特殊津贴，2人获“交通科技英才”称号。多年来，共承担港口与内河航道建设方面的委托任务近千项，数十项科研成果达到国际领先或国际先进水平，获国家、省部级科技进步奖等15项。研究成果无论在基础理论还是在技术应用方面均有新的突破和发展，科研成果转化率达90%以上，为工程的科学决策、方案优选、施工技术等方面提供了科学依据。

（白 静、孙玉平）

【天津市制浆造纸重点实验室】 天津市制浆造纸重点实验室是在原轻工业部和轻工总会制浆造纸工程重点实验室的基础上依托天津科技大学建立的，2004年2月被正式批准为天津市制浆造纸重点实验室。中国工程院院士、华南理工大学资源科学与造纸工程学院陈克复教授担任重点实验室学术委员会主任，天津科技大学材料科学与化学工程学院侯庆喜教授担任重点实验室主任。实验室根据国家国民经济建设的中长期发展目标纲要和国家制浆造纸行业的产业发展趋势，以及面临的科学研究的热点问题，以推动制浆造纸技术的快速发展以及相关产业的技术进步为目的，着重开展现代制浆造纸技术应用基础领域的研究工作。在致力于现代制浆造纸清洁生产技术、废纸再生利用技术、造纸湿部化学以及功能性特种纸加工技术研究的同时，该实验室与天津科技大学材料科学与化学工程学院共同开展工业微生物技术、高分子合成、林产化工等方面的应用基础研究，与天津科技大学机械工程学院共同开展制浆造纸机械方面的研究，承担多项国家级、省部级科研项目。实验室现有固定人员18人，其中教授11人，副教授4人，博士学位11人，硕士学位3人，博士生导师7人，45岁以下教师12人。实验室现有科研、实验用房面积1700m² 和近2000万元的先进实验仪器和设备，目前2000m² 的新实验室正在建设当中。

（李明琪、王　琥）

【车辆装备动力机械特殊环境适应性研究实验室】 军事交通学院车辆装备动力机械特殊环境适应性研究实验室，建成于1997年，由中国人民解放军总后勤部批准为动力机械及工程重点实验室。该实验室以提高车辆发动机的动力性、经济性和特殊环境(高原、寒区、炎热、沙漠等)适应性为目标，通过对车辆装备发动机进气系统、供油系统和燃烧系统进行试验和数值模拟，研究进气系统、喷油系统对燃烧过程及其对发动机性能的影响，探讨车辆装备动力机械性能的技术措施，进而提高车辆装备环境适用性。实验室在国内外首次提出了根据进气门出口三维流场分析发动机气缸内涡流、滚流和斜轴涡流产生机理的微观分析方法，率先开展了发动机着火情况下缸内二维流场的LDA测量工作，揭示了着火前后发动机燃烧室内流场的变化规律。目前实验室的主要硬件设施有：①内燃机高海拔(低气压)模拟试验台；②发动机稳流气道实验台及数据自动采集系统；③高海拔、低气压内燃机风扇特性试验台；④I-FA300热线热膜风速仪。实验室先后完成和承担科研项目18项，获中国科学院科技进步二等奖1项，获国家发明专利1项、实用新型专利2项，共发表论文78篇，其中在国外期刊、学术会议和国内核心期刊发表论文40篇，被EI收录9篇。

（蒋美华）

【内燃机污染控制实验室】 该实验室1996年建成，由中国人民解放军总后勤部批准为动力机械及工程重点实验室。该实验室现有研究人员20余人，其中6人具有博士学位，10多名工程技术人员中多数具有硕士学位。实验室具有多台进口的发动机排气分析仪，其中包括奥地利AVL公司、英国哈奇公司、日本小野公司的产品；下设的汽车虚拟实验室可对汽车和发动机的不同部件及整体进行虚拟性能试验和改进设计，设计建造了国内第一套柴油机微粒捕集器热损坏强化考核试验台。多年来，军事交通学院内燃机污染控制实验室一直将柴油机微粒排放控制技术作为研究重点，先后完成了包括国家“863”计划项目、国家自然科学基金项目和国家“八五”、“九五”科技攻关等10余项国家级柴油机微粒排放控制技术的研究。迄今为止，该实验室已培养和锻炼了一批高水平的研究队伍，培养博士、硕士研究生15名；在国内外专业期刊上发表柴油机微粒排放控制方面的论文50余篇，已获国家实用新型专利4项，出版专著1部。目前，该实验室正与清华大学安全与节能国家重点实验室、中科院生态环境研究中心合作，进行“863”计划项目“柴油车排放污染控制系统集成技术研究”的研究。

（蒋美华）

【车辆混合动力技术实验室】 军事交通学院车辆混合动力技术实验室，始建于1997年，由中国人民解放军总后勤部批准为军事装备学重点。该实验室该实验室能够完成混合动力系统合成试验研究、车载智能充电控制试验研究、混合动力系统性能试验研究以及车辆调速控制试验，形成了车辆混合动力技术研究长期稳定的研究方向。该实验室主要设备有发动机、发电机、电动机和测功机；蓄电池组；蓄电池能量管理、监控与测试设备；内燃动力与蓄电池动力合成等设备。主要试验项目有混合动力驱动系统动力合成与切换性能试验；混合动力驱动系统功率匹配性能与效率试验；混合动力驱动系统动力性能试验；混合动力驱动系统调速试验；混合动力驱动系统蓄电池电量监测与能量管理试验。实验室完成了混合动力牵引车研制、成功研制了车载智能充电控制系统等混合动力车辆的关键部件。目前正在与东风汽车集团、清华大学共同承担总装备部国防预研课题——“1.5t 高机动多功能混合动力越野车”的研制工作。

串联实验系统

（蒋美华、顾　英）

【车辆振动实验室】　军事交通学院车辆振动实验室成立于 1999 年，由中国人民解放军总后勤部批准为军事装备学重点实验室。该实验室主要研究方向为车辆系统动力学研究、高机动车辆悬架系统及总成部件的试验研究、车辆系统关键零部件的疲劳及有限寿命设计研究等。实验室主要设备有：①电脑测控多功能车辆减振器性能试验台；②车辆减振器强化耐久性试验台；③电涡流测功机（30kW）；④液粘测功机(200kW)；⑤电热恒温箱；⑥超低温冰柜以及整车平顺性测量及数据处理的仪器设备等。实验室装备有 ADAMS 机械系统多体动力学分析软件、ANSYS 有限元分析软件、UG 等分析软件、试验台控制及分析软件、车辆平顺性分析及试验数据处理软件。实验室先后完成“多体系统动力学参数智能优化设计方案”、“传动系关键零部件动强度仿真及有限寿命设计”等国家自然科学基金项目和国防重点实验室基金项目；与中国汽车技术研究中心合作完成“电动汽车整车道路运行可靠性考核试验用载荷谱、典型路段及里程分配”国家“863”计划项目；完成多种车型的减振器实验和设计分析等多项科研开发项目。迄今为止该实验室已培养和锻炼了一批高水平的研究队伍，在国内外发表论文 40 多篇，出版书籍及教材 6 部，获国家实用新型专利 1 项。

（蒋美华、顾　英）

【天津市食品营养与安全重点实验室】　天津市食品营养与安全重点实验室是天津市批准的开放型省部级重点实验室，由天津市特聘教授、天津科技大学“海河学者”王硕教授担任实验室主任。实验室依托天津科技大学雄厚的师资力量和科研开发实力，以推动天津市和国家食品行业技术创新和可持续发展为宗旨，主要进行食品安全及质量控制、功能性食品研究与开发、食品化学的基础理论与技术及管理的研究，贯彻基础理论与应用研究相结合、开创性研究与开发性研究相结合的方针，逐步发展成为该领域具有国内领先水平的科研基地和高层次人才培养基地，将实验室建设成为学术水平和管理水平一流的省部级重点实验室，为天津市从事食品营养与安全研究的科研人员提供应用基础研究条件。2004 年，由王硕主持研究的市重点攻关项目“多残留快速检测试剂盒的研制和开发”课题通过验收鉴定，同时推出了世界首个集板式试剂盒、样品快速前期处理技术、基质影响屏蔽技术三位一体的农药多残留快速免疫检测试剂盒。专家一致认为，该项研究打破了目前世界上仅能作农药单残留快速检测的状况，研究成果达到了国际领先水平，为食品安全筑起一道绿色屏障。

（李明琪、王　琥）

【天津市工业微生物重点实验室】　天津科技大学工业微生物重点实验室在 2003 年被认定为天津市工业微生物重点实验室。中国工程院院士、南京工业大学校长、化工学家欧阳平凯教授担任学术委员会主任，天津科技大学教授、博士生导师路福平担任实验室主任。实验室主要从事应用基础研究，围绕天津市工业微生物科研和发展方向，结合实验室已有的工作基础，组建工业微生物实验技术平台，为天津市从事工业微生物研究的科研人员提供应用基础研究条件。该实验室设立 1 个工业微生物遗传与育种的公共技术平台，同时组建 3 个研究方向：工业微生物资源与利用、代谢控制发酵、生物反应工程。主要依托生物工程、制药工程和生物技术 3 个二级学科。实验室经过 1 年来的建设，已具有较完善的、性能优良的仪器设备，实验室面积 $1800m^2$，现有正高级研究人员8人、副高级研究人员4人、中级5人。实验室目前承担省部级以上纵向课题17项，横向课题7项，已完成项目9项。已发表论文62篇，获得专利6项。实验室对天津市及国内外开放，通过接纳天津市及国内外优秀研究人员开展高水平的合作研究工作，促进学术思想和人才的交流。

（李明琪、王　琥）

【**乳腺癌防治教育部重点实验室**】 2004年7月13日以天津医科大学为依托单位的“乳腺癌防治”教育部重点实验室通过了教育部科技司组织的专家组论证。该实验室是目前国内乃至亚洲规模最大的乳腺癌防治研究机构，拥有1970年建立的全国第一个乳腺癌诊治专科和1985年建立的乳腺病理研究室；设立了乳腺外科、乳腺内科、生物治疗、放射治疗4个临床科室和乳腺癌病理研究室等8个基础研究室，有300余张病床和现代化诊疗设备，每年收治乳腺疾病3000例，其中乳腺癌1100余例；形成了国内规模最大的乳腺癌普查系统，有一支由20人组成的专职普查队伍，配备了普查车等完备的普查仪器。2003年新建成了“中国天津乳腺癌防治研究中心”，新增建筑面积23000㎡。该实验室在乳腺癌临床方面可开展乳腺癌根治术、保乳手术、乳房重建等大型复杂的乳腺手术，拥有X线立体定位、钼靶造影、乳腺X线造影等现代化的影像检查技术，以及放化疗、内分泌治疗、免疫治疗、基因瘤苗治疗、干细胞移植等先进的治疗手段。在基础研究方面，于国内率先开展了全乳腺大切片研究，目前拥有实验性乳腺癌动物模型、荧光定量PCR、流式细胞术、差异显示、免疫组化、分子杂交、比较基因组学、基因芯片、组织芯片、双向电泳等先进的研究手段，可在整体、细胞、分子3个水平上开展研究工作，其中干细胞移植支持下的大剂量化疗以其治疗病例最多、创零移植相关死亡率、高危乳腺癌同期配对对照研究结果显示3年无病，生存率达87.5%（对照组为58.3%，$p<0.036$），居国内领先地位，达国际先进水平。该实验室与国外知名肿瘤研究机构建立了长期稳定的合作关系，并取得多项成果，如与美国德克萨斯大学M.D.安德森（M.D. Anderson）癌症中心基因芯片实验室合作，开展乳腺癌转移相关基因筛选的研究；与美国艾伯特·爱因斯坦（Albert Einstein）医学院合作进行乳腺癌分子流行病学研究；与加拿大多伦多大学癌症研究所和德国海德尔堡（Heidelberg）大学病理研究所合作进行乳腺癌细胞遗传学研究；与日本长野癌症研究所和信州大学加龄研究所合作开展乳腺癌基因治疗和转移机制研究。近5年来共承担部市级以上科研项目43项，其中国家“863”科技专项课题2项、国家“九五”攻关课题4项、国家自然科学基金课题5项、省部级课题32项；人均科研经费30万元；在国家级以上杂志发表代表性论文249篇，其中国外杂志论文38篇，被SCI收录30篇；出版学术专著20部；有21项科技成果获部市级以上成果奖，其中中华医学科技一等奖1项、天津市科技成果一等奖1项、二等奖6项、三等奖13项。

（天津医科大学肿瘤医院）

【**天津市神经损伤变异与再生重点实验室**】 该实验室2004年被批准为天津市重点实验室，其所在天津医科大学神经外科学与神经病学学科始建于1952年，是“九五”和“十五”国家“211工程”重点建设学科，是天津医科大学神经病学和神经外科学双博士点、博士后流动站。实验室主任为于士柱教授，学术委员会主任为只达石教授，有博士生导师9人，硕士生导师10人，国务院特贴专家3人，天津市授衔专家4人。该实验室已形成稳定的研究方向：亚低温治疗急性重型颅脑损伤的应用基础研究；基因治疗在中枢神经系统疾病中应用的研究；神经系统创伤与修复再生的实验研究；中枢神经系统常见病的临床病理学与分子病理学研究；神经信息学研究。以颅脑外伤、脑肿瘤、脑血管病、神经退行变性疾病、癫痫等神经内、外科常见病及疑难病作为重点研究对象。近5年承担国家“863”项目合作子课题2项，国家自然科学基金项目9项，天津市“重中之重”学科建设专项基金项目1项，省部级科研项目20项，获科研经费总额649.7万元。获得国家科技进步二等奖1项，天津市科技进步一等奖1项，省部级科技进步二等奖5项，天津市科技进步三等奖5项；取得具有国际领先水平的科研成果1项，国际先进水平的科研成果7项。在学术刊物发表论文300余篇，其中16篇被SCI等收录；出版学术专著13部，译著1部。该实验室已成为天津市和中国北方地区科技创新体系的重要组成部分及组织该领域高水平基础和应用基础研究的中心，聚集和培养优秀科技人才、开展对外学术交流和科研合作的重要基地。

（天津医科大学总医院）

【天津市泌尿外科基础医学实验室】 天津市泌尿外科研究所于 1979 年经天津市政府批准建立， 2004 年被批准为天津市重点实验室，依托于天津医科大学第二医院。实验室学术委员会主任由著名泌尿外科专家马腾骧教授担任。韩瑞发教授任实验室主任。泌尿外科基础医学实验室建筑面积 2500m²，设有肿瘤免疫、分子生物学、生物医学工程、泌尿内分泌、泌尿系统结石、血液净化、男科学、实验泌尿外科、情报资料等 10 个研究室，设有国内首家规范化大型血液透析，设备完善、技术先进的泌尿外科超声介入诊断治疗，仪器检测分析等 5 个中心，实验室拥有全自动 DNA 测序仪、尿流动力学分析仪、多功能彩色图像分析仪、显微研究分析仪、连续扫描酶标仪、定量 PCR 仪、原位 PCR 仪、高压液相分析制备色谱仪、傅里叶变换红外光谱、凝胶成像系统、DNA 合成仪、流式细胞仪、超高速离心机、生物化学级纯水制备系统等大型仪器设备 70 余台件，在国内同专业中领先。实验室购置外文原版专业期刊 35 种，专业期刊资料满足度在国内同专业中领先。建立了局域宽带信息网络，可及时获得国内外最新科技信息。泌尿外科基础医学实验室以现代分子生物学技术、基因工程技术、基因蛋白组技术和生物医学组织工程技术为研究平台，以肾发育与肾肿瘤、肿瘤分子免疫/分子病理(重点是膀胱肿瘤)、前列腺疾病(重点是前列腺增生病因学机制)、基因工程/肿瘤分子遗传学(重点是基因工程载体药物）作为实验室的 4 个主要研究方向，已形成自身特色和优势，在国内达领先水平，部分课题的研究达到国际先进水平。现有博士生导师 8 人，硕士生导师 15 人；正高级职称 18 人，副高级职称 15 人，中级职称 23 人；其中医学博士 15 人，医学硕士 16 人，享受政府特贴专家 3 人，天津市中青年授衔专家 2 人。形成了一个由学科带头人、分学科学术带头人、学术骨干组成的结构合理，能够掌握本学科前沿高新技术，多科学、多专业协同攻关的人才群体。

（天津医科大学第二医院）

【天津市针灸学重点实验室】 天津市针灸学重点实验室依托于天津中医学院，为 2004 年天津市科委和教委首批确立的天津市重点实验室。实验室包括 2 个国家中医药管理局中医药科研三级实验室：分子生物学实验室和医用化学传感器实验室，以及快速老化鼠动物房，共占地 2000 平方米，仪器设备价值 1100 万元。主要研究方向为：针刺治疗中风病的临床及基础研究、针刺治疗老年期痴呆的临床及基础研究、针刺手法及手法量学的研究、实验针灸学研究。实验室共有科研人员 34 名，其中正高级职称 13 人，副高级职称 13 人，中级职称 5 人，初级职称 3 人。学科带头人为中国工程院院士石学敏教授，实验室主任为王舒教授。2000~2004 年，实验室共承担国家级科研课题 5 项，省部级科研课题 24 项，局级科研课题 11 项；完成省部级成果 17 项，局级成果 7 项。

（王 彤）

【天津市中药药理学重点实验室】 该室从事中药药理学、中医药基础研究已 20 余年，主要研究方向是对治疗心脑血管疾病的中药药理及安全性的评价研究。已形成较系统的药物筛选和开发技术平台，掌握多种动物疾病模型和先进实验技术，建立了全面的规章制度和操作规程，实行开放、流动、联合、竞争机制，是天津市重点实验室和中药现代化研究重要基地之一。实验室现有研究人员 26 人，高级职称 15 人、中级 10 人。博士学位 10 人，硕士 8 人。科研用房 2600 平方米，设有心血管药理、脑血管药理、毒理、生化、病理、细胞生物学、分子生物学、制剂、药化、芯片、实验动物中心、临床药理等十余个功能科室，有流式细胞仪、多道生理记录仪、体外心脏工作系统、动物行为学测试系统、荧光倒置显微镜、基因扫描仪、HPLC-质谱联用仪、液相、气相色谱仪等设备。近年来共培养毕业博士生 20 人，硕士生 25 人，在读博士生 20 人，硕士生 15 人。现承担国家 973 项目 1 项、863 项目 2 项，国家自然基金项目 4 项，“十五”攻关项目 2 项，其他项目 10 项，国内大型制药企业横向联合课题 8 项。完成国家“七五”~“九五”攻关等项目多项，先后获国家科技进步二等奖 1 项，教育部科技进步一等奖 2 项、中华中医药科技进步一、二等奖各 1 项，国家中医药管理局科技进步一等奖 1 项，天津市科技进步一等奖 2 项、二等奖 4 项，发表论文 160 余篇，申请专利 2 项。

（王 彤）

【天津市生物安全 3 级实验室投入运行】 2004 年 2 月 6 日，天津市生物安全三级(P3 实验室、BSL-3 实验室）实验室通过国家科技部组织的专家组考核验收。

2002年天津市政府有关部门拨专款，用于从事艾滋病病毒(HIV)和结核(TB)病毒研究的生物安全实验室建设。2003 年 SARS 暴发流行,P3 实验室的建设被天津市政府列入最需解决的公共卫生设施建设之一。根据天津市传染病、公共卫生突发事件生物安全实验需求及管理的要求，市长戴相龙批示追加拨款 355 万元,扩大 P3 实验室的建设。P3 实验室总建筑面积 $190m^2$(不含设备间),核心工作区 $65m^2$(单体 BSL-3 操作间 3 间)，设计上按照中华人民共和国《微生物和生物医学实验室生物安全通用准则》及国家科技部等四部委对 SARS 实验室的相关文件要求:如实验室缓冲间的设置、串连高效过滤、上水安排等。P3 实验室工程建设于 2003 年 10 月底完成，通过了国家权威的中国电子设计研究院工程验收。各项工程指标、质量及安全设计性能优秀。截至 2004 年 2 月，该实验室的前期运行磨合基本完成，已具备开展各项病毒分离及开展与 SARS、HIV、TB 病毒相关研究工作的能力，为天津的传染性病原微生物检测提供了技术平台。

（穆瑞东、刘　群）

工业科技

概　况

【新一轮“嫁改调”提高了工业的整体素质】 2004年,天津市着力推进新一轮嫁接改造调整,围绕提升优势产业的规模和水平,提高工业的整体素质和竞争力,开工建设和策划了一批大项目。在项目策划上,既注重当前,更注重长远;既重视量的扩大,更重视水平的提高;既重视产业链的完善和构建,也重视产业集群的培育;既重视上新项目,也重视改造老企业。同时,在项目选址、建设规模等方面,充分考虑与环境的和谐、资源的节约、以人为本和与社会的协调发展。

电子信息产业的大项目,既有三星手机扩能项目的建成投产,新增手机产量1700万部,新增产值65亿元,又策划实施了中芯国际和海原集成电路两大芯片制造项目。作为这个行业的高端产品,芯片制造不仅可带动IC设计及封装测试等集成电路业本身的发展,还可带动下游计算机、手机、家电等消费类电子产品的发展,极大地增强天津市电子信息产业的竞争力;化学工业的大项目,是策划力度最大的,既有关系当前的PVC扩能项目和中海石油勘探及开采项目的建成投产,使PVC生产能力提前一年实现100万吨目标,成为全国单项冠军,原油生产能力由900万吨扩大到1000万吨,又有对化工行业下一步发展起至关重要作用的乙烯炼化一体化项目的成功立项和以天碱搬迁为代表的渤海化工园项目的策划实施;冶金工业的大项目,无论是已经建成的钢管二套、天钢东移一期工程、正在建设的钢管三期和天钢二期填平补齐配套项目,还是天铁集团的板材基地项目,都充分体现了集约型、节约型、生态型的特点,这些项目建成后,天钢将成为具有年产400万吨铁、400万吨钢、400万吨钢材生产能力的大型钢铁联合企业。钢管公司已经成为世界无缝钢管产量最大的单厂企业,并提前一年实现了“三个一百”的奋斗目标;汽车工业的大项目,既有花冠扩能和丰田3.0皇冠轿车等整车项目的建成,又有新款花冠、发动机扩建及汽车电子等一大批零部件项目的陆续启动。天津市轿车的生产能力已达到30万辆/年,从1.0~3.0的梯形产品结构已经形成,汽车零部件企业已达到260家,汽车的产业集群进一步扩大,形成了较好的产业氛围;医药产业的大项目,既有充分体现水平的中新药业中药产业园、津康制药的头孢类抗生素等新项目的建成投产,也有华立达东移搬迁改造项目的落成,使中药现代化方面在全国领先的地位进一步巩固,化学药和生物工程药的品种进一步增加,规模进一步扩大,中药、西药和生物医药协调发展的格局已经初步形成;轻工业的大项目,随着二轻控股集团公司LG电子四期三阶段扩能改造项目的建成投产,十二大产品基地中的白色家电基地建设目标提前一年实现,微波炉生产能力达到1100万台,空调器450万台,电机2000万台,磁控管1000万支,吸尘器550万台,压缩机700万台,使天津市白色家电的规模和技术水平进入全国前列。

经过大力度的调整改造,不仅工业的实力增强了,而且随着一批一批新项目的建成,一大批现代化的工业企业拔地而起,成为天津市的新景观,向全国和世界展示着天津现代化工业的崭新风貌。

（王伟平）

【工业投资项目呈现新特点】 2004年天津市在建工业重点项目的实施,使全市工业投资结构、投资规模发生明显变化,呈现出许多新特点,主要表现为:

1. 投资集中度进一步提高,投资结构进一步优化,优势产业投资拉动作用更加明显。一是项目平均投资规模加大,2004年实施的549个项目平均投资1.7亿元,比2003年高出0.5亿元。二是大项目增多,投资规模1亿元以上的有124个,创历史最高水平。三是优势产业投资集中度提高,向电子、化工、冶金、汽车4个产业高度集中,亿元以上项目中,这4个产业投资占了83.3%,10亿元以上的项目就有11项,总投资达1028亿元。其中还出现了多年来少有的乙烯炼化一体化、蓝星化工新材料基地、渤海化工园和一汽丰田汽车扩能及发动机改扩建等4个百亿元以上的超大规模项目。

2. 资源型、资金技术密集型的标志性大项目明显增多。投资240亿元的乙烯炼化一体化项目的建设,将为全市提供多种短缺的化工原料,带动一大批下游产品项目的建设,形成一条完整的化工产业链。总投资117亿元的中芯国际和海原集成电路两个芯片制造项目的建设,将使天津市成为继上海、北京之后第三个8英寸以上集成电路的制造基地,抢占了电子信息产业中的技术制高点。

3. 成区、成群、成链投资的大项目成为新的投资趋势。中石油、中海油、中石化、中化工等四大石油化工集团竞相到天津市投资,总投资650多亿元的化工项目陆续开始建设。总投资110多亿元的一批新的整车、发动机及零部件项目陆续启动,天津市的汽车产业群规模将不断扩大,在经济技术开发区将建成一座现代化的汽车新城。纺织东移、天铁板材、宝硕型材等一批大型工业项目在保税区空港物流加工区开工建设,保税区将发展成为具有加工制造、保税仓储、物流配送、科技研发、国际贸易等功能,高度开放的外向型经济区域,成为天津市一个新的经济增长点。

(王伟平)

【围绕结构调整加大对六大支柱产业投资】 2004年,天津市工业投资与技术改造工作,按照“三步走”战略的要求,以大力推进新型工业化为主题,紧紧围绕结构调整这条主线,积极实施新一轮嫁接改造调整,进一步做大做强六大支柱产业和十二大产品基地,取得新的进展,工业投资继续保持了高速增长的势头。

2004年全市对六大支柱产业投资合计占全部项目总投资的68%。其中:电子信息产业49项,总投资113亿元;化工产业64项,总投资147亿元;冶金产业57项,总投资205亿元;汽车工业40项,总投资79.6亿元;医药产业53项,总投资63亿元;新能源13项,总投资25亿元。另外机械装备工业58项,总投资31.9亿元;轻纺产业131项,总投资148.9亿元;建材产业52项,总投资70.4亿元。

(王伟平)

【高新技术产业发展简况】 2004年,天津市进一步完善高新技术产业发展环境,推进高新技术产业创新能力建设,实施具有重大带动作用的高新技术产业化项目,产业创新能力进一步增强,科技成果转化能力进一步提高。

2004年,全市高新技术产业完成产值1731.0亿元,同比增长36.1%;实现销售收入1728.0亿元,同比增长39.5%;实现利税202.4亿元,同比增长1.58倍;产品产销率达到99.48%,同比提高1个百分点;产值占限额以上工业的比重为32.2%,同比提高1.7个百分点;对全市工业增长的贡献率达到35.6%。各项经济指标显示,天津市高新技术产业规模进一步扩大,产业运行质量明显提高。

2004年天津市高新技术产业在全国的排名明显提升,产业规模位居全国各省市的第4位,增长速度保持全国第一,高于全国平均水平7个百分点。高新技术产业快速发展,对全市经济的带动作用日益突出。

(刘文萃)

【高新技术产业技术水平稳步提高】 1999年成立市高新技术产业发展规划实施办公室以来,全市逐步形成以电子信息产业为主导,光机电一体化、生物技术与现代医药、新能源等产业快速发展的高新技术产业发展的格局。2004年,电子信息产业产值达到1335.1亿元,约占高新技术产业的80%,一直保持全市第一支柱产业的地位。光机电一体化等先进制造领域实现产值149.3亿元,成为全市第二大高新技术产业。生物技术与现代医药产业产值107.3亿元。新能源产业呈现出良好的发展势头,完成产值25.8亿元。以力神公司为龙头,初步形成了锂离子电池、镍氢电池和太阳电池为主的高能电池产业群,品种、规模和技术水平都居国内领先地位。

1999年以来,全市重大产业化项目累计投资93亿元,投产后新增产值272亿元、利税71亿元。到2004年,共有38个重大产业化项目建成投产。天津市积极争取到了方型锂离子电池、复方丹参滴丸、工业有毒有害固体废弃物焚烧、国家软件出口基地等51个国家高技术产业化项目。这些项目的实施,对于增强企业的自主创新能力、提升产业技术水平、增强产业的核心竞争力发挥着重要作用。

天津市加大对外开放力度,形成了如摩托罗拉、三星集团、中美史克、奥的斯电梯等一批对产业技术具有突出带动作用的高新技术三资或独资企业。在技术创新支撑体系建设中,到2004年,全市已建成国家和省部级重点实验室17个,工程技术研究中心23个(其中国家级工程研究中心9个),企业技术开发中心100个（其中国家级企业技术开发中心10个）。另外，三资企业在津设立研发中心7家。初步建立的以企业为主体的高新技术产业创新支撑体系，有力地推动着全市高新技术产业技术水平稳步提高。

（刘文萃）

【高新技术产业发展促进全市产业结构调整】 几年来，天津市形成了一批优势企业和拳头产品，具有自主知识产权的高新技术企业进一步发展壮大。全市重点扶持了金耀集团、中新药业、天士力集团、力神电池、南开戈德等10个拥有自主知识产权的高新技术企业。培育了高分辨率彩色显示器、大直径区熔硅单晶、超快恢复高压硅堆、氨基酸、维生素类药物等20个技术水平高、市场竞争力强的重点产品。2004年，民族高新技术产业完成产值达到207亿元，是1999年的2倍。具有自主知识产权的企业正在成为支撑高新技术产业发展的重要力量。

高新技术产业发展从整体上推动着全市产品结构和产业结构的优化升级。2004年限额以上产业产值达到1999年的2.9倍，占工业产值比重比1999年提高10.9个百分点；高新技术产品出口额达到100.27亿美元，占全市出口商品比重48.1%，比2000年提高23.1个百分点。

天津市一直注重高新技术对传统产业的渗透与带动作用，实施了“嫁改调”和利用高新技术改造传统产业三年规划。几年来，全市累计组织投入技改资金600亿元，实施了584个重点技改项目，对交通运输设备制造、冶金、机械、医药、化工等10多个重点行业进行了全面改造，一大批高新技术和先进适用技术得到推广应用，实现了全市传统工业向现代制造业的跨越。高新技术产业在天津市产业结构调整中发挥着越来越重要的作用。

（刘文萃）

【高新技术产业化和传统产业技术改造项目】 2004年，天津市实施高新技术产业化项目192项，总投资278.7亿元；用高新技术改造传统产业326项，总投资607.1亿元；节能与环保产业项目45项，总投资62亿元。

高新技术产业主要项目有：中芯国际芯片生产线改造项目、三星通信技术有限公司手机扩大生产能力项目、摩托罗拉公司购置关键生产设备项目、中新药业集团股份有限公司中药产业园项目、天津市津康制药有限公司头孢类药物及中间体产业化项目、天津工程机械研究院工程机械(科技)产业化生产基地项目、清华德人环境工程有限公司膜生物反应器污水处理及回用设备项目、天津力神电池股份有限公司建锂电池和PACK生产线项目等。

用高新技术改造传统产业的项目主要有：天津渤天化工有限责任公司增产2.8万吨/年环氧氯丙烷项目、天津大沽化工有限责任公司乙烯氧氯化法PVC改造项目、天津万华股份有限公司双向拉伸聚酯塑料薄膜新材料生产线改造项目、天津钢管有限责任公司三期工程项目、天津钢铁有限公司天钢东移配套工程项目、天津一汽丰田汽车有限公司高档轿车项目、新大州本田摩托有限公司天津分公司搬迁改造项目、天津天纺投资控股有限公司纺织东移项目等。

全年竣工项目有，电子信息产业33项，化学工业29项，冶金工业26项，汽车及机械装备工业51项，医药工业25项，新能源及环保产业4项，轻纺工业68项，建材工业19项。项目总投资347亿元。

主要标志性的大项目有：天津三星通信手机扩能项目，乐金电子四期Ⅱ、Ⅲ阶段扩能改造项目，天津大沽化PVC改造项目，中海油天津公司石油勘探及开采项目，天津钢管公司二套管加工生产线项目，丰田一工厂花冠扩能改造项目，天津一汽丰田二工厂高档轿车项目，中新药业中药产业园项目，津康制药抗生素基地项目，天津力神电池扩建项目，天津振兴水泥日产2000吨水泥熟料项目等。

（王伟平）

【14项市级重大高新技术产业化项目】 按照中共天津市委、天津市政府关于加快高新技术产业发展、大力推进重大高技术产业化项目建设的总体要求，2004年共有14个项目列入天津市重大高新技术产业化项目计划，项目总投资11.61亿元。这些项目是：

天津蓝剑网际服务有限公司网络电视平台及数字媒体转接设备嵌入式软件；天津天铁冶金集团有限公司天津市华钢科技有限公司冶金企业资源管理系统和生产制造执行系统示范应用及产业化；天津君安生物制药有限公司新型抗肿瘤骨转移药物来昔决楠钐产业化；天津中新科炬生物制药有限公司艾滋病肝炎等重大疾病体外快速诊断生物制剂产业

化；天津美伦医药集团有限公司中药标准提取物产业化；天津力神电池股份有限公司电动自行车用锂离子动力电池产业化；天津市天锻压力机有限公司大型远程数控液压机成套装备产业化；天津市合运电子科技发展有限公司连接线缆成型产品产业化；天津信汇化学品有限公司工业高效液相色谱分离技术产业化；中国电子科技集团公司第四十六研究所砷化镓半导体材料产业化；天津三泽科技有限公司双功能多金属氧化物催化剂产业化；天津南大海泰科技有限公司环境友好型(蓖麻)车用润滑油；天津宝迪农业科技股份公司动物蛋白高效提取综合利用高技术产业化示范工程；天津长芦海晶集团有限公司万吨级海水提取硝酸钾示范工程。

这14个项目分布在电子信息、计算机软件、海水淡化、现代医药、绿色能源、新材料、现代农业等天津市重点发展的产业领域,拥有自主知识产权或专有技术,技术水平高,产业关联度大,市场前景广阔,建设条件落实,产业化条件成熟。这些项目的建设,对于做大做强重点优势企业和优势产业,做长产业链,拉动相关高新技术产业的发展,都具有重要意义。

（刘文萃）

【整合社会科技资源产学研共建企业技术中心】 为整合全社会科技资源，提高企业技术中心创新能力和实力,10家企业技术中心与有关大学、有实力的研究院所合建了研发机构。其中,中新药业集团与南开大学高分子所，华立达公司与天津大学化工学院,天一纺织有限公司与天津工业大学,光电通信有限公司与天津大学电子医学工程所，通信广播公司与天津大学电子信息工程学院，天士力股份有限公司与天津中医学院，钢管有限责任公司与中油集团管材所，天锻压力机股份有限公司与天津大学机械学院分别共建了企业技术中心。这些技术中心在行业技术前沿和制约企业发展关键技术等方面，与合建单位开展了相关项目的研发。

天药药业股份有限公司与天大方圆工业结晶科技发展有限公司合作，采用天津大学耦合结晶技术对皮质激素类产品的结晶工艺进行改造。石化公司技术中心与华东理工大学合作实施PTA装置三井工艺调优项目，创建了具有自主知识产权的PX优化氧化反应过程的技术与软件包，达到国际先进水平。天铁集团与南开大学合作开发的2000 kW/4t中频电炉冶金技术研制项目，研究开发了中频冶炼特殊钢种(易切钢等)的应用技术,解决了制造50吨以上级超大功率中频电炉的技术难题。

（齐宝琴）

【企业技术中心综合实力进一步提高】 经过10多年的建设，天津市企业技术中心综合实力与技术创新能力进入全国先进行列。在国家发改委对2003年度国家认定企业技术中心的评价结果中，天津市参加考评的国家级企业技术中心全部进入全国314家国家级企业技术中心150名以内，在全国31个省、自治区、直辖市中位居第一名。

2004年,天津市鼎盛工程机械有限公司和天津石化公司的技术中心被认定为国家级企业技术中心。至此,全市国家级企业技术中心达到10家。天津市大型企业、企业集团的技术创新能力和实力有了明显提高。

天津钢管有限责任公司技术中心、渤海化工集团公司技术中心，由于领导班子高度重视技术中心建设,在技术创新机制、科技投入、产学研合作、人才队伍建设、核心竞争力培育等方面成绩显著,获得国家发改委、财政部、海关总署、税务总局联合授予的“国家认定企业技术中心成就奖”。

天津钢管有限责任公司技术中心的“高性能石油专用管研发能力项目”、天津渤海化工集团技术中心的“特种专用树脂研发能力项目”被列入国家级企业技术中心创新能力建设专项项目，分别获得国家300万元和500万元的资助。

2004年,天津市经委组织钢管公司、乐金(天津)电子有限公司、金耀集团、天士力集团等4家国家级企业技术中心参加了第六届中国(深圳)高新技术成果交易会的“国家认定企业技术中心创新成果专题展览”，共展出60多项自主开发的具有国际先进水平的新产品新技术,取得了良好的效果。在展览会期间,签订标底近4亿元的供货协议。

2004年全市新认定的市级企业技术中心有同仁堂制药厂、中美史克制药有限公司、天津造船厂、挂月集团、海泰数码公司等10家的技术中心，到年底全市已拥有国家级与市级企业技术中心共100家。

（齐宝琴）

【企业技术中心原始创新能力显著增强】 2004年，

天津市企业技术创新的速度大幅度提高，企业专利申请取得突破性进展。全市工业企业专利申请达到3812件，占全市专利申请量的45.34%，比2003年净增1021件，同比增长36.6%，增幅居全国企业第二位，专利申请量居全国企业第八位。

2004年，天津市经委和天津市知识产权局在全市工业企业中开展了专利示范企(事)业试点工作。确定了机电控股集团公司、天锻压力机有限公司、天铁冶金集团有限公司、力神电池股份有限公司、大港油田集团有限责任公司等21家企业作为专利示范工作的试点单位。试点单位全年专利申请达到963件，比2003年增长51.12%。

企业技术中心的迅猛发展，提升了技术创新的速率，企业已成为技术创新的主体。2004年，全市100家企业技术中心专利申请2963件，是2002年的2.21倍，比2003年增长53.21%，占全市工业企业专利申请量的77.73%，其中发明专利2581件。这些都表明全市企业技术中心的原始创新能力进一步提高。

天锻压力机有限公司技术中心运用专利保护制度对自主开发的产品积极申请专利，全国153项液压机专利，均列在天锻压力机公司技术中心的名下。该公司依靠专利打破了国外垄断，赢得了国内外市场，仅万吨等温锻造液压机一个产品就申请18项专利，实现当年开发当年创销售收入5000多万元。LG、柯莱茵、三星等跨国公司在天津市设立技术中心，壮大了“天津研发”的声势。乐金电子(天津)有限公司技术中心2003年申请专利1600件，2004年有大幅度增长，达到2260件，比2003年增长了41.25%。其中发明专利就达到2150件，占专利申请量的95.13%，实现了依靠专利增强企业自主创新能力和市场竞争力。中新药业集团技术中心2003年专利申请19项，2004年专利申请达到83项，是2003年的4.37倍。

（齐宝琴）

【新的手段和条件提升企业技术中心创新实力】 2004年，天津市企业不断采用新的创新手段和条件，促进企业技术中心创新实力的大幅提升。

中新药业集团公司在天津经济技术开发区投资4.6亿元兴建了占地面积24万平方米的现代中药产业园，并在产业园内建立了4400平方米的技术中心和4000平方米的工业性实验基地。投资4000万元采购了瑞士BUCHI公司的喷雾干燥仪、瑞士BUCHI公司的旋转蒸发仪、日本岛津公司的气相色谱仪、美国ALLTECH公司的蒸发光散射检测器等一批国外先进实验仪器，使技术中心的中药研发仪器设备装备达到全国一流、国际先进水平。

钢管公司技术中心下大力气对现有的研究开发手段进行了改造，投资数千万元对现有工程力学载荷框架、上卸扣系列进行改造，新增100吨拉力试验机、等离子光谱仪及腐蚀抛光机、应力环及高压釜等腐蚀试验设备，使新产品开发能力大大提高。2004年新产品已达19万吨，销售收入达到10亿元。

天津石化公司技术中心2004年投入1亿多元建立的新乙烯回收扩大中试装置，在国内首次产出高纯度的“乙烯-1”产品。另投入1000万元从美国、德国、日本等国家引进PIANO分析仪、红外谐波分析仪等一大批国际尖端大型科研及分析检测仪器设备装备技术中心，加速了技术中心的成果产出率。2004年技术中心共进行研发项目79项，其中有7项申请了专利。

（齐宝琴）

【产学研合作向纵深发展】 2004年，天津市在产学研合作方面，围绕做大做强六大支柱产业和建设好十二大产品基地的目标，作了大量工作，取得了明显进展。

1. 紧紧围绕做大做强优势产业和建设好十二大产品基地的目标，积极策划组织一批代表产业发展方向、成长性好、拉动作用明显的高水平的产学研合作项目。组织实施了产学研项目100项，重点是特殊光通信器件、PVC专用树脂、年产6万吨双酚A工艺开发、PTA装置三井工艺调优项目、夏利2000型纯电动轿车等20个项目。天津药业股份有限公司与天大结晶中心在完成地塞米松系列产品结晶工艺的研究的基础上，进行了倍他米松药物结晶工艺的研究，技术指标已处于国际领先水平。天津第一机床厂与西安交通大学合作开发的YK2275全数控曲线齿锥齿轮铣齿机项目，将使中国曲线齿锥齿轮数控机床的制造水平达到世界先进水平。

2. 组织行业技术中心开展共性技术、关键技术和前瞻性技术研究开发取得新进展。2004年建立的10家行业技术中心，已逐渐成为产学研交流合作平台，为全市优势产业和十二大产品基地建设不断提供新项目并形成坚实的技术支撑。天津大学化工学院生物制药与中药现代化行业技术中心开发的多烯紫杉醇制剂及水溶性多烯紫杉醇制剂达到国际先进水平。已初步完成了原料药生产工艺的开发，制备出了多烯紫杉醇制剂，开始临床验证。光通信器件行业技术中心开展了一批面向产业化的项目，为全市的光通信产业基地储备了一批市场前景好、技术水平高的项目。

3. 针对企业技术难题，组织产学研联合攻关。2004年上半年天津市经委搜集整理了企业技术难题22项(涉及电子、医药、机械、石油、冶金等领域)，组织大学、研究院所与企业联合攻关，取得了很好的效果。

（齐宝琴）

【打造企业核心技术赶超国际先进水平】 天津市的企业技术中心把赶超世界先进水平的关键技术作为研究开发的重点，瞄准世界先进水平进行科研攻关，促进一大批国内领先、国际先进水平的技术和产品问世，如：609电缆有限公司技术中心开发的柔软轻型耐高温电缆、天汽集团技术中心开发的轿车整体侧围冲压模具设计与制造技术、天药公司技术中心开发的填补国内空白的新一代糖皮质激素类药物--地夫可特和吸入性糖皮质激素类药物(被称为2004年全球“重磅炸弹”药物)、石化公司技术中心开发的HAT-097甲苯歧化与烷基转移催化剂、乐金电子(天津)有限公司技术中心开发的网络微波炉技术、世界首创的球形内胆微波炉技术、世界领先水平的除菌震动刷头的吸尘器及等离子发光技术（磁控管灯)等。这些赶超国际先进水平的技术和产品，已成为企业生存和发展的重要手段，增强了企业在国内国际市场的竞争能力。

（齐宝琴）

【一批关键工艺和技术取得新的突破】 2004年，天津市在一批关键工艺和技术上取得了新的突破，比较突出的如：

大沽化工厂开发的PVC热水入料新工艺，在PVC聚合中，用热水入料替代传统的冷水入料，缩短聚合反应周期，使PVC生产周期缩短30分钟。同时使每台聚合釜的清洗周期由100釜延长150釜以上，填补了国内空白，年新增PVC产量4.5万吨，新增产值近3亿元。

天铁冶金集团有限公司开发的溅渣护炉技术攻关项目，采取合理措施，优化转炉造渣，改善溅渣护炉质量，解决高炉龄条件下转炉炉帽、炉底接缝、炉帽结构等方面存在的问题。应用溅渣护炉技术后，由平均炉龄12175炉，耐材消耗6.68元/吨钢，最高炉龄15187炉，达到平均炉龄14131炉，耐材消耗4.09元/吨钢，最高炉龄达到21155炉，达到国内同类型转炉领先水平。逐步实现了高炉龄低消耗的目标，减少了废渣外排，达到了废物有效利用，保护环境的目的。钢产量逐年递增，每年可新增产量20万吨~30万吨钢，新增产值6亿元。应用该项技术可实现降低成本、节约耐材消耗，每年可新增利润570多万元。

天津药业公司开发的植物甾醇替代薯蓣皂素，实现了生物发酵法生产激素皂甙。解决了企业一直想办法解决的天然皂素的替代问题，使用生物发酵法生产的激素皂甙具备替代皂素的条件和可能，中间体质量达到和超过原有工艺产品的质量水平，成本由1000元/kg，降到400元/kg，按每年需用300吨原料计算，每年可降低原料成本1.8亿元，为天津市皮质激素类药物生产开辟了原料来源。

（齐宝琴）

电子信息产业

【信息产业和信息化建设简况】 2004年，天津市电子信息产业销售额达到1493亿元，比2000年翻一番(天津市信息产业总规模占全国2.65万亿元的5.66%，但利税总额占全国1500亿元的10.83%，跃升为全国投资回报率最高的地区)。软件和信息服务业渐入良性发展，全市信息服务业总收入107亿元(不含嵌入式软件)。共有基于互联网的增值信息服务商230家，经过认定的软件企业137家，信息系统集成企业50家，信息系统监理企业5家，经过国家认定的信息系统项目经理超过200名。2004年，为力神电池公司、帝得数码公司等7个企业争取到信息产业部电子发展基金1000万元。环渤海各省市间的信息产业互动和协作不断加强。成功举办了环渤海信息产业高层圆桌会议。北京、河北、山东、辽宁、内蒙等10省市信息产业主管部门的领导出席会议并签订了《环渤海信息产业合作框架协议》，建立了环渤海信息产业联席会议制度。

天津市成为国家首批认定的9个国家级电子信息产业基地之一，这标志着天津市电子信息产业在产业规模、技术研发、综合效益指标等方面已位居全国前列。国家级电子信息产业基地的申报成功，对推动全市电子信息产业健康、快速、可持续发展具有重要的意义。

2004年，全市信息化工作取得突破性进展。电子政务建设在重点领域取得明显成效，信息化基础设施建设稳步发展，信息化基础工作进一步加强，企业信息化和电子商务深入发展，信息产业的总体规模和经济效益均创历史最好水平。在信息化立法工作、安全保障、人才队伍建设、对外开放与合作交流等方面都取得了新成绩，圆满完成了年初制定的信息化发展目标和任务。

【建设国家级电子信息产业基地】 由天津市政府信息化办公室牵头组织申报的“天津市国家级电子信息产业基地”，2004年11月得到国家信息产业部批准，成为信息产业部首批认定的全国九大电子信息产业基地之一。“十一五”期间，天津市将重点建设以经济技术开发区、新技术产业园区、天津西青开发区和微电子小区、天津武清逸仙园工业区和市区老工业基地为主要依托的移动通信、集成电路、绿色电源、新型片式元器件、显示器、配套加工、数字家电、汽车电子、电子信息产品拆解、电子信息产品出口等十大专业产业园。大中型企业基本建立企业技术中心，形成较完善的电子信息产业创新体系。

经过多年的发展和建设，天津市电子信息产业已形成了4个特色鲜明、生产相对集中的产业密集区：即以移动通信设备及终端产品制造、集成电路和正在兴起的汽车电子为主体的天津经济技术开发区；以绿色能源、软件及系统集成为主导的天津新技术产业园区；以片式元器件、显示器及数字家电生产为主体的西青开发区和微电子小区；以电真空器件为龙头产品的武清开发区。

【电子信息产业技术创新项目面广收效大】 2004年，天津市电子信息产业创新项目主要涉及移动通讯产品基地、微电子及新型电子元器件产品基地、数字视听产品基地、高档印刷和系列数据卡及机具产品基地的项目共15项。

天津光电公司继2003年成功开发国内首款具有自主知识产权的移动通信网络无线传真机后，2004年又开发了普通纸无线传真机。该项目的电路设计、结构设计、软件编制、生产技术、消耗材料都是自行研制和生产的，其全中文设计十分适合中国消费者使用。这是一项具有完全自主知识产权的产品，在价格和成本上比国外产品有明显优势，市场前景十分看好。2004年完成样机开发并进行小批量试生产。

SGH-P738(MEGA)百万像素摄像手机，是天津三星通信技术有限公司利用自身科研优势开发应用软件研制而成的。该款手机具有GPRS CLASS 8、900/1800/1900三频、260K TFD显示屏、64和旋铃声、彩信功能、百万像素CMOS相机及摄像等功能，产品达到国际领先水平。2004年开发研制出样机，完成了功能测试并进行了生产工艺调试，12月试生产5000台，产值3000万元，利税400万元。

微电子及新型电子元器件产品基地重点抓了三星高新电机公司开发的LED发光二极管等项目。LED发光二极管，系技术含量很高的贴片式产品，功率提高1倍达到0.2W(20mA)，其技术处于国际先进水平。大功率白光LED的开发，使其逐步向照明方向发展，市场潜力巨大。2004年1月~10月产量2.57亿支，产值1576万元。

数字视听产品基地重点抓了天大天财股份有限公司开发的DVD液晶电视等项目。DVD液晶电视的开发工作已经完成预期的设计工作，各项性能指标达到设计要求。产品拥有20“高解析度LCD彩屏，彩屏长宽比为4:3，内建DVD播放器(支持DVD/CD/MP3/JPEG格式)，具有450cd/m^{2}超高亮度，170°超宽视角，省电模式处理（在正常操作下，与普通CRT相比，节能40%），长达5万小时的长背光寿命，低辐射，采用高分辨率图像显示集成电路，CATV 2-125逐行扫描输出，新型超薄外观设计（与普通CRT相比，节省50%空间），红外接收功能，体积小，重量轻，数字输入选择，支持内建Wall-Mount，具有强大的CCD/V-chip功能。已生产首批样机。

中环半导体公司开发的显示器用快恢复二极管，取代了进口产品，并对相关的显示器用超快恢复二极管系列进行了探索。经过工艺开发、小批量试制和大批量生产，形成了一套成熟的显示器用快恢复二极管生产工艺。产品具有频率特性优秀、反向恢复时间短(trr≤30ns)、在高频使用下频率损耗低、正向平均电流能力高(最大IF(AV)=3.0A)、产品反向漏电流(IR)小、耐高温高湿能力强、耐电压冲击能力强等特点。该技术达到国际先进水平。已批量生产，替代进口的PHILIPS和VISHAY的产品。产品已向韩国现代电子、台湾冠捷、深圳长城等用户批量供货。通过产品开发，中环半导体公司的二极管产品具备了同国际同行大企业产品竞争的能力，占据了国内二极管高端市场，经济指标得到了进一步提升。2004年生产显示器用快恢复二极管1.5亿只，实现销售收入1.5亿元，利税650万元。

（齐宝琴）

【启建世界最大半导体硅整流器件生产基地】 2004年5月，中环半导体工业园正式进入土建阶段，并按照国际通行标准开始基本建设和设备采购。该基地建成后将成为世界最大的半导体硅整流器件生产基地。中环半导体有限公司是国内最大的硅半导体器件生产基地之一。该公司2003年硅半导体器件总产量达到6.47亿支，总销量达6.02亿支。其中高压硅堆的产销量连续多年居国内首位，2003年国内市场占有率达42%，国际市场占有率达26%，连续两年超过日本、荷兰等国的大公司，跃居国际同行业第二位。

【天津光电集团有限公司研制成多项新产品】 2004年，天津光电集团有限公司传真机又添新品：OEF普通纸传真机、OEF便携式无线传真机等相继制成。“光电通”传真机的一些特色功能填补了国内传真机的空白，其技术含量达到了国际先进水平。网络变压器、点火线圈等新品已逐步成为公司的主销产品。EMS的手机照相机镜头、A780等新款手机以及DVD、汽车音响等新品推动了公司的迅猛发展。在该公司的发展中，软件和专用芯片设计为主产业的技术发展发挥了重要作用。

该公司不断进行资源整合，优化资源配给。全年共投资2600多万元，对分厂、技术中心等单位进行了设备引进和厂房改造，为公司进一步发展奠定了基础。

（高庆水）

【全数字型交流电动机软起动器】 “KZJ-系列全数字(防爆、高压)型交流电动机软起动器”项目由河北工业大学、天津开发区正泰电器有限公司完成。

该项目采用MCU为主控核心，晶闸管为功率元件，在防爆条件下实现1140V、630kW以下交流电机的数字化软起动控制，并实现了液晶汉字及数码显示、负载监控动态显示、故障静动态自诊断、全功能保护和双向通讯。项目主要创新点：1.首创多重数字锁相的新方法，解决了瞬态无序干扰下晶闸管通断一致性、准确性差的信号同步问题；2.首创本相高频互补对称触发脉冲新技术，解决了在防爆、高压下数字化控制抗干扰问题；3. 独创丝杠缓慢导入型抽屉式小车结构，解决了防爆结构下安装与维护的难题；4.首创以工业级MCU为主控核心，晶闸管为主功率元件，在防爆条件下高压交流电动机的数字化软起动控制。

该成果的应用从根本上解决了电动机起动时大电流对电网所造成的巨大冲击，提高了电网的可靠性；解决了皮带机压煤后起动造成的撕带现象，提高了出煤效率；解决了含有爆炸气体煤矿的安全性问题；解决了长期依赖进口、价格昂贵、制约传统设备改造升级换代的难题。

该成果已取得了国家级产品合格证、防爆合格证、国家煤炭部MA证，达到国际先进水平，填补国内空白，已推广到天津、河北、山东、浙江、江苏、广东、新疆等省市，经济效益显著。该项目获2003年度天津市科学技术进步二等奖。

【数控YAC激光焊接机】 由天津大学张国顺、李荷芬、任志华、孙攀峰、张健等完成的数控YAG激光焊接机，是用于密封焊接锂离子电池方型铝质外壳及航天、航空、国防制导部门焊接铝质浮子外壳，国防工业和移动通讯技术行业对该产品的需求量特别大，而且非常急迫。

该项目是在100WYAG激光焊接机的基础上研制成的平均激光功率在200W~500W的数控YAG激光焊接机，具有焊接、切割、打孔等功能，包括YAG脉冲激光器、大功率的开关电源、水循环冷却系统、数控XY二维工作台、旋转台和CCD摄像监视系统。微机软件功能齐全，界面友好，操作方便。工作台可运行任意平面图形，无需用户编程。

项目主要创新点：YAG激光器运转良好时可以达到4%的总体效率，输出300 W的激光其电源功率应为7500 W，考虑设计空余量，计划按照9000 W制作成大功率IGBT开关电源。为减小变压器的体积提高充电精度，使开关逆变频率工作在20 kHz左右，变压器磁路选用饱和磁感应强度达1.5 T的微晶环形磁芯。激光器采用紧包裹腔，除去灯、棒之外的空间，仅留2 mm流水缝隙，使灯、棒表面水流速度达到5 m/s，换热系统为专用钛管换热器，制冷剂从钛管穿过,冷却水包围其间。

生产锂离子电池采用数控 YAG 激光自动焊接机,能自动下料,生产率高,年产达 500 万支,产值 1000 万元以上。该项目获 2003 年度天津市科学技术进步二等奖。

【笔记本电脑电池全自动检测线】 该项目由天津市升茂经贸科技开发中心、摩托罗拉(中国)电子有限公司完成。该项目包括:x,y 两轴步进电机控制系统;x,y 两个机械轴和旋转轴把电池送到定位工位上,用真空吸盘取放电池完成电池输送 5 个工位的检测;采用两极控制系统,PLC 进行开关量输入输出控制,计算机进行人机界面对话,两轴步进电机 FrP 控制 PLC 及电池专用测量仪信息交换,完成笔记本电池全自动检测。

项目主要创新点:1.两轴步进驱动系统,与 x,y 两个方向机械轴,z 方向抬起轴和一个翻转轴联动,实现电池 5 个方向的直线运动和翻转运动。2.在规整工位保证气动手爪每次都从同一个位置取走电池,保证位置准确性。3.为了实现 80 多个电池在线传递,在上料吸盘一端有气缸定位,第一块电池前端有阻尼器。4.采用两极控制系统,具有人机界面对话及两轴 PTP 控制功能,计算机与 PLC 检测信息进行交换,实现设备 5 个方向及翻转协调运动,对电池在 5 个工位检测和分检。

该机是一项高科技创新产品,负载使用良好,效率高、精度高。它的使用大大减轻了人员的劳动强度,降低了电池的错检、漏检现象,保证了产品的质量和公司的信誉。根据使用情况统计,应用该机单条线可创造的年效益为 250 万元。该项目获 2003 年度天津市科学技术进步二等奖。

【成品油销售及测控系统】 该项目由天津大学、中国石油天然气股份有限公司华北石化分公司完成。该项目主要包括系统分析与系统设计、数据挖掘技术的应用、数据库与模型库设计、系统集成与调试、系统运行与分析等内容。项目主要创新点:1.实现了销售管理与计量控制两个异构网络的有机集成。2.通过对 6 个中间量的调整与检测,实现了对利润目标的最优系统控制。3.在国内首先建立了石化企业的运营利润的数学模型。4.采用数据仓库技术对企业内各个异构数据库实现集成。5.利用数据挖掘技术发现数据内部的关联模式,找出其中隐含的规则,为企业的决策提供有价值的信息。

该成品油销售及测控信息共享系统使各有关业务管理部门能够得到统一信息,实施有效控制,解决管理控制不同步问题,减少了扯皮推诿现象,避免了不必要的浪费。该系统正式投入使用 3 年多来,盘库销售计量误差由 0.45%降低为 0.2%,共减少成品油亏损 9450 吨,创经济效益 2362.5 万元。系统投用后,汽车装车厂的装车秩序得到改善,自动装车系统的装车计量精度得到有效控制,装车计量误差达到国家规定的范围,提高了劳动生产率,有效保护了消费者的利益。该项目获 2003 年度天津市科学技术进步二等奖。

【电泳法玻璃钝化芯片制造技术开发成功】 半导体生产行业生产硅整流器件所采用的玻璃钝化形成工艺,通常为刀刮法和光刻法,所形成的玻璃膜厚度不易控制且不均匀。反映在台面硅整流器件上,会使器件成品耐压强度低、耐潮湿性差。针对这些问题,天津市中环半导体有限公司研制成台面硅整流器件的玻璃钝化新工艺。该工艺使用特定的电泳配方和添加剂混合配制成电泳液,用电泳法将玻璃粉均匀地沉积在单晶硅 PN 结台面沟槽中,通过对电泳电压和时间的调节达到控制钝化玻璃膜厚度和均匀性的目的,因此能有效提高产品器件的稳定性、可靠性和耐压强度。该项目申请了发明专利。

该项目的实施,填补国内该领域的空白,使该公司用硅桥式整流器芯片替代进口,大幅度降低芯片成本,保持在国内同行厂家中技术领先地位,并跻身国际同行的先进行列。

(李扑革)

【IC 读写机具及应用系统产业化国内领先】 "IC 读写机具及应用系统产业化"为市重大高新技术产业化项目,由天津环球磁卡和通卡公用网络系统两公司完成建设投产,并达到年产 IC 卡读写机具及相应设备 10 万台、大中型系统软件 15 万套的生产规模,其研发中心及 SMT 生产线等均达到国内先进水平。经过 3 年发展,到 2004 年,其产品已推广到全国 33 个城市,经济效益居国内同行首位。

【激光打印机硒鼓磁辊专用注射磁体开发成功】 激光打印机硒鼓磁辊用磁体是天津市天磁有限公司 2004 年研制开发的系列产品,该产品采用磁场注塑各向异性铁氧体生产工艺制作而成。该产品应用磁性材料专用注塑机，经严格的模具设计和材料筛选一次注塑成型。产品取向度好，性能高，具有优良的磁性能，保证硒鼓显影需要，达到日本同类产品水平。每月产量3万支以上。其型号有：磁辊238型，兼容硒鼓Q2612A应用打印机HP1010/1012/1015；磁辊255型，兼容硒鼓E-16应用佳能台式复印机FC-220/230/224/300。

（孔 凯）

【天磁公司开发新产品增加出口品种】 天磁公司在荧光灯电感镇流器出口的基础上，2004年进一步加大了科研和生产的投资，延伸开发出适合北美地区高强度气体放电灯(HID)用的CWA型和HX型镇流器，增加了公司产品出口的品种。该产品比荧光灯更能适应恶劣的使用条件，因此技术要求、质量要求都更高，生产难度更大。该公司在开发这一系列产品过程中，充分吸收了国外产品之长，结合国产材料的特性，形成了自己产品的特点。已开发出的高压钠灯镇流器、金卤灯镇流器两大系列有23个型号。该公司还研发了与自己产品配套的钠灯电子启动器和金卤灯电子启动器4种，其中13种型号镇流器和4种电子启动器已通过美国和加拿大的UL和CUL认证，其余型号也在认证中。2004年该产品已开始批量出口加拿大，出口额达200万元。

（马 俊）

【数据传输线缆新品的开发和规模化生产】 该课题是2001年天津市重点科技攻关计划项目，由天津市技术物理研究所唐卫东等完成。该课题于2003年9月25日通过天津市科委组织的验收和鉴定，通过国家信息产业部的抽样检测，专家认为该项目研究成果符合国际最新的TIA/EIA568B超五类线缆标准。其产品是网络行业的最新产品，是网络线缆的升级换代产品，达到国际先进水平。作为六类数据电缆的实验基础条件，利用已有的技术和经验，该所又投资80万元进行原材料、设备和工艺实验等方面的再研究，开发出了综合数据电缆。该项目2003年登记为天津市科技成果，并申报2004年度天津市科技进步二等奖待批。

（徐 涛）

【防水式坚固型计算机】 由中国船舶重工集团公司第七〇七研究所张军、曹晖、严丽峰、戴然、耿蔚明等完成的防水式坚固型计算机，在设计过程中创新了防水的先进理念，整机采用密封、高低温工作技术、低辐射和镁铝合金吸波减振等综合设计，具有防水、坚固、高可靠性和防信息泄漏等特点。该系统功能强，集成度高，运算速度快，且体积小、重量轻、移动灵活，特别适于在环境恶劣、电磁场复杂和移动中使用等工作条件下使用。

项目主要创新点：首创键盘整体化密封设计；在结构设计上创新研制了镁铝合金、铝合金和钢框架的多种金属一体化结构，创造了镁合金吸波减振技术和减振柔性材料相结合技术，是国内最轻的加固型计算机；创新设计了多热通道并行散热系统，采用了低重力敏感度热管传热技术；在防信息泄漏的设计方面，是国内便携计算机领域第一次运用TEMPEST技术对红、黑信号进行判别和防护，使整机达到密码机A级标准，防护距离100米。

该机总体设计合理，技术先进，配置灵活，兼容性好。首创在同一台便携计算机上成功解决整机防水、防信息泄漏、防整机振动和高低温工作等关键技术，填补了国内空白，综合性能达到国际同类产品先进水平。该机生产工艺精湛，产品性能价格比高，扩展了便携计算机应用领域，具有很好的市场前景和推广价值，多次成功地为国家重点项目执行任务。它的研制成功，提升了国内便携坚固型计算机技术水平，产生了很大的社会效益和经济效益。该项目获2003年度天津市科学技术进步二等奖。

【实施十大信息化工程】 2004年天津市组织实施了10项关联度高、带动性强、经济社会效益好的信息化重大工程，为实施“三步走”战略第二步目标提供强有力的支撑。这十大信息化工程是：启动建设应急指挥信息系统工程，完成第三个政府网上办公“百项工程”，建设医疗卫生应急信息系统工程，建成劳动社保信息系统二期工程，完善“校校通”教育信息化工程，实施“村村通”信息化应用工程，建设企业信息化服务支撑系统工程，推进社会信息化示范工程，建设完善“金财”二期工程，实施超级计算机推广应用工程。

在启动建设十大应用系统工程的同时，继续完善一批已经投入使用的信息系统，办公资源、税收征管、企业信用体系、工商并联审批、口岸信息平台、政府网上采购等应用系统的技术水平也得到提升和完善，增强了服务功能，扩大了覆盖范围，提高了使用效率。

【信息化基础设施建设稳步发展】 截至2004年，天津市光缆已覆盖全市，总长度达到2万千米，城市出口带宽达到50G，形成了一个以光纤为主，无线为辅的大容量、安全可靠的城市宽带高速信息网络，可满足不同人群的宽带接入需求。信息技术在城乡居民中广泛应用，全市固定电话用户413万户，移动电话用户435万户，电话普及率达到每百人81部，城镇居民每百户拥有计算机41部。互联网用户270万户，其中宽带用户60万户。全市有线电视用户190万户。

（王　娟）

【信息化基础工作进一步加强】 为深入贯彻《中华人民共和国行政许可法》、全面推进《依法行政实施纲要》，天津市2004年建立了新的信息化行政许可模式，改善了相关工作方式。《天津市电子政务管理办法》已颁布实施，这是全国第一部综合性电子政务建设的政府规章。全市深入宣传贯彻《中华人民共和国无线电管理条例》、《天津市无线电管理办法》，全年共办理设置各类台站2002台，查处干扰24起，启动应急预案5次93天，无线电管理工作有了新进步。天津市信息化"十一五"发展规划编制工作已启动，确定了39个重点专项规划和18个区域规划，完成了14个重点研究课题。全市信息化人才建设体系初步形成。

（王　娟）

【信息技术应用领域更加广泛】 2004年，天津市信息技术应用领域更加广泛。电子政务应用系统建设取得新成效，为民服务的功能不断扩展。二代身份证和户籍管理系统投入使用，不仅方便了居民办理户口迁移，同时为全市人口基础数据库建设打下基础；社会保险管理信息系统一期工程通过验收，已实现养老、医疗、工伤保险金的集中征缴和分险种电子支付；医保系统实现了与210家医院的联网，基本覆盖了全市住院医保结算业务；二期劳动就业管理信息系统建设进展顺利，将实现劳动就业和社会保险业务之间的协同管理；远程电子纳税系统的应用走在全国前列，市地税局在全市范围内搭建统一的电子报税基础平台，方便纳税人随时随地缴税，2004年天津市地税局远程电子申报纳税入库税款73.01亿元，占全市地税收入的45.5%，同比增长42.8%。数字证书认证中心建成开通，已向3.5万户网上纳税户发放数字证书，天津市成为全国第一个在重点行业全面实现CA证书应用的城市。天津口岸信息平台一期工程完成以来，为加快通关速度发挥了重要作用。2004年实现进出口总额677.7亿美元，同比增长47%，通关出口申报7个工作小时内放行率达到99.19%，进口申报7个工作小时内放行率达90.14%。网上售房管理系统全面投入使用，商品房全部通过该系统办理，全年销售的房屋突破1200万平方米，销售总额400多亿元。金盾工程建设取得了实质性进展，一期工程已完成技术项目8项，在建项目22项。金审工程通过了专家论证，正式启动。金水工程起步良好，建成了全市重点地区和重点河系防洪救灾指挥和决策支持系统。数字天津城市空间资源信息平台数据库建设项目各项设计任务圆满完成，应用试点工作取得了明显效果。

应用信息技术改造制造业、农业等传统产业效果明显。通信广播公司、渤化集团、中新药业、天士力、天铁集团等50个企业信息技术应用项目顺利实施，特别是纺织集团结合产业东移实施的"纺织工业园"信息化项目取得明显效果。梦得牧业、"无公害蔬菜"等涉农企业信息化工程效果良好。"南开之星"超级计算平台应用启动，天气预报信息服务系统、天津近海污染扩散研究、中药质量控制和检测等项目已经实施。依托天津海港、空港优势，结合物流园区的建设，天津市现代物流业快速发展。天津港储运、天津邮政、天海股份、天虹货代、大田等企业物流信息化项目进展顺利。电子商务取得稳步发展。"国际手机采购网"、"天津建材物流网"、"天津环保产业网"等一批行业电子商务网站取得明显成效，其中"国际手机采购网"在国际上同类网站中点击率第一。银行卡在商业、旅游、餐饮等服务行业广泛应用，受理环境进一步完善。城市"公交卡"发卡近50万张，在150条线路、5000部公交车使用。天津市电力公司市区居民磁卡表装表162万块，联网售电点75个，并与交通银行等商业银行合作建立自助售电网点80个。企业信息化服务体系进一步完善，为传统产业改造、结构调整，促进经济发展与社会进步发挥了日益重要的作用。

（王　娟）

【电子政务专网开通、党政会议电视系统试运行】 天津电子政务专网(一期工程)于2004年12月28日开通。天津市电子政务专网是全市党政机关电子政务外网，建设覆盖全市副局级以上单位的宽带网络平台，为全市政务信息交换和资源共享提供高效服务，实现了市委、市人大、市政府、市政协四大机关的高速互连和各部委办区县的宽带接入，具备构建各个政务业务系统的虚拟业务专网的能力，满足区县、部委办局纵向联网要求，实现不同政务部门之间的信息交换和共享，并可避免物理网络的重复建设。完成的一期工程包括市委、市政府等在内的4个核心节点，27个汇聚节点和90个接入节点。

天津市党政专用会议电视系统一期工程已试运行。党政专用会议电视系统利用天津市广电网络公司的光纤资源，采用独立组网方式建立光纤网络，从骨干网的连接到用户的连接均采用光纤接入，且所有设备和光纤都与公网隔离，安全保密性好。系统一期工程建设市委、市政府两个主会场和全市18个区县、市委主要工委的29个分会场。会议电视系统的建立，使各区县可以快速及时准确地了解会议精神和政务信息，避免不必要的时间浪费。

（王 娟）

【第三个网上办公百项工程实施顺利】 天津市第三个网上办公"百项工程"顺利实施，确定上网项目104项，涉及19个委办局。经过连续3年3个网上办公"百项工程"的实施，全市累计上网办公项目350项，涉及49个委办局，网上办公与行政审批大厅的建设相辅相成，为提高全市政府工作水平发挥了积极有效的作用。

（王 娟）

【制造业信息化工程辐射全市重点企业】 由天津市制造业信息化生产力促进中心承担的该项目，建立了支柱产业、重点企业、服务体系的中小企业三层示范应用体系，辐射到天津市制造业的各个行业，带动全市2000家企业采用信息化技术，实现天津市企业信息化由点到面的突破。数字化设计突破一批共性关键技术，开发了面向行业典型产品的三维数字化设计系统。液压机CAD/CAPP/CAE/CAM集成系统、建筑外檐三维辅助设计系统、汽车覆盖件模具CAD设计向导智能化系统等，有力地促进了产品技术创新。面向机械行业单件定制生产的管理系统研发与应用、机械行业ERP与制造MES集成技术应用、冶金行业信息化实施方案、纺织行业信息化实施方案、医药行业信息化应用与集成实施方案等，均具有重大示范作用。信息化工程促进了示范企业产品创新。

【行政许可服务中心信息与网络系统投入使用】 建设市行政许可服务中心是天津市行政体制改革的一项重大举措，该中心于2004年11月1日起运行。该信息系统具有政务公开、规范流程、提高效率和效能监督等功能，通过因特网、大屏幕、触摸屏、自动语音、手机短信等手段为申请人提供信息服务。这是第一个投入使用的省级行政审批信息系统，为加强审批管理、提高工作效率、推进行政审批制度改革提供了重要的技术支撑。需要几个部门联合办理的事项，可以通过网络传递文件和审批信息。该中心开业以来，行政许可事项办理速度大大提高，当日办结事项一直保持在80%左右。各进驻部门优质的审批服务，受到了社会各界及有关方面的广泛好评。

（王 娟）

【加强信息安全保障工作】 2004年，天津市信息安全保障工作进一步加强。成立了以中共天津市委副书记、天津市常务副市长黄兴国为组长的市网络与信息安全协调小组，市委办公厅、市政府办公厅联合转发了《天津市加强信息安全保障工作的实施意见》、《关于加强天津市数字证书认证应用和管理的意见》，对加强天津市信息安全建设具有重要的指导意义。天津市数字证书认证中心和密钥管理中心顺利通过国家密码管理委员会办公室组织的技术鉴定。

（王 娟）

【天津电力公司构建数字化企业】 构建"数字化企业"是天津市电力公司在新型工业化道路上建设一流电力企业的战略抉择。其目的就是利用数字化手段，最大限度地开发、利用信息资源，实现数据和信息共享，更科学、更快捷地支持生产、经营管理和决策，为提高天津市及华北地区经济、社会协调发展提供强大的能源。

截至2004年底，天津电力数字化企业的建设初具规模，14套基于广域网集中式管理系统投入运行，并取得了可喜的成果，其中一些项目处于全国同行业领先水平。信息技术的应用和"数字化企业"建设，使企业管理水平得到提升，基本实现了电网设备、用电营销、人力资源、基建项目、行政事务的现代化管理。其主要成果包括：1.搭建公司综合信息集成平台，建设了企业知识管理和信息集成平台。将已运行的信息系统，集成到统一的综合技术平台上，进行数据交流和信息共享。2.以先进管理理念为基础，提出了 10 个覆盖企业关键业务的管理信息系统目标架构。这是"数字化企业"建设的核心，重点强调了各应用系统的主要管理功能和各系统之间的联系，强调资源整合和信息共享；提出了 6 个信息技术基础设施建设方案。这是"数字化企业"建设的基础和保证，重点明确了如何建设与完善网络管理中心、数据管理中心和信息网络；强调了信息安全保证体系应贯穿整个信息系统的建设，努力构建一个安全、可靠、稳定的信息技术基础平台。3.搭建了公司的统一辅助决策平台，加快主要业务系统的完善和补充开发，寻找各业务系统之间的联系，挖掘数据，形成了辅助决策支持系统。4.开展了综合行政办公平台、生产管理信息系统和营销管理信息系统的集成和整合，以及企业知识管理和信息集成平台等 8 项信息化建设工作。

天津市电力公司在全国省(市)级电力企业率先构建"数字化企业"的创新性，得到国家电网公司的认同。建设"数字化企业"是天津市电力公司结合自身实际依靠技术进步探索出的管理和发展之路，是提升管理水平、提高管理效率和企业经济效益的重要途径。

（张力晨）

【天津电力客户服务系统建成并投入运营】 天津电力客户服务系统是面向天津市 18 个行政区受理、处理电力用户的业扩报装、日常营业、故障报修/抢修、投诉举报、咨询查询等业务以及停电信息对外发布的管理与服务的技术平台。

该系统采用了国际上先进的网络技术、通讯技术和计算机技术，以 CTI 和 CRM 为核心，支持主流的通讯标准和交换平台，支持所有广泛应用的网络体系结构、操作系统和数据库系统。多种媒体以一个统一的窗口为电力客户提供统一规范、统一标准、统一承诺的 365 天 24 小时的不间断服务。系统依托天津市电力公司的 ATM 广域网，在整合了用电 MIS 系统、民电 MIS 系统、银电联网系统等的基础上，通过 EMSN 交换与业务应用支撑系统在交换平台上实现通信接口、语音处理、传真处理、坐席转接、Web 导航、Email、Chat 等功能。

该系统于 2002 年 3 月 1 日正式投入运行以来，稳定可靠，已经成为天津市电力公司又一项成熟完美的生产管理系统。该系统 2003 年获得中国电力企业联合会管理现代化创新成果一等奖、获得 2003 年度天津市科学技术进步二等奖。

该系统首次将 GPS 卫星定位系统应用在电力客户服务中，加强了对电力故障抢修过程的管理和考核，加快了电力故障的修复，也为加强天津市电力公司的行风建设提供了技术支撑；首次实现了网上电力客户服务功能，通过客户服务中心网站，电力客户可以方便、快捷地完成各项业务的办理和电信息的查询，同时网站的在线帮助功能还为提高客户自主办理业务的能力提供了支持；采用了工作技术和自主开发的中间件软件，降低了应用系统开发和维护的成本，增强了业务工单制定的灵活性和可扩展性，提高了系统的安全性和可靠性。

截至 2004 年 12 月 31 日，该系统共受理业务件数 1788335 件。该系统的投入运行，从老百姓的一户一表安装到高压的新装增容，从收费标准咨询到停电信息查询，从户表故障抢修到配电故障抢修，乃至对电力职工行业作风的投诉和对窃电违章的举报，凡是与电力公司有关的业务均可以由客户服务系统来受理，缩短了电力公司与用户之间的距离，改变了原来由各部门多口对外的局面，真正实现了供电企业对社会和广大客户的"一口对外"，最大限度地简化了程序，减少了中间管理机构，降低了企业运营成本，方便客户，服务社会，实现了与客户沟通渠道多样化、服务方式自动化、服务过程程序化、客户信息数据化、服务环境网络化、服务管理科学化的最终目标。投入运行以来，已获得 2300 多万元的经济效益，产生间接经济效益 4.38 亿元。

（张力晨）

【西青供电分公司建成经营管理决策支持系统】 天津市电力公司西青供电分公司开发的供电企业经营管理决策支持系统是以利润为核心指标、多目标优化的企业经营管理信息系统。成果的特点是：1.满足供电企业追求利润的同时，兼顾供电质量、供电安全、服务信誉等因素，在国内同行业中率先建立了以利润为核心的经营指标管理体系；2. 在国内首先建立供电企业主要生产经营指标的分析模型及运营利润模型;3.实施供电企业业务流程的再造,提高了工作效率和供电可靠性;4.采用模块化结构设计,系统设计合理,具有良好的扩展性和可靠的安全机制。其操作简单,运行稳定,实用性强;5.解决了供电企业生产经营管理中的诸多问题,为供电企业建立科学化和信息化管理体系,提高管理水平、经济效益和社会效益,提供了一种有效模式。该系统2002年投入运行,取得了显著的经济效益。2004年营业收入比2003年增加1370万元,取得经济效益560万元。

该成果使企业管理水平及生产经营指标居国内同行业领先水平,获2003年度天津市科学技术进步二等奖。西青供电分公司被国家电力公司评为"国家一流供电企业"。

(张力晨)

【电子海图显示信息系统】 该项目由中国船舶重工集团公司第七〇七研究所杨功流、陈超英、何河通、张崇猛、谢英等完成。该信息系统的设计克服了过去同类产品的缺陷,充分考虑了与国际接轨的问题,可直接调用标准的MVCF格式数字海图,建立了开放型体系结构、国标数字海图符号库,完成了符合标准规定的基础框架软件的设计,首次采用了实时多任务操作系统VxWorks,具有多项实用功能和操作简单、维修方便等特点。

项目主要创新点:1. 系统可以直接调用中国标准的MVCF格式的数字海图,无须进行格式转换,符合中国电子海图的相关标准;2. 使用国标型数字海图符号库,开发了电子海图应用系统基础框架软件;3. 采用双机动态热备份的方案和VxWorks实时多任务操作系统,保证了信息通道的畅通和实时性;4.设计开发了双冗余以太网卡和驱动、网络节点状态实时监测和自动切换技术;5. 设计了高速多通道标准NMEA-0183格式串行通讯接口。

该系统已广泛装备于多种舰船上,截至2004年累计交付8台套,实现产值3000多万元,实现利润600多万元。在该设备原有的基础上,进行了局部改进并成功装备在陆用的测地车上共计12台套,产生了可观的经济和社会效益。该项目获2003年度天津市科学技术进步二等奖。

【商务安全支撑平台的研究】 "商务安全支撑平台的研究及其在戈德协同商务办公系统中的应用"项目,由南开大学和戈德防伪技术有限公司完成。该项目着重对电子商务系统中协作者的协作提供了一种安全访问控制模型,是CSCW的一个非常有潜力的研究方向,其关键技术的深入研究是CSCW应用系统出现飞跃的基础。

该项目提出了任务处理单元的新概念,以此构造通用CSCW系统体系结构;建立Petri网协作模型,推进了CSCW研究;提出以欧氏弹性距离为选择伙伴的多目标遗传算法的适应函数的新算法;改进了工作流Petri网模型,实现了工作流仿真和诊断、冗余检验、预估性能的算法,创新实现了工作流动态调整和配置;在工作流仿真中引入了蚂蚁算法,开辟了新研究方法,使工作流系统具有自学习和自修整的功能,填补了工作流仿真的空白。

该项目取得了一系列的原创成果,对CSCW的理论研究有重大推进意义,对协作系统的体系结构设计、安全访问信息、工作流仿真、诊断等的实现具有指导意义,可望在计算机软件应用系统获得广泛的应用。开展该项目的有关研究,在国内外学术界产生了较大的影响。开发系统安全支撑平台,对增加民族产品的竞争力有重要作用,尤其实现工作流的配置、修改、工作流仿真等,为应用系统的用户提供了工作流故障诊断和冗余检测的方法。该项目获2003年度天津市科学技术进步二等奖。

【网上报表采集系统研制成功】 网上报表采集系统的研制工作由天津市统计局计算中心张俊等完成,2004年获天津市经济信息系统年度优秀研究成果三等奖。网上报表采集系统从完善统计数据报送体系出发,将多种统计业务数据报表通过网络直接报送,进行在线数据处理,实现了统计业务数据由人工报送、人工审核到网上报送、在线自动审核的转变,大范围地节约了经济成本和时间成本,为提高数据的准确性、及时性创造了条件。

该系统采用B/S体系结构,方便企业上报数据和统计局应用软件系统的维护升级;采用VPDN技术使建网成本与网络安全达成有效的和谐统一;数据报表采用XML技术为实现数据的标准化、规范化及信息共享提供了良好的基础。该研究成果结构合理,流程清晰,功能全面,管理到位,紧密联系数据报表报送工作实际,应用效果明显,在中国经济信息系统的研究工作中处于领先水平。该系统的推广使用,为提高统计信息化应用水平建立了技术平台,为安全、便捷、高效的数据采集奠定了基础。

（朱 云）

【轻轨通信系统工程成功应用】 2004年，天津通信广播集团有限公司承接了重庆轻轨较新线通信系统工程。根据重庆城市的地形特点，重庆轻轨较新线在中国首次引进具有国际先进水平的跨座式单轨系统，以适应沿线特殊地形的要求。为了构筑“安全、可靠、快速、高效、可管理、可控制”的轻轨通信系统，重庆轻轨公司选择了天津通信广播集团公司承担此项工程。

通信广播公司历经1年时间，提前两个月圆满完成了从设计、生产到现场安装调试等各个环节的任务，工程质量优良，多项技术为国内首次应用，受到业主及同行的一致好评。该工程的完成为该公司在轻轨地铁项目方面积累了良好的经验，并在行业内创出了品牌，在轻轨地铁工程领域开辟了一片新天地。

（顾玉成）

【数字签名和工程图纸整合技术的应用】 “数字签名和工程图纸整合技术在CAD图纸档案管理中的应用”是天津市档案局与天津工程机械研究院、天津商学院共同承担的2002年国家档案局科研项目，获2004年度国家档案局科技进步三等奖。

项目研究的主要内容有：数字签名算法的研究，数字签名与工程图纸整合技术的研究，基于STEP标准提取产品工程图中相关信息技术的研究，数字签名与工程图纸整合技术在CAD电子图档软件中的应用研究等。数字签名和工程图纸整合技术是企业信息化建设的一个重要环节，并最终纳入企业的电子档案管理信息系统中。项目对数字签名技术、算法的机理、安全性等方面进行了认真的研究，从中分析出算法实现的关键：一是大素数的产生及存储，二是散列函数的选择和使用。在算法的软件实现中，对大素数的生成和一次模数的乘法逆运算都作了改进。为了将数字签名与CAD电子图档有效地整合起来，项目研究组利用编程语言和数据库技术编写了审查签名的软件模块，模块包括加/解密、签名及认证，这些模块也是电子图档信息系统中的基本模块。同时，根据STEP标准提供的产品结构定义框架和数据库的实现方法，项目小组在AUTOCAD软件平台上，开发了工程图纸明细表汇总系统，对CAD电子文档的工程信息进行筛选和图纸查询，可以有效地完成产品的材料汇总、项目和图纸管理。

该科研项目形成了两项研究成果：一是形成了一个具有128位密钥长度的数字签名系统，该系统可以完成公钥和私钥的生成、数字签名及认证，并将数字签名技术与工程设计的电子文档进行整合，实现了电子档案管理的四个安全目的，即机密性、认证、完整性和非否认性。二是开发了基于STEP标准的工程图纸明细表管理系统软件，可以对CAD电子文档进行有效的数据筛选、材料汇总、图纸查询和项目管理，引导企业深化CAD技术，促进电子档案管理和应用水平的提高。

该科研项目研究成果不仅具有一定的理论价值，还具有很强的实用性。面对国内众多的实施CAD应用工程的企业，该技术市场需求量巨大，具有广阔的推广应用前景。成果的应用可以使企业更好地进行设计自动化、管理信息化、档案电子化，使企业向信息化建设的更深层次发展。

（王绍惠）

【网络数字化视听档案馆的研究】 “网络数字化视听档案馆的研究”是天津市档案馆和天津七所信息技术有限公司承担的2002年国家档案局科研项目，获2004年度国家档案局科技进步二等奖。

网络数字化视听档案馆系统利用流媒体数字编码技术，设计开发出一套网络视听档案管理系统，由流媒体转播工作站将诸如录像机、VCD/DVD等电子节目源直接转播在直播服务器，流媒体采编机实时采集档案馆内的诸如培训、研讨会以及学术会议的会场情景，并存储在服务器上，服务器亦存储所有电子档案。这样，所有用户通过Internet即可查询电子视听档案，实现资源及用户的数字化管理。

该项目达到的技术要求包括：能同时支持四路音频和视频输入采集和数字压缩，在存储的同时可以在IP网络进行广播；满足多种带宽需求，根据不同带宽的Internet连接方式为不同客户提供不同速率的内容，适应范围从28.8k~3M可调；在直播过程中可以切换不同视频源，满足多方位、多角度的转播需要；用户以Web方式访问直播或点播声像档案，栏目和节目清单动态生成；实现基于局域网的远程智能管理，提供一个集成的控制界面，能够对多台编码机进行统一控制，使管理员能够通过管理工作站以定时的方式，方便地实现启动、停止远程编码机上的转播进程,对节目质量进行调整,对节目带宽进行定制等功能。

该项目的研究成果可以直接应用于档案管理等领域。将现有的传统模拟音视频资源信息和卫星广播电视节目转换成数字信息,达到在网络上存储、编辑、发布、直播和应用的目的。传统的档案馆和计算机数字化技术的结合使档案馆的作用和意义今非昔比,而和宽带网络技术、流媒体网络音视频技术的结合,又使档案馆在资源开发和利用上产生质的飞跃。能够多方位、多角度地将多种电子档案信息在专用网甚至 Internet 网上直播,将档案馆的概念扩展到了整个城市和世界的每一个角落,使不在馆内的利用者,通过网络就可以获得全方位的档案信息内容,同时将所有内容存储在服务器中,利用者可以在任意时间点播利用。

该项目的研究成果为加速宽带信息内容建设和服务提供先进的高科技含量的应用平台,带动政府、企业信息化,拓宽新兴的数字媒体制作、数字媒体数据加工、数字化传媒行业和宽带网络服务业的发展。

（王绍惠）

【非接触 IC 卡综合型自动售货机】 由天津市轻工装备研究所王连冬、高世淼、曲和平、张永泓、初绍刚等研制的综合型自动售货机(非接触式 IC 卡),是一种集光机电于一体化的高科技产品,主要采用了微计算机系统与非接触式 IC 卡的通讯技术、对非接触式 IC 卡的控制技术、微计算机系统对自动售货机机械动作的整体控制技术、人机界面的控制技术、销售数据的记录和处理技术等。可实现 24 小时全天候自动售卖小商品、小食品及听装饮料。

该售货机主要创新点为:1. 在同一机柜内采用了不同机械结构的存储/输出装置,可实现售卖 18~36 种不同规格、不同品种的小商品和 6 种听装饮料。2.采用非接触式 IC 卡技术,实现商品的无币交易且价格可精确设置。3.新型微电脑控制器采用了模块化的设计,使功能得到进一步升级,多种软件的采用解决了以往售货机易死机、记忆数据丢失的难题。4.采用定时控制装置实现了对照明、制冷等电路的自动控制。

这种自动售货机以其灵活、方便、快捷、卫生的购物方式受到消费者欢迎。24 小时全天候自助购物打破了传统的购物习惯,可使用在学校、车站、商场等公共场所,方便了消费者购物,满足了购物者的需求。该项成果获 2003 年度天津市科技进步三等奖。

【金融交易系统(FTS)及储蓄事后监督系统】 天津市普极科技有限公司于刚、刘玉亮、李作勇、陈小环、乔晓敏等完成的“金融交易系统(FTS)及储蓄事后监督系统”,开发出一个技术先进、功能齐全、通用、跨平台的具有开发金融业务功能的平台,同时开发出具有对全部金融前台业务进行自动监督、统计分析功能的事后监督系统和决策支持系统。FTS 系统的通用跨平台特色打破了进口系统专用不能跨平台的禁锢,适应了中国金融业务品种发展迅速、更新快的需求,实现了平台快速开发的市场急需;变人工事后监督为自动事后监督,监督范围涵盖了储蓄、会计、综合业务;其辅助决策支持功能,使事后监督从业务操作层扩展到了经营管理层和决策层。该系统设计思想先进、实用,具有创新性。

该系统已应用于中国银行天津分行、中国银行江苏分行、锦州和日照商业银行及天津市邮政储汇局。该项成果获 2003 年度天津市科技进步三等奖。

【基于 GSM 和 ISDN 的烟草销售移动支付系统】 该项目由天津市商业银行刘健、弓丽英、于强、郑宇明、孙鹏等完成。其采用最领先技术,在烟草行业开展移动支付业务,完成移动 pos 至银行主机前置系统的账务处理,设计了能适应多种账务处理与结算的方式;与账务主机的连接采用自行开发的 FASTLINK 中间件,具有完善的交易管理和控制功能;采用多级交易提交和恢复机制,自动处理交易异常中断,保证账务的准确性。安全标准达到 C2 级。

该系统在全国率先利用 GSM 网络和 ISDN 接入技术,实现全程数字信号传输,保障了数据传输的高速和高可靠性;在天津市首次实现了利用移动 POS 进行代收业务,不受地域限制;自行开发的 FASTLINK 中间件,在交易处理和管理上具有独创性;交易设计采用了多级提交和恢复机制,使账务处理正确率 100%;设计了 24 小时和非 24 小时的单机双运行系统模式。

该项目利用无线传输技术,实现移动支付“电子结算”方式,改变了传统 POS 定点代收的旧模式,为用户提供了方便、安全、快捷、非定点代收服务,推动了货币电子化发展进程,对银行拓展业务,提升对客户的服务,具有重要意义。

该系统已在南开支行、中国烟草天津二、三公司及塘沽、大港等地区投入使用，已有60多台移动POS用于非定点代收业务，解决了对销售散户上门用卡代收的问题,减少了资金和假币的风险。与传统POS相比,减少了通讯线路的投资,每年节约通讯线路月租费79.36万元。提供快捷的电子结算方式,每年可获收益652.16万元。该项目成果获2003年度天津市科技进步三等奖。

【智能化网络多媒体教学支撑环境及软件库】 该项目由天津大学何丕廉、孟昭鹏、孙学军、孙兵、王岚等研制完成。

为适应实施现代远程教育工程的需要，该项目开发了知识点网络课件编辑平台和智能导航学习系统；构建了基于CSCW的网上同步互动学习系统——虚拟教室和基于WEB的虚拟实验室；开发了流媒体课件制作工具，制作完成了163门,共7899学时的多媒体网络课件。其主要创新点为:1.理论创新:提出了意义连接观的理论和认知模型,在此基础上建立了模型,发表相关学术论文33篇。2.实践创新：开发智能导航学习系统和虚拟教室及虚拟实验室,实现了学习过程的智能导航,达到了真正意义上的师生同步;流媒体课件制作工具,具有课件生成、编辑和发布等功能;取得了课件点播系统计算机软件著作权,并申请发明专利1项,实用新型专利2项。

该项目组与企业合作，在天津大学网络教育学院等单位进行项目的实施与应用，并在全国十多个省市推广使用。使用该项目的教学单位在提升办学能力、丰富教学内容、节省教学费用等方面取得了成果。该项目获2003年度天津市科技进步三等奖。

【太平洋电信组织2004年中会议在津召开】 2004年9月14日~17日,由国家信息产业部、天津市人民政府和PTC理事会共同主办,天津市人民政府信息化办公室、天津新技术产业园区、太平洋电信组织年中会议委员会和迅龙通讯科技有限公司共同承办的“太平洋电信组织（PTC)2004年中会议暨PTC博览会和第九届中国(天津)信息技术博览会”(下称“一会两展”）取得圆满成功。会议围绕“中国——世界信息通信业的机遇和挑战”这一主题,重点研讨了中国电信业政策、电子教学的改革、电信业投资环境与资本运作、移动网络、电信综合发展、中国卫星宽带技术和广播服务的挑战、电子政务、软件发展趋势、公共网络与信息安全及传输及移动/无线通讯等信息通信业各个方面的问题。“一会两展”是天津市2004年举办的一次参会国家和地区范围广、来宾规格高、会展规模盛大的国际性会议。

（王 娟）

化学工业

【渤海化工集团公司科技进步简况】 2004年,天津渤海化工集团公司本着以科技项目实施带动技术创新工作的开展、进一步提高技术创新项目技术经济的实用性为原则，以重点抓一批近两年能产业化的中试或工试项目、加强技术创新与技术改造的结合、为招商引资和实施技术改造与实现产业化创造条件为目标,围绕集团公司“三五五三”奋斗目标和“一园四区”建设规划,组织实施了国家级、市级和集团级各类科技项目25项，其中市级技术创新项目18项,市科委重点攻关项目6项,天津市重大科技产业化项目1项。2004年鉴定验收18项,其中国际领先水平3项，这些项目共创产值3.1790亿元,实现利税5972万元。

1. 一批项目取得积极进展。天津碱厂承担的“2500m³/h海水循环冷却示范工程”项目,属国内首创,于2004年7月20日投入生产。其来水与回水温差大于10℃,有效地促进了天碱热季生产工作。海水冷却技术的应用既节约了淡水资源，又回收了海水中的盐分,降低了生产成本,具有广泛的应用推广价值。为发展天津海洋经济，充分利用海洋资源优势,长芦海晶集团公司和汉沽盐场与大专院校合作,共同开发了工业级二溴甲烷中试技术，改进了纳米氢氧化镁工艺技术,开发了氯化溴、特种型盐、晶体氯化镁、浆状氢氧化镁等新产品,这些产品及生产工艺均为国内首创,有的达到国际领先水平。天津化工厂承担的“PVC注塑专用树脂”项目从开发伊始就与用户共同合作,做到产品开发与市场开发同步。他们针对用户需求开发了ZS-85、ZS-75等PVC专用新型树脂,并实现了产业化生产。2004年生产PVC注塑树脂2万吨,增加销售收入1.6110亿元,实现利税2664万元。

2.围绕集团发展重点积极策划项目。天津碱厂搬迁是天津市政府确定的重点技术改造工程,2004年1月由天津市科委牵头,渤化集团组织,邀请国内知名专家进行了搬迁产品技术方案的论证。结合搬迁方案,渤化集团公司与天津大学、南开大学和五环工程公司洽谈了一碳化工科研项目的合作。其中有:与南开大学合作采用甲醇一步法技术进行1000吨二甲醚中试的攻关,与天津大学合作采用气相偶联工艺进行400吨碳酸二甲酯中试技术攻关,与五环公司合作开发聚甲醛新产品。这些项目均属国际先进水平,并列入天津市科委2004年重大科技攻关项目,为天津碱厂搬迁改造做好技术、项目的储备。

3. 渤化集团公司技术中心每年都上一个新台阶。在全国对314家国家级技术中心年度考评中,取得2003年第56名、2004年第22名的优秀成绩,在全国化工行业名列第一,创造了天津市国家级技术中心历年评比中的最好成绩。2004年,国家对2003年~2004年考评平均成绩在前50名的国家级企业技术中心颁发"国家级企业技术中心建设成就奖",该集团公司位居第29名。2004年,该集团公司连续第三年进入市优秀技术中心行列,集团所属8家市级技术中心有2家也进入优秀行列,其余6家都进入良好合格行列,是近几年市级技术中心考评中取得的最好成绩。

4.加强具有自主知识产权核心技术的开发。该集团公司始终坚持把加强具有自主知识产权核心技术的开发,作为技术中心研发的首要任务。通过核心技术的不断提升,使集团聚氯乙烯、环氧丙烷、环氧氯丙烷、低盐分重质纯碱、顺酐、苯酐、工程轮胎、新工艺炭黑等重点产品不仅在生产规模上处于国内同行业前列,而且在自主知识产权专有技术方面也处于领先水平。2004年,渤化集团申请专利46项,其中发明专利14项;授权专利20项,其中发明专利3项。

(周 蕊)

【高抗冲、纳米抗菌PVC树脂批量生产】 天津化工厂1.5万吨/年高抗冲、纳米抗菌PVC树脂项目,是2004年天津市聚氯乙烯树脂产品基地重点抓的技术创新重点项目之一。

该项目,进行了13.5立方米釜高抗冲、高流动性专用树脂放大试验和批量生产,进行加工应用性能研究及市场开拓工作。在辽沈型材、天津中科塑业等进行了小试产品应用和抗菌性能实验检测,产品技术水平达到国内领先。还进行了30立方米釜单釜工业化生产,全年产量5200吨,产值4000万元,利税460万元。

(齐宝琴)

【乳液法糊树脂生产工艺及DCS控制系统】 天津化工厂有两套PVC糊树脂装置,分别于1985年和1992年从日本三菱化成乙烯公司引进。该厂在引进项目时,日方并未将全部技术向用户公开,这就为消化理解工艺控制机理及DCS控制系统升级改造和新牌号树脂产品开发带来了非常大的困难。2004年,该厂新建1.5万t/a糊树脂项目,其工艺改进、配方软件的解密和控制过程软件的开发成为攻关的目标。项目的开发有4方面内容:

1.工艺技术方面:在原有2万吨/年EPVC糊树脂引进生产装置的基础上进行自有技术开发,增加1.5万吨/年糊树脂的生产能力,产品质量达到并超过原生产装置的水平,聚合釜单釜生产能力超过国际上相同釜型5000吨/年的生产能力。

2.DCS配方程序的结构和功能方面:能从人机界面接受操作人员针对不同牌号产品输入的配方数据并存储在输入数据缓存区,根据这些数据按指定的计算方法及指令进行配方计算,计算结果存放在DCS内部的计算结果缓存区,并返回到操作画面中进行确认;确认完成后通过按键操作将数据写入相应批次配方传输缓存区,启动相应程序将数据传输给相应的回路、程序设定器、数据存储器等,作为过程控制参数,在聚合反应过程中完成回路赋值、程序段控制、复杂回路控制、逻辑判断、操作指导等控制任务。

3.形成了以顺序控制程序为核心,结合配方计算与管理、SFC程序、复杂回路控制、人机操作界面构成的批量控制程序。

4.离线调试达到工艺操作要求,投运试车一次成功。该项目完全消化吸收了引进装置关键技术,通过改进工艺,提高了单釜生产能力,达到国际最高水平。它成功解密了配方程序,成功完成DCS控制软件的组态、调试和投运,形成了自有技术。该项目的成功摆脱了以往依赖进口的局面,节约DCS开发费用200万元。

每年1.5万吨聚氯乙烯糊树脂生产工艺2004年5月18日试投料一次成功,生产出合格产品。其增产项目提前完成,产品质量达到国内、国际先进水平。通过6~10月的试运行,主要指标均100%合格。单釜生产能力每年7800吨,超过目标值(5000t/a)。DCS控制系统运行稳定,安全可靠,操作灵活,完全符合工艺生产要求。

(王宝生、刘金刚)

【两项聚氯乙烯树脂项目通过国家发改委验收】 天津化工厂承担了国家级技术创新项目“系列新型聚氯乙烯掺混树脂开发及应用”和“聚氯乙烯球型树脂技术开发”的攻关任务。该厂经过几年的努力完成了这两个品种的工业化技术开发研制，并成功地应用于工业化生产，2004 年顺利通过了国家发展和改革委员会委托天津市经委组织的项目鉴定验收。

“系列新型聚氯乙烯掺混树脂开发及应用”项目采取独特的悬浮聚合配方和工艺，研制开发了均聚、共聚和高聚合度三种树脂，产品质量国内领先，工艺技术达国际先进水平。该树脂可改善增塑糊的流动性，提高制品硬度，回弹性好，且生产成本降低。该生产方法获国家发明专利。该产品经过小试、中试，已形成 1.5 万吨/年工业化生产能力，预期年产值 8755 万元，实现年利税 3245 万元，具有良好的经济效益。“聚氯乙烯球型树脂技术开发”项目通过氯乙烯悬浮聚合，采用了独特的复合分散体系与变速搅拌相结合，确定了合理的聚合配方及工艺技术，达到了卫生级球型聚氯乙烯树脂的指标要求。应用试验表明，在不改变配方和工艺参数的情况下，新型球型树脂比通用型树脂的干流性好，挤出速率高 10%~20%，产品质量国内领先，工艺技术达国际先进水平。该生产方法已申请国家发明专利。该产品在小试、中试成功的基础上已形成 2 万吨/年工业化生产能力，预期年产值 1.56 亿元，年利税 4207 万元，市场前景广阔。

这两项专用功能树脂的开发及产业化拓宽了聚氯乙烯应用面，优化了 PVC 产品结构，增强了竞争力，为该厂实现以品种求发展的规划目标奠定了坚实的基础。

（周　蕊）

【天津大沽化工公司技术创新简况】 2004 年 3 月，天津大沽化工股份有限公司紧紧围绕发展主题，成功改制为股份制企业，增强了企业活力和发展后劲。

该公司全年完成工业总产值 32.8 亿元，与 2000 年相比，各项主要指标翻了一番，提前一年完成了渤海化工集团公司确定的“十五”期间的目标任务要求。公司以国际先进水平为参照系，通过自主创新和在引进基础上的二次开发，增强了企业的核心竞争能力，提高了企业的总体技术水平和市场竞争能力。

2004 年，该公司承担的国家重点技术改造国债贴息项目年产 20 万吨聚氯乙烯项目，实现一次投料试车成功并顺利投产。公司狠抓内部创新，先后完成了烧碱蒸发节汽技术改造、聚氯乙烯精馏技术改造、聚氯乙烯热水入料新工艺、电解盐水改造等项目，使生产成本降低。公司利用自主开发技术进一步扩大聚醚多元醇的装置规模，增加产品新品种，提高了公司产品的整体竞争优势。公司根据自己的技术优势，不断开发主导产品品种，建立了专业售后服务团队，帮助用户解决技术难题，提升了企业的整体竞争能力。

生机勃勃的大沽化工公司

2004 年 11 月公司建成博士后工作站，研究开发在国内外都处于领先水平的丙烯直接氧化制环氧丙烷新工艺。该绿色环保新工艺，可降低废水、废渣的产生。该工艺研发成功可使公司在未来的环氧丙烷市场竞争中掌握主动权，对全国环氧丙烷的生产将产生深远的影响。在世界权威管理杂志《剑桥制造评论》独家编制的 2004 年中国 1000 大制造商排行榜中，天津大沽化工股份有限公司名列 454 位。

该公司将采用世界先进技术，在临港工业区内建成北方地区国内领先、世界一流的综合性大型石油化工产品生产基地。主要产品 SM、PS、ABS 将填补天津市空白，减少对进口产品的依靠，提高区域经济在全国的竞争能力。具体规划项目包括：55 万吨 SM 装置、20 万吨 PS 装置、30 万吨 ABS 装置、40 万吨 VCM 装置、30 万吨 PVC 装置、26 万吨离子膜烧碱装置。整个新装置区预计占地 200 万平方米，投资 80 亿元，形成 100 亿元年产值，完成年销售收入 100 亿元，年上缴税金 10 亿元。

（王昭然）

【20 万吨 / 年 PVC 扩产项目投料试车成功】 天津大沽化工公司 2003 年开工建设的国家重点技术改造国债贴息项目——年产 20 万吨聚氯乙烯项目于 2004 年底前实现一次投料试车成功并顺利投产。其中与其配套的大空分装置于 2004 年 7 月投入正常运转。该项目的投产，使公司聚氯乙烯总产能达到了 50 万吨/年，为天津市建设百万吨聚氯乙烯生产

基地做出了积极贡献。

（王昭然）

【烧碱蒸发节汽技术改造项目完成】 2004年3月开始的天津大沽化工公司烧碱蒸发节汽技术改造项目于2004年11月顺利完工。通过设备及工艺改造，通过较少的资金投入，使烧碱蒸发装置实现了由三效四体到三效顺流的质的飞跃。烧碱蒸发耗气达到了3.49吨/吨，全年节约资金153万元。

烧碱大顺流装置一角

（王昭然）

【天津长芦海晶集团有限公司科技工作简况】 2004年，天津长芦海晶集团公司狠抓重点技术创新项目，促进了集团公司科技工作的全面开展。

2004年，该公司不断加强市级、集团公司级及公司级技术创新项目的实施管理、协调与服务等工作，有效促进了各个项目的顺利开展。公司全年完成新产品产值2306.03万元，科技投入995万元，科技投入率3.34%，超额完成渤化集团下达的新产品产值2000万元、科技投入率3.3%的承包指标。

该公司技术中心成立于2000年10月，2004年不断改革和完善，形成了多专业、多职能相对集中的技术中心组织模式，各项工作更加规范、合理。该公司2004年度共进行了17个科研项目的开发研究，开发研制了多个具有良好经济效益和社会效益的新产品、新技术、新设备项目。其中3个项目为2004年度市级技术创新项目，各项目均按计划取得实质性进展。

（刘晓惠）

【500吨/年工业级二溴甲烷中试项目】 天津长芦海晶集团有限公司承担了天津市科委攻关项目“500吨/年工业级二溴甲烷中试”的工艺技术开发工作，2004年9月22日~10月4日进行了项目查定，工艺设备运行正常，已通过市科委组织的项目鉴定验收。该项目开发了以二氯甲烷为原料一步法合成二溴甲烷的新型技术路线，反应过程采用逆流和低温冷冻技术，产品收率高、成本低，有效地改善了操作环境，工艺技术先进合理，产品质量达到国际同行业领先水平。该项目采取产学研联合开发方式，实现项目高起步、速度快，完成了500吨/年中试线的建设和试验，为该产品产业化生产奠定了技术基础，产出的合格工业级二溴甲烷产品，填补了国内空白。该项目达产后，可实现年产值1500万元，年利税500万元。该项目的成功开发将改变二溴甲烷依靠进口的现状，对国家发展广谱、高效、低毒、低残留农药，促进农业生产的发展具有重要意义。

二溴甲烷生产现场

（刘晓惠、周 蕊）

【新型高效氯化溴100吨/年中试完成】 天津长芦海晶集团有限公司承担了天津市科委攻关项目“新型高效氯化溴100吨/年中试技术”的研制开发，2004年4月底，完成试车工作，生产出合格产品，已通过市科委组织的鉴定验收。该项目研制发明的低温一步法合成氯化溴技术，与国外同类工艺技术相比，具有流程短、投资低、控制点少、运行成本低、操作安全等特点，该工艺技术属国内首创，处于国内领先水平。氯化溴是一种新型高效溴化剂，具有反应速度快、氧化程度完全、选择定位性高、对金属腐蚀性小等优良特性，用途广泛，该产品的开发填补了国内空白。对于解决中国溴衍生物品种少、附加值低等问题，推动沿海地区海洋化工高新技术产业的发展意义重大。为了给该项目后续产品开发作准备，以氯化溴为原料的下游产品的相关调研工作已经启动。

氯化溴中试现场

（刘晓惠、周　蕊）

【气态膜提溴项目通过鉴定验收】 天津长芦海晶集团有限公司与天津市海水淡化与综合利用研究所共同开发的“10吨/年气态膜提溴中试项目”于2004年1月17日通过国家科技部及天津市经委的鉴定验收。

该项目是国家“十五”重点科技攻关项目，采用产学研结合方式，与天津海水淡化研究所合作，利用气态膜法新技术改造原有的卤水资源利用率低、溴产品成本较高的传统吹溴生产工艺。该课题突破了膜规格的研究与组件制造技术、气态膜的污染控制技术及气态膜法提溴工艺的优化等关键技术，在国内外首次实现了10吨级气态膜法海水卤水提溴技术，达到了国际领先水平。该课题形成的技术成果，对于解决中国溴产业面临的资源危机、增强溴产业竞争力和保持可持续发展方面具有重大意义。

年产100吨级示范工程项目建设已启动。2004年9月22日，海晶集团公司与天津海水淡化所签定了“100吨/年气态膜法海水(卤水)提溴示范研究”项目技术开发委托合同。随后进行了项目前期报件及土建相关设计等工作。

（刘晓惠）

【长芦海晶集团取得压力容器设计资质】 天津长芦海晶集团有限公司的压力容器设计资质证书2003年9月到期，需更换新证。2003年年中至2004年，海晶集团公司技术中心为该资质换证做了大量前期准备工作，购买了压力容器设计相关的最新计算软件、电子图版及有关图书资料等，并积极与上级主管部门进行接洽，2004年3月5日通过由市质监局组织的专家审查，4月28日取得了压力容器设计证书。

（刘晓惠）

【海水提取硝酸钾项目通过鉴定验收】 天津长芦海晶集团有限公司与河北工业大学等单位共同开发的“海水提取硝酸钾新技术研究项目”，已完成200吨/年中试，并于2004年1月17日通过国家科技部及天津市经委的验收。项目实施后，可实现年产值2900万元，年利税535万元。

该项目是国家“十五”重点科技攻关项目，采用产学研结合方式，与河北工业大学、天津市海发工程研究所合作实施。项目完成并突破了沸石法海水钾高效富集、萃取结晶法分离硝酸钾和氨回收等关键技术，形成了完整的沸石法海水直接提取硝酸钾技术。项目整体技术水平为国际领先。

该项目万吨级产业化示范工程的相关设计工作已开展。2004年1月~8月，先后进行了方案制定、相关设计、设备测试及关键技术试验等工作，并于8月底编制完成“1万吨/年海水提取硝酸钾示范工程”项目可行性研究报告。10月21日正式成立设计组开始项目设计。该项目将实现年产值1.6亿元、年利润3600万元。“万吨级海水提取硝酸钾示范工程”被列入2004年天津市重大高新技术产业化项目计划，当年获得60万元财政补助资金的支持。

该项目的开发研究提供了一项具有市场竞争力的硝酸钾生产技术，为解决中国陆地钾资源短缺，实现优质无氯钾肥自给开辟了一条新途径；为中国海洋化工行业产品调整，提升纯碱、氯碱、海水制盐及盐化工传统行业的技术经济水平，形成海洋化工新兴产业提供新的技术支撑；为海水淡化后浓海水的综合利用，提高综合效益提供新的技术途径。该项目具有良好的社会和经济效益。

（刘晓惠）

【高纯溴化氢项目完成中试】 天津长芦海晶集团有限公司“年产500吨高纯溴化氢中试”是天津市市级技术创新项目。该项目采取产学研结合方式，解决了从小试扩大到中试过程中的一系列技术难题，完成了工艺技术研究及全部工程施工和设备调试，完成了中试研究。该项目开发了全新的合成法生产高纯溴化氢的技术路线，技术先进合理，达到国内领先水平。它的成功开发不仅可使企业原有的氢溴酸产品实现系列化，降低生产成本，提高产品品质，提高市场竞争力，为企业进一步调整产业结构做出贡献，更重要的是高纯溴化氢的制得，为下游产品的开发搭建了高效原料“平台”，抢占了溴系列深加工产品开发的制高点。项目达产后可实现年销售收入 1300 万元、年利税 600 万元。截至 2004 年底实现产值 348.4 万元，利润 109.0 万元。

（刘晓惠）

【600 吨 / 年 1- 溴丙烷中试项目】 天津长芦海晶集团有限公司与华北工学院合作，以产学研结合方式共同进行“600 吨/年 1-溴丙烷中试项目”的开发研究。该项目 2004 年一季度完成工艺设计及土建等配套设计，3 月与华北工学院签订了技术开发合同，7 月初动工，随后进行了设备安装，已具备试车条件。该项目建成达产后可实现年产值 900 万元，年利税 400 万元。

该项目产品 1-溴丙烷是灭线灵等农药合成的原料，而该农药是国家加大力度发展的生物农药，同时 1-溴丙烷也可用于丙硫咪唑，丙磺舒等药物的合成和 Grignard 的制造。国内 1-溴丙烷生产厂家全部采用正丙醇与氢溴酸反应路线，产品质量低、成本较高、设备腐蚀严重，并且对环境造成很大的污染。1-溴丙烷是以高纯溴化氢平台为基础，以丙烯为原料生产的。其工艺简单，易操作，成本低，设备腐蚀小，无环境污染，具有很强的市场竞争力。该产品填补了国内高质量溴丙烷的空白，可出口创汇，具有很好的社会及经济效益。

（刘晓惠）

【浓海水制浆状氢氧化镁中试研究】 天津长芦海晶集团有限公司与天津海水淡化与综合利用研究所合作，进行了“浓海水制取浆状氢氧化镁 100 吨/年中试项目”的开发研究。双方于 2004 年 4 月签订技术开发委托合同，随后进行了土建、设备等相关设计工作。8 月初完成土建施工和设备安装后开始试车，并生产出近 2 吨产品。9 月开始进行不同浓度海水提取氢氧化镁试验，生产出 20 吨产品。

该产品是被誉为“绿色环保产品”的浆状氢氧化镁，在中国尚属于空白。浆状氢氧化镁产品在治理水污染和大气污染方面具有举足轻重的作用，具有巨大的潜在市场。对该工艺进行中试研究并开发浆状氢氧化镁产品，不但可以为生产企业带来明显的经济效益，还可带动相关环保产业的发展，有利于大气及水资源污染的治理，社会效益显著。

（刘晓惠）

【天津碱厂向保税区供热工程运行供汽】 向天津港保税区供热是天津碱厂融入区域经济，实现可持续发展的一项重要工程。该工程于 2004 年初启动，7 月 20 日向天津港保税区输送优质“红三角”牌蒸汽。该工程建设规模为两条直埋和架空相结合的蒸汽管线及其配套设施，一条 PN2.5MPaDN350，全长 1.02 万余米，一条 PN1.3MPaDN350，全长 7600 余米。其中地下敷设 2900 米，其余为低架。工程概算投资为 7700 余万元。供热区域为天津港保税区“TPCO”工业园和新技术工业园区。

这项工程路线长而路况复杂，国内现有技术标准规定供热管线直埋长距不超过 1000 米，超过 1000 米的，国内尚无技术标准和成功案例。该工程创造了 3 项全国供热技术之最：供热管达到 PN2.5MPa，创全国中压汽压力输送之最；供热管线长达近 11 千米，创全国之最；供热管线长距离直埋管线为 2900 米，创全国之最。

该项目建成后，可常年为天津港保税区提供近 100t/h 蒸汽，计划到 2006 年底达 290t/h 的总规模，年经营收入可达 1.5 亿元。

（天津碱厂）

【天津碱厂电站锅炉氨法脱硫项目投入运行】 2001 年，天津碱厂在 4 号高压炉采用氨法脱除烟道气中的二氧化硫，建设了全国第一套 60 万 m^3/h 的示范工程。该项目于 2004 年 8 月与 4 号高压锅炉同时投入运行。

该项目采用氨为脱硫剂进行烟气脱硫，副产品硫酸铵。该脱硫工艺以氨水为吸收剂，吸收、浓缩、氧化、脱水、除雾在一座脱硫塔内一次完成，出塔液为 13%浓度的硫酸铵溶液，再经过浓缩、结晶、分离、干燥等过程，生产出氮含量大于 20%的副产品硫酸铵化肥，实现了经济、社会效益“共赢”。该项目已申报国家专利。

（天津碱厂）

【新型立体传质塔板为国际首创】 该项目由河北工业大学李春利、李柏春、刘继东、吕建华、张文林等完成。该项目研究了立体传质塔板的基础理论，开发出新型分离技术与设备，其处理能力、操作弹性、效率等方面较传统技术有较大突破，实现了分离过程的高能、高效、节能、环保。

项目主要创新点：新型立体传质塔板CTST结构新颖,属国际首创,性能优越,达到该领域国际领先水平;首次获得了塔板空间持液量的关联式;首次得出了塔板罩内压力的分布规律及影响因素；研究了液体提升量的影响因素，建立了液体提升量数学模型,能较好地预测塔板的液体提升量。

新型立体传质塔板推动了板式塔技术的发展，填补了国内空白,已广泛应用于石化、化工、制药等行业中。截至2004年,已推广到全国20多个省市，涉及的大中型企业达数十家，应用的塔器200多座(套),创造的经济效益超过10亿元。它的应用,解决了许多企业扩能改造中遇到的难题，使生产过程达到优质、节能与低排放的目标,带来的社会效益十分明显。该项目获2003年度天津市科学技术进步一等奖。

【高效精馏塔技术及应用获市科技进步一等奖】 该项目由天津大学余国琮、张鹏飞、许春建、朱慧铭、李凭力等完成。

精馏是应用最广泛的工业分离技术，适用于几乎所有挥发度不同组分的混合物分离，是炼油、石化、化工等过程工业中普遍应用且尚不可替代的主要分离手段,已经成为通用、首选的分离方法。虽然精馏技术问世已100多年,但其节能、增效的研究始终为企业和学术界普遍关注。精馏技术的研究在工程技术与科学上具有重要的意义。

该项目从精馏过程与设备的设计、工艺流程与操作方式、新型塔填料及其构件的加工与制造工艺四个方面进行研究与开发，建立了采用新型规整填料的高效精馏塔技术。

项目主要创新点：建立了考虑流体流动与扩散的非对称、非平衡传质模型,利用不同比表面、倾角等规整填料结构参数，使塔内极限负荷趋于均匀的优化设计方法；建立了中间冷存料的新分批精馏工艺及操作模式的可脱除高波动负荷瓶颈的冷回流工艺;开发出低阻力、高效率的新型折峰规整填料;研制出具有微机控制、变频无级调速、光控自动进料、开孔和冲压一次完成、自动定长分切的规整填料自动生产线,提高了加工精度;研制出规整填料整体预组装加工工艺。

该技术使工业精馏过程的技术经济指标显著优化，有力地推动了中国工业精馏分离技术水平的整体提高,促进了行业科技进步,使中国精馏领域的科研在国际上占有一席之地。该成果的应用创造了巨大的经济效益。该项目获2003年度天津市科学技术进步一等奖。

【高浓缩倍率冷却水处理技术】 “高浓缩倍率工业冷却水处理技术及智能化在线(远程)监控系统”项目由天津化工研究设计院郑书忠、彭树森、程峰、孙元杰、王恩祥等完成。

该项目的开发内容:2000吨/年示踪型阻垢分散剂的生产装置建设;烷基环氧羧酸缓蚀阻垢剂、高效杀菌剂、聚丙醚二胺四甲叉膦酸中试装置建设;智能化在线(远程)监控系统的研制;示范工程建设。

该项目合成了具有特定检测波长的示踪型阻垢分散剂,研制成结构创新的高效杀菌剂,实现了在线自动监控装置的智能化。

已累计销售总价值为1400万元的该产品及自动监测装置，在12家企业推广应用后，累计节水2305万吨,减少排污水量2305万元,取得经济效益3910万元，促进了水处理剂的国产化进程。据对3家企业统计,节省进口药剂费近1000万元。

该产品和技术具有很强的竞争力和广阔的产业化前景。在中国工业系统推广后每年将节水50亿吨以上,节支数亿元。该项目获2003年度天津市科学技术进步二等奖。

【腈纶聚合物造粒剂的研制与开发】 该项目由天津工业大学高新技术实业公司郑帼、刘燕军、周存、徐进云、魏俊富等完成。

干法腈纶纺丝特点是聚合物的干燥能力不足，干燥能耗大,生产效率低,粒子容易破裂,造成很大粉末浪费,同时影响干燥效率。其风道中积累的大量粉末存在爆炸的隐患,并严重污染生产环境。该项目组从中国腈纶企业的实际情况出发，自主研制出腈纶聚合物造粒剂,解决了这些问题。

该项目在造粒过程中加入表面活性剂，以降低水与腈纶聚合物之间的界面张力，使表面活性剂在腈纶聚合物的表面形成吸附膜，从而使水迅速进入聚合物之间。水分子的凝聚力使聚合物快速成型,减少了水的用量，节约了干燥能源，改善了粒子的成型,增加了粒子强度,减少了在烘干过程中聚合物粉末的产生,减少对周围环境的污染,还可节约丙烯腈原料,减少了安全隐患。

项目主要创新点：在国内率先研制出干法腈纶造粒剂,填补了国内空白。所需造粒剂用量小,而效果显著。而该课题研制出的系列产品,也可用于湿法腈纶生产,替代进口湿法造粒剂。该项目研制的造粒剂可针对企业生产对粒子的要求,进行配方调整,以达到最佳的使用效果。

该系列产品在2001年~2003年8月共新增利润217万元，新增税收19.41万元。该项目获2003年度天津市科学技术进步二等奖。

【高档有机颜料红179生产工艺】 该项目由天津理工学院李绍武、郑嗣华、李梅彤、温同生、于景明等完成。该项目产品为大分子结构,技术要求高,可形成不同性能的系列产品。采用的生产工艺依据应用性能的要求,对合成产品进行颜料化。其单元工艺可在不同剂型产品中单独使用或组合使用，以达到所要求的效果。

项目主要创新点：制成了应用性能不同的系列商品;探讨了对颜料品种实施特定的表面处理,增加或赋予新的应用性能；研制了颜料化关键工艺技术及特定设备；开发出应用水相反应替代有毒溶剂相反应;开发了关联交叉法的颜料化工艺;在经特殊工艺处理的无机盐和树脂酸作用下，得到具有高度釉光的特别颜料。

该项目已建成年产100吨的生产线。项目的建成打破了国外的垄断格局，促进国内颜料行业的技术发展,也扩大了天津市产品的出口创汇能力。它的建成降低了汽车行业的生产成本，并为在传统工业中实现高新技术成果转化探索了一条途径。该项目获2003年度天津市科学技术进步二等奖。

【长效防污闪涂料成为全国电力系统知名产品】 室温硫化硅橡胶(RTV)长效防污闪涂料是一种可以大幅度提高电力设备绝缘水平的技术产品。其技术特点是:具有憎水性和憎水迁移性,在雨、雾、露、雪等恶劣气候条件下，涂层表面不会形成连续的水膜而构成沿面放电通道；可以延长设备的维护和清扫周期5年以上,实现设备的少维护和免清扫;可以提高外绝缘设备污闪电压200%。国内应用RTV长效防污闪涂料的各电网,均未发生过各类污闪事故,对保证电力系统安全运行发挥了显著的作用。

在全国同类产品中，天津市电力科学研究院的外绝缘长效防污闪涂料开发最早、运行时间最长、销售量最高。到2004年,产品已经遍及全国20多个省(市)和自治区,并应用于1000多座各种不同电压等级的变电站和输、配电线路,已成为全国电力系统知名产品。天津市电力公司与清华大学经过多年的合作研究，已形成了一整套具有国内领先水平的应用技术。这项科技成果形成的系列产品和成套应用技术,获得中国电力科学技术进步奖和2000年度天津市科学技术进步二等奖。

（张力晨）

【低温催化合成双环戊二烯改性不饱和聚酯树脂】 “低温催化法合成双环戊二烯改性不饱和聚酯树脂”是天津合材树脂有限公司自行开发的新产品,2004年研制成功并通过天津市科委组织的新产品鉴定。

该项目采用自行开发的两步催化工艺，降低了反应温度,减少了副反应,利用低纯度的双环戊二烯生产出高品质的不饱和聚酯树脂，大大降低了生产成本,生产工艺为国内外首创。树脂的色泽、透明度、储存稳定性、制品机械性能等综合性能指标达到国内领先水平。产品适用性强,应用领域宽,得到国内外用户的一致认可。2004年该产品试产3120吨,销售收入3744万元。

（周　蕊）

【华士公司完成两个技术创新项目】 华士公司的“芳纶用高品质间苯二胺技术的研究及应用”和“热压敏染料中间体DBMAP的研究”是天津市技术创新计划项目,2004年完成了项目计划全部内容,并通过了市科委、市经委共同组织的鉴定验收。

“芳纶用高品质间苯二胺”产品采用自行研制的精制提纯助剂和精制新工艺,有效地去除了氯、铁、钠、铬等离子,使产品纯度达99.97%,高于国外同类产品水平；该公司自主开发的复合型防氧化剂和独特的防氧化包装技术,使产品保存6个月不变色,处于国际领先水平。该产品填补了国内芳纶生产原料的空白。2004年该产品试产782吨，销售收入达2970万元。

华士公司采用自主开发的催化剂和催化反应新工艺制备热压敏染料中间体DBMAP新产品，填补了国内空白。该生产工艺具有过程简单、投资少、操作条件温和、易实现工业化等特点,工艺技术达到国际先进水平。该产品的研制成功为中国热压敏染料的生产和发展提供了原料保证,市场广阔,具有较好的经济效益。

（周　蕊）

【天津国际轮胎橡胶公司以出口带动新品开发】 天津国际轮胎橡胶有限公司为适应国外市场需求,不断开发科技含量高、产品附加值高、符合公司发展战略要求、既有规模效益又有品种效益的产品。每年至少开发投产20余个新产品投放国际市场。"天力"牌巨型工程轮胎荣获天津市名牌产品称号。27.00-49巨型工程机械轮胎荣获天津市科技成果一等奖、国家"九五"科学技术进步成果奖。2004年"天力"牌工程轮胎荣获天津市"最具有影响力品牌"称号。该公司可生产包括装载机胎、铲运机胎、平地机胎、矿用自卸车胎、沙漠胎、港口胎、林业胎、农业胎、光面胎、高漂浮农业胎、高漂浮林业胎系列、小工业胎系列等12大系列产品,150余个规格,85种花纹类型,1300个品种。规格品种之全居全国首位,大巨型工程轮胎的产销量居国内第一位。

该公司已经形成独有的技术创新体系，是国内系列化生产工程轮胎的主要厂家，也是世界上为数不多的能系列化生产巨型工程轮胎、特种轮胎的企业之一。该公司生产自卸车胎、沙漠胎、林业胎、港口胎的技术和产品质量国内领先，市场占有率居全国首位。1989年以来,公司连续15年被评为"外商投资先进技术型企业"。公司还被授予"2004~2005年度中国市场知名品牌、质量、信誉、服务、用户满意单位,轮胎制造业十大明星企业"的光荣称号。

（周　蕊）

【压敏型自愈合非硫化橡胶防水材料通过鉴定】 天津市橡胶工业研究所亚腾达橡胶制品发展有限公司研制开发了压敏型自愈合非硫化橡胶防水材料,2004年通过天津市经委组织的新产品鉴定。

建筑防水问题是影响施工质量的关键问题,特别是冬季防水施工是该领域一大难题，压敏型自愈合非硫化橡胶防水材料的开发突破了这一难关。产品可在-14℃下正常防水施工,提高了对环境的适应能力和安全环保性能,具有独创性,是防水材料生产和施工领域的一项突破，在全国同类产品中具有独特的优势。

该产品采用了特殊配方和生产工艺，产品质量稳定,具有极好的粘结性、延伸性、耐霉性和耐腐蚀性,并有良好的自愈性和抗老化性。该产品为国内首创,填补国内空白,具有自主知识产权,已申报国家发明专利。该产品在天津市地铁一号线、奥林匹克体育中心、泰达市民广场等多项大型重点工程中使用,得到用户的一致好评,已在国内建设行业推广使用。

（周　蕊）

【气调贮藏设备技术开发】 该项目由天津市森罗科技发展有限责任公司郭晓光、宋传铭、李百荣、管大勇、刘吟笙等完成。该项目是根据中国经济发展的趋势和已加入WTO、各地已经开始建设各种类型的气调贮藏保鲜库的形势而立项的。这种气调贮藏设备,是由中空纤维膜制氮机、二氧化碳脱除机、库气检测控制系统及便携式氧气和二氧化碳检测仪组成的。

项目主要创新点:1. 制氮机性能价格比优于国外同类产品;2.CO_2脱除机采用先进的脱除工艺及过程控制技术;3.便携O_2和CO_2检测仪把测O_2和CO_2气体浓度的两种仪器整合成1台,轻便实用;4.库气自动检测控制系统的气体检测具有与便携O_2和CO_2检测仪相同的特点。该设备采用了中文WINDOWS界面和MCGS组态软件，具有非常好的人机交互、数据处理、报表、控制、网络通讯和安全管理等功能。彩色动态流程显示清晰,操作使用方便。该项目综合技术水平达到国际先进。

该气调贮藏设备已在全国15个省、市、自治区应用,贮藏果品比采摘时增值3~10倍,而且建库的数量每年成倍增长，取得了良好的经济效益和社会效益。该项目获2003年度天津市科学技术进步二等奖。

【天津石化公司企业技术中心建设健康发展】 中石化天津石油化工公司技术中心建设工作不断创新和完善,共开展79项科研开发项目,其中2004年新开科研开发项目46项，结转2003年科研开发项目33项。产学研项目16项,中长期项目12项,当年完成38项，其中23项达到国内先进以上水平。2004年被批准为国家级企业技术中心。

该中心信息化建设发展较快，建立了千兆以上主干网络基本框架,网络已经联通公司机关和各二级单位的办公区及绝大部分装置。开发的浪潮财务系统、OA办公系统、人事档案系统、生产调度系统等多个信息系统投入了运行。该中心开发出一批新技术新产品新成果，申请 8 项专利，获授权发明专利 5 项，一批拥有自主产权的核心技术取得新的突破。开展产学研合作，通过将企业外部资源优势内部化，实现企业开发能力的聚集，先后与大专院所共建 6 家研发机构。该中心有 2 项科技成果获集团公司科技进步奖，4 项科技成果获天津市科技进步奖，1 项科技成果获天津市技术发明奖，1 项科技成果获北京市科技进步奖，此外还评出公司科技进步特等奖 1 项，一等奖 3 项，二等奖 8 项，三等奖 9 项。

（梁会东）

【天津石化公司不断调整产品结构开发新产品】 2004 年天津石化公司开发和生产了 ECDP 短纤维、十字形涤纶短纤维、水溶三叶形涤纶短纤维、正三角涤纶短纤维、PTT 涤纶短纤维、中空 ECDP 纤维等差别化功能纤维产品。开发生产出抗冲共聚聚丙烯注塑专用料等树脂、线型聚乙烯滚塑专用料、线型低密度聚乙烯注塑专用料、线型聚乙烯己烯共聚重包装袋专用料、共聚透明聚丙烯、高刚性均聚聚丙烯注塑专用料等产品，均具备工业化生产条件。聚合物多元醇 TPOPL-43 被列入 2004 年度国家重点新产品计划，成为主要聚醚生产品种之一。更高固含量的聚合物多元醇 TPOPL-46 也实现大批量生产。差别化纤维率为 24.32%，比 2003 年提高 2.82 个百分点，树脂专用料比率为 74.22%，比 2003 年提高 28.95 个百分点。

（梁会东）

【甲苯歧化与烷基转移催化剂工业试验成功】 天津石化公司 HAT-97 甲苯歧化与烷基转移催化剂工业试验项目，是 2004 年天津市聚氯乙烯树脂产品基地重点抓的技术创新重点项目之一。该项目在小芳烃联合装置的 12.5 万吨/年甲苯歧化单元上开展了高空速、低氢烃比的 HAT-097 甲苯歧化与烷基转移催化剂工业试验。与已工业化的 HAT-095、HAT-096 催化剂相比，该催化剂在提高空速和原料加工能力方面，特别是在不更换反应器装置前提下，平均转化率达 45.8%，可扩大负荷，实现扩能生产。该催化剂性能、技术均达到国际领先水平。依据试验结果，该催化剂已成功在大芳烃联合装置上应用，只投资 4000 万元，投资成本仅为新建装置的 1/4。对二甲苯生产能力由 25 万吨/年提高到 30.2 万吨/年，年可新增产值 4 亿元。

（齐宝琴）

【三井工艺优化和操作优化】 该项目是天津石化公司与华东理工大学合作于 2004 年完成的。项目针对三井工艺对二甲苯(PX)氧化反应过程的特点，建立了三井工艺 PX 氧化反应过程宏观动力学模型、反应釜顶部脱水塔模型、反应器中醋酸与 PX 燃烧损失模型、4CBA 软测量模型，以及反应器中泡沫层高度模型。基于这些模型，采用智能优化算法，实现了工业装置生产操作条件的优化，并进行了最大生产负荷分析，取得了年净创 1470.38 万元利润的直接经济效益。该项目得到了国家自然科学基金、国家“973”项目、“十五”国家“863”项目的资助。该成果可直接推广应用到国内其他各类大中型 PTA 装置中，已形成了具有中国自主知识产权的专利技术。

（梁会东）

【国产纤维毡代替进口生产熔体滤芯】 该项目是中石化集团公司的重点科技项目。2004 年，该公司与西北有色金属研究院合作，系统地研究了影响不锈钢纤维可纺性的电、磁、相变、表面摩擦系数等各种因素，采用集束拉拔法制备不锈钢纤维，采用气流法铺制不锈钢纤维毡，在年产 2 万平方米的工业装置上生产的不锈钢纤维毡具有柔韧性好、易波折、渗透系数高、纳污量大等特点，并提高了纤维毡成品率。本项目首次将不锈钢奥氏体-马氏体的相变原理应用于纤维毡的制备过程控制，提高了成网的成品率。该项目采用了加压低温烧结的新技术，优化了不锈钢纤维的长径比，用不锈钢纤维毡，通过覆网波折、收口及焊接等工艺，批量生产了聚酯熔体过滤用滤芯。其滤芯采用多波面结构波折形状达到“R”型，提高了有效过滤面积，经聚酯生产装置应用，使用性能达到和超过国外同类产品水平，整体技术达到国际先进水平。

（梁会东）

【涤纶异形短纤维研制成功】 异形截面的纤维与天然纤维或其他常规纤维混纺时，通过原料组合使用优势互补，使面料性能更胜一筹。中石化集团公司 2004 年完成的涤纶异形短纤维研制首次建立了多孔数异形截面纺丝动力学数学模型，设计制造了三叶、正三角及扁平丝等异形喷丝板，设计研制了适合于异形短纤维纺丝的冷却成形装置。采用这些技术在工业化装置上生产出三叶、正三角及扁平丝等异形纤维,三叶形纤维的异形度达到60%以上,扁平丝的长宽比达到5:1以上。产品质量指标达到并部分超过国际同类产品水平，纤维纺织后加工性能良好,满足用户使用要求,项目总体技术达到国际先进水平。

（梁会东）

【己烯共聚拉伸缠绕膜专用料研制成功】 DFDA-9030是一种高强度拉伸缠绕膜专用树脂,它具有拉伸强度高、耐撕裂性及抗穿刺性能优异、透明性突出等特点。生产DFDA-9030是国产己烯首次应用于气相聚乙烯冷凝工艺,2004年天津石化公司针对共聚单体由丁烯到己烯的改变进行研究，从原料精制到聚合反应的控制、原粒树脂脱气、造粒等各个环节,摸索出整套技术参数。专用催化剂的研制方面,根据己烯共聚的特点,从催化剂的活性、己烯单体的竞聚率等方面入手,自主研制了新的催化剂配方。经实际生产检验,专用催化剂活性高,共聚单体竞聚率高,粉料堆积密度大,反应控制稳定,而且产品的分子量分布窄,产品性能优良。拉伸缠绕膜生产企业的应用证明，产品满足了拉伸缠绕膜的加工工艺与产品性能的要求。

（梁会东）

【大棚膜专用料线型低密度聚乙烯】 “大棚膜专用料线型低密度聚乙烯DFDA-9085”项目由天津石油化工公司乙烯厂李希宏、吴文清、张英、寇承杰、李邦等完成。

DFDA-9085是利用UNIPOL气相流化床反应器开发生产的高强度线型低密度聚乙烯大棚膜专用料。在生产中,通过调整氢气的含量来调节产品的熔融指数,通过调整共聚单体含量来控制产品的密度,使用专用催化剂控制产品的分子量分布及灰分含量及独有的复合添加剂配方,来保证产品的综合性能。项目主要创新点:1.冷凝工艺的采用。2.专用催化剂组成配方的研制。3.科学配方和复配添加剂的预混技术。

通过开发生产DFDA-9085大棚膜专用料,形成了一套完整的较低熔融指数的切换、生产技术,拥有并掌握了专用催化剂的配制及复合添加济的专有配方。该项目可以在较短的切换时间、在高负荷的状态下，稳定地生产出较低熔融指数的高强度的专用料。DFDA-9085大棚膜专用料的成功生产在国内尚属首创。

该产品的成功开发满足了国内大棚膜生产企业对大棚膜专用基础树脂的要求，结束了国内无线型低密度聚乙烯大棚膜专用料的历史。它的质量和使用效果都达到甚至超过了国外同类产品先进水平，成为线性聚乙烯大棚膜中的王牌原料。该产品具有广阔的市场前景,投放市场后,大量替代了同类进口产品,节省了大量外汇。到2002年12月已生产销售该产品2.78万吨,实现工业总产值1.86亿元,利税5833万元,取得了良好的经济和社会效益。该项目获2003年度天津市科学技术进步二等奖。

【EO催化水合制EG】 乙二醇是重要的化工原料。生产乙二醇主要采用环氧乙烷水合法,该方法能耗较高。天津石化公司针对公司乙烯厂乙二醇装置的实际情况,2004年进行了EO催化水合制EG的均相催化和非均相催化小试研究，并提前进行了均相催化的工业试验及水合产品MEG的应用试验。开发的均相水合催化剂为一种新型负载固体催化剂,其水溶性好,无毒,无污染,不腐蚀设备,并具有用量小、活性高的特点。工业试验结果表明,采用均相催化水合技术，在EO转化率和EG手率不变的情况下,可降低水和环氧乙烷摩尔比。催化水合技术消除了原装置三效脱水的瓶颈，降低了能耗，产能提高40%以上。工业试验产品达到优级品标准,并在聚酯装置上应用,满足了应用要求,该项目具有自主知识产权,达到国内领先水平。

（梁会东）

【芳香纤维及汽车装饰布的制造】 天津石化公司2004年完成的该项目,是在普通的涤纶生产设备上实现共混纺丝，易于推广应用。芳香纤维留香时间长,芳香释放浓度均匀性好,同时具有抗菌功能。研制中筛选了以聚烯烃为基础材料的适合高温熔融纺丝、纺织后加工的芳香母粒,通过对纺丝工艺的研究和专业纺丝组件技术的开发，成功解决了芳香母粒与聚酯相容性的难题，同时配套开发了纤维后处理技术，该技术达到国内领先水平并具有自主知识产权。芳香纤维具有良好的使用性能,开发的芳香纤维已实现工业化,产品质量满足用户要求,下游产品包括:芳香汽车装饰布、芳香羊绒衫、芳香远红外保健被等,市场前景广阔。

（梁会东）

【大港油田着重特色增优势开展科技创新】 大港油田集团有限责任公司科技工作按照“着重特色增优势”发展战略的要求,坚持“立足市场,贴近现场,综合配套,适度超前”的科技工作方针,以市场为导向,以效益为中心,大力开展科技创新,积极推进成果转化,在培育特色技术、服务市场开发、增创科技效益、提高核心竞争力上,取得了可喜的成绩,为公司持续发展提供了技术支撑。

2004年,该公司开展科技攻关73项,其中,承担省部级研究项目12项,自行开展攻关项目61项。全年申请专利22项,实现科技增效1亿元;获得天津市科技进步二等奖2项、三等奖4项。

（胥春根）

【多段塞复合凝胶体系调驱技术效益显著】 多段塞复合凝胶体系调驱技术研究与配套应用项目由中国石油大港油田油气勘探开发技术研究中心陈美华、张生富、文先哲、胡静、吴国会等完成。

中国东部许多老油田经长期注水开发后,地下剩余油呈零星分布,层间、层内、平面注水矛盾突出,自然递减居高不下,油田稳产形势十分严峻。针对这些问题,该项目以治理水窜、提高驱油效率为出发点,探索了一种施工工艺简单、可操作性强的油层深部挖潜技术,对提高老油田开发效果、实现老油田可持续发展具有重要意义。

该项目不仅对调驱剂、调驱体系以及在不同油藏条件下的适用性进行了研究,获得多项研究成果,而且还充分应用示踪剂等调驱配套技术,配套完善调驱专用配注设备,注重区块整体调驱工作的实施,探索出有利于调驱技术发展的工作模式。

项目主要创新点:1. 探索出能有效封堵地层大孔道和高渗透带的有机颗粒与地下交联凝胶多段塞复合调驱体系,形成能满足不同油藏需求的系列调驱技术;2. 研制成功对深部地层大孔道封堵能力强的新型延迟膨胀预交联调驱剂;3. 研制成功能有效提高地下交联凝胶调驱剂成胶性能的新型复合铬离子交联剂;4.使用变频系统和数据传感、采集系统配套完善调驱专用挤注设备,提高了调驱施工的现场监控水平。

该成果在大港油田的高含水区块实施注水井调驱128井次,105井次有效,调驱有效率82%,受益油井见效率60.4%,调后日产增加437.7吨,综合含水下降2.7个百分点。截至2003年4月,累计增油12.27万吨,创产值1.742亿元,投入产出比1:4.13。该成果有效改善了以北大港油田为主的高含水、高采出程度油田的水驱状况,提高了水驱效率,取得了显著的增油效果和经济效益。该项目获2003年度天津市科学技术进步一等奖。

【中低压油气层试油（测试）工艺技术广泛应用】大港油田集团有限责任公司于长录等研究的中低压油气层试油(测试)工艺技术,是2003年2月1日大港油田集团所立公司级项目,2004年6月2日通过该公司验收,2004年12月31日获得大港油田集团有限责任公司技术创新一等奖。该项目结合了在中浅油气层测试技术方面存在的问题,进行了管柱力学分析、测试管柱配套组合优化、地层评价模型优化等研究,优选了性能良好的无固相有机盐射孔液体系,研制了滑套短水力泵及新型传压托砂皮碗等试油(测试)联作管柱的配套工具,形成了一套完整的油气层试油(测试)联作技术。该项目在大港、辽河、冀东等油田现场应用了68井次,共创产值2016万元,节约资金971.48万元,创利税947.0万元。

（胥春根）

【低毒正电聚醇钻井液体系研究成功】 该项目是由大港油田集团有限责任公司马运庆等人研究的,是2004年1月6日大港油田集团所立公司级项目,2004年10月22日通过该公司验收,2004年12月31日获得大港油田集团有限责任公司技术创新一等奖。该项目对体系中高功能单剂正电聚醇和正电护壁剂的合成方法进行了充分的研究,研制出的两种正电性单剂达到了体系应用要求。二者的正电电位均在20mV以上,正电聚醇的浊点在60℃~120℃之间可调,正电护壁剂的相对抑制性与5%KCL的比值≤1。低毒正电聚醇钻井液体系经过配伍性试验证明:体系性能稳定,具有抗温、抗盐、抗污染、润滑防塌、保护油层的优良特性。环保型低毒正电聚醇钻井液体系是由天然矿物经化学改性而成的。完成钻井施工后,能够在自然界中自然降解而失去化学特性,因此整个体系具备了无毒的特性,符合环保要求。

大港、胜利、大庆等油田的滩海、海上和陆地现场使用证明,该体系具有稳定井壁、保护油气层、滤失量低和润滑性好等特点。截至 2004 年底,该产品已经销售 2500 吨,创产值 3520 万元。

（胥春根）

【国产数控测井技术并测获得突破】 该项目是由大港油田集团有限责任公司尹庆文等承担的,是 2002 年 2 月 1 日大港油田集团所立公司级项目,2004 年 6 月 13 日通过该公司验收,2004 年 12 月 31 日获得大港油田集团有限责任公司技术创新一等奖。该项目形成了一套完整的国产数控常规测井并测技术，在不增加钻井井身口袋深度且不漏测资料的情况下，使油区内部的单孔隙度完井测井由原来的五趟减少至两趟测完，提高测井时效 40%,同比降低测井成本 20%。新研制的组合测井仪器耐压指标达到 100MPa,耐温指标达到 150℃,测量误差小于行业标准要求。

该项目进行了批量组合测井仪器的试生产,在项目研究期间,研制的电极、微电极、井径、连斜组合测井仪累计进行生产测井 200 余井次，并均取得优质的测井原始资料,累计创产值 400 余万元,同比节省测井成本 70 多万元，节省钻机占用时间 1000 小时以上,并降低了测井作业小队人员的劳动强度。

（胥春根）

【高陡构造区块快速钻井技术取得突破】 该项目是由大港油田集团有限责任公司徐学军等承担的,是 2003 年 6 月 10 日中国石油天然气集团所立公司级项目,2004 年 12 月 30 日通过中国石油天然气集团公司验收,2004 年 12 月 31 日获得大港油田集团有限责任公司技术创新一等奖。它以玉门青西地区高陡构造的钻探难点作为研究对象，主要解决如何在玉门油田青西地区或类似的高陡构造、易斜地区，实现防斜打快的钻井目的,并形成一套高陡构造、易斜地区防斜打快的配套钻井技术。通过对玉门青西地区地质、工程资料的分析和研究,初步认识了青西地区地层造斜规律。采用地层三压力预测技术,优化了井身结构。采用纵横弯曲梁理论并以此开发了多稳定器钻具静力学的分析软件，进行防斜钻具的设计。采用有限元理论研究开发了动力学仿真分析软件，通过分析偏轴短节的防斜机理科学地设计偏轴防斜钻具。利用悬浮器和偏轴短节的各自优势,将它们结合成以实现防斜、减震、降斜和提高钻速为目的的新型钻具,使钻速平均提高了 3 倍。采用导向钻井技术和 5 个稳定器的满眼钻具实现防斜打快的钻井目的。在极硬的逆掩推覆体地层试验了空气钻井和液动冲击旋转钻井工艺技术，达到提高机械钻速的目的。采用地区平均值法对钻头进行了优化设计,提高了钻速。

大港西部钻井公司 2002 年平均钻井机械钻速比 2001 年提高了 18%，钻井周期缩短了 61.4 天。2003 年平均钻井机械钻速比 2001 年提高了 22%,2003 年平均钻井周期比 2001 年缩短了 66.02 天。如按钻机日费平均 4 万元计算,共节约 264.08 万元。

（胥春根）

冶金工业

【抓好重点项目推动技术创新】 2004 年,天津市冶金工业技术创新重点抓了天津钢管公司开发的 TP110TSS 超高强度特殊抗硫腐蚀套管、天钢集团开发的 LF 炉精炼渣和应用、天铁集团开发的冷轧和彩涂板等项目。

天津钢管公司开发的 TP110TSS 超高强度特殊抗硫腐蚀套管，其技术含量达到了抗硫套管的最高水平。在材质上采用国际通用的中碳铬钼系钢,生产工艺采用具有国际先进水平的短流程工艺路线,减少冶炼工艺流程,由过去炼铁-炼钢-出坯工序可实现废钢直接经电炉熔化，降低硫磷含量达到双零以下。并在纯净钢生产技术、夹杂物变性技术、钢管精轧技术、钢管热处理技术、控制钢管残余应力技术等关键技术上形成独特的技术诀窍。TP110TSS 套管通过了应力腐蚀试验，其抗硫化氢应力腐蚀性能满足了 API 相应钢级性能的要求,强度达到 758MPa,试验结果达到了日本同类产品的最好水平。天津钢管公司已为四川油田、中原油田、塔里木油田、新星西北局分别供货,2004 年生产 1 万吨，实现产值 1 亿元,利税 1200 万元。

钢管公司开发的低铬抗腐蚀石油套管(2Cr3Mo),是针对油气田中低二氧化碳低硫化氢高矿化度腐蚀的特点开发的新产品。其抗二氧化碳腐蚀速率是普通 L80 碳锰钢的 4~5 倍。钢中添加钼，使其兼具抗硫化氢应力腐蚀的能力。套管抗内压、抗挤毁、管体连接强度、管体屈服强度等使用性能均高于 API 要求。该产品分别供给塔里木油田和大庆油田,最大下井深度达到 5430 米,2004 年生产并销售 4000 吨,实现产值 2600 万元。

天津钢铁有限公司2004年开发的LF炉精炼渣项目，是为满足LF精炼炉快速造白渣，提高渣的脱氧、脱硫、吸附夹杂能力，减少渣子对炉衬的侵蚀，提高炉龄。他们开发了含$CaO-Al_2O_3-CaF_2$等三种不同含量的精炼渣配方，克服了传统的二元渣系($CaO-CaF_2$, $CaO-Al_2O_3$)流动性差、对包壁侵蚀性较强的缺点。经试生产，精炼造白渣的时间缩短3~4分钟，脱硫率达到82%以上，比过去提高50%。同时降低钢中氧化物、硫及夹杂物含量，提高了钢的清洁度和纯净度。采用LF炉精炼渣可冶炼出高纯净度、高附加值合金钢，与优质碳素结构钢比，吨钢售价增加400元，2004年1~10月生产高纯净度合金钢7万吨，实现产值2.8亿元，全年生产10万吨，实现产值4亿元。

天铁集团的冷轧、彩涂板工艺技术开发、锂离子电池负极材料人造石墨中试实验等6个项目列入2004年天津市技术创新项目计划。其中，冷轧、彩涂板工艺技术开发被列入2004年天津市重点技术创新项目计划。重点项目的实施，推动了天津市冶金工业的技术创新。

（齐宝琴）

【天津钢管公司提前实现“三个100”目标】 2004年是天津钢管有限责任公司发展进程中至关重要的一年。在原材料市场波澜起伏、价格连续上涨、油井管市场竞争日趋激烈、继续快速增长难度加大的情况下，公司瞄准建设世界级钢管基地的目标，促进和完善了创新体系的建设和发展，在新产品开发的品种、产品开发的质量以及技术创新的其他方面更上了一层楼。2004年公司的生产及各项经济指标都取得了历史性突破，做到了抗击市场竞争险恶局面和提高生产两不误。2004年，该公司在技术创新的各项工作中都取得了显著的成绩，除完成公司级科研、开发、攻关项目外，还完成市经委项目7项，完成新产品开发项目23项，生产钢坯120万吨，管材117万吨，全年销售收入121亿元，提前一年实现了“十五规划”的“三个100”，即年产100万吨钢坯，100万吨管材，年销售收入100亿元的目标。

（王惠斌）

【高效圆坯连铸机研制获市科技进步一等奖】 该项目由天津钢管公司、东北大学、北京钢铁研究总院完成。该项目进行了包括多功能预熔型精炼渣的研制，中间包的扩容和安装控流装置、板簧共振式结晶器振动装置的开发，外置式结晶器电磁搅拌装置、结晶器的表面卷渣行为、配置新型二次冷却系统以及合理地选取拉矫机位置和以数量为主要内容的生产工艺设计及相关基础试验研究。

经过4年的工作，该项目在国内第一次研制与开发出满足高拉速下生产连铸圆坯的生产工艺技术，开发出高效圆坯连铸机，使浇注速度稳定提高30%，填补了国内空白，提高了中国圆坯连铸的工艺技术装备水平，对于中国钢铁工业自行研发国家重大技术装备国产化具有重要意义。

项目主要创新点：1. 在国内首次成功地研制出高效圆坯连铸机。2.成功地开发了生产高质量圆铸坯的现场应用工艺技术。3.开发的高效圆坯连铸机拉速在国际同类铸机中处于领先水平。4.研制出处于国际领先水平满足高拉速要求的新型板簧共振式结晶器振动机构，并开发出特殊功能的抛物线连续锥度结晶器。5.开发出独特的适于提高铸坯纯净度的高拉速中间包流场布置技术。

高效圆坯连铸机已在天津钢管公司进行工业化生产，全面优化了炉机衔接，充分挖掘了电炉和连铸生产潜能，使生产各环节成本均降低，增加铸坯产量使外购铸坯量明显减少。2002年7月全面正常投入生产至2003年6月，创经济效益6953.06万元，综合经济效益显著提高。该项目达到了同类铸机的国际先进水平，具有良好的推广应用前景。该项目获2003年度天津市科学技术进步一等奖。

【天津钢管公司获国家认定企业技术中心成就奖】 天津钢管公司技术中心是经国家经贸委、国家税务总局、国家海关总署于1995年8月1日批准成立的第三批国家级技术中心，是天津市首批五个国家级技术中心之一。几年来，钢管公司技术中心作为企业技术创新的“先锋队”，以市场需求为导向，不断加大科研开发力度，不断加强自身建设，提供了油田急需的高科技管材新品，为钢管公司的快速发展起到了强有力的支撑作用。

公司的技术中心，负责全公司的科研和新产品开发及其他技术创新工作。技术中心有专业研究人员60余人，分设钢种研究室、钢管研究室、工艺研究室、螺纹研究室、腐蚀研究室、物理研究室、工程力学研究室，具有较强的科研开发能力。中心有试验研究设备500余台套，其中进口精密仪器100余台套，包括:扫描电镜、透射电镜、图象分析仪、X射线应力仪、MTS、及 H2S 腐蚀实验机、膨胀仪、套管联合实验机等大型精密仪器设备。

公司每年科技投入超过销售收入的3%，专门投资4000万元建成了一条钢管试验线,用于研发高技术含量的新品。公司瞄准高科技品种市场,每年推出10万吨以上新品投放市场,每年新品销售收入5亿元以上,创造利润达到5000万元以上,高技术含量、高附加值的石油套管比例达到85%以上。新产品开发项目、新工艺新技术研究项目、科研成果获奖项目、技术创新获奖项目逐年递增,1997~2004年新产品开发项目、新工艺新技术研究项目共达到235项，获得省部级科研成果奖或技术创新奖45项,申报专利44项,获得专利授权15项。

天津钢管公司技术中心取得了长足的进步,在历年的全国技术中心评比中都取得了良好的成绩。在2004年度全国314家的评比中排名第64位,在2003年度、2004年度综合排名中居第38位,获得国家发改委对前50名颁发的国家认定企业技术中心成就奖。

（王惠斌）

【天津钢管公司为新疆油田开发注水井专用套管】 TP100W是天津钢管公司为新疆油田公司开发的注水井专用套管,为非API钢级。针对该套管在注水井中的服役环境和常见损坏形式,如:错断、弯曲变形、缩径变形和破裂、漏失以及腐蚀穿孔等,设计了专门的钢种和冶炼、轧制以及热处理工艺。生产出的套管具有较高的强度、韧性和优良的抗挤毁能力、抗剪切能力、抗错断变形能力以及出色的密封性能和高抗内屈服性能。

套管钢级为TP100W,规格直径139.7×7.72mm,扣型为长圆扣,屈服强度779MPa~879MPa,抗拉强度880MPa,延伸率≥18%,冲击功(10×5mm,横向,0℃）为46J，抗挤毁强度8633psi，螺纹连接强度520kips。2004年共生产和销售该产品1.3万余吨,其中大部份已经下井使用,使用情况良好,为油田解决了注水井套管易损坏的难题，受到了用户的高度评价。该产品是天津钢管公司拥有自主知识产权的新产品,创造了良好的经济效益和社会效益。

（王惠斌）

【X60管线管开发获冶金科技三等奖】 天津钢管公司开发的X60管线管是含锰低碳的Nb-Ti复合微合金化钢产品。该产品通过低碳当量微合金化的钢种设计及采取合理的工艺措施，有效实现了稳定焊区周围基体组织、遏制焊缝区硬质相生成以及细化晶粒、提高韧塑性的目标,不仅管体力学性能指标可靠稳定,更因其具有化学成分均匀、有害元素含量低、金相组织细致、可焊性优良等特点而获得国内外用户肯定。

该项目应用先进的冶金制造技术，以提高钢的洁净度为基础,有效降低了钢中氧、硫及非金属夹杂物含量。项目采取低碳条件下的Nb-Ti微合金化钢种设计，综合利用了Nb的非再结晶控轧以及微合金化元素在冷却过程中碳、氮化物析出的效果,通过对组织的充分细化以及相变与沉淀的复合强化,使产品具有很好的强韧性指标。此外,由于钢种自身所具备的低碳当量以及焊接热循环作用下的晶粒抑长特点,使产品又同时具有优良的可焊性。微量Ti的复合添加通过改变不同夹杂物的形态、位置及性质,显著改善了Nb钢的连铸工艺性能。通过实施低过热度、缓流浇注和适宜的二次冷却,采用低频率、高质量的电磁搅拌,适宜调整管坯拉速及高温受力,既改善了铸态结晶,又抑制了坯表裂纹,提高了产品收得率。

X60管线管累计生产数万吨并多数外销，其优良的性能指标已为多年来生产与应用的实践所证实。"X60管线管开发"项目于2004年获中国钢铁工业协会冶金科学技术进步三等奖。

（王惠斌）

【天铁冶金集团靠科技进步推动企业快速发展】 2004年是天津天铁冶金集团有限公司实施二次创业、谋求更大发展的关键一年。生产经营工作取得显著成绩。全年完成生铁300.2万吨,钢坯344.6万吨,钢材226.2万吨，同比分别增长17%、12%和38%;其中母公司完成铁260万吨,同比增长6.36%,钢坯264万吨,同比增长7.58%,钢材68万吨,同比增长22.5%,2004年实现销售收入203亿元、利税12.09亿元,均创历史最高水平。

2004年，该公司不断加强技术开发和创新,加强产学研合作,自主或合作进行了冷床技术改造、转炉本体及汽化烟道改造、高压电机软起动技术应用、高炉洗涤水处理扩建等多个项目的技术方案论证,并积极组织协调项目实施,一些项目已经投入运行。

2004年公司有25项科技成果列入市级科学技术成果。“天津天铁冶金集团有限公司CIMS工程”、“降硅冶炼工艺技术开发”、“工业现场总线技术在高炉控制系统中的开发应用”、“连铸新技术开发应用”、“15000m³/h制氧机新技术的研制”等5个项目已申报天津市科技进步奖。

该公司开发的“活性石灰气烧矩形竖窑新技术”被列入2004年天津市科技发展计划项目。“转炉烟气净化回收与综合利用技术”被列入2004年度国家科技成果重点推广计划。

该公司大量采用先进技术，促进产业结构升级。为解决产品结构单一、产品档次和附加值不高、装备水平较低、工序能力失衡、产品缺乏竞争优势的问题，他们从优化产品结构入手，针对中国钢材市场高附加值板材产品缺口大的现状，对钢铁生产系统进行高起点的技术改造，主要内容包括：铁前系统进行高炉易地大修改造及相应的配套设施改造；炼钢系统淘汰落后设备，进行大型化、现代化的配套改造；轧钢系统淘汰窄带钢轧机，建设1780mm热连轧宽带钢生产线。该公司已形成年产400万吨钢规模的综合生产能力。

天铁集团被评为天津市技术创新先进企业，刘志嘉被授予“技术创新带头人”，刘玉全被评为技术创新标兵。6个项目获得天津市企业技术创新优秀项目奖，其中天铁工控管理计算机网络系统获技术创新优秀项目一等奖，降硅冶炼工艺开发、高龄焦炉维护技术的研究开发、转炉烟气净化回收与综合利用技术、利用低参数蒸汽发电实现能源梯级利用、焊接H型钢用热轧翼缘板等5个项目获技术创新优秀项目二等奖。

（王春常）

【天铁集团全面实施指标升级规划】 2004年，天铁集团成立了对标领导小组，开展了全工序、全方位、全过程的对标挖潜活动。

在铁前系统营造了“善待高炉”的良好氛围。炼铁工序加强内部管理，增加出铁次数，充分发挥高风温、高富氧的优势，提高冶炼强度和喷煤比，进一步降低铁水含硅量，主要技术经济指标显著改善，其中焦比完成375千克，同比降低13千克，喷煤比完成152千克，同比提高6千克，风温1098℃，同比提高24℃，这三项指标在全国同类型高炉中排名前三位。高炉利用系数完成2.612，同比提高0.203，为公司完成300万吨生铁任务做出了贡献。

炼焦工序调整配煤结构，保持焦炭质量稳定，满足了高炉对焦炭的质量要求。焦炭强度M40完成82.44%，同比提高2.42个百分点，M10完成6.94%，同比降低0.13个百分点。采用火焰焊补和半干法喷补技术，加强1#、2#焦炉的后期维护工作，保证了炉役后期的安全生产。优化配煤粒度组成，合理减少结焦时间，焦炭产量同比提高近3万吨，减少了外购焦。

烧结工序实施制粒系统改造，改善混合料造球效果，料层厚度增加，返矿率有所降低。在保证烧结矿品位的前提下，提高MgO含量，改善高炉炉渣流动性和生铁质量，为炼铁高产、低耗创造了条件。

炼钢工序加快技术改造步伐。实施3号连铸机冷床改造，成功生产12米定尺铸坯，拓宽钢产品规格，保证轧二用料供应。完成3号转炉本体及汽化烟道改造，改善转炉操作条件。对氧枪系统进行改造，提高供氧强度，缩短冶炼周期。对连铸机进行高效化改造，在保证质量的前提下提高铸机产能，确保炼钢升级指标的顺利完成。

2004年在行业35项可比指标中，23项指标在平均水平以上，指标先进率65.71%，比2003年上升8.95个百分点。进入行业前10名的指标有10项，分别是钢坯合格率、转炉利用系数、铸坯收得率、高炉喷煤比、入炉焦比、综合焦比、焦炭M40、高炉煤气放散率、焦炉煤气放散率、吨钢煤气回收量；排名比2003年前进5名次以上的指标有13项。

（王春常）

【天铁集团加强新品种开发创名优品牌】 2004年，天铁集团的品种开发工作坚持效益优先原则，取得了良好成绩。全年共生产品种钢坯33.47万吨，品种钢带8.66万吨，分别占产量的12.68%和12.75%，综合合格率达到99.70%，完成了全年品种钢开发目标。

为适应市场变化，进行了铌替代钒微合金化新三级钢坯生产，在保证性能不变的条件下，优化合金结构，吨钢降低生产成本70多元。积极开拓国际市场，新开发TW390V、25MnSi钢，合格率分别达到99.74%和99.61%，丰富了公司的品种结构，取得了较好的经济效益。进行薄规格钢带试制开发，初步解决了板形控制和卷取难等问题，冷轧料及较宽规格钢带生产已初具规模，产品质量有较大改善，满足了用户需求。

（王春常）

【天铁集团全面开展技术攻关活动】 高炉利用系数攻关是铁前技术攻关的重点。2004年，天铁集团从改善原燃料条件入手，贯彻精料方针，充分利用国内外两种资源，增加进口矿配比，提高烧结品位，实施焦炭质量攻关，优化高炉炉料结构。加强炉内操作，进一步提高热风温度和顶压，改善炉前操作条件，加强设备管理，降低休风率，高炉利用系数大幅提高，全年平均完成2.612，其中4号高炉完成2.829，达国内同类型高炉先进水平。

富氧喷煤技术攻关有新进展。充分发挥15000m³/h制氧机的作用，提高高炉富氧率，增大喷煤量。改造喷煤系统，增大贮煤量和喷吹能力，实现了系统检修不停煤和连续计量，提高了喷煤安全系数。引进热风炉双预热技术，进一步提高风温水平，2#高炉平均风温1230℃以上，达到国内领先水平。全年高炉富氧率2.64%，喷煤比完成152千克，保持行业领先水平。

继续实施降硅冶炼技术攻关。认真落实精料方针，使用酸性球团，增大进口矿配比，进一步优化炉料结构，适当提高炉渣二元碱度，增加焦炭负荷，提高冶炼强度，保持炉况顺行，铁水含硅量稳步降低。2004年铁水平均含硅量降至0.56%，同比下降0.07个百分点，既促进了炼铁增产节焦，又为炼钢提供了良好的原料条件。

开展带钢工艺攻关。完善热送热装工艺，钢坯热送温度由550℃提高到700℃，全年热送率完成97%，缓解了加热炉和轧机生产能力不匹配的矛盾，成材率提高1.41个百分点，加热炉热耗降低37%。采用微套轧制技术，完善除鳞工艺，改进产品质量。全年产量完成68万吨，同比增加12.5万吨，废品总量比2003年减少6117吨，创造了可观的经济效益。小粒级石灰质量攻关成效显著。优化5号石灰窑的工艺参数和技术条件，利用原料尾矿，开展煅烧20mm~40mm粒级石灰攻关。与1~4号窑相比，石灰质量明显改善，基本消除过烧现象，活性度提高23ml，利用系数和石灰热耗等指标达到同行业先进水平。竖窑煅烧小粒级石灰技术在国内尚属首创。

（王春常）

【天铁集团实施科技节能降低成本指标】 2004年，天铁集团节能工作以降低吨钢综合能耗为核心，以提高进厂原燃料质量为基础，以低硅冶炼、富氧喷煤、改善烧结矿质量等重大技术攻关为突破口，开展铁前技术攻关，抓住主体工序，坚持系统节能。结果吨钢综合能耗达到780千克标准煤，同比降低29千克，节能效益5000余万元。炼铁工序能耗为466千克标准煤，同比降低14千克。烧结工序能耗为79千克标准煤，同比降低5千克。

该公司进一步开展“五闭路”攻关，焦炉煤气零放散，高炉煤气放散率达0.6%，保持国内领先水平。氧气放散率5.75%，同比降低2.35个百分点，居行业先进水平。吨钢综合耗新水7.49立方米，同比降低0.67立方米。工业水重复利用率完成92.76%，同比提高0.41个百分点，居行业先进水平。烧结配加钢泥获得成功，月平均使用钢泥1万吨，减少外排污染，降低烧结成本，实现了资源综合利用。

（王春常）

【天铁集团CIMS工程运行效果显著】 由天铁集团刘玉全、龙平、吕春风、王春常、韩金玉等完成的“天津天铁冶金集团有限公司CIMS工程”属天津市科委科技发展计划项目，从2001年开始，到2004年研制完成。

该项目利用自行开发的软件建立了钢铁产品和质量模型，自行开发了属性定义编码技术；系统采用了先进的ERP+MES+PCS三层架构的集成平台，在中国钢铁行业首次提出了实施技术路线与实现方法；采用OPC、TCP/IP和XML标准建成了三层架构的集成平台，实现了不同系统，不同数据库之间的数据集成。

该项目完成了天铁集团信息化工程总体方案设计；完成了经营管理层中的运销管理分系统、设材管理分系统、原料管理分系统、客户关系管理分系统、财务管理分系统、计量管理分系统和质量检验系统的开发和实施工作；完成了生产制造执行层初步设计；过程控制层按OPC标准，完成了对PLC、DCS系统的升级改造工作；在生产管理层完成了炼铁、烧结等生产厂管控一体化工作；完成了千兆主干网和中心机房建设。

根据冶金钢铁企业对产品质量体系管理的特殊需求，需要在系统中建立起一个扩展的质量模型，通过质量模型正确描述产品标准、检验标准、钢种与钢级，并通过属性与产品模型灵活配置，支持从合同录入、生产过程控制、产品检验直到产品发货全过程的跟踪管理与追溯，支持各种国际标准和企业内控标准的信息加工与转化，也支持客户提出的特殊工艺要求。该系统运行后，减少了库存量，流动资金占用量减少了27.8%，增加效益3282.79万元；生产制造执行系统实施后生产效率提高3%；在企业信息化工程实施中，国产软件应用率应达到50%。综合各项，天铁信息化工程实施后每年产生直接经济效益约7500万元。

天铁集团信息化工程于2001~2004年连续四年被列为天津市信息化示范项目。冶金企业资源管理系统和生产制造执行系统及相关产业化被列入2004年天津市重大高新技术产业化项目(天津市十项重大高新技术产业化项目中惟一中国一项企业信息化项目)，天铁集团被国家信息化测评中心列为“中国企业信息化500强”企业之一，排名第35位。

（王春常）

【天铁集团炼钢厂科技进步成绩突出】 天铁集团炼钢厂本着科技兴厂的发展思路，不断完善科技管理体系，2004年科技进步工作取得突出成绩。该厂顺利完成了3号转炉扩容改造项目。通过进一步优化转炉操作工艺，扭转了3号转炉炉龄始终徘徊在1万炉左右的被动局面，改造后的第一炉役炉龄达1.7万炉。该厂成功完成了氧枪改型项目，自主研发了符合现场实际的φ168mm氧枪，转炉吹炼过程化渣效果明显改善，每炉的冶炼周期缩短了近2分钟，为炼钢厂钢产量突破260万吨创造了先决条件；该厂成功实施了4号连铸机加流改造工程及液面自动控制科技攻关，钢坯内部质量得到明显改善，也确保了带钢生产的正常运行。

（王春常）

【天铁集团炼铁厂科技创新上新台阶】 天铁集团炼铁厂瞄准同行业的先进水平，组织广大科技人员开展科技创新，使高炉技术经济指标逐年改善，2004年生产生铁260万吨，创历史最高纪录，焦比、煤比、风温三项指标跃居全国同类型企业前三名，高炉利用系数和休风率均攀升到第六名。

炼铁厂坚持“科技兴厂”，成功引进了工业现场总线、热风炉烟气余热回收、炉体热流强度在线监测等技术。同时，结合炼铁厂生产特点，先后自主开发出降硅冶炼、喷煤双系列改造、炉前出铁场除尘、新型喷吹煤粉溜化板、热风炉助燃空气中掺烧氧气、磁化除垢器软化冷却水、无水炮泥等一系列项目，极大地加快了炼铁厂科技创新的步伐。

炼铁厂科技工作的不断创新，为天铁集团创造了巨大的经济效益，为集团的可持续发展注入新的活力。2004年，炼铁厂科技项目投入资金1100万元，是2003年的两倍。一批批科技成果相继诞生，其中“降硅冶炼工艺技术开发与应用”和“工业现场总线技术在高炉控制系统中的开发与应用”项目获天津市科技进步三等奖。

（王春常）

【工业现场总线技术在高炉控制系统成功应用】 这是个自选项目，由天铁集团洪连成、杨振宇、何金龙、张丰林、康军等完成。2002年5月在五号高炉安装成功使用。

该项目首次将工业现场总线技术应用于高炉控制系统并获得成功；其技术应用属国际领先水平；自行设计制作的总线控制箱，解决了环境对系统稳定运行的影响；改进了系统设计，采用分段供电模式，解决了低压直流电在长距离供电线路上的损耗问题；运用温度补偿原理，自主开发了温度补偿插件，解决了电偶、电阻信号不能采集的难题。

该项目可年增加直接经济效益449.7万元，且故障率降低，减少维护和改造停工时间75%以上，降低了职工的劳动强度。它的成功应用标志着高炉自动化控制水平的提高，具有很大的应用推广价值。

（王春常）

【连铸新技术开发成功】 天铁集团罗永生、宫祥辉、王振营、崔海丰、刘郁彬等承担的连铸新技术开发应用属自选项目，研制起止时间为2002年6月~2003年12月。

该项目采用锆铬刚玉质新型稳流器，其上口小，下口大，底部为波浪形，外部为半圆形结构。它改变了钢水流场，分散钢水冲刷力，消除应力集中；中包胎模采用双层结构，内加隔板，分成三个独立燃烧室，隔板开孔，热量分布均匀，避免局部过热。胎模三台震动电机呈品字型分布，震动均匀。烘烤器空气和煤气管上各安装一个气包，供气量均匀。采用离心风机代替压缩空气，烘烤不受场地限制；自动加渣系统采用气体动力，通过PLC控制加渣量和频率；改变铸坯断面时,二冷水架不变,只需用活接头改变水嘴距铸坯表面的距离,节省了时间;结晶器铜管上口采用翻边技术,解决了铜管上口漏水和变形;拉矫机、结晶器变频器与 SIEMENS S7 400 通过 DP 连接构成网络,实现闭环控制。WinCC 上位机操作站通过工业以太网与 SIEMENS S7 400 PLC 连接组成网络。该项目 2003 年创效益 2334 万元。

（王春常）

【新建 15000m³/h 制氧机的研制与开发成功】 这是天铁集团自选项目,由刘志嘉、吕春风、罗永生、刘树清、王建国等完成。研制起止时间为 2002 年 6 月~2003 年 5 月。

该项目在高压氧调控系统方面，当高压氧气压力达到一定数值后,调控阀自动打开,使高压氧减压进入炼铁富氧管道。其运行效果显著,极大地减少了氧气成本;在空压机控制技术方面,在国内首先实现了 DCS 控制 COOPER 压缩机,自主开发的空压机控制技术系国内首创。采用出口压力和电流双控制导叶模式,在保证正常生产用气的同时,使能耗降低,同时空压机的安全运行也得到保障。在氧气液化联网提取系统方面，利用新建 15000m³/h 制氧机液体贮存系统及其他像设备的膨胀机制冷系统进行氧气液化联网抽取,平衡氧气的生产与使用之间的矛盾。该技术充分发挥设备的潜力,降低了能耗。该新技术年创直接经济效益 1664 万元,并具有较好的社会效益,为炼钢、炼铁的稳产、高产提供了保障。

（王春常）

【降硅冶炼工艺降硅效果明显】 “降硅冶炼工艺技术开发与应用”项目,由天铁集团刘玉全、龙平、刘瑞东、韩金玉、林士光等完成。该项目是根据公司炼钢生产需要、原燃料条件改善和富氧喷煤等炼铁综合技术的进步确定的自选项目,2002 年 6 月开始实施,2003 年 12 月结束。

该项目采用新型添加剂技术，使烧结矿转鼓指数提高 4.98 个百分点，改善了高炉料柱透气性;自主开发的中小高炉高顶压技术的炉顶压力由 60kPa~70kPa 提高到 100kPa~110kPa,炉内压差降幅为 40kPa 左右;因地制宜开发了热风炉预热新技术,提高热风温度 50℃,增加铁水物理热,弥补了降硅过程中对铁水流动性的影响;研究高炉炉渣性能,得出适合高炉冶炼条件下的最佳炉渣成分方案，通过配加白云石,提高炉渣 MgO 含量,改善炉渣流动性,提高炉渣二元碱度，降低炉渣中 SiO_2 活度，抑制 SiO_2 的还原;矿焦负荷由原来的 3.6t/t 提高到 4.5t/t,为实现降硅创造了良好的条件。

通过以上技术组合的实施,Si 由 0.76%降低到 0.63%,0.13%的降幅国内领先，直接经济效益为 4504.53 万元。其节能降耗、降低成本的发展方向,有利于天铁集团实现可持续发展。

（王春常）

【天津钢铁公司技术进步简况】 天津钢铁有限公司是集炼钢、轧钢为一体的国有大型钢铁企业。近年来,公司实施了技术改造、调整产品结构、实现战略东移、坚持控制总量、淘汰落后工艺、在技术装备上瞄准当代世界冶金最新实用成果、改善环保条件、发展高附加值高技术产品等一系列重大举措,依靠技术创新,在激烈的市场竞争中获得了生存和发展。2004 年该公司技术创新工作呈现新格局,建立了更加健全的高效创新机制,促进了企业健康发展。

公司加强建立技术中心与国内、外著名高等院校、科研机构及重点用户、同行的联合开发体制,实施产学研结合;依靠技术进步,完成新老厂的技术整合,利用原有的技术资源,逐渐形成本企业的自主知识产权。不断发现和挖掘同行业企业的先进技术,吸收、引进、消化成适应本企业的技术;建立高水准的技术研发队伍,提高技术开发能力。进一步规划与完善人才创新激励机制,提高科研开发人员的积极性,提高创新能力;明确“做精做强”战略的产品定位:保持区域竞争优势,形成区域品种差异,坚持低成本战略,创造服务特色,以达到“集中精力开发高技术含量、高附加值的产品和替代进口的关键品种”的目标。经过多年的技术装备改造和品种结构调整,至 2004 年，已形成 130 万吨铁、250 万吨钢、200 万吨材的年生产能力。

该公司技术创新的目标是:在老厂中,中板厂产品以普碳板为主,提高品种板的生产量;带钢厂产品以普碳带钢为主,往专用用途产品延伸;高线厂配合新厂提高品种线材的生产能力，减少普通线材的生产量,形成有代表性的精品线材。在新厂中,在新的技术装备下,以完善方、圆坯工艺为主要目标,分阶段实施技术创新。第一阶段,方坯以管桩钢 30MnSi,圆坯以石油套管 37Mn5、34Mn5 等为标志性产品,重点生产 27MnSi 液压支柱管、20 结构无缝管、输送流体用无缝管等；第二阶段，以 SWRH82B 为标志性产品，重点生产中高碳制绳、制丝用盘条，冷镦钢盘条、中高压锅炉管坯等。

通过新老厂产品规划，用两年完成正常过渡，使高附加值产品比重大于 70%，主导产品实物质量达到国内先进水平。

（吴　波）

【天钢公司采用新技术淘汰落后设备工艺】 天钢公司针对不同时期市场对钢材品种质量的新要求和降低生产成本的目标，不断发挥自己的技术创新能力，吸收外来经验，密切多方合作，对原有工艺实施多方改进及升级措施，取得了显著的成效，开发了一系列优线品种。

在技术装备上，淘汰落后的化铁炼钢工艺，移地创建了集诸多国际一流先进技术为一体的大型高炉，同时实现高炉铁水的热装与热送，保证为炼钢提供优质铁水，满足优线品种钢的冶炼；淘汰了落后的平炉、小转炉炼钢工艺，移地重建具有国内先进技术的 100 吨顶底复吹转炉三座，实现国内最先进的炼钢计算机控制系统。顶底复吹工艺的优化，保证炼钢熔池内的搅拌更均匀，获得良好的冶金效果；为了保证优线钢种的内在质量，在转炉炉后配有 LF 精炼炉、VD 真空处理炉各两座。通过精炼炉的处理，钢中的有害元素降低，成分调整均匀，脱氧后的夹杂物得到变性处理，降低了有害气体的含量；连铸引进国际上先进的康长斯特方/圆坯六机六流连铸机，全程采用保护浇注技术、中间包冶金技术、结晶器及末端电磁搅拌技术、二冷区域气水均匀冷却技术等，保证了钢坯实物质量，为高线提供优质的钢坯；引进美国摩根公司第五代高速线材轧机，采用微张力无扭低温控轧技术、大风量控制冷却技术、在线测经仪技术等，保证盘条组织、性能、精度均达到国内先进水平，满足了深加工用户对盘条的质量要求。

（吴　波）

【天钢公司围绕市场开发优线品种】 针对国内外市场上建筑用普通线材产品严重过剩，高质量、高技术含量、高附加值的优线品种相对较少的情况，天钢公司依靠先进的技术装备，根据深加工用户对盘条的质量要求及产品特性，优化设计品种的化学成分，采用最佳的工艺路线，完成了多项品种的研发，开发了一系列优线品种，包括：高强度钢绞线用优质盘条、轨枕钢丝专用盘条、电梯绳专用盘条、焊接材料用系列盘条、高档次标准件用冷镦钢盘条等。这些品种的实物质量均能满足深加工用户的要求且质量稳定。盘条综合性能(抗拉强度、延伸率、断面收缩率)散差小，通条性能稳定波动小，盘条表面质量等级高，盘条尺寸精度均达到 C 级以上(包括椭圆度、直径偏差等)。该公司坚持以高碳钢硬线优质盘条为突破口，其目标是使它达到总生产量的 70%以上(其他为低合金类盘条)。

（吴　波）

【天钢公司采用串罐静态无料钟炉顶技术】 卢森堡 PW 公司新型串罐无料钟炉顶技术是世界上最先进的高压炉顶装料技术。天钢公司 2000m³、3200m³ 高炉均采用了该技术。

新型串罐无料钟炉顶的设备特点是，有倾角可调的旋转布料溜槽，能优化炉料在炉内的分布，是高炉综合长寿技术的关键设备。该设备结构合理，密封性好，可以提高炉顶操作压力(0.28MPa)，可降低炉身料柱相对阻损，有利高炉顺行，降低焦比，提高生产率；炉顶设备重要的维修可在高炉外进行，提高了设备检修的安全性，减少了休风时间，可提高高炉的作业率；该设备避免了并罐式无料钟炉顶在布料过程中所产生的料流蛇行偏析现象，能有效地控制装料过程中物料粒度偏析；由于中间料罐带有料罐称量装置，料闸可控性好，布料流量准确。

2004 年，经过 2000m³ 高炉的使用运行，PW 公司新型串罐无料钟炉顶运行稳定，完全能满足工艺要求。整个炉顶上料系统全部实现 PLC 控制，上料、装料、下料、布料完全实现程序化、模式化控制。

（吴　波）

【天钢公司采用高炉综合长寿技术】 现代大型高炉长寿技术是世界各国高炉界长期研究的课题。采用较多的综合的长寿技术是：炉体 100%冷却(包括下部炉喉钢砖)；炉体关键部位选用铜材冷却器；软水密闭循环冷；选用适合高炉不同部位、不同工况的内衬结构；设置完善的自动化检测系统。采用这些技术，一代炉役寿命可达 15~20 年，一代炉役单位炉容累计产量 1.2 万 t/m³~1.6 万 t/m³，相当于过去二代炉役寿命，减少一次大中修节省上亿元费用。

为使一代炉役寿命达到 15~20 年，天钢公司炉体采用全冷却壁结构,在炉体下部关键部位即炉腹、炉腰与炉身下部设计3~5段带贯通肋的铜冷却壁,壁体厚度120mm。

天钢公司还采用了近年来发展起来并得到迅速推广应用的冷却设备--铜冷却壁,因为铜冷却壁具有导热性好、渣皮稳定、热承载能力大、高炉热损失相对较小等特点。但铜冷却壁的造价较高,因此只在炉体下部关键部位使用。

该公司高炉冷却系统采用了当前国际上最先进的软水密闭循环冷却系统。它可确保铜冷却壁的使用寿命大于15年,与高炉整体寿命同步。采用该系统避免了工业水在冷却过程中因温度升高易结垢而造成冷却设备烧坏的问题,降低了高炉冷却的运行费用,在确保了冷却壁的冷却效果和使用寿命的同时,可允许冷却系统有较高的水温。

该公司炉缸炉底耐材分别采用了美国UCAR公司的热压小块炭砖(NMA)和大块D级炭砖。其炉缸耐材特点是导热性好、密度大、抗渣侵能力强、炭砖不易断裂、热应力能力强,加上内侧砌刚玉莫来石质陶瓷材料保护,炉缸耐材使用寿命可超过15年。其炉底耐材特点是,高导热性好、弹性模量低、承受炉缸应力的能力强,加上内侧砌刚玉莫来石质陶瓷材料保护,炉底耐材使用寿命可超过15年。

(吴　波)

【天钢公司采用环保型新INBA水渣技术】 环保型新INBA水渣技术是卢森堡PW公司的专有技术,PW公司已在全世界设计、制造和调试了100多台INBA炉渣粒化装置,使用效果良好。经过多方面比较,天钢公司高炉炉渣处理技术最终采用环保型新INBA炉渣粒化和脱水系统。

该系统的主要优点为:设计紧凑,占地少;粒炉渣化和脱水过程连续进行,系统自动化程度高;整个系统无行走部件,设备维修量小;高抗爆设计,安全度更高。有时由于撇渣器或熔渣沟底的问题,渣中含铁量高达20%,新型INBA系统也能安全地进行炉渣粒化;通过电机上的转矩可测量瞬间熔渣流量。同时可自动调整脱水和转鼓的转数,使系统始终处于平衡状态,系统作业率高;对污染进行全面控制,由于对蒸汽进行冷凝,可减少硫化物入大气。实现了100%冲渣水闭路循环,并彻底解决了对烟尘、蒸汽对环境的污染,达到了零排放的目标;炉渣粒化效果好,水渣质量好,玻璃化程度高,可作为水泥行业优质原料。按吨铁生渣350千克计算,全年生产铁水400万吨可产出优质水渣140万吨供水泥行业作为原料。

(吴　波)

【天钢公司采用高炉煤气清洗系统】 高炉煤气清洗技术是高炉生产过程中节能和环保的关键技术。经综合分析和对比,天钢公司高炉煤气清洗系统采用了卢森堡PW公司的高炉煤气清洗技术,它配备了最新的轴流旋风除尘器,环缝式洗涤塔和外置立式脱水器。

该高炉煤气清洗系统特点是:轴流旋风除尘器除尘效率高达85%~90%,占地少。而用普通重力除尘器除尘效率为50%,占地多;由于轴流旋风除尘器除尘效率高,降低了环缝式洗涤塔负荷,节约了高炉煤气洗涤用水;高炉煤气Pb和锌Zn对炉衬有破坏作用,大部分可通过环缝式洗涤塔排除,小部分随除尘器除尘干灰返回原料场再利用;环缝洗涤塔操作灵活,可靠性高。环缝洗涤塔不仅能够净化煤气,而且可以控制高炉炉顶压力;系统结构紧凑,煤气喷淋粗洗和环缝精洗于一身,比普通双级串联文氏管洗涤器占地少,洗涤效率高。

(吴　波)

【天钢公司采用高炉煤气余压回收透平发电装置】 在确保高炉炉顶压力稳定、高炉正常生产的前提下,天钢公司高炉均采用了高炉煤气余压回收透平发电技术(TRT),可最大限度地回收高炉煤气压力的潜在能量。

TRT主要设备有透平主机、发电机、润滑油系统、液压伺服系统、大型阀门、给排水系统、氮气密封等。

TRT运行正常时,2000 m^3高炉发电量8000 kW/h,3200 m^3高炉发电量12100 kW/h。按年作业率80%计算,年发电量1.4086x108 kW。

(吴　波)

【天钢公司采用卡卢金式顶燃热风炉】 为配合高炉操作,加大喷煤量,以达到节能降耗、提高产量的目的,天钢公司3200 m^3高炉热风炉系统采用卡卢金式顶燃热风炉。该热风炉主要设施由炉壳、管道、附属设备、烟气余热回收系统、框架、平台及耐火材料等构成。

卡卢金顶燃式热风炉技术特点是:采用高效19孔砖,蓄热室蓄热效率高,占地小;预燃室安装在拱顶上部,燃烧最优化,从而提高热风温度;结构简单,稳定性好,换热效率高;投资省,较内燃和外燃式热风炉省2000万元~3000万元。

(吴 波)

【天钢公司采用煤粉喷吹系统】 高炉煤喷技术是公认的节能降耗技术，在国内外大高炉上普遍应用取得了良好的经济效益。天钢公司2000m³、3200m³高炉均采用富氧浓相大喷煤新技术，它可以有效降低高炉焦比,减少生产成本。

其主要设备由原煤仓（2000m³、3200m³高炉共用)、热烟气系统、磨煤系统、收粉系统、落粉系统、喷吹系统等组成,有3罐并联式喷吹罐、喷吹罐电子称重装置、各种阀(球阀、气动半球阀、手动插板阀)、分配器、喷枪、用于氮气加热的蒸汽加热器、100m³氮气储气罐、喷吹系统控制管线等。

喷吹系统主要工艺特点：喷吹系统采用3罐并联、主管加分配器直接喷吹方式,生产时三个喷吹罐轮换工作(一个喷吹,另两个装料倒罐、待喷),喷吹罐的轮换喷吹、倒罐可以通过计算机系统自动控制完成;喷吹罐的外壳进行了防寒保温处理,可防气温低时罐内结露使煤粉变潮堵塞管路；吹罐上设计有安全阀对出现的压力增高时及时泄载，绝对保证生产安全;常压、高压交替工作,往罐内下煤粉称重在常压状态下进行,而进行喷吹在高压状态下进行;吹控制系统中包括过程控制和程序控制。

2000m³高炉年生产140万吨铁,吨铁平均喷煤150千克,全年喷煤21万吨,煤焦比按1:0.9计算,年可节焦18.9万吨。3200m³高炉年生产260万吨铁,吨铁平均喷煤150千克,全年喷煤39万吨,煤焦比按1:0.9计算年可节焦35.1万吨。

(吴 波)

汽车及机械装备工业

【天津市汽车产业群不断扩大】 2004年,天津市汽车工业投资40个项目,主要有天津一汽丰田汽车有限公司花冠轿车扩能项目、天津一汽丰田汽车有限公司高档轿车项目。随着一汽丰田公司不断加大在天津的投资力度，总投资110多亿元一批新的整车、发动机及零部件项目陆续启动。天津市汽车产业群规模不断扩大，在经济技术开发区将建成一座现代化的汽车新城。天津汽车工业的重点是开发经济型轿车.在技术创新方面,2004年重点抓了天津一汽夏利汽车股份有限公司的夏利C系列轿车开发和工业自动化仪表研究所承担的汽车自动变速器电子控制单元ECU等项目。

为进一步增强夏利轿车的市场竞争力，在原有夏利轿车的基础上，开发全新的“夏利轿车C系列”,改进的项目主要有:开发全新车身(发动机盖、行李箱盖、左/右前翼子板、散热气罩、前后保险杠、前后组合灯的造型),改造底盘使其具有先进性及可靠性,提高整车动力性及车身模、夹、验具的开发试制，并改造生产线。该项目于2004年底完成设计，2005正式投产后,年产可达8万台,产值48亿元。

(齐宝琴)

【围绕新车型及新产品开发开展汽车研究】 天津一汽夏利汽车股份有限公司产品开发中心主要开发方向是，车身的局部或整体换型和动力总成的匹配搭载以及尾气排放控制、汽车底盘、电器电子技术的应用研究等。该中心已初步具有一支既有理论基础,又有实践经验且年富力强的技术人才队伍。开发能力不断增强,硬件设施不断完善。随着开发中心二期扩建工程的完工，中心已拥有150多套SGI、DELL等UNIX或NT工作站,120余套UG、Pro-E、Catia等三维CAD/CAM软件,30余套FLUENT、NAS-TRAN、DY-TRAN、ADAMS等CAE软件，满足欧Ⅲ标准的排放分析仪和环境仓、MTS道路模拟机、可用于欧Ⅲ匹配的动态电力测功机、大型激光测量系统、转鼓试验台等仪器试验设备。

根据一汽集团及天津一汽夏利的整体规划,产品开发中心围绕新车型及新产品开发、质量攻关、满足政策法规要求等方面，在2004年内共开展项目24个，其中22项为天津一汽夏利公司科研项目,1项为国家863计划项目,1项为市科委攻关项目。2004年,该产品开发中心完成的主要项目有:夏利两厢二次局改轿车开发,C车两厢设计,N+X型轿车开发,纯电动轿车开发,夏利2000混合动力轿车开发,TJ376QE发动机达欧III标准，夏利轿车整车降噪,1升用5档变速驱动桥的开发,NBCⅡ轿车国产化，过渡发动机项目-4GB搭载、车用故障诊断仪等。

截至2004年底,该中心已初步建成为集汽车产品开发、技术服务、产品质量监督检验为一体的综合性科研单位，并成为一汽集团经济型轿车研发基地及天津汽车工业发展举足轻重的关键部门。

（程宏美）

【引资扩大汽车尾气净化三效催化剂产业】 天津化工研究设计院在天津市科委支持下，通过自主开发和技术创新，成功地研制出性能优异的系列稀土复合氧化物材料和汽车尾气净化三效催化剂，开发了独特的三效催化剂的制备技术和产业化技术。列入国家计委高技术产业化项目的“汽车尾气净化三效稀土基催化剂产业化示范工程”已经建成投产。该产品应用于汽车上，可将有毒污染物 CO、HC、NO_X 转化成无毒的 CO_2、H_2O 及 N_2，达到净化的目的。到2003年底，该院生产了10多个规格型号的三效催化剂系列产品3万多只，实现销售额1000多万元。

该产品属技术密集型和资金密集型的汽车行业零部件类产业。为了扩大生产规模，满足市场需求，经天津市科委协调，天津化工研究设计院与重庆海特环保技术有限公司进行合作。天津化工研究设计院提供专有技术，利用现有的三效催化剂生产设备和检测评价装置，并聘用相应的技术人员，重庆海特环保技术有限公司提供资金和利用国内最大的净化器销售市场，将该产业化项目做大做强。2004年3月合作以来，净化器产量由最初的每月3000只提高到每月2万只，截至2004年9月底，累计生产各类三效催化剂7万多只。

这种优势互补、强强合作，既保证了资金的供应和市场的扩大，又大大促进了该项目技术研发能力和产业化技术水平的提高，促进了天津市催化净化产业的发展，在天津市形成机动车尾气净化催化剂的技术研发和大规模生产的基地，为天津市汽车产业、催化净化产业的快速发展创造了良好条件。

【汽车排气系统计算机模拟技术填补国内空白】 由天津市机动车尾气催化与净化工程中心承担的科技攻关培育项目“汽车排放后处理系统计算机模拟技术”，2004年7月通过鉴定和验收。该模型是涵盖多学科的、比较完备的数值模型。专家认为此技术填补了国内汽车排放计算机模拟技术的空白，在中国汽车排气系统数值模拟计算方面率先建立了16节点高性能并行计算机群，具有峰值运算速度每秒456亿次、Linpack实测值每秒240亿次，在国内汽车排气系统数值模拟方面具有领先水平。

该项目开发的汽车排放后处理系统计算机模拟技术可以全面反映催化转化器的速度场、压力场、浓度场和温度场。台架实验研究表明，其计算结果与实验符合，该模型有较强的实用价值。此项技术能够为三效催化转化器及汽车排气系统的开发及优化提供技术支持。

汽车排放后处理系统计算机模拟技术的应用，可以缩短排放系统开发进程，节约开发费用，实现低排放、低噪声、低振动、低功率损失、低价格，促进汽车整车厂、催化转化器厂、三效催化剂厂和蜂窝载体厂的系统或产品技术水平的提高，还可以带动柴油车、摩托车排放后处理系统技术的发展，可以提升机动车排放后处理领域的技术开发水平和能力，促进环保事业的发展。

【机动车尾气净化催化剂为国产汽车配套】 由天津市化工研究院、天津市汽车研究所、天津市消声器厂、天津内燃机研究所共同承担的“机动车尾气催化净化中试及总成产品”项目，2004年12月通过验收。

该项目进行了汽车尾气净化三效催化剂、摩托车尾气催化净化剂、中试技术和涂敷控制方面技术的研发，并使之转化为完整的生产线。从原料准备、浆液制备、催化剂涂敷、干燥煅烧的全过程入手，建成了年产50万升催化剂的生产线。截至2004年12月已累计生产各种规格型号的三效催化剂10万只以上，分别为长城皮卡、吉利豪情、吉利美日、南京轻卡、保定兴凯、柳微、长安奥拓等国产汽车配套，其性能达到GB18352-2001标准(即欧II标准)。

【天津汽车零部件国际化生产力促进中心建立】 在天津市科委的支持下，中国汽车研究中心经过近一年的筹备，天津汽车零部件国际化生产力促进中心于2004年9月建立，该生产力促进中心以中心设计院为依托，工作网站对外开通。

该生产力促进中心以行业技术中介和服务的第三方身份，在加强与整车制造企业密切联系、互助合作的基础上，逐步形成并强化天津汽车零部件产业的资源整合能力，最终实现促进天津汽车零部件产业持续发展的战略目标。

【丰田“花冠”汽车下线】 作为日本丰田汽车公司

2004年在中国轿车市场的“重头戏”,天津一汽丰田汽车有限公司生产的“花冠”汽车,2004年2月23日下线。“花冠”汽车是丰田旗下销售状况最好的一个品牌,占丰田汽车在世界范围内总销量的20%。

【天津清源公司参与制定国家混合动力汽车标准】 天津清源电动车辆有限责任公司负责起草和参与制定的6项混合动力汽车标准,2004年8月通过全国汽车标准化技术委员会电动车辆分技术委员会审查,成为国家混合动力汽车标准。

上世纪90年代以来,日本、美国、欧洲各大汽车公司纷纷开始研制混合动力型汽车。丰田公司计划到2005年,混合动力汽车达到年产30万辆。国外有专家认为在未来的10年内,可能有40%的汽车采用混合动力技术。在中国,“十五”“863”计划设立了电动汽车专项,国家投入8.8亿元支持电动汽车研发,准备在汽车新技术领域和国外公司站在同一起跑线上,但是混合动力汽车标准在中国几乎是空白。为此,国家科技部“十五”“863”计划设立了“混合动力汽车标准研究与制定”项目,天津清源公司制定的6项国家标准就是该项目的重要成果,这几项标准制定计划纳入了2003年国家标准制定修订计划。

【清源电动轿车参加必比登挑战赛获佳绩】 在接受了一系列环保、安全和性能等测试后,2004年10月中旬,天津清源电动车辆公司的QYEV-1、QYEV-2两辆电动汽车和其他像省市开发的燃料电池、太阳能、纯电动等零排放的“绿色汽车”一起参加了在上海举行的第六届必比登挑战赛61km和27.4km两段共88.4km的拉力赛,以检验其在真实环境中的运行能力。拉力赛包括在F1赛道上进行的燃料经济性测试和公共道路上进行的公路赛。天津参赛的两辆电动轿车均获佳绩。

天津清源电动车辆有限责任公司承担了国家“863”计划电动汽车专项“XL系列纯电动轿车”的研发。该车最高时速123km/h,续驶里程252km以上,最大爬坡度不小于30%,0~50km/h的加速时间为6.8s。与国外著名汽车公司的同类电动汽车相比,无论是最新技术的开发、应用,还是具体的性能指标,均有创新和突破,各项技术指标达到了国际先进水平。

【机电工业实施“嫁改调”促进产品结构调整】 2004年天津机电工业控股集团公司根据“十五”计划新产品开发项目的总体思路,围绕新一轮“嫁改调”提出了“六大成套”项目、“十大重点”产品的定位,强化新产品开发,促进企业产品结构调整,增强企业的核心竞争力。

在“六大成套领域项目”中,有15项为重点项目:百利环保集团的城市垃圾处理成套设备、污泥处理成套设备、潜水推流器和卧螺式离心脱水机成套机组,天发重型水电设备公司的南水北调工程用大型灯泡贯流式水泵机组成套项目,金山电线电缆股份有限公司的GE配套电缆及绿色环保电缆、低烟无卤阻燃电梯电缆,特变电公司的SGB10系列H级干式变压器、ZTSC系列多脉波整流变压器,百利低压电器公司的隔离开关、微型断路器,百利天开电器有限公司的KYN61-40.5铠装式手车柜(IN85-40.5)真空断路器,OTIS电梯公司的OTIS4000高速(4m/s)电梯、GeN2无机房电梯系列扩展(1.7m/s),控股集团公司研发中心的智能化米饭生产线。

在“十大重点产品所涉及项目”中,有20项为重点项目:天锻压力机公司的汽车覆盖件冲压液压机生产线、汽车玻璃钢覆盖件制品液压机生产线、精密高效智能数控温冷挤压液压机生产线,一机床总厂的YK2275全数控铣齿机、YK2955数控拉齿机、YK5150数控插齿机,特精液压股份公司的CBT-F5齿轮泵、YDS换档阀,泵业集团的高压三螺杆泵系列,减速机股份公司的ZGY悬挂式齿轮减速机(系列)、LSJ系列齿轮减速机,鼓风机总厂的特种介质用罗茨鼓风机、电厂用罗茨鼓风机,珀金斯公司的Perkins欧Ⅲ柴油机、4缸短冲程柴油机(3.3升),起重设备公司的多支点升降平台起重机、加气混凝土生产线专用掰板机,中外建发展股份公司的18T-20T静碾压路机,扎努西公司的超高效各工质压缩机、新型MINI压缩机系列。

15项“六大成套领域项目”完成了11项,20项“十大重点产品项目”完成了11项,合计实现产值7.6亿元。天津市机电工业控股集团公司在2004年通过实施新一轮的嫁改调,以产品结构调整为推动器,强化新产品开发,加快技术创新步伐。同时抓好重点项目的实施,提高企业的经济效益,使集团公司核心产品的市场竞争力得到进一步加强。

(孙玉林)

【机械装备产业技术创新重点项目】 2004年,天津市机械装备产业技术创新重点抓了天津鼎盛集团自行式沥青混凝土连续给料机、环保型路面冷再生机、天津起重设备有限公司每年20万立方米加气混凝土成套设备开发、赛象科技股份有限公司开发的子午线轮胎钢丝圈挤出双圈缠卷生产线开发等一批项目。其中有：

天津鼎盛集团开发的自行式沥青混凝土连续给料机，是一种先进的高等级路面摊铺施工机械。与传统的自卸车直接给摊铺机的作业方式比较，可以实现摊铺作业连续进行，提高生产率一倍以上；保持摊铺机作业速度恒速，提高摊铺平整度。专家论证和国外使用结果表明该机械与摊铺机配套使用，其摊铺路面使用寿命可提高一倍。该项目已完成关键技术设计。并申请4项专利，其中有两项发明专利。

鼎盛集团研制的环保型路面冷再生机，是新型路面养护机械产品，该项目通过对环保型路面冷再生机关键技术的研究，设计并试制出采用全轮驱动，可根据不同的路面选用四种铣刨速度，将原有的旧材料100%回收利用，具有不污染环境，无需中断交通，修复后路面平整、层间均匀等优点，是公路修复施工中比较理想的施工设备。该项目填补国内空白，达到上世纪90年代末国际先进水平。该项目2004年底完成开发并通过产品鉴定。

天津起重设备公司开发的每年20万立方米加气混凝土成套设备，是集机械传动、钢结构设计、液压传动、气动控制、声光报警以及变频调速技术、PLC可编程控技术、多类传感器技术等于一体的高附加值、高技术、自动控制的加气混凝土成套设备。该项目包括液压翻转起重机、液压成品起重机、网片/拔纤起重机、三种形成摆渡车等均为国内首创、填补空白，已申请10项专利，整体技术达国际先进水平。该成套设备是国家产业政策大力推广的机械成套设备，国内市场需求在每年400套以上。该项目已完成小批试制，将与德国HOTTEN公司合资合作生产。

（齐宝琴）

【机械成套综合服务形成多元化业务链条】 天津市机械设备成套局按照现代咨询业发展模式，建立了完善的管理体系，2004年取得质量、环境、职业健康安全管理体系认证证书。相继设立了6个公司：即天津市泛亚工程机电设备咨询有限公司、天津市成套设备工程监理有限公司、天津市天诚国际拍卖有限公司、天津市建设工程招标公司、天津市宏亚工程咨询有限公司、天津市环亚环境质量检测有限公司。各公司均取得相应的资质证书。

天津市机械设备成套局已经由过去单一的设备成套供应机构，发展成大型综合性工程咨询中介服务机构，能够为企业提供建筑和市政工程项目管理、工程咨询、招标代理、造价咨询、工程监理、成套设备及特种设备监理、环境检测、进出口贸易等服务，形成多元化业务链条。各项服务的技术含量日益提高。近年来，该局依靠科技进步，先后承担了海河综合开发、地铁、快速路、铁路沿线综合治理、海水淡化、海泰绿色产业基地、污水处理厂、梅江居住区、南开大学扩建、天津大学扩建、肿瘤医院等数百个项目的前期咨询、招标代理、工程及设备安装监理，涉及基础设施、工业、能源、交通、环境保护、文教卫生等各行业，取得了显著的社会效益和经济效益。

（颜泽汉、刘昭君、孔卫清）

【天津金山公司开发成功多种新型系列电缆】 近年来，天津金山电线电缆股份有限公司研制开发成功多种新型系列电缆，以满足市场对各种特殊电缆的需求。

该公司研制生产的曲挠电缆于2002年12月27日通过市级鉴定，技术水平为国内领先。该产品主要应用于拖动或随动系统中，起电力传输和信号控制的作用，能够在小半径下承受上百万次的弯曲、扭转和绕转运动，而不发生导线拧成螺旋形、电缆起旋、芯线开裂或断裂、屏蔽层破损或外护套损坏等失效现象。曲挠电缆在国内的许多场合(如港口、码头、船厂、钢厂及工矿企业等)得到了广泛的使用。该产品获得2003年度天津市技术创新优秀项目二等奖，2002年11月获实用新型专利。

该公司研制生产的铜芯耐热125℃交联聚烯烃绝缘无卤低烟阻燃机车车辆用电缆于2003年12月16日通过市级鉴定，技术水平为国际先进。该产品主要应用于地铁车辆、电力机车、铁路客车等的配电系统、控制系统。电线电缆采用低烟无卤阻燃材料作为绝缘层，在使用此导线的机车发生火灾时，几乎不产生烟雾及有毒有害气体。该电缆是一种新型“绿色、清洁”机车线，获得2003年度天津市技术创新优秀项目一等奖。

该公司适应城市轨道交通的发展，开发了低烟无卤阻燃交联聚乙烯绝缘地铁隧道、轻轨专用新产品直流电缆，2003 年 12 月 16 日通过市级鉴定，技术水平为国内领先。该电缆主要用于地铁、轻轨(隧道)等轨道交通领域，其很好的阻燃性能和低烟无卤性能保证电缆燃烧时产生很少的烟雾，几乎没有酸性有毒气体放出。独特的导体结构使电缆具有缓冲外界机械冲击和挤压的特性。综合防水层的设计使电缆具有耐长期浸水特性。电缆还具有防鼠咬、防潮和防紫外线性能。

该公司研制生产的通信机房用阻燃防火软电缆于 2001 年 11 月 8 日通过市级鉴定，技术水平为国内领先。该产品主要应用于通信机房、移动机站及高层建筑等场合。它不仅具有良好的弯曲性能，而且能够在一定的火灾条件下具有自熄性和减弱火势蔓延的特性，保持主要电气设备的运行状态，并提供持续不断的电源供给和控制。该产品获得 2002 年度天津市技术创新优秀项目二等奖。

该公司开发研制的 125℃船用低烟无卤阻燃(耐火)电力电缆，于 2004 年 12 月 25 日通过市级鉴定，技术水平为国内领先。该产品既保持了应有的电气特性和物理特性，又兼有低烟无卤特性、阻燃及耐火、耐油等特性，适应中国造船业、海上石油钻井平台及港口发展的需求，在国内外均具有很强的竞争力。

该公司适应国内轨道交通的发展，开发研制了变频机组用电缆，2004 年 12 月 25 日通过市级鉴定，技术水平为国内领先。该产品已成为机车行业的配套产品，部分产品在机车领域获得应用，有着广阔的发展前景。该产品于 2004 年 8 月获实用新型专利。

该公司在研制生产电梯控制扁电缆后，又开发了低烟无卤阻燃型电梯电缆，2004 年 12 月 25 日通过市级鉴定，技术水平为国际先进。该产品采用优良的低烟无卤阻燃聚烯烃材料，先进的辐照生产工艺，在保证原电梯电缆各项性能的同时兼具有低烟无卤阻燃特性，使得电缆在燃烧时只产生很少的烟雾，几乎没有酸性有毒气体放出。已有部分产品在天津市的重要工程轻轨及地铁的扶梯上安装使用。随着电梯用量的迅速发展，低烟无卤阻燃电梯电缆将有着广阔的发展前景。

（孙玉林）

【PY180 高原型平地机】 PY180 高原型平地机是天津中外建发展股份有限公司在民用 PY180 高原型平地机的基础上，开发研制而成的。

PY180 高原型平地机全面采用高原适应性关键技术，在海拔 4000m~5000m，-30℃~-40℃的高原条件下，其动力性、经济性、热平衡性、低温起动性、可靠性、耐久性等指标可达到同类机械零海拔的正常使用水平，具备很强的高原适应能力，可称为高原型工程机械。其主要指标性能变化达到基本型同机型低海拔指标值 5%~10%范围之内。PY180 高原型平地机不仅具有普通平地机的多种作业功能，还能满足高原特殊环境下道路保障、清除雪障等需要，在高速公路、市政工程、农田水利、海空港建设、国防工程等施工中具有广泛的应用前景。该机 2003 年已通过总装备部陆军装备科鉴定。

（孙玉林）

【PY180Q、PY200Q 静液平地机】 天津中外建发展股份有限公司开发研制的 PY180Q、PY200Q 静液平地机是在上世纪末引进德国利勃海尔静液压驱动装载机基础上，通过消化吸收，掌握了静液压驱动技术，并将此技术加以消化创新嫁接到平地机上，自主开发研制成功的。该产品拥有 5 项专利技术，被列入 2004 年国家重点新产品计划项目。该产品填补了国内空白，达到国际先进水平，是一种具有节能、环保、高性能的平地机。

PY180Q、PY200Q 静液平地机是一项涉及机械、电子、液压、激光等多种科技的高技术产品。主要工作原理是通过发动机直接驱动变量泵，变量泵通过闭式回路驱动变量马达转动。变量马达被安装在变速箱上，变量马达转动通过变速箱带动桥转动，从而实现机械的行走。

该两种型号平地机采用了负荷传感式的全液压转向系统，采用 ABS 可调角度的操纵台，为提高平整精度可加装自动调平装置及前推土板、后松土器等多种配置。PY180Q、PY200Q 平地机取消了传统平地机中的变矩器，操纵简便，提高了燃油利用率和工作效率，节能达 10%~25%。工业性试验及使用表明，该机达到设计要求，用户反映良好。

（孙玉林）

【精密高效智能温冷挤压液压机生产线】 天津市天锻压力机有限公司和天津理工大学共同承担的 2004 年天津市科技发展计划重点科技攻关项目 S-THP61-500+1250+1000 精密高效智能数控温冷

挤压液压机生产线于 2004 年 12 月 9 日通过了由天津市科委组织的样机鉴定。该生产线样机是液压机的创新产品，填补国内空白，属专利产品，产品技术指标和技术性能达到国际同类产品的先进水平。

该生产线样机以当代国际先进的成形制造技术之一的温冷挤压工艺研究成果和用户需要为主要依据，实现在不同规格的温冷挤压液压机上对同一个零件先热挤成形、再温挤成形、后冷挤成形的连续成形加工，是中国《汽车工业“十五”规划》发展关键汽车零部件所急需的成套生产线装备，也适用于农机、建筑机械、武器装备、轨道车辆、船舶、能源、机械等工业的温冷挤压成形新工艺及其他像成形工艺。

该生产线样机技术先进可靠。其液压、电器元件以及油缸密封等均采用国际上先进产品。以脉冲位移传感器作为精准的行程检测元件，采用比例伺服液压控制系统，实现滑块挤压的精确定位。液压元件、电器元件灵敏可靠，动作平稳，停位准确，几何精度和性能优于国家有关产品制造与验收技术条件的规定。

该公司在精密高效智能数控温冷挤压液压机方面有专利技术 9 项，其中发明专利 3 项。已为黑龙江、山西、河北等地制造各种数控温冷挤压液压机共 8 台。

（孙玉林）

【大型液压机模块化设计和 CAD/CAPP/CAM 系统】 天津市天锻压力机有限公司和天津大学共同承担的天津市制造业信息化工程项目大型液压机模块化快速设计和面向制造的 CAD/CAPP/CAM 系统，于 2002 年 2 月 27 日通过了由天津市科委组织的验收。

大型液压机模块化快速设计主要研制内容包括：开发基于产品创新的计算机辅助产品资料分析系统，建立计算机技术矛盾分析系统，建立计算机辅助液压机模块化方案设计系统等。

CAD/CAPP/CAM 技术攻关内容有：应用三维 CAD 软件对液压机产品进行模块化、参数化设计选用 Pro/E 和 SolidWorks 的三维软件实践。以模块化设计为中心，以产品分析为基础，以柔性模块为载体的参数化模块体现构建。为实现大型机架的焊接装配加工一体化 CAPP 而进行的系列技术攻关。

该项目的研制成功与应用提高了产品设计的系列化、通用化和标准化水平，大大缩短设计周期，降低成本，提高了产品竞争力。它的实施，可快速提高企业的适应市场的能力，及时根据市场需求信息提供产品报价方案，及时按照招标文件的要求进行投标，提高中标概率。

（孙玉林）

【立式双吸大流量三螺杆泵产品】 天津泵业机械集团公司上世纪 80 年代从德国引进的双吸三螺杆泵最大流量为 100 m^3/h 左右，随着该厂螺杆泵市场的扩大，提出了对流量达 200 m^3/h 双吸三螺杆泵的要求。该公司用了约一年的时间，克服了不降低汽蚀性能和体积增加带来的技术难题，研制出高汽蚀性能的立式双吸大流量三螺杆泵产品。其样机于 2004 年 11 月通过专家鉴定，并很快获得首批订货合同。

立式双吸三螺杆泵具有效率高，结构紧凑，使用可靠等特点。它的研制成功与应用可为用户节约大量的能源，为公司创造很大的经济效益。该产品填补了国内空白，技术水平达到国际先进。

（孙玉林）

【QT 系列部分回转阀门装置达国际先进水平】 天津百利二通机械有限公司研制的 QT 系列阀门电动装置 2002 年 7 月通过天津市经委、市科委组织的新产品鉴定。该系列产品的研制成功填补了国家小规格电动装置的空白，居国际先进水平。

QT 系列中小型部分回转阀门电动装置 QT1~QT4 产品，由于其传动机构全部包容在一个主箱体内，并且电动机也控制在箱罩内，因而它是一种典型的整体式部分回转电动装置。

QT1~QT4 及 QT5~QT7 产品在结构上均采用了长止口机械密封，使其户外性能接近 IP67。在传动机构上采用了双级蜗轮副传动，所以其自锁性能十分理想。在蜗轮设计中去掉其喉径，使蜗轮实际为斜齿轮，提高了整机的传动效率。

QT 系列部分回转阀门电动装置在设计上具有领先性，在零件的加工制造方面充分利用先进的工艺措施，使整机的技术性能得到保证，且质量好外形紧凑。

QT 系列产品 2004 年率先在行业中获得中国船级社船用产品认可证书和德国莱茵公司 CE 产品认可证书。该系列产品已广泛应用于石油、冶金、造纸、造船、矿山、供热、自来水、污水处理、机场等各个领域的重点工程项目中。

（孙玉林）

【三相三绕组环氧树脂浇注干式电力变压器】 天津市特变电工变压器有限公司结合市场需求自主研制开发设计成 SSC-10000/35 三相三绕组环氧树脂浇注干式电力变压器，2004 年 2 月 14 日，通过由天津市科委和市经委组织的鉴定。该产品填补了国内空白，使中国此种产品的技术迈进了国际先进水平的行列，不再依赖进口，且创汇前景广阔。

该产品设计合理、结构先进、外形美观、性能优良。其创新的结构，有效地控制了局部放电量，有效地降低了空载电流、空载损耗和噪音，对铁心温度的控制起到了良好的作用，使产品的整体机械强度和美观性也有了很大的改善和提高。它的性能指标达到国际先进、国内领先水平，符合国家标准，该产品获得 1 项发明专利，2 项实用新型专利。

2003 年底该公司生产该产品 2 台，销售收入 306 万元，而总成本为 172 万元。随着干式电力变压器市场的扩大，大容量干式电力变压器的产量将逐步增加。

（孙玉林）

【TW30-6300 智能型万能式断路器】 天津市百利电气有限公司开发的 TW30-6300 智能型万能式断路器，于 2003 年通过鉴定，技术水平为国际先进。

该产品是电子技术、计算机技术、通讯技术等高科技技术与低压断路器相结合的产物。它采用微型计算机进行控制，能准确检测电力线路的运行情况，并能准确切除过载、短路等故障，还能按照运行人员的要求进行各种操作。它具有对断路器本身进行检测和对故障的自我诊断并做出相应的报警甚至动作的功能。

该系列产品全面实现了附件模块化、控制模块化，产品小巧、美观、简单、易用，性价比大为提高。该产品填补了国内同类智能化小安培数开关等多项空白，解决了许多用户的燃眉之急。它的问世打破进口开关产品垄断市场、价格居高不下的局面。

（孙玉林）

【TM40 系列智能型塑壳断路器】 天津市百利电气有限公司自主开发的 TM40-160，TM40-250 塑料外壳式智能型断路器填补了国内小型壳体断路器无智能型脱扣器的空白（TM40 系列断路器最小额定电流可达到 3A），达到国际先进水平。该产品拥有“磁通变换器”、“限流断路器”、“复合灭弧断路器”等 7 项实用新型专利，2004 年分别获天津市技术创新一等奖和二等奖。

TM40 系列产品集长延时、短延时、瞬时、接地、欠压、断相、漏电保护等功能于一体，并配有通讯接口与计算机联网，有利于全网数字化控制，是真正意义上的智能化断路器。2004 年该产品实现销售收入 3000 万元，利税 812 万元。

（孙玉林）

【TH-JB300 搅拌摩擦焊机】 天津市焊接研究所自主开发研制的 TH-JB300 搅拌摩擦焊机，填补了国内空白，达到国内领先水平，列入 2004 年度国家重点新产品计划项目。

该设备为机电一体化产品，它具备参数化可选焊接程序功能以及参数化组合编辑功能、数控轴快速定位功能、手工输入和磁盘输入功能，可实现高效率焊接，具备多种焊接接头焊接功能，且主参数可进行实时调节，能够对铝合金、镁合金等构件进行高效优质焊接。

该设备采用工作站式工业控制，交流伺服系统驱动，四轴数控。在控制功能方面具有参数化可选焊接程序、参数化组合编辑、手工输入和磁盘输入、焊接转速控制、焊接速度控制、数控轴快速定位、自动报警等功能。在焊接方面具有自清除焊件表面污物、直缝变截面焊接、焊接压力适时调节、焊接转速和焊接速度适时调节等多项功能。

适于该设备焊接的接头形式有单板对接接头、多层复合板对接接头、搭接接头、T 形接头、角接接头、环形焊缝等。其焊接最大尺寸为 1200 mm~1800 mm，焊接速度为 300 mm/min~1000 mm/min 该搅拌摩擦焊在航空航天、造船、铁道、车辆等制造领域得到了很好的应用，经济效益可观。

它的产业化推广应用必将促进中国铝合金、镁合金等焊接结构件的整体加工工艺水平和产品质量，确保人民生命财产安全和国家重大工程设备安全。

（孙玉林）

【HW 型汽液集输泵橇装系列产品】 汽液集输泵及其橇装系统是广泛应用于陆地油田、海洋油气田和沙漠油田的高科技产品。它的应用能为用户提高原油生产效率,节约大量的基建投资,简化油田的管网。

德国从20世纪80年代初就开始投入大量的人力、物力进行此项目的研究。天津泵业机械集团公司用了短短的几年时间就开发出了高含气率的HW型汽液集输泵及其橇装系列产品。其样机系统在大庆油田建设设计院试验基地的多种参数试验表明,产品性能已达到同类产品的国际先进水平。该产品填补了国内空白,2002年12月30日通过天津市发改委组织的验收鉴定。

该系列产品已成功投入国内市场,为新疆油田提供的HW9.3ZK橇装系统(国内生产的最大的汽液集输泵)运行两年多来,使用效果良好。为渤海石油平台提供的三台HW7T.3ZK橇装系统也成功运行。

HW汽液集输泵橇装系统的成功开发与应用将改变中国原油的生产模式,为中国的石油战略作出贡献。

(孙玉林)

【基于风险的在役检验在石化设备中应用】 该项目是由天津石化公司与华东理工大学共同合作于2004年完成的。项目通过研究分析国外基于风险的检验(RBI)技术的发展状况和经验,应用API580标准、选用先进的软件、结合中国石化装置的实际,研究制定了实施方案,达到了实现RBI的预期效果,为石化企业开展RBI工作提供了经验。该项目将RBI方法应用于天津石化公司的预加氢装置,找出了装置中高风险设备与高失效可能性设备,经采取措施降低了设备的风险等级,使设备潜在风险降低了95%,延长了装置设备运行周期,该技术处于国内领先水平。

(梁会东)

【进口短丝装置成功实现提产】 天津石化公司聚酯部短丝装置是从德国纽玛格公司引进的,原设计生产能力为单线5万吨/年。为提高产量、降低消耗,2004年,该公司通过对喷丝板喷丝孔排列、喷丝孔尺寸的研究分析,自主设计了4000孔喷丝板,替代+了3600孔的喷丝板,对冷却吹风条件、上油、卷绕工艺与设备的优化调整,使单线熔体接受量增加了17吨/天,达到了提产10%设计水平。提产后产品质量指标稳定、设备生产状态与运行状态良好,熔体单耗下降,成功实现了自主技术创新的科研成果转化。

(梁会东)

【562(5-5/8")潜油电泵机组研制成功】 该项目是由大港油田集团有限责任公司柯建仁等承担的公司级项目,2004年10月22日通过集团公司验收,2004年12月31日获得大港油田集团有限责任公司技术创新一等奖。该项目的电机电磁设计采用微机输出优化设计,保证电机具有最佳的电密度和磁密度,从而提高了电机的机械效率,转子扶正轴承外径安装膨胀胶圈,杜绝扶正轴承与定子内腔摩擦而引起的温升,电机轴材选用35CrMo,并经调质处理,有效增强电机轴机械强度,保护器采用沉降与胶囊式相结合的复合结构,提高了其密封可靠性。离心泵增加合金摩擦副,提高了机组的防砂性能。与机组配套的小扁电缆设计制作采用挤压密封结构,密封性能可靠。样机部分技术指标达到或超出国家制定的有关潜油电泵机组的技术要求并通过德国船级社质量检测,其中潜油电泵井口动力电缆密封装置获得国家专利,整体技术水平达到国内先进。2004年销售机组30多套,创产值超过1200万元。

(胥春根)

【螺杆钻具】 由天津立林石油机械有限公司承担研制生产的螺杆钻具有以下特点:具有双防掉结构,改变了传动轴总成中传动轴和TC轴承结构,改善了传动轴的受力状态,即使出现断裂后也不会脱落而出现落井事故。采用可调弯壳体及球传动轴结构,具有携带方便、在井口可以调整的特点。球万向轴结构能缩小回转半径,以适应可调弯壳体。采用新定子橡胶配方,改进了混炼胶工艺,提高了定子的橡胶质量及使用寿命。螺杆钻具年销售收入达1亿元,利税2500万元,国内市场占有率约35%,处国内领先地位,出口额为2000万元。已获国家实用技术专利2项和天津市科技进步三等奖1项,2003年5月被国家科技部评为“优秀火炬计划项目”。

【浅海铺管设备】 浅海铺管设备是中国第一套自行研制的浅海海洋石油铺管设备。该套设备安装在铺管作业船上,用于在水深小于10米的浅海区域完成石油、天然气、污水管线的铺设和回收;浅海铺管设备包括液压对中站、10吨液压张紧器、20吨A/R绞车和履带支撑等部分。液压对中站用于完成单

(双)节点管线焊接前的对口调整和管线输送,液压张紧器和A/R绞车用于完成管线的恒张力铺设与回收。整套设备功能完善,使用可靠,独立操作与集中控制均可实现,现已在海洋石油多项工程中成功使用。浅海铺管设备设计铺设管路范围10cm~127cm,最大管路重量28 t/24.4 m,铺管速度12 m/min。

(董津宁)

生物技术与现代医药产业

【天津抢占全球生物芯片研发制高点】 由"长江学者特聘教授"、海外归来的南开大学王磊博士任首席科学家的国家"863"专项——"重要病原微生物检测生物芯片"课题组经过两年的潜心科研攻关,2004年10月取得重大成果,"重要致病菌检测芯片"第一代样品研制成功,并且开始制定企业和产品的质量标准。这标志着中国第一个具有世界水平的微生物芯片研究进入产业化阶段,从而使天津市向建设世界级微生物检测生物芯片研发和产业化基地、抢占全球生物芯片研发制高点的目标迈出历史性的一步。

"功能基因组和生物芯片"项目是国家科技部在"十五"期间设立的12项重大科技专项之一。天津市在生物芯片技术领域立项之初就瞄准"国内领先,世界一流",集中全市多方力量、突出天津特色和优势,由王磊教授为学术带头人,申请了"重要病原微生物检测生物芯片"课题,使天津成为国家在生物芯片领域重点支持的五个地区之一,同时也是惟一以病原微生物检测生物芯片为主要发展方向的地区。2003年9月,天津市组建了"天津生物芯片技术有限责任公司",公司总投资1亿元创建了一种产学研一体化的高新技术项目全新研发模式,并在此基础上相继成立了南开大学功能基因组学研究中心和泰达生物技术学院。王磊课题组已搭建起生物信息学、基因组学、功能基因组学等具有世界水平的高端微生物检测平台,申报了84项国家专利,获发明专利2项,并形成了一支可持续发展的高水平人才梯队,确保中国在今后若干年内保持该领域研究的国际水平。

【生物技术与现代医药产业技术创新重点项目】 2004年,天津市医药方面技术创新重点抓了天津药业公司口腔崩解片、环索奈德吸入性皮质激素和天津红日药业股份有限公司中药复方血必净注射液等一批项目。其中:

口腔崩解片,是一种在口腔内不需水即能崩解或溶解的片剂,2002年5月由国家药审中心确定作为一种新剂型进行审批。与普通片比较它有较多优点,如不需饮水,将药片置于舌面,遇唾液即可崩解,随唾液入胃迅速起效,口感良好(加有掩味剂),特别适用于儿童和吞食困难的患者服用。该片剂服用方便,提高了用药的顺应性,其市场效益远远超过普通片剂。天津药业公司开发了扑热息痛口腔崩解片,确定了处方、工艺,并制定了质量标准,完成了初步稳定性研究。该项目已通过临床审评。

环索奈德吸入性皮质激素,用于治疗支气管哮喘和慢性阻塞性肺病。它采用微粉技术,将微粉包入胶囊中(每个胶囊的含量为160微克)。服用时,通过吸雾器的微针扎破胶囊,靠病人的吸力将药物吸入。该药具有吸收效率高,药物利用率高、疗效更快、服用更安全等特点。

天津药业公司在2004年2月成功合成环索奈德。该药改善肺功能并降低患者哮喘症状的效果优于临床上常用的布地奈德、倍氯米松和氟替卡松,而全身皮质激素水平不受影响,预示它的副作用更低。该药被列为2004年全球"重磅炸弹"药物之一。该公司完成了相应的化学结构确定和质量标准制定及化合物合成专利的申报。药理毒理研究、稳定性考察和相应的制剂研究相继进行。2005年初申请新药注册。

天津红日药业股份有限公司在国内中西医结合急救医学的创始人、著名危重病急救专家王今达教授"菌毒炎(细菌、内毒素、炎症介质)并治"理论指导下,经过30多年的科学实践,研制成功国家级中药复方新药血必净注射液,科学地解释了脓毒症和多脏衰形成原因的世界性医学难题,使脓毒症和多脏衰的病死率大幅度下降,取得了国际领先的重大创新成果。该产品经过药理、毒理实验和临床研究,临床注射无不良反应,也未发现对患者血、尿、便常规和肝、肾功能及心电图等的不良影响。治疗脓毒症和多脏衰疗效确切,毒副作用少。该剂对退烧也有显著效果。这种新药在生产过程中采用膜分离(超滤)、喷雾干燥、大孔吸收树脂、高分子絮凝多项新技术,实现了中药生产的现代化。该药已取得生产批文并完成GMP认证,2004年生产200万支,实现产值9000万元,利税2200万元。

(齐宝琴)

【中新药业现代中药产业园落成投产】 具有国际领先水平的现代中药产业基地天津医药集团中新药业现代中药产业园于2004年6月18日在天津经济技术开发区落成。该产业园的设计施工严格按照"以人为本,全面、协调、可持续发展"的科学发展观要求,本着"现代化、国际化、标准化、人性化"的设计理念,由德国IPI公司依据CGMP(美国药品生产质量管理规范)、欧盟GMP及中国GMP要求设计,计划总投资6亿元,占地面积24万平方米,总建筑面积6.2万平方米,包括技术中心、制剂中心、工程技术中心和植物提取中心四个主要功能部分,中新药业旗下的两个老字号——达仁堂、隆顺榕也落户于此。

中新药业研发楼

产业园技术中心设有植化室、制剂室、中药室等12个研究室及7个博士后、专家工作室,是国家批准的企业博士后科研工作站。60余名研发人员全部具有本科以上学历,研发能力居国内同行业领先水平。研究室配有液质联用仪、气质联用仪、蒸发光散射检测仪等高科技分析仪器,参照国际水平将分离设备与分析设备联机,可进行有效单体、有效部位、新的中药复方、中药保健食品植物提取物研究。在研项目76项,研发方向为一、二类中药新药和疗效确切的三类新药,并采用新技术对老产品进行二次开发。

制剂中心引进先进设备和生产线,应用缓释和控释、软胶囊脱湿干燥、喷雾干燥、流化床制粒等技术,生产软胶囊、液胶囊、片剂、颗粒剂、糖浆、口服液、酊剂等剂型,有效提高了中心制剂水平,生产规模为胶囊剂每年22亿粒、片剂每年22亿片、酊剂每年1500万支,糖浆剂每年500万支。

工程技术中心引进先进的植物提取、浓缩、干燥与制剂中试设备,实现程控化、自动化在线检测,开展酶解、大孔树脂纯化、膜分离、三相流化床、透皮吸收、缓释、低温动态逆流提取等高新技术的应用研究,提升产业水平。工程技术中心设有专家委员会,其中有工程院院士3名,教授4名,博士5名,企业"外脑"不断延伸。

提取中心引进全球领先的设备,结合大孔吸附树脂、膜分离、超临界萃取等技术的应用,可对植物有效部位进行精确分离及单体制备,采用先进的低温逆流动态提取、低温浓缩、低温干燥等技术,提高有效成分含量,实现生产程控化、输道管道化、检测自动化,形成每年3700吨中药提取物的生产规模,成为国内最大的GMP中药提取生产基地。

中新药业现代中药产业园工程是天津市中药现代化工程的重要组成部分,它的建成使用标志着天津的中药现代化建设全面提速,对推进天津中药产业整体结构调整,带动整个产业升级换代,实现中药生产的规模化、集约化、标准化、现代化、国际化,提高天津乃至全国现代中药产品的内在质量,进一步增强中药产品的市场竞争力并推动其走向国际主流药物市场,都具有重要意义。

(刘学萍)

【华立达生物园在天津经济技术开发区落成】 华立达生物园坐落于天津经济技术开发区,占地面积7.6万平方米,总建筑面积约3万平方米,由中国天津医药集团中新药业公司和美国SICOR INC制药集团共同投资兴建。华立达生物园是国家火炬计划项目,于2002年9月动工兴建,由国际著名制药工程公司进行策划、设计和施工,2003年11月天津华立达生物工程有限公司总部入主华立达生物园,2004年5月10日华立达生物园举行落成典礼。华立达生物园区内建有国家级基因工程制药中试生产基地、企业博士后科研工作站、市级企业技术中心,是一座符合国际标准的现代生物技术药物开发与生产基地。华立达生物园的落成标志着华立达公司进入了战略发展阶段。该公司制定了企业"三步走"战略发展计划(2003~2010年)。第一步,利用3年左右的时间搭建现代生物医药基础平台;第二步,利用5年左右的时间实现产品多元化;第三步,利用8年左右构建企业集团。

(赵学嵩)

【科技攻关项目盐酸法舒地尔实现产业化】 中国每年约300万脑蛛网膜下腔出血患者,其中100万患者因蛛网膜下腔出血而引起周围脑中、小动脉的痉挛,继发脑缺血和脑梗塞,成为增加患者病死率和致残率的主要原因。对此病症,国内市场应用的药品仅有国产和德国进口的尼莫地平注射剂，但疗效不理想。天津药物研究院研发的盐酸法舒地尔是细胞内钙离子拮抗剂，它通过抑制细胞内钙离子而预防缺血性损伤。它以细胞内钙离子的拮抗作用，扩张脑中、小动脉，可明显改善蛛网膜下腔出血引起的迟发性脑血管痉挛，其作用明显优于尼莫地平，而且对血压的影响较尼莫地平小，具有重要的临床意义。

天津药物研究院化学制药研究部采用硫酸盐法，经先分离后磺化，把反应温度从低温提高到室温，为工业化生产奠定基础。该药的合成总收率达12%，原料和针剂质量达到国外同品种的标准。对103例脑动脉瘤破裂所致蛛网膜下腔出血的临床研究结果表明，盐酸法舒地尔对于防治脑血管痉挛有效且安全。该项目2003年10月通过天津市科委验收，2004年3月获生产批件。该药品已由天津红日药业股份有限公司实现产业化。

（梅林雨、王建设）

【实施中药安全性评价中心规范化建设】 “天津市中药安全性评价中心规范化建设(GLP)”是由天津药物研究院承担的天津市科技发展计划项目。该项目在其硬、软件建设中，购置了 Selectra-2 自动生化分析仪、Beckman Coulter 自动血球分析仪、TECAN 酶标仪及洗板机 Leica TP1020 自动组织脱水机、Leica EG1150 H+C 全自动包埋机、Leica RM 2135 轮转切片机、Leica DM LB HC 生物显微镜、Urimatic-labⅢ尿分析仪、MEDICA Na/K/Cl 电解质分析仪、精子图象分析仪等先进大型的进口仪器，并建立、完善实验室管理规范，制订了几百项标准操作规程，为全面实施 GLP 奠定基础。在安全性评价中心实验室软、硬件建设的同时，为国内外进行了30多项新药评价项目的研究，为天津市10多家医药企业进行了20余项中药安全性评价研究，成为全市新药安全性评价和新药研发的重要支撑机构。2004年5月该项目通过天津市科委组织的专家组验收。

（张宗鹏、王建设）

【重大科技攻关项目中药对照品的研究通过验收】 天津市重大科技攻关项目中药对照品的研究(Ⅱ)，由天津药物研究院、天津市药品检验所和天津市医药科学研究所共同承担，于2004年5月通过天津市科委验收。该项目完成的中药对照品分别为黄芪甲苷、次乌头碱、新乌头碱、大黄酚、大黄酸、蟾毒灵、华蟾毒精、人参皂苷 Rg1、人参皂苷 Re、三七皂苷 R1、大黄素、淫羊藿苷、水飞蓟宾、马兜铃酸、白头翁素、龙胆苦苷、蛇床子素、β-谷甾醇、大黄素甲醚、莲心碱、异莲心碱、绿原酸、黄芩苷、盐酸小檗碱、去甲氧基姜黄素、苦参碱、厚朴酚、厚朴酚、芍药苷和肉桂酸等共30个。其标准品的制备量均达到g级量，纯度均达到98.0%以上，结构确证及纯度等符合中药对照品研究的技术要求。在上述30个标准品中，有中国药品生物制品检定所对照品目录中未被收载的白头翁素、蟾毒灵、莲心碱、异莲心碱和去甲氧基姜黄素在，填补了国内该项对照品的空白。

该项目还注重系列标准品如乌头系列、蟾毒系列、三七系列、大黄系列和厚朴系列等的研究，制备了对用药安全性影响较大的乌头、蟾毒和马兜铃等有毒药材的标准品，对一些制备难度较大、经常短缺、检验和制订质量标准工作中经常要用到的次乌头碱、新乌头碱、蟾毒灵、华蟾毒精、人参皂苷 Rg1、人参皂苷 Rb1、三七皂苷 R1、盐酸小檗碱、苦参碱、绿原酸、黄芩苷、芍药苷和肉桂酸等品种进行了研究和制备。

该项目为天津市中药饮片和中成药的质量标准研究奠定了基础，其中对部分品种的研究处于国际国内领先，在天津市中药现代化建设工程中发挥着重要作用。

（侯文彬、张宗鹏、王建设）

【新型口腔黏膜黏附制剂研究】 口腔黏膜给药是采用新型生物可降解型聚合物材料，将药物定位黏附于口腔黏膜，达到局部定位或全身缓释给药的释药系统。该药适用于肝脏首过代谢严重或在胃肠道中易受生物酶或酸降解的药物，尤其是生物利用度差和易降解的小分子基因工程药物，是近年新剂型研究方向之一。

天津药物研究院制剂中心以治疗口腔溃疡的一线药物氨来诺为原料研制的口腔黏附缓释贴片，具有定位、缓释给药的作用，完善了口腔生物黏附给药技术。经临床证实，它能够消除疼痛，加速口腔溃疡治愈，是国内外均未面市的黏膜贴片剂型。2004年，该项目得到天津市科委的基金资助，同时申请了制剂工艺专利。该品的研发对国内新剂型的研究具有重要意义。

（刘　衡、王建设）

【新机制促进头孢菌素研发取得新成果】 天津市医药集团技术发展有限公司是天津市医药集团有限公司、天津中新药业集团股份有限公司和天津药物研究院于1998年共同组建的产研结合的高科技公司。为给天津市发展抗生素提供技术支撑,三家股东法人2004年6月15日将公司注册资金增至1500万元。天津市医药集团和天津中新药业以货币形式增资,天津药物研究院以其优质资产--原化学制药部头孢专题组研发的系列头孢菌素药物品种作技术入股,同时该课题组全体科研人员进入该公司,在全新的运行模式下,继续进行抗感染药物的研发。

该公司承担着国家及天津市科技攻关项目系列头孢菌素药物的研发,并将已完成的国家"九五"攻关项目头孢菌素关键中间体GCLE和第三代头孢菌素新药头孢地尼等科研成果在天津市头孢药物生产基地津康制药有限公司陆续投产。

(岳天辰、王建设)

【重大科技创新药物阿加曲班产业化】 阿加曲班是世界上惟一被批准用于急性缺血性脑卒中治疗的化学合成药物。该药最先由日本开发,并先后被日本批准用于治疗外周血栓病和急性缺血性脑卒中。2000年被美国FDA批准用于肝素诱发的血小板减少症和血栓综合征。临床实验证明,阿加曲班在作用机制上明显不同于其他像溶栓药及抗血小板药等,而是一种直接的凝血酶抑制剂,具有疗效确切、安全性高的特点,为急性脑血栓症提供了新的治疗途径。

该药由天津药物研究院首先研制成功,并申请列入"十五"国家"863"计划重大科技创新药物。国家科技部对阿加曲班的产业化给予了高度关注和支持,2004年确立其为"创新药物和中药现代化"重大专项课题滚动项目。该产品还被评为2004年度国家重点新产品,它的产业化推动还被列入2004年度国家"863"计划引导项目。

(刘振国、王建设)

【阿德福韦酯在国内率先完成临床研究】 国家一类新药抗乙肝病毒阿德福韦酯是天津市重大科技攻关项目。为了尽快改善国内使用拉米夫定耐药病人缺少有效药物治疗的现状,填补国内空白,天津药物研究院、天津泰普药品科技发展有限公司、天津药物研究院药业有限责任公司积极配合,组织了以第三军医大学西南医院为组长单位,重庆医科大学附属第二医院、四川大学华西医院、上海第二医科大学附属瑞金医院、复旦大学附属华山医院、浙江大学医学院附属第一医院为成员的临床研究队伍,仅用1年多于2004年在国内率先按一类新药的要求完成了阿德福韦酯片用于拉米夫定耐药病人的安全性和有效性评价。

(赵 健)

【50种绿色现代中药配方颗粒研制起步】 由天津药物研究院主持承担、天津市中药饮片厂和天津大学药学院参加的50种中药配方颗粒的研制,被列为天津市重大科技攻关项目,天津市科委投入100万元予以支持。该项目计划3年内(2004~2007年)完成能组成50个经典中药方剂的50种单味中药配方颗粒的研制。该项目立足国内领先标准,并与国际接轨,结合中药包合、一步造粒、喷雾干燥等先进的现代制药工程技术,以有效成分转移率为指标,通过HPLC测定方法和正交试验设计,优化工艺参数,建立以指纹图谱、含量标准、重金属农药残留等为核心技术内容的现代中药质量标准。该项目适应中药现代化与国际化的要求,对天津市中药产业结构调整、中药材及中药饮片产业的标准化建设、中药国际市场的拓展以及整个天津市中药现代和国际化工程起到重大推动作用

(张铁军)

【抗肿瘤新药SPRIDA研究】 中国医学科学院放射医学研究所药物研究室,从20世纪90年代开始研制国家级一类新药SPRIDA,2004年又获得国家科技部科研院所开发专项基金资助。该药是从豆科槐属植物中提取、分离得到Alkloid I,并采用前药(pro-drug)技术,对Alkloid I的结构进行改造,经半合成、纯化制备得到SPRIDA纯品。该品为白色或淡黄色结晶性粉末,易吸水,无臭,味苦,在水,乙醇,氯仿中易溶,在丙酮中溶解,在乙醚中微溶。SPRIDA作为天然抗肿瘤药物,已有相当的研究基础,并按《药品注册管理办法》完成临床前大部分工作,对乳腺癌、恶性淋巴瘤、Lewis肺癌、宫颈癌和LA795肺腺癌抑瘤率分别是:53%,57.1%,60%,61%,35.3%,($P<0.05$),LD504362mg/kg,均具有较好的治疗效果且毒性低,现已按照SFDA《药品注册管理办法》完成临床前大

部分工作。经国家权威查新检索机构检索,SPRIDA为一全新的、具有自主知识产权的国家一类新药。SPRIDA作为抗肿瘤药物新品种其研制成功后,必将成为抗肿瘤药物的拳头产品,一旦进入市场,可迅速产生经济效益,推动中国抗肿瘤医药产业的发展。

(刘庆芬)

【多西他赛原料与制剂的产业化开发】 华立达生物制药有限公司2004年重点开发的多西他赛原料与制剂产业化项目,确定了半自动多西它赛纯化工艺,采用了HPLC法,对每一步中间体都建立了准确的定量方法,实现了对制备过程的监控,从而使产品质量更加稳定可靠,中试规模产品纯度达99%以上(按无水物计算)。该产品对多种肿瘤都具有抗癌活性,是治疗转移性乳腺癌最有效的单药之一。以往国内市场全部依赖进口且价格昂贵,年进口量3亿元。该产品价格1300元/20mg,相当于进口产品价格的一半,市场潜力巨大。该产品的新药注册和生产已申报待批。2005年正式生产,将形成2kg/a生产规模,可生产20mg/支注射剂10万支。计划最终形成10kg/a能力。

(齐宝琴)

【一类新药博安霉素获准生产】 国家一类新药博安霉素获得国家药品监督管理局生产批文。博安霉素是天津医药集团太河制药有限公司与中国医学科学院医药生物技术研究所经多年研究成功的。盐酸博安霉素原料及其冻干注射剂,是中国又一首创研究和开发的新抗肿瘤抗生素,为国家一类新药。

博安霉素不但对头颈部癌有良好的效果,并且对恶性淋巴瘤、乳腺癌和食道癌等癌症有广泛的治疗效果,同时对肝癌也有明显的疗效。与诸多抗癌药物相比,博安霉素对人体的免疫、造血系统以及肝、肾、心脏功能无损害,而且肺毒性显著低于其他像同类产品。天津医药集团太河制药有限公司于2004年10月获得该产品的批准文号,为国内独家生产。

(张健宝)

【三类新药盐酸尼莫司汀原料及制剂获准生产】 国家三类新药盐酸尼莫司汀原料及国家六类新药注射用盐酸尼莫司汀(制剂)获国家药品监督管理局生产批文。

盐酸尼莫司汀,是由沃芬(天津)药业有限公司和天津医药集团太河制药有限公司共同开发的新药。在各种抗肿瘤药物中,亚硝基脲类烷化剂药物占有一定的比例,其中包括卡莫司汀、环已亚硝脲、哌啶亚硝脲、氯脲霉素、盐酸尼莫司汀等。盐酸尼莫司汀具有良好的水溶性,因而可制成注射剂,通过静注或静滴,能迅速获得治疗所需的血药浓度,毒性较低。盐酸尼莫司汀又有较好的脂溶性,可通过血脑屏障,小鼠的药物动力学研究显示,静脉给药后药物到达脑内的平均时间为5分钟,有59%的药物进入脑组织中,因而是一个理想的脑肿瘤治疗剂。尼莫司汀对肺小细胞瘤、霍杰金氏病的恶性淋巴瘤也具有很好的疗效。

注射用盐酸尼莫司汀被开发成一种以治疗脑肿瘤为主并对其他像多种肿瘤具有广谱性治疗效果的新型亚硝基脲类药物。但国内尚无厂家生产,国内用药依靠进口。近年来一直从事抗肿瘤药物研究的沃芬(天津)药业有限公司进行该药物的开发,方便了中国肿瘤患者用药且降低治疗费用。

天津医药集团太河制药有限公司于2004年8月获得盐酸尼莫司汀原料及注射用盐酸尼莫司汀制剂的生产批文,该新药为国内首家生产,保护期5年。

(张健宝)

【紫龙金治癌药获准扩大临床范围】 2004年,天津医药集团中新药业隆顺榕制药厂的紫龙金,获得了国家药监局增加适应症的临床批文。这表明紫龙金作为天津市最高科技水平的中成药的一个代表品种,在临床科研工作中获得又一进展。

早期紫龙金片是为治疗周恩来总理的癌症而立项研究的抗癌新药,由天津中新药业隆顺榕制药厂与北京大学、中科院的专家共同研制,2001年批准生产。该药是在挖掘民间验方的基础上,采用细胞分子生物学技术实验筛选组方研制而成。它先后被列为国家"七五"重大攻关项目、国家自然基金会高新技术探索重点扶持项目、北京市及天津市科委重大攻关项目。该药从2002年上市以来,受到国内外肿瘤学术界的好评,引起了国外许多专家学者和外商的关注。该药的说明被翻译成英、日、俄、韩等4种文字。紫龙金片作为具有自主知识产权的中药现代化高新技术产品,曾多次被国家指定为出国交流的代表项目,在国际学术会议上进行学术交流。紫龙金是国内外学术领先的高新技术产品,在国际市场占有一席之地。

该药在临床应用中，经北京肿瘤医院等几家医院的验证，不仅对肺癌有特效疗效，同时对直肠癌、结肠癌、肝癌、胃癌等症，均具有明显改善临床症候、提高生存质量、延长生命的作用。隆顺榕的科研人员对紫龙金的临床进行更深入探讨和再创新，为这项蕴育着极大市场潜力的产品注入更大的科技含量，以造福于不同癌症患者。科研人员先后完成了直肠癌、结肠癌、肝癌、胃癌等病症的相关临床前实验以及支持临床实验的药学、药理、毒理实验工作。该药2003年初向国家药监局申报增加临床适应症研究的申请，2004年2月底获得了国家药监局下发的临床批文。

2004年4月，隆顺榕制药厂开始按照国家药物临床管理规范的要求开展临床工作。为了进一步加快工作进程，该厂邀请到6城市30余名肿瘤专家到天津开会，对临床方案进行研讨并提出多项合理性建议，确定8家医院为临床医院，计划在一年的时间内完成586例临床病例，并进一步扩大其临床范围，全面加速紫龙金片适应症扩大的实践步伐。

（刘　伟）

【天津同仁堂股份有限公司技术中心成立】 天津同仁堂股份有限公司技术中心于2004年12月31日成立。

该技术中心共有53人(其中本科学历26人、专科14人、专科以下13人，正高工2人、副高工13人、工程师24人)，他们具有药品生产、检验、研发、技术管理等方面丰富的知识和经验。技术中心实行中心主任负责制。中心实验基地拥有国产、进口实验仪器、设施近50台套，如：高效液相色谱仪、气相色谱仪、紫外可见光谱仪、双波长薄层扫描仪、紫外可见薄层摄影仪、旋转薄膜蒸发器、电子天平、硬度检测仪、旋转粘度计、酸度计、悬浮粒子测定仪、洁净度检测仪、中试提取浓缩器等。

该技术中心完成的市级科技项目有“小儿系列药二次开发”、“提高肾炎康复片技术含量的应用研究”、“中药贴膏剂基质和裱被材料的应用研究”等。技术中心主要任务包括老产品二次开发，已开展元胡止痛片控缓释制剂的应用研究。“肾炎康复片”、“清咽片”、“血府逐瘀胶囊”的二次开发相继进行，内容包括工艺、质量标准、机理、药效与毒理、临床、增加适应症、GAP基地原料超微打碎、流化床制粒等，整体提升产品科技水平。中心还将逐渐开展中成药片剂的异型片、双层片、泡腾片、口含片等方面的研究，在中药片剂技术创新方面做大量研发工作。技术中心还将开发中药滴丸、中药注射剂等新剂型，良附滴丸已进入临床试验阶段。感冒滴丸、蒲黄滴丸正在进行临床前系列研究工作。技术中心还将发挥优势将薄膜包衣技术广泛应用于中药片剂包衣。

（付广振、王卫东）

【天津市同仁堂医药销售有限公司通过GSP认证】 天津医药集团同仁堂医药销售有限公司系天津市药品监督管理局2003年4月7日批准的医药商业批发性企业，于2003年9月24日通过了GSP认证。该公司将“质量精益求精、服务尽善尽美”作为企业质量方针，以GSP规范为员工行为准则，并始终贯穿整个经营服务之中。公司积极组织相关部门和人员进行GSP各类管理文件的制定，并在实际发生的经营业务中，有效地加以运用。公司编制GSP文件共计197个。2003年6月，公司以文件形式通告全体员工严格按照已批准的GSP文件进行经营运作，并制定相应的奖惩制度加以约束。同时，按照GSP认证规范的要求公司还改造了经营场所和仓储条件，配备了相应的设施设备和检验仪器。

（周乐华）

【鼻炎灵片糖衣花片技术攻关获质量攻关奖】 鼻炎灵片是天津医药同仁堂股份有限公司重点品种，主要由苍耳子、辛夷、白芷等组成，具有透窍削肿、祛风退湿之功效，对治疗慢性鼻窦炎、鼻炎及鼻塞头痛，浊涕臭气，嗅觉失灵等症有独特的疗效，由于其确切的疗效，在市场上已成为治疗鼻炎、鼻窦炎必备良药。但长期以来鼻炎灵片花片变色等外观缺陷，直接影响了产品的销量和市场竞争力。为了满足市场需求和顺应中药现代化的要求，该公司以“改进创新，确保质量，提高效益”为宗旨，对鼻炎灵片糖衣花片技术进行攻关。

公司优化了大生产包衣过程部分工艺参数，优选出一组科学、合理、快捷、稳定的操作数据，作为正常的生产工艺参数，进行试运行，使用高效包衣机进行放大生产。将包衣的技术参数输入程序，操作更简易方便，使生产向自动化、程序化、规模化和现代化迈进了一步。

2004年4~6月，该公司生产20个批次鼻炎灵片，与2003年同期相比，片面质量明显改善，依次合格率达到了100%，同时减少了因片面质量造成的挑片4批次，返工3个批次，节约工时费、原辅料费用约3万元。该项目获2004年天津市质量攻关三等奖。

（付广振、王卫东）

【安福隆水针获国家发明专利和国际发明专利】 安福隆水针是华立达生物工程有限公司研制成功填补国内空白且属国际领先的新产品。该药共申请7项专利，其中“一种稳定的α-干扰素制剂”、“一种稳定干扰素水溶液”分别于2004年7月、11月获国家发明专利，“一种稳定的干扰素水溶液制剂及其制备方法和用途”2004年12月获发明(国际PCT)专利(国别：俄罗斯)。

安福隆的主要成分是干扰素α-2b，具有广谱抗病毒、抗肿瘤、抑制细胞增殖以及提高免疫功能等作用。该药用于急慢性病毒性肝炎(乙型、丙型等)、尖锐湿疣、毛细胞白血病、慢性粒细胞白血病、淋巴瘤、爱滋病相关性卡波济氏肉瘤、恶性黑色素瘤等疾病的治疗。

安福隆水针专利攻克了蛋白质在水溶液中不稳定的技术难题，在不使用防腐剂和血液提取成分前提下，研制出一种十分接近人体生理环境的溶液，使干扰素处于稳定的天然活性状态。该药已在国内上千家医院进行了百万病例的临床应用，显示出强大的生命力，逐步取代了传统的干扰素冻干制剂。安福隆水针是天津市科委支持的重大科技攻关项目、国家火炬计划项目、国家重点新产品、天津市名牌产品，市场遍及国内，远销海外。

（赵学嵩）

【色甘酸钠滴眼液获准生产】 天津医药集团中央药业有限公司开发的色甘酸钠滴眼液，获国家食品药品监督管理局批准生产。色甘酸钠为抗过敏药物，对速发性过敏反应具有明显的抑制作用，能稳定肥大细胞的细胞膜，阻止肥大细胞颗粒脱落，从而抑制组织胺、5-HT、慢反应物质等致敏活性物质的释放。该药可用于过敏性结膜炎、春季卡他性结膜炎的治疗。

（闫崇国）

【盐酸美沙酮获准恢复生产】 为适应戒毒工作的需要，国家食品药品监督管理局2003年1月批准天津医药集团中央药业有限公司恢复盐酸美沙酮的生产。盐酸美沙酮是一种阿片类μ受体激动剂，可用于镇痛及戒毒等方面，在国际上被广泛用于阿片、吗啡及海洛因成瘾者的戒断治疗。天津医药集团中央药业有限公司早在20世纪70年代就有该药的生产，后因国家对该药的特殊管理文号被撤销。在批准恢复生产后，天津医药集团中央药业有限公司对生产工艺进行了改进，使盐酸美沙酮的总收率提高了31.37%，成本比原工艺下降了50%。

（苏　昕、闫崇国）

【速效心痛滴丸、舒脑欣滴丸获准生产】 治疗心血管类疾病的又一个十一类中药速效心痛滴丸，由天津中新药业集团股份有限公司石林平等人，根据原卫生部部颁标准所收载的品种仿制而成，于2004年1月由国家食品药品监督管理局批复生产。

六类中药现代滴丸制剂舒脑欣滴丸由佟永领、石林平等人根据古方经科学的提取制备而成，始研于20世纪70年代，并作为军队医院制剂长期使用，对心脑血管疾病具有良好的治疗效果。1997年开始作为三类新药申报，2000年获得临床批文。中国中医研究院西苑医院等5家国家药品基地的700余例临床试验表明，该药对于血虚血瘀引起的偏头痛、头晕、健忘、失眠等具有很好的治疗作用，具有处方精练、剂量小、起效快、生物利用度高的特点。为进一步提高产品的技术含量和扩大产品的使用范围，第六中药厂进行了相应的超临界提取工艺研究和药效学试验，申报扩大适应症待批，力争将该产品打造成第六中药厂的又一个拳头产品。

（杨晓宏、石林平）

【第六中药厂两个剂型通过GMP认证】 与被列入国家计委现代中药产业化专项及天津市高新技术产业化项目的“超临界流体萃取技术在速效救心丸现代化中的产业化示范”项目配套的联合厂房土建工程，2004年2月在第六中药厂建成并通过各项施工验收。经过培训、软件编写、配合厂房硬件建设及整改、GMP自查、试生产、生产验证、认证材料申报、GMP现场迎检等多个工作环节，第六中药厂的软胶丸剂型及滴丸剂型(第二条生产线)于2004年6月通过GMP认证。

（杨晓宏）

【医药集团又有三个产品被评为天津市名牌产品】 2004年，天津市医药集团所属企业又有三个产品被评为天津市名牌产品。它们是中新药业新新制药厂的“格列齐特系列产品”、中新药业达仁堂制药厂的“藿香正气软胶囊”、天津宏仁堂药业有限公司的“血府逐瘀胶囊”。2004年还有重新通过认定的三个名牌产品，它们是大冢制药公司的“大输液系列”、中美史克公司的“芬必得缓释胶囊”、天津华立达生物工程有限公司的“安福隆”。截至2004年底，天津市医药集团共有天津市名牌产品9个。

（陈如柳）

【天津力生制药公司再次通过高新技术企业认定】 天津医药集团力生制药股份有限公司立足于产品创新，不断加大科技投入、开发新产品的力度，2000年以来，一批具有高技术含量、高附加值的新产品陆续实现了产业化。2002年4月，天津力生制药股份有限公司首次被天津市科委批准为天津市高新技术企业。2004年3月，该公司经天津市科委的严格评审，再次通过高新技术企业认定。

（陈　祥、曹春海）

【天津力生制药公司通过GMP复查】 天津医药集团力生制药股份有限公司早在1999年6月就通过了国家药监局GMP认证，是国内最早一批通过GMP认证的国有企业之一。2004年11月，该公司再次通过GMP复查。与此同时，改造后的激素车间和3个新的原料药也通过GMP认证。至此力生公司又一次全面通过了GMP认证，为产品质量提供了有力的保证。

（陈　祥、曹春海）

【四类新药富马酸福莫特罗原料及制剂获准生产】 富马酸福莫特罗及其制剂是天津医药集团力生制药股份有限公司与天津药物研究院联合研制开发的四类新药，2004年6月获得新药证书及生产批文。该药为长效β2-受体激动剂，具有长效、高选择性、较强的抗炎作用和副作用低等特点，临床用于治疗哮喘。富马酸福莫特罗的成功开发，能最大限度地满足国内哮喘患者的用药需求，降低患者用药支出，提高用药水平。

（陈　祥、曹春海）

【四类新药盐酸多萘哌齐原料及制剂获准生产】 盐酸多萘哌齐原料及其制剂是天津医药集团力生制药股份有限公司与天津药物研究院联合研制开发的四类新药，2004年6月获得新药证书及生产批文。该药为中枢选择性长效乙酰胆碱酯酶抑制剂，具有疗效确切、高选择性、耐受性好、半衰期长、费用低等特点。其临床用于治疗轻到中度阿尔茨海默型痴呆。

（陈　祥、曹春海）

【吲达帕胺原料获准生产】 吲达帕胺是一种非噻嗪类利尿降压药物，具有较强的血管扩张作用而又兼有一定利尿作用，服用方便，每天口服一次，即可达到平稳降压作用。它具有降压平稳、药效持久、副作用低等特点。2004年8月，天津医药集团力生制药股份公司获得吲达帕胺原料药的生产批文，从而进一步增强该药的市场竞争力。

（陈　祥、曹春海）

【美扶胶囊制备工艺国内领先】 美扶胶囊（伊曲康唑）是天津医药集团力生制药股份有限公司于1994年开始与天津药物研究院合作开发的四类新药（原二类新药），是新一代广谱抗真菌药物，列入国家“九五”科技攻关计划。1998~2001年被列入天津市技术创新计划项目。该品采用固体分散技术开发的微丸胶囊制剂，并从德国引进了胡特林最新的多功能包衣造粒机和悬浮包衣技术，使其制备工艺达到国内领先水平。2004年7月，美扶胶囊（伊曲康唑）获天津市技术创新优秀项目三等奖。

（陈　祥、曹春海）

【一种新型护肤品问世】 2004年，泰达生物医学工程股份有限公司推出一款利用透明质酸钠为有效成分的新型护肤品，这是继人工晶体产品后，泰达公司再度推出的新型生物医药产品。透明脂酸钠是做眼科手术时为了防止碰伤而注射的一种胶状物质。在护肤品中加入透明脂酸钠，可大大增强皮肤保湿效果，达到美容作用。该物质原来是从公鸡的鸡冠中提取，成本非常高，最贵时每千克30万元。泰达生物公司采用生物工程技术使其生产成本降低至每千克2万~3万元。

【TY-1型输卵管通液仪研制成功】 TY-1型输卵管通液仪是天津市医疗器械研究所2004年开发研制的系列妇科产品之一。该产品运用了计算机技术及自动控制技术，具有以下特点：采用大屏幕LCD液晶显示，实时显示动态数字量和图形，既可观察到压力变化量又可观察到输卵管蠕动过程；采用热敏微型打印机，无须换打印色带，且打印噪音小；采用步进电机推动注射器，注液均匀，噪音低，精度高；有记忆功能，可随意、不连续存储100个病历；具有声光二级报警及过压、过液量自动停机功能，安全可靠。该仪器临床效果显著，在妇女不孕症诊断治疗方面处于国内领先水平。其市场前景广阔，社会经济效益显著。

（郭　颖）

【体外循环成套设备获准生产】 国家科技部科技型中小企业技术创新基金项目体外循环成套设备主要用于心脏外科直视手术的体外循环，其作用是替代人体心脏和肺的功能，维持正常的血液循环，与其他像设备配合可用于心、肺、肝等人体重要器官的移植。天津市医疗器械研究所研制生产的智能化高水平XF系列体外循环成套设备由循环、变温和监测三部分组成，包括智能化人工心肺机、智能化自动升降温水箱及四道体温计/三路计时、心肌压力、血平面测定、气泡监测等组成监护系统，形成一个由心肺机代替心脏泵血，血液循环、水箱自动升降血液温度和监测、检测功能完备的体外循环成套设备，提高了血泵转动的可靠性，提高了监测、检测水平，使手术安全可靠。

该项目产品执行国家标准（GB12259-12264-90）及企业标准，已经取得医疗器械产品准产注册证，已完成中国质量认证中心(CQC)CCC认证工作。2004年3月11日天津市科委组织有关专家对该项目进行了验收，专家组认为该项目总体目标、经济指标、技术指标和质量指标完成情况良好，均达到合同要求，且产品设计先进、技术特点突出、针对性强，其技术水平国内领先，能很好地满足用户需求，市场销售情况良好，具有很强的市场竞争力。

（郭　颖）

新能源与新材料产业

【高比能量、低温型聚合物锂离子电池】 高比能量、低温型聚合物锂离子电池是在传统的锂离子电池基础上，使用聚合物电解质膜替代液体有机电解质的新型电池。中国电子科技集团公司第十八研究所在充分吸收美国贝尔实验室的Bellcore工艺技术优势的基础上，先后自主开发了聚合物电解质膜、高性能电极、提高电池安全可靠性等方面的专利，研制成高比能量、低温型聚合物锂离子电池，并在2005年1月7日中国电子科技集团公司组织的设计定型会上通过定型。

该电池单体比能量大于180Wh/kg、工作温度范围-40℃~+60℃、循环寿命大于500次。组合电池在充分保持比能量高的前提下，安全性能、力学性能及环境适应性满足GJB4477的有关规定。单体电池的容量范围80mAh~20Ah，在多种便携式电子装置中试用，取得了良好的效果。

（胡树清）

【高功率型软包装锂-二氧化锰电池】 高功率型软包装锂–二氧化锰电池是中国电子科技集团公司第十八研究所的创新产品，于2005年1月7日通过了中电科技集团公司组织的设计定型。产品性能居国际先进水平。

锂–二氧化锰电池是以金属锂为负极、二氧化锰为正极、采用有机溶剂电解质的一次电池。传统的锂–二氧化锰电池适合于中低倍率放电，放电电流密度在4mA/cm^{2}以下，而且低温性能不如其他像锂一次电池。

软包装锂–二氧化锰电池利用锂–二氧化锰电池内部压力小的特点，突破了传统金属壳体的束缚，采用软包装结构，即用铝复合膜代替传统金属外壳，不但减小了电池的重量和体积，而且电池可以做成任意尺寸和形状，使组合电池的体积效率达到最佳；其次，通过采用多种物理方法处理活性物质，改善了高功率薄型电极的工艺性；用涂布式正极制备工艺取代原有粉末式或碾压式制备工艺，将电极厚度从毫米级降到微米级。

该电池比功率达到575W/kg、644 W/L，是该体系原有电池的4倍，最大输出电流密度14mA/cm^2。这项研究大大提高了锂–二氧化锰电池输出功率，改善了它的低温性能。

该成果可以广泛作为通讯设备、热感应器、目标指示器、窃听装置、小型计算机、电子仪器设备、数控系统、智能仪表、银行及服务行业的智能卡等电源。

（胡树清）

【三结InGaP2/GaInAs/Ge太阳电池】 中国电子

科技集团公司第十八研究所研制的三结 InGaP2/GaInAs/Ge 太阳电池平均光电转换效率达到 26%，于 2004 年 12 月开始小批量生产。这是国内达到批量生产光电转换效率最高的太阳电池。

太阳电池是一种半导体器件，它利用半导体 p-n 结的光电效应，将太阳光能转化为电能。光电转换效率是太阳电池最重要的性能。单结电池只能吸收特定光谱的太阳光，GaAs/Ge 单结太阳电池平均转换效率约 19.5%。用不同禁带宽度的Ⅲ-Ⅴ族元素作材料，按禁带宽度大小叠合制备的多结太阳电池，分别选择吸收并转换太阳光谱的不同子域，提高了太阳电池的光电转换效率。它在航天器上使用，对于减小太阳电池方阵的面积，简化卫星的姿控设计，减轻卫星重量，具有极其重要意义，是惟一适用于超大功率卫星的太阳电池品种。

十八所开发的三结 InGaP2/GaInAs/Ge 太阳电池采用 MOCVD 技术制造，产品以锗单晶为衬底，外延过程中在锗衬底上形成锗电池，依次外延生长 GaInAs 电池和 InGaP2 电池，并在三个 p-n 结之间用隧穿结相联接，电池极性与单结 GaAs/Ge 太阳电池相同，三结电池的典型参数为：开路电压 2.6435V，短路电流 16.1mA/cm^2，填充因子 0.8364，平均光电转换效率 26%。三结电池不仅效率高，还具有高于单结电池的抗高能粒子辐射能力。该产品在长寿命、大功率卫星上使用，即使运行到卫星设计寿命末期仍能保持比其他像电池更高的转换效率。三结电池进入实用化批量生产是中国空间电源技术的一次飞跃。

（胡树清）

【带通滤光器高效硅太阳电池实现批量生产】 中国电子科技集团公司第十八研究所研制的带通滤光器高效硅太阳电池于 2004 年 9 月开始批量生产，主要为神舟飞船二期工程提供所需能源。该电池平均光电转换效率达到 16.8%以上，为国内批量生产光电转换效率最高的单晶硅太阳电池。它的批量生产使中国空间用薄型高效硅太阳电池的研制生产跻身世界先进行列。

神舟飞船二期工程对太阳电池方阵提出了比神舟飞船一期工程更高的要求：重量更轻，功率更大，寿命更长。神舟飞船一期工程用典型效率为 14.8% 的 TDB 系列单晶硅太阳电池不能满足其要求，带通滤光器硅太阳电池技术攻关工作就是在这种背景下开展的。

带通滤光器高效硅太阳电池包括带通滤光器和高效硅太阳电池，前者的作用是让在高效硅电池上能够转换成电能的光能通过，反射掉不能转换为电能的光能，以降低电池的工作温度至可接受的范围。该太阳电池采用热扩散和真空蒸镀等技术，攻关后的薄型高效硅太阳电池具有无反射表面（NRS）、局部背场(LBSF)、发射结钝化、背表面钝化、蒸镀双层减反射膜和厚度薄的特点。为降低织构化表面吸收系数而研制的带通滤光器达到了在 450nm~1050nm 波段时，平均透过率 T 不小于 92%、紫外光反射峰值大于 80%、红外光反射峰值大于 85%，均达国际先进水平。带通滤光器太阳电池的典型参数为：平均光电转换效率 16.8%以上，电池厚度 0.15mm 以下、吸收系数低于 0.78。同时还具有较高的抗高能粒子辐射能力。十八所是继英国 THALES OPTICS 公司和美国 OCLI 公司之后，国际上第三家能够研制生产该产品的单位。

带通滤光器的研制成功，使薄型高效硅太阳电池的空间应用成为可能。带通滤光器太阳电池实现批量生产，具有里程碑的意义，为圆满完成神舟飞船二期工程任务奠定了基础。

（胡树清）

【深潜器用锌银蓄电池】 深潜器用锌银蓄电池是中国电子科技集团公司第十八研究所为中国“863”重大工程专项 7000m 载人潜水器研制的动力及仪表电源。该电池是国内首次在载人深海潜水器上以充油压力补偿的方式使用的锌银蓄电池。十八研究所于 2003 年 5 月承担了该电池的研制任务。

在项目研制过程中，解决了以下技术关键：电池在 7000m 海底工作，承受着 71MPa 的高压，为防因壳体破裂和变形而导致电池短路失效，采用了充油压力补偿方式的耐压结构设计；电池放电过程中产生的气体，逸出时会将电解液带出，并进入电池箱的绝缘油中，进而引起电池短路失效，对此，创新采用了液体膜作为气液分离膜，选用了耐强碱的绝缘油，确定了合适的气液分离装置，满足了电池使用要求；解决了电池长寿命问题，提高了后期容量。深潜器用锌银蓄电池循环周期 30 次，荷电寿命 30 天，湿寿命 1 年，这对锌银蓄电池来说是苛刻的。通过采用对银迁移具有高阻力的隔膜和装配工艺改进，减缓了电池的锌下沉和正极容量损失，防止了锌枝晶的产生，保证了电池寿命。

深潜器用锌银蓄电池达到了国际先进水平，已通过了天津市科委组织的成果鉴定。

（胡树清）

【三域全调节母线的卫星电源分系统】 三域全调节母线的卫星电源分系统是中国电子科技集团公司第十八研究所为中国试验二号卫星研制的电源。由于采用了一系列的新技术，被整体定名为卫星高效电源技术。2004年11月18日发射升空执行任务，2005年1月7日通过中电科技集团公司组织的鉴定。

在该电源分系统中，采用了四项新技术：

不设独立充电阵，采用三域控制技术实现了母线电压全调节。该技术是卫星电源系统先进设计的方向，尤其是大功率卫星，充电功率需要2kW甚至更多，若单独设计充电阵，当电池充满电之后，这部分能量就不能发挥作用。采用直接从供电阵上取电用于蓄电池充电，简化了太阳方阵的设计，方阵的功率可以充分利用。

BCR(开关型降压充电调节)技术，为蓄电池充电的电流大小由星上计算机设定，使充电电流由过去的2~3种选择增加到256种选择。

电子电量计进行充电控制技术，杜绝了传统方法可能造成蓄电池欠充、过充甚至热失控的弊端。电子电量计基本上是软件控制，使充电控制的电路大为简化。

采用插板式模块化的电源控制器机箱，用记忆合金减震弹簧紧固模块，信号线通过母板传递，使机箱结构更可靠，传热更快捷，地面维修更方便。

这些都是填补国内空白的卫星电源技术，达到国际先进水平。

电源控制器采用的开关分流技术，使单机分流能力达到4.5A，是线性分流的2.5倍，分流效率达97%，且自身的功耗只有线性分流的1/3以下，属国内领先水平。

高效电源技术是中国CAST2000卫星技术平台电源系统的主导技术。它的研制成功对小卫星的技术发展有积极深远的影响。

（胡树清）

【直径115 mm的氢镍电池】 中国电子科技集团公司第十八研究所研制的直径115mm的氢镍电池2004年1月通过了由天津市科委组织的成果鉴定。其代表产品106Ah氢镍电池采用背靠背-菠萝片大中心孔极组，单极组单焊接环，干法镍正极，PTFE化Pt黑负极，直径115mmd0.8mm压力容器。该电池创新引入单极柱绝缘设计，正极采用金属-陶瓷封接极柱，负极采用全金属极柱，使电池漏液和氢气泄漏的可能性降低一半。

研制中试验了压力容器的爆破压力、单体电池的电性能和机械强度。单体电池的最大工作压力为6.0Mpa，压力容器的爆破压力超过18Mpa，安全系数达到3.0。单体电池的容量、重量、放电中点电压的平均值分别为118.2Ah、2172g、1.298V，实际重量比能量达到70.6Wh/kg。

研制过程中攻克了直径115mm压力容器引伸和焊接及安全检验技术、金属陶瓷密封极柱制造技术、高孔率高强度正电极制造技术和电液回流加速技术等，实现了轻量化目标。

中国过去曾研制开发了直径89mm系列的氢镍电池，直径115mm氢镍电池国内仅十八所研制开发。通过增加长度，这一直径电池的容量可以扩展至300Ah，是中国未来20kW以下的军民用卫星的主导储能电源产品，属国际先进水平。

（胡树清）

【大容量聚合物锂离子电池】 力神电池股份有限公司开发的大容量聚合物锂离子电池是天津市新能源新材料产业2004年技术创新重点项目之一。该电池具有质地轻薄、体积小、容量高、安全性好等特点，电池容量达到3.5Ah，是国际电池容量最大的聚合物锂离子电池(日本最高容量为2Ah)，循环寿命达到400次，电池一致性由80%提高到85%，主要技术性能指标处于世界领先水平。达产后可形成产量1000万只/年，预计实现产值4亿元，利税1.2亿元。

（齐宝琴）

【700-AAA镍氢电池的研制及其产业化】 该项目由天津和平海湾电源集团有限公司闫德意、王兴贺、刘莉、苏静、续荣等完成。

该项目在消化吸收引进东芝生产线的基础上进行了高容量镍氢电池的开发，在不降低电池的其他综合性能的前提下，使AAA型电池容量提升到700mAh，达到国内领先、国际先进水平。

项目主要创新点：在1C率、100%DOD下寿命达 500 次以上，找出了少数电池短期失效的本质原因和解决这一问题的根本途径；解决了电池充电后期电压偏高问题，有效提高了电池的电化学性能综合指标；建立了新式正极片制造工艺；建立了新式密封工艺；建立了电池处理新工艺；成功研制出 AAA800mAh 镍氢电池。

该项目的成功提高了该公司产品的国内市场占有率和出口创汇能力，也带动了国内整个镍氢电池发展到一个新水平，为中国电池行业的发展做出了贡献。该项目获 2003 年度天津市科学技术进步三等奖。

【5 兆瓦 / 年非晶硅薄膜太阳电池生产线投产】 2004 年 2 月，被列入国家和天津市高新技术产业化项目的年产 5 兆瓦非晶硅薄膜太阳电池生产线在天津市津能电池科技有限公司建成并投入生产，这标志着代表当前世界先进水平的单室、大容量薄膜太阳电池制造产业化技术落户天津，提升了中国薄膜太阳电池产业化制造水平。

该项目是在天津市科委重大攻关计划支持并取得成果的基础上，以南开大学的技术为支撑，由天津市津能投资公司、国家开发投资公司所属国投创业公司、天津机电国际贸易集团公司和南开大学共同出资组建的天津市津能电池科技有限公司承担的。一期工程引进了美国 EPV 公司先进的单室沉积、大容量生产设备，可年产 5MW 瓦双结非晶硅薄膜太阳电池，产品已经销往国内西部地区。同时，建成一条年产 3MW 单晶硅、多晶硅太阳能电池组装线，该生产线主导产品为 10W、20W、30W 户用电源组件和 58W、85W、120W 电站用电池组件，也可以根据客户特殊需要设计、生产定制电池组件。项目达产后可实现年销售 1.25 亿元。天津市津能电池科技有限公司是目前国内最大的薄膜太阳电池生产基地。

【天津市燃料电池储氢罐打入欧美市场】 天津市是国内储氢合金研究的发祥地，拥有该领域国际发明专利 4 项，国内发明专利 40 多项，无论是研发水平、专利数量，还是材料应用等方面，均处于国内领先水平。海蓝德公司作为国内第一家专业从事燃料电池供氢系统研制生产的企业，几年来在天津市科委的支持下，进行了燃料电池专用储氢罐的研制开发。针对燃料电池要求储氢合金低温放氢的性能开展了低温储氢合金的开发，研制出可在 0℃~10℃具有很好放氢性能的 AB2 和 AB5 两个系列合金，在此基础上，开发出可在环境温度下无需外部加热的储氢罐。在罐体氢气残余量测定方法、储氢罐结构设计和活化技术方面有 2 项发明专利、2 项实用新型专利授权。海蓝德公司开发的储氢罐，其储氢量、放氢速率等主要技术指标均优于 ERGENICS 公司同类产品，达到国际同类产品的先进水平，2004 年 11 月，通过天津市科委组织的技术鉴定和项目验收。

海蓝德公司已经形成从 20L 到 $6m^3$ 的系列储氢罐生产线，在国内率先实现了小批量生产和销售，产品主要销往美国、德国、新加坡、葡萄牙等国及香港地区。该产品主要用于小型电动两轮车、高尔夫球车、备用电源、氢气存储等小型移动设备。海蓝德公司积极开拓国内市场，与上海神力公司洽谈合作，将产品配置在该公司新开发的 5000W 燃料电池的游览车上。

海蓝德公司将继续开发-10℃持续放氢的新型储氢合金、全自动电脑化的储氢罐活化装置及传热传质性能优良的新型罐体，使天津市在燃料电池关键技术研发和产业化方面实现新的突破。

【电动自行车用锂离子电池组】 2004 年 9 月，天津蓝天双环科技有限公司杨清欣等完成了“电动自行车用锂离子电池组”的研制。该项目优化了电极的加工技术、单体电池电化学体系设计和单体电池的安全设计，使电池的大电流放电和低温性能等均达到或超过企业标准规定的技术指标，重量比能量达到 140Wh/kg，体积比能量达到 350Wh/L。电池组中专用的保护电路确保了电池组在使用过程中出现过充、过放及过电流的情况下安全可靠。该电池组重量轻、体积小、放电性能优良、、是电动自行车用铅酸电池和氢镍电池的更新换代产品。这种锂离子电池组已用于电动自行车电机系统。市场对该产品的需求量非常大。

【高容量金属氢化物镍蓄电池关键技术研发成功】 天津蓝天高科电源股份有限公司承担、张健负责进行的高容量金属氢化物镍蓄电池关键技术研究及产品开发课题，2004 年 10 月完成，取得满意成果。

该成果提高了电池容量，使圆柱形镍氢电池的体积比能量达到 256Wh/L，SC 型电池容量达到

3500mAh，达到国内先进水平。该成果采用优化电池结构设计，采用薄壁电池壳和薄型电池盖，提高了电池内部的有效容积，并完善了相应的电池滚槽和封口技术。

该成果着力于高容量泡沫镍正极的研制，进行了大量基础性工作，包括对泡沫镍基体、胶量、钴含量、正极密度、隔膜等因素对电池性能的影响等研究。并且总结出了一整套对实际生产具有指导意义的研究成果。在主攻电池高容量的同时，在兼顾高倍率放电方面也取得了进展。

蓝天高科电源公司研制成功多种型号高容量电池，综合研究了泡沫镍正极镍氢电池性能的各个方面，为开发其他像高端产品作好了技术储备。该项目的成功提高了中国电池档次和生产技术能力，打破了外国电池在高端市场的垄断。

【镍、钴、锰新型三元阳极新材料】 天津巴莫科技股份有限公司开发的镍、钴、锰新型三元阳极新材料是天津市新能源新材料产业2004年技术创新重点项目之一。该材料具有高功率、高容量、高安全性、延长电池寿命等特点。与钴系列材料相比，电池的安全性、高温容量指标明显提高，电池比容量指标达到150mAh/g~155mAh/g，比氧化钴锂电池高10mAh/g~15mAh/g，可适合高功率放电和动力电池的要求，达到国际先进水平，利用该材料可生产高性能电池。镍、钴、锰新型三元阳极材料的生产成本比钴系列材料下降30%~40%，每吨可下降4万元~5万元。已完成小试，预计在2005年下半年完成中试，并进行百吨批量生产的工艺开发。

（齐宝琴）

【锂离子电池正极氧化钴锂材料】 天津巴莫科技股份有限公司开发生产的绿色电池材料--锂离子电池正极前驱体四氧化三钴、锂离子电池正极氧化钴锂是天津市新能源新材料产业2004年技术创新重点项目之一。氧化钴锂的振实密度大于2.5g / cm^3，提高了锂电池有效物质的填充量，增加了电池容量。其产品形貌好，生产锂离子电池正极片时加工性能好，特别是，安全性能是在不加安全添加剂的情况下，锂离子电池安全测试通过2C5V、1C12V和150℃热箱测试，达到国际领先水平。该材料适用于生产高安全大容量锂离子电池。

（齐宝琴）

【锂离子电池负极材料中间相炭微球研制成功】 锂离子电池负极材料中间相炭微球的研制，是天津大学承担，王成扬负责实施的，2004年10月完成。

该成果将煤焦油中温沥青与较为纯净和较高反应活性的乙烯裂解焦油混合，经共缩聚反应制备出中间相炭微球。这种方法既调整了煤焦油沥青中影响中间相成核喹啉不溶物的含量，又增加了沥青原料的反应性。其原料选择和工艺路线具有创新性。与原有工艺相比，该工艺过程简单合理，产品粒径均匀，产品质量容易控制。

该成果在中间相炭微球生产中减少了原料预处理步骤，达到了24%~25%的较高收率，与原有工艺相比生产成本明显降低，具有较高的技术先进性和实用性。该技术及设备已获得中国发明专利和中国实用新型专利各一项。

该成果技术可靠，生产装置运行良好，所得中间相炭微球产品性能优异，质量稳定，已销往多家大型锂离子电池厂。

【层压型专业制卡带胶膜】 该项目由天津博苑高新材料有限公司鹿秀山、李增勇、李春刚、敬得发、孙鹏等完成。

生产层压型专业制卡带胶膜的关键是要掌握高性能粘合剂的生产技术、高效的表面处理技术以及合适的涂布工艺。该项目采用层压型专业制卡带胶膜新材料，大大简化了制卡工艺，从根本上消除应用传统工艺所带来的多种弊病，不仅节省设备及人工费用，降低制卡成本，还使生产效率及成品率大幅度提高，制卡周期大大缩短，从而使国内制卡企业的快速反应能力显著增强。

项目主要创新点：1.采用分子设计理论，利用丙烯酸酯单体对聚氨酯进行改性，合成特种水性粘合剂，该粘合剂成膜后具有柔韧性好、耐水性强、与多种油墨相容、粘接强度高等优点。2.应用电晕和表面光接枝技术将功能性单体接枝到薄膜表面，引入反应性官能团，改变薄膜表面极性和结构，解决了水性粘合剂在薄膜表面铺展差、附着力小、粘接强度低的问题。

该成果在国内许多制卡厂得到了广泛应用，产品还出口到20多个国家，得到了广大用户的认可。仅2003年上半年就销售40万平方米，销售收入240万元。它的顺利实施推动制卡行业的快速发展，大大提高了国内制卡企业的国际市场竞争力。该项目获 2003 年度天津市科学技术进步二等奖。

【双向拉伸聚酯电容器薄膜开发成功】 该项目由天津万华股份有限公司赵富、孟淑玲、李德兆、郭秀萍、刘舒晨等完成。

双向拉伸聚酯电容器薄膜属于新材料领域，是制造聚酯薄膜电容器的关键材料。它具有介电性能好、介电损耗低、耐老化等诸多优良性能，被认为是电容器最理想的介质，正在被越来越广泛地用予电力、电子、计算机网络和通讯等诸多领域。

该项目的开发，是根据 PET 原料的热性能及其结晶、拉伸原理，有针对性地对材料拉伸、取向过程及热处理过程进行严格控制。所采用的附膜技术新工艺，为国内首创，技术含量高，在原料配比和设备改造、调整上具有独创性，首次采用无机超细粉体的电容器薄膜专用母料及特殊的有机添加剂，优化了生产程序，产生了良好的效果。采用专用添加剂树脂，配方合理，产品具有厚度薄、电性能优良、耐压高、热稳定性好等优点。

该产品投放市场后，以其过硬的质量、低廉的价格赢得了购买方的信任，直接经济效益可观，仅 2003 年上半年销售 171.2 吨，销售额 362.4 万元，利税 139 万元。该项目获 2003 年度天津市科学技术进步三等奖。

【压敏电阻、陶瓷电容器专用阻燃环氧包封料】 该项目由天津市凯华绝缘材料有限公司任志成、任志军、张健等完成。

该项目的研制包括环保型原材料的选择和配方的设计，固化剂、促进剂、增韧剂的研制开发，解决在小试、中试、大批量生产过程中出现的诸多技术问题，成功组装 4 套生产线（形成年产 500 吨生产能力），制定并完善了生产工艺、生产操作规程和企业标准等项内容。

研制生产的环氧包封料 EF-150C，各项性能指标达到了国际同等水平，环保方面指标已具备国际领先水平。该产品填补了国内空白，具有很高的性价比，批量生产后迅速替代进口，带来可观的经济效益和社会效益。

项目主要创新点：发现了激光光敏剂的显色原理；产品的配方中所有添加成分均采用了不含铅、汞、铬、镉等有害元素的原材料，保证了产品的环保性具有国际领先水平；研制出针对该项目的固化剂、促进剂、增韧剂，使产品各项性能达到了国际同等水平；成功组装了 4 套生产线，实现了生产设备及工艺的创新。该项目获 2003 年度天津市科学技术进步三等奖。

【纳米技术研发简况】 纳米科技是材料、信息及生物等高科技领域发展的共同基础，它的发展对国民经济可持续发展有着至关重要的作用。2001 年天津市科委制定出“纳米技术专项实施方案”，正式启动纳米技术专项。专项以用纳米技术改造传统产业为主线，在重视基础研究的同时，突出应用技术的研究。纳米专项的组织实施，带动了天津市整体纳米科研开发水平，促进了天津市高科技产业的发展和传统产业水平的提高。

纳米技术专项实施以来，通过验收的项目有天津大学承担的“通用树脂/无机纳米复合材料制备研究”、天津市新丽华色材有限责任公司的“纳米汽车漆”、天津大学的“纳米金属粉润滑修复剂”、天津南开和成科技有限公司与南开大学合作的“纳米/微米药用树脂的开发生产”、天津化工研究设计院的“绿色轮胎用高分散白碳黑”、河北工业大学的“纳米材料在微电子技术中的应用”、天津市瑞凯科技发展有限公司的“负载型纳米新型催化剂”、天津师范大学的“金属表面纳米陶瓷化离子束改性技术”、天津市华联有机陶土化工福利厂承担的“聚酰胺塑料复合专用纳米蒙脱土”、中国电子科技集团公司第十八研究所承担的“新型纳米级电池材料的研制”、天津大学承担的“氯碱工业用纳米催化析氢活性电极”、天津市橡胶制品一厂等单位承担的“纳米硅基氧化物改性道轨胶垫和轮胎硫化胶囊技术”、天津化工厂承担的“功能型系列 PVC 专用树脂”等共计 13 项。仍在继续执行的项目有天津长芦汉沽盐场承担的“1000 吨/年绿色环保型阻燃剂氢氧化镁中试及应用”等 7 项。还在执行中的培育项目有 3 项。

截至 2004 年 9 月，该专项共立项 24 项(含纳米创投公司)，累计总经费 1.18 亿元，市财政资助达 1570 万元，吸引社会资金额为 1.02 亿元。这 24 个项目共实现销售收入 2740 万元，净利润 800 万元，上缴税额 300 万元。

在这 24 个项目中，以企业为主承担的 9 项，高校承担的 13 项，科研院所承担的 2 项；登记成果 4 项，授权的发明专利有 7 个，授权的实用新型专利 1 个，申请发明专利 18 个，申请实用新型专利 1 个。

在政府的引导下，在纳米专项的产学研的结合方面也取得了可喜的成绩，科研瞄准市场，大多数项目直接为生产服务。通过纳米专项的组织实施，带动了整体纳米科研开发水平，促进了天津市高科技产业的发展和传统产业水平的提高。如“纳米金属粉润滑修复剂”项目、“纳米材料在微电子技术中的应用”项目、“负载型纳米新型催化剂”项目、“纳米汽车漆”项目、“纳米/微米药用树脂的开发生产”项目、“氯碱工业用纳米催化析氢活性电极”项目、“功能型系列PVC专用树脂”项目、“聚酰胺塑料复合专用纳米蒙脱土”项目等，均已在生产实践中起到了十分积极的作用。

【纳米金属粉润滑修复剂】 天津大学承担的“纳米金属粉润滑修复剂”项目，将具有自主知识产权的纳米金属粉工业化制备技术和产品，开发出新型的纳米金属粉润滑修复剂，已经通过国家级检测。与普通润滑油比较，它大大改善汽车的尾气排放；通过减少磨损提高功率输出5%，达到节油5.3%的明显效果，并且具有独特的耐高温性和化学稳定性。国内研制开发该项技术产品的单位有多家，但均处在实验阶段。纳米金属粉润滑修复剂在内燃机上应用并达到上述明显效果，在国内还未见报道。到2004年，天津市已建立了年产百吨规模的金属纳米颗粒润滑添加剂生产线。其产业化运作由北方技术市场牵头进行，此举已引起多家海内外企业的关注。

【具有明显创新性和先进性的纳米汽车漆】 由天津市西青区新丽华色材有限公司承担的“纳米汽车漆”项目，将天津大学研制开发的水性高分子胶囊包覆纳米技术运用到该企业的产品中，成功地使纳米粉体包覆分散在水性阴极电泳漆中，明显地提高了传统水性电泳漆的耐盐雾性和附着力等主要指标。

产品耐盐雾性关键指标超过1200小时，大大超过电泳漆现行的标准。该项技术具有明显的创新性和先进性，达到了国际先进水平。在“纳米技术专项”的支持下，解决了产品的耐压性和流平性等工程化的问题，提高了防腐蚀能力，防腐性能与国外产品相同，为工业化生产打下了良好的基础。该公司2003年自筹1000万元，建成了年产5000吨水性电泳漆的生产线，新开发出的水性纳米阴极电泳漆将成为主要产品。2004年实现销售收入3000多万元，利税350万元。

该项目是用纳米技术改造提升传统产业产品的典范，已成为天津市用高新技术改造传统产品的一个亮点。

【天津纳米/微米药用树脂占国际市场一半】 天津南开和成科技有限公司与南开大学合作的“纳米/微米药用树脂的开发生产”项目在验收后，固相合成载体产量和销售额每年都实现了30%的增长率。该公司已经投资300万元建成年产600吨各种树脂的生产基地。2003年收入超过1000万元，净利润达500万元，出口额达900余万元。产品专供瑞士公司生产抗爱滋病用药用，在国际市场上占50%以上。此外，纳米/微米药用树脂在抗击非典的工作中发挥了积极的作用，提供给四川的一家公司生产胸腺肽用。国内市场上该产品基本上由和成公司控制。选择性吸附树脂进行了批量化生产，主要用于中药有效成分的提取。

2002年“药用吸附树脂在医药工业中的应用”列为国家科技成果重点推广计划，2002年末得到泰达风险投资公司的1200余万元的风险投资。

【固相有机合成载体树脂】 2003年列入国家级火炬项目的固相有机合成载体树脂由天津南开和成科技有限公司、南开大学完成。

固相有机合成载体树脂是多肽类药物合成的关键材料，也是DNA合成和蛋白组工程的关键材料。该项目的实施对缩短中国在该领域与国外的差距具有重要意义。

该项目是以苯乙烯、二乙烯苯为基本原料，制备聚苯乙烯型微球，再通过付氏反应制备氯甲基化聚苯乙烯微球。在此基础上，再引入其他基团，制成三苯基树脂、Rink酰胺树脂、MB-HA树脂三个系列固相合成载体。实验室研制和放大试验已经完成，部分产品已经实现规模化生产。

项目主要创新点：1. 提高了交联聚苯乙烯微球的纯度与收率。2.掌握了高分子反应的定量控制技术。3.对于几种高技术性的载体发现了新的合成方法。

用固相合成法生产的多肽纯度高，品种多，按药效折算的成本低。抗“非典”期间大量需要胸腺5肽和Tα-1胸腺肽，该项目以大大低于国外价格和快速的方式为生产商提供了各种固相合成载体，同时，促进了国内多肽合成的研究与开发。该项目获2003年度天津市科学技术进步二等奖。

【高强度通讯蜂窝式 PVC 纳米管材高抗冲管件】 天津中科塑业股份有限公司承担的“高强度通讯蜂窝式 PVC 纳米塑料管材高抗冲管件”项目主要技术指标(抗冲击性、强度、阻燃性和环刚度等)均已达到设计要求。该公司自行研发了纳米材料强力分散装置,提高了分散工艺效率。在完善纳米粉体分散与混配工艺、重点解决重现性问题、提高工艺的稳定性等方面做了很多工作。由天津大学材料学院、天津化工厂和中科塑业有限公司共同组建了工程技术开发中心,形成了从纳米材料加工技术--纳米功能树脂开发-高性能塑料型材制品生产的高科技产业链,成为年产 5000 吨的华北地区最大的塑料建材生产基地。包括该项目产品在内的系列纳米改性管材 2004 年实现销售收入 6300 万元,利税 600 万元。

【负载型纳米新型催化剂】 天津市瑞凯科技发展有限公司的“负载型纳米新型催化剂”项目于 2003 年末通过验收,且获得 4 项发明专利的授权。该项目的成功,在于企业与南开大学的结合方式上有所创新。南开大学基础研究实力雄厚,瑞凯公司有生产设备优势,另外对市场较了解,双方优势互补。瑞凯公司把南开大学与工业化接近的项目拿来做工业应用实验。这种产学研的紧密合作产生了明显效果,使该产品形成年产 400 吨的生产规模,2004 年实现了批量供货,实现销售收入 350 万元,净利润 105 万元。纳米基地通过参股与瑞凯公司形成紧密的合作体,共同开展纳米项目科研,如与天津碱厂合作开发碳一化工产品二甲醚等。

【硬质合金鞋楦铣刀】 天津市硬质合金研究所有限公司生产的硬质合金鞋楦铣刀,加工的主要对象是鞋楦及由空间曲面组成的几何形体。随着工业的发展,该刀具已不能适用于意大利进口电脑机型。该公司于 2004 年 5 月由总工程师范明德组织科技人员对该刀具的工装、工艺进行设计、改进,使该刀具在技术指标和使用性能方面接近意大利进口刀具水平,实现了进口机器配件国产化,填补了国内空白。

硬质合金鞋楦铣刀加工的材质为塑料、尼龙、玻璃钢、硬木、轻合金等,可加工高尔夫球棍托、枪托、提琴面板、家具腿等。其服务对象是轻纺民用行业。

该刀具的技术指标为:φ320-0.011×φ140+0.01×φ150-0.027,18 支刀为一组,每组刀具其重量之差为 0.2 克,内圆与外圆的同轴度为 0.03,其性能及使用寿命均达到进口设备随机所带鞋楦刀水平。该产品在广州厂家试用中,得到广泛认可。

(朱丽娟)

【不锈钢加工用硬质合金新材料】 2004 年 5 月,天津市硬质合金研究所有限公司刘文利组织研制的不锈钢加工用硬质合金新材料,是专为加工不锈钢材质而开发的。该合金新材料的强度为 1800N/mm^2、硬度为 HRA92,比 XP7(该所牌号)强度 1700N/mm^2、硬度 HRA91.5,均有所提高。

用该合金新材料制成的自动车刀是自动车床加工不锈钢材质轴类、盘类小零件的理想刀具。经手表厂使用,刀具的使用寿命较 XP7 提高近一倍。该刀具具有良好的使用性能及耐磨性能,同时提高了厂家的劳动生产率。

(朱丽娟)

传统工业

【天津高新纺织工业园开始建设】 全力建设好天津高新纺织工业园,是天津纺织集团(控股)有限公司 2004 年工作的重中之重,本着“精心、再精心”的指导思想和“国内领先,部分世界一流”的建设目标,2004 年有 10 个项目开工,开工面积为 30 万平方米,竣工面积 7.9 万平方米,完成技术改造投资额 6.5 亿元。

入园企业开工产品的准备工作,步入试制投产的快车道。棉纺项目涉及的企业入园后,产品毛利率大幅度提高,由原来(截止到 2004 年 7 月的数据)的平均 7.45%,提高到 16.09%,平均增加了 8.64 个百分点。入园后“五高”产品进一步得到发展,毛利率在 20%以上的产品数量比重由 15.30%增加到 37.35%。毛利率在 20%以上现价产值比重由 10.81%增加到 40.54%,实现了产品数量和产值的全面提升。

高新纺织工业园建成的第一个项目尼彼欧(NIPECO)服装项目于 2004 年 11 月 30 日建成投产。

(刘建国)

【纺织集团用科技开发高新产品】 天津纺织集团(控股)有限公司通过以技术改造为平台,强化市场开发和产品开发,2004 年完成新产品试制 465 项,新产品投产201项,实现新产品产值13.4亿元,占控股公司工业总产值的26%,全行业科技投入率达到2%,全行业获得ISO 9000质量体系认证的单位已达到16家,全年申报国家专利27项,创历史新高。

在围绕提高产品档次和附加值、不断采用高新技术、为产品注入技术含量方面,仁立毛纺有限公司采用紧密纺生产的100支纯毛及混纺高支轻薄面料,织物条干均匀、光滑自然、手感细腻、柔若丝绸;赛远保健品有限公司新开发的养生水机、磁疗保健杯等产品,扩展了产品领域,成为企业创效益的新亮点;健龙保健品有限公司开发的组合式席梦思PU床垫、亚麻磁性凉席、高级健康睡服系统等产品,2004年均申报了国家专利;方圆纺织有限公司利用多臂织机与线毯织造工艺的有机结合,采用涤纶长丝和涤纶缝纫线交织开发的多层格床盖,产品设计思路新颖,具有独特的立体风格,在2004年新品展示会上受到众多消费者青睐;飞天家用纺织品有限公司采用绣花、彩色提花、缎条、印花等多种工艺组合开发的床上用品,提高了产品的高档次效果和品位,并使家饰产品形成床品、睡衣、浴衣配套系列化。

(刘建国)

【羊毛物理改性细化技术】 2004年,天津市纺织行业技术创新重点进行了高档色织面料和纺织新工艺项目开发,以提高行业的整体水平。

天津纺织集团(控股)有限公司自主开发的羊毛物理改性细化技术,是国际上最先进的纺织技术,属纺织行业的技术前沿,是集印染、助剂、机电等学科为一体的多学科交叉的综合技术。该项目主要进行了羊毛拉伸机理和力学特性、纤维预处理试剂及工艺、机械拉伸设备、拉伸后定型处理等方面的研究开发,确定了一套完整的羊毛细化工艺路线,生产出的超细羊毛纤维细度由17.36 μm减少到15.22 μm,与以往的化学腐蚀处理羊毛相比,减少了材料的损失,提高了羊毛性能,对环境无污染。该公司还掌握了进一步细化的技术,在纤维强度特别是沸水回缩率上均超过澳大利亚拉细羊毛。该技术填补国内空白,达到国际先进水平。直径17.36 μm的毛条市场价格9万元/t,拉细后直径15.22 μm毛条市场价格21万元/t。2004年该项目进行中试。投产后可年产300吨,销售收入6000万元,利税2000万元。

(齐宝琴)

【纯棉特细号160S特高支缎条织物开发成功】 纯棉特细号160S特高支缎条织物项目,以新疆137长绒棉为原料,通过采用降低并条和粗纱定量等纺纱新工艺新技术,满足细纱牵伸倍数要求,突破前纺工序工艺技术难点,天一纺织有限公司成功纺制了精梳纯棉3.6tex特细号纱。采用该特细号纱的股线(3.6tex×2),使用多臂喷气织机,设计制造了精梳纯棉缎条织物。在新引进的多臂喷气织机上开发的JC160/2X160/2X194X130X61纯棉特高支缎条织物,在2004年天津国际纺织服装展览会上受到广泛称赞。纯棉特高支产品品种难度系数大,技术含量高,工艺复杂,在国内仅有少数几家具备该品的研制能力。为了赶超国内先进水平,天一纺织有限公司精心研制了独具特色的160S特高支纱线,并充分利用新引进的毕伽诺织机品种适应性广和生产能力强的特点,研制开发了160S特高支缎条织物。该织机具有16片综满足织物正反缎条10片综的制造要求,设备采用计算机程序控制,运行准确,精度高,保证了产品设计风格的实现和产品的高质量完成。

在生产过程中,并条工序、粗纱工序、细纱工序、筒并捻工序等各个工序运行顺利,都达到设计的技术指标。

采用特细号纱线织造的面料手感柔软,滑爽、纹路细腻、布面匀洁、光洁亮丽,加之经典的缎条组织使得布面明暗相间,具有立体效果,是高档时装面料的精品。经天津市纺织工业检测中心检测,产品各项指标均达到国家标准。

该项目列入2004年天津市经委企业技术创新项目计划,已通过专家鉴定。该产品技术达到国际先进水平。

(刘建国)

【羊毛蛋白/纤维素复合纤维纺丝工艺小试成功】 由天津市纺织集团(控股)有限公司负责组织协调,天津市人造纤维厂配合天津工业大学,在天津工业大学的理论、技术的支持下,一种用低碱性溶剂溶解羊毛制成角蛋白质溶液的纺丝工艺,在天津市人造纤维厂进行共混纺丝小试获得成功,探索出了羊毛蛋白溶液与粘胶混合、用湿法纺丝生产羊毛蛋白纤维的新方法。

使用羊毛角蛋白质直接进行纺丝制备纤维十分困难,主要是因为羊毛角蛋白质是大分子结构,它不具备成纤高聚物应具有的线性大分子的基本要求。

因此,在纺制纤维时,只能采用共混或者接上一个更长的满足线性分子要求的支链(准确应称为主链)。这样一来,存在的最大问题是羊毛角蛋白质的含量难以突破 50%。

通过生产性小试,人造纤维厂在用碱体系溶液溶解羊毛的条件下,确定了溶解羊毛的合适的浴比、浓度、温度和时间等工艺条件,摸索出了适当的羊毛蛋白纤维的纺丝工艺,如蛋白含量区间、纺丝浴组成、温度、牵伸率、塑化浴组成等工艺条件。小试纤维产品的质量具备纺纱性能,强力达到或超过粘胶纤维国标一等指标,伸长率超过大豆蛋白纤维指标。

(刘建国)

【涤/棉莫代尔混纺特细号纱及其织物通过鉴定】 天一纺织有限公司完成的该项目采用了细旦涤纶(0.89dtex×38mm)和细旦莫代尔纤维(1.1dtex×38mm)为原料,混纺比 T/M 为 50/50。优化合理的并条工艺,选择二道粗纱工艺路线,使粗纱定量降到 1.3g/10m,乌氏条干 CV 达到 4.89%,满足细纱机纺 3tex 特细号纱合理牵伸倍数和质量的技术要求,突破前纺工序纺 3tex 特细号纱的工艺技术难点,完成了纺特细号纱的设备改造。优选纺纱专件,成功纺制出涤/莫代尔混纺 3tex 特细号纱,成纱质量达到较好的水平。在筒并捻工序通过设备选型和技术攻关,进行该特细号纱的络筒、并线和加捻,完成 3tex×2 特细号纱合股任务。

采用该特细号纱的股线,织造了涤/莫代尔混纺小提花织物。在准备工序进行整经、浆纱工艺的调整,使各工序顺利进行。该产品使用多臂喷气织机织造,由于 3tex×2 纱细度细,在织造时采用小张力 1.8kN,避免张力过大造成经纱断头,经上机工艺的调整,完成该品种的织造。

T/M3tex×2 混纺特细号提花织物的质地轻薄,悬垂、飘逸,手感柔软,布面光洁,精致的小提花清新、细致,适于制作高档女装。

该产品经天津市纺织工业检测中心检测,各项指标均达到国家标准。

该项目列入 2004 年天津市经委企业技术创新项目计划,已通过专家鉴定,技术水平国内领先。

(刘建国)

【棉涤雪尼尔纱织物试制成功并通过鉴定】 天一纺织有限公司生产的棉涤雪尼尔纱织物,是一种利用纯涤雪尼尔纱和纯棉纱线合理配置织造的棉纺、毛纺和丝绸复合的全新产品。该织物既保证了纯棉织物舒适柔软的风格,又突出了雪尼尔纱的装饰点缀效果。产品经染整加工后,色彩绚丽,轻质柔滑,悬垂性好,抗皱性强,细腻的纵条纹与雪尼尔纱的粗犷点缀效果交相呼映,使面料典雅中蕴涵生动,平素中体现高档,是高档衬衣的理想面料,深得年轻人的喜爱。

该产品的开发包括精心选择原料,优化产品设计,精研上机工艺,克服雪尼尔纱纱支粗、绒毛长、静电高等难点,解决在整经、浆纱和织造上的技术困难,从而顺利完成纱线与棉纱的复合织造。该产品的开发还克服了纬纱涤纶 30D 细旦长丝质量轻、复丝易吹散、表面光滑等问题,使纬纱平稳运行,并通过合理的经纬紧度设计和适当增加边纱密度、加强经纱对纬纱的握持作用,从而顺利完成相当于 177S 的超细支涤纶牵伸丝的织造。

该产品经天津市纺织工业标准检测中心测试,各项指标均达到国家标准。

该项目列入 2004 年天津市经委企业技术创新项目计划,已通过专家鉴定,技术水平国内领先。

(刘建国)

【经长丝提花织物开发成功并通过鉴定】 经长丝产品是丝绸行业的产品,丝绸行业与棉纺行业设备大不相同,就织机而言,丝绸厂采用喷水织机适于长丝织造,而棉纺厂采用喷气织机,适于棉纺短纤维或纬长丝的织造。天一纺织有限公司 2004 年通过工艺研究,使织前准备工序满足长丝加工工艺要求。在织造时采用新引进的喷气多臂织机,通过织机工艺设计使经长丝提花织物试织成功。

该研制通过对络、整、浆等工序的大量试验和技术攻关,摸索出长丝在棉织设备上的加工工艺技术,突破了行业生产界限,融合棉纺和丝绸两行业技术,开发出集棉纺和丝绸两行业技术优点于一体的新产品,提高了织物的服用性能,增加了花色品种,使产品具有独特的风格。在棉织生产设备上研制的经长丝提花织物产品,是织物经向采用纯棉短纤和涤长丝两种纤维纱线与纯棉纬纱交织而成的。产品既有涤长丝织物的风格,又具有纯棉织物优良的穿着舒适性。织物经染整后,又具有色织的花色效果,花型立体突出。织物采用了部分经长丝,提高了面料的抗皱性能和悬垂性。产品布面呈现光泽亮丽的长丝花型,染色后长丝和棉短纤着色不同,在色泽上更突出了长丝花型。产品风格独特,手感柔软而富有抗皱性能。

该产品经天津市纺织工业标准检测中心测试,各项指标均达到国家标准。

该项目列入 2004 年天津市经委企业技术创新项目计划,已通过专家鉴定,设计和技术达到国内领先水平。

（刘建国）

【锦棉泡绉织物开发成功并通过鉴定】 天一纺织有限公司生产的锦棉泡绉织物是将纯棉纱与锦纶长丝分别卷绕在两个经轴上，通过两个经轴不同的送经比来实现纯棉超喂,达到织物起泡的效果。布面泡绉突起,立体感强,棉质原料与皮肤接触,穿着舒适不贴身。该产品使用低弹锦纶长丝,结构稀薄,色彩亮丽,面料透气、凉爽、轻柔,保型性好,有弹性,是夏季服装的理想面料。

该产品的研制解决了长丝与短纤两种纱线在性能上差异大、织造困难等问题。织物设计采用 1/1 平纹和 2/2 纬重平联合组织,经纬密度分别为 435 根/10cm 和 277 根/10cm,经向采用 111dtex 锦纶长丝与精梳纯棉 11.6tex 纱,两种纤维纱线的根数按一定的配比排列,并通过经向棉纱 1.3 倍的超喂,使布面出现宽窄变化的纵向泡泡条纹,显得自然、活泼。整理后织物蓬松柔软,由于经向原料性能不同,染色后产生不同的色彩变化。新颖的设计构思,不但打破了长丝、短纤的生产界限,而且赋予织物更新颖的外观和更良好的服用性能。

该产品经天津市纺织工业标准检测中心测试,各项指标均达到国家标准。

该项目列入 2004 年天津市经委企业技术创新项目计划,已通过专家鉴定,技术水平国内领先。

（刘建国）

【精梳纯棉异向强捻平布开发成功并通过鉴定】 精梳纯棉异向强捻平布由 JC9.7tex 的单纱经并纱后再经倍捻设备同向加捻制成股线而成，股线捻度为 125 捻/10cm。织物经纬向均为 S 向强捻与 Z 向强捻以 2:2 交替排列,使得织物具有麻织物的挺括感,手感爽滑,穿着凉爽舒适。织物经染整后,S 捻与 Z 捻具有不同的折光性,隐格效果更为明显,是时尚夏装的理想面料。

该产品经纬向均采用纯棉强捻纱线织造，通过采用特殊的整经、浆纱、穿筘及织造工艺和技术攻关,克服了研制中强捻纱线浆纱时相互纠缠、影响正常开车的技术难题,解决了强捻纱浆纱和织造难题,满足了产品工艺技术要求,具备正常生产能力,拓宽了引进喷气织机产品开发的领域。

该产品经天津市纺织工业标准检测中心测试,各项指标均达到国家标准。

该项目列入 2004 年天津市经委企业技术创新项目计划,已通过专家鉴定,技术水平国内领先。

（刘建国）

【中鸥表业集团推出国际先进水平手表机芯】 天津中鸥表业集团有限公司瞄准国际先进的瑞士高端制表技术和工艺,加大科技投入,加强自主核心技术开发,全力实施技术创新工程,成功研制开发生产出具有国际先进水平的产品陀飞轮手表，提升了企业技术创新能力和进军国际市场的竞争实力。

陀飞轮表是当今世界手表三大经典产品之一,其中的陀飞轮是制表工艺中最精巧、最具创意的机械装置,代表了制表技艺的最高水平。陀飞轮表采用的是旋转擒纵机构,以自转、公转方式旋转,旋转一圈为 60 秒，以消除地球引力对调速机构的影响,提高手表的走时精度。该公司自行设计研制与生产的陀飞轮手表机芯最大直径 30mm,机芯总厚度 5mm,振动频率 21600r/h,延续走时大于 40h,瞬时误差-15~+30s/d；机芯 6 点位陀飞轮显示,10 点位势能显示,并具有双飞返日历、周历、中心飞返、三针分离、自动等功能。透视底表后盖，摆轮采用螺丝花摆结构,机芯装配面夹板精铣“鱼鳞”纹,背面精铣“日内瓦”条纹,夹板表面全部进行镀铑工艺处理,均为技师手工加工。

陀飞轮

该产品的研制成功打破了该领域长期被瑞士手表集团所垄断的局面。外国专家测试后,对该产品的设计、工艺水平、制造水平、精饰加工水平等方面均给予充分肯定。该陀飞轮表创下天津手表技术史上的三个之最,即技术水平最高、设计与投产时间最短、附加值最高。该款手表得到瑞士专家的赞许并将其作为收藏品。

天津中鸥表业集团有限公司注重自主知识产权和核心技术体系的建立,已取得手表行业专利技术成果19项,始终保持着国内同行业技术领先地位。2004年其产品在国内占有近50%的市场份额,在国际市场占有约25%的份额,居于国内同行业之首。

(左志敬)

【华特公司成为全国造纸烘缸铸造重点企业】 由天津华特机械有限公司投资控股的中国重点造纸烘缸铸造专业企业天津华特机械铸造有限公司于2004年6月28日在静海县投产运营。

造纸烘缸是造纸机械的重要部件,其材质为HT200~HT350。在工作中承受蒸汽压力一般为0.3MPa~0.8MPa,属于压力容器。烘缸表面硬度要求较高,一般应大于HBl70或大于HBl90且缸面两端硬度差不大于HBl8~HB24。烘缸铸件毛坯属较大型铸件,其缸筒铸件直径1500mm~3680mm,幅宽1950mm~5500mm,一般单件重量5t~38t。烘缸表面要求粗糙度一般为Ra0.8μm以上,其表面不允许出现砂眼或缩松等铸造缺陷。因此,烘缸毛坯的铸造是决定烘缸质量的关键。为满足其较高的技术性能及重量尺寸大的特点,华特公司在筹建设计铸造公司中,选用了国内先进的熔炼设备10t冲天炉,并配备了良好的喷淋除尘装置,解决了环境粉尘污染问题。经过改进运行,其熔炼能力已达熔炼13t/h~14t/h吨铁水,消耗焦碳的焦铁比达到国内较先进水平。

该公司铸造工装及铸造用地坑,已具备生产幅宽8m烘缸的能力,满足了国内造纸行业相当一段时间的发展需要。该公司配备了完善的原材料及铸件的检测化验设备。从原料购进、投料、生产全过程直至入库、发货,均有一套完整的压力容器生产的质量保证体系,从而保证烘缸产品的质量。该公司总体设计的规模,已具备年产7000吨铸件的能力,基本满足烘缸产品的生产技术要求,适应国内造纸烘缸的制造需要。

(刘金铮)

【宽幅高速瓦楞原纸纸机国内领先】 天津市华特机械有限公司2003年为广东省中山市中发纸业公司设计制造了净纸宽4000mm、工作车速400m/min的TJZS022(Z)长网多缸瓦楞原纸纸机。这是天津市设计制造抄宽最宽车速最高的纸机,其技术在全国同行业中处于领先水平。

瓦楞纸是纸箱的主要组成部分,起提高纸箱强度和降低材料消耗的双重作用,市场需求量很大。抄造瓦楞原纸的原料是各种包装废纸,属国家提倡的二次纤维再利用的再生资源。华特机械有限公司制造的净纸宽4000mm、定量为112g/m²~160g/m²、日产250t(年产85000t)的高速瓦楞原纸纸机,适应市场需求,符合国家合理利用资源的政策。

TJZS022(Z)长网多缸瓦楞原纸纸机体现了中国造纸机械行业的设计和制造水平。其流浆箱采用双匀浆辊气垫式流浆箱,方锥总管布浆器,采用结合式上唇板调节装置以保障浆流具有高强度的微湍流,利用传感技术控制流浆箱的压力和流量。长网部采用长22m悬臂网案,配有成型板、脱水板、湿吸箱、吸水箱、真空伏辊和驱网辊等装置。压榨部采用真空吸移、真空预压、两套大直径双毛毯盲孔压榨和真空传递压榨,大直径线压可达250kN/m,张紧器配有压力传感器,实现毛毯引力自动控制。干燥部配有1500mm烘缸48只按8+10+10+10+10分5组,烘缸的传动采用箱形机架封闭齿轮传动。传动部分整机采用交流变频传动共计20个传动点,各传动点配有高精度硬齿面减速器。整台纸机的润滑采用整体式稀油站。加压抬起装置全部采用气动控制。

该纸机2004年4月正式投入生产运行,各项技术指标均达到设计要求,受到客户好评。

(张汝明)

【3680mm/0.8MPa合金铸铁烘缸试制成功】 天津华特机械有限公司于2003年11月成功试制了Φ3680mm/0.8MPa烘缸,经天津市锅炉压力容器技术检验所监验,安全质量符合《压力容器安全技术监察规程》有关法规标准规定。该产品为国家劳动局规定的一类换热式压力容器,其工作压力0.8MPa和缸体尺寸Φ3680×3500mm均为国内造纸机烘缸之最,填补了国内空白。

该产品是华特公司根据国标QB2551-2002《造纸机械用铸铁烘缸技术条件》和公司《铸铁烘缸质量保证手册》,委托杭州轻工机械设计研究所设计(并进行了有限元强度计算、审核),由华特公司根据设计图试制而成的新产品。

试制中主要攻破了三大难题：一是密封超过了过去生产的烘缸 0.5MPa 的最大压力值；二是材质的抗拉强度为 350MPa,而此前国内烘缸材质抗拉强度最大为 300MPa；三是缸面硬度为 HB200~HB240,比此前国内烘缸硬度提高了 HB20~HB30。该烘缸的冷凝水排除方法采用四个管式畚斗，应用原理是畚水和虹吸相结合,结构简单,排水效果好,基本解决了造纸机烘缸冷凝水排水残留问题。

该烘缸提高了造纸机的工作效率，增加了纸的产量,改善了纸的质量,特别是对生产薄页纸和卫生纸的厂家进行设备改造尤为有利。

（刘惠芹）

【二轻集团技术创新简况】 2004 年天津二轻集团加快技术创新步伐,用高新技术改造传统产业,使产业水平得到进一步提升。全年开发试制新产品 291 种,投产新产品 236 种,新产品产值 90 亿元。全行业形成了白色家电、家具、家饰、革皮及制品、小五金制品 5 大类重点产品，有 10 种拳头产品居全国前三位,整体科技实力提升。

天津市科教领导小组对科技投入、科技产出、经济发展、社会进步等 28 个指标的科技测评显示,二轻集团在全市 15 个工业集团公司中由 1996 年的第 14 位上升到 2004 年的第 4 位,进入了领先行列。主要体现为：第一,科技投入方面,2004 年度大中型工业企业自筹科技开发经费占其产品销售收入的比重达到 5.59%，比 2003 年度增加 3.11 个百分点,比 1996 年度增加 5.09 个百分点,创历史最好水平。第二，科技产出方面，新产品产值 2004 年度达到 42.9360 亿元,产值率 56.5%,比 2003 年度分别提高 8.9109 亿元和 10.2 个百分点，比 1997 年度增加 31.0778 亿元和 13.7 个百分点,创历史最好水平。第三，大中型工业企业新产品销售收入占产品销售收入的比重为 64.4%,比 2003 年增加 17.1 个百分点,比 1996 年增加 54.56 个百分点。(注：2004 年度科技进步监测为 2003 年数据)

该集团有 10 种产品进入全国前三名行列：福亚实业有限公司的实木复合地板,乐金电子(天津)电器有限公司的吸尘器，天津柯雅美术材料有限公司的美术颜料,金兴制革有限公司的牛服装革,乐金电子(天津)电器有限公司的磁控管、微波炉,乐金电子(天津)电器有限公司的空调器、空调压缩机,春合体育用品厂的体操器械，达康电器公司的家用食品加工机。

为提高企业核心竞争力，二轻集团加强专利申请工作,2004 年共申请专利 2386 件，居全市第一位。其中发明专利 2309 件,实用新型 23 件,外观专利 54 件。2004 年底统计,批准实施专利 122 项,居全市工业系统第二,增产值 26.2 亿元,有力地推动了二轻系统的经济增长。

（尹德山）

【乐金电子公司开发成功微波等离子发光技术】
乐金电子(天津)电器有限公司微波等离子发光技术开发,是天津市轻工行业 2004 年技术创新的重点项目之一。

该技术是用高频微波来激发石英泡壳内的发光物质,使其形成分子能级跃迁,从而产生接近太阳光的连续光谱可见光。等离子发光体集高光效、光色好、无汞害污染、良好的光维持率、瞬时启动及低紫外和红外输出等优异性能于一身，能够广泛地应用于大型广场照明。其独特的发光原理大大提高了它的使用寿命,达到 2 万小时,而普通灯具最高寿命只有 6000 小时。与普通使用的低光白炽灯相比,其耗电量节省 65%。天津市的道路照明全部采用等离子发光体,仅 2003 年试用就为全市节电 4100 万千瓦时。该项目已完成产品的开发,2004 年底完成产品小试。

（齐宝琴）

【GPCY6-300 型液压剖层机研制成功】 天津隆庆集团轻工控股有限公司双轮机械分公司研制的 GPCY6-300 型液压剖层机于 2004 年 3 月 24 日通过天津市科委组织的鉴定与验收。该设备的研制成功有力促进了中国制革机械的发展，提高了制革水平，特别是自动出皮技术的创新设计填补了国内空白，替代了进口。该机结构设计合理，工作面宽度 3000mm,工作台倾角 15 度,供料无级调速 0~30mm/min,剖灰皮最薄厚度 1mm,剖层均匀度±0.15mm,剖蓝皮最薄剖分厚度 0.8mm,剖层均匀度±0.1mm。采用机电一体化先进技术，带刀自动补偿系统保证了成革厚度均匀,有效提高了片皮精度和得革率,满足了制革行业新工艺要求。该机在自动出皮机构设计上的创新,提高了整机性能,保证了出皮角度,使拉力均匀一致,提高了片皮质量。该机总体性能达到国内领先水平。该项目取得了很好的社会效益和经济效益,浙江、天津、广东等大制革公司都使用了该设备。

(尹德山)

【适用于美国NBA比赛用篮球架开发成功】 春合体育用品厂与美国波特公司合作开发并生产的Porter(波特)牌可移动式篮球架,成功用于2004年10月17日首次在中国举办的NBA季前赛。产品经受了美国NBA球星的"狂轰滥炸"和扒篮表演时的严酷考验。

该Porter篮球架是中国惟一被国际篮协授予FIBA认证的篮球架产品。它的全自动液压装置通过电磁伐和脚轮装置来控制篮球架的升起和折叠,特殊设计的钥匙开关装置安全美观且便于操作,高强度的钢化玻璃篮板,白色边框线被烧制在玻璃内部,可以防止磨损。篮板被牢固地固定在由四根无缝钢管焊为一体的水平支架上,极大地保证了篮板的稳定性和抗震动功能。可转动的弹性篮框符合国际篮协对篮框回弹性的要求,篮板底边保护套采用高密度聚胺酯泡沫,保证了运动员安全。春合体育用品厂开发的篮球架成功打入美国NBA联赛,标志着天津的篮球运动器材技术水平取得重大突破。

(尹德山)

【乐金电子公司技术中心通过国家认定】 国家发展改革委员会2004年3月10日公告确认,乐金电子(天津)电器有限公司技术中心为国家级企业技术中心。该中心拥有各类科技人员600名,其中具有博士学位的7人,硕士学位的25人,全部科研人员都具有本科以上学历。2000年以来,专利申请量连续3年居全市企业第一,2004年达到全国企业第一。该技术中心大量高水平的科技开发成果保证了乐金电子(天津)电器有限公司的快速发展。

(尹德山)

【天津北方食品有限公司技术创新简况】 天津北方食品有限公司成立于1993年,其前身为天津市糖精厂,是国家批准的5家糖精生产厂家之一,享有国内销售权的2家企业之一。

2004年,公司加快产品结构调整步伐,在全力抓好现行生产的同时,积极做好生产二氧化硫新项目调研工作,积极开展新产品、新项目的研制和市场调研等项工作,并已取得初步成果。

与2003年的指标相比,2004年公司的甲酯收率提高了0.7个百分点,甲醇消耗降低了0.046百分点,节省资金60万元,其他原材料的消耗也相应降低。一车间回收工段安装了一套热水回收装置,试运行效果很好,每天可回收90℃以上的热水70吨,大大节约了水、煤消耗,每年可节约资金30万元。

该公司为解决二车间尾气排放问题,进行了多次实验并对数据进行应用。对所排放出的二硫尾气用氨水吸收。每批二硫消耗液氨50千克左右,即每吨不溶性消耗液氨0.1吨,而此前每吨不溶性消耗液碱为0.3吨(包括吸收氯气及酸性气体)。每3立方米体积的吸收罐可连续吸收6~7批二硫。

为了抓好招商引资工作,调整企业产品结构,该公司将以高校和科研院所为依托,尽早尽快引进高新技术项目和人才,组建高新技术企业。

(刘桂林)

【生物化工新产品二元酸】 二元酸产品是生物化工新产品,天津北方食品有限公司以石油中轻液蜡组分为原料,通过生物发酵法,采用独特的后提取工艺生产而成。该产品呈白色球状、粉状结晶,产品质量达国际先进水平。该技术集生物工程和新材料两大高新技术于一身,是与国家"九五"计划支持发展项目相吻合的高、新技术项目。项目已通过二元酸发酵试验,发酵产酸率在90~100小时的范围内均能够稳定达到9.5%左右,为历史最好水平,而且成品蜡耗也少。该项目仍在通过实验,改变控制条件,争取发酵120小时使产酸达到12%以上,并根据客户试用后的意见,继续改进提取工艺,以生产出质量更好的成品。

在1.2吨发酵罐上,该公司还进行了减少接种量、取消1.2吨发酵罐空消、调整流加蜡工艺等试验,均取得了比较好的效果,为将来工业化生产打下了基础。

(刘桂林)

【用新工艺路线生产苯磺隆】 苯磺隆合成技术有很多种。2003年7月~2004年8月,天津北方食品有限公司采用一种新工艺路线--由2-甲氨基-4-甲氧基-6-甲基三嗪与邻甲酸甲酯苯磺酰基异氰酸酯反应生成苯磺隆,获得成功并形成年产吨级规模。

苯磺隆是针对顽固阔叶杂草的新型安全高效麦

田除草剂,是国内外最先进的麦田除草剂之一。苯磺隆除了活性高、用量极少、杀草谱广泛、对作物及后茬安全的特点外,更有使用方便、施药期宽及经济效益高等优点,是除草剂中的优秀品种。它是属于选择性内吸传导型作用方式的磺酰脲类除草剂,是侧链氨基酸生物合成抑制剂。阔叶杂草经叶面与根吸收后转移到体内,抑制乙酰乳酸酶合成,不能合成缬氨酸和异亮氨酸,阻止细胞分裂,抑制芽梢和根生长。该品对阔叶杂草敏感,杂草在 14 天之内死亡(温度低时杂草死亡速度减慢)。麦类作物对该品有抗性,能迅速转化有效成份为无害物质。该剂在正常用量下使用对作物安全。

国内生产 2-甲氨基-4-甲氧基-6-甲基三嗪,主要采用双氰胺为原料的甲基化路线和三聚氯氰路线,其原料成本一般大于每吨 15 万元。经过多年文献调查和研究,该公司用乙腈氯化关环路线,使原料成本降低到约每吨 8 万元。该路线的特点是原料易得,价格便宜,操作条件温和,三废少。

苯磺隆的合成采用固体光气法,相对于传统的光气法更环保、工艺更简便,成本更低。因此,苯磺隆在市场上更具竞争力。

（刘桂林）

【发酵法生产普鲁兰多糖开发研究成功】 2004 年,天津市工业微生物研究所许勤虎等完成的发酵法生产普鲁兰多糖的开发研究是天津市科技攻关计划项目。普鲁兰多糖 (Pullulan) 是由出芽短梗霉 (Aurebasidium pullulans) 菌体分泌的一种粘性胞外多糖。聚合度(DP)为 100~5000,分子量 4.8×104~2.2×106,商品普鲁兰多糖平均分子量 2×105,大约由 480 个麦芽三糖组成。该产品在日本已实现产业化生产,纯度为 98%的食品级普鲁兰多糖日本市场价格为 3 万美元/吨。中国尚未见有规模化生产的报道。

天津市工业微生物研究所新型糖资源研发中心以本所保藏的出芽短梗霉为出发菌,诱变筛选出一株高产菌株,分别以蔗糖和淀粉为碳源、优化各种发酵条件,140 小时发酵原料转化率超过 30%,在多糖产率、黑色素抑制及提取精制方面均取得了突破性进展,已具备了产业化的条件。

普鲁兰多糖在农产品保鲜、海产品保鲜、食品加工工业、环境保护领域中应用极其广泛。普鲁兰多糖在化妆品、医药、保健品行业中作为填充剂和粘结成型剂;在医药工业中还作为血浆代用品;在石油工业中作为三次采油的驱油剂;另外,在烟草制造工业、农业种子保护等领域也有广泛的应用。特别是作为硬胶囊的原料替代明胶已成为一种发展趋势,市场前景十分广阔。

（天津市工业微生物研究所）

【红葡萄酒稳定性的技术研究获重大进展】 中法合营王朝葡萄酿酒有限公司王树生、张春娅、尹吉泰、王方等研究的红葡萄酒稳定性技术,针对红葡萄酒稳定性的世界难题,在栽培技术、酿造工艺、设备创新三位一体的有机结合基础上,根据市场需求和学科发展方向,采用引进、吸收、创新的方法,对红葡萄酒生产的各个环节进行了深入的细致研究,制定了王朝红葡萄酒的生产技术体系。该项目在国内首次进行了规模化的干红酒用葡萄美乐无病毒良种优系的推广工作;率先进行了酿酒葡萄地理区域化方面的研究及葡萄最佳采收期的技术研究;细致探讨了酿酒辅料的合理使用及酿造工艺;进行了相应设备的引进创新,提高了红葡萄酒的质量,缩短了生产周期,降低了成本,解放了劳动力,成功地走出了一条有中国特色的技术创新之路。该成果达到国内领先水平,获 2003 年度天津市科技进步二等奖。

（张美玲）

【玫瑰香汉沽产地葡萄酒生产技术体系建立】 中法合营王朝葡萄酿酒有限公司高孝德、王树生、李巍、张春娅等完成的“玫瑰香汉沽产地葡萄酒的开发”项目,通过对葡萄栽培、酿造工艺、酿酒设备的深入研究,制定了产地葡萄酒原料标准,确定了玫瑰香产地葡萄酒酿造工艺,建立并完善了产地葡萄酒生产技术体系。

王朝公司运用该技术体系成果,将产地化栽培技术推广到了汉沽葡萄种植区,提高了栽培技术水平,为王朝公司提供了优质的酿酒葡萄原料。

王朝公司运用该技术体系成果,开发了 5 种新产品:玫瑰香产地干白葡萄酒、玫瑰香产地半干白葡萄酒、低醇起泡白葡萄酒、低醇起泡桃红葡萄酒、全汁甜白葡萄酒。新产品各具特色,充分展示了地域特性,深受消费者喜爱,其中低醇起泡葡萄酒已通过新产品鉴定,成果属国内首创,达到国际先进水平,填补了中国全汁低醇起泡葡萄酒的空白,并获第五届中国国际葡萄酒烈酒评酒会银奖,获天津市技术创新优秀项目三等奖,获得国家发明专利两项。

（张美玲）

【酿酒葡萄果实生长发育特性研究国内领先】 由中法合营王朝葡萄酿酒有限公司张福庆、李巍、田卫东、张春娅等完成的天津市自然基金项目“酿酒葡萄果实生长发育特性的研究”于2004年7月5日被列为天津市科技成果。

项目组对天津地区主要酿酒葡萄品种玫瑰香、赤霞珠和梅鹿辄的果实生长发育特性进行了系统研究，提出了3个品种适宜采收的浆果形态与理化指标，率先在国内提出酿酒葡萄与酒型、酒种相应的与国际接轨的采收指标，并以此确定适宜采收期。研究成果为王朝酒葡萄原料的生产提供了科学依据，并对中国葡萄酒原料基地的区域、地块与品种、品系选择产生重要影响。根据生产实际情况，改进与创新了取样方法和产量阈值的研究方法，提出了酿酒葡萄的R点，阐述了R点对葡萄酒生产的重要意义。根据玫瑰香葡萄在不同产量条件下果实生长发育特性的研究，以酿酒葡萄应具有的采收指标，确定了汉沽区酿酒玫瑰香葡萄的产量阈值是15吨/公顷~18.75吨/公顷，该指标符合种植精耕细作的中国国情，对天津市名牌农业产品玫瑰香葡萄的生产、对中国葡萄产量的科学控制都具有指导性意义。项目研究成果达到了国内领先水平。

（张美玲）

【用于高强高性能混凝土的超细矿物掺合料】 推广应用高强高性能混凝土是国家建设部重点推广的重大技术之一，也是天津市建筑业重点发展的技术。高强、高性能混凝土的技术新特征之一，就是采用矿物掺合料，矿物掺合料通常以矿渣为主要原料。由于天津市没有矿渣资源，天津市建筑材料科学研究所提出将工业废渣-增钙液态渣用作混凝土掺合料，开展应用基础研究，并在此基础上又开展了生产技术和应用技术的研究，实现了工业化生产。

该产品具有超细（比表面积最高可达800m²/kg）、可等量替代20%~50%水泥、提高硬化混凝土强度(10%~30%)的功能，对于保护环境、促进水泥与混凝土工业的可持续发展、进一步利用工业废渣都具有积极作用，并解决了一般磨机和工艺难以经济地粉磨超细矿物掺合料的难题。产品已在天津市高标号混凝土、立交桥的预应力箱梁及混凝土管桩等方面应用，有效地改善了预拌混凝土的流变性能，提高了混凝土的强度及耐久性，技术经济效益显著。该技术达到国内领先水平，成果获2003年度天津市科技进步三等奖。

（谢 宁）

【干粉砂浆及其生产应用技术国内领先】 该项目由天津市建筑材料科学研究所完成，2004年9月16日通过天津市科委组织的项目验收与成果鉴定，认定为达到国内领先水平。

干粉砂浆是将水泥等胶凝材料、砂子等骨料，与其他辅料及多种外加剂经过预处理后，按不同的使用需要确定的不同配比，经工厂均匀预混计量分装制成，使用时按比例加水搅拌即可。该项研究在干粉砂浆生产中采用自乳化粉状树脂和自行开发的超细矿物掺合料，在水泥发生水化反应完成胶凝硬化的同时，树脂再度分散为乳液的聚合物后失水成膜，包裹在水泥水化产物周围以及水分挥发留下的孔隙之中，起到对水泥水化物增强的作用，二者形成互补的共胶凝体系。由于聚合物的引入，生成的共胶凝体系具有单一使用水泥所不具备的韧性、抗折与拉伸粘结强度提高等新的特征，使干粉砂浆具有优良的使用性能。该所1993年起在国内率先进行干粉砂浆的研究，已开发出的产品主要包括瓷砖粘结剂、填缝剂、高早强灌浆料、修补砂浆、植筋胶、防水砂浆、加气砼胶粘剂、界面剂等，产品在市场推广应用过程中取得了较好的经济效益、环境效益和社会效益。该项技术应用前景广阔，2004年3月21日，天津市建委等四部门联合下文倡导发展预拌砂浆产业。

（谢 宁）

【蒸压砂加气砼产品生产线建成】 爱舍(天津)新型建材有限公司根据天津市墙体材料发展的需要，引进德国先进的生产设备和先进的生产工艺，于2004年3月投资建成了天津市第一条生产蒸压砂加气砼产品的生产线。该产品主要是以硅砂、水泥、石灰、铝粉、钢筋网片等为主要原料生产的一种轻质多孔新型建筑材料。其产品主要包括各种规格的砌块、保温块及隔墙板、屋面板、外墙板等多种板块产品。它具有保温隔热性能强、防火性能佳、自身质量轻、可加工性好、环保性能显著、施工工序简便、工程造价低等多种优越性，可以广泛应用在工业和民用建筑上。由于该产品保温性能好，其导热系数可达0.13W/m·K，成为符合天津市三步节能指标的惟一靠单一材料实现保温要求的产品。

（谢 宁）

农业科技

概　况

【综述】　2004年,天津市农业科技有了进一步发展,全市组织实施各类农业科技项目196项,其中上年结转104项,新增92项。有41项通过专家验收。投入近千名科技人员(其中博士、博士后20多人),开展农业科技成果转化、示范推广、新品种新技术新设施引进、科技合作等多项农业科技活动。建立科技试验示范基地71处,总面积63454亩。进行各类农业技术培训29346人次,提高了农民的科技素质。全市全年培育和引进新品种116个,扩大了种植领域。制定实施技术规范44项,提高了科技种养和管理水平。技术推广面积49万亩,带动农户20599户,增加就业7250人,取得经济效益5.2亿元。2004年,天津市农业系统共取得各类农业科技成果120多项,对促进农业整体科技进步发挥了重要作用。

生物技术在农业上得到广泛应用,推动了传统种养业向微生物产业和以农产品深加工为主体的食品制造产业拓展。农业产业化程度不断提高,农业新技术、新成果向农村的转移和应用的速度加快。动植物新品种选育、生物农药、生物肥料、动物疫苗的开发取得进展。一批科技攻关项目的组织实施,带动了产业升级和农民增收,科技型农业加工龙头企业迅速成长壮大。

信息技术加快了农业现代化发展的步伐。全市全年开发完成了20多个具有自主知识产权的适用于农村的信息系统,在全市12个有农业的区县的30多个乡镇500多个农业企业、农场和农业大户中得到示范应用,信息化成为农业新技术普及推广的重要途径。

星火计划的实施,提高了区县农业龙头企业的科技创新能力,促进了农村经济的快速发展。津南国家农业科技园区专项取得实质性进展。

（天津市农委科教处、天津市科委农村处）

【农业科技基础设施进一步完善】　近年来,天津市在国家有关部委和财政部门的支持下,先后装备了天津市农科院中心实验室、农作物遗传育种实验室、蔬菜抗病育种实验室、鱼虾病防治实验室、畜禽与生物制品实验室等一批实验室;完善了国家农产品保鲜工程技术研究中心、黄瓜研究推广中心、马铃薯研究开发中心、农业生物工程研究中心、蔬菜育种技术工程中心、现代畜牧技术工程中心、现代渔业技术工程中心、节水灌溉试验研究中心、动物疫病诊断监测中心等一批新技术开发研究中心、工程中心;新建、扩建了玉米原种场、水稻原种场、原种猪场、水产试验场等中试基地;天津津南国家农业科技园区信息中心和天津市农业生物技术研究中心大楼相继建成并投入使用。建立了天津市农产品质量监督检验测试中心,天津市农产品质量安全监督检测中心、天津市畜产品质量安全监测中心、渔业环境及水产品质量监督检验测试中心以及乳品、兽药检测等农产品检测体系;农业科技信息基本覆盖了全市农村。农业科技基础设施的建设,增强了天津市农业科技的实力和后劲。

（沈　欣、袁淑欣）

【国家杂交水稻研究中心天津分中心成立】　经国家科技部批准,由中国工程院院士,国家杂交水稻工程技术中心主任袁隆平教授出任首席科学家的"国家杂交水稻工程技术研究中心天津分中心"科技楼2004年3月11日在天津市"津南国家农业科技园区"正式奠基建设,袁隆平院士出席了奠基仪式。国家杂交水稻工程技术研究中心天津分中心经国家科技部批准,由国家杂交水稻工程技术研究中心与天津市天隆农业科技有限公司合作组建。分中心以集成国内和天津市农科院、农学院等水稻研究的科技力量和科技优势为途径,以研究开发节水型、高产型优质杂交粳稻新品种为方向,以实现高产优质杂交粳稻新品种的产业化为目标,对于中国特别是北方水稻品质与产量的大幅度提高,加速小站稻规模升级,加快在天津市建成优质高产水稻种子产业化基地,加速科技成果转化,实现农业增效和农民增收具有重大的意义。

【袁隆平院士在天津市的科研全面启动】　由袁隆

平主持、天津市天隆农业科技有限公司承担的天津小站稻新组合选育工作2004年在津南区试验田进行。袁隆平经过多年的研究,用籼粳杂交获得的31个组合在天津津南试验基地进行品比试验,通过杂交和分子标记辅助选择技术,将水稻及其近缘种优质有利基因导入到一些超高产的杂交稻亲本,获得携有目标基因的新型材料。在天津市种植了58亩试验田,10月10日专家对天隆8号和天隆12号两个组合进行实地测产,两个组合产量可分别达到788千克/亩和797千克/亩,有望成为天津市小站稻优质高产新组合。使小站稻从产量和品质上都获得了重大进展。

【建立天津市农业科技成果转化与推广资金】 为贯彻落实《中共中央国务院关于促进农民增加收入若干政策的意见》,强化农业科技成果转化与推广,促进农业科技进步,从2004年开始,天津市财政局每年安排2000万元专项资金用于实施科技成果转化、科技示范推广、新品种新技术新设施的引进和科技合作等四类农业科技项目的实施。市农委和市财政局联合下发了《关于农业科技成果转化与推广项目资金安排事项的通知》,对资金支出的内容、操作程序和管理监督办法做了明确规定。

(沈 欣、袁淑欣)

【农村劳动力"351"培训工程】 由天津市农村经济与区划研究所与天津市农委科教处、天津市农业广播电视学校共同承担的"实施农村劳动力'351'培训工程对策研究",系2004年天津市农委下达的天津市农业科技成果转化与推广项目。该课题全面客观地评价了天津市农村教育和劳动力培训的规模、机构、能力、模式等现状水平,提出了天津市农村劳动力培训工作存在的五个方面的突出问题,系统研究了农村劳动力"351"培训工程的指导思想、发展思路、发展目标、组织实施运行框架、五大任务及七条对策措施。这些研究成果为构建新型农民终身教育培训体系,提高农村各类从业人员的综合素质、就业能力、职业技能,提供了可操作性的实施方案和对策建议。该课题已通过由市农委组织的专家验收。

2004年9月,中共天津市委办公厅、天津市政府办公厅联合发文,全面启动"天津市农村劳动力'351'培训工程"。该工程的目标是:从2004年至2006年,利用3年时间,实施红色证书(学历教育)工程、绿色证书(资格教育)工程、蓝色证书(转岗教育)工程、村级干部培训工程、农村经纪人培训工程等5大素质工程:使全市郊区100万劳动力得到专项培训(其中10万农民获得红色证书,10万农民获得绿色证书,25万农民获得蓝色证书,2万村级干部和3万农村经纪人得到专项培训证书);建立起比较完善的新型农民教育培训体系;建立政府统筹、行政部门监管、教育培训机构承办、农民受益的新型、高效培训工作机制。为搞好这项培训工程,天津市财政局将连续3年,每年拿出2000万元专款,有培训任务的区县均设立了农民教育培训专项资金。

截至2004年底,全市已建立173个培训基地,已经培训和在训农民总数达到34551人。

(沈 欣、袁淑欣、孙国兴)

【农业科技合作取得新进展】 1999年、2000年天津市政府先后与中国农业科学院、中国农业大学、中国林业科学研究院(简称"两院一校")签订了科技合作协议。市政府从2001年开始,每年安排300万元科技合作引导资金,专项用于支持"两院一校"科技成果在天津市进行产业化开发或推广应用。截至2004年,已累计安排重大科技合作项目54项,投入合作引导资金1370万元,已结题9项。据统计,9个项目共引进新品种72个、新技术11项、新产品2个、新设备18台、新专利1件;推广新品种13个,开发新产品5个,制定实施技术规范10项,推广面积43万亩;带动农户18130户,增加就业16560人;取得经济效益3881万元,有效促进了农民增收。其中有3个项目获天津市科技进步二等奖、三等奖。有46个项目正在实施中。2004年底天津市政府又分别与中国海洋大学和中国水产科学研究院签订了长期科技合作协议。

2004年4月,天津市农委与天津科技大学签订合作协议,明确天津科技大学为天津市"科教兴农"的重要依托单位之一,天津科技大学将发挥学科密集和人才优势,在经济与社会发展决策咨询、经济效益与发展水平评估、新产品开发与转化、专业人才培训等方面与天津市农委进行多方位合作。已支持科技大学与企业共同实施"1000t/d小城镇生活污水低成本处理及农灌回用示范工程"等4个重点合作项目。

(沈 欣、袁淑欣)

【援助汤加王国小型示范农场技术合作结束】 2004

年11月14日由天津市农业高新技术示范园区(简称农业示范园区)承担的中国政府援助汤加王国小型示范农场技术合作项目圆满结束。驻汤加专家组认真地执行了国家的相关规定，圆满完成了10栋具有防虫、防强光、防暴雨、降温作用的防护大棚及全部滴灌设施的安装;种植和管理21.25亩的三茬9大类64个品种的蔬菜和作物，参加了从浸种催芽、育苗、定植、施肥、吊蔓、打杈、喷药、除草、采收、包装、运输等全过程的技术与劳动管理,并根据汤加气候特点改进了栽培方式,使种植的津优品种黄瓜单果重达1千克,中国番茄品种明显优于新西兰品种。他们的敬业精神和高超技术得到了汤加政府及中国驻汤使馆官员的高度评价。2004年11月3日通过了中汤两国专家的现场验收,11月10日,中汤两国政府举行了隆重的交接仪式。通过这次援外项目的实施，扩大了我国在南太平洋地区的影响,为促进汤加农业发展,改善食品结构和增加中汤两国友谊做出了贡献。

（王　萱）

【津南国家农业科技园建设速度加快】 津南国家农业科技园聚集了来自大学、农科院和中科院等15家院校的108名科研人员在园区创新、创业。创办了国家杂交水稻中心天津分中心。引进了纳米肥料、蔬菜种苗、高档花卉种苗等企业35家,形成了高档花卉种木、无公害农产品生产及农产品深加工三个主导产业。

自2001年国家批复津南农业科技园区为国家级园区以来,已累计完成基础设施投资1.8亿元,招商引资吸引内资协议额7.4亿元，到位额3.6亿元,吸引外资协议额2010万美元，到位额800万美元。实施省、部级科研项目14项,为入园企业提供了强大的技术支撑,龙头企业带动农户7800户,创造了1800余个就业岗位,实现产值3.5亿元。

2004年9月乌克兰哈尔克夫市市长舒米尔金·弗拉基米尔·安德列耶维奇率领政府代表团访问津南国家农业科技园区，并与园区签署了在园区内建设天津乌克兰生态农业科技园的合作协议。该生态园规划面积1600亩,总投资2.8亿元,主要以乌克兰小镇作为设计概念基础，设计的主题为生态休闲小区,建设集环境生态科技项目、休闲旅游项目、教育科研于一体的生态示范区。该项目是津南国家农业科技园区建立国际农业开发区的一部分。

农业信息化

【农业信息化工程结硕果】 天津市利用信息技术改造提升传统农业取得累累硕果。天津市农科院信息研究所陆文龙、宋治文、马享忱,天津市林业果树研究所(简称天津林果所)田淑芬,天津市畜牧兽医研究所(简称天津畜牧所)李千军、马墉,天津市科润农业科技股分有限公司黄瓜研究所(简称天津黄瓜所)崔宏宇,天津市水产研究所宋文平、傅志茹,天津农学院张树林、张学炜等开发完成了黄瓜、奶牛、葡萄、对虾、种猪、螃蟹等6个具有本地化农业特色的专家决策系统,2004年2月这些农业专家决策咨询系统,拿到了国家知识产权部门核发的软件登记证书,标志着天津市在农业信息领域有了自主知识产权的专家决策软件,使农业信息化工作又上新台阶。

该6个品种的专家决策系统,是在国家“863智能化信息处理系统—天津示范区” 项目的基础上自主开发的。该系统具有操作简单,实用性强等特点,可以辅助农民进行农业生产，实现6个品种的种养殖周期技术咨询与生产决策。目前该6个系统已全部实现上网,供广大农民使用。同时建成高标准核心示范区12个,产生直接经济效益1.06亿元,在辐射区及辐射点产生的经济效益超过1.69亿元,总社会效益近3亿元,受益农民达7万人。

据统计,至2004年底天津市各郊区(县)共有计算机7万余台,45%是“十五”期间添置的,全市近4000个行政村,全部实现联网,建立了比较完善的市—区(县)—乡(镇)—村(企业)四级农业信息网络服务体系,基本实现了“村村通”。

为使电脑农业技术更加简便快捷,集中水产、畜牧、种植等方面专家,建立深层次知识库,运用计算机技术,将专家的“大脑”变成各种各样的电脑软件,农民遇到问题,只需轻点鼠标,就可随时轻松获取所需答案,被广大农民称为“不走的”专家,大大提高了农业技术推广的效率与范围。

电脑农业的推广，为天津市农业迅速发展提供了重要的支撑。针对不同核心示范区的具体情况,天津市确立了“专家系统+技术推广部门”、“专家系统+农技学会”、“专家系统+公司+农户”、“专家系统+农民网吧”的推广应用模式,使一批龙头企业实现了规范管理、降低成本,种养大户掌握实用技术、规范生产、增加收入。

【人工智能作物育种专家系统研制成功】 为解决目前蔬菜杂种一代育种中存在的周期长、盲目性大、技术水平落后、选择效率低、占地多、耗资大等问题,2000年天津科润农业科技股份有限公司蔬菜研究所(简称“天津蔬菜所”)孙德岭、温媛、王公恕、赵前程等人与南开大学共同承担了天津市重点自然基金项目“人工智能作物育种研究”,采用科学、准确、快速、经济有效的选育方法,以提高花椰菜育种技术水平,进而开辟作物育种的新途径。并于2004年3月10日通过天津市科委组织的成果鉴定,该项技术居国内领先水平。

该课题从2000年开始,调查了1824个花椰菜组合的父本、母本、杂一代的37个性状,获得了40多万个数据,在此基础上建立了亲本与杂种一代性状相关关系的数学模型。研制开发出了人工智能杂种一代优势预测专家系统,将传统花椰菜育种技术与信息技术相结合,提高了育种水平和效率。2002年利用该系统进行了杂种一代优势预测,结果表明:预测值与田间试验结果相比,单球重、产量系数等主要经济性状指标符合度高,具有实际应用价值。经过四年的试验,将大量的父本、母本及其杂种一代主要经济性状调查数据输入计算机,利用SAS统计软件进行统计分析,建立了杂交一代主要经济性状与亲本主要经济性状的回归预测模型,并利用预测模型进行了优良亲本的选择和杂交一代的预测,同时对预测结果在田间进行了应用效果验证。

利用该人工智能系统,首次选育出优良的花椰菜新品种2个:“津品88”、“津品55”。“津品88”属秋中晚熟品种,成熟期80~85天,株高90厘米,株展80厘米,株型稍开张,内叶内扣护球,外叶开张、无护叶,叶色深灰绿,蜡质较厚。花球呈半球型,花球极紧实、球面光滑、雪白、无毛,单球重1.1~1.8千克,田间表现抗黑腐病、抗病毒、抗霜霉病能力较强,同时具有较好的耐湿能力,亩产量3000~5000千克。“津品55”属秋早品种,成熟期55天左右,株高60厘米,株展55厘米,株型直立,内叶合抱护球,叶色灰绿,蜡质较薄。花球较紧,洁白、无毛,单球重1.0千克左右,田间抗病性调查,耐黑腐病、霜霉病能力较强,亩产量2000千克左右。上述二个品种,已经在生产上推广应用。

(李素文)

【农业基础数据库系统验收】 天津市农科院信息研究所等单位共同承担的农业信息化工程“农业基础数据库系统”和“农业专家决策咨询系统”两个项目于2004年4月18日进行了验收。“农业基础数据库系统”基于windows+apache+perl+mysql的开发平台,开发了农业实用技术数据库、动植物新品种资源数据库、土壤肥料数据库等10个大型数据库,目前系统的数据总量已经1000万字,并整合在津沽农业网上,免费为广大农民使用。

“农业专家决策咨询系统”是在国家农业信息工程中心开发的PAID3.0平台基础上结合天津地区优势品种开发了奶牛、种猪、对虾、河蟹等6个品种的专家决策系统,并开发了白菜、食用菌、番茄、辣椒等20个品种的咨询系统,输入了20万条数据,并全部在www.tjagri.net网上运行。

【河蟹养殖专家决策咨询系统投入应用】 “河蟹养殖专家决策咨询系统的开发和应用”系国家“863”项目“智能化农业信息处理系统—天津示范区”的子课题,2002年由天津农学院张树林主持承担。该课题完成了国家软件著作权登记,收录整理了3万多条基础数据,构建了348条知识规则,5个模型,形成了完整丰富、科学准确、实用性强的知识库、数据库和模型库。采取市、县(区)推广站、河蟹养殖大户三级推广体系。推广应用核心示范区3个,养殖面积达2300亩,对技术人员和河蟹养殖户进行计算机使用基础知识和河蟹养殖实用技术的培训,达360人(次)。圆满完成了知识库、数据库、模型库和决策咨询系统的开发,并应用到养殖生产中。建立了以信息技术为支撑的农业推广技术服务形式。首次开发出内容丰富、科学实用具有天津特色的河蟹养殖专家决策系统。该系统的开发应用,普及推广了最新的河蟹养殖技术,促进了农民养殖水平的提高,提升了水产品的市场竞争力,利于产业结构调整和农村科技进步。两年内示范区共增加经济效益655多万元,比常规养殖平均提高22%以上。该项目2003年10月通过了专家测产验收。

(张树林)

【奶牛养殖专家决策咨询系统开发与应用】 “奶牛养殖专家决策咨询系统的开发和应用”是国家“863”项目“智能化农业信息处理系统—天津示范区”的子课题,由天津农学院张学炜主持,与天津农科院信息所陆文龙等人共同承担，历时3年。项目以北京PAID3.0平台为基础，研究开发出内容丰富、科学实用、具有天津特色的“奶牛养殖专家决策咨询系统”，通过网络为用户提供服务。系统收录整理了数据3万多条，编写知识规则758条，完成了知识库和数据库的构建。整个系统完整丰富、科学准确、实用性强。在天津市武清区金威奶牛庄园、静海县腾达奶牛养殖场和武清区超跃奶牛养殖场建立了应用核心示范企业，养殖规模达到5017头。在武清、静海辐射企业10个，养殖规模7700余头。通过“龙头企业+基地+农户”的方式推广应用专家系统，提高了龙头企业及养殖户的管理水平。项目期间开展了计算机操作、专家系统应用、奶牛养殖技术等技术培训，培训示范区技术人员和奶牛养殖户340人次。项目在示范区的推广应用产生了良好的经济效益和社会效益，示范区实施两年共取得经济效益1267.4万元，总体效益比常规饲养效益提高20%以上。软件成果已进行了国家知识产权登记。该项目于2003年12月通过了市科委组织的专家验收。

（张学炜）

蔬菜育种与栽培

【黄瓜抗病育种新成果】 天津黄瓜所李淑菊培育成的春大棚黄瓜新组合L3具有耐低温、丰产、抗病的优点，适宜早春大棚栽培；李加旺育成的耐热黄瓜新组合L2耐热性强、商品性佳、高抗霜霉病、白粉病和枯萎病，兼抗病毒病，适宜夏秋露地和秋大棚栽培；哈玉洁育成的保护地黄瓜新组合S325的突破点在于兼抗霜霉病、白粉病、枯萎病和灰霉病等四种病害、耐低温弱光能力突出。另外，迷你型黄瓜M17和L8，具有荷兰迷你黄瓜的优点，产量和抗性与国外品种相近，并拥有自主知识产权，在种子价格上具有明显的优势。上述黄瓜品种已于2004年11月分别通过专家验收。

（高象昶、张文珠）

【津优黄瓜新品种推广】 天津黄瓜所马德华和李加旺选育成功的黄瓜新品种“津优1~6号黄瓜”，分别适合不同的地域和栽培形式，集优质、抗病、丰产于一体，解决了以往黄瓜抗病不丰产、丰产不优质等不良情况。王艳飞，李怀智，孟攀奇，孙玉河等人在细致调研全国各地黄瓜种植情况和仔细研究各个品种特征特性的基础上，通过科学的繁种技术，采用单亲采种法，种子纯度确保在99%以上；将先进的管理方法，计算机网络技术应用于内部管理，实现了各部门之间的联网，使内部信息传递更加及时、准确；独特的推广模式，在基地管理上创造性地组建以制种村为基础的良种生产集团，实现了以技术协会为依托的生产体系，确保生产出高质量、高纯度的津优黄瓜良种。在原有的良种推广体系的基础上，建立了陕西、山东、河北、四川、福建等省份的二级销售网络，并实行了计算机网络销售、电话防伪等手段，把津优1~6号黄瓜良种大量地推广到全国各地。三年累积推广津优1~6号黄瓜新品种21.9万千克。推广面积达131.4万亩，新增总产值60265.3万元，创直接收入4380万元。

津优1号黄瓜

（高象昶、张文珠）

【大白菜育种及配套技术国内领先】 天津蔬菜所闻凤英、张斌、刘晓晖、王玉龙等6人承担的天津市科技攻关项目“大白菜育种及配套技术研究”，利用小孢子培养技术和采用其他技术，筛选出具有耐抽薹性较强的、耐热、抗病性强、结球性强、早熟性好、耐贮性好的春播、夏播和秋播纯合亲本材料。利用这些亲本材料，培育出春播、夏播及秋播新品种3个：“春绿1号”属春播品种，大棚和露地兼用，其耐抽薹性极显著，优于对照品种“秋绿60”，在13℃条件下不发生先期抽薹并正常结球。株高44.8厘米，株展45.6厘米，球高35.2厘米，球径9.2厘米，单球重1.3千克左右，亩产约4500千克左右。填补了青麻叶类型春播专用大白菜品种的空白。“津夏3号”属夏播品种，其耐热性、抗病性、早熟性均优于夏播主栽品种“夏阳50”。最高气温35℃条件下能正常结球，株高36.7厘米，球高27.4厘米，单球重1.3千克左右，亩产3500千克以上。“津秋1号”属秋播品种，表现整齐度高、抗病性强、品质优良、产量稳定、适应性广、耐贮性强，综合表现优于对照“秋绿75”。株高54.3厘米，球高49.1厘米，单球重3.4千克，亩产7000千克以上。同时对青麻叶雄性不育育种技术进行了研究,通过雄性不育系材料改良和纯化,筛选出具有典型青麻叶特性的雄性不育系 S42、S47 和 S48,并利用 S42 不育系配制出商品性好、产量稳定、抗病性优于"秋绿 75"的杂交品种"津秋 2 号",填补了核不育型不育系配制青麻叶大白菜杂交种的空白。利用雄性不育系培育青麻叶大白菜杂交种的方法已申报了国家发明专利。通过改良盖膜法和调整双亲比例使大白菜制种产量显著提高，平均亩产达 85.2 千克,比常规采种法增产 17.2%,取得了显著的经济效益和社会效益。

该课题于 2004 年 11 月 26 日通过天津市科委组织的鉴定,研究成果居国内领先水平。

（李素文）

【花椰菜新品种"津雪 88"推广】 花椰菜新品种"津雪 88" 为天津蔬菜所孙德岭主持完成的研究成果,1996 年通过天津市农作物新品种审定,2000 年获天津市科技进步二等奖，同年被列入天津市农业重点推广计划。并蝉联两届"天津农业名牌产品"称号,"津雪 88" 是可抗 TUMV 兼抗黑腐病的双抗品种。其中抗病育种材料的筛选居国内领先水平,部分内容达到国际先进水平。主要特点是在常规育种技术基础上,结合现代生物育种技术,将品质、抗病性、适应性融于一体。该品种适应性强,是既能春种又能秋种的菜花品种，是国内第一个自主研制的春菜花品种,春种"五一"上市,秋种"十一"上市,产值高、效益好。成为天津主栽品种。

丰花 50

针对中国北方高寒地区，建立了菜花日光温室制种技术体系，成功地解决了菜花不能在高寒地区制种的难题,保证了"津雪 88"菜花良种规模化生产和产业化经营。采用建立种子连锁店和协作网相结合的方法,形成集科研、制种、加工、营销一体化的蔬菜良种产业化模式,加速了新品种的推广。目前该品种已推广到全国 20 多个省市自治区;在山东、河南、江苏、河北、陕西、山西、辽宁、安徽、广东的部分地区成为主栽品种。2001 年~2003 年"津雪 88"累计推广面积 34.64 万亩,新增总产值 1.65 亿元,累计新增纯收益 1.64 亿元，其中天津市累计推广面积 10.5 万亩,新增纯收益 6136.48 万元,新增总产值 6414.09 万元;单位直接经济效益 623.6 万元。2003 年"津雪 88" 创国内菜花单品种年直接经济效益之首,达 351.5 万元。

（李素文）

【苤蓝雄性不育系的创造及新品种选育】 2001~2004 年天津蔬菜所刘晓晖、张斌、宋连久、闻凤英等 6 人,承担了天津市科技攻关项目"雄性不育系在苤蓝育种上的应用"研究,首次利用变种间雄性不育基因转育,创造出优良苤蓝雄性不育系,开展了苤蓝雄性不育系创造及利用雄性不育系配制杂交新品种研究。利用引进的青花菜 OguCMS 不育系为不育源,经多年连续回交转育雄性不育基因，创造出优良苤蓝雄性不育系,选育出的雄性不育系经济性状优良,花瓣鲜艳,花冠、蜜腺正常。用该不育系育成苤蓝杂交新品种"早冠",该品种早熟性突出,定植后 45 天左右可收获,植株生长势中等,叶片少,叶痕浅,株高 32~40 厘米,开展度 65~72 厘米,株形紧凑,适宜密植。球茎浅绿色,扁园,表面光滑,球茎高 7 厘米左右,横径 18 厘米左右,单球重 0.8 千克左右,亩产 2700~3000 千克,比对照天津青苤蓝增产 17.8%~20.6%。一次采收率达 95%以上,商品性好,食用品质佳。同时还总结出该品种的配套栽培技术，制定了杂交制种技术规程。该品种已在天津、陕西、山西、福建、四川、江苏等省市示范试种 150 余亩，应用前景广

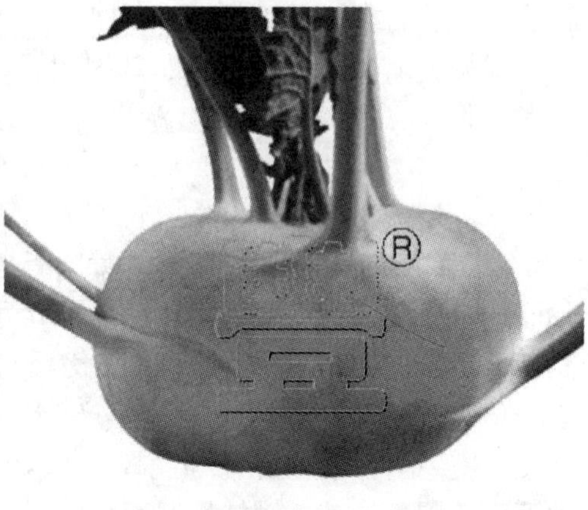

早冠苤蓝

阔。

该项研究填补了国内该领域研究的空白。2004年11月26日通过天津市科委组织的成果鉴定，达到国际先进水平。

（李素文）

【**蔬菜种苗规模化生产**】 由天津市园艺工程研究所（简称天津园艺所）和农业示范园区郭富常、李卫民、高国训、孟广云等人共同承担的天津市重点科技攻关项目“蔬菜种苗规模化生产技术研究”，采取自行设计建造日光温室，温室采用辅助加温、放风、密闭操作等设施与手段，完全达到了蔬菜育苗的基本要求。通过调节其中的温度和光照等环境条件，成功地进行了苗木的催芽、播种、育苗和嫁接愈伤等各项试验。在此基础上，推广了花菜育苗、圆葱育苗、茄子嫁接育苗、茄果类扦插和组培育苗五种蔬菜种苗规模化生产技术，确定了相应蔬菜育苗的工艺流程。同时筛选出与之配套的营养液配方3个，穴盘育苗基质配方4个，嫁接育苗基质配方2个。应用这些技术共培育菜花自根苗200万株，整齐度92%，壮苗率88%；圆葱自根苗5000万株，整齐度90%，壮苗率83.5%等等。该研究将温室设计与几种主要蔬菜育苗技术相结合，真正达到了蔬菜种苗的工厂化及规模化生产。该课题于2003年通过验收。

（韩智慧）

【**蔬菜育苗新模式——播种纸及育苗技术**】 天津园艺所郭富常、孟广云、王明启、靳力争等人承担的“蔬菜播种纸及其育苗技术研究”为天津市农业重点科技攻关项目。该项目对播种纸材料的筛选、育苗方式比较、营养配方筛选、育苗化控壮苗试验、育苗示范、育苗技术要点、工业化生产工艺流程及成本核算等进行了大量的科学实验和分析。筛选出了适宜于蔬菜育苗技术要求的播种纸符合环保条件，营养配方以及化控壮苗的生产调节物质有利于培育壮苗。采用此技术获得的壮苗指数比传统育苗方式提高15%以上，生产成本比穴盘育苗下降30%以上。在蔬菜育苗技术领域开创了一种新模式，意义重大。2004年2月通过天津市科委组织的验收。

（韩智慧）

【**胡萝卜新品种推广**】 “天红1号”是天津园艺所选育出的全红型胡萝卜杂交新品种，由于品种的整齐度好、营养价值高、商品性好，深受种植户的欢迎。2002年被列为科技推广项目，由尹立荣、管长志、陈磊、顾自豪承担完成。截止到2004年该项目验收时，已制定出较为完善的不育系胡萝卜的制种技术规程，建成了较高水平的胡萝卜繁种基地200亩，使种子亩产由以前的35千克提高至48千克；总结出“天红1号”的配套栽培技术，提高和健全了胡萝卜栽培技术水平，并完成“天红”商标的注册工作；累计在天津、山西、河南、内蒙古、河北、吉林等地区推广19650亩，其中天津地区推广2000亩。创收21.6万元，获纯利10.6万元，获社会效益3024.135万元，“天红1号”已成为国内胡萝卜产区推广较快的品种之一。

（韩智慧）

【**无公害蔬菜全程监测高产栽培技术示范**】 由农业示范园区承担王隆清主持的“无公害蔬菜全程监测高产栽培技术示范与推广”项目于2004年1月通过专家验收。通过引进微型黄瓜等品质优良适于出口创汇的蔬菜新品种，研究提出了适合天津市种植的高产栽培技术和以天敌生物防治为主的综合技术，提出“重两头控中间”的全程监测理念，制定出无公害蔬菜全程监测技术的操作规程。以农村专业技术协会为推广载体，建立“公司+推广技术+基地+农户”适用高效的推广经营管理模式，形成了规模化生产的良好格局。通过无公害蔬菜全程监测技术和无公害蔬菜高产栽培技术的推广及应用，强化和提高了农民无公害蔬菜生产意识及技术水平，增加农民收入，提高了蔬菜产品安全性，促进天津市蔬菜产业结构调整，增强蔬菜出口创汇能力，为“食品安全行动计划”的实施奠定基础，推动农业产业化经营的快速发展。本项目四年累计推广19377亩，新增社会效益6042万元。

（王　萱）

【**无公害韭菜基地生产配套技术推广**】 天津市植物保护研究所（简称天津植保所）谷希树等10人承担完成的“无公害韭菜基地生产配套技术推广”项目获2003年度天津市科技进步二等奖。

该项目完善了天津市无公害韭菜基地生产配套技术，推广以“农业措施为辅，化学防治为主”的，适于北方非污灌区不同栽植条件下针对性防蛆综合配套技术；对技术性产品——40%蛆除乳油等安全防蛆药剂进行示范推广；将经济有效的防治韭蛆的关键技术、方法进行应用示范。该项目研制和推广的产品配方最优，制剂共毒系数高达160；稳定性强，将原料预混，配以同型助溶剂体系；产品综合性能国内领先；并首次在天津市将韭菜独立形成规程。蛆除乳油低毒低残留，替代高剧毒农药。推广机制的创新点是建立区县、乡镇、基地三级推广网络，技、物结合。侧重产、研、销、服务结合，与企业进行技术、资金融通和设备整合，创建出"农药厂+研究所+农资营销商+技服中心"四位一体的技术放射模式。该项目的成功，巩固了天津市品牌蔬菜传统地位。三年扩展了无公害韭菜基地3个，示范面积688公顷，占天津市种植韭菜总面积的32%，技术放射面积2396.8公顷，累积新增产值3044.533万元。

（刘晓琳）

粮食作物

【优质食味水稻新品种问世】 "津原27"水稻新品种，系天津农学院崔晶承担的天津市科委科技攻关项目"优良食味水稻新品种的选育"成果之一，由天津农学院崔晶与天津市原种场赵长海、于福安、顾红艳、张建民等合作育成。通过与日本国的科技交流，采用中国和日本国优良亲本组配的技术路线，进行复合杂交、三交F1幼穗的花粉组织培养、绿苗扩繁形成一定的秧苗群体、分株劈蘖植入试验田进行花培株系鉴定，并进行区试和生产试验等过程选育而成。"津原27"产量高，品质特优、抗病害，最突出的优点是食味极佳，据国家农业部武汉食品质量监督检验测试中心检测结果：其糙米率、精米率、整精米率、垩白度、直链淀粉含量、胶稠度、透明度级、碱消值级等12项指标均为优1级。已于2004年通过品种委员会审定。

在"津原27"的培育过程中，日本专家楠古彰仁教授多次亲临田间进行现场指导。"津原27"的问世，将极大地宏扬天津市久负盛名的"小站稻"米食文化。

（崔　晶、黄全合）

【影响粳稻食味特性的因子分析及应用研究】 天津市农作物研究所(简称天津作物所)赵居生等人承担的天津市自然基金项目"影响粳稻食味特性的因子分析及其应用研究"，于2004年下半年完成。水稻食味性的评价主要包括粘性、味道和外观三个方面。研究认为，决定这些指标的内因主要是直链淀粉和蛋白质含量的多少，其中直链淀粉的含量对稻米的粘性影响最大，而蛋白质含量则对米饭的味道具有极显著影响；研究还发现，水稻的生长环境和栽培因素对食味性起决定作用，其中温度是影响直链淀粉含量的主要因素，特别在水稻灌浆期间适宜的温度是保证食味性的关键条件；在一定温度内有机肥和氮素的施量增加可有效提高稻米中直链淀粉的含量，而低密度栽植可有效提高稻米中蛋白质的含量；同时还为天津市种植的8个水稻品种建立了"食味特性档案"，提出了粳稻食味品质感官鉴定方法，与国家现行的方法比较，具有简单易行，实用性强等特点；筛选出了适合天津市种植，生育期在145天的具有优良食味品质的粳稻品种"9901"，并进行了配套栽培技术研究，该品种由于食味突出而价格提高，在河北省推广了1000亩，亩产500~600千克，每亩比常规稻增收80~100元。

（闫瑞凤、李素敏）

【优质高产水稻"津原45"、"津原5"通过审定】 "津原45"是天津市原种场于福安、谷守贤等人用日本优质稻品种"月之光"自然变异株通过系统育种途径选育而成，2002年初通过天津市品种审定，2003年11月通过国家审定。

该品种在天津做一季春稻，生育期178天。在河北南部、山东沿黄河地区春播为155天，夏播145天。株高115厘米，茎秆粗壮、韧性强、根系发达、抗倒伏。形态特征基本达到袁隆平提出的超级稻株形标准。分蘖力中等，前期较缓，中期发苗快，后期茎叶腊黄清秀，活棵成熟。经天津植保所抗病接种鉴定：苗瘟抗ZD1、ZG1生理小种，中抗ZF1生理小种；抗叶瘟、抗穗茎瘟。经几年多地点田间调查，穗茎瘟、叶瘟发病率为零，稻曲病为0.03%，稻飞虱、条纹叶枯病发病为零。纹枯病、小球菌核病发病轻。抗早衰、耐寒性强。经国家农业部食品质量监督检验测试中心检测，糙米率、整精米率、长宽比、透明度、直链淀粉含量等主要指标达优质米1级标准；垩白米率、垩白度符合2级标准，综合评判符合优质稻谷2级标准。一般亩产600千克左右。2003年天津小站稻公司，津沽小站稻米业有限公司、天津国瑞米业有限公司等几家加工企业利用该品种已发展定单生产2万亩。

该品种适应性广，可在河北省南部稻区、秦唐稻区、津京稻区、山东河南沿黄河稻区推广种植。2002~2004年在山东东营、滨州、河北邯郸等地累计推广面积达30多万亩，成为当地主栽品种之一。由于抗病强，米质优，适口性好，深受广大稻农与消费者的欢迎。

“津原5号”系天津市原种场以“中作17”自然分离株为育种材料，经过多代连续选择后育成的高产水稻新品种，2003年通过天津市审定。该品种全生育期175天，株高105厘米，紧穗型品种，穗长20.3厘米，每穗150粒左右，结实率93%，千粒重26克，无芒。耐盐碱、分蘖力强、耐寒、叶片直立、株形紧凑、穗紧、着粒密。出苗整齐，后期不早衰，活棵成熟。中感穗瘟病与稻曲病。糙米率85.2%，精米率76.7%，整精米率74.4%，垩白米率17%，垩白度4.2%，属国标3级优质米，一般亩产650千克左右。高产田可达700~750千克，最适合新稻田、无病田种植。

（黄全合）

【“津香黑38”填补天津市水稻品种空白】 天津市原种场谷守贤、于福安、张俊英、赵长海、顾红艳等利用紫稻品种“香血糯”分离株香“血-4”为母本，胭脂稻后代“红珍珠”为父本杂交，经花培育种技术选育而成。创造了中华黑米新类型——粳香粘黑稻。填补了天津市水稻品种空白，属本市首创。

“津香黑38”米质色泽纯正，清香，直链淀粉含量11.64%，介于粘糯之间，富含多种微量元素，集天然的色、香、味和营养于一身。全生育期160天，分蘖力强，发苗快，耐盐碱，抗稻瘟病等多种主要病害，对光温反应迟钝，抗逆性能强，适应性强，丰产性能好，适用范围广，不足之处较易受稻飞虱危害，适合采用“前促、中控、后保”施肥及早治稻飞虱等系列栽培技术体系。已推广到河北、山东、辽宁等省市，累计推广面积7万多亩，共创造社会效益4000多万元，其产品被广泛应用于以黑米为原料的食品加工业。

（黄全合）

【优质水稻系列品种通过国家审定】 由天津市水稻研究所（简称天津水稻所）培育的优质水稻系列新品种，2004年通过国家农作物品种审定委员会审定。

“津优9603”水稻系刘学军、马忠友、孙林静、苏京平等人1999年采用三系法育成的杂交粳稻新组合，该品种在苏北、鲁南、皖北、河南沿黄稻区及陕西关中地区做麦茬稻种植，全生育期154天左右，株高117.7厘米，穗长19厘米，每穗总粒数182.1粒，结实率80%左右，千粒重26克，分蘖力较强，秆硬抗倒伏，耐盐碱。经天津植保所抗病鉴定，该品种抗苗瘟，抗叶瘟，中抗穗颈瘟。经国家农业部稻米品质检测中心分析：米质国标3级。其综合性状优于2001年通过国审并已大面积推广的“3优18”、“10优18”，适于在黄淮稻区推广。

“津优9702”水稻为1997年育成的优质、高产、抗逆、广适的常规粳稻新品种，该品种在苏北、鲁南、皖北、河南沿黄稻区及陕西关中地区做麦茬稻种植，全生育期156天左右。株高99厘米，穗长16.9厘米，每穗总粒数142.6粒，结实率84.5%左右，千粒重24克。秆硬抗倒伏，耐旱，耐寒，耐盐碱。经天津植保所抗病鉴定，该品种中抗苗瘟，抗叶瘟，中抗穗颈瘟。经国家农业部食品质量监督检验测试中心测定，综合评价达国标优质2级。一般亩产650千克左右，高产可达700千克以上。该品种熟期适中，株型理想，抗逆性强，高产稳产，米质优良。

“花育560”水稻是牛景等人用花培法育成的优质、高产、中熟水稻新品种。于2003年通过天津市农作物品种审定委员会审定，于2004年通过国家品种审定。在京、津、唐地区全生育期146天左右，属中熟品种。平均株高102厘米，穗长21厘米，穗粒数110粒，结实率90.8%，千粒重28克左右；无芒。中抗稻瘟病，抗稻曲病，耐盐碱；米质优，米质达国标二级。分蘖力中等，成穗率高，一般亩产600千克。在京、津及河北中、南部，河南、山东地区适于作中稻或麦茬稻。在辽宁南部、新疆南部作一季稻种植。

“津稻9901”亲本为绢光，于2004年通过天津市农作物品种审定委员会审定。津稻9901属粳稻型中早熟品种，全生育期145天左右，株高100厘米，穗长18厘米，每穗粒数100~110粒，结实率90%左右，千粒重25克，谷粒黄色，阔卵形，长宽比1.8，抗苗瘟、叶

津粳杂4号水稻

瘟,中抗穗颈瘟;耐肥力中等;稻米品质达国标优一,一般中等肥力地块亩产 550 千克。适应京、津、冀做麦茬稻栽培。

(闫瑞凤、李素敏)

【抗旱、耐盐型水稻在宁河县选育成功】 天津市宁河县农业技术推广中心李金龙、王凤行、郑宗富、王连芬、刘殿功等人选育的水稻新品种“津宁 901”,注重了抗旱、耐盐性状的定向选育,培养水稻旱长机能。所选育的品种具有株型紧凑上冲,与一般品种比较,具有上部茎叶夹角小、叶片挺直、光合效率高,秆粗穗大粒多的优良性状。抗条纹叶枯病、稻飞虱,中抗穗颈瘟。在旱栽旱管中,最高亩产 700~743 千克。该品种集抗旱、耐盐、优质、高产于一体。由于改变了水栽水管为旱栽旱管,使水稻全生育期 70%的时间在无水环境中生长,适应了干旱、盐碱的环境,每亩比传统水稻栽培节省灌溉水 50%以上,亩增收节支 100 元左右。

该项研究成果针对我国北方滨海地区干旱少雨的恶劣环境,充分利用有限的水资源,发展水稻生产有积极推动作用。

(李佑强)

【盐碱荒滩变致富良田】 在天津水稻所牛景的指导下,采用工程与农艺措施相结合的技术路线,对塘沽区一个寸草不生的不毛之地的废弃盐场,其土壤含盐量达到 3.8%,PH 值为 8.3 的滨海盐土进行改造。投入仅相当于一般改造这类土壤的四十分之一,取得明显效果。2003 年有 60%地块亩产水稻 500 千克左右,2004 年 60%地块亩产 600 千克左右,40%地块亩产 400 千克左右,产量为一般田的水平。同时还在四周排沟内养鱼,稻子收割后种黑麦草也获成功,实现了鱼、粮、牧三结合,体现立体农业与环境保护相结合,达到了滨海盐土快速改良综合利用的目标。

(闫瑞凤、李素敏)

【“津强 1 号”小麦原种扩繁基地建成】 “津强 1 号”强筋小麦,是天津作物所承担的天津市农业推广项目,2001 年通过天津市农作物品种审定委员会审定,2004 年 6 月 11 日通过验收。通过田间鉴评,“津强 1 号”强筋小麦各项指标均达到国家 1 级强筋小麦标准,年最高种植面积达 5 万亩,平均亩产 250 千克。初步建立了“津强 1 号”良种繁殖体系,形成了“科研—专用小麦生产基地—加工企业”产业链。研究出“津强 1 号”小麦配套栽培技术:冬前整地,深施肥,浇保墒水;开春顶凌播种,浇起身水,同时少量追施 N 素肥。采取重管拔节水肥措施,防治蚜虫、白粉病。

“津强 1 号”原原种扩繁基地项目已经国家农业部批准立项,实施期限为 2002 年 9 月至 2003 年 12 月。其土建工程包括晒场工程、温室两座、网室两座、挂藏室、围墙和田间排灌渠,在 2003 年 11 月底前全部建成并提前投入使用;仪器设备和农机具全部到位并安装调试完毕,设备运行情况良好;科技推广、原原种扩繁和项目前期建设等工作及时到位。实施本项目后,可改善天津作物所科研和育种条件,建立原原种扩繁基地,加速育种步伐和提高品种种子的质量和数量,促进优质强筋小麦产业化发展。

春小麦“津强 1 号”,经覆膜与夏播春玉米“沈单 10 号”连作栽培,两个品种产量分别较对照增加 45.9%和 19.3%,全年净收益比传统的冬小麦—夏玉米种植模式提高 210 元/亩,累积示范面积 1 万多亩。

继“津强 1 号”之后,天津作物所石斯发、时晓伟、冯刚、张岐军等人又选育了“津强 2 号”、“津强 3 号”强筋小麦新品种。2004 年 9 月通过天津市农作物品种审定委员会审定,经国家农业部谷物品质监督检验测试中心分析:各项指标均达到国家 1 级强筋小麦指标。中抗条锈病,中感叶锈病和白粉病等。可加工高档面包专用粉。该品种在京、津、唐山、廊坊、辽宁等地可作为一年两熟制的前茬作物。

津强 2 号强筋小麦

(闫瑞凤、李素敏)

【富硒植物营养调节剂研制成功】 硒是人体必需的微量元素,现代医学研究成果已经证明长期硒摄入量不足是许多疾病的诱发原因之一。谷物在人类饮食结构中占主要地位，所以在谷物生产过程中采用喷施富硒植物营养调节剂以提高谷物的含硒量，进而提高居民饮食中含硒量，是补硒的最有效措施。天津市农业技术推广站王景怀主持研制的“富硒植物营养调节剂”获得了国家知识产权局颁发的发明专利。该制剂在提高农产品的硒含量上取得了突破，在小麦和水稻生长发育的适宜时期喷施不同型号的硒制剂，可使小麦和水稻含硒量大幅度地提高，并使面粉和大米的含硒量稳定在200~300微克/千克的范围内。同时制定了富硒农作物生产技术规范和富硒大米的产品质量标准(企标)，2003年通过专家审定，天津市原种场已成功开发出富硒优质米。

（黄全合）

【玉米新品种通过品种审定】 天津科润津丰种业有限责任公司(简称天津种业公司)陈洪金、陈玉春、刘恩海等人先后选育出“天塔2号”、“天塔3号”、“天塔5号”三个玉米新品种，已于2004年通过天津市品种审定委员会审定。

“天塔2号”夏播生育期95天左右，株高247厘米，株型紧凑，穗长20厘米，千粒重233~424克，保绿性好，活秆成熟。抗大斑病、小斑病、感弯孢菌叶斑病。籽粒容量742克/升；粗蛋白9.46%，粗脂肪3.76%，赖氨酸0.26%，粗淀粉74.16%。平均亩产600千克，适宜天津市夏播玉米种植区种植，现已累计在天津推广5.6万亩左右。

“天塔3号”夏播生育期97天，株高245厘米，株型半紧凑，果穗圆锥形，穗长18.9厘米，千粒重230.5~398克。抗大、小斑病、感弯孢菌叶斑病。籽粒容量732克/升；粗蛋白9.84%，粗脂肪4.16%，赖氨酸0.30%，粗淀粉72.81%。平均亩产620千克左右，适宜天津市夏播玉米种植区推广利用。现已累计在天津地区推广10.7万亩。

“天塔5号”春播生育期115天，株高288.5厘米，株型半紧凑，穗长22.3厘米，千粒重234~346克。抗大斑病、高抗小斑病、感弯孢菌叶斑病。籽粒容量775克/升；粗蛋白9.98%，粗脂肪3.89%，粗淀粉73.33%，赖氨酸0.29%。平均亩产670千克，累计在天津地区推广9.2万亩。在新疆喀什地区创造了亩产1106千克的高水平，比当地推广的玉米增产200千克左右。该品种已在河南、河北、山东、新疆、四川等地参加试验、示范。

（黄全合）

【高油玉米开发示范工程通过验收】 天津市农业技术推广站隋华、刘克祥、张杰、孟自凤、王凤行承担完成的天津市农业重点技术推广项目“高油玉米养殖开发示范工程”，2004年6月通过了专家验收。该项目围绕农业增效、农民增收这个核心，在“种养结合，就地转化，协调发展，综合增收，总体开发”的路线指导下，以饲料专用的玉米品种“高油115”、“高油298”、“高油6”作为主推品种，开展了20余项以提高高油玉米的生物产量为核心的栽培技术研究，同时开展了多项高油玉米秸秆饲喂奶牛、肉牛的试验，组装集成了优质品种、高密度种植、旱作节水、科学施肥、综合抗倒伏等种植技术和秸秆高效饲喂肉牛、奶牛技术。项目以秸秆(带穗)青贮饲喂奶牛、肉牛技术为核心，通过秸秆过腹还田，提高了农业生物资源利用率，减少了农业废弃物的排放和环境污染，增加了土壤的有机质含量。三年累计示范推广12.7万亩，新增经济效益3711万元。

（黄全合）

【粮饲兼用型玉米品种通过审定】 天津种业公司陈洪金、陈玉春、黄全合、刘恩海等人选育的优质粮饲兼用型玉米品种“天塔1号”于2001年通过天津市品种审定委员会审定通过。该杂交种春播生育期为125~130天，夏播生育期110天左右。株高280厘米左右，穗长23厘米，穗粗5.2厘米，果穗长筒形，籽粒黄色，半马齿型，千粒重350克左右，籽粒粗蛋白含量9.28%，粗脂肪含量4.43%，赖氨酸含量0.22%，秸秆含粗蛋白6.66%，粗纤维29.21%。抗大斑病，中抗小斑病，抗丝黑穗病和矮花叶病毒病。活秆成熟，秸秆产量高，粮饲兼用。平均亩产600千克以上，2002年在天津蓟县下窝头创下亩产超过900千克的记录，亩创经济效益1280元。在津、京、冀等地累计推广80万亩。

（黄全合）

【系列鲜食玉米繁育和推广】 天津作物所和天津种业公司几年来进行了鲜食玉米的繁育、示范、和推广，取得了丰富的成果和显著的效益。

由天津作物所承担的农业部成果转化资金项目“津鲜系列鲜食玉米新品种的繁育、示范和中试”，国家资助经费100万元。2004年8月3日通过了国家科技部、财政部委托天津市科委、财政局组织的专家现场验收。两年来在示范区、中试点的带动下，津鲜系列鲜食玉米新品种种植区域扩大到国内20多个省(市、区),示范中试面积达到101710亩,示范区、中试点鲜食玉米鲜果穗亩产量达到1100千克,最高达到每亩1213.9千克,种子质量达到国标一级标准,种子亲本纯度达到99%以上。项目执行期内种子生产量累计达到17.5万千克,实现产值175万元,直接经济收入110多万元。实现了"津鲜系列"鲜食玉米新品种的规范化种植,制定了适用性较强的各种鲜食玉米新品种栽培技术规范,在武清陈嘴镇首先创建了"公司+农户"的鲜食玉米生产模式,并正在向全国鲜食玉米种植区推广。鲜食玉米加工保鲜生产线的组装和运行,为鲜食玉米加工转化做出了示范。

由天津作物所承担的2001年度天津市重点科技攻关项目"鲜食玉米育种及配套栽培技术研究",于2004年11月16日通过验收。实施三年来,完成了鲜食玉米种质资源材料的整理工作,建立了鲜食玉米资源数据库;育成了极早熟、甜、糯等三种类型鲜食玉米新品种"津鲜108"、"津鲜糯102"、"津鲜甜103",完成了配套栽培技术的研究。2004年鲜食玉米种子生产量为15.3万千克,产值达到183.6万元,可创利税100万元。

津鲜糯102

由天津种业公司陈洪金、陈玉春、黄全合、刘恩海等人选育的鲜食玉米"津紫鲜糯"、"津糯1号"2001年通过天津市品种审定委员会的审定。"津紫鲜糯"株型平展,叶窄而长,叶片数19~21片。春播出苗后85天可采鲜穗。3月下旬至7月上旬均可播种,株高220厘米,穗长20厘米,千粒重300克,着色早而均匀,粗蛋白10.4%,粗脂肪4.56%,可溶性糖6.48%,赖氨酸0.26%,Se 0.033微克/克。抗大斑病,中抗小斑病、丝黑穗病。秸秆坚硬抗玉米螟。采收时全穗为紫红色,鲜食时不脱色,商品性好。"津糯1号"为糯质杂交玉米品种,春播出苗85天可采鲜穗,株型为塔形,株高220厘米,穗长21厘米,千粒重300克。双穗率可达65%,果穗均匀。粗蛋白含量11.8%,粗脂肪含量4.43%,可溶性糖4.34%,赖氨酸含量0.21%。抗大斑病、中抗小斑病,抗丝黑穗病和矮花叶病毒病。平均亩产鲜穗4000~5000个,约460千克。

上述两个品种均为糯性鲜食玉米品种,具有皮薄、渣少,性糯,鲜食香软可口的优点,适合鲜食和加工保鲜。已推广到全国20多个省市,累计推广面积近5万亩。

(闫瑞凤、李素敏、黄全合)

【大豆主栽品种更新换代】 天津市种子管理站王家武、王连铮、张俊英、高增尚、陈洪金和中国农科院合作完成的天津市农业重大科技合作项目"中作系列优质大豆新品种引种开发",经3年实施,于2004经过专家验收。项目实施以来,共引进中国农科院作物栽培所育成的12个大豆新品系,筛选并审定3个类型适宜天津市种植的大豆新品种"中黄13"、"中黄22"、"中黄23"、"中作983",并建立了完整的良繁体系。通过与天津种业公司合作,3年间累计推广51.22万亩,新增产值2044.35万元。"中黄13"(中作975)在天津市春播生育期为135天,夏播生育期105天左右,株高50~70厘米,中抗孢囊线虫病,百粒重24~26克,籽粒较大,深褐色脐,商品性优良,平均亩产170千克;"中作983",在天津市夏播生育期为99天,株高70厘米左右,圆粒,百粒重18~20克,无色脐,黄粒,粗脂肪含量平均为23.37%,亩产150千克;"中黄22"(中作011),夏播生育期为100天左右,株高70~80厘米,籽粒圆形,浅脐,百粒重21克左右,粗蛋白含量48.39%。

大豆是天津市主要的农作物之一,常年播种面积60万亩左右,引进这些新品种完成了天津市大豆主栽品种的一次更新换代。解决了当前主栽品种种质退化,品质下降,产量降低的问题。

(黄全合)

林果业

【天津市现代化林木种苗基地建设验收】 天津市林业局与中国林业科学研究院林业研究所承担的天津市重大农业科技合作项目"天津市现代化林木种

苗基地建设”,针对实际生产中,播种量大、出苗不整齐、分布不均匀、出苗后尚需人工间苗补苗等问题,利用引进的“植物带叶绿枝全光自动喷雾扦插育苗设备与技术”,将种子直接播到容器中,通过自动喷雾装置,促进种子生根,发芽,然后经过炼苗直接在圃地中定植,节省用种量,提高土地利用率,缩短苗木繁育周期,特别是对珍贵树种和细小树种,效果更显著。

该成果充分利用自然提供的充足的光热水以及空气资源,使苗木生产更加接近自然状态,生产的苗木抗逆性更强,容易适应移栽后的环境。由于其繁殖材料可采用植物嫩枝,材料充足,每年可培育苗木4~5批,能够形成大规模生产,实现了连续高密度培育标准商品容器苗的目的。提高了天津市林木种苗繁育的科技含量,丰富了苗木品种。该项目2004年9月28日通过验收。

(杜长城)

【蓟县山区综合技术开发与示范】 蓟县林业局2002年12月完成的天津市“星火计划”项目“蓟县山区综合技术开发与示范”工程,以科技创新及技术整合综合利用资源和优化配置山区资源为目的,探索出了一条城郊型、高科技、生态与经济协调发展的山区综合开发之路,被国家林业局誉为“全国山区综合开发的一面旗帜”向全国推广。该课题研究开发了酿酒葡萄工厂化育苗、早期丰产、全园覆盖、控产提质;红地球葡萄无公害标准化生产;磨盘柿爆破施肥、蓄水、调整树形控树高、精细修剪保稳产、针刺疏果;柿果脱涩保脆;山地果树微蓄微灌、保水剂应用、一树一库雨养抗旱节水栽培;野生酸枣嫁接大枣;ABT、GGR生根粉应用等7项新技术。其中“柿果脱涩保脆新技术”2003年获发明专利。通过资源调查、品种分析,发现了蓟州脆枣等适宜山区生长的优良鲜食枣品种。对引进的新技术、新品种进行技术整合,形成了绿色无公害果品生产、新品种引进繁育、山地劣质果园改造、设施栽培、病虫害防治以及果品贮藏保鲜等6方面的综合技术。利用资源优势,探索经营模式,在山区建立了9个科技密集型产业新技术示范园区。累计完成造林面积45.5万亩,使山区林木覆盖率提高了3%,明显地改善了生态环境。

(杜长城)

【应用组培技术繁殖北海道黄杨获得成功】 由天津市翠屏湖科学园和天津农学院共同承担的天津市农业科技攻关项目“应用组培技术快速繁殖北海道黄杨技术研究”,对北海道黄杨进行组织培养和一年生枝扦插繁殖、嫩枝扦插、温室单芽快繁3项技术研究。通过B5、White、MS和改良B1 4种培养基对处理北海道黄杨组织的对比研究,筛选出改良B1为最佳培养基,并探索出试管苗外植体的移植方法、茎尖芽丛分化方法、试管苗生根方法和试管苗入土移植方法。首次应用组织培养的方法快速繁殖北海道黄杨并获得了完整的试管苗植株。其成果为生产上快速繁殖北海道黄杨苗木提供了科学依据。该项目实施3年,快速繁殖北海道黄杨苗木23万株,出售22.6万株,获经济效益113万元。2004年通过市科委组织的鉴定,其研究成果达到国内同行业先进水平。

【无公害板栗、金丝小枣栽培技术通过审定】 由天津市林业局负责编制的两个地方标准《无公害板栗栽培管理技术规范》、《无公害金丝小枣栽培管理技术规范》2004年完成,2005年1月通过天津市质量技术监督局审定。这两个标准的制定,填补了天津市林业地方标准的空白,对板栗及金丝小枣这两个特色果树的标准化管理起到积极的推动作用。其中《无公害板栗栽培管理技术规范》规定了板栗生产的园地选择与规划、建园、土肥水管理、整形修剪、花果管理、病虫害防治及采收与产地预贮等方面的技术要求。《无公害金丝小枣栽培管理技术规范》规定了金丝小枣产地周边环境要求、灌溉水要求、土壤环境要求以及栽培管理技术要求。

(杜长城)

【鲜食大枣新品种填补天津空白】 天津农学院高梅秀承担的天津东丽区科委“鲜食大枣新品种引进、优选及配套栽培技术研究”课题,2003年8月22日通过专家鉴定,居国内领先水平。该课题共引进国内11个枣优新品种,对气侯、树体生长情况、果实产量、果实形状、果实营养成分及品质分析等进行了试验研究。研究了品种、成熟期、储存时间、温度、包装袋颜色等对枣果实主要营养成分的影响。筛选出适宜天津地区盐碱地栽培的2个鲜食品种(圆丰枣、山东梨枣)和3个兼用品种(金丝3号、金丝4号、赞皇大枣),填补了天津市鲜食大枣生产的空白。研究并推广了“圆丰枣”在盐碱地定植建园、土肥水管理、整形修剪等切实可行的密植丰产栽培技术。已在东丽区等地推广应用,共种植枣树 4013 亩,已有 3480 亩结果, 创造经济效益 3127.89 万元, 增加产值 2776.89 万元。

（高梅秀）

【提高玫瑰香葡萄优系纯度及标准化栽培】 天津林果所田淑芬从 2002~2004 年主持完成的天津市重大农业科技合作项目“利用 RAPD 技术提高茶淀玫瑰香葡萄优系纯度及标准化栽培技术”研究课题,针对玫瑰香葡萄种性分离严重、品种退化及质量参差不齐等问题, 进行了品种选优和关键栽培技术的研究。建立了玫瑰香葡萄 RAPD 分析的技术体系,确定了该品种的遗传多样性; 筛选出玫瑰香葡萄优系的 3 个类型 11 个株系;研制出适宜玫瑰香葡萄的无核剂, 总结出调节玫瑰香葡萄无核的配套栽培管理技术,经技术处理后的玫瑰香葡萄无核率达到 100%,居国内领先水平;提出了以增施磷、钾肥为主的汉沽地区葡萄园配方施肥方案;建立栽培示范园 620 亩。在国内首次提出葡萄无核处理时间的形态判定标准。累计推广应用优系玫瑰香葡萄及配套栽培技术 1540 亩,累计新增经济效益 223.97 万元。

（苗博英）

【酿酒葡萄采收标准与国际接轨】 由中法合营王朝葡萄酿酒有限公司张福庆承担的“酿酒葡萄果实生长发育特性的研究”,对天津地区主要酿酒葡萄品种玫瑰香、赤霞珠和梅鹿辄的果实生长发育特性进行了系统研究。根据生产实际情况,改进与创新了取样方法和产量阈值的研究方法, 提出了 3 个品种适宜采收的浆果形态与理化指标, 率先在中国提出酿酒葡萄与酒型、酒种相应的与国际接轨的采收指标,并以此确定适宜采收期。提出了酿酒葡萄的 R 点,明确了 R 点对葡萄酒生产的重要意义。并根据玫瑰香葡萄在不同产量条件下果实生长发育特性, 以酿酒葡萄应具有的采收指标, 确定了汉沽区酿酒葡萄玫瑰香的产量阈值是每公顷 15 吨~18.75 吨。该成果为王朝酒葡萄原料的生产提供了科学依据, 并对中国葡萄酒原料基地的区域、地块与品种、品系选择产生重要影响。该指标符合具有精耕细作型的中国的国情,对天津市名牌农业产品玫瑰香葡萄的生产、对中国葡萄产量的科学控制都具有指导性意义。该成果现已推广 1 万余亩,增加果农收入 300 多万元。同时,对提高葡萄酒质量,增加王朝酒市场竞争力,发挥重要作用。

【果树盆景产业化】 天津林果所刘洪章等人,利用精选对路品种和特殊栽培调控技术, 对果树盆景栽培和大规模生产技术进行了深入研究, 同时进行产业化开发。至 2004 年底,规模化生产的果树品种有芭蕾苹果、红富士苹果、冬红果、油桃、花桃、水蜜桃及满天星等 11 个树种的 43 个品种及 21 个花桃品种。并研制了配套专用肥料和调节剂, 建成 100 亩果树盆景培育基地,1 万平方米温室大棚进行反季节栽培。仅 2004 年一年就生产了近一万盆盆景果树,年纯收益 300 万元以上。将充分利用一批农村剩余劳动力,带动农民增收,引导果树产业化的发展,其经济效益和社会效益显著。

果树盆景

（苗博英）

植 保

【药、肥复合型种衣剂技术推广】 由天津市植保植检站和中国农业大学种衣剂应用化学技术研究发展中心合作完成的天津市重大农业科技合作项目,“新型药肥复合型种衣剂技术推广”,2004 年 7 月通过了专家验收。该项目历经 4 年,成功研制出“25%克·福·萎玉米种衣剂”和“18%咪·多·福水稻种衣剂”。产品配方采用高分子成膜缓释技术和优化助剂体系,解决了国产种衣剂分层析水、形成不可逆沉淀、消泡难度大的问题。研制成功的种衣剂,封闭湿法复合动态研磨生产新工艺, 以自动进出料浆的连续生产体系代替传统的间歇式湿法研磨, 缩短生产周期三分之一。取消了砂磨釜人工负压吸料等手动操作环节,避免了操作人员中毒的危险。通过对废水循环再生技术系统的改造,实现了无“三废”生产。同时改进玉米丝黑穗病菌室内毒力测定混浊度方法为酶联板方法,该方法简便准确可行。4 年累计示范推广面积 19 万亩,新增利润 964.34 万元。

（黄全合）

【冬小麦、夏玉米轮作区动态平衡施肥配方】 由天津农学院牟善积主持的天津市科委 1999 年攻关项目“冬小麦、夏玉米轮作区动态平衡施肥配方研究”课题，历时 4 年。以冬小麦、夏玉米轮作区为切入点，在冬小麦既定配方施肥的基础上，进行了接茬夏玉米动态平衡施肥配方的研究。该项目冬小麦以 $N:P_2O_5:K_2O=1:0.5\sim0.7:0.2\sim0.3$ 为前提，研究了种植接茬夏玉米的土壤中，氮磷钾不同配方处理的三要素的消长规律及对夏玉米产量、肥料综合利用率及节本增效的影响。强调了动态平衡，确定了夏玉米动态平衡施肥配方范围为：$N:P_2O_5:K_2O=1:0.4+0.05:0.4\sim0.5$。研究还提供了在大田施用磷、钾之后积累和亏损的数据，特别是土壤磷的消长规律，可以预测平衡施肥中，磷肥的施用量对土壤、水体中磷素富集的影响，对于环境保护有重要的科学价值。该成果适用于天津市及相似生产条件地区夏玉米的生产，有较高的应用价值。已被有关厂家作为玉米专用肥在生产中应用。天津市已推广 83.151 万亩。经典型调查亩节本增收一般在 40~50 元。

（牟善积）

【生物有机肥发酵菌剂研究成功】　天津市土壤肥料研究所(简称天津土肥所)何宗均、许前欣等人承担的“生物有机肥发酵菌剂的研制及其有机肥发酵工艺的研究”课题，采用自主筛选菌种与引进菌种相结合、实验室内和室外堆肥试验相结合的筛选方法，研制出复合高效生物有机肥发酵菌剂，同时研究成菌剂的生产工艺，该工艺采用大豆和淀粉做天然培养基，菌剂基质采用蛭石吸附。该菌剂应用在处理畜禽粪便等农业废弃物的有机肥发酵工艺上，能生产出总养分含量超过国家有机肥标准的优质有机肥。对迅速提温、产品无害化、提高肥效等效果明显，该成果实用性强。已在天津、山东、河北、辽宁、海南、新疆等多家有机肥厂投入生产，已生产发酵菌剂 1.5 万吨，应用面积达 15 万亩，取得较好的经济效益。2004 年 12 月 28 日通过天津市科委组织的成果鉴定，达到国内先进水平。

（王德芳）

【酿酒葡萄施肥技术的研究】　天津市农科院院长基金项目“天津地区酿酒葡萄施肥技术的应用研究”课题，由天津土肥所郑鹤龄与中法合营王朝葡萄酿酒有限公司承担，经过 2 年多的研究，于 2004 年 9 月 16 日进行了结题验收。

该项研究基本摸清了天津地区酿酒葡萄基地施肥现状，并找出存在的问题，对种植葡萄的土壤进行农化指标的测定和酿酒葡萄需肥规律的分析研究，确定施肥种类和施肥时期，为葡萄优质和适度丰产规范化栽培提供科学依据。研制出酿酒葡萄专用肥，该专用肥是有机无机混合型，成本降低，能够提高葡萄产量和质量。应用面积已达 1 万余亩。

（王德芳）

【生防木霉菌制剂化研究成功】　天津植保所承担的“生防木霉菌制剂化及商品生物农药的推广与应用”研究，成功地筛选出对“立枯病菌”、“灰霉病菌”有较强拮抗作用的“生防木霉菌 Tr9701”，并对多种病原菌都有不同程度的拮抗活性，且生长速度快，产孢量大，是比较理想的生防菌株。苗期接种试验证明，木霉菌对立枯菌的防治效果较好，对茄子和黄瓜植株安全，无致病性。

通过生防木霉菌发酵培养条件研究，获得生防木霉菌快速发酵方法，明确所分离的生防木霉菌环境适应性较好。生防木霉菌在筛选的小麦粉和豆粉浸出液培养基上生长孢子着生迅速。该霉菌喜好在中等偏酸性条件下生长，短时持续紫外线照射对生防木霉菌菌丝伸长、孢子着生无显著影响，说明该菌可以自身修复紫外线照射的损伤；但光照可显著促进木霉菌孢子的着生和产生量。

同时还研制出生防木霉菌一级发酵、二级发酵、固体发酵、基质发酵和利用食用菌废料等的逐级扩大发酵技术。经过三级发酵培养 16 天，生防木霉菌发酵产的孢子量可达 2.48×108 个孢子/克以上。所研制的固体发酵基质中主辅料搭配，成份较为丰富，缓和了液态发酵中酸、醇干扰，物料水分大部分包溶于基料中，基质、气、液三相并存，有明显的固—气、固—液界面，促进了生防木霉菌孢子的着生，同时后处理加工也较为便利。

此外，研究还获得以生防木霉菌活体及其代谢产物为活性成分的可湿性粉剂、悬浮剂。并制定了可湿性粉剂和悬浮剂的制造工艺和产品标准。同时，还针对黄瓜立枯病、黄瓜霜霉病、黄瓜白粉病进行了应用试验，也取得较好效果。还研究成生物土壤添加剂配方，用于防治作物病害。采用生物土壤添加剂防治黄瓜苗期立枯病，其效果子叶期防效达 80.25%，真叶期达 85.10%，表明用木霉菌生物土壤添加剂防立枯病有较好效果。该课题经三年试验，于 2004 年结题。

（刘晓琳）

【专性寄生菌生测技术及防治方法】 专性寄生菌是在离体营养培养基上不能生长繁殖，只能在活体寄主上存活的一类寄生菌。这种专性寄生菌引起的病害多为多循环病害，病害潜育期短，一个生长季可繁殖多代，产孢量大，有效预防难度较大。天津植保所通过天津市农科院院长基金资助，立项研究，摸清了天津地区主要蔬菜专性寄生菌的种类及发病情况，两种主要专性寄生菌霜霉病及白粉病的常用药剂及防治效果。明确了霜霉病发病与温度、湿度及光照的关系，孢子囊的诱发条件；确定了两种专性寄生菌的保存方法及接种方法，建立了用于黄瓜霜霉病的生测方法——叶盘沾药漂浮法；用于瓜类白粉病抗药性测定的叶盘沾药法；针对抗性菌株筛选的复配制剂35%除霜WP及55.6%斑净WP，不论是作为保护剂还是治疗剂，均表现很好的效果，并且延长了持效期。

项目还针对专性寄生菌抗药性问题提出了治理对策：研制不同作用机制的药剂，替代原有药剂；不同作用机制的药剂交替或轮换使用，避免长期、连续、高剂量使用单一药剂；作用位点单一和多作用点药剂混用，延缓病害抗药性的形成；研究抗药性检测方法，确定病原菌对药剂的抗性程度和抗性类型；明确药剂间的互作关系，筛选复配制剂，在进行抗药性风险预测后，替代已产生抗药性的药剂。

（刘晓琳）

【农药多残留检测技术】 自2003年12月5日天津市农产品质量检测中心与日本杂贺技术研究所签订农药残留检测技术应用与实验室认可的合作协议以来，经技术人员的刻苦努力，目前已经完全掌握了农产品62种农药多残留检测技术，并顺利通过实验室认可。该方法的完成实现了中国农药多残留检测技术与世界先进国家的接轨。

按照中日双方合作协议的规定：在掌握62种农药多残留检测技术的基础上，双方还将就150种农药多残留检测技术进一步合作。为此，检测中心将继续努力，加大关键技术的研发和引进的力度，实现再次飞跃，保证使我们的检测技术跟上发达国家的发展水平，以应对绿色贸易壁垒，维护中国农产品国际贸易的利益。

（宋淑荣）

农产品保鲜

【果蔬用上了生物涂被保鲜剂】 由国家农产品保鲜工程技术研究中心（简称保鲜中心）、天津植保所张平、王文生、杨依军、王世军等人承担的天津市重点科技攻关项目——“果蔬生物涂被保鲜剂的研究与开发”课题通过了天津市科委成果鉴定，所研制成功的果蔬生物涂被保鲜剂达到国际先进水平。

该课题针对目前生产上化学保鲜剂使用过程中存在的问题，研究、筛选出两种具有较高抑菌活性的生防酵母菌—隐球酵母菌YC-5和假丝酵母菌YC-9，探明了两种生防酵母菌的基本营养特性和最佳营养条件，以及生防作用影响因子和作用机制，在涂被剂的研究上，提出了应用分子间调节、厚度调节、裂缝调节、浓度调节及亲水与疏水性调节等新理论，并相应制定出果蔬生物涂被生产工艺、产品标准和使用方法，使该项技术能成功地投入商业化应用。

应用生物涂被剂对果蔬产后病害进行生物防治，减少化学保鲜剂的二次污染，开辟了果蔬采后有机保鲜的新思路。根据涂被剂的理化特性和果蔬的生物学特性，首次提出了增亮型、护绿型、防腐型和防褐型等涂被剂系列分类方法，并在仁果类、核果类、浆果类和果菜类等不同果蔬上进行了应用研究。试验结果表明，可使苹果货架期延长30天、梨延长25天、柑桔延长20天、李子延长15天、草莓延长3天、黄瓜番茄和辣椒延长7天。该生物膜已在900万千克水果上得到应用，社会效益达700多万元。于2004年1月通过鉴定。

（王 莉）

【减压贮藏甜樱桃保鲜】 由保鲜中心张平牵头，王世军和王莉等人参加的甜樱桃减压贮藏保鲜技术研究，在前两年小试的基础上，2004年与大连旅顺口区农业技术推广中心合作进行中试和示范并取得新的突破。

甜樱桃属水果中成熟期较早的树种，但甜樱桃熟期短，不耐贮，采后货架期通常只有几天的时间。应用减压保鲜技术贮藏甜樱桃与气调贮藏和普通冷库加塑料袋贮藏的甜樱桃比较，口味好、色泽鲜亮、货架期延长一倍以上，基本可解决贮藏甜樱桃的中短途外运问题。2004年7月15日，入贮的甜樱桃已达40天，进入市场试销，反映很好。经减压贮藏保鲜的甜樱桃出库价高达每千克30元，是采收价格的2倍。大连是东北惟一种植甜樱桃的地区，目前已种植40万亩，采用减压贮藏技术对果农产后增收将发挥重要作用。

（王　莉）

【粮食保鲜膜的研制与应用】 保鲜中心李喜宏、陈丽、胡云峰、关文强、邢福保等人承担的“粮食聚烯烃基保鲜膜的研制与应用”，旨在为解决粮食防霉、防雾(潮)、防虫、防鼠、防陈化问题。以粮食采后衰老生理、MA阈值、数学模型和机理研究为指导，创建粮食保鲜“3层5防”新工艺，重点研究粮食保鲜膜新材料、新配方、新工艺，开发多功能保鲜膜新产品，通过利用纳米、微囊化和分子组装等新技术，研究五防功能材料、前处理工艺和配方设计，开发出天然植物辣素微囊化微球防-驱避剂2种、纳米防霉母料4种，研制出内、中、外三种不同功能的防霉、防雾、防陈化保鲜膜5种。经过4个贮藏年度的研究表明，小站稻米“常温MAP”保鲜9~11个月，总损耗<1%，防陈化指数>89%，保鲜成本每千克0.021~0.039元。通过技术的物化→工程化，建立符合中国国情的粮食“小包装、无公害、无能耗”的“常温+MAP”保鲜体系，改革了传统的“仓囤+药剂熏蒸”保鲜方式，达到发达国家的粮食“低温+CA”保鲜效果。首次将新材料技术用于粮食保鲜，2003年7月通过专家鉴定，达国际先进水平。

（王　莉）

畜牧业

【简况】 2004年天津市畜牧局共组织实施了各级各类科技项目31项，其中接转项目28项；4个项目通过了市(部)级验收；3项地方标准通过了市级审查，并开始实施。结合科技项目和畜牧生产需要，广泛开展了对技术推广人员、生产技术人员和农民的技术培训，举办技术理论培训班4期、技术推广培训班15期、科普报告会18场、畜禽疾病诊疗培训班26期，培训20000余人；此外，还开展了各类现场会和科技赶集、科技入户等活动220余场，发放禽流感防治书籍6000册、挂图3900张、光盘200张等科普宣传品和畜禽养殖及防病技术资料12000余份，对促进畜牧科技进步、提高畜牧业生产水平、增加农民收入起到了积极的作用。

（冯四清）

【创新技术推广体制和机制】 随着天津市农村改革不断深化，畜牧业产业化经营步伐不断加快，畜牧业科技供给主体和需求主体日渐多元化，原有的畜牧科技推广模式面临着严峻挑战和激烈的竞争。创新畜牧科技推广模式，是决定畜牧科技成果转化速度、质量和效益的主要因素。为此，在2004年的畜牧科技推广过程中，不断探索新的推广机制和模式以适应不断变化着的畜牧业形势发展的需要。如在实施“猪人工授精技术推广”项目中，改变了以往的推广模式，将项目经费作为启动、引导资金，吸纳各股东的资金，成立了一个由多种经济成分组成的企业——天津市家畜繁育科技服务中心。该中心是一个集科研、生产、销售、实用技术推广于一体的社会化服务组织，实行股份制运作、企业化管理，将成熟的实用技术和科技成果尽快地转化为生产力。体制创新的结果使项目运作发生了四个改变，即：变行政推动项目为企业化运作项目；变推广项目为经营项目；变单纯追求项目指标为项目指标和利润指标双追求；变指导、督促、检查项目为深入基层上门服务。经过近一年的运行，已在宁河县、东丽区、武清区、静海县、宝坻区建立了10个猪人工授精技术服务分站，形成了覆盖全市生猪生产的技术服务网络，对猪人工授精技术的推广应用起到了重要作用。截止到2004年底，已累计向社会提供优质种公猪鲜精液2.6万头份，母猪的情期受胎率达88.54%，窝均产仔10.07头，窝均断奶成活9头，35天断奶成活率达90%，各项性能指标均达到或超过本交猪的指标，成效显著。这种科技推广模式，最终将实现实施一个项目，熟化一项技术，创立一个品牌，提升一个企业，致富一方农民。该中心已被国家科技部星火计划办公室批准为国家第一批农村区域化科技成果转化中心。

（冯四清）

【优良种猪的引进、选育与推广】 天津市畜牧局主持、天津市宁河原种猪场负责实施、中国农业大学为技术依托单位，共同承担完成的国家农业部1999年下达的引进国际先进农业科学技术项目“优良种猪的引进、选育与推广”于2004年5月通过专家组验收。该项目的主要内容为：引进长白、大约克、杜洛克原种猪；引进猪活体瘦肉率测定仪；建成600头基础母猪为核心群的选育场、种猪性能测定站和猪人工授精站；开展生产性试验和杂交组合试验，筛选出最佳杂交组合。实施期为1999年10月至2003年12月。通过该项目的实施，共引进优良种猪214头，长白、大约克和杜洛克种猪的耗料增重比分别达到2.46:1、2.40:1和2.38:1；平均日增重分别达到960克、920克和940克；胴体瘦肉率分别达到66.0%、65.0%和66.4%；达100千克体重日龄分别为146.0天、149.5天和147.5天；购置猪活体瘦肉率测定仪3台，实现了优质商品猪的配套组合生产；累计推广优质种猪15909头，遍及全国30个省市。同时在天津及周边地区推广良种公猪精液15万头份，大大提高了这些地区的良种猪覆盖率，累计获新增经济效益1483.82万元，社会效益17581.85万元。

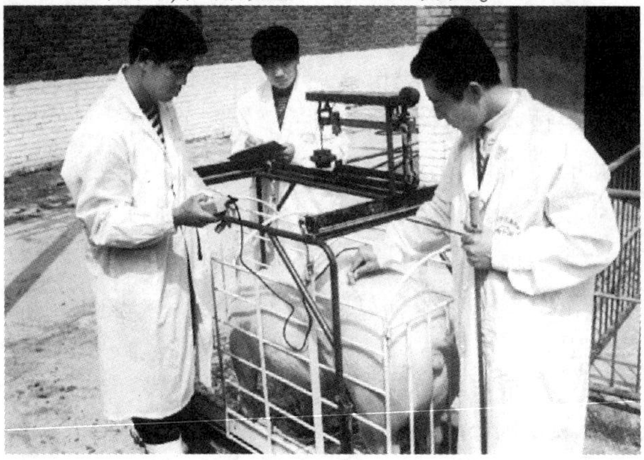

测膘

（冯四清）

【奶牛全混合日粮(TMR)饲养技术推广】　天津市奶牛发展中心于2003~2004年组织实施了天津市政府引智办下达的“奶牛全混合日粮(TMR)饲养技术示范推广”项目。目的是针对天津市在奶牛传统的饲养方式中，存在日粮营养不平衡等技术问题，在引进国外现代奶业饲养模式的基础上，确立符合奶牛不同生理阶段营养需要的合理日粮配方，示范与推广TMR饲养技术，全面改善奶牛生产性能。项目在天津东郊奶牛场，军粮城奶牛场，黄庄奶牛场共计1490头成年母牛群中进行了TMR饲养技术示范。采用全自动饲料搅拌喂料装置，制定满足奶牛需要的多种日粮结构和营养配方，优化奶牛日粮结构，推行奶牛全混合日粮(TMR)饲养技术。不同的牛群按照各自的饲料配方，全天候自由采食，每头牛都能均衡摄取所需营养。按照饲料与奶牛生产性能测定数据，提出可靠的分析结果，进一步完善奶牛口粮营养的平衡性。采用全混合日粮和精、粗料均匀切碎技术，增加了适口性，减少了青贮料浪费745吨，机械操作自动喂料，节省劳动力30%，经两年试验，产奶量年均每头增加1010千克，实现了奶牛饲养科学化，管理规范化，直接经济效益增加286万元。2004年11月，该项目通过专家鉴定，达到国内领先水平，其成果已在天津市农垦系统奶牛场及区、县大型个体奶农户中推广应用。

（赵庆彬）

【奶牛血型鉴定中心建立】　经中国荷斯坦奶牛协会授权，天津市奶牛发展中心建立了全国惟一的奶牛血型鉴定中心。该中心承担全国奶牛血型鉴定任务，利用国际上的标准抗血清，制作出九大系统30多种中国的标准抗血清。2003~2004年首次完成了对北京、上海、广州、山东、黑龙江、山西，河北、河南、陕西、等十几个省市150多头后测公牛做了血型鉴定。建立了每头公牛的血型档案，填补了这一领域的国内空白。目的在于利用血型的遗传稳定性逐步对全国的良种公牛和良种登记母牛进行血型分析验证，规范登记制度，建立起一套完善的荷斯坦公牛血型鉴定标准体系，为中国奶牛牛群改良，提高奶牛生产性能打下良好基础。使奶牛育种、改良技术提高到一个新的高度。

（刘和风）

【奶牛小区综合饲养技术】　天津市武清区畜牧兽医技术服务中心、天津农学院朱树群、张学炜、付卫田、周玉凤、张春江等人承担完成的“奶牛小区综合饲养技术研究”项目，总结和研制了一整套切实可行、行之有效的奶牛小区综合饲养技术，不仅促进了该地区奶业可持续发展，同时也探索出了一条适合当地情况的个体奶业发展道路。

项目的创新点是根据不同经营模式、不同规模，按照现代化标准和无公害要求制定了一整套适合散栏饲养及小区饲养的奶牛场设计方案，采用散栏式饲养方式，大幅度提高了原料奶的产量和质量；通过对饲喂全株玉米青贮技术的研究和应用，显著提高了奶牛产奶量，试验成功全株玉米青贮制作工艺和奶牛饲喂技术；试验成功采用交巢穴埋线的方法预防奶牛生殖器官疾病的发生，大大减少了由于使用抗生素导致弃奶带来的经济损失；制定了完整的小区饲养和管理的技术操作规程；创建了小区经营的三种模式，并与个体分散经营的传统模式做了对比评价研究。使个体奶牛养殖走上了小区规模化经营轨道。项目的实施，大幅度提高了奶牛产奶量及原奶质量，三个示范小区奶牛年平均单产达到 7056 千克，乳脂率达到 3.6%、奶料比 2.6:1、细菌数控制在 40 万/毫升以下，年创直接经济效益 1137.76 万元，截止到 2003 年 7 月采用该成果的小区达到 30 个，年平均单产达 6080 千克，占天津市无公害牛奶生产基地近一半。2003 年创产值 4.03 亿元，年新增利润 4993 万元，年节支总额 83.6 万元，对全国奶业发展起到积极的示范带头作用。

【无公害优质牛奶生产技术与产品开发】 由天津农学院、天津冠芳可乐饮料有限公司、天津市武清区畜牧水产局共同承担张学炜主持的天津市重点科技攻关项目“无公害优质牛奶生产技术与产品开发研究”项目，以无公害生产与加工关键技术为研究对象，实施科学化、标准化饲养，以生产无公害的优质鲜奶和产品为研究出发点和目标，将危害分析与关键控制点(HACCP)体系引入奶源基地建设和奶品加工全过程，制定了一整套无公害优质牛奶生产技术规范，实现了从牛奶生产到加工的全程控制，建立了规模化无公害优质牛奶生产加工基地。同时针对无公害牛奶生产过程中的关键环节，制定了中草药防治、规范化挤奶和乳头评分相结合的乳腺炎综合控制方案，试验筛选了有效防治乳腺炎的复方白芨散、乳房炎消肿灵等中草药组方，研制了灵敏度较高的牛奶中含土霉素、四环素、六六六和滴滴涕的快速检测方法，有效的控制了牛奶中抗生素和农药的残留。

该项目在武清区建设无公害奶牛小区 49 个，奶牛存栏 4.3 万头，生产优质青贮饲料 4.5 亿千克，年产鲜奶 12.1 万吨，并研制出了可可、草莓 2 种新型无公害乳饮品，全部达到国家无公害标准。项目共计实现产值 3.7 亿元，直接经济效益 5502.2 万元。项目实施使武清区成为天津市最具影响力的无公害牛奶生产、加工基地。该项成果于 2004 年完成，达国内领先水平。

（张学炜）

【肉羊胚胎移植产业化】 由天津畜牧所冯建忠主持完成的天津市农业生物技术研究中心攻关项目“肉羊胚胎产业化配套技术研究”于 2004 年 4 月 30 日通过天津市科委鉴定。项目实施三年，将供体羊的饲养管理、供受体的同期发情、超数排卵、胚胎冷冻、胚胎分割、胚胎移植等技术集成，制定了种羊饲养管理、胚胎移植等技术操作规程，建立了优质肉羊胚胎产业化配套技术体系。形成年生产肉羊体内胚胎 3 万枚以上的能力，生产可用胚胎 14966 枚，肉用绵羊和波尔山羊平均每只获得可用胚分别为 6.5 枚和 13.2 枚，鲜胚、冻胚和利用显微操作分割胚胎移植妊娠率分别为 61.3%、46.9%和 44.8%，波尔山羊鲜胚、分割双半胚胎移植双羔率分别为 57.6%和 52.6%。通过胚胎移植技术在试验基地共生产成活羔羊 3304 只。三年累计产生直接经济效益 1932.64 万元，社会效益 1.75 亿元。该项目创建了供体羊短期超数排卵技术，该技术通过使用本项目发明的抗粘连保护剂，减少了手术粘连，突破了同一批供体在半年内只能连续超排两次的记录。在国内首次对育成羊进行超数排卵研究，平均获可用胚胎 11.6 枚，与成年供体羊相比差异不显著($P>0.05$)。

（刘兰兰）

【优良肉鸭品种及配套技术推广】 该项目被列入农业部 1999 年“丰收计划”，由天津市畜牧局主持，天津市畜牧兽医站负责，与蓟县、武清区、西青区、北辰区和宝坻区畜牧水产局共同实施。项目主要内容为：推广优良肉鸭品种樱桃谷鸭和北京鸭；应用科学、合理的、适合肉鸭不同生长阶段的全价饲料；推广应用先进的网上育雏技术；普及科学的免疫程序、防病技术及先进的生物技术。在 1999~2001 年项目实施的两年中，累计出栏商品肉鸭 531 万只；樱桃谷鸭新增单产 0.68 千克，北京鸭新增单产 0.35 千克；节省饲料 468.07 万千克；新增经济效益 1079.13 万元。2001 年验收并推广，至 2004 年试验区内肉鸭优良品种率达 100%，极大地促进了项目区的肉鸭生产及全市的养鸭业发展。三年累计引进更新优良肉用种鸭 9.3 万套；出栏优良商品肉鸭 1213.89 万只；累计新增总产量 751.51 万千克；节省饲料 1169.79 万千克，节支 2047.14 万元；，新增经济效益 2066.65 万元；出口创汇 680 万美元。养鸭龙头企业还取得了 ISO 9002 产品质量体系认证，并正在采用“危害分析和关键控制点”(HACCP)先进管理体系。该项目获 2003 年度天津市科技进步(成果推广)三等奖。

(冯四清)

【精品三黄鸡饲养技术推广】 由天津畜牧所张克刚等人承担完成的天津市农业重点推广项目“天津市精品三黄鸡的推广开发”,系统地总结并制定出了一套饲养三黄鸡的饲料营养、饲养管理、疫病防治等配套生产技术规范。根据优质肉鸡的营养标准,按照绿色食品的要求,配制了岭南黄鸡父母代种鸡专用多种维生素添加剂、多种矿物质-微量元素添加剂。鸡的开产日龄为 23 周,开产体重达到 2100 克,高峰时周平均产蛋率达 84%,68 周龄产蛋数达 187 枚,育雏成活率 96%。改进人工授精技术,比国内同品种鸡群的受精率提高 5 个百分点,受精率达 97%。在天津市津南区、河北省泊头镇、青县建立了三黄鸡养殖基地,建立了优质三黄鸡父母代种鸡场,并制定了种鸡场各项管理规章制度。三年累计完成引进优质三黄鸡“岭南黄”父母代种鸡 13800 套。加上北京市通县及周边地区、天津市宝坻、武清、静海、蓟县、宁河、西青区、津南区的三黄鸡养殖户,累计饲养量 94 万只。共创产值 1222 万元,创利润 470 万元。该课题 2004 年 10 月 25 日通过验收。

(刘兰兰)

【紫花苜蓿拉伸膜青贮技术推广】 天津市饲草饲料工作站与中国农业大学动物科技学院合作研究,由大港区农委、西青区和武清区畜牧水产局协作完成的天津市重大农业科技合作项目“紫花苜蓿拉伸膜青贮技术推广”课题,利用牧草水分调节及添加剂调节微生物活动的原理,应用高弹性与粘性拉伸膜裹包,控制酪酸菌等不良微生物的活动,促进厌氧微生物的生长,调制高品质青贮苜蓿。引进了苜蓿水分调节技术,应用绿汁发酵液处理高水分苜蓿青贮,并筛选出最经济的制汁及添加剂配方;引进 5 个品牌 2 种裹包形式配套打捆裹包机 13 台套,实现了与苜蓿干草生产设备的配套对接,形成了配套完善、实用性强的苜蓿青贮系列技术。项目实施两年,技术推广覆盖天津市的武清、西青、大港、静海、北辰、宝坻、东丽 7 个区县,制作青贮苜蓿 540 万千克,创直接经济效益 164 万元,新增经济效益 112.6 万元;举办不同形式的技术培训 20 多次,培训人员 2000 余人;带动农户 500 余户;为社会提供 4 万千克饲料蛋白资源;减少饲草损失 200 万千克。该项目对天津市的苜蓿生产方式的多元化和经济效益的提高具有重要意义。于 2004 年 5 月通过了市级专家验收,技术水平国内领先。

苜蓿打捆裹包机

(冯四清)

【禽多杀性巴氏杆菌病油乳剂灭活疫苗开发】 该项目为国家农业科技成果转化资金项目,由天津畜牧所丁伯良主持完成,2004 年 4 月 13 日通过验收。创建了强毒感染室、健康动物饲养室,并购置了实验室配套仪器设备,建成了动物生物制品车间,并通过了国家农业部畜牧兽医局组织的考核验收。

禽多杀性巴氏杆菌病(TJ 株)油乳剂灭活疫苗生产工艺的改进和完善,更适合于规模化生产,疫苗免疫期达 6 个月,免疫保护率达 95%以上,保存期 6 个月以上。建立了禽多杀性巴氏杆菌病(TJ 株)油乳剂灭活疫苗的质量监测体系,制定了《禽多杀性巴氏杆菌病(TJ 株)油乳剂灭活疫苗质量检测操作细则》和《禽多杀性巴氏杆菌病(TJ 株)油乳剂灭活疫苗质量表格系统》,实现了质量检测体系的标准化、系统化和信息化。确立了检测禽多杀性巴氏杆菌抗体的间接 ELISA 诊断方法。

项目执行期间共计生产禽多杀性巴氏杆菌病(TJ 株)油乳剂灭活疫苗 1965 万羽份;在天津及河北省部分地区试应用疫苗 1838 万羽份,项目实施期间实现产值 137.5 万元,销售收入 82.56 万元,实现利税 37 万元,社会效益达 4222 万元。

(刘兰兰)

【天津地区主要畜禽疫苗的开发研究】 由天津畜牧所丁伯良主持完成的天津市农业重大攻关项目“天津地区主要畜禽疫苗的开发研究”课题,2004 年

8月13日通过验收。首次对猪水肿病大肠杆菌的外膜蛋白型(OMP型)进行研究,证明试验菌株包含两个外膜蛋白型,且同一血清型的菌株可属于完全不同的OMP型,而血清型不同的菌株也可为同一OMP型。

在天津地区首次进行亚单位苗研究工作,研制出大肠杆菌菌毛-外膜蛋白亚单位苗、鸡巴氏杆菌荚膜亚单位苗,通过试验,免疫效果优于普通灭活苗。

对天津地区鸡传染性鼻炎的病原进行分离、培养及鉴定,并确认了该病病原以C型副鸡嗜血杆菌为主,研制出鸡传染性鼻炎多价油苗,通过试验,免疫效果良好。

从天津及周边地区共分离到6株H9亚型禽流感病毒,筛选出稳定性好,鸡胚增殖毒价高且具有良好免疫原性的Ss分离株,研制出H9亚型禽流感油乳剂灭活疫苗,在2℃~8℃可保存一年,田间应用3万羽份,免疫保护率达90%,免疫期8个月。

应用先进的中空纤维超滤浓缩技术,首次研制成功鸡减蛋性病毒病(ND-IB-EDS-AI)四联油乳剂灭活疫苗,在2℃~8℃可保存一年,田间应用18万羽份,免疫保护率达95%,免疫期6个月。

研究出目前生产禽用油乳剂灭活疫苗的最佳乳化条件,使疫苗在2℃~8℃的保存期由6个月延长到12个月。鸡新城疫油乳剂灭活疫苗抗体效价由log28提高到log210。

应用组织培养和细胞工程学技术制备抗原并成功研制出猪囊尾蚴细胞疫苗,经2万余头猪的区域试验,免疫保护率达85%。

(刘兰兰)

【鸡减蛋性病毒病诊断试剂盒的研制与应用】 该项目是天津畜牧所黄金海主持完成的天津市自然基金项目,于2004年7月19日通过了天津市科委组织的结题验收。该项目应用独特的抗鸡Ig轻链单克隆抗体建立了鸡新城疫、禽流感、传染性支气管炎、减蛋综合症4种病毒病抗体水平检测的ELISA诊断方法。试验建立的ELISA方法可通过回归方程算出ELISA效价,实现定量测定。

应用独特的抗鸡Ig轻链单克隆抗体酶结合物构建的诊断试剂盒可用于血清抗体、卵黄抗体、气管局部分泌抗体的检测,为鸡体感染和免疫水平的客观评价提供了依据;可用于4种病毒病抗体水平的监测和鉴别诊断;可用于鸡蛋内母源抗体水平的监测;可用于制苗用鸡胚的选择等。所建立的诊断试剂盒一次采血可进行4种病抗体检测及鉴别诊断,具有简便、快速、准确、廉价、能进行自动化分析等优点,为感染状态和免疫效力的评价,合理免疫程序的制定提供了科学的依据。

(刘兰兰)

【免疫调节剂——胞肽研究成功】 天津市润拓生物技术有限公司李守军等人研究筛选出能提高机体免疫活性的最佳制剂——胞肽,可使家禽新城疫抗体效价提高2~3个滴度,疫病死亡率降低,可改善畜禽疫病防治的质量,提高畜禽养殖经济效益。该研究对胞肽的免疫调节剂机理和应用效果进行全面的评价分析;并筛选出胞肽与其有协同免疫增强作用的基础组分,配比组成复方胞肽制剂;为适应市场需求,开发出多种剂型胞肽制剂;进行了胞肽免疫调节剂规模化生产工艺的研究和设计。在国际上首先采用细菌低温破壁、低温临界萃取技术,使提取胞肽实现工业化生产,克服了胞肽粗提品产量低、杂质多、副作用大的缺点。全面、系统地研究了胞肽对畜禽免疫系统的调节机理以及药效学。筛选出多种与胞肽有协同作用的有效成分,与胞肽进行配比组方实验,筛选出适用于畜禽的最佳配比组方、使用剂量以及免疫途径。采用新型剂型技术,解决了胞肽口服在肠道中易被分解的难题。

该项目在实施期内已实现产值2460万元,新增利润553万元,利税118万元。

【农业微生物生态制品基地建成】 由天津百奥生物制品有限责任公司承担完成的天津市重大高新技术产业化项目,年产1.7万吨农业微生物生态制品产业化示范基地于2002年投入生产,成为全国大型农业微生物生态制品生产专业化、年销售收入近亿元的产业化示范基地,至2004年已达到产能设计规模。其微生物发酵技术及生物活性提取技术均居国内领先水平。项目建设水平与规模符合美国FDA认证及GMP农业微生物生态制品产业化基地要求。其二期工程百奥生物园已于2004年10月竣工。

农业微生物生态制品是21世纪国家重点支持和发展的产业。项目所涉及的产品均为绿色生态制品,具有保护生态环境、无污染、无药物残留等诸多优点。该项目的主要产品为亚甲双水杨酸杆菌肽(BMD)。这种生物生态制品不产生交叉抗药性,具备可预防畜禽疾病、提高饲料转化率等特点。具有独特的高效性和安全性,长期使用该产品饲养畜禽,可改善肉、蛋、奶的品质和风味,增加蛋壳的厚度和光洁度,同时还可起到治疗和预防各种传染性、溃烂性肠炎等疾病的作用,而没有抗生素的负面影响。美国食品药物管理局(FDA)已经批准该产品为安全的饲料添加剂,美国动物保健品协会也将此产品列为可长期添加于饲料中的品种之一。

水产养殖

【简况】 2004年天津市水产系统共实施各级各类水产科技课题50项,其中8项进行了验收鉴定,3项达国内领先水平,5项达国内先进水平。试验养殖水面13万亩,新增水产品产量2万吨,利润1亿元,依标准生产无公害水产品10余吨。共制定无公害水产品质量标准及养殖技术规范、检疫规程等18项。

2004年5月12日天津市与北京市签署了"水产品质量安全控制技术研究与应用"的科技合作协议,该协议旨在发挥两市的优势,开展水产品质量安全控制技术研究与推广,进一步提高水产品质量安全水平,实现资源共享,计划到2008年北京奥运会前为北京市场提供无公害水产品10万吨。

坚持科技下乡,为渔民服务。2004年共组织100多人次深入渔乡、渔村、渔场、渔户进行技术咨询、技术服务、技术培训。举办各类培训班30余期,培训3000余人次,发放科技刊物、资料等10万余份。服务内容为养殖模式制定、育苗技术、饲料配方设计、鱼病防治、水质分析与调控及养殖全过程的技术管理等。

2004年7月23日天津市水产研究所成功举办了天津市首届水产科技博士论坛会议。孙金生博士、辛乃宏博士和来自天津市中盐制盐工程技术研究院、南开大学、天津科技大学、天津师范大学、天津农学院、天津市水产研究所六个单位的十一位博士参加论坛并作了精辟的阐述。论坛以"水产前沿科学与技术的发展"为主题,总结和探讨了天津地区渔业发展存在的主要问题,对今后天津市渔业的发展提出了宝贵的意见和建议。

2004年9月17日第二十届全国沿海省、市、自治区水产研究所所长座谈会在天津召开。来自全国17个沿海省、市、自治区水产研究院所的代表参加了会议。会议主题是:探讨新形势下地方性研究所的改革方向、发展定位和用人机制与资产制度改革。会议就水产研究所的改革方向和发展定位达成了共识。

(刘　震)

【优质河蟹筛选培育技术研究成功】 天津市水产研究所承担完成的天津市农业重点攻关项目"优质河蟹筛选培育技术研究",应用数量遗传学原理和遗传标记技术,采用选择育种方法,对长江、辽河、海河水系的河蟹进行自交、杂交繁养试验,筛选培育出适应天津地区养殖的优质河蟹;应用膜片钳技术通过对河蟹眼柄神经内分泌调控机制研究,明确了甲壳动物生殖和发育的神经内分泌调控机制,揭示河蟹性早熟形成的原因机理,提出蟹种培育关键技术,有效防治养殖河蟹性早熟,培育出生长潜力大,规格整齐,活力强的优质蟹种。经过三年的实施累计试养面积235亩,成蟹平均体重134.3克,亩产量45千克,亩产值3600元,亩利润2500元。项目培育蟹苗163.84千克,培育扣蟹、养殖成蟹8970千克,取得直接经济效益199.26万元。

(刘　震)

【海水名特优水产品养殖技术推广】 天津市水产技术推广站承担完成的天津市农业重点技术推广项目"海水名特优水产品养殖技术研究",针对天津市海水养殖品种和养殖模式单一,受病害影响严重,效益较低的局面,重点采取改变传统养殖模式、引进新品种、推广新技术,形成以天津塘沽区、汉沽区为主的三疣梭子蟹、红鳍东方鲀与中国对虾混养和天津大港区以日本对虾双茬养殖为主的重点发展区域。在项目实施中,推广三疣梭子蟹、红鳍东方鲀与中国对虾混养模式、日本对虾双茬养殖模式,并在各种养殖模式中推广病害防治、水质调控,科学投喂、生态养殖等健康养殖技术。在鱼虾、虾蟹混养模式中,利用养殖品种间生态位互补的原理,采用同池分养,中期出虾,后期混养、池底翻耕、铺沙或部分池底堆积沙垅和沙堆的方法,达到生态防病的目的。两年累计推广养殖面积39019亩,海水名特优水产品产量209.29万千克,利润4091.86万元,新增产量117.39万千克,新增利润1945.22万元。2003年验收。

(刘　震)

【养殖水环境生态修复微生态菌制剂研制成功】

由南开大学和天津兴欣融实业有限公司共同承担完成的“养殖水环境生态修复微生态菌制剂的研究与开发”以枯草芽孢杆菌和乳酸菌为主体菌，辅以适量的放线菌，并吸附于麦麸上制备成菌制剂，以高效高活性为主要特点，每克菌制剂的有效活菌数高达1万亿个。该菌制剂经活化，在水中能很快形成微生态优势菌群，发挥其降解有机物、促生、益生的作用，从而能迅速降低COD，降低亚硝酸态氮，能使氨态氮和pH值保持在一定水平上，抑制有害病菌的繁殖，调节水中藻类密度，促进水生生态系统修复和平衡，有利虾胃肠道健康。与对照相比，防治成本降低80%，虾产量提高近1倍，并显著改善了虾的品质。微生态菌制剂具有适应性强，对养殖水生态环境修复效果好，活菌数高等特点，具有创新性。2003年在天津市汉沽区杨家泊建立了该成果的应用示范工程。并于2004年通过天津市科委组织的成果鉴定，达到国际先进水平。

【天津沿海水产资源增殖】 针对渤海渔业资源日益匮乏的现状，为加速改善和恢复渤海近海渔业环境，提供鱼虾及贝类庇护、栖息、索饵和产卵场所，增殖与保护渔业资源，2004年天津市水产局、塘沽区、汉沽区水产局及天津市水产研究所等部门采取在天津沿海投放和设置人工鱼礁，并先后向天津沿海人工放流平均壳高0.5厘米的栉孔扇贝苗种2100万粒、平均壳高0.8厘米的青蛤苗2500万粒；平均壳高2厘米的毛蚶苗260万粒，同时在保护区的沙岗上底播大规格(150粒/千克)杂色蛤苗种75万粒，以每亩200千克左右的密度投放到该保护区边缘区域。5月28日又将20万尾河豚种苗放流大海。向渤海近海人工放流名贵鱼种“牙鲆”20万尾，截止到2004年底已向渤海人工放流鱼、虾、贝类6亿多尾，以实现渔业资源增殖与恢复。

（刘 震）

【观赏鱼新品种培育成功】 天津市换新水产良种场金万昆、余永奇、朱振秀、王春英、赵宜双等人运用遗传学方法改造鱼类的遗传结构，运用自交和杂交的育种技术，经过12年逐代严格选育，选育出优质的遗传基因稳定的品种和杂交种观赏鱼“红白长尾鲫”和“蓝花长尾鲫”，为中国观赏鱼类增加了两个新品种，是中国首次通过国家原良种审定委员会审定、农业部批准的观赏鱼品种。

“红白长尾鲫”在彩鲫中按选育目标育成亲本，建立自交系，经五代选育，达到红白相间、鳍条洁白而长，观赏价值高，使遗传稳定性达到90.2%；“蓝花长尾鲫”是采用金鱼与彩鲫的杂交，建立自交系，历经五代选育，达到底色为淡蓝色，头顶有艳丽的红色魔块，是观赏价值高的新品种，其遗传基因稳定在81.9%以上。

两个新品种的体细胞染色体倍数均为2倍体，“红白长尾鲫”体细胞染色体为2n=100，核型为21m+19sm+9st+1t，“蓝花长尾鲫”体细胞染色体为2n=100，核型为20m+20sm+6st+4t，对彩鲫体细胞核型的研究为国内首次报道。红鲫、彩鲫在体型、体色、鳍条等性状上有很大的差异，但其遗传基因的染色体数和核型并未发生变化，说明其遗传基因是保守的这一特性，为今后观赏鱼的人工选育和品种创新提供了广阔的应用前景。

该品种已经推广到河北、北京、辽宁、广州、郑州、山西等多个省市，并出口到荷兰、新加坡、德国、比利时等国家，三年销售鱼苗2400万尾，实现经济效益288万元，实现社会效益1000万元，很受市场欢迎。

农机与设施农业

【简况】 根据农业结构调整和市场发展的需求，天津市农机部门先后组织开发了“锯切式玉米免耕播种机”、“葡萄越冬掩埋机”、“拔棉柴机”等农机具；推广了保护性耕作技术、设施农业工程机械化技术等10余项先进适用的农机化新技术及新装备；制定了农业机械耕整播种作业质量等3项农业机械地方标准，为天津市农业生产标准化作出了贡献；举办了天津市农机化高层论坛等9项科技学术交流活动；2004年天津市农机具购置补贴资金1000万元全部到位，累计销售补贴农机具1924台套，其中拖拉机713台、小麦联合收获机197台、水稻联合收割机7台、玉米联合收获机2台、各种配套农机具1005台套，带动农民投资5667万元，使天津市农机总动力在2004年达到608.13万千瓦，为天津市农机化科技进步奠定了基础。

（陈 芳）

【4MJ-2型棉秆收获机获专利】 天津市农业机械推广总站研制的4MJ-2型棉秆收获机，由悬挂架、

悬挂绳索、工作机架、工作齿盘堆放轮、分禾器和地轮组成。配套动力:8.8~12.5kw,工作宽度可在 400~700 毫米种植行距内进行调整;前进速度:4~8km/h;收获行数:2 行;作业效率:0.4~0.6h㎡/h;拔净率:>96%;剪断率:<8%。2004 年研制成功,该机型的问世,有效降低了作业成本,提高了生产效率,降低了农民劳动强度。并已取得国家实用新型专利。

(陈　芳)

【秸秆锯切式玉米免耕播种机研制成功】 天津市蓟县农机推广站研制成功的 2BFQ-3 型秸秆锯切式玉米免耕播种机是一种夏玉米带茬免耕播种适用机具,配套动力为 18.37 千瓦以上小四轮拖拉机。该机一次作业即可完成秸秆处理、破茬松土、化肥深施、开沟播种、覆土镇压等全套作业。非常适合在小麦玉米两茬平作种植区推广使用。不仅节省了作业成本,减少了作业耗时,更重要的是解开了秸秆焚烧死结,使机械化玉米免耕播种及秸秆覆盖还田简单易行。该机在 2004 年中国机械工业科技进步奖评选活动中,荣获三等奖,并已入选农业部保护性耕作夏季选型机具推荐目录。它的研制成功,填补了天津市夏玉米免耕播种机具的空白,体现出天津市保护性耕作技术体系建设卓有成效,为保护性耕作技术的推广做出了积极的贡献。

(陈　芳)

【葡萄埋藤机替代人工操作】 MT200-2 中型葡萄埋藤机是由天津市农业机械研究所于 2004 年开发研制成功的葡萄藤越冬掩埋作业机具。该机采用拖拉机动力驱动、旋耕刀逆旋工作、双侧切削抛土,实现埋藤作业。利用旋耕刀高速旋转并借助拖拉机前进速度,实现了抛土作业的高效率。通过活动罩板调节抛土的距离,适应一定的行距范围,保证埋藤效果。经过试验室测试及实际作业,作业效率比人工提高 20~30 倍,实现了在一个行距内机具只工作一遍,达到埋藤作业的农艺要求。该机与 18.37~22 千瓦拖拉机配套,一次开沟深度可达 140 毫米,培土高度达 250~300 毫米,取土部位为离藤距离 400~450 毫米,适应作业的葡萄种植行距为 1800~2200 毫米。具有操作省力、工作平稳、性能可靠、安全的特点,及培土集中、土质细密、无空隙的良好作业效果,能有效保证葡萄藤安全越冬,避免风干。该机具投资小、见效快,当年即可收回机具投入。

葡萄埋藤机

(陈　芳)

【秸秆饲料压块机为秸秆废物利用提供新途径】 天津宏达建材机械厂研制成功的"9KWH-500 型秸秆饲料压块机"具有产量高和高效节能的特点,该设备采用一个电机带,(国内同类产品都是采用两个电机带)可节电 40%,每小时产量为 0.5~1 吨,与国内同类产品相比,产量提高了 2 倍。并具有电加热自动控制设备,解决了北方地区在寒冷天气机器不能正常运转的问题。还可以采用柴油机作为动力发电,在无电地区可正常进行生产。该设备广泛应用于各种农作物秸秆及牧草的加工生产,将铡切成段的秸秆经过高强度挤压,加工成秸秆饲料。在加工过程中因高压而产生高温,不仅对原料进行了消毒灭菌,而且使秸秆、牧草熟化,加工出的饲料具有浓郁的糊香味,牛、羊喜欢吃。另外,该设备还可将麦秸、稻草、芦苇等压制成块状,用作造纸原料。

【冬季日光温室生产克服障碍性天气技术研究】 天津农学院王学利等 7 人承担的天津市科委 1999 年重点农业攻关项目"冬季日光温室生产克服障碍性天气技术研究"历时 4 年完成。

课题主要围绕冬季日光温室生产常见的低温寡照生产障碍,开展综合技术研究,突破制约冬季生产的瓶颈,达到增产增效的目的。主要研究内容:通过对日光温室室内外气温、地温、湿度、光照等气象因素的观测,研究我市冬季日光温室的生产环境变化规律;研究克服障碍性天气栽培技术规范;引进、试验、筛选耐低温、耐弱光品种;研究病虫害综合防治技术;试验用植物抗寒基因诱导剂,778 浸种番茄,降低生物生长量,增强植物抗寒性能;进行新型保温覆盖材料实验研究;改良温室结构,提高温室保温性能,研究出经济实用的"薄壁管全过度型"日光温室结构,并利用计算机语言编制出温室结构数据模型;研究应急补光、增加气温和地温的技术措施,制定出便于推广应用的应急加温、应急补光技术。经2001~2002年两个冬季在静海、武清、宝坻三个区县的大面积示范,平均亩增产20.6%,累计示范面积8858亩。

(天津农学院)

【设施蔬菜生产规范化】 市农机推广总站和市蔬菜技术推广站共同承担的天津市农业重点技术推广项目"设施蔬菜生产规范化技术推广",针对近年来天津市设施蔬菜生产中普遍存在的设施利用率低、技术装备水平落后、规范化技术应用率低、无害化生产能力薄弱等情况。通过项目实施,制定了温室、蔬菜技术规范9项,其中有4项已批准发布实施;引进推广黄瓜,番茄及稀特菜等温室专用国内外蔬菜新品种22个;引进推广微耕机、热风炉、卷帘机、二氧化碳增施设备等1600台套。将蔬菜生产设施和生产技术的规范,设施结构的更新、品种筛选及无害化生产技术有机结合起来进行推广和普及,有效地克服上述限制因素,对提高天津市设施蔬菜种植的整体水平,促进蔬菜产业的可持续发展,起到积极作用。经过三年实施,累积示范推广面积3.92万亩,实现亩新增产量1326.34千克,亩新增产值3198.40元,亩新增效益2508.55元,取得了显著的经济效益、社会效益。2004年3月11日通过市农委验收。

(陈 芳)

【城市再生水灌溉农田与示范工程】 天津市环境保持工作站承担的"城市再生水灌溉农田安全技术体系与示范工程",2004年4月开始实施,该项目的研究内容主要包括五方面:城市再生水灌溉对农田环境的影响研究及评价;再生水农田灌溉制度研究;储存塘净化系统能力研究;快速生物监测技术研究;再生水灌溉水质标准研究。截至2004年底,通过再生水农田灌溉的长期定位监测,研究再生水灌溉对土壤、地下水、农产品品质形成的直接性、潜在性以及累积性的环境影响,做出了再生水灌溉对农业环境影响的预测与评价;研究了安全、节水、高产的再生水灌溉制度,通过再生水不同灌溉制度下的对比试验,分析再生水灌溉定额与环境影响、作物品质、作物产量的相关关系,提出再生水灌溉作物的安全、节水、高产的科学灌溉制度;通过再生水灌溉对不同作物产量、品质及农田环境的影响试验研究和国外资料查询,制定了再生水灌溉农田水质标准。

(黄全合)

【渠灌区管道输水灌溉节水技术推广】 2003年7月18日,由天津市水利科学研究所和天津市水利局农田水利处等单位共同承担完成的"渠灌区管道输水灌溉节水技术推广应用"项目通过专家验收。该技术利用地表水作为灌溉水源,经过泵站提水加压,将有压水通过三级管网直接输送到田间,具有技术先进、节水节地效果显著、工程造价低、施工简便、运行管理方便、使用寿命长等突出优点。灌溉区管道输水技术推广的主要内容包括:渠灌区管灌工程的规划设计、工程的施工工艺、系统的运行管理、田间综合节水灌溉技术应用等,并开展了不同形式的节水灌溉技术培训,至2004年完成了18.35万亩的管灌节水工程建设,提升了天津市渠灌区节水灌溉技术水平,取得了显著的社会效益和经济效益。

(张 雁、常守权)

【流量遥测系统在农田节水灌溉中的应用】 该研究项目是由交通部天津水运工程科学研究所自行研制。流量遥测系统是一套对输水明渠运行状态进行无线监测和计量的自动化信息系统,主要适用于农田灌溉、环保排污、工业和城市供水等领域。

该系统利用液位传感器、单片机电路、无线通讯、计算机技术结合水力学试验研究的成果组成遥测网络,通过计量段上、下游水位两参数,完成对瞬时流量的监测和过水量的计量。系统由一个中心站和若干子站组成,可同时对42个以内的子站进行遥测和计量。其特点:1.系统在有人管理无人值守的方式下运行,可迅速准确地同时对多条明渠进行长期监测和计量;2.系统采用建筑物方式量水,不但能满足山区大落差的要求,还特别适用于平原地区小落差条件下的监测和计量;3. 系统除微机外全部采用独立的太阳能供电电源,主要设备均采用低功耗设计,可保证长期不间断地进行自动检测和计量。系统的主要功能:1.渠道运行状态的实时监测。2.原始数据的分类、计算,并形成数据文件在计算机中长期保存;3.历史数据的查询和维护,可制表及绘制年月日过程曲线。

经天津市科委组织鉴定,该系统属国内首次研制,整体处于国内领先水平。

(孙玉平、白 静)

医药卫生

概　况

【卫生局系统科技简况】 2004年天津市卫生局以区域卫生规划宏观调整为契机，加快了卫生资源的整合,促进了医学优势的集成。在天津市卫生防病中心、中医药研究集团重组的基础上,将肿瘤防治、肛肠外科、脊柱外科整合为新的人民医院。并针对不同优势与特点,确定了优势研究方向和发展目标,在学科布局、主攻方向、人才梯队建设等方面进行了科学定位,通过组织协调和宏观管理,使资源重组的技术优势逐渐显现出来。

加快全市公共技术平台和共享机制建设，以共建天津市呼吸疾病研究所为切入点，对现有研究机构、实验室进行调整与布局，尝试实现技术平台共享,围绕重点学科建设出台了《天津市医学重点学科管理办法》和配套措施，鼓励新技术引进和科技创新。2004年获天津市科技进步二等奖10项;共承担国家级、部(市)级课题9项,局级立项课题96项;取得科技成果101项,其中有7项达到国际领先水平,53项达到国内领先水平。引进新技术226项,获得科研经费289万元。吴咸中院士领衔研究的《通里攻下法在腹部外科疾病中的应用与基础研究》课题获国家科技进步二等奖;《SRAS患者健康随访研究》通过专家组鉴定验收，为进一步深入研究提供了科学的依据。设在天津市卫生防病中心的生物安全3级实验室(P3实验室)2004年2月通过专家验收,为天津的传染性病原微生物检测提供了技术平台。

采取政策引导、经费扶持、过程监管、科学评估、组织协调等方法对科研过程实施动态管理。形成了管理制度化、条件公开化、运行规范化的管理机制。建立定期考评制度、专家评审制度,制定了重点学科管理规程,进一步完善了评价指标体系,采取以高水平人才牵动科研项目和以重大项目聚拢人才的双重招标方式，以课题为资助点扶持10名学科骨干,提高了立项科研课题水平,带动人才的发展。对全市重点(发展)学科进行了系统调查分析,并对三年为一周期的建设情况进行了阶段性考评,从队伍建设、科技能力、发展水平、研究条件等四个方面对重点(发展)学科进行了全面综合评价,为重点学科建设实施分级分类和目标化管理奠定了基础。

（刘　群）

【天津医科大学科技简况】 学科建设上的新举措。2004年,天津医科大学的中西结合临床、肿瘤学、泌尿外科3个国家级重点学科，内分泌与代谢病、神经外科学2个天津市重点学科,被确定列入天津市“重中之重”学科建设,占天津市“重中之重”学科的5/13。天津市教委邀请王正国、赵恺、郭应禄、石学敏、刘昌孝5位院士和国内一流医学专家赵雅度、李恩、李乃卿、黄启福、曾正陪、戴锡孟等教授,于2004年12月29~30日,对5个“重中之重”建设学科进行了专家论证。专家们对该校的学科发展提出了非常宝贵的意见。每个学科能够得到市教委、市科委近500万元的支持。天津医科大学从各方面大力支持这些学科瞄准国家重点学科指标冲刺。

是年，天津医科大学还组织专家对校内重点学科进行评审,评出公共卫生与预防医学、药理学、感染病、人体解剖与组织胚胎学、药学、临床检验诊断学、骨科学、妇产科、呼吸系病、消化系病等10个学科为校级重点学科。心血管病、生物医学工程2个天津市重点学科和眼科学、口腔临床医学2个天津市重点发展学科一并列入校级重点学科建设。学校自筹资金420万元资助校级重点学科建设。

科研能力明显提升。2004年,天津医科大学新增科研经费3156.7万元,比2003年增长24%。2004年新增纵向科研项目197项，获经费2606.7万元，比2003年增长120%。其中有国家项目18项/1206万元,比2003年增长了163%;国际合作经费由122万元增长到227万元；首次获准国家教育部博士点基金3项。与企事业单位合作项目81项/548万元。承担高层次科研项目数及资金投入都有了较大的提高。

2004年天津医科大学获得一批新的国家级项目。肿瘤医院郝希山院士承担了“863”子课题“功能基因组和生物芯片——乳腺癌转移预报基因芯片的研制”，得到144万元的资助；基础医学院姚智教授获得两项资助，其中“973”前期项目“水分子族结构及其振转动对生命大分子活性的影响及调控机理”得到55万元的资助；“863”项目“小分子多肽抗肿瘤作用的研究”项目经费达800万元；总医院张云亭教授获得了“973”子课题“重要临床医学信息处理的关键科学问题研究”获得120万元的资助；眼科中心孙慧敏教授承担了“863”子课题“遗传性多形进展性白内障致病基因的定位与克隆”获得40万元的资助。

一批科研成果获国家和天津市的奖励。国家“211工程”重点建设学科：神经外科与神经病学科只达石教授主持完成的“亚低温治疗重型颅脑损伤的临床及基础研究”获得2004年国家科技进步二等奖。总医院杨树源教授等完成的“急性脑创伤后迟发性神经元死亡分子机制的研究及其治疗方法”、肿瘤医院郝希山教授等完成的“MUC1、MUC1/Y体外修饰DC诱导特异性抗肿瘤免疫应答”、生物医学工程系田心教授等完成的“非线性动力学在难治性癫痫研究中的应用”获天津市科技进步二等奖。此外，天津医科大学还获得2003年度天津市科技进步奖二等奖3项，三等奖14项。

当年，该校还完成科研成果鉴定48项，成果评价水平为国际领先2项，国际先进29项，国内领先17项。申请专利10项。新技术引进填补空白项目71项。在公开杂志发表论文985篇，其中在国外学术刊物发表29篇，全国性刊物发表649篇，地方性刊物发表307篇。出版科技著作78部，其中科技专著29部，大专院校教科书49部。

医学科研条件进一步提升，科研平台建设初具规模。2004年7月，国家教育部、天津市教委对“教育部乳腺癌防治重点实验室”组织专家进行了论证，正式立项建设。这是天津地方高校惟一的教育部重点实验室。年内，天津医科大学已拥有卫生部激素与发育重点实验室、教育部乳腺癌防治重点实验室、天津市肿瘤学重点实验室、天津市泌尿外科基础医学重点实验室、天津市神经损伤变异与再生重点实验室、天津市内分泌与代谢病重点实验室、天津市生命科学中心实验室等7个省部级重点实验室。“211工程”的专款投入，“九五”期间为3000余万元，“十五”期间为4400余万元，用于科研实验室仪器购置。为此，各实验室都进行了扩大、改造、装修，面貌一新，规模初具，为“十一五”天津市的医学科技发展构筑了较好的科技平台。

2004年，经过天津医科大学实验动物科学部的装修改造和各方面的努力，动物实验屏障环境通过了专家验收，取得了天津市科委首次颁发的“实验动物使用许可证”，为提升医学科研的水平提供了条件保证。为承担高层次科学研究项目和产生高水平的科研成果，提供了合格的动物实验工作环境。

学术交流活动更加活跃。天津医科大学2004年邀请30余名国内外知名专家来校讲学，召开全校的大型学术报告会10余次，主持召开国际及全国性学术交流会多次。肿瘤医院主持召开了“纪念金显宅教授诞辰100周年国际肿瘤学术论坛”；总医院主持心脏科主办召开了“全国心脏介入会议”；由总医院主持骨科主办召开了“骨科进展研讨会”；总医院主持放射科主办召开了“全国磁共振学术会议”；环湖医院主办总医院协办召开了“全国脑创伤暨国际学术交流会”，在学术界颇有影响。

《国外医学内分泌分册》办刊水平稳步提高。该刊2004年开辟新栏目“继续医学教育”，每期均设重点专栏，发行量保持在8300册，进入中国科技论文统计源期刊2003年扩刊版。2004年被评为天津市第七届优秀期刊，卫生部首届医药卫生优秀期刊三等奖。

（天津医科大学科技处）

【天津中医学院简况】 天津中医学院科研工作发展迅速，已经成为全国中医药科学研究的中心之一，科研总体实力位居全国同类院校先进行列。在针灸推拿学、中医内科学、中医妇科学、中医儿科学、中药学和中西医结合研究方面在全国占有重要的学术地位，取得了一批领先水平的标志性成果。

2004年新增国家级科研项目7项，教育部课题3项，国家中医药管理局课题4项，天津市自然科学基金、天津市高校基金等课题24项，横向联合课题5项，国际合作项目1项。荣获国家级奖励1项，省部级17项。

该院具有国家级中医药科研平台。设有“中药现代化科技产业基地——现代中药研究中心”、全国针灸临床研究中心、2个国家药品临床研究基地。有5个国家中医药管理局三级科研实验室和2个天津市级重点实验室。承担了国家“973”、“863”、“十五攻关”等重大研究项目。院长张伯礼教授两次任“973”项目首席科学家。在中药现代化研究中，开拓了以中药有效组分组方研制现代中药的模式和设计方法，搭建了中药方剂有效组分提取分离和活性筛选技术平台,并取得多项国家级重大成果,研究成果达到国际先进水平。

受 WHO 要求和委托,中国政府首次以治疗指南形式向 WHO 各成员国推荐的《中医药治疗 SARS 指南》,该院是主要编写单位之一。

该院科研工作贴近社会与经济发展的需要,积极进行产、学、研结合,与企业合作开发项目多项,涉及新药开发和上市药物的二次开发等,为生产企业提供研发技术支持,获得了一定的经济效益和显著的社会效益。

(王　彤)

基础医学与实验研究

【通里攻下法在腹部外科疾病中的应用】　中国工程院院士吴咸中主持的“通里攻下法在腹部外科疾病中的应用与基础研究”2003 年荣获国家科技进步二等奖。

该成果应用理、法、方、药对外科急腹症进行了系统的临床和基础研究。实验研究证明,通理攻下法可以增加肠蠕动,增加肠分泌;增加肠血流量,改善肠管血运;降低毛细血管通透性,减少炎性渗出,限制炎性病灶扩散;促进腹腔内血液吸收,预防肠粘连;促进胆汁分泌可抑制细菌生长;证明通里攻下法具有调整胃肠功能运动、改善腹腔脏器血运、增加肠血流量,改善微循环,改善血液粘滞度,促进腹腔渗液吸收,减少毛细血管通透性,具有清洁肠道、保护肠屏障及免疫调节与脏器保护,并以此为基础构建了肠衰竭的理论框架;研究发现承气类方剂具有多种药理活性,对不同腹部外科疾病其作用的靶位不同,但基本靶位在胃肠道;建立并不断完善急性肠梗阻、重症胰腺炎、急性重症胆管炎、急性腹膜炎及多脏器功能障碍综合征(MODS)等通里攻下治疗常规方法。将通里攻下法从常见的腹部外科疾病的治疗,提高到危重症的救治,证实了通里攻下法在治疗多种外科危重病的整体效应和作用机理,取得了良好的临床疗效。

中国工程院院士吴咸中在颁奖大会上

(刘　群)

【介入性心血管内药物和基因的靶向投递与控释】　该项目属于生物医学工程交叉学科,由中国医学科学院生物医学工程研究所(驻津)与北京协和医院承担。主要涉及心血管介入治疗、药物控释以及基因治疗等专业技术,获 2003 年度天津市自然科学二等奖。动脉栓塞和再狭窄尚无有效的临床治疗手段,主要原因是传统给药方式无法使血管局部达到有效药物浓度。该课题首次采用纳米控释与介入治疗相结合的方法,进行血管内靶向治疗的应用基础研究。鉴于聚合物纳米粒子的超微小体积,因此可用介入导管运载到血管内靶部位并通过球囊的微孔喷射到血管壁上达到治疗目的;血管支架携带基因可以在植入支架的同时将基因运载到血管内靶部位维持长期的基因治疗效果。经过近十年的潜心研究和国内外多方合作取得以下成果:1. 成功地建立了纳米粒子包载药物和基因的工艺和技术,在提高药物和基因包载效率、提高纳米粒子的血管吸收性能等技术关键有突破性进展;建立了体内外动物模型研究纳米粒子进入血管组织的机理,阐明了具有指导意义的规律,筛选出最佳的纳米粒子表面修饰方案,基本解决了血管吸收率低的技术难关;优化了介入球囊导管运送纳米粒子的实施方案;首次从理论和实践上证明了介入方法载运到血管内的纳米粒子能穿透受损伤的内膜进入血管组织,在组织中驻留并长期释放出所携带的药物和基因;经国内外权威的心血管病研究基地的动物实验证明,基因和药物纳米粒子能有效地抑制动脉粥样硬化模型动物的再狭窄。2.首次用化学和免疫偶联方法将基因结合在血管支架上,并用再狭窄动物模型试验证明了血管内靶向定位基因治疗的可行性。该成果为攻克心血管介入病学中再狭窄的重大难题做出突破性贡献,同时推进了纳米技术在临床治疗中的应用进程,也为其他重大疾病的靶向控释治疗提供了新概念和新方法,有重要的学术意义和切实的应用前景,处于国内外领先地位。基因支架技术还将为国产支架最终替代和超过占据国内市场的进口支架提供技术平台。

在国内外核心刊物发表论文35篇，其中21篇被SCI收录，累计影响因子114.084，他人正面引用198次，单篇最高被引用38次。

（宋存先）

【急性脑创伤后迟发性神经元死亡的机制研究】 急性脑创伤后由于脑组织缺血、缺氧、脑水肿等一系列病理生理变化而引起神经元损伤，深入研究急性脑创伤后迟发性神经元的死亡形式、损伤机制，可提出治疗对策的理论依据。天津医大总医院神经外科、天津市神经病学研究所和医科大学电镜中心合作，由杨树源任课题组长，开展此项研究。1998年5月立项，2001年6月结题，获得2003年度天津市科学技术进步二等奖。该项研究的主要创新点是：1.发现神经元"类凋亡"现象；2.提出脑急性创伤后基因p53、bel-xL、bax、caspase3导致神经元凋亡的作用机制；3.提出迟发性神经元死亡的概念；4.发现p53和bax反义寡核苷酸、caspase3特异性酶活性抑制剂、外源性bFGF等在体内外有抑制神经元凋亡的作用；5.在临床采用抑制神经元凋亡的治疗措施，提高了成功率，降低了病死率和致残率。该课题的研究成功不仅提高了急性脑创伤的临床治疗水平，也为研制开发抢救与治疗此病的新药打下理论基础。

（张庆瑜）

【常温和亚低温下针刺法治疗颅脑损伤】 天津市环湖医院黄慧玲、只达石、张琳瑛等1998年3月至2001年3月首次研究在常温和亚低温下针刺法对颅脑损伤患者颅内压、二氧化碳分压、氧分压、血中葡萄糖、乳酸、尿素氮、神经元烯醇化酶和髓鞘碱性蛋白等指标的影响和对脑外伤大鼠脑水含量、一氧化氮(NO)、一氧化氮复合酶、腺甘三磷酸(ATP)酶、神经元特异性烯醇化酶、热休克蛋白、脑血流图及能量代谢的动态变化等作用和效果，探讨针刺在亚低温下的治疗作用。所观察针刺治疗颅脑创伤患者，其良好恢复率为：亚低温治疗组(58.5%)>亚低温针刺组(57.2%)>常温针刺组(47.5%)>常温西医治疗(37.8%)。病死率分别为29.3%、25.7%、27.5%、36.6%以常温西医治疗为最高，四组病死率无显著差别。该研究对颅脑创伤的救治和康复具有重要意义。现已在天津医大总医院、天津市第一中心医院等三级甲等医院推广。该成果获2003年天津市科学技术进步三等奖。

（刘　群）

【电阻抗断层图象技术研究】 电阻抗断层图象技术(EIT:Electrical Impedance Tomography)是继形态、结构成像之后，于最近十余年才出现的新一代无损伤功能成像技术。它具有功能成像、无损伤和医学图象监护三大突出优势。

EIT采用生物电阻抗测量方法，以人体组织、器官的阻抗分布及其变化为依据，提取与人体生理、病理状态相联系的组织或器官的电特性信息，给出反映组织、器官功能状态及其变化规律的功能性图像结果。EIT对血液、气体、体液和不同组织成份及其变化等具有独特的鉴别力，对那些影响组织与器官电特性的因素，如组织成分及变异，血液的流动与分布，肺内血气交换，胃内食物消化，体液变化与迁移等非常敏感。以此为基础，在进行心、脑、肺循环系统功能评价，血液动力学与流变学在体动态研究、肿瘤的发生与发展监测、人体组成成份分析、人工透析评价、胃动力学检查、器官移植术后检测等方面有着明显的优越性；在灾难、事故急救中用于跟踪颅脑、胸、腹部等体内组织和器官渗血或血、水、气肿的发生与发展过程，实现医学图像动态连续监护，获得宝贵的抢救与治疗时间等方面将发挥重要的作用。

中国医学科学院，中国协和医科大学生物医学工程研究所在全面分析和研究当今EIT技术状况和存在问题的基础上，率先提出中国应走以复阻抗全信息检测新方法为特色，以实用化功能性图象为目标的EIT研究发展道路。在国家自然科学基金、卫生部、天津市等的支持下，已经完成EIT方法学研究，并建立EIT实验装置和相关软、硬件研究平台。电阻抗断层成像(EIT)领域的研究工作处于国内领先水平，具有较大的学术优势和技术优势。从实验室方法学研究向应用基础和临床应用研究过渡，向实用化、产业化方向发展。

（任超世）

【代谢酶基因多态性与喉癌发病及预后关系】 喉癌的发生与其他肿瘤一样，是一个多因素、多阶段的复杂过程。天津市第一中心医院，天津医科大学总医院李丽、林鹏、鲁宏华等于1999年6月至2002年10月采用病例—对照的方法，应用改良优化聚合酶链反应(PCR)方法，检测喉癌患者外周血中I项代谢酶 CYPIA1 和 II 项代谢酶 GSTM1 基因多态性。通过 CYPIA1 和 GSTM1 基因多态性与环境因素的综合分析，了解 CYPIA1 及 GSTM1 基因多态性在国人喉癌患者中的分布，比较国内外喉癌患者基因多态性分布的差异，从某一方面探明 CYNA1 和 GSTM1 基因多态性、环境暴露与喉癌发生、发展及临床预后的关系，优化建立一种先进的基因诊断检测方法。此基因检测方法经济实用、操作简便，可应用于高危人群筛查，尤其是对吸烟人群的检测，对喉癌预防具有较大参考价值，并可用于喉癌患者的临床预后的评估，提高患者的生存率。该成果获 2003 年度天津市科学技术进步三等奖。

（刘　群）

【164 例中国女性病理骨盆研究】 天津市中心妇产科医院王淑雯、岳琏、刘勃晨等自 1990 年开始进行中国女性骨盆系列研究。该课题组针对历年积累的 164 例女性病理骨盆的完整资料，以人体形态像和 X-线骨盆像对照结合病因分析，研究发生病理骨盆和骨盆变形的规律，观察、总结病理骨盆患者的体表及其 X-线骨盆像的特点，揭示了女性病理骨盆诊断要点以及病理骨盆对分娩的影响。该成果对产科科研、教学及提高临床医生辨认与处理难产的技术水平，保障母婴的安全与健康具有重大意义与临床实用价值。该成果达国际先进水平，获 2001 年度天津市科技进步三等奖。2004 年编辑出版了《中国女性骨盆图谱》一书并举办全国推广学习班。

（刘　群）

【米非司酮对子宫内膜异位症作用机理研究】 应用米非司酮治疗子宫内膜异位症时有报道，疗效满意，副作用小，但对作用机理研究较少，特别是对腺垂体促性腺细胞研究国内外未见报道。2000 年 6 月至 2003 年 7 月天津市妇女保健所于祖茹、章明放、李玉玮等选择发情周期规律的 Wister 雌性大鼠建立子宫内膜异位症模型，将模型鼠随机分层分组，实验组给不同剂量米非司酮灌胃，去势组切除双侧卵巢，对照组自来水灌胃，测量用药前后异位结节体积，计算药物对异位内膜抑制率。分别于 4 周和 8 周后处死动物，取垂体、在位子宫、异位结节、卵巢进行病理学及进行免疫组化病理学研究。动物实验证实：不同剂量的米非司酮对子宫内膜异位症大鼠腺垂体 FSH 细胞、LH 细胞的影响不同，两种细胞成特征性改变。阴道脱落细胞提示用药后动情周期紊乱。对照组异位内膜呈增长趋势，实验组受到明显抑制。实验组异位内膜上皮细胞由高柱状变为扁平—立方，腺体数量减少或消失，间质变性，卵泡发育受抑制，囊性滤泡形成。研究提示米非司酮的作用机制是通过对子宫内膜异位症大鼠腺垂体促性腺细胞分泌功能下调，影响卵巢激素的分泌，导致异位子宫内膜萎缩可能是该药治疗子宫内膜异位症的作用机理之一。为临床用药提供了实验数据，对指导临床治疗具有实用意义。2004 年 1 月 14 日该研究成果通过专家鉴定，达国内领先水平。

（刘　群）

【大鼠腺垂体促卵泡素细胞形态及功能研究】 2000 年 6 月至 2003 年 7 月，天津市妇女保健所于祖茹、章明放、李玉玮等利用免疫组化方法对大鼠腺垂体促卵泡素（FSH）细胞形态及功能研究。选择发情周期规律、健康 Wister 雌性大鼠，随机分为实验组和对照组。实验组切除双侧卵巢后常规喂养，对照组常规喂养，4 周至 8 周处死去势动物分别取垂体进行免疫组化染色病理学观察。分析提示：切除卵巢后 4 周，大鼠腺垂体 FSH 细胞平均密度（D）增加，与对照组相比差别有显著性（$F=84.50$ $p=0.000$），8 周后有进一步增多增大趋势。FSH 阳性细胞弥散分布，靠近垂体边缘处较多，有的呈簇状分布，有的大而圆，胞浆丰富，有的体积较小，带胞浆突起或有棱角状。去势后 FSH 阳性细胞多为体积较大圆形或椭圆形，胞浆丰富，呈典型的“印戒细胞”，随时间延长形态更加典型。实验证实：FSH 细胞内液泡及其内含物与去势有关。该研究应用细胞形态学方法，观察细胞内致密颗粒的形成和释放，了解垂体细胞形态学的变化，对激素依赖性疾病的病因学研究及药物的作用机制研究具有重要意义，可以广泛应用于病因学、病理学及药理学等相关学科的研究。2004 年 1 月 14 日该研究成果通过专家鉴定，达国内领先水平。

（刘　群）

【微囊生物细胞移植研究】 2001 年 3 月至 2003 年 12 月，天津市第三中心医院杜智、李涛、陆伟等应用微囊生物细胞移植技术对晚期恶性肿瘤疼痛、糖尿病和急性肝功能衰竭进行实验研究。先后进行了牛肾上腺髓质细胞微囊的制备、体外研究、动物模型实验、时效量效关系、冻存稳定性、生物半衰期研究等。制定了牛肾上腺髓质细胞微囊制造和检定规程，全面系统地进行了牛肾上腺髓质细胞微囊治疗疼痛的安全性和有效性研究；在微囊胰岛移植治疗糖尿病实验研究中，先后进行了大鼠、纯种猪和杂种猪胰岛的分离、纯化、包埋和体外体内实验研究。研究结果表明迪卡和杜洛克两种猪的胰岛质量数量较好，可以用于微囊胰岛移植。微囊大鼠胰岛和微囊猪胰岛体外培养均能释放胰岛素并对培养液中的葡萄糖浓度产生应答，用于治疗糖尿病动物模型，均能降低血糖，维持时间长达 6 个月；在微囊肝细胞移植治疗肝功能衰竭实验研究中，将海藻酸钠-聚赖氨酸-海藻酸钠(APA)微囊肝细胞植入正常 SD 大鼠腹腔，经测定白细胞介素-2、T 细胞亚群、肝肾功能、电解质、蛋白质等生化免疫指标和组织学检查均无明显变化；经形态学检查显示微囊肝细胞在 3 个月内有较高存活率，能改善肝功能，提高存活率，延长存活时间。该课题系天津市科技发展计划项目，具有较大的临床应用和产业化前景。2003 年 4 月 29 日通过天津市科委组织的专家鉴定，该研究达到国际先进水平。

（刘　群）

【微囊肝细胞的安全性及疗效研究】 2000 年 6 月至 2003 年 12 月，天津市第三中心医院杜智、李涛、舒桂明等用胶原酶灌注分离猪肝细胞，用海藻酸钠-聚赖氨酸-海藻酸钠（APA）法制成微囊肝细胞，将 APA 微囊肝细胞植入正常 SD 大鼠腹腔，观察 3 个月，经测定白细胞介素-2、T 细胞亚群、肝肾功能、电解质、蛋白质等生化免疫指标和组织学检查均无明显变化，以探讨微囊肝细胞异种移植的安全性，为临床应用提供依据。经形态学检查显示微囊肝细胞在 3 个月内有较好活性，能改善肝功能，提高存活率，延长存活时间，为急性肝功能衰竭提供了一种安全有效治疗方法。该课题系天津市自然科学基金项目，2004 年 4 月 29 日通过市科委组织的专家鉴定，该成果达到国际先进水平。

（刘　群）

【恶性肿瘤抗血管新生治疗新方法】 中国医学科学院血液学研究所韩忠朝课题组从造血功能保护和抗肿瘤血管新生两方面着手，研究筛选具有造血功能保护和抗肿瘤血管新生双重作用的药物，发现血小板第四因子(PF4)及其活性片段 PF4-f 能减低造血干细胞对辐射和化疗的敏感性，刺激早期造血干细胞的存活和增殖，提高辐射动物的生存率。发明 PF4-f 基因重组逆转录病毒载体以及腺病毒载体介导的基因治疗具有明显的抗肿瘤血管新生的作用，能在体内抑制肿瘤生长。发明相应的 PF4-f 基因治疗药物组合物；发明以 TSP-1 或其活性片段为有效成分的造血前体细胞保护剂，可治疗抗肿瘤药物诱发的血细胞减少症，还能体外或 Ex vivo 扩增造血干细胞；发明 TSF 和腺病毒载体介导的 TSF 基因治疗组合物，具有靶向性抗肿瘤组织内血管新生，抑制肿瘤包括白血病细胞的生长及转移。发明相应的 TSF 基因治疗药物组合物；构建了反义 VEGF 重组 pIRES2 真核载体，发现该载体介导的反义 VEGF 在动物体内能抑制白血病细胞生长。发明相应的反义 VEGF 基因治疗药物组合物；发现 HGF 受体 c-met 在血管内皮细胞增殖时高表达，是血管生长的标志，提出 c-met 可以作为抗血管新生疗法的一个新靶点的见解；建立了 PF4、PF4-f 和 TSF 的基因克隆技术、重组因子人 PF4、PF4-f 的基因表达和分离纯化工艺技术；建立了病毒载体介导的基因治疗动物模型，口服型基因治疗药物组合物制备技术平台。该项目获 2003 年度天津市自然科学二等奖。

（中国医学科学院血液学研究所科研处）

【血研所分离出一种新型的干细胞因子】 中国医学科学院血液学研究所韩忠朝教授课题组从再生障碍性贫血病人的尿中分离出一种新型的干细胞因子——血液血管细胞生成素(HAPO)。研究发现，它可促进血液血管共同的干细胞的增殖，HAPO 还可以通过刺激血管新生治疗血栓栓塞性心、脑及周围血管性疾病。此外，HAPO 还可用作干细胞扩增的主要因子，用于细胞治疗产品的生产。经氨基酸和 cDNA 序列查证，HAPO 是一个以前未报道的新型干细胞因子。在国家科技部“863”和国家“十五”重大科技专项基金的支持下，开始对 HAPO 进行药物的开发。课题组利用基因工程技术，将 HAPO 的基因插入分泌型表达载体中，实现了在大肠杆菌中的可溶性高效表达，经一系列纯化层析，获得了高纯度的重组 HAPO 制品。经研究已证实 HAPO 对放射后的小鼠骨髓的重建有促进作用。其临床适应症将是各种原因包括放化疗引起的血细胞减少。该研究论文，发表在《血液学杂志》(影响因子 10.12)上。2004 年，在日本举办的第十届亚洲及环太平洋血液学会议上，

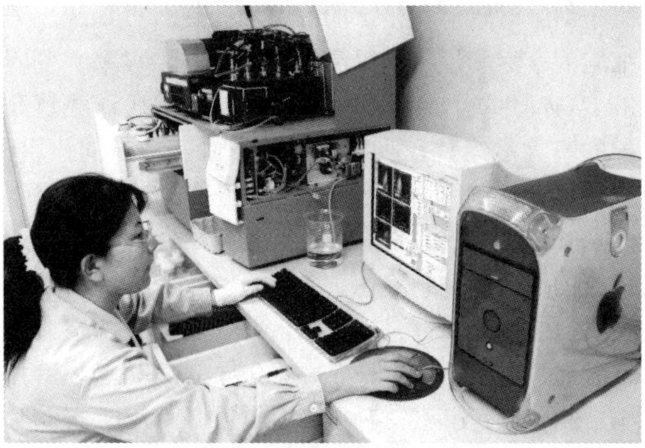

干细胞检测

作了报告，引起了专家和学者们高度关注。现在课题组已经以同位素半致死量照射后小鼠为实验模型，建立了测定 HAPO 含量的 ELISA 试剂盒；确定 HAPO 对 Hess-5 细胞系促增殖的 MTT 方法作为 HAPO 生物活性测定方法；建立了一次处理 4kg 菌体的下游纯化工艺，完成部分临床前实验。HAPO 已获得中国发明专利。

（中国医学科学院血液学研究所科研处）

【脐带血造血干细胞库的建设和相关技术研究】 中国医学科学院血液学研究所于 1999 年 2 月开展脐带血库的建设和相关技术研究，其目的是建立国际一流的脐带血干细胞库，以解决全国广大患者面临的严重的造血干细胞供者来源危机，同时为社会保存脐带血干细胞这一重要生物学资源，为干细胞组织工程奠定基础。2000 年后被列为国家计划委员会干细胞产品产业化基地项目、天津市科委天津市干细胞科学研究中心建设项目并获得资助，2001 年又获得美国纽约中华医学基金会(CMB)项目资助。2002 年 10 月通过卫生部组织的执业验收，成为全国 2 家获得正式执业许可资格的脐带血库之一。

该项目制定《标准技术操作规程(SOP)》和《质量控制标准和管理规范》，筛选合格供者，采集胎盘脐带血，分离造血细胞并程序控制降温至-80℃后转移至-196℃液氮中深低温保存，取样进行 HLA 分型、干细胞生物学、微生物免疫学检测，全部数据输入脐带血数据库系统，接受移植中心/患者查询，确认使用后发放给患者进行移植。主要性能指标：造血细胞分离后干祖细胞回收率≥85%、细胞活性≥95%，冻存标本融化后干祖细胞回收率≥80%、细胞活性≥90%，脐带血干细胞移植的植入成功率≥65%。

脐带血造血干细胞库的硬件设施和设备先进性达到国际先进水平；建立的《标准技术操作规程》和《质量控制标准和管理规程》的系统性、完整性和先进性达到国内领先国际先进水平；保存的脐带血产品的各项质量指标达到或超过国内外文献报告的先进水平；独立开发出了一套具有自主知识产权达到国际同类系统的先进水平的《脐带血库文件管理与数据库系统》软件，建立了脐带血库局域网，实现了脐带血生产全程以每份脐带血独一无二的条形码为基础的文件资料和数据处理的自动化和电子化。

该项目的全部技术均已成熟稳定应用。相关技术的应用范围，除干细胞库领域外，还可广泛应用于干细胞及组织器官临床移植、干细胞组织工程、生物及医学基础及应用基础研究、生物资源库建设等领域。

至 2004 年 10 月公共脐带血库保存合格脐带血造血干细胞产品 5000 余份，产品的各项技术指标达国际先进水平。已接受全国各地干细胞移植中心/患者及 AisaCord 的查询 620 人次，为 90%多的患者找到 4 个以上位点相合的脐带血，并为 18 例患者提供 22 份脐带血干细胞做移植，植入成功 13 例。为社会公共保存自体脐带血 18000 余份，获得技术服务的销售收入达 9000 余万元，上缴利税 300 余万元。获 2003 年度天津市科学技术进步一等奖。

（中国医学科学院血液学研究所科研处）

【用干细胞移植方法治疗肢体缺血性疾病】 中国医学科学院血液学研究所利用干细胞移植的新方法来治疗肢体缺血性疾病，取得了新进展。在基础研究方面：建立了脐血 CD133+细胞向内皮祖细胞(EPCs)分化和扩增的有效方法。证明了脐血 CD133+细胞体外培养诱导出的梭形贴壁细胞是分化中的内皮祖细胞，并通过脐血 EPCs 移植治疗鼠肢体缺血模型的研究，证明了脐血 EPCs 能促缺血肢体的血管生成，脐血是缺血性疾病治疗性血管生成的一种较好的内皮干细胞来源。这是首次发现脐血 CD133+细胞经体外诱导后的内皮祖细胞在体内移植后可促进血管重建过程。而脐血在造血重建实践中已证明具有无创采集，干细胞百分比高、增殖力强，免疫反应轻的优势。

在临床研究方面：在国际上首次提出并开展了动员后的外周血干细胞移植治疗肢体缺血性疾病，包括对严重下肢动脉硬化性闭塞症、糖尿病肢体缺血和血栓闭塞性脉管炎患者的治疗研究。证明动员后的外周血干细胞移植治疗肢体缺血性疾病是安全、简便和有效的,为肢体缺血性疾病的治疗提供了新的方法和策略。首次提出以这种治疗方法与骨髓移植治疗相比具有优势,避免了骨髓干细胞移植的缺点。在干细胞移植治疗缺血性疾病领域,首次提出并采用了干细胞冷冻保存技术,达到一次单采,可供多次足量使用的目的。同时,发现了移植患者外周血中VEGF和IL-1β高表达,rhG-CSF能显著性增加患者外周血VEGF的表达。验证了rhG-CSF能显著性增加患者外周血的CD34+细胞数。疗效机理与PBSCs直接种植到缺血肌肉局部,受血管生长因子诱导分化形成新生血管,增加缺血组织血液供应有关。首次提出了建立干细胞治疗肢体缺血性疾病的标准化方案和标准化评估体系。

(中国医学科学院血液学研究所科研处)

【介入治疗海藻酸钙系列栓塞剂研究】 1998年9月至2003年12月,天津市第三中心医院杜智、李涛、范一木等研制了单纯栓塞剂、在X线下显影栓塞剂和包埋丝烈霉素栓塞剂3种栓塞剂型,先后进行了体外实验、动物实验和初步临床试验及安全性和灭菌方法研究。结果显示:3种栓塞剂均呈规则圆形,直径在150~800μm范围内可调,显影栓塞剂体外及动物实验在X线下显影效果均良好,治疗脑血管畸形初步临床试验表明显影栓塞剂治疗效果良好,未发现明显不良反应。包埋丝裂霉素栓塞剂中的丝裂霉素缓慢释放可维持15天,热原、异常毒性和无菌试验等安全性实验也未出现异常,栓塞剂经高压蒸汽灭菌后未发现理化性能改变。体外实验、动物实验和初步临床试验均达到预期效果。该项目系天津市科技发展计划项目,2004年5月30日通过天津市科委组织的专家鉴定,该成果达到国内领先水平。

(刘 群)

【非线性动力学应用于难治性癫痫病】 2004年,天津医科大学生物医学工程系田心教授主持完成的“非线性动力学在难治性癫痫研究中的应用”获得天津市2003年度科技进步二等奖。该成果的创新点:在国内外,首次从信息学角度提出,并用混沌学验证了婴儿痉挛症发病机制:脑干信息传导障碍;首次选用既能反映脑干功能,又保留动态信息的脑干听觉诱发响应为特征信号;并用相关维数定量脑干信息障碍程度;提出用经颅磁刺激“打通”障碍,无创治疗难治性癫痫的新途径;在混沌学理论和方法上的创新:高维混沌降维;系统混沌性的定量鉴别。为难治性癫痫病的治疗提供理论依据。现已在天津市4家医院进行临床研究与应用。

(天津医科大学生物医学工程系)

【大鼠癫痫模型的代谢与形态学研究】 2002年1月至2003年8月,天津市第一中心医院尹建忠、祁吉、倪红艳等采用多次低剂量腹腔注射的方法成功建立了大鼠Li-Pilocarpine癫痫模型,从宏观影像学到微观的代谢与分子生物学水平探讨了用Li-Pilocarpine诱发大鼠癫痫发生与发展过程中的部分病理生理改变。系统观察了癫痫产生过程中的海马、杏仁核和邻近的梨状、内嗅皮层、丘脑、大脑皮层感觉运动区等多部位的形态学进行性变化。侧重观察与癫痫关系密切的兴奋性神经递-谷氨酸与抑制性神经递质-γ-氨基丁酸的变化;应用蛋白印渍(Western Blot)技术观察二者作用的受体变化情况,证实在癫痫的发展过程中存在的海马内多系统的神经递质与受体异常。为癫痫的研究提供了有益的帮助。2004年3月30日该研究成果通过专家鉴定,达国内领先水平。

(刘 群)

【亚洲最大的肿瘤组织库在津建立】 天津医科大学附属肿瘤医院与美国癌症研究基金会(NFCR)合作,2003年在津建立肿瘤组织库。美国癌症研究基金会是美国该领域最大的公益机构,拥有世界最新、最先进的肿瘤防治和研究的技术资源,旨在支持世界范围内恶性肿瘤基础研究和国际间合作。肿瘤组织库由肿瘤医院与美国癌症研究基金会共同投资建设,其中美方提供25万美元的资助。5年内将建成拥有5万例标本的亚洲规模最大的肿瘤组织库。管理委员会和指导委员会由肿瘤医院与美国癌症研究基金会医学科学家担任,包括中美双方院士共4人。肿瘤组织库(TBF)是系统收集和存储手术切除的肿瘤组织和血液样品以及病理类型、临床分期和治疗效果、预防等方面的相关信息的平台。其功能是为肿瘤临床和基础研究提供重要的资源。该库将充分发挥其在储存人类肿瘤标本方面的系统功能,建立封闭而安全可靠的数据库,保存和跟踪患者病理学、流行病学、家族史、治疗类型和治疗结果等所有相关信息。中国的肿瘤临床和科研人员可利用其资源开展细胞生物学、分子生物学、遗传学、基因组学和蛋白组学等高新技术研究,探讨新的肿瘤分类、诊断和预后标准,开发肿瘤早期检测的实验技术和新型的治疗策略。

该肿瘤组织库的建立是本领域高新技术和信息资源国际间的强强联合,将提升天津市医疗技术发展的整体水平和加强与国际先进医疗机构间的合作,为全国医学科研人员开展肿瘤临床和基础研究提供了重要的技术平台,促进中国在肿瘤早期预防、早期诊断和寻找新的治疗方法方面实现新突破。

(天津医大肿瘤医院科教科)

【天津城市居民恶性肿瘤流行趋势及预防的研究】 该项目由天津医大肿瘤医院郝希山、陈可欣、宋丰举、钱碧云、何敏等承担,于 2004 年 5 月完成。该项研究根据 1981~2000 年天津市恶性肿瘤登记资料对天津市 20 年来恶性肿瘤发病、死亡趋势和流行特征进行了描述和分析,将天津市区近 20 年恶性肿瘤的 143637 例新发病例和 88068 例死亡病例分别按年代、患者年龄、性别、部位、病种进行了分类统计,估算出不同年代、不同性别和年龄人群肿瘤发病死亡的相对危险度,以及各种恶性肿瘤发病死亡的排序,进而总结出天津市恶性肿瘤的流行趋势。

该研究首次建立国内覆盖范围最大和时间跨度最长的恶性肿瘤登记报告系统。数据来源可靠,覆盖面大,时间跨度长,数据分析系统、准确,明确提出天津市恶性肿瘤总体发病率的变化趋势,并对天津市未来 10 年恶性肿瘤的发展趋势进行预测。同时将天津市恶性肿瘤流行病学特点与国内其他城市和世界其他地区进行比较,分析了中国恶性肿瘤的发病特征,提出肺癌、乳腺癌和大肠癌为持续上升最显著的恶性肿瘤。研究结果已被 WHO 出版的《五大洲癌症发病率》收录,并被国内多家研究单位所采用,为今后深入研究肿瘤发生的危险因素,以及决策部门制定预防恶性肿瘤的措施提供科学依据。

(天津医大肿瘤医院科教科)

【双向分化恶性肿瘤血管生成拟态分子机制研究】 该项研究由天津医大肿瘤医院孙保存、郝希山、张诗武、赵秀兰、邱志强等承担,于 2000 年开始,至 2004 年 5 月完成。

血管生成拟态是新发现的肿瘤微循环模式,该研究利用了常规组织学检查、电镜观察、动物实验、组织化学和免疫组织化学重复染色技术,从细胞水平、亚细胞水平、蛋白水平等多角度证实了双向分化恶性肿瘤组织中存在血管生成拟态,并探讨了这种独特血液供应模式的临床意义;通过对多种肿瘤浸润相关蛋白酶和黏附分子表达的观察研究了双向分化恶性肿瘤血管生成拟态形成中基质重塑的分子机制;此外,该项研究还利用恶性黑色素瘤细胞株的三维培养证实了恶性黑色素瘤细胞存在自身变形现象以及通道化趋势,并建立了小鼠动物移植瘤模型,动态观察了血管生成拟态、马赛克血管和内皮依赖性血管之间的时间延续关系。

具有血管生成拟态的恶性肿瘤临床表现为高恶性度、血道转移早、患者预后差等特点。临床上所使用的一些以内皮细胞为靶点的抗血管生物治疗手段如内皮抑素、血管抑素等药物治疗恶性肿瘤,在某些高度恶性肿瘤治疗中疗效不佳,其原因长期未能得到确切的解释。该研究经动物模型上使用内皮抑素治疗恶性黑色素瘤移植鼠,肿瘤组织中出现了较多的血管生成拟态,且内皮抑素抗肿瘤疗效不明显,因而提出血管生成拟态的存在是导致内皮抑素抗肿瘤治疗失败的主要原因,研究结果对临床使用该药具有一定的指导意义。通过该研究可以为临床治疗某些高度恶性肿瘤提供线索和思路,对肿瘤组织具有血管生成拟态的患者进行早期诊断、早期治疗及针对性治疗,延长患者生存时间。该研究已经在国内外有影响的杂志上发表论文 12 篇,经专家鉴定达国际领先水平。

(天津医大肿瘤医院科教科)

【胃癌及其癌前病变肿瘤相关基因的克隆和鉴定】 胃癌至今仍是严重危害人类健康的疾病之一,多数胃癌发病过程要经历癌前病变阶段,阻止癌前病变向胃癌进展,较治疗胃癌更有意义。天津医科大学基础医学院张维铭教授主持完成的"胃癌及其癌前病变肿瘤相关基因的克隆和鉴定"于 2004 年 6 月通过专家鉴定,达到国际先进水平。该课题围绕胃癌及癌前疾病的差异表达相关基因的分离及筛选,对胃癌早期发生的基因改变进行了较为全面的研究和探索。应用荧光 mRNA 差异显示技术对胃正常粘膜、癌前病变及胃癌三种不同组织中基因表达情况进行了比较分析,获得了 12 条差异表达的 cDNA 条带,经克隆、测序及 GenBank 数据库同源性比较，发现其中 4 条为新的 EST 序列。从分子水平揭示和区分癌前病变这一临床病理状态，确立相应肿瘤标志物，为进一步从基因水平治疗癌前病变，提供重要的实验数据。

（梁　红）

【肝癌治疗技术研究】 2000 年 7 月至 2004 年 6 月，天津市第三中心医院杜智、高英堂、王毅军等在前期工作的基础上，开展了肝癌基础、临床和治疗实验研究。采用抑制性消减杂交技术和生物信息学分析构建了肝癌的高表达基因消减文库。利用半定量聚合酶链反应(RT PCR)、DNA 测序、寡聚核苷酸芯片、组织芯片等多种技术对 AFP 基因等 26 个基因的 mRNA 或蛋白产物进行分析，结合癌组织和癌周组织中存在明显的差异性基因表达，首次提出肝癌分子边界的概念，对指导手术切除范围及术后复发和转移的评估具有重要意义；术中超声染色为临床提供了准确的肝段和亚段的切除范围，为根治性切除提供较明确的切缘保证；体外实验和动物实验显示，中药硇砂及超声波激活血卟啉，达到了较好的体外杀伤癌细胞和体内抑瘤的作用，为寻找新的治疗肝癌的方法和手段作了有意义的探索。该研究系天津市科技发展计划项目，2004 年 6 月 14 日通过专家鉴定，该成果达国际先进水平。

（刘　群）

【神经干细胞移植治疗脑梗死实验研究】 2000 年 7 月至 2002 年 7 月，天津市环湖医院王新平、马温良、张文治等对胚胎大鼠中脑、室下区及海马等部位组织进行分离培养，并通过扫描和透射电镜对神经干细胞及分化的子代细胞进行了超微结构观察，在体研究通过脊髓横断损伤观察室管膜细胞的增生反应，探讨啮齿类动物中枢神经系统多潜能干细胞的培养方法和分化的鉴定方法。用线栓法制作大鼠大脑中动脉梗死模型，用动物模型对神经干细胞(NSC)的体外调控、移植时间、移植数量的选择、移植部位微环境等进行了较深入的研究。证实 NSC 移植可促进 MCAO 后动物神经功能恢复，观察了 MCAO 后不同时间进行移植及不同数量 NSC 移植对功能恢复的不同影响，筛选出最佳移植时间及最佳移植数量，为早日将神经干细胞移植应用于临床奠定基础。2004 年 6 月 23 日该研究成果通过专家鉴定，该研究达国际先进水平。

（刘　群）

【亚低温治疗大面积脑梗死的临床研究】 2001 年 7 月至 2003 年 5 月，天津市环湖医院王世民、王晓玲、李兰翠等对亚低温治疗大面积脑梗死作了较全面观察，探讨亚低温对颅内压(ICP)、动脉血糖血乳酸的影响，并对亚低温治疗与常规治疗的临床疗效、副作用、并发症等作了对比。对临床急性发病后 6~30 小时(平均 20 小时)的病人进行亚低温治疗，采用水循环式控温毯降温，同时持续静脉滴注冬眠合剂（生理盐水 500ml + 氯丙嗪 100mg + 异丙嗪 100mg），使病人直肠温度在 4~12 小时内降至 35℃以下，维持肛温 33~34℃平均 32 小时，室温控制在 17℃。最后采用每 8~12 小时复温 1℃的方法缓慢复温，将病人直肠温度升至 36.5~37.5℃。经 30 例临床研究证实：亚低温治疗的病人在亚低温期间 ICP 处于最低水平。表明亚低温有效降低 ICP，病人血糖血乳酸水平下降明显($P<0.05$)，对改善大面积脑梗死病人的预后显示出不同于常规治疗的优势。治疗方法安全可行，患者无严重并发症，具有较高的临床应用和推广价值。2004 年 6 月 23 日该研究成果通过专家鉴定，达国内领先水平。

（刘　群）

【动脉粥样硬化狭窄和再狭窄实验模型的建立】 2000 年 9 月至 2003 年 7 月，天津市胸科医院刘寅、周玉颖、杨萍等以大耳白兔为实验对象，一侧颈动脉入径、实现双侧髂动脉内同时操作球囊损伤动脉内膜加高脂饮食成功建立了兔髂动脉的动脉粥样硬化狭窄和再狭窄模型，经影像学、病理学光镜、电镜及免疫组化分析证实，多数为偏心、局限性的 40~100%的狭窄。动脉造影显示平均腔径狭窄度 69.0±19.12%，HE 染色示内膜明显增厚至管腔偏心性狭窄，偶见中膜平滑肌细胞迁移入内膜层；电镜示膜结构损伤，可见凋亡小体；免疫组化示增殖细胞核抗原、抑癌基因、核因子-κB、胰岛素样生长因子、蛋白表达量均高于对照组。是经皮冠脉介入治疗(PCI)术后再狭窄研究及其干预方法研究理想的动物模型，形成的模型稳定、可靠、重复性好。2004 年 4 月 20 日该研究成果通过专家鉴定，达国内领先水平。

（刘　群）

【丙泊酚对胎鼠神经元缺氧损害的保护作用】 缺血缺氧性脑损害是临床上常见的问题，病人往往有烦躁，不合作的表现，处理比较困难。药物治疗特别是麻醉药脑保护作用逐渐受到人们的重视，应用一定剂量丙泊酚不仅起到镇静作用，还可发挥其脑保护优势。2000 年 9 月至 2003 年 7 月天津市环湖医院陈君、孟春、梁禹等在改良原代胎鼠神经元体外培养模型的基础上，运用四甲基偶氮唑盐(MTT)细胞酶学分析法、化学法、免疫组化和原位杂交等手段，研究不同浓度丙泊酚预处理和丙泊酚后处理对缺氧神经元神经细胞活力和一氧化氮(NO)产量的影响，以及在正常培养条件下不同浓度丙泊酚作用不同时间后鼠脑神经元 Hsp70 （热休克蛋白 70)、Hsp70mRNA 和 Hsc70mRNA （热休克同源蛋白 70) 的表达。从细胞水平上阐明丙泊酚脑保护作用机制。用较高浓度丙泊酚(56μmmol/L)后处理缺氧鼠脑神经元，可诱导机体内源性保护机制产生，从而发挥神经保护作用，增强病人耐受缺血缺氧的能力，减少手术合并症的产生，对临床处理脑缺氧性损害有指导意义。2004 年 8 月 5 日该研究成果通过专家鉴定，达国内领先水平。

（刘 群）

【氯氨酮对内皮细胞和白细胞活化的影响】 2002 年 1 月至 2003 年 1 月，天津市环湖医院王海云、王国林、梁禹等采用体外培养的人脐静脉内皮细胞和分离纯化的人类白细胞作为研究对象，利用流式细胞仪、免疫组化等方法，系统观察了氯胺酮和 MK-801 对炎症反应中内皮细胞和白细胞活化的影响，并探讨了氯胺酮的抗炎机制。证实氯胺酮对炎症反应中内皮细胞 NF-κB 易位具有活化抑制作用。提示，在麻醉过程中应用小剂量的氯胺酮不仅可以起到加深麻醉的作用，而且还可以有效地减轻患者体内过度的炎症反应，为麻醉医师对围手术期炎性反应并发症的防治提供了重要的手段。2004 年 8 月 5 日该研究成果通过专家鉴定，达国内领先水平。

（刘 群）

【放射性球囊血管照射预防血管成形术后再狭窄】 2002 年 12 月至 2004 年 5 月，天津市胸科医院、中国医科院放射所刘寅、高静、苑淑渝等选用兔双侧髂动脉粥样硬化狭窄动物模型，行血管成形术并在一侧使用磷[32P]放射性液体充盈球囊局部血管内近距离放射治疗。通过检测血清学指标，并进行血管造影、大体形态、病理学光镜、电镜、核因子-κB、胰岛素样生长因子-1、增殖细胞核抗原、抑癌基因、免疫组化，分析观察病理组织形态学改变，以探讨放射性液体球囊血管近距离照射预防血管成形术后再狭窄的量效关系及其抑制再狭窄发生的可能机制以及评价该治疗方式的安全性和可行性。实验提示应用磷[32P] 放射性液体球囊行血管内放射治疗靶血管壁吸收剂量为 9.1Gy 时，血管内照射无效；吸收剂量达 21.8Gy 时，生物学效应最理想，可防止血管成形术后再狭窄的形成；吸收剂量为 33.4Gy 时，造成内皮严重损伤，管腔重度狭窄。同时血管腔内伴有血栓形成，为临床应用提供了理论依据，使临床 BT 治疗的量效关系更加明确化。保证了病人治疗效果和安全，避免了并发症和放射损伤发生，具有一定的临床价值。2004 年 8 月 19 日该研究成果通过专家鉴定，达国内领先水平。

（刘 群）

【大鼠多潜能神经干细胞培养及相关实验研究】 1999 年 9 月至 2001 年 4 月，天津市环湖医院刘暌、王洪光、王红云等对胚胎大鼠中脑、室下区及海马等部位组织进行分离培养，通过细胞免疫化学方法鉴定分化方向；用扫描和透射电镜对神经干细胞及分化的子代细胞进行了超微结构观察；并应用细胞膜片钳技术检测了子代细胞的动作电位、膜静息电位、膜阻抗等电生理特性；在体研究通过脊髓横断损伤观察室管膜细胞的增生反应。结果表明在胚胎大鼠的脑及成年大鼠脊髓内均存在着具有向神经元和胶质细胞分化的多潜能干细胞，部分子代细胞具有活跃的电生理特性，脊髓室管膜细胞在损伤后出现快速增生并表达原始神经干细胞标志。该研究为中枢神经系统损伤修复和退变性疾病的细胞替代治疗提供了必要的理论和物质基础。2004 年 9 月 7 日该研究成果通过专家鉴定，达国内领先水平。

（刘 群）

【脑动脉临时阻断的动物实验研究】 2001 年 4 月至 2003 年 4 月，天津市环湖医院姚鑫、杨玉山、孙宏声等通过对沙土鼠进行模拟载瘤动脉临时阻断造成缺血性损伤及缺血-再灌注损伤的脑血流、微透析等指标进行分组研究，了解阻断的不同时间及方式造成的颅内各种损伤严重程度。按不同阻断时间及方式分为8组，手术后行脑血流监测并收集脑微透析液，分析其中葡萄糖、乳酸、丙酮酸、甘油的变化情况并与术后3日动物的行为学评分做对比，以此观察损伤后脑组织间液中生化物质含量的变化以及各种不同阻断方式对脑组织的影响，为各种损伤的临床治疗提供理论参考。2004年9月7日该研究成果通过专家鉴定，达国内领先水平。

（刘　群）

【应用牛磺酸体外干预实验研究AD发病机理】 特应性皮炎(AD)是一种慢性炎症性皮肤病，具有典型的细胞和体液免疫异常特征，2002年10月至2004年10月天津市长征医院张玉环、焦振山、阳忠辉等围绕AD发病的机理，利用牛磺酸进行体外干预实验。发现：牛磺酸具有促进AD患者Th1细胞因子(IFN-γ、IL-2)的表达，并抑制Th2细胞因子、IL-4的表达，从而纠正其Th1/Th2失衡状态；对角质形成细胞株colo-16的增殖和IL-6、TNF-α的表达具有显著抑制作用。AD患者血中牛磺酸水平降低，不能有效抑制上述炎症因子的产生，是AD皮损炎症的原因之一。实验数据表明牛磺酸是一种含硫的β-氨基酸，是调节细胞稳定的重要物质，牛磺酸对AD患者T细胞和角质形成细胞的增殖及细胞因子分泌有影响，可纠正Th1/Th2的失衡状态并抑制炎症因子的产生。2004年11月28日该研究成果通过专家鉴定，达国内领先水平。

（刘　群）

【狼疮肾炎病理机制的实验研究】 系统红斑狼疮是常见的自身免疫性疾病，其病理机制并不十分清楚。自1999年8月至2003年5月，天津市第三医院、天津医科大学董晖、李会强、闫卫利等采用胶原酶、胰酶消化法并且加入内皮细胞生长因子使血管内皮细胞在体外传代，构建抗内皮细胞抗体对内皮细胞损伤模型；用纯化的狼疮性肾炎患者的抗内皮细胞抗体的免疫球蛋白G(IgG)刺激体外血管内皮细胞，从内皮细胞功能改变、蛋白质表达、COX2 mRNA表达等多层次，对抗内皮细胞抗体造成内皮细胞损伤作用进行研究；采用组织培养、放免、酶免、免疫印迹、半定量聚合酶链反应(RT-PCR)、电镜等技术，探讨抗内皮细胞抗体对狼疮性肾炎的病理改变，为临床选择狼疮性肾炎治疗的药物靶点提供了重要的实验室依据，明确狼疮性肾炎中参与病理生理改变的COX亚型，进而选择特异性的非甾体类抗炎药物将对狼疮的治疗具有重要意义。2004年8月11日该研究成果通过专家鉴定，达国内领先水平。

（刘　群）

【药物动力学数学模型与新药的药代动力学研究】 天津药物研究院药代实验室完成的“药物动力学数学模型与新药的药代动力学研究”于2004年11月荣获2003年度天津市科技进步一等奖。该研究融合了计算机科学、数学、生命科学等相关学科的理论成就，总结了该院药代实验室所承担国家“七五”、“八五”和“九五”科技攻关项目和向新药研究机构转让的科技合作项目中，应用现代生物分析技术开展药物动力学研究的成绩，其中包括国家“七五”科技攻关项目5项，“八五”科技攻关项目3项，“九五”科技攻关项目3项，国家重大科技项目1项，国家新药基金项目12项，新药研究机构转让的科技合作项目60多项。在生物技术药物的临床前药物动力学规范研究和前体药物的临床前药物动力学规范研究方面，采用同位素标记、色谱分离和免疫学方法，在不同的实验动物进行实验，对前体药物的药物动力学研究具有开拓性的重大意义。

（陆　榕、王建设）

【临床前药物代谢动力学关键技术及平台研究】 该项目由天津药物研究院新药评价中心承担，2003年5月，被国家科技部批准为国家“863”计划项目。该项目将药物学、实验药理学、临床毒理学、药物化学、生物化学、分析化学和数学等学科集合，发挥交叉和边缘学科的作用，研究新化学药物、生物技术药物和天然药物的药代动力学。该技术平台承担国内创新药物研究中的相关研究课题，按照国际规范制定标准操作规范，为系统开展新药研究提供科学思路和依据并进行预测和评价。该项目于2004年6月通过国家科技部的中期验收，后又通过结题前检查验收。

（陆　榕、王建设）

【高通量与高内涵相结合的药物筛选技术研究】 以天津药物研究院为依托的天津药代与药效动力学省部共建国家重点实验室联合承担的国家重点基础研究发展计划(973计划)项目“基于基因功能的创新药物研究”的课题“高通量与高内涵相结合的药物

筛选技术研究和相应平台的建立”于2004年启动。根据计划分工，该实验室在中国工程院院士刘昌孝带领之下，组织科研人员发挥药物代谢的学科优势，重点将在建立高通量筛选（HTS）和高内涵筛选（HCS）的药代动力学体外检测模型，建立重要代谢酶抑制和血浆蛋白结合率检测模型进行研究，应用已建模型对经HTS和HCS筛选发现的先导化合物进行体外药代动力学评价。

（刘昌孝）

【毛蚶壳微晶人工骨治疗颌骨缺损】 1999年6月至2002年12月，天津市口腔医院、天津市医药科学研究所张建成、曲树明、张洪杰等以毛蚶壳微晶为骨架材料，用可降解材料壳聚糖诱导组织内向生长，经化学改性胶联制成人工骨。通过对毛蚶壳微晶人工骨溶血实验、原发性皮肤试验、急性全身毒性试验、皮内注射试验、细胞毒性试验、致敏试验、细胞染色体致突变试验等7项生物相容性实验及家兔颅顶骨缺损毛蚶壳微晶人工骨植入的实验，观察材料植入后不同时期X光片及病理组织切片，结果显示该材料对宿主机体及组织无毒、无害，不引起免疫排斥反应，与宿主机体组织相容性好，起到引导新骨形成的支架作用，可塑性强，是一种新的理想的骨代用品。2004年8月17日该研究成果通过专家鉴定，达国内领先水平。

（刘　群）

卫生与预防

【SARS流行病学调查、随访与干预试验】 2004年10月19日天津市科委组织专家组对天津市政府拨专款进行的“天津市SARS患者健康查体项目”和天津市科委资助的“天津市SARS患者流行病学回顾性调查和健康随访与干预试验研究”进行结题验收和成果鉴定。天津市卫生局局长张愈为项目负责人，由市传染病医院、武警医院、市肺科医院、市海河医院、市卫生防病中心、市胸科医院、市长征医院、天津中医学院、市第一中心医院、市第二中心医院和天津医院等11个单位参加的课题组，于2003年8月至2004年10月，分3期对每一位随访者进行了SARS-CoV特异性抗体免疫球蛋白G检测(IgG)，发现原临床确诊患者中抗体阳性率为99.34%，临床疑似者中抗体阳性率为87.5%，临床观察病例为45.95%，抗体总阳性率为88.64%。三期随访的抗体动态检查发现，IgG抗体水平出现下降趋势，并且个别患者抗体开始转阴；SARS康复者对SARS-CoV免疫力持久程度，有待进一步观察。此外发现，在第一期随访查体中仍然有28.10%随访者IgM抗体阳性，第二期15.04%，至第三期下降到3.28%，SARS感染后免疫球蛋白M(IgM)仍持续阳性的现象。并在地区范围内率先建立了标准化、规范化的SARS流行病学、临床学、随访的数据库，为国家和天津市深入研究提供了有价值的共享资源。

专家组对课题组在国内成功地组织进行并完成SARS患者康复期为期1年三个阶段的系统的健康随访以及该研究所取得的成果，给予了高度的赞扬和肯定，并对天津市独特的组织形式及其有效性给予了高度的评价。专家组认为：天津市在全国率先以地方为单位较全面地进行随访研究，设计方案合理，调查方法规范，流行病学调查内容全面，涉及生理、病理和心理、干预多个方面，分析结果具有重要研究价值。天津市SARS随访工作及其取得的主要研究成果达到了国际先进水平。

（焦振山、刘　群）

【天津市卫生与人口健康问题战略研究】 根据市政府制定天津市中长期科学和技术发展规划的统一部署，天津市卫生局承担，副局长田惠光任课题组长的课题“天津市卫生人口与健康中的重大科技问题研究”于2004年4月正式启动。根据全面建设小康社会和健康城市的目标，通过对全市人口、健康、食品安全以及医药卫生等领域现状、趋势和需求分析，结合国内外发展趋势，重点研究关系到人口健康以及医药卫生(包括公共卫生、食品安全和重大疾病防治)等领域的重大科技问题，明确科技发展战略、重大科技任务及相关措施，提出天津市卫生和人口健康方面未来科技发展的总体思路，未来15年该领域科技发展的战略重点和战略目标，以及相关政策和措施。

2004年11月4日天津市科委组织有关专家对“天津市卫生与人口健康中的重大科技问题战略研究”进行了论证。与会专家对战略研究报告给予了高度的评价认为专题报告的整体框架合理，内容全面，目标和发展战略明确，科技需求分析的准确，战略重点和关键技术的凝练较为合理。它将为制定天津市中长期科学技术发展规划及天津市医药卫生“十一五”科技发展规划的编制提供重要依据。

（刘 群、侯庆春）

【嗜肺军团杆菌分布规律及分子标记技术】 该项课题由天津市卫生防病中心刘洪亮、侯常春与中国人民解放军军事医学科学院卫生学环境医学研究所李君文等承担。2000年5月至2003年4月以天津城乡各自然环境和生活环境主要水体为研究对象，对各种水体中军团菌、嗜肺军团杆菌的分布规律及分子标记技术进行了研究。对军团菌常规培养技术及聚合酶链反应（PCR）实验条件进行完善和优化，对随机引物扩增DNA多态性(D-RAPD)、扩增片段长度多态性（AFLP）、微卫星DNA多态性（MPD）等多种分子生物学技术在检测军团菌和嗜肺军团菌上的适用性进行研究，筛选出适于环境大样本检测的方法，为预防与控制军团菌的污染与传播提供了科学依据；建立了一整套用于嗜肺军团菌检测的细菌培养及半套式PCR鉴定方法。该方法特异性强、灵敏度高、操作简便、经济实用，为科学评价和有效控制嗜肺军团菌的污染提供了可靠的实验室方法的支持。该研究系天津市21世纪青年科学基金项目，达国际先进水平。该成果已在中国疾病预防控制中心及中国人民解放军卫生监测中心应用，并通过全国专题检测技术培训班向全国推广。该成果获2003年度天津市科学技术进步三等奖。

（刘 群）

【保持豆浆中尿素酶活性固体成分制备方法】 生熟豆浆的判定一直是诊断生豆浆引起食物中毒的关键，判定生豆浆引起的食物中毒一直缺乏定量的卫生标准，国家至今尚无相关的卫生标准。2002年4月至2002年8月天津市和平区卫生防病站石璐艳、刘景华、黄苏萍等研究创立了保持豆浆中尿素酶活性固体成分制备方法，依据国标GB8622-1988分析和双变量统计分析，得到了豆浆温度与尿素酶活性之间的负相关关系，同时对国标中取样量根据实际工作情况进行了改进，进一步适应了固体样本量制备的要求。该研究严格掌握样品的前处理条件，保证了实验结果的可重复性和稳定性，为基层单位建立了一种鉴别生熟豆浆简便的实验方法，也为国家建立豆浆卫生检测方法与标准的制定提供了依据，具有较大的实用价值。2004年3月25日经专家鉴定为国内领先水平。

（刘 群）

【天津“非典”疫情报告指挥网研制成功】 2003年4月至2003年8月，天津市卫生防病中心王撷秀、刘军、况丹等在SARS全球爆发的情况下，根据天津市的实际情况及时建立了“非典”疫情报告指挥系统。通过项目的实施建立了从基层医院到区县防病站、市卫生防病中心、市卫生局及市委、市政府的报告指挥系统，形成非典疫情专报网络体系，快速、准确、及时收集处理非典疫情。该系统在数据处理上采用集中、分散管理模式，大大提高了可靠性，五级机构的报告网络设计合理，利用现有的公共网络，建立了快捷、安全、实用的“非典”报告指挥专网，既可满足从发热门诊、定点医院到区县卫生防病站疫情信息的传递，又能满足市委市政府、市卫生局的实时信息查询。使天津SARS疫情报告在全国率先实现五级网络信息化报告，为天津市控制SARS流行发挥了重要作用。该项目包括三方面的研究：一是五级机构网络体系的建立；二是“非典”疫情信息中心服务器的设计和管理；三是“非典”疫情报告管理信息系统的建立。2004年4月14日，该研究成果通过专家鉴定，在卫生防病系统方面达到国内领先水平。

（刘 群）

【卫生防病网络化信息系统的建立】 天津市卫生防病中心刘军、饶克勤、王撷秀等2000年10月至2004年1月依据卫生部《全国疾病预防与控制机构工作规范》、《国家卫生信息网建设总体实施方案及指导手册》，以天津市卫生防病中心现有业务需求和网络设计为基础，采用软件工程的分析方法提出省级疾病控制部门Internet网联接的广域网实现方案、局域网络(Intranet)实现方案、最优的软件、硬件配置方案及卫生防病网络管理规范。通过对天津市卫生防病中心上网流量的调查监测数据，进行统计分析，找出最佳的Internet网的接入带宽，形成一套卫生防疫系统业务工作的信息化解决模式，为信息化建设提供依据。该项目已应用于天津市卫生防病中心网络化建设中，通过网站可及时向公众提供卫生防病信息，所提出的卫生防病网络化信息系统的建设方案已在全市基层防病单位得到应用，使全市卫生防病系统网络化建设稳步发展。此方案已在“非典”流行时期的信息收集和疫情报告中发挥了巨大作用，对卫生防病系统的网络建设有一定的指导和参考价值。2004 年 4 月 14 日，该研究成果通过专家鉴定，达国内领先水平。

（刘　群）

【膳食纤维干预改善便秘】 便秘已成为病源群最广、发病率最高的病种之一，是诱发慢性病发生的危险因素。对于便秘的治疗多采用传统的软化剂和刺激性泻药进行治疗，这类药物的长期应用会导致患者对药物的依赖性及副作用和并发症。膳食纤维能够增加肠蠕动频率，缓解肠紧张度，改善粪便硬度，从而达到改善和预防便秘的作用。天津市卫生防病中心江国虹、常改、杨溢等对经天津市河西区马场医院筛选的 120 名志愿者，于 2003 年 12 月至 2004 年 4 月开展膳食纤维干预改善便秘的研究。采用天然的膳食纤维将可溶性和不可溶性膳食纤维按 1:3 的最佳比例制成膳食纤维制品，通过预防医学的干预手段，推荐给这些特殊人群。随机分成两组，对两组实验对象发放 7 天食用量的膳食纤维片和安慰剂，每人 6 片/日，服用期间记录膳食和排便状况及不良反应，摸索出一套利用膳食纤维干预改善便秘的经验及方法，通过预防医学的干预手段，将合理设计的膳食纤维制品和科学的食用方法推荐给公众，为在社区中广泛开展人群干预试验，通过改变不良饮食行为预防相关疾病奠定了良好的基础。2004 年 11 月 18 日该研究成果通过专家鉴定，达国内领先水平。

（刘　群）

【卫生检验样本管理系统的研制】 2002 年 6 月至 2003 年 6 月，天津市卫生防病中心钱智勇、马运明、王栩冬等根据 GB/T15481-2000《检测和校准实验室能力的通用要求》规范化管理的大中型卫生检验实验室的业务管理自动化而进行的系统研究。该课题从卫生检验的实际出发，利用先进、成熟的计算机技术开发了卫生检验样本管理软件，提高了检验管理工作质量和效率，保证了样品卫生检测的规范化。该系统已于 2003 年 6 月在天津市卫生防病中心运行，使用效果良好。该系统采用 Powerbuilder8.0 进行应用程序的开发，后台数据库采用 SQLServer2000，运行环境为 LC3000 服务器、10M 带宽局域网、赛扬 466 以上客户机，系统运行环境要求较低，易于基层单位推广使用。该系统为自主开发，拥有自主知识产权。2004 年 11 月 11 日该研究成果通过专家鉴定，认为在卫生检验样品信息管理方面达到国内领先水平。

（刘　群）

【转基因抗虫棉子油营养与卫生质量评价】 2003 年 6 月至 2004 年 6 月，天津市卫生防病中心常改、江国虹、杨溢等率先以转基因抗虫棉中具有代表性的品种转基因抗虫棉(DR409)中的棉籽为原料生产的油和受体棉中的棉籽为原料生产的油为研究对象，采用国际公认的实质等同性的比较法，将食品的营养指标和卫生指标相结合并在证实遗传稳定性、动物安全性实验的基础上，首次采用模拟储存、烹调条件的稳定性试验方法，对转基因抗虫棉籽油的营养与卫生质量进行综合性评价研究。结果显示：转基因抗虫棉籽油与受体棉籽油感官指标、营养指标、卫生指标、氧化指标和天然有毒成分游离棉酚的检测结果无明显差别；同时，两种棉籽油的模拟储存、烹调条件的稳定性试验结果表明，两者随时间和加热温度的变化所有检测指标发生相同的改变。该研究为开发转基因抗虫棉籽油、制定国家"转基因食品安全与营养质量评价程序和检验方法"提供科学依据。2004 年 12 月 27 日该研究成果通过专家鉴定，达国内领先水平。

（刘　群）

【对灭菌乳中过氧化氢检测方法的建立】 2001 年 9 月至 2003 年 10 月，天津市卫生防病中心张之伦、张耀亭、白世基等为检测灭菌乳中过氧化氢，在硫酸矾定性法基础上，参照经典的氧化还原反应和酶化学反应原理建立起定量检测方法。该方法检测最小浓度为 2.7mg/L，使用 1%过氧化氢酶 2ml 时最大检测浓度 1950mg/L，温度在 37℃、pH6-7 时检测效果最佳，精密度<1%，样品中含有过硫酸铵、碘酸钾、溴酸钾等氧化剂对检测结果无影响。通过流行病学调查首次证实了灭菌乳污染过氧化氢可致食物性中毒。通过大鼠模拟实验证实了一次性摄入超出标准 300 倍(6mg/kg.BW)过氧化氢时，未见明显急性中毒表现。过氧化氢定量检测方法的建立，为补充、修订食品卫生标准和相应的检测方法标准，为提高灭菌乳等乳制品主动监测的效率，提供了技术支持。该检测方法实用、先进，对防止过氧化氢中毒有科学价值和较大社会效益。2004 年 11 月 26 日该研究成果通

过专家鉴定，达国内领先水平。

（刘 群）

【性健康及艾滋病教育国际研讨会在津举行】 2004年10月15日，国际慈善组织建华基金会天津代表处、天津市卫生防病中心共同举办的"性健康及艾滋病教育和预防——美国经验谈"国际研讨会在市防病中心举行。研讨会特邀美国全美家庭全科医师国际教育中心教授拉瑞·吉博士，主讲以艾滋病预防为重点的"中国和世界的性健康问题"；美国全美家庭全科医师中心主任黛安娜·赖特福特博士，主讲涉及智力健康问题的"鼓励和教育父母如何教导孩子有关青少年性健康问题"；安德森博士，主讲"色情媒体对青少年及性健康的影响"。天津市区县防病站的专业技术人员、天津市教委所属重点中小学的校医、南开大学与天津医科大学的有关专家、天津市卫生局直属医院的预防专家及天津市卫生防病中心的相关科室专业技术人员计300余人参加了此次国际学术交流会。会上几位专家就性健康及艾滋病教育和预防的经验与参会人员进行了交流互动。会后与会人员一致表示举办这样的国际学术交流对进一步促进青少年性健康教育工作，提高全市性病、艾滋病预防及健康教育水平有重要意义。

（李 芮）

临床研究

【多层螺旋CT在OSAS中应用】 阻塞性睡眠呼吸暂停综合征(OSAS)为一种睡眠呼吸系统疾病，严重影响患者的生活质量和寿命。天津市第一中心医院沈婕、祁吉、张玉庚等于2001年1月至2003年5月，首次将动态低剂量CT扫描应用到睡眠状态下OSAS的诊断中，为临床医师提供了直观、清晰的影像。并比较了清醒平和呼吸状态下与睡眠(吸气末、呼气末）状态下咽腔各测量值及发生狭窄部位的异同，以修正清醒状态气道测量对病理生理学改变判断的不精确性，分析睡眠状态下气道实际的闭塞或狭窄的部位、累及范围及动态变化。建立了清醒状态下OSAS的CT诊断的判别分析方程式，从而提高了CT对清醒状态下OSAS诊断的准确率，摸索出低剂量CT扫描在咽部检查的最佳条件，为OSAS的诊断提供了影像学依据。该研究临床应用价值大，实用性强，2004年3月30日该研究成果通过专家鉴定，达国内领先水平。

（刘 群）

【脑电觉醒对睡眠呼吸障碍的辅助诊断技术】 该研究通过脑电技术判读觉醒指数，初步探讨觉醒指数与呼吸紊乱指数之间的关系，以确定不同睡眠呼吸障碍的诊断，并指导临床治疗。由于睡眠中反复脑电觉醒导致睡眠片断和慢波睡眠的缺失，这是睡眠呼吸障碍最严重的症状之一，过度日间嗜睡的主要决定因素，也是导致心血管并发症—心律失常、高血压、猝死的主要危险因素之一。因而，觉醒近年来日益受到国内外学者的重视。很多国内外学者认为觉醒在诊断睡眠呼吸障碍及预计预后方面有重要意义，关于此项研究的报道国内文献并不多见。国内对睡眠呼吸障碍的诊断多局限在睡眠呼吸暂停综合征，而诊断其他睡眠呼吸障碍如上气道阻力综合征、周期性腿动等则很困难。通过脑电判读觉醒技术研究觉醒指数与呼吸紊乱指数的相关性，将为诊断不同睡眠呼吸障碍提供依据。研究证明在诊断睡眠呼吸障碍方面，觉醒指数是一个临床上有用的指标，它与呼吸紊乱指数有一定的互补性，应该作为评估睡眠呼吸障碍的常规指标。

（王 彦）

【DTI技术测量MPI评价心绞痛患者总体心功能】 心肌运动指数(MPI)是超声心动图(UCG)评价心脏总体功能的新指标，其特点是可以综合评价心脏收缩和舒张功能。以往临床常用UCG测量的EF值评价收缩功能、E/A等评价舒张功能，该指数1995年由Tei C等提出后即广受重视，已作为一个评价心脏总体功能指标逐步在科研及临床中应用。应用多普勒组织显像(DTI)技术测量心肌运动指数是该指数近年的新发展。DTI技术可以在同一幅图像中完成心肌运动指数测量，避免生理性心率变异引起的误差使心肌运动指数测量更简便，结果更精确。

2003年1月至2004年5月，于天津医科大学总医院心内科住院疑诊或确诊心绞痛（均无心梗病史)并接受冠脉造影(CAG)患者60例，年龄35~74岁。根据CAG分为三组：对照组、冠脉轻度狭窄组、冠脉重度狭窄组，做临床研究。结果显示：DTI-MPI在对照组与冠脉轻度狭窄组无差异，而在冠脉重度狭窄组显著高于对照组及冠脉轻度狭窄组；与PW-MPI分析结果一致；应用DTI-MPI可以反映心绞痛患者左室总体心功能变化。经一年多的临床应用研究,对 HP SONOS 5500 超声心动仪 DTI 软件包各种设置条件,图像采集,数据分析等诸多关键技术已达到熟练运用程度。该技术已成为总医院对心绞痛患者心脏总体心功能评价的重要指标。

（黄灿亮）

【^{11}C-MET PET 鉴别脑放射性坏死与脑肿瘤复发】 2003 年，天津医科大学总医院自美国引进 11 碳蛋氨酸正电子发射型断层显象仪（^{11}C-MET PET),从当年 12 月~次年 8 月对 16 例经过立体定向放射治疗后的脑肿瘤患者进行了 ^{11}C-MET PET 显像,这些患者均为临床及 MR 影像高度怀疑肿瘤复发。研究中 ^{11}C-MET PET 显像的准确性通过手术病理及 2 周内穿刺活检(n=11)或随访(n=5)进行评价,随访时间至少 5 个月。对照组为排除脑部疾患的受检者脑部图像(n=10)。所有患者检查静脉注射 ^{11}C-MET 并进行脑 3D 图像采集，并与 CT 断层图像融合,分析方法为比较肿瘤组织放射性计数率/正常白质放射性计数率(T/WM)。结果显示,^{11}C-MET PET 诊断肿瘤复发的敏感性为 83.3%,特异性为 100%,其中放射性坏死的平均 T/WM 为 0.8，复发性脑肿瘤为 1.82,两者比较具有统计学差异($P<0.05$)。研究结果提示,^{11}C-MET PET 显像是鉴别放疗后肿瘤复发与脑组织放射性坏死的一种准确、敏感的方法,能够为放疗后反应的治疗提供重要信息。该项目的引进居国际领先水平,填补了国内该领域的空白,并已在临床常规应用。

（陈秋松）

【氦氖激光体表照射治疗下肢缺血性病变】 动脉粥样硬化的病理变化主要是血液中脂类等物质沉积在血管壁形成粥样斑块，使动脉弹性减弱，脆性增加,易于破裂,其管腔逐渐变窄甚至完全闭塞,也可扩张而形成动脉瘤。内脏或四肢动脉管腔狭窄或闭塞，在侧支循环不能代偿的情况下使器官和组织的血液供应发生障碍,产生缺血、纤维化或坏死。近年,下肢动脉硬化闭塞症的发病率有增高的趋势。对动脉硬化本身国内外尚无有效的治疗方法，主要依靠各种措施来防止动脉硬化的发生和发展，一旦动脉硬化引起病变动脉的严重狭窄或闭塞，严重威胁肢体的生存时,则必须尽快手术治疗,重建下肢的血液循环,而早期诊断和治疗往往取得较好的疗效。

20 世纪 90 年代初，国内外学者就开始了应用激光治疗脑血管、心血管等缺血性疾病。2001 年 10 月，天津医科大学总医院引进了氦氖激光体表照射新技术,并用于下肢血管病变的体表照射治疗研究,取得了显著疗效。其技术关键为:1.提高诊断意识,早期发现下肢缺血性病变，同时给予早期无创的激光治疗,减少发展至血管闭塞的机率。2.改变以往的血管内治疗为血管外治疗，避免血液性传播疾病的发生,使此种治疗更加安全可靠。

（徐　晏）

【内镜、腹腔镜联合治疗肝外胆管结石】 该项技术于 1998 年 4 月在天津市南开医院首次实施。2000 年 4 月至 2003 年 7 月,该院秦明放、赵宏志、邹富胜等在肝外胆管结石治疗中充分发挥各种微创手段的长处,率先提出内镜、腹腔镜联合治疗肝外胆管结石的研究方案,即:一镜方案(单纯十二指肠镜治疗)、二镜方案即:二镜①(十二指肠镜、腹腔镜联合治疗)和二镜②(腹腔镜、胆道镜联合治疗)、三镜方案(十二指肠镜、腹腔镜、胆道镜联合治疗)。针对不同类型、不同程度的肝外胆管结石患者提出阶梯性应用四种微创治疗方法，形成了一套完整的和规范化的微创治疗方案。既符合传统外科的治疗原则,又避免了单一治疗方式所带来的弊端。自实施该研究方案以来,应用一镜方案治疗 414 例,成功率为 91.30%;二镜方案①治疗 2254 例,成功率为 85.09%;应用二镜方案②治疗 49 例,成功率为 89.80%;应用三镜方案治疗 285 例,成功率为 94.39%。阶梯性应用四种微创方案,总治疗成功率为 97.79%(2609/2668),术后均无严重并发症发生。方案中“三镜联合胆总管探查术”为国内外首创,进一步提高了复杂性胆管结石微创治疗成功率,扩展了腹腔镜微创手术的治疗范围。几种微创治疗方案均较传统的开腹手术创伤小,合并症少,成功率高,肠功能恢复快,住院时间缩短。经过 5 年的临床实践证实,方案切实可行,对微创治疗肝外胆管结石临床治疗具有指导作用。现已协助国内 38 家医疗单位应用此技术,并获得广泛认同,培养技术人员 1400 余名,促进此技术在全国的推广。2004 年 3 月 30 日该研究成果通过天津市科委组织的专家鉴定，达国际先进水平。

（刘　群）

【原位肝移植围麻醉期凝血功能调控】 2000 年 1

月至2003年12月,天津市第一中心医院张秀生、杜洪印、张裕霞等对肝移植术患者术前、无肝前期、无肝期、再灌注期和术后早期5个阶段的血常规、凝血四项、D-二聚体、血气和生化指标进行了系统动态监测,分析总结了血小板计数、凝血指标与Sonoclot凝血和血小板功能之间的相关关系和规律性,客观分析了术中各项出凝血指标与机体代谢酸中毒、低血压和低体温之间的关系。对不同患者、不同时机进行出、凝血功能调控,针对性地使用凝血物质和凝血与抗凝药物,减少了因出、凝血异常引起的出血和二次开腹止血的发生率,避免了围手术期高凝状态引起的肝动脉和门静脉的血栓形成,显著减少肝移植术因出、凝血功能紊乱所引起的并发病症,为肝移植围术期出凝血系统管理提供了量化依据,显著降低肝移植手术并发症。2004年10月19日该研究成果通过专家鉴定,达国内领先水平。

(刘 群)

【颈内动脉残端指数测定在内膜切除术中应用】 颈内动脉内膜切除术是预防脑卒中和脑神经机能不全而实施的一种有效术式。1997年1月至2002年12月天津市胸科医院栗力、董双忠、崔若昱等对经核磁血管成像(MRA)筛选的30例颈动脉狭窄度超过50%患者采用颈丛神经阻滞麻醉,阻断颈动脉前测定残端指数(SI)。依据SI测定,行颈动脉内膜切除术(CEA)。通过采用核磁血管成像准确反映了颅外段颈动脉、椎基底动脉、Willis环有无病变与病变程度,并结合术中对不同个体计算出的SI,纠正了颈内动脉残端压力(SP)测量的弊端。对评估供脑血管病变与程度,颈动脉被阻断后侧支血供代偿状况,为避免围手术期严重脑功能损害的发生提供了重要依据,提高了手术的安全性,明显降低了脑卒中的致残率、死亡率。该成果获2003年度天津市科学技术进步三等奖。

(刘 群)

【腓肠神经和隐神经营养血管逆行岛状皮瓣的临床应用】 小腿中、下1/3段胫前、踝关节周围及足跟等处的软组织缺损修复多年来一直是困扰骨科和整形外科医师的难题。天津医院舒衡生、张铁良、马宝通等1998年开始应用两种新型的以腓肠神经和隐神经营养血管为血供来源的小腿逆行岛状皮瓣,来修复小腿远端、踝关节周围、足跟和足背等处的皮肤软组织缺损。创新设计了隐神经皮瓣蒂部保留1.5cm宽的皮桥,使皮瓣蒂部的血运更能得到保障,使皮瓣的切取和成活面积更大,解决了国内外关于外踝后上方5cm处存在皮肤软组织缺损时能否应用腓肠神经皮瓣的争议。该研究打破了以往传统皮瓣的设计观念,皮瓣的血管神经蒂恒定,变异小,蒂长,旋转范围大,皮瓣切取操作简单且不损伤主要动脉,不需吻合血管,动脉供血可靠,静脉回流充分,皮瓣血运佳,极易成活,手术操作简单,大大缩短了患者的疗程,使患肢的功能早日康复,是一种较理想的修复小腿中下段、踝关节周围、足跟和跟腱等部位软组织缺损的方法。该成果获2003年度天津市科学技术进步三等奖。

(刘 群)

【三镜联合治疗复杂性肝外胆管结石】 对于内镜取石失败的胆管结石病人,常采用开腹或腹腔镜下胆总管探查、T管引流术。但是开腹手术创伤大、易造成严重生理功能紊乱,延长恢复期,腹腔镜胆总管探查、T管引流由于窦道形成晚于开腹手术,故需保留T管4周,而延长患者住院时间。为克服上述方法的不足,天津市南开医院秦明放、邹富胜、李文等探讨运用多种微创(十二指肠镜、腹腔镜、胆道镜)治疗手段.治疗用内镜取石失败的胆总管结石患者。在国内外首创并开展三镜联合治疗复杂性肝外胆管结石的新术式——"三镜联合胆总管探查术",即:在十二指肠镜下进行经内镜逆行胰胆管造影(ERCP),根据十二指肠乳头的解剖情况进行经十二指肠镜乳头括约肌切开术(EST),而后行内镜鼻胆管引流(ENBD),缓解胆道压力,确保无残余结石。内衬ENBD导管下直接缝合胆总管,不放置T管。其优越性主要体现在⑴不放置T管,可保持胆道的完整性和正常生理功能。⑵术前ENBD可有效减少因急性胆管炎而行急诊手术的机会。⑶术后住院时间由开腹或经腹腔镜放置T管的15~25天缩短到5~7天,真正达到了微创治疗效果。从而降低了腹腔镜胆总管探查术的手术难度,提高了安全性。

三镜联合胆总管探查术,属国内外首创,完善了腹腔镜、内镜联合治疗胆总管结石的适应症和禁忌症,扩展了腹腔镜微创手术的治疗范围,在全国居领先地位。该成果获2003年度天津市科学技术进步二等奖,并已向全国推广,截至2004年底,国内已有36家医疗单位采用此项技术。

(刘 群)

【先天性脊柱侧凸前路截骨后路三维矫形术】 先天性脊柱侧凸具有畸形严重、发展快、僵硬治疗困难的特点，至今仍是国内外脊柱外科尚未解决的一大难题。2000 年 2 月至 2002 年 8 月天津市第三中心医院江毅、肖联平、杜欣建等通过前路多节段椎体间楔形截骨,提高了侧凸的旋转作用,为二期手术提供了较大的矫正空间,使侧凸顺应性明显增加。骨桥截断、半椎体切除对先天性脊柱侧凸彻底松解,去除了致畸因素,遏制了畸形的发展;通过后路大量应用椎弓根钉,以钉棒系统矫形,有效地发挥了对脊柱畸形的三维矫正功能,明显提高了矫正率,并结合前后路联合植骨融合可有效防止畸形发展，减少了并发症的发生,避免了“曲轴现象”的发生,使脊柱侧凸达到治愈的效果。该技术临床应用 15 例,矫正率平均为 62.5%,最高达 87.5%。为严重先天性脊柱侧凸的治疗带来希望,具有显著的社会和经济效益。该成果获 2003 年度天津市科学技术进步三等奖。

（刘 群）

【异位性皮炎皮损的临床研究】 异位性皮炎(AD)是一种过敏性疾病,天津市长征医院张玉环、王雨、谢艳秋等自 2000 年 7 月至 2002 年 7 月对 21 例 AD 患者进行皮肤过敏原测定；血清免疫球蛋白 E(IgE)、免疫球蛋白 A(IgA)、免疫球蛋白 G(IgG)、免疫球蛋白 M(IgM)测定;皮肤病变部位取材进行光镜下观察、免疫病理检测、及电镜超微结构观察。证实 AD 与支气管哮喘免疫系统的免疫应答有一致性。超微电镜下见免疫应答细胞相互接触，血清 IgE、IgG、IgM 水平升高是免疫防御系统反应，环境因素是 AD 发病的重要原因。发现免疫球蛋白以 IgG1 沉积在真皮乳头区域为主，为 AD 防治提供了理论基础。提出 AD 与支气管哮喘运用异病同治、异位同治的方法治疗,收到良好的治疗效果。该成果获 2003 年度天津市科学技术进步三等奖。

（刘 群）

【恶性实体肿瘤的分子诊断和个体化治疗研究】 该项目是 2004 年由天津医大肿瘤医院承担的天津市重大科技攻关项目。它以乳腺癌、肺癌和肾癌为研究对象，阐述相关恶性肿瘤早期诊断和转移预测相关蛋白变化,建立了适用于临床治疗的以 DC(树突状细胞)为基础的多细胞免疫治疗方法,以及异基因造血干细胞治疗转移性或化疗抵抗性恶性肿瘤的实验流程和观察指标。它在蛋白水平上寻找肿瘤的早期标记物、转移的促进与抑制因子、治疗的新靶点,可对肿瘤的早期诊断提供新的分子标志物并对其转移潜能进行评估以达到早期诊断和指导个体化治疗的目的。在肿瘤生物治疗模式方面,当前,已经从群体化治疗向个体化治疗方向转变，其中以 DC 为基础的多细胞治疗以及异基因干细胞在实体瘤治疗中的应用是生物治疗研究中最活跃的领域，但其相关机制仍不十分明确，如异基因干细胞的移植排斥(GVHD）问题以及 DC 细胞与其他效应细胞之间的相互作用问题等。通过上述研究将有望进一步提高乳腺癌、肺癌和肾癌三个常见性难治实体瘤的分子诊断水平和总体治疗效果，最终为实现恶性实体肿瘤的分子诊断和个体化治疗研究奠定基础。

（天津医大肿瘤医院科教科）

【一种崭新的功能成像技术】 CT 灌注成像是一种评价组织血流灌注状态的功能成像方法，在脑血管病的早期发现、良恶性肿瘤的鉴别、定位活检、判断疗效和提示预后等方面有重要价值。肿瘤院放射科叶兆祥等于 2003 年引进该项肿瘤诊疗新技术,并用于乳腺病变诊断,结果表明:该方法能定量评价乳腺癌的血供情况,有助于与其他良性病变的鉴别诊断,取得较好的临床诊断效果。在胰腺病变诊断中也取得良好效果,填补了天津市引进新技术空白。

CT 灌注成像是近几年发展起来的一种崭新的功能成像技术。它从组织细胞水平和微循环水平来揭示肿瘤的病理和病生理改变,具有无创性、高空间和时间分辨率、操作简单、易推广、一次检查可获得多个灌注参数值等优点，是研究组织血流动力学非常方便有效和实用的工具。CT 灌注成像是指在静脉注射对比剂的同时对选定的层面进行连续多次的扫描，以获得该层面内每一像素的时间-密度曲线,根据该曲线利用不同的数学模型计算出各项灌注参数,以此来评价组织器官的灌注状态。

随着多排螺旋 CT 的广泛应用,CT 灌注成像技术已经逐步应用于脑血管病变、脑肿瘤和一些体部实质脏器肿瘤,如:肝脏、肾脏、胰腺、前列腺、头颈肿瘤及肌骨肿瘤等的评价。

（天津医大肿瘤医院科教科）

【彩色多普勒血流显像用于颌面部肿瘤诊断】 彩色多普勒超声诊断的应用已较为普遍，但对颌面颈部肿瘤的诊断，尤其是在应用彩色多普勒各项血流动力学指标的分析进行疾病的诊断在天津尚未开展。天津医大总医院王寅、李克莉等自2001年起对大量颌面颈部肿瘤进行彩色多普勒检查，并分析其相关的血流动力学指标，使其诊断有一个量化的标准。该项研究选取2001年1月至2004年3月在天津医大总医院住院的颌面及颈部肿瘤患者225例，对其中193个肿瘤在术前进行彩色多普勒超声检查，术后进行病理检查。通过对彩色多普勒各项指标的分析结合病理诊断旨在评价彩色多普勒血流成像及血流动力学在颌面颈部肿瘤诊断中的应用价值并分析其相关表现的病理学基础。

结果表明：良性肿瘤与恶性肿瘤的血流分级有显著性差异，恶性肿瘤内出现的血管数量明显高于良性肿瘤。二者在PSV(峰值流速)、EDV(舒张末期速度)、RI(阻力血速)和VTI(速度时间积分)四项指标中有显著性差异，恶性肿瘤的收缩期峰值流速、舒张末期流速和速度时间积分明显高于良性肿瘤，而阻力指数低于良性肿瘤。以15cm/s作为区分良恶性肿瘤的PSV阈值，诊断恶性肿瘤的敏感性为46.15%，特异性为78.64%。以6cm作为VTI阈值，诊断恶性肿瘤的敏感性为41.30%，特异性为80%。以0.7作为RI阈值，诊断恶性肿瘤的敏感性为91.67%，特异性为66.67%。Warthin瘤(腺淋巴瘤)与其他良性肿瘤血流分级有显著性差异，Warthin瘤内出现的血管数量明显高于其他良性肿瘤。它们之间在PSV(峰值流速)、EDV(舒张末期速度)、RI(阻力血速)和VTI(速度时间积分)4项指标中亦有显著性差异，即Warthin瘤的收缩期峰值流速、舒张末期流速和速度时间积分明显高于其他良性肿瘤，而阻力指数低于其他良性肿瘤。搏动指数无统计学意义。Warthin瘤与恶性肿瘤的血流分级和血流动力学指标无显著性差异。已经完全将此技术应用于临床，尤其总结出的彩色多普勒的血流动力学指标作为诊断依据对临床诊断有很大帮助，也提高了彩超的诊断准确率。

（王　寅、李克莉）

【恶性肿瘤血管栓塞联合超低温氩氦冷冻治疗】 采用肝动脉化疗栓塞技术已被公认为中晚期肝癌首选治疗方法，使“不治之症”转为部分可治。但是，化疗栓塞效果取决于化疗栓塞剂是否“完全充填”在肿瘤组织内。剂量不足，犹如“隔靴搔痒”；剂量过大，则治瘤损肝。恶性肿瘤患者免疫功能低下，且80%肝癌患者伴有肝硬化背景，尤其是对巨块型肝癌，经长时间、反复多次化疗栓塞，其副作用，常使患者“雪上加霜”。

天津医科大学附属肿瘤医院介入治疗科采用动脉栓塞联合超低温冷冻新技术方法治疗不能手术切除的中晚期肝癌取得了显著效果。具体方法为两种高新技术相结合，首先采用肝动脉栓塞术，高选择、靶向栓塞肿瘤血管床。原发性肝癌多具有丰富肿瘤新生血管，贪婪的肿瘤细胞因此得以不断生长。肝动脉栓塞术可大幅度减少或阻断肿瘤血供，将肿瘤细胞置于缺血“饥饿”甚至“休克”状态；抑制肿瘤血管流体性质的“热池效应”，有利于大幅度提高冷冻效率。其次，3~4周后采用超低温氩氦冷冻技术。具体方法是在CT或超声定位、引导下，将冷冻器经皮穿刺置入预设肿瘤靶区，输入氩气。数分钟内，瘤体冷冻至零下120℃~145℃，可最大形成6×7×7cm3冰球，持续15~20分钟，反复冻融2次，较大范围"冻死"肿瘤细胞，将对正常肝组织损伤程度降至最低。该项治疗新技术特色是两种高新技术具有优势互补，治疗的协同、叠加作用；较短时间内，肿瘤坏死使体积缩小50%左右；缩短治疗周期，相对降低治疗成本；去除了化疗药物毒副作用，对肝功能影响甚微，并保护了细胞免疫功能。更为重要的是，通过短期内迅速降低肿瘤负荷，肿瘤因子释放减小，患者细胞免疫能显著提高，明显提高病人生活质量。

该项技术为中晚期恶性肿瘤患者提供了一种可选择的安全、有效的治疗新方法。自2003年7月至2004年12月底，采用动脉栓塞联合超低温冷冻新方法治疗中晚期肝癌已使60余位患者受益。

（天津医大肿瘤医院科教处）

【上颌窦癌临床治疗研究】 1990年1月至2000年12月，天津市第一中心医院杨宝琦、王景和、谢刚等经过多年的临床实践，将手术、放疗、冷冻、介入治疗联合应用于上颌窦癌的病人进行系列化综合治疗，取得了较好的治疗效果。他们根据患者情况首先进行扩大根治术，术后一个月进行预防性放射治疗，再进行介入治疗，通过动脉插管使用平阳霉素在肿瘤局部注射一个疗程，系列治疗的中心在局部，对患者全身情况影响小。通过多种有效的治疗方法统一结合，按顺序进行系列治疗，进一步提高了上颌窦癌的远期治疗效果，达到了提高上颌窦癌生存率的目的。该成果获 2003 年度天津市科学技术进步三等奖。

（刘　群）

【ECT 胸部肿瘤代谢显像区域性半定量分析技术】应用 GE 公司全新的第三代 CODEⅡ/Hawkeye 符合探测系统，对胸部肿瘤疑似患者进行 18F-FDG 肿瘤代谢显像，显像完毕后依次进行预先分组最大期望值迭代重建（COSEM）、X 线非均匀衰减校正、同机图像融合，对病变区和相应本底区局部放射性计数进行测量，计算出相应区域性病灶/本底比值（L/B），并根据不同部位病变的 18F-FDG 代谢正常参考值范围对病变性质加以判断，从而为临床医生提供更客观准确的诊断信息。

天津医大总医院在全市率先引进并成功安装了第三代符合探测系统即 CoDeⅡ/Hawkeye 设备，并已投入临床使用，使得肿瘤代谢显像及 ECT/CT 图像同机融合技术成功应用于临床，并引进国内、外相关医院胸部肿瘤代谢显像的区域性半定量分析方法，其中开展的 ECT 胸部肿瘤代谢显像的区域性半定量分析技术辅助临床诊断已成为常规分析方法，自 2003 年 2 月开展以来，已为 40 余例胸部肿瘤疑似患者进行的显像检查及区域性半定量分析，其诊断结果经病理、临床或其他影像学检查所证实。经与原单纯应用图像视觉分析对比，该项技术的诊断特异性和准确率均有明显提高，为临床医生确定诊断及进一步治疗方案提供了更加准确的信息，具有很好的临床应用价值。在国内处于领先地位。

（王　澎）

【可降解的长效避孕埋植剂】“左炔诺孕酮聚己内酯埋植剂”是国内惟一进入临床研究的可降解长效避孕制剂。其特点是一次性皮下埋植可有效地避孕 2 年，避免因漏服造成避孕失败。用自主研制的生物降解性“医用聚己内酯 F68”为囊材，具有不用二次手术取出的独特优越性。该项目的关键技术是固相分子制孔技术，通过调节致孔剂分子量控制药物释放，达到了临床的要求，从技术上解决了国外同类制剂无法商品化的难题。先后列入国家“八五”、“九五”、和“十五”攻关以及“863”攻关项目，经鉴定，专家们一致认为：该项成果是国内长效抗生育埋植剂研究的新突破，达到国际先进水平，1994 年 8 月获国家计生委科技进步二等奖，1996 年 9 月获“八五”攻关成果三等奖，1998 年获卫生部新药临床批准证书，已经完成了 I 期临床试验。12 个月的避孕率为 100%，可接受性和耐受性均很好，受试者对此方法表示满意。2003 年获得国家发明专利授权，从而具有自主知识产权。2004 年在国家“863”计划支持下进行Ⅱ期临床试验，并与亚洲保康药动力有限公司签署了合资开发后续产品的协议书，已具备小规模生产能力。该药将成为国内外最新一代长效抗生育埋植剂。

（宋存先）

【子宫内膜腺癌腔内治疗相关因素研究】 1997 年 7 月至 2002 年 7 月天津市中心妇产科医院郭东辉、高企贤、范喜云等从细胞增殖活性改变的角度观察子宫内膜腺癌对腔内治疗的反应，并分析了子宫内膜腺癌不同组织类型、雌激素受体（ER）、孕激素受体（PR）及抑癌基因（P53）表达与放疗或孕激素治疗后 ki67 指数下降的关系，比较了放疗反应分级与细胞增殖活性-67（ki67）表达的关系。研究结果提示：浆液性与透明性细胞癌、低雌激素受体、孕激素受体与高 P53 表达的肿瘤可能放疗更有效，而高雌激素受体、孕激素受体表达者可能孕激素治疗有更好的效应。Ki67 标记对放疗反应分级有补充与修正作用。该研究为临床提供监测肿瘤放疗与孕激素治疗后的细胞增殖活性改变，以及不同类型肿瘤对腔内治疗反应的差异，为放疗与孕激素治疗的选择，以及各种治疗方法的合理排序，提供了有价值的参考。该方法简便，对患者无创伤，普通医院均能实行。该研究成果 2004 年 1 月 16 日通过专家鉴定，达国内领先水平。

（刘　群）

【TBS 报告在宫颈脱落细胞学诊断中的应用】 中国自 20 世纪 50 年代以来，广泛采用宫颈涂片的巴氏分级诊断法对宫颈癌进行了大面积的普查，从而使宫颈癌患者得以早发现、早治疗，其发病率明显下降。但随着细胞病理学的发展，逐渐感到巴氏分级法有不足之处，它不能反映当今对宫颈肿瘤的解释，未能与组织病理学诊断名词相对应，也没有规定非癌的诊断。1988 年美国细胞学专家建议采用描述性诊断报告，并提出了两个对癌前病变的术语：低度鳞状上皮内病变、高度鳞状上皮内病变，建立了标本和申请单的综合评估系统。天津市于 2000 年开始应用宫颈脱落细胞学的 TBS 报告，报告中要描述涂片中可能见到的滴虫、白色念珠菌及HPV感染的形态，对鳞状上皮、腺上皮的形态要做出准确的诊断，包括：正常范围、反应性细胞改变、未明确意义的不典型鳞状上皮、腺上皮、低度鳞状上皮内病变、高度鳞状上皮内病变、鳞状细胞癌、腺癌等，还要对标本的满意度进行评估。因此，TBS报告不仅便于国内、国际间的学术交流，更加强了细胞学医师与临床医师的沟通，更准确的反映了宫颈病变的程度，为临床提供全面可信的诊断依据，使宫颈病变得到早期有效的治疗。

（张丽琴）

【产前监护的研究】 2001年1月至2003年12月，天津市中心妇产科医院王淑雯、石光、李建敏等研究自孕16周开始系统、连续、动态的监护资料，总结了天津市中心妇产科医院1207例孕妇，其中931例正常妊娠，276例异常妊娠，各孕周体重、宫高、腹围、血压、平均动脉压的均值、生理界限数值、异常界限数值并绘制了相应的妊娠曲线图，作为判断孕期进展正常和预后良好的依据，确立了正常妊娠足月分娩的正常指标。通过对异常妊娠276例妊娠图的观察，创造性地对比了妊高征、巨大儿、低体重儿各孕周各指标妊娠曲线图与正常妊娠图的不同表现，确立了在妊娠图中各曲线的常数及预警线、异常线，为早期发现筛查异常妊娠提供了科学依据，达到降低孕产妇和新生儿死亡的目的，是一种符合国情、适用于临床、十分理想的监护手段。其方法简单、清楚醒目、无创伤、经济实用，具有指导孕妇产前检查临床工作的科学性及实用价值。2004年1月16日该研究成果通过专家鉴定，达国内领先水平。

（刘 群）

【染色体图像分析系统在羊水染色体中的应用】 羊水染色体检查是产前诊断胎儿染色体异常的金标准。但传统的染色体核型分析过程烦琐、费时，检查的周期为4周左右。

医大总医院于2004年3月~7月使用染色体图像分析系统对64例孕妇的羊水染色体进行了检测，发现染色体异常3例，1例为47，XY+18，1例为69，XXX，另1例为46，XX，t(4，6)。经临床应用，该系统具有以下优点：1.可缩短实验周期1周；2.降低因染色体标本制片欠佳导致复查率，使用该系统前为14%(9/64)，使用后为3%(2/64)，两者有显著性差异($P<0.05$)。3.对于分散较差、交叉较多的染色体，通过该系统的自动分割，使其核型分析变得容易。4.该系统有中文数据库，能将患者档案及染色体原始图形存档，免去了过去保存标本玻片的诸多麻烦。5.有利于疑难染色体核型分析的讨论和会诊，保证染色体核型分析的准确性。6.为远程诊断与国内外多个诊断中心建立网际关系创造了条件。

（李 岩）

【胶原基复合软组织引导再生材料】 软组织缺损是临床上的常见病和多发病，针对临床的急需，研制具有引导缺损软组织再生功能的生物材料用于软组织修复治疗是生物材料领域研究的重要方向，也是国家“863”计划项目之一。中国医学科学院生物医学工程研究所张其清等选用胶原为基本材料、透明质酸为功能材料，并引入特定细胞因子，研制出了复合胶原基软组织引导再生材料，在进一步完善材料制备工艺的基础上，对制备的复合材料进行了理化和生物学性能的评价，根据体内植入医疗器械的相关标准GB/T 16886和ISO 10993以及GB/T 14233系列标准的要求，对复合材料进行了无菌、热原、溶血、全身急性毒性、细胞毒性、皮内刺激、皮肤致敏、植入、AMES、微核和染色体畸变等11项生物学评价试验。同时，还进行了材料复合细胞因子和模式蛋白分子的体内外释放研究。

（张其清）

【随意髂骨皮瓣临床和实验研究】 带血管蒂组织瓣移植术的创建，解决了肢体大段骨缺损合并大面积皮肤缺损的修复问题。1986年11月至2003年5月，天津市第一中心医院姚树源、姜文学、马宝通等在随意皮瓣的基础上，应用髂骨嵴浅皮下的解剖学特点，藉皮下组织(浅筋膜)和髂骨嵴部的连接，在髂部设计了“随意髂骨皮瓣”，填补了随意皮瓣中骨皮瓣的空白。通过多项实验证明：随意髂骨皮瓣血供充分，骨细胞代谢正常，等同于轴型骨皮瓣的活骨移植，揭示了随意皮瓣供血于骨瓣的路径。髂骨前部解剖学数值的测定，为临床切取髂骨的范围提供了实用的参考数据。临床上应用随意髂骨皮瓣移位术治疗13例桡、尺骨缺损性骨不连患者，获得皮瓣全部成活，骨不连全部愈合的优良效果。经1年2个月~13年3个月(平均3年6个月)的随访，患肢功能也得到满意恢复。随意髂骨皮瓣移位术具有不需吻合血管，供区可以直接缝合，使手术操作简化，效果可靠,合并症少的特点,且费用较低,便于推广。2004年3月3日该研究成果通过专家鉴定,达国内领先水平。

（刘　群）

【复杂上颌骨、颧骨、颧弓联合骨折的治疗】 该类骨折手术复位途径较多,以往多采用冠状切口或半冠状切口同时附加睫下切口,其优点在于切口隐蔽,手术视野显露充分,但其手术创伤较大,容易损伤面神经的颞支、颧支造成面瘫,且不规范操作易造成眶部并发症,还可出现眶上区、耳前区、额部感觉异常,头皮下血肿,同时手术时间较长;另外采用局部多个小切口复位时,其创伤较小,不易损伤面神经颧支、颞支,但其手术视野小,对骨折部位暴露不充分,手术操作不方便,也延长了手术时间。自2002年9月至2003年10月,医大总医院采用睫下延长至下睑睫毛缘下2~3mm切口,经过眼外眦延伸至颧弓上缘,最长可达耳屏前水平。切开皮肤,皮下组织,于皮下锐性分离至眶下缘下2~3mm,于该处切开骨膜,在骨膜下剥离显露眶底,眶外缘,颧骨及上颌骨上份,于颧弓区后份皮下钝性分离出面神经颞支,并妥以保护。再切开骨膜,于骨膜下剥离,显露颧弓,松解骨折块,搔刮去除肉芽组织,骨折复位于解剖位,以钛板,钛钉及不锈钢丝固定。Medpor(高密度多孔聚乙烯)修整塑型后植入眶内。皮肤切口以3~0线缝合。7例病人依此法进行了手术复位内固定,均达到了骨折复位、恢复面型、张口度恢复正常、纠正复视的效果。应用睫下延长切口治疗复杂上颌骨、颧骨、颧弓联合骨折较多个小切口术野暴露好,较冠状切口手术切口小,缩短手术时间,减轻手术创伤。睫下延长切口优点是:切口部位隐蔽,切口数目减少,手术视野开阔,利于术中操作,骨折复位准确,不易损伤面神经,创伤较小,安全性高。同时由于切口位于下睑睫毛根部,直视下很难发现瘢痕。外眦部及颧弓区延伸的切口因与鱼尾纹方向一致减少对弹力纤维的损伤,加之精密的缝合技术,可保证切口愈合后无显著瘢痕,对美容无损害。此项技术的开展,填补了天津在治疗复杂上颌骨、颧骨颧弓联合骨折手术入路方面的一项空白。

（韩　琳）

【强直性脊柱炎后凸畸形外科矫形治疗】 2000年7月至2003年1月,天津市第三中心医院江毅、肖联平、尹庆伟等在强直性脊柱炎后凸畸形矫形理念上提出了新的观点:通过分段测量脊柱后凸角度(胸椎后凸、胸腰段后凸和腰椎生理前凸消失或后凸)明确畸形部位。以恢复脊柱矢状面平衡为矫形目的,以站立位颏眉垂线角指导矫正度数。根据畸形的部位选择截骨部位、分配截骨角度,以C7(第七胸椎)垂线和S1(第一骶椎)后上角距离来评价手术疗效。采用跳跃式多节段切除椎弓根下2/3椎体截骨、间隔置钉的手术方法,使矫正应力分散,稳定性好,矫形后外观圆滑,手术并发症少。经随访10~38个月,所有病例均达到骨性融合,矫正度数无丢失,自觉外观矫正满意,使其工作和生活恢复正常。这套治疗理念与方法具有积极的推广意义。2004年11月12日该研究成果通过专家鉴定,达国内领先水平。

（刘　群）

【急性闭角型青光眼的治疗】 急性闭角型青光眼在临床非常多见,常规的手术治疗方法,主要采用小梁切除术,临床疗效肯定,但常会出现多种并发症,包括手术以后的浅前房,脉络膜脱离,伤口渗漏,恶性青光眼长期低眼压,及眼压再次升高,从而导致很多患者术后视力严重下降。2002~2004年,天津医科大学总医院眼科陈松等率先开展晶状体超声乳化联合人工晶状体植入治疗急性闭角型青光眼,在熟练掌握白内障超声乳化术前提下,确保手术并发症降到最低,并得到最佳手术效果。

（陈　松）

【BME-200型眼科超声诊断仪】 该诊断仪是由中国医学科学院生物医学工程研究所王延群、杨军、宋学东、计建军、林秩文与天津医科大学第二附属医院宋国祥等研制成功的,2001年获得国家科技进步二等奖。经过多年的推广应用和技术创新,已形成了BME-200系列眼科超声诊疗产品,它采用了10MHz的超声波进行扫描成像和生物测量,它的B型图像分辨力达到0.2mm,能清晰显示眼球内、球后和眼眶等组织的结构及病灶,A型能精确测定眼球轴径、前房深度、晶体厚度和玻璃体长度;根据所测数据,仪器能自动计算和显示有关眼的屈光度,为白内障致盲者摘除白内障后,植入人工晶体提供最科学的数据,使术后达到最佳视力。该诊断仪采用机械扇形扫描方式,用步进电机作驱动器,通过机电耦合带动超声传感器作扇形扫描;B超探头直径小于20mm,医生探作灵活。仪器具有很高的性能价格比,全部拥有自主知识产权，其技术水平达到国外同类产品先进水平。到2004年已实现规模产业化,产品在国内占有60%的市场份额，全国有3500多家医院使用该产品,出口达十几个国家和地区,创利税3000余万元。

（王延群）

【BME-280白内障超声乳化仪】 该课题是1998年天津市科委资助的攻关项目，是由中国医学科学院生物医学工程研究所杨军负责与李跃杰、李穗、王延群、张渝生等研制成功的,获2003年度天津市科技进步三等奖和国家重点新产品证书，产品已在临床得到充分肯定和广泛应用。BME-280具有超乳、注/吸、玻切和电凝等功能,超声乳化技术是人工晶体植入手术中应用的一种先进技术，它依靠超声波产生的强大瞬时冲击加速度、声微流和空化的共同作用使白内障组织剥落成碎片，并在液体中将其乳化,再通过负压吸除。该技术的优点是手术切口小、缝线少或不需缝合、愈合快、术后散光小并大大降低了产生并发症的可能性。

BME-280白内障超声乳化仪吸取了国外超乳技术研究中成熟的成果，在解决关键技术问题的设计中为简化结构、降低成本,开拓了技术创新设计,得到临床的肯定。其主要技术创新点是:1.自动频率跟踪,采用锁相环技术实时跟踪谐振点,消除剩余频差，确保手柄谐振与负载发生变化造成的谐振频率偏移问题得到补偿;2.前房浪涌补偿功能,应用压力微分法抑制前房浪涌，该法采用提取负压实变信号控制连通大气的阀门,开通阀门使管路与大气接通,迅速降低负压从而保护前房。白内障超声乳化仪是摘除白内障手术中的一种先进设备，在治盲复明手术中被广泛使用。

（王延群）

【三维有限元的模型在口腔修复中的应用】 天津医科大学口腔医院高平教授主持完成的“种植修复体上部构造在功能咬合状态下的三维有限元分析”,2004年通过了科技成果鉴定,专家组认为该项目达到国际先进水平。该项目采用三维有限元的方法,建立了包括上下颌骨、全牙列在内的三维有限元模型,模型的建立结合了CT扫描、接触式扫描的优点,不仅建立了复杂的上下颌骨，还建立了具有精细牙合面结构的全牙列，并且上下牙列之间具有牙尖交错位的咬合关系，为完整口颌系统数据库的建立和动态咬合运动奠定了基础。这样可使上下颌骨之间通过相互运动，模拟上下牙之间的功能性咬合接触状态并进行动态分析，使应力分析更接近于口腔实际功能状态。这种三维有限元模型,可以按照患者的实际髁导斜度、切导斜度进行功能性咬合模拟,为进一步的牙合学研究奠定基础，为口腔生物力学的研究提供平台，为口腔修复体的设计提供理论依据以指导临床，使广大口腔疾病患者的修复效果更符合生理要求。

（天津医科大学口腔医院）

【口腔精密附着体的研制与应用】 天津医科大学口腔医院李长义、张连云、刘亚林等完成的“口腔精密附着体的开发研制及临床应用研究”获2003年度天津市科技进步三等奖。该课题利用精密加工技术,加工研制出了成品的栓体栓道精密附着体成品预成件，改变了国内均为半精密附着体义齿或半成品预成件的现状,改变了国外传统附着体义齿加工方法,在制作工艺上,将异种激光焊接引进齿科修复领域,丰富和完善了齿科焊接理论，并简化了附着体义齿的制作工艺。与国外同类产品相比，大大降低了成本,简化了义齿加工工艺,促进了附着体义齿在口腔临床修复领域的普及应用。经多家医院临床试用,该课题研制的附着体精度高,力学性能良好,使用的材料对人体无毒害无腐蚀,所制作的附着体义齿美观、稳定性好、固位力强、咀嚼效能高、患者感觉舒适,义齿焊接区未见断裂、开焊、变形及腐蚀变色现象,具有较大的经济效益及推广应用前景。

（天津医科大学口腔医院）

【引进并改进亚历山大直丝弓矫正技术】 天津医科大学口腔医院李洪发等于2002年引进亚历山大直丝弓矫正技术,在该院口腔正畸科开展临床,共完成中度拥挤的安氏I类边缘病例的非拔牙矫治近20例。亚历山大矫治技术的精髓是以最简单的方法达到最佳的矫正效果,尽量采用非拔牙矫治。在应用中，课题组成员采用ORMCO公司生产的亚历山大托槽、多股麻花丝、不锈钢圆丝、不锈钢方丝和TMA弓丝,选择边缘病例,按照亚历山大矫正技术提出的步骤进行矫治,并分段总结经验,结合中国人的特点对此项技术加以改进，在弓丝相应的部位作补偿弯曲，使原先只适用于白种人特点的矫治方法更适用于国人，用其方法完成后的病例在牙齿轴倾度、转矩度、上中切牙角、下中切牙角等方面的矫治效能均优于一般的直丝弓矫正技术。2004年度，该项技术被批准为天津市卫生系统引进应用新技术填补市空白项目。

（天津医科大学口腔医院）

【引进新技术提高牙周病的治疗水平】 天津医科大学口腔医院牙周科在临床牙周病治疗中不断引进最新的治疗技术，先后开展了牙周治疗后喷砂及砂粒子牙面抛光和盐酸米诺环素软膏深牙周袋治疗等多种新的治疗方法。其中牙周治疗后喷砂及砂粒子牙面抛光技术把先进的技术和新材料应用于牙周治疗后的牙面处理上，不仅提高了临床治疗水平，而且可获得更长久的治疗效果；盐酸米诺环素软膏在牙周局部应用弥补了传统基础牙周治疗的不足，提高了疗效并适当扩大了牙周基础治疗的适用范围，从而为伴有5mm以上深牙周袋的重度牙周病患者依靠基础治疗和局部给药达到较好的预后，使患牙保留成为可能，使临床牙周病的治疗水平得到提高。

（天津医科大学口腔医院）

【数码光纤根管纤维内窥镜用于治疗牙髓病】 天津医科大学口腔医院邹朝晖、刘士有等将数码光纤根管纤维内窥镜应用于显微牙髓病诊治过程中，此种内窥镜探头为直径1.0mm的光纤成像探针，其内部既有用于传输照明的传光光纤，又有用于显微成像和传输的传像光纤，将其插入根管内部，可观察到肉眼无法识别的根管系统的全貌，如侧枝根管、副根管、根管狭窄弯曲、根管钙化闭锁、根管内折断器械等，弥补了牙髓手术显微镜不能插入根管内部的不足，其内部的图像传输系统还可将数字信号经光电信号转换器输入计算机，经图像耦合系统合成图像，计算机对图像实时采集并显示放大在荧光屏上，计算机可对图像进行存储和后期处理。此项技术解决了目前因仪器、设备条件所限，无法直接观察根管系统内部结构的问题，且操作简便、使用安全，大大提高了诊治口腔疾病的先进性、安全性和准确性，使患者减少痛苦，降低医疗费用。此项治疗技术获2004年天津市卫生系统引进应用新技术填补市空白项目。

（天津医科大学口腔医院）

【尿液分析室内质控双误差累计方法的建立】 2002年2月至10月天津市第三中心医院顾春刚、苏作军、王毅等采集天津市第一中心医院、天津市第三中心医院、天津医院、天津石化医院8个月共623条质控记录，研究尿液分析的特点、各种因素对尿液分析准确性的影响，考察了尿液分析准确度和精密度。针对临床基础、常规的检验项目——尿液分析，设计了双误差累积和质控图，并通过一系列控制规则来实现对尿液分析的质量控制从而提高尿液分析的准确度和精密度。通过研究实现了对一次尿液分析的综合评价；能及时发现传统质控方法中不能发现的分析误差；能够提示尿液分析误差和误差的性质；质控图直观性强，在控制误差发生的频率上敏感性高，可提示解决误差因素的方向和思路，从而纠正误差原因，为尿液分析报告的准确性和为临床诊断和治疗提供正确的数据提供了重要保证。该方法通过4家参加天津市尿液室间质评医院的临床应用，取得了理想的预期效果。证实该方法操作简单，表现灵敏，在实验室常规工作中实用性强，应用面广。2003年12月26日该成果通过专家鉴定，达国内领先水平。

（刘　群）

【尿游离皮质醇化学发光免疫分析】 尿液皮质醇检测是评价和监测肾上腺功能特别是诊断Cushings综合征重要指标。鉴于传统的放免法(RIA)测定皮质醇(COR)所致放射污染、实验周期长等缺陷，该项研究则应用快速的化学发光免疫分析法(CLIA)，与尿液抽提技术有机结合，建立了尿液游离COR测定方法。由于与肾上腺功能相关疾病发病率相对较低，全市各医院没有把检测尿液COR作为常规项目，以化学发光免疫分析法检测尿液COR在天津尚未见报道。该技术自2001年引入天津医大总医院，至今应用已近5年，并已接收第一、二中心医院、医大二院、环湖医院、第三医院、黄河医院、塘沽妇幼保健院和宁河医院等近10家医院的样本，使其较疑难病例亦能在首诊医院得到初步诊断，对提高全市医疗水平起到了促进作用。该技术的关键有两点：1. 尿液COR萃取技术。尿液中皮质激素代谢产物特别是5β-OHCOR的干扰，增加了微量测定的难度。尿液抽提采用的二氯甲烷使游离COR在二氯甲烷中萃取分配比较大，一次萃取即可达到定量分离的要求，避免了多次萃取所致杂质带入、损失萃取组分的不足。2.化学发光检测技术样本中抗原及碱性磷酸酶标记抗原与固相抗体竞争结合,自动清洗,离心经底物作用后发光,光探头自动遮光技术扩展检测范围100倍,称之为酶放大化学发光免疫分析。尿液经抽提化学发光测定可排除尿中代谢杂质的干扰,使测定结果更可靠。该研究用测定血浆COR的试剂实现尿液游离COR测定,取得良好结果。

(刘金玲)

【应用PNP-葡糖苷酸快速检测大肠杆菌方法】 检测大肠杆菌是临床检验、食品卫生等检测中的既普遍又重要的检测项目,但以往的检测方法存在操作复杂、周期长、特异性差的缺陷。1996年12月至2001年5月,天津市医药科学研究所孙家莉、胡宗华与天津市公安医院刘小兰等合作,率先在国内合成并经工艺改造得到新底物对-硝基苯-β-D-葡糖苷酸钠(PNP),并根据本底物的特点,设计并研制出具有自主知识产权快速检测大肠杆菌的试剂盒,填补了国内空白。该方法具有敏感度高、特异性强、操作简便、易于掌握,较传统方法快速,为酶-底物法检测大肠杆菌提供了一种新的检测手段。该试剂盒,经北京大学生命科学院、天津市卫生监督检验所、天津市环境监测中心、天津市药品检验所、天津科技大学、天津市第一中心医院、天津市胸科医院、天津市中医学院第一附属医院、天津市公安医院、天津市新纪元卫生保健食品有限公司等5个领域的11个单位使用取得了较为满意的效果,在对大肠杆菌的定性检测中与标准方法相比,其符合率为100%,而操作更加简便、省时、检验成本明显降低。该成果获2003年度天津市科学技术进步三等奖。

(刘 群)

【间接免疫荧光法检测CMV感染】 聚合酶链反应(PCR)是目前诊断巨细胞病毒(CMV)感染的最敏感方法,但PCR具有假阳性干扰的缺点。1998年4月至2002年12月,天津市儿童医院陈悦、黄敬孚、张桦等建立了一种敏感、稳定、快速、简便的实验室检测CMV感染的方法,即应用间接荧光免疫法测定CMV抗早期核抗原抗体(PENA)方法,并应用于婴幼儿感染CMV的检测。该方法可判断病人是否在近期存在CMV感染,由此可剔除部分既往感染的病人,同时对临床采用的PCR检测抗原方法进行了初步比较及评价,为临床诊断及治疗提供了方便。该成果获2003年度天津市科学技术进步三等奖。

(刘 群)

【蛋白C单克隆抗体的制备及应用】 血浆蛋白C是一种由肝脏合成的维生素K依赖的蛋白质,是机体一种重要的抗凝因子。1999年3月至2001年3月天津市第一中心医院王玉亮、黄繁嫱、穆红等结合临床实际,采用微量蛋白C脾内包埋免疫法,免疫BALB/C小鼠,制备出抗蛋白C单克隆抗体,同时免疫家兔,制备抗蛋白C多克隆抗体。以纯化的抗蛋白C单克隆抗体作为一抗,免抗蛋白C多克隆抗体为二抗。建立了检测人蛋白C含量的双抗体夹新ELISA方法,并应用该方法检测了多种血栓性疾病,对诊断血栓病和治疗监测具有重要的临床意义。该成果在天津市胸科医院、天津医院、天津石化医院应用,取得满意效果。获2003年度天津市科学技术进步三等奖。

(刘 群)

【HPLC法测定医院制剂中醋酸曲安奈德的含量】 2003年9月至2004年7月,天津医大总医院用HPLC法测定该院自制制剂中醋酸曲安奈德的含量。由于历史的原因这些制剂尚无含量测定标准,为了提高药品质量,为患者提供一个安全、有效的药物制剂,建立了HPLC法测定三种制剂(强力皮炎灵、确脲霜和高效止痒去痱露)中的含量醋酸曲安奈德的含量。美国药典和中国药典收载其原料药及相关制剂的含量测定方法均为HPLC法。但美国药典所用色谱柱价格昂贵,而中国药典的内标物的价格亦较贵,这就使得检验所需成本较高。总医院建立的HPLC法测定醋酸曲安奈德操作简便、快速,选择性高并具有一定的灵敏度,可行性强,适用于医院制剂的质量控制。该项的技术关键是,由于在测定确脲霜中的醋酸曲安奈德,在操作过程中存在一定的影响因素,因此在测定时,应注意提取操作步骤,以提高测定的准确性。

(任 耘)

【高效液相色谱法测定替硝唑乳药浓度】 替硝唑(tinidazole,TNZ)是继甲硝唑(metronidazole,MNZ)之后研制的疗效高、显效快、耐受性好的硝基咪唑类药物,其抗厌氧菌活性比甲硝唑强2~4倍,是妇产科常用的抗厌氧菌药物。替硝唑在母亲乳汁中的排泌及新生儿吸吮后是否产生潜在的不良反应，一直是广大医药工作者和患者关心的问题。2002~2004年天津医科大学总医院药剂科、妇产科张碧玫、王长利等建立了HPLC法测定母乳中替硝唑含量的方法,并对临床应用替硝唑预防和治疗厌氧菌感染的哺乳期妇女进行了追踪监测，以期为临床安全合理用药提供依据。该项目填补了天津市在测定母乳中含药浓度方面的一项空白。

（张碧玫）

中医中药研究

【健脑宁心柔肝滋肾法治疗甲亢】 1997年12月至2002年6月天津市中医药研究院附属医院张曾譻、唐方、王振立等从祖国医学角度,对甲状腺机能亢进症进行了病因、病机的探索,确立了该病“精明失养”的病因病机学说,创立了“精明失养”学说及“皮质—下丘脑—垂体—甲状腺”的发病机理学说,针对病因、病机、创立了“健脑宁心柔肝滋肾”(甲安口服液)的治疗方法。临床与实验证明,在单独使用该制剂的情况下,能明显降低T3、T4水平及脑细胞耗氧量,并能有效地保护心肌和修复肝细胞的损伤,说明该制剂对甲状腺机能亢进症患者有多靶点、全方位的治疗作用。经临床验证,该制剂具有起效快、服用方便、疗效显著、安全性强、复发率低等优点,为甲状腺机能亢进症的中医治疗提供一条新的途径。该成果获2003年度天津市科学技术进步三等奖。

（刘 群）

【补气固表治疗变态反应性鼻炎】 自20世纪80年代以来天津市南开医院就采用补气固表方法治疗变态反应性鼻炎。2000年以后该院沈啸洪、陈洁、林文森等又围绕其治疗机理进行了系统深入的研究,对中药复方制剂治疗变态反应性鼻炎多个环节的病理生理过程进行了实验观察。探讨补气固表法治疗变态反应性鼻炎的机理,对患者治疗前后的血清免疫球蛋白E(IgE)、免疫球蛋白G(IgG)、免疫球蛋白A(IgA)、血浆环核苷酸、鼻粘膜组织血流量及鼻粘膜超微结构变化进行观察,证实了补气固表治疗可通过调整机体免疫功能,抑制抗原抗体反应以及消除血管壁免疫复合物的沉积,减轻组织反应。由于抗原抗体反应得到控制,进而调整环核苷酸的水平,抑制肥大细胞脱颗粒,减轻组织细胞反应;改善或恢复细胞及细胞器的结构和功能,促进疾病的好转。临床应用近20余年，治疗过敏性鼻炎患者近900例，治愈率达87%。该制剂1999年通过美国FDA认证。该成果获2003年度天津市科学技术进步三等奖。

（刘 群）

【补肾活血胶囊治疗老年痴呆】 天津市中医医院张大宁、张宗礼、车树强等系统动态地观察了补肾活血胶囊对老年痴呆(AD)患者治疗前后血清SOD(超氧化物歧化酶)、血浆MDA(丙二醛)及痴呆简易筛选量表(BSSD)、老年临床评定量表(SCAG)等主要症状积分的变化,记录其治疗前后舌、脉等体征,并进行了补肾活血胶囊对AD不同辨证分型、不同年龄的疗效分析,以探讨该药治疗老年痴呆的机理,从临床观察及其对血氧自由基代谢的影响。提示氧自由基通过触发细胞早期立即反应基因而引起细胞凋亡。自由基代谢紊乱造成神经细胞的老化及变性,促使成加重老年痴呆进程。超氧化物歧化酶是重要的抗氧化酶,是机体内主要氧自由基清除剂之一。而丙二醛(MDA)是体内过氧化作用的最终产物,其含量高低间接反映机体细胞受自由基攻击的严重程度。说明SOD和MDA的变化可反映出老年痴呆的进程。针对老年期“肾虚血瘀、浊毒内停”这一非特异性特征,采用“补肾活血降浊通利”疗法,对老年痴呆进行治疗，为治疗老年痴呆提供全新的中医临床研究思路和方法。该成果获2003年度天津市科学技术进步三等奖。

（刘 群）

【疏肝活血颗粒剂对黑素细胞及黑素代谢的影响】 2001年10月至2003年8月,天津市长征医院乔树芳、康瑞珠、李维云等以系列浓度的疏肝活血中药复方水煎剂作用于体外培养的B16小鼠黑素瘤细胞,采用MTT、多巴与酪氨酸酶反应技术、氢氧化纳溶解细胞膜方法,分析细胞酪氨酸活性、黑素含量和细胞增殖率,用提取的DNA以凝胶成像检测细胞的凋亡情况。该研究将临床上验证有效的中医理气化瘀去斑的复方中药在细胞及细胞内酶代谢水平进行研究,并深入到分子水平,为中药复方对黑素细胞调控的研究提供一套可行的实验方法。同时找出疏肝活血颗粒剂对黑素作用的靶点，为色素增加型皮肤病的治疗提供新的有效和安全性药物。该成果获2003

年度天津市科学技术进步三等奖。

（刘 群）

【黄芩总黄酮提取物治疗荨麻疹的药理作用】 2001年1月至2003年12月,天津市长征医院王雷、赵丽敏、刘雅男等根据荨麻疹的病因和病机以及黄芩提取物的药理特性，研究黄芩总黄酮提取物对3种动物模型——由药物引起的痒、血管通透性、离体肠收缩的影响,以及LD50的测定,确定其治疗荨麻疹的可行性,以期达到可以筛选出高效低毒的给药剂量。研究表明黄芩有效成份—黄芩总黄酮提取物治疗荨麻疹是可行的，黄芩总黄酮提取物具有抗变态反应作用和抗组织胺作用。该提取物皮肤局部给药治疗荨麻疹的作用,是可以通过相关的剂型研究,达到其口服的效果,为新药开发奠定了基础。2004年11月12日该研究成果通过专家鉴定,达国内领先水平。

（刘 群）

【烟酸占替诺氯化钠注射液的研制】 烟酸占替诺是治疗脑血管疾病的一种新药，为直接作用于小动脉平滑肌的血管扩张剂。鉴于国内上市该药的片剂,口服起效较慢,作用较弱,对于缺血性脑血管疾病的发作期和早期治疗效果较差。天津市医药科学研究所王倩、贾淑杰、陈鸿英等1999年10月至2003年4月开发研制了烟酸占替诺氯化钠注射液。经动物实验表明该注射液最大耐受量LDO>100mg/kg,相当于临床用药剂量(20mg/60kg/次)的约300倍,对家兔耳缘静脉无明显刺激作用，对家兔红细胞无体外溶血和致凝集作用,对豚鼠无过敏性。该注射液已于2003年5月,获国家食品药品监督管理局新药证书及生产批文。该成果获2003年度天津市科学技术进步三等奖。

（刘 群）

【SARS中医证候学及中西医结合疗效研究】 该研究于2003年立项,由天津中医学院张伯礼、张军平、杨树人、王洪午、马融等共同完成,于2004年结题,获中华中医药学会科技进步二等奖。

应用临床流行病学(DME)方法,首次开展急性烈性传染病的中医学现场流行病学调查，通过“SARS中医临床证候学调查问卷”,探索SARS病的中医学证候变化规律,提出SARS的6个基本证候,为提高中医救治水平、进行恰当的辨证论治,提供了科学依据，同时，在文献研究基础上进行回顾性调查,纠正和完善现场调查量表。

该题指出SARS病机以邪恋气分搏在中焦为主,伤正致虚较早出现为特点,与四时温病是有差异的。提出了把握病机,分期证治,注重祛邪、加强扶正、防止传变的观点;提出了一套完整的临床防治方案,并运用于临床,指导了临床的救治过程。通过临床76例SARS患者的救治分析,中西医结合组和西医组均可提高血氧饱和度,其中,中西医结合组对恢复正常后的血氧饱和度波动范围有明显的趋稳作用。

（王 彤）

【复方丹参方药效物质及作用机理】 天津中医学院张伯礼、高秀梅、商洪才、孙有富、王义明等自1999年12月开展此项研究,于2004年6月结题。

该研究以药性理论为基础，通过传统的君臣佐使、主辅反佐引使以寻求主组分、主靶点、主效应的相关性。提出了由组分配伍组建现代中药的研究模式和筛选方法,强化主效应,兼顾次效应,减少副效应,优选出最佳配伍比例,建立以组分配伍研制现代复方中药的新模式，并研制了两个以组分配伍的新药处方，使中药研制由经验组方过渡到在经验基础上结合实验研究的筛选优化组方，提高了中药新药的科技含量,改变了传统中药“粗大黑”形象。

该课题从整体、器官、组织和分子4个药理水平上,探索有效组分的作用途径、作用机理及组分配伍方法，揭示了复方丹参方这类疗效明确的经验复方的科学性，为优质小复方的二次开发提供了理论依据和技术支撑。此项研究已申报了3项专利,成果已转让并产业化。

（王 彤）

【中药对老年动脉硬化影响的临床与实验研究】 天津中医学院张军平、张伯礼、郭利平、陈小玉、阮士怡等自1998年开展了“益气活血软脉方药对老年动脉硬化影响的临床与实验研究”，该课题于2004年结题。

该研究是在前期临床取得肯定疗效的前提下,就益气活血软脉方药(降脂软脉灵1-4号、新生脉散片和补肾抗衰片)对血脂代谢、血管壁细胞的保护为切入点，对其作用机理以及血清药理学的规范制作等问题展开了系统的研究。

在理论上提出了“气虚血瘀，痰浊内生，滞留胶着脉道、痰瘀互结、发为动脉硬化”；治法为益气活血软脉。实验上就中药血清药理学方法进行了创新性探讨研究，使药物血清应用于离体研究更趋于可操作化。这一方法的应用，有助于提高中医药临床研究水平，科学规范研究过程中的各个环节。采用益气活血方药与其处理血清同步比较的研究方法，揭示药物血清与药物本身的药效学已存在一定的差异，就中药药物血清制备、保存及稳定性的系统研究；揭示了益气活血方药与其处理血清对血管 EC、SMC 的影响是多途经的、干预的机理是多靶点的，其作用机理是通过整合和调节血管壁的功能，达到干预动脉硬化的进程和治疗烟雾病的目的。

（王　彤）

【针刺治疗呆症的临床及分子机理研究】 该项目由天津中医学院第一附属医院韩景献、李平、于建春、刘庆忠、于涛等共同完成，2003 年 6 月结题，获 2003 年度天津市科技进步二等奖。

该研究从临床角度系统观察了“调神益智，平肝通络”针法（主穴：内关、人中和太冲）治疗呆症（老年期痴呆）的临床疗效，在此基础上以日本快速老化痴呆鼠 SAMP10 为研究对象，采用 mRNA 差示法研究针刺对脑衰老相关基因的调节作用。结果显示①“调神益智，平肝通络”针法的临床改善率为 73.44%，针刺可增强患者受抑制的脑电活动，影响血液流变学，增加脑血流，提高患者自由基清除能力；②11 个基因与脑老化密切相关并受针刺影响，其中 1 个片段为阳性克隆，该基因为真核生物翻译起始因子 3 亚基 P66（eIF3-P66）。上述结果表明针刺可以通过调节衰老相关基因的表达而延缓脑衰老，为治疗呆症（老年期痴呆）提供了一种新的思路和方法。

（王　彤）

【针刺对老年性痴呆鼠异常表达基因的影响】 由天津中医学院第一附属医院石学敏、温廷益、杜元灏、韩景献、李平等人承担的基础研究项目，自 2001 年 9 月立项，2002 年 11 月通过结题鉴定，获 2002 年度天津市科技进步二等奖、2004 年度中华中医药学会科学技术一等奖。

该课题通过基因芯片技术，以快速老化模型小白鼠 SAMP8 为研究对象，筛选出与衰老和痴呆相关的差异表达基因 110 个，基因功能分类和表达趋势与国外文献中尸检病人基因芯片研究结果有很高的一致性，表明用该模型鼠可提高研究 AD 的深度和可操作性。同时，Northern 杂交显示金属硫蛋白（MT）MT3 mRNA 的过度表达和 MT3 与 MT1 比值的上升与衰老相关，针刺能够调节脑 MT mRNA 的表达，且具有针刺穴位特异性。针刺下调 MT3 和维持 MT1 与 MT3 mRNA 表达水平的平衡，可能是其延缓衰老的机理之一。

（王　彤）

【熄风胶囊治疗小儿癫痫强直－阵挛性发作】 该课题于 1998 年立项，由天津中医学院第一附属医院马融、李新民、魏小维、张喜莲、杨常泉等承担，历经 4 年完成。该题获 2003 年度中华中医药学会科技进步三等奖；2003 年度天津市科技进步二等奖。

为探讨小儿癫痫强直—阵挛性发作的证治规律和中药熄风胶囊的抗癫痫效应及其作用机制，该研究以抗痫胶囊、苯巴比妥作对照，对患儿癫痫发作情况、脑电图变化及癫痫小鼠脑内 c-fos 表达，DNA、RNA 变化和 NOS 活性与 nNOS 蛋白表达等进行系统观察，结果表明熄风胶囊的抗癫痫效应及对脑电图的改善作用均明显优于抗痫胶囊和苯巴比妥对照组，且未见明显不良反应。从中医证侯分析，熄风胶囊对风痫和惊痫的疗效优于痰痫和瘀血痫。在此基础上，提出小儿癫痫强直—阵挛性发作的病机关键在于“肾虚精亏、风痰闭阻”，治宜“益肾填精、豁痰熄风”法为主，熄风胶囊为其有效方剂，其作用机制与下调脑内 c-fos 表达，降低神经元的兴奋性及增强 NOS 与 nNOS 的活性与表达等密切相关。

（王　彤）

【针刺治疗老年期痴呆的临床及基础研究】 该研究于 1999 年立项，由天津中医学院第一附属医院石学敏、韩景献、李平、王舒、刘庆忠等历经 4 年完成。获 2003 年度中华中医药学会科学技术二等奖；2003 年度天津市科技进步二等奖。

该项目采用“调神益智、平肝通络”针法治疗老年期痴呆 128 例，并以国际公认的诊断标准，客观的疗效评定标准及多种神经测试量表进行临床疗效评定，结果表明该针法治疗 VD（血管性痴呆）的临床改善率为 73.4%，并与痴呆程度相关，痴呆程度越轻疗效越好；基础研究表明针刺对老年期痴呆的作用机理可能更多地是通过抗氧化反应、减轻细胞内钙超载，提高 bcl-2/bax 比值，诱导 HSP70 的表达，从而减少细胞凋亡、改善其脑组织形态学异常、调节 eIF3 等基因的表达、提高脑乙酰胆碱含量等途径发挥改善痴呆的作用。

（王　彤）

【中药对子宫内膜异位症的整体调节】　该课题为 1995 年度国家中医药管理局科研基金课题计划项目，由天津中医学院第二附属医院韩冰、萧美茹、李同玺、马平仲、赵志梅等完成。该课题采用手术移植法制备 EMS 动物模型，运用组织学、组织化学、免疫组织化学、分子生物学和超微结构的研究方法，阐述了活血化瘀，软坚散结法治疗 EMS 的机理。临床观察中提出“气、血、痰”是认识本病的关键，“瘀久挟痰、渐成症瘕”是其基本病理特征，确立了活血化瘀、软坚散结治疗大法，研制出体现该治法的妇痛宁颗粒冲剂。实验研究中系统观察了妇痛宁颗粒对实验性子宫内膜异位症种植排斥异常、免疫粘附、增生及纤维化的影响；对实验性子宫内膜异位症异位内膜增生、分泌及激素与免疫相关性的影响；对子宫内膜异位症镇痛机制及神经与激素相关性的影响。研究结果显示妇痛宁颗粒疗效确切，不干扰患者正常生殖周期，并可调经助孕，其治疗 EMS 途径是多方面，多环节作用的结合。

（王　彤）

城建科技

概 况

2004年,日新月异的天津城建科技渗透着科学发展观的理念,更加重视节水、节能、保护环境新技术的开发,更加重视管理的规范化与信息化建设,迈出了建设节约型社会,实现人与自然和谐发展的新步伐。

城市总体规划(2004~2020年)等一批事关天津未来发展全局的规划相继编制完成,绘制出了天津创新发展的新蓝图。建筑基桩检测规程等上百项建筑地方标准相继出台、实施。中水回用,海水循环使用,用水IC卡化;建筑节能,地铁节能等一批节水、节能新技术陆续问世。天津已被国家科技部选定为全国工业节水科学试点城市。在架桥修路,房屋建筑与修缮,水资源开发,供水供气,园林绿化与生态建设,污染监控,垃圾处理,"变废为宝"等方面均取得多项重要科技成果,既获得了较好的经济、社会效益,又提高了天津城建领域的科技水平与管理能力。在国内首次完成桥梁整体同步提升。在国际上首次对钢筋混凝土高层超长无缝结构,从建材导热计算到结构整体温度场内应力计算的全过程系统理论研究与工程实践。在全国率先启用环保在线监测推广工程。天津环境监测技术已跨入全国领先行列。污水处理率已达到国家标准。饮用水水质安全保障体系50吨/日示范工程正在施工中。万吨级海水淡化项目已动工兴建。津城12万多盏路灯实现了自动光控。施工现场远程监控系统,房地产拆迁管理系统,燃气管网地理信息系统等开发成功,成效显著。大港区被评为全国生态建设示范区,宝坻区也一次性通过全国生态示范区验收。

城市规划

【《天津市城市总体规划(2004~2020年)》方案】 2004年12月23日至29日,《天津市城市总体规划(2004~2020年)》(以下简称规划)方案,在天津国际展览中心向社会公示展览,广泛征求社会各界的意见和建议。参观此次公示展人数达1万多人,现场接待群众咨询1200多人,共收到意见和建议近千条。市政府将根据人大审议意见以及专家、市民的意见和建议对相关内容进行调整修改后上报国务院。

《规划》方案分别以文字、图象、多媒体演示和沙盘模型的形式展出,内容分为:城市性质规模;市域空间布局;中心城市布局;综合交通体系;岸线利用;市政基础设施;历史文化名城保护;环保与防灾等10个部分。规划修编的原则为:一是在全面继承现行城市总体规划的基础上进行修编,确保规划的延续性和基本稳定;二是有重点地进行修编,突出城市布局和建设用地的调整;三是突出天津的特色,发挥天津在区域中的辐射和带动作用;四是充分与相关规划衔接;五是根据新的形势,结合天津的特点有所创新和突破。

该《规划》是天津未来20年城市发展的宏伟蓝图,也是实施"三步走"战略目标和全面建设小康社会的空间发展框架。此次规划修编的重点主要体现在四个方面:一是确定城市发展定位和目标;二是调整优化市域空间布局结构;三是完善现代化综合交通体系;四是构建可持续发展的生态格局。规划形成"一轴两带三区"的市域空间布局结构,即"武清-中心城区-滨海新区核心区"发展主轴;"宁河-汉沽-滨海新区核心区-大港" 东部沿海发展带和"蓟县-宝坻-中心城区-静海"西部城镇发展带;北部蓟县山地生态环境建设区、中部"七里海-大黄堡洼"湿地生态环境建设区、南部"团泊洼水库-北大港水库"湿地生态环境建设区。到规划期末,将天津建设成为国际港口大都市、中国北方的经济中心和生态城市。

为准确把握天津城市发展的客观规律,消除影响城市发展的制约因素,同时为城市总体规划修编提供理论依据和技术支撑,市政府组织国内外研究单位开展了17项专题研究,并多次邀请吴良镛、周干峙、邹德慈三位院士等国内知名专家对总体规划修编工作进行论证和研讨。

(丁兆强)

【海河两岸综合开发改造规划】 2004年，按照海河两岸综合开发改造规划方案实施的狮子林桥抬升、北安桥加宽、金汤桥拆移整修以及4.03千米的堤岸景观、古文化街海河楼商贸区等工程陆续竣工。海河两岸综合开发起步段的景观设计和建设，在充分强调了天津的历史和传统风情的同时，处处体现着以人为本的思路，将现代设计思想与自然环境有机地融为一体。这种极富地域特色的历史文化内涵的特点，在4.03千米起步段的道路和堤岸景观工程中得到了充分的彰显。

海河是天津的发源地，也是天津重要的、具有标志性的宝贵资源。1999年的天津城市总体规划提出了“利用10~15年时间，将海河两岸建成贯穿天津城市政治、经济、历史、文化的中心线及绿化、旅游和风景景观轴线，成为体现天津作为中国北方经济中心和国际港口大都市水平的核心区域”的奋斗目标。按照总体规划目标和2002年天津市委做出的“实施海河两岸综合开发建设，努力把海河建成独具特色的、国际一流的服务型经济带、景观带和文化带，成为世界名河”的战略决策。天津市规划和国土资源局、天津市城市规划设计研究院开始对海河两岸综合开发改造进行新一轮规划，确定用3~5年时间实现以上宏伟目标。

此次规划按照“绿起来、亮起来、美起来、活起来”的思路，突破了规划专业领域的限制，突出地强化了规划的全局性、战略性和综合性，力求使城市整体功能得到优化和提高。规划在总结国内外滨水地区综合开发改造的基础上，根据海河的自身条件，提出了海河综合开发改造的六个主题目标和十大工程。

六个主题目标是：1.展现悠久历史文化；2.发展城市第三产业；3.突出滨水城市特色；4.建设生态城市依托；5.改善道路交通系统；6.开发旅游休闲资源。十大工程是：1.水体治理工程；2.堤岸改造工程；3.道路交通工程；4.桥梁隧道工程；5.通航工程；6.绿化广场工程；7.环境景观工程；8.灯光夜景工程；9.公共建筑工程；10.整修置换工程。

此规划海河开发改造全长72千米，起点为天津中心城区的三岔口，向东汇入渤海。根据海河沿岸的历史文化特点和目前的建设情况，规划将中心城区以内的海河两岸地段划分为四个段落：1. 北洋桥至南马路海河段为传统文化商贸区（CHD）；2.南马路至赤峰道海河段为都市消费娱乐区（CRD）；3.赤峰道至奉化道海河段为中央金融商务区（CBD）；4.奉化道至外环线海河段为智慧城(STD)。并形成了实施工程的六个启动节点，即运河经济文化商贸区；大悲院文化商贸区；南站地区中心商务区；古文化街海河楼商贸区；海河广场及和平路商贸区；海河水上运动世界。

（丁兆强）

【滨海新区新规划】 随着“三五八十”四大奋斗目标提前实现，滨海新区已成为天津经济社会发展的新增长极。《天津市城市总体规划(2004~2020年)》方案把滨海新区摆在全局性、战略性位置，划定了滨海新区范围，明确了滨海新区职能，确定了滨海新区总体布局，以进一步增强其区域辐射和带动作用。

滨海新区的发展目标是立足天津、服务环渤海，辐射“三北”，面向东北亚，建成现代化的世界性加工制造基地和物流中心。滨海新区核心区是全市的副中心，重点整合“一港三区”(天津港及塘沽城区、天津经济技术开发区、天津港保税区)，建设成为以国际港口、物流、现代加工业和现代服务业为主的城区。规划在中心城市“T”型组团式布局基础上，形成滨海新区“一轴一带”的总体布局结构。

“一轴”即“武清-中心城区-滨海新区核心区”发展主轴上的津滨走廊地区。津滨走廊是城市未来发展的主要拓展空间，是海河经济、文化、景观带的主要载体，城镇发展呈带状组团式布局，并规划预留海河新城。该地区利用河流、湿地等自然条件，构筑绿化网络及开敞空间系统，协调城市建设与生态环境保护的关系。

“一带”指东部沿海发展带。以滨海新区核心区、汉沽城区、大港城区为主体，形成组团式空间布局结构。保留盐田、河流、自然保护区等做为自然生态隔离区。

（丁兆强）

【历史文化名城保护规划】 天津是国家级历史文化名城，建城600年来，特别是在近现代的发展历程中，孕育了丰富的历史文化底蕴，形成了“百年中国看天津”别具一格的历史文化名城特色。《天津市城市总体规划(2004~2020年)》方案从妥善处理好历史文化名城保护与城市现代化建设的关系，保护历史文化名城的整体格局和风貌特征，保护历史遗存的原真性出发，挖掘城市历史文化内涵，继承和发扬城市的历史文脉，提升城市文化品位，保护不可再生的历史文化资源。

规划将蓟县城区和杨柳青古城镇、盘山风景名胜区、蓟县黄崖关古长城保护区、市中心城区中的历史文化保护区和历史文化建筑风貌保护区、文物保护单位和优秀历史风貌建筑，以及地方传统文化等作为历史文化名城保护内容，并对各类保护区划定了保护范围，确定了保护原则。规划强调历史文化保护区要采取整体保护的原则，注重整体风貌的保护与延续，以全面、完整地保护历史文化遗产。对于历史文化风貌保护区，在严格保护现存的文物保护单位、历史建筑等历史遗存的同时，强调对街区格局与风貌的保护。

（丁兆强）

【中国城市化快速发展背景下规划建设研究】 由天津市规划和国土资源局、南开大学、天津市城市规划设计研究院等单位承担的国家建设部“中国城市化快速发展背景下规划建设研究”科研项目，于2004年9月通过建设部组织的函审鉴定。专家一致认为该研究成果在新思维、新理论的基础上，重新审视和构建了中国城市化快速发展背景下的规划建设体系，在理论上具有创新性。同时，为城市化快速发展的路径选择提供了理论支持。研究成果达到国内领先水平。

该研究成果以识别中国城市化是否处于快速发展阶段作为研究的出发点，构建了中国在开放条件下城市化快速发展的模型，反映出中国城市化快速发展存在资源和制度两大约束。通过剖析中国城市化快速发展期的最基本特征(开放性、体制转型期、非均衡、信息化和资源硬约束)，进而详细分析这些特征对中国城市化发展及城市规划将产生的广泛影响，然后在理论研究的基础上，紧密结合中国国情和城市规划建设的实际，提出适应中国城市化快速发展的城市规划体系建设的任务和框架，以及各种具有很强可操作性的对策和途径。

该研究成果独创的模型给人三点直观的启示：一是用科学发展观指导城市化的发展，不再坚持城市规模控制论，由市场来决定城市数量和规模；二是继续扩大开放，发挥比较优势，打造国际竞争力，充分利用国际资源和市场，建立城市化快速发展的资源支撑体系；三是积极推进市场化进程，发挥市场在资源配置中的作用，进行以土地换保障为核心的制度创新。

（丁兆强）

【供水管网改造五年规划编制完成】 截至2003年底，全市供水管网的总长度达到约4166千米；芥园、凌庄、新开河三大水厂日产水能力达200余万立方米，日供水量100万立方米；管线上的附属设施，诸如人孔、排气阀等总数约为2000个，管线上的各类供水阀门近30000个，消防设施约有14000个，在装水表约有12000具。供水面积达到410平方千米。用水人口达500多万人，服务水压在0.2~0.35兆帕之间。

为落实国家建设部、发展和改革委员会、财政部“建城(2003)188号文件《关于加快城市供水管网改造的意见》”和适应集团公司发展战略要求，按照市场经济的观点来审视和评价全市管网现状、管理与发展，提出编制管网规划，全面规划旧管网改造，加强管网管理，指导管网运行。2003年3月天津市自来水集团有限公司成立了管网规划小组，遵循创新和发展的原则；与区域计量相结合的原则；整体规划、分步实施的原则；远、近期目标相结合的原则，在对全市管网现状调研的基础上，完成了对管网现状的情况分析，找出了供水管网在管网漏失、闸门管理、水表管理等方面的问题，并就管材、管网漏失、闸门管理、图档管理等方面的问题提出优化方案。

为保证优化方案的顺利实施，2003年11月又成立了管网规划项目组。该项目组在优化方案的基础上，做出了供水管网的五年改造规划(2003~2007年)，该规划主要包括漏失控制、旧网改造、闸门优化和管网动态管理等内容。该规划的制定为今后管网改造及管网结构提供了技术依据。

（杨　华、刘　红）

【利用海水改善滨海新区水环境规划】 该项目由天津市水利科学研究所等单位承担完成，2003年通过专家评审。中共中央政治局委员、天津市市委书记张立昌充分肯定了该规划，天津市政府批复实施。该规划已经被《天津市南水北调市内配套工程总体规划》、《天津市中长期水源供水规划》等采用。

该项目参照国内外滨海城市建设的特点，发挥天津市滨海地区的优势，充分利用新区现有的河道水系，以清洁海水作为环境水源，实现规划区域内河网沟通,有河皆清,水流通畅,绿树成荫的良好生态环境,在美化水环境的同时,大幅度提高新区排沥、排咸标准,带动第三产业的发展,改善投资环境,把滨海新区建成可持续发展、环境优美的现代化经济中心。

（张 雁、常守权）

【天津市海挡综合开发利用建设规划】 该项目由天津市水利科学研究所承担完成,2004年通过专家评审。该规划受到天津市政府及有关专家的充分肯定和高度重视,被《天津市中长期科技发展规划》采用。

该规划统筹考虑了经济社会发展、城市防洪防潮、港口建设、水陆交通、滨海排污、海水综合利用等因素,进行海挡建设及综合开发利用,把滨海新区的防潮标准提高到200年一遇,营造人工泻湖和半岛陆地,实现天津市近海水域“低潮不露滩、浅滩变陆岛、深滩变泻湖”,使天津市近海海岸变为蓝湾和绿色海岸带。该规划总体布局合理,具有创新性和前瞻性,既提高滨海地区防潮标准,又为滨海新区的经济发展提供丰富的土地资源、洁净的海水资源和良好的环境资源,综合效益明显。

（张 雁、常守权）

【北大港水库综合发展规划】 该规划由天津市水利科学研究所承担完成,2004年通过专家评审,天津市政府审批,进入可行性研究阶段。该成果被《天津市南水北调市内配套工程总体规划》等采用。

该项目为提高北大港水库供水效益和水资源利用率,修复湿地生态系统,改善周边和天津市区环境,利用丰富的生物种群和湿地对水体进行净化;水库综合开发,带动旅游业和相关产业的发展,把北大港水库建成天津市东南滨海地区一颗璀璨明珠。在保持和完善原有功能的基础上,以服务城市、服务海河两岸综合发展为宗旨,把北大港水库与海河干流水系连通,使之成为城市河湖水系的一个组成部分,并针对北大港水库水源匮缺,蓄水保证率低的特点,打破传统的水资源理念,广扩水源渠道,依托北大港水库地域开阔、生物种群丰富的优势,实施分区、分功能治理的方针,实现多种水源优化配置、科学调度,为城市及海河提供环境用水。

（张 雁、常守权）

【虚拟现实技术实验室开始运行】 天津城建学院与市城市规划设计研究院合作建设的天津第一个“虚拟现实技术实验室”开始初步运行。虚拟现实技术又称为“临境技术”,该技术应用于城市规划的研究,在国内外都属于较为前沿的课题,标志着现代建筑和规划表现工具从传统工艺向数字化技术发展的一次革命。该项技术不仅可以使现实中的景物通过数字化处理在电脑上进行立体真实的再现,还可以任意创造虚拟物体与虚拟环境,通过数字化仿真沙盘、实时的三维空间表现能力、人机交互式的造作环境,给人带来身临其境的感受。同时,许多旧城资料也可以通过该系统转化为数字格式永久保存。坐落在城建学院的“虚拟现实技术实验室”,总建筑面积800平方米,预算投资400万元,基础软件从国外引进,科研人员将利用基础软件进行应用性研发。“用虚拟现实技术建设数字化天津”专项课题已经列为该实验室首个重点研发项目。

【天津市城市规划协(学)会换届】 天津市城市规划协会(以下简称协会)第一届理事会和天津市城市规划学会(以下简称学会)第二届理事会换届大会,于2004年9月1日在天津市规划和国土资源局召开。会议总结了上一届协会和学会的工作,按照协会、学会章程选举产生了新一届协会、学会理事会。中国城市规划协会副理事长任致远、中国城市规划学会秘书长石楠、市科协领导等出席了会议。

会议确定的今后四年协会、学会的奋斗目标是:以会员为本,按照市场化原则规范运作,加强行业自律和自身的组织建设、基础建设、能力建设,初步构建行业协会与学会的新型运作模式,基本做到人员自聘、经费自筹、活动自主、管理自律,把规划协会和学会真正办成自治、自律、自强的民间组织。会议提出要建立多元结构的会员制,既要有单位会员,又要有个人会员。在单位会员中既要有管理部门的代表,更要包括规划编制单位、科研院所、高等院校、相关房地产公司的代表。通过加大会员发展力度,力争使单位会员在本行业的覆盖面达到90%以上,更多地吸收注册规划师成为规划协会或学会的个人会员;围绕行业管理需要,协助政府有关部门搞好行业培训、资质年检、论文评选、设计评优、行业展览等工作;围绕城市规划的热点、难点和重点问题,有针对性地开展专题研讨和技术交流;组织专家编制技术规范,制定职业道德守则,建立自律机制,纠正行业不正当竞争。

（丁兆强）

【《天津城市历史地图集》出版发行】 天津设卫建城600周年前夕,由天津市规划和国土资源局、天津市城市建设档案馆编纂的一部大型文献工具书《天津城市历史地图集》(以下简称图集)正式出版发行,真实地再现了天津城市的历史变迁。

《图集》共收集、绘制了天津历史地图66幅,图文对照,所附文字,既是对每幅图的说明,又是对该时期历史的高度概括。这部《图集》对天津平原的成陆、水系的变迁、聚落的演化、遗址的分布;城市的兴起、发展、建置、沿革、开发、改造等等,都进行了翔实的介绍,对天津的历史、地理,穷源溯流,钩沉致远。《图集》收集的最早的原始地图是1674年的《天津卫城图》,最晚的是1946年出版的《最新天津市街图》。

该《图集》中,最为珍贵的一幅天津历史地图是清光绪十四年(1888年)在署理津海关道刘含芳主持下,由旅顺绘事教习、候选县丞陈文祺带领学生,用西法测量绘制的"天津城至紫竹林图"。该图原图规格750mm×2340mm,为绢本彩色手绘,现藏国家图书馆。这是迄今为止搜集到的、由中国测绘人员使用近代测绘技术绘制的第一幅天津地图。图中标示的洋行、银行、保险公司、饭馆、旅馆、茶园、西药房、照相馆、洗衣房、磨坊、领事馆、公馆、墓地等有近百处,均历历可见,此外,还有租界以外的武备学堂、博文书院等。图中显示有关天津城市发展的历史信息量甚大,各项标注虽经缩印,仍然十分清晰,对于研究开埠后的天津与早期租界状况极富参考价值。

天津是中国历史文化名城,有着深厚的文化底蕴,《图集》的出版发行,为研究天津这样一座既古老而又年轻的沿海城市的发展,提供了其他资料无法代替的依据。对于探讨天津城市的成长特色和规律、研究天津历史地理沿革、了解天津不同历史时期赖以发展的条件和特点,都有重要的利用价值。《图集》的出版,对今后天津城市规划、城市建设、土地开发、河道整治、工业配置、农业区划、旅游发展、防灾减灾、文物收藏乃至地域文化特色的探索都具有重要的现实意义。

（丁兆强）

【天津市水文地质环境地质图系】 由天津市地矿局编制、天津人民出版社2004年8月出版的"天津市水文地质环境地质图系",是一套综合环境地质研究成果,由图件和说明书两部分组成。"图系"全面反映了天津市的水文地质条件、地下水资源状况、环境水文地质及工程地质特征、主要地质灾害类型、地热资源分布等。可供有关研究部门参考使用,也可供学术交流和普及地学科学知识使用。

（天津市地质矿产勘查开发局）

【天津市地质环境图集】 由天津市地矿局编制,地质出版社2004年4月出版的"天津市地质环境图集",是一项综合地质研究成果。包括:基础图件、水文地质、环境地质、工程地质、地热地质、区县水文地质等七个图组组成,共52幅专业图件。图集内容丰富,每个图件后均附有文字说明,可为城市建设、城市规划提供地质依据,也可供学术交流及普及地学科学知识使用。

（天津市地质矿产勘查开发局）

市政工程与建筑工程

【市建委科技工作简况】 2004年建设系统的科技工作坚持"科学技术是第一生产力"的方针,紧紧围绕市委、市政府的战略部署和市建委的工作任务,以科研为先导,以示范工程为载体,以制定工程建设标准为依据,以职业教育培训为基础,加大科技成果转化和新技术、新产品推广应用力度,推进国际科技合作,促进建设事业向较高水平发展,努力开创建设领域科技教育工作新局面。

2004年,共组织委级科研鉴定项目107项、局级科研鉴定项目80项,建设系统科研投入6200多万元;编制下达2004年建设系统科学技术发展计划54项;编制、修订建设系统17个专业的地方工程建设标准108项。其中,复审、修订标准44项,新编标准64项;出台了《天津市住宅中水供水系统建设规定》、《天津市住宅建设中水供水系统技术规定》;制定了"天津市三步节能地方标准";完成了RBS住宅体系、CS板式结构住宅体系的试点应用工作。完成了生产操作人员培训8.45万人次,占职工总数的96.96%。完成关键性岗位培训1.52万人次。

（高　云）

【市建委开展百项工程建设地方标准的编制工作】 为提高天津市建设领域的整体水平，全面提升城市建设的科技含量，2004 年 3 月，天津市建委决定编制 2005 年版天津市工程建设地方标准。该项标准编制工作涉及城乡规划、城镇建设、房屋建筑三大类别，包括建设系统 17 个专业子项，其中市政行业 26 项，园林行业 9 项，建筑行业 26 项，涉及施工、防灾等其他标准 11 项，共计 100 项。参编人员 2000 余人，评审专家达到 1500 余人。各项标准编成后，将形成 2005 年版天津市工程建设地方标准体系。

天津市建委将这次地方工程建设标准的编制工作列为 2004 年的重点工作，当作一场战役。3 月召开了天津市工程建设标准化工作部署动员会，4 月成立了天津市工程建设标准领导小组，市建委主任李全喜任领导小组组长。下达了《2004 年天津市工程建设标准编制计划》。为配合工程建设标准的编制工作，还出台了《天津市工程建设地方标准化工作现状与发展战略研究》报告。

100 项工程建设标准的编制工作是新中国成立以来天津建设系统开展的规模最大的一次编制标准、修订标准的活动，这项工作的完成在市建设系统建立起了一个科学的、开放的标准化体系，使城市建设可持续发展实现了新的跨越，是天津城建史上的一笔宝贵财富。

（高　云）

【市建委积极推动建筑节能工作】 为了大力发展循环经济，努力构建集约型、节约型、生态型的发展模式，天津市建委积极推动建筑节能工作。2004 年，天津市建委先后出台了《天津市居住建筑节能设计标准》、《天津市居住建筑节能工程施工技术规程》、《天津市居住建筑节能工程质量验收规程》、《天津市居住建筑节能检测标准》，从设计、施工、验收、检测等方面对建筑节能工作做出了规定。形成了较为完整的建筑节能技术标准体系。

市建委还积极研究并推动新的建筑节能体系，组织了《砼多孔砖试验建筑体系的应用研究》、《RBS 建筑体系的研究》、《CS 板式结构住宅体系研究》等建筑体系的研究。其中“RBS 建筑体系”属国内首创，被国家建设部评定为“国际领先水平”。新的建筑节能体系的研究，为建筑节能工作提供了有力的技术保证。同时发布了《关于贯彻落实建设部加强民用建筑工程项目建筑节能审查工作的通知》和《关于贯彻落实建设部加强民用建筑工程项目建筑节能审查工作的补充通知》，以保证建筑节能工作在建设、设计、施工、监理过程中能落到实处。对建筑节能情况进行拉网式检查，摸清了住宅节能的现状，为进一步推动全市的建筑节能工作打下了坚实的基础。

（高　云）

【2004 年天津城建实现较大突破】 1.城建固定资产投资全年完成 330 亿元，同比增长 35%。2.海河综合开发取得突破性成绩。实施了海河东路、海河西路等 4 条道路建设；开工建设了慈海桥、大沽桥；完成跨河管线切改和临河管线铺设工程 61 千米；完成河道清淤 216 万立方米；完成岸墙结构改造 8.6 千米；完成 120 万平方米拆迁任务。南开区古文化街商贸中心、河北区凤凰广场商贸中心开工建设。和平广场商贸中心已与 4 家外商洽谈投资意向。海河综合开发拉动了临河一批企业的结构调整，加快了工业东移进程，天钢、纺织等 23 家企业已着手东移。3.城市道路建设取得突破性成绩，全市新增和改造道路面积 1000 万平方米。一是高速公路建设。建成了津蓟、丹拉(天津段)2 条高速公路，新增高速公路里程 185 千米；二是加强了区县公路网络的建设；三是新建海河东路、金钟河大街、卫国道等一批主干道路；四是加大了旧路改造。拓宽和打通了西湖道、复康路等一批卡口道路。累计新建和拓宽、整修了 67 条道路和 2 条高速公路，整修道路面积 320 万平方米，新增道路面积 650 万平方米，是道路建设量最大的一年。4.污水、垃圾处理设施建设取得突破性成绩。全年共安排开工建设污水处理和垃圾处理项目 10 项，是历史上开工项目最多的一年。纪庄子污水处理厂、咸阳路污水处理厂和北仓污水处理厂工程进展顺利；双港垃圾焚烧厂进入设备安装；危险废物处理处置中心于 9 月 1 日投入使用；贯庄(二期)、大韩庄和徐庄子垃圾处理设施提前开工建设。四化河、北塘排水河、月牙河二期 3 条河道改造全面完成。5.旧楼区环境改造治理取得突破性成绩，65 处旧住宅区纳入物业管理。对六、七十年代建成的旧楼区实施了环境改造，对老化线网和管道进行更换，增加小区照明和绿化。6.城市绿化取得了新突破，全年完成绿化面积 2500 万平方米，是上年的 3.5 倍。推进拆迁建绿、拆墙透绿，重点实施了沿路、沿河、城区裸露空地和老住宅区的绿化，建成区新增 3000 平方米以上绿地 40 处，建成了水上公园水晶广场，改造整修南开公

园、西南楼、复兴公园等一批社区公园。7.城市夜景灯光建设取得新突破，实现了晚上亮起来的目标。按照“天津特色、国内领先、单项冠军、国际一流”的目标，加快了夜景灯光的建设，共完成968个单体灯光项目，初步形成了夜景灯光旅游观光网络。8.危陋平房拆迁实现新突破，全年完成拆迁450万平方米，是前3年的总和；完成房地产投资210亿元，同比增长20%；新开工住宅850万平方米，竣工750万平方米，建成了一批居住小区。

【高层建筑超长结构无缝设计与施工全过程控制】 由中铁十八局集团有限公司、天津大学顾谓建、张兴彦、李素清、刘海兰、洪武、刘金林等完成的“天津地区高层建筑超长结构无缝设计与施工全过程控制研究”，获2003年度天津市科学技术进步二等奖。该项目在国内外首次对钢筋混凝土高层超长无缝结构进行从建筑材料的导热计算到结构整体温度场内力计算的全过程系统理论研究和工程实践，探讨和总结了超长无缝结构在温度场作用下的变形与应力的基本变化规律，提出了全过程综合集成技术措施和防止建筑物产生裂缝的各种有效手段，实现了100米长的高层建筑结构在各个阶段不出现任何形式的有害裂缝，实现了安全目标。该项目的理论研究成果和工程实践为今后同类型工程的设计与施工和规范的修订提供有价值的理论分析与工程实践的依据。

作为该研究的示范工程，中铁十八局集团有限公司办公楼工程超长结构无缝设计满足使用功能和立面完整的需要，保证结构的整体性和连续性，其理论和工程实践可以为规范的修订积累数据和增加工程背景资料，同时还可以从根本上改变现有规范规定的伸缩缝间距的最大值对建筑物的整体布局所带来的限制和不利影响。超长结构无缝设计无论是对社会、经济、文化进步、人们的审美观念都会产生很好的综合效益，共创经济效益320万元。

【现代中高层钢结构住宅体系的研究】 天津市建筑设计院、天津大学滕绍华、张忠秀、李之铎、陈敖宜、姜忻良承担完成的该研究，获2003年度天津市科学技术进步三等奖。该研究开发了新型SRC结构；进行了方钢管和圆钢管柱的框架(三层两跨的1/3实体比例模型)低周反复荷载模拟地震作用的试验；采用新型SRC结构体系的试点工程；提出用于方钢管混凝土柱的外肋环板节点，且其抗震性能优于纯钢结构节点，为国内首创；完成了中国第一幢具有较高产业水平和技术水平的环保型中高层钢结构住宅，将为钢结构住宅的推广起到示范作用。

钢结构住宅的研究开发推广和应用可保护大量耕地，抗震性能好，施工装配机械化，速度快，效率高，已在天津、北京和山东等地推广10余万平方米。具有较大的经济和社会效益。

【天津博物馆工程设计上采用的新技术】 天津博物馆坐落于天津市河西区友谊路与平江道交口处，占地5.02公顷，建筑面积34000平方米，地上三层，檐高33.4米，按使用功能分为陈列展览区、藏品库房区、图书资料中心、办公与技术用房和设备用房五大部分。

天津博物馆工程主体结构采用钢筋混凝土灌注桩，承台地梁基础。首层、二层为钢筋混凝土框架结构，屋盖为螺栓球网壳结构，正立面为中央幕墙钢结构和侧幕墙钢结构。外檐为天鹅颈玻璃幕墙、105度斜幕墙，屋面为压型钢板保温防水层和镀瓷铝板面层。

天津博物馆在设计上采用可“呼吸”的大跨度空间结构、清水混凝土、无机材料做成的进口镀瓷铝板、弦支穹顶网壳结构、保温螺栓、板铰节点体系、锌加技术、76的大直径高强螺栓、大拱及铸钢节点、羽毛状整体30米高的六面斜墙、三层双保险的屋面防水设计和超长度异型压型钢板(肋高90)等十几项建筑新技术。

博物馆工程的屋盖结构是国内平面尺寸最大的空间网壳结构之一，首次采用了多点二力杆加周边斜撑的支撑体系。由62个钢柱支撑，32米高网架可自由伸缩，形成可“呼吸”的大跨度空间结构，这种大跨度可“呼吸”的标志性建筑在国内是第一次应用。首次在国内采用了施工难度大、标准高、效果突出的清水混凝土做法，第一次在中国真正实现了清水混凝土的梦想。

该工程采用的镀瓷铝板是用无机材料做成的，在大规模的屋面工程中采用在世界范围内还是第一次。

天津博物馆在国内首次应用了构造简单、概念明确且造价低的板铰节点体系。同时该工程螺栓的最大直径达到了76毫米，填补了相关设计规范的空白。

在博物馆的前厅和内部展厅的连接处，设计了六面与水平成 78 度角的斜墙，巧妙的在现代化建筑与内藏的历史文物间进行了分隔，让参观者的视觉感受到了自然的过渡。此外，六面斜墙的石材进行了明暗处理，用平面石材体现了天鹅羽毛的立体效果。

天津博物馆外景

（周晓鹏）

【天津博物馆工程施工中采用的新技术】 由于天津博物馆具有天鹅造型逼真、空间曲线曲面多、异型钢结构复杂等特点，施工中通过科研和科技创新，攻克了多项技术难关。

1.多曲线、多曲面空间结构测量定位技术。该工程建筑平面为月牙形，半径 83 米，由于二层平面缩进后小于首层平面，不能实现垂直引测，研究设计了外控法平面控制网方案，有效地解决了通视、圆周测量和垂直引测的难题。

2.空间异型清水混凝土柱施工技术。博物馆前厅 10 组用于支撑天鹅颈钢梁的钢筋混凝土 V 型柱，柱高 8~12 米不等，截面由 800×800 变到 500×500，其轴线与水平面的倾斜角度和转角均不相同，利用空间解析与向量投影定理的原理研究出空间平面投影定位法。施工中采用混凝土配合比设计、开仓分段浇筑等技术措施，达到了清水混凝土柱的预期效果。

3.超大屋面网壳结构空间拼装技术。屋顶结构为双层螺栓球节点球面钢网壳，跨度 186 米，矢高 2 米，安装高度 3~30 米。根据园缺形球壳，覆盖 1 至 3 层，支撑点分散等特点，研究了就位拼装方案。安装时将网壳分成四段扇形区进行分段校正，以消除累计误差。实践证明，超大屋顶网壳采用阶梯型脚手架，径向单元拼装，扇形分段校正技术，具有因地制宜的独特性和创新性。

4. 大跨度弧型拱梁施工技术。总长度超过 200 米的 700 直径的大拱，连接采用了相贯节点的构造，拱梁施工采用环向分节安装、空中定位新技术。在拱梁的根部采用了铸钢节点。此外，为抵抗网架巨大的水平推力，支承铸钢节点的下部混凝土结构还采用了沉井技术。

5.三维变截面箱形梁施工技术。天鹅颈钢结构由十组双向弯曲变截面箱形钢梁组成，针对箱型梁空间弯曲大加工难、空间落差大安装难的特点，采用了立体胎模加工技术和空中倒钩吊装技术。将箱型梁按几何尺寸分成空间扭曲段、纯弯曲段、侧弯曲段和直线段五部分，按各段构件的空间三维坐标制作立体胎模，板材按平面进行曲线放样后加工成曲面，再按箱型梁加工工艺在立体胎模上焊接成型。

6.大跨度球形屋面防水新工艺。屋面防水保温采用双层压型钢板加岩棉保温的构造，总面积 15800 平方米，径向最长 89 米，防水要求高。研究设计出锥度带肋径向通板新工艺。利用板材的自然变形进行径向铺设，从而达到了与球面完全吻合，环向无接缝的目的，球形屋面防水效果极佳。

7.曲面玻璃幕墙施工技术。正立面玻璃幕墙面积 8900 平方米，中央幕墙为扇形凹曲面，两侧幕墙为园锥曲面。施工中与设计结合，进行了曲率近似于零的板块设计，以每块玻璃的四个角为基点，建立曲面网模，对龙骨安装精度进行控制。安装后玻璃幕墙曲率平滑，框条顺直，呈现出镜园天成的效果。

8.球形屋面镀瓷铝板安装技术。屋面的面层为白色镀瓷铝板饰面。为了达到精确安装，对屋面进行了精细的深化设计。将月牙形球面按径向和环向进行分格，用计算机计算出 156 种不同规格的板材、檐口板件 2005 块，放线时用模具进行复核确定尺寸进行加工。镀瓷铝板安装在防水层之上的铝框上，根据接缝的特点将屋面以天窗为界划分区段，从上檐口向下檐口进行安装，径向和环向板缝做防水密封处理，最后用定型板件将檐口封闭。形成一个板缝顺畅、曲面圆滑、洁白美观，具有天鹅展翅造型的整体屋面。

（周晓鹏）

【天津城建集团科技简况】 天津城建集团成立以来，全面实施了"科技兴企"的战略方针，"开拓科技发展思路，提升管理工作水平，强化行业科技创新能力"。天津城建集团是以工程施工总承包为龙头，集市政、公路、桥梁、城市轨道、污水处理、建筑、环保、房地产开发为一体的规模化、多元化的大型企业集团，以设计、施工为主业。2004 年有计划地开展了重点科研项目研究，共完成科研课题鉴定项目 11 项，验收项目4项，编写天津市地方标准5项。其中6项达国内领先水平，9项达国内先进水平，11项填补天津市空白。在钢桥面铺装、彩色路面、管理软件开发、新材料研究等方面均有所突破。

（刘　岩）

【钢桥面沥青铺装层施工技术研究】 由天津五市政公路工程有限公司、天津市市政工程研究院吴秉军、李云海、裴绍建、刘卓、张红锦完成的"京珠高速公路武汉军山长江大桥钢桥面沥青铺装层施工技术研究"，成功地解决了钢桥面粘接剂洒布及预拌碎石的撒布、SMA混合料拌和生产级配控制精度，在漂浮变化的钢桥面上控制铺装层厚度，SMA高黏度改性沥青混合料摊铺和碾压，两台摊铺机之间接缝处理等施工难题，整个钢桥铺装工程施工工序和施工质量控制良好，为大跨度钢箱梁桥面的沥青混合料铺装积累了施工经验。其创新点为：确定摊铺宽度为8m+7m，摊铺宽度均衡，纵缝留在了行车道分界线上。采用"平衡梁+铝合金尺+平衡梁"保证最小厚度，并提高平整度（底层）。单幅单层均一次性完成铺装，未留横缝。

SMA施工方便、快捷、易控，比国外的环氧改性沥青砼每平方米节约640元（相同厚度时），共为军山大桥节约费用1881.7万元。而改进后的洒布机，洒布一次性成功，从根本上避免了质量隐患。该项目获2003年度天津市科技进步三等奖。

（李秀娟）

【金汤桥开启系统复原与改进关键技术研究】 金汤桥建于1906年，主体结构为下承式全铆接钢桁梁桥，全长76.4米，为平转开启桥，但近70年来从未开启过。课题组针对金汤桥的铆接结构及平转系统进行了研究，采用多项新技术从根本上解决了原机械传动回转系统的结构缺陷。创造性地提出"三者同一性"原理，解决了机械传动回转中心、转动跨回转中心及桥墩中心三者在设计基准与安装基准上不统一的问题。采用先进的电动集中供油润滑系统，成功地恢复了原开启方式中的电动系统，创新设计出电动、手动分离一体式开启系统与端跨可升降分离式支撑结构，有效地降低了旋转扭矩。该研究提供了铆接结构的计算要点，形成了一套平转式开启桥的设计、调试、检测、操作与维护行之有效的技术文件。

改建后的金汤桥活动跨加长13米，固定跨加长2.5米，桁高增高0.3米，桥面采用北欧赤松铺装，成功地恢复了其平转开启功能，成为海河综合开发改造工程的一大亮点。作为全国惟一其他的一座平转式开启桥，作为解放天津的会师纪念地-金汤桥的成功修复不仅代表着桥梁改造技术水平的进步，而且突出体现了其独有的历史与文物价值。该项研究由天津城建设计院有限公司韩振勇、张振学、奚鹰、陈惟珍、张显杰等完成，于2004年12月8日通过鉴定，其成果达国内领先水平。

（刘　岩）

【子牙河自锚悬索桥施工工艺研究】 天津第三市政公路工程有限公司贾明浩、韩振勇、刘华东、王世平、张强等完成的该项研究，于2004年11月29日通过市建委鉴定，达到国内领先水平。天津新建成通车的子牙河桥为主跨115米、宽42米的钢结构自锚式悬索桥，其施工技术为国内首创，为大跨度自锚悬索桥施工技术的突破积累了宝贵经验，对钢梁的安装、自锚式悬索桥架设具有指导意义。

课题组针对钢结构自锚式悬索桥特点，较好地解决了主塔、主梁线形控制、栈桥及临时支撑墩的设计及施工工艺、钢箱梁现场架设拼装焊接的精度控制及施工质量控制、运用PPWS工法完成主缆架设、主缆及吊杆张拉与索力调整、主梁脱架体系转换、桥面线形控制等技术难题，填补了天津在该结构体系施工领域的空白，提升了天津在钢结构自锚悬索桥施工领域的技术水平。

（刘　岩）

【建筑物及构筑物抬升与平移新工艺研究】 天津城建集团有限公司工程总承包公司韩振勇、田乃婷、杨勇、汪济堂、徐政华等完成的该项研究，于2004年12月2日通过鉴定，其成果达国内领先水平。课题组从构筑物顶升移位施工设计要点、构筑物顶升的主要环节、构筑物顶升过程中的形成交替、支撑垫块的选用、构筑物顶升移位中的限位装置、建筑物平移的主要控制点等方面入手，针对天津狮子林桥抬升工程以及桥梁的结构特征，采用液压同步技术，合理分配控制区域，进行整体同步抬升。合理的设计钢结构限位装置，有效地解决了桥梁在抬升过程中水平位移控制问题，成功地完成了国内第一座桥梁的整体同步抬升工程，桥梁抬升1.271m后状态保持良好。课题组还借鉴了桥梁同步抬升的施工经验，将位移闭环控制液压同步技术引入建筑物平移施工中，托换体系合理，保证了建筑物的移位精度和结构的受力性能，成功地将总重量10346吨高六层的津东农工商营业楼整体向北平移了35米。该项研究成果的应用，取得了良好的社会、环境、经济效益，填补了天津市在桥梁抬升和建筑物平移方面的空白，对桥梁改造、建筑物移位的设计施工具有重要指导意义。

（刘　岩）

【桥梁深水岩层基础双壁异型钢围堰施工技术】 天津第三市政公路工程有限公司贾明浩、刘云青、王峰、孟新奇、钱林玉等完成的该项研究，于2004年10月29日通过市建委鉴定，研究成果达到国内领先水平。该项目以安徽荆涂淮河大桥工程为载体，对17米深水下150MPa高强度花岗岩岩层中承台施工工艺方案进行了反复论证研究，通过创新利用桥梁嵌岩桩抗拔能力同封底混凝土共同作用抵抗深水围堰产生的浮力及合理采用异型钢围堰结构形式，大大减少了封底混凝土厚度及岩石基坑爆破工作量，成功地解决了深基坑水下爆破及清碴的施工技术难题，攻克了异型双壁钢围堰的设计、制作、入水浮运、下沉控制等多项技术难关，总结出适用于深水岩层中围堰定位下沉纠偏施工的控制方法。同采用常规的圆形结构双壁钢围堰施工工艺相比，该技术节约施工成本215万元，经济效益显著。

（刘　岩）

【市政企业施工现场远程监控系统】 由天津第二市政公路工程有限公司刘福宏、许宝钧、邢金兰、陈贵发、王世友等研发的该系统，于2004年10月26日通过鉴定，其成果达到国内同行业领先水平。该系统由视频监控录像系统、网络通信系统和企业门户网站等组成，通过数字视频硬盘录像监控技术和无线宽带数据通讯两项技术的结合，解决了视频数据的压缩、解压缩和视频数据的实时传输，实现了市政企业施工现场的远程监控。该系统在国内首次采用最新的MPEG4-H高清晰(768×576分辨率)数据压缩技术和5.8GHZ频段无线宽带数据传输技术，并实现了与互联网的无缝对接，满足了市政施工企业对施工现场高清晰度视频图像的需求。该远程监控系统应用在天津地铁南楼车站、西南角站、丁字沽三号路三个施工现场及管片生产车间，为监督企业安全生产、提高工作效率、监控重要生产环节提供了可靠保证，提高了施工企业的管理水平。

（刘　岩）

【中国第一本省级基桩检测规程编制完成】 天津市勘察院承担的天津市建委系统2001年科研项目天津市工程建设标准《建筑基桩检测技术规程》于2002年7月30日通过了天津市建委组织的项目验收和成果鉴定。2002年9月4日，经天津市建委批准为天津市工程建设标准，编号为DB29-38-2002，自2002年11月1日起在天津市范围内施行。该规程是国内第一本省（直辖市）级的基桩检测技术规程，居国内领先水平。获得2003年度天津市科学技术进步三等奖。该规程由天津市勘察院主编，参编单位为：天津市建筑科学研究院、天津大学建筑工程学院、天津港湾工程研究所、天津市地质工程勘察院、天津市金海技术开发公司和天津市勃登建筑工程技术发展有限公司。主要编写人刘万恩、吴永红、崔广田、尹金凤、陆培毅、孙义等。该规程共有9章37节，6个附录，正文条文177条以及条文说明和附加说明。其中，包括33幅图或曲线，9个表格和30个公式。涉及静载荷试验、高低应变、超声检测和钻芯法等五大类检测方法，该规程在注意与现行国家标准及行业标准《建筑基桩检测技术规范》(2003年3月21日发布、自2003年7月1日实施)中的规定保持同步和一致的基础上，在附录中首次列入灌注桩成孔质量检测要点，用以加强灌注桩成孔质量检测和监控，体现过程控制的思想，强调对静载荷试验的力和位移的观测进行双控，吸收了各地各行业有关基桩检测规程规定的长处，集中反映了天津市近十年来检测方法技术的进步和特点，条文力求严谨、完整、细化、明确、合理，对天津市的基桩检测工作有较强的针对性、可操作性、前瞻性、创新性和科学性。该规程自实施以来，有多家设计单位在不同的桩基工程设计中采用。

（刘万恩）

【挤扩灌注桩技术规程编制完成】 天津市工程建设标准《挤扩灌注桩技术规程》于2004年4月29日通过了天津市建委组织的项目验收和成果鉴定。2004年5月24日，经天津市建委批准为天津市工程建设标准，编号为DB29-65-2004，自2004年8月1日起在天津市范围内施行。该规程由天津市勘察院、天津大学建筑工程学院主编，参编单位为：北京中阔地基基础技术有限公司、天津市建筑设计院、天津市建工设计院、天津市市政工程设计研究院、天津华汇工程建筑设计有限公司、天津博川岩土工程有限公司和天津中阔伟业地基基础技术有限公司。主要编写人吴永红、郑刚、李文春、贺德新、丁永君、赵曼旭等。该规程共有6章11节,5个附录。内容涵盖了挤扩灌注桩构造、设计、施工和检测等各个方面,在总结工程应用、试点工程和科研成果的基础上,遵循国家标准、行业标准的基本要求,经过反复研究、讨论、分析、修改,技术成熟,经济合理,内容丰富、全面,条文力求详尽、严谨,可操作性强,方便实用。该规程首次纳入挤扩灌注桩基础新的沉降计算方法和质量检测手段等多项创新点,技术先进、合理可靠,达到国内领先水平。该规程自实施以来,已有多家勘察、设计、施工单位在挤扩灌注桩工程中采用。

（吴永红）

【预应力管桩技术规程编制完成】 天津市工程建设标准《预应力管桩技术规程》于2004年11月23日通过了天津市建委组织的项目验收和成果鉴定。2004年12月23日,经天津市建委批准为天津市工程建设标准,编号为DB29-110-2004,自2005年1月1日起在天津市范围内施行。该规程由天津市勘察院主编,参编单位为:天津大学建筑工程学院、天津市地质工程勘察院、天津建华管桩有限公司、天津三和管桩有限公司、天津华汇工程建筑设计有限公司和天津博川岩土工程有限公司。主要编写人吴永红、郑刚、周玉明、李连营、孙云文、王献敏等。该规程共有6章14节,4个附录。内容涵盖了预应力管桩构造、设计、施工和检测等各个方面,在总结工程应用、试点工程和科研成果的基础上,遵循国家标准、行业标准的基本要求,经过反复研究、讨论、分析、修改,技术成熟,经济合理,内容丰富、全面,条文力求详尽、严谨,可操作性强,方便实用。该规程针对天津地质条件提出了适用于预应力混凝土管桩的设计计算参数、纳入了锤击与静压两种施工工艺和较全面的检测规定,具有多项创新点,技术先进、合理可靠。该规程自实施以来,已有多家勘察、设计、施工单位在预应力管桩工程中采用。

（吴永红）

【高密度电法在滨海软土地基勘察检测中的应用】 天津市勘察院承担的天津市建设系统2002年度科研项目“高密度电法在地基勘察检测中的应用”于2004年9月17日通过了天津市建委组织的项目验收和成果鉴定。该成果在国内首次将高密度电法应用于滨海软土地基勘察中；并率先探寻了滨海软土地基中(0~15m深度范围内)粘性土层视电阻率与地基土多个物理力学指标的相关特征，为地基勘察的信息化提供了新途径。该成果达到国际先进水平。

国内地矿部门在20世纪80年代后期开展了高密度电法应用研究，已可以制造高密度电法观测系统,所用电极数量最大为120根。而通常认为,在天津这样的滨海软土地区城市,地电干扰很大,不宜开展直流电法工作。但通过一年多的试验研究,只要采用适当的探测装置和极距，避免或减少地电干扰和地形影响，可以将高密度电法应用到软土地基勘察检测当中,提供直观、明确的地下电性分布状况和有关地基均匀性的信息，为天津软土地基勘察检测增添了一项行之有效的辅助探测手段。

由于高密度电法采用阵列勘探方法，可以有效地实现多种电极排列方式的扫描观测，得到比较丰富的地电信息;现场数据采集自动化;采用CT技术进行电阻率层析成像,与常规直流电法相比,大大提高了其反演解释的分辨率。经过实际应用,基本了解了高密度电法在软土地基勘察的应用范围及其局限,可以有针对性地将其用于地下管道探测、地基均匀性探测等方面,了解地层起伏,探寻沟坑变化,勾绘换填填土底界,了解填垫振密效果,为分析判断地基土物理力学指标的断面变化提供参考依据，应用前景广阔。

（刘万恩）

【低位抽真空吹填土及其下软土地基加固技术】 由天津市水利科学研究所承担完成的推广项目“低位抽真空吹填土及其下软土地基加固技术推广”,1997年9月立项,2003年9月15日通过验收。该技术是将水平管网设在吹填泥封层之下而得名。利用低位真空系统抽真空使得在泥封层下长期保持80千帕的真空负压，在真空负压引起的巨大吸力和泥封层引起的附加预压荷载的联合作用下使软土中的大部分孔隙水较迅速地通过塑料排水板、水平滤管网排出,吹填土和地基软土发生压缩固结,同时,泥封层也逐渐完成自身的固结，达到加固地基软土和回填的两大目的，该技术具有加固软土地基及清淤等特点,应用前景广阔。

该项目自1997年以来先后完成了天津经济技术开发区148万平方米吹填造陆工程;塘沽区塘沽盐场段620米利用废碱渣、海湾泥构建大断面生态护坡海挡试验工程;塘沽区八一盐场段生态护坡大断面吹填筑挡工程;汉沽区盐场段生态护坡大断面吹填筑挡工程;天津市永定新河淤背固堤示范工程;并在浙江、上海、江苏、福建等地进行推广,各项工程均通过验收。

该项技术还可利用在软土地基加固工程,对于超软地基和一般软土地基采用此技术可提高地基承载力,抬高地面高程。适用于机场、铁路、高速公路、港口等对地基承载力要求高的地方,对于水库、湖泊等需清淤后再利用淤泥的情况,也可使用此种方法加固。该项目获2003年度天津市专利优秀奖,已列入国家级推广计划。

(张　雁、常守权)

【水泥搅拌土防渗墙无损检测新技术研究】 该项目由天津市水利基建管理处承担完成,2004年12月9日通过专家鉴定,认为研究成果总体水平达到国际先进。该项目通过天津市五类典型土质的水泥搅拌土室内不同配比成型、测试,建立了水泥搅拌土强度、波速、渗透系数等指标与其影响因素之间的数学回归模型和人工神经网络模型,两模型互相支持、验证,可以很好的预测水泥搅拌土的灰土比和强度。该项目经理论分析和模型试验,推导和验证了瑞利面波在有限宽度介质中的传播特性,为瑞利面波在有限宽度介质中的应用提供了科学的理论依据。对现场模型墙进行高密度震动映像纵波与瑞利面波现场测试,重点解决了测试中传感器、偏移距、震源的选择和测试信息的反演技术。建立了水泥土防渗墙无损检测技术的标准流程,从测试波速、不均匀系数、强度等指标上对防渗墙的施工质量从量上进行判定。

(张　雁、常守权)

【超声波法检测中小直径钢管混凝土方法的研究】 在钢结构住宅及其他建筑工程中,有一些中小直径钢管混凝土结构(直径φ300mm左右),由于其直径小,测试困难,其施工质量不能保证。2001~2002年,天津市建筑科学研究院就中小直径钢管混凝土的检测方法进行了研究。课题针对中小直径钢管混凝土本身的特点,提出了“两步法”超声检测的思路。有效地解决了因超声波沿钢管混凝土径向传播与沿钢管壁半圆周传播声速之差较小,钢管壁与内填混凝土之间稍有收缩脱空产生便掩盖了内填混凝土的质量缺陷,造成检测失败的问题。将钢管中内填混凝土质量和钢管壁与内填混凝土之间的胶结状况分开检测,从而解决了中小直径钢管混凝土质量检测的难题,实现了中小直径钢管混凝土常规缺陷的定性测量。通过试验研究总结了中小直径钢管混凝土钢管壁与混凝土产生收缩间隙的特点和时间规律及收缩间隙的大小对声学参数的影响和波形的变化规律。2003年,该研究通过市建委组织的专家鉴定。专家认为该课题提出了一套先进、实用、科学的检测方法,解决了中小直径钢管混凝土质量检测的难题,其研究成果达到国内领先水平。该项成果已投入工程应用,先后完成了泰达国际会展中心、金湾大厦、天津市奥林匹克体育中心等工程的钢管混凝土质量检测。

(天津市建筑科学研究院)

【混凝土液体多功能抗裂减缩剂的研究】 由天津市建筑科学研究院研发的混凝土液体多功能抗裂减缩剂,2004年4月27日通过了天津市建委组织的专家鉴定。混凝土工程裂缝较为普遍,目前建筑工程多采用掺加膨胀剂或添加合成纤维来提高混凝土抗裂性能。掺膨胀剂的混凝土,由于膨胀剂在干燥环境下会发生回落,出现裂缝,又因膨胀剂中引入碱含量较多,对抑制碱集料反应带来不利因素,而且膨胀剂组分不溶于水,不利于搅拌站使用。添加合成纤维会影响混凝土抗压强度,且无法减少混凝土的自由收缩。天津建筑科学研究院研制的混凝土抗裂减缩剂,选取了具有多功能效应的原料,一方面可以减少混凝土内部毛细孔中的自由水,另一方面可降低混凝土内部毛细孔中液面的表面张力,减少混凝土收缩,在干燥环境中效果明显。这种抗裂减缩剂掺加量低,只占水泥重量的2.0%~2.5%,是无氯、低碱材料。这种材料掺加在混凝土中能降低水泥水化热,还有减少混凝土坍落度损失、不影响强度、耐久性好、早期减缩率高等特点,是国内首家合成高强混凝土专用的多功能液体抗裂减缩高效减水剂。据技术质量检测部门对掺加减缩剂的混凝土进行检测,其减缩率早期为95%~85%,90天后的减缩率为80%~30%,抗渗标号大于P20,抗冻融循环达到250次,28天抗压强度比达到120%,各项测试指标优于国内外同类产品,达到国际先进水平。该材料还可以采取直接喷涂于混凝土结构物表面的施工方法, 也可有效地改善因收缩导致的开裂问题,既有利于操作施工,又可降低工程造价。产品已由天津建工特种砼材料科技发展有限公司投产。

(天津市建筑科学研究院)

【体外预应力技术在津塘立交桥项目中的应用】 该课题由天津市滨海市政建设发展有限公司黄宪文主持完成。课题研究以实际工程为依托,首先进行结构设计,从理论上保证结构的可行性,然后以设计为依据进行工程实践,使理论转化为实际,同时在施工实践过程中以及工程建成后,对工程实际进行监测,从而得到实际的数据, 反过来验证结构设计所选取的参数的正确性。经过上述的一个过程总结出体外预应力体系的设计依据和施工经验,掌握体外预应力结构在施工过程中应注意克服的难点,为大批量的体外预应力结构设计、施工打下基础。研究成果证实①体外预应力的运用是成功的, 结构是安全的。②设计中关于体外预应力的参数选取需要有别于体内预应力结构,总体损失要小得多。此次设计选取的磨阻系数 μ=0.12,绞线松弛损失 0.045,符合以往工程实践与此次工程,可以在以后的工程中采用。③设计中绞线应力控制应力应比体内束控制应力小 10~15%,这是避免钢铰线应力过大而产生破坏的有效途径。④其他的设计参数选取可采用现行规范的规定。⑤体外预应力梁体的断面相对体内预应力结构可进行优化, 以节约材料用量, 降低总体工程造价。⑥现浇结构宜采用部分体内束与部分体外束配合使用的方法以期改善结构的延性。⑦体外预应力结构施工中应注意:①施工机具的准备要精心、必须为专业队伍。②安装转向器、导向管和锚垫板均为关键工艺,必须保证准确。③体外束穿束要防止发生损伤。④体外束张拉应及时、并应严格按照流程张拉。⑤锚头密封筒灌浆要密实,防止体外锚头腐蚀。⑥安装减震装置要精准到位。

通过结构试验, 充分证明了体外预应力技术的安全性与可靠性。该成果于 2004 年 12 月通过天津市政工程局组织的专家鉴定, 认为已达到国内领先水平。

(天津城市道路管网配套建设投资有限公司)

【快速路工程中的新技术应用】 作为天津市实施“三步走”战略重要举措之一的快速路系统工程,全长 145km,设计时速为每小时 60km~80km。该系统由两条快速环路、两条横向通道、两条纵向通道和两条快速射线组成。两条快速环路包括东南半环和西北半环路,总长 48.9km。其中东南半环高架桥为东南半环快速路的重要组成部分, 工程南起东南半环与先锋路交口以南 250m,北经津塘公路、京山铁路,跨越张贵庄路,在张贵庄路以北约 600m 结束。其中包括津塘公路立交、张贵庄立交以及区间高架,桥梁全长约 4000m,桥梁面积约 140 000m^2。其主要结构形式采取的是预应力钢筋混凝土连续箱梁。

工程进展中所有桥梁铺装层均采用了纤维砼,有效地防止了桥面出现铺装裂缝; 桥面防水采用了新型材料,形成了可靠的桥面防水结构;桥面铺装及防撞墙运用了轻质砼,减小了桥梁的静载荷;排水工程中采用新型塑料管材,替代了部分砼管材,节约了建设资金;采用预制收水井井室,替代了人工砖砌井室;采用了新型防盗井盖,达到了既防盗又减震的良好效果。沿线泵站运用了自动监控智能警员系统,实现了智能远程控制;污水泵站环境方面,采用了泵站栅渣处理及除臭新工艺, 极大的改善了污水泵站的环境。路面工程中,采用玻纤格栅及土工布,有效地防止了路面反射裂缝。

(天津城市道路管网配套建设投资有限公司)

【大沽桥巨型双拱合龙】 由天津城建集团承建的海河经济综合开发第一座新建桥梁—大沽桥“日、月”双拱合龙,这标志着主桥钢结构施工完成。2004 年 10 月 10 日,副市长陈质枫、市政协副主席王家瑜到现场察看了施工情况。

大沽桥位于和平区、河北区交界处的海河段,连接河北区五经路和和平区的大沽北路。该桥初设计为美籍华人邓文中院士, 主体结构由天津城建集团设计院设计,设计新颖、造型独特。该桥全长 154 米,主跨 106 米,边跨 24 米,桥面最宽处 59 米。桥面铺装采用了高科技含量的环氧沥青混凝土,其承载强度是一般沥青混合料的 6~8 倍,是目前国内钢桥面施工最先进的技术, 在北方首次应用。

【卫国道立交桥建设中的创新理念】 仅用了13 个月建成的卫国道立交桥, 是天津目前最大的城市立交桥,从规划、设计到建设,以城市经济社会协调发展的前瞻理念，为天津这座城市增添了一道靓丽的色彩，体现了天津城市建设的新思想和新成就。

鸟瞰卫国道立交桥

规划：从城市发展这一核心出发，用科学发展观超前思维、超前规划。规划者从宏观的角度出发，把卫国道立交桥放在快速路建设与城市未来发展的宏观领域之中，充分考虑到了它在整个工程以及城市发展中的功能与作用。天津快速路系统包括道路工程、快速公交、智能交通、绿化景观和综合服务五大系统工程。其中，道路工程系统是载体，由两环、两横、两纵、两条联络线组成，全长220千米，设置31座互通式、20座分离式立交和10座下穿地道。卫国道立交桥是快速路系统中重要的节点之一，被形象地称为天津城区的“东大门”。正是这种超前的规划，为卫国道立交桥建设奠定了高起点和高标准。

设计：以人为本，努力实现在高台阶上的新突破。市政工程设计研究院组织技术骨干、老专家专题讨论制定设计方案，使卫国道立交桥的设计真正做到了高起点、高水准。该桥主线南北长1.6千米、东西长1.4千米，立交形式新颖、整体布局紧凑，平面线型圆润、舒展，行车条件好。该桥共设置匝道12条，桥梁总面积8.6万平方米，桥梁净空不小于4.5米，最高处距地面23米；总占地面积30余公顷，突出了绿化效果。设计者把“和谐”、“统一”这一理念深深地注入设计当中，强调其作为大型互通枢纽立交的交通功能，充分利用周围地形特点，重视其作为城市整体环境一部分的景观功能，力求使立交设计不再是对“点”和“线”的处理，而是争取实现对“面”和“域”的改善，达到设计理念和设计水平的全面提升。此外，整个设计充分体现了“以人为本”的思路，在满足主线交通顺畅的前提下，通过完善的地面辅道设计满足周围居民、单位以及非机动车的通行，减少对周边的影响。将立交匝道尽量布置在河道的东侧，在减少对河西侧大面积楼房拆迁的同时又可以利用“借景”的手法将水景与绿化景观引入立交区，一改以往立交单调、呆板的格局，使立交整体显得生动活泼，富于变化。桥的主线与匝道高低错落、交叉跨越多，设计上难度很大。设计人员对立交跨径做了适当放大，一方面更加适应地质条件、投资更经济，同时为地面道路的布置提供了更大空间，使地面行车视野开阔、更加安全舒适。通过对桥梁结构形式和跨径布置组合的反复优化，最终达到紧凑而不局促、错落而不杂乱的效果，从而创造了一个通透、有序的空间环境，为景观设计提供了良好的平台。卫国道立交桥简洁、流畅的平面线形，安全、合理、明快的桥梁设计，和谐、统一的绿化景观，展现了新时代天津大步向前、跨越式发展的精神风貌，同时也体现了人与建筑、建筑与环境的和谐统一，体现了协调发展的时代主题。

建设：创新建筑工艺，创造多个“单项冠军”。市政一公司创造了桥梁施工面积和浇筑砼量企业历史最高的记录。施工项目部采取分段实施、交叉作业的办法，并采用计算机辅助进行施工计划控制，有效地解决了施工中遇到的难题。项目部配合设计方，实施大跨径箱梁一次浇筑成型工艺，为工程提前竣工创造了条件。

【金钟河立交桥施工技术攻关】 金钟河立交桥工程是一项庞大的综合工程，包括桥梁工程63000平方米，排水工程10055米，道路工程70000平方米以及配套回填工程(包括煤气、自来水、通讯、电力、路灯管线等)28千米。由城建集团二公司承接施工，2003年8月开工，2004年10月底通车。金钟河立交桥设计新颖、独特，线形美观，跨度大，呈蝶形，翼板倾斜角是目前国内立交桥梁设计中最大的。为了保证这一优美的造型，就必须面临着大悬臂、斜腹板、腹板与地面夹角小、腹翼板间均有圆弧以及单箱五室型等一系列施工难题。腹板与地面夹角小，导致两方面的困难：一是砼浇注过程中可能产生内模移动、上浮问题；二是在浇注振捣时，不能垂直下振，如果振捣棒顺模板方向推下，因为看不到被振的砼，有可能导致过振或漏振。同时，顺着模板下棒，腹板因震动过大有可能走模，更严重的是可能导致波纹管发生漏浆死束情况。

面对挑战，城建集团二公司的干部职工在施工中，项目工程人员把腹板与地面夹角小这一问题作

城建集团二公司承建的金钟河立交桥

为科技攻关重点，经过反复研究和实践，特制了重压工具，增加了固定点，改进了砼浇注过程中的工艺流程，解决了内模移动、上浮问题；同时，把波纹管更换成塑料管，由两人配合操作，一人持特制挑杆挑着振捣棒进行振捣，从而顺利解决了由于腹板与地面夹角小引起的一系列问题。在保障交通不断行、不禁行的情况下，项目技术班子打破了传统的由高到低的施工顺序，采取上下交叉施工方案，开创了更多的作业面，为确保工程按质按时完成赢得了宝贵的时间，在短时期内高质量完成了施工任务。

【新建成的金汤桥开启系统】 新建的金汤桥高度完全符合通航标准，为了承袭老金汤桥的特点，仍建成开启之桥。新建成的金汤桥主要用于人行，不通过机动车和非机动车，它将逐渐成为一座记载历史的现代景观桥梁。

金汤桥位于海河上游市区中心，它于1906年改建为永久性钢桥，桥梁分三孔，全长76.4米，其中较大孔径为固定跨，两孔为平转式开启跨，用电力启动。

新建的金汤桥安装了电动与手动两套开启系统，好像汽车里的离合器，这两套系统处在“互斥”状态–采用电动装置时，手动装置自动脱离，反之亦然。手动系统主要用于电动系统不能正常运行的时候，它转动的工具就是方向盘。这个方向盘平时放在控制室里，等轮它“上场”时，工程人员就会先把平日“藏”在桥上人行走道下的一根1米多长的传动杆搬起来，把方向盘安在头上。这个方向盘和普通轿车的方向盘一样大小，开汽车拐个90度弯儿，打一轮方向盘即可，但要让这座大桥拐90度，就得转上百圈，手动旋转大桥约需一个多小时。

【天津首次整体平移大楼成功】 天津市河东区建委科学决策，采用新技术推进城市建设，在实施的津塘立交桥周围建筑物拆迁中，首开整体平移大楼之先例，被人们称为“津门第一移”。此项决策，不仅节省了大量资金，而且为今后尽可能降低成本改造和建设城市开拓出一条新路。

2004年初，根据规划，河东区建委拟对快速路津塘立交桥附近的建筑物实施拆迁。津东农工商营业楼正处于拆迁范围之内。按照惯例，这座大楼应拆除。这座总建筑面积约5200平方米的6层建筑为钢混结构，整体性能良好，建于1994年，房龄不过10年，现在是一家出口服装厂的综合楼，拆掉确实可惜。河东区建委细算了几笔账，这座大楼光拆迁费就要500万元，重建费用至少需要1000万元，在此期间企业要被迫搬家或停产至少两年，约影响产值2000万元。如采用新技术以平移的办法把大楼退到拆迁范围以外，不仅会省下重建费用和部分拆迁费用，还会大大缩短企业关门停产的时间，即使减去平移大楼的费用，还可节省资金1500多万元。

为了做到万无一失，河东区建委与承担施工的市城建集团组织专家进行了多次论证，解决了多项技术上的难题，制定了科学严谨的平移方案。正式平移于7月27日开始。在8台千斤顶300多吨顶推力的作用下，建筑物缓缓移动。工程人员在滑梁侧面安装了测尺，以保证大楼沿着8条滑道直线平移。历时5天，完成了后退35米的“跋涉”，并成功落位。大楼完全到位后，工作人员撤下了垫在滑道上的滚轴。为了让建筑物与地基牢固结合，施工人员重新注入混凝土进行基础加固。曾作为大楼平移过程中的“轨道”的下滑梁，作为大楼的新地梁，由于地梁面积增加，大楼地基更加牢固。

成功实现整体平移的津东农工商营业楼

【揭示滨海地面沉降主因】 由天津环境地质研究所承担完成的《天津市滨海地区软土工程特性及其

对地面沉降影响的研究》项目，通过科技成果鉴定。

天津市滨海地区软土层广泛分布，软土的次固结变形造成的地面沉降对标高损失和防潮工程的危害严重。滨海地区又是天津市经济发展的重点地区，软土次固结变形的研究及典型地区范围的圈定，不仅具有理论意义，也有重大的现实意义。

天津已在市区、大港区、汉沽、塘沽及开发区等地建有10组分层标，这些地面沉降分层监测标组可视为大型的现场试验设施。天津环境地质研究所长期承担着天津市地面沉降分层标的监测工作，积累了大量地质环境监测方面的资料和丰富经验。研究以分层标组十余年的长期监测资料(地层变形量、地下水位、孔隙水压力)为依据，分析了滨海地区软土的次固结变形特征及规律，认为软土次固结已成为滨海地区地面沉降的主要原因之一，查明其特征及规律对滨海地区控制地面沉降工作深入开展具有十分重要的指导意义，为天津市滨海地区经济建设提供了科学依据。

【海岸带地质环境与城市发展国际研讨会】 海岸带地质环境与城市发展研讨会于2004年10月16~18日在天津召开，中国科学院刘东生等4位院士与国内外200余名专家共同研讨海岸带地质环境问题。国土资源部党组成员、中国地质调查局局长孟宪来，天津市副市长陈质枫出席会议并讲话。

会议期间，中国科学院院士刘东生、陈梦熊、王思敬、林学钰在大会上做了报告。来自美国、日本、荷兰、埃及的6位专家分别介绍了各自国家面临的海岸带环境地质问题，国内30多位专家介绍了各自的最新研究成果，这些研究与社会经济发展紧密相关。其中，海平面上升、风暴潮、海水入侵等灾害，咸水、微咸水、地下水库的开发利用，地铁修建等城市地下空间开发中的环境地质问题，地面沉降、地裂缝灾害，污水处理问题，地震与活动断裂对地质环境的影响6大类问题因与城市发展关系密切而分外引人关注。与会专家还对天津市沿海地面沉降、近现代海岸淤积与侵蚀、典型贝壳堤等进行了实地考察。

海岸带是海洋和陆地相互地质作用最活跃、最敏感的地区，也是地质环境最脆弱的地区之一，开展海岸带综合治理与保护，进行沿海城市环境地质调查评价成为当务之急。随着海岸带经济的发展，天津也不同程度地出现了地面沉降等地质灾害和水资源危机，市政府每年都投入大量资金开展治理工作，并取得了明显的成效。特别是环渤海海岸带地质环境调查成果的完成，为天津市保护海岸带地质环境，促进城市发展提供了科学的依据。

（丁兆强）

地铁与轻轨

【天津地铁二期2、3号线工程】 由铁道第三勘察设计院设计的天津地铁二期2、3号线工程自2003年6月正式开展研究设计，已完成了几个阶段的勘测设计工作，部分地段已开工建设。

天津地铁2号线西起自西青区中北工业园区，东至东丽区李明庄，为东西方向的骨干线，与1、3号线共同构成天津市快速轨道交通线网的基本骨架。地铁2号线东端近期预留至天津市滨海国际机场的接轨条件。地铁2号线途经广乐道(规划)–黄河道–南马路–进步道–铁路天津站–华昌大街–卫国道。线路连接了西青、南开、和平、河北、河东和东丽6区，将西南角、南市、天津站、万新村及太阳城居住区等大的客流集散点串联起来，沿线还与规划的1、3、4、5、6、7、8、9号线交叉，并设计了换乘方式及部分联络线。地铁2号线曹庄–李明庄线路全长22.893千米，其中地下线21.576千米，敞开段及地面线1.317千米。全线设曹庄、延安路、芥园西道、咸阳路、红旗路、青年路、西南角、鼓楼、东南角、民族路、天津站、新开路、红星路、靖江路、翠阜新村、沙柳路、博山道、津赤路和李明庄站共19座，其中地下站18座，地面站1座(李明庄站)。

天津地铁3号线南起自西青区华苑产业园区，北至北辰区小淀，为西南至东北方向的骨干线，与1、2号线共同构成天津市快速轨道交通线网的基本骨架。沿线经过西青、南开、河西、和平、河东、河北、北辰7个行政区。该线路自西青区的华苑产业园区引出，过外环线进入市区，沿迎水道、穿越水上公园、沿水上北路、气象台路、营口道、赤峰道、经天津站及天津站后广场附近的居住小区，沿昆纬路、三马路、下穿天津北站及北宁公园，沿张兴庄大街、穿过北环铁路，沿宜兴埠镇规划路，过外环线后沿津围公路前行，过丰产河后，进入小淀停车场。天津地铁3号线正线全长30.022千米，其中地面线1.464千米，高架线6.449千米，地下线21.452千米，过渡段0.657千米。设站23座，其中地面站2座，高架站3座，地下站18座。

2号线卫国道段、3号线迎水道段结合快速路网建设,作为首期开工段提前实施。卫国道段西起红星路站,东至津赤路站。途经柏丽花园、万兴花园、顺驰太阳城居住区等大的客流集散点。该段线路全部为地下线,车站均为双层岛式车站。该段线路由红星路站、靖江路站、翠阜新村站、沙柳路站、博山道站和津赤路站6站5区间组成,线路长度6.979千米;迎水道段起自自来水河南侧盾构区间,下穿自来水河、外环河、外环线后,线路右转至迎水道。沿途经过华苑、王顶堤、红旗南路,全部为地下线路,车站均为双层岛式车站。该段线路由华苑站、王顶堤站和红旗南路站3站3区间组成,线路长度2.895千米。

2004年,全线详勘工作完成60%,完成该项工作的阶段性小结。并完成了结构防水专题、基坑降水专题、车站围护结构型式专题、围护结构入土比比选专题、结构耐久性技术标准、工程降水课题开题报告、工程数量计算规则、土体液化工程处理措施等专题工作,审查修改后指导全线工程;完成了天津地铁二期工程土建、设备大部分通用图设计工作;完成了有关能源再生利用、接触轨与接触网方案、安全门与屏蔽门方案比选专题报告;完成了首期开工段7站以及西南角站车站围护结构施工图;完成了首期开工段车站(营口道站除外)主体建筑、结构施工图等。

(铁道第三勘察设计院)

【地铁1号线的8个地上车站】 位于辰昌路和规划泉兴道交叉路口以北的西横堤站最能体现地铁1号线车站的整体设计风格。由于该站将奥运五环作为设计元素,站台采用轻钢结构,分为三部分,两个端头为放射状的玻璃幕,简洁而通透,并大胆运用奥运五环颜色。顶部由不锈钢柱支撑彩色铝板屋面,用相连的五环镂空镶嵌玻璃,既符合设计主题又从设计内涵贴近周围环境,充分体现了人文建筑的特色。

奥运五环成为设计元素的西横堤站

刘园站为1号线的起点站,位于辰昌路和规划龙岩路交叉口以北。站台顶棚采用钢框架结构,中部采用大飞檐的现代轻钢屋顶,借此打破120米长站台的单调感,使立面层次分明。局部采用透明板封顶,既增加了空间采光度,也提高了乘客空间的能见度。两侧站房建筑外墙采用复合铝板饰面和大玻璃窗,色彩以浅灰色调为主。

果酒厂站位于辰昌路与龙武道交叉口,车站周围为住宅区和佳园里小学。站台顶棚剖面轮廓以椭圆形为主题,采用钢框架结构,外敷材料由弧形铝板与透明玻璃交替组合而成,营造出新颖变换的光影效果。

本溪路站位于丁字沽三号路与绥中道交叉口,车站周围为住宅区和化工研究院。站台中间部分采用相交的拱形覆盖结构形式,站台上空在拱形结构间用聚光板覆盖,其他部分透空,以满足通风要求。

陈塘庄站位于大沽南路与规划冬融路交口,北侧为带底商的多层商住楼,南侧为起重设备厂。站台上部罩棚采用轻钢结构,轻钢骨架与顶部斜拉杆件连接起淡蓝色弧形玻璃罩棚,整体感觉轻巧通透。站房的大片浅蓝色玻璃幕墙用灰色线条加以勾画,具有鲜明的时代感。

复兴门站位于大沽南路与微山路交口以东。站台罩棚采用轻钢结构,运用椭圆形加强建筑整体感。罩棚用铝板与钢化玻璃交替辅设。站房立面采用明快的线条与拱形屋顶相结合,大片石材墙面与顶部玻璃幕墙相结合,通透的双层通道自然衔接站房与站台。

华山里站位于微山路与茂名道交口,周围为住宅区。站台罩棚应用两片高低错落的弧形轻钢结构屋面,交相呼应错落有致的视觉效果,体现了舒展且富于变化的现代设计风格。

财经大学站位于珠江道与规划鄱阳路交口以东,财经大学附近。站台罩棚采用外露轻钢结构,顶部以弧形悬臂梁和曲线拉杆连接起浅蓝色玻璃屋顶,特有的反曲线和横向线条的划分给建筑增加了一份别致和动感。

【津滨轻轨东段通车试运行】 即天津市区至滨海新区快速轨道交通工程,线路全长52.9km。全线分东、西两段建设。东段工程设计起点位于河东区中山门,终点位于滨海新区第七大街,线路全长45.409km;西段工程设计起点位于市区中心广场,终点为河东区中山门,线路全长7.529km。全线高架桥40.499km,地面线5.494km,过渡段0.316km,地下线6.629km。车辆为B型车,列车采用

DC1500V 架空接触网受电，最高运行速度为100km/h；信号系统采用列车自动控制（ATC）系统。全线规划设置25个车站(预留5个),其中地面站1个,高架站18个,地下站6个。另外全线设停车场、车辆段各1座。控制中心(含培训中心)1座。全线规划设3座主变电所,17座牵引降压混合所、2座牵引所、8座降压所。该工程东段工程土建和部分系统于2003年9月竣工完成,并于10月1日正式通车试运行，整个东段工程从研究到建成历时1000天,并于2004年3月28日正式通车试运营,计划2005年5月1日正式运营。津滨轻轨西段工程已完成方案研究,工程可行性研究、初步设计以及部分施工图设计工作,部分工点已开工,预计该段工程2007年通车运营。津滨轻轨项目建成通车为天津市各区功能优势互补、协调发展提供优良交通体系保证,以发挥整体优势,并辐射、带动周边地区发展。

（铁道第三勘察设计院）

【津滨轻轨列车采用国外先进技术】 津滨轻轨工程投资约65亿元,由市区中山门至滨海新区第八大街,全长约46千米,共设车站19座(包括5个预留车站),为目前国内线路最长的轻轨。津滨轻轨采用技术成熟的钢轨、钢轮走行系统。车辆在国内首次采用轻量化不锈钢车体，每列车近期采用两动两拖四辆编组，定员800人。轻轨列车的牵引、制动、控制等关键系统采用先进成熟的日本技术。借助美国USSI公司的信号系统,列车具有自动防护、自动驾驶功能。通信、供电、自动售检票、防灾报警等系统则采用西门子、摩托罗拉、ABB、霍尼维尔等世界知名品牌产品，整个系统技术先进、安全可靠。津滨轻轨于2004年3月28日正式试运营。津滨轻轨建成通车,既解决市区到滨海新区的交通问题,又带动沿途经济发展,成为架在市区与滨海新区间的一座“金桥”。试运营期间,开通中山门站、东丽开发区站、钢管公司站、洋货市场站、洞庭路站和东海路站。市区中山门站与东海路站双向对开。预计2005年5月正式投入运营。行车速度由现在80 km/h提高到100 km/h。市区与滨海新区距离将拉近到40分钟,可满足高峰时每小时3万人次客流量。

试运营的津滨轻轨

【津滨轻轨西段桥梁设计方案】 津滨轻轨西段桥梁设计方案已经确定，将使中国已建轻轨中最长的桥梁再延长530 m。预计该段将于2005年内全部建成,2006年交付运营。该段投入使用后,列车从中山门站向东折返将更为快捷。津滨轻轨一期工程主要由四座桥梁、四段路基和若干段地下隧道组成,分东、西两段实施。已经建成的津滨轻轨一号桥桥头在河东区中山门,桥身经东丽区,桥尾止于塘沽区八堡村,全长25.3 km,是国内已建成轻轨桥梁中最长的。津滨轻轨西段桥梁起自河东区光华路，采用门式框架墩跨越津塘路，在中山门站前与已经建成的津滨轻轨一号特大桥相接后成为一座完整的桥梁，使其总长度达25.8 km。

【天津地铁环控系统节能技术研究】 该课题由天津市地下铁道总公司、天津大学和铁道第三勘察设计院共同承担完成,项目负责人刘洪、由世俊。该课题根据天津地铁1号线实际情况，对天津市地铁热湿负荷进行模拟，提出采用变频技术调节地铁送排风机风量方案。该方案对地铁运行具有很好的节能效果。

针对既有线侧式站台改造后顶部不能设置风道的特点,提出了车站通风的建议方案,并应用CFD模拟的方法，对地铁车站的温度场和速度场进行了数值模拟。研究成果对于侧式站台通风方式的设计、评价和优化有重要参考价值。

课题进行了环境热舒适试验研究，得出该环境下合理的温、湿度及空气流动的速度的组合,以保证车站内乘客的舒适性。该课题首次对冰蓄冷技术在城市地下铁道环控系统中的应用进行了探讨和技术经济分析，显示了冰蓄冷技术在地铁环控系统中应用的可能性。该成果于2002年7月9日通过天津市建委组织的专家鉴定，并获得了2001~2002年度天津市政工程局科技进步二等奖。

【天津地铁(含其他轨道交通)供电制式研究】 该项目由天津市地铁总公司和中铁电气化勘测设计研究院共同承担完成,项目负责人穆志光。该课题根据天津市快速轨道交通线网规划、天津电网的现状及规划情况和地铁供电制式的特点,通过对各种供电制式在安全性、可靠性、经济性、灵活性、技术性能、资源共享及调度管理、运营维护和工程投资等方面进行全面比较后,提出了天津市快速轨道交通线网规划线路适宜的外部电源供电方式、中压环网供电网络的电压等级、供电系统运行方式和牵引供电系统的直流供电电压等级及接触网类型,并提出了一系列实用的技术原则和指导性建议,可供天津市快速轨道交通线网规划线路建设参考或采用。研究结论对天津市及其他城市的快速轨道交通线网规划线路中供电制式的选择、工程咨询和工程项目建设具有重要意义。

【天津地铁1号线再生电能回收技术研究】 该项目是由天津市地铁公司和中铁电气化勘测设计研究院共同承担完成的,项目负责人侯树民、苏鹏程。该课题对城市轨道交通供电系统中4种典型的再生电能回收方案进行了原理分析和比选,结合仿真模拟技术首次提出可适合于天津地铁1号线的再生电能回收方案-逆变回溃技术。回溃装置主要技术参数合理,充分利用了再生制动能量,减少制动电阻耗能散热对环境升温的影响,提高了供电系统的效率。该课题在国内轨道交通行业中首次进行比较系统研究并取得相应理论成果,提出的逆变回溃技术在天津地铁1号线试用成功,即可在同类工程中推广,具有一定的社会、经济、环境效益,已达到国内领先水平。该课题于2004年4月11日通过了天津市建设管理委员会组织的鉴定。

【天津地铁1号线运营经济分析】 该课题是由天津市地铁总公司和天津财经大学共同承担完成的,项目负责人侯树民。课题组首次对天津地铁1号线票价定价策略以及不同策略下运营企业的盈亏状况进行了研究,突出了地铁作为准公共产品的社会效益特点,为天津地铁的运营票价决策提供了量化依据;针对天津市社会经济发展状况,采用了Logistic预测技术对天津地铁1号线未来30年的客流状况进行了预测,为运营经济预测提供了定量依据;运用现代会计、财务方法对地铁运营成本进行了全面合理的分析,从而为加强企业内部管理,严格控制运营成本提供了可操作的依据,结合因素分析与弹性分析,提出了一整套系统地应对社会经济环境变化的操作方案,为保证天津地铁持续高效运营提供了切实可行的方案指导。

该课题研究技术路线正确,方法得当,特别是现代计量经济模型手段先进,数据丰实,预测可靠,研究成果总体上达到国内先进水平,于2004年11月5日通过天津市政工程局鉴定。

【天津地铁1号线工程质量检验评定标准的研究】 该项目由天津市地铁总公司、天津市市政工程局科技处和天津市市政工程局质量监督站共同承担完成,项目负责人侯树民、魏宏云。该项研究目的是编制出符合天津情况的质量管理及检验评定标准,指导天津地铁工程的建设。主要研究内容:1.天津地铁1号线工程质量管理实施细则;2. 天津地铁1号线工程质量检验评定标准。其中天津地铁1号线工程包括以下主要内容:(1)总则;(2)测量;(3)地下结构工程;(4)钢筋砼高架桥;(5)建筑装修;(6)轨道工程;(7)供电工程;(8)通信工程;(9)信号工程;(10)通风与空调和采暖;(11)给排水工程;(12)防灾报警及车站设备控制系统;(13)电梯、自动扶梯;(14)自动售检票系统;(15)机车车辆;(16)车辆段及其他基地;(17)系统总联调及试运行。该研究成果已通过鉴定。

【天津地铁土建工程施工技术规程的编制】 该规程是由天津市地铁总公司和天津城建集团、中铁隧道集团及天津大学联合编制完成的,项目负责人李养平、郑力、丁锐、郑刚。其目的旨在根据天津地区以及地铁工程的特点,编制一套适合天津地铁工程建设管理特点的技术管理体系性文件,保证天津地铁工程实施各阶段质量以及工程安全实施,指导天津地铁工程技术管理及工程实施,对于保证工程安全、工程质量、缩短工期具有一定的指导作用。编制的《深基坑工程施工技术规程》、《盾构法隧道工程施工技术规程》、《暗挖法隧道工程施工技术规程》及《SMW工法施工技术规程》4部规程,可在城市基础设施工程建设、地铁工程建设中应用。

【天津地铁深基坑车站施工与安全监测技术研究】 该项目是由天津市地铁公司和中铁隧道集团有限公

司共同承担完成的，项目负责人鲍立楠、丁锐。该课题主要是针对天津市的城市特点和水文地质特征，结合营口道车站施工进行了安全监测测点布设、日常监测、数据采集和分析反馈，研究和优化在繁华闹市区开挖深基坑所采取的合理的围护结构方案，施工时间、空间效应（降水与开挖）对基坑安全和周边环境的影响分析，信息化施工及快速施工技术。其综合技术水平先进实用，具有独特性和推广适用性。其研究成果可直接应用于天津地铁工程区间隧道施工中，形成的工法对本地区其他土建基坑工程起到借鉴作用。该成果也可在类似于天津地层的城市中推广应用。

【地铁双层车站地下隧道交叉施工相互影响研究】

该项目由天津市地铁总公司与天津大学共同承担完成，项目负责人李养平、郑刚。天津地铁1号线在一些换乘站处出现隧道交叉的情况。在软土地区施工这类地下工程，存在上下层空间交叉隧道（含车站）在沉降及地震反应等方面的相互影响问题，地铁隧道的深埋及土质条件对地下隧道的地震反应也有影响。该课题1.采用空间三维有限元法和弹性地基梁方法，分析了交叉隧道的沉降、变形及内力。设置沉降缝将产生2厘米左右的沉降差，这是双层隧道结构设计中应予以注意的。2.采用有限元方法分析了交叉隧道处（即换乘车站）的地震反应，其中包括车站处设置沉降缝和不设置沉降缝两种情况。对两种的隧道位移和层间位移作了比较。3.分析了区间隧道埋填对地震反应带来的影响，得到了加大埋深对地震有利的结论。4.对地下隧道有软弱下卧层的情况进行了分析，得到了一些有益的结论。以上双层交叉地下隧道相互影响及地震反应分析所得到的结论，对天津市的地下铁道工程建设具有一定指导意义。

【地铁既有线隧道结构性能检测及病害治理研究】

该课题由天津市地铁总公司和天津大学共同承担完成，项目负责人崔奕、姜忻良。课题组对天津地铁1号线既有线现状进行了调查，掌握了地铁既有线隧道结构的现状及病害分布情况，对既有线隧道结构进行了现场检测、现场取样及取样的试验室性能试验；对检测结果整理后并按照现行规范、规程进行了分析，根据检测及试验结果，给出了检测评估结论；分析了既有线地铁工程的病害及预防、治理措施。给出地铁既有线隧道结构的安全性与可靠性结论，并利用天津地铁既有线性能检测的检测数据，应用结构可靠度理论及结构可靠度指标计算方法对隧道结构构建的可靠度指标进行计算，从另一方面对结构的安全性和可靠性进行进一步的验证。该课题的研究成果及研究方法不仅适用于天津地铁既有线结构，而且对天津地铁1号线新建部分及国内其他地铁工程具有重要借鉴意义。研究成果取样及样品的试验室性能检测及对天津地铁既有线结构可靠性分析等方面有一定的创新，其成果达到国内先进水平。

【地铁既有线新旧结构差异沉降控制措施研究】

该课题由天津市地铁总公司和天津大学共同承担完成，项目负责人李养平、郑刚。主要研究内容：1.研究出适合于天津地铁既有线改造工程具体特点的拆除方法和工艺；2. 新旧结构相交处可能产生的沉降差异值；3.允许差异沉降值的确定；4.施工阶段新结构的施工对旧结构的影响及控制措施；5. 运营阶段新旧结构差异沉降控制措施。通过上述研究，确定了合理的新旧结构差异沉降控制标准及可行的差异沉降控制措施，研究结果应用于其他旧结构的拆除及旧结构改造工程，取得保证改建地铁车站旧结构拆除的顺利进行和维护结构的安全，达到降低拆除费用5%的目标。

【SMW 工法在天津地铁基坑支护中的试验研究】

该项目由天津市地铁总公司和天津大学共同承担完成，项目负责人李养平、郑刚。SMW（Soil Mixing Wall）工法是采用多轴搅拌钻机在原地层中切碎土体搅拌充分混合而形成止水性较高的水泥土柱列式挡墙，并按挡墙功能在墙体中插入加强芯材料的一种地下施工技术。该课题基于国内外的研究现状，结合天津地区的实际情况，对SMW工法着重展开了以下研究：1. 研究高水灰比条件下水泥土的物理力学性能，并与常规水灰比条件下水泥土进行对比；2.进行型钢-水泥土组合梁室内模型试验；3.天津地铁1号线现场试验；4. 对加筋水泥土挡墙进行有限元计算与分析，从而优化芯材与水泥土的组合，指导实际工程的设计计算；5. 在总结研究成果的基础上，结合室内外试验、有限元分析和国内外经验，提出了一整套实用的加筋水泥土挡墙的设计计算方法，供进构SMW工法设计时采用。

【盾构掘进施工参数与地面隆起及沉降关系研究】 该项目是由天津市地铁总公司和天津大学共同承担完成的,项目负责人崔奕、姜忻良。该课题结合天津地铁1号线工程,对盾构施工段进行了系统的现场实测,得到了地面的隆起与沉降曲线、不同深度地层侧移曲线,并归纳总结出泥土加压式盾构施工过程中周围土体的变形规律,提出了用隧道中心线以上地面沉降值来计算不同深度土层沉降槽曲线宽度系数的回归分析方法与公式。该成果对工程实践具有一定的指导意义,已达到国际先进水平,于2004年5月21日通过天津市市政工程局鉴定。

【暗挖隧道施工法在天津地铁中的应用】 该项目是由天津市地铁总公司和中铁隧道集团有限公司共同承担完成的,项目负责人李养平、丁锐。该课题针对天津城市和地层特点,采用合理的辅助工法和开挖方法,以达到确保围岩稳定,有效控制地面沉降,快速施工,最大限度的减少对城市交通干扰,合理保护环境和节约资源,并降低5%的成本。其研究成果可直接应用于天津地铁工程区间隧道施工中,同时该暗挖工法的成功实现也可以应用在其他城市市政工程中(如过街通道和地下暗挖结构等),对开拓暗挖法施工这一高难领域有巨大的推动和影响作用,属暗挖法施工的前沿课题。

【天津地铁工程建设项目集成化信息管理系统研究】 该项目由天津市地铁总公司、珠海艾贝斯科技发展有限公司和天津大学共同承担完成,项目负责人刘玉琦、汪洋。在天津地铁工程建设中采用信息化、网络化的管理方法,对工程管理的办公自动化、管理信息化、决策科学化起到事半功倍的作用。该课题研究了:1.在管理方式上,改变原来手工操作为电脑直接操作。2.在管理经验上,借鉴三峡工程,四川紫坪埔水利枢纽等大型工程建设项目管理经验,逐渐形成一套针对天津地铁工程的科学而行之有效的管理解决方案。3.在软件设计总思路上,分三条设计主线来实现工程管理,第一条是以资金为主线,通过合同管理、计量支付、投资控制与分析系统来对整个工程的资金的进出进行动态管理;第二条是以进度、质量为主线,通过闪电报表、质量管理、竣工资料管理、文档管理等系统来对整个工程的进度及质量进行管理;第三条是以信息流为主线,通过OA办公平台来实现各单位、部门、人员之间的信息沟通。4.在软件实现方法上,采取世界领先、性能稳定、能够管理和存储海量数据的大型数据库ORACLE,和先进的DELPHI7.0、微软的.NET开发工具,并结合珠海艾贝斯科技发展有限公司自主开发的数据库开发平台,从而实现了对各子系统的集成。

【经营性城市基础设施项目融资途径及政策研究】 该项目由天津市地铁总公司和天津大学管理学院共同承担完成,项目负责人张士英、孙继发。该课题主要研究内容:1. 天津市经营性城市基础设施项目融资途径,重点研究了国际上新出现的PPP(Private Public Partner)方式,即“私人企业与公共方面共同投资建设公共设施”,以及BOT加补偿政策的项目融资方式的特点及其可行性;2. 经营性城市基础设施项目融资政策分析;3. 经营性城市基础设施项目融资方案评价;4. 提出了对天津市地铁项目融资方案的评价和政策建议。

【地铁区间隧道盾构法施工质量关键工艺技术】 该项研究依托“天津地铁一号线33合同土城-南楼盾构区间隧道”工程,将盾构施工工艺应用于天津地铁隧道施工中。通过对盾构施工质量、关键工艺技术的研究,总结出了一套在施工过程中避免和处理常见质量问题的措施和方法。首次编写出《天津市盾构法隧道工程施工技术规程》,为盾构法施工在控制工程质量、促进技术进步、提高经济效益、保障施工安全等方面提供了依据。

在地铁1号线33合同的工程实践中,通过采用管片拼装工艺,地面沉降控制技术,倒挂脚手架技术,单、双液注浆工艺,单、双液注浆材料配合比以及材料选用、水泥砂袋联结装置、自动测量系统等技术,解决了隧道渗漏问题,有效地控制了地面沉降,提高了材料的使用率,降低了施工难度,累计节约费用228万元。该项研究由天津第二市政公路工程有限公司刘福宏、陈仲悦、王世友、邢金兰、李循等完成,于2004年11月12日通过鉴定,其成果达国内先进水平。

(刘 岩)

【深基坑支护与监测】 针对天津地铁西南角站工程明挖深17米、宽45米、距高层建筑物仅6米的深基坑的施工难题,从基坑开挖的支撑方法、施工参数的确定及其与地层位移的关系;施工不同阶段墙体变形变化,基坑隆起与墙体最大变形位移量关系;基坑开挖过程中土压力变化以及墙体内力变化对深基坑支护技术等进行了研究，制定出天津软土地区基坑开挖工艺流程,总结出“时空效应”理论下的施工参数,确定了附加预应力的调整参数,以保证施工安全,减少对附近建筑物的沉降影响。通过理论计算和现场实际监测数据相结合，积累了在复杂地质环境下深基坑工程施工控制经验。通过现场监测提供动态数据信息反馈来指导施工全过程，实现信息化施工控制,为在深基坑施工中保证工程质量,确保施工安全可靠提供了参考。该研究由天津第二市政公路工程有限公司刘福宏、王津星、邢金兰、付全鸿、马建侨等完成,于2004年12月1日通过鉴定。研究成果达到国内同行业先进水平。

（刘　岩）

【下承式移动模板支架系统研制与应用】　课题组针对天津地铁1号线工程高架桥施工特点，成功地突破了多跨混凝土连续梁无支架一次浇注的技术难题,并对混凝土浇筑时的挠度值进行了有效控制,解决了连续梁支架法施工不均匀沉降问题，为天津桥梁工程无支架、快速施工技术开辟了一条新途径。课题组研制的造桥机结构设计合理,功能完善,具有结构轻巧、操作高效、行走方便、定位准确、快速安全、承载动力大、适用性强等特点。该课题由天津第一市政公路工程有限公司樊兆强、杜亚民、韩振勇、刘旭锴、冯克岩等完成,于2004年12月21日通过鉴定。研究成果达国内领先水平。

（刘　岩）

【大跨度钢—混结合梁施工工艺研究】　天津地铁1号线跨越市东南半环海河大桥与大沽路、复兴门桥两项工程,主跨最大82米,为国内轨道交通工程之最。课题组针对双曲面形式的钢箱梁结构,采用空间坐标法对钢箱梁进行加工放样，以精确的三维立体图指导下料,通过预设反变形数值进行焊接控制,效果良好。针对大跨度、大吨位弯梁的吊装特点,采用了临时支架与大吨位吊车相结合的施工工艺,成功地完成了钢箱梁吊装。在浇注桥面板混凝土过程中,采用合理的分段浇筑方式,设置后浇带,使用微膨混凝土，解决了混凝土与钢箱梁变形不协调的问题。在钢箱梁安装过程中,对梁体的主要截面进行应力、变形监测,达到了设计要求。该项研究由天津第二市政公路工程有限公司、天津第五市政公路工程有限公司刘福宏、黄世军、郭春林、魏宝光、闫利峰等完成,于2004年11月26日通过鉴定,成果达到国内同行业先进水平。

（刘　岩）

环境保护与生态建设

【关停迁移治理污染企业 培育环保产业】　天津坚持贯彻科学发展观,下大力量对低水平、污染型企业进行缩减、改造。从1996年以来,共关停相关污染企业200余家，对中心市区的126家重污染企业实施了搬迁治理,大大减少了城市污染,同时实施科技战略,培育了一批以“废物—再生—产品”为特征的环保“静脉产业”,变废为宝。

天津坚持实施污染源达标排放与工业结构调整相结合,对高消耗、高投入、重污染、低产出、低效益且污染治理达标无望的企业，坚决采取关、停、并、转、破、迁等措施,先后对中心市区的特殊钢铁厂、卫津化工厂等126家重污染企业实施了综合治理。治理改造后,100余家企业通过ISO14001环境管理体系认证。对溶剂厂等80多个厂(点)实施异地搬迁改造,从而在合理调整工业布局的同时改善了区域功能。另外,实施污染源达标排放与企业技术创新,探索并广泛实施粉煤灰的再利用,用于生产建筑砌块、道路铺砖等,实现年产粉煤灰200多万吨,100%综合利用；天津碱厂的碱渣堆存量达620多万吨,除部分用于制水泥和工程垫土外,又用于堆山造景。天津还在全国率先开展了废油脂、废旧电池、废旧磁卡的集中收储工作,解决了食品安全、土壤污染的问题。天津炭黑厂引进国外先进生产技术实施湿法造粒,彻底根除“黑龙”污染,又可回收尾气发电;在实现资源综合利用的基础上实施清洁生产,通过3次治理上的跨越,产品出口不断增加,经济效益显著提高,一跃成为国内同行业的龙头企业。

【天津环境监测技术跨入全国领先行列】　天津市环境监测中心获得中国实验室国家认可委员会的认证，具备了按有关国际认可准则开展检测的技术能力，标志着天津环境监测的技术能力跨入全国领先行列,实现了实验室管理体系与国际接轨,并为参与国际间实验室双边、多边合作打下良好的基础。

此次认证的天津环境监测中心项目共有 8 项，包括水和废水、空气和废气、土壤、固体废弃物等监测项目，其监测数据可以在世界 36 个已签署国际实验室认可组织备忘录的国家中得到认可。通过认证的天津环境监测中心，还将承担每天向社会发布天津市环境空气质量预报和日报的任务，让公众及时了解环境空气质量状况。

【启动环保在线监测推广工程】 一个高科技、新研发的在线监测系统在全国环保执法部门率先启用。这种“环保电子警察”的启用，将使天津治理环境污染进入一个高科技时代。

这一在线监测系统由市环保科技人员研制成功，并通过了专家鉴定，认定为国内首创。该在线监测系统可对污水、噪音、烟尘等多项污染物进行 24 小时达标或超标数值监测。该监测系统分 3 个部分，第一部分形如“监视探头器”，安装在工地、医院、企业等污染单位，第二部分形如“终端接受器”，安装在环保局监测室，第三部分为无线传感系统。无线传感系统将“监视探头器”时刻监测的数据传到“终端接受器”，其基于移动通信技术进行采集和传输，技术十分先进。“环保在线监测推广工程”首先以河西区作为推广试点。河西区环保局首批为区内 9 家医院的排水口、2 个离今年高考考点很近的工地和 13 家工厂的排烟尘设备安装了“环保电子警察”。在河西区乐园路与越秀路交口处的冶金大厦工地安装的噪声污染源在线监测系统，用的能源是太阳能，不存在人为因素影响。它监测到的噪声污染一旦超标，报警在线系统就能及时向环保部门进行反馈，还能以短信的形式发送到相关责任人的手机上，这样便能让环保执法人员迅速采取措施制止，避免超排、乱排现象的持续发生。

这套系统除了能在建筑工地上监测噪声外，还可安装在医院监测医疗废水余氯和污水流量，也能安装在供热站监测脱硫除尘器 PH 的大小等，安装在环保局内的计算机显示屏上将随时显示这些重点污染源的污染指数是否达标。继环湖医院、肿瘤医院、肺科医院、小海地供热站、珠江里供热站、紫金山供热站、大营门房管站工地等 63 家单位安装了在线监测系统后，并在全市 18 个区县全面铺开。

【市污水处理率达国标】 经过两年的紧张建设，纪庄子污水处理厂扩建工程和咸阳路污水处理厂工程基本完成，并顺利进行了通水试运行。这使得市污水处理率由原来的 43%左右提高到 70%，达到国家环境保护模范城市考核指标中对于城市污水处理率大于 50%的规定。市区原有的是纪庄子污水处理厂和东郊污水处理厂，日处理能力分别为 26 万吨和 40 万吨，污水处理率仅为 43%左右。纪庄子污水处理厂扩建工程和咸阳路污水处理厂工程竣工后，将使市污水处理能力由原来的每天 66 万吨增加到 139 万吨，实际污水处理量每日可达 92 万吨。

【大港区被评为全国生态建设示范区】 大港区从 2001 年被评为国家可持续发展试验区以来，不断加大投入，坚持不懈地加大环境综合治理。3 年累计治理污染项目 72 个，总投资近 1.8 亿元。此举得到国家可持续发展试验区中期检查组的肯定，也为大港开展的创建国家卫生区工作奠定了基础。

大港区是天津惟一的国家级可持续发展试验区。自获得此项殊荣以来，大港区始终坚持把改善环境质量作为首要手段，从空中到地下，从厂矿到居民区狠抓废物、废气、废水的治理。该区实施的粉煤灰综合利用工程，对大港发电厂和天津石化公司两座电厂每年产生的 50 多万吨粉煤灰进行多渠道处置和综合利用，使占全区固体废物排放 80%的污染源变废为宝，改善了区域周边环境。天津石化公司每年将 600 吨不凝聚瓦斯气送至热电厂作为锅炉燃料，极大地改善了空气质量。该区还对 10 吨以下的锅炉改燃并网，推广使用清洁能源加热设备。并加大废水治理力度，以集资信托方式筹集 9000 万元建设的污排管网工程，以市场运作方式筹集资金 3000 多万元兴建的污水处理厂一期工程已投入使用。经过 3 年的发展，大港区被评为全国生态建设示范区。

【宝坻区着力打造生态新区】 宝坻区坚持科学发展观，充分利用区位、资源、生态优势，着力打造生态新区，通过精心策划和不懈努力，一次性通过全国生态示范区验收，成为该区走开放之路、谋跨越发展，实施工业强区战略的中心平台，良好的生态环境吸引客商纷至沓来，为宝坻的强势发展蓄足了后劲。

“生态也是生产力”，这是宝坻区委、区政府一贯坚持的理念。他们立足高起点、快节奏，在诸多的优势中，优中选优，在获得生态农业建设、造林、卫生3个全国先进的基础上，开始向全国生态示范区迈进，着力打造生态品牌。该区在国务院发展研究中心、清华大学、南开大学等单位专家研究论证的基础上，聘请美国易道公司，着眼生态型、园林式、现代化的定位，依不同区域的自然、经济、文化、环境等背景，编制了城区和重点城镇规划。全区整体推进，构筑了京沈高速、鹤鸣湖生态区等8个生态节点。完成了潮阳大道、天宝中路等干道的排水工程。改造治理了城区的水冲厕所及两万多座农厕和1600个死水塘，实施了锅炉并网，引进了天然气等。对168家排污企业进行了达标治理。验收显示，宝坻的26项生态考核指标达到国家一类区标准。

良好的生态环境，引来了项目、先进的技术和经营理念。2004年前10个月，新上300万元以上的项目129个，超千万的项目36个；京津飞跃缝纫机、北方天鸟针织横机等一批超亿元的项目已经签约。与日立等3家世界500强企业达成了投资意向。2002年以来，投资9亿多元对全区300多个骨干项目进行了技改。

生态建设还带动了农业水平的提高。打造生态链条，努力建设国家级安全食品生产基地。已建成无公害食品基地9666公顷，生态水产养殖1333公顷。宝迪农业科技股份有限公司被认定为国家级农业龙头企业。

【转炉烟气净化回收与综合利用技术】 该项目由天津天铁冶金集团有限公司罗永生、刘玉全、杨廷强、吴作成、宋海旺等完成，获2003年度天津市科学技术进步二等奖。该研究在氧气顶吹转炉设备基础上，对原湿法净化除尘系统进行部分改进，增设煤气回收成套设备，采用降烟罩操作，利用未燃法对转炉烟气进行回收利用。再生能源利用分3部分：①转炉煤气用做新建的带钢及棒材加热炉的主要能源；②除尘污泥成球返回转炉做化渣剂使用；③烟气高温热能通过余热锅炉转化为蒸汽回收利用。通过对再生能源（转炉煤气、蒸汽、除尘泥）回收利用，年创经济效益2271.86万元。扩大了能源供应，大幅度降低了烟气含尘量，系统结垢情况也明显减少。减少烟气、除尘泥外排，保护了环境。

该研究创新点：①转炉煤气分档回收：按开始回收的不同CO含量分为3个档位，可根据用户需要选取档位进行回收。②二文结构优化：二文前置于一文出口，采用倒装重砣环缝式结构，下置单个碗型喷嘴喷水。③二文后采用旋流板脱水器以强化水气分离，以上技术均为国内首创。④二文重砣远程集中控制，在冶炼操作中可实现对炉口压差的及时调整。⑤汽包在并联基础上进行串联以增大蒸汽回收量。⑥提高供氧强度，改善煤气质量。

【大型垃圾中转站设备及配套系统技术研发】 由天津市市容环境工程设计研究所张范、昝文安、王敏、王翔、王玲完成的“大型垃圾中转站设备及配套系统技术措施研究与开发”，获2003年度天津市科学技术进步三等奖。该研究包括国内垃圾转运系统评估及改造方案；大型垃圾中转站垃圾压缩专用设备的设计；与转运设备配套的集装箱转运车辆设计；自动化控制系统，实现承重、对接、挤压等全过程的自动控制和监控。站内粉尘及恶臭污染的控制和治理。解决垃圾沥水污染，垃圾倾倒滞留造成的粉尘及恶臭的污染。从而彻底改变目前垃圾运输落后方式，解决垃圾转运中亏载运输、运输效率低、成本高的问题，改变城市环境。

该研究主要创新点：防蓬堵装置有效解决了垃圾缠绕“蓬堵”的技术难题；双套垃圾沥水处置系统，有效解决沥水污染问题；应用爆气、吸附和生物除臭原理净化粉尘及恶臭，解决了目前垃圾装运过程扬尘污染及恶臭污染问题；采取多项措施和技术，解决垃圾易腐蚀易磨损问题；双回路控制系统提高了运行可靠性。专家鉴定为国内领先水平。

其成果已应用于天津市重点工程潘楼垃圾中转站建设，2002年在银川大型中转站工程中标。其中项目除尘除臭系统设计用于沈阳、烟台等城市环卫工程建设中。该项目良好的站内环境改变了传统垃圾收运过程中尘土飞扬、恶臭污染的恶劣环境。由于垃圾经过压缩，解决了亏载运输问题，降低了运输成本。经济效益、环境效益和社会效益显著。

【城市生活垃圾热解处理技术与设备的研制】 该项目列入市建委环保科技工程，已完成并通过验收。热解气化炉装置中的主反应器、进料装置、热解处理装置、供热送风加水装置等获得了专利授权，专家认为达到了国内领先水平。该技术可使垃圾在热解气化炉内完成气化过程，产生的燃气经冷却系统除去水分，经脱酸除尘系统处理后，与预热空气混合进入热解炉燃烧室燃烧，产生的热量，可循环利用，以维持热解气化垃圾。热解气化后的垃圾灰排出炉体，可进行填埋；燃烧的废气降温后可达到标准排放到大气中。

该项目不仅成功的开发出 15t/b 城市生活垃圾和医疗垃圾热解气化处理技术和装置，并分别在天津市北辰区和内蒙古的包头市建立了应用示范工程。同时在国内外学术期刊上发表 6 篇论文，1 篇被 SCI 检索；申报专利 6 项，4 项已获授权。项目组还编写了《可再生能源利用与建筑节能》的第五章(废弃物处理与能源的再利用)，2004 年由机械工业出版社出版。

【多种废水处理技术开发成功】 天津环境科学研究院技术人员针对化工、医药、采油、焦化等行业废水中的毒性污染物破坏环境的课题，开发研究成功了多种废水处理技术。在研究开发中科研人员大胆采用近几年发展起来的优势菌技术，对一些特殊的污染物筛选后培育出高效降解菌，扩增后将其投放到处理系统中，并利用技术方法使这些特殊的微生物在处理体系中成为优势，从而提高了处理效果。他们已研制成功了含苯胺废水优势菌处理技术、卤代芳香烃两相生物处理技术、抗生素废水固定化真菌处理技术、腈类废水优势菌处理技术、单级生物脱氮技术等。这些技术的开发成功，大大简化了原有处理工艺，且处理过程不产生二次污染。这些技术已在制药、染化、颜料、焦化等行业中广泛应用，收到良好的经济和环境效益。

【干化污泥的利用】 天津振兴水泥有限公司在环保部门的支持下应用世界先进技术，将干化后的污泥作为水泥生产燃料使用。这一项目得到实施后，不仅可使该公司实现节煤 30%、向循环经济方向迈出崭新一步的目标，而且可大大减少污泥对城市的污染。

天津下水道每天产生污泥约 1000 吨，到 2006 年将升至 1215 吨/天。污水中的工业废水约占全市污水总量的 45%。由于工业废水所占比例比较大，因而在下水道所形成污泥中的重金属含量及其他有害物质含量相当高。该污泥处理不当所带来的环境污染危害是极其严重的。市环保部门和致力于环境保护项目投资的天津创业环保公司对此事极其重视，与荷兰荷隆美公司合作制定了天津市污泥处理规划。振兴水泥股份公司通过对荷兰考察发现，污泥经过干化处理后，可以作为燃料使用，用于水泥生产，不仅可节煤 30%，而且还可替代部分水泥原料，同时还可以使污泥中的有害物质彻底无害化。污泥干化利用已被市环保部门列为优先选择项目。东丽区和咸阳路污水处理厂将作为污泥处理点。咸阳路作为示范性污泥干化厂和污泥堆放点正在建设之中，预计 2005 年开始运营。

【于桥水库流域污染源调查与防治措施研究】 该研究由天津市水文水资源勘测管理中心承担完成，于 2004 年 2 月 24 日通过专家验收。该研究的特点：1.利用水量、水质同步检测的技术手段，探索水库以上流域内，入库河流跨流域调水的水污染负荷变化规律，为水库水环境治理提供科学依据。2.通过对重点排污口采取连续的水量、水质同步检测方法，掌握工厂、企业、城市污水的排放规律及各种污染物的排放总量，确定治理重点。3.利用前置库水生植物净化措施和汛期洪水、引滦输水的优化调度方案，大幅度削减污染物负荷的入库量，有效地提高水库的水质。4.通过对流域以上污染负荷的总量控制和于桥水库周边的工程和非工程治理，大幅度改善向天津市区供水的水质。5.利用检测成果进行水库营养盐及富营养程度的量化分析。6.通过水库、底质污染物的溶出分析试验，对水库底质现状提出治理方案。7.依据水库以上流域的面源污染问题提出治理方案。

（张　雁、常守权）

【环保型绿色植被混凝土开发应用研究】 该项目由天津市水利科学研究所承担完成，于 2004 年 3 月 1 日通过专家鉴定。环保型绿色植被混凝土与废砖石等再生材料做骨料的绿色混凝土相比，具有使用寿命长、技术指标高的特点，可广泛用于水利工程及城市绿化美化建设。该产品作为传统护砌材料的换代产品，突破了江河湖堤传统护坡形式功能单一的局限，这种能长草的混凝土具有保土固坡、不怕雨水冲刷、行人践踏及快速绿色的特点，不仅能够满足水利工程对护砌材料的各种要求，而且可以起到改善生态环境、净化水体、美化景观的作用。

环保型绿色植被混凝土利用无砂大孔混凝土的特点，通过改性研究，解决了它本身存在的强度和孔隙率的矛盾,改善了混凝土孔隙内部的碱环境,使它既可起到巩固堤防,防止水土流失的作用,同时还可以营造绿色、自然生态环境,且制作简单,施工方便,造价低,具有很高的技术水平。该产品可以恢复水系周边的生态环境,同时也符合国家建造自然生态系统,改善城乡人民环境的要求。研究成果总体水平达到国内领先,具有广泛的推广空间。

(张　雁、常守权)

【燃气豪华空调大巴车试运行】 燃气豪华空调大巴车上路运行结果显示,这种新型单一燃料的客车,不仅运营成本低,排放物符合环保标准,还弥补了以往双燃料汽车动力性能不理想的缺陷。这种12m燃气型大巴,设计时速85km/h。其功能设施堪称国内客车行业一流水平。这种客车燃料使用的是压缩天然气,燃烧后主要以水和二氧化碳为主,不仅可以降低成本,而且更加环保,其尾气排放量只有国家环保标准允许的1/20,达到了全球通用的欧Ⅱ排放标准,行人经过车的尾部,几乎感受不到刺激性气味。

【南开大学建环保重点实验室】 为解决城市环境大气颗粒物污染问题,国家环保总局决定依托南开大学环境科学与工程学院,建设"国家环境保护城市空气颗粒物污染防治重点实验室",这是中国在该领域的首个省部级重点实验室。2004年11月24日,国家环保总局在南开大学召开重点实验室现场论证会,专家一致通过了实验室建设计划任务书。

【对使用膜生物反应器技术处理医疗污水的评估】 根据国务院领导对天津大学教授顾平"建议用高新技术改造医院污水处理系统"的批示,国家环保总局组织中国环境科学研究院、北京环境科学研究院、清华大学、北京师范大学和国家环境保护总局华南所的专家对"使用膜生物反应器技术处理医疗污水"项目进行了评估,专家们认为:膜生物反应器具有占地小、处理过程密闭、产生的污泥少、水处理效率高、出水含悬浮物少等特点,有利于后续消毒工艺效能的发挥,是一种适合医院污水的新型生物处理工艺,但国内应用较少,技术上不成熟,因此建议加大研究和开发力度,以便积累经验,降低成本。虽然膜生物反应器技术的基建和运行费用比传统工艺高,但采用该工艺可以减少后期消毒工序的消毒剂含量50%以上,且不存在污泥的二次处理费用,为此,建议进行全面的环境效益、健康效益和经济效益分析,以便制定政策。

水资源开发与水利工程

【天津努力建设节水型社会】 在2004年3月12日召开的中央人口资源环境工作座谈会上,天津市长戴相龙在发言中介绍了天津水资源利用和节水工作的经验和做法。天津以科学发展观统领节水工作,围绕建设节水型社会的目标,通过政府推动、市场配置、科技节水,努力做好全市节水工作,促进了经济社会协调发展。

作为中国缺水严重的城市之一,天津市在党中央、国务院的亲切关怀和兄弟省市的大力支持下,依靠引滦入津和引黄济津外调水源,基本满足了生产和生活用水需要。目前天津的工业用水重复利用率提高到85%,万元产值取水量降至24立方米,节水器具普及率提高到55%,在实现经济快速增长的同时,城市日供水量从1999年的220万立方米降至151.7万立方米。

天津市一直坚持用规划统筹节水工作,制定了建设节水型社会规划,并逐步建立起科学用水指标、水资源管理、科技支撑和政策法规体系。坚持节水管理与产业结构调整同步实施,优化配置全市水资源,促进产业结构升级。2004年,节水型工业产值已占全市工业总产值的71%,用水量却仅占40%;农业总产值比2003年增长5.3%,用水量却没有增加。天津坚持依靠政策法规规范节水工作,将节水纳入政府工作目标考核内容,广泛开展节水宣传教育,促进了全社会科学用水、文明用水和节约用水。

3000吨低温多效海水淡化示范工程

在节水工作中,天津市注重运用市场手段促进水资源优化配置。建立用户定额指标体系,明确全市总用水量和各地区、各行业用水指标;颁布居民生活、工业和农业用水3个地方标准共404项定额。发挥水价的经济杠杆作用,6次调整自来水价格,特种行业水价提高到每立方米18元,对超计划用水实行累进加价收费。通过差价管理,使有限的水资源发挥了最大的效益。并积极运用市场手段,尝试对节约下来的用水指标进行有偿转让。

天津市把科技进步贯穿于节水工作全过程。"十五"期间,投入工业节水专项资金2.1亿元,取得节水科技成果200多项,完成膜生物反应堆等一批国家级节水科技示范工程。加大科技成果推广力度,2001年后新建生活小区节水器具普及率为100%。2004年,工业冷却循环水浓缩倍率由2.0提高到3.5,直接利用海水量14亿立方米,海水淡化能力达到500万吨,600多万平方米住宅实现中水入户,约6000万吨再生水用于生态环境。农业节水灌溉面积达到60%以上,年节水能力达到7亿立方米。

【反渗透海水淡化示范工程】 "1000 m³/d反渗透海水淡化示范工程"是天津市科技攻关重点项目,由天津市科委主导集成,国家海洋局天津海水淡化与综

天津市1000吨反渗透海水淡化示范工程装置

合利用研究所为工程技术集成单位,天津工业大学、天津科技大学、天津海跃水处理高科技有限公司、天津市自来水集团有限公司、天津大有海水资源利用开发有限公司等共同参与,于2003年12月底示范工程建成出水。2004年,在1000 m³/d反渗透海水淡化示范工程基础上,由天津市科委组织搭建天津海水淡化技术平台,对反渗透工程经济运行、海水净化、膜应用药剂、能量回收装置、浓盐水制盐、水质分析等项目进行了深入研究并取得成果,进一步促进滨海新区反渗透淡化工程建设速度,为缓解天津市及北方沿海地区淡水紧缺现状提供技术支撑方案。

【天津依托科技优势促进水的可持续发展】 天津市科委从树立科学发展观和水资源可持续发展的角度出发,本着开源节流原则,以开污水、海水利用之源,节工业冷却、工艺用水之流为重点组织了系统技术攻关,并建立示范工程。通过关键技术突破,示范工程引路,以点带面,加强推广,为建设节水型社会提供技术支撑,并带动水工业产业的发展。重点围绕污水资源化、海水淡化与利用、工业节水等开展技术攻关和产业化推动工作。

1.在污水处理方面突破一批关键技术,为实施污水资源化,设备产业化奠定了基础。按照集中处理与分散处理相结合的原则,重点进行了城市污水厂污水处理资源化技术研究和膜生物反应器产品的开发。依托膜技术的优势,开发出连续微滤装置,以用于地表水和污水处理、中水回用、海水淡化的预处理等。面对新建的生活小区、写字楼等点源污水处理回用问题,进行了膜生物反应器技术与产品的开发研究,形成每天处理5吨到2000吨的系列产品,具备产业化生产实力。

2.攻克海水循环冷却、海水淡化关键技术,为大规模实施海水淡化提供技术支撑。经过多年研究,在海水缓蚀剂、阻垢分散剂、菌藻杀生剂和海水冷却塔等关键技术上取得重大突破。在此基础上,"千吨级海水循环冷却示范工程"又列为市科委重大攻关项目,并获得国家"十五"科技攻关支持。在天津碱厂建设的2500吨/时的海水循环冷却示范工程于年中完成。该示范工程的成功将为全国大规模利用海水奠定基础。2003年市科委还通过集成技术、整合资源,组织建成日产1000吨反渗透海水淡化科技示范工程并产出优质淡化水,标志着在海水淡化和综合利用上又迈出了重要的一步。

天津碱厂2500吨/时海水循环冷却技术示范工程

3.节工业冷却、工艺用水之流,充分挖潜工业节水新途径。在"九五"支持完成水处理药剂攻关并实

施产业化的基础上,“十五”初期又进行了“工业循环冷却节水新技术示范工程”的研究,并列入国家科技部重点攻关计划。已完成浓缩倍数5倍运行的试验研究工作以及相关的工艺参数和设备改造,业已进入到实用阶段。该技术已在天津石化公司乙烯厂、天津钢管公司、中石油大庆炼化公司、河北兴泰发电有限责任公司、上海宝山钢铁股份有限公司等10余家企业推广,累计节水2000多万吨,为企业减少排污水量2000余万吨,取得经济效益3600多万元。

4.搭建水科技创新平台,为水的可持续发展和技术推广服务。创建国家级水资源科研中心。通过跨学科、跨部门的联合,以水工业科研基金的管理模式,整合全市水科技相关科技人才与装备,加强水资源的宏观发展战略和前瞻性预警问题的研究,为水资源的科学利用与保护提供坚实的战略和技术支撑。建设和完善水工业国家级工程技术中心体系。集成大学、水工业设计研究院、水处理协会、企业等相关水领域机构的优势和潜力,在水资源科研中心的基础研究基础上,以工程技术中心为枢纽,促进水科技成果向工程和产业的转化,实现水资源的综合利用,带动水工业产业的发展。建设水工业科技技术服务与推广应用中心。充分利用现有科技成果以及示范工程形成的成套成熟技术。成立水工业技术服务与推广平台,建立天津市水资源科技信息服务网站,成立由国家级和天津市专家共同组成的专家咨询服务系统,实现信息、知识与资源的共享共用,为天津市水资源可持续发展服务。

(段志强)

【高校节水综合示范工程研究】 该课题由天津大学张宏伟、朱文亭、邢国平、孙宝盛、田林等完成,获2003年度天津市科学技术进步二等奖。该项目通过示范工程对大学用水现状评价和水平衡分析计算,确定各类用水量;在用水现状评价的基础上,进行节水方案的总体规划设计;研究如何减少管网漏水的技术和科学的管理制度;提出适于不同水质的几种中水处理工艺,在天津大学建设节水示范工程并全面推广。示范工程于2002年投入运行,年经济效益119万元,使学生享受高质量(水压、水量)的供水服务;大大提高了水的利用率和节约水资源;同时改变了学校原有的供水管理方式,使供水管理工作科学化。

该研究开发了新型淹没复合式膜生物反应器;设计了新颖的生物接触氧化池和膜生物反应器结合的一体化中水处理工艺流程。采用高效生化处理技术和高效能膜分离技术,自行研制的崭新移动载体生物填料。设计了空气充氧提升循环的运行方式,使得载体在池内不断循环移动,生物载体均匀缓慢在水中移动的同时,水流与载体间的剪力,可连续均匀地将过剩的生物膜除去,以控制生物膜的生长,避免填料堵塞。

【万吨级海水淡化项目动工】 由泰达控股、泰达科技等4家单位共同出资组建的泰达新水源科技有限公司于2004年10月份正式动工万吨级海水淡化项目。该项目一期工程于2005年年底完工后,将达到日供万吨海水淡化水的能力。泰达将进一步拓宽“水”产业的生产能力。万吨级海水淡化工程两期总投资1.6亿元。海水淡化产生的浓盐水可以供长芦盐场或天津碱厂制碱化盐,实现资源的综合利用。

【黄港洼水源地勘探井创平原区出水量新纪录】 由天津地质调查研究院承担、地矿局盛达地质队施工的黄港洼水源地勘查工作,于2004年4月中旬开工,历时两个月完成了黄港洼水源地勘探一号井,该井成井深度700米,取得220立方米/小时的高出水量,创造了天津平原区孔隙水井的出水新纪录。这眼井的钻探成功,使黄港洼水源地的勘查面临着非常诱人的前景,最少能提供一处中型水源地,将为水资源紧缺的滨海地区提供优质的地下水源,为滨海新区的城市建设和经济发展提供十分宝贵的水资源。

(赵增敏)

【天津市武清区北部应急供水水源地】 由市地矿局天津地质调查研究院勘查的武清区北部应急供水水源地于2004年2月21日通过了储量评审,B+C储量达5万吨/日大型水源地标准。在引江通水前为武清城区保护地质环境,发展经济提供了替代水源。

(赵增敏)

【宁河北水源地应急开发工程供水水文地质勘探】 宁河县北水源地应急开发工程供水水文地质勘探,是天津市2002年重点工程项目,受市水利局的委托,市地矿局天津地热勘查开发设计院承担该项目的开采性抽水试验的技术工作和成果报告的编制工作。该项成果,2004年10月20号通过专家评审,为天津市探明一处大型水源地。

(赵增敏)

【海岸带大断面海挡工程植物护坡技术研究】 该课题由天津市水利科学研究所王银生、张冬然、孙永军、顾立军、程庆臣承担完成,于2003年1月16日通过专家鉴定,成果总体水平达到国际先进,获2003年度天津市科技进步三等奖。该项目经4年的种植试验,结果表明,互花米草在潮间带,土壤盐量为1%~3%,矿化度为35%~45%的海水中长势旺盛,促淤厚度达16厘米,土体损失减少50厘米以上,坝前水深为1.5米时,20米宽草带可降低流速46%,消减波高66.7%。

土壤含盐量为1.2%~2.0%时,柽柳种植成活率达90%以上,成林后林带可降低风速70.2%~77.8%,降低地温3℃~5℃,土壤含盐量降低26.7%~39.1%。土壤含盐量为2.24%时,碱茅种植成活率达到90%以上,平均坡面覆盖率达到80%以上,水土流失量减少96%,土壤含盐量降低79%,肥力和土壤孔隙率分别增长41.5%和1%,有效地保护了坡面土体的稳定。

该研究作为海挡坡面土体防护措施的一场革命,改变传统的工程措施护砌形式,针对海挡不同部位和特殊护防要求,充分利用植物的生命功能、柔性好、再生力强、易修补及适应性好等特点,保护了坡面土体的稳定和坝体的安全。与无护面土体堤坝海挡相比,每千米可减少土体损失5005m^2,节省维修费用约30万元。经种植实践,植物护坡造价约为25元/m^2,比浆砌护坡造价可节省投资115元。

该研究成果不仅可以为天津市海挡工程植物防护体系的建立提供理论依据,且对节省海挡工程投资、绿化海滨、改善沿海地区生态环境具有重要的意义。

(张 雁、常守权)

【天津海岸堤防结构与植物护岸技术研究】 由天津市水利科学研究所承担完成的该项目,通过现场原型海浪观测、波浪物理模型实验、数学模型模拟示范工程海堤植物护坡试验以及优化的组合护坡设计与试验,全面系统地对天津海岸流浪潮特征,海堤工程结构型式,主要水文设计参数以及筛选科学合理植物种植技术进行研究,提出适合不同海岸条件的合理结构形式,并力图通过植物护坡的护岸形式,改变传统设计理念,使海堤建设与生态环境改善有机结合起来,形成绿色环保型海堤。

该项目针对天津海堤迎水坡潮间带的盐沼特征,选择适当的潮间带和潮上带植物种群,通过试验研究,潮间带植物成活率在80%以上,潮上带植物成活率在70%,潮间带植物消浪能力达20%~30%。

经过3年研究,该项目以互花米草为潮间带消浪促淤植物,在2.3m~2.9m高程范围内,其成活率超过80%。潮上带以柽柳为植物护坡,其生长范围不低于4.0m,成活率达到70%以上;互花米草草带宽度为20m时,可以降低波浪能力40%以上,各项指标超过任务要求。

该项目应用领域主要包括:水利工程的海堤建设与管理,提供合理的海堤结构型式;探讨近海流浪潮水文特征,提供科学海洋水文参数;采用工程措施开展的海堤植物护坡试验,提供科学合理的种植方案,以改善天津海岸生态环境的恶劣的条件。该项目于2003年6月通过专家鉴定。成果总体水平达到国际先进。

(张 雁、常守权)

【淤泥质河道清淤效果分析及工程泥沙问题研究】 由天津市水利科学研究所、天津市水利基建管理处马树军、周潮洪、张胜利、常守权、侯和平承担完成的该城市防洪项目,于2002年11月通过专家鉴定。该项目建立了一维非恒定流数学模型,开发出清淤设计及综合分析系统,为设计、管理人员提供了一套方便实用的工具。只要通过界面操作即可完成基础资料的分析、淤积规律研究、泄洪能力计算、清淤效果分析、多方案比较等工作,大大提高了工作效率,利用该系统计算了永定新河清淤效果,并设计了多组清淤方案进行比较。

该项目通过资料分析、现场观测和取样分析及室内实验,分析河道原状淤泥的物理特性、排泥场固结特性、挖泥船出口处淤泥特性,建立排泥场淤泥特性与时间的相关关系,推导出排泥场设计的主要参数,对淤泥质河道的清淤设计、施工和管理提出建设性意见,可用于指导今后长期的清淤实践。该项目在永定河清淤工程中得到应用,其研究成果总体水平达到国际先进,获2003年度天津市科技进步三等奖。

（张　雁、常守权）

【天津市河道清淤工程设备开发应用研究】 由天津市水利工程有限公司承担完成的该项目，于2004年11月26日通过专家验收。该研究成果形成了装、运、卸三位一体环保型的都市河道清淤施工工艺设备，即：自行研制的浮船式液压抓斗机，该设备轻便、封闭性好，可拆卸组合，不受河道上桥梁高度及桥孔宽度限制；自行研制了半舱式泥驳，其优点安全可靠、运载能力强、无污染、操作简单、运载灵活、造价低廉、便于装卸，适用于都市内河运行；自行研制了全封闭易抓净液压双面抓斗已获国家专利，可安装在挖掘机上用于码头卸挖泥船，还可用于水中清淤抓泥。水中提升过程不泄漏，环保效果好，清淤开挖过程对河底淤泥土质不扰动。通过实际应用，该设备不但满足设计提出的一系列技术和环保要求，而且按照工期完成施工任务，节省了大量工程资金。

该设备及工艺推广应用范围广：有环保要求的城市内河、水库、湖泊等清淤工程；各种地理环境条件下淤泥、建筑垃圾、杂物、遗留、建筑物等开挖、装卸运输。

（张　雁、常守权）

【引滦工程暗渠泵站经济运行方案研究】 该项目由天津市引滦工程尔王庄水库管理处承担完成，2003年12月5日通过专家鉴定，成果总体水平达到国内领先。引滦工程尔王庄暗渠泵站进、出水结构复杂、除了直接通过暗渠向天津市区输水外，还具有调蓄水库的作用，运行时间之长居国内首位，装机10台机组为全调节立式轴流泵，装置性能差异很大。由于情况复杂，用人工方法计算出最佳经济运行方案有一定难度。为此，根据引滦入津工程尔王庄暗渠泵站的实际情况，通过对暗渠泵站机组性能曲线的模拟，以总能耗最小为目标，运用动态规划方法建立数学模型，用VB编写出一套通用性较强的应用程序，成功地建立了进、出水形式复杂的泵站经济运行专家系统。

该研究方案可直接对暗渠泵站水泵机组及叶片角度进行优化组合运行。运行时，只需输入现场测试的泵站前、后池水位及上游来水量，即可计算出最佳运行的机组序号、台数及其叶片角度。使暗渠站保持在高效率的经济运行状态。依照该系统提供的方案运行，暗渠泵站每年节能6.3%以上。同时，水泵在最优状态运行，可以减轻水泵汽蚀，从而延长设备使用寿命。减少设备折旧及大修费用。水泵机组在一个更新改造周期内，节电及节省设备折旧的费用可满足设备更新的费用。

（张　雁、常守权）

【引滦黎河下游河道治理技术措施研究】 由天津市水利科学研究所承担完成的该项目，于2004年12月27日通过专家鉴定。该研究针对引滦黎河下游河道特点及存在的问题，用加权质量集中的有限元方法，建立了弯曲河道二维水流数学模型，模拟了黎河西梁子河段在输水流量和洪水流量情况下的水流流态。根据水流动量方程，提出了河道两岸水流冲击应力和剪切应力的计算方法，对不同曲率的弯道河段的应力进行了理论分析，给出了黎河西梁子河段的不冲流速、抗冲应力、抗剪应力和相应的失稳系数，提供了河道稳定性的判定方法。

软体排、模袋混凝土具有强度高、柔性强、施工简便，具有滤水保土作用，吸收水流冲击能量等优点，可有效的起到保护岸坡的作用。试验工程采用上部模袋混凝土护坡、下部充沙管袋软体排技术措施护底的技术方案进行黎河下游河道高、陡边坡的岸坡防护技术措施。模袋混凝土充灌施工来实现，确保模袋混凝土的充灌质量和进度。充沙管袋软体排施工可通过水上及水下的充灌进行。经过3年的引滦输水和汛期洪水的考验，实践证明其设计应用合理，工程实施方便可行，保证引滦输水安全和沿线土地安全。研究成果总体达到国际领先水平。

（张　雁、常守权）

【于桥水库大坝监测安全系统研究】 该项目由天津市引滦工程于桥水库管理处承担完成，2004年11月28日成果通过专家鉴定。该项目通过对国内外有关土石坝监测自动化技术和发展趋势进行调研分析，结合于桥水库工程的实际情况，提出于桥水库大坝安全监测系统的总体框架模式。系统包括大坝安全监测数据采集子系统、视频监视子系统、网络通讯子系统和大坝安全管理信息子系统。该项目进行了工程安全监测和网络通讯方案研究，研制开发测量控制单元和大坝安全信息管理系统，对水库大坝安全监测传感器及视频监视系统设备的选型和应用做了进一步的研究。系统运行表明，系统设计全面、功能先进实用、性能稳定可靠、智能化和信息化水平高。该研究成果总体达到国际先进水平，对水库大坝安全监测系统的建设起到示范推广作用。

（张 雁、常守权）

【库容测量新技术在中小型水库的推广应用】 由天津市水利科学研究所和天津市水利局农田水利处共同承担完成的该项目，2004 年 4 月 29 日通过专家验收。该技术对中小型水库进行水下地形测量、绘制水下地形图，得出水位—库容关系，为合理利用中小型水库的水资源，建设大都市水利，及时提供充分、可靠、准确的数据资料。

该技术采用全球定位系统(GPS)定位和回声测深仪通过专门的软件联机组成的一套自动测量系统，GPS 水平定位精度为亚米级，回声测深仪测深精度为±(0.4%+5cm)，满足水下地形测绘要求。地形图比例尺 1:5000，水位—库容关系采用网格法计算。

该技术分别在新地河水库、津南水库、鸭淀水库推广应用，测量总面积约 25 平方千米，分别绘制出水下地形图、断面图和水位—库容关系曲线。应用该成果既提高了水库的管理水平，又对水库今后的开发建设具有重大的意义。由于水库库容增加最大限度保证水库周边村镇灌区农田得到灌溉，效益十分明显。通过测量，能够掌握水库蓄水情况，可以纠正多年来水库蓄水量的误差，对春季的抗旱调水，和汛期以蓄代排，能够及时、准确地提供蓄、放水数据，做到速测速报、真实可靠，具有十分重要的指导作用，填补了水库资料欠缺的空白。该项目已列入局级推广计划。

（张 雁、常守权）

【水库大坝地基基础地震液化研究】 该课题由天津市引滦工程尔王庄管理处承担完成，2004 年 12 月 3 日通过专家鉴定。课题针对天津市尔王庄水库(平原水库)堤基内存在的粉土及粉砂层的液化可能性、孔隙水压力的消散等问题进行了研究，并用动力分析方法对围堤的液化区域进行研究，同时考虑土的孔隙水压力的分布情况以拟静力法对围堤的整体稳定性进行分析。研究成果提供合理可行性的防震措施，供水库加固设计与施工应用。该研究成果总体水平居国际先进，对有类似情况的平原水库动荷载作用下的稳定问题有重要的参考价值。

（张 雁、常守权）

【天津市水利水电工程造价管理系统】 由天津市水利基建管理处承担完成的该项目，2003 年 12 月 1 日通过专家验收。该系统利用先进的计算机技术，满足水利水电工程造价管理发展的需要，实现工程造价管理概(估)算、施工预算、标底报价等功能，从资料输入、计算处理、数据分析、结果输出、定额规划及工程项目管理等实现计算机自动处理。

运用 Windows 提供的友好图形接口及多任务、多窗口的操作环境，实现本项目的通用性、可靠性、便捷性，使计算成果高速、准确、输出成果规范，即从数据输入、修改、计算分析、数据输出及工程项目的管理全部实行计算机智能化处理。经实际应用，该系统具有一定的推广前景，已列入局级推广计划。

（张 雁、常守权）

【天津市机井工程管理信息系统】 由天津市水文水资源勘测管理中心和天津市节约用水事务管理中心共同承担完成的该项目，2004 年 4 月 1 日通过专家验收。该项目利用计算机网络技术和地理信息系统(GIS)，研制开发管理天津市地下水开采的机井工程管理信息系统。该系统能科学、高效、直观地分析天津市地下水开采现状。在开发研制过程中，选用先进、成熟的技术手段，将作用不同的应用模块、开发工具、软硬件集成到系统中，增强系统的先进性和实用性；利用地理信息系统管理机井工程信息，从而使信息的处理能力、表现能力、管理能力及效果有明显提高；在中文视窗环境下，采用多窗口编程技术，通过窗口缩放、图形漫游、数据感应，将不同时空、不同形式、不同内容的信息组织在同一屏幕中，以满足管理人员对各类信息交叉查询的需求。

（张 雁、常守权）

【天津市水利信息化指标体系研究】 由天津市水利局通讯管理处承担完成的该项目，2004 年 4 月 6 日通过专家验收。该研究建立客观、可行、科学、实用的天津市水利信息化评价指标体系，为天津市水利信息化测量提供一套科学客观全面的评价基准。用该体系测量天津市水利信息化发展现状，分析优缺点，从而达到指导天津市水利信息化发展，为领导决策提供科学依据。为建立全国统一的水利信息化指标体系，提供理论参考和实践借鉴。

（张　雁、常守权）

【SW-2000 系列水位计、闸位计研制成功】　该项目由天津市引滦工程尔王庄管理处承担完成，于2003年10月30日通过专家鉴定。SW-2000系列水位计、闸位计由SW-2000F浮子式、SW-2000Y压力式、SW-2000Z旋转编码式组成。采用Cygma1公司生产的最新高集成度C8051F021微处理器，它具有八路12位ADC和两路DAC、可编程I/O接口、片内电源监视、看门狗定时器、时钟源和FLASH存储器。主要功能：可预设高程(黄海、大沽、85高程)；预设水位初值和量程；可在面板上预设4路上下限输出；有看门狗电路和自检功能；具备数据存储功能，可现场提取数据；实时时钟和时钟修改功能。该项目的研制成功填补了中国测量水位、闸位的空白，成果总体水平居国内领先。

（张　雁、常守权）

公用事业

【北方地区安全饮用水保障技术研究】　2002年，天津市自来水集团有限公司为主标单位，与哈尔滨工业大学等5所大学联合中标“北方地区安全饮用水保障技术研究”课题，获国家科技部项目资助资金1140万元。课题组结合集团公司的形势、格局和环境，把加快发展作为主题，把机制创新和科技进步作为动力，把提高经济效益作为根本目的，围绕集团公司“十五”发展纲要、科学技术发展“十五”计划和2015年远景规划开展研究。

课题组以天津市芥园水厂技术改造工程项目为示范工程，针对天津市的水源水质特点，根据供水工艺的特点，以水质保障技术为核心，以示范工程为依托，从水源水质改善技术、水厂常规工艺强化技术和深度处理技术、新型安全消毒技术、浮游动物灭活技术、出厂水安全输配技术、饮用水安全评价体系、示范工程建设等7个方面开展研究。在此基础上，开发涵盖从水源、水厂净化工艺一直到管网末梢全过程的技术集成系统，建立完善的饮用水水质安全保障体系，有效地解决天津市饮用水安全问题。

课题组已进行了各分项工艺技术优化组合研究，以及50万吨/天的示范工程的设计和施工。在原水水质预警技术、预氧化、常规工艺强化、深度处理技术和优化组合、安全输配技术研究方面取得了丰硕成果，并为示范工程提供了工艺参数和系统化技术方案。已申请发明专利8项，其中已授权3项。在核心期刊发表论文8篇，专业会议交流论文5篇。还培养了3名博士、9名硕士。

（杨　华、刘　红）

【天津市供水区域计量系统】　天津市供水系统包括：市内六区和津南、东丽、北辰、西青区及静海县。市区供水的范围基本是在市区的外环线范围以内，少量管道延伸至外环线以外的郊区，其中西至杨柳青水厂、东至东丽开发区、无缝钢管公司，南至西青开发区、北至北辰小淀，市中心城区供水管网已成体系，为充分发挥中心城区供水能力，正实施向周边地区辐射。

天津市自来水集团有限公司依据：1. 与集团公司经营管理模式相适应，建立区域供水、区域计量模式。划小核算单位，便于考核，有利于控制管网漏失率；2.计量规划与管网改造、调整同步，分步实施；3.尽量减少跨越供水区域的供水干管，以铁路、河流为供水区域边界，实行分区监测；4.充分利用现有供水管道设施，合理确定计量规划；5.选择运行稳定、可靠，且有成熟使用经验的流量计，确保计量的准确性；6.明确管理职责，理顺管理程序，建立、建全计量工作管理制度，使计量工作规范化，编制了计量方案以实现区域供水、区域计量，实施细致有效的管理方法，节约水资源，提供准确的计量水量和分析依据。进而准确分析、评价整个管网的水量漏失和水费回收率等诸多因素。

在对现状充分分析的情况下，考虑在市南供水营业公司和市北供水营业公司的基础上，将市供水系统外环线以内部分分为13个供水区域；将市供水系统外环线以外支干管部分，对未形成公司的区域加装流量计，分为5个供水区域；共计18个供水区域，市南9个，市北9个。2004年已完善一级区域计量的运行管理，确定二级分区计量的实施方案并实施二级分区计量市南、市北各确定一个试点计量区域。取得成熟经验后，实施二级分区计量工程，与二级计量同步做好三级计量的实施方案及工程实施工作。

（杨　华、刘　红）

【供水管网改造工程】 为保证供水管网的正常运行,保证人们用水需求,解决小区管网出现的泄漏、低压、水质不好等问题,天津市自来水集团有限公司在分析了全市供水管网现状的基础上，从2003年开始实施小区旧管网改造工程。该工程涉及市内六区超期服役以及锈蚀严重的老旧管道。为保证工程质量,采用了球墨管、PE管和免维护直埋闸等新型管材管件，并结合抄表到户和区域计量工作,加装小区考核表,提升了改造后的小区水量计量管理水平。

通过对小区管网的整体改造,可从根本上解决小区居民的用水难问题,减少低压片,并且通过新建或改建部分不合格设施,形成一条畅通的"绿色管道",以达到最终改善城市供水环境,优化城市的管网配置,优化水质的目的。截至2004年底,共改造旧管道124千米,受益小区142片,受益人口60万人;且达到无漏水、无水质污染、无水压低的"三无"目的。

（杨　华、刘　红）

【城市供水管网维护管理技术规程编制完成】 天津市自来水集团有限公司编制了全国第一本管网维护技术规程–《天津市城市供水管网维护管理技术规程》。为规范天津市供水管网的维护管理,提高管网的养护水平和抢修及时率,确保安全供水,规程编制组在广泛调查研究,认真总结实践经验,参考有关国家标准和行业规范，并在广泛征求意见的基础上,制定了该规程。其主要内容包括:1.总则;2.术语;3.供水管道及其附属设施的维修与养护；4.供水管网的巡线、稽查及资料管理；5.漏损信息处理及用户信访管理；6.新建管网并网工程；7.GIS的维护管理；8.管网运行状态监测。适用于天津市管网及其附属设施的监护、养护、维护、管理等全过程的质量控制，实现管理及维护工作标准化。

该规程做到数据准确、内容全面并结合实际工作经验,具有很强的实用性和可操作性。该规程的建立填补了管网维护规程的空白，将规范市给水管网维护管理标准及技术规程，提高抢修及时率及管网维护技术水平,降低管网漏失率,确保安全供水,并为全国同行业管网维护管理技术规程的建立提供了参考。

（杨　华、刘　红）

【抄表到户改造工程】 实施自来水抄表到户改造工程是天津市委、市政府确定的一项"民心工程"。从2002年工程正式启动，到2004年11月23日基本结束，在不到3年的时间内基本完成了全市抄表到户改造任务,包括市内六区和津南、东丽、北辰、西青区的居民生活用水住宅,共进行入户转换140万户,改造户内水表167.8万具。其中安装无线远传水表53.3万户,60.8万具,占安装总量的38%。安装IC卡水表12万户,12.5万具，占8.57%。改造户内管道37万户。提前实现了市政府提出的用3年时间,完成全市自来水抄表到户改造的预期目标，得到了社会各界的好评。

（杨　华、刘　红）

【大口径顶管工程创市顶管工程新纪录】 天津市管道工程集团有限公司承建的穿越永定新河顶管工程,创造了天津市顶管施工的新纪录。该工程是将潮白新河水通过新建的引潮三泵站送达北塘水库,以保证塘沽区人民的生产和生活用水。此项工程管道顶进长度为340m，管道深度14m，管材采用D2400mm砼管,外径为D2880mm,采用多刀盘土压平衡掘进机进行施工。开工前,公司组织相关技术人员、施工人员,认真研究设计图纸,依据有关标准规范及公司的"非开挖技术规程"编制了科学细致的施工组织设计方案,确定"初始顶进"、"纠偏"、"注浆"等关键工序的控制要求,配备经验丰富、责任心强、技术水平高的项目组负责施工。这项工程为华北地区有史以来穿越河流管径最大、覆土最深、一次顶进距离最长、成本最低的顶管工程。

（杨　华、刘　红）

【以环戊烷为聚氨酯发泡剂的保温管生产技术】 由天津市管道工程集团有限公司杨宁、邵丽云、刘津祥、陈宝强、周曰从等承担完成的"以环戊烷为聚氨酯发泡剂的预制直埋式保温管生产"项目获2002年度天津市科技进步二等奖。该项目主要研究内容为:1.以环戊烷为聚氨酯发泡剂的预制直埋式保温管性能指标研究,以证实环戊烷为氟里昂的最佳替代物。2.关键设备的引进与消化。对国外适宜的高压发泡机进行引进并改造。3.国内配套设备的研制。根据引进的关键设备,对其配套设备和工艺自行进行研究、开发与设计。4.安全系统的研究以确保生产、储运过程中的安全。

该项目已建成国内第一条以环戊烷为聚氨酯发泡剂的预制直埋式保温管生产线。自 2001 年 9 月试运行以来，已创产值 1227 万元，节约生产成本 101.97 万元，产品应用于多项工程中。项目中将环戊烷替代 CFC 技术应用于保温管生产领域在全国属首例，它消除了 CFC 对环境的不利影响，属绿色环保产品，符合国家产业发展方向和国际科技发展趋势。在研究关键设备的基础上成功地对配套设备和生产工艺进行研究开发，是该项目一个重要创新点。该项目还成功地研制出一整套科学有效的安全系统，是以发展供热行业技术为目标的综合性研究。该研究成果属国内领先水平，产品达到了国外同类产品水平。

（杨　华、刘　红）

【“北方水业网”全方位改版】 天津市自来水集团有限公司北方水业网始建于 2003 年 1 月。2004 年 11 月 18 日，全方位改版。改版后的网站个性鲜明，网页具有较丰富的动态交互功能，并能够与内部办公业务系统紧密结合，初步推行电子商务。对原有网站的栏目进行了全面调整，增加了丰富多彩的信息交互功能，大幅度提高了网站的后台维护管理功能，开通了中文、英文、日文、法文四个版本的网站。网站的应用技术和与之相配套的管理思路得到全面提升。改版后的网站更具行业特色，提高了相关行业资讯的深度和广度，从天津市自来水集团最新资讯到国内外同行业最前沿的管理和技术等最新动态，进行全方位的信息服务。为网民更深层次的了解天津自来水集团，了解供水行业；为同行业互相交流提供了一个信息交互平台。网站提供停水公告、水质公告、信息订阅、网上投诉、网上调查、全文检索、文章评论等各种交互性的服务功能，及时反馈用户和网民的各类意见和建议。

（杨　华、刘　红）

【天津城市供水水质督察工作走在全国前列】 天津多年来一直注重对城市供水水质的督察工作，并从 2004 年 8 月起开始向社会公布自来水的各项水质指标。这些做法受到国家建设部来津检查组的充分肯定，认为天津的水质督察工作已走在了全国前列，将向全国推广宣传。

【天津市燃气集团科技工作简况】 2004 年燃气集团围绕争创“全国一流”的工作目标，科研科技工作成效显著。组织完成了“天津市燃气管网地理信息系统的研究”、“故障或检修状态下天然气供气方式的研究”、“天津市燃气集团流量计计量远程采集管理系统”、“燃气集团电子收费机信息管理系统”等 4 项在天津市建委立项的科研项目。其中，前两项已通过了天津市建委组织的专家鉴定。另外，燃气集团主编的天津市工程建设标准《燃气设施标识标准》、《燃气应用设备技术规程》通过天津市建委组织的专家评审。研制成功并广泛实施民用燃气表防磁盗气装置。煤气工程设计院设计的“天津市滨海电厂天然气储配站工程”和“天津钢管有限公司天然气工程”分别荣获国家建设部和天津市优秀勘察设计三等奖；天津市第二煤气厂张石生、范宇、王禄祥等承担的市建委科研项目“多总线新型控制系统的开发与应用”被评为 2004 年天津市职工技协技术成果二等奖。

（周琳生）

【天津市燃气管网地理信息系统的研究】 由天津市燃气集团有限公司张天华、孙伯全、金建平、张金雨、王文霞等承担完成的该研究，于 2004 年 12 月 9 日通过了天津市建委组织的专家鉴定。该项研究是针对燃气行业管网运行管理实际，为提高燃气管网的管理水平，及时处理管网事故，为管网的更新改造、重点监护提供决策依据。该项目采用 1:500 地形图作为燃气管网地理信息系统底图，提高了标注、查询的准确性；在数据采集过程中，采用凯斯高技术成图软件进行燃气管网数据采集。采用 Arc/info 地理信息平台软件，配合 Oracle 大型空间关系型数据库，将 UNIX 系统和 SUN 服务器相结合，对外发布采用 WEB 服务器访问主数据服务器方式，支持多用户并发操作的 C/S 和 B/S 双重结构的网络版燃气管网地理信息软件，同时保证了对数据安全管理的需要；该项目将图形与属性信息以空间对应关系方式进行管理，除三维空间关系外，还有时间、权属、类别等多维要素，形成多层面立体管理模式，增加了管理功能，提高管理效率；开发了辅助决策、分析功能，在海量数据的支持下，提供燃气管网隐患预测、报警及旧管网改造项目生成等功能。该系统克服了以往燃气行业地理信息系统的缺陷，形成了有一定自主知识产权、功能完备，并对实际管理工作具有很强实用性的国家级专业地理信息系统。该系统的开发在技术上具有一定的前瞻性、先进性和创新性，提高了企业的技术管理水平,社会效益、经济效益和环境效益显著。专家认定该项目达到了国内领先水平。

（周琳生）

【故障或检修状态下天然气供气方式的研究】 天津市陕津天然气集输有限公司、天津市燃气集团有限公司张大刚、王泉友、高秀民、王卫红、付晋津、李莉萍等承担完成的该研究，于2005年1月19日通过了天津市建委组织的专家鉴定。该项目针对国内燃气输配管网多为单线供气,保险系数小,如发生故障只能中断供气等不足进行研究，以应对供气管线运行中出现的突发情况,确保向各类用户稳定供气。该项目研发的移动式撬装调压站占地小、重量轻、操作灵活,无污染,调压站进出口压力可调节范围大,能提供多种压力级制的输出，且额定流量范围能满足一般范围内及适合长输管线故障状态或检修状态下的临时供气及不具备管道供气条件的用户应用天然气。设计的装置采用机械式紧急切断阀,能起到超压、低压保护作用,确保装置运行安全可靠,解决了故障或检修状态下用户停气问题，弥补单线供气方式的不足,保证安全稳定供气,具有创新性、安全性和实用性,居国内领先水平。

（周琳生）

【燃气连续自动配气系统】 该项目由博益(天津)气动技术研究所有限公司陈乃克、张伟明、宋振环、王校冬、钟文生完成,获2003年度天津市科学技术进步三等奖。该项目是根据燃气交换性原理进行设计的,不考虑其具体配气成分。是为燃气具生产企业进行气源燃烧试验提供燃气连续自动配气的系统。

该项目采用新式压力流量调节机构,结合先进的检测、流体控制技术,使本系统的配气精度、配气组分及比例的选择自由度、现场实用性、可操作性等都达到了先进国家同类产品水平。根据所配燃气的华白数W及燃烧势CP和所用原料气,自动计算配气比。并根据配气比对各路原料气的流量精确控制,同时具有温度、压力补偿功能,配气精度高($\leq\pm$2%)。该系统对配气原料气进气压力要求低,20千帕进气压力也能正常配气,符合国情。

该产品经国家燃气用具质量监督检测中心（天津)、国家燃气用具质量监督检测中心(佛山)、帅康燃气用具集团、大连实德、科龙集团等多家用户应用,反映效果良好。

【津城路灯全部实现自动光控】 原定于2004年年底竣工的全市路灯自动控制工程已全部完成，共建成光敏感应自动控制路灯启闭节点238处,全市12万余盏路灯全部实现自动光控。

以前路灯启闭方式主要分时间自动控制和实时人工控制两种，时间自控是按日出日落的季节变化设置程序，用来控制亮灯和熄灯，虽比人工控制先进,但如遇傍晚雨雪阴天或大风扬尘,路灯仍按程序迟迟不亮。而光控则是通过光敏感应带动微电脑芯片，在路灯所处环境的光照度低于15LX时便点亮路灯,当曙光大于8LX时便关闭路灯,从而使路灯照明更好地为车辆行人服务。在实现路灯光控的同时,路灯部门还通过新建的遥测、遥控节点实现了对路灯供电线路的实时监控，如果哪条线路在运行中出现故障或外力破坏，控制中心的调度人员可通过大屏幕及时发现,并通过GPS卫星定位系统找到距故障点最近的路灯抢修车,以减少灭灯时间。而当为应对用电高峰，采取路灯前半夜照明或一侧照明的时候,无论多少盏路灯,只要控制中心发出指令,均能在一瞬间完成启闭，津城路灯管理已达全国领先水平。

园林绿化

【现代草坪卷生产及应用推广】 天津农垦集团总公司、天津红港绿茵花草有限公司孙克泰、白智生、李悦生、孙国庆、郭继霞、张传胜等完成的该项目,获2003年度天津市科学技术进步二等奖。该项目严格按照现代化草坪卷生产及建植工艺的技术要求,坚持标准化生产，使推广的整体技术保持国内领先水平。以技术入股建立6个公司,建基地231.33公顷。承建了钓鱼台国宾馆等60余处以草坪为主的园林绿化工程及九运会主会场、澳门莲峰运动场等10余个足球场草坪工程,示范了技术成果。3年累计推广面积4049.91公顷，产值6275.6万元；新增利税723.5万元。项目实施推动了天津市和全国草坪业的发展,促进了体育场草坪上水平,草坪也改善了城市景观,社会、生态效益十分显著。

其主要创新点:制定了“现代草坪卷生产技术标准”,经天津市技术监督局J/Q11804-02-2000批准执行;大面积草坪地膜覆盖草坪生产技术,实现了草坪促成栽培;草坪夏季降温长途运输技术;在全国首家利用激光平地仪,平整草坪基地技术;全国首家引进大型打孔专用设备,为足球场草坪建植、更新、养护提供先进技术;1.2 米×15 米大型草卷生产和铺植技术。上述标准和技术均为国内首创。

【城市园林绿化草种筛选制种技术研究】 随着城市生态环境建设的发展,城市园林绿化草坪的种植面积越来越大,然而由于目前国内的大部分草种(牧草、草坪草)都依赖于进口,而进口草种大多适应能力差,特别是随着城市环境条件越来越复杂,淡水资源日益匮乏,这种不适应性表现的更加突出。因干旱、盐碱、病虫害原因等造成的草坪死亡越来越多,大大抑制了草坪的发展,所以选育适合本地区气候特点的"三抗一低"(抗干旱、抗盐碱、抗低温、低维护)优良草坪草品种,开展草坪草种子生产技术的研究,是中国草业发展及生态环境治理的迫切要求。天津市园林绿化研究所历经 3 年开展城市绿化草种筛选制种技术研究,取得可喜成果:结合天津城市的环境条件,在多年草坪草种的研究基础上,收集了 218 个草坪草种或品种,建成了草坪草种质资源库,对天津市草坪草的引种推广工作起到了很好的指导作用;根据天津市的环境条件,提出了"三抗一低"的筛选标准,并通过系统观察、对比试验筛选出适合天津城市绿化应用的 6 个品种;在收集、筛选、评价的基础上,对应用广泛的冷季型草种进行了较为系统的发育时期的物候观测与结实试验,为开展草坪草的育种工作打下了良好的基础。该项目于 2004 年 7 月 15 日通过由市科委组织的专家组鉴定,认为该项成果达到了国内领先水平。

(张启俊)

【草坪草病虫害防治及科学养管技术】 天津市园林绿化研究所完成的该课题研究,于 2004 年 12 月 19 日通过由天津市园林局组织的专家组评审,认为该项成果达到了国内同类先进水平。(1)通过对天津市草坪草病虫害种类调查,确定出草坪害虫 16 种,害螨 2 种,其他有害动物 2 种,主要病害 4 种,天敌 8 种。其中:麦长管蚜、麦二叉蚜、禾谷缢管蚜、赤须盲蝽(红角盲蝽)、麦岩螨(麦长腿蜘蛛)、苜蓿苔螨(苜蓿红蜘蛛、苜蓿叶螨)6 种害虫与黄毛脉寄蝇、燕麦蚜茧蜂两种天敌,为天津园林植物上首次发现。(2)从病虫害的发生程度出发,以麦岩螨为主的 9 种(类)病虫害列为市草坪草主要综合治理对象。所列的 9 种主要病虫害中,规定 4 种(类)为常规防治对象。对主要防治对象的发生规律及其和小环境以及和养护管理的关系进行总结,提出一套科学养管和防治病虫害的方法。(3)提出了麦岩螨的抗性草坪品种——日本结缕草、大穗结缕草。此研究成果经查新检索,未见国内有相同报导。(4)该项目所用药剂均为无公害药剂,社会效益和环境效益好,应用价值高。

(张启俊)

【公园和居住区绿地病虫害系统防治技术研究】 天津市园林绿化研究所与天津市水上公园共同承担完成的"大型公园绿地和居住区组团绿地病虫害系统防治技术研究",于 2004 年 1 月 9 日通过由天津市建委组织的专家组鉴定,认为该项目确定的靶标病虫系统防治方面达到了国内领先水平。该研究针对天津市大型公共绿地和居住区组团绿地病虫害情况,提出一整套以靶标病虫害(美国白蛾、小线角木蠹蛾、桃粉蚜、草坪锈病)为主兼防治其他害虫,广泛采用人工调控、天敌调控、低无毒药剂等调控方法的系统防治技术。提出针对靶标病虫害,药剂控制病虫危害的喷药作业技术。该技术可操作性强,达到减少化学农药的使用,改善生态环境的目的;并具有较强针对性,是一套适合天津及临近地区大型公共绿地和居住区组团绿地病虫害系统防治的技术。课题试验采用的防治病虫害方法符合建设环保城市方向的要求。

(张启俊)

【园林植物主要病虫害预测预报技术研究】 天津市园林绿化研究所在该项研究中,采用植物物候法对美国白蛾、国槐尺蛾等 7 种害虫进行预测预报研究,并对美国白蛾等几种害虫进行了经验性温度指标法预报试验,取得大量的害虫各虫态数据和图片,对今后直观、准确预测预报虫害发生,提供了科学依据。课题边研究、边用于实践,指导病虫害防治,科研和防治结合紧密,实践性强,取得了广泛的社会效益和生态效益。其成果在市内有广阔应用前景。该项目于 2004 年 12 月 19 日通过由天津市园林局组织的专家组评审,认为该项成果在国内同类研究中达到先进水平。

(张启俊)

【应用转基因技术培育花卉新品种研究】 天津市园林绿化研究所通过植物基因工程技术，以改变花色为目的，对市内优势花卉品种仙客来及大岩桐进行了遗传改良研究。(1)以仙客来、大岩桐作为研究对象，以查尔酮合酶基因(CHSA)为目的基因。成功地完成了查尔酮合酶基因控制花色相关基因的克隆、分离与筛选；并寻找到植物基因工程载体：大肠杆菌 DH5αpBI121chsA、DH5αp-WM101chsA 和农杆菌 LBA4404 pBI121chsA。(2)首次采用花粉管导入法对仙客来进行了遗传转化，成功地得到了仙客来转化种子 4400 余粒，在已开花的 8 株白色花的个别花瓣出现了黄斑或略显黄色，甚至个别花瓣变成了黄色花瓣；少数开白花植株的个别花瓣出现了桃红色条带，甚至整个花朵完全变成了桃红色。经 PCR 检测各有两株黄斑仙客来和一株桃红色呈阳性。(3)首次采用土壤农杆菌介导法对大岩桐进行了遗传转化，成功地得到了大岩桐转化植株 388 株，其中 8 个株系的转基因植株经 PCR 检测呈阳性。该项目的研发成功，为高新生物技术在花卉育种中的运用奠定了坚实的基础，为有效利用多种基因资源改良、丰富现有花卉品种提供了可靠的思路与技术路线，使天津花卉研究上升到一个崭新的高度和水平。该项研究在提升花卉的商品价值方面前景广阔。该项目于 2004 年 4 月 1 日通过由天津市建委组织的专家组鉴定，认为该项研究达到了国内领先水平。

(张启俊)

【园林长效(缓释)复合肥的研究】 天津市园林绿化研究所承担的该项研究，提出了长效复合肥的配比原则，进行了复合肥的成型、造粒工艺试验，确定了工艺过程。通过控释方法的研究和控释材料的研究，获得以 C 包膜作为复合肥的包膜(控释)材料，缓释效果好。该物质价廉易得，成本低，适合生产中应用。长效缓释肥可控制在 3 个月内释放 95%，有利于植物营养的吸收，减少有效成分的流失。施用该肥料，园林植物长势达到常规施肥的水平，土壤肥力指标能满足植物生长发育各阶段的需要。该项目于 2004 年 4 月 1 日通过专家组评审，认为该研究成果在长效复合、造粒、包膜、控释一体化方面达到国内同类研究先进水平。

(张启俊)

房屋管理与修缮

【天津市城镇住房普查分析与研究】 该课题是天津市房管局承担的天津市 2002 年建设系统科技发展计划项目，2002 年 12 月通过了天津市建委组织的成果鉴定。该项目以 2001 年天津市城镇住房普查成果为基础，通过分析和研究，使住房普查成果，在挖掘住房市场潜力，控制商品房空置量，盘活住房存量等方面，为激活房地产二、三级市场提供有力的技术服务；对预测住房经营管理的发展方向，为房地产业的发展提供理论依据，为科学决策提供第一手资料。

通过开展普查研究，摸清了全市城镇住房的底数，掌握了城镇住房的基本特点及住房市场现状。即：全市城镇住房总量大有增长，人均居住水平有大幅提高；楼房增多，平房减少，私产住房比重不断提高；住房完好率和成套率大有提高，住房困难户数量减少。在国家扩大内需方针和停止实物分房政策的拉动下，住房需求趋旺，居民群众的住房要求已由解决住房有无问题过渡到改善居住条件，居民群众在日益重视住房周边环境和小区配套设施的同时，对于住房结构、住房类型、房间布局、室内装修等方面都提出了自己的要求。住房普查结果也表明天津仍存在一定比例的住房困难户和一定数量的严重危房，住房货币化分配力度不够，房屋产权发证工作仍存在一定的问题。鉴于此，在课题研究的基础上，提出了 6 条可行性建议，以促进市住宅产业的健康发展。此次普查成果已广泛应用到各个部门和领域。在对沿海河两岸 100 米内房屋情况进行全面调查、摸底中，住房部分完全应用了此次普查成果；在全市开展的外环线(外侧 500 米)以内住宅平房普查中，绝大部分资料是以此次普查成果为基础的；各级政府已把此次普查数据作为制定住房建设规划、进一步推进货币化分配的主要依据；有关学者、专家也把此次普查成果纳入了理论研究的基础性资料。

(焦玉兰)

【天津市房地产拆迁管理系统】 由天津市城市房屋拆迁管理办公室和天津市房地产经济技术信息中心共同承担的该项目，2004 年 12 月 22 日通过了天津市房地产管理局组织的专家鉴定。该项研究主要针对城镇建设的快速发展，房屋拆迁工作量不断加大，矛盾不断增加，拆迁项目的实施仍沿用工作人员到现场收集房产数据，进行入户调查等老办法。人工采集信息的方式不仅不准确，而且存在某些人为因素，老百姓无标准可参考；工作人员统计数据的不规范也会导致政府做出不够准确的决策；同时老百姓不清楚自己应得到多少补偿，不知道市场拆迁标准评估房价应该是多少，没有公开机制，易产生不安定因素隐患。由于拆迁工作中没有统一标准，导致拆迁行为不够规范，影响拆迁工作质量和效率，造成被拆迁户不满意的情况时有发生。规范拆迁行为，制定合法标准程序，建立公开、公正的信誉档案，维护拆迁当事人合法权益始终是国内研究的重要课题。

该研究成果实现了将房屋拆迁管理工作以及拆迁补偿费用发放等的网上数字化管理。通过内、外网实现对拆迁单位和拆迁项目的管理。通过与地理信息图形数据紧密集成，运用地理信息系统的功能选定拆迁区域，非常方便、直观。并可自动完成拆迁项目的资金测算、确定补偿方案和对补偿费的发放。该系统的每一子系统不仅可以独立运行，而且实现了三个子系统的综合运用。运用基础数据可以生成项目和锁定拆迁数据；生成的项目可在网站上发布招标；网上取得资质单位可以在网上投标；生成项目的数据可以转到补偿系统作为原始数据；完成拆迁的数据结果可以更新原有数据库数据。实现三个管理系统综合运行在全国房地产管理行业为首例。研究成果于2004年3月开通试用以来，运行正常。实现了市拆迁办对拆迁单位资质的网上申请审批管理；实现了全市55家拆迁单位和23家评估机构参与的对拆迁项目选择评估单位的网上申请管理。已有70多个拆迁项目选择评估单位实现了网上的申请管理流程。

（焦玉兰）

【天津市小片危陋房屋改造研究】 该课题是天津市房地产管理局承担的天津市2003年建设系统科技发展计划项目，2004年10月15日通过了市建委组织的科技成果鉴定。为进一步改善人民群众居住条件，尽快告别危陋房屋，根据市政府的统一部署，2003年下半年，对外环线外侧500米以内城区危陋住宅平房和小片危陋房屋进行了全面普查，摸清了小片危陋房屋的底数，对现存小片危陋房屋的特点进行了分析和归纳。鉴于现存小片危陋房屋设施设备差、出房率低、改造成本高等特点，课题组立足于现实条件，创新工作思路，对具有代表性的两小片危陋房屋——和平区泰康大楼危陋房屋片和北辰区瑞景居住区一地块(阎村危陋房屋片就位于其中)的开发改造成本进行了概算和分析。结合现存小片危陋房屋和典型小片危陋房屋改造成本的概算和分析，提出了对策和建议，一是建立“城中村”改造的政策体系，加大“城中村”改造力度。二是建立有效的拆迁管理体系和土地资金良性循环体系。三是建设社会保障住房，解决中低收入家庭住房问题等。该研究成果在改善人民群众的居住条件，促进全市的整体协调发展，特别是对全市小片危陋房屋改造具有重要的指导意义。

（焦玉兰）

【天津市小康住房标准及发展思路研究】 天津市房地产管理局和南开大学经济研究所共同完成的该研究，2003年7月25日通过了天津市建委组织的专家评审。该项目是在天津市按照“三步走”发展战略，全面建设小康社会的背景下提出来的，具有重要的理论和实践意义。

课题站在全国的高度，从理论和实践的结合上，对小康住宅进行了总的论述，并对其标准提出了一个框架性综合指标体系；进而针对天津市的住房状况和存在的问题，并参考其他城市住房情况，着重就天津小康住宅的具体目标进行了探讨；在此基础上提出了实现天津市小康住宅目标的10条对策建议。该课题的创新之处，一是理论创新，用“三维增长范式”分析小康住房并提出小康住宅的综合指标体系及发展思路；二是方法论的创新，在建立小康住宅指标体系过程中，将功能指标和实物指标相结合、定量分析和定性分析相结合，尤其是在确定人均住房面积这一最重要、最复杂的指标中，运用计量模型的方法，给出点预测和区间预测，增加了该指标的科学性和客观性。

（焦玉兰）

【天津市建立社会保障住房制度研究】 天津市住房委员会办公室承担的该研究，2002年8月23日通过了天津市房地产管理局组织的专家评审。课题组在认真总结市房改实际基础上，进行住房社会保障理论研究，重点分析了市住房保障对象的现状，从主体和客体两方面明确了相互关系及所承担的责任与义务。特别在构建市住房保障体系框架中,提出了以“建、收、补、转”四种途径相互联动,相互协调补充的整体构想,对应保障目标和具体步骤,建立保障体系的对策提出了详细的内容。综合考虑了客观环境,明确了住房社会保障目标:以市区为重点,建立稳定的资金来源和组织实施机构, 以投资兴建成片住宅区;收购存量房转为廉租房向符合条件的“双困户”出租; 向符合条件的住房、生活双困户发放住房补贴; 规范现住公房的租金核减四种形式整体构建住房保障体系, 以收购存量房转化为廉租房和租金补贴为主,结合其他形式,分层次地对被保障对象进行一定标准的社会救助,在较短的时间内,使住房社会保障工作形成良性循环的局面。争取用两年左右的时间,初步构建起住房社会保障体系的基本框架;利用住房保障的各种有效形式, 力争用 5 年时间使符合条件的住房保障对象达到人均使用面积 10 平方米,随着政府公共财政预算的增加,逐步提高住房保障水平,基本达到最低收入居民家庭“居者有其屋”。课题组经过科学研究论证,提出了科学的、有针对性的实施步骤:第一步,解决最低收入居民家庭中人均住房使用面积低于 8 平方米的困难户;第二步,解决最低收入居民家庭中人均住房使用面积低于 10 平方米的困难户;第三步,逐步实现最低收入居民家庭“居者有其屋”, 人均住房面积接近全市平均水平。为保证住房保障工作的顺利实施,还须在以下几个方面加大政府工作力度:1.落实保障资金,使公共财政预算成为保障资金的主体;2. 健全专门的组织机构;3.明确优惠政策。例如,收购存量住房转为廉租房,收购方免交契税和土地出让金,住房转让手续费;廉租住房经营单位免交房产税、营业税;对“双困户”租用廉租房参照公有住房规定,实行集体登记备案制度,免收租赁鉴证费等。该研究成果已转化成相关的法规政策,并用于正在实施的三条住房保障线。

(焦玉兰)

【框架住宅墙体裂缝修缮技术的研究】 天津市房地产业协会承担的该项目,2004 年 2 月 26 日通过了天津市房管局组织的专家鉴定。课题组在调研的基础上,分析了框架住宅墙体裂缝的成因,创造性地运用应力应变模型提出了“抗”,“放”两种修缝理论,提出采取“随力而为,逐层释放” 的原则进行修缝,把现在以“抗”为理论基础的刚性修缝方法调整为以“放”为修缝理论基础的柔性修缝方法。按照“随力而为,逐层释放”的修缝方法,创造性地提出了柔性变形指标设定的原则, 即外层材料的变形能力高于内层材料的变形能力的原则, 并根据此原则选取了各层的柔性修缝材料,采取了各种设防措施,确保修缮后的裂缝不开裂,并保证整体不开裂。研究制定了柔性修缝方案和工艺流程,即“三柔一布”、“一胶一柔一布”的修缝方案和工艺流程,经在内、外墙修缝工程中进行实验,并获成功。

该课题研究的修缮技术为框架住宅修缝工作开辟了新的途径, 为延长房屋使用寿命等提供了新的思路。不仅可提高维修水平和工作效率,也为大面积修缮房屋裂缝,提高居住水平有所借鉴。该研究成果为提高市房管系统“四新”技术的利用率,降低修缮费用,增加技术储备奠定了基础。该研究成果已在市房屋修缮工程中应用取得了良好的效果, 待条件成熟后可向全国房屋修缮企业推广应用。

(焦玉兰)

交通与电信

【天津市综合交通规划概况】 《天津市城市总体规划(2004~2020年)》方案将城市对外交通作为修编的重要内容之一,提出依托海、空两港,规划建设区域一体化的现代交通体系,强化区域综合交通枢纽功能,促进国际物流中心的发展,建设北方国际航运中心。

天津港将建成现代化国际深水大港,成为面向东北亚、辐射中西亚的国际集装箱枢纽港、中国北方最大的散货主干港、国际物流和资源配置的枢纽港。与曹妃甸港、黄骅港、京唐港等港口合理分工,建立协调沟通机制,形成以天津港为核心的枢纽港群;实施多港区布局,完善南疆港区,建设北疆新港区、临港工业区、国际客运码头和渔港;重点建设北疆港集装箱物流中心、北疆人工港岛、扩建南疆散货物流中心;重点进行深水航道及深水泊位建设,通行能力达到20万吨级以上;加快建设30万吨级原油码头;优化运输结构,强化铁路和高速公路集疏港通道的建设,大力发展港口基础设施和集疏运网络建设。

天津滨海国际机场将发展成为国内主要枢纽机场、国际定期航班机场和中国北方航空货运中心;加强天津滨海国际机场与京津冀区域其他机场的分工与协作,与首都机场和规划的首都第二机场共同构筑东北亚地区的航空枢纽;扩建天津滨海国际机场,建设贯通航站区的快速道路,将中心城区的地铁2、4号线延伸至机场,增强机场对外的集、疏、运能力;综合考虑京津两市的城市空间发展、京津一体化发展以及环渤海经济圈的发展需求,规划在武清河西务一带预留首都第二机场用地。

规划建设京沪、津秦、京哈等高速铁路天津段;建设京津、津唐、津保等城际铁路天津段,形成天津站、天津西站为主客站,京沪高速天津站(张家窝站)、天津北站及塘沽站为辅助客站的"两主三辅"铁路客运枢纽;规划新建黄万铁路、津蓟与北环铁路联络线等运输通道,形成环形放射式铁路网络结构。

按照国家和区域干线网规划,建设津汕、京沪等高速公路天津段,建设京沪高速公路延伸线、唐津高速公路延伸线、国道112高速公路天津段等多条高速公路。同时,在中心城市交通规划中,优先发展公共交通,优化道路网络,加快实施建设快速路系统。构建以地铁、轻轨、市郊铁路等为主的"快捷、高效、安全、绿色"的现代化城市综合交通运输体系。

(丁兆强)

天津港

【简况】 2004年,天津港实现了跨越式发展。全年完成货物吞吐量2.06亿吨,同比增长27.4%;集装箱吞吐量完成381.6万标准箱(TEU),同比增长26.5%;完成基本建设投资28.4亿元,同比增长40.4%;完成营业收入57亿元,同比增长14%;完成增加值25.8亿元,同比增长17%。

天津港继2003年实现吞吐量一年净增3000万吨、集装箱净增60万标准箱的基础上,2004年又实现一年净增4000万吨、80万标准箱的新跨越,在全国沿海几个主要的港口中,天津港货物吞吐量的增长率是最高的,达到27.4%,比全国沿海港口平均增长率高3个百分点;集装箱吞吐量增长率达到26.5%,是天津港历史上一个增长比较高的年份,与全国沿海港口的平均增长率相比,集装箱增长率的差距在缩小,从过去相差10个百分点缩小为相差近2个百分点。

天津港从1952年重新开港时年吞吐量74万吨到吞吐量突破1000万吨用了22年,从1000万吨到2000万吨用了14年,从2000万吨到突破亿吨用了13年,而从1亿吨到2004年实现2亿吨仅用了3年时间,使天津港与北方其他港口吞吐量之间的优势明显增加。天津港在世界港口中的位次得到了进一步提升,在货物吞吐量指标上向世界一流大港迈出了坚实的一步;它既是港口规模的重要标志之一,更是天津港生产建设、改革管理等各方面实力的集中体现,标志着天津港的综合能力得到了跨越式提高,为创建世界一流大港奠定了坚实基础;也标志着天津港在区域经济中的地位得到了大幅提升,作用得到增强;这也将为天津建设成为现代化国际港口大都市和北方经济中心发挥更加积极的促进作用。

（常　琳）

【天津港适航水深应用与维护措施研究】 该项目旨在解决天津港由5万吨级航道、港池与泊位迈向10万吨级航道、港池与泊位过程中泥沙回淤与浮泥应用两大技术难题。

适航水深(Nautical Depth)，即为高频测深仪反射面(现行海底水深)以下能确保船舶安全航行与靠泊作业的小客重浮泥下界面之水深。适航水深应用，也就是将淤泥质港口与航道的现行水深周围载水深以下的适航浮泥层计入航深。该项目采取首创的综合测定法确定天津港适航水深下界面浮泥客重临界值为1.30t/m^3；首次提出天津港适航水深周围载水深下界面浮泥客重值为1.25t/m^3，其适航浮泥利用率达73.8%，适航水深图有效使用期为50天；天津港适航水深后，维护疏浚周期可延长1.9~2.2倍，节约维护疏浚工程费25%~30%；经改善的三化硫与密度计组合测量法及适航水深图编制方法等，已列入国家行业标准《水运工程测量规范JTJ203-2001》中；天津港已成为全国淤泥型港口维护措施与适航水深应用研究的主管性基地。

该项目研究成果，使自2000年以来相继建成的天津港10万吨级航道、港池与泊位的水深保证率由40%~50%提高到95%以上，为确保天津港成为世界级大港提供了有力的水深保障，也为天津港正在建设的15至20万吨级航道、港池与泊位的排水及适航水深应用提供理论依据与实践依据。该项目成果对该领域的学科建设具有推动作用，填补了国内水运工程界有关适航水深应用方面的空白。

（常　琳）

【软基上新型码头结构与土相互作用研究】 该项目由交通部天津水运工程科学研究所邓冰、别社安、张凤珍、李颖、田双珠等完成。获2003年度天津市科技进步三等奖。

该课题以“圆筒型接岸结构桩基码头”及“低桩重力式码头”两种码头结构形式为研究对象，用数值分析结合模型试验的方法，研究圆筒型接岸结构的岸坡稳定性、岸坡变形特征、岸坡与桩的作用、低桩重力式结构桩土相互作用等。该项目的研究成果，可为软基上码头设计提供依据。其主要发现发明及创新点为：1. 该项目研究采用了模型实验同数值模拟相结合的方法，其实验方案的设计和计算方法的选择合理，实验和计算结果吻合；2.研究成果说明圆筒型接岸结构桩基码头和低桩重力式码头均能适应软基条件，可分别改善高桩码头和重力式沉箱码头的性状，具有广泛的推广应用前景；3.该项目在立题、方法及成果三方面均体现出创新性，总体上达到了国际先进水平。

采用圆筒接岸型码头结构作为软基加固措施，既可以使岸坡保持稳定，又可以使港池开挖与后方吹填、码头主体结构的施工与后方软基加固同步进行，可缩短工期。圆筒内填料可就地取材，利用工业废渣及液态渣等作填充材料，经济效益、环境效益明显。在实际应用中，为天津港的软基处理提供了科学依据，节省了大量的研究经费和工程投资，同时码头的安全使用也间接创造了巨大的经济效益。

【天津港维护疏浚工程与回淤规律的研究】 天津港是中国最大的人工老港，泥沙回淤问题是天津港发展的障碍，一直受到世界的关注。交通部天津水运工程科学研究所用5年多的时间，对天津港每年的回淤量多少、泥沙回淤的规律、排淤计方等问题，进行了调查分析研究，取得了大量的科学数据，找出了泥沙回淤分布规律，提出了整治和维护的相应措施，为港口的正常使用和港口的扩建、港口的维护疏浚计划和预测扩建工程后的回淤趋势提供了科学依据，5年来取得的直接经济效益近5000万元。天津港现在整体上已属“轻淤港”，泥沙回淤问题已不再是港口继续发展的障碍，港口完全具备向更大规模深水港发展的条件，已成为国际化亿吨大港。

该研究成果曾获得1996年度交通部科技进步三等奖、1997年度天津市科技进步二等奖、三等奖各一项。

（孙玉平、白　静）

【天津港船用引航系统】 由天津市海岸带公司、天津海事局海测大队、天津海上安全监督局航测科技中心李鲜枫、田明、张瑞生、马亚平、杨龙研制完成的“天津港船用引航系统”，集成了现有计算机、RBN-DGPS、电子海图制作和光纤陀螺等先进技术，充分发挥RBN-DGPS在中国沿海港口附近定位精度高的优势以及光纤陀螺精度高、体积小、携带方便的特点，配备符合IHOS-52国际标准的电子海图、引航软件，研制开发成一套定位精度高、操作简单、携带方便的船用引航系统。其主要发现发明及创新点为：1.该系统首次采用光纤陀螺确定船舶姿态，正确显示船舶的航向，而且设备体积小、重量轻、操作简便，不需船方配电航设备；2. 设计了适合引航特点的软件，除为引航人员提供了实时船位、航迹、航向、偏航距等信息外，还特别解决了在引航过程中电子海图旋转、图动显示的难题，能够根据潮汐变化情况，动态显示航道实际水深和自动计算船舶航行的富余水深；3. 按 IHOS52 电子海图显示标准制作的电子海图，具有电子海图改正功能。

该项目是对传统引航手段的技术改造，克服了国内外其他同类成果的缺点和不足，使引航员全天候安全引航，现已成功应用在天津、黄骅、营口等港口的引航工作。其不受气候、时间、环境制约，全天候安全引领了各类船舶上千艘，已成为大型船舶进出港口狭长航道的主要引航工具，为所在港口创造了显著的经济效益和社会效益。整套系统技术成熟，处于国内领先水平，对推动航海业引航技术的管理和发展起到显著作用。该项目获 2003 年度天津市科技进步三等奖。

【港机液压系统污染度控制等研究】 由天津港(集团)有限公司薄万明、王宝玉、张胜旗、曹宪茹、冯玉强等完成的“港机液压系统污染度控制及液压油合理更换周期的研究”课题，获 2003 年度天津市科技进步三等奖。

该项目通过对 6 种 20 部港机械的跟踪测试，掌握了不同机型液压油的老化变质规律及与污染变化的关系，从中筛选出了具有实际指导意义的液压油质量监测项目，制定了港机液压油的报废标准和液压油滤清器的更换周期，确定了对不同机型保证其液压油清洁度应采取的控制方法，为港口机械液压系统的状态维修提供了技术参考依据。其主要创新点为：1.通过对港口机械液压系统污染度控制，防止油液中固体颗粒液压元件的磨损、失效及故障；2.采用 VICKERS 污染度测试仪对液压油污染情况进行测试，确定了滤清器更换周期；3. 制定了港口机械 L-HM 液压油换油标准：酸值 mgkOH / g 大于 0.4 GB/T 264；色度大于 2 GB / T 6540；清洁度 ISO 4406 根据系统要求确定清洁度等级；铁含量 SY2665 分析磨损情况。

该成果能够延长液压件的使用寿命 5 倍以上，具有广泛的社会推广价值，不但适用于港口机械，也适用于各类工程机械液压系统。

【天津港集装箱物流管理信息系统】 为了适应天津港“北煤南移”总体发展战略的调整和集装箱吞吐量大幅增加的状况，天津港储运公司开发建设了一套技术先进、功能齐全的集装箱物流管理信息系统。该系统为中国沿海港口首次使用，标志着天津港储运公司向着现代物流企业的发展目标迈出了重要一步。

该系统以集装箱堆场管理软件应用系统为核心，有机地结合了集装箱卡口牌号自动识别、无线网络数据传输、堆场电视监控、GPS 车辆调度监控及车队管理、CFS 管理子系统等，从而实现了集装箱业务流程的计算机控制，不仅方便了用户及管理部门及时掌握堆场动态级堆存情况，加快了信息反馈，加强了计划管理，实现资源及信息共享，还提高了集装箱堆场的作业效率和堆场利用率，为公司带来了明显的社会效益和经济效益。

【天津港集装箱装卸设备远程控制系统】 天津港远程实时监控系统，是一种利用虚拟专用网络技术实现的集装箱装卸设备远程控制系统，运用这一技术，机务工程师可以坐在办公室通过虚拟专用网络软件连接该公司内网，对码头机械设备进行远程实时监控，随时掌握集装箱码头装卸桥和场地桥运行状态，开展故障分析、故障统计、生产统计，并能对电控系统的参数和程序进行设定和修改。虚拟专用网络技术的运用，将设备监控系统的应用范围通过 Internet 网络进行了延伸和扩展，当码头装卸设备发生紧急故障时，可以对机械故障进行诊断和分析。该系统可大幅度缩短排除故障时间，有效提高码头装卸效率。

民用航空

【建立空中交通流量监控网络系统】 由中国民用航空学院(以下简称“中国民航学院”)、中国民用航空厦门航务管理站徐肖豪、赵嶷飞、施和平、张战波、戴福青等完成的“空中交通流量监控网络系统”，建立了相关数据库提供给网络系统程序服务器和各客户端；实时接收和处理航行电报；实时接收和处理雷达数据供网络系统程序服务器调用；融合、关联各类数据，完成流量统计、预测，流量饱和提示，流量控制事件显示，进离场航班次序显示，各客户端之间流量控制事件协调通报，放行航空器网上协调及用户管理。

该系统是为了帮助区域管制员更加有效地综合整理各种管制信息,以更直观的方式展示出来;同时显示预测未来一段时间内的空中交通流量，为流量管理决策提供依据；使所有流量管理信息通过网络共享到各相关管制部门，为他们更好地相互配合实施流量监视与控制提供帮助。其主要创新点为:1.基于综合航迹的航空器位置与飞行计划显示；空中交通流量统计、显示和预测;进离场航班次序显示;流量控制事件的网上通报;放行航班的电子协调;2.首次将流量管理理论方法应用于实践，开发完成国内第一个实用的空中交通流量管理监控系统，其中基于动态数据的流量统计、显示与预测,流量控制事件的网上通报，放行航班的电子协调等等都是国内首创。

该系统的应用提高了管制工作效率，使管制中心主任可以提前预测未来的工作流量，根据预计的空中流量状况合理安排值班力量，提高了管制工作的安全水平。该项目获 2003 年度天津市科技进步三等奖。

【空中管理信息系统】 天津空中交通管理系统由空中交通管制、通信导航监视、气象和航行情报等部分构成。其通讯设备有八信道 OTE 天线共用系统，OTE 单机、航班信息系统、华北语音数据网、民航 TP8 网、64+4 路语音雷达数据记录仪、航站自动情报服务系统(ATIS)、卫星 TES/TPSGE、中高速转报机等;导航设备配备有双向 I 类仪表着陆系统,全向信标台/测距仪(DVOR/DME),南、北远近无方向信标台(NDB),外、中指点标台等;雷达设备有二次监视雷达、多雷达处理器(RDP)能同时引接北京三路雷达信号；航行情报方面拥有航行通告自动化系统等;气象设备方面有气象自动观测系统(AWOS)、气象雷达(714C)、卫星传真广播系统、气象网络系统、气象卫星云图接受系统、气象自动填图系统等。天津空中交通管理系统直接承担天津地区的空中交通管制和各项相关服务的保障工作，是天津民航保障飞行安全十分重要的部门。

（杜万营）

【航空气象信息服务系统】 天津机场气象台自 1986 年开始利用微机进行气象资料的处理,2000 年建成了机场气象台的局域网并正式投入运行，利用局域网的处理功能和运算速度进行所有气象资料和信息的处理和服务，开创了航空气象利用小型计算机进行气象资料处理和服务的先河。该局域网主要由民航气象卫星传真广播系统(简称“621”系统)、气象卫星广播系统(简称“9210”系统)组成。

“民航气象卫星传真广播(621)系统”是利用民航的卫星通信系统接收全球各目的机场和备降机场的天气实况和天气预报、飞行所需的不同高度层的高空风和温度预告图以及重要天气预告图、全国民航气象雷达连网的拼图资料，同时向以天津机场为目的机场的全球任何一个机场发布天津机场的天气预报和每半小时一次的天气实况，并及时向全球任何一个飞行目的机场索要该机场的天气预报和天气实况。

“9210 系统” 是中国气象局在全国气象部门开通的卫星通信广播系统，该系统的资料信息含盖了全球各气象台、站常规的气象资料、各种气象资料分析图、各种天气形式预报图和天气要素预报图、各种物理量分析资料等等，为各地气象部门做好各地区天气预报提供所需气象资料。

天津机场气象局域网把 “621 系统”、“9210 系统”、机场气象雷达系统、气象自动观测系统、气象卫星云图接受系统的所有资料进行分类处理和储存，使预报员做好预报服务：如为过往的飞行机组提供真实的天气讲解和飞跃机场、备降机场、目的机场的天气预报和天气实况；提供飞行航路上的重要天气预告图和飞行所在高度的高空风和温度预告图;为各飞行管制室及时提供天气实况、雷达资料,通过对空广播系统向在天津机场区域飞行的航空器及时发布该区域天气实况。另外经过局域网网管的授权,还可为各航空公司的飞行签派部门提供上述气象资料,开展延伸气象服务,为飞行员飞行前的准备工作提供了可靠的保障，大大提高了航空公司的飞行安全系数和经济效益。

（肖春年）

【稳健阵列信号处理新方法及其应用】 中国民航学院、西北工业大学吴仁彪、苏志刚、马远良、韩萍等研制完成的 “稳健阵列信号处理新方法及其应用”，是将阵列方向图的自适应综合与控制相结合，将实孔径与合成孔径处理相统一，研究稳健阵列信号处理的新理论新方法。自适应阵列方向图的控制、复杂阵列结构下宽容波束形成、SAR 成像是从多个国防重点项目中提炼出来的共性基础研究课题，在雷达、声纳、移动通信与地下勘探等领域中具有广泛应用前景。用信号处理的“软手段”来提高阵列对各种系统误差的稳健性，可以弥补中国硬件加工工艺不足，也是近 10 年来国际信号处理界的研究热点。其主要创新点为：1.揭示了自适应阵列方向图畸变的机理，指出了常用对角加载方法的局限性和性能极限，首次提出了一种能精确控制自适应阵列方向图方法；2. 提出了一种复杂阵列结构下宽容波束形成新方法，并在实验中取得了很大成功；3.首次提出了一类基于信号分离估计理论的超分辨率时延估计新方法；4. 提出了一种灵活的 SAR/ISAR 接收数据模型，在此基础上提出了一种通用而稳健的 SAR/ISAR 自聚焦新方法。

宽容波束形成新方法将某声纳方向图副瓣电平下降 14dB，测向精度从 3 度上升到 0.5 度，目前该技术已获国家发明专利。发表 30 余篇论文，SCI 收录 11 篇，EI 收录 13 篇，被国外文献他引 29 次(其中 SCI 刊物论文他引 16 次)；7 次获全国性优秀论文奖；培养博士后 1 人，博士 3 人，硕士 5 人。该项目获 2003 年度天津市自然科学一等奖。

【应用神经网络技术发动机故障诊断研究】 由中国民航学院、北京飞机维修工程有限公司杨慧、吴学良、熊育婷、倪继良、刘奇才等完成的“应用神经网络技术发动机故障诊断研究”，首次将人工神经网络技术应用于飞机发动机故障诊断，取得了良好的效果。波音 747-200 故障检测系统的开发，采用了先进的分层数据库管理方式，使系统的权限功能完善，安全性极高。该研究开发具有专家系统功能，通过借鉴以往的空中停车故障和发动机拆换经验，能对新故障提示并快速定位。

该课题使用神经网络对复杂特性模式的航空发动机，采用并行处理的诊断方法，对突发性故障及异常现象通过建模、学习及联想、推测和记忆来进行推理诊断。该课题的研究充分发挥了高校的理论优势与维修厂实际应用相结合的特点，通过建立起科学的分析系统，增加了生产的技术含量，为国内大型发动机的维修及进一步开发奠定了基础。其主要创新点为：1. 采用神经网络算法的飞机发动机故障诊断研究属全国首创；2. 国内首次将神经网络技术应用于波音 747 和 767 发动机故障诊断实际中；3. 构造一个有效的专家系统在波音 747-200 飞机故障诊断中为首创；4. 构建了波音 747-200 故障检测系统并已应用，该系统在全国飞机维修公司中尚未见到；5. 在应用过程中取得了显著的经济效益和社会效益。

1998 年 3 月该系统在工程处发动机科正式投入使用。到 2002 年已经利用该系统对中国国际航空公司(以下简称“国航”)JT9D、PW4000 的 100 台发动机进行了 4 年多的监控和诊断，取得了令人满意的结果，使国航以上两型发动机的可靠性得到了明显提高，经济效益显著，仅由于发动机故障的及时发现并排除、发动机的使用时间的延长等因素，就为国航节约了 313.75 万美元，约合人民币 2604.12 万元。该项目获 2003 年度天津市科技进步三等奖。

【机场工程民航科研基地建设】 2004年，投资 3500 万元、由中国民航机场建设总公司与中国民航学院共同在天津市建设“机场工程民航科研基地”获得民航总局批准立项。至此，中国民航已经依托民航学院筹建了包括“航空地面特种设备”、“空中交通管理”、“航空运输经济与管理”等 4 大科研基地，总投资达 6080 万元，使天津市成为中国民航的科研高地。

【民航收益管理系统】 在民航界，收益管理系统的应用主要解决票价的问题。国内航空公司要采用收益管理系统有两个途径：一是花巨资从国外引进，通常在几千万元左右，且效果不理想；另一种方法就是自主研发。2004 年 6 月，中国民航学院和厦门航空公司经过 3 年多合作，开发出国内首例拥有自主知识产权的航空公司收益管理系统。航空公司通过该系统对航班销售过程进行动态控制，以达到单航班期望销售收益最大化的目的。该系统在航班预测、多航段、多等级座位优化、团队管理等方面达到了国际先进水平。

【华北地区建成第一个农用机场】 华北地区第一个农用机场——天津塘沽通用航空有限公司机场一期工程，于 2004 年竣工并投入使用。该机场是国家农业部 5 个农牧航空定点站之一，坐落在塘沽驴驹河附近，总投资 3000 余万元，占地面积超过 13.33 公顷。该机场飞机除满足必要情况下农林航空植保需要外，平时还将为跳伞运动、航拍、飞行员培训等提供服务。

公路与海上运输

【道路运输驾驶员指纹身份识别系统】 该项研究由天津市塘沽运输公司肖波、杨冬、刘杰、庞冬梅等完成。该系统通过先进的编程工具及数据库技术,把指纹图象读取设备与计算机应用结合起来,进行指纹采集并建立指纹数据库,通过客运业务流程的某一环节进行快速的指纹比对判断,既实现了快速的身份识别控制,又有效地缩短身份检查的时间,并确保驾驶员是经培训认证的合格驾驶员,防止不合格司机和临时调换驾驶员,使关键业务环节附加安全检查成为可能,促进道路运输安全管理。该系统具有指纹采集、比对快速,不影响正常业务运行,指纹识别系统与客运行业调度、售票软件系统方便集成等优点。该项目于2004年5月通过了天津市交通局的鉴定,有关专家给予高度评价。该系统已在多个客运站应用。

(刘亚平)

【客运业务管理系统】 该项目由天津市塘沽运输公司客运站肖波、杨冬、刘杰、庞冬梅等完成。该系统利用选定的编程工具及数据库管理平台,集合客运站日常工作运行情况,可随时掌握线路运行、客流、收入、服务等状况,并可任意查询某一时期的数据、趋势分析图及站区各部门管理情况。该系统利用PowerBuilder编程工具,网络环境为100M以太网,服务器采用WINDOWS2000操作系统,后台数据库采用SQL2000,开发环境采用PowerBilder,客户端运行WIN98操作系统。该项目于2004年5月通过了天津市交通局的鉴定,专家给予高度评价。该系统已在多个客运站应用。

(刘亚平)

【汽车行车记录仪(专用型)】 由天津市交通科研所和天津市交通职业学院郭韬、张士群、靳和连、林维群、王士鸿等完成的"ZZ一6800系列数字式行车记录仪",备有32M存储卡,可连续存储数天至数周的行车数据;6路数字信号接口、2路模拟信号接口,可记录的数据包括行车时间、车速、超速、怠速、里程、刹车状态、方向灯状态、引擎转速等。该行车记录仪可以应用在各种行业的各种车辆上,实时存储车辆行驶中的各种数字和模拟信号,使用该软件系统对采集的数据进行分析、发现各种功能,均可用图表方式显示出来,并可对局部进行放大,不仅对司机的操作行为起到监督作用,也可有效分清事故责任,特别是行车时间、车速等汇总报表,有利于车队的监督管理。该课题于2004年7月1日由市交通局科技处组织专家鉴定委员会进行了评审及现场测试。

(刘亚平)

【散体物料运输车辆密闭式装置和标准】 根据天津市政府《天津市蓝天工程实施方案》和《天津市防治扬尘污染管理暂行规定》的有关要求,天津市交通局于2002年确立了科技开发项目"散体物料运输车辆密闭装置"的试制和"散体物料运输密闭装置通用技术条件地方标准"的制定。市交通科研所和南郊运输场完成了散体物料运输车辆密闭仓盖装置的设计、试制与跟踪试验工作;市交通局、市交管局车辆管理所和市交通科研所共同组成起草小组,参照北京等省市成熟技术,结合天津市的实际情况,制定了该装置通用技术条件地方标准。该标准确保了天津市有关企业配装"散体物料运输车辆密闭式装置"的质量和完善的售后服务。该标准由天津市质量技术监督局组织专家审查合格,于2004年6月18日发布实施。该项目获市政府2003年"蓝天工程先进单位"奖。

(刘亚平)

【生产经营管理系统和新版OA系统运行】 为提高对船舶的管理水平,中远散货运输有限公司(以下简称"中远公司")于2000年3月研制开发"生产经营管理系统",经过3年多的运行,随着航运市场的变化和经营管理模式的变化,2004年又对该系统进行了全面的升级和修改,使之更适应中远公司生产经营工作的要求。2004年7月该系统(第二版)正式上线运行。该系统囊括了中远公司航运部、船管部、财金部在日常生产经营中的大量工作,取代了以前靠手工填写纸质报表、文件和单据,使之更加简便、快捷,提高了公司各种信息的保密性和安全性。

另外,中远公司与北京华深惠正公司开发的新版OA(协同办公管理)系统于2004年7月正式上线运行。

(李德佳)

【机务综合管理系统】 中远公司引进使用的由中

集船舶管理公司(以下简称“中集公司”)与上海海运学院郑士君教授合作开发的机务综合管理系统(SMIS系统),汲取了以往开发软件的经验教训,借鉴了CWBT管理软件、AMOS M&P系统、青岛远洋船员学院备件订购软件等系统的设计思想和优点,采用C/S方式,使用SQL2000数据库和PB开发,分为船舶和公司两个版本,并通过船岸通讯连为一体。该系统充分结合了中远公司及中集公司船舶管理的特点,涵盖了船舶管理过程中的各项基本功能。SMIS系统实现了船岸信息的集中共享,减少了各种台帐记录的烦琐和重复劳动,方便了管理人员对工作的安排和对历史记录的查询,方便了上级对下级和船舶的监督和指导,其完善的预警功能可以最大程度地避免工作的遗漏、失误和流程外运行。中远公司于2004年5月与上海海硕士软件有限公司(以下简称“海硕士公司”)签订了系统移植技术服务合同,按照合同要求,海硕士公司对系统进行了相应的修改,使其更适合中远公司的船舶机务管理模式。经过近6个月的修改调试,于2004年11月上线运行。该系统的运行使用大大降低了机务管理人员的劳动负担,提高了劳动效率,保证了船舶机务管理的有序、高效,提高了中远公司的行业竞争力。

（李德佳）

【中远公司船舶局域网】　船舶局域网是中远公司2002年立项,与天远通导信息中心签订合同共同开发的科研项目。该局域网包括船舶应用管理软件系统、陆地应用管理软件系统、数据通讯系统3个子系统。2003年9月正式在船舶安装,截止到2004年12月已经完成了53艘船的船舶局域网安装工作。船舶局域网通过互联网络将船舶与公司联系在一起,保证了船岸信息交换的通畅和快捷,使船岸之间数据、图片、表单的传送在瞬间便能实现交互。船舶局域网也成为了船岸间员工们沟通信息、指导工作的重要手段,保证了中远公司更加自如地指挥和调度船舶,减少了营运成本,增强了该公司的竞争力和生命力。

（李德佳）

【船载航行数据记录仪】　该记录仪由天津大学承担完成。通过天津市科委组织的科技成果鉴定,认为达到国际先进水平。该成果可记录日期、时间、船位、速度、艏向、驾驶室声音、通信声音、雷达数据等船舶航行的参数,具有防火、防水和抗冲击性能,经在天津远洋运输公司船务分公司的2号加水船上进行实船效用实验,运行效果良好。

该记录仪采用一种开放的组态结构,以现有PC机作为平台,构成接口灵活的数据采集系统,以适应现有船舶技术的先进程度不一、品种繁多、现场繁杂的状况。数据存储单元核心采用大容量固态存储器,具有体积小、重量轻、抗振、可靠性高等突出优点。其保护装置采用三层结构,最外层为保护壳,抵抗海水的静压、腐蚀、重物的冲击、穿刺等;中间层为隔热层,防止内壳工作温度过高,保证记录仪正常工作;最里层为一层薄壳,分隔存储器与隔热层。整套装置拥有自主知识产权,申请中国发明专利1项。

铁　路

【新建铁路客运专线路基设计技术研究】　由铁道部第三勘察设计院屈晓辉、崔俊杰、宋绪国、彭泽仁、崔维孝等完成的该项研究,以中国第一条新建铁路客运专线——秦沈客运专线为工程背景,针对客运专线铁路路基的技术特点,结合科研、设计、施工与检测实践,采用将路基作为土工结构物进行设计的理念,从研究高速列车动应力的传递和衰减规律入手,通过弹性变形控制和动强度控制,确定客运专线路基强化结构形式;通过对过渡段的结构综合刚度分析,在路桥、路涵、堤堑连接处设置过渡段,保证路基横向及纵向刚度的均匀过渡;突破传统设计模式,对软土、松软土地基加固处理进行动态设计,有效控制软土、松软土路基工后沉降、沉降速率;通过对填料的静、动力特性研究,对填料进行适用性判别和以动强度控制,以静强度为标准进行填料化学改良。该研究成果已在秦沈客运专线成功应用,“中华之星”动车组实车实验创造了321.5km/h的中国铁路第一速。

该项目通过专家鉴定,认为整体达到国际先进水平。该成果获2003年度天津市科技进步一等奖。

（铁道第三勘察设计院）

【铁路分局科技工作简况】　2004年,天津铁路分局科研、新技术示范性推广投资267.4万元,其中北京铁路局科研项目投资79万元,新技术示范性推广项目投资48.4万元;分局科研项目投资60万元,新技术示范性推广项目投资80万元。在北京铁路局立项科研课题9项,分局立项科研课题78项;确定示范性推广项目20项，其中北京铁路局投资项目6项,分局投资项目14项。分局信息技术分处研制的“铁路施工调度命令管理系统”通过了铁道部科技司组织的技术评审;天津东车辆段、天津车轮厂研制的“HMIS车轮厂级应用系统V1.0版”通过了铁道部运输局组织的技术评审;10项科研成果通过了北京铁路局技术鉴定或审查;45项科技成果通过了分局技术认定或审查。科技成果获北京铁路局技术创新二等奖2项、三等奖15项,获分局技术创新一等奖1项、二等奖15项、三等奖24项。唐山车辆段研制的“RD2货车滚动轴承故障诊断仪”、天津水电段研制的“离心泵扬水系统软控制装置”还申报了国家重点新产品。

2004年,北京铁路局下达给天津铁路分局的科技节支指标为2000万元。全年分局完成4004.71万元，为北京铁路局下达指标的200.24%，超额2004.71万元。

水运与航道整治

【水运工程物理模型试验参考定额】 该项目由交通部天津水运工程科学研究所主编,于2005年1月1日正式施行。《水运工程物理模型试验参考定额》在开展调查研究的基础上，通过大量的算例分析并结合水运工程物理模型试验特点，经广泛征求意见制定而成。该参考定额包括波浪模型试验、海岸与河口潮流泥沙模型试验、内河航道与港口水流泥沙模型试验和通航建筑物水力学模型试验的工作量、模型试验费用定额和费用核定等主要内容。提出了不同物理模型合理的工作量和费用定额，确定了核算原则和方法，反映了当前水运工程物理模型试验费用核算的实际情况。《水运工程物理模型试验参考定额》编写依据充分、文字表达清楚、逻辑严谨,定额框架合理、定量适当,章节条款项的划分合理,计算条理明确、程序简便,可操作性强。《水运工程物理模型试验参考定额》突出了水运工程行业特点,并吸收了其他专业和行业定额的成熟经验,具有创新性、科学性和先进性，填补了国内空白，达到了国内领先水平。

（孙玉平、白　静）

【水运工程建设检测设备计量检定体系研究】 该项目是国家交通部西部交通建设科技项目，由交通部天津水运工程科学研究所、南京水利科学研究院和交通部水运科学研究所共同承担完成。“水运工程建设检测设备计量检定体系的研究与规程制定”工作在国内属于首次开展,其主要内容有:制定水运工程检测设备标准与计量检定规程体系表；制定水运工程建设急需的20项检测设备标准和相对应的计量检定规程；编制水运工程检测设备计量检定人员实用手册。该项研究在广泛深入调研的基础上,总结分析了国内水运工程建设中检测设备计量检定的现状。所编制的水运工程检测设备标准与计量检定规程体系表体现了完整性、统一性、科学性和先进性,并吸取现今所有体系表的优点，反映了该行业专业特色,填补了国内空白。

该项目编制的3大类共20种检测仪器的交通部行业标准及计量检定规程，符合国家标准和国家计量检定规程的制定要求,技术先进,实用性和可操作性强。经专家评审有8个标准达到国际先进水平、12个标准达到国内先进水平。《水运工程建设检测设备计量检定人员实用手册》内容丰富翔实,具有鲜明的专业性、知识性、可读性和实用性。

该科研成果对规范水运工程检测设备的生产与使用、确保水运工程建设质量和推动水运行业技术进步具有重要作用，将产生显著的社会效益和潜在的经济效益。2004年5月18日国家交通部科技教育司主持召开了项目评审会，专家认为该项研究成果整体上达到国际先进水平。

（孙玉平、白　静）

【西部地区水电枢纽通航建筑物投资政策研究】 该项目是国家交通部“十五”软科学研究项目,由交通部天津水运工程科学研究所承担完成。项目主要研究西部地区水电枢纽建设及其资金的筹集，为政府部门决策及制定相关政策法规提供重要依据。

该项目在收集大量的资料和深入调研的基础上,从航运发展与水电建设的关系入手,深入分析了中国西部地区、特别是大西南等地区水电枢纽通航设施建设中现存和潜在的问题及其主要原因；从充分发挥内河航运的优势、促进西部大开发战略落实的高度，提出了西部地区水电枢纽通航设施投资政策的建议，可作为国家和交通主管部门制定西部地区水电枢纽通航建筑物投资政策的重要参考。研究工作还借鉴了国内外相关方面的投资政策，针对西部地区水电枢纽通航设施建设实际，提出了资金筹集思路和建立西部地区通航设施政府专项基金的建议方案,具有创新性和一定的可操作性。交通部科技教育司于2004年6月18日在北京主持召开了评审会,专家认为该课题研究思路清晰,研究方法得当,资料丰富,内容全面,在国内同类研究中具有领先水平。

该研究成果实际应用后,将能从根本上解决西部地区水电枢纽通航设施建设,保障西部地区通江达海水运主通道畅通,并产生重大的直接经济效益,同时对老、少、边、穷地区经济发展和实现内河航运可持续发展,促进西部大开发战略落实等产生重要影响,具有重大社会效益。

(孙玉平、白 静)

【内河航道与港口水流泥沙模拟技术规程】 该项目是国家交通部行业重点项目,由交通部天津水运工程科学研究所主编,南京水利科学研究院、西南水运科学研究所参编。

《内河航道与港口水流泥沙模拟技术规程》概括了模型设计、验证试验、工程方案试验及修改方案试验各个环节的试验程序和具体方法。既有水流定床模型,又有推移质和悬移质泥沙动床模型;既有正态模型又有变态模型;既有物理模型又有数学模型;既有水工、河工模型又有船舶模型。该规程反映了当今内河航道与港口水流泥沙研究最先进的科学水平与模拟技术,对实验研究具有规范的指导性和实际可操作性,为研究工作提供了一个现代化的、实用性很强的模拟技术标准。

经部级专家鉴定认为:规程总结了国内外内河航道与港口水流模拟技术的实践经验,反映了该领域的最新成果,内容丰富、详实,注重实用,可操作性强。

《内河航道与港口水流泥沙模拟技术规程》的颁布实施,填补了国内水运工程规范的空白,总体上达到国际先进水平,部分内容达到了国际领先水平。该规程自颁布实施以来,已被国内从事内河航道、港口、泥沙研究的单位在科研工程中普遍采用,为研究单位与水运工程建设带来了可观的经济效益。

(孙玉平、白 静)

【回流区水沙运动及其三维数值模拟研究】 "回流区水沙运动及其三维数值模拟研究"由交通部天津水运工程科学研究所张华庆、乐培九、王永成、李华国、岳翠平等完成。该项目属于交通水运行业港口航道专业领域的研究课题。研究对象是水运及水利工程中普遍存在的回流运动及与之相伴随的泥沙强淤积现象,如天津港东突堤水域是目前全港惟一的强淤积区,年淤积强度达到每年2.0米以上。较为典型的回流区还包括挖入式港池、盲肠河段、船闸引航道口门区、桥墩及取排水口等工程区回流等。其主要创新点为:1.创建高分辨率有限元计算格式。针对双曲型及对流占优的问题在高Reynolds数与高Peclect数时,常用的计算格式导致数值震荡,该项研究首次提出并采用在非结构化网格条件下引入与解的性质有关的限制因子Limiter,来保证格式的高分辨率性质、离散的高精度与解的保单调性,使计算可捕捉到流体内部特性,如涡的产生和耗散过程;2.研制了通用的水流泥沙三维有限元模型,可模拟复杂的水流结构、泥沙淤积过程。

该项目的核心研究成果"水流泥沙运动三维有限元模型"已产生460万元的科研产值,解决了21个项目的工程水流泥沙问题研究,内容涉及港口水流及泥沙淤积问题、河口治理方案和与西部开发有关的大江大河航道整治方案等,其中天津港减淤措施、海河口闸下清淤方案等已实施,并都取得理想的工程治理效果,发挥着巨大的工程效益,社会效益十分显著。该项目成果获2003年度天津市科技进步三等奖。

【黄河上游贵德至李家峡航道整治关键技术研究】 该研究项目是国家交通部西部交通建设科技项目,由交通部天津水运工程科学研究所及天津大学等单位承担。该项目研究包括5个专题,技术核心是两坝间航道整治关键技术,即上游枢纽坝下通航水位非衔接段和下游枢纽变动回水段的航道整治。主要研究内容有:两坝间航道整治技术参数的确定、李家峡水库变动回水区及上游河段河床演变分析、贵德至阿什贡河段河床变形分析计算研究、麻巴园艺场至阿什贡河段航道整治物理模型试验研究。

该项目研究紧密结合依托工程,针对项目技术难点,通过原型非恒定流观测、数据采集,采用分析对比、水流和泥沙数学模型、定床和动床物理模型试验研究等综合研究手段,所研究的河段既有受上游电站坝下波形多变非恒定流的影响急流滩和浅滩,又有同时受上游坝下非恒定流和下游枢纽回水影响的宽浅、散乱型浅滩及峡口急流滩,获得了较为系统的研究成果。主要成果如下:1.龙羊峡枢纽日调节非恒定流条件下航道整治技术参数的确定;2. 龙羊峡枢纽日调节非恒定流特性及其对通航条件的影响;3. 李家峡水库变动回水区散乱型浅滩航道整治方案。以上三项关键技术成果经专家鉴定认为具有针对性、创新性、实用性,研究成果整体达到国际先进水平。项目研究成果已应用于依托工程的设计,对类似工程也具有借鉴作用。

(孙玉平、白 静)

【松花江三姓浅滩航道整治关键技术研究】 松花江三姓浅滩位于中国水运主通道松花江中游,该滩自然条件复杂,碍航严重,成为松花江水系的航运著名卡口河段,是闻名于国内外的碍航浅、险滩群。国家交通部天津水运工程科学研究所承担的“松花江三姓浅滩航道整治技术研究”项目,采用调研、物理模型试验、数学模型计算分析等研究方法,解决了几代人没有解决的碍航问题,受到了联邦德国、俄罗斯等国内外专家的好评。

该研究成果被工程初步设计与施工图设计全部采用,治理后的三姓浅滩已达到预期千吨级航道标准,尺度达到设计标准,并经受住了200年一遇的超特大洪水考验。三姓浅滩得以彻底根治,充分展示了中国航道整治、研究领域的先进技术水平。经交通部鉴定认为,松花江三姓浅滩研究提出的整治关键技术和有关研究成果整治方法有所创新,整治技术有所突破,研究成果总体达到国际先进水平,部分达到国际领先水平。

(孙玉平、白 静)

【山区河流航道整治关键技术研究】 该项目是国家交通部西部交通建设科技项目,由交通部天津水运工程科学研究所主持承担,11个单位参加该项目的研究。

该项目采用原型资料分析、数值模拟计算和物理模型试验等方法,针对依托工程中治理难度大、重点碍航滩险的关键技术问题提出的整治方案,应用于实际工程,取得了很好的效果。该项目系统总结了西部山区河流典型滩险(包括石质急滩、险滩、汊流急滩、卵石滩、支流河口、日调节电站下游滩险等)的航道整治技术,对山区河流水面线计算、土工植物在山区河流航道整治工程中的应用、浅吃水疏浚船舶选型、消滩水力指标的确定、沙卵石河床整治水位和整治线宽度确定、卵石推移质运动规律、石质汊流滩整治技术、泡漩水形成机理、抛石坝稳定性计算、推移质河床变形计算等进行了专题研究。该项研究揭示了山区河流石质汊流急滩整治中的流量负反馈效应的机理;提出了保持分流比和阻力协调的整治原则以及弯曲河型汊道和顺直河型汊道分流比调整的区别;提出了采用最佳过水断面和变整治线方法,解决了急滩、险滩的治理问题;针对宽级配沙卵石溪口滩和一般卵石浅滩不同的成因,提出了采用不同整治水位和整治线宽度的整治技术;研究归纳出一坝整治短过渡段浅滩坝位的确定方法;首次提出按汇流比对支流河口进行分类的方法;提出了考虑河口段沿程不平衡输沙条件下的航道治理技术;提出外借较大河流的流量或河道渠化蓄水冲槽是治理弱支流河口浅滩有效的方法之一;揭示了日调节电站下泄非恒定流对下游航运产生的影响,建立了日调节电站下游乘峰通航的计算方法和非恒定流波的影响距离计算方法,归纳了日调节电站下游近坝段航道整治的原则;通过水槽和船模试验,得到了反映出浅水、狭水道及滩口下游倒比降滩段的阻力计算方法;在山区河流水面线计算方法中,引进“遗传算法”和依据射流理论建立了扣除“死水面积”的方法,并形成了界面良好、适应性强的计算软件;通过概化模型试验,提出了泡漩水泡高的计算方法,归纳了泡漩水形成的边界,提出了治理原则和方法;针对抛石坝水毁现象,提出了抛石坝设计时给予流速必要安全储备的概念;结合浅吃水河流的特点和国内外的先进挖泥机具,开发出适合浅吃水的多功能疏浚船舶。该项目研究成果在赤水河口、北盘江、汉江(陕西段)和红水河等航道整治工程中得到了应用,取得了较好的效果,尤其对山区河流航道整治工程具有推广应用价值,有的成果已被《航道整治工程技术规范》采纳。该研究成果经专家鉴定总体上达到国际先进水平。

(孙玉平、白 静)

电 信

【简况】 中国电信集团在北方全面开展补网工作,共投资80亿元,采用先进的DWDM(密集波分复用)技术,相继建成东北环网、东部环网、高速北环网、西北环网。其中,高速北环带宽容量高达320G,

可同时传送约400万路电话。

北方补网改变了天津在全国电信网络结构上的地位。4个环网中的3个以天津为汇接中心，共计480G流量经天津节点转接，如此海量的信息吞吐处理能力，进一步强化了天津北方信息港的地位。此外，天津市电信公司还承担了网络集中管理职责，中国电信集团在天津设立了北方网管中心，负责统一管理调度包括北京在内的北方电信网络。

作为北方电信网络核心和南北网络交汇点，天津电信在全网的地位极为重要，因此不但在网络设备配备上实现了超高速率超大容量，而且在网络安全方面采取了更加可靠的多重保护方案，在安全性上极具优势。

【数据骨干节点成为CHINANET八大中心之一】 天津电信在数据网建设方面拥有得天独厚的优势，在北方形成了以天津电信为核心的网络拓扑结构。天津数据骨干节点作为CHINANET的八个大区中心之一(其他为:北京、上海、广州、成都、武汉、西安、南京)，采用最先进的思科GSR12416设备分别与3个国际出口节点北京、上海、广州以10G电路连接，并汇聚北方各省多个2.5G中继电路，吞吐能力达到60G。另外，正在紧张建设中的CN2(中国电信下一代INTERNET承载网)工程同样将天津节点作为全国八大区中心之一，CN2为天津电信提供了上连3×10G、下连2×10G、汇聚16×2.5G的电路，令天津电信的数据网更具带宽优势，而且，区别于传统运营商在数据业务管理方面的“尽力而为”。天津电信的数据网具备良好的“可运营、可维护、可管理”性和完善的安全机制，可根据客户的不同要求提供不同的QOS(服务质量保障)级别的服务。

【城域网全网智能化】 天津电信全光网络的城域网，全部采用大芯数光纤和MSTP (多业务传输平台)技术，网络承载能力达到10G，可以随时扩容，在遇到故障时，能够自动选择备用路由恢复通讯。天津电信还投巨资在天津地区建成了一张以3.5G为全覆盖、26G为重点覆盖、5.8G进行补充覆盖的多层次、完整、无缝的无线接入网，解决了光缆延伸不到处的业务接入问题，填补了天津市在无线宽带接入方面的空白。

在组网思路上，天津电信是“面向客户，以业务提供为目的进行网络建设”，各专业相互融合，便于为客户提供全方位的电信服务，避免了传统运营商各专业局相对独立、开展业务难以同步等弊端。

由于实现了全网智能化，再加上采用NGN(下一代网络)技术，天津电信不但轻松解决了传统固网运营商一直无法解决的话费详单问题，还可以提供话费立显、固网预付费实时销账、广域虚拟网、话务量批发、语音拨号、一号通、企业视频会议、企业通信专家(UC)等业务。

【信息化解决方案库】 天津市电信公司在对天津各类电信用户的现实需求进行深入调查研究、反复比较国内外各类信息化解决方案的优劣后，在2003、2004两年的时间里，按照不同客户的性质、行业特点，潜心打造出一个分为12大类、54子类，汇集了数百种方案的客户信息化解决方案库。该方案库集语音通信、数据通信、视频通信于一体，涵盖了党、政、军、企事业单位、院校等各个层面的信息化需求，涉及技术、应用、经济等诸多方面，既符合中国特色，又照顾到与国际接轨；既满足当前需要，又兼顾到长远；既考虑到企业和政府的信息化，又考虑到家庭和个人的信息化，在各行各业得到了广泛的应用。

【天津移动网络发展迅速】 在天津市近年来经济发展迅速、移动通信需求日益旺盛和多样化的形势下，天津移动通信有限责任公司(以下简称“天津移动公司”)以落实“立体创新”战略为核心，以使中国移动网络成为客户通信消费的第一选择为目标，紧紧围绕经济发展需求，先后对GSM系统进行了10期扩容。其网络已成为一个由GSM900和DCS1800双频组成的、宏蜂窝与微分布系统相结合的、拥有15000多载频的超大型网络。天津移动的GSM网络已覆盖了天津市区、郊县以及各个旅游区、度假村等99%以上的区域。为了更好地覆盖高层建筑(包括电梯间和地下车库等)，天津移动公司投入大量资金建设了微蜂窝室内覆盖系统，对天津三星级以上的酒店、宾馆、主要商场、写字楼等场所已形成良好的覆盖。

2004年天津移动公司组织实施了全网性网络优化、打造精品传送网络等一系列活动，全面提高了网络质量，掉话率降低了30%，手机发射功率下降25%，网络承载指标继续保持较高水平，网络运行质量指标达到全国先进水平，故障工单响应及时率、处理及时率均达到 100%。客户服务水平继续提高，网络投诉比下降。天津移动公司依托雄厚的技术力量，对全市市区、郊区、农村等不同地区进行细分，首次提出了将天津市划分为高、中、低话务地区，并细致分析了不同地区的用户行为特点、网络特点、话务特点，针对不同地区提出了不同建设方案，如在蓟县山区提出了边际网解决方案。该公司为广大用户打造了一个高品质的精品网络，使广大用户切身感受到天津移动通信网络的高效、迅速、准确、通畅和优质服务。

2004 年在中国移动集团公司组织网络检查中，天津移动公司各项网络指标均达到集团公司要求，荣获“2004 年度网络质量评比”二等奖第一名，受到通报表彰。

集管理、指挥、调度于一身的天津移动网络集中管理中心

（王　戈）

【天津移动会议电话系统国内领先】　天津移动公司张学红、薄今刚、闫五四、阚建杰、余晖等研制的“天津移动会议电话系统”，是一种可为用户提供随时、随地、随意实现多方同时通话的新技术、新业务。在 2003 年“非典”期间，会议电话系统的应用为社会正常开展工作发挥了巨大的作用。该系统组网简单，在不改变现有的基础网络结构的条件下，最多可实现 250 人与会通话。它的开发使召开会议电话不受地点的限制，也不局限于电话终端，使用单位可以根据需要随时进行，满足集团用户内部及时沟通的需要。该系统实现了跨地域召开多方会议，不受时间、空间的限制，免去了参与会议人员的舟车劳顿之苦。呼入式的交互式会议电话保密性能好，操作简便，申请、结算方式简便，通过电话和传真即可完成。这种省时、方便、经济的会议新方式特别适合临时性的紧急会议，以及分布在不同地点的公司企业内部召开会议、布置工作、汇报情况、交流经验等，比固定电话会议具有更大的灵活性。会议电话可通过操作员、web 接入、短消息等方式来设定和取消。移动会议电话作为移动增值业务，可提供商务洽谈、咨询服务、休闲聊天、娱乐竞猜和热线讨论等多项业务，使运营商可以在普通电话业务以外向用户提供丰富多彩的增值业务。

该系统于 2004 年 7 月 13 日通过了天津市科委组织的技术鉴定，总体技术达到国内领先水平。

（王　戈）

【天津移动交换机智能巡检系统建成】　天津移动公司闫五四、阚建杰、李荣盛、李永春、张颖等研制的交换机智能巡检系统，利用计算机网络技术和数据库技术，通过首创的智能分析引擎实现对交换机报告的智能分析，采用设备代理引擎实现与多种设备接口的交互，采用队列控制器保证了交换机巡检任务的有序进行，提供了对设备监控的多种方式，采用独创的“插件式软件体系结构”保证系统功能的平滑扩展，独创六项移动通信网交换机智能检测的软件核心技术，为中国移动通信网的网络维护管理填补了一项空白，达到国内领先水平。

该系统已覆盖天津移动网络的 60 余个交换网元，完善了监控维护手段，缩短了障碍处理时间，降低了运营成本，提高了客户的满意度，使网络监控维护人员的工作效率提高 3 倍以上。

该系统 2004 年 7 月 13 日通过天津市科委组织的技术鉴定，总体技术水平国内领先。

（王　戈）

【多功能无线系统维护优化支撑系统】　天津移动公司徐波、郭强、陈奇志、刘士楠、张雨等研制的多功能无线系统维护优化支撑系统，是基于天津移动 GSM 网络规模不断扩大、基站数量远远超过 1000 个、庞大的设备规模给无线网络优化工作带来了巨大难度等因素而开发成功的。它集成了 BSS 负荷预警话务模型分析、性能指标综合分析及优化、无线频率资源管理及系统参数检查、障碍检查和故障处理等重要功能，用图形、曲线、表格等多种格式表示出来。它可对 MSI PLANET、MOTOROLA GI 所需无线网络数据实时采集，准确校对，从而做到与 MSI PLANET、MOTOROLA GI 的无缝连接，成为使用 MSI PLANET、MOTOROLA GI 必不可少的支撑系统。

该系统采用了先进的计算机程序设计技术，并通过与GSM技术理论和MOTOROLA无线网络设备原理相结合，解决了GSM网络优化和维护工作中设备负荷管理、数据管理、性能统计分析、网络设计规划等诸多难题，具有无线核心设备预警、话务模型提取、无线网络维护、优化支撑等功能。它的开发和应用大大提高了网络优化和网络维护的工作效率，保证了无线核心设备的运行安全，为网络规划提供了重要的依据，最大限度地保护了企业的投资。

该系统2004年7月13日通过天津市科委组织的技术鉴定，总体技术水平国内领先。该成果获2004年度中国通信学会科学技术三等奖。

（王　戈）

【天津通信电子商务统一支付支撑平台】 由中国网通集团天津市通信公司数据通信局刘鸿光、倪晓峻、王健、王芳、张健等完成的“天津通信电子商务统一支付支撑平台”，是一个面向社会的安全的网上交易支付支撑系统，其安全机制建立在国内外广泛采用的安全协议上，采用CTCA／CFCA相结合的安全认证体系和加密强度达128位的SSL加密算法，实现整个系统及网上交易行为的安全可靠。该平台包括支付功能、互联模块、安全处理功能、计费功能等。其主要创新点为：1. 该平台是一个面向社会的安全的网上交易支付支撑系统；2. 该平台能够提供安全可靠的、与具体业务无关的支付通道，实现支付业务；3.平台提供对CTCA、CFCA两套CA认证体系的支持；4. 该平台率先采用了与银行间网银连接的模式，体现了真正意义上的“网上支付”；5.通过统一支付支撑平台，用户不但可以利用各商业银行发行的银行卡进行电信业务的消费，而且可以利用天津通信自己发行的会员卡实现电信业务的网上支付。

该项目向商户提供了一个覆盖天津乃至全国的网上支付系统，最大限度地减少商户在支付系统的投入，便于商户入网和银行安全控制，改善了天津电子商务环境，解决了电信缴费业务的网上支付瓶颈，建立企业间网上跨行转账体系，为广大企业和商户开展网上业务提供了一个完备的基础环境，已经应用于网上购物、电信业务资费缴纳，取得了可观的经济效益，产生了积极的社会影响。该项成果获2003年度天津市科技进步三等奖。

【天津通信“视听新干线”业务平台】 该项目由中国网通集团天津市通信公司数据通信局国立㤃、曹洪岩、鹿欣、陈秉智、张健等研制完成。获2003年度天津市科技进步三等奖。

该业务平台针对宽带市场普遍存在的网络应用内容匮乏、宽带“热建冷用”的问题，于2002年5月15日正式推出，是构建在宽带网基础上的综合业务平台。其主要发现发明及创新点为：1.该平台对ICP提供开放统一的内容业务接口，实现了ICP内容代计费和代收费；2. 该平台与天津通信的账务系统完成了数据对接，实现所有ADSL用户的消费内容费用和接入费用捆绑收取；3.实现了实时内容计费，支持后付费和预付费方式，具有多种灵活的计费策略；4.通过Radius Proxy方式与宽带用户接入认证计费平台的无缝对接，实现用户接入和内容消费一次认证；5.在天津全网实现了个性化门户业务，能够针对全网不同厂家的宽带接入设备实现强制Portal。

天津“视听新干线”业务平台开通后，已经有20余个全国知名ICP加盟，推出了40多个宽带栏目，用户数量超过7万；2003年新增利润5760万元，节支500万元，合计新增经济效益6260万元。该业务平台已经成为天津市新兴的、标志性的宽带信息应用平台。

【天津通信PHS网互通技术】 由天津市通信公司长途通信局承担的“天津通信PHS网互通技术研制”项目通过了天津市科委组织的科技成果鉴定。该成果通过对MAP/CAP协议规范进行补充和延伸，合理地应用于PHS系统，使中兴和UT两个不同架构的PHS系统之间实现信令、消息的交互，从而实现基本语音和各种业务的互通。其充分利用天津通信现有的网络资源，组成了涉及话路网、NO.7信令网、智能网、互联网以及短信网的综合性网络，实现了PHS的语音业务、数据业务、智能业务等多种业务。智能网WAC业务将固网和两个PHS系统的三个智能网融合互通，共同开发该项业务，填补了国内PHS系统不同设备提供商的设备之间无法实现互通的技术空白，使PHS技术得到了进一步发展，为今后无线通信系统互通打下了坚实的技术基础，属国内首创。

该成果已经被设备厂家应用于设备的软件版本中。由于天津的PHS互通技术较为先进、成熟，且业务种类丰富，广州、重庆、北京和上海等城市均使用含有天津PHS互通业务的软件版本，其中部分业务已经投放市场，为国内 PHS 市场的发展起到了促进作用。

【新锐综合业务计费系统】 为提高电信企业的整体管理水平及各部门的工作效率，天津市津瑞通讯有限公司文亚昕、齐智征、刘立群、王毅梅、薛鹏等研制完成了综合业务计费系统，获 2003 年度天津市科技进步三等奖。

该系统可以支持的功能包括立即计费、综合算费、客户管理、账务查询、业务咨询、业务申报、管理统计等。其技术采用三层软件体系结构，中间层实现客户端应用对服务数据的透明访问；中间件技术实现不同业务的跨平台接入及提高系统整体的安全性；并发处理技术支持对多种业务的同时接入立即计费；准确快速地查找咨询内容等。其主要创新点为：1.系统独特的数据库表分割设计，提高了入库和分发的速度，保证了话单处理的实时性；2.在系统中建立和实现业务逻辑层的功能；3. 系统话单预处理系统支持所有电信业务包括市话交换机、长途交换机、移动交换机话单和数据业务清单的检错、纠错（检错的标准可配置）处理，并完成清单的格式化、标准化；4.系统支持断点续传功能；5.系统参与对客户和账户分开进行管理，为中国电信参与市场竞争提供了有力武器。

该系统通过大量的、必要的信息积累，提供信息的采集、整理、分类、存储、查询和分析，减少电信企业在人力、物力、财力方面的浪费，提高电信员工的劳动生产率。

【无线传真机】 由天津光电通信技术有限公司自行开发研制的中国第一台具有自主知识产权的“无线传真机”，填补了中国移动传真领域的空白，有关专家预测该机具有良好的市场前景。

该传真机基于 GSM 系统，利用无线移动网络实现传真收发，把传真机的使用范围从原来有线网络扩大到无线移动网络，可随时随地发送传真，为用户提供双向无线传真和语音通话服务，还具有短消息、汉字显示、来电显示、无纸接收、多份复印、打印通信报告、个性化站标设计等特色功能。可广泛应用于新闻采访、交通运输、移动办公、公安缉毒、海防巡逻、消防救助、抢险救援、建筑作业等领域。该机具有高科技含量、高附加值，将成为中国移动通信领域的一个新热点。该项成果已申请国家发明专利。

（齐宝琴）

综合科技

质量技术监督

【简况】 2004年天津市质量技术监督科技工作按照天津市科技工作会议、全国质量技术监督科技会议精神和天津市质量技术监督局工作会议的部署，从增强实施“科技兴检”战略的责任感和紧迫感入手，坚持开拓创新、求真务实、真抓实干，强化有限项目重点突破的意识，提高了质量技术监督检验检测能力，加大了科研开发力度。

2004年，天津市质量技术监督局科技开发项目计划20项，科研开发工作的覆盖面达到全系统的90%以上；科技项目鉴定计划21项、计划外鉴定项目4项，年底全部完成鉴定认定任务；科技成果重点推广计划项目9项，已经取得经济效益150多万元；组织技术监督系统向国家质量监督检验检疫总局(以下简称“国家质监总局”)、天津市科委申报科研项目，总计征集项目32项，已向市科委申报5项、向市计委申报1项、向国家质监总局申报5项；在市科委登记科技成果8项。年内，该系统有6个单位分别被授予“科技兴局贡献奖”二等奖和三等奖，有7个科研项目分别被评为局级科技进步一等奖、二等奖和三等奖。市计量技术研究所“供热计量仪表(热量表)检定装置”和市产品质量监督检验所“陶瓷片密封水嘴测试系统”等2个项目荣获2003年度天津市科技进步三等奖。这些优秀项目的完成，提高了技术监督检验检测能力，为质量技术监督事业的发展起到了很好的促进作用。

（质量技术监督局科技外事处）

【计量科技研究工作】 开展计量检测方法研究和计量检测仪器设备的研制，是天津市计量技术研究所科研工作的重点。2004年度，该所承担了国家质监总局基础性科研项目1项，天津市科委批准科研项目2项，市质量技术监督局批准立项的科研课题6项，科研成果重点推广项目2项，科技开发鉴定项目5项。获天津市科委颁发的2003年度天津市科技进步三等奖1项，获天津市质量技术监督局颁发的2003年度科技进步一等奖2项、二等奖、三等奖各1项，该所领导集体获得天津市质量技术监督局颁发的“科技兴局贡献奖”二等奖。

2004年，该所研究建立了2项计量标准，至此，全所已建立计量标准215项，开展的计量检定项目基本覆盖了几何量、温度、力学、电磁学、无线电、时间频率、电离辐射、光学、声学、标准物质等10大计量专业，基本满足了天津市计量检测的社会要求。

（侯明锋）

【测量边界允许误差单向性理论及其应用研究】 该研究项目是在误差理论的基础上，针对测量边界的选定条件提出的一个基础理论研究问题。经国家质监总局批准立项，由天津市计量技术研究所承担，于2003年投入研究。

该项目研究内容以边界理论和测量理论为依据，提出测量边界允差单向性理论；针对不同结构仪表的边界特点提出规范化的处理意见。为证明该理论的正确性、可行性、通用性，完成了对多种计量器具批量条件下的大量验证实验。课题组经过对实验数据的科学分析、统计汇总，2004年8月完成研究报告，在征求有关专家意见后，对研究报告进行了修改，于2004年底通过国家质监总局组织的函审鉴定。鉴定意见认为：“该课题具有立论正确、叙述较严谨、适用范围广，具有基础理论的基本特征。该课题的完成，是对测试基础理论的发展和完善。其创新内容有：①提出了测量边界允许误差单向性理论；②提出了测量边界的定义，使测量上、下限确定更加合理；③从理论和实践上总结出6种克服边界限制的技术措施，特别是对延展刻度及边界允差单向放大技术进行全面论述，为今后合理地、正确地应用打下基础。该课题的完成，为产品标准和检定规程测量边界技术参数制定规范化提供理论依据，具有较大社会效益。该课题提出的测量边界技术处理方法科学合理，具有可操作性强的特点，对仪表的设计、制造和检测具有指导意义。经查新检索：该研究成果处于本专业国际先进水平。”

（侯明锋）

【天然气实流检测标准装置建立的可行性研究】 该项目由天津市计量技术研究所开发研制。天然气实流检测标准装置的建立，是提高天然气流量仪表的计量准确度，开展天然气流量计量仪表科学研究、特性分析的根本措施。

该项目课题组首先开展了国内外的调研工作：对重庆市和四川省成都市的天然气实流标定装置进行了实地考查，了解其量值溯源、测量指标、准确度及在实际检测过程中出现的各种问题及解决方法；对国外的有关资料也进行了分析研究。在充分调研的基础上，结合天津市实际状况，提出了"天然气实流检测标准装置建立的可行性研究"的可行性报告，为最终建立天然气实流检测标准装置进行前期的准备工作。

（侯明锋）

【加油机计量自动监测装置的研制】 由天津市计量技术研究所研制的"加油机计量自动监测装置"，自2004年11月底经市科委批准立项，仅用一个月的时间，于2004年12月底完成研制任务。该装置经试验、标定后，在天津市计量技术研究所进行实验性应用。该装置具有温度、液位、容量的测量和补偿计算功能，完全符合国家计量检定规程JJG43-98《燃油加油机》规定方法的要求。

该装置自应用以来，解决了传统方法无法解决的加油机"高科技"作弊，有力的监管了油品市场的计量问题，大大提高了油品市场技术监督检查的科技含量，规范了油品市场的秩序，促进了油品市场的健康发展，取得了良好的社会效益。该研究成果已申报天津市科技进步奖。

（侯明锋）

【ZR-1型热能表】 "ZR-1型热能表"由天津市中环系统工程有限责任公司张晓华、肖开祥、陈义立、张培山、姚志明等研制完成。热能表主要有流量传感器、温度传感器和积算器。流量传感器测量热水流量组成；温度传感器测量进水温度和出水温度；积算器是一个带微处理器的智能装置，接受流量传感器发来的脉冲信号，数字式温度传感器发来的进水和出水温度信号，在积算器内进行数学运算，得出热能值，并显示在液晶显示屏上。其主要创新点为：1.采用最新的微处理器芯片87LPC764；2.采用了数字温度传感器芯片DS18B20，实现了传感器的数字化传输。传感器分辨率12BIT(0.06℃)，精度-10℃~85℃之间为±0.5℃，通过配对，可以满足系统的要求；3.简单实用的焓差计算法；4.非接触的磁性按钮，提高了产品的防护等级；5.使用自恢复保险，具有短路故障结束后自动恢复功能；6.流量传感器具有体积小、精度高的特点。

"ZR-1型热能表"主要用于民用建筑供热采暖系统的热能计量和收费管理，也可用于供冷系统的热能计量和收费管理，适应于集中供热分户计量收费的需要。"ZR-1型热能表"于2002年正式生产，当年就增加利税80多万元，2003年新增利税90多万元，取得良好的经济效益，已在国内广泛应用，受到广大用户的好评。该项目成果获2003年度天津市科技进步三等奖。

【天津市现代中药质量检验中心通过专家评审】 2004年10月31日，天津市现代中药质量检验中心通过专家评审。国家科技部、国家食品药品监督管理局、国家药典委员会、中国药品生物制品检定所、中国医保商会、天津大学、天津药物研究院、中新药业集团、天士力集团以及财务专家组成的专家组对检验中心的建设给予了很高的评价，认为该中心的建设在中国属于首创，对推进天津市乃至全国的中药生产现代化和中药国际化进程有重要作用。

【多残留快速检测试剂盒的研制和开发】 由天津市政府特聘教授、天津科技大学"海河学者"王硕博士主持研究的市科委重点攻关项目"多残留快速检测试剂盒的研制和开发"获得成功，这是世界首个集板式试剂盒、样品快速前期处理技术、基质影响屏蔽技术三位一体的农药多残留快速免疫检测试剂盒。

农药残留是影响农产品安全的主要因素，特别是氯基甲酸酯类、有机氯类、有机磷类农药残留超标的农产品给广大消费者的健康造成了极大的威胁。目前世界各国通用的传统检测方法，一次只能同时检测一种农药残留物，而且检测时间长，往往需要几个小时，甚至是几天时间。由王硕博士主持研制的"多残留快速检测试剂盒"不仅检测的灵敏度达到了100亿分之一，而且只需30分钟就可同时对2~3种农药残留进行快速检测，大大缩短了检测时间，提高了检测结果的时效性。该项科研成果已经申请了2项专利。经专家鉴定认为，该项研究打破了目前世界上仅能作农药单残留快速检测的状况，研究成果达到了国际领先水平。该项成果可应用于农产品的西维因、硫丹等农药残留物的快速检测,技术成果推广后,将大大提高对农产品的检验检疫水平,同时也将有利于促进全国农产品进出口贸易。

【棉花公证检验在线检验数据处理终端及软件系统】 该项目由天津市纺织纤维检验所研究开发。该终端和系统从根本上解决了中国棉花公证检验过程中数据处理手段落后、环节多、易出错的现状,较好地解决了棉花检验各个不同的现场检验过程(包括现场重量、品级、异性纤维、马克隆、回潮率、杂质检验等)中的数据在线录入,可通过串行口直接与电子秤进行数据的交换,并将数据保存在FLASH RAM中,然后将数据导入主机(上位机)做数据处理,逐步实现无纸办公,这将为全国推行各项棉花公证检验、宏观调控提供可靠的数据。

该项目属国内同行业首创。该终端采用低功耗的微型单片机作为中央处理单元,外扩大容量FLASH RAM进行信息的保存,显示部分利用小型LCD作为信息反馈的窗口,键盘部分采用标准数字小键盘,方便录入,同时提高录入速度,规范原始文书,可实现棉花公证检验在线数据录入与公证检验程序数据库的数据交换,实现从现场检验数据到检验结果出证全部计算机管理。

该项目可向全国从事棉花公证检验工作的专业“纤检”机构推广,也可推广到棉花收购加工企业,对于没有终端设备的企业可单独使用该软件系统;能满足不同客户的需求,出具的文书科学、规范、准确;可为国家对棉花的宏观调控提供可靠的数据,取得一定的经济效益和社会效益。该系统经改进数据库内容,可应用到其他检验行业作为检验数据处理终端,使该成果广泛推广。

【JFX棉花公证检验衡重专用电子秤】 天津市纺织纤维检验所研究开发的“JFX棉花公证检验衡重专用电子秤”,解决了棉花检验现场过秤中的数据在线自动录入,并通过串行口直接与再线数据处理终端进行数据交换,同时进行现场数据打印。

该项目属国内同行业首创。其采用低功耗的微型单片机作为中央处理单元,显示采用LCD作为信息反馈的窗口,键盘部分采用标准数字键盘,提高了录入速度,规范了原始文书。另有抗冲击、易移动和显示数据速度快等特点。

该项目可向全国从事棉花公证检验工作的专业纤维检验机构和所有棉花仓储部门及使用该衡器的有关单位推广,规范全国棉花公证检验中的公量检验,降低劳动强度,提高检验速度和数据的准确度,为国家对棉花的宏观调控提供可靠的数据,有很好的社会效益;通过改进秤量数值,还可应用到其他行业。

【原子荧光光度法检测水中砷、硒、铅、汞标准化研究】 由天津市水文水资源勘测管理中心承担完成的“原子荧光光度法检测水中砷、硒、铅、汞标准化研究”,于2004年9月29日通过专家验收。该研究为编制原子荧光光度法测定水中砷、硒、铅、汞含量的水利行业标准作前期准备工作。通过对实验条件、分析试剂、样品预处理以及解决试验干扰的研究与筛选,确定灵敏度高、检测限低、重现性强的分析条件,使被测指标有更好的测量精密度和准确度,从而进行不同来源样品的适用性研究。

该项研究成果技术成熟,操作简单,易于实现分析过程自动化,而且检测试剂消耗少,运行成本较低,完全满足水质监测准确、快速、灵敏、低耗高效的发展趋势要求,在水环境监测领域有着很高的实用价值。该项目的完成,不仅解决了水环境监测国际检测标准不能完全满足实际需求的状况,而且具有一定的超前性,使随后完成的行业标准具有相对稳定性。该检测方法除了在水利行业应用外,还可增加适当的样品前处理,在其他行业使用。

(张　雁、常守权)

检验检疫

【简况】 2004年,天津出入境检验检疫局共承担制定标准43项,已完成15项;省部级科研项目11项,已完成5项;获天津市专利优秀奖1项,天津市科技进步三等奖4项,国家质量监督检验检疫总局(以下简称“国家质检总局”)“科技兴检”一等奖3项、二等奖4项、三等奖3项。

该局2004年投入近2000万元,用于扩建实验室、增添设备仪器和进行科学研究,重点开展打破国外技术壁垒、探索快速检验检疫方法、促进天津口岸经济发展方面的研究,有关危险货物、分子生物学等尖端领域的研究不断深入,对外来有害生物、动物疫病以及出入境传染病监测和监控的技术手段不断加强，一些科研项目属于系统或国内先进水平，有的填补了国内空白，个别达到国际先进水平。

（韩晓明）

【出口货物包装容器性能系列检验规程】 为了保证危险品的储运安全，经过对危险货物中散包装的深入研究，由天津出入境检验检疫局王利兵、刘金凤、李宁涛、李晶、赵好力宝等制定完成了"出口危险货物中型散装货物包装容器性能检验规程"——总则、复合中型散装货箱、刚性中型散装货箱、木质中型散装货箱、柔性中型散装货箱、纤维板中型散装货箱、金属中型散装货箱等7项危险货物包装的中型散装系列检验标准。

该系列标准在制定过程中按照联合国《关于危险货物运输建议书》的试验要求，进行了堆码试验、跌落试验、顶部提升试验、扯裂试验、倾覆试验和复原试验，对试验数据均参照国际现行标准来确定并提出一些技术创新点，同时对危险品中散包装进行准确、高效检验鉴定和研究，实现对危险品包装安全性能的准确评估。

该系列标准为出口危险货物中型散装货物包装容器的检验提供了依据，为保证危险货物的顺利出口、改变出口危险货物中型散装容器的现状提供了技术保证，填补了国内危险货物中型散装性容器包装的空白。获2003年度天津市科技进步三等奖。

【检验检疫标准体系研究】 该项研究是检验检疫标准化建设项目，是集法律法规（含WTO规则、国际惯例、国外技术壁垒）、标准管理机制、标准技术及体系结构为一体的综合性科学研究课题。天津出入境检验检疫局王利兵、冯智劼完成了危险品、包装检验及鉴定专业标准体系研究；毕玉国、关淳完成了卫检专业标准体系研究。

该课题在进行检验检疫标准体系基础理论研究、检验检疫标准化管理运行机制研究的基础上，建立了一套动态的、前瞻性、预见性的检验检疫标准体系表，并将现行的检验检疫标准和使用的国家标准、国际标准及其他行业标准进行清理、分类，通过科学的分析和归纳，将仍然适用的标准纳入体系，对需要修订、废止或者需整合的标准提出处理建议，为全国进出口企业、管理者和使用者提供了技术指导，规范了技术要求，对于促进检验检疫和对外经济贸易发展，具有十分重要的意义。该项研究获2004年度国家质检总局"科技兴检"一等奖。

（韩晓明）

【进出口食品安全监测预警与风险控制技术研究】 该项研究是国家"十五"重大科技攻关项目"食品安全关键技术"中的子课题。天津出入境检验检疫局唐丹舟、穆乃强参加了该课题研究，完成了危害识别研究及相关材料的编写工作。该课题基于国际食品法典委员会(CAC)的理论框架，结合中国实际，对进出口食品安全检测数据实时收集、汇总、处理，自动发现存在的对正常状态的偏离情况，实现进出口食品安全监测与预警的自动化，进而实现对进出口食品安全状态、安全趋势的科学评估与预测，为建立中国合理的技术性贸易措施，防止境外不安全食品进入国内，保证食品质量，保护全国广大出口食品加工、经营企业的利益提供了科学依据。该项研究获2004年度国家质检总局"科技兴检"一等奖。

（韩晓明）

【国家转基因植物产品检测实验室及检测技术体系】 该课题主要是建立转基因产品检测实验室体系、检测方法体系、检测标准体系，进而建立转基因产品检测信息库。天津出入境检验检疫局郑文杰、刘煊、唐丹舟等参加了该项工作，完成了转基因抗虫棉检测技术的研究。该局根据研究成果，制定发布了7项国家标准、12项行业标准，并且正在研制4项ISO国际标准，同时研制生产了14种检测试剂盒，覆盖了目前国际上已商品化的转基因作物、品系及其加工产品的56种外源基因，为全国每年约300亿人民币进出口相关农产品提供了转基因检测的技术支撑和管理依据，具有重大的实际应用价值。该课题获2004年度国家质检总局"科技兴检"一等奖。

（韩晓明）

【动物组织中硝基呋喃代谢产物的检测、残留规律及控制】 天津出入境检验检疫局王云凤、常春艳、古珑、许泓等完成了动物组织中4种硝基呋喃代谢产物残留量检测方法、残留规律及控制的研究工作，为破解国外对中国出口食品所设置的技术壁垒提供了方法依据，有力地促进了中国食品出口，同时对国内设立技术保护措施提供了技术支持。该项目获2004

年度国家质检总局“科技兴检”二等奖。

（韩晓明）

【打火机试验方法及设备的研究】 该课题由天津出入境检验检疫局王利兵、李宁涛、李晶根据《国际危规》、《联合国关于危险货物运输建议书》及《出口危险品打火机检验标准》的要求研制完成，用于测试打火机的安全性能。该项研究成果安全可靠，实用性强，达到了国际先进水平，填补了国内打火机检验空白，获2004年度国家质检总局“科技兴检”二等奖。

（韩晓明）

【进口原木检疫除害处理技术研究】 该项研究由天津出入境检验检疫局黄庆林、刘永胜、楼旭日完成。该课题系统地进行了淡水、海水及海水加药剂浸泡原木的实验研究，首次提出了溴甲烷熏蒸处理原木的技术指标和安全熏蒸范围，明确了溴甲烷为处理原木的最佳熏蒸剂。该项研究成果具有重要的推广应用价值，在同类研究中属国内领先，达到国际先进水平。获2004年度国家质检总局“科技兴检”二等奖。

（韩晓明）

【木质包装检疫除害处理技术研究】 天津出入境检验检疫局黄庆林、刘永胜、楼旭日完成的该项研究，适应了进出口贸易对木质包装检疫除害处理技术及相关标准制定的迫切需要，并有创新性突破，属国内领先水平，达到同类研究国际先进水平。研究成果已在国内出口货物木质包装检疫除害处理中得到了实际应用，为制定国际货物贸易木质包装检疫措施标准提供了依据，可有效减少溴甲烷的使用量，保护生态环境和自然资源。该项目获2004年度国家质检总局“科技兴检”二等奖。

（韩晓明）

【高效液相色谱—质谱法测定家禽药物代谢物残留量】 该项目由天津出入境检验检疫局王云凤、常春艳、古珑、许泓等完成。该课题解决了家禽中4种硝基呋喃类药物代谢物残留量检测技术问题，为破解国外对中国出口动物源性食品所设置的技术壁垒提供了应对方法，有力地促进了中国动物源性食品出口，同时，对国内设立技术保护措施提供了技术支持，填补了国内空白，达到国际同类先进水平。

（韩晓明）

【国境卫生检疫标准编写基本规则】 该项目由天津出入境检验检疫局毕玉国、关淳等主持完成。该课题涵盖了国境卫生检疫标准体系内所涉及的全部内容，构建了国境卫生检疫标准编写的总体框架，达到了国内领先水平，填补了国内空白，已成为国境卫生检疫行业标准编写的指南性文件，对规范卫检标准编写、提高编写质量具有重要意义。获2004年度国家质检总局“科技兴检”三等奖。

（韩晓明）

公共安全

【简况】 2004年，天津市公安局努力探索以科技为支撑的新型警务工作模式，积极构筑“科技创新”和“科技应用”平台，不断提升公安工作水平，全面推动公安工作的发展。

天津市公安局开展了以“金盾工程”为核心的公安信息化建设，启动了公安部“金盾工程”重点建设项目，完成了“违法犯罪人员信息系统(一期)”、“被盗非机动车信息系统硬件设备建设”等4个项目。该局还开展了“天津市技术防范网络系统”的建设，编制了《天津市技防网总体构架及规划》，启动了“天津市技术防范服务中心”和以“GSM+GPS机动车报警系统”为主打的“移动目标报警系统”。刑侦领域充分发挥科技引领警务实战作用，依托先进的仪器和科技手段，破获了多起疑难大案和要案，提高了办案速度。公安消防工作紧紧围绕防火灭火实际需要，充分利用天津市消防科研专业机构、高等院校及其他科研力量等科技优势，开展消防应用技术的开发和研究。重点开展了城市火灾、化学灾害事故以及高层和地下建筑等特殊火灾预防与控制技术，城市火灾危险等级区域划分与抗御火灾综合技术体系，灭火救援模拟训练技术等项研究。公安交通管理系统经过不断改进、调整和扩充，功能逐步强大，系统日趋完善，其包括了公文管理系统、勤务管理系统、综合查询系统、占道审批系统及执法质量考核督办等系统，实现了信息共享，提高了各项交通管理业务的工作效率。

2004年，天津市公安局共确立了37项面向公安业务、服务现实斗争的科研项目，投入科研经费51.6万元；3个项目在公安部立项，获部资助经费11万元。该局研制开发的科技成果整体水平较高，在19项通过鉴定的科研项目中，达国际先进水平2

项,国内领先水平14项,国内先进水平3项。年内共有19个项目获得天津市公安局科技成果奖,其中一等奖4项,二等奖7项,三等奖8项。此外,全局申报并获得国家专利4项、地方行业标准1项,一批实用性强的科研成果被重点推广,在公安工作中发挥了巨大作用。

(市公安局科委)

【公安科普活动】 为提升公安民警的科技素质,天津市公安局开展了“大练兵”活动,同时开展公安科普知识的宣传教育工作。2004年除对公安民警进行计算机基础知识、实用英语知识、钢笔字、普通话和警务技能的培训和达标考核外,还举办了刑侦、技侦、社会公共安全技术防范、交通管理、消防知识、出入境管理、计算机网络、通信技术等培训班111场,参加人数达58419余人;面向社会开展各种义务咨询140余场;利用各大媒体广泛宣传公安科普知识,在电视台播出51次、广播电台播出63次,出版科普板报94期,在各类报刊报道135条。同时,利用公安网在科技管理处网站开设网上培训视频点播栏目,播放科普宣传片20部。为配合“技防网”建设,先后拍摄《技术防范保您平安》、《GSM+GPS机动车报警网络系统介绍》等6部宣传片,面向局内外进行宣传。

2004年5月,该局紧密围绕“科学·文明·健康”这一主题,举办了“天津市公安局第十八届科技活动周开幕式暨《安全防范·保您平安》光盘首发式”,在《天津政法报》刊登了“民警健康知识有奖竞答赛”,全局有两万多民警参加了答题赛。期间,还举办了“天津市机动车安全检验网络信息资源管理系统展览”、“消防科技送下乡”、“消防安全进校园” 和邀请美籍华裔警官石子坚讲解美国警方处置突发事件的原则、方法以及警察实战中武器使用等43项重点活动。全局共出宣传板报1035期,设立公安科普专栏60个,发放宣传材料44000份。由于该局科技周活动组织得力,活动内容丰富、形式多样,被天津市科技活动周组委会评为天津市第十八届科技活动周先进组织单位,李庆生等5名民警被评为天津市第十八届科技活动周优秀组织者。该局还根据各基层单位活动情况,进行了综合评比,评出19个单位为市局第十八届科技活动周先进组织单位,48名民警被评为市局第十八届科技活动周优秀组织者,并为19个单位颁发了铜牌,为48名民警颁发了证书和纪念品。

科普活动的深入开展,极大地激发了广大公安干警学科技、用科技的热情,进一步推动了公安科技工作的发展,为维护天津市安定和谐的社会局面作出了贡献。市公安局科委副主任、科技管理处处长李庆生被评为天津市科普工作先进个人,科技管理处被评为天津市科普工作先进集体。

(市公安局科委)

【GSM+GPS机动车报警服务系统】 为有效预防和控制机动车盗抢案件的发生,2004年天津市公安局科技管理处和各有关部门合作研制开发了“GSM+GPS机动车报警服务系统”。该系统是将GSM移动通信技术、GIS地理信息化技术、综合数据通信技术、计算机网络技术、GPS全球卫星定位技术以及汽车防盗报警技术有效结合,基于GSM和GPS双定位技术的网络报警服务系统。与传统汽车防盗报警系统相比具有以下特点:1.防盗报警功能丰富。采用振动报警、非法开门报警、非法启动报警。当车辆进入警戒状态时,若非法打开车门、强行启动发动机时,车载设备将自动向技防服务中心发送报警信号和GSM/GPS定位信号,中心收到报警信号后会显示用户信息和车辆位置信息;2.防劫报警功能。在车辆行驶中遇劫时,司机启动紧急按钮,报警信息和车辆位置信息通过内藏的无线网络自动发送到报警服务中心;3.警情复核功能。报警服务中心值班人员在接到报警信号后,立即启动警情甄别程序,以排除因误操作、外部环境变化等误报警的干扰;4.联网功能。当警情为真时,报警服务中心立即启动接警转警程序,将警情信息发送到市公安局110指挥中心和其他公安管理部门的接警中心或终端,为警方迅速处警提供依据;5.车辆追踪功能。发生抢劫报警后,车载设备将以一定的时间间隔向报警服务中心发送位置信息,直至中心发送命令解除追踪为止;6.询车功能。中心可发出询车命令,被查询的车辆收到命令后自动向中心发送其所在位置信息;7.远程遥闭功能。当确认盗警属实且需要锁定报警车辆时,报警服务中心在接到110指挥中心命令后可以立即启动远程遥闭系统,强行切断报警车辆的动力系统。只有在服务中心发出解锁命令后,汽车才能恢复正常行驶;8.自检功能。为了确保系统的正常运行,车载终端随时检测其工作是否正常,并定时向服务中心报告。若在规定时间内收不到自检信号,中心将显示该车辆有关信息,提示值班人员尽快核查车载终端运行状况;9.地理信息解析显示功能。该系统的地理信息系统实现了车辆位置信息的文字解析和地图显示。当司机报警时,在地图上能立即显示报警车辆的登记信息,其报警位置信息也可同时发送到座席或110指挥中心。

2005年3月14日,公安机关利用该系统监控定位技术,12小时破获一起抢劫机动车案件,查获被抢车辆,抓获涉案人员,系统防控效能得到了初步显现。

(市公安局科委)

【天津金盾技术防范报警服务中心落成使用】 根据《天津市技防网总体构架及规划》要求,为实现网络连接和警情信息的有效转递和处置,在天津市公安局领导的直接指挥下,该局科技管理处积极开展了“天津金盾技术防范服务中心”建设,2004年9月“中心”落成,并向全社会提供服务,收到良好的社会效益。

“报警服务中心”是“技防网”的中枢,它采用先进的电子、通讯和计算机技术,通过中心机房的处理系统将各报警中心接收或提取的警情视频信息进行识别、筛选、整理和储存,并及时可靠的传输至市公安局各级110指挥中心,为公安部门准确地处置警情提供快速有效的信息服务。其接警系统是一个强大的信息系统,汇集了“技防网”各个系统接警中心接收或提取的警情、视频信息。按照系统的功能和属性可将其分为“固定目标监控报警系统”、“移动目标监控报警系统”两部分。“固定目标监控报警系统”,是负责处理区域防范网、重点单位要害部位防范和电视监控卡口技防四个技防子系统上传的警情信息。“移动目标监控报警系统”负责对机动车及其他移动目标的警情信息进行处理、对移动目标的运行轨迹实施监控。该服务中心设计超前、技术先进、功能强大,客服容量可以保证对10万用户的实时管理和监控,储存空间可以对一年内的报警、监控信息进行回放、查询。

(市公安局科委)

【硬切换式计算机安全隔离器】 针对当前利用各种网络攻击他人计算机,窃取或更改他人政务、商务、税务信息的违法犯罪行为,以及不同用户和个人共享计算机所引起的相互病毒感染和信息泄密等诸多问题,天津市公安局两化工作管理处的科研人员自2003年开始研制开发“硬切换式计算机安全隔离器”,于2004年1月通过了市科委组织的技术鉴定,成果水平为国内领先。该成果还通过了公安部计算机信息安全产品质量监督检验,取得了国家计算机信息安全专用产品销售许可,并具备了生产、销售产品的资格,市公安局科委还将这一成果列入2004年科技成果重点推广项目。

该成果运用了“物理隔离”方式,用身份识别装置(磁卡、IC卡装置等)控制开机、控制使用与切换被隔离的硬盘、控制网络连接。使用时,计算机其他部分不用做任何改动,各硬盘均可装有独立的操作系统,在共享其他硬件资源的前提下,大大节约了办公设备的投入,并确保计算机信息的安全。

“硬切换式计算机安全隔离器”只需安装在原计算机上,即可实现“一机多网,一机多用”,不仅可以从技术上彻底解决信息保密问题,还可以用最小的投入实现计算机其他硬件的共享,大大减少计算机建设投入,节约占地面积,降低病毒侵害造成的损失,计算机的利用率大大提高,为信息化、网络化建设的安全提供了有力的保障。

(市公安局科委)

【非接触式网吧实名登记、实时监控管理系统】 为加强网吧规范化管理,天津市公安南开分局于2001年研制开发了“非接触式网吧实名登记、实时监控管理系统”,其特点为:1. 可识别上网者的身份,能够杜绝未成年人进入网吧;2.自动获取网吧信息及上网者的信息;3.自动监控网吧在线情况;4. 具有抓屏功能,可有效地杜绝上网人员浏览色情、暴力或登陆反动网站;5.可自动比对,查看是否有公安机关在网上通缉的犯罪嫌疑人;6. 自动报警;7.多种自动计费方式,且计算准确;8.实现了上网卡的统一管理;9.采用非接触式ID卡,上网信息可备份60天。

该系统2004年6月进行技术鉴定,水平为国内领先。该成果被评为2004年度天津市公安局科技成果二等奖,已推广应用于天津市的部分网吧,并取得了显著成效。

(市公安局科委)

【天津市消防防灾减灾中心落成】 建设“天津市消防防灾减灾中心”是2003年天津市改善城乡人民生

活的 20 项实事之一,是天津消防发展史上的一件大事。该中心于 2002 年 9 月 9 日开工,2004 年 9 月 8 日建成竣工。“中心”建筑面积 23976 平方米,包括主楼、教育馆和机关直属中队。其建筑装修风格庄重,功能比较齐全,智能化程度高,贴近消防执勤和业务工作需要,具有鲜明的消防特色。该中心在主楼设有“119”调度指挥中心,指挥大厅为两层共享空间,“119”调度指挥系统由报警接收、智能接处警等 15 个子系统构成,应用最新的现代化通信技术、计算机技术、多媒体图像图形技术,以有线、无线通信系统为纽带,以火警受理系统、消防信息综合管理系统为支撑,以图象监控系统、地理信息系统和 GPS 为辅助手段,是火警受理、有线、无线通信调度指挥、计算机网络等多个系统集成的现代化城市消防指挥调度和信息处理枢纽。副楼一、二层为天津市消防教育馆,馆内分为泰山职责、蹈火雄师、警钟长鸣、防患未然四个展区。设计紧紧围绕消防防灾减灾这个主题进行总体策划,融知识性、趣味性、实用性、先进性于一体,通过陈列与观摩相结合,资料、影视、模型和实物相结合的形式,使广大市民亲身感受怎样报火警、怎样预防火灾以及正确识别和使用各种灭火器材,懂得预防和扑救火灾的科学知识。

（苏　琳）

【建立“119”火灾定点报警系统网络】 天津市公安消防局牢固树立“科技兴消防”的工作理念,积极运用现代化高科技手段大力推进“科技兴消防”的进程。该局利用先进的通讯技术、计算机网络技术建立的“‘119’火灾定点报警系统”,能够提高火灾发生后的报警速度,缩短接警时间、出动时间,迅速赶赴现场,准确判断火灾地点、科学调派灭火力量、及时抢救人命,使有可能发生重、特大火灾事故的情况下,改变火灾与灭火力量的对比,为消防部队最有效地控制大火、集中优势兵力实施有效灭火创造了条件。安装“119”火灾定点报警系统工作是市政府采取的一项加强单位技术防火的重大举措,被列入天津市保障公共安全“十一五”规划。截至 2004 年全市已经有 5587 个单位安装了单点系统,884 个单位安装了网络系统。

（苏　琳）

【制订消防技术标准和规范】 为推进天津市的消防科技进步,规范消防专业技术在建筑工程中的运用,2004 年,天津市公安消防局组织技术骨干力量,积极开展天津市地方标准的编制和宣传贯彻工作。年内分别完成了《自动消防设施培训教材》的编撰、天津市地方标准《消防安全疏散标志设置规范》、《钢结构防火涂料工程技术规范》和《建筑工程消防验收评定标准》的编制工作,并发布实施。

（苏　琳）

【实施人体损伤鉴定标准的研究】 由天津市刑事科学技术研究所王永、邸选民、刘津中、李军,天津市高级人民法院李燕军、刘毅,天津市人民检察院冯振月、徐华共同研制完成的“实施人体损伤鉴定标准的研究”,针对全市各级鉴定机构在实施鉴定工作中,运用国家颁布的人体损伤标准所遇到的具体损伤的界定不明确,重伤、轻伤、轻微伤标准中各条款之间衔接不好,以致在具体工作中不宜操作的情况,进行系统的总结和归纳,在不违反原标准的原则下,采用定性、定位、定类、定量、定功能、定时限、定鉴定规则的研究方式,将条款规定与实际操作细则结合起来,使原标准条款更具有实用性和可操作性。

该项研究经过全市各级鉴定机构两年多的实际应用,已经成为人身伤害法医学鉴定工作的重要参考文献。它统一了对鉴定标准的理解和认识,保证了鉴定结论的一致性、科学性,减少了鉴定结论的误差,使上访、缠诉案件明显减少,提高了法医鉴定工作的声誉,收到了良好的社会效益。

（王　喆、年　云）

【CHN 法骨龄鉴定计算机管理分析系统】 由天津市刑事科学技术研究所李绍稳、王宁、宋忆光、杨振来、王增亮等研制完成的“CHN 法骨龄鉴定计算机管理分析系统”,利用 VB 语言在 Windows 平台上对鉴定过程进行计算机管理与分析。鉴定人员在计算机的提示下对相关指标进行选取,对文字项与相关图例进行比对,避免了因鉴定人员经验不足导致的失误,提高了鉴定质量。该课题对六大关节法骨龄鉴定还专门提供了男性 16 周岁、18 周岁以及 14 周岁的特别判断计算,并提供了各种选项的查询、检索功能,同时还可进行模糊查询。

该系统规范并简化了骨龄鉴定工作中受案登记、鉴定查询、工作量统计、鉴定文书出具等一系列繁杂问题,设计思路新颖,注重实用,功能设置全面,操作界面友好清洁，实现了骨龄鉴定过程和鉴定文书管理的自动化、标准化和规范化，提高了骨龄鉴定的工作效率和质量。经应用于实际办案，证明该方法快速简捷，结果准确可靠。该项目成果于2004年6月9日通过专家鉴定，并获2004年度天津市公安局科技进步三等奖。

（王 喆、年 云）

【彩色喷墨打印机伪造印文的化学快速检验技术】 由天津市刑事科学技术研究所高原、侯建中、罗素敏、王蓉、张洁等完成的“彩色喷墨打印机伪造印文的化学快速检验技术”项目，分析了伪制印章、印迹的伪制途径，所用彩色喷墨打印机墨水主要成分与印泥、防伪印油成分上存在的差异，通过多方、反复的实验，利用化学反应的原理使染料产生明显区别于印泥、防伪印油的显色变化，筛选出以“防伪液”为首选的一组配方。该配方可以快速、有效地鉴别以染料为主体物的显色喷墨打印机彩色打印墨水与颜料为主体显色剂的印泥、防伪印油，从而在文件检验工作中开创了以化学反应为手段对伪造票据、印文进行检验的领域。

该项成果在实际应用过程中，体现了快捷、准确、高效的特点，几年来，在侦破诸多刑事犯罪案件和对疑难案件的甄别定性方面都发挥了重要的作用，社会效益良好。该项目获2003年度天津市科技进步三等奖。

【天津市公安交通管理综合办公系统】 由天津市公安交通管理局黄全利、何建伟、聂方、王宏宾、陆建国等研制完成的“天津市公安交通管理综合办公系统”，是采用计算机、公安专用网络、数据库、通讯、平台软件等技术，实现办公自动化及对各类交通管理专项业务处理、综合利用和信息共享的大型网络信息处理软件系统。整个系统包含综合通信网络平台、办公管理系统、信息发布系统、邮件系统、业务处理系统、综合信息查询系统6个部分。系统以Internet网络技术、硬件技术和平台软件技术为保障，以信息中心为枢纽，以综合数据库为核心，实现了全局范围内的公文流转和各类交通管理业务处理及其信息的利用与共享。经过一年多的运行表明，该系统功能全面、操作简单、配置灵活、运行稳定、安全可靠、信息共享充分、实用性强，提高了办公质量和效率。该项目于2004年9月通过天津市公安局科委组织的鉴定，属国内领先水平。

（张学军）

【道路交通事故现场勘查测绘系统】 该项目由天津市公安交通管理局黄全利、何建伟、孙忠友、聂方、翟智桐等与天津市铁通计算机网络工程有限公司共同研制完成。该系统利用开发的绘图、管理软件，通过输入现场测量数据、信息，由掌上电脑自动生成事故现场平面图、勘查笔录，通过便携式打印机现场打印，迅速客观处理现场事故，为分析事故原因、认定事故责任提供准确可靠的依据，同时在交警大队配置服务器，将现场记录自动载入服务器电子归档，实现检索、查询，并自动生成多种统计报告。该系统由现场勘查和信息管理两部分构成，投资小、功能完备；可预置道路数据；可处理各种道路形态，适用性强；可选择多种现场定位方式；可根据现场情况自动界定与事故有关的现场元素和道路范围，便于浏览和分析。设备便携、稳定、操作简便，适于户外作业；集基本信息管理、同步数据管理、事故信息管理、道路数据管理于一体；通过向中心数据库提供现场勘查基础数据，实现事故案卷的数字化；将现场勘查数据按“公安部交通事故采集表”要求提供给中心数据库，减轻工作人员劳动强度。

该系统于2004年3月起在全市22个公安交通大队运行，效果良好，运行稳定可靠，功能完备，极大地提高了事故现场处置速度，提高了交通事故处理的科技含量，提高了事故处理的质量和事故案卷质量，为事故成因分析和制定事故预防措施提供科学依据，得到了使用单位和事故当事人的认可。该系统已被河北省承德、涿州、新乐等城市引进，应用效果良好。该项目于2004年3月通过天津市公安局科委组织的鉴定，属国内领先水平。获2004年度天津市公安局科技成果一等奖，是天津市公安局科技成果推广项目。

（张学军）

【YBK系列远程控制增强型信号机】 由天津市公安交通管理局设施处庞文升、王亮、武凤池、卢晓东、程韫琳等研制完成的“YBK系列远程控制增强型信号机”，总结了先期开发的具有自主知识产权的“TTR-A型远程拨号绿波带路口控制器”的经验，在利用公共电话网络实现了远程控制的基础之上，研究了一种基于单片机的交通信号控制机,用于实现交通干道的绿波带协调控制。项目组利用公共电话网络实现了远程控制,实现了对路口控制器的校时、参数调整和远程强制等功能,实现了信号机故障的自诊断自处理功能;研究了时段变化时主干道绿波带相位差的自回归最优化调整算法,解决了绿波带上路口控制器临时脱离绿波无法恢复的难题;解决了路段上行人过街信号机与主干道绿波控制的协调控制问题；实现灵活多样的控制方式，具有单灯色控制、独立相位过度控制、独立行人灯控制、节假日特殊日控制等多种特殊控制功能;根据路口的需求，对信号机实行不同的功能组合,实现了信号机同一型号系列化;提高了信号机生产的工艺水平,信号机外观新颖,使用方便、灵活。该项目于2003年9月通过天津市公安局科委组织的鉴定,为国内领先水平,并获得2004年度天津市公安局科技成果二等奖。

（张学军）

【车辆识别系统的开发与应用】 “车辆识别代号分析系统”是天津市重点攻关项目,由天津市公安局武长顺、公安交管局康文达、邵元和、陈和平、王玉林、郭东线等与中国汽车技术研究中心共同研制完成。该项目首先开发完成了VINA系统的核心技术–VIN解码程序，随后完成了与车辆识别代号数据库和天津市车辆数据库的程序调用与连接，保证实现VINA系统的基本程序功能。

该项目主要成果为:编辑出版了一部《中国车辆识别代号(VIN)查询手册》;开发了一套适合中国国情的车辆识别代号分析系统软件VINA(Vehicle Identification Number Analysis System),VINA是基于VIN数据库的分析软件。VINA能全面再现和分析每个VIN的具体含义，为利用VIN进行车辆识别和车辆信息追踪提供一个操作平台和技术基础。

该项目完成的VINA系统软件是全国第一个具有实际应用价值的VIN应用软件,具有国际同等软件的技术水平,是中国自己的车辆识别系统,填补了国内相关领域的空白。利用VINA系统,能够有效地提高公安车辆管理部门注册登记效率，最大限度的满足车主注册登记的需要,同时可有效的对被盗、抢车辆进行跟踪。该项目于2003年12月通过天津市科委组织的鉴定,为国内领先水平,获2004年度天津市公安局科技成果二等奖。

（张学军）

【基于电话网络的远程拨号绿波带控制系统】 由天津市公安交通管理局设施处庞文升、马寿峰、王亮、程韫琳、卢晓东等研制完成的该项目，用于控制YBK系列远程控制增强型交通信号机,实现主干道的绿波带协调控制。该控制系统采取了Client/Server(客户/服务器)的系统结构,具有以下几个功能模块:用户管理功能模块、数据通信功能模块、路口机运行数据和参数管理模块、地理系统仿真功能模块、离线优化功能模块等。该系统实现了基于公网的远程交通信号控制系统使用公用电话网络、数据专线网络、光纤网络等几类数据链路方式与路口机进行数据交换;实现多时段、多计划、多相位的信号控制,并实现同一路口的变相位控制,相位忽略控制,并可实现如灭灯控制、长绿控制等较为特殊的控制方式;根据实际控制及管理需要,明确的划分了控制用户级别,划分操作权限,保护控制数据及系统的安全性;应用了地理信息系统(GIS)技术,将各种路口信息数据和路口机运行参数与地理信息系统有效的结合在一起,真实反映数据同地理位置空间的相关性,通过电子地图的各种颜色显示标志，实时显示控制区域范围全部信号灯的显示状态、路口拥挤程度、信号控制机工作状态的显示。该项目于2003年9月通过天津市公安局科委组织的鉴定,属国内领先水平。获2004年度天津市公安局科技成果三等奖。

（张　军）

【基于新型取力方式的交通护栏清洗设备】 该项目由天津市公安交通管理局设施处庞文升、张宝兰、程显亮、曹志勇、程韫琳等研制完成,其基于新型取力方式的交通护栏清洗设备，用于对道路隔离护栏进行清洗，保持交通设施的清洁与城市道路面貌的美观。该项目在东风EQ–1050T3汽车的基础上加装护栏清洗设备，采用从搭载车辆的发动机后轴端直接取力的新型取力方式，使取力器最大输出功率为30kw，完全能够达到清洗护栏各功能技术指标要求,克服了因车速、停驶、离合器闭合等状态的变化影响边行驶边施工作业的技术难题，实现了单机行走与第二动力输出很好的结合。在发动机后轴直接取力驱动液压泵，使所有机械动作都靠液压泵所供给液压传动系统的压力油完成。用电磁阀控制离合器开关，保证了汽车正常行使时输出轴处于静止状态,减少能量浪费,提高了设备的使用寿命。该项目于2004年1月通过天津市公安局科委组织的鉴定,属国内领先水平,获2004年度天津市公安局科技成果三等奖。

（张学军）

【机动车安全检验多媒体网络信息资源管理系统】 该项目由天津市公安局武长顺、公安交通管理局黄全利、薛俊友、陈和平、黄全友、李贺伟等与天源检测设备技术服务有限公司共同研制完成。该系统集车辆检测子系统、IC管理子系统、视频监控子系统、信息资源管理子系统于一体，实现了对机动车检测状态的管理、对机动车检验信息的管理、对检验管理工作的网络视频监控管理、对检验工作的达标门限的报警监控管理、对机动车安全技术检验管理工作的授权管理、对检验标准发布的管理、对检验行业的人员管理、对检测站的设备管理。该系统采用计算机技术、网络技术、信息数据管理技术、信息数据处理技术、信息数据应用技术、远程通讯技术、办公自动化技术、自动控制技术、多媒体技术等各种集成化技术,具有较高的技术应用水平。以该系统为手段,实施对检测站工作的监、控、管,具有综合性、先进性、实用性,是一种先进的管理思想,又是一种先进的管理模式,在36个检测站的应用得到了客户的充分肯定。该项目于2004年4月通过天津市公安局科委组织的鉴定,属国内领先水平,并获2004年度天津市公安局科技成果一等奖。

（张学军）

气象测报

【简况】 2004年天津市气象局实施拓展领域战略取得新进展:在全国率先与水利部门合作,承担了水利部海河水利委员会(以下简称“海委”)的海河流域防汛气象预报和服务，汛期该局预报服务人员定期参加“海委”举行的防汛会议,并制作海河流域天气预报,进一步扩大了气象部门的影响,提高了预报员的预测天气水平；与市规划与国土资源局合作,首次启动和发布了汛期地质气象灾害预报,取得了良好的社会效果;与市海洋局建立会商机制,联合发布风暴潮预报;与市防汛抗旱指挥部和水利局合作,对天津市旱涝进行实时监测,为领导提供决策依据;配合天津市发展和改革委员会对风能资源的规划与开发,参加并完成了天津市风能资源评价工作,为全市重大建设项目提供第一手资料;加强遥感技术在天津市资源动态监测及灾害评估中的应用,开发植被、干旱、海冰、积雪、大雾、火灾等遥感监测资料和图象，提升了气象服务的科技含量;围绕海河综合治理开发,开展了海河两岸开发带气候评价、城市气候与城市可持续发展的相关服务,为城市规划建设提供了有益的气象服务。此外,与中国气象科学研究院开展的城市大气环境及灾害性天气研究、与市农科院、市农业局进行的农业信息化研究、与市环保局合作开展的空气质量中期预报等均取得了新的科研成果。

加快“科技兴气象”战略步伐,在科研体制、创新机构和管理方面施行新的举措：调整了农业气象中心业务,促进了科研与业务的结合;重新修订了科研工作管理办法,提出把科技成果转化、科研与业务结合、与社会需求结合作为明确目标;加大科研投入,全局科研经费总投入达到205万元，重点扶持全局性、前沿性、应用前景广阔的研究项目和业务工作中急需解决的项目,提高了科研工作的实效。2004年获省部级科技进步二等奖1项,三等奖2项;拓宽科研项目申请渠道,加大申报力度,目前在研重点科研项目共8项，其中国家科技部2项、中国气象局4项、天津市科委2项,新立科研项目21项,其中省部级项目6项;重新修定了《天津市气象局科学技术奖励办法》,在制度上强化了科研工作为气象现代化服务的保证,同时设立科技贡献、科技开发、青年科技、科技论文等奖项，有力地促进了气象科研业务人员参加科技开发的积极性,涌现出一批高水平、有价值的科研成果和文章,入选EI检索文章和核心学术刊物的文章分别达到4篇和12篇。

2004年该局还开展了系列“科学技术论坛”活动,举办了20多期高层次的科技论坛讲座,先后邀请国内外知名专家学者和该局高层次科技人员开展学术报告和交流，极大开阔了全局气象科技人员的眼界和视野。坚持“引进来”与“走出去”相结合,加强与先进省市、周边省市气象部门的科技合作,促进了科研业务水平的提高。继续开展国际间和地区间的气象交流活动，与韩国大田地方气象厅的科技交流进一步深入,并取得了可喜的进展。

（王　宇）

【开展局校气象科研合作】 2004年天津市气象局与南开大学、天津大学、北京大学等开展了气象科研方面的合作：与南开大学环境科学与工程学院联合共建的“城市大气环境联合研究中心开放实验室”取得新进展；启动由市科委资助的“空气污染治理措施的有效评估体系研究”和“城市大气能见度的研究中雾的研究”两个项目；“天津市城市热岛效应研究”和“城市生态系统研究”两个项目正在筹备；与南开大学数学院合作，利用“南开之星”高性能计算机，开展“中尺度数值预报研究”工作和“天津地区精细化天气预报研究”，得到了市科委和市信息办的支持并已在天津市科委立项；与天津大学深入开展“城市暴雨内涝仿真系统研究”，增加了针对山地、河网发达城市特点的研究内容；与北京大学合作，利用铁塔资料开展不同高度大气颗粒物分布研究。

（王　宇）

【天津市近30年来天气预报水平变化比较分析】 该项目于2003年在天津市气象局立项，由天津市气象台吴彬贵主持完成，2004年通过气象专家验收。主要完成的内容为：1.将多年的预报资料录入数据库保存。录入08时、20时的各项预报要素，包括西青、蓟县、塘沽三站的天气现象、最高(低)气温、渤海大风等气象要素；录入自1976年开始有预报资料留存的资料（1991年的资料因没找到，暂缺）；2.研究1976年以来预报用语、预报内容等发展情况；3.划分预报发展阶段。按照每一种新的探测工具(数字雷达、卫星云图、新一代天气雷达等)、每一种数值预报模式（日本数值预报，T42，T63，T106，T213，欧洲数值预报等)的应用划分了5个阶段；4.对比分析预报准确率在不同阶段的变化。对比国家气象局的预报技巧评分办法下，不同阶段的降水及重大天气预报准确率变化情况；对比天津市气象台在执行2003年前的评分办法和2003年3月开始执行“气业函[2003]12号”文件后的两种不同的评分办法下，暴雨的空漏报情况和各项要素的准确率变化。

该项目建立健全了近30年天津市气象台短期天气预报资料库这一基础工作，并首次对市气象台近30年的短期天气预报水平进行了较为系统的分析。该研究成果揭示了天津市的天气预报随着现代化建设的不断发展，其准确率方面的提高和存在的不足，对天气预报质量评定方法的改进提供参考，并对今后气象科研开发有指导作用。

（吴彬贵）

【短期预报自动即时评分软件开发】 该项目于2003年在天津市气象局立项，由天津市气象台吴彬贵主持并完成，2004年通过气象专家验收。主要完成的内容为：1.建立分县预报数据库，可以每天自动读取分县旅游预报的预报要素；2.建立分区预报数据库，分区(蓟县、塘沽、西青)预报内容和A平台大风预报实时录入，补充、订正分县预报数据库；3.建立分县实况资料数据库，可以每天自动采集各区县观测发报资料；4. 建立月报表资料数据库，每月自动定时读取5个评分站(蓟县、塘沽、西青、市区、A平台)上报的报表资料中的相关资料，并以报表格式存档；5.建立即时评分数据库，每天自动对隔天前的个人预报和分县预报内容进行评分；6.完成国家基准站《重要天气预报质量评定办法》规定的各项质量评分；7.完成区域预报质量评分、TS评分及A平台大风评定；8.完成预报员个人逐月质量评分、TS评分；9. 集体及个人各项预报质量可以形成报表文件上网，供管理部门调用查看。该项目首次完成了一套较为完整的、既包括短期天气预报技巧评分、也包括集体和个人各项气象要素预报准确率评分、短期天气预报自动即时评分软件的设计开发。该项目投入业务使用后可以避免人工干预，减轻预报人员较繁琐的手工劳动，同时也使预报管理人员及时了解掌握短期天气预报的质量动态，具有较好的业务应用价值。

（吴彬贵）

【顶凌覆膜抗旱保春播节水技术预研究】 由天津市气象科学研究所承担、刘淑梅主持的天津市气象局科研项目“顶凌覆膜抗旱保春播节水技术预研究”，于2004年通过专家验收。该项目通过研究天津市不同气候年型和土壤类型早春覆膜抑制返浆水蒸发机理，分析出最佳顶凌覆膜期及土壤水分变化规律，达到春季免春灌播种，解决春播作物因干旱不能播种的难题。摸清天津市不同类型土壤含水量早春变化机理，找出早春地膜覆盖和揭膜的最佳时间，为有针对性的开展春季干旱农业气象服务提供了依据。该项目突破了地膜覆盖与春灌播种同时进行的做法，截留整个春季的土壤蒸发水分于土壤中，使春季地表蒸发减小到最低，提高土壤墒情，保证春播出苗时水分和热量需求；根据雨季来临时间和不同气候年型春季蒸发和降水的关系及作物根系对温度的要求，找出适时揭膜的时间，既提供作物前期需水，又利于后期土壤蓄水，同时减少地膜的环境污染，是对覆膜节水技术的发展和完善。

（刘淑梅）

【花粉浓度预报】 该项目1999年由中国气象局批准立项，天津市气象科学研究所与天津市胸科医院共同承担，市气象科研所白玉荣主持完成，2002年通过了中国气象局专家鉴定，课题研究达到国内领先水平，并获得2003年度天津市科技进步三等奖。

花粉浓度预报和花粉症预防在中国属前沿性研究，天津市气象局从1999年开始进行花粉监测、预报研究和服务，建立了4个花粉观测点。研制完成的花粉浓度预报服务系统，操作简便，实用性强，可自动采集各种气象要素、花粉粒数，自动输出预报等级和服务用语，使花粉预报达到客观化、定量化。它的推广应用对城市环境气象业务发展起到积极促进作用，通过天津人民广播电台、天津电视台、《天津日报》、《今晚报》、《每日新报》、气象"121"声讯台等多种媒体发布花粉浓度预报和监测实况，为广大公众服务，为医生准确诊断花粉症提供科学依据，对减少患者痛苦、节约医疗费用、提高人们健康水平起到积极促进作用。

（白玉荣）

【Windows下的专业气象预报产品制作及发布系统】 该项目由天津市气象局立项，气象科技服务中心刘月琨承担，2004年10月22日通过专家验收。该系统采用Visual Basic 6.0语言及SQL Server数据库技术编程，在PentiumⅢ及以上计算机上，在Windows 98、Windows 2000或Windows XP操作系统支持下运行。经过一年多的业务运行，其功能基本能够满足预报员对专业天气预报产品制作流程的需要，输出产品基本能够满足不同行业专业用户的需求。该系统形成了一个较为完善的专业天气预报产品制作平台，其采用SQL Server作为系统的数据库支持环境，将不同地区、站点、时段、预报要素、用户的需求等组建库结构，把不同用户的服务内容、要求、服务方式等信息存入数据库，以备服务产品输出时调用。该系统录入界面为预报员提供了快捷的预报内容录入工具，包括简拼+数字录入、鼠标录入。系统定义了组合键、快捷键，保证预报员每天快速、方便完成预报录入工作。其采用ASP+SQL完成预报产品的个性化服务，将预报数据库中的预报内容按用户的需求，输出用户个性化的服务主页，不同用户的主页全部由服务器自动完成，同时提供了HTML及TXT文件的打印功能。该系统的应用减轻了设备的压力，原来每天至少使用两部计算机完成的专业天气预报制作，现在使用一台计算机即可完成；减轻了预报员的工作强度，由于录入方法方便、简单，提高了天气预报制作速度；专业天气预报产品的页面清晰、美观，增强了可读性，使专业气象服务台的专业天气预报产品更加受到用户的欢迎，体现了天气预报为工农业生产和经济建设服务的指导思想，同时也提高了经济效益。

（刘月琨）

【EOS/MODIS卫星资料在渤海海冰监测中的应用研究】 该项目于2002年在中国气象局科技教育司立项，由天津市气象科学研究所韩素芹承担，2004年完成研究工作，并通过专家验收。该项目探索利用先进的EOS/MODIS卫星资料，实现高时空精度的渤海海冰监测方法，利用遥感图象处理软件ENVI对MODIS资料的多个通道进行光谱分析，找出对海冰比较敏感的通道及通道组合，确定判识渤海海冰的通道门槛值。利用该方法对近几年的MODIS资料进行处理，得到海冰分布图及面积，并以矢量的形式调入最后的集成系统和海图叠加。为了视图方便，该项目还利用C++语言编写了海冰自动识别程序，可以脱离ENVI软件查看、处理MODIS资料并提取海冰。在海冰预测部分分析海冰形成、发展和消融过程的气象条件，研究人员把气温变化的预测作为海冰变化预测的切入点，对1990年~1999年冬季(12、1、2月)塘沽、秦皇岛、营口、大连、龙口、绥中、兴城、庄河、威海、成山头10个气象台站的气温资料进行了分析，将出现各站明显降温的个例挑出，并将当时的500hpa的高度场形势进行分型，选择预报因子，建立预报方程。该项目用不同预报实效的预报场(如：欧洲中心48、72、96小时数值预报场)，得出不同时效的气温变化的预报值，经过插值后，可看出海面上的气温变化趋势，从而推断海冰的变化趋势，并利用组件式GIS技术，基于ESRI公司的MAP Object组件，采用面向对象的可视化编程软件 Visual Basic 进行集成开发，对与海冰预报密切相关的基础地理信息图层、天气预报信息、遥感监测信息等资料数据进行综合管理，实现通用地理信息系统功能和专题应用分析功能，对海冰的发生发展趋势进行动态监测和实时预报预测，可以为决策部门快速准确观察到渤海冰情发展及有关冰情的多种信息，提高了渤海区域气象台站的服务能力。

（韩素芹）

【环境评价气象实验资料处理系统软件研制】 由天津市气象局立项、气象科学研究所张敏主持的该课题，是环境评价工作中大气探测实验及资料处理系统。该系统克服了探测资料与实况不符的问题，实现实验资料现场处理，能及时发现问题，解决问题，以保证探测资料的质量，具有准确性、完整性、代表性和可比性。该系统功能全、针对性强，是环境评价现场实验及气候资料整理的实用软件，具有很强的兼容性和容错功能，对硬件条件无特殊要求，可在 Windows2000\XP 平台下运行，人机界面友好，易于操作。

（张 敏）

【空气质量预报资料信息库及空气质量预报方法集成】 该项目 2002 年由北京区域气象中心立项，天津市气象科学研究所张敏、王长有、朱玉强共同完成，2004 年通过专家验收。该项目针对城市空气质量预报业务的需求，以空气质量监测资料、气象资料为基础，应用 Visual Basic 数据库技术，建立空气质量预报信息库。它包括：空气质量预报资料信息库，空气质量集成预报方法，空气质量预报业务操作平台。空气质量预报资料信息库可实现任意时段对空气污染物监测资料、环境气象资料等检索、查询；集成预报方法可以修订某些偏差，使预报准确率提高 5.4%，该集成预报方法编程后，可提供预报业务应用；业务操作平台按照用户选取的预报时段，用模块建立的统计预报方法把预报因子带入，即可得出污染物浓度的预报值和污染物指数，当预报出现严重污染时，系统自动报警，以示用户注意。该系统在退出时，自动提示用户将预报结果存盘。该系统功能全、针对性强、兼容性强，对硬件条件无特殊要求，可在 Windows2000\XP 平台下运行。其人机界面友好，易于操作，成为环境评价资料整理的实用软件，易于推广。

（张 敏）

【城市智能型防洪减灾决策支持系统研究】 由天津大学钟登华、冯平、阎俊爱、崔广涛、张社荣等完成的“城市智能型防洪减灾决策支持系统研究”包括：设计城市智能型防洪减灾决策支持系统的理论框架；分析城市洪水灾害的成因机理，建立基于遗传算法的神经网络洪水预测模型；研究基于 GIS 的河道、蓄滞洪区洪水演进可视化仿真技术原理与方法；分析研究城市洪灾损失的预估模型；分析研究模糊优选神经网络模型在城市防洪减灾方案优化中的应用。该项目研究利用 GIS 强大的空间数据分析和处理能力，可实现洪水演进全过程的三维动态可视化演示，为城市防洪减灾决策提供不同方案的、快捷的、形象直观的淹没范围、水深和所造成的洪灾损失，使决策者能在较短的时间内做出提前安全转移淹没区内人员和财产的决定，有效地减少洪灾造成的损失，对于实现防洪减灾工作的正规化和现代化、促进防洪减灾决策的科学化、提高城市的综合防洪减灾能力，具有十分重要的理论意义和现实意义。该研究成果已在海河流域城市防汛指挥系统和天津市防洪减灾规划中得到成功应用，具有一定的社会效益和减灾经济效益。该项目成果获 2003 年度天津市科技进步二等奖。

【天津市首次发布地质灾害气象预警预报】 2004年9月14日天津市规划和国土资源局、天津市气象局首次联合发布天津市地质灾害气象预报。预报14日当天夜间蓟县的降水将达到暴雨水平，北部山区因强降水发生山体滑坡、泥石流、坍塌等地质灾害的可能性较大，根据天津市地质灾害气象预警等级划分，发出地质气象灾害 3 级预警信息，地质灾害类型为滑坡、泥石流、崩塌等，预警时间是 9 月 14 日 20:00~9 月 15 日 20:00，这是启动预警系统以来的首次发报。根据预警预报，各有关部门和当地居民进行了防灾准备，对灾害的发生起到了非常有效的防范作用。该次预警为各部门做好防灾准备争取了时间，基本达到了防灾减灾的目的。

（丁兆强）

【农田除涝区防灾减灾系统开发研究】 由天津市水利局农田水利处承担完成的“天津市农田除涝区防

灾减灾系统开发研究”,结合天津市大部分扬水站设施严重老化、功能下降或丧失、农田排涝沟渠淤积严重及除涝体系减灾保障能力降低的情况，对各区县扬水站及排水沟渠等排涝体系基本情况进行调查、分析,采用降雨径流相关图法,重新计算径流量,运用数学模型加以分析印证,修改完善《天津市平原区农田除涝水文手册》；依据重新修订的排涝模数,计算测定各排涝小区的排涝能力，以适应天津市农业向优质高效方面进行结构调整和农村经济快速增长的需求。根据不同的排涝标准,提出四个农田排涝改造方案,进行优化对比,筛选出最优推荐方案;利用地理信息系统软件,开发出天津市除涝信息系统,直观地反映出天津市农田除涝系统基本情况。该项目2004年9月17日通过专家验收。

（张　雁、常守权）

【黎河流域产汇流基本特征研究】 由天津市引滦工程黎河管理处承担完成的“黎河流域产汇流基本特征研究”项目,通过野外降雨量观测和流量测验,对1960年以来的历史水文资料进行了收集、整理和分析，并对黎河43年雨洪资料和其中有代表性的14场较大洪水进行分析研究，摸清了黎河流域的暴雨和洪水特征及产汇流的基本规律。通过对暴雨资料的统计分析,揭示了成峰暴雨多为流域普雨,确定黎河流域半湿润地区的气候特征。对流域蒸散发特性的分析，解决了无蒸发观测资料情况下的资料借用问题，合理确定了主要产流参数流域蒸发能力Ep值。通过对典型洪水资料的径流系数和洪水过程线的分析，得出黎河流域以蓄满产流为主要产流方式的结论。通过对引滦输水前后洪水产流量对比计算,说明引滦输水未造成流域产流特征的变化。在摸清黎河产汇流规律的基础上，建立了洪水预报模型——新安江模型。经检验和误差评定,预报模型具有较高的合格率,可以进行实时洪水预报。该项目于2004年11月20日通过专家验收。

（张　雁、常守权）

防震减灾

【简况】 2004年天津市地震局在天津市政府和中国地震局的共同支持下，从三个方面组织实施了天津市的防震减灾科技工作：

1.承担了中国地震局“十五”重点项目“天津市数字地震观测网络”的实施,其主要内容包括五个部分:⑴天津市数字遥测地震台网扩建;⑵天津市地震前兆台网扩建;⑶天津市数字强震台网扩建;⑷天津市地震观测网络信息服务系统扩建；⑸天津市地震应急指挥技术系统改造。

2.三个重点建设项目取得实质性进展,其中天津市地震台网中心大楼、天津市滨海地震监测预警中心建设项目均已完成立项、选址和建设方案,即将开始建设。天津市地震局与天津市测绘院等单位合作建设的“GPS观测网”也于2004年底前确定了建设方案,正在实施。

3.2004年度天津市地震局新增科研项目17项,其中天津市科学技术委员会重大攻关项目2项,中国地震局地震科学联合基金项目3项，天津市及兄弟省、市有关单位委托协作研究项目5项;该局根据地震监测预报工作的需要还安排了局内中青年基金和责任包干制科研项目7项；全年科研经费总额达34万。

2004年天津市地震局获中国地震局防震减灾优秀成果三等奖1项，另有4个项目通过了天津市地震局科学术技委员会的成果验收。

（刘晓年）

【天津市中短期地震预报技术系统研究】 该项目是天津市科委重点攻关项目,由天津市地震局陈化然、赵国敏、蒋淳、张杰卿、刘晓年等完成。

该项目针对当前地震中短期预报的实际问题,结合天津市所在区域的地震、地质环境特点,进行了专项研究,其研究成果主要包括四方面的内容:1.建成“天津市地震预测基础信息库”。在首都圈工程项目建立起技术系统和地震基础信息库的基础上,把观测系统、信息系统和预测系统有机地结合起来,建立起实用的地震预测技术系统。该系统的信息库包括地理信息库、地质构造库、台站信息库、前兆数据库、异常信息库等多种基础数据库。研究成果有助于推动地震预测工作的规范化;2. 筛选出目前适合天津市地震中短期预测的测震学和前兆学异常指标。课题组从测震学和前兆学的角度，对天津市在地震预测预报工作中使用的方法、手段进行了较为深入的研究,提出了有一定地方特色的预报方法和指标,预报中使用的方法包括模糊自相似系数方法、模糊平静异常方法、自助统计方法、A t值方法、信号震方法以及地下流体“动态年周期方法”和“相对时段速率比较法"等;3.初步建立了"天津中短期地震预测综合指标体系"。在对上述方法和指标逐个进行预报效能检验的基础上制定天津市中短期地震预测综合指标体系,编制出相应的软件系统,将工作重点放在了地震的中期预测与短期预测的衔接方面,取得了一定的成果;4.建成"天津市地震中短期可拓学预测模型"。采用可拓学方法,将各种地震异常指标进行综合分析,初步建成了天津市中短期可拓学预测模型。

2004 年 3 月 23 日,天津市科委组织了对该项目科技成果鉴定会,鉴定委员会一致认为"该研究成果达到国内同类研究的先进水平,在地震的统计综合预测方面达到领先水平"。该研究成果已直接应用于天津市地震局日常地震监测预报工作。

(刘晓年)

【**FRP 减灾技术研究**】 该项研究是中国地震局地震科学联合基金项目,由天津市地震局研究员李大华等完成,于 2004 年 12 月 28 日经天津市地震局科委验收合格。

该项目组在研究实践基础上,系统地提出了现代无金属结构概念,总结出有 3 种主要形式,即纤维砌块结构、纤维混凝土结构,纤维仿木结构。1.纤维砌块结构主要是在该项目研究的多层砌体房屋 FRP 抗震加固试验研究基础上提出的,为替代现在量大面广的砖混结构而精心设计;2. 纤维混凝土结构是在地磁观测室研究建造基础上提出的,即建筑结构中的钢筋混凝土结构可用纤维混凝土结构代替,钢结构可用纤维混凝土或纤维仿木结构代替;3.针对山西应县木塔修复的 FRP 技术研究,提出了纤维仿木结构的概念,为古旧建筑修复和建造世界上最高、最长的建筑,提供了新的思路和经验。

该项技术应用于建(构)筑物,具有明显的综合防灾效果。应用该项技术建成的静海和昌黎地磁观测室已经投入实际应用,取得了良好的效益。建造现代无金属结构房屋为国内首创,在 FRP 建筑应用技术研究方面,地震系统居于国际领先地位。该项研究成果,对推进现代无金属结构的理论和应用研究有一定的积极意义。

(刘晓年)

【**天津滨海新区晚第四纪地层测年方法研究**】 该项研究是中国地震局地震科学联合基金项目,由天津市地震局陈宇坤、邵永新、张翠芬和中国科学院地球环境研究所王旭龙共同完成。于 2004 年 12 月 28 日经天津市地震局科委验收合格。

该项目在国内首次针对滨海相水沉积物开展了系统的测年方法研究。主要成果包括:1.天津滨海地区岩性地层及其沉积环境意义。研究成果表明,黄骅坳陷海相地层发育比较齐全,晚第四纪以来发育了 3 个很明显的海相地层,下部地层主要以陆地河湖相为主,二者相变明显,地层的横向变化较大;沧县隆起中,由钻孔揭示的地层则反映海相地层发育不很齐全,仅发育了两个较明显的海相地层,区内第三海相层很不明显,由地层剖面可以明显看出地层的突变,反映沉积间断或侵蚀作用明显。通过研究,了解了区内晚第四纪沉积发育的基本概况,为年代地层序列的建立奠定了基础;2. 天津地区晚第四纪沉积物测年技术研究。研究成果表明,当样品较年轻时,用红外后的蓝光(Post-IR OSL)和用红外光(IRSL)测量所得到 ED 值差别不大,样品越年轻,二者符合越好;当样品较老时,用蓝光(Post-IR OSL)和用红外光(IRSL)测量所得到 ED 值出现差异,红外光(IRSL)测量所得到 ED 值呈系统偏小,样品越老,二者差异越大。其主要原因是由于长石异常衰变的影响,因此在光释光年代测试中,要尽量采用蓝光激发和测试。精确的古地磁测年是对光释光和 ^{14}C 测年很好的补充,但古地磁地层学只有结合岩性地层学、古生物地层学和其他测年方法相结合,并对沉积环境进行深入分析和综合解释,才获得很好的结果,因此这次高精度的古地磁测试与磁性地层研究是对该地区古地磁研究的突破。研究表明,对于滨海水沉积物的 ^{14}C 测年中,一定要选取质量较好的有机泥炭样品,否则结果会存在很大的不确定性,这也是滨海沉积物 ^{14}C 测年中面临的最大困难;3.新年代学方法在天津海河隐伏断裂活动特征评价中的应用研究。利用地质钻孔勘探,选择海相地层作为钻孔地层对比的标志层,进行了钻孔地层划分与对比、微体古生物及钻孔岩心的年代学测定,鉴别由于断层活动而引起的地层扰动,结合岩心样品的年代学测试,揭示了海河隐伏断裂的最新活动时代、晚第四纪以来各时段的垂直运动幅度、速率及变化,为断裂地震危险性评价提供依据;4.天津滨海地区晚第四纪年代地层序列研究。通过对该地区深地质钻孔地层开展的古地磁测试与磁性地层研究,结合 ^{14}C 和 OSL 测年和生物地层、岩性地层研究结果,分别研究了天津滨海地区黄骅坳陷和沧县隆起两个不同构造单元的中、晚第四纪78万年以来的年代地层序列，建立晚第四纪年代地层的基本框架,为该地区活动构造和第四纪地质研究提供年代地层学的标尺。

该项研究取得的主要成果，对城市活断层探测中有关年代学的相关问题具有现实的指导意义。

（刘晓年）

【GPS新技术用于地形变与地震活动预测研究】 2004年,中国地震局第一监测中心科研工作出现了开拓性的良好局面,拓宽了研究领域,基于大地测量成果采用新技术、新方法研究构造运动、地壳变形、地震活动、地震预测等方面取得较好成绩,利用卫星全球定位系统(GPS)的数据处理取得突破性进展。科研人员利用GPS最新测量成果,分析研究中国大陆的现今构造变形、水平应变场、块体运动、地壳水平运动特征构造形变场等,并用于地震活动性研究;同时利用GPS的最新测量成果分析中国大陆GPS基准站时序资料、误差分布及垂直形变特征。研究人员统一处理了中国地壳观测网络工程三期复测的全部GPS观测数据,用于1~3年中国大陆地震大形势判定和年度会商，并在新疆地区给出年度地震危险区预测（2005年2月15日发生的乌什Ms6.2级地震就发生在给出的危险区内)。第一监测中心的年度地震预测工作被中国地震局评为第三名，这是GPS观测数据用于地震预测预报取得的新的成果，也是对GPS观测数据用于地震预报的新的尝试和检验，它预示着GPS新技术在未来地震活动和预测、预报研究中将有很好的前景。

2004年中国地震局第一监测中心科研人员在国内刊物发表研究论文20篇(其中2篇被国外SCI收入),合作专著1部。

（陈银河）

【自动垂直形变仪在天津市地铁一号线施工中的应用】 中国地震局第一监测中心自行研制开发的垂直形变监测系统，已成功用于天津市地铁一号线的施工。2003~2004年,天津市地铁一号线小白楼至下瓦房盾构施工区间,地铁隧道的上、下行轴线将穿越天津市重点保护建筑——名人王中山故居。该建筑是带地下室的三层砖木结构,年代久远,各种资料无法考证。在地铁施工过程中穿越该建筑物时,其建筑内即安装了该垂直形变监测系统。该系统由传感器探头、计算机采集系统等组成,可在2分钟内连续自动采集多路形变数据,实时反馈空间形变信息,指导施工。该项技术填补了国内施工中连续快速监测仪器的空白,真正实现了信息化施工,把国内施工引起形变的监测技术提高到了一个新的水平。

（韩广兴、陈银河）

【中国大陆地壳运动与活动地块研究】 根据1990年颁布的中国地震烈度区划图，基本烈度Ⅶ度或Ⅶ度以上地区的面积占全国总面积的32.5%。深入研究这些地区的地壳变形与地震活动的关系，对地震的发生做出预测预报尤为重要。根据地震预报这个举世公认的科学难题,中国地震局与中国科学院、教育部等联合提出了“大陆强震机理与预测”的项目建议,并以优异的成绩通过了专家评审,成为国家重点基础研究发展规划(973)15个首批项目之一。“中国大陆现今地壳运动与活动地块及其边界运动学研究”是该项目的第3课题。

该课题由中国地震局第一监测中心牵头，研究员李延兴主持。中国科学院上海天文台、中国地震局研究所、中国地震局第二监测中心、中国科学院遥感应用研究所和中国地震局地质研究所共6个单位、20多名专家、数百名科技人员参加了课题研究工作。

该课题从1998年5月1日至2003年9月30日,历经5年多的科学研究和野外试验场的观测,共获得华北地区、青藏高原东北缘以及川滇地区的三期GPS观测资料,2000多千米精密水准测量和60多个重力点的测量数据，取得了丰硕的成果,于2003年年底通过国家科技部验收，并于2004年11月1日获2004年度中国地震局防震减灾优秀成果一等奖。这是中国地震局2004年在全国范围内评选出的惟一的一项科研项目一等奖。

该课题经过多学科专家共同努力，取得的研究成果为:建立中国大陆统一的速度场、中国大陆统一的重力场和中国大陆应变场；中国大陆活动地块运动、变形模型;取得重点地区水平、垂直运动和应变场演化结果;给出In SAR技术对张北和玛尼地震垂直形变场研究结果;地壳形变与强震关系及未来10年危险区的预测；得到NNR-ITRF2000VEL板块运动模型以及GPS气象学的初步研究结果,并发现和揭示了全球的三维变形和振荡特征。

该课题还利用最近20年来中国大陆空间大地测量(GPS)的最新观测结果,对中国活动地块进行研究,揭示了中国大陆水平形变场的分块特征,特别是青藏高原的各构造单元的形变特征;在研究中国大陆现今地壳运动和变形时,导出活动地块整体运动和连续变形相结合的运动方程;建立全球板块现今运动的刚体运动模型NNR-ITRF2000VEL。这些最新研究成果为研究中国大陆现今地壳形变提供更精确、更科学的参考框架;对地学理论研究、In SAR技术在地震形变监测中的应用、地震预测和天气预测都做出了重要的贡献。

该课题共出版《地壳运动与形变监测与研究》、《天文地球动力学》、《星载孔径雷达干涉测量》专著3部;在《Science》、《中国科学》等国内外著名刊物上共发表论文221篇,其中被SCI收入51篇、EI收入11篇。在国内外学术会议上发表论文59篇,其中国际会议特邀报告5篇,国内会议特邀报告19篇。这些论文已被国内外地学研究者广泛引用。

(陈银河)

【晋冀蒙综合流动形变监测网改造】 该项目为国家"十五"科技项目,是"中国数字地震观测网络流动形变监测系统"的重要组成部分和基础性工作。该监测网的地理范围为:北纬37°~41°、东经110°~115°,位于山西省中北部、河北省西部和内蒙古自治区南部部分地区,海拔在250m~1000m之间。该项目由中国地震局第一监测中心承担,目的是把京西北和山西连成片,形成晋冀蒙综合流动形变监测网,用于监测张家口—宁河—渤海地震构造带西北端、河套断陷盆地和诸多边界断裂;山西断陷带的太原盆地、忻县盆地、代县和大同盆地及其诸多边界断裂和太行山前断裂部分地段的地壳形变活动。该监测网改造水准测线40条,埋设水准点417个、重力点56个、综合点145个,线路总长度4161m。于2004年8月中旬结束外业勘选,11月底结束外业埋石工作。

(王 杰)

【区域网第三次GPS联测】 中国地壳运动观测网络工程是国家"九五"重大科学工程项目,区域网是其重要组成部分。2004年中国地震局第一监测中心承担的区域网联测任务分为两个区:一是首都圈(北纬38°26′~40°36′,东经114°34′~119°40′)地区,该区包括北京、天津这两个人口密集、经济发达的直辖市以及河北省北部地区,为中国地震活动重点监视地区,共观测81个GPS站点;二是西部(北纬27°43′~38°36′,东经77°06′~101°30′)地区,GPS点主要分布在西藏、四川、云南、青海和新疆境内,测区内的站点大多在海拔3000m以上,最高点位(J033)海拔5440m,共观测70个GPS点。西部地区地质构造复杂,是地震活动最为强烈地区之一。

该联测从2004年3月20日至7月3日,完成首都圈、西部地区151个GPS站点的观测任务。按中国地壳运动观测网络工程中心《区域网GPS联测资料质量评定办法和标准》(地工发[2004]8号文附件)进行评定,成果为全优。

(王 杰)

【地形变测量监测天津市地面沉降】 天津市地面下沉的主要原因:一是地处华北平原东北部渤海湾西岸,是一个新构造沉降区;二是过量开采地下水造成的人为地面沉降灾害。天津市地面沉降灾害监测采用的地形变测量技术有传统的水准测量和现代空间测量技术如GPS测量,同时还开展In SAR技术用作地面沉降监测的试验研究。中国地震局第一监测中心承担了天津市地面形变的监测任务,采用水准测量技术全面开展地面沉降监测与防治,使沉降灾害得到了明显的控制。截至2002年,已在市区及郊区布设的地面沉降监测水准网包含3000km的水准路线和1400多个水准点,近两年又对其进行加密改造,使其监测功能更加完善。第一监测中心对天津市地面沉降监测水准网复测从每年的10月开始,11月结束。2004年完成天津市地面沉降监测一等水准1414.8km,一等水准共形成闭合环33个;完成地面沉降监测二等水准319.6km,宁河芦台片二等水准共形成闭合环13个。1995年,第一监测中心还在天津市区布设了一个GPS监测网,用于天津地区在地面沉降中应用GPS技术的可行性研究,同年进行首期观测,并于每年的10月或11月对GPS监测网进行复测。

(陈银河)

【水库大坝地基基础地震液化及加固处理措施研究】 该课题由天津市引滦工程尔王庄管理处承

担完成,2004年12月3日通过专家鉴定。课题针对天津市尔王庄水库(平原水库)堤基内存在的粉土及粉砂层的液化可能性、孔隙水压力的消散等问题进行了研究，并用动力分析方法对围堤的液化区域进行研究，同时考虑土的孔隙水压力的分布情况以拟静力法对围堤的整体稳定性进行分析。研究成果提供了合理可行性的防震措施,供水库加固设计与施工应用。该研究成果总体水平居国际先进，对有类似情况的平原水库动荷载作用下的稳定问题有重要的参考价值。

（张　雁、常守权）

广播电视

【简况】 “十五”期间,天津广播电视技术密切跟踪世界广播电视技术的发展,依靠科技进步,逐步实现广播电视数字化、网络化、自动化、固态化、智能化；利用卫星、无线、有线、微波等多种技术手段,扩大广播电视的有效覆盖，提高广播电视节目制作水平和播出质量;充分发挥广播电视的产业功能,优化资源配置,开发视频、音频、数据等综合业务;开展信息服务,在信息化建设中发挥了重要作用。天津广播电视系统将数字技术先后引入到广播电视节目的制作、播出、信号传输、发射等领域,同时引进了一批摄、录、编、数字特技、非线性编辑、音频工作站等数字设备,基本实现了播出、传输系统的数字化,在电视节目采编、制作、播出设备数字化、电台广播中心工艺系统、中波全固态发射系统、C波段卫星地面站系统等方面在国内具有明显的技术优势。

截至2004年,市级广播已达到10套节目的播出能力，播出时间由2000年的221h/d增长到304h/d，节目制作能力由2000年的48h/d增长到72h/d;市级电视自办频道增加到9套节目(其中《时代家居》频道作为数字付费频道,上传中国有线网络公司数字电视付费频道集成运营平台),自制节目能力从12h/d增长到23h/d。天津卫视节目实现了卫星传送，并已在包括北京在内的全国28个省会市及23个地级市播出;有线电视网络实现了以光缆为主,MMDS为辅的联网,主干光缆敷设已达1600km，现传输53套电视节目，用户超过180万户；区县广播电视整体水平有明显提高,完成了广播电视“村村通”工程,彻底解决了天津市北部山区广播电视有效覆盖问题。

截至2004年,在全市的广播电视技术领域中已形成了以重点科技项目建设为龙头,以各科研院所、高等院校和各广播电视部门为技术依托的广电科技体系,同时也为培养广电人才、充分发挥其才干营造了良好的政策环境和工作环境，促使一大批具有较强科研能力的优秀青年科技人才脱颖而出，并在重点科技项目中挑起了大梁，为广播电视技术事业注入了新的活力。

（李汝勤、邓　卉、李广全）

【荣获广播节目技术质量奖】 2002年天津人民广播电台制作的节目《阿根廷别为我哭泣》、《京剧“四郎探母”》、《中外名曲——模拟世界舞曲音乐会》获国家广播电视电影总局(以下简称“国家广电总局”)广播节目技术质量二等奖。

2003年天津人民广播电台获国家广电总局广播节目技术质量(播出技术质量奖)二等奖,同年节目《回声河(广播剧)》和《十六病区的七缕月光(广播剧)》获国家广电总局广播节目技术质量(录制技术质量奖)一等奖,《科迪一家在天津》获国家广电总局广播节目技术质量(录制技术质量奖)二等奖。

2004年天津人民广播电台节目《光荣与梦想(语言类)》、《爱情童话(广播剧)》、《红红火火农家院(语言类)》、《合唱“阿利露亚”(音乐)》同时获得国家广电总局广播节目技术质量(录音技术质量奖)一等奖。

（市广播电视电影局）

【建立数字化、网络化广播工艺系统】 该项目由天津人民广播电台负责完成,参加人员张仑、刘伟、田宝岭、王强、刘宝海、杨长明。2001年9月1日项目建成并投入使用,获2001年度天津市广播电视电影科技进步一等奖和2003年度国家广电总局科技创新三等奖。

该工艺系统由总控制室、播出、录制、音频工作站自动播出系统网络、录音棚、信息管理系统网络及交通台视频监控路况播报等7个系统组成。该项目采用当代新技术、新工艺,使天津人民广播电台包括节目采编、录制、播出及管理工作在内的广播中心全系统工艺流程实现数字化、网络化。广播中心由相距250米的两个楼组成，通过建立数字音频矩阵及两大计算机网络(音频工作站自动播出系统网络、录音棚、信息管理系统网络),使其成为一个整体,两楼间数字音频信号可交换，网上资源共享。自动播出网络采用在一个网络上按频道分域、分服务器/阵列柜管理的结构，以提高服务器的响应速度和磁盘阵列数据响应速度，提高安全等级，降低对数据备份系统的要求标准，避免全系统发生大范围灾难性事故。该项目的建成明显提高了电台节目制作能力和播出质量，确保安全播出，进一步发挥了广播优势，提高了其在媒体中的竞争力，从而更好地为党的中心工作服务。

（蒋文胜）

【路况信息辅助播报系统】 该项目由天津人民广播电台负责完成，参加人员马津力、杨红杰、王强。获2002年度天津市广播电视电影科技进步三等奖。

2001年天津人民广播电台交通台自行研发了基于网络的地图化路况信息辅助播报系统，从而实现了利用电台广播疏导交通的功能。该系统由主要路口的视频路况监视系统、出租车移动路况采集系统和基于电子地图智能化路况辅助播报软件系统三部分组成。自路况信息辅助播报系统投入使用以来，系统工作稳定、易用，对天津市区的交通疏导工作发挥了重要作用，取得了显著的经济效益和社会效益。

（王 强）

【低成本小型广播电视全数字音频广播系统】 该项目由原天津广播电视电影局科研所负责完成，参加人员贾克明、张家骅、张望，获2002年度天津市广播电视电影科技进步三等奖。

该系统由节目编审设计软件、节目数据库设计软件、节目自动播出串联单设计软件、播出切换控制系统组成，实现节目三级审核、节目自动播出及应急播出切换。该系统的开发，增加了中小型广播电台数字化发展的方式，并已经在静海县、宁河县广播电视局正常运行3年。

（张家骅）

【广播节目进入有线广播电视网】 2000年5月，天津人民广播电台新开办的背景音乐台及新闻台、音乐台、经济台、文艺台节目分别以88、88.4、88.8、89.2、89.6MHz频率进入天津有线广播电视网播出。其中，背景音乐台采用光盘播放机全天24h自动播出专办节目，在华苑居住区测试，有线调频端场强达50db，收听质量良好。2003年7月，有线调频广播又增加了古典音乐台、戏曲台，采用音频工作站自动播出，同时，还将交通台、生活台、滨海台等三套无线广播节目也进入有线广播电视网同步播出。

（李广全）

【荣获电视节目质量奖】 2002年天津电视台制作的《12点报道》、《2002年天津电视台春节晚会》节目获2002年度国家广电总局电视节目质量奖（金帆奖）录制技术质量奖三等奖；2003年天津电视台获2003年度国家广电总局电视节目质量奖（金帆奖）播出技术质量奖二等奖，天津电视台制作的节目《天津新闻》获2003年度国家广电总局电视节目质量奖（金帆奖）录制技术质量奖二等奖，《海舞天歌津城喜》获2003年度国家广电总局电视节目质量奖（金帆奖）声音制作技术质量奖二等奖；2004年天津电视台制作的节目《繁华春俏–2004年天津电视台春节晚会》获2004年度国家广电总局电视节目质量奖（金帆奖）录制技术质量奖二等奖，《延安时代》、《十二楼的流星雨》获2004年度国家广电总局电视节目质量奖（金帆奖）录制技术质量奖三等奖，《艺品藏拍》获2004年度国家广电总局电视节目质量奖（金帆奖）视频图形制作技术质量奖三等奖。

（黄 河）

【多通道硬盘播出系统】 该项目由天津电视台负责完成，参加人员张军、沈绍杰、龚维增。获2002年度天津市广播电视电影科技进步三等奖。

2002年天津电视台建成基于硬盘视频服务器的盘带混合自动播出系统。该系统的建成实现3个频道的硬盘播出，包括4个编单工作站，1个广告上载站，4个节目上载站，2个延时播工作站。具备主备播出、直播节目延时播出、资源共享等数字化功能。该项目的建成提高了天津电视台节目播出质量与播出安全。

（黄 河）

【车载数字卫星移动上行站】 2001年，天津电视台引进了车载数字卫星移动上行站。与传统的无线传输手段小微波相比，数字卫星移动上行站打破了小微波系统传输距离上的限制，丰富了电视广播中传输现场直播节目的手段和方式，极大地提高了电视现场直播节目传输的机动性、灵活性、可靠性及技术质量。

（刘晓农）

【非线性新闻制作网络系统】 该项目由原天津有线电视台负责完成，参加人员王廷梁、李纯、刘敦。获2002年度天津市广播电视电影科技进步三等奖。

天津有线电视台非线性新闻制作网络系统于2001年4月开始施工，7月1日正式使用。该系统配置了4个上、下载工作站，1个配音工作站、2个演播室播出工作站、2个卫星或干线下载工作站、2个审片工作站、5个编辑工作站，其中6个上、下载工作站在没有任务时可兼做编辑工作站，并充分考虑了升级扩容空间。同时，配置了20个文稿编辑和管理工作站，并且无缝嵌入视频网络，使视频和文字系统形成统一整体，符合新闻制作流程。系统采用全光纤全有卡网络架构，将素材存放在磁盘阵列上，工作站通过高速的光纤通道读取素材，然后利用硬件板卡进行解码和特技处理。整个网络系统软件提供集新闻的采、编、播于一体的整体化解决方案。

该系统投入使用后极大地提高了新闻节目的制作效率，简化了制作流程，增强了新闻的时效性。

（李　纯）

【新闻系统进入数字化、网络化】 2002年，新闻部设备改造工程使天津电视台新闻系统进入数字化、网络化时代。新闻部改造工程包括前后期传统设备系统及非线性网络系统，其中网络系统将承担音视频编辑、文稿、配音、外来信号接收和交换、节目上下载、节目存储、播出发布等功能。该系统与播出衔接通畅灵活，节目质量、新闻时效性也进一步提高。

（刘晓农）

【虚拟演播室系统】 该项目由原天津有线电视台负责完成，参加人员王廷梁、李纯、刘敦。获2002年度天津市广播电视电影科技进步三等奖。

有线电视台虚拟演播室系统于2001年4月开始施工，同年6月投入使用，具有良好的社会效益和经济效益。该虚拟演播室为全数字三机位系统，采用了两维半虚拟技术，使用特殊的数字信号处理方式，即使把图象放大4倍仍然保持很高的图象质量，并且场景一般是一张特别大的广角位图，通过有效的插值算法，保证镜头推拉、俯仰、平摇过程中背景的平稳变化，再加上丰富的大屏幕切换特技、无限蓝箱、深度键等实用功能，可以满足大部分节目制作的需求，并且投资成本大幅度下降。在摄像机运动参数的获取方式上，采取更适合的机械跟踪方式，使测量达到非常精确，旋转角度可到0.001°，移动距离可达到0.01mm，工作稳定，数据处理时间短；单颜色蓝背景，无需用户绘制背景墙，很容易照亮蓝色背景而不用担心照亮网格；无需额外的工作站处理跟踪信息；在合成拍摄过程中可以很容易处理阴影，无需进行额外的修补；在蓝箱设计和灯光布置上也颇具匠心，它是保证整个系统最终效果的重要因素。该系统按照色键器的要求，参照国际标准，并结合天津电视台实际情况综合确定了较为完善的方案。

虚拟演播室投入使用后，既丰富了荧屏画面，又节约了大量实景制作经费，受到一致好评。

（李　纯）

【建成高/标清兼容演播室】 2004年，天津电视台为了满足高/标清电视节目制作和存储的需要，将800m² 大演播室改建成高/标清兼容演播室。该工程于2004年11月开始动工，12月14日正式投入使用。

在视频系统方面，高/标清兼容演播室配置了7台LDK-6000高清晰度电视摄像机，信号切换采用Xten-DD1高清切换台和32×32高清矩阵，具备高清晰度电视节目的直接制作能力。考虑到天津电视台现阶段拥有大量的标清节目素材，在系统中增加了高/标清视频信号上、下变换功能，同时为了解决在上、下变换过程中出现的视频延迟现象，标清节目录制采用音频嵌入方式，有效的解决了声画不同步问题。在系统中还配置有高清度录像机HDCAM和标准清晰度录像机IMX，可以根据需要进行高/标清节目的录制。在音频系统方面，高/标清兼容演播室采用了全数字系统，采用立体声工作方式进行音频节目的制作，同时该系统还为今后制作5.1声道环绕声节目预留了接口。

该系统的建成使天津电视台成为全国第一个拥有高/标清兼容演播室的电视台，在全国同行业中处于领先水平，很大程度上提高了天津电视台电视节目的制作质量，同时还为今后向数字电视系统的过渡打下了一个坚实的基础。

另外,2004 年天津电视台对 6 讯道转播车进行了数字化改造,提高了转播信号的质量。

（刘晓农）

【杨柳青发射台全固态中波发射机更新改造】 该项目由天津广播电视电影局主持立项，参加人员李汝勤、杨雨祥、杨宏杰、田志刚、路树清,于 2001 年 12 月 11 日完成。获 2002 年度天津市广播电视电影科技进步奖二等奖。

全固态大功率数字调制中波发射机是广播电视科技发展的结晶，代表着当今中波发射技术的发展趋势。2001 年为了提高天津中波广播发射的技术水平,降低中波发射台的综合运行费用,经过大量的前期调研工作，从法国泰雷兹公司引进了 6 部 M2W 型全固态数字调制中波发射机，全面更换了杨柳青发射台已经使用了 10 余年的电子管发射机,加强和改善了对天津及天津周边地区广播节目信号的覆盖与质量，使天津中波发射系统的技术水平在全国同行业中处于领先地位。

（田崇皎）

【天津广播电视塔电视发射设备改造工程】 该项目由天津广播电视电影局负责完成,参加人员李汝勤、邓卉、王宝印、王文珍、刘继红。获 2001 年度天津市广播电视电影科技进步奖二等奖。

为了从根本上改善无线电视信号的播出质量和覆盖效果,天津广播电视塔于 2001 年 8 月引进了一台德国 RS 公司的全固态分米波电视发射机，两台意大利泰克诺公司的全固态米波电视发射机,全部淘汰了原有的 10KW 电视发射机,使天津电视台 17 频道和 12 频道发射设备全面实现了固态化。

该项目的实施使天津广播电视塔电视发射系统达到了国际先进水平，在国内同行业中处于领先地位。

（刘继红、田崇皎）

【调频同步广播网建设】 天津广播电视电影集团于 2003 年下半年开始调频同步网建设的前期调研和方案论证工作，调频同步广播是一项能使一家电台仅用一个频率，就可覆盖某个地区的单频广播覆盖技术。采用调频同步广播发射系统,不但可以有效地解决调频广播移动收听、减少信号交迭区干扰、提高广播收听质量、节约频率资源和加快广播专业化发展,同时还可以方便人民群众收听。

在调频同步网的建设中，最重要的是实现“三同、一保”:即“同频、同相、同调制度,保证最低可用场强”。这四个因素是影响调频同步广播在相干区内能否实现无缝隙、无干扰收听的关键。

天津广播电视电影集团根据天津的具体情况，确定一期工程以天塔—塘沽为发射站点组建同步网,天塔和塘沽相距 40km。两站点具体发射参数如下：

	功率	天线高度	极化方式	增益 (dB)
天塔	3KW	325m	圆极化	7.8
塘沽	1KW	75m	垂直极化	1.75（天塔方向）
				7.00（塘沽方向）

在调频同步一期天塔—塘沽两个站点系统的建设中经历了 3 个调试过程：第一阶段，采用意大利 RVR 模拟调制激励器,单声道工作方式(数字音频 AES/EBU 接口,模拟 VCO 调制)。第二阶段,采用意大利 UNI.COM 数字调制激励器，立体声工作方式。(模拟复合 MPX 输入,数字 NCO 调制),立体声编码由 ORBAN 音频处理器完成。第三阶段，采用 RVR 模拟调制激励器,立体声工作方式,立体声编码由激励器实现。在调频同步方式上采用卫星信号做信号源,通过设置卫星接收机的 PCR(节目时钟参考),使两地卫星接收机的解码时钟与上星 TS 流包头中的时钟信息锁定，从而消除音频解码环节产生的随机偏差,保证两地的卫星信号有确定的时间差。

（张 屹、田崇皎）

【网络运行管理中心】 该项目由天津市广播电视网络有限公司负责完成,参加人员王廷梁、徐宏涛、李静宇。获 2002 年度天津广播电视电影科技进步三等奖。

该网络运行管理中心 NOC 是全市网络通讯平台的管理、监控和维护中心,是网络问题解决、路由管理、性能监视的主要部门。NOC 主要包括网络管理系统和安全系统，其中网络管理系统负责对网络公司有线电视传输平台和数据网络传输平台的管理，而安全系统主要负责对天津广电网络系统内部的安全实现统一的、综合的管理。系统组成完全符合国际电信标准 TMN 架构,其各项技术性能在国内同行业中处于领先地位。

该系统于2002年开始投入使用,通过该系统解决了天津市网络平台中很多隐患,在有线电视平台和数据传输平台的维护工作中起到了重要的作用,减少了网络发生故障时的经济损失,具有很广阔的应用前景和推广价值。

(徐宏涛)

【数字电视集成平台】 该平台于2004年建成,是惟一为天津市行政区内用户提供端到端数字电视业务服务机构、一期播出84套数字电视节目和10套数字广播节目的播出系统,播出内容为当年播出的45套模拟电视节目、总局SDH网络传输的39套数字电视节目,约占用14个模拟频道。最终根据节目的增加,播出系统容量将扩容到150套数字电视,使用25个模拟频道。另外安排2~3个模拟频道播出数据广播,安排相应频道播出NVOD。

(黄 河)

【智能化电能量实时监测与结算系统】 该项目由天津广播电视电影集团与天津大学合作完成,参加人员李汝勤、邓卉、王世良、杨晓东、赵卫平等。获2002年度天津市广播电视电影科技进步二等奖、2003年度天津市科技进步三等奖和2004年度国家广电总局科技创新三等奖。

"智能电能量实时监测及结算系统"采用最新计算机技术,由服务器和智能抄表器组成DCS系统,完成了广电集团提出的9项技术指标。其基于DCS的电能量实时监测与结算系统,充分挖掘信息资源,实现负荷实时监测与管理;创建智能数据库管理与集成计算机技术相结合,使系统具有可扩充、可移植和智能自适应的通用化;具有模块化、通用化和网络化的技术特点。在软件创新方面,VB和EXCEL的嵌入设计、MSCHART结合ADO数据源生成曲线和图表、VB调用存储过程实现数据备份。采用软、硬件多重冗余结构以及数据备份技术、故障诊断和抗干扰等措施,使系统长期稳定工作,同时具有B/S和C/S的网络集成,技术水平达到了国内领先。该系统使广电集团电力资源达到"科学管理,有偿使用"的管理模式,能够监测电力资源的使用情况,实时了解供电相关数据,对电力资源的使用进行结算、整改与调配,准确的进行成本核算,实现了计量自动化、管理信息化、决策科学化,极大地提高了供电的可靠性,为广播电视节目的安全播出提供了根本保障,取得了显著的经济效益和社会效益,具有良好的实用价值和推广前景。

(田崇皎)

【数字电视视频信号重构技术研究】 该项目是天津市自然科学基金资助项目,由天津职业技术师范学院曹继华、张兴会、刘盾、王宏杰、张骥祥等于2004年4月研制完成。

在数字电视广播中,由于信道错误常常会导致视频质量的严重下降,为了解决这一问题,应在发送端、信道和接收端采取不同的措施,实现提高重构的视频质量。该课题主要从接收端考虑,基于图像光滑性、一致性、统计相关性、边缘连续性和分形的假设,研究了错误隐藏技术。该技术利用丢失块的空域(或时域)邻域块的信息,重构丢失的数据性能指标为:视频序列的帧率:25帧/s和30帧/s;视频序列图像的尺寸:720 576、720 480、352 240;对于序列样本帧图像的实验,宏块错误率50%,执行错误隐藏后峰值信噪比(PSNR)平均可以提高10dB以上;对于视频序列的实验,比特错误率,执行错误隐藏后PSNR平均可以提高10dB以上。该课题提出了6个创新点,属于国际先进水平。该技术可应用于数字电视、会议电视、视频检索、移动视频通信、多媒体通信、图像通信等诸多领域,通过二次开发还可作为商业应用。

【宽带网络数字媒体资产管理系统软件】 该项目为2003年天津市科委重大科技攻关项目,由天津七所信息技术有限公司崔宝英、吴俊杰、温山、李芃、成法桐、赵云岭于2004年6月研制完成。

"宽带网络数字媒体资产管理系统",是为基于IP的网络平台提供实时或非实时的MPEG-4数字音视频节目点播、直播以及收费管理的关键数据管理系统。在服务器上通过流媒体服务的MMS(Microsoft Media Services)协议,就可以为Client提供非实时的VOD(Video On demand)点播服务和音视频实时直播服务。该系统包括:音视频服务——视频服务器接受来自编码器的节目内容,提供点播和直播服务。支持并发的音视频节目点播、单播、多播。在点播和单播时,每一观众接收单一的IP信息包(单向传输),多播时访问用户不受带宽限制;音视频播放器--在客户端采用纯软件视频播放器Media Player。播放器直接接收视频流和实时解压,并在客户端

Internet浏览器窗口中显示播放，不需要等待整个文件完全下载到本地；收费管理——在媒体管理中，对文件进行数字版权加密，再将加密后的文件与用户的权限和费用点数相接合，行成“收费管理的电子商务平台”。

“宽带网络数字媒体资产管理系统”的研制，可使天津市的流媒体技术应用领域向国际先进技术水平看齐，对天津市经济和科技发展有着重要的意义。该产品预计占有全国10%的市场份额，其研究成果可以直接应用于政府、企事业单位、网络和远程教学、广播电视、电信、宽带网服务、监控及医疗等领域。

科技队伍

概　况

表 1　2004 年天津市公有制经济单位自然科学技术人员一览表　单位:人

项目	总数			市属单位			驻津单位		
		高级	中级	小计			小计		
					高级职务	中级职务		高级职务	中级职务
总数	439578	55560	148726	335064	41763	116142	104514	13797	32584
自然科学专业技术人员	212049	31659	66849	156299	21768	47915	55750	9891	18934
其中:1.高级职务	31659	31659		21768	21768		9891	9891	
正高级职务	3559	3559		2169	2169		1390	1390	
2.中级职务	66849		66849	47915		47915	18934		18934
工程技术人员	114331	16518	35467	67376	9497	19450	46955	7021	16017
农业技术人员	2973	381	812	2915	366	790	58	15	22
科学研究人员	3693	1637	1212	1918	758	696	1775	879	516
卫生技术人员	59920	5482	16931	56192	5157	15595	3728	325	1336
教学人员	31132	7641	12427	27898	5990	11384	3234	1651	1043

【专业技术人员基本情况】　2004 年底,天津市有专业技术人员 76.28 万人。其中公有制经济单位 43.95 万人(市属单位 33.51 万人,驻津单位 10.44 万人),非公经济单位 32.33 万人,分别占专业技术人员总量的 57.62%和 42.38%。公有制经济单位中具有高级职称的 5.56 万人,中级职称的 14.87 万人。非公经济单位中具有高级职称的 1.14 万人,中级职称的 4.18 万人。公有制经济单位中,拥有自然科学技术人员 21.20 万人,社会科学技术人员 22.75 万人,分别占 48.2%、51.8%。

【公有制经济单位自然科学技术人员情况】　2004 年底,天津市公有制经济单位拥有自然科学技术人员 21.21 万人。其中市属单位 15.63 万人,驻津单位 5.58 万人,分别占 73.7%、26.3%;具有高级职称的 3.17 万人,中级职称的 6.69 万人,分别占 14.9%、31.5%;工程技术人员 11.43 万人、农业技术人员 0.3 万人、科学研究人员 0.37 万人、卫生技术人员 6 万人、教学人员 3.11 万人,分别占 53.9%、1.4%、1.7%、28.3%、14.7%。详见表 1。

【在津两院院士】　2004 年在津两院院士为 28 名,其中中国科学院院士 13 名,中国工程院院士 15 名。详见表 2、表 3。

表2　2004年在津中国科学院院士一览表

姓　名	工　作　单　位	所　在　学　部	当选时间(年)
陈省身	南开大学	数学物理学部(外籍院士)	1994
申泮文	南开大学	化学部	1980
何炳林	南开大学	化学部	1980
陈茹玉(女)	南开大学	化学部	1980
余国琮	天津大学	化学部	1991
刘广均	核工业理化工程研究院	技术科学部	1991
母国光	南开大学	技术科学部	1991
周　恒	天津大学	数学物理学部	1993
彭一刚	天津大学	技术科学部	1995
张春霆	天津大学	生物学部	1995
姚建铨	天津大学	技术科学部	1997
程津培	南开大学	化学部	2001
葛墨林	南开大学	数学物理学部	2003

表3　2004年在津中国工程院院士一览表

姓　名	工　作　单　位	所　在　学　部	当选时间(年)
钱皋韵	核工业理化工程研究院	能源与矿业工程学部	1994
李正名	南开大学	化工、冶金与材料工程学部	1995
汪顺亭	中国船舶总公司第七〇七研究所	机械与运载工程学部	1995
吴咸中	天津医科大学	医药卫生工程学部	1996
侯　锋	天津市农业科学院	农业、轻纺与环境工程学部	1999
石学敏	天津中医学院	医药卫生工程学部	1999
王静康(女)	天津大学	化工、冶金与材料工程学部	1999
曹楚生	天津大学	土木、水利与建设工程学部	1999
谢世楞	中交第一航务工程勘察设计院	土木、水利与建设工程学部	1999
沈家祥	天津大学	医药卫生工程学部	1999
李猷嘉	中国市政工程华北设计院	土木水利与建设工程学部	2001
叶声华	天津大学	信息与电子工程学部	2003
郝希山	天津医科大学	医药卫生工程学部	2003
刘昌孝	天津药物研究院	医药卫生工程学部	2003
王玉明	天津鼎名密封有限公司	机械运载工程学部	2003

队伍建设

【市政府特聘专家工作】 2004年,天津市将实施特聘专家制度作为引进国家级顶尖人才的重要措施,制定了实施细则、工作程序等配套办法,在聘请首位特聘专家袁隆平院士之后,又聘请了白春礼、陈竺、邬贺铨等共31位院士,成为天津市农业科技、生物医药、基因工程、纳米技术、高温超导等领域顶尖科技领军人才。在实施特聘专家制度中，一是以项目为载体，注重引进特聘专家的效果。不追求数量和形式，讲求实际效果，着力引进与天津有科研、技术项目合作关系的，在天津领办、创办企业的，受聘于企事业单位担任科技顾问或专家组成员的两院院士。二是以促进重点产业、学科发展为目的，发挥特聘专家作用。鼓励、支持和组织特聘专家为天津经济建设和社会发展提供决策咨询服务，对重点学科建设、重点行业发展、重点工程项目的立项、论证、评估和实施进行指导，为高层领导举办专题讲座，对优秀尖子人才进行重点指导和培养。三是以特聘专家满意为标准，提供到位服务。袁隆平院士在经济技术开发区成立天隆生物基因工程有限公司，建立国家杂交水稻研究中心天津分中心，设立了博士后科研工作站，集中人才、技术优势，开展杂交粳稻育种与栽培技术研究。精选的30个品种经过在津南国家农业园区进行品比试验，一些优良品种亩产已接近800千克。法国干细胞之父、中科院外籍院士雅克·冈在津建立实验室，设立专项奖金，直接支持和奖励从事干细胞研究的青年技术骨干，并推动法国科学院与天津在人才培养、科技交流等方面长期合作。特聘专家与天津单位合作，承担了“863”、“973”、国家自然科学重点基金资助项目等研究课题7项，通过定期来津讲学，带培博士、硕士研究生及共同合作承担科研课题等方式，培养研究生19人，在津作学术报告20场，带动了天津相关领域的科学研究和高层次人才培养。

（张世举）

【再次聘请国内外院士为市特聘专家】 为加快干细胞生物基因工程产业化发展，天津特聘请中国科学院院士陈竺、吴祖泽、孔祥复，中国工程院院士王正国，外籍院士雅克·冈为市特聘专家。这是继聘请袁隆平、白春礼等9位院士为市特聘专家之后，天津在引进高层次顶尖人才智力方面的又一大举措。

这次聘请高层次顶尖人才为天津市特聘专家，对于天津树立和落实科学发展观、提高民主和科学决策水平、转变经济增长方式、促进科技交流和成果转化都具有重要意义。

【市政府举行特聘专家聘请仪式】 2004年9月22日，天津市政府举行特聘专家聘请仪式，聘请王阳元等15位中国科学院、中国工程院院士为天津市人民政府特聘专家。市委副书记、常务副市长黄兴国向新聘任的专家颁发了证书和铭牌，并在仪式上讲话。

此次受聘的15位专家分别是：王阳元、时铭显、邹竞、袁晴棠、张玉奎、丁德文、解思深、简水生、徐玉如、梅自强、季国标、郐贺铨、王占国、万哲先、王启明。

黄兴国在讲话中代表市政府对新聘任的专家表示祝贺，对各位专家多年来为天津发展所做的贡献表示感谢。他说，在提前完成“三五八十”四大奋斗目标后，天津市委、市政府又确定了“三步走”战略，把综合开发海河、发展海洋经济、发展优势产业、发展区县经济和发展中小企业、民营经济作为五大战略举措，全面推进天津的快速发展。目前，全市人民正在按照“整体推进，协调发展，追求高水平，实现新跨越”的工作总要求，向着第二步、第三步目标迈进。在加快发展的进程中，天津将充分发挥港口、土地、区位等优势，按照科学发展观的要求，进一步做大做强天津港，构建以港口为中心的现代化大交通体系；加快建设京津间交通设施，实现优势互补；发展电子信息、汽车、化工、冶金、生物技术与现代医药、新能源及环保等6大支柱产业和12大产品基地；大力营造生态宜居型城市；整合文化资源，发展文化旅游业。

黄兴国说，长期以来，各位特聘专家在重点学科建设、学术技术交流以及项目合作研究等方面，与本市高校、企业、科研院所有着广泛的合作和密切的联系。希望各位特聘专家将天津作为第二故乡，继续关注天津发展，支持天津发展，把科研成果在天津转化为推动经济发展的动力，为天津培养更多高层次人才。

聘请仪式结束后，王阳元、袁晴棠、季国标、丁德文等院士结合各自的专业特点，围绕天津电子信息、石油化工、纺织、海洋经济等产业发展的情况，提出了许多富有建设性的意见和建议。

【特聘专家来津当领头军】 自2003年底以来，天津先后聘请了著名科学家袁隆平、白春礼、陈竺、钟南山等31位中国科学院院士、中国工程院院士为天津市特聘专家。

各位院士受聘为天津市特聘专家后，充分发挥科研领军优势，与市有关单位密切合作，积极带领科研人员对重大项目进行攻关。市首位特聘专家、杂交水稻之父袁隆平院士在经济技术开发区成立了天隆生物基因有限公司，建立了国家杂交水稻研究中心天津分中心，设立了博士后科研工作站，聚集全国

60余位水稻育种精英，启动了北方地区优质杂交粳稻育种与栽培技术研究，其中“杂交粳稻产业化工程”、“米糠活性物质28碳醇提取产业化”等课题分别在国家科技部和天津市科委立项。特聘专家王占国院士每年坚持在南开大学工作3个月，与南开大学物理科学学院许京军教授合作，承担国家“973”计划课题“高性能光学存储材料的研究”。

特聘专家还根据各自专业特点，牵线搭桥，支招引路，以促进天津高新技术产业化的发展。赵忠贤、甘子钊、周廉院士受聘为特聘专家后，非常关注和支持天津高温超导技术的发展，以新技术产业园区的海泰超导公司为基地，努力争取国家支持，积极申报国家“863”项目，并协助企业向移动、联通等公司推荐“高温超导滤波器”样品，进行新产品试验，推进产业化进程。著名实验血液学专家吴祖泽院士受聘为特聘专家后，为天津干细胞脐血库建设和产业化发展，起到了举足轻重的作用，并带项目来津与新技术产业园区联合申报国家级课题，直接促进天津生物医学领域产业化发展。

【专家选拔工作】 2004年，天津市实施两项专家选拔工作。①授衔专家选拔。授衔专家集中评审每3年进行一次，日常认定根据人选的突出业绩随时进行。主要做法：一是选拔范围上代表性与广泛性结合。突出重点，主要面向全市（含驻津单位）具有市级以上重点学科、重点发展学科，以及承担重点工程、重点项目、重大高新技术产业化项目的企事业单位中符合条件的人选。广泛覆盖自然科学领域、社会科学领域、国有单位和非国有单位。二是人才评价重在社会和业内认可。评价指标重点是业绩和学术技术成就，评价方法采取同行公认、单位推荐和专家评议，确保人选学术技术水平在本学科或技术领域居国际前列、国内领先，代表天津在该学科、领域的最高水平。三是选拔程序突出严肃性和权威性。选拔程序参考两院院士的遴选办法，推荐阶段，组织推荐须经单位领导集体研究，主要领导签字；专家推荐须有两名院士或三名有突出贡献、享受特贴或授衔专家联名推荐；学术团体推荐须提供人选学术、技术业绩的详细材料。评审阶段，由两院院士以及有突出贡献、享受特贴和授衔专家，业内公认学术技术地位高、影响大的人员组成评委会进行评选，确保选拔工作公平、公正。共选拔99名人选，其中工业系统27人，城建系统10人，教育系统34人，卫生系统14人，农业系统9人，交通系统5人，涉及基础数学、化学工程、凝聚态物理、生物医学工程、材料科学等30多个自然科学领域重点学科和世界经济、实验心理学、中国古代文学等7个哲学社会科学重点学科。有55名人选来自重大高新技术产业化项目和重点工程、重点项目，专业领域覆盖了电子信息、生物医药、汽车、冶金、石油化工、环境工程以及港口建设等重点专业技术领域。②享受政府特殊津贴人员选拔。制定了《天津市2004年度选拔享受政府特殊津贴人员实施方案》，全市推荐人选66人，其中，工业系统18人，占27%；教卫系统17人，占26%；城建系统6人，占9%；农业系统4人，占6%；宣传系统6人，占9%；其他系统15人，占23%。在推荐人选中，45岁以下的30人，占45%；获国家级科技进步奖的6人，占9%，获省（部）级科技进步奖的48人，占73%。

（王世鹏）

【引进国外智力】 2004年，天津市确定了引进外国专家项目215项，引进外国专家519人次，出国（境）培训项目71项，派出培训838人，其中直接涉及实施五大战略举措的项目超过60%。采取项目支持、经费资助等方式，举办或资助了国际干细胞论坛、海水淡化等10余个高水平国际学术研讨交流会，引进国际相关领域最新研究成果，推动了有关产业发展。组织30多家单位，携带近百项引智需求或引智成果，参加了南京国际人才交流大会、河北省引智成果交流洽谈会、中国民营企业人才智力交流会等系列活动，扩大了引智领域交流与合作。市畜牧兽医研究所等5个单位被评为市引进国外智力成果示范推广基地，华立达生物工程有限公司等8个单位被命名为市引进国外智力示范单位。探索国际化人才培训模式，与澳大利亚国际教育开发署合作，成立了赴澳学习培训专门机构，借助澳方教育资源与交流网络，开展了人才赴澳培训、进修。

（高守震、潘延军）

【吸引海内外优秀人才】 2004年，天津市采取多种措施，吸引海内外优秀人才。①走出国门引人才。由市领导带队，组织摩托罗拉、南开大学等25家用人单位，组成赴欧洲人才招聘团，携带100多个专业的500多个关键岗位，198项海外合作项目，78项引智需求项目，在英、法、德召开三次招聘专场，与1030余位留学人员、外国专家进行洽谈，达成来津工作或为津服务意向316人,70人决定来津工作；达成经济、科技合作意向29个、引智合作意向34个,新建海外人才交流工作站4个。②搭建创业平台。及时与海外人才交流工作站联系，收集了拟与天津开展合作的科研项目103个,向全市公布,供各单位选择。组织了“2004年海外留学人才回国创业周”,200多位海外人才来津参加活动。召开留学回国人员创新创业推动会，制定了推动留学回国人员与天津企业进行科研开发、项目合作的实施方案。国家人事部与天津市政府共建中国天津留学人员创业园，下设新技术产业园区和经济技术开发区两个留学人员创业分园，为留学人员创业园加快发展争取到更多的政策、人才、信息支持。召开留学人员创业园建设交流会,就创业园加强联合协作、提升服务功能、完善区域政策,进行研究部署。③营造良好环境。市委、市政府表彰了优秀留学回国人员和留学回国工作先进集体。召开了留学回国人员迎新春联谊会、创新创业座谈会,听取意见,介绍政策。组织参加了“中国留学回国人员成就展”,获最佳组织奖和最佳设计奖,举办了“天津市留学人员回国创业成就巡回展”,展示了留学回国人员的风采和留学回国工作的成就。通过《天津——留学人员创新创业的沃土》专题片、天津留学人才网等途径,宣传天津创业环境和人才政策,传递沟通合作信息，营造了吸引留学人员来津创业发展的良好氛围。吸引国内优秀人才,进一步完善政策措施,简化工作程序,引进急需人才。全年办理来津落户手续的各类人才10624人，其中硕士以上学历和具有高级职称的1153人。

（李林涛、杨　君）

【市海外人才招聘团赴日招聘海归人员】 招聘团在东京和大阪举办了两场人才招聘洽谈会，走访了6个留学团体。共接触高层次留学人员340余人,有123人意向来津工作。

此次招聘通过与留学人员面对面地交流洽谈,吸引了大批海外学子要求来津工作。经过双方洽谈提出要来津工作或服务的有123人，这些人的资料已收录到市海外高级人才库中,作为海外人才储备。其中,已决定来津工作的34人中,具有博士学位的20人,硕士学位的14人。而血液学研究所谈成引进的9名人才全部为博士。

招聘团还接触了一批学生组织和华人社团,经过洽谈，市留学服务中心与日中科学技术文化中心就在东京建立天津市海外人才工作站事宜签订了合作意向，把日中科学技术文化中心作为天津设在东京的海外人才工作窗口，开展经常性的留日学子招聘工作。招聘团与中国留日同学总会初步达成了建立“中国留日同学会天津地区联谊会”等意向。

为了推进天津建设国内外高层次人才聚集交流中心，招聘团应邀考察了日本最大的跨国人力资源机构——仕达富集团总部，双方进一步表明合作意向。

【职称评审工作】 2004年,天津市共6607人取得高级职称（其中正高级673人),15993人取得中级职称,23676人取得初级职称。取得高级职称人员中73.7%年龄在45岁以下，比上年提高了7个百分点。职称评审中,以能力和业绩为导向,对贡献突出的专业技术骨干,不受学历、资历等条件限制,破格评定职称。全市共1500多人破格晋升了高、中级职称,其中20人越级晋升了高级职称。改进职称评审办法，对所学专业与从事专业不同但符合审定条件的专业技术人员初级职称评价，实行考试和审定相结合的办法，申报人员参加基础理论和专业知识考试合格后,再按规定程序审定。推行执业资格制度,制定了《天津市现代物流专业技术水平考试办法(试行)》,建立了天津第一个专业技术水平考试制度,首批353人参加考试。向国家推荐一级建造师、注册环境影响评价工程师执业资格认定人员554人，组织专业技术资格、执业资格、职称外语和职称计算机考试29项,参加考试11万多人。

（陈水建）

【“131”人才工程】 2004年,天津市在“131人才工程”第一个3年培养期内,对列入培养计划的各层次人选,采取选送到国外参加中长期培训、做访问学者以及承担重点科研、开发项目等方式，进行了有计划、有针对性培养。特别是对第一层次人选,逐人制定个性化培养方案,进行针对性重点培养。天津市人才发展基金先后投入近700万元，人选单位匹配700万元，资助第一层次人选到国外进行中长期培训、参加国内外高水平学术会议。组织海外培训班5个,选送60余人到美、德、英等国家集中培训。“131人才工程”提高了人选的学术技术水平,增强了创新创业能力,培养出一批拔尖人才,有9人进入新世纪百千万人才工程国家级人选,在天津选拔的99名授衔专家中,第一层次人选有 25 人。

（张世举）

【又有 12 人入选全国新世纪百千万人才工程】 国家人事部、科技部、教育部、国家发改委等 6 家单位联合公布的 2004 年全国新世纪百千万人才工程国家级人选名单中,天津有 12 名优秀人才入选。他们是:中国医学科学院血液学研究所王建祥,中国电子科技集团公司第十八研究所朱利宏,天津市市政工程设计院韩振勇,天津农科院蔬菜研究所孙德岭,南开大学卜显和、田建国、扶磊、李剑鸣,天津大学王成山、钟登华、李永丹,天津水泥工业设计研究院刘志江。在入选的人选中,有博士学位的 9 人;出国留学人员 7 人;其中有 9 名是市“131 人才工程”人选,他们的平均年龄为 41 岁。至此,天津进入国家“百千万人才工程”人选已达 45 名。对 12 名新进入“新世纪百千万人才工程”的人选,市人才发展基金将连续 3 年提供每人每年 3 万元的培养经费,主要用于他们参加国内外学术技术交流、出版学术著作等方面之需。

【博士后工作】 2004 年,天津市博士后工作一是努力扩大招收规模。组织设站单位,在北京大学、清华大学举办两场洽谈会,与近 200 名博士达成来津意向。全市博士后在站总数 450 人,其中新进站 230 人,比上年增加了 40%。二是扩大建站规模。在渤海化工集团等单位新设立了 19 个博士后科研工作站,博士后科研工作站总数达 68 个,比上年增长 42%。全市博士后科研流动站、工作站共 116 个。三是选派优秀博士后出国培训。首批选拔了 30 名优秀博士后,资助 245 万元,到欧洲 8 个国家的 26 所大学,进行为期 3 个月的学习培训或开展合作研究,提高了创新能力和学术水平。5 次组织设站单位进行业务培训和交流。博士后公寓入住率达 90%,为博士后学习、科研提供了良好生活环境。

（郑巴音）

【赴欧博士后携成果回国】 2003 年陈省身院士向天津市领导建议,每年选派一批优秀博士后到欧洲著名高校、科研机构进行培训,开展合作研究,提高博士后研究能力和水平,也可以吸引海内外优秀博士来天津。这一建议得到了市领导的肯定和支持,2004 年 8 月份,天津首批 30 名博士后赴欧培训,开展合作研究。

赴欧的博士后有的已经完成培训和合作研究,带着科研成果陆续回国。摩托罗拉(中国)公司博士后工作站的王爱菊博士从设在德国法兰克福的摩托罗拉(欧洲)先进技术中心培训归来,她在培训期间参与了欧洲同行对电子通信产品及其废弃物中有害物质分析测定方法的研究–通过模拟电子产品危险废弃物在自然状态下的降解状态,设计制定一套快速、准确、实用的电子通信产品有害物质检测标准。参与这个项目的研究,对打破欧盟在电子产品方面的贸易壁垒具有重要意义。

博士后赴欧培训和开展合作研究,使广大优秀博士后开阔了视野,了解了欧洲发达国家先进的科学技术和管理理念,全面提升在站博士后的科研水平和研发实力。

【专业技术人员和管理人员继续教育】 2004 年,天津市专业技术人员和管理人员继续教育工作扎实推进。一是加强行业指导,以工业、商业、农业以及教育、科技、文化、卫生等专业技术人员较为集中的行业为重点,逐步制定符合各行业特点的继续教育工作方案或措施。二是以推广普及新理论、新知识、新技能和解决科研、生产中的实际问题为重点,举办国家和市继续教育高级研修示范班 20 余期,1200 多名高中级专业技术人员和管理人员参加学习。三是开展“培训者培训”工作,采取集中辅导与自学结合、课堂讲授与外出考察结合等方式,对各区县、市委办局、总公司等单位的 120 名继续教育管理人员进行培训。四是推动专业技术人员和管理人员参加继续教育,开展计算机应用能力、电子商务、外语等方面的专业培训,培训专业技术人员和管理人员 3 万余人。各行业、各单位根据单位发展和队伍建设需要,开展多渠道、多层次、多形式的继续教育活动,全市接受继续教育人员达到 95%以上。

（王爱华）

【人才市场建设】 2004 年,天津市人才市场建设取得明显成效。①制定了建立统一开放人才市场体系新措施。为改变人才市场与劳动力市场相互分割的局面,优化人才流动环境,拟制了人才市场、劳动力市场相互贯通的具体措施,就两大市场统一诚信标准和服务规范、互通市场服务信息、相互开放公共服务事项、联合维护市场秩序、促进人才市场和劳动力市场健康有序发展等方面,提出了具体措施。②北方人才市场、北方人才港加快发展。北方人才市场在抓好集市型人才招聘会的同时,发展网上人才市场,开展网上人才招聘活动,与北京、上海等重点城市联手,建立了资源互通、利益共享的合作机制。北方人才市场迁址至友谊路金融街,新址总面积 4700m²,设计贯穿人性化服务理念,宽敞明亮,布局合理,设施完善,配套齐全,为提升服务层次打下基础。市场成立了广开、津北、河东三个分部,初步形成了集团化经营的新模式,整体服务能力和水平上新台阶。北方人才港发展高端人才服务业务,实施企业高级人才援助工程,为工业系统 15 家高新技术企业提供了高级人才引进、培养援助项目,资助资金近 400 万元。发展 e-HR 业务,为 30 多家企业提供人才招聘、猎头、咨询、测评、代理和派遣等服务。以中高级人才培训为重点,开展了 EMBA、MBA、企业经营管理者培训、企业财务总监培训,培训高级人才 1100 余人。③人才市场指导监管力度进一步加大。召开全市人才市场建设管理工作会议,就政府人事部门所属人才市场拓展服务业务、强化公共服务、加快信用体系建设、推进体制改革和加强沟通合作等进行了研究部署。按时发布了 4 次人才供求信息、2 次人才市场价格信息。将成立人才中介服务机构的审批进入市行政许可服务中心,规范了审批程序,全年批准新人才中介机构 4 家,全市累计 94 家。全市举办各类人才招聘活动 315 场,其中“架金桥大型人才招聘会”、“2004 年环渤海人才智力洽谈会”等全市性大型人才招聘活动 60 场,入场招聘单位 2.5 万余家(次),入场应聘人员 60 万人(次),达成意向 19 万人,人才市场配置人才资源的主体作用更加明显。

(马永权)

【事业单位人事制度改革】 2004 年,以推行人员聘用制为重点的事业单位人事制度改革在天津市全面展开。转发了国家人事部《事业单位试行人员聘用制度有关问题的解释》和《关于事业单位试行人员聘用制度有关工资待遇等问题的处理意见(试行)》,并对有关问题做出具体规定,增强了政策的可操作性。印发了《天津市事业单位人员聘用制推行工作检查验收方案》,明确了检查验收的内容、标准、方法和步骤。制定了《关于事业单位新进人员实行公开招聘的意见》,在部分单位试行,强调对新进人员进行考试考核,规范了事业单位用人行为。出台了《天津市事业单位工作人员考核办法》,对事业单位工作人员考核做出规定,强调考核以能力和业绩为重点,规范考核标准和程序,建立了与聘用制和岗位管理相适应的事业单位工作人员考核制度。印发了《关于调整我市事业单位聘用制干部管理政策及有关问题的通知》,使聘用制干部管理政策与事业单位人员聘用制相衔接,维护了聘用双方合法权益。建立了事业单位人事制度改革通报制度,对国家及天津市事业单位人事制度改革政策措施和工作动态、外省市出台的相关政策要点和经验做法、市内事业单位改革的经验做法及普遍性问题、全市事业单位人事制度改革工作进度等情况,印发通报 26 期,交流经验,解疑释惑。分批分组召开区县、委局和规模较大的市属事业单位工作推动会,交流改革进展情况,研究探讨存在问题及解决办法。全市已有 4000 多家事业单位完成推行聘用制工作,26 万多职工签订了聘用合同。

(张洪胜)

【引进人才居住证制度】 2004 年,天津市进一步优化人才环境,制定了《关于实行天津市引进人才居住证制度的意见》。规定具有大学本科以上学历或用人单位需要的国内外高技能人才,以不改变户籍、国籍的形式来津工作或创业的,都可以申请居住证。持有“天津市引进人才居住证”的各类人才,在津工作期间可以享受与天津同类人员的同等待遇和有关优惠政策。一是在职称评审(考试)以及人才培养、选拔、使用、流动、服务等方面,享受同类人员同等政策待遇。二是可以技术入股投资等方式创业,并享受有关鼓励科技人员领办创办企业的相关优惠政策。海外留学人员到留学生创业园投资创业的,享受创业园的相关优惠政策。三是可以申请认定高新技术成果转化项目,参与科技项目投标,申请有关资助,申报科技奖励。提供的科技成果在天津转化或投产使用的,按照有关政策给予转让费或奖励;贡献突出的,可参加市科教兴市杰出人才评选。四是可以参加养老、医疗、失业、工伤等社会统筹保险。境内人员可以缴存和使用住房公积金。子女可在津入托、入学,可购买商品房和存量住房,可办理驾驶证或临时驾驶证及机动车注册登记手续。对符合规定的人员,可免征个人所得税或享受税收优惠政策。可办理因私出国商务手续,外籍人员可申办长期居留手续和与居留期限相同的多次出入境签证手续,台湾地区居民可申办长期暂住加注和与暂住加注期限相同的多次出入境签证手续。

（杨 君）

【“师傅工程”启动】 2004年，天津市探索高技能人才队伍建设的途径和措施，制定了“师傅工程”实施方案，计划用5年时间，培养300名职业道德高尚、理论基础扎实、技能水平一流，具有较强带教能力的高技能人才导师和导师后备人才，建立高技能人才导师梯队。①确定培训对象。在全市职业技术院校、大中型企业，尤其是加工制造企业教学或生产一线，重点选拔45岁以下，有5年以上教学或生产实践经历、中级以上职称或职业资格、一定外语基础，具有发展潜质和带徒能力的人员为导师人选。在全市高等院校工程类或相近专业新近毕业的青年人才中，重点选拔30岁以下，思想素质高，学业成绩好，培养潜力大，并有志成为高技能人才导师的本科及以上学历的人员为导师后备人选。②确定培训机构。确定了高级职业技能培训最先进、最严谨，培训体系最完善的德国作为培训地，并联合德国工商人才管理协会、德国工商总会北京代表处和德国中国工商中心，委托德国在培养高技能人才方面实力较强的科特布斯大学作为国外的施教机构。③确定培训方案。在培训内容上，首先启动了高级CNC数控机床设计制造、高级汽车制造及维修等4个急需专业的培训。在培训方式上，在国内进行4个月德语强化培训后到德国再进行4个月的德语强化培训、10个月的专业学习和6个月的德国企业带薪实习。明确了用人单位和人选的权利义务，人选参加正式培训前，必须与所在单位签订包括服务期限和带徒计划等内容的协议。培训合格回国后，导师人选回原单位工作，根据协议承担相应义务，实施带徒计划。导师后备人选回国后，纳入市级人才库，随时向用人单位推荐。“师傅工程”将对全市高技能人才队伍培养发挥重要示范作用。

（潘延军）

优秀科技人才简介

【天津市人民政府特聘专家】

袁隆平 1930年9月出生，祖籍江西德安。1964年开始研究杂交水稻。1971年至今在湖南省农科院工作。现为中国工程院院士、国家杂交水稻工程技术研究中心暨湖南省杂交水稻研究中心主任、湖南省农科院研究员，是享受国务院特殊津贴的专家、国家“863”计划“863—101—01”专题专家组组长，任全国政协常委、湖南省政协副主席、湖南省科协副主席、湖南省农科院名誉院长、湖南省农学会会长、湖南省首席科学家。

袁隆平院士是世界著名的杂交水稻专家，是中国杂交水稻研究领域的开创者和带头人，为国家粮食生产和农业科学的发展做出了杰出贡献。上世纪七十年代初，他利用助手发现的天然雄性不育的“野败”，作为杂交水稻的不育材料，并发表了水稻杂种优势利用的观点，打破了世界性的自花授粉作物育种的禁区。七十年代中期，以他为首的科技攻关组完成了三系配套并培育成功杂交水稻，实现了杂交水稻的历史性突破。现全国杂交水稻的各个优良品种已占全国水稻种植面积的50%，平均增产20%。此后，他又提出“两系法亚种间杂种优势利用”的发展概念，国家“863”计划据此将两系法列为重要项目，经项目组科技人员6年的刻苦研究，已掌握两系法技术，并推广种植，现占水稻面积的10%，效果良好。1997年，他在国际“超级稻”的概念基础上，提出了“杂交水稻超高产育种”的技术路线，在实验田亩产近800千克，引起国际上的高度重视。他曾先后7次到国际水稻所以高级科学家身份从事杂交水稻合作研究，6次受联合国粮农组织聘请以首席顾问身份到印度、缅甸指导发展杂交水稻，在世界上享有“杂交水稻之父”的盛誉，2001年获首届国家最高科技奖。被聘为国家水稻中心天津分中心首席科学家。

白春礼 50岁，中国科学院院士，第三世界科学院院士。现任中国科学院副院长，第十五届中共中央委员会候补委员，中国科协副主席。国家纳米科技指导协调委员会首席科学家，中国科学院纳米中心学术委员会主任。被聘为天津市中国汽车技术研究中心博士后科研工作站专家委员会主任。

赵忠贤 62岁，中国科学院院士，第三世界科学院院士，国际陶瓷科学院院士。现任中国科学院物理所研究员，第十五届中共中央委员会候补委员，中国科协常委，第十届全国政协委员。国家超导实验室主任，低温物理专业委员会主任，亚太地区物理学会理事，国家低温超导研究领域著名科学家。被天津市新技术产业园区海泰超导公司聘为首席科学家。

甘子钊 65岁,中国科学院院士,北京大学物理系主任、教授、固体物理所所长,第十届全国政协常委,北京现代物理中心副主任,国家超导技术专家委员会第一首席科学家,国家超导实验室学术委员会主任,人工微结构和介观物理国家实验室主任,国务院学位委员会物理学科组成员,国家自然科学基金委员会物理学科评议组成员,高温超导研究领域著名科学家。被天津市新技术产业园区海泰超导公司聘为首席科学家。

周　廉 63岁,中国工程院院士,现任西北有色金属研究院常务副院长、教授级高级工程师,兼任国家超导技术专家委员会首席专家,中国材料研究学会理事长,国际低温工程材料委员会和世界钛会执委会委员,国家著名的超导和稀有金属材料专家。被天津市新技术产业园区海泰超导公司聘为首席科学家。

李启虎 64岁,中国科学院院士,现任中国科学院声学所研究员、所长,长期从事水声信号处理理论、水声工程和声纳设计、研制工作,为国家著名水声信号处理和水下拖曳声纳设计专家。被聘为天津经济技术开发区天津远海声学仪器有限公司首席专家。

巴德年 65岁,中国工程院院士,美国科学院医学部外籍院士,原中国医学科学院院长、中国协和医科大学校长,现任浙江大学医学院院长,全国政协委员,中华医学会副会长,中国免疫学会理事长,国务院学位委员会委员。被天津医科大学聘为名誉教授。

钟南山 67岁,中国工程院院士,广州呼吸疾病研究所所长,广州医学院院长、教授、博士生导师,中国著名呼吸系统疾病专家。被聘为天津市基础医学呼吸系统疾病指导专家。

王永炎 65岁,中国工程院院士,中国中医研究院名誉院长、教授、主任医师、博士生导师,学位委员会主席,国家重点基础研究发展规划"973"项目"方剂关键科学问题的基础研究"首席科学家,中国科协常委,全国人大常委。被天津中医学院聘为名誉教授,共同合作承担国家"973"重点课题。

陈　竺 51岁,中国科学院院士,第三世界科学院院士,美国科学院院士。现任中国科学院副院长,上海血液学研究所所长,国家人类基因组南方研究中心主任。参与了中国人类基因组研究计划筹划、协调和管理,建立了基因组研究工作体系,首次描绘了造血干细胞的基因表达谱,并克隆了300多个在造血细胞表达的新基因的全长cDNA。与天津市建立了密切合作关系,探讨在津设立中科院再生医学研究所问题。

孔祥复 61岁,中国科学院院士,香港大学分子生物研究所所长,中山大学生命科学院客座教授,香港创新及科技基金评审委员会委员。在生物化学、微生物遗传学、癌基因及发育生物学以及中药成分的现代生物学研究等方面均有重大建树,并在创立国际上第一个重组人干扰素的工业化生产流程方面,做出了关键性贡献。被聘为天津干细胞研究中心首席科学家。

吴祖泽 69岁,中国科学院院士,现任中国军事医学科学院名誉院长,中国军事医学科学院输血研究所所长,著名实验血液学家,国家卫生部脐血库验收委员会主任委员,为天津干细胞产业的发展做出了突出贡献。现任设在天津市的实验血液学国家重点实验室学术委员会委员,直接支持和指导血研所的科研和项目合作。

王正国 69岁,中国工程院院士,中国工程院医药卫生工程学部主任、研究员,第三军医大学第三附属医院野战外科研究所研究员,创伤学会副主任委员,全军野战创伤外科专家组负责人,《中华创伤杂志》总编,全军医学科学技术委员会常委。被聘指导和参与血研所及干细胞中心的研究和项目合作。

雅克·冈(Jacques Caen) 77岁,中国工程院外籍院士,法国工程院院士,法国科学院通信院士,荷兰科学院外籍院士。现在天津市中国医学科学院血液学研究所设有中法合作实验室。雅克·冈还设立了专门的基金,专注于中法科技合作交流,并为中国留学生提供奖学金。

刘新垣 77岁,中国科学院院士,第三世界科学院院士,乌克兰科学院外籍院士。现任中国科学院生化与细胞所高级研究员、分子生物学家。主要从事基因工程、细胞因子、胞内信号转导、肿瘤基因治疗、帕金森式病的基因治疗、RNA 结构功能及人工合成等研究。被聘为华立达公司企业科学顾问，企业博士后科研工作站专家组主任，指导协同干扰素抗病毒天然药物研究项目，参与企业重大科技投资项目决策咨询，为企业引荐新药开发项目。

杨胜利 63 岁，中国工程院院士，中科院生物技术专家委员会主任委员，中科院新药专家委员会副主任委员，国家“863”生物技术领域专家委员会委员，上海市科技进步专家咨询委员。现任上海生物工程研究中心研究员。主要从事基因工程，在酶、蛋白酶蛋白质工程、分子伴侣等方面进行了开拓性的创新研究。被聘为华立达公司企业科技顾问，企业研究开发中心专家组主任，指导促红细胞生成素产业化项目，参与企业重大科技投资项目决策咨询，为企业引荐新药开发项目。

王阳元 69 岁，中国科学院院士，北京大学教授、博士生导师。现任北京大学微电子研究院院长，中国电子学会副理事长，微米/纳米加工技术国家重点实验室主任，国家产业政策专家咨询委员会委员，信息产业部科技委委员（电子），中芯国际集成电路制造有限公司董事长。主要从事微电子学领域中新器件、新工艺和新结构电路的研究，提出了中国集成电路产业和设计业的发展战略。主持研究成功中国第一块 3 种类型 1024 位 MOS 动态随机存储器。是中国硅栅 N 沟道 MOS 技术开拓者之一。曾获全国科学大会奖、国家发明奖、国家教委科技进步一等奖、光华科技基金一等奖等 16 项国家级和部委级奖励。被聘为天津大学专用集成电路设计中心顾问，参与教学科研工作和学科建设，指导博士研究生，培养青年教师。

时铭显 71 岁，中国工程院院士，北京石油大学教授、博士生导师。现任北京石油大学油田分离研究室主任。长期从事高温高压等特种条件下气团分离技术的研究，首创旋风分离器结构尺寸分类优化设计的理论与方法，开发了 pv 型高效旋风分离器（获国家科技进步二等奖）；开发新型多系列的高效多管式旋风分离器（获国家科技进步三等奖及国家教委科技进步二等奖）。其研究成果达到国际先进水平，并在全国炼油厂广泛应用。受聘于天津大学，从事能源化工专业的教学科研工作和学科建设，指导博士研究生，带培青年教师。

邬贺铨 61 岁，中国工程院院士，光纤传送网与宽带信息网著名专家。现任中国工程院副院长，信息产业部电信科学技术研究院高级工程师、副院长、总工程师。大唐电信集团副总裁。国家“863”计划通信技术主题专家组组长，国家信息化办公室专家组成员，长期致力于光纤传送网与宽带信息网的应用与研究，在国内首先研制成功了 PCM30 路复用设备、60 路 FDM/TDM 复用转换设备和 30B+D/NTI 设备；在国内首先主持研制成功 STH—1/STM—4 复用设备、155/622Mb/SSDH 光纤通信系统。曾获得全国科学大会奖、国家科技进步一等奖、二等奖各一项。受聘于天津大学，直接参与信息通讯领域的教学科研工作和学科建设，指导博士研究生，带培青年教师。

邹　竞 女，68 岁，中国工程院院士。现任中国乐凯胶片公司教授级高级工程师，河北科协副主席。主要从事照相乳剂研究和胶片新产品开发工作，是中国彩色胶卷研制的奠基人之一，研制开发了三代乐凯彩色胶卷，使国产胶卷从无到有，并达到了国际先进水平，曾获得国家科技进步一等奖。受聘于天津大学，直接参与应用化工学科的教学科研和学科建设，指导博士研究生，带培青年教师。

王占国 66 岁，中国科学院院士，现任中国科学院半导体研究所半导体材料科学开放实验室主任、研究员、博士生导师，S—863 计划软件课题研究新材料技术领域专家组组长，半导体材料物理学家。中国科学院技术学部常委，国家高技术新材料领域专家委员会常委，中国材料学会常务理事，半导体半绝缘体等多个国际会议顾问委员会委员。主要从事半导体材料与材料物理的研究。被聘为南开大学特聘教授，担任科技顾问，从事科研、学术技术工作，指导博士研究生，培养青年教师。

万哲先 77 岁，中国科学院院士，美国普林斯顿高等研究所成员，美国欧特丹大学访问教授，瑞典隆德大学客座教授，数学家。现任中国科学院数学与系统科学研究院研究员、基础数学专业和应用数学专业的博士生导师。主要从事代数学、组合论研究，在典型群、矩阵几何、有限几何和编码学等领域进行了系统研究。被聘为南开大学特聘教授，南开大学组合中心学术委员会主任委员，指导博士研究生，进行学术研究。

张玉奎 62岁，中国科学院院士。现任中国科学院大连化学物理研究所研究员、博士生导师，中科院大连化学物理研究所国家色谱研究分析中心主任，中国化学会理事、色谱委员会主任，中国分析测试协会常务理事，《色谱》杂志主编。主要从事色谱基础理论和色谱新技术、新方法研究，在气相、液相、毛细管电泳及电色谱基础理论研究方面取得了系统的、有创造性的研究成果，多次获奖。多次在国际学术会议上作特邀报告及应邀在国外著名大学讲学。被聘为南开大学分析化学特聘教授，指导博士研究生，培养青年教师。

丁德文 63岁，中国工程院院士，海洋生态环境科学与工程、寒区环境科学与工程专家。现任海洋生态环境科学与工程国家海洋局重点实验室主任，国家海洋环境检测中心暨国家海洋局海洋环境保护研究所研究员、名誉主任暨所长，辽宁省政府参事，辽宁省科协副主席，大连市科协主席。主要从事海洋生态、渤海湾环境方面的研究。受聘于天津科技大学，共同承担国家"863"计划项目"渤海典型海岸带生物修复技术"课题研究，指导学科建设、博士研究生培养及科研，特别是指导海洋学院的学科发展规划等。

王启明 70岁，中国科学院院士。美国纽约科学院院士。现任中国科学院半导体研究所所长，国家"863"计划信息领域专家委员会委员，中国电子学会、中国光学学会理事，中国通信学会会员，中国半导体学会委员及信息光电子专业委员会主任。主要从事半导体光电子学研究。受聘于天津理工大学，担任天津市重点学科"物理电子学"学科建设顾问，指导博士研究生，培养青年教师。

解思深 62岁，中国科学院院士，博士生导师，中国材料学会常务理事，现任国家纳米科技中心副主任，中国科学院纳米科技中心主任。主要从事高温氧化物超导体的合成、相关晶体结构的研究。在国内率先开展了碳纳米管的研究，在定向碳纳米管的制备、结构和物理性质的研究方面取得了一系列的重要进展。在国家重大基础研究项目"纳米材料与纳米结构"中担任首席科学家。受聘于天津理工大学，指导学科建设，进行学术交流、项目合作研究，培养相关学科骨干教师。

简水生 75岁，中国科学院院士，博士生导师，国家自然科学奖信息学部评审委员会委员，中国通信学会线路委员会副主任委员，北京市政府通信与信息技术顾问组组长，北京市科技对外交流协会理事，北京通信信息协会副理事长，北京通信学会理事兼光通信委员会主任委员。现任北方交通大学光波技术研究所所长、教授。主要从事新型通信光缆的研究。受聘于天津理工大学，担任天津市重点开放实验室"光电信息与通信工程实验室"学术委员会主任，指导学科建设，进行学术交流、项目合作研究，培养相关学科骨干教师。

徐玉如 61岁，中国工程院院士。现任哈尔滨工程大学国家重点学科"船舶与海洋结构物设计制造"的学科带头人，博士生导师，海军预研专家组潜艇总体组成员，中国造船学会理事，国防科工委专家咨询委员会委员。主要从事水下智能机器人技术研究，在机器人系统建模与仿真、载体设计优化、智能控制体系结构、试验系统集成等方面做出了关键性技术贡献。受聘于天津理工大学，与机械电子工程重点发展学科有水下机器人合作科研项目，指导学科建设，进行学术交流、项目合作研究，培养相关学科骨干教师。

梅自强 75岁，中国工程院院士，纺织部、纺织总会、国家纺织局科技委常务副主任。现任中国纺织工程学会副理事长，名誉副理事长，学术委员会主任。主要从事纺织科学技术发展方针、政策及企业科技问题调查研究。被天津工业大学聘为特聘教授，直接参与该校的学科建设规划，学术讲座，带培青年技术骨干教师。

季国标 72岁，中国工程院院士，中国最早的化学纤维工程技术专家之一，现任总后军需部技术顾问，山东省政府技术顾问。主要从事化纤工程技术及纺织工业的研究，作为带头人和总工程师主持了中国先导和大型化纤厂的筹划、建设、运行和对外技术合作。受聘为天津工业大学顾问教授，直接指导材料学科的发展规划，以保持特种纤维、膜分离技术及工程三维立体编制结构复合材料的优势，加强纤维科学的基础研究，培养青年骨干教师队伍。

袁晴棠 女,66岁,中国工程院院士。现任石化集团公司暨股份有限公司总工程师,中国石油学会副理事长,中国化工学会常务理事,中国石化集团公司科技委常务副主任。主要从事乙烯裂解技术的研究与开发,为发展中国乙烯技术做出了突出贡献。负责组织指定并参与实施中国石化集团公司科技发展战略规划和“十条龙”重大科技攻关项目研究。受聘于中国石化集团天津石油化工公司,直接参与大炼油和大乙烯重点工程建设的总体设计、审核把关,将对整体推动天津地区整个化工产业发展,为下游的塑料加工和化纤纺织行业实现企业规模化和获得国际竞争力奠定基础。

（天津市人事局）

【天津市科技重大成就奖获得者】

余国琮 1922年11月出生,广东省台山县人,1943年西南联合大学毕业,1945年获美国密执安大学硕士学位,1947年获美国匹兹堡大学博士学位。天津大学教授,中国科学院院士。现任天津大学化工学院名誉院长,化学工程研究所名誉所长,精馏技术国家工程研究中心技术委员会主任,《中国化学工程学报》(英文版)主编。

余国琮院士是新中国建立初期最早一批冲破封锁归国参加建设的海外知识分子,是中国化学工程学科的奠基人之一,在化工热力学、传递理论、界面传质动力学、过程放大理论等领域做出了杰出的成绩。由于余国琮院士的卓越领导,天津大学化学工程学科稳步在全国的前列,尤其在近十几年中,学科水平跨入了国内领先地位。在2001年教育部全国重点学科评估中,天津大学化学工程学科获得满分,在全国80个国家级重点学科中名列第一。余国琮院士对学科建设与中国的化学工程专业的教育改革做出了杰出的贡献。

余国琮院士

余国琮院士结合中国过程工业发展的实际,在对国民经济具有十分重要影响的精馏分离工程技术领域长期潜心研究,在相关领域的理论和技术领域做出了系统性的贡献,取得了大量创新性的理论突破。他以中国化工、炼油、石化等工业的实际需求为导向,积极推动成果转化为生产力,在精馏工程技术研究成果的基础上,开发的具有新型塔内件的高效精馏塔技术得到了广泛的工业应用,国内直接应用上述成果的工业精馏塔超过了6000座,辐射全国30个省、市、自治区,使精馏应用技术在国内市场上占据了绝对的优势,在推动学科发展的同时,有力地推动了中国相关行业的技术进步,取得了巨大的经济效益和社会效益。

余国琮院士先后有15项成果获得省部级科技奖励(二等以上),其中国家科技进步二等奖1项。

【缅怀津城科技先导】

“微分几何之父”陈省身(1911~2004年) 陈省身教授1911年10月出生于浙江省嘉兴市。1930年毕业于南开大学,1934年获清华大学硕士学位。其后赴

陈省身院士

德国汉堡大学深造。1936年获博士学位后,以“法国巴黎索邦中国基金会博士后研究员”身份到巴黎大学从事研究工作。1937~1943年,任清华大学和西南联大教授。1943~1946年,在美国普林斯顿高级研究所任研究员。1946~1948年,筹建中央数学研究所并任代理所长。1949~1979年,先后任美国芝加哥大学、加州大学伯克利分校教授。1981~1984年,任美国数学研究所首任所长,后任名誉所长。他是美国科学院院士,法国、意大利、俄罗斯等国家科学院外籍院士。被公认为“20世纪伟大的几何学家”,先后获美国国家科学奖章、以色列沃尔夫奖、中国国际科技

合作奖及首届邵逸夫数学科学奖等荣誉。1985年，他创立南开数学研究所并任首任所长。1993年，当选中国科学院外籍院士。2000年，定居南开大学。并任天津科技馆名誉馆长。

陈省身教授开创并领导着整体微分几何、纤维丛微分几何、“陈省身示性类”等领域的研究，他是有史以来惟一获得世界数学界最高荣誉“沃尔夫奖”的华人，被称为"当今最伟大的数学家"，被国际数学界尊为“微分几何之父”。

2004年11月2日，经国际天文学联合会下属的小天体命名委员会讨论通过，国际小行星中心正式发布第52733号《小行星公报》通知国际社会，将一颗永久编号为1998CS2号的小行星命名为“陈省身星”，以表彰他对全人类的贡献。

这位国际数学大师、著名教育家、中国科学院外籍院士、南开数学研究所名誉所长陈省身教授，因病医治无效，于2004年12月3日19时14分在天津逝世，享年93岁。

陈省身教授病重期间，中共中央政治局常委、书记处书记、国家副主席曾庆红，中共中央政治局委员、书记处书记、中央组织部部长贺国强，中共中央政治局候补委员、书记处书记、中央办公厅主任王刚，国务委员陈至立等先后对救治工作做出批示或委托专人来津看望。

中共中央政治局委员、天津市委书记张立昌对陈省身教授的救治工作十分重视。得知陈省身教授住院后，当即做出批示，要求立即成立领导小组和专家组，全力以赴做好救治工作，并前往医院看望陈省身教授。

教育部、卫生部等中央有关部门负责同志和市有关领导先后前往医院看望陈省身教授，并精心组织了救治工作。

“中国肿瘤之父”金显宅 (1904~1990)生于汉城，1919年来中国，1930年加入中国籍。1931年获美国纽约州州立医学博士学位，1939年起任协和医学院肿瘤科主任，成为中国肿瘤医学事业第一人，被誉为“中国肿瘤之父”。1942年，与他人在天津开办恩光医院。1952年任人民医院肿瘤科顾问，1987年任天津肿瘤医院院长。

金显宅教授是中国肿瘤学科的创始人和奠基人，中国医学事业杰出的开拓者之一，是德高望重医术精湛的一代宗师，在中国医学发展领域具有重要

金显宅教授

影响。为建立和发展中国的肿瘤医疗事业，金显宅教授倾注了毕生精力。他在肿瘤诊治技术上不断创新，为癌症患者解除了病痛，被奉为生命守护神。他呕心沥血，悉心传授，为国家培养造就了大批高级肿瘤专业人才。新中国成立后，他亲手创建了中国第一个肿瘤科，创办了第一个肿瘤学杂志，主持召开了第一届国际乳腺癌会议，组织了第一个肿瘤专业学会-中国抗癌协会，开办了第一届全国肿瘤医师进修班，首创了多项癌瘤根治性手术，水平达世界一流。金显宅教授为中国肿瘤医疗事业奠定了坚实基础，做出了重大贡献。

2004年4月25日，天津市政府在中国肿瘤学科发祥地——天津市肿瘤医院隆重举行金显宅教授诞辰百年纪念大会。市委副书记、市长戴相龙向大会发来贺信，市委副书记邢元敏出席大会。市委常委、市委教卫工委书记陈超英出席并讲话，市人大常委会副主任俞海潮等出席。全国人大常委会原副委员长吴阶平院士，中华医学会党组书记宗淑杰，卫生部原副部长、中国抗癌基金会会长彭玉专程来津出席大会。中国工程院院士吴咸中、孙燕、甄永苏、郝希山，中国科学院院士陆士新，金显宅教授亲属及来自国内外500多名肿瘤学界专家、学者出席。

中国抗癌协会与天津市肿瘤医院在津还联合举办了“纪念金显宅教授诞辰100周年国际肿瘤学术论坛”，来自国内外的600余名肿瘤专家学者参加探讨肿瘤防治及其最新发展趋势。

国内制浆造纸工程专业首批博导隆言泉 (1919~2004)四川省成都市人，1944年毕业于西南联大，曾任天津轻工业学院(现天津科技大学)院长，制浆造纸工程专业教授、博士生导师，国务院学位委员会轻纺组召集人，国家教委科技委员会委员。中国

隆言泉教授

制浆造纸工程高等教育的开创者之一,长期从事制浆造纸工程高等教育,1959 年开始指导研究生,1983 年开始招收博士研究生，成为中国第一批两位制浆造纸工程专业博士导师之一,先后在国内外培养了 17 名硕士研究生和 15 名博士研究生,1992 年获首届“全国大学生实用科技发明大奖赛”一等奖的园丁奖。中国制浆造纸学科的学术带头人，1953 年起先后出版了《纸浆学》、《造纸学》、《造纸工学》、《制浆造纸工艺学》(上、下册)、《造纸过程原理与工程》等著作,在国内外学术会议和学术刊物发表了 100 多篇论文。主要从事制浆造纸理论、高分子化学及生物技术在造纸中的应用方面的研究,开展的“造纸植物纤维微观结构及制浆造纸机理的研究”,取得了具有创造性的研究成果,明确了原料木素的溶出历程,提出了“快速升温,减少保温”的制浆蒸煮方式,可增加产量和降低能耗,获国家轻工业部科技进步奖。主持国家“七五”重点科研项目“造纸湿部化学的研究”，在国内首创了两性淀粉、阴阳离子型聚丙烯酰胺的合成及在造纸生产中的应用方法。开展“废纸再生新技术-生物法脱墨和纤维改性的研究”,取得突破性成果,获天津市科技成果奖,并获得了国家专利。由于在教学、科研、管理方面的突出成就,1990 年获原国家教委“从事高教科技工作 40 年成绩显著荣誉证书”,同时被收入中国社科院《中国名人辞典》,1991 年获国务院政府特殊津贴。

（李明琪、王　琥）

【郝希山当选中华医学会“肿瘤”学会主任委员】 2004 年,天津市肿瘤医院院长郝希山院士当选为中华医学会肿瘤学会主任委员。这是中国肿瘤领域专业学术最高职位首次出自于津城。

郝希山院士现任天津医科大学校长、天津市肿瘤医院院长、中国抗癌协会常务副理事长等职。他致力于肿瘤学的临床和基础研究 34 年,共获得国家和省部级科技成果奖 13 项。

【中国青年科技奖获得者】 在 2004 年的中国青年科技奖评选当中,天津吕晓龙、许京军、吴文清、钟登华 4 人荣获了中国青年科技奖。

吕晓龙 天津工业大学博士生导师，其设计的中空纤维膜装置过滤新工艺，已在全国制药行业中大规模推广应用，并使中空纤维膜产品的性能达到了国外同类产品的先进水平。

许京军 南开大学物理学院院长，从事光子学领域的科研工作，在国际上首次提出了光存储记录时写入光的光强概念，为光存储的发展应用打下了扎实基础。

吴文清 天津石化公司乙烯厂副厂长，采用国际上先进的冷凝技术用于聚乙烯生产的工业化，将聚乙烯装置的生产能力提高 280%，为此荣获了中石化科技进步一等奖、国家科技进步二等奖。

钟登华 天津大学研究生院副院长，其两项水利水电工程系统仿真理论在三峡、二滩、小浪底等 10 余座大型水利水电工程中得到应用，取得了显著的经济效益和社会效益。

【首届中国青少年科技创新奖获得者】 以邓小平同志生前全部稿费设立的中国青少年科技创新奖励基金于 2004 年 8 月 24 日举行首届颁奖典礼。津城四学子张昕楠、易龙、孙涛、柴恭泉荣获科技创新奖。

张昕楠 天津大学建筑学院建筑学 1999 级本科生，在 2002 年获得国际大学生木结构建筑设计竞赛一等奖。

易　龙 南开大学化学学院化学专业 2000 级本科生,15 篇论文被国际性 SCI 期刊收录,2003 年获得全国“挑战杯”科技竞赛金奖。

孙　涛　天津医科大学基础医学院2000级本科生，获全国生物与环境评选活动一等奖，该校流传“谁有名贵植物想一盆变两盆就找孙涛”。

柴恭泉　天津市实验中学高三学生，精于计算机软件的研制和开发，在2002年获得海尔中国青少年发明奖。

【天津青年科技奖获得者】　包括荣获2004年中国青年科技奖的吕晓龙、许京军、吴文清、钟登华4人在内的21人获得了天津青年科技奖。获天津青年科技奖的其他人是：王舒、方复全、丛培金、刘旭锴、阮国岭、李靖、李耀荣、杨学军、张健、张磊、陈立文、陈秋双、胡云凌、段发阶、闻凤英、贾有良、舒歌群。

中国青年科技奖由中共中央组织部、国家人事部和中国科协设立，面向40岁以下从事自然科学和交叉科学的青年科技工作者。该奖项每两年评选1次，获奖者分布在理、工、农、医等各个学科领域，至今已评选了八届。天津青年科技奖由市委组织部、人事局、科协共同设立，2004年是第七次评选。

科技机构

科学研究与技术开发机构

【简况】 2004年，天津市县及县以上独立科学研究与技术开发机构168个(国家科委统计数)，其中自然科学研究与开发机构53个(驻津12个，市属41个)，转制到位的自然科学研究与开发机构76个(驻津18个，市属58个)，社会人文类研究机构3个，科技信息和文献机构11个，县属机构15个，其他类机构10个。从业人员19795人，其中科技活动人员11607人，而科学家和工程师8669人；R&D(研究与试验发展)人员折合全时工作量3447人年，其中科学家和工程师2883人年；经费收入总额42.34亿元，经费支出总额39.95亿元，其中R&D经费内部支出5.91亿元；在研课题1814项，课题经费内部支出6.13亿元。

（高　文）

【自然科学研究与技术开发机构】 2004年，天津市有自然科学技术领域研究与开发机构53个，其中中央驻津单位12个，市属单位41个。从业人员5592人，其中从事科技活动人员3741人，而科学家和工程师2791人，占科技活动人员的74.61%；具有博士和硕士学位的403人，占科技活动人员的10.77%。经费收入总额7.46亿元，其中政府资金3.07亿元，占总量的41.13%；经费支出总额6.86亿元。在研课题742项，课题经费内部支出1.30亿元，课题投入人员1994人年。详见表4。

（高　文）

表4　2004年天津自然科学研究与技术开发机构情况表

		从业人员(人)	从事科技活动人员	科学家与工程师	从事生产经营活动人员	经费收入总额(千元)	政府资金	经费收入总额(千元)	科技经费内部支出	课题数(个)	课题人员折合全时工作量(人年)	科学家与工程师	课题经费内部支出(千元)
合计		5592	3741	2791	661	745921	306805	686345	507720	742	1994	1636	129969
按隶属关系分	市属单位	3038	2396	1752	276	288788	122867	271621	251686	524	1068	875	57193
	中央各部驻津单位	2554	1345	1039	385	457133	183938	414724	256034	218	926	761	72776
按服务国民经济行业分	农、林、牧、渔业	790	546	460	127	116470	35677	111605	102781	291	370	319	29053
	制造业	674	566	386	17	89803	25914	80445	78635	57	321	238	11963
	电力、燃气及水的生产和供应业	377	237	179	104	65907	11316	55742	25076	15	85	82	3966
	建筑业	70	60	33	3	4595	118	4009	3858	6	5	5	195
	科学研究，技术服务和地质勘查业	2466	1394	1042	325	389361	183522	358327	229177	196	705	593	61689
	水利、环境和公共设施管理业	499	401	314	47	32346	17750	30426	26603	112	286	217	13316
	卫生、社会保障和社会福利业	527	367	288	38	43289	28360	40732	36531	59	202	166	9093
	文化、体育和娱乐业	29	27	21	0	1344	1342	1372	1372	1	2	2	25
	公共管理和社会组织	160	143	68	0	2806	2806	3687	3687	5	18	14	669

【转制自然科学研究与开发机构】 2004年，天津市转制到位的研究与开发机构76个，其中中央驻津单位18个，市属单位58个。从业人员11742人，其中从事科技活动人员6116人，从事生产经营活动人员3165人，其他人员2461人，分别占从业人员的52.09%、26.95%和20.96%。经费收入总额33.15亿元，经费支出总额31.28亿元。在研课题813项，课题经费内部支出4.51亿元，课题投入人员3004人年。详见表5。

（高 文）

表5 2004年天津转制科学研究与技术开发机构情况表

		从业人员（人）	从事科技活动人员	科学家与工程师	从事生产经营活动人员	经费收入总额（千元）	政府资金	经费收入总额（千元）	科技经费内部支出	课题数（个）	课题人员折合全时工作量（人年）	科学家与工程师	课题经费内部支出（千元）
合计		11742	6116	4484	3165	3315064	161913	3128255	1379317	813	3004	2349	450976
按隶属关系分	市属单位	4949	2592	1751	1694	432644	38564	410394	267325	444	1292	911	109892
	中央各部驻津单位	6793	3524	2733	1471	2882420	123349	2717861	1111992	369	1712	1438	341084
按服务国民经济行业分	农、林、牧、渔业	61	40	25	15	1467	1009	1460	984	4	7	5	105
	采矿业	474	290	211	92	71303	4446	80990	49192	34	238	173	21675
	制造业	8098	4445	3287	2751	2669840	79727	2512275	1081331	532	2043	1567	352910
	电力、燃气及水的生产和供应业	212	137	87	17	29449	0	25200	24682	21	95	83	6760
	建筑业	252	114	81	85	9939	1291	10751	4798	25	94	49	2536
	交通运输、仓储及邮政业	215	160	101	37	43859	2526	40842	31883	10	46	35	2378
	信息传输、仓储及邮政业	211	139	104	32	12293	1800	12665	5671	16	75	61	3450
	科学研究、技术服务和地质勘查业	2219	791	588	136	476914	71114	444072	180776	171	406	376	61162

科技信息与文献机构

【简况】 2004年，天津市有科技信息与文献机构共11个，其中中央驻津单位1个，市属单位10个。从业人员841人，其中从事科技活动人员602人，占从业人员的71.58%。全年经费收入总额0.87亿元，其中86.34%的经费来自政府。经费支出总额0.84亿元。在研课题52项，课题经费内部支出0.09亿元，课题投入人员160人年。详见表6。

（高 文）

表6 2004年天津科学技术信息和文献机构情况表

		从业人员（人）	从事科技活动人员	科学家与工程师	从事生产经营活动人员	经费收入总额（千元）	政府资金	经费收入总额（千元）	科技经费内部支出	课题数（个）	课题人员折合全时工作量（人年）	科学家与工程师	课题经费内部支出（千元）
合计		841	602	538	34	86647	74808	84087	83987	52	160	125	8758
按隶属关系分	市属单位	401	327	268	34	38318	27324	36603	36503	43	117	82	6239
	中央各部驻津单位	440	275	270	0	48329	47484	47484	47484	9	43	43	2519
按服务国民经济行业分	制造业	80	58	45	8	2701	819	3062	3062	1	2	2	10
	租赁和商业服务业	187	149	125	23	22991	15936	21379	21279	33	95	60	4241
	科学研究、技术服务和地质勘查业	574	395	368	3	60955	58053	59646	59646	18	63	63	4507

天津市博士后设站

【简况】 至2004年底，天津市设博士后科研流动站48个，分布在9所高等院校内，详见表7；设博士后科研工作站78个，详见表8。

（天津市人事局）

表7 2004年博士后科研流动站一览表

院校	博士后流动站	院校	博士后流动站
南开大学	理论经济学流动站	天津大学	电气工程流动站
	应用经济学流动站		建筑学流动站
	工商管理流动站		管理科学与工程流动站
	中国语言文学流动站		光学工程流动站
	历史学流动站		仪器科学与技术流动站
	数学流动站		生物医学工程流动站
	物理学流动站		电子科学与技术流动站
	化学流动站		信息与通信工程流动站
	植物保护流动站		环境科学与工程流动站
	生物学流动站		控制科学与工程流动站
	光学工程流动站	天津医科大学	中西医结合流动站
	控制科学与工程流动站	天津医科大学	临床医学流动站
	电子科学与技术流动站		基础医学流动站
	环境科学与工程流动站	天津师范大学	心理学流动站
	哲学流动站		政治学流动站
	社会学流动站	天津科技大学	轻工技术与工程流动站
	外国语言文学流动站	天津工业大学	纺织科学与工程流动站
天津大学	力学流动站	天津财经大学	应用经济学流动站
	力工程及工程热物理流动站	天津财经大学	工商管理流动站
	机械工程流动站	天津中医学院	中医学流动站
	化学工程与技术流动站	河北工业大学	电子科学与技术流动站
	土木工程流动站		机械工程流动站
	水利工程流动站		电气工程流动站
	材料科学与工程流动站		材料科学与工程流动站

表8　2004年博士后科研工作站一览表

序号	博士后科研工作站	序号	博士后科研工作站
1	公安部天津消防研究所	40	天津华立达生物工程有限公司
2	中国电子科技集团公司第十八研究所	41	博益(天津)气动技术研究所有限公司
3	中国船舶重工集团公司第七〇七研究所	42	天津天润通微分析技术有限公司
4	国家海洋局天津海水淡化与综合利用研究所	43	天津迪爱盟生物技术有限公司
5	国家海洋技术中心	44	天津南开戈德集团有限公司
6	中国汽车技术研究中心	45	天津市环科机动车尾气催化净化技术有限公司
7	天津市宁河现代生物技术研究推广中心	46	天津开发区污水处理厂
8	天津药物研究院	47	诺维信(中国)生物技术有限公司
9	天津工程机械研究院	48	天津海蓝德能源技术发展有限公司
10	天津市农业科学院	49	凯莱英医药化学(天津)有限公司
11	铁道第三勘察设计院	50	天津谢克斯物海事工程咨询有限公司
12	天津化工研究设计院	51	国家纳米技术产业化基地
13	天津市环境保护科学研究院	52	北洋国家精馏技术工程发展有限公司
14	天津钢管集团有限公司	53	天津先进信息产品有限公司
15	天津渤海化工集团公司	54	北方国际信托投资股份有限公司
16	中环电子信息集团有限公司	55	天津华志计算机应用有限公司
17	天津天士力集团有限公司	56	天津联微科技有限公司
18	协和干细胞基因工程有限公司	57	天津远海声学仪器有限公司
19	天津药业集团有限公司	58	天津清源电动车辆有限责任公司
20	天津中新药业集团有限公司	59	中国医学科学院血液学研究所泰达生命科学技术研究中心
21	天津太平洋制药有限公司	60	天津新技术产业园区
22	天津环球磁卡股份有限公司	61	海泰超导通讯科技(天津)有限公司
23	渤海证券有限责任公司	62	天津力神电池股份有限公司
24	天津汽车工业(集团)有限公司	63	天津新技术产业园区天宇科技园
25	中国石油天然气股份有限公司大港油田公司	64	天津新技术产业园区鼎名密封有限公司
26	天津经济技术开发区	65	天津和平海湾电源集团有限公司
27	摩托罗拉(中国)电子有限公司	66	天津天狮集团有限公司
28	天津三星电子有限公司	67	天津海泰控股集团有限公司
29	泰达生物医学与工程研究所	68	天津天大天财股份有限公司
30	中科海讯科技有限公司	69	天津通广三星电子有限公司
31	天津科润农业科技股份有限公司	70	天津尖峰天然产物研究开发有限公司
32	天津开发区企业园林绿化公司	71	天津科瑞达涂料化工有限公司
33	飞思卡尔强芯(天津)集成电路设计有限公司	72	天津市中意蓄牧科技发展有限公司
34	天津市天达激光技术开发有限公司	73	天津发展资产管理有限公司
35	天津市天大方圆工业结晶科技有限公司	74	天津市紫波高科技有限公司
36	天津天隆农业科技有限公司	75	天津普达软件技术有限公司
37	天津生物芯片技术有限责任公司	76	天津开发区泛美联生物工程技术有限公司
38	天津协和生物科技发展有限公司	77	天津开发区奥金高新技术有限公司
39	天津中环三津有限公司	78	天津赛象科技股份有限公司

（天津市人事局）

企业技术中心

【简况】 经天津市经委、科委、财政局、地方税务局和有关专家组成的企业技术中心认定考评小组，依照天津市企业技术中心评价指标体系的标准认真考核评价后，报请天津市企业技术中心认定领导小组审定，确认天津新港船厂技术中心等11家企业技术中心为第11批天津市认定企业技术中心。同年，天津石化公司技术中心和鼎盛工程机械有限公司技术中心2家市级企业技术中心经国家发改委等四部门批准为国家级企业技术中心。到2004年底，天津市企业技术中心增至100家，其中国家级企业技术中心10家。详见表9。

（齐宝琴）

表9 2004年天津市企业技术中心一览表

单位名称	级别	单位名称	级别
天津药业集团有限公司技术中心	国家级	有机化学工业总公司技术中心	市级
天津天士力集团有限公司技术中心	国家级	天津海豚橡胶集团公司技术中心	市级
天津灯塔涂料股份有限公司技术中心	国家级	天津海豚炭黑有限公司技术中心	市级
天津渤海化工集团公司技术中心	国家级	天津市乳胶厂技术中心	市级
天津钢管有限责任公司技术中心	国家级	天津化学试剂有限公司技术中心	市级
大港油田集团有限责任公司技术中心	国家级	天津市中央药业有限公司技术中心	市级
中国石化集团天津石油化工公司技术中心	国家级	天津金世集团有限公司技术中心	市级
乐金电子(天津)电器有限公司技术中心	国家级	凯莱英医药化学(天津)有限公司技术中心	市级
天津汽车工业(集团)有限公司技术中心	国家级	天津中集北洋集装箱有限公司技术中心	市级
天津鼎盛工程机械有限公司技术中心	国家级	天津斯坦雷电气有限公司技术中心	市级
天津市中环半导体有限公司技术中心	市级	天津天海同步器有限公司技术中心	市级
天津通信广播集团有限公司技术中心	市级	天津华立达生物工程有限公司技术中心	市级
天津六〇九电缆有限公司技术中心	市级	天津太平洋制药有限公司技术中心	市级
天津光电通信技术有限公司技术中心	市级	天津天铁冶金集团有限公司技术中心	市级
天津市七六四通信导航技术有限公司技术中心	市级	天津天钢集团有限公司技术中心	市级
天津市中环电子计算机公司技术中心	市级	天津市轧三制钢有限公司技术中心	市级
天津仪表集团有限公司技术中心	市级	天津市轧一制钢有限公司技术中心	市级
复印设备公司技术中心	市级	天津钢线钢缆集团有限公司技术中心	市级
天津中环三津有限公司技术中心	市级	天津有色金属集团有限公司技术中心	市级
天津三星电机有限公司技术中心	市级	天津久安集团有限公司技术中心	市级
天津市南开戈德集团有限公司技术中心	市级	天津有容蒂康通讯技术有限公司技术中心	市级
天津天大天财股份有限公司技术中心	市级	天津富士达自行车有限公司技术中心	市级
天津纺织集团技术中心	市级	天津郁美净集团有限公司技术中心	市级
天津纺织集团天一有限公司技术中心	市级	天津津酒集团有限公司技术中心	市级
天津东亚毛纺厂集团有限公司技术中心	市级	天津蓝天集团股份有限公司技术中心	市级
天津中新药业集团股份有限公司技术中心	市级	天津海鸥手表(集团)公司技术中心	市级
天津大沽化工有限责任公司技术中心	市级	天津天女化工集团股份有限公司技术中心	市级
天津渤海化工有限责任公司天津碱厂技术中心	市级	天津实发集团有限公司技术中心	市级
天津长芦海晶集团有限公司技术中心	市级	天津华一有限责任公司技术中心	市级

续表 9

单位名称	级别	单位名称	级别
天津市隆庆集团有限公司技术中心	市级	天津减速机股份有限公司技术中心	市级
天津环球磁卡股份有限公司技术中心	市级	天津动力机厂技术中心	市级
天津塑料集团技术中心	市级	天津泵业机械集团有限公司技术中心	市级
天津红港绿茵花草有限公司技术中心	市级	天津市特变电工变压器有限公司技术中心	市级
天津海河乳业有限公司技术中心	市级	天津市鼓风机总厂技术中心	市级
中法合营王朝葡萄酿酒有限公司技术中心	市级	天津双街钢管有限公司技术中心	市级
天津卷烟厂技术中心	市级	天津金山电线电缆股份有限公司技术中心	市级
天津宝成机械集团有限公司技术中心	市级	天津天狮集团有限公司技术中心	市级
天津港务局技术中心	市级	天津田歌纺织有限公司技术中心	市级
天津力神电池股份有限公司技术中心	市级	天津市新星兽药厂技术中心	市级
天津甘泉集团有限公司技术中心	市级	天津新港船厂技术中心	市级
天津万华股份有限公司技术中心	市级	天津市新新制药厂技术中心	市级
天津赛象科技股份有限公司技术中心	市级	中美史克(天津)制药有限公司技术中心	市级
天津市机电工业控股集团研究发展中心	市级	天津挂月集团有限公司技术中心	市级
天津市天锻压力机有限公司技术中心	市级	天津市大港区天成化工厂技术中心	市级
天津特精液压股份有限公司技术中心	市级	天津真美电气器材有限责任公司技术中心	市级
天津百利环保装备集团有限公司技术中心	市级	天津同仁堂股份有限公司技术中心	市级
天津第一机床总厂技术中心	市级	天津立林机械集团有限公司技术中心	市级
中外建发展股份有限公司技术中心	市级	天津赛恩投资集团有限公司技术中心	市级
天津市百利低压电器有限公司技术中心	市级	天津海泰数码科技有限公司技术中心	市级
天津起重设备有限公司技术中心	市级	天津汽车模具有限公司技术中心	市级

部分科技机构简介

【中国电子科技集团公司第十八研究所】 该所又名天津电源研究所,创立于1958年。位于天津市南开区,占地面积15万平方米,科研、生产、教育用房约6万平方米,拥有仪器设备4千多台(套),固定资产3亿余元。现有职工1330人,其中600余名工程技术人员中,高级职称133名;中青年科技人员占80%以上。是目前国内规模最大、专业覆盖面最广的综合性化学与物理电源研究所,是集化学与物理电源基础科研、新产品开发、批量生产、系统集成及相关技术和产品评价于一体的高科技科研机构。涉及的专业技术领域主要有:①化学电源技术领域,高能锂电池(锂—二氧化锰、锂—亚硫酰氯、锂蓄电池、锂离子蓄电池等);热电池(包括钙—硫酸铅、镁—五氧化二钒、钙—铬酸钙和锂合金—硫化铁电池等);锌银电池(一次储备电池、二次蓄电池等),密封铅酸蓄电池,镉镍、氢镍、金属氢化物镍碱性蓄电池,以及各种新型化学电源材料等;②光电转换技术领域,包括单晶硅太阳电池、多晶硅太阳电池、单级和多级化合物太阳电池、硅光敏电池、光电敏感器、光电隔离器等;③热电转换技术领域,包括气体温差发电器、单级和多级温差电致冷组件、温差电空调器、便携式冷暖箱等产品;④电源管理及控制技术领域,包括空间飞行器能源系统控制器、分流器及地面供配电及检测设备,电池充电器、UPS电源等;⑤各种化学与物理电源的材料分析和各种电池产品的质量评价、评估和检测。

在国内化学与物理电源技术发展过程中,十八所始终起到了领头羊的作用。在为国家重大工程配套电源的研制开发过程中,为国家数十个重点工程提供了高质量、高水平的电源产品,创造了十几个国内第一。经过40多年的努力,十八所已研究和生产的产品涉及30多个系列,400多个规格品种。曾获国家级科技进步一等奖2项,二等奖1项,三等奖3项,获部、市、集团公司级科技进步奖励97项;国家授权专利28项。

随着科技体制改革的不断深入,十八所积极开发军民两用技术,转换经营机制,服务于国民经济各个领域,先后开发出民用氢镍电池、镉镍电池、密封铅酸蓄电池、温差电致冷组件、锂离子蓄电池等一系列民用产品。通过合资、参股,与日本三洋公司、丰田通商合资成立了天津蓝天—三洋电源有限公司,与天津市有关公司合作成立了天津力神电池股份有限公司。先后向广东佳力公司、鞍山市电池厂、浙江武义无线电厂、广东中山高技术森莱电池公司、江苏海四达高能电源公司、河南中原油田、上海宝钢集团等实施技术转让或建线、建厂,生产开口型、圆柱型镉镍电池、金属氢化物镍蓄电池等产品。为江苏泰县电池厂、山东曲阜汽车配件厂、浙江温州电池厂、四川西昌蓄电池厂等转让了铅酸电池技术;为广东佛山星辰电子电器总厂、沈阳晶体管二厂、河北蔚县晶体管厂等转让了半导体致冷技术。同时,十八所的民用技术和产品还出口美国、韩国、巴基斯坦、伊朗、朝鲜等国家。

十八所还筹建了"新型能源国家工程研究中心";正在建设中的国内惟一的"化学与物理电源国防重点实验室"也以十八所为依托单位,计划2005年底验收运行。

挂靠在十八所的各种学会/协会有:中国电子学会化学与物理电源技术分会;中国电工技术学会氢能发电装置委员会;中国电工技术学会电池专业委员会;中国化学与物理电源行业协会;中国人民解放军总装备部军用电子元器件和电能源技术专业组;全国太阳能学会光伏专业委员会;天津市现场统计研究会;全国军用电池标准化技术委员会;全国碱性蓄电池标准化技术委员会;全国太阳光伏能源系统标准化技术委员会。主办出版的《电源技术》,是国内电池界的核心期刊,多次获得信息产业部电子精品期刊奖、国家期刊奖提名奖,被中国科学引文数据库、美CA、俄PЖ、英SA、日《科学技术文献速报》收录。

地址:天津市南开区凌庄子道18号
邮编:300381
电话:022-23959203
传真:022-23383783

(十八所)

【天津工程机械研究院】 该院成立于1961年,原名为第一机械工业部工程机械研究所。2001年更名为天津工程机械研究院,隶属中国机械装备(集团)公司。现有工程技术人员300多名,其中教授级高级工程师32名;享受政府津贴专家15名。院内设有博士后工作站。已完成国家及部委下达的科研项目600余项,110余项成果获国家、部省级发明奖和科技进步奖。授权专利百余项。

该院是工程机械行业综合研究院和技术开发中心,承担行业发展规划、行业情报信息、国内外技术交流、技术培训、标准修订、基础零部件研究与开发、整机研究与开发、零部件及整机控制、军用工程机械研究与开发、工程机械材料与工艺研究、自动化与智能化控制研究等。该院有机、电、液、仪、计算机等多学科的综合实力,在单机和成套研发和创新上具有突出的导向能力,如土石方施工成套、筑路机械成套、养护机械成套、大型露天矿施工成套以及军工专用设备等成套机械。基础零部件研发并推广到行业应用的有:液力变距器、自动变速箱、驱动桥、四轮一带、轮胎保护链、泵、缸、阀、马达、斗齿、浮动油封、仪器仪表、智能控制器等。该院控股及参股子公司十余家,2004年整合了上海证券交易所上市公司"中外建发展股份有限公司",更名为"鼎盛天工工程机械股份有限公司"。同年,原为市级企业中心的天津鼎盛工程机械有限公司技术中心,被国家发改委等四部委认定为国家级企业技术中心。

该院设有挖掘机研究室、连续式挖掘机械研究室、铲土运输机械研究室、路面机械研究室以及机械传动、液力传动、柴油机、工艺、材料、振动噪声、结构强度、土壤与岩石破碎、电控与仪表计算机等十余个专业研究室。还设有行业标准化研究室、情报信息研究室、零部件及整机检测研究室。科研试验能力较强,设有土岩切削与地面力学试验室、柴油机试验室、机械与液力传动试验室、液压传动试验室、振动与结构强度试验室、自动化控制试验室、材料理化室、磨拉磨损试验室等。院内还设有工程机械行业标准化技术委员会,整机和零部件检测中心,液力传动检测中心,液压传动检测中心,为全国液力传动学会挂靠单位,设有中国工程机械工业协会挖掘机分会、铲土运输机械分会、专用配套件分会、中国工程机械工业学术工作委员会、工程机械信息中心等。1993年被国家科委评为全国科研院所综合实力和运行绩效300强之一。

出版《工程机械》(创刊于1964年)、《国外工程机械》和《工程机械文摘》。其中《工程机械》是向国内外公开发行的理论研究、设计开发、工艺、材料与管理的著名刊物,历年均获优秀刊物一等奖,是国内核心期刊,并是中国期刊全文数据库收录期刊。

(张金兴)

【机械工业第五设计研究院】 该院始建于1963年,是原第一机械工业部所属研究院,是以工程咨询、工程(成套)设计、工程总承包为主体业务的综合性甲级设计研究院。现具有机械、建筑、医药、电子、轻工、市政、冶金等10个行业的21项甲级、16项乙级工程咨询、设计、总承包、建设监理和专项资质。1994年经国家外经贸部批准享有对外开展经济技术合作业务和外派劳务人员的权利。2000年通过并获得英国BSI ISO 9001质量管理体系认证。2003年又通过并获得英国BSI ISO 9001:2000质量管理体系认证。

五院拥有机械加工、装配、冲压、焊接、涂装、热处理、铸造、机械化、工业炉窑、设备设计、物流技术、自动控制、计算机软件、建筑、结构、给排水、暖通、热能动力、电力、总图、技术经济、环境保护、环境评价等30多个专业,门类齐全,工种配套。现设有8个生产部门,1个监理公司和3个经济实体,在厦门、烟台、成都、佛山设有分院和驻外办事机构。

五院现有职工387人中,专业技术人员293人,其中正高级专业技术职务27人,高级专业技术职务131人;27人享有政府特殊津贴专家待遇;9名国家一级注册建筑师,23名国家一级注册结构师,8名国家注册造价工程师,7名国家注册咨询工程师,26名国家注册监理工程师。

主要业务范围是:承担汽车、拖拉机、联合收割机、内燃机、船舶、机床、工程机械、电梯、纺织、仪器仪表等各类机械工厂,以及轻纺、医药、电子、食品、中小型热电站及各类动力站房等工业工程设计。承担宾馆、多功能高层大厦、商场、医院、学校、住宅等民用建筑设计和城镇规划。承担铸造、涂装、冲焊、装配等各类自动生产线和各类专用设备装置、工业炉窑、二类压力容器、机械化运输系统的设计、制造、安装、调试。承担诸上工程的工艺、总图、仓储、动力供应、电力照明、自动控制、给水排水、采暖通风、恒温超净、环境评价、“三废”治理、防震隔振、建筑物和基础工程的加固、概预算、技术经济分析等专业设计。承担上述工程的总承包、设备成套、建设监理,以及工程项目所需设备、材料出口。为国内外用户提供工程技术咨询、项目可行性研究、环境影响评价、投资论证、资产评估、发展规划、市场预测、科研开发等各项技术服务。参与国际投标和机械、电子、环保、工业炉窑及节能装置、建材新产品的研究开发及其产品出口。

建院40多年来,完成了数百项各类大中型工程项目和千余台套的生产线、专机设备、工业炉窑和机械化运输系统设计。曾荣获国家科技进步奖、国家发明奖等国家级奖励28项,部、市级科技进步奖76项,部级优秀设计奖53项,有20项研究成果被授予发明和实用新型专利,9项软件获国家和部、市级优秀软件奖。其中,为江铃发动机厂研制的大流量排屑及冷却液集中净化系统获1997年国家科技进步三等奖。

近年来,五院完成了拥有90年代国际先进水平的冲压、装焊、涂装和总装生产线的天津夏利轿车15万辆扩建工程。还完成了国内N类轻型汽车主要厂家之一的江铃汽车公司的扩建设计,最大闽台合作项目——台湾裕隆汽车公司与福州汽车厂合资兴建的东南(福建)汽车公司项目设计,三江雷诺汽车有限公司焊装、总装车间设计、总承包,以及四川丰田汽车有限公司、南京跃进汽车有限公司、天津内燃机厂、天津丰田汽车发动机公司、广州丰田汽车发动机有限公司等一批汽车及零部件工程设计,为国内汽车工业发展做出了贡献。还完成了佳木斯、四平等联合收割机厂、石家庄及天津拖拉机厂、天津一机床厂和工程机械厂等一大批各类机械工厂建设和技术改造设计,以及与国外合作,联合设计了摩托罗拉天津总部工程、设计了天津奥的斯电梯技改工程、广日电梯有限公司、天津大宇公司、天津力神电池股份公司、中美史克、天津市第六中药厂等一大批电子、轻工家电、医药等外资或合资企业工程建设设计,建成一大批新型结构有现代化风格的功能完善的工业建筑,深受用户好评。在民用建筑领域,完成了烟台工贸大厦、中山柏景台高级商住楼、盘山憩园山庄、北戴河燕山疗养院、龙岩德兴裕锦园、古龙工业园等一大批旅游宾馆、高层公共建筑、商厦住宅等工程设计。

五院在工业炉技术及装置的研究开发、设计制造领域拥有较好声誉,拥有3000多平方米的实验基地和工业炉制造厂。设计制造的京津玻壳公司的新型屏锥预热及玻壳退火处理生产线、天津阿尔斯通水电设备公司的大型台车式燃油退火炉、南京汽车铸造厂的悬挂式燃油曲轴热处理生产线等，能耗低、热效率高、污染少、温控精度高，获得多项奖励。编辑出版《工业炉》杂志在国内外公开发行。其编辑部是全国工业炉科技信息网的挂靠单位。

地址：天津市南开区红旗路370号
邮编：300190
电话：022-3369366
传真：022-3369362
网址：http://www.fippr.com

（张会义）

【天津化工研究设计院】 该院创建于1958年，占地面积逾20万平方米，原为化工部直属的综合性科研开发研究院所，现隶属于中国化工建设总公司，是国家外经贸部首批赋予自营进出口权的100家科研院所之一。现有职工近700名，工程技术人员占75%，其中教授级高工36人；硕士22人。下设新材料、精细化工、催化剂及载体、工业水处理、环境工程及保护、油田化学品、机动车尾气净化、电池及化学工程设计所等9个专业研究所，以及汽车尾气净化三效稀土基催化剂、新型水处理药剂系列产品和锂离子电池用六氟磷酸锂3个国家级高新技术产业化示范基地。研究与服务领域涉及无机化工、工业水处理、催化剂及载体技术等3大产业。同时还设有国家工业水处理技术工程中心、国家无机盐产品质量监督检验中心、石油和化工电气产品防爆质量监督检验中心、无机盐行业生产力促进中心、化学工业无机盐工程技术中心和经国家人事部批准的博士后科研工作站。中国化工学会工业水处理专业委员会、中国化工学会无机酸碱盐专业委员会也挂靠该院。主办《工业水处理》和《无机盐工业》两种专业期刊，国内外公开发行，均被美国化学文摘《CA》收录为核心期刊。该院并持有国家计委、建设部和国家技监局颁发的"工程咨询资格证书"（甲级）、"工程设计证书"（化工乙级）等资质证书。

至2004年底，该院累计申请发明专利108项，授权58项；取得国内外研究开发成果千余项，获省部级以上成果奖的科研成果200多项，其中多项成果填补了国内行业空白，达到国际先进水平。利用自有知识产权兴办高新技术产业，已形成年产15000吨新型水处理药剂和年产50万升尾气净化催化剂，以及年产300吨催化剂载体和1500吨无机精细化学品的生产能力。

地址：天津市红桥区丁字沽三号路85号
邮编：300131
电话：022-6689070，022-6677043
传真：022-6370175，022-6677043
网址：http://www.trici.cn,http://www.trici.com.cn

（马元威）

【天津水泥工业设计研究院】 该院（英文缩写TCDRI）成立于1953年，1978年重建于天津，现为由国务院国有资产监督管理委员会直接管理的科技型企业之一，是中国最早建立的大型工业设计院之一——中国建材行业中实力最雄厚的甲级设计院。由中国政府和联合国工发组织共同创建的中国水泥发展中心设在该院。该中心作为亚太地区惟一的国际水泥机构，自1983年建成以来，在为亚太地区培训技术人才并提供技术支持、促进国际间的技术交流并带动政府间的各项合作以及加快中国建材工业的国际化步伐、促进建材工业技术装备出口等方面发挥了重要作用。2004年，全院新增合同额近30亿元；完成营业额近24亿元，同比增长81%；实现营业收入同比增长93%；利润总额同比增长40%；国有资产保值增值率保持在30%以上；总资产规模超过20亿元，同比增长33%。

主要业务和服务领域包括：水泥工业（含原料矿山）工程设计，建筑设计，水泥工业技术装备开发及设计，余热发电工程设计，智能化工程设计，水泥工业新工艺、新技术、新材料的开发及研制，物料理、化性能检测及加工性能试验与评价，压力容器设计，环境影响评价及防治工程设计，工程建设项目总承包，建设工程监理及生产运行管理，工程造价咨询及管理，工程建设设备成套，工程招标代理，水泥技术情报及技术咨询服务等。

该院以工程设计咨询为核心，坚持以技术和服务为先导，以"扩大市场占有份额，提高企业信誉，最终使企业的资源投入能得到市场的最大回报”为经营指导思想，通过巩固与大集团长期友好合作战略伙伴关系，发挥“设计+装备”一体化竞争优势，已占领国内水泥工程设计领域65%以上的市场份额。

该院始终坚持“科技兴院”的方针，在积极完成国家重点科研项目和技术攻关任务的同时，结合市场需求和工程设计需要，加强了新技术、新工艺、新装备的开发与应用，开展了大量基础研究、应用研究和技术开发项目；在代表当代水泥生产技术先进水平的新型干法水泥生产技术和装备方面，一直紧跟世界水泥工业发展动向，并结合国情做了一系列卓有成效的工作；在推动水泥工业向生态友好型和环保型工业转变方面，一直积极致力于资源综合利用、节约能源、环境保护等领域的研究，取得了大量实用性成果。2004年，参与完成了国家发改委“十五”后期产业技术项目立项申报工作和国家中长期科学和技术发展行业规划与水泥清洁生产标准编制，主持制定了水泥易磨性、易烧性和篦冷机、回转窑等10项行业标准；通过内引外联，加强与高等院校和科研单位的项目合作，促进工艺技术基础研究取得新进展，国家“863”计划项目——水泥预分解窑系统降低NOx的技术研究项目完成了基础研究和半工业试验，已通过国家科技部验收；工程技术和装备开发水平不断提高，以“日产10000吨新型干法水泥熟料生产工艺与成套装备研制”项目为契机，大力推动装备大型化工作。“新型干法水泥生产关键技术与装备开发及工程化应用”项目，2004年获国家科技进步二等奖，这是近十年来水泥行业在科技进步方面获得的最高荣誉。同年，还获天津市科技进步三等奖3项。获全国优秀工程设计银质奖1项；全国优秀工程咨询三等奖2项。获建材行业优秀工程咨询一等奖6项、二等奖4项；优秀工程设计一等奖6项、二等奖4项；优秀工程总承包项目一等奖1项；优秀工程项目管理一等奖1项。另有5项科技成果通过天津市技术鉴定，其中3项达到国际先进水平，2项达到国内领先水平。

（肖秋菊）

【交通部天津水运工程科学研究所】 该所是国家交通部直属的国家级重点科研院所。2000年全国科研院所科技体制改革中，该所被批准继续保留科研事业单位性质，暂由交通部管理。该所是由原天津港回淤研究站（1957年成立）和交通部西南水利水运科学研究所（1965年成立）于1974年合并而成。现有职工390人，科技人员268人，其中高级工程师及以上职称共90人，占科技人员34%；有博士、硕士14人。占地21.5万平方米。拥有全国最大的水运工程试验大厅，共有大型试验厅13座，建筑面积近10万平方米。拥有大型方向谱不规则造波机、模型流速、水位、流向自动采集处理系统、船模测试系统、Silas航道适航水深测试系统、Mike21等自动化仪器设备和国际先进水平软件系统。

该所具有中国工程咨询协会颁发的工程咨询甲级资质，国家环保局颁发的环境影响评价甲级资质，国家测绘局颁发的全国甲级测绘资质，国家建设部颁发的甲级工程勘察资质，国家海洋局颁发的海域使用测量和海域使用论证甲级资质，交通部颁发的水运工程监理甲级资质、水运工程结构检测甲级资质等多项资质证书。

该所的科学研究机构，主要从事海岸河口、港口航道、波浪与水工建筑物相互作用、港工结构、通航水力学、海上建筑物等方面的基础理论研究及水运工程建设项目技术咨询、技术服务等。其中介机构，主要从事环境保护与环境影响评价、水运工程环境保护监理、海域使用论证、水运工程检测设备计量检定及试验检测等业务。所设的天津水运工程勘察设计院、天科工程监理所、英发实业总公司，主要从事陆地测量及水上测量，海洋管线的铺设、调查和探测及导航定位，水运工程建设监理等业务。

该所十分重视国内外的学术交流与合作，先后与美国、加拿大、日本、德国、挪威、俄罗斯等国家的有关科研机构进行科技交流与合作；与长沙理工大学合作成立了研究生院，进行硕士研究生的培养工作，与天津大学、清华大学、大连理工大学、河海大学等高等院校均保持着密切的合作关系。

（白　静、孙玉平）

【中国包装科研测试中心】 该中心是中法两国政府技术合作项目，于1988年开业。2004年中心迁入天津经济技术开发区，占地39706.98平方米，建筑面积11000.0平方米，总资产5000余万元。中心先后被国家质量技术监督检验检疫总局以及天津市质量技术监督局审查认可为“国家包装产品质量监督检验中心（天津）”、天津市质量监督检验站第65站。1999年实验室获得中国实验室国家认可委员会颁发的“实验室认可证书”，2004年通过三合一复评审。该实验室所出具的检测数据和检验报告，即可获得在环太平洋地区的美国、日本、韩国、澳大利亚、加拿大、新加坡、香港等44个国家和地区认可机构间的相互认可。实验室于2002年成为国际安全运输委员会(ISTA)认可的实验室并于2004年加入美国材料与试验协会(ASTM),成为其会员。

该中心承担的主要业务包括包装检测、包装设计、技术服务等方面:承担国家、地方和企业对各种产品包装件的各种运输性能试验、包装材料及包装容器的检测、包装机械的鉴定检验。执行政府各部门对包装产品的监督检查;对国内外贸易中有关包装质量问题进行仲裁检验;还面向社会,接受单位和个人的委托,根据用户要求的时间、检验标准及方法等,及时为用户提供科学、公正、准确的检验数据和结果。对新产品进行包装结构及包装方式设计;根据包装技术要求对产品设计提出建议;对现有包装进行性能评估及改进;对用户的产品包装进行优化,以降低包装成本;帮助用户制定、修订包装标准,提供验标所需的各种理论数据;同时进行包装新产品和包装新材料的开发与研究。面向企业进行各类有偿服务,开展包装检测仪器的研制和开发;组织各种形式的学术交流,技术培训;承办国外厂家设备仪器的销售代理和维修代理,开展各种形式的国际合作;同时提供包装检验方面的技术咨询服务。

该中心拥有雄厚的技术力量和较先进的仪器设备,其主要设备仪器是从美国、法国、日本、瑞士等先进国家引进。中心开业以来,已为国内外上万个客户提供检测、设计、咨询、培训、制定标准等各种技术服务,其中不仅有华为、中兴、海尔、联想、格兰仕、中国船东互保协会等国内著名的大型企事业单位,而且有摩托罗拉、通用电器、梅兰日兰、雅马哈、扎努西、松下、惠普、西门子等国际跨国公司,获得了客户的广泛好评,取得了良好的社会效益和经济效益。

地址:天津市经济技术开发区黄海路海川街2号
邮编:300457
中心电话、传真:022-6231600
检验实验室电话:022-6231623
传真:022-6231624
网址:http://www.packagetest.net

(牛淑梅)

【中国地震局第一监测中心】 其前身是建于1967年的国家测绘总局地震测量队,是在1966年河北邢台地震以后,按国务院的命令组建的,是以大地测量手段为主,集地震预测预报科学研究;地球运动学、地球动力学与GPS气象学研究;地壳形变监测、数据处理及相关软件的开发和应用;监测仪器研究与检测为一体的综合性科研事业单位。是具有全国甲级资格的测绘单位。2004年通过ISO 9000认证。

该中心有研究员8人、高级工程师75人、工程师104人。拥有先进的GPS接收机34台套、精密水准仪40余台、各类全站仪、测距仪数十台、SUN、JX4、MAPGIS工作站、数字化仪、彩色激光打印机等一系列高档设备数十台套。能承接大型的科研及工程项目,在控制测量、地形测量、精密工程测量、数字化制图、GIS系统的建立等方面取得了突出的业绩。自行研制的"隧道形变自动监测系统"已被上海、广州、天津等地铁工程采用。

该中心所属计量检定站,由国家技术监督局授权对测量仪器按国家标准进行检测、标定、向社会进行量值传递。自行研制的"双频激光水准仪标尺检定装置"居国内领先地位。对高精度水准仪、DINI11电子水准仪、经纬仪、全站仪、标尺等的检定维修技术、设备在国内处于前列。

近年来,该中心先后与美国、日本、中国台湾等同行开展地震科学等领域合作与交流,与十几个国家和地区建有业务联系。

20世纪80年代,该中心引进并消化了GPS(全球定位系统)新技术,代替了物理测距,三角测量等传统手段。1994年得到国家计委的立项批准,建成"首都圈GPS地形变监测网";1997年率先提出并参与"中国地壳运动观测网络"一期工程,均属国内首次,实现了地形变监测的历史性飞跃。

30多年来,该中心区域大面积水准测量和GPS测量遍及全国。共施测区域水准约21万多千米,物理测距2500多条边,GPS观测约1340点次。曾参加昆仑山口西8.1级地震区震后第一期GPS测量及震后地形变水准测量等中国地震局统一下达的跟踪应急任务和大震应急任务。

30多年来,该中心参加国家级、省部级科研项目及科学工程200余项,获得各种奖项71项。其中国家级科技进步奖2项、中国地震局和国家测绘总局科技进步奖28项、北京市和天津市人民政府4项、国家建设部1项、其他级别的奖励36项。编制出版了《中国大地形变测量成果表》和全国第一张《全国地形变速率图》、"首都圈防震减灾示范系统工程"、"首都圈GPS地形变监测网"、"中国地壳运动观测网络工程"、

"973" 子项目、"华北地区活动地块及其边界带地壳运动形变场与强震关系"等。1997年国家地震局授予该中心GPS监测队"英雄监测队"的光荣称号。2000年国家人事部和中国地震局又联合授予该队为"先进集体"。2001年该中心监测队被授予天津市劳动模范集体称号。

地址:天津市河东区一号桥耐火路七号
邮编:300180
电话:022-24391357
传真:022-24399777
网址:http://www.eq-gc1.com

（陈银河、王　杰）

【中国医学科学院生物医学工程研究所】 该所是生物医学工程专业惟一的国家级研究所，直属于国家卫生部，是国家生物医学工程专业博士、硕士培养点,设有生物医学工程博士后流动站。拥有高级职称专业技术人员33人,11人具有研究生导师资格;中级职称的专业技术人员50人。

该所主要从事生物医学工程新方法、新技术、新材料的研究与应用,研究涉及生物材料、生物医学信息测量、医学物理与医学仪器等领域。生物医学材料的研究与应用属于国内最早的研究单位之一，在医用天然可降解材料、合成可降解材料及复合材料的研究方面形成了特色。主要研究内容包括:药物控释系统、具有引导/诱导组织再生功能的生物材料、组织工程支架的制备、外科缝线等。医学工程电子学的研究包括以超声影像技术为重点的医学影像技术、生命信息检测与生理监护技术、医学传感器、生物阻抗检测与成像技术、理疗与康复工程技术等。

现承担的科研课题有国家"十五"攻关项目、"863"项目、"973"项目子课题、国家自然科学基金、国家计委重点项目、国家科技部重点项目、国家卫生部基金、天津市重点基金、天津市攻关项目等30余项。

近十年来,共发表学术论文300余篇,其中发表在国外刊物上50篇，被SCI和EI收录论文70余篇,引文370余次;获得国家专利7项,美国发明专利1项;获部级以上科研成果50余项，其中获国家科技进步二等奖1项、部委级以上科技成果奖8项;培养硕士、博士研究生120余人。同时,科研成果的转化也取得了一定的成绩,眼科超声波诊断仪、多参数监护仪、骨质疏松治疗仪、中医灸疗仪、双导阻抗血流图仪、声阻抗中耳功能分析仪、医用胶原膜等多系列近30余种型号的产品进入市场,4种产品获得国家重点新产品称号,取得了较好的社会效益和经济效益。

所内具有完善的科研教学设施；建有天津市医用材料重点实验室、达到国家二级标准的动物实验室、具有一系列大型仪器的理化测试中心。编辑出版《国外医学生物医学工程分册》(双月刊)；设有中国协和医院和医科大学仪器维修管理培训中心；承担协和医院和医科大学部分研究生基础课程教学工作,开设生物医学工程研究生课程班。

（杨文艳）

【中国医学科学院血液学研究所】 2004 年承担 27 项国家"863"、"973"、国家自然科学基金等科研项目、18 项天津市科研项目和 1 项 CMB 基金，其中 9 个为新增项目，新增科研经费 405 万元;2003 年有 28 个科研项目按计划完成结题，获得发明专利 3 项,申请专利 10 项,获省部级科技进步一等奖 1 项,二等奖 1 项;2003 年在《血液学》(Blood)等著名杂志上发表论文 24 篇,已接受、待发表论文近 20 篇,在国内杂志上发表论文 122 篇，出版著作 5 册。2003 年共诊治各类血液病患者 47200 多人次，其中住院患者 3280 人；全年有 46 例血液病患者进行了各类造血干细胞移植，并在国际上首创用外周血干细胞移植治疗了 16 例下肢闭塞性脉管炎患者,取得良好的疗效；血液病医院接受来自全国各地的医技人员进修 56 人次。所、院创建的天津市脐带血造血干细胞库已储存 12000 多份脐带血造血干细胞；正在抓紧开发几个一类新药,期待有新的突破;所院参股的协和干细胞基因工程有限公司获得赢利，呈现良好的发展前景。2003 年所院有 1 人被评为卫生部有突出贡献中青年专家,1 人被评为天津市劳动模范,1 人被评为国家优秀留学回国人才,2 人被评为天津市杰出和优秀留学回国青年创业者。有 12 人获天津市和中国医学科学院各种荣誉称号，全年毕业博士研究生 18 名,硕士研究生 12 名;新招收博士研究生 22 名,硕士研究生 30 名。2003 年所院经济收入增幅为 25.8%,固定资产幅为 12.7%,职工平均收入增幅 15%。

【天津市电子计算机研究所】 该所1959年成立,上世纪70年代初从事计算机技术研究,1980年成立电子部1000系列软件中心,1990年成立电子部网络产品与系统集成基地,1995年成立天津市多媒体实验室,1998年被授予国家级软件骨干企业,2000年由科研事业单位转制为高科技企业。该所是天津市计算机学会的挂靠单位，编辑出版的《计算机产品与流通》杂志,全国发行。还设有天津理工学院的华信软件学院及计算机培训中心。参与2000年问题解决方案与工具软件、在INTERNET/INTRANET网上交互应用软件、图书馆/博物馆馆藏品多媒体数据库及工具软件、IC卡的开发与应用等。

该所占地面积26700平方米，总建筑面积22768平方米，有两座科研楼、机加工车间及其他附属设施;拥有资产2079万元,微小型计算机设备200余台套,各类仪器设备1000余台套。现全所职工347人,其中技术人员278人,高、中级技术人员118人;软件技术人员137人;硕士以上学历7人;享受政府特贴专家9人,部级授衔专家4人,市级跨世纪人才2人,先后选派100余人次出国考察与进修。

1985~2004年,共完成300余项科研与工程项目,获国家级、部市级奖励100余项,技术涉及MIS、OA、CAD、人工智能、生产控制、网络工程、金卡工程、通信等,用户涉及政府机关、厂矿企业、铁路、港口、医院、银行等。曾承担天津市火炬计划项目天鹰系列中英文图形终端产品研制与生产,TCI系列集团电话产品研制与生产，及天津市火炬推广计划新电监护产品研制。

地址:天津市河西区友谊路宾馆南道5号
邮编:300061
电话:022-28358069
网址:http://www.tjsinfo.com

（林墨君）

【天津市工业自动化仪表研究所】 该所的前身是天津市电力自动化仪表研究所,始建于1966年。1974年经第一机械工业部投资扩建并改为现名，隶属于天津市电子仪表工业总公司。占地面积2.4万平方米,建筑面积1.8万平方米。设有十个专业研究室、一个自动化仪表设计室、技术开发部和一个机加工车间;现有职工近200人,90%为技术人员，其中具有中高级职称的占70%。已通过ISO 9001国际质量体系认证,并获中华人民共和国建设部颁发的“建筑业企业(电子工程)资质证书”和国家信息产业部颁发的“计算机信息系统集成资质证书”。天津市自动化仪表行业技术开发中心、天津市自动化学会挂靠单位、天津市供热交流中心股东单位。编辑出版《自动化与仪表》杂志。

该所以系统工程与信息技术及自动化技术的研究、开发和工程应用为重点,开展综合自动化控制系统的设计与实施；集散型控制系统及先进控制软件开发;新型自动化仪表和机电一体化产品的研制;自动化控制系统工程承包;承接交钥匙工程。在国内率先开展DCS和PLC研究、开发和工程应用,与国外许多著名的自动化公司及同国内众多的科研院所、大专院校、行业协会及企业有着广泛密切的联系与合作。

几十年来,该所先后在石油、化工、机械、冶金、电力、轻工、纺织、生物发酵、酒精、制药、汽车、铁路运输、自来水、煤气、城市集中供热工程等领域完成了包括国家、部省(市)科技攻关、重点项目在内的科研及工程项目500余项,其中近90项分别获得国家级新产品奖、省部级科学技术进步奖和科技成果奖,被国家发改委、国家经委授予应用微电子技术改造传统企业全国先进单位称号。

地址:天津市河西区体院北环湖中道9号
邮编:300060
电话:022-23015600
传真:022-23359615

（万　力）

【天津市电视技术研究所】 该所成立于1972年,是国内最大的应用电视技术研究机构。全所拥有5名享受政府津贴专家和行业授衔专家,130余名高中级专业技术和工程施工人员,15名一、二级项目经理。所内设有监控、高温、广播技术研究室、技术产品部、机械产品制造部、市场部和5个高科技公司。

该所专门从事数字化监控电视、高温工业电视、防盗报警、公共广播、同声传译会议系统、卫星接收、有线电视、电子显示屏、结构化综合布线、计算机应用等高新技术产品及系统工程的设计、开发和技术服务。建所以来,已完成系统工程680多项,获国家实用新型专利6项。监控电视、高温工业电视、ZV-1000公共广播系统产品，以及符合国家与国际标准的各种机箱、机柜、控制台均已形成系列化、成套化。2003年通过了ISO 9001质量管理体系认证。该所具有承揽弱电系统工程的各种专业资质，项目遍及全国20多个省市区,涉及石油、化工、钢铁、冶金、矿山、电力、邮政、铁路、航空、轻工、商业、金融、医药、文化体育、宾馆饭店等领域,以先进的技术和良好的售后服务赢得了客户的赞誉。

地址：天津市南开区复康路23号
邮编：300191
电话：022-23678298
传真：022-23678285
网址：http://www.tvtech.com.cn

（崔 毅）

【天津市市政工程设计研究院】 该院始建于1949年10月18日，是新中国建院最早、专业最全的综合甲级设计研究院之一。55年来，特别是改革开放以来，先后完成了2000余项大中型工程项目的勘察设计任务，成果遍及国内25个省市和地区，先后荣获省、部级和国家级优秀勘测设计金、银、铜等各项奖励140余项，科技进步奖60余项，形成了强劲的核心竞争能力。

近年来，该院以国家经济发展战略为导向，以市政公用工程、公路行业(公路)工程、建筑行业工程、水利行业（城市防洪）的甲级设计资质及工程总承包、工程咨询、工程勘察综合类甲级资质和对外经营权为基础，以两名国家设计大师为首的专家群体为依托，承揽了国内外高速公路、城市快速干道、大型桥梁、立交桥、地道桥、给排水管网、泵站、给水厂、大型污水处理厂、垃圾填埋厂、防洪工程、护岸、码头、开发区市政基础设施配套、轨道交通、工业与民用建筑、景观设计、工程总承包、工程测量、岩土工程、工程咨询、工程监理等业务。在上海、宁波、杭州、广东佛山、呼和浩特和天津滨海新区设立常驻机构。著名的天津“三环十四射”工程便是该院的代表作之一；目前国内最大跨度的独塔斜拉桥中的“空腹式内架结构人行天桥”技术已获国家专利。

在科技发展日新月异的今天，该院始终重视设计理念的更新，全天候跟踪技术发展的前沿领域，以提供具有高新技术含量的设计产品为己任。努力倡导“延伸式”服务，为业主提供更大的方便。

（赵凤华）

【天津市建筑科学研究院】 该院前身是成立于1956年的天津市建筑科学研究所。占地面积2.3公顷。现有职工168人，中、高级科技人员占70%以上。设有地基基础、工程测量、建筑材料、混凝土外加剂、工程技术检测等研究所。天津市建筑工程质量检测中心、天津市质量监督检验站第24站设在该院。该院先后被国家建设部和天津市政府授予“全国科技工作先进集体”和“天津市骨干研究所”称号。

天津建科院已通过技术鉴定的科研项目130余项，其中获全国科技大会奖及部、市级科技进步奖的成果70余项。改革开放以来，为适应市场经济的需求先后成立了现代建筑科技开发公司、建研工程监理有限公司。该院经营管理的天津建工特种混凝土材料发展有限公司即新型混凝土外加剂的生产厂，也是院的研究开发的中试基地。经过多年努力已形成科研、开发、检测、施工、监理、生产和销售的配套体系。

该院工程技术人员曾参与了天津无缝钢管厂、天津电视塔、天津国际大厦、平津战役纪念馆、天津日报大厦、北京西客站、泰达会展中心、力神电池厂以及天津市奥体中心等多项重点建设工程。

该院及工程质量检测中心，市质检站24站都已得到天津市质量技术监督局的授权和计量认证，工程质量检测中心已通过国家试验室的认可。检测范围覆盖了建筑工程所涉及到的建筑材料与产品，承检能力和范围达100%。可承担结构工程、地基工程、混凝土制品外加剂及工程材料、化学建筑材料、幕墙门窗、室内空气污染、建筑节能、保温性能、建筑构件等23大类，共383项检测。并且对建筑结构进行现场工程质量检测，对工程的可靠性及安全性进行鉴定。为配合天津市三步节能达到60%的标准，配备了新型节能检测仪器和设备，具备对工程实体达标检测和保温损失部位的检测。

地址：天津市南开区南丰路128号
邮编：300193
电话：022-27410471
传真：022-27411945
网址：http://www.tribs.com.cn
E-mail：tribs@public.tpt.tj.cn

（张大煦）

【天津市林业果树研究所】 该所隶属于天津市农业科学院。1979年5月建所，是公有制的事业单位，差额预算拨款。建所以来，本着“富所强所、服务三农”的总体指导思想和原则，在科研和开发上不断寻求创新发展的新渠道，取得了可喜的成绩，在国家农业部“八五”综合评估中被评为全国百强研究所。

林果所现有人员74人，其中技术人员56人。有享受政府特殊津贴的科技专家6人，国家级专家2人；博士5人，硕士8人；具有高级技术职称的29人，中级职称的17人。2004年底净资产669万元，占地总面积45公顷，试验田面积33公顷，建筑面积7589平方米，其中科研用房面积5921平方米。科研仪器设备154万元。下设农产品加工研究中心、果树标准化技术研究中心、食用菌研究室(天寿食用菌科技有限公司)、果树试验站、傲兰种子经营部和开发部。

建所以来先后完成国家、农业部、市级科研项目共50余项，在研项目15项。有20项获省、部级以上奖励，其中"山楂蜜汁饮料研制"获国家发明三等奖；市级科技成果奖一等奖1项、二等奖6项、三等奖12项、科技成果推广工作优秀奖1项。获国家专利2项。

林果所80年代完成的"山楂蜜汁饮料的研制"开创了中国果茶第一家。进入90年代，林果所又瞄准国内农产品保鲜行业市场，大力扶持保鲜产业，相继取得了一批农产品贮藏保鲜重大科研成果，并成功地进入产业化生产，辐射全国市场，最终将保鲜中心培养为国家农产品保鲜工程技术研究中心，成为全国农产品保鲜行业中的知名科技企业。

林果所现有园林、果树优良品种资源100余种。拥有种苗育苗技术，已达到产业化、规模化生产。提供优良果树新品种苗木及园林绿化苗木，年种苗生产能力50~100万株。各类菌种年生产量25万千克，品种有平菇、香菇、木耳、金针菇、白灵菇、杏鲍菇、灵芝、猴头菇等。灵芝产品有灵芝片、灵芝茶、灵芝全粉、灵芝蜜、灵芝孢子粉。加工产品有美味菇片。研制开发出各类植物蛋白饮料、天然果蔬饮料、果酒、露酒、乳酸饮料、果脯、果酱、山野菜、菇类罐头制品等技术。

林果所从开发上深入开展国际贸易合作项目，在做好出口韩国菌棒工作的基础上，积极拓展向美国出口平菇菌棒的工作。

林果所广大科技人员还深入农村宣传新技术、新品种，指导农民生产并解决生产问题。仅2004年举办各种农民技术培训班40余次，培训农民2600余人次，印发农业技术资料5000余份，科技兴农示范村12个，取得经济效益约2000万元。

（苗博英）

【天津市园艺工程研究所】 该所成立于1993年，隶属于天津市农业科学院。内设蔬菜育种、生物食品加工、园林花卉等研究室及天绿种苗公司。自筹资金建成6000余平方米的办公大楼。现有职工30人，其中专业技术人员22人(博士2人、硕士7人)；具有高级职称的10人，中级职称12人。建所以来共承担天津市科委、市农委研究课题25项，其中市重点攻关课题14项，市基金课题7项，农委课题4项。已完成课题20项，其中取得科研成果课题14项。申请国家专利7项并获得专利授权，"蔬果奶的研制"、"全红型胡萝卜雄性不育系及新品种选育"获得天津市科技进步奖。

（韩智慧）

【天津市产品质量监督检验所】 该所主要承担国家及市局下达的产品质量监督检验、委托检验、许可证检验、质量仲裁检验、国际验货、质量体系认证和技术咨询服务，同时开展标准的制定修订、检验技术、检验方法及仪器设备的开发和研制。2000~2004年，承担并完成了"陶瓷片密封水嘴测试系统"、"珠宝玉石辅助鉴定及信息系统"、"珠宝玉石信息管理系统"、"人参类保健食品营养指标的检测鉴别"、"锌、银扣式电池检测仪"、"卫生陶瓷(便器)冲洗功能装置"、"产品质量监督检验信息管理系统"、"桥式安全网(带)冲击装置"、"残渣燃油热过滤装置"、"食品质量安全信息管理系统"等科技开发项目。其中"珠宝玉石辅助鉴定及信息系统"、"珠宝玉石信息管理系统"分获2000年、2001年天津市技术监督局科学技术进步二、三等奖，"陶瓷片密封水嘴测试系统"获2003年天津市科学技术进步三等奖。该所于1999年通过中国实验室国家认可，认可产品达753种，通过计量认证和审查认可的产品1164种。所内设有国家加工食品质量监督检验中心、国家印刷装璜制品质量监督检验中心及天津市金宝饰品、化工产品、电器产品、电材产品、建材产品、轻工产品质量监督检验中心，并设有国家"3C"实验室，德国CE实验室，承担的产品质量监督检验包括家用电器、电动工具、电光源、电信设备、电线电缆、电源、食品、饮料、饲料、酒类、鞋类、玩具、化工、防护用品、日用五金、眼镜、石油制品、日用化工、金宝饰品、皮革制品、自行车、钟表、印刷制品、油墨、印刷材料、建材产品等。

2004年该所投入300多万元筹建二级生物安全实验室(BSL—2)；对油墨、纸张、涂料、电器性能环境实验室、建材实验室进行技术改造，检测技术和实验室环境条件达到国内领先水平。同年被国家质检总局列为全国7个重点示范实验室之一。

【天津市特种设备监督检验技术研究院】 该院是天

津市最具权威的从事特种设备检验、研究和事故分析的专业技术机构，是天津市质量技术监督局直属事业单位。拥有一支经验丰富、技术精湛的锅炉、压力容器、压力管道、电梯、起重设备等特种设备检验师队伍，其中各专业检验师、无损检测师200余人·项；全院103名员工中有2名教授级高级工程师、40余名高级工程师；9名硕士。拥有具有世界先进水平的声发射设备、金属定量直读光谱设备、现代金相检测设备、长距离视频内窥系统等一批高新技术装备。服务领域涉及工业、农业、市政、教育等。

为适应新形势需要，该院开始进行全面信息化建设。2002年9月建设完成高速局域网络。2003年底开发成功包括检验业务管理、检验报告管理、收费财务管理、统计分析、质量分析、图书资料管理、公文管理、档案管理等在内的全面信息化管理系统，并于2004年初投入运行。

该院还进行了新型无损检测技术、金属材料局部热处理技术、深冷设备检验技术等方面的研究，以进一步提高检验检测水平，为特种设备用户提供高质量的服务，推动特种设备安全事业的发展。

地址：天津市南开区航天道34号
邮编：300192
电话：022-23627503，022-23627504
E-mail：tjtjy@eyou.com

（王泽军）

【天津市卫生防病中心】 该中心原为天津市卫生防疫站，始建于1953年。2000年1月重新组建，由原天津市卫生防病中心、原天津市食品卫生监督检验所、天津市劳动卫生职业病研究所、天津市职业病防治院、天津市结核病控制中心、天津市健康教育所整建制或部分建制组建而成。

该中心是政府创办的天津市实施疾病预防控制与公共卫生技术管理和服务的公益事业单位。承担全市性疾病预防控制策略与措施的研究；为政府部门疾病预防控制科学决策提供依据，为卫生行政部门提供政策咨询；承担救灾防病和突发公共卫生事件应急处理；拟定并实施全市疾病预防控制和公共卫生服务工作计划和实施方案，并对实施情况进行质量检查和效果评价；根据国家有关法律、法规规定，承担监督检验、检定、评价和技术仲裁工作。主要工作是负责传染病、地方病、寄生虫病、慢性非传染性疾病、职业病、公害病、食源性疾病、学生常见疾病、伤害、中毒等预防控制和监测并提出预防控制对策；负责营养与食品安全、职业安全、环境与健康相关产品安全等各项公共卫生业务管理；负责全市疾病监测、信息管理以及公共卫生管理；承担全市疾病预防控制和公共卫生服务的培训和质量控制；开展国内外合作与技术交流，从事应用性科学研究，推广新技术、新方法；开展对影响全市社会经济发展和国民健康的重大疾病和公共卫生问题防治策略与措施的研究与评价；开展计划免疫和疫苗免疫预防控制相关疾病工作；组织实施全市健康教育与健康促进、老年卫生、精神卫生、放射卫生、社区卫生等卫生保健工作等。

该中心占地1.34万平方米，建筑面积1.7万平方米。现有职工427名，其中各类专业技术人员330名，副高以上专业技术人员60名。有6人入选天津市“131”人才培养工程。设有突发公共卫生事件应急处理中心、传染病预防控制所、职业卫生与职业病预防控制所、公共卫生信息中心、公共卫生部、实验检测部、预防医学临床部、结核病控制中心、健康教育所、性传播疾病控制中心、预防医学研究所。主办或承办《中华劳动卫生职业病杂志》、《中国慢性病预防与控制杂志》、《环境与健康》、《职业与健康》、《健康文摘》和《健康周报》。

该中心拥有以中国国家实验室认可为代表的19项实验检测机构资质，可接受国际、国内相关的卫生检验与评价。其中目前具有惟一检测资格的机构有：中国实验室国家认可机构（NO.0728）、国家卫生部认定的“保健食品功能学检验机构”、国家农业部、卫生部认定的“国家新农药毒性毒理学检测单位”、国家环保局认定的“环境标志产品检定机构”，中国科学技术协会认定的“室内环境质量评价天津技术服务部”、农业部农药登记用卫生杀虫剂药效实验检测机构；天津市卫生局认定的食品、化妆品、涉水产品、消毒产品等健康相关产品检验机构、天津化学品毒性检定机构、天津市医学实验动物开发机构。同时，也是国家环保局认定的“城市建设项目环境影响评价机构”。拥有万元以上卫生防病检测仪器设备280件，仪器设备总值近3000万元。

为尽快建设好天津市疾病预防控制体系、突发公共卫生事件应急处理体系和天津市公共卫生信息体系，2003年市政府投资1.6亿元，征地2.9公顷，新建23000平方米。扩建后的天津市卫生防病中心总占地面积4.2公顷，总建筑面积39000平方米。其中有

10000平方米的天津市突发公共卫生指挥楼。包括现代化的天津市突发公共卫生事件应急处理中心，平时用于全市突发公共卫生事件的应急处置、组织和协调，当发生重特大突发公共卫生事件时，作为市委、市政府、市卫生局的指挥中心；公共卫生信息中心是全市所有公共卫生信息的收集、统计和深度分析的中心，可及时为市委、市政府和市卫生局提供及时并且经过深度分析的公共卫生信息，同时为全市疾病预防控制机构提供各种公共卫生信息，实现全市公共卫生信息资源的共享和综合利用；组建天津市传染病预防控制所，以适应和应对全市传染病预防控制、计划免疫规程、艾滋病预防控制、消毒与病媒防制、寄生虫预防控制和病原生物检测工作的需要。引入国际先进病原生物实验检测和实验室设计的理念，为传染病预防控制所新建8000平方米的病原生物检测楼。病原生物实验楼的内部实验室的模块化设计、布局和功能达到国内省级卫生防病机构的先进水平。

（李　芮）

【重新组建天津市中医药研究院】 由市中医药研究院及其附属医院、市长征医院、市中医医院、市医药科学研究所5家单位重新组建的天津市中医药研究院，将迁址红桥区北马路354号(原市二中心医院旧址)。

原天津市中医药研究院是1981年国务院批准在全国6大行政区建立的6所研究院之一，是华北地区惟一的中医药科研基地。重组后的市中医药研究院在原市二中心医院占地基础上，新征土地2公顷，拟建地下1层、地上主体9层、裙房4层，总建筑面积约6万平方米，集门诊、住院及服务设施于一体的综合性医疗建筑。新大楼2005年10月竣工。

【获"成就奖"的国家级企业技术中心】 渤海化工集团公司技术中心1994年被国家确定为国家级技术中心。10年来，技术中心已成为新产品、新技术诞生的摇篮，成果转化的孵化器和科研力量的聚合体，为集团经济发展提供了有力的技术支撑。近3年，共申请专利84项，其中发明专利31项；授权专利27项。2004年被国家发改委等四部委授予"成就奖"。

钢管公司技术中心1995年被国家确定为国家级技术中心。近年来，公司不断加大对技术中心的科技投入，年均投入都超过销售收入的3%以上。技术中心新产品开发项目、新工艺新技术研究项目、科研成果获奖项目、技术创新获奖项目逐年递增，从1997年到2004年，新产品开发项目、新工艺、新技术研究项目共达到377项，其中有17项产品获得天津市科技进步奖，19项产品获得天津市技术创新奖。2004年被国家发改委等四部委授予"成就奖"。

【新被认定的国家级企业技术中心】 天津石化公司技术中心1999年被认定为市级技术中心。近年来，公司大力实施技术创新，在消化吸收引进国外先进技术的基础上，不断加大科技投入，年科技投入占销售收入比例达到2.5%，达到石化行业先进水平；拥有了一批具有自主知识产权的核心技术、关键技术；新产品开发也取得丰硕成果。2004年被国家发改委等四部委认定为国家级企业技术中心。

鼎盛工程机械有限公司技术中心，该公司是华北地区乃至东北地区的最大的工程机械产业基地，在技术上始终处于国内领先水平。公司重视研发投入，把年销售收入的4%至6%作为其技术中心的开发经费。2004年被国家发改委等四部委认定为国家级企业技术中心。

【钢管集团检测中心通过国家认可委员会认可】 天津钢管集团有限公司检测中心建于1992年10月，固定资产总值为2.4亿元，占地面积5万多平方米，建筑面积约1.3万平方米。1994年9月该检测中心被天津市科委、市经委、市技术监督局认定为天津市检测鉴定单位，2004年1月9日通过了中国实验室国家认可委员会认可。标志着该检测中心出具的检测报告，即获得了与中国签署互认协议的46个国家和地区实验室的认可。

该检测中心拥有X－射线荧光光谱仪、直读光谱仪、原子吸收光谱仪、ICP等离子发射光谱仪、扫描电子显微镜、透射电子显微镜，以及成套引进德国的不同规格型号的液压伺服万能材料试验机、冲击及示波冲击试验机、高温拉伸等系列常规力学试验设备，美国摩尔公司的用于测试整管的拉、压、挤毁、爆破、连接管的丝扣性能等各种实用的力学参数的工程力学试验机。

该检测中心的服务项目包括：钢铁及合金化学分析测定；矿石、铁合金等冶金原料化学分析测定；钢铁及合金金相分析；金属室温和低温的拉伸及冲击试验；金属高温拉伸、持久性能试验；金属的拉压疲劳试验;承担有关产品抗硫化氢及盐雾腐蚀试验;石油管材整管工况试验;用透射电镜、扫描电镜及能谱仪等进行微观结构、断口形貌和微区成份分析等。

（王惠斌）

【天津工业大学复合材料研究所】 该所成立已10余年,它是为了紧跟国际上先进复合材料的发展形势,促进国家三维纺织材料的发展，充分发挥纺织在中国高新技术领域的作用，而成立的一个以三维纺织复合材料特别是以三维异型整体编织复合材料的研究、教学和产品开发为主的机构。现在已成为国内领先、国际先进的集教学、科研和产品于一体的高级纺织复合材料研究基地。

该所研究成功了多项三维异型整体编织的关键技术、研制成功了世界上最大的计算机控制的三维整体编织机。形成了三维编织技术和设备、三维纺织复合材料的复合固化技术和设备、三维纺织复合材料细观结构分析和力学性能分析与预测、计算机辅助设计等4个研究方向。1993年以来,先后承担国家重大课题5项、同时还承担和完成了航天工业总公司及其所属研究院、所委托的军工项目30余项,研制出了多种中国航空、航天部门所急需的三维编织复合材料制件,达到了国内领先水平,受到了国防科工委的赞扬。该所的科研项目“三维异型整体编织工艺的研究和三维编织设备及织物的研制”,获2001年度国家科技进步二等奖和天津市科技进步二等奖。

（刘　伟）

【天津工业大学功能纤维研究所】 该所主要研究功能和高性能高分子材料及无机功能材料。取得的重要成果有:“防中子辐射材料和防护服及生产设备研制”、“X、γ—射线防护服”、“远红外纤维”、“远红外磁性纤维”、“可分解纤维”、“蓄热调温纤维”、“复合香味丙纶纤维”、“超细纤维止血敷料与生产设备”;其中“防中子辐射材料和防护服及生产设备研制”获得原中国纺织总会科技进步二等奖;“远红外丙纶短纤维工业化生产技术” 获中国石油化工总公司科技进步三等奖;“远红外丙纶纤维母粒工业化” 获天津市科技进步三等奖。主要开发产品有远红外粉、切粒、纤维系列制品、担体枕填充料、负离子纤维及制品、防中子辐射纤维制品、防X射线幅射纤维制品、防中子辐射屏蔽板块、生物吸收和生物降解止血敷料、芳香纤维、离子交换纤维及其制品等。

该所主要实验和生产设备有：双螺杆混炼挤出机、高速混合机、熔融复合短纤维纺丝机、熔融流变仪、高速离心纺丝机、小型湿法纺丝机、搅拌球磨机、乳化机、聚合釜、高倍光学显微镜和熔融指数仪等。

（刘　伟）

【天津市泌尿外科研究所】 该所是天津医科大学第二医院内设研究所，由著名泌尿外科学专家马腾骧教授于1979年创建。泌尿外科学是国家级重点学科,国家“211工程”重点建设学科,天津市重点学科及博士学位、硕士学位授权点,医学博士后流动站、企业博士后工作站；中国生物医学工程学会人工器官分会、国际人工器官学会中国地区办公室、《透析与人工器官》杂志编辑部均在该所。学科在泌尿系统肿瘤、肾脏替代、泌尿内分泌、泌尿外科临床应用研究方面已形成自身特色和优势，处于国内领先地位,《膀胱移行上皮癌诊断治疗及应用基础研究》获2000年度国家科技进步二等奖。

（天津医科大学第二医院）

【天津市感染性疾病研究所】 该所是天津医科大学第二医院内设研究所,是博士、硕士学位授权点,国家抗感染药品临床研究基地。在病原微生物致病和耐药机理、医院感染和抗感染化疗方面处于国内先进地位。近年来承担国家级和天津市重大攻关项目等10余项。已成为天津市医院感染监控、指导中心,国家抗感染药品临床研究北方地区重要基地之一。

（天津医科大学第二医院）

【天津市眼眶病研究所】 该所成立于1999年,是天津医科大学第二医院内设研究所,是博士、硕士学位授权点,国家眼科药品临床研究基地,天津市重点发展学科。在眼眶肿瘤临床与基础研究方面居国内领先地位,已诊治眼眶病患者8000余例,是国内外治疗眼眶病最多的医疗单位。该学科《眼眶肿瘤的诊断和治疗的研究》获1999年度国家科技进步二等奖，学科带头人宋国祥教授获眼科界最高荣誉“金苹果”奖。

（天津医科大学第二医院）

【天津心脏病学研究所】 该所是天津医科大学第二医院内设研究所,1990年创建。是博士、硕士研究生首批授权点；国家卫生部授权心内科临床医师培养基地；国家心血管药品临床研究基地；天津市医学重点学科。设有先进的监护病房、心导管室、超声心动检查室。在急性心肌梗死范围测定方法和缩小梗死范围治疗学、心律失常、高血压发病机制主要研究方向已形成学科优势和特色。在国内较早开展了无创心功能检查，超声心动图负荷试验研究。近10年出版学术著作14部，获国家优秀科技图书二等奖3部。

（天津医科大学第二医院）

【天津普通外科研究所】 该所1997年成立，依托于天津医科大学总医院。以基础外科和腹部外科为研究对象的科研机构，由基础研究和临床研究两部分组成。基础研究包括4个研究室：器官移植研究室、外科肿瘤研究室、营养代谢研究室、资料情报室；临床研究包括：普通外科、胃肠肛肠外科、肝胆胰脾外科、腺体血管外科和脏器移植外科不同专业组。该所是国务院学位委员会批准的普通外科博士学位授予点，同时是中西医结合临床（外科）博士学位授予点的重要组成单位。1995年被确定为天津市医学重点学科，1997年被国际小肠移植登记处确认为世界31家小肠移植中心单位的第22个中心。有科技人员40余人，其中40岁以下中青年研究人员均具有博士学位，正高级技术职称6人、副高级技术职称22人；博士研究生导师3人、硕士研究生导师4人。近5年来承担国家、部委、省市、校局及医院内科研课题近20项，可使用课题经费近百万元，其中包括国家自然科学基金1项、天津市自然科学基金合作项目3项，研究成果均达到国际先进或国际领先水平，其中获天津市科技进步二等奖1项；发表论文80余篇，分别发表于国际、国家级和核心专业学术杂志或参加国际、国内专业学术会议。

【天津性传播疾病研究所】 该所是集科研、医疗和教学为一体的临床和科研机构，所设性传播疾病的10余项检查为国内先进水平，2001年经国家卫生部批准为国家艾滋病抗体检测确认实验室；同年，经卫生部和国家医药管理局批准为临床药理基地。

研究所下设衣原体研究室、支原体研究室、艾滋病确认实验室、病理室、病理阅片室、化妆品皮炎研究室和资料室。拥有普通冰箱、低温冰箱、高速离心机、低温高速离心机、DNA扩增仪、电子天平、恒温水浴箱、电泳仪、垂直电泳仪、超净台、振荡器、多台显微镜、倒置显微镜、低温切片机、生物安全柜、水平摇摆平台、酶标仪、洗板机、微量移液器等许多先进的仪器和设备。

主攻方向包括支原体、衣原体、致病真菌和艾滋病的研究。重点研究建立简单衣原体培养方法及中西药敏试验、衣原体基因分型、衣原体噬菌体的研究、快速的抗药性基因检测方法、衣原体核酸疫苗研究、预防衣原体抗药的新途径、衣原体感染的治疗、改进解脲支原体培养方法、简易解脲支原体药敏试验方法、人型支原体培养方法及中西药敏试验、对性病方面致病真菌进行分类。

近5年承担各级科研课题6项，课题鉴定5项；核心期刊发表论文30余篇，有3部著作和8部译作相继出版，参编各类著作10余部。共培养博士生3名，硕士生17名。

【中国人民武装警察部队军事预防医学研究所】 该所是武警医学院于2001年3月组建，2002年由武警总部审批的军事医学专业科学研究机构。现有正高、副高和中级职称人员12人，在读硕士研究生24人。该所占地面积为178平方米，设备总价值484.7万元。设有膜毒理室、神经生物室、细胞培养室、图像分析室、电生理室、分子杂交室和动物实验观察室。分别承担基因提取，标记和定量研究工作；实验标本取材、切片和蛋白标记、显微观察工作；研究离体状态下细胞对缺氧和职业危害因素的反应情况；监测行为变化的电生理指标和稳定反应训练强度和效应的生理指标；原位基因和蛋白标记实验；将细胞和分子实验结果进行定量；动物实验的操作以及短期内的动物观察等。

在科研上，主要从事军事训练伤和职业危害因素的病理生理机制和防治措施研究。其中军事训练伤的研究在国内处于先进水平，对于职业危害因素的研究处于国内领先水平。尤其关于急进高原缺氧的防治研究是具有武警部队特色的课题，它有别于解放军的缓进高原，有适应期。该所从分子水平、细胞水平、以及整体水平对急性和慢性缺氧的分子病理机制进行研究，并给出相应的干预措施。该项目2001年获武警部队科技进步一等奖。目前该所主要从事高原缺氧新药的开发研究，环境中粉尘、有毒物如砷化物、锂、铅、镉、氟、锰及军事训练伤中的颅脑损伤的分子机理和防护方法研究，以及从事部队官兵亚健康发生状况调查及干预措施研究。共承担国家自然科学基金课题2项，天津市重点攻关课题1项、重点课题1项,2002年由国家和地方政府资助经费80余万元。

（郝金才、陈志红）

【中国人民武装警察部队心血管病研究所】 该所成立于2002年,是武警部队心血管疾病研究基地。该所隶属心血管内科,有人员18名,其中含在职硕士研究生9名,博士研究生7名。设有分子生物学实验室、电生理实验室、细胞培养室、原子色谱分析检测室、动物饲养室，主要承担武警部队心血管临床科研及研究生培养任务。拥有基因芯片分析系统、膜片钳、凝胶成像系统、原子吸收分光光度计、细胞培养设备、偏振光显微镜、PCR扩增仪及纯水系统等先进设备,科研设备资产总计220万元。

主要开展:1.心血管药物的筛检。利用基因芯片对于新药进行上市前的检测和实验。基因芯片分析系统购于美国Axon公司,在国内处于领先地位。该分析系统还可以应用与临床易感基因，耐药菌株的筛检等;2.心脏电生理研究。膜片钳系统购于美国Axon公司。主要开展不同因素对心肌细胞离子通道的影响研究;3.分子生物学研究。拥有GENE公司的PCR反应仪及Bio-rad凝胶成像扫描系统。主要开展高血压易感基因的筛检，包括MTHER及CBS基因多态性分析等亚单位;4.干细胞应用研究。该所拥有完善的细胞培养设备,能够开展细胞分离培养、体外诱导、细胞移植等研究。研究的主要方向是成体干细胞移植对于病变组织功能修复的可行性研究，包括对于急性心肌梗死及高血压受损靶器官功能修复研究。5.无机元素检测。现承担着国家自然科学基金课题1项,天津市重大攻关课题1项,天津市自然科学基金2项,武警部队及院级研究课题各2项。

（郝金才、陈志红）

科技管理与服务

组织实施科技发展计划

科技发展计划执行概况

【项目安排】 2004年，天津市科委围绕全市经济社会发展的重大需求和重大科技问题，组织实施科技计划研发项目1630项，其中结转1110项，新增520项，并结题374项。这些项目主要分布在信息、农业与农村、生物及医药、先进制造及自动化、材料、能源交通、资源环境、人口与健康、社会事业等一些重要领域。

（市科委综合计划处）

【资金和人员投入】 2004年，天津市主要科技发展计划和工作总计投入30.9亿元，其中市财政资助3.0亿元，当年拨款1.78亿元，项目单位自筹22.4亿元，贷款5.5亿元。参与天津市各类科技发展计划实施的科研人员超过1万人，其中高级职称人员约5700人，占57%；中级职称人员约2600人，占26%。

（市科委综合计划处）

【执行绩效】 2004年，天津市通过各类科技发展计划的实施，在经济、社会和科技发展等方面取得了一定的成果，促进了自主创新能力的提高；推进了高新技术产业化进程，培育了新的经济增长点；加速了高新技术向产业的转移，提升了传统产业的现代化水平和竞争力；推动了区县科技进步，加快了农业与农村科技产业化步伐；为解决天津市经济和社会协调发展的突出问题提供了有力支撑；吸引、凝聚并培养了一批科技人才；科技创新体系得到进一步完善；科技发展战略研究工作有所突破；国际科技合作增强了科技辐射力，实现了联动发展。

（市科委综合计划处）

科技发展战略研究计划

【项目简况】 2004年的科技发展战略研究以两个为主：一是涉及全市科技发展规划问题研究，以重大科技发展战略为主；二是涉及全市科技、经济、社会发展的热点问题，以前瞻性研究为主，为领导科学决策提供有效的服务。

2004年组织科技发展战略项目立项共计78项。项目分为两部分：一是围绕天津市中长期科技发展规划战略研究工作，设立专题12项、课题45项；二是围绕天津市科技问题进行的科技发展战略研究，设立课题21项。项目承担单位76家，以政府研究部门和科研院所为主。项目参加人员716人，其中高级职称234人，占33%；中级职称112人，占16%。科技发展战略研究项目进行成果登记的项目共计50项，其中达到国内领先的研究项目12项，发表论文25篇。

（市科委政策法规与体制改革处）

【项目研究的特点】 2004年科技发展战略研究在项目管理和安排思路上，注重研究内容的全局性、战略性和前瞻性，为领导科学决策提供有效服务。其特点是：在立项思路上突出一个“重点”，即围绕天津市制定中长期科技发展规划这一重点，以专题和课题的形式进行科技发展战略研究；在组织形式上突出两个“靠拢”，一是从封闭式研究向开放式研究靠拢，走联合研究共同推进的道路，二是从理论研究型向应用型靠拢，注重与领导的沟通；在研究效果上突出实现两个“贴近”，一是研究成果更加贴近决策，突出对策性研究，真正为决策服务，实现对决策的影响；二是更加贴近科技工作，突出超前性研究。

（市科委政策法规与体制改革处）

【取得的研究成果】 2004年科技发展战略研究突出了应用，注重跟踪，参与研究过程，取得一批高水平、高质量的研究成果。具体体现在五个方面：一是为中长期科技发展规划提供战略研究成果。2004年3月，在制定《天津市中长期科技发展规划战略研究方案》的基础上，全面启动中长期科技发展规划战略研究。该项研究以专题和课题的形式确定了战略研究专题组，组建了庞大的研究队伍，共设12个专题和45个课题，分别由天津市有关领导和知名专家主持。为确保中长期科技发展规划战略研究顺利实施，制定了《天津市中长期科技发展规划战略研究专题、课题管理办法》、《天津市中长期科技发展规划战略研究专题研究经费支出办法》，对专题、课题的立项程序、中期管理、验收程序、经费管理等作出了明确的规定。在研究过程中，各专题研究组和课题组按照全面落实科学发展观的要求，在充分认识和把握“世情”、“国情”、“市情”和“科情”的基础上，对天津市中长期科技发展的战略需求、战略思路与目标、战略重点任务、战略措施等方面进行了深入研究。通过大量的调查和研究，提出了科技创新体系建设、高新技术、传统制造业技术升级、农业、水资源与循环经济、城建与交通、卫生与人口健康、城市信息化与现代服务业、应用基础研究、区域协调发展、科技发展环境与保障措施等方面的研究成果，明确了中长期科技发展面临的形势和重大战略需求，提出了中长期科技发展的总体战略思路与目标，凝练出一些重大项目，提出了科技发展战略重点与任务，为天津市中长期科技发展规划的制定提供了前瞻性和科学的依据。

二是为宏观发展战略决策问题提供科学依据。海河两岸综合开发改造是天津市委、市政府提出的重点任务，如何实现海河的通航、观光、休闲、旅游及供水和防洪等多功能，把海河建设成国际一流独具特色的经济带、景观带、文化带，开展了跨学科、多部门的合作研究。围绕天津市委、市政府提出的海河两岸综合开发改造的总体要求，天津市科技信息研究所联合有关环保、水利、市政等部门共同承担了《天津市海河水系水资源和水质保障对策研究》课题。该课题在充分调研分析海河水资源及水质现状的基础上，提出了海河水资源保障及水质保护的工程、技术、管理措施等建议及其科技发展战略，为改善海河水质、修复海河生态系统提供了决策参考。报告提出的关于“引入海水改善水环境对生态环境影响研究”等建议，得到市政府、市人大的肯定和好评，有关主管部门已把该项目的有关研究成果列入具体工作中研究实施。有些课题研究过程中，其研究成果已被有关领导采纳。如《天津港建设世界一流大港发展战略研究》课题，首次创新性地提出了世界一流大港的量化指标，并按量化指标确定了天津港建设国际一流大港的实现途径和调控措施，依据此研究成果，起草了《关于进一步加快天津港口发展的建议》，被市政府在《关于进一步加快天津港发展的若干意见》的文件中采纳。

三是为促进区县经济快速发展提供区县科技发展思路。2004年，市科委围绕如何整合、吸引和利用各种科技资源，加快先进实用科技成果在区县的转化和产业化，依靠科技进步加快区县特色产业成长与发展的需要，从战略和规划的源头上考虑各区县科技工作的整体思路和战略定位，支持全市18个区县开展的《区县科技发展战略研究》已全部完成。各区县已先后完成各自的科技战略研究报告，并受到所在区县党委、政府的极大关注，都多次在区县党委、政府重要会议上进行专题研究，在区县领导层和区县办局层面树立了“依靠科技进步、落实科学发展观是加快区县经济发展的必由之路”的观念。其中红桥区电气科技园、东丽区民航科技园、北辰区京津高新技术产业带先导区等已启动建设，以科技带动的静海县“枣产业”、宁河县“生猪产业”、宝坻区“三辣产业”和汉沽区“养殖虾产业”等战略布局已确立为所在区县的特色产业。通过18个区县的科技战略研究，各区县增强了科技意识，更加自觉把科技工作摆在了重要的战略地位，区县科技工作的地位明显提高了，各种力量与资源向科技进步凝聚的平台建立了，科技与区县经济的结合点、着力点明确了。各区县科技进步水平不断提高有了基础和保障，必将为全市科技进步再上新水平发挥重要作用。

四是为推动区县科技进步提供可操作性实施方案。提升区县科技进步，关键在领导。为此，市科委下达了《区县党政领导班子科技进步目标责任制研究》课题，设计了实施党政领导科技进步目标责任制的考核指标体系和实施意见。在课题研究过程中，得到天津市委组织部的高度重视，亲自组织召开实施区县党政领导科技进步目标责任制考核的研讨会和推动会。通过课题研究的带动，南开、和平、北辰、东丽、塘沽等区县领导按照课题组研究的考核指标体系进行所在区县的科技进步考核，收到很好的效果。通过该课题研究，各区县切实加强了对科技进步的组织领导，对依靠科技进步加快经济发展的推动力度大为改观，推进了科技进步促进经济发展的政策措施的落实。市科委在研究和借鉴其他省市成功经验的基础上，立足市情，配合市委组织部研究制定出区县党政领导班子科技进步目标责任制考核方案，为全面启动区县党政领导班子科技进步目标责任制考核工作提供了科学依据。

五是为统筹城乡经济社会协调发展提供科技发展对策措施。大力提升农业科技综合水平，特别是促进农口区县科技进步，引导区县切实依靠科技进步加快区域经济社会发展，是天津市委、市政府“科教兴市”战略的重要组成部分，也是科技工作落实科学发展观、实现天津全面协调可持续发展的重要内容。为此，市科委提出了统筹城乡科技发展问题的研究课题。该课题从全市经济与社会统筹协调发展的需求和科技发展的大局着眼，提出统筹城乡科技发展要以科学发展观为指导，以促进城乡科技经济协调发展为目标，发挥科技在引领和支撑经济持续发展和社会和谐发展中的关键性作用，提升依靠科技进步实现区域经济可持续发展的能力。课题提出了实施统筹城乡科技发展的五项措施：一是实施统筹城乡科技发展专项计划，研发一批农业关键技术，转化一批农业科技成果，培育一批农业特色产业，通过科技项目的扶持和带动，提升农村经济的技术含量，大幅度提高科技对农村经济社会发展的支撑强度；二是实施统筹城乡科技人才示范工程，构建引进国内外科技人才、培育本土骨干人才、培训农民整体素质三位一体的人才资源保障体系；三是加快建设科技进步示范区、可持续发展实验区和津南国家农业科技园区，打造科技进步与社会和谐发展的示范区域和国内一流的农业科技高地，提高农村地区科技进步的综合实力和可持续发展能力；四是构建科技资源共享、科技产业孵化和科技成果推广三大支撑体系，加快建设城乡一体的科技创新服务机制和基层科技基础设施条件平台，强化科技对农村经济社会发展的支撑、统领和带动作用；五是加强科技保障机制建设，为城乡科技的协调发展营造良好的环境，尽快形成城乡互为依托、合作联动的科技发展新格局。

（市科委政策法规与体制改革处）

重点科技攻关专项

【科技攻关计划执行简况】 2004年，天津市科技攻关计划共有在研项目390项，其中当年新增项目143项，结转项目247项。项目投入经费总额17.81亿元，其中市财政资助1.86亿元。参加科技攻关计划的科技人员近5300人，其中高级职称占21%；参加科技攻关计划实施的单位约400家，其中企业占50%。

在研的科技攻关计划中，重大科技攻关项目6项，市财政资助2237万元，承担单位10余家，项目参加人员百余人；重点科技攻关专项项目228项，市财政资助10780万元，项目承担单位297家，项目参加人员2919人；重大科技工程项目59项，市财政资助3687万元，项目承担单位115家，项目参加人员2285人；科技攻关培育项目97项，市财政资助1940万元。

2004年科技攻关计划总体进展顺利，126个项目通过了验收结题，突破了一批关键技术，获得了一批专利，并取得了一批科技成果，培养了一批中青年科技人才和学科带头人，产生了巨大的经济效益和社会效益。共发表论文526篇，其中被三大检索系统收录66篇；申请专利1322项，其中发明专利173项；授权专利1161项，其中发明专利60项；成果登记67项，获省部级以上奖励21项；培养研究生610人，博士75人。

（市科委综合计划处）

【重点科技攻关专项执行简况】 2004年，在研的重点科技攻关专项共228个项目，市财政资助10780万元。项目承担单位297家，其中企业167家，高校及其所属院所64家，科研院所55家。项目参加人员2919人，其中高级职称656人，中级职称800人。

（市科委综合计划处）

【海河生态建设关键技术专项】 2004年，在研的海河生态建设关键技术专项有2个项目，均为当年新增项目。项目投入经费345万元，其中市财政资助80万元，吸引社会资金265万元。项目承担单位6家，以高校和科研院所为主；项目参加人员68人，其中高级职称52人，中级职称10人。

2004年该专项在研项目正式启动。其中“海河生态景观带绿化模式及绿化节水技术应用研究”项目在收集国内外河道绿化先进经验和做法的基础上，对海河两岸的绿地现状、自然资源、人文资源进行了摸底调查；对海河的水体进行了季节性不间断测定；对天津市适生的240多种树种的生物学特性进行了初步筛选；确定了海河绿化模式配置的试验样地；对景观好、耐旱效果佳的绿化植物群落进行了调查收集。“天津市海河两岸综合地质环境对总体开发影响的研究”项目，主要针对课题中的关键技术问题进行了调研，搜集了大量的数据资料，在海河两岸重点地段布设沉降监测点，建立了GPS基准点或工作基点。

该专项的顺利实施，为海河两岸综合开发改造的规划编制、重大工程项目选址和地质灾害防治提供了参考数据和技术支撑，为海河景观建设从生态性、观赏性、地域性、节水性等方面提出了绿化模式，并筛选出适合海河绿化的观赏植物品种。已发表论文3篇，培养研究生14人，吸引人才2人。

（市科委社会发展科技处）

【海洋资源综合利用技术专项】 2004年，在研的海洋资源综合利用技术专项有3个项目，其中当年新增2项。投入经费696万元，其中市财政资助160万元，吸引社会资金536万元。项目承担单位7家，其中企业4家，高校2家，科研院所1家。项目参加人员51人，以中高级职称人员为主，其中博士4人，硕士10人。

3个在研项目进展顺利，部分项目已取得阶段性成果。其中“天然气低温等离子体转化制碳二烃”项目，研究制定了天然气低温等离子体转化制碳二烃的模拟工程方案，完成了模拟计算和工艺试验方案及设备装置制造加工图；“新型高效氯化溴100吨/年中试技术研究及用制溴废液制取晶镁”项目，填补了国内空白，氯化溴含量99.31%，达到设计要求，其研究成果达到国际先进水平。

（市科委高新技术处、农村科技处）

【集成电路设计专项】 2004年，在研的集成电路设计专项有5个项目，投入经费2269万元，其中市财政资助380万元，自筹1889万元。项目承担单位5家，其中企业3家，高校2家。项目参加人员112人，其中高级职称18人，中级职称24人。

5个在研项目均按合同要求如期进行，进展顺利。“基于FPGA的视频图像处理器”项目已完成开发平台的构建，并进行了初步的产业化应用，研制的国内首枚LcoS（硅基液晶）微显示集成电路（IC）芯片拥有完全的自主知识产权，在设计、液晶封装等关键技术上达到国内领先水平。“SOC用锁相环IP的研发”项目，技术指标超过当前同类产品，打破了国外公司的垄断地位和关键芯片长期依赖进口的局面，按年均1%的市场占有份额计算，每年可节约外汇4000万元；由于降低了生产成本，其产品单位售价降至国外产品的一半，一年内可创直接经济效益2000万元。

（市科委高新技术处）

【软件技术及产品专项】 2004年在研的软件技术及产品专项有71个项目，其中新增31项，结转40项。投入经费1.78亿元，其中市财政资助1400万元，自筹1.64亿元。项目承担单位72家，主要以软件企业为主。项目参加人员400人，其中高级职称40人，中级职称260人。

在研项目均按合同要求如期进行，有12个项目已验收结题，部分项目已取得阶段性成果。共发表论文50篇，成果登记7项，获省部级以上奖励4项。其中由天津博和利科技公司研发的“网宇中间件产品”，通过项目吸引美国伯克利加州留学生和美国硅谷科技人才来津成立博和利公司，开发出基于J2EE标准的中间件系列产品，打破了国外软件巨头对基础支撑软件的垄断和控制，填补了国内软件产业中间件支撑软件的空白。

（市科委高新技术处）

【生物芯片专项】 2004年在研的生物芯片专项有12个项目，其中当年新增2项。投入经费10889万元，其中市财政资助1830万元，吸引社会资金9059万元。项目承担单位10家，其中企业5家，科研院所2家。项目参加人员173人，其中高级职称31人，中级职称26人。

该专项2004年已验收结题6项，在研项目进展顺利。共发表论文28篇，其中被三大检索系统收录9篇；申请发明专利88项，授权专利3项。其中“用于环境污染监测的生物芯片研制及应用”项目已研制出检测环境中沙门氏菌等致病菌的基因芯片和检测阿特拉津等三嗪类农药、有机磷类农药、氨基甲酸酯类农药和激素的蛋白芯片；免疫芯片检测时间在1小时以内，最低检测限为1~l0ng/ml，成本可控制在30元以内。“肠道致病菌——志贺氏菌检测基因芯片的研制”项目对志贺氏菌属中的O—抗原基因簇进行了破译，完成了志贺氏菌检测基因芯片的研制；已申请专利9项，共破译28个志贺氏菌的O—抗原基因簇；每张芯片1000点左右，灵敏度高于100菌每毫升。

（市科委生物医药与环保处）

【新药专项】 2004年在研的新药专项有21个项目，其中新增6项。投入经费8640万元，其中市财政资助960万元，吸引社会资金7680万元。项目承担单位18

家,其中企业13家,科研院所2家。项目参加人员392人,其中高级职称75人,中级职称66人。发表论文10篇,其中在国外发表2篇;申请发明专利5项,申请国外专利1项,授权发明专利2项。

新药专项2004年验收结题8项,在研项目如期进行。已完成头孢抗生素产业基地的建设,并通过国家GMP验收,初步实现头孢地尼、头孢克洛产业化,预期实现产值3000万元。一批新药品种获得临床批文或生产批文,实现产业化。治疗蛛网膜下腔出血新药——法舒地尔即将由红日药业公司完成临床研究;治疗肝炎二类中药——胡黄连由天津药物研究院获得临床批文;天津中药制药厂与北京肿瘤研究所合作研制的抗肿瘤药物——紫金龙片获得生产批文;抗真菌药——伊曲康唑和抗结肠炎药——奥沙拉嗪获得生产批文。一批归国留学生把自己的科研成果带到天津成立企业,形成了新兴的生物制药产业群,比较典型的有天津市扶素生物技术有限公司、金纳生物技术(天津)有限公司、津科生物工程(天津)有限公司等。经攻关项目多年立项支持的天津华立达生物工程有限公司研制的α-2b干扰素已拥有十余项在外国申请了专利,其生产技术水平和产品质量均居于世界领先地位,制剂中除干扰素外几乎不含其他蛋白,是国内惟一免检动物免疫球蛋白IgG和乙肝标志物HbsAg项目的干扰素产品,是世界上惟一无血液污染成分的干扰素制品。该公司推出的世界上第一支"预充式"干扰素水针已在十多个国家申请了专利保护,该产品的问世缩短了国内生物技术药物制剂开发水平与国外的差距,对确保天津市医药生物技术水平处于国内前列,进而带动整个天津市生物医药经济的发展具有重要意义。

新药专项的实施,向社会输送了一大批重大产业化项目。从天津药业的皮质激素、天士力的复方丹参滴丸、华立达的干扰素、中央药业的抗生素到新增的"年产4.2亿袋柴胡滴丸高技术产业化示范工程"、"天津医药集团现代中药产业化建设项目"、"天然植物多糖系列产品产业化"、"头孢类药物及其中间体产业化"、"新型药用辅料(薄膜包衣剂系列产品)产业化"等项目的实施,促进了天津市高新技术产业化的进展,提高了科技显示度。

(市科委生物医药与环保处)

【重大流行病预防与控制专项】 2004年在研的重大流行病预防与控制专项有3个项目,均为当年新增。总经费188万元,其中市财政资助130万元,吸引社会资金58万元。项目承担单位12家,其中高校3家、科研院所1家、医院8家。项目参加人员56人,其中高级职称33人、中级职称12人。已发表论文4篇,申请专利1项。

通过该专项的实施,天津市建立了SARS病例的临床、流行病学数据库;建立了国内迄今为止观察期和观察指标最为全面的随访数据库和血标本库,为深入研究SARS康复期的变化机制和远期影响提供了重要的宝贵资源,同时为进一步探讨SARS对机体健康影响的研究奠定了基础。其中,天津医科大学承担的"SARS冠状病毒(天津首例株)全基因组测序"项目找出了该病毒基因组的相对保守区,设计了40对引物,并经过PCR扩增了cDNA片段;"新现病毒性疾病检测技术的研究"项目已进行了汉坦病毒S基因克隆,并在原核表达系统pET32a中表达,同时从天津地区汉坦病毒宿主鼠肺中分离到病毒,并进行基因克隆和分析;"天津市SARS患者流行病回顾性调查和健康随访与干预试验研究"项目,整合天津市具有重要实力的临床和研究单位,多单位、多学科合作,共同完成了220名SARS康复患者出院后1年3个阶段的健康随访研究工作,在国内外居领先地位。

(市科委社会发展科技处)

【高性能电池专项】 2004年在研的高性能电池专项有14个项目,其中新增2项。投入经费7147万元,其中市财政资助920万元。项目承担单位以企业为主,参加人员210人,以中高级技术职称人员为主,其中博士30人,海外归国人员13人。

该专项2004年验收结题7项,在研项目进展顺利。"燃料电池氢源储氢罐"项目已开发研制成功AB5和AB2两个系列储氢合金,均能实现低温放氢。"锂离子电池负极材料中间相碳微球研制与开发"项目,已达200吨每年的生产规模,销售锂离子电池负极材料约60吨,产品占全国40%的市场份额。巴莫公司与力神公司结成战略伙伴,在天津形成了年产1100吨6大系列锂离子电池正极材料的生产能力,成为国内生产规模最大的绿色能源材料生产基地。被列入国家和天津市高新技术产业化项目的年产5兆瓦非晶硅薄膜太阳电池生产线在天津市津能电池科技有限公司建成并投入生产,标志着代表当前世界先进水平的单室、大容量薄膜太阳电池制造产业化技术落户天津,提升了中国薄膜太阳电池产业化制造水平。

（市科委高新技术处）

【电动汽车专项】 2004年在研的电动汽车专项有4个项目,均为结转项目。投入经费990万元,其中市财政资助480万元,自筹5107元。项目承担单位10家,其中高校3家,科研院所2家,企业5家。项目参加人员69人,以中高级职称人员为主,其中博士后6人,博士7人,聘任外国专家6人。

完成成果登记2项,发表论文14篇;申请专利10项,授权专利2项;培养博士5人,硕士8人。“混合动力汽车用发动机匹配及动力控制系统研制”项目已验收。“电动中巴车的研制”项目,其成果已应用于清源电动车辆有限责任公司进行的示范运行项目中,QY6700EV和QY6720EV纯电动中型客车通过了国家轿车检测中心的检测,各项指标均达到国家标准要求,其动力性、能量消耗率和安全性都达到了国内领先水平。“电动汽车示范充电站”项目的研究成果为天津市示范运行项目的顺利实施奠定了基础。

设立电动汽车专项3年来,已研制出纯电动轿车、纯电动中巴车、混合动力中巴车和电动充电站,参加了第五届、第六届中国国际高新技术成果交易会以及各种展览会,为中国跟踪国际电动车辆的先进技术水平发挥了重要作用,为今后批量生产电动汽车、创造良好经济社会效益奠定了基础。为发展天津市绿色环保汽车,完成了办公环境和开发基地的建设,为电动汽车开发创造了必要的软硬件条件,逐渐形成了在电动汽车、混合动力汽车、燃料电池汽车各关键领域和研究方向的专家队伍;通过对混合动力相关技术的攻关,掌握了混合动力系统的核心技术,进一步提高了混合动力城市客车的技术水平;通过电动汽车专项的研制,以产业化、商业化为目标,开发出串联式和并联式混合动力车型,为天津增加了新的车型品种,提升了天津汽车工业的竞争力,形成了天津市汽车工业新的经济增长点。

（市科委高新技术处）

【智能交通专项】 2004年在研的智能交通专项有5个项目,均为结转项目。投入经费5529万元,其中市财政资助285万元,自筹5244万元。项目承担单位7家,其中企业5家,高校2家。项目参加人员99人,其中高级职称19人,中级职称22人。

该专项取得阶段性成果,已发表论文3篇,申请专利2项,授权专利2项。其中《智能化高速道路交通管制系统》项目取得了大量实验测量数据,并进行了实际路面实验,效果良好。“天津市公路交通电子监控管理系统”设计完成50个卡口,每个卡口点自成一个公路交通卡口电子监控子系统,建立公路巡警大队、公路巡警支队和交管局的三级网络平台,研发公路交通电子监控管理系统的关键技术,从而建立覆盖全市并互通联网的公路交通电子监控管理系统。

（市科委高新技术处）

【纳米技术专项】 2004年在研的纳米技术专项有16个项目,其中当年新增3项。投入经费9577万元,其中市财政资助1290万元,吸引社会资金8287万元,其中自筹8017万元,贷款270万元。项目承担单位以高校和企业为主。在参加项目研究的近300人中,具有博士或高级职称以上的人员占到了40%以上。

2004年验收结题9项,各在研项目顺利进行。共发表论文81篇,其中被三大系统收录18篇;申请专利19项,其中发明专利18项;授权专利8项。由新丽华色材有限公司承担的“纳米汽车漆”项目,将水性高分子胶囊包覆纳米技术运用到产品中,成功地使纳米粉体包覆分散在水性阴极电泳漆中,提高了传统水性电泳漆的耐盐雾性和附着力,显示出纳米材料的优异特性。该公司自筹资金建成了年产5000吨水性电泳漆的生产线,开发出的水性纳米阴极电泳漆成为主要产品,2004年实现销售收入3000多万元,利税350万元。天津南开和成科技有限公司与南开大学合作完成的“纳米/微米药用树脂的开发生产”项目,其产品在国内处于垄断地位,在国际市场上占50%以上。通过纳米专项的实施,已培养博士后8名,博士82名。国家纳米技术产业化基地在天津市的建立,搭建了纳米技术开发的平台,同时聚集了该领域高水平的科研人员,其中博士占50%。

（市科委高新技术处）

【制造业装备现代化专项】 2004年在研的制造业装备现代化专项有5个项目,均为当年新增。投入总经费3060万元,其中市财政资助400万元,吸引社会资金2660万元。项目承担单位7家,其中高校2家,科研院所2家,企业3家。项目参加人员66人,其中高级职称38人,中级职称23人。

该专项各在研项目顺利进行,其中“精密高效智能数控温冷挤压液压机生产线”项目，研究了不同工艺参数的影响，对齿轮等挤压件进行了挤压过程的计算机模拟，为确定合理的工艺参数提供了理论基础；“以国外汽车同步器配套标准开发同步器加工新技术”项目，建立了同步器齿套滑块槽复合轨迹法加工的数字模型，并在计算机上进行了机床加工滑块槽的仿真运动试验。

发表论文20篇，其中在国外刊物发表2篇；申请专利35项，授权专利22项，其中发明专利9项；培养博士后1名，博士4名，硕士6名。成立了汽车零部件国际化生产力促进中心。

（市科委高新技术处）

【动植物新品种选育专项】 2004年在研的动植物新品种选育专项有30个项目，其中当年新增15个项目。投入总经费1300万元，其中市财政资助150万元，吸引社会资金1150万元。项目承担单位13家，以科研院所为主。项目参加人员101人，其中高级职称55人，中级职称30人。

该专项2004年验收结题10项，已培育出新品种26个，对新品种的更新换代起到了推动作用，产品年销售收入达1.2亿元，利税0.5亿元，使农民增收年均在20亿元以上。完成成果登记30项，发表论文及专著20余篇，培养博士、硕士10人，每年引进海外人才10人次；育种项目的研究成果获得2003年度天津市科技进步奖8项；申请发明专利3项。“大白菜育种及其配套技术的研究”项目已培育出“春绿1号”、“津夏3号”和“津秋1号”等大白菜新品种5个，3年执行期内大白菜系列品种种子总产量16.6万千克，实现产值1992万元，比合同指标增加66%。天津科润黄瓜研究所承担的“保护地专用黄瓜系列新品种推广示范”项目，创立了良种繁育体系，将分散的小农经济形成集约型大规模化的生产模式，推广面积从实施前的2.4万亩增加到37.8万亩，新增总产量4.2亿千克，新增产值5.15亿元。天津市农作物研究所选育出的三系杂交粳稻新品种“3优18”，被国家农业部定为向全国重点示范推广的惟一杂交稻新品种，并被确定为国家“十五”计划第一批主要农作物“后补助”新品种，已推广到苏北地区，受到当地农民的欢迎，通过开展大面积试验、示范，推广面积不断扩大，高产地块亩产可达750千克。《芹菜专用品种成果转化与应用》项目2年间在全国30个省市建立了2000多个营销和示范网点，示范和应用面积达到13.85万公顷，使250多万农户增产增收。

（市科委农村科技处）

【津南国家农业科技园区专项】 2004年在研的津南国家农业科技园区专项有8个项目，其中当年新增4项。投入经费1.03亿元，其中市财政资助300万元，自筹7040万元，银行贷款3000万元。在项目承担的主体上，以入园企业为项目实施主体，以科研院所和高校为技术研究主体。项目参加人员108人，以中高级职称人员为主，其中教授11人，博士后3人、博士7人、硕士7人、海外留学人员3人。

该专项2004年验收结题1项，部分项目已取得阶段性成果。发表论文5篇，获得国家发明专利1项；培养硕士2名，1名博士进入天津天隆农业科技有限公司的博士后工作站。建立了国家杂交水稻工程技术中心天津市分中心，建成了165栋日光温室的无公害蔬菜生产示范基地，建立了肉鸡安全生产示范基地、特种经济禽类安全养殖示范基地和133.33公顷南美白对虾等名优水产品养殖基地。建成津南国家农业科技园区信息服务中心。完成了纳米材料生产车间的建设，建立了年产1000吨纳米级造粒粘结剂车间和年产2000吨纳米材料包膜胶结剂车间，并开始投入生产。

（市科委农村科技处）

【高性能光电子器件专项】 2004年在研的高性能光电子器件专项有5个项目，均为结转项目。投入经费1065万元，其中市财政资助经费295万元，吸引社会资金770万元。项目承担单位4家，以企业和高校为主。项目参加人员70人，其中高级职称14人，中级职称10人。

该专项2004年验收结题2项，各在研项目如期进行。共发表论文30篇，其中在国外刊物上发表9篇；培养博士8人、硕士21人，引进海外人才2人。“超视觉及人跟波像差仪”项目已初步研制了波前像差的测量系统；“S+C+L波段喇曼光纤放大器”项目已完成LD泵浦的分布式Raman光纤放大器系统的实验研究。

（市科委高新技术处）

【高清晰电视专项】 2004年在研的高清晰电视专项有5个项目，均为结转项目。投入经费3558万元，其中市财政资助经费550万元，自筹2808万元，贷款200万元。项目承担单位8家，其中企业5家，科研院所1家。

项目参加人员99人，其中高级职称19人，中级职称22人。

该专项2004年已验收结题3项，在研项目也取得了阶段性成果。建立了投影管试生产线，并设计建立了300万只/年的投影管玻壳生产线，成功研发和小批量生产了数字有线电视接收机，打破了日本企业在投影管市场上的垄断地位，促进了国产投影管技术的发展，使大屏幕背投影电视生产成本大幅度降低，促进了电视业的发展。

该专项的实施，获天津市科技进步三等奖1项；发表论文1篇；申请专利7项，其中发明专利2项，授权专利3项；培养博士1人，硕士5人。

（市科委高新技术处）

【宽带多媒体专项】 2004年在研的宽带多媒体专项有2个项目，投入经费1600万元，其中市财政资助250万元，吸引社会资金1350万元。项目承担单位2家，全是高技术企业。项目参加人员中，具有本科以上学历的占81%以上。

该专项在研项目顺利进行。其中“宽带网络综合服务系统方案”是国内最早提供包括IPTV直播的全套视频解决方案，在国内十多个地市的电信网络中推广运营，特别是在嘉兴、镇江、连云港、丹东、泰州等地取得良好的示范效果，为国内电信运营业的增值业务提供了技术上的可能；“流媒体编码机” 项目在引进国外先进技术的基础上，经过消化吸收和创新，形成具有自主知识产权的产品，并被许多高校购买应用于网上视频教学；“宽带流媒体通用服务解决方案”已在政府机关、企事业单位和教育、医疗领域得到应用，对政府信息化、企业内部信息利用、在职培训和学校的网络视频教育起到了促进作用。

该专项的实施，取得软件著作权登记3项，成果登记2项，获天津市科技进步二等奖1项，实现销售收入7351万元，利税总额1600万元。

（市科委高新技术处）

【膜生物反应器及集成分离技术专项】 2004年在研的膜生物反应器及集成分离技术专项有6个项目，均为结转项目。投入经费1230万元，其中市财政资助290万元，吸引社会资金940万元。参与专项实施的单位30余家，以企业和科研院所为主。项目参加人员200多名，大多具有中高级以上职称，其中博士后3名、博士10名、硕士40名。该专项2004年验收结题4项，各在研项目进展顺利，部分项目已取得阶段性成果。该专项的实施，取得成果登记7项，获天津市科技进步一等奖1项、二等奖6项；申请专利13项，授权专利1项；参与制定国家级技术标准1项、行业标准2项；一批在研项目获得国家“十五”科技攻关计划和重大科技专项的支持，经费总额达2800万元。香港华益集团与天津工业大学膜天膜工程技术公司共同投资8000万元，建成年产100万平方米中空纤维膜产业化基地，并于2004年4月正式投产。该基地拥有10条具有自主知识产权的中空纤维膜生产线和4条具有自主知识产权的膜组件生产线及相关检测系统和设备，其产品在国内外获得广泛应用，特别是中空纤维膜成果及系列产品处于国内领先地位。天津大学、天津工业大学和有关企业共同配合，应用“新型膜—生物反应器应用研究”项目开发的技术成果，在天津市第一中心医院建立了污水处理装置示范工程 (500t/d)。该装置在污水处理达到要求的同时，避免产生二次污染，提高了设备防止污染的可靠性，在抗击“非典”中发挥了重要作用。国家发展改革委员会已在河南、四川、陕西、湖北、广东等省14家医院推广该技术，建设医院废水处理工程。

（市科委高新技术处）

【光电子与数字技术产品专项】 2004年在研的光电子与数字技术产品专项有2个项目，其中当年新增1项。投入经费2.15亿元，其中市财政资助110万元，吸引社会资金2.14亿元。项目承担单位8家，以科研院所为主。项目参加人员42人，以中高级职称人员为主，其中海外留学人员3名，博士8人，硕士4人。

在研项目正如期进行，其中“新一代空气自动监测系统关键技术与子站系统研制”项目，正在进行DOAS空气质量自动监测系统的关键技术研究和污染气体吸收截面数据库的测试、调整及改进样机的开发调试，并采用两套方案加工生产了两套DOAS空气质量自动监测仪。该监测仪可同时测8种污染气体，在国内环保行业具有广阔的市场前景。已发表论文1篇，申请专利2项，其中发明专利1项，专利授权1项。

（市科委高新技术处）

【微电子技术专项】 2004年在研的微电子技术专项有1个项目，投入经费270万元，其中市财政资助30万元，自筹240万元。项目承担单位为高等院校。项目参加人员31人,其中高级职称9人,中级职称4人。

"CMOS图像传感器"项目已完成分模块各结构单元设计,并完成整体拼接与最后的全电路仿真,时序控制电路已完成Vearilog代码编写、仿真验证、FPGA测试用PCB版的设计、制作与调试,现正进行芯片测试准备工作。已发表论文12篇;培养博士4名,硕士12名。

(市科委高新技术处)

【发酵工程技术产品专项】 2004年在研的发酵工程技术产品专项有1项,投入经费470万元,其中市财政资助100万元,自筹370万元。项目承担单位3家,以科研院所为主。项目参加人员14人,以中高级职称人员为主,其中博士后1人,博士2人,硕士1人。

"芳香族氨基酸生物合成途径工程研究"项目,已克隆出共同代谢途径中的磷酸烯醇式丙酮酸合成酶ppsA基因和4-磷酸赤癣糖合成关键基因tktA基因,并实现高效率串联表达,开始对色氨酸分支代谢途径进行改造,已克隆出色氨酸合成关键酶基因trpB和trpE。在国内外首次采用构建多基因盒的方法对大肠杆菌莽草酸共同途径进行了改造,并采用基因重组的原理,将多基因盒整合到细菌的基因组染色体内,同时实现了csrA整体调控基因的敲除,改造后的细菌产酸率显著增加,为进一步开展分支途径的改造奠定了基础。已发表论文1篇,并被SCI收录;培养博士2名,硕士1名。

(市科委高新技术处)

【新型化工技术产品专项】 2004年在研的新型化工技术产品专项有7项,全部为结转项目。投入经费10878万元,其中市财政拨款390万元,吸引社会资金10488万元。项目承担单位14家,其中企业10家,高校3家,科研院所1家。项目参加人员86人,以高级职称人员为主,其中有院士1人、海外人员12人。

该专项2004年验收结题3项,各在研项目按合同要求如期进行。"新型工业结晶技术与系列化工业结晶成套设备"项目研制成功了系列化新型反应结晶成套化机电一体化装置,并在地塞米松反应结晶生产过程中实现了正常生产。"锂离子电池负极材料中间相碳微球研制与开发"项目,已达每年200吨的生产规模。"大功率锂离子电池用阻燃型电解液制备及应用技术"项目已建成每年600吨工业化装置,成为国内惟一一家利用自制的六氟磷酸锂制备电解液的生产企业。

(市科委高新技术处)

重大科技攻关工程

【制造业信息化工程】 2004年制造业信息化工程在研项目9项,全部为当年新增项目。投入经费4907万元,其中市财政资助450万元,企业自筹4457万元。2004年验收结题1项,其余项目进展顺利,取得了产品创新平台建设的阶段性成果。

该工程的实施,实现了天津市制造业信息化工程从启动、典型示范到行业辐射,覆盖全市区域,形成前所未有的规模,建立了三个层次的示范应用体系,以汽车、冶金等支柱产业的龙头企业开展企业数字化示范工程,选择重点企业开展以ERP、MES、SCM、CRM等技术的企业制造资源管理集成技术示范应用,面向服务体系的广大中小企业,实施以4CP技术部分集成为主的产品创新数字化技术应用。制造业信息化工程在广度和深度两方面的发展,拉动了天津市2000家制造业企业实施信息化建设。

(市科委高新技术处)

【中药现代化工程】 2004年中药现代化工程在研项目24项,当年新增6项。投入经费12150万元,其中市财政资助经费1350万元,吸引社会资金10800万元。项目承担单位16家,其中企业9家,科研院所4家,高校3家。项目参加人员408人,其中高级职称102人、中级职称204人。2004年验收结题12项,其余项目正按合同进度如期执行。

天津市已投资建设丹参(陕西商洛)、三七(云南砚山)、川芎(四川都江堰)、厚朴(福建)、当归(甘肃)、人参(吉林)、平贝母(吉林)、黄芪(内蒙古)等10余个GAP基地。全市中药生产厂家和生产车间基本完成GMP改造,并通过认证。中新药业集团和天士力集团已通过GSP认证。在中药生产企业中,推广应用了一批先进适用技术,用以提升传统中药生产工艺。超临界萃取、分子蒸馏、纳米、三相流化床、薄膜包衣、流化床造粒、旋流分离、膜、磁化分离、微波等一批高新技术相继建立示范工程,并逐步在中药生产中进行推广应用。

(市科委生物医药与环保处)

【环保科技工程】 2004年环保科技工程在研项目8项，全部为结转项目。投入经费1400万元，其中市财政资助460万元，自筹940万元，获得国家科技部专项资金7140万元。参与该工程实施的单位50余家，项目参加人员300多名，其中高级职称60名、中级职称100余名。

2004年环保科技工程验收结题7项，其余项目进展顺利，并取得了一批阶段性成果。“城市垃圾处理线”项目已开发出由21台设备组装连接的108米长、日处理250吨的城市垃圾前处理线，是国内功能最全、自动化程度最高的垃圾前处理线，具有垃圾处理无害化、资源化的特点。由天津化工研究设计院承担的“工业节水技术开发”项目开发生产出工业水处理用缓蚀剂、阻垢分散剂、高分子絮凝剂等60多个品种，并建成1.5万吨水处理药剂生产基地，其产品已在天津钢管公司和上海宝钢公司成功应用，打破了跨国公司的垄断，实现了出口，2003年的销售收入达1.3亿元。

（市科委生物医药与环保处）

【水资源综合利用科技工程】 2004年水资源综合利用科技工程在研项目2项。投入经费215万元，其中市财政资助150万元，吸引社会资金65万元。项目承担单位主要为科研院所，项目参加人员以中高级职称人员为主。2004年启动实施的2个项目，正按合同进度如期进行。

该工程的实施，建立了一套包括预处理、反渗透、增效树脂罐、储水罐、可控硅直流电源以及监测仪表在内的EDI试验评价装置，用于评价大型膜堆的产水能力及产水水质等基本性能。设计建造了一台用于组装大型EDI膜堆的预压紧装置，方便实用，可实现10吨油压机的作业能力。在引进TOC测定仪的基础上，对电子工业高纯水水质标准中关键指标的检测方法以及RO-EDI高纯水系统去除TOC的能力进行了探讨，初步确立了控制TOC的工艺条件。

（市科委高新技术处、生物医药与环保科技处、农村科技处）

【农业信息化工程】 2004年农业信息化工程在研项目6项，其中当年新增1项。投入经费4050万元，其中市财政资助650万元，吸引社会资金3400万元。参与项目实施的单位24家，其中农业生产企业15家，科研院所8家，高校1家。项目负责人以高级职称人员为主，其中教授、研究员15人，博士5人，硕士5人。

2004年农业信息化工程已验收结题3项，其余项目进展顺利。以涉农企业信息化建设为主要研究内容的“涉农企业信息化管理与示范应用研究”项目，对水产养殖、猪养殖和奶牛养殖三类15个企业进行了信息化建设研究。“智能化农业信息处理系统——天津示范区”课题通过了“863”专家组的验收，顺利进入第三期滚动发展行列。

农业信息化工程的实施，已发表论文39篇；建成1个农业科技综合服务平台——津沽农业网（www.tjagri.net），10个农业特色网站——天津农业科技信息网、天津农业气象网、天津农业信息网、北方绿色产业网、国际农业信息网、天津水产网、农鹏网、天津星火计划网、北辰110网和津沽大地网；研究开发了5大应用系统——农业基础地理信息系统、种养殖专家决策系统、农业技术推广与远程教育流媒体系统、农业基础数据库系统和农产品市场信息发布系统；开发实用型农业软件20多个；建成2个核心示范区——西青核心示范区和北辰核心示范区，以及15个重点应用示范企业和近500个示范点。

该工程的实施，培养了一支既掌握计算机知识，又具有扎实专业知识的农业信息技术研发队伍和基层电脑农业推广应用队伍，同时培养了一批高学历人才，其中博士2名，硕士3人；逐步建立起完善的市一区（县）—乡（镇）—行政村四级网络服务体系，基本实现“村村通”，密切和沟通了城乡之间农产品和生产资料的供求市场，加速了国内外最新农业科技信息和市场信息的传播，推广应用了一批先进、实用的农业科学技术，实现了农业增效、农民增收的目的，使农民真正成为农业信息化的最终受益者。

（市科委农村科技处）

【农产品深加工及食品科技工程】 2004年农产品深加工及食品科技工程在研项目10项，其中当年新增3项。投入总经费7579.9万元，其中市财政资助627万元，银行贷款300万元，自筹6652.9万元。项目承担单位16家，其中企业10家，高校3家，科研院所3家；项目参加人员117人，其中高级职称56人，中级职称41人。

2004年该工程在研项目全部按合同要求如期进行，并已进入中试阶段。规划建设了农产品深加工公共技术平台——食品加工工程中心；“以禽骨为原料生产天然肉味香精”项目已完成酶解技术、微胶囊化技术和调香等关键技术的研究中试，2004年产量达

160吨，新增利税360万元；宝坻区的天然辣椒碱的开发项目，已完成中试。

该工程的实施，从延长产业链条、整体推动产业发展着手，促进了天津市奶业均衡发展；促进了肉类加工尤其副产品的深层次开发和利用；带动了优势农产品的深加工；提升了传统产业的科技含量。

（市科委农村科技处）

应用基础研究计划

【项目简况】 2004年共执行基础研究计划项目762项(含新增项目)，其中重点项目174项、面上项目588项。当年新增项目177项，市财政资助经费1733万元；当年结题项目155项。该计划项目大部分由高校、科研院所和医疗卫生机构承担，吸纳和聚集了大批的优秀人才和回国留学人员，形成了一支高水平的基础研究队伍。在项目负责人中有长江学者、杰出青年基金获得者、国务院突出贡献专家等数十人，其中回国留学人员分别占重点基金和面上基金负责人的36.1%和28.6%，95%以上的项目负责人具有高级技术职称。

（市科委基础研究处）

【项目进展】 应用基础研究围绕天津市国民经济发展方向，集中目标，加大对重大科技专项的超前研究，在为科技发展提供技术支撑上取得重大突破。"新型信息功能材料研究"项目，在分子水平上设计合成新型信息存储材料，处于国际先进水平，获得2003年国家自然科学二等奖和天津市自然科学一等奖，并得到国家自然科学基金近百万元的重点支持。"稀燃条件下机动车尾气净化稀土催化剂的研究"项目，建立了科学合理的机动车尾气净化催化剂模拟评价系统，已列入国家标准检测方法；研制出性能优良的机动车尾气净化稀土催化剂，已申请专利2项。在争取国家有关部委重大项目上，也取得新进展。其中，"水分子簇结构及其振转运动对生命大分子活性的影响及调控机理"和"来源于小麦和簇毛麦抗白粉病病新基因的克隆研究"两个项目，均获得国家重大基础研究专项的资助。

（市科委基础研究处）

【成果和成效】 应用基础研究计划的实施，共发表论文904篇，其中在国际学术刊物上发表208篇，被SCI、EI、ISTP三大检索系统收录371篇；出版专著6部。当年结题的155个研究项目均处于国内领先水平以上，其中处于国际领先和国际先进水平的分别占重点基金和面上基金总数的61.1%和34.4%。当年有16项基金项目获省部级以上科技奖励，其中一等奖2项、二等奖8项、三等奖6项。通过天津市自然科学基金的前期资助，已有101项进入国家科技部或有关部委的计划，获得国家资助经费3897.8万元，体现了基金项目前期预研工作的重要作用。据对2004年完成的基础研究项目统计，共培养出博士123人、硕士326人，较好地实现了培养人才和培育项目相结合的目标。基础研究计划项目的实施，加速了天津市自主知识产权总量的增长，为科技攻关、产业化等计划提供了项目资源，向社会输送了一批较好的技术创新成果，对提高全市综合创新能力起到了积极的推动作用。其中"血管干细胞"项目从基础研究和临床研究两个方面证明了血液干细胞移植治疗肢体缺血性疾病的安全性和有效性，发明了难治性肢体缺血性疾病治疗的新技术，与国内外同类技术比较，具有明显的创造性、系统性和实用性，达到国际领先水平，已在全国多家医院和科研单位推广应用。

（市科委基础研究处）

社会发展科技计划

【项目简况】 2004年在研项目107项，其中当年新增项目42项，结转65项。项目涉及城建、环保和水资源领域的占34%，医学领域的占53%，可持续发展领域的占13%。投入经费15856.5万元，其中市财政资助2562万元，吸引社会资金13294.5万元。项目承担单位115家，主要集中在高校和科研院所。项目参加人员850人，其中具有中高级职称的人员约占80%，博士后、博士、硕士、海外留学人员约占20%。

（市科委社会发展科技处）

【项目进展】 2004年在研的107个项目中，验收结题15项，其余项目正在如期进行。由天津医科大学承担的"干细胞移植及相关技术诊断及治疗实体肿瘤的研究"，已建立较为成熟的自体外周血造血干细胞移植治疗实体瘤的方案，治疗实体瘤患者150余例，为国内最大的病例组。其中恶性淋巴瘤5年无病生存率达63.74%；而同期配对研究显示高危乳腺癌干细胞移植组3年无病生存率为87.5%，高于常规治疗组

(58.35%),进一步提高了肿瘤的治疗效果,为形成新的肿瘤综合治疗体系以及提升天津市实体肿瘤治疗水平奠定了基础。由天津化工研究院防暴检测中心承担的“防爆电气设备新型防腐性能技术研究”和“特殊环境对电气防爆性能影响的研究”项目,通过两年多的试验和探索,已经取得突破性的进展,不仅能够找到大气的化学腐蚀和盐雾腐蚀对电气设备防爆安全性能影响的程度,提供在易燃易爆和化学腐蚀性液体、气体同时存在的环境下电气防爆性能保证的方法和依据,以及有效的科学测试方法,而且为制定这一特殊环境电气安全技术标准提供了可靠的依据。

(市科委社会发展科技处)

【成果和成效】 2004年,共发表论文148篇,其中在国外刊物上发表18篇,被SCI、EI、ISTP三大检索系统收录12篇;申请专利14项,均为发明专利。

在城建、环保和水资源领域,围绕天津市改善城市人民生活十件实事之一的“平改坡”、地铁和轻轨等项工程,开展了多项研究,为重大工程的实施提供了可靠的技术支撑。“盾构掘进技术在天津地铁建设中的应用研究”,为施工过程中调整掘进速度、盾尾压力灌浆等关键性问题提供了技术依据,为加快地铁建设和保证施工安全等提供了可靠的技术支撑,成为自行施工的“天津第一盾”,提升了在该施工领域的技术水平,为地铁二、三号线的顺利施工打下了良好的基础。天津市科委根据天津市委、市政府提出的海河两岸综合开发改造的要求,对海河两岸新建和改建桥梁给予很大支持,促进了天津市桥梁和建筑设施改造技术水平的提升。其中狮子林桥的改建,开创了中国桥梁建设史上的先河。桥梁抬升采用的PLC控制液压同步系统,具有国际先进水平。其总投资比拆除重建节约资金2600余万元,工期仅为旧桥拆除重建的1/5。顶升后的狮子林桥在功能方面得到了进一步完善,增加了抗震减震功能、桥梁防水功能,解决了桥头跳车问题,不仅内在质量有很大提高,而且外观较原来美观,寿命可延长10年。

在医学领域,通过社会发展计划的实施,促进了医学科研和临床水平的提高,在针灸、中医内科、内分泌、泌尿外科、神经学科、肿瘤学科、血液学科、心脑血管和急救医学等领域取得重要进展,一批医学项目达到国际先进水平,提高了天津市医疗卫生工作的整体水平。第三中心医院承担的“肝癌治疗技术的研究”项目在国内外首次提出肝癌分子边界/切缘的概念,初步建立了进行肝癌基础和应用研究的分子细胞生物学技术平台,达到国际领先水平。中国医学科学院血液学研究所在国际上首次发现一个新的干细胞因子——人血液血管细胞生成素(HAPO),为干细胞生长因子家族添了新成员,为血液病和血管病的治疗带来了新的希望。

在生物医学工程领域,由中国医学科学院生物医学工程研究所承担的“眼科超声生物显微镜的研究与开发”项目,成功地解决了一项医疗器械的关键技术研究并完成了其产品的开发任务,填补了中国在甚高频超声成像领域的空白,实现了眼科超声生物显微镜的国产化。“前列腺疾病治疗仪器的研制”项目获得国家科技部“科学仪器设备改造升级技术开发项目”30万元的资助。正在进行产品化开发、相关工艺设计。“BME-280型白内障超声乳化仪”列入国家重点新产品计划,达到国际同类产品的先进水平。“Union-2000型骨质疏松治疗系统”列入2004年度国家重点新产品计划,在电磁场治疗骨质疏松的方法学研究上取得明显进展,经20多个医院8000多例临床病例验证,疗效确切可靠。

在可持续发展方面,通过大力开展资源节约综合利用,提高资源利用效率,推动循环经济发展,依法推行清洁生产,加快工业污染从末端治理向源头预防的转变,走出了一条资源消耗低、环境污染少、经济和环境协调统一的新型工业化道路。国家统计局最新公布的全国社会发展综合评价结果显示,天津市社会发展综合评价总指数分值为125.3分,比全国平均水平高出37.57分,在31个省、自治区、直辖市中连续11年位居全国第三。

(市科委社会发展科技处)

火炬计划

【项目简况】 2004年火炬计划在研项目61项,其中当年新增24项。总经费4.3亿元,其中市财政资助100万元,自筹3.26亿元,贷款1.03亿元。项目涉及电子信息、先进制造技术、新材料、新能源与高效节能、生物医药、环保等高新技术领域。项目承担单位52家,其中企业42家,科研院所8家,高校2家。项目参加人员240人,其中高级职称60人,中级职称95人。

(市科委高新技术处)

【项目进展】 项目总体进展顺利，已有12个项目通过验收结题，一些项目正在进行产业化。天津立林石油机械有限公司承担的“螺杆钻具”项目采用新定子橡胶配方，改进了混炼胶工艺，已完成合同规定的各项指标要求，达到年产螺杆钻具2000套的生产能力，产品已在大庆、胜利、辽河等油田广泛使用，2004年实现销售收入6000万元，利税2000万元。天津市阿斯米机械制造安装工程有限公司承担的国家级火炬计划项目“负压邻炉输粉”，通过工艺改进，解决了批量生产中的技术难题，已广泛用于大庆、新疆独山子等石化行业热电厂。

（市科委高新技术处）

【成果和成效】 2004年市财政对火炬计划资助100万元，吸引金融资本投入10.3亿元，政府科技投入拉动金融部门投入的比例为1:103，政府对科技的投入真正起到了杠杆的拉动作用。

在火炬计划的大力支持下，天津市高新技术产品的开发研究和产业化得到迅速发展，形成了一批拥有自主知识产权的高新技术产品。如复方丹参滴丸、养血醒脑颗粒、柴胡滴丸等产品，在国内外具有很强的竞争优势。另外，藿香正气软胶囊、速效救心丸等中药品种处于国际领先水平；阅读不耗电电子书、应用软件等出口日本；采油微生物、巴豆酸、大楼清洗机、方型锂离子蓄电池、高容量镍氢电池、新型化纤油剂、智能识别自动售货机、乘用/轻卡子午线轮胎成型机等火炬计划项目均已形成产业规模，且占有一定的市场份额。

通过承担国家和地方火炬计划，培育形成了一批高新技术企业，有力地促进了高新技术企业的规模化、集团化发展。天津南开戈德集团公司、天大天财股份有限公司、力神电池有限公司、天士力制药股份有限公司、天津环保产业集团股份公司等30多家企业成为产值超亿元的高新技术企业或企业集团，其中7家企业被评为国家火炬计划重点高新技术企业。

火炬计划的实施，加速了用高新技术改造传统产业的步伐。天津大港鹏翎胶管股份有限公司是民营汽车零部件生产企业，自承担国家级火炬计划项目后，投资1800万元，用于扩大厂房、购置设备及生产线和技术开发，研制的新型汽车空调胶管的技术水平和质量达到德国大众公司标准，并为上海大众桑塔纳、南京依维柯、一汽大众捷达等车型配套，仅2004年1~9月份实现销售收入3800万元，利税1000万元。

（市科委高新技术处）

星火计划

【项目简况】 2004年在研星火计划项目112项，其中国家级28项，市级84项；当年新增40项，结转72项。项目主要涉及农副产品加工、农村资源综合利用与环境保护、农业高效种植和养殖等领域。投入资金6.61亿元，其中自筹资金3.64亿元，银行贷款2.97亿元，获得国家科技部资金支持80万元。项目承担单位126家，参加人员924人，其中高级职称121人，中级职称323人。

（市科委农村科技处）

【项目进展】 2004年，天津市围绕“科技服务三农，全面建设小康社会”的战略方针，组织开展了第一批国家星火计划农民科技培训星火学校和国家星火计划农村科技服务体系建设示范单位的评价和培育工作，确定了天津市首批农民科技培训星火学校和农村科技服务体系建设示范单位，并通过了国家科技部的备案和认定。

成立了“百万农民创业能力星火科技培训工程”项目协调小组，制定了分级实施的行动计划，并通过组织对全市农业发展现状和农民科技素质状况的调研，确定了培训工程实施的方案和工作进度安排。

（市科委农村科技处）

【成果和成效】 星火计划的实施，共申请专利10项，授权专利8项，其中发明专利3项，2项成果获得天津市科技进步奖。共实现新增产值9.01亿元，新增利税2.99亿元，节创汇1467万美元。“兽用中药颗粒剂系列产品开发与应用”项目得到国家农业成果转化资金支持。

发挥区域性支柱产业优势，培育星火技术密集区，带动了农村科技和经济的发展。通过星火计划项目的实施，西青区中北镇、大港区中塘镇、北辰双街镇3个国家级星火技术密集区开创了科技创新新局面，提高了科技创新能力，增加了农民收入。到2004年底，这3个密集区产值达70.1亿元，利税11亿元，人均收入超过万元。

建立完善了天津市农村科技服务体系和农民培

训体系。天津市第一批认定的国家星火计划农民科技培训星火学校有25所,以星火科技专家大院模式、龙头企业技术创新中心、农村专业技术协会、农村区域科技成果转化中心、农村信息化基地等五类中介机构为主体的国家星火计划农村科技服务体系建设示范单位有31家。

实施百万农民创业能力星火科技培训工程,受到农民的广泛好评。静海县、宝坻区等培训示范点效果明显,其中静海县针对沿庄地区鞭炮生产业取缔后农民就业难的问题,举办各类农民实用技术培训班18期,培训农民3000余人,将1728册农业实用技术丛书、100张农业实用技术光盘、1000份农业科技明白纸无偿赠送给农民。科技人员还针对奶牛养殖、无公害蔬菜生产、水产养殖等发展势头强劲的产业,深入到农户进行现场指导,全镇2004年新增养殖户180户,新增存栏7000头。

(市科委农村科技处)

科技成果推广计划

【项目简况】 2004年科技成果推广计划在研项目32项,其中新增9项,结转23项。投入经费5428万元,其中市财政资助554万元,吸引社会资金4874万元。项目主要由大学、科研院所和推广中心等承担。项目参加人员283人,其中高级职称70人、中级职称99人。

(市科委科技成果与技术市场处)

【项目进展】 2004年有4个项目通过验收结题,其余项目正在如期进行。《高浓缩倍率工业冷却水处理技术及智能化在线(远程)监控系统推广应用》项目已在10家企业推广应用,建立了2个高浓缩倍数水处理技术示范工程,申请国家发明专利1项,在实施推广技术的基础上,带动了相关产品的产业化,实现利税185万元。"耐溶锌腐蚀材料及热镀锌内加热技术的推广应用"项目,已成功在宝钢的两条引进生产线上实施了该项内加热技术,并向美国出口镀锌炉1台。

天津市在现有5个国家级科技成果推广中心和数十个行业技术推广中心的基础上,开始筹建3个市级科技成果推广中心——城市环境空气污染防治技术推广中心、配电网系统规划及自动化技术推广中心、纺织应用品化学技术推广中心,初步形成了三个层次的科技成果推广中心网络。

(市科委科技成果与技术市场处)

【成果和成效】 2004年科技成果推广计划的实施,发表论文65篇,其中在国外刊物发表4篇,被三大检索系统收录6篇;申请专利10项,其中发明专利6项,授权专利5项,其中发明专利1项。科技成果推广计划的实施,实现销售收入30398万元,利润4284万元,上缴税金4771万元,技术性收入1027万元,建立科技成果推广示范点12个。

(市科委科技成果与技术市场处)

国际科技合作计划

【项目简况】 2004年国际科技合作计划在研项目27项,其中新增19项。投入经费1413万元,其中市财政资助221万元,吸引社会资金1192万元。项目承担单位12家,其中高校4家,科研院所4家,企业2家。项目参加人员65人,其中高级职称43人,中级职称7人。

(市科委国际科技合作处)

【项目进展】 在研项目进展顺利,4个项目通过了结题验收。中国医学科学院血液学研究所与法国合作完成的"血液血管干细胞生物学特性及其生长调控研究"项目,率先提出并开展了动员后的外周干细胞移植治疗肢体缺血性疾病的研究,疗效与国外的骨髓移植疗法相近,且适宜更多种类病员。南开大学承担的"新型硅基薄膜太阳能电池大面积低成本技术研究"项目,在国际科技合作中将外方技术特色与中方工艺特色相结合,设计了具有国际先进水平的薄膜光伏电池研究平台,研制的硅基薄膜电池技术指标达到国际先进水平。通过"沙门氏菌鉴定用基因芯片的研制"、"致病肠道细菌—志贺氏菌检测基因芯片的研制"和"致病菌快速检测方法"3个项目的国际科技合作,建立了与世界一流水平同步的生物学信息平台,并研制出第一代志贺氏菌检测芯片样品,成为世界上首个可以对一个属中各个菌株进行鉴定的芯片。

(市科委国际科技合作处)

【成果和成效】 国际科技合作计划项目的实施,共发表论文96篇,其中在国外刊物发表19篇,被SCI、

EI、ISTP三大检索系统收录30篇；申请专利25项，其中发明专利21项，授权专利6项，其中发明专利3项；培养博士后4人、博士26人、硕士29人。通过实施国际科技合作计划项目，内外结合，引进智力和技术，优势互补，大大推进了重点项目的进度，加快了科技产业化项目的进程，提高了天津市的国际学术地位。

（市科委国际科技合作处）

国家科技型中小企业技术创新基金项目

【项目申报和立项情况】 天津市共有500多家企业正式申报了国家科技型中小企业技术创新基金，积极参与和咨询的企业达3000余家，其中81家企业的83个项目获得创新基金资助，共获得5434万元的资金支持。获得支持的81家企业中，以博士和硕士领办的企业和高新技术企业为主；获得支持的83个项目中，光机电一体化领域占近1/3，电子信息、新材料和生物医药领域次之。

另外，在国家科技部2003年推出的“创新基金小额资助项目试点”工作中，天津市国际创业中心成为全国首批16个创业中心试点依托单位之一，连续两年获得创新基金270万元无偿资助，并成为国内仅有的几家足额使用小额资助的试点单位之一。

（市科委综合计划处）

【成果和成效】 在国家科技型中小企业技术创新基金的支持下，天津市许多中小企业逐渐成长为国内一流企业，其技术领先程度远远超过国内同行业，促成了一批新兴产业的兴起，带动了一批知名企业的快速成长，并使之逐渐向集群化发展。创新基金增强了企业的科技创新意识，提高并改善了天津市科技型中小企业的创新活动方式、途径和效率。创新基金深化了天津市中小企业规范化、制度化的管理模式以及市场化的发展观念，加强了其技术创新的实力，引导企业加大了科研开发的投入，带动了企业新产品的研发工作，缩短了新产品研发周期，使企业更好地适应了快速变化的市场，增加了经济效益。创新基金已经成为科技型中小企业实施技术创新工程的重要推动力，为科技型中小企业培养了一支懂市场、善管理、会经营的企业家队伍，一支从单纯科研型转为科研开发型的科技人才队伍，一支对科研开发、企业管理和市场经营有了更深理解的科技中介人才和项目管理人才队伍。

（市科委综合计划处）

国家重点新产品计划

【项目申报和立项情况】 2004年天津市共申报新产品项目81项，报送国家46项，38个项目列入2004年国家重点新产品计划，占报送项目的82.6%，高出全国平均水平18个百分点。这38个国家重点新产品项目，涵盖了天津市高新技术产业发展的重点领域，项目的技术水平不断提高。

从项目来源看，来源于国家计划的有8项，占总数的21.1%；来源于国家部门计划的有3项，占总数的7.9%；来源于市级计划的有5项，占总数的13.2%。

从经费资助情况看，38个项目中，有15个重点项目得到国家财政经费支持，占列入计划项目的39.5%，高出全国平均水平7个百分点。经费资助总额为320万元。

（市科委综合计划处）

【成果和成效】 据统计，天津市列入2004年国家重点新产品计划的项目，至批量生产时的总投资达到2.3亿元，比2003年增长了177%。2003年实现销售收入5.4亿元，利润8623万元，上缴增值税4182万元，出口创汇381万美元；2004年实现销售收入19.8亿元，利润1.7亿元，上缴增值税6853万元，出口创汇1573万美元。

（市科委综合计划处）

工业重点技术改造项目贴息资金

【项目安排和经费投入】 2001~2003年市科委共安排工业重点技术改造贴息资金项目27项，贴息经费1656万元，全部项目建成后将实现年销售收入22.6亿元，利税5.5亿元。2003年市科委将科技企业（产业）孵化器建设项目纳入技改贴息资金项目支持范围，重点支持了天津大学高新技术产业园区建设和骨干企业的发展。

（市科委综合计划处）

【项目进展】 2003年支持的12个工业重点技术改造

贴息资金项目中,已有6个项目基本完成。其中天津大学高新技术产业园区已有入驻企业5家。"高性能金属氢化物镍电池电极产业化"项目,已开发出系列Ni/MH电池,其中Sc2800mAhNi/MH电池已累计生产1000万只,出口到美国等国家,并销售至中国台湾和香港地区。

（市科委综合计划处）

【成果和成效】 工业重点技术改造贴息资金项目的实施,一是调动了企业技术改造的积极性,引导了企业技术改造的方向,增强了银行对重点技术改造项目支持的信心和贷款的力度,带动了社会资金对技术改造的投入,显现了投资拉动效应;二是提高了一批对国民经济有重大战略作用的国有及国有控股企业的技术装备水平,增强了少数关键企业参与国际竞争的能力;三是重点企业、重点产品在立足国内生产的基础上,不断扩大出口,提高了国内外市场的占有率。

（市科委综合计划处）

国家农业科技成果转化资金项目

【项目简况】 国家科技部、国家财政部自2001年开始每年从中小企业创新基金中拿出部分经费,建立农业科技成果转化资金。根据国家科技部和国家财政部要求,天津市科委农村处和市财政局农财处共同负责天津市对国家农业科技成果转化资金项目的推荐、监理和验收等管理工作。至2004年,天津市共向国家科技部推荐农业科技成果优势项目94项,其中有32个项目列入国家农业科技成果转化资金项目计划,共获得国家拨款1730万元。在农业科技成果转化资金项目的管理上,从项目的申报、监理、验收都是在计算机管理软件系统上进行。至2004年底,已完成2001年和2002年共19个农业科技成果优势项目的验收工作,其他项目进展顺利。

科技成果管理与奖励

科技成果管理

【科技成果登记】 2004年,天津市科委加强了对全市5个科技成果登记点的组织管理工作,通过多种渠道和采取多种方式,保证了科技成果登记工作的质量和数量。2004年天津市科技成果登记工作的主要特点:一是成果登记资源挖掘充分,登记数量多,全年共登记科技成果1408项;二是通过细致的工作,保证了一大批高水平的科技成果进行登记,并获得市级和国家级科技成果奖励;三是登记的科技成果行业广、范围大。2004年,科技成果登记工作的主要做法:一是统一思想,不断提高对科技成果登记工作的认识;二是相互促进,加强科技成果登记工作与其他各项工作相结合;三是集思广益,广泛挖掘成果资源。为方便成果完成人和项目组进行登记,设立了5个科技成果登记点,分别是:天津市高新技术成果转化中心、天津市卫生局、天津市知识产权局、南开大学、天津大学。

（市科委科技成果与技术市场处）

【科技奖励】 2004年,市科委顺利完成2003年度天津市科学技术奖励工作。2003年度天津市科学技术奖共有218项获奖。评出科技重大成就奖1项;自然科学奖、技术发明奖和科技进步奖217项,其中一等奖14项、二等奖62项、三等奖141项。2003年度天津市科学技术奖获奖项目的主要特点:一是获奖成果取得了显著的经济效益。在获奖项目中,有206项成果已应用,应用率达94.5%,近3年累计实现新增利润43亿元,上缴税金14.5亿元,节支11亿元。二是企业获奖数量逐步提高。在218项获奖项目中,企业获奖成果82项,占全部获奖项目的37.6%。三是获奖成果水平高。在获奖成果中,一等奖占总数的6.4%,二等奖占总数的28.4%。在一等奖获奖项目中,有3项自然科学奖、2项技术发明奖和9项科技进步奖,尤其是在2003年度有3项成果获得国家自然科学二等奖,占同期全部获奖数量的1/6。

中共天津市委、市政府高度重视科技奖励工作。2004年12月30日,天津市科学技术奖励座谈会在迎宾馆召开。中共中央政治局委员、天津市委书记张立昌,市委副书记、市长戴相龙,市委副书记房凤友、宋平顺、刘胜玉、黄兴国,市委常委王文华、陈超英,副市长杨栋梁等出席座谈会。市委副书记邢元敏主持会议。出席座谈会的还有市委、市政府、市人大、市政协和有关部门的主要负责人及部分在津两院院士、科学技术奖获奖代表共60余人。

科技奖励工作更加规范,做到了公开、公平、公正。在2002年和2003年两个年度的获奖项目公示期内,没有收到一份实质性异议。在科技奖励工作中，天津市加强了与国家科技奖励办公室的沟通和联系。2004年2月,国家科技奖励办公室在津召开“科技奖励工作研讨会”,国家科技奖励办主任陈传宏,副主任侯淑珍、胡小军等30余人参加了研讨会。为充分展示天津市科技奖励工作和获奖项目,2004年初,在《天津科技》上制作了科技奖励专刊，重点宣传了全市历年的科技奖励获奖项目。2004年11月,与中国科技奖励杂志社合作,在《中国科技奖励》上制作了《天津专刊》,重点宣传了天津市历年获国家科技奖的项目、单位和人员,起到了很好的效果。

（市科委科技成果与技术市场处）

【科技成果推广】 经天津市推荐,有9个项目获得批准列入2004年度国家科技成果推广计划,其中“软土地基加固及土地资源再生新技术”、“铁基耐液锌腐蚀材料的研究及其在热镀锌工业中的应用”两个项目获得国家科技部拨款资助55万元。2004年度安排实施天津市科技成果推广计划9项。为加速科技成果转化，天津市批准筹建了6家科技成果推广中心,并取得良好的推广效果。天津市纺织品应用化学技术推广中心在北京、天津、河北、浙江、山东、内蒙等地成功推广纺织品应用化学技术，实现销售收入2800万元,利税425万元。天津市配电系统规划及自动化技术推广中心推广适应国内城市电网发展建设要求的决策支持系统，已成功应用于国内3个直辖市、香港特别行政区和19个省的61个城市和地区的150余项电网规划与评估工程项目,通过合理规划,节约了投资成本，在规划期内给用户带来的直接经济效益累计28.61亿元。天津市城市环境空气污染防治技术推广中心推广对城市空气颗粒物源解析及污染防治技术，并于2004年10月获得批准成立了城市空气颗粒物源解析及污染防治国家环境保护重点实验室。

（市科委科技成果与技术市场处）

【技术市场】 2004年全市共登记统计各类技术合同8002项,成交技术合同总金额45.03亿元,比上年分别增长了9.95%和7.21%。首次对技术交易活跃单位、重大成交项目进行了表彰和奖励，共奖励了10个技术交易活跃单位和10名技术市场工作先进个人及10个重大成交项目。对近3年技术合同实施情况,包括技术开发、技术转让、技术服务、技术咨询等实施情况及产生的经济、社会效益开展了跟踪调查。加强了对天津市及外省市技术市场工作的调查研究，围绕技术市场政策、鼓励支持措施、网上技术市场、技术合同认定登记、技术交易流程及技术市场条例修订等情况进行了调研。加强了政策协调,简化了技术合同审批程序。规定技术合同额在600万元以下的直接由登记机构认定即可免税,使审批更加便捷。在优惠政策落实方面,对从事技术咨询、技术服务的科技服务机构所申报的个人会员进行了严格审核，共有17个单位的3902人被确认为个人会员，可享受税收优惠政策。加大了对区县科委和企业的培训力度,举办了7期技术市场经营与管理培训班及技术经纪人培训班,有308人经考核合格,取得了技术经纪人资格证。

（市科委科技成果与技术市场处）

国家级科技奖励

【获奖简况】 天津市有14项科技成果获得2003年度国家科学技术奖,其中自然科学奖3项,科学技术进步奖11项。

（市科委科技成果与技术市场处）

【2003年度国家自然科学奖】 天津市3项科技成果获得2003年度国家自然科学奖,均为二等奖,详见表10。

表10 天津市获2003年度国家自然科学奖项目

项目编号	项目名称	主要完成人、主要完成单位	奖种和等级
Z-103-2-03	分子磁性的基础研究	瘳代正 王耕霖 姜宗慧 阎巨平 程 鹏	自然科学二等奖
Z-105-2-02	中国主要植物染色体研究	陈瑞阳 宋文芹 李秀兰 李懋学 林盛华 梁国鲁	自然科学二等奖
Z-109-2-01	复杂非线性系统的动力学理论与应用	陈予恕 陆启超 褚福磊 徐健学 吴志强	自然科学二等奖

（市科委科技成果与技术市场处）

【2003年度国家科学技术奖】 天津市11项科技成果获得2003年度国家科学技术进步奖,其中一等奖1项,二等奖10项,详见表11。

表11 天津市获2003年度国家科学技术进步奖项目

项目编号	项目名称	主要完成人、主要完成单位	奖种和等级
J-221-1-01	秦岭特长铁路隧道修建技术	铁道第一勘察设计院 中国铁路工程总公司 中国铁道建筑总公司 中铁隧道集团有限公司 中铁十八局集团有限公司中铁一局集团有限公司 铁道科学研究院 中铁西南科学研究院 西南交通大学 石家庄铁道学院	科学技术进步一等奖
J-221-2-01	中低焓地热工程建设技术	何满潮 李春华 朱家玲 徐能雄 姚磊华 张百鸣 刘 斌 张 伟 王 坤 景海河 天津大学 中国地质大学(北京) 天津市地热管理处天津地热勘查开发设计院 黑龙江科技学院	科学技术进步二等奖
J-234-2-03	通里攻下法在腹部外科疾病中的应用与基础研究	吴咸中 崔乃强 何清宇 田在善 林秀珍 杨文修 齐清会 伍孝先 解基良 郭世铎 天津市中西医结合急腹症研究所 天津医科大学基础医学院 南开大学 天津医科大学总医院	科学技术进步二等奖
J-214-2-01	新型干法水泥生产关键技术与装备开发及工程化应用	刘志江 侯宝荣 宋寿顺 郭文叁 胡芝娟 陈庆十 余 彪 狄东仁 林修文 隋明洁 天津水泥工业设计研究院	科学技术进步二等奖
J-210-2-14	煤层气勘探技术研究与试验	赵庆波 吴国干 李景明 李五忠 张建博 王红岩 姚 超 李安启 单文文 李文阳 中国石油勘探开发科学研究院廊坊分院 华北石油管理局 中国石油长庆油田公司勘探开发研究院 大港油田集团钻采工艺研究院	科学技术进步二等奖
J-219-2-03	数字高清晰度电视系统关键技术与设备	张文军 郭 柯 杨 杰 方向忠 孙 军 余松煜 王 匡 李 华 葛建华 卢江浩 上海交通大学 浙江大学 天津大学 西安电子科技大学 北京北广电子集团有限责任公司 国家广电总局广播科学研究院 中国电子科技集团公司电子科学研究院	科学技术进步二等奖
J-220-2-10	资源环境、区域经济空间信息共享应用网络	阎守邕 徐 枫 曾 澜 陈宣庆 王世新 庄大方 李浩川 陈蓓玉 王庆杰 杨丽沛 中国科学院遥感应用研究所 国家信息中心 国家计委宏观经济研究院信息咨询中心 中国水利水电科学研究院 国家林业部信息中心 国土资源部信息中心 国家海洋信息中心	科学技术进步二等奖
J-22l-2-05	钢筋混凝土多层及高层异形柱框架结构成套技术	曹万林 曹泽润 霍 达 魏文湘 吴建有 胡国振 周明杰 郝春森 王绍英 曲英华 河北工业大学 北京工业大学 天津市轻工业设计院	科学技术进步二等奖
J-223-2-03	公路工程灾害预防与治理综合技术研究及工程应用	王松根 高永涛 田鲁泉 马 飞 张玉宏 吴顺川 王春江 王金安 姚惠发 杨绍波 山东省交通厅公路局 北京科技大学 洛阳至三门峡高速公路建设指挥部 中铁十八局集团有限公司 山西祁临高速公路有限责任公司	科学技术进步二等奖
J-235-2-05	镧系元素时间分辨荧光分析技术及仪器的配套研究	韩 玲 吴冠英 李振甲 陈 杞 赵启仁 戴长生 李美佳 唐晓燕 陈泮藻 游冬青 解放军第二军医大学 上海新波生物技术有限公司 解放军总医院 中国医学科学院放射医学研究所	科学技术进步二等奖
J-221-2-02	海洋平台结构检测维修、安全评定与实时监测系统	欧进萍 张兴才 员彩芬 肖仪清 程保荣 陈国明 王全增 顾永宁 赵 强 牛世广 哈尔滨工业大学 中海石油(中国)有限公司天津分公司 海洋石汕工程股份有限公司维修分公司 清华大学 石油大学(华东) 大连理工大学 上海交通大学	科学技术进步二等奖

（市科委科技成果与技术市场处）

市级科技奖励

【获奖简况】 2003年度天津市科学技术奖共受理329项，经形式审查、专业组评审、评审委员会评审和市科委主任办公会审核，报天津市人民政府批准，共有218项获奖。评出科技重大成就奖1项；市自然科学奖、技术发明奖和科学技术进步奖217项，其中一等奖14项、二等奖62项、三等奖141项。

（市科委科技成果与技术市场处）

【2003年度天津市科学技术重大成就奖】 天津大学教授余国琮获2003年度天津市科学技术重大成就奖，获得50万元奖金。

（市科委科技成果与技术市场处）

【2003年度天津市自然科学一等奖】 3项科技成果获2003年度天津市自然科学一等奖，详见表12。

表12 2003年度天津市自然科学一等奖

奖励编号	项目名称	获奖单位	获奖人
2003ZR-1-001	湍流及其控制	天津大学	周　恒　罗纪生　姜　楠　舒　玮　曹　伟
2003ZR-1-002	Seiberg-Witten 理论与四维拓扑	南开大学	方复全
2003ZR-1-003	蛋白质分离复性方法和理论研究	天津大学	孙　彦　董晓燕　白　姝　史清洪　甘一如

（市科委科技成果与技术市场处）

【2003年度天津市自然科学二等奖】 10项科技成果获2003年度天津市自然科学二等奖，详见表13。

表13 2003年度天津市自然科学二等奖

奖励编号	项目名称	获奖单位	获奖人
2003ZR-2-004	“自由基-金属”配合物及多自旋体系的基础研究	南开大学	姜宗慧　阎世平　赵琦华
2003ZR-2-005	光互连及其检测技术的理论与实验研究	天津大学	井文才　张以谟　周　革　刘铁根　刘文耀　唐　锋　李海峰　张红霞
2003ZR-2-006	分叉、混沌理论及其应用	天津大学北京工业大学石家庄铁道学院	王洪礼　张　伟　杨绍普　张琪昌　苏文利　竺致文　沈　菲　胡　斌
2003ZR-2-007	富勒烯化学的理论研究	南开大学	赵学庄　尚贞锋　潘荫明　王贵昌
2003ZR-2-008	金属氢化物-镍电池关键材料研究	南开大学	高学平　阎　杰　王先友　周　震　刘　剑　叶世海　宋德瑛
2003ZR-2-009	稳健阵列信号处理新方法及其应用	中国民用航空学院西北工业大学	吴仁彪　苏志刚　马远良　韩　萍
2003ZR-2-010	高性能纤维结构与性能研究	天津工业大学	肖长发　张宇峰　安树林　贾广霞　吴世臻
2003ZR-2-011	介入性血管内药物和基因的靶向投递和控释体系	中国医学科学院生物医学工程研究所 中国医学科学院北京协和医院	宋存先　杨　菁　孙洪范　朱文玲　崔秀敏
2003ZR-2-012	恶性肿瘤抗血管新生治疗新方法	中国医学科学院血液学研究所 泰达生命科学技术研究中心	韩忠朝　李妍涵　何　睿　丁顺利　刘　澎　徐　斌　杨仁池　吴立华
2003ZR-2-013	非晶硅(a-Si)基薄膜功能集成器件和技术的研究	南开大学	熊绍珍　赵　颖　吴春亚　孟志国　代永平　张延忻　王宗畔　耿新华

（市科委科技成果与技术市场处）

【2003年度天津市自然科学三等奖】 4项科技成果获2003年度天津市自然科学二等奖，详见表14。

表14 2003年度天津市自然科学三等奖

奖励编号	项目名称	获奖单位	获奖人
2003ZR-3-014	大型发电机组机电耦联与磁固耦合振动问题研究	天津大学	邱家俊 杨志安 李文兰 牛西泽 邱 宇
2003ZR-3-015	钴基纳米金属多层膜的微结构与磁性研究	天津大学	姜恩永 吴 萍 白海力 王合英 王存达
2003ZR-3-016	低维 SiC 材料的制备及相关性质研究	天津理工学院	刘技文 谢仿卿
2003ZR-3-017	一种基于离散/小波变换的医学影像信息传输算法设计	天津医科大学	康晓东

（市科委科技成果与技术市场处）

【2003年度天津市技术发明一等奖】 2项科技成果获2003年度天津市技术发明一等奖，详见表15。

表15 2003年度天津市技术发明一等奖

奖励编号	项目名称	获奖单位	获奖人
2003EM-1-001	光纤光栅传感技术与应用	南开大学	董孝义 开桂云 袁树忠 张伟刚 盛秋琴 刘志国
2003EM-1-002	变截面三维多向纺织技术	天津工业大学	李嘉禄 陈 利 焦亚男 陈光伟 吴晓青 张国利 余 勤 陈 迎 周 清 李学明

（市科委科技成果与技术市场处）

【2003年度天津市技术发明二等奖】 1项科技成果获2003年度天津市技术发明二等奖，详见表16。

表16 2003年度天津市技术发明二等奖

奖励编号	项目名称	获奖单位	获奖人
2003FM-2-003	金刚石薄膜压力和温度传感器研制	天津理工学院	常 明 杨保和 曲长庆 潘 鹏

（市科委科技成果与技术市场处）

【2003年度天津市技术发明三等奖】 2项科技成果获2003年度天津市技术发明三等奖，详见表17。

表17 2003年度天津市技术发明三等奖

奖励编号	项目名称	获奖单位	获奖人
2003FM-3-004	高弯曲弹性回复性共聚酯纤维的研制	天津石油化工公司研究院	杨瑞玲 黄象安 李文刚 马国玉 陆建忠
2003FM-3-005	粮食聚烯烃基保鲜膜的研制与应用	国家农产品保鲜工程技术研究中心(天津)	李喜宏 陈 丽 胡云峰 关文强 邢福保

（市科委科技成果与技术市场处）

【2003年度天津市科学技术进步一等奖】 9项科技成果获2003年度天津市科学技术进步一等奖,详见表18。

表18 2003年度天津市科学技术进步一等奖

奖励编号	项目名称	获奖单位	获奖人
2003JB-1-001	高效圆坯连铸机研制	天津钢管有限责任公司 东北大学 钢铁研究总院	宋嘉鹏 朱苗勇 姜桂连 胡坤太 李广田 张再斌 张兴中 杜成武 安士亮 杨玉兵 郑学然 郑淑国
2003JB-1-002	新建铁路客运专线路基设计技术研究	铁道第三勘察设计院	屈晓辉 崔俊杰 宋绪国 彭泽仁 崔维孝 常杰峰 吴连海 刘远锋 杨明雨 郭绍影 荆志东 崔尚彦
2003JB-1-003	新型立体传质塔板开发应用	河北工业大学	李春利 李柏春 刘继东 吕建华 张文林 杨振生 王志英 于文奎 王福宽 宋志英 王志生 陈华艳
2003JB-1-004	多段塞复合凝胶体系调驱技术研究与配套应用	中国石油大港油田油气勘探开发技术研究中心	陈美华 张生富 文先哲 胡 静 吴国会 杜树勋 王学民 陆 斌 胡洪亮 李雅光
2003JB-1-005	高效精馏塔技术及应用	天津大学	余国琮 张鹏飞 许春建 朱慧铭 李凭力 田华明 周 明 袁希钢 杨志才 冯惠生 崔现宝 俞旭峰
2003JB-1-006	药物动力学数学模型与新药的药物动力学研究	天津药物研究院	刘昌孝 刘定远 魏广力 李全胜 肖淑华 黄玉荣 顾以保 高连用 余志凌 陆 榕 高 晶 只德广
2003JB-1-007	天津港十万吨级航道、港池、泊位适航水深应用与维护措施研究	天津港(集团)有限公司	黄力军 丁乃庆 刘富强 钱平生 胡 宁 张建国 孙建鹏 王承刚 李宝元 余厚新 周宇辉 李长茂
2003JB-1-008	“津雪 88”菜花新品种推广	天津科润农业科技股份有限公司	孙德岭 方文惠 赵前程 张宝珍 孙立全 赵宗武 蔡荣旗 李素文
2003JB-1-009	脐带血造血干细胞库的建设和相关技术研究	中国医学科学院血液学研究所 协和干细胞基因工程有限公司	韩忠朝 邱录贵 韩俊领 陆 敏 李 茜 闫凤英 应红光 肖志坚 杨丛林 宋开宇 赵英新 梁晓岚

(市科委科技成果与技术市场处)

【2003年度天津市科学技术进步二等奖】 51项科技成果获2003年度天津市科学技术进步二等奖，详见表19。

表19 2003年度天津市科学技术进步二等奖

奖励编号	项目名称	获奖单位	获奖人
2003JB-2-010	急性脑创伤后迟发性神经元死亡分子机制的研究及其治疗方法	天津医科大学总医院	杨树源 杨新宇 雪 亮 张建宁 白景文 于士柱 张庆瑜 胡 震
2003JB-2-011	天津电力客户服务系统	中国华北电力集团公司天津市电力公司	胡玉海 刘学智 王志刚 韩 强 刘 勇 陈风辉 金生明 周一路
2003JB-2-012	智能化农业信息技术应用示范工程	天津市农业技术推广站 天津市科润农业科技股份有限公司黄瓜研究所 天津市农业科学院信息研究所 天津市气象科学研究所 天津市农业信息中心	刘克祥 崔洪宇 田云臣 李 杰 郑爱军 隋 华 黎贞发 仇家山
2003JB-2-013	高浓缩倍率工业冷却水处理技术及智能化在线（远程）监控系统	天津化工研究设计院	郑书忠 彭树森 程 峰 孙元杰 王恩祥 郭亚新 聂常明 李俊文
2003JB-2-014	复杂地质条件下特大断面导流隧洞综合施工技术	中铁十八局集团有限公司	张璠琦 李生宏 崔连友 苏 睿 张 勇 宫志群 孟祥义 刘金良
2003JB-2-015	特长输水隧洞群贯通测量技术研究与实践	水利部天津水利水电勘测设计研究院	伍志刚 王卫国 张国良 王庆玉 白玉春 丁浩清 曹催晨 李江深
2003JB-2-016	红葡萄酒稳定性的技术研究	中法合营王朝葡萄酿酒有限公司	王树生 张春娅 尹吉泰 王 方 刘建华 李 巍 吴 军 邢 凯
2003JB-2-017	KZJ-系列全数字（防爆、高压）型交流电动机软起动器	河北工业大学 天津开发区正泰电器有限公司	刘子胥 张福民 凌跃胜 刘宏勋 杜 江 李双会 王利辉 权 全
2003JB-2-018	固相有机合成载体树脂	天津南开和成科技有限公司 南开大学	史作清 路延龄 范云鸽 施荣富 阎虎生 马玉新 丁 杰 杨益忠
2003JB-2-019	电子海图显示信息系统	中国船舶重工集团公司第七〇七研究所	杨功流 陈超英 何河通 张崇锰 谢 英 王夙歆 宁作福 侯全新
2003JB-2-020	凝析油气藏可采储量标定方法及开发后期提高采收率研究	中国石油大港油田油气勘探开发技术研究中心 中国石油大港油田第八采油作业区	何 鲜 刘树明 杨广荣 安振月 李国江 余元洲 李庆国 马 乔
2003JB-2-021	气调贮藏设备技术开发	天津市森罗科技发展有限责任公司	郭晓光 宋传铭 李百荣 管大勇 刘吟笙 张子剑 邓映峰 顾传庆

续表 19

奖励编号	项目名称	获奖单位	获奖人
2003JB-2-022	针刺治疗老年期痴呆的临床及基础研究	天津中医学院第一附属医院	石学敏 韩景献 李 平 王 舒 刘庆忠 来丽萍 樊小农 于建春
2003JB-2-023	天津房地产系统分析与应用研究	天津大学 天津市建设管理委员会	赵黎明 刘翠乔 李 波 王文红 徐青青 全怀周 欧阳效辉 孔繁昌
2003JB-2-024	数控 YAG 激光焊接机	天津大学	张国顺 李荷芬 任志华 孙攀峰 张 健 黄复清 许宝忠 李 梅
2003JB-2-025	供电企业经营管理决策支持系统	天津市电力公司西青供电分公司	安德洪 王立春 马义秀 李慧清 孙树和 李德民 李 鹏 陈朝霞
2003JB-2-026	津优黄瓜新品种推广	天津科润农业科技股份有限公司	王艳飞 李怀智 孟攀奇 孙玉河 付海鹏 陈正武 李 光 赵国云 王 全 杨 森 张庆栋
2003JB-2-027	5ZL165X7Y、5LZ172X7Y 螺杆钻具的研制	大港油田集团中成机械制造有限公司	吴爱民 李明谦 张西江 杨 阳 夏秀文 袁洪涛 王春阳 吴 越
2003JB-2-028	城市智能型防洪减灾决策支持系统研究	天津大学	钟登华 冯 平 阎俊爱 崔广涛 张社荣 刘东海 熊开智 宋 洋
2003JB-2-029	大型汽轮发电机组轴系扭振危害及其控制的研究	天津大学 天津军粮城发电厂	郝志勇 张俊红 高文志 张其显 付鲁华 胡益章 张亚平 郭军华
2003JB-2-030	商务安全支撑平台的研究及其在戈德协同商务办公系统中的应用	南开大学 天津南开大学 戈德防伪技术有限公司	邵秀丽 刘 璟 董轶望 张忠锋 雷建军 延 峰 阎仲璞 阎 东
2003JB-2-031	FA491型粗纱机	天津宏大纺织机械有限公司	陈谷人 祝宪民 高秀满 刘广喜 刘敦平 李向杰 王学俊 冯广轩
2003JB-2-032	免疫调节剂胞肽生物预防畜禽疫病的研究	天津市润拓生物技术有限公司	李守军 鲍恩东 李旭东 梁 武 牛文海 刘爱玲
2003JB-2-033	海洋一号卫星太阳电池阵模拟供电及检测设备	中国电子科技集团公司 第十八研究所	王保平 张文超 李 萍 王 朴 付增英 陈 琳 刘贵庚 赵春阳
2003JB-2-034	海上油田浅层气固井技术的研究与应用	天津中油渤星工程科技股份有限公司 中海油田服务股份有限公司	吕光明 王同有 聂 臻 王永松 王建东 蔡久能 裴 燕 陈宗江
2003JB-2-035	QNY_1G106 碱性蓄电池	中国电子科技集团公司 第十八研究所	檀立新 胡树清 鲁文东 辛宇光 李永利 张越青 周亦龙 刘 娜

续表 19

奖励编号	项目名称	获奖单位	获奖人
2003JB-2-036	MUC1、MUC1/Y 体外修饰 DC 诱导特异性抗肿瘤免疫应答	天津医科大学附属肿瘤医院	郝希山 刘 虹 邵 莹 任秀宝 魏 枫 李 慧 李 峥 张乃宁
2003JB-2-037	高校节水综合示范工程研究	天津大学	张宏伟 朱文亭 邢国平 孙宝盛 田 林 赵新华 杨建江 刘洪波
2003JB-2-038	防水式坚固型计算机	中国船舶重工集团公司第七〇七研究所	张 军 曹 晖 严丽峰 戴 然 耿蔚明 陶婷华 杜建华 王 戈
2003JB-2-039	转炉烟气净化回收与综合利用技术	天津天铁冶金集团有限公司	罗永生 刘玉全 杨廷强 吴作成 宋海旺 闻义才 邢金泉 王振营
2003JB-2-040	高龄焦炉维护技术的研究开发	天津天铁冶金集团有限公司	龙 平 刘超英 平金山 张 平 赵洪武 欧阳中然 林艳敏 哨洪臣
2003JB-2-041	套管内侧钻工艺技术研究与应用	大港油田集团井下作业公司 大港油田集团钻采工艺研究院	郭继岩 胡永雄 贾正发 张 恒 黄德辉 罗永庆 于成水 常 青
2003JB-2-042	大棚膜专用料线型低密度聚乙烯 DFDA-9085	天津石油化工公司乙烯厂	李希宏 吴文清 张 英 寇承杰 李 邦 孙洪霞 韩国栋 赵文胜
2003JB-2-043	无位置传感器永磁无刷直流电机及其微机控制系统	天津大学	夏长亮 史婷娜 王太勇 王 娟 陈 炜 李 斌 郑云祥 文 德
2003JB-2-044	笔记本电脑电池全自动检测线	天津市升茂经贸科技开发中心 摩托罗拉(中国)电子有限公司	陈晓东 张 萌 马庆双 赵希军 刘 悦
2003JB-2-045	重油加水乳化技术的研究与应用	天津大学	张金利 柴 铭 袁 兵 李红梅 王一平 李韦华 李 禄 张东利
2003JB-2-046	现代草坪卷生产及应用推广	天津农垦集团总公司 天津红港绿茵花草有限公司	孙克泰 白智生 李悦生 孙国庆 郭继霞 张传胜 赵 龙 云宝庆 袁爱民 张介亮 卞学龙
2003JB-2-047	熄风胶囊治疗小儿癫痫强直一阵挛性发作的研究	天津中医学院第一附属医院	马 融 李新民 魏小维 张喜莲 杨常泉 熊 杰 孙希焕 刘玉珍
2003JB-2-048	黄樟素加氢合成二氢黄樟素的研究与开发	天津大学	那 平 马新宾 黄宗凉 李良龙 董 勇 赵沧燕 余延栋 马妙玲
2003JB-2-049	层压型专业制卡带胶膜	天津博苑高新材料有限公司	鹿秀山 李增勇 李春刚 敬得发 孙 鹏 牛海梅 武海东 王建强

续表 19

奖励编号	项目名称	获奖单位	获奖人
2003JB-2-050	海水名特优水产品养殖技术推广	天津市水产技术推广站 天津市塘沽区水产局 天津市汉沽区水产技术推广站 天津市大港区水产技术推广站	张　勤　刘宗豹　张学彬 夏德庆　林春友　刘德永 武宝岭　袁金红　蔡　琰 张景增　郭富节
2003JB-2-051	天津地区高层建筑超长结构无缝设计与施工全过程控制研究	中铁十八局集团有限公司 天津大学	顾谓建　张兴彦　李素清 刘海兰　洪　武　刘金林 娄汉国　葛志忠
2003JB-2-052	高纯 2,5 一二甲氧基-4-氯苯胺制备新工艺	天津大学 天津市染料工业研究所	李　铧　王以强　张金利 张允中　方志平　张宝幸 王一平　赵沧燕
2003JB-2-053	成品油销售及测控系统	天津大学 中国石油天然气股份有限公司 华北石化分公司	刘宝坤　张景涛　童　刚 杨立峰　刘存柱　申亚芳 苏文利　余　斌
2003JB-2-054	PY200 大功率平地机	中外建发展股份有限公司	肖红路　许红旗　董志广 刘清华　薛玉玲　曹凤新 石学军　朱德江
2003JB-2-055	腈纶聚合物造粒剂的研制与开发	天津工大高新技术实业公司	郑　帼　刘燕军　周　存 徐进云　魏俊富　孙波泉 姜　虹
2003JB-2-056	职业性放射性疾病诊断标准(总则)及外照射慢性放射病诊断标准研制	中国医学科学院放射医学研究所	姜恩海　陈子齐　贾德林
2003JB-2-057	高档有机颜料红 179 生产工艺	天津理工学院	李绍武　郑嗣华　李梅彤 温同生　于景明　吕金魁 马成先　闫绍柏
2003JB-2-058	三镜联合治疗复杂性肝外胆管结石的临床研究	天津市南开医院	秦鸣放　邹富胜　李　文 王　庆　勾承月　李　宁 杨媛蓉
2003JB-2-059	无公害韭菜基地生产配套技术示范及推广	天津市植物保护研究所	谷希树　白义川　胡学雄 张永田　杨红军　陈俊荣 徐维红　夏金明　魏　军 朱荣芹
2003JB-2-060	非线性动力学在难治性癫痫研究中的应用	天津医科大学	田　心　陈世畯　陶华英 宋毅军　王兆月　宋　莹 耿新玲

（市科委科技成果与技术市场处）

【2003年度天津市科学技术进步三等奖】 135项科技成果获2003年度天津市科学技术进步三等奖，详见表20。

表20　2003年度天津市科学技术进步三等奖

奖励编号	项目名称	获奖单位	获奖人
2003JB-3-061	高杆菠菜(耐盐碱)示范推广	天津农学院	张　磊　王震星　刘玉芹 张学炜　臧凤艳　孙世海 李树和

续表 20

奖励编号	项目名称	获奖单位	获奖人
2003JB-3-062	天然级肉味香精大规模现代化生产技术开发	天津春发香精香料有限公司	邢海鹏　盛新渊　元绍博 张继富
2003JB-3-063	大港油田单井原油常温集输技术研究	天津大港油田集团石油工程有限责任公司 中国石油天然气股份有限公司大港油田公司	周玉贺　王家麒　韩　专 赵志勇　狄　鹏
2003JB-3-064	海洋平台场地土层动力特性评价技术	天津大学 中海油田服务股份有限公司天津分公司	王建华　曲延大　姜　华 程国勇　周杨锐
2003JB-3-065	渠灌区管道输水灌溉节水技术推广	天津市水利局 天津市水利局农田水利处 天津市水利科学研究所	姚慧兰　张贤瑞　万日明 杨万龙　王贵珠　李　桐 李　娟　冯永军
2003JB-3-066	入肝血流不同阻断方法对肝超微结构及肝功能影响的研究	天津医科大学附属肿瘤医院	李　强　郝希山　武　强 马维东　王　昆
2003JB-3-067	铜翅片管超声波自动焊接设备	天津市焊接研究所	周继峰　葛国政　杨振林 王承建　邓　适
2003JB-3-068	针刺对急性脑卒中引发心脏损伤保护作用的临床与实验研究	天津中医学院第一附属医院	傅立新　赵建国　赵　红 高淑红　王伟志
2003JB-3-069	型钢旋喷桩深基坑支护结构的研究	铁道第三勘察设计院 天津大学 天津市笛翔岩土工程科技开发中心	刘永超　刘　畅　马恩海 康志勇　顾晓鲁
2003JB-3-070	光稳定剂中间体己二胺哌啶的合成新工艺	天津大学	陈立功　王东华　李　阳 白国义　闫喜龙
2003JB-3-071	高流动性共聚聚丙烯注塑专用料 TJPP2027	天津石油化工公司乙烯厂	彭树森　张世忠　廖子兵 李世博　张　英
2003JB-3-072	松果体区肿瘤术式改良	天津医科大学总医院	申长虹　岳树源　朱士广 张　川　张建宁
2003JB-3-073	直升飞机起动用高能量密封免维护铅酸蓄电池复合强化铅基合金材料	天津昌大科技发展有限公司	陈有孝
2003JB-3-074	海上 GPS 打桩定位系统的研制与应用	天津港湾工程研究所 中港第一航务工程局 中港第一航务工程局第一工程公司	邵　蔚　李　明　刘亚平 曹立强　祝业浩
2003JB-3-075	光滑少刺黄瓜新品种津美 1 号	天津科润农业科技股份有限公司	哈玉洁　王　全　杨瑞环 杜胜利
2003JB-3-076	高精度输电装置真空灌胶工艺及设备	中国船舶重工集团公司第七 0 七研究所	邹永顺　金晓洁　张　燕 回世民　孔志相
2003JB-3-077	微咸水农田灌溉综合利用技术研究	天津市水文水资源勘测管理中心 天津市水利科学研究所 天津市水利局农田水利处	严晔端　闫学军　张贤瑞 张　伟　李　悦
2003JB-3-078	复合扩增 SRY-DXZ1-AMEL 基因及法医学性别鉴定应用的研究	天津市刑事科学技术研究所	匡金枝　黎　方　朱　巍
2003JB-3-079	普通棉耳型狨猴动物群在天津的建立与开发	天津医科大学 天津市内分泌研究所	陈祖培　金孟珏　项建梅 刘凤勇　费伟华

续表 20

奖励编号	项目名称	获奖单位	获奖人
2003JB-3-080	700-AAA 镍氢电池的研制及其产业化	天津和平海湾电源集团有限公司	闫德意 王兴贺 刘 莉 苏 静 续 荣
2003JB-3-081	严重先天性脊柱侧凸前路截骨后路三维矫形的临床研究	天津市第三中心医院 衡水脊柱烧伤专科医院	江 毅 肖联平 杜欣建 尹庆伟 赵延勋
2003JB-3-082	健脑宁心柔肝滋肾法(甲安口服液)治疗甲亢的临床与实验研究	天津市中医药研究院附属医院 天津市医药科学研究所 天津医科大学总医院	张曾譻 唐 方 王振立 冀瑞铎 袁 玲
2003JB-3-083	补气固表治疗变态反应性鼻炎机理的研究与临床应用	天津市南开医院	沈啸洪 陈 洁 林文森 王民宪 王洪志
2003JB-3-084	磷系共聚阻燃-阳离子涤纶短纤维的研制	中国石化集团天津石油化工公司	陈伯夫 王建中 张 勇 肖 刚 梁会东
2003JB-3-085	软基上新型码头结构与土相互作用研究	交通部天津水运工程科学研究所	邓 冰 别社安 张凤珍 李 颖 田双珠
2003JB-3-086	现代中高层钢结构住宅体系的研究	天津市建筑设计院天津大学	滕绍华 张忠秀 李之铎 陈敖宜 姜忻良
2003JB-3-87	天津海岸带大断面海挡工程植物护坡技术研究	天津市水利科学研究所	王银生 张冬然 孙永军 顾立军 程庆臣
2003JB-3-088	3E 轻型高强方孔墙板的研究开发	天津市建工集团(控股)有限公司 天津市建工新型墙体材料技术有限公司 天津市建筑科学研究院	胡德均 耿立新 张大煦 王世刚 倪 浩
2003JB-3-089	强心冲剂治疗慢性充血性心力衰竭的机理研究与临床应用	天津中医学院第二附属医院	孙兰军 田芬兰 赵英强 王保和 龙有余
2003JB-3-090	PGE对糖尿病性动脉粥样硬化内皮功能氧化应激及病理形态学的影响	天津医科大学总医院	冯 凭 崔景秋 强桂芬
2003JB-3-091	秸秆发酵生物添加剂及其使用技术推广	天津市农业生物技术研究中心	陈秀为 范 寰 王玉舜 孙伯芝 周 可 陆建明 兰洪霞 郭俊焕
2003JB-3-092	精细储层预测技术在大港油田滚动勘探开发中的应用	中国石油大港油田油气勘探开发技术研究中心	梁宝芹 张桂明 左松华 刘卫林 申永华
2003JB-3-093	基于 RP 技术的硅胶模快速制模技术及工程化应用	天津大学天津市天大银泰科技有限公司	陈光辉 崔国起 赵 咏 刘 奕 窦连贵
2003JB-3-094	特早熟葡萄新品种津南早红(6-12)选育	天津市津南区葛沽镇农科站 天津市津南区农林局 天津市津南区国祥果树研究所	付克贞 吴国祥 刘学友 宗长生 孟庆安
2003JB-3-095	PJ系列低频无转角减震装置	中国船舶重工集团公司第七O七研究所	刘 旭 孟宇澄 胥 杰 周志伟 于 浩
2003JB-3-096	双循环麻石烟气脱硫除尘一体化装置	天津理工学院天津环保产业集团除尘设备公司	彭铁成 刘宗瑜 程玉春 宋 蔚 田 禾
2003JB-3-097	奶牛小区综合饲养技术研究	天津市武清区畜牧兽医技术服务中心 天津农学院	朱树群 张学炜 付卫田 周玉凤 张春江

续表 20

奖励编号	项目名称	获奖单位	获奖人
2003JB-3-098	新辅助化疗治疗局部晚期非小细胞肺癌的临床研究	天津医科大学总医院	张 鹏 陈 钢 王国锦 刘毅梅 彭 民
2003JB-3-099	应用神经网络技术发动机故障诊断研究	中国民用航空学院北京飞机维修工程有限公司	杨 慧 吴学良 熊育婷 倪继良 刘奇才
2003JB-3-100	"L"型不缝合巩膜隧道切口超声乳化白内障摘除人工晶状体植入术	天津医科大学眼科中心	汤 欣 南 莉 孙慧敏 袁佳琴
2003JB-3-101	嗜肺军团杆菌分布规律及分子标记技术研究	天津市卫生防病中心 中国人民解放军军事医学科学院卫生学环境医学研究所	刘洪亮 李君文 侯常春 王新为 徐 瑛
2003JB-3-102	面向机电产品的虚拟设计平台	天津七所高科技有限公司	赵素文 张益民 李德才 谷 健 张 艳
2003JB-3-103	枣优新品种引进、优选及配套栽培技术研究	天津市东丽区农林局 天津农学院	高梅秀 韩维光 刘士玲 张芝兰 张 莉
2003JB-3-104	纯棉异经异纬布	天津纺织集团天一有限公司	张远华 杨耀斌 孔 伟 戴学鹏 王 梅
2003JB-3-105	智能化网络多媒体教学支撑环境及软件库	天津大学	何丕廉 孟昭鹏 孙学军 孙 兵 王 岚
2003JB-3-106	乳腺导管内癌特性的形态学及分子生物学研究	天津医科大学附属肿瘤医院	于 泳 傅西林 牛 昀 刘 君 吕阿娟
2003JB-3-107	针刺治疗郁证的基础和临床研究	天津中医学院第一附属医院 天津市安定医院	杜元灏 李桂平 颜 红 张新军 黄立芳
2003JB-3-108	出口危险货物中型散装货物包装容器性能检验系列检验规程	中华人民共和国天津出入境检验检疫局	王利兵 刘金凤 李宁涛 李 晶 赵好力宝
2003JB-3-109	常温和亚低温下针刺法治疗颅脑损伤的临床和实验研究	天津市环湖医院	黄慧玲 只达石 张琳瑛 张 赛 范维佳
2003JB-3-110	空中交通流量监控网络系统	中国民用航空学院 中国民用航空厦门航务管理站	徐肖豪 赵嶷飞 施和平 张战波 戴福青
2003JB-3-111	高强水下不分散混凝土的研制与应用	中国石油集团工程技术研究院	许海彬 张长民 冯士明 周 伟 丁新龙
2003JB-3-112	回流区水沙运动及其三维数值模拟研究	交通部天津水运工程科学研究所	张华庆 乐培九 王永成 李华国 岳翠平
2003JB-3-113	公共投资项目绩效后评价模型应用研究	天津理工学院	尹贻林 高喜珍 陈伟珂 严 玲 李丽红
2003JB-3-114	口腔精密附着体的开发研制及临床应用研究	天津医科大学口腔医院天津大学	李长义 张连云 刘亚林 吴海树 刘 波
2003JB-3-115	采用 GTM 的沥青混合料配合比设计方法研究	天津市市政工程研究院 天津市公路建设发展公司	赵 可 魏如喜 杨 明 李世明 何喜祝

续表 20

奖励编号	项目名称	获奖单位	获奖人
2003JB-3-116	中药阴道泡腾片治疗宫颈糜烂的临床与实验研究	天津中医学院	哈孝贤 宋卓敏 董素琴 王玲 杨勇
2003JB-3-117	围海造陆工程综合技术应用研究	天津港建设公司 天津大学 天津港(集团)有限公司设计研究院	李宝强 闫澍旺 张弛 宋富锦 邹立
2003JB-3-118	ZTSC-630-5000/6-18 脉波中压变频整流干式变压器	天津市特变电工变压器有限公司	郭共文 陈杰 郭庆秋 庄华 郑绍忠
2003JB-3-119	低温钎焊工艺的研究与应用	大港油田集团中成机械制造有限公司	朱明会 周东 左惠明 李长权 魏宝明
2003JB-3-120	高固含量、低粘聚合物多元醇工业化生产工艺及装置的研究	中国石化集团天津石油化工公司	丁炳海 许平 周国祥 于吉令 李茂元
2003JB-3-121	天津通信电子商务统一支付支撑平台	中国网通集团天津市通信公司数据通信局	刘鸿光 倪晓峻 王健 王芳 张健
2003JB-3-122	天津通信"视听新干线"业务平台	中国网通集团天津市通信公司数据通信局	国立园 曹洪岩 鹿欣 陈秉智 张健
2003JB-3-123	鸡腺胃型传支的致病性研究及其综合防治	天津农学院	李富桂 张文生 周淑云 李翔 王红宝
2003JB-3-124	保护地黄瓜、菜豆菌核病防治技术研究	天津市植物保护研究所	王万立 郝永娟 刘耕春 刘春艳 王勇
2003JB-3-125	经筋刺法治疗周围性面神经麻痹的临床疗效及机理研究	天津中医学院第一附属医院	王舒 石学敏 王敏 李妍 张杰
2003JB-3-126	非接触 IC 卡综合型自动售货机	天津市轻工装备研究所	王连冬 高世淼 曲和平 张永泓 初绍刚
2003JB-3-127	WB400 稳定土拌和机	天津鼎盛工程机械有限公司	吴国祥 宫立强 段会文 张浩 陈栋
2003JB-3-128	观赏鱼新品种红白长尾鲫、蓝花长尾鲫培育	天津市换新水产良种场	金万昆 余永奇 朱振秀 王春英 赵宜双
2003JB-3-129	智能电能量实时监测及结算系统	天津大学天津广播电视电影集团	许镇琳 王世良 王秀芝 杨晓东 赵卫平
2003JB-3-130	双向拉伸聚酯电容器薄膜开发	天津万华股份有限公司	赵富 孟淑玲 李德兆 郭秀萍 刘舒晨
2003JB-3-131	供热计量仪表检定装置	天津市计量技术研究所	刘巍 田生亮 曹文洪 高勇 郭继成
2003JB-3-132	颈内动脉残端指数测定在颈动脉内膜切除术中的应用研究	天津市胸科医院	栗力 董双忠 崔若昱 周宁 杨学全
2003JB-3-133	应用 PNP-葡糖苷酸快速检测大肠杆菌方法的研究	天津市医药科学研究所 天津市公安医院	孙家莉 胡宗华 刘小兰 高向耘 米沙

续表 20

奖励编号	项目名称	获奖单位	获奖人
2003JB-3-134	用于高强、高性能混凝土的超细矿物掺合料	天津市建筑材料科学研究所	陈贺新 郭景强 屈庆飞 雅 菁 谢恩杰
2003JB-3-135	试油(测试)联作工艺技术研究与应用	大港油田集团井下作业公司	于长录 张世林 汤新国 崔恩珍 田胜敏
2003JB-3-136	2000MPa 级低松弛预应力钢绞线	天津高力预一预应力钢绞线有限公司	李明远 金庆波 毛爱菊 刘立军 潘 捷
2003JB-3-137	中浅层油气层识别与综合评价技术研究与应用	大港油田集团测井公司 大港油田集团地质录井公司 中国石油东方地球物理勘探有限责任公司海上勘探事业部	柴细元 程昌茹 赵春段 舒卫国 郭秀丽
2003JB-3-138	致腹泻肠杆菌内毒素及其亚单位分子特异性致病的研究	天津医科大学	钟启平 陈恩临 徐建设 李方涛 董亚利
2003JB-3-139	天津市优良肉鸭品种及配套技术推广	天津市畜牧局 天津市畜牧兽医站 天津市西青区畜牧水产局 天津市武清区畜牧水产局 天津市北辰区畜牧水产局	梁志选 瞿庆顺 隋 茁 付卫田 李 颖 贾庆红 江乐泽 张春江
2003JB-3-140	抗旱、耐盐、优质、高产水稻品种津宁 901 选育及其配套技术的研究	宁河县农业技术推广中心	李金龙 王凤行 郑宗富 王连芬 刘殿功
2003JB-3-141	港机液压系统污染度控制及液压油合理更换周期的研究	天津港(集团)有限公司	薄万明 王宝玉 张胜旗 曹宪茹 冯玉强
2003JB-3-142	全废纸制造 B 级高强瓦楞原纸生产用水零排放技术研究和应用	天津万利天然纤维薄膜有限公司	刘恩湖 贾长华 朱增录 杨继俊 王继苓
2003JB-3-143	花粉浓度潜势预报	天津市气象科学研究所 天津市胸科医院	白玉荣 庞 立 刘彬贤 段丽瑶 扬建军
2003JB-3-144	ZR-1 型热能表	天津市中环系统工程有限责任公司	张晓华 肖开祥 陈义立 张培山 姚志明
2003JB-3-145	高含水油田注水后油藏参数变化规律研究	中国石油大港油田油气勘探开发技术研究中心	赵平起 何 鲜 任宝生 刘爱荣 田秀霞
2003JB-3-146	苦咸水淡化技术与示范工程研究	天津市海跃水处理高科技有限公司 国家海洋局天津海水淡化与综合利用研究所	苏润西 李常建 潘献辉 潘炳杰
2003JB-3-147	中国北方岩溶区水库渗漏综合试验研究	水利部天津水利水电勘测设计研究院 中国地质科学院水文地质环境地质研究所	刘满杰 孙继朝 齐继祥 高义军 李彦坡
2003JB-3-148	HIM-250 海缆埋设机用漂浮电缆	天津六〇九电缆有限公司	李津津 陈志坚 杨 光 杜红杰 秦宝连
2003JB-3-149	金融交易系统(FTS)及储蓄事后监督系统	天津市普极科技有限公司	于 刚 刘玉亮 李作勇 陈小环 乔晓敏
2003JB-3-150	CT灌注成像对星形细胞肿瘤术前分级及放射治疗反应的研究	天津医科大学总医院 广东省人民医院	张云亭 梁长虹 黄 飚 张 敬 李 威
2003JB-3-151	多动合剂治疗多动综合征生化基础的实验及临床研究	天津中医学院第一附属医院	李宝珍 李少川 刘昌孝 王崇仁 马 融

续表 20

奖励编号	项目名称	获奖单位	获奖人
2003JB-3-152	善胃方对胃癌前期病变细胞因子表达的调节及临床研究	天津中医学院 中国人民武装警察部队医学院附属医院 天津医科大学	袁红霞 代二庆 姚 智 王洪俊 崔洪英
2003JB-3-153	复合材料专用梯	天津市金锚家居用品有限公司	刘凤山 段国栋
2003JB-3-154	利用低参数蒸汽发电实现能源梯级利用	天津天铁冶金集团有限公司	刘志嘉 吕春风 孟大勇 陈志强 刘汉卫
2003JB-3-155	摩托车催化转化器活性发动机台架评价技术	天津大学	林漫群 贾 滨 阎希成 何 元
2003JB-3-156	降回压技术研究与应用	中国石油大港油田油气勘探开发技术研究中心	项 勇 李相东 邹晓燕 周世刚 易继贵
2003JB-3-157	可拆换斗尖的多瓣抓斗	天津港第四港埠公司	韩宝初 桑东茂 杨祥海 刘雨庭 陈炳福
2003JB-3-158	腓肠神经和隐神经营养血管逆行岛状皮瓣的临床应用研究	天津市天津医院	舒衡生 张铁良 马宝通 阚世廉 张建国
2003JB-3-159	新药盐酸氨溴索及胶囊的研制	天津市蓝恒医药化工技术研究所	王延让 王 倩 何永志 孙卫云 刘剑卿
2003JB-3-160	陶瓷片密封水嘴测试系统	天津市产品质量监督检验所	孟少甫 栗志成 毛玉水 马 惠 刘金平
2003JB-3-161	彩色喷墨打印机伪造印文的化学快速检验技术	天津市刑事科学技术研究所	高 原 侯建中 罗素敏 王 蓉 张 洁
2003JB-3-162	新锐综合业务计费系统	天津市津瑞通讯有限公司	文亚昕 齐智征 刘立群 王毅梅 薛 鹏
2003JB-3-163	燃气连续自动配气系统	博益(天津)气动技术研究所有限公司	陈乃克 张伟明 宋振环 王校冬 钟文生
2003JB-3-164	大型垃圾中转站设备及配套系统技术措施研究与开发	天津市市容环境工程设计研究所	张 范 昝文安 王 敏 王 翔 王 玲
2003JB-3-165	人参皂甙 Rg3 促进自体外周血干细胞移植后免疫重建的基础与临床研究	天津医大附属肿瘤医院	王华庆 郝希山 张会来 刘贤明 崔秀珍
2003JB-3-166	海绵铁除尘灰易燃物料栓式气力输送系统	天津市纽普兰环保发展中心	孙树权 马建民 张钟嶽 赵普运
2003JB-3-167	代谢酶基因多态性与喉癌发病、临床预后关系的研究	天津市第一中心医院 天津医科大学总医院	李 丽 林 鹏 鲁宏华 孟 莉 张 蕊
2003JB-3-168	压敏电阻、陶瓷电容器专用阻燃环氧包封料	天津市凯华绝缘材料有限公司	任志成 任志军 张 健
2003JB-3-169	间接免疫荧光法检测 CMV 感染细胞中早期蛋白方法的研究	天津市儿童医院	陈 悦 黄敬乎 张 桦 朱士广 高文英
2003JB-3-170	400T 冲床自动生产线研制	天津市职业大学	付植桐 张永飞 李 茹 吕英芳 李运生

续表 20

奖励编号	项目名称	获奖单位	获奖人
2003JB-3-171	天津市工程建设标准《建筑基桩检测技术规程》(DB29-38-2002)	天津市勘察院 天津市建筑科学研究院 天津大学	刘万恩 吴永红 崔广田 尹金凤 陆培毅
2003JB-3-172	天津市儿童白血病的流行状况和危险因素研究	天津医科大学附属肿瘤医院 天津医科大学	陈可欣 武光林 钱碧云 何 敏 齐秀英
2003JB-3-173	人血清瘦素放射免疫分析方法的建立	中国医学科学院放射医学研究所	韩佩珍 赵明辉 张春明 王德芝 潘学继
2003JB-3-174	补肾活血胶囊治疗老年痴呆的临床观察及其对血氧自由基代谢的影响	天津市中医医院	张大宁 张宗礼 车树强 司福全 陈翠兰
2003JB-3-175	淤泥质河道清淤效果分析及工程泥沙问题研究	天津市水利基建管理处 天津市水利科学研究所	马树军 周潮洪 张胜利 常守权 侯和平
2003JB-3-176	免振自密实混凝土技术的研究	天津市建筑科学研究院	高育海 黎春海 于新文 张鸿毓 李树志
2003JB-3-177	高含水油田大排量螺杆泵采油工艺技术应用	大港油田油气勘探开发技术研究中心	唐 庆 屠 勇 王翠霞 李庆国 吴杰生
2003JB-3-178	干白雪梨酒的技术研究	天津市林业果树研究所 天津挂月集团果酒有限公司	郭意如 李光普 刘建华 胡云峰 赵俊国
2003JB-3-179	冬季日光温室生产克服障碍性天气关键技术研究	静海县科技兴农办公室 天津农学院 天津市蔬菜技术推广站	王学利 林木强 张建树 孙世海 赵秀萍
2003JB-3-180	在膜覆盖生态系统中南美白对虾优质高效养殖技术的研究	天津市天祥水产有限责任公司	苗建春 苗建青 苗建发
2003JB-3-181	SIT高频感应加热成套设备系列及技术推广	天津市金能电力电子有限公司	姜玉明 李春长 李家骥 杜建成 杨志红 董志国 刘世平
2003JB-3-182	疏肝活血颗粒剂对黑素细胞及黑素代谢影响的实验研究	天津市长征医院	乔树芳 康瑞珠 李维云 于 霖 马铁牛
2003JB-3-183	基于GSM网络和ISDN接入技术的烟草销售移动支付系统	天津市商业银行	刘 健 弓丽英 于 强 郑宇明 孙 鹏
2003JB-3-184	异位性皮炎皮损超微病理、免疫病理与临床应用研究	天津市长征医院	张玉环 王 雨 谢艳秋 纪华安 孙晓慧
2003JB-3-185	天津港船用引航系统	天津市海岸带公司 天津海事局海测大队 天津海上安全监督局航测科技中心	李鲜枫 田 明 张瑞生 马亚平 杨 龙
2003JB-3-186	上颌窦癌临床治疗研究	天津市第一中心医院 天津市塘沽医院 天津市天和医院	杨宝琦 王景和 谢 刚 李 超 王宝山
2003JB-3-187	蛋白C单克隆抗体的制备及其应用研究	天津市第一中心医院 天津市大港医院 天津市汉沽区医院	王玉亮 黄繁嫱 穆 红 张 珩 李 强

续表 20

奖励编号	项目名称	获奖单位	获奖人
2003JB-3-188	活血化瘀药对内毒素休克血管内皮的保护效应	天津医科大学 天津医科大学代谢病医院 天津市儿童医院	杨海贤 张 宏 张 慧 白景文 赵 刚
2003JB-3-189	新药烟酸占替诺氯化钠注射液的研制	天津市医药科学研究所	王 倩 贾淑杰 陈鸿英 马雪梅
2003JB-3-190	京珠高速公路武汉军山长江大桥钢桥面沥青铺装层施工技术研究	天津五市政公路工程有限公司 天津市市政工程研究院	吴秉军 李云海 裴绍建 刘 卓 张红锦
2003JB-3-191	咳喘方对支气管哮喘嗜酸细胞凋亡的基础及临床研究	天津中医学院第一附属医院	刘贵颖 刘玉庆 吕 英 尹新中 刘兰萍
2003JB-3-192	汽油清净剂 BCG-1 的研究与应用	天津市晨光化工有限公司	邸桂娟 王 雷 王 辰 王永春 任永成
2003JB-3-193	膜结构建筑设计技术开发与应用	天津市康达膜材建筑工程有限公司	薛士山 李中立 李龙燕
2003JB-3-194	电气技术综合训练系统	天津职业技术师范学院	王建国 李全利 张学武 方 强 阎虎民
2003JB-3-195	布氏杆菌病补体结合试验操作规程	中华人民共和国天津出入境检验检疫局	王玉玲 朱世强 霍 蕾 范华炜

（市科委科技成果与技术市场处）

知识产权

【简况】 2004年，天津市知识产权局围绕全市支柱产业、重点行业和高新技术领域，不断营造知识产权政策法制环境，研究制定专利战略推进计划，实施专利宣传培训计划，努力提高自主知识产权的数量和质量，建立健全专利工作体系与专利服务体系，下力量抓好专利示范企业与专利技术产业化工作，进一步推动了全市知识产权事业的快速发展。

（张 军）

【专利申请】 2004年，天津市专利申请的数量和质量不断上升，拥有自主知识产权的技术在进一步朝着高技术含量、高附加值的方向发展。2004年全市专利申请量8406件，较上年增长23.4%，在全国的排名从2001年的第15位和2002年的第11位快速平稳地上升到第九位，首次进入全国专利申请量前十名之列，取得了三年三大步、五年翻两番的突出成绩。三种专利申请中，发明专利、实用新型专利、外观设计专利分别为4013件、3142件、1251件；其中技术含量最高、最能体现地区科技水平和创新实力的发明专利占年专利申请量比重达47.7%，较2003年增幅20.6%，超过全国平均增幅4.7个百分点；实用新型专利和外观设计专利分别增幅为15.8%和62.3%。

专利申请中，职务专利申请4703件，居全国第八位，占年专利申请量的55.9%，较2003年增长36.2%，增幅居全国第三位，超过全国平均增幅27.6个百分点。由此可见，职务发明和非职务发明比例倒置的状况得到了根本的转变。职务发明中，企业专利申请3812件，占年专利申请量的45.3%，名列全国第八位，增幅36.6%，超过全国平均增幅29.4个百分点。企业专利申请状况有了较大改善，企业专利申请的主体地位初步确立。全市涌现了一批运用知识产权制度较好、具有较高专利申请量的企业和企业集团，其中乐金电子（天津）电器有限公司连续两年在全国企业专利申请量排行中名列第一。

至2004年底，全市累计专利申请量45973件，累计专利授权量22034件。

（张　军）

【建立知识产权管理体系】 至2004年，天津市已初步建立起市、区（县）两级专利管理工作体系。全市已有16个区县成立了由主管区（县）长为组长的知识产权工作领导小组，在区（县）科委的基础上建立了知识产权管理工作机构，配备了专职人员，筹措了工作经费。许多区县还制定了本区域的知识产权管理政策及服务措施，有计划地开展知识产权管理和保护工作，专利申请资助金的发放和专利行政执法工作在各区县有序地开展，对促进区县专利工作起到了较大的推动作用。

（张　军）

【知识产权工作推动会】 2004年6月，召开了“天津市知识产权工作推动会”。天津市副市长杨栋梁出席会议，天津市知识产权局局长张盛如作了题为《实践“三个代表”重要思想，努力开拓天津市知识产权工作新局面》的工作报告，认真总结了2002~2003年全市知识产权工作，分析了当前知识产权工作面临的形势和存在的主要问题，明确了今后两年的工作任务和发展目标。市工商管理局、市新闻出版局、天津海关和市最高人民法院等负责同志出席了会议，来自全市各区县、知识产权管理机构、科研院所、高等院校和企事业单位的代表近400人参加了会议。根据天津市政府设立“天津市专利奖”的有关规定，会上表彰了5项专利金奖和10项专利优秀奖。此次会议的成功召开，对全市知识产权工作再上新台阶起到了积极的推动作用。

（张　军）

【市政府知识产权办公会议】 自1994年起，天津市政府建立了知识产权办公会议制度。2004年，根据形势的发展和知识产权工作的实际需要，对知识产权办公会议进行了调整。知识产权办公会议成员单位由原来的16个增至25个，天津市副市长杨栋梁、市政府办公厅副秘书长陈宗胜分别担任知识产权办公会议主任、副主任，市知识产权局局长张盛如任知识产权办公会议办公室主任。各成员单位之间密切配合，相互支持，初步形成了共同推动全市知识产权工作发展的工作机制。11月19日市政府知识产权办公会议成功举行了2004年第一次全体会议。会议审议并通过了新的《天津市人民政府知识产权办公会议成员单位工作职责》和《天津市人民政府知识产权办公会议职能、工作机构及例会制度》，全市知识产权工作发展到一个新阶段。

（张　军）

【知识产权保护】 为加强知识产权保护工作，2004年天津市知识产权局在深入调研和充分征求相关委办意见的基础上，对《天津市专利保护办法》进行了认真修改，同时与天津市发展改革委员会就进一步加强高新技术产业化项目的知识产权保护和管理工作，联合制定下发了《关于加强天津市重大高新技术产业化项目知识产权保护和管理工作的指导意见》，与市教育委员会、市科学技术委员会就进一步加强高校和科研单位知识产权工作的有关政策进行了修改和完善，共同推进各领域知识产权事业的发展。在“4·26世界知识产权日”期间，市知识产权局联合各有关行政执法部门开展了知识产权保护专项治理活动。11月16日，向全市各区县政府、行业总公司（集团公司）等单位下发了《关于印发〈天津市加强专利权保护专项行动工作方案〉的通知》，由此掀起了加强专利权保护专项行动的新高潮。此外，在商业企业系统建立了“查处冒充、假冒专利工作网”，开通了“调处专利纠纷网络请求”和“假冒、冒充专利网络举报”两个系统，为企事业单位及社会公众的维权行为开辟了绿色通道。市知识产权局还组织、指导各区县知识产权工作部门积极参与本区域内专利侵权纠纷的调处和对假冒、冒充专利行为的查处工作，扩大了执法队伍，初步形成了市、区两级知识产权保护工作体系。

2004年，市知识产权局积极研究、分析和总结新形势下专利纠纷的特点及趋势，充分利用大案要案的审理，强化社会专利意识，为切实维护专利权人和社会公众的合法权益不断进行探索。全年共调处专利侵权纠纷案件16件，并开展了4次专项执法行动，开展省际间专利行政执法案件协作3起，检查带专利标记商品300余件，并与上海市知识产权局实行了全国首次两地共同参与调处专利纠纷。该方式极大地方便了专利权人，大大减少了维权成本，提高了行政执法效率。同时对2003年审结的调处专利纠纷案件逐案进行了统计、分析，并按照数据库编辑的内容和格式要求，实现专利行政案例的数字化管理，为在重点领域和行业建立专利预警机制打下了基础。

（张　军）

【专利技术的实施】 为推动优秀专利技术的实施转化,扩大专利技术产业化规模,天津市知识产权局有针对性地从专利申请源头收集专利项目,建立了专利项目实施数据库,并对专利项目进行了筛选、分类并及时录入。目前,已入库管理的可扶持推广的专利项目近300项,可关注的专利项目近700项。为了做好重点专利项目的扶持工作,2004年精心筛选出20项市场前景好、基本实现产业化的专利项目,从推广、资助、信贷服务等八个方面进行重点扶持服务,以点带面,加速专利技术的推广实施。与天津市技术产权交易所等五家单位共同组建的天津市产权交易有限公司已正式运营,天津知识产权服务中心服务窗口也同时对外服务,并成功召开了专利项目新闻发布会,为产权交易的各方当事人搭建起全方位的知识产权服务平台。

2004年度天津市专利实施的特点:一是国有企业的专利实施率继续保持领先,股份制公司专利实施效益显著。在2004年度专利实施项目中,国有企业实施专利项目518项,占实施总量的32.7%,位居榜首;其中国有企业实施发明专利150项,占实施发明专利总量的35%。在专利实施经济效益方面,股份有限公司以现代企业制度为优势,合理利用知识产权制度,不断提高企业核心竞争力,为企业赢得了可观的经济效益,2004年度新增产值36.18亿元,占本年度新增产值总量的33%;新增利税5.58亿元,占本年度新增利税总量的45%。二是发明专利实施继续保持强劲增长势头,实用新型专利成为专利实施的主力军。在1583项实施专利项目中,发明专利427项、实用新型专利971项、外观设计专利185项,分别占专利实施总量的27%、61%、和12%。三是实施专利项目的三大经济效益指标均有大幅提高。在2004年度实施的1583项专利项目中,有数据统计的专利项目为1260项,其实现新增产值108.8亿元,新增利税12.52亿元,创收外汇3.23亿美元。四是企事业单位实施专利项目创历史新高。在2004年度实施的1583项专利项目中,自己实施专利项目为1539项,占实施总数的97%,成为实施专利的主要方式。另外,在实施的专利项目中,列入国家级计划的50项,省部级计划的119项,区县级计划的107项,共计276项。

2004年,天津市知识产权局还组织举办了“2004年专利项目推介洽谈会”、参加了“2004年中国国际专利技术与产品交易会”、“2004天津·香港周”、“第十一届中国杨凌农业高新科技成果博览会”、“包头市职工发明专利、实用技术、创新成果发布会”等展会,共达成意向千余项,在国家组织的各类发明展览会上,天津市参展的9项专利项目获得金奖。

（张　军）

【企业专利工作】 天津市知识产权局领导亲自带队,先后深入金耀集团、电子仪表总公司、太平洋制药等近百家企事业单位开展调研,了解企业专利工作的基本情况,指导企业通过建立健全知识产权管理制度,将专利管理贯穿于企业技术开发、转化、生产、销售的全过程,加强自主知识产权的保护,这些企业的专利工作都有不同程度的加强。

2004年,天津市知识产权局对先期开展专利示范企业的试点工作进行了检查和试点单位的中期调整。天士力集团有限公司等21家专利示范试点企业初步建立了知识产权管理制度和相应的工作程序,知识产权保护的能力和水平不断加强,2004年共申请专利963件,其中有3家试点单位专利申请超过百件。通过检查发现,有3家试点企业没有有效地开展工作,被暂缓试点工作。目前多数试点单位建立了与本企业主要技术和主要产品相关的专利信息数据库,并建立了利用专利信息资源、跟踪竞争对手的制度。专利示范试点企业中,已有3个单位被列入国家级企事业单位专利试点单位。《天津市环保领域专利战略研究》课题经过认真调研,查阅相关数据和文献资料,已经基本完成。6个试点单位开展了企业专利战略研究,《工程机械信息技术产业化专利战略推进工程研究》和《盐碱地生态绿化专利战略研究》已正式立项。这些课题研究,将有效地提升企业创造、管理、实施和保护知识产权的能力与水平,实现企业的可持续发展和利益最大化。

为充分发挥资金的导向作用,2004年调整了天津市专利申请资助办法,实施计划管理,积极引导区县进行资助资金的匹配,以有限的资金引导原始创新和鼓励企事业单位的发明创造。同时在有关部门的大力支持下,培育专利申请超百件企业,加强对重点企业的支持。

（张　军）

【知识产权服务体系建设】 为适应市场经济的发展,强化政府对知识产权工作的宏观管理和服务职能,天津市政府和有关部门下大力量抓了知识产权服务体系建设。经过几年的努力,已初步形成知识产权咨询、知识产权教育培训、专利信息检索、专利和商标代理、专利技术交易、知识产权司法鉴定等多功能的服务体系。国家知识产权局天津专利代办处为全市发明人提供了高效快捷的优质服务。据权威统计资料显示，天津专利代办处成为全国代办处错误率最低的代办处之一，受理专利申请的数量和质量在全国新开办的专利代办处中名列前茅。同时，天津专利代办处及时掌握了全市的专利申请情况，从源头发现一批具有市场前景的专利项目，为决策部门提供了参考依据。为了向企业提供快速全面的专利信息，天津市加强了专利文献检索系统建设。“中外专利检索信息数据库”的建设得到了加强；不断丰富和完善“天津知识产权网”的内容，加快更新速度，加强网络互动性；完成了天津市政府网上办公百项工程的知识产权网站设计，为全市提供高速快捷的知识产权网络服务。

2004年，全市有3家专利代理机构获得涉外专利代理资格。同时，市知识产权局在天津市行政许可服务中心设立了咨询服务窗口，知识产权服务中心也在天津市产权交易中心设立了服务和专利项目交易席位。两个窗口积极开展知识产权咨询服务和专利项目的新闻发布等活动，受到全市企事业单位和广大发明人的欢迎和好评。由天津市政府与国家知识产权局共建的“天津·中国环保领域专利信息中心”现正抓紧制定方案，力争早日建成并发挥作用。

（张　军）

【知识产权宣传培训】 2004年，天津市以多种形式大张旗鼓地宣传知识产权。以“4·26世界知识产权日”为契机，天津市知识产权局联合全市8个知识产权相关部门，成功举办了一系列的大型宣传活动。多次邀请国家知识产权局的领导和专家，以专题报告会、理论研讨会的形式，为全市各级领导干部宣讲知识产权问题。先后编印了《天津市知识产权局2003年年报》、中英文双版的《2003年天津市知识产权保护状况》和双月刊《天津知识产权》，在《中国知识产权报》、《天津日报》、天津电视台等各类媒体刊发知识产权宣传报道200余篇(次)，向国内外广泛宣传了天津经济社会发展和知识产权保护状况，特别是对欧盟研讨会、美国关税法337条款报告会和国家知识产权局天津专利代办处进行深入宣传的大篇幅专题报道，展现了天津市企业运用知识产权的能力与水平，取得了非常好的宣传效果。

根据《2004年天津市知识产权培训工作计划》，按照“专利工作者培训、领导干部知识产权培训、区县或行业的知识产权培训和知识产权独立本科高自考”四个层次，大力开展知识产权培训工作。据统计，全年共举办培训班20期，培训各层次知识产权人员1100人次，取得了显著的成效。

（张　军）

【全国知识产权工作会议在津召开】 2004年2月23~24日，国家知识产权局在津召开了“全国知识产权宣传培训工作会议”，天津市知识产权局具体承办了此次会议。国家知识产权局局长王景川、秘书长陈仲华、人事司副司长肖鲁青在会上分别发表重要讲话，全面具体地部署了2004年知识产权宣传培训工作。王景川在讲话中首先强调要认真学习、全面贯彻国务院副总理吴仪在全国专利工作会议上的讲话精神，深刻领会讲话中提出的知识产权工作的三项基本任务和六项重点工作；并指出宣传培训工作是实施知识产权战略的十项任务之首，要提高认识，切实重视起来，进一步提高对知识产权宣传培训工作紧迫性和重要性的认识。王景川对知识产权宣传培训工作提出了明确的要求：一是做好知识产权宣传培训应明确指导思想；二是搞好知识产权宣传应坚持六项原则；三是采取多种形式搞好培训；四是搞好宣传培训工作的四项具体要求。来自全国各省市、专利试点城市的知识产权局负责人80余人参加了会议。

（张　军）

【知识产权战略与区域经济发展报告会】 2004年2月24日，天津市知识产权局、市科学技术委员会、市经济委员会联合举办了“知识产权战略与区域经济发展报告会”，特邀国家知识产权局局长王景川来津作报告。中共天津市委常委、市委科技工委书记陈超英出席了报告会。市委、市政府、市人大、市政协以及各区县有关单位领导，专利示范试点企事业单位和有关企业、高等院校、科研院所主要领导及知识产权主管部门负责同志等近300人到会听了报告。王景川在报告中运用大量详实的事例和数据，就国际知识产权发展的最新趋势，以及什么是知识产权战略，实施知识产权战略的重要性，实施知识产权战略对发展区域经济的促进作用等重要问题，作了生动活泼、深入浅出的说明和阐述。报告既有很强的理论性,又对天津市知识产权工作的进一步开展具有重要的指导意义，受到与会者的一致欢迎。

（张　军）

【开展国际交流与合作】 2004年3月和5月天津市知识产权局分别接待了来津考察的美国专利商标局局长杜达斯、德国专利局局长沙德等外国客人。他们分别考察了天津市近年来知识产权保护与经济发展情况,天津经济、科技的快速发展和知识产权保护状况给外国客人留下了深刻的印象。

2004年,市知识产权局积极争取国际资金,选派2名企事业单位人员赴日本进行为期15天的学习。以天津市知识产权局副局长王成为团长的天津市知识产权代表团赴德国学习考察，先后访问了德国专利商标局、德国联邦专利法院、欧洲专利局、德国律师事务所、西门子公司、慕尼黑大学等单位,较系统地了解、学习了欧洲及德国的专利及知识产权制度和德国企业的知识产权管理以及德国的技术转移、中介服务制度,并就相关问题进行了深入讨论,取得良好的效果。

（张　军）

【中国—欧盟知识产权国际研讨会】 2004年2月27~28日,国家知识产权局与欧盟在津召开了“中国—欧盟知识产权国际研讨会”。会议由天津市知识产权局具体承办,国家知识产权局负责人、欧洲专利局和欧盟驻华使馆官员、天津市政府领导同志及国内外知识产权界知名专家等出席了研讨会。此次会议为进一步加强中国与欧洲在知识产权领域的合作与交流,提高天津市企业、科研机构、政府及相关人员运用知识产权的能力,促进全市知识产权工作,尤其是企业的知识产权工作起到了积极的作用。

（张　军）

【专题报告会】 2004年10月25日,“美国知识产权保护和中国企业如何应对美国关税法337条款调查和反倾销调查”专题报告会在天津华苑产业园区新海泰大厦举行。报告会邀请美国博达律师事务所霍瓦纳博士和斯鲁特博士作了专题报告。报告会由天津市知识产权局副局长王成主持，市知识产权局局长张盛如出席并致辞。原天津市人大副主任王成怀、中国专利保护协会秘书长胡佐超和各相关行政管理部门负责人出席会议,主要行业总公司(集团公司)和部分企事业单位、高等院校、科研院所主管知识产权工作的负责人及各区县知识产权管理部门负责人等共170余人听了专题报告。此次专题报告会的召开,使各企事业单位进一步认识到我们所面临的严峻形势，对开展对美贸易活动和加强知识产权管理起到了有效的帮助作用。

（张　军）

科技服务

科技创业投资

【简况】 2004年,天津市创业投资工作结束起步发展阶段,开始进入深入推进阶段。天津市创业投资发展中心围绕行业管理和资金管理两大职责开展工作,推动了创业投资行业的快速发展。全市新增创业投资企业10家，累计达到56家，比上年的46家增长21.7%；创投企业新增注册资本7.8亿元，累计达到37.8亿元,比上年的30亿元增长26%。

（市科委条件财务处）

【行业管理】 天津市创业投资发展中心认真落实创业投资优惠政策,继续研究加大优惠力度的办法。一是按照《天津市促进创业投资业发展暂行规定》的要求,起草了《天津市创业投资机构财税优惠政策实施办法》,经多次讨论,天津市科委与市财政局以津科财字[2004]86号文件正式联合下发,具体规定:天津市创业投资机构投资于《天津市创业投资项目指南》内的资金,超过对外投资70%的,自获利年度起3年内,由同级财政返还地方分享部分的企业所得税。二是与天津财经学院、市国税局联合承担的市科委2004年科技发展战略研究项目《税制改革条件下促进创业投资业发展的税收政策研究》已经列入国家税务总局的研究课题,有关税收优惠建议采纳后,将为改善全国创业投资企业的税收环境作出贡献。

该中心按国家科技部有关开展第二次全国性创业投资行业调查的通知要求,开展全市创投业调查,填写调查表39份。通过调查了解到,39家与创业投资相关的投资机构注册资本总额达42.9亿元, 管理资金39.2亿元,累计投资达到22.4亿元,累计投资项目210个。

该中心还积极开展各种形式的交流活动, 加强京津创投协作。一是为促进京津创投圈的形成,在资本市场、项目市场、人才市场等方面开展密切合作,实现资源共享, 拉动整个环渤海经济圈高新技术产业发展。该中心组织了“天津创业投资经理人2004春季沙龙”,邀请北京清科公司总裁倪正东讲演,并与天津市业内资深人士深入交流, 共同探讨创投工作的思路。二是与天津日报共同组织了深圳“中小企业板块” 主题沙龙, 探讨天津市创业投资的机遇与对策;与天津新技术产业园区管委会共同组织了“创业计划竞赛”活动,为创业投资企业发现优质项目源创造机会;组织了国际燃料电池技术发展报告会,向全市介绍了国际前沿的燃料电池技术。

该中心加强与国内外创投机构的交流, 建立业内资源协作网络。一是走出去。主要是派员参加了北京和深圳两次全国创投行业协会秘书长工作交流会议、深圳“第六届中国风险投资论坛”等多项交流活动,赴台参加了诚信(天津)创投公司第四次董事会、赴河南考察了洛阳三明公司、赴上海考察中芯微公司等。二是请进来。主要是邀请有合作意向的美国sorftbank创投公司、台湾远邦投资顾问公司、台湾安永会计所、德国投资与开发公司等来津交流、考察、洽谈。

(市科委条件财务处)

【资金管理】 天津市创业投资发展中心积极争取中央财政资助,拓宽天津市创投种子资金的来源渠道。市创投中心利用国家科技部和财政部调研组来津调研期间,全面汇报了市创投资金的管理模式、使用情况及全市创投业的整体发展情况, 得到了调研组的充分肯定, 天津的作法为中央财政设立创业投资资金提供了可供借鉴的地方经验。

该中心发挥种子资金引导作用, 吸引境外及民间资金进入天津创投业。一是与国际著名创投机构软银公司的合作方案通过决策会批准, 天津创投将进入软银的管理团队,实现引进资本、人才、管理经验及产业链条的多项目标。国家商务部于2004年12月29日批准后,2005年1月7日,市创投中心召开新闻发布会,1月26日举办揭牌仪式,市长戴相龙、副市长杨栋梁、秘书长何荣林出席,国家科技部、商务部有关领导前来祝贺。二是加强了对所投资的创投企业的管理,天津创投管理公司顺利地完成了重组,组建了新的管理团队,主营业务正在起步;天津创投担保公司实现了增资扩股, 主要业务正在由商业担保向科技担保转移;天士力创投公司经过项目筛选,即将投资扶素生物公司;诚信(天津)创投已明确重组方案,与新加坡新源投资公司签订投资意向协议。

该中心受托管理天津市科委科技项目投资,为高科技企业输入创投新机制。一是受市科委委托,向天津博和利科技公司投资487.5万元,完成了投资协议的签订、企业注册及投资后管理的工作。与有关方面共同筹建天津技术产权交易有限公司, 已完成名称核准、签订投资协议及企业注册程序。二是加强对所投资的高科技企业的管理,输入创业投资新机制,对强芯半导体公司、纳米创投公司、生物芯片公司、机动车尾气净化公司、 华苑软件园公司进行财务监督及决策管理。

(市科委条件财务处)

科技基础条件平台建设

【简况】 天津市科技基础条件平台建设的指导思想是, 根据天津市委和市政府的要求, 结合天津市现状,以增强天津市区域创新能力为目标,以制度创新和机制创新为先导,以科技网为框架,科技基础条件网为纽带,通过资源整合和加大投入,推动科技基础条件资源共享,营造合理、有序的科技竞争环境,建设开放的、国内外一流的科技基础条件平台,为科技创新活动提供可靠保障,促进社会和谐发展。

天津市实施科技基础条件平台建设工程的基本思路是,整合存量资源,调整科技条件资源科学合理布局;加强投入力度,完善科技基础条件的软硬件建设,提高科研条件服务水平;重视制度建设,建立健全协作共用机制,提高科技条件资源使用效率。

天津市科技基础条件平台建设重点工作包括:科技文献信息、科学设施与大型仪器协作共用、实验动物、科学技术检测、化学试剂与同位素、科技档案、科普条件、条件服务等。11月4日,国家科技部、国家发改委等联合召开全国贯彻落实《2004~2010年国家科技基础条件平台建设纲要》电视电话会议,天津市科委牵头组织了天津分会场的会议, 天津市副市长杨栋梁出席了天津分会场会议, 并就贯彻落实国务院电视电话会议精神提出了要求和部署。

（市科委条件财务处）

【天津科技网改造工程】 天津科技网经过几年的建设和发展，已具一定规模，成为覆盖全市、辐射全国的网络和信息服务平台。据不完全统计，1998年到2002年间为全市科技进步提供咨询检索服务项目6000余项，其中为科研院所服务的约占42%，为企业界服务的约占44%，创社会效益近3亿元，为促进科技进步、经济建设和社会发展做出了贡献。为适应信息化技术的发展要求，改造和提升天津科技网的功能，优化科技创新网络环境，2004年天津市科委启动了天津科技网改造工程。这是天津市科技创新基础条件建设重大项目，于2004年10月通过专家组的立项论证。天津科技网项目包括骨干网项目建设和科技文献中心、大型仪器协作共用系统、科技档案、科技兴贸等应用服务系统建设。通过资源的合理布局与有效共享，提升天津市科技创新服务水平，促进全市科技发展。到2004年12月，骨干网项目的建设合同和监理合同已经鉴订，项目工程进入实施阶段。根据科研单位对网络的实际使用情况，2004年已经先期联系了42家单位，有30家单位签订了入网协议，一期完成后实现30个科研单位接入。完成了主要网络设备选型、实现方式、功能保障等方面的方案，并针对具体的技术实现与技术支持、网络系统的全网设备调试与集成，提出了可实施的步骤与计划。完成中心平台设备的政府采购，设备已到货，存储设备的安装与调式技术方案正着手实施。

（市科委条件财务处）

【科技文献中心建设】 2004年天津市科委启动了天津科技文献中心建设工程。天津科技文献中心依托天津科技网的网络基础平台，整合全市科技文献资源，通过科学规划，合理布局，协调订购，形成覆盖全市、满足科学决策、科研教育、研究开发、公众需求的科技信息资源支撑体系。天津科技文献中心建成后，将形成涵盖理、工、农、医等主要自然科学学科，集科技、经济、贸易、商情、投资、科研条件为一体的综合资源体系，包括多媒体数字、科技与经济及公众网络信息资源，其类型主要为中外期刊、中外专利文献、中外检索工具、中外技术标准文献、中外学术会议文献、技术报告、参考工具书和中外科技文献等科技文献资源和网络信息资源，以及企业产品信息、商业信息等应用信息资源。2004年12月，天津市科委投入290万元，正式实施科技文献中心（一期）工程建设。建设内容包括服务系统的总体分析与设计，科技文献中心网站的整体与页面设计，科技文献中心的整体风格、功能设置，栏目的设置、服务功能的提供等工作。

（市科委条件财务处）

【科研条件网建设】 天津市科研条件网是科技基础条件平台建设的重要内容之一，于2003年底开始启动前期工作，2004年正式实施。2004年10月28日，天津科研条件网正式开通运行。天津市科研条件网是一个在科学教育和技术开发领域内仪器设备、设施、实验动物、化学试剂的供应、管理、使用和维护的公益性公共信息平台。其用户群体主要是高等院校、科研院所、企事业单位中的仪器设备及实验动物的管理与使用人员；国内外从事科研及教育仪器设备、实验动物和化学试剂的生产供应商等。天津市科研条件网可推动天津市及周边省市科研条件区域性协作共用，为天津市及华北地区科研、教育及技术创新事业提供服务。

（市科委条件财务处）

【实验动物管理】 2004年，天津市正式启动实验动物许可证的受理、审核和发放工作。2004年为中国医学科学院血液学研究所和天津医科大学发放了实验动物使用许可证。6月8日，由天津市实验动物管理办公室组织，邀请国内知名的专家来津，举办“国内外实验动物科技工作最新动态讲座”，参加人员为实验动物管理和从业人员120名。

（市科委条件财务处）

科学普及与科技社团活动

科学普及

【科普法的贯彻落实】 2004年7月5日，天津市委宣传部、市委科技工委、市科委等部门联合召开“纪念‘科普法’颁布两周年暨加强未成年人科技素质教育座谈会”。市科协组织了“走进机器人大世界”大型科普展等5项重点活动，基层活动五大类200余项。全市各区县科协、科委等有关部门联合在广场、街道、社区、乡村，举办“科普法”的宣传咨询活动。各单位为纪念“科普法”颁布两周年，组织了各种类型的科普宣传咨询活动及科普报告会、座谈会、知识竞赛、科普展览、科技培训等，市各新闻媒体积极配合进行了相关的宣传报道。

（市科委社会发展科技处）

【实施百万公民科技素质培训计划】 2004年，天津市继续实施“百万公民科技素质培训计划”。首次进行了天津市公民科技素养调查工作，开展了天津市2003年度科普统计工作。全市各区县充分利用社区科普大学、市民学校、社区学堂等渠道，从不同的角度面向居民开展健康保健、科学育儿、食品卫生、家庭防火知识和安全知识等身边科学的培训。

（市科委社会发展科技处）

【第十八届科技活动周】 2004年5月17~23日，天津市围绕“科学·文明·健康”的主题，成功举办了第十八届科技活动周。科技周期间，全市各单位共举办各种形式的科普活动3000多项。

（市科委社会发展科技处）

【科普管理工作】 2004年，市科委发布了《2004年天津市科普工作计划项目指南》，对全市的科普工作进行宏观指导，共选择了30个基础较好、工作思路新颖、具有示范性和带动性的项目予以了重点支持。制定并出台了《天津市科普税收优惠政策实施细则》，文件中明确了能够享受税收优惠政策的各项必要条件，并对相关部门的行政管理职能作了明确的界定。认定天津市河西区少年宫、天津国际游乐港等10家单位为市级科普教育基地。至此，全市共认定科普教育基地70家。顺利完成天津市科普工作先进集体和先进工作者评选工作，评选出103名先进工作者、69个先进集体。开展了天津市首届青少年科技创新市长奖评选，确定易龙、常晓静、马晓耘三名同学获得首届科技创新市长奖。

（市科委社会发展科技处）

【青少年科普工作】 天津市青少年科普工作继续保持全国先进地位。举办了2004年青少年科技创新大赛，参赛项目1043项，共评出一等奖113项、二等奖238项、三等奖238项。组织了第十届全国信息学奥林匹克联赛，有5050名中、小学生参赛。组队参加二十一届全国青少年奥林匹克赛，获一块金牌、两块铜牌；参加世界青少年机器人足球比赛，获得小学组金牌、中学组铜牌。组织参加全国“未来工程师”设计与技能竞赛，获得一等奖1个、二等奖3个、三等奖2个。获得第十九届全国青少年创新大赛一等奖3项、二等奖13项、三等奖18项。

（市科委社会发展科技处）

【三下乡活动常抓不懈】 中共天津市委科技工委、市科委、市科协联合组织开展了“送技术、解难题、促转化、增效益”为主题的科技“三下乡”活动。同时，全市各区县也积极开展了“三下乡”活动。全市共组织科技下乡282次，专家、科技人员726人次，举办科技集市72次，有4.85万人参加活动，深入农户3769户，举办培训班、讲座等415次，培训7.4万人，送科普资料11.42万份。

（市科委社会发展科技处）

【实施科普示范工程】 2004年，塘沽区被中国科协命名为第二批全国科普示范城区，东丽区、津南区被评为第二批全国科普示范县（市区）。全市有34个单位被评为天津市企业优秀科普车间（单位），蓟县食用菌协会、汉沽区精品葡萄示范基地等15个单位获得“天津市优秀农村专业技术协会（农研会）”的称号。

（市科委社会发展科技处）

科技社团活动

【组织经济发展重大课题研究】 2004年天津市科学技术协会(简称市科协)按照“高水平是财富,低水平是包袱”,走新型工业化道路的指导思想,开展了《天津市产业技术进步研究》。组织全市19个主要产业,包括农业、传统工业、高新技术产业和能源、交通、建筑、服务业等在内的180名科技专家,根据国内外发展的总体趋势,科学分析天津的现状,分行业提出了今后一个时期天津产业技术的发展方向和重点,提出了鼓励、限制发展的技术和应该淘汰的技术。该项研究产生了一个总报告、19个产业的子报告和《天津市产业技术进步指导目录》,共50多万字,对未来几年天津市产业技术发展提出了指导意见,为政府决策部门和企业提供了参考依据。“指导目录”在全市32个委局和工业公司中征求意见;市政协专门召开座谈会,征求对“指导目录”意见和建议。该课题研究推动了决策的科学化和民主化,促进了天津市产业结构的优化升级。

6月初,天津市发展改革委员会组织“十一五”规划重大课题调研,通过新闻媒体向社会招标。市科协积极参与竞标,并从68个竞标单位中脱颖而出,承担了《解决天津市经济社会发展制约因素问题的研究》课题,围绕水资源、土地资源、电力资源及其他能源的制约因素,以及市内交通和地下管网设施等5个方面的制约因素开展研究,提交了总报告和5个子报告。年底通过了发改委组织的专家评审,一致认为“课题研究成果达到国内领先水平”,对解决我市当前面临的主要矛盾,消除或减少这些制约因素的影响,推动经济社会发展具有十分重要的现实意义。”

此外,相关学会开展了《2020中国海水利用技术发展的研究》、《2020化学工业科学和技术发展的研究》、《2020天津市船舶工业技术发展的研究》,撰写了《中国学科发展蓝皮书》学术成果文献等。

（沈天桔）

【开展重点建设项目咨询论证】 2004年,市科协加强与国家有关部门的联系,积极搭建沟通交流平台,促成了天津市百万吨大乙烯和千万吨大炼油项目的立项。3月,国务院总理办公会正式批准了这两个项目,成为新中国成立以来国家批准天津市立项的最大项目,对天津经济发展的全局将产生重大影响。受大港油田的委托,市科协组织了由著名院士和专家组成的专家组,开展了《大港油田海上人工井场建设方案的评审》,对工程的安全可靠性提出了重要意见,推动了该工程的实施。各学会发挥自身优势,积极开展重点建设项目的咨询服务。市公路学会完成了津汕、津港、宝芦、疏港、汉蔡、津榆等6条公路28座道桥建设方案和工程施工图的评审;市电力学会完成了2008年奥运会大馆供电方案的论证等84项重大科技咨询项目;市机械工程学会承接并完成了中铁十八局价值3000万元进口设备的报废许可技术鉴定;市消防协会为1.5万立方米低温液态乙烯储罐进行了技术咨询;市航海学会为“金成山“轮货损案做了技术鉴定,并为新港船厂和新河船厂10余艘船舶的试航和引航进行技术服务;市自动化学会承揽技术咨询项目,合同额达1000多万元。

市科协围绕天津市经济发展的五大战略举措献计献策。举办了《科学发展观与产业技术进步论坛》,就天津能源短缺、优化石化工业产业链、发展先进制造业、加快中药现代化等问题进行研讨,提出了对策建议。市医学会开展了《天津市医院服务评价体系研究》,市科技期刊编辑学会开展了《天津市咨询机构和专家数据库研究》,市化学会制定了《天津市危险化学品生产、经营、仓储、运输使用规程》,市园林学会编写了《天津市城市绿化工程施工技术规程》和《绿化养护管理规程》等。

（沈天桔）

【推动企业技术进步和创新】 2004年,市科协所属自然科学领域的学会、协会、研究会围绕企业生产中的技术难题开展技术咨询、技术诊断、技术攻关等,为企业技术进步、技术创新服务开展的“千厂千会协作行动”,举办了第三届厂会经济技术协作交流会,签订了一批长期协议和合作意向,结成协作对子48个,实施协作项目54项,一些项目取得了实质性进展。汇集23项企业技术难题,组织攻关,帮助一批企业解决资金、场地、人才、新产品开发等问题。组织企业开拓国际市场,开辟了与意大利、法国和德国企业的合作渠道,促成了日本正和橡胶株式会社在津投资项目的完成。企业科协广泛开展以技术创新为中心的“讲、比”竞赛活动,完成技术改造项目944项,实现经济效益2亿元。年内,对49家企业的175个较大项目进行了检查,表彰了34个先进集体、46名先进个人和25名优秀组织者。

（沈天桔）

【支持农业结构调整】 市科协加强农业科技信息和农业科技成果的传播，有关学会举办了气象气候座谈会、人工影响天气基地建设研讨会、高效节能温室建造研讨会、生物天敌田间释放技术研讨会、花卉发展战略学术报告会、农机化发展高层论坛、2004年天津自然灾害趋势会商会等。广泛开展技术培训，举办了“无公害蔬菜生产技术”、“棉花高产栽培技术”、“旱作节水栽培技术”等培训班。天津市科技进修学院在12个涉农区县举办农村经纪人培训班，力争用3年时间为全市3800个自然村每个村培养8名经纪人。市科协通过多种方式，推广农村实用技术，为农民开展咨询服务。300多个农村专业技术协会和众多的种养状元、种养能手活跃在农村。静海县沿庄镇发挥种养能手的带动作用，由有名的“鞭炮”镇转产为瓜果蔬菜镇。蓟县毛家峪村在市地理学会和县科协的指导帮助下，由昔日的贫困山村变成今日的“龙泉山庄”，人均收入4年间增长了5倍。

（沈天桔）

【大力开展学术交流】 2004年9月3~30日，市科协以“落实科学发展观，促进天津新跨越”为主题，举办了“2004天津科技交流学术月”，集中组织学术活动113项，1000多位国内外专家莅临津门，近万名科技工作者积极参与。市医学会举办了“第二届国际内窥腹腔镜学术研讨会”、“国际核磁共振成像研讨会”、“全国性病学术研讨会”、“全国食管外科并发症防治研讨会”、“全国激光医学学术会议”等一系列全国性、国际性会议，盛况空前。市电子仪表学会承办了“中国信息技术电子仪表创新学术会议”，15个省市的200多位专家学者汇聚津门。市消防协会承办了华北、西北地区消防协会联席会，100多名消防科技工作者参加了学术交流。水利、X射线、中西医、色谱、光学、城市规划、电机工程、振动工程、分析测试、航海、电力等学会分别召开了学术年会。制冷、生物、化学、粮油、气象、农机、食品、护理、信息技术、海洋工程、数字电视、工艺设计等几十门不同类别的学术研讨全面展开。两院院士陈洪铎、郑光美、周孝信，美国华盛顿大学教授蒙纳萨、哈拉，瑞典伦德大学教授柴春明，日本熊本大学教授高桥睦正，法国城市规划设计专家塞巴那博士，马来西亚道桥工程专家张士平博士等一批国内外专家学者应邀来津讲学，参加各项学术活动。

经常性的学术交流活动广泛开展。全年举办各类学术活动800多项，每季度向各学术团体做出活动预报。出版论文集64部，学术期刊48种。组团参加了中国科协2004学术年会，6位专家在分会场作学术报告。举办了“首届天津大学生学术科技节”，中国科协副主席赵忠贤院士专程来津演讲，并与在津院士母国光、吴咸中、姚建铨等一起同数百名大学生进行了一场精彩的对话。市地理学会承办了“中国地理学会95周年庆典”，一大批院士、专家学者到会研讨交流，市委副书记邢元敏等市领导会见了与会专家。吴咸中院士“腹外疾病基础研究成果”、宋大祥院士“关于中国动物科学进展”、梁骏吾院士“关于光器件的发展”等报告会，以及国际生物联合会中国委员会主席汪松教授、国务院发展研究中心研究员卢中原、中国科技促进发展研究中心王元博士等一批知名专家的报告会都产生了强烈的反响。11月20日，市数学会举办2004年学术年会，93岁高龄的国际数学大师陈省身亲临会场作学术报告，追忆了当年的恩师E·嘉当先生，介绍了当前国际数学研究领域的前沿动态。这是他一生中最后的一场报告。两周后，这位数学大师逝世。他以对科学孜孜不倦的追求和对科学事业坚定的信念，为后人留下了宝贵的精神财富。

（沈天桔）

【广泛开展科学普及】 2004年市科协举办了科普日活动，组织四大系列48项活动。中共中央政治局委员、中共天津市委书记张立昌和市委副书记邢元敏等市领导在天津科技馆参加了“走进机器人大世界活动”，张立昌就科普工作发表了50分钟的长篇讲话，产生了广泛的影响。

举办了第十八届科技活动周。以“科学·文明·健康”为主题，组织开展了千场科普讲座、百场大型广场宣传、十大主题展览、网上知识竞赛，各类活动近万项，其中区县局以上主要活动660项，15位市领导、多数在津两院院士和百余万群众参加了活动，在全市掀起了“依靠科学，文明生活，摒弃陋习，关爱健康”的热潮。在城区，举办了“社区主题科普月”，开展了120多项形式多样的科普活动。进行了优秀活动方案评比，评出优秀方案15项。广大企业科协开展与企业生产、职工生活密切相关的各种科普活动数千项，评比“科普车间”。在农村，组织科技下乡活动282次、科技集市72场。

青少年科技教育工作蓬勃开展。举办了青少年科技创新大赛、青少年电脑机器人大赛、青少年科普大篷车进社区等活动。参加了智能机器人世界杯足球赛、第四届宋庆龄少年儿童发明展示评选、全国青少年科技创新大赛、“明天小小科学家” 奖励评选活动,均取得好成绩。易龙、常晓静、马晓耘三名同学获得“天津市青少年科技创新奖”。

大力开展科技传播。充分利用新闻媒体传播科普知识,在天津人民广播电台开播了“医学专家系列科普讲座”节目,在区县有线电视台播放了8集健康知识专题片,在《今晚报》开设了“健康科普宣传”栏目,在“天津科协”网站和“反邪教”网站设立科普专栏。举办了“现代人健康生活”等七大专题健康知识展览、青少年预防艾滋病科普巡回展览、历届青少年科技创新大赛作品展览,参观人数达几十万人。发放了13000套健康知识科普挂图、33万份健康知识资料、数万份《健康在你手中》宣传手册、4200套防治禽流感科普宣传材料,并组团参加了全国公众科学素养电视大赛。

积极开展科普讲座与培训。围绕“科学·文明·健康”的主题,组织了“健康标准”、“运动与健康”、“饮食与健康”、“心理与健康”、“环境与健康”、“中老年健康”、“青少年健康”、“妇女保健”、“公共卫生”、“绿色住宅”等近千场科普讲座、科普报告会,长期与天津科技馆联合举办“科技名人话科普”系列报告会。城区科协积极开办科普大学、市民学校,开设“疾病预防”、“环境保护”、“家用电器”、“计划生育”、“烹饪与营养”等课程。各涉农区县科协开展农村党员、基层干部实用技术培训。数学、物理、化学、天文等学会长年开展学科奥林匹克赛培训,数万名青少年参训,并在全国竞赛中获得好成绩。

继续实施科普示范工程。完成了第二批“全国科普示范区(县)”检查验收工作,塘沽、东丽、津南等三区被正式命名“全国科普示范区(县)”。开展了全国科普示范基地复评,11个基地重新挂牌。利用社会力量建设了西青微电子小区“科学家世纪园”、杨村机场航空科普教育基地等科普示范基地。组织了新闻单位 “科普示范行”, 在天津电视台播出了5集专题片。进行了科普志愿者注册试点工作,发展注册科普志愿者1465名, 服务站52个。推广了东丽区实施的《东丽区科学技术普及奖励办法(试行)》。承办了全国社区科普教育工作座谈会。市科协普及部和红桥、河东、河西三区科协,被评为全国科教进社区活动优秀组织单位和先进集体。

坚持不懈地开展反邪教斗争。更新、改造了“反邪教网站”;开展了农村反邪教警示教育、巡回报告和大型展览进“大墙”活动,发放了一批科普宣传画;举办“崇尚科学、关爱生命、维护人权、反对邪教”大型展览,中共中央政治局常委李长春观看了展览。

(沈天桔)

【加强民间国际科技交流】 市科协积极开展国际性学术交流活动, 组团参加了第三届APEC青年科学节、第一届海峡两岸青年天文学家学术研讨会、中国-乌克兰地区经贸合作洽谈会。市中医药学会承办了“中国天津中药现代化国际高层研讨会”,近百名中外院士、专家汇聚津门,中共中央政治局委员、天津市委书记张立昌会见了部分与会专家并讲话。有关学会还举办了 “首届国际绿色电子制造技术与产品开发研讨会”、“眼动研究国际学术研讨会”、“第八届天津国际工业自动化、仪器仪表展览会”、“现代城市光文化国际论坛”、“IFHP中国首届大学生城市规划设计夏令营”等一批国际学术活动。先后邀请美国动物专家温森卡夫特教授作了 “保护中国的自然遗产” 的专题报告、美国拉延模专家许言午博士作了“现代成形性测量技术及应用”的报告、德国电镀技术专家米德克博士作了“电镀清洁生产和环保技术”的报告等。11月初,市科协组团参加了“2004世界工程师大会”,与各国工程界专家相聚交流,天津两位专家在分会场作了学术报告, 天津两项青少年发明参加了未来工程师联展。此前,还召开了“出席2004世界工程师大会天津学术论文交流会”,出版了论文集并带到大会, 扩大了天津科技界在全国乃至世界的影响。

国际间考察互访连绵不断。2004年市科协分6个批次、78人次组团赴美国、南非等国家和中国香港、澳门、台湾等地区进行交流、访问,均取得圆满成功。先后接待了希腊商务参赞、德国城市议会亚洲事务专员、台湾科技馆馆长,以及日本、韩国、朝鲜等国家和地区8个批次的代表团来访。市科协还着手筹建天津欧美同学会,为团结归国科技工作者、吸引海外科技人才开辟了新的渠道。

(沈天桔)

【推动人才强市战略的实施】 举荐表彰科技人才。

市科协联合市委组织部、市人事局举办了天津市第七届青年科技奖表彰大会，表彰21名青年科技奖获得者，其中4人荣获第八届中国青年科技奖。评选了2002~2003年度“天津市优秀科技工作者”，王玉明等29人当选，并推荐了6名“全国优秀科技工作者”候选人。首次开展了天津市授衔专家选拔推荐工作，包括中央驻津单位共推荐了26名候选人，一些中央驻津单位获得推荐的专家，深感科协组织的作用和温暖。

积极培训专业人才。市园林学会举办了“绿色天津规划设计与建设高级研修班”，200多人参训；市化学会举办了“危险化学品从业人员培训班”，4000多人参训；市医学会举办了“CT、MRI专业培训班”，370人取得上岗证，并举办了100多期“医护人员积分制培训班”，1万多人参训；市劳动保护协会举办了“安全工程师培训班”，培训了数百人；市卫生保健学会举办“药剂人员岗位证书培训班”，418人结业。市科技进修学院举办远程教育、成人教育班，学员达到4000多人。

宣传优秀人才。《天津日报》、《今晚报》等报刊共刊登有关市科协各类报道200余篇(条)，其中报道院士、专家的活动达百余人次，如《50年的“黄瓜情缘”——侯锋》、《站在内分泌医学前沿的邱明才》、《协和干细胞裂变专家韩忠朝》等。《天津科协》刊物陆续刊登了《践行希波克拉誓言——记新增院士郝希山》、《领衔攻关十五载，汗水浇灌硕果来——记中国工程院院士吴咸中》、《中学生眼中的“大院士”——葛墨林》、《津门青年英才风采录》等通讯报道。经市天文学会、天津科技馆积极争取，国际天文学联合会小天体命名委员会命名一颗“陈省身星”。

（沈天桔）

【充分发挥科协的桥梁纽带作用】 2004年，市科协密切与科技工作者的联系。春节前夕，市科协机关兵分五路，慰问在津两院院士、知名专家、基层科技工作者和科普工作者。9月开展了调研服务月活动，深入到50个科技社会团体，召开了10余个科技人员座谈会，走访了80多名不同类型的科技人员家庭，了解他们的柴米油盐、喜怒哀乐和所思所想，反映他们的意见、建议和要求，为他们排忧解难。市科协《关于科技人员状况调查报告》获天津市第八届优秀调研成果奖。《科技工作者建议》出刊8期，市领导多次做出批示，批转有关部门参考或办理。加强与市科协委员和常委的联系，坚持为他们寄送《大众科技报》、《天津科协》杂志、《科协快讯》和科协《工作简报》等报刊。

为科技工作者服务，积极开展各种活动，为科技工作者施展才华搭建舞台。通过学术活动、继续教育、在职培训，提高科技人员学术水平和业务能力。学术团体评审技术职称领域进一步扩展，市劳动保护科技学会争取到全市安全工程专业技术人员评定技术职称的职能，老科技工作者协会被批准为离退休科技工作者评审技术职称。继续资助科技工作者出版学术专著。积极举办参观、考察、联谊及有益于身心健康的文体活动，举办了首届科技工作者书画作品大赛，与市社联、市社科院联合举办了两科联盟迎新春联谊会。

加强科技团体建设。各学会改革进一步拓展，多数学会健全了会员制和民主办会的各项制度，积极开展学术活动；一批学会通过开展科技咨询、科技培训、科技服务，增强了自我发展能力；部分学会承担了政府部门分离出来的职能，市标准化协会承担全市3000家企业产品标准时效性审验，市锅炉压力容器学会取得了国家特种设备认证评审资格。28个学会召开了换届大会，149家学会完成了年检，新成立了天津市空间结构研究会、工业工程学会。开展了学会之星、先进学会和优秀学会干部评选。市机械工程学会、电力学会、照明学会获全国学会之星十连冠称号，市地质学会、电子学会、节水水处理技术研究会、园艺学会、工厂科协研究会获第四届学会之星三连冠称号。区县科协在新形势下有了新的发展，和平、河北、河西、塘沽四区科协召开了换届大会。企业科协组织不断壮大，天津力神电池公司、华苑软件园等13家企业先后建立了科协，全市企业科协总数达到347家。摩托罗拉(天津)公司科协和宝成机械集团公司科协被中国科协评为全国“先进非公有制企业科协”。“科技之家”建设仍在不懈进行，已邀请专业设计院制定总体规划，并就项目名称、设计理念、方案修改、运作方式等进行了多次研讨。市科技进修学院实施了教学楼扩容项目。还启动了“青少年科技俱乐部”建设项目。

（沈天桔）

新技术产业园区与经济技术开发区科技

新技术产业园区

【园区发展简况】 天津新技术产业园区(简称天津园区)是1991年3月经国务院批准的首批国家高新技术产业开发区。主体位于天津市区西南部，占地21.85平方千米,主要由华苑产业区、南开政策区、辐射区三部分组成。2004年天津园区紧紧围绕“创建全国一流科技园区”的目标,开拓创新,团结拼搏,着力推进华苑产业区的建设,在经济发展、开发建设、招商引资、科技创新、依法行政等方面均取得新突破,实现了园区发展的历史性新跨越。2004年园区完成技工贸总产值596亿元,同比增长35.4%;出口创汇16.34亿美元,同比增长28.1%;增加产值169亿元,同比增长35%。经国家科技部批准,天津园区17项产品被列入国家重点新产品计划，占全市该计划项目的47%,居全市首位,其中达到国际领先水平的2项,国际先进水平的9项,国内领先水平的2项。

天津华苑产业区作为天津园区的核心区，环境优美、交通便利,设施齐全、配套完备,政策优惠、智力密集,年内各项指标增幅均超过45%,并形成了以镍氢电池和锂离子电池为代表的新型绿色能源、以干细胞为代表的生物工程和生物制药、以华苑软件园和软件出口基地为代表的电子信息工程三大支柱产业,新材料产业不断发展壮大,将成为华苑产业区第四大支柱产业。2004年,华苑产业区共审批三资企业72家，增资企业12家，吸引外资额超过2.43亿美元,为2003年的1.5倍;实际到位额突破9000万美元,为2003年的4倍；内联引资8.75亿元，同比增长129%。特别是德国西门子公司项目落户天津园区,引入高科技含量的新产品，建成世界第二大自动化生产基地。

天津园区高新技术产业的发展，推动了天津市传统产业的改造，促进了全市产品的升级换代和产业结构的调整,产生了六个效应,即吸引激活人才、资金、信息和项目等要素并形成最佳配置的聚集效应;促使科研与经济有机结合,疏通创新道路的纽带效应;充分利用园区宽松环境,培育企业及企业家的孵化效应;在市场经济条件下,老企业不断发展壮大并促进新企业不断诞生的裂变效应；由高新技术产品及其技术辐射传统产业而产生的扩散效应；天津园区企业所拥有的新的管理模式和运营机制生产的示范效应。

2004年，天津园区先后聘请10名国内外知名院士为园区特聘专家，就天津园区主导产业及其代表性企业的发展出谋划策，成为天津市特聘专家最多的区域。积极拓展引智渠道,有27名外国专家应聘到驻区企业进行技术指导,为其中的6名外国专家办理了外国专家证。6家驻区企业的12个高新技术科研项目，获得国家外国专家局和天津市引进国外智力工作专项经费资助共计26万元。新增1个博士后工作站,又有4名博士后进站工作。这些人才带来了许多国际上新的理念，为天津园区加速与国际接轨做出了贡献。

（李莹波）

【科技创新体系建设】 2004年是实施《园区技术创新三年规划》关键的一年,天津园区科技工作的中心任务就是贯彻实施“规划”提出的指导思想和基本战略,推动孵化体系和服务体系建设,促进研发体系建设，做好科技项目立项申报和科技发展战略研究工作,培育重点项目和企业。

创新孵化体系建设。至2004年底,火炬创业园孵化面积达81万平方米,同比增长69%;进驻企业1184家,同比增长34.5%。其中,国际创业中心继续发挥“国家队”作用,输出品牌、输出管理、输出服务,先后获得天津市、国家科技部和全国侨联的嘉奖;软件园管理中心依托“国家软件出口基地”和“国家863软件专业孵化器”,加强管理,提升服务,实现年销售收入30亿元,软件收入15亿元,软件出口6000万美元。

创新服务体系建设。至2004年底,华苑产业区科技服务中介机构达81家,可提供六大类的科技专项服务。建立了投融资联席制度,投资担保公司运营7个月来支持企业54家次,受支持的企业增缴税收1225万元,增加产值2.5亿元。成功举办了“海泰发展杯”企业创新创业大赛,81家企业提交了商业计划书,已获得风险资金1000万元,投资意向逾1亿元。

研发体系建设。2004年,园区新增LG公司和鼎盛公司2家国家级企业技术中心,这也是2004年度天津市惟一获此殊荣的企业。南大海泰蓖麻工程研究中心被批准为市级工程技术中心;赛恩公司和海泰数码公司被认定为市级企业技术中心。16家企业获得国家创新基金无偿资助670万元;24家企业的34个项目获得65.6万元的国家“中小企业国际市场开拓资金”支持;17项产品被列入国家重点新产品计划,占全市的45%。

(李莹波)

【园区诞生首位工程院院士】 天津园区企业鼎名密封公司王玉明当选机械与运载工程学院部院士,成为天津高新区第一位荣获中国工程科学技术界最高荣誉的学科带头人。30多年来,王玉明始终在第一线从事以危险性气体为工质的透平机械的非接触式流体密封装置及其测控系统的研发、应用和产业化工作,取得多项具有自主知识产权和国际先进水平的成果,经济和社会效益显著。他还是享受国务院特殊津贴和天津市授衔流体密封工程专家。他作为第一发明人和第一完成人,多项成果获国家级和省部级科技奖,并在国内外发表论文30余篇。

(李莹波)

【绿色能源产业】 在华苑产业区,以力神电池、和平海湾、津能电池、巴莫科技等公司为核心企业的绿色能源产业基地,集成了几大科研院所的优势技术资源及海外领先的研发手段,建立了绿色能源研究院、绿色能源技术专家委员会、绿色能源技术国际交流中心,为天津园区绿色能源生产企业提供了强大的技术服务。绿色电池的生产企业聚集了一大批科研人员,其中研发人员460人,工程技术人员690人,成为天津绿色能源产业蓬勃发展的主力军。2004年仅绿色电池产业总收入就达到8.9亿元,占绿色能源总收入的77%。绿色电池产业自主研发的技术水平居国内领先,一些项目技术水平达到国际领先水平,已带动一批电池生产企业入驻园区,成为园区最具发展前景的经济增长点。力神电池、和平海湾、津能电池、巴莫科技等核心企业在支持“863”项目及其他具有自主知识产权项目的研发和成果转化方面,在培养高素质的复合型人才方面,充分发挥了科学技术的带动作用,促使天津园区成为全国最具实力的绿色能源产业基地。

(李莹波)

【国家干细胞产业化基地】 2004年4月10日被命名为“中国医学科学院血液学研究所干细胞工程产业化基地高新技术产业化示范工程”的国家干细胞产业化基地在天津园区落成启用。该基地占地4万平方米,总建筑面积约5.8万平方米,一期已投入使用的干细胞库是目前世界上规模最大的干细胞库之一,日处理脐带血能力100份,总储存量达到30万份。该基地的建成,将推动干细胞产品对恶性血液病、免疫缺陷性疾病、遗传性疾病以及恶性肿瘤的诊断和治疗水平的发展,并将大大加速干细胞相关技术及基因工程药物的科研成果向现实生产力转化,标志着中国干细胞工程产品产业化的发展迈上了一个新台阶。

(李莹波)

【首届海泰发展杯企业创新创业大赛】 为促进企业与金融机构的科技交流与合作,加速知识与资本的结合,提升天津市中小型高新技术企业的融资能力,拓展融资渠道,为企业营造良好的发展环境,园区组织实施了首届“海泰发展杯”企业创新创业大赛。该活动得到园区企业的热烈响应,共有126家企业报名,通过培训和咨询活动,共有82家企业提交了商业计划书,正式参赛。通过此次大赛,促进金融投资机构更多地了解高新技术企业,开展更广泛的项目对接,进一步促进了中小企业的快速成长。本次大赛涌现出一批技术水平高、发展潜力大、市场前景广阔的优秀项目,许多项目达到国内甚至世界领先水平。为汇集这些好项目,编制完成了《天津新技术产业园区投融资项目服务手册》。

(李莹波)

【太平洋电讯组织会议】 2004年9月14~17日，太平洋电讯组织（PTC）2004年年中会议暨PTC博览会和第九届中国（天津）信息技术博览会在天津园区成功举行。这次会议围绕"中国—世界信息通信业的机遇和挑战"这一主题，重点研讨了中国电信业政策、电子教学的改革、电信综合发展、电子政务、软件发展等各方面的问题。会议主题和内容的设置紧密结合国家推进信息化和信息产业的方针、政策，顺应世界发展的趋势，抓住了信息化建设中的关键问题。会议的突出特点是，参加国家和地区范围广，来宾规格层次高，国际代表性强。与会代表和参展商来自环太平洋地区的21个国家和地区，是一次盛大的国际性会议。本届展览会不仅扩大了天津园区的知名度，也带来了不同国家和地区先进的技术和产品，带来了新的管理思想和理念，进一步扩大和加强了中国与世界的信息通信业的交流和发展，为天津乃至全国信息化和信息产业的发展起到了巨大的推动作用。

（李莹波）

【知识产权工作】 天津园区把知识产权战略作为新技术产业园区四大创新战略之一。天津园区作为全国首家国家知识产权试点园区，2004年专利申请量达2819件，占天津市企业申请专利总量的74%，一大批个人专利也得以在园区商业化、产业化。随着天津园区经济的不断发展，民营企业在拥有自主知识产权方面取得突破性进展。一些具有国际视野和前瞻视野的民营企业在完成初期基础建设和技术储备后，在研发领域取得了长足的进步。

天津赛象科技股份有限公司是靠自主知识产权的专利产品发展起来的高科技股份制企业，2004年专利申请26项，专利实施产值达3.8亿元。该公司生产的全钢丝载重子午线轮胎一次法成型机，已销往全国十几个子午线轮胎生产骨干企业，国内市场占有率达80%以上；轮胎胎面复合挤出联动生产线已销往世界各地，市场占有率达90%以上，该专利产品累计销售收入达4.5亿元，并被列入国家重点新产品，实现了专利产品产值和利税的持续增长。2004年，该公司被列入市级和国家级专利工作试点单位。

（李莹波）

经济技术开发区

【简况】 2004年，天津经济技术开发区（简称天津开发区）围绕提高科技创新能力，改善科技创新环境，坚持科技产业化和产业科技化兼顾的原则，进一步完善科技事业发展环境，全面提升信息化水平，保持了高新技术产业的高效、快速发展和科技事业的全面进步，全区科技实力在全国开发区中继续保持领先，在天津市和滨海新区的发展中发挥着新的重要作用。

通过多年的努力，开发区形成了一个比较强大的自主科技创新群体，区域科技创新能力显著增强。至2004年底，天津开发区已拥有国家级和省级工程技术中心、企业技术中心26家，高新技术企业192家，入区高级人才334名，院士13名，博士后工作站34个，在站博士后50余名。建站数量和在站博士后数量占全市总量的50%以上，在国家级开发区中居第一位。通过创新体系的建立，天津开发区在纳米技术、集成电路设计、干细胞、生物芯片、电动汽车、膜技术、计算机信息安全等高新技术领域内具备了较强的研发能力。

2004年，天津开发区创建的国家生态工业示范园区获得国家环保总局正式批准。ISO 14001环境管理体系认证推广工作进展顺利，至2004年底全区已有41家企业通过ISO 14001认证。全面启动"废物最小化俱乐部"工作，举办了首届中国（天津）国际绿色电子制造技术与产业发展研讨会和国家环保总局推进循环经济交流会，促进了生态工业园建设及循环经济的发展。

（陈志远）

【科技促进工作取得重大进步】 2004年，天津开发区继续完善《天津开发区促进高新技术产业发展的规定》和《天津开发区鼓励高级人才入区的规定》（简称"双高"）政策体系，完成了《国家及天津市重点科技项目开发区匹配专项资金管理暂行办法》，成立了开发区生物技术产业发展推动小组，出台了《天津开发区生物医药产业发展纲要》。全年投入科技发展资金和科技风险资金1.84亿元。引进了天津中新药业中药现代化技术工程中心、华立达企业技术中心、中新药业研究中心、天津市光电子联合科学研究中心等4家工程技术研究中心，新建了8个企业博士后工作站，开泰企业孵化器和开发区软件大厦正式启用。截至2004年底，开发区已拥有20家工程技术研究中心，6家企业技术中心和6家跨国公司研发中心，34个企业博士后工作站，6个高科技创业孵化基地，4家风险投资公司，累计投入科技发展金和科技风险资金10.66亿元，为开发区发展提供了强大的科技保障。

（陈志远）

【科技创新能力继续提高】 2004年，天津开发区有55个项目进入国家和天津市科技创新计划，共得到国家和天津市经费支持额度2.3亿元，项目数量和经费总额均创历年最高。其中有2个项目列入国家“863”计划，26个项目列入天津市2004年科技发展计划，14个项目列入天津市2004年技术创新项目，2个项目获得天津市科技进步奖。全年共有7个项目获国家科技部中小企业技术创新基金资助，资助总额度达530万元，是开发区获得中小企业技术创新基金资助最多的一年。

（陈志远）

【高新技术产业化进展顺利】 2004年，天津开发区有9个项目列入国家发展改革委员会重大高技术产业化示范项目，项目总投资达10.6亿元；11个项目列入天津市重大高新技术产业化项目，项目总投资约26亿元人民币。新增高新技术企业26家。全年技术交易总额0.4亿元，技术合同登记46项，13项科技成果完成鉴定登记，申报专利152项。以在国内首次完成90纳米集成电路设计、生物芯片研发进入临床试验、电动汽车进入商业试运行为标志，天津开发区高新技术产业化取得显著成效，已经成为天津市高新技术产业化基地。

高新技术产业规模继续壮大。2004年，全区高新技术企业实现工业总产值1096.93亿元，比上年增长52.4%，占全区工业总产值的60.2%。电子信息、生物医药、新能源产业增长迅速，对全区高新技术产业发展起到明显的带动作用。

以摩托罗拉（中国）电子有限公司、天津三星通信技术有限公司、飞思卡尔半导体（中国）有限公司、中芯国际集成电路制造（天津）有限公司、英保达资讯(天津)有限公司等为代表的电子通讯领域的高新技术企业增长势头良好，为开发区高新技术产业的进一步发展提供了保障。

高新技术产品结构继续优化，主导高新技术产品产量大幅增长。全年移动电话产量达到4880.60万部，增长58.1%；基站351.14万信道，增长74.8%；大规模集成电路4.78亿块，增长29.0%；液晶显示器、数码摄像机、新型电子元器件、芯片、汽车电子产品、酶制剂等一批高科技含量、高附加值产品的生产规模大幅增长，有力地促进了开发区工业产品的升级和多元化。

软件产业保持良好的发展势头。2004年，软件大厦投入使用。美国联盟计算机服务公司等软件外包服务商落户天津开发区；依托国家计算机病毒应急处理中心，相继引入趋势科技、飞塔信息等计算机防病毒企业，以软件外包和信息安全为特色的开发区软件业正快速成长。

（陈志远）

【对外科技交流成果显著】 2004年，天津开发区成功举办了第四届移动通信产业(移动应用)国际论坛暨展览会、2004中国汽车电子产业发展高层论坛、中国泰达生物论坛2004（“TEDA-WATSON”第三届年会）、2004国际SPM（扫描探针显微术）会议、大学科技园国际论坛（2004，天津·北京）等高层次大型会议，有效地促进了天津开发区与国内外的科技交流与合作，提高了天津开发区的知名度，树立了开发区的形象。

（陈志远）

【知识产权工作成绩突出】 2004年，天津开发区申请专利253项，比上年增长56%，累计700多项，天津生物芯片技术有限责任公司等一批企业成为专利大户。知识产权管理体系和中介服务体系取得较快发展。成立了天津开发区知识产权服务中心，开通了开发区知识产权网站，建立了专利信息检索查询系统，为区内企业专利的创造、管理和转化提供了有力支持。知识产权政策和法规体系建设日益完善。为鼓励专利的申请和转化，天津开发区加大专利资助力度，至2004年底，已经资助357项专利，资助总计21万元。天津开发区知识产权保护的力度不断加大，司法和行政两条途径协调运作，开发区知识产权局、工商局、法院、海关等部门紧密配合，有效地遏制打击了知识产权侵权行为，保护了知识产权所有者的合法利益。围绕开发区的重点产业，区内研究开发机构和高新技术企业不断开发出具有自主知识产权的高新技术和产品，为开发区相关产业的发展提供了有力的技术支持。天津市电动车辆研究中心研发了具有自主知识产权的纯电动轿车和客车，取得了14项专利，居国内领先水平。天津生物芯片技术有限责任公司仅2004年就申请了96项国内专利和1项国际专利。

（陈志远）

新技术产业园区一景

区县科技

和平区

【通过国家和市级科技进步考核】 2004年,和平区顺利通过了国家科技进步考核，成为天津市首批通过国家考核的区县之一。同时,和平区又通过了天津市科技进步考核。通过考核,和平区科技工作呈现出4个特点:一是各级党政领导依靠科技进步振兴经济的意识不断加强;二是完善了科技管理体系;三是科技投入不断增加,保障了科技工作的顺利开展;四是科技发展环境不断改善,科技工作取得新的进展。通过国家和市级科技进步考核，极大地促进了和平区科技事业的发展。

（刘　勇、周智华）

【园区健康发展】 2004年,和平区努力探求园区建设与楼宇经济开发的新思路、新举措,不断建立健全科技创新和科技服务体系，加大政策扶植和资金支持,改进管理方式,提高服务质量,进一步完善了园区的功能，从而为提高企业科技创新能力和科技成果转化率奠定了基础。

和平区园区共完成招商174户，园区入驻企业1121户,注册资金17亿元;完成国内生产总值1.38亿元,占年计划的105%;完成社会消费品零售额2.93亿元,占年计划的134%;完成内联引资到位额1.44亿元，占年计划的144%；技工贸收入完成33.39亿元,同比增加10亿元,创造税收1.22亿元。

2004年1月科工贸园区办公大楼新址落成,完成了由无形园区到有形园区的过渡。该园区以此为契机,从抓基础建设入手,建立健全各项管理制度,加强内部管理,以高质量的服务带动招商,新增入驻企业75户，国民生产总值和社会消费品零售额两项主要经济指标同比分别增长38%和562%,实现了新跨越。

民营科技园在面临政策调整和拆迁等不利因素的情况下，对园区科技管理工作进行了一系列重大调整,通过加大宣传力度、注重招商质量、强化服务手段，使园区企业自我创新能力和运行质量不断提高。园区自身通过建立健全各项制度和考核竞争机制,进一步促进了管理工作和招商引资,新增企业99户，国民生产总值和社会消费品零售额两项主要经济指标同比分别增长29%和12%，使园区保持了良好的运行状态和发展态势。

（刘　勇、周智华）

【科技管理工作】 2004年和平区对322户民营科技企业进行了年检，与上年相比增加了37家。评选出2003年度优秀科技项目36项，优秀科技管理集体9个,优秀科技管理个人29人。同时,推荐科工贸园区内的科技企业——天津市希望环保科技发展公司的高科技产品“臭氧水处理设备”申报了2004年天津市重大高新技术产业化项目。

制定了《和平区专利申请资助资金发放管理办法》,2004年共发放2.5万元，资助了79个专利项目，这种支持力度是从未有过的。在第四个“4·26”知识产权宣传日,区科委与市知识产权局等8部门在和平区平安园隆重举办了“天津市专利知识咨询服务活动”。5月14日区科委与区委组织部、宣传部等联合举办了“和平区领导干部知识产权讲座”,市知识产权局局长张盛如作了关于《知识产权与经济发展》的专题报告，全区处级以上领导干部及相关部门负责人参加了讲座。2004年和平区申请专利269项,完成专利成果登记15项,是2003年的5倍。针对民营科技企业的实际需要,举办了“2004年度技术市场管理与经营工作培训班”，近200位科技企业管理人员参加了培训。

完成了天津市科技发展计划“特色产业项目”课

题的申报工作。该项目的完成，对进一步规范服务和管理，优化区域经济结构，完善投资环境，实现区域经济跨越式发展有着重要的意义。同时，完成了《和平区“十一五”科技发展规划》的制定工作。

2004年，和平区认定登记技术合同712份，实现技术合同成交额1.004亿元，在全市位居前十名，在和平区历史上首次突破亿元大关。在年初召开的全市技术市场工作会议上，和平区获得2003年度技术合同认定登记工作先进集体和先进个人两项荣誉。

（刘　勇、周智华）

【第十八届科技活动周】　5月17日由和平区承办的以“科学·文明·健康”为主题的天津市第十八届科技活动周在市人民体育馆广场举行，市、区领导及各界群众1000余人参加了开幕式。科技周期间，举办保护环境青年科普、全民健康行动日、知识有奖竞答、科普进军营等百余项活动，参加活动的达10万余人次。举办科技讲座256场，听众达6万余人；组织科技培训77次，受训人员达5000余人；举办知识竞赛151次，参赛人数达3万余人；自行设计制作科普展牌120块，购入科普挂图3000张、科普宣传手册1000余份、刻制VCD光盘300余张，印制系列科普传单2万份，免费赠送至全区88个社区、60余所学校和基层单位。

5月22日，在胜利公园隆重举行“全民健康行动日”活动，同时全区6个街道也分别在自己的辖区内举办活动。“崇尚科学、相约健康社区行”专家、学者巡回报告团分别深入到社区进行“健康生活观念”、“高血压病的预防”、“糖尿病的中医康复治疗”、“急救知识”、“冠心病的防治”等贴近生活、贴近实际的科普系列讲座，使全区干部和社区居民3000余人受益，受到广大群众的普遍好评。还举办了“崇尚科学·破除迷信”科普征文活动和“科学与健康同行”科普展牌设计竞赛，共评选出67篇优秀科普文章和65块优秀科普展牌设计作品。

（刘　勇、周智华）

【青少年科技活动】　2004年和平区组织各学校结合自身特点开展了丰富多彩的青少年科技教育活动。在天津市科技大赛中，和平区获市级一等奖10项，二等奖27项。获第十九届全国青少年科技创新大赛一枚银牌。7月8日，市委宣传部、市精神文明办和市科协在和平区崇仁里社区举行了“青少年科普进社区”启动仪式，市、区领导和数百名青少年、社区居民代表参加了活动。举办了青少年科技节、“大手拉小手”、“碧海环保”等活动。列入和平区青少年科技教育工作年度计划的共24项，其中5项全国性活动、9项市级活动、10项区级活动已全部完成。

（刘　勇、周智华）

【实施科普示范工程】　2004年召开了街道科普工作会议，对全区街道和部分社区进行了走访，加强对街道科普活动的组织和指导工作。各街和示范小区的科普咨询、讲座、文艺汇演、知识竞赛等科普活动保持每月、每季都有，充分发挥了科普主力军的力量。下发了科普展牌，并在全区街道社区进行轮展，营造热爱健康、关心健康、了解健康、依靠科学达到健康的良好氛围，形成爱科学、学科学、讲科学、用科学的社会风尚，促进了和平区精神文明与物质文明建设的协调发展。开展了“崇尚科学、关爱家庭、珍惜生命、反对邪教”为主题的反邪教警示教育活动。同时，狠抓硬件建设，社区科普画廊建设项目全部完成并交付使用。在科学论证的基础上，抓住重点，突破难点，解决了资金问题，在全区六个科普示范小区投资建设了60米的通体不锈钢科普画廊。该科普画廊作为科普示范小区内开放性、公益性的科普基础设施，在普及科学知识、弘扬科学精神、传播科学思想和科学方法、提高公众科学素养等方面成为进行科技文化教育、倡导文明新风的主阵地。

在科普月活动期间，共展出内容新颖，图文并茂，涉及身边科技、环保、生物、地震、禁毒的各类展牌560块；组织大型科普系列宣传活动6次，参与人员达3万余人；组织报告会、讲座191场，参与人员达6万余人；放映科普影片92场，近8万社区居民观看；组织问卷调查、科普知识竞赛38场，约7万名居民参加；举办健身操、健身舞表演10场，发放科普宣传资料5万余份。

（刘　勇、周智华）

【加强科协组织建设】　区科协本着加强科协组织建设、坚持民主办会的原则，组织召开了和平区科协第五届四次常委会，审议通过了区科协第五届委员会2003年工作总结和2004年工作要点。为落实此次会议精神，提升科协工作水平，召开了2004年和平区科普工作会议，对基层组织下达了《2004年和平区科普工作要点》，指导各基层组织紧密结合全区工作主要任务的实施，充分发挥科协组织在经济主战场上的作用。

（刘　勇、周智华）

【区科协第六次代表大会】 2004年12月19日，和平区科学技术协会第六次代表大会隆重举行，选举产生了区科协第六届委员会委员58名，常务委员32名，主席1名，常务副主席1名，副主席12名及秘书长1名。200多名来自全区各单位的科技人员代表出席了大会。会议由区科协副主席、科委副主任马全胜主持，区委副书记王行安致开幕词。会议听取和审议了由和平区科协第五届副主席、区科委主任岳和平代表和平区科学技术协会第五届委员会所做的工作报告，修改了《和平区科学技术协会章程》，通过了《关于和平区科学技术协会第五届委员会工作报告的决议》、《和平区科学技术协会章程的决议》和《授予和平区科协六届委员会名誉主席、荣誉委员的决定》。大会选举产生和平区科学技术协会新一届领导机构，新当选的科协主席庞学光致闭幕词，市科协副主席洪解亮和区委副书记、区长李润兰分别讲话。

（刘　勇、周智华）

【反邪教活动】 2004年，根据市委关于开展反对“法轮功”邪教组织的部署和市反邪教协会的要求，在全区范围内广泛开展了以“崇尚科学·关爱家庭·珍惜生命·反对邪教”为主题的反邪教警示教育活动，组织了专家巡回报告团深入社区进行巡讲；刻制了反邪教宣传光盘百余张及宣传画、宣传手册，发放到街道社区；组织社区居民参观了“崇尚科学·关爱生命·维护人权·反对邪教”的大型宣传展览，受到广大社区居民的好评。

（刘　勇、周智华）

河西区

【通过市级科技进步考核】 2004年，河西区以科技进步考核为契机，加大科技对全区各项工作的推动作用。在原有三级科技工作网络的基础上，又在12个街设立专兼职科技工作队伍。召开了“坚持科技进步，依靠技术创新工作推动会”，全面推进科技进步考核工作。通过对科技进步考核指标的任务分解，建立了比较完善的科技进步考核机制。2004年7月，河西区通过了天津市科技进步考核。

（汪新霞）

【创建国家级可持续发展实验区】 2004年经区委、区政府研究决定，在全区开展创建国家级可持续发展实验区工作，成立了由区长任组长、各有关部门主要负责人为成员的领导小组，领导小组办公室设在区科委。2004年9月29日，召开了河西区开展创建国家级可持续发展实验区动员大会，明确了任务指标，对工作人员进行了专题培训，为创建国家级可持续发展实验区工作打下了良好的基础。

（汪新霞）

【民营科技企业】 2004年，河西区民营科技企业保持良好发展态势。新备案登记民营科技企业50户。年内创利税1.74亿元，技工贸总收入500万元以上的重点企业14家。有6家企业被评为天津市优秀民营科技企业，4人被评为天津市优秀民营企业家。

（汪新霞）

【技术市场】 区科委与区政协联合举办了科技项目交流洽谈会，有40多家民营科技企业参加项目展示与洽谈，签订合作意向16项。年内完成技术认定登记交易额1.64亿元，同比增长11%。2004年，河西区科委被评为天津市技术市场工作先进单位。

（汪新霞）

【科技成果与知识产权】 2004年河西区登记市级以上科技成果18项，并组织专家对天津光明鑫宇人造环境设备有限公司研制的“高精度恒温恒湿控制系统”等两项科技成果进行鉴定；3个项目获得国家和天津市科技发展资金的支持，共计115万元；2个项目获得天津市科技进步奖。召开了科技进步表彰奖励大会，并按照《河西区科技进步奖励办法》，对全区42项科技进步奖项目进行表彰奖励，颁发奖金4 万元。成立了区知识产权办公室，开展知识产权保护的宣传与推动工作。全年申请专利659件，为244 件专利办理了天津市专利申请资助。2004年河西区被评为天津市科技成果管理工作先进单位。

（汪新霞）

【科学普及】 充分发挥科协组织的作用,以大科普思想统领全区科普工作,本着突出主题、不断创新、重在基层、讲求实效的工作思路,不断提升全社会科学文化素质。区科协获得全国科普日活动先进单位、全国科教进社区活动先进单位、全国和天津市第十九届青少年科技创新大赛优秀组织奖。

创建精品社区活动,是河西区在全市实施"科普示范工程"活动基础上的创新之举,列入天津市科普活动的重要内容,市科协在河西区召开了现场会,推广了河西区的经验。组织12个街对10个街道的精品社区进行了观摩和经验交流,7个精品社区通过验收。

组织95个项目参加了第十九届全国青少年科技创新大赛,获5块银牌、4块铜牌,其中"智能打蜡清洁机器人"被推荐为在上海举办的国际工程师大会展示项目。参加在葡萄牙里斯本举行的2004年电脑机器人世界杯大赛,取得一块金牌、一块铜牌。

(汪新霞)

河东区

【科技工作简况】 2004年,河东区科学技术委员会是区政府管理全区科技工作的职能部门,负责制定和推动实施科技规划、科普规划,全面推动科技进步与创新,促进科技成果转化,为科技企业发展搭建平台。河东区科委与区科协合署办公,区专利办公室设在科委内。在促进技术市场的发展中,认真把握"放开、搞活、扶植、引导"的方针,推进技贸市场健康、稳步的发展。完成推广、鉴定、立项登记科技成果20项,完成技术交易额1.3亿元。

河东区科学技术协会充分发挥联系科技工作者的纽带作用,开展了丰富多彩的科普教育和青少年科技教育活动,举办科技活动周和科普培训,组织开展了"讲理想、比贡献、金桥工程"等活动。

(韩 静)

【创业园建设】 河东区重视人才的培养,实施人才强区战略,鼓励和扶植大学生自主创业。与天津工业大学共同创办大学生创业园,并于2004年5月17日举行揭幕仪式。大学生创业园坐落在河东区程林庄道上的天津工业大学院内,以工业大学为依托,区政府与该校共同投入启动资金,给大学生提供一个创业平台,大学生在学期间领办公司的可以享受保留学籍的待遇;现在已有8名应届毕业生独立创办企业。

(韩 静)

【电气节能孵化器建设】 河东区在巩固已建成的4个科技园区的基础上,启动了帅超科技园的二期工程——天津电气节能孵化器建设。该孵化器坐落在津塘路二号桥电传路7号,是天津市科委批准立项、河东区政府与天津电气传动设计研究所共同创建的。该项目占地5000平方米,建筑面积5000平方米,为高新技术产业和科技型企业创新、创业、发展搭建了平台,将逐渐形成区域经济的支柱产业,成为河东区、天津市乃至全国电器节能技术的研发基地。

(韩 静)

【发挥民营科技企业作用】 河东区结合区情,给大学生创业提供更好的实践环境和机会,与民营科技企业的今明仪器有限公司、天津纽普兰环保发展有限公司、天津帅超激光工程技术有限公司、天津环昊科技发展有限公司建起4个大学生实习基地,并与企业签订协议。4个实习基地已有300余人到各企业实习锻炼,为应届毕业生提供了100余个就业岗位。

(韩 静)

【加强知识产权工作】 2004年,制定并出台了《河东区专利奖励政策》,保证了《2004年天津市专利申请资助办法》的实施,拟写了《河东区加强专利保护专项行动工作方案》。8月建立了"河东区专利项目网络查询点",并与市知识产权局连网,积极开展咨询服务,深入基层服务,并对区域内的集体企业,私营企业、科研院所、大学、部队等15个单位的专利咨询情况进行调查摸底。积极开展专利申报资助工作,按照要求匹配专利资助金14.55万元,以促进专利申报工作的开展。

为提高群众的知识产权意识,开展了多种形式的知识产权培训与宣传。为全区处级以上领导干部和中青年干部举办专题知识产权知识讲座2次,1000余人参加;与工商局商标科在第二工人文化宫举办"知识产权与商标研讨会",有100多家企业参加;专利办公室的工作人员还参加了国家知识产权局的培训,并取得了执法证书;4月26日,河东区政府与市知识产权局举办了"天津市第二届专利项目推介洽谈会",天津大学、天津工业大学、河北工业大学师生及近200名专利持有者踊跃参加,当天达成意向协议100多项。年内受理资助专利132件,资助金额达5万元。

(韩　静)

【第十八届科技活动周】 2004年5月17日第十八届科技活动周开幕,区委书记杜彩霞、区人大常委会主任赵昆等领导同志出席并讲话。科技活动周期间,共组织各类活动280项,列为区重点活动130项,大型活动9项,其中有40项编入市级科技活动周指南,群众的发动、参与面达80%。科技活动周坚持了"以基层为主,齐抓共办,务求实效"的原则,活动开展的扎实,在全区上下的共同努力下,河东区被市政府评为科技活动周优秀组织单位。

(韩　静)

【青少年科技活动】 2004年,河东区将青少年科技活动作为科学技术普及工作的重要组成部分,以全区中小学校为载体,在青少年中开展了丰富多彩的科技活动,锻炼了学生们的创新思维,培养了青少年的动手能力,调动学生的积极性,涌现出一批科技特长生。区科协与区教育局共同完成了21名科技特长生的认定工作,这些特长生享受升学加分的待遇。

区科协组织全区中小学校参加了全国第十九届科技创新大赛,取得一等奖1名、三等奖2名的好成绩;组织501名学生参加全国七巧板大赛,区科协被评为全国七巧板大赛优秀组织奖;组织4名科技辅导员参加全国科技论文评选,1篇论文获得一等奖,3篇论文获得二等奖;有9所学校、8名科技辅导员、3名组织者被评为市级青少年科技活动优秀奖。

开展科技辅导员队伍建设,对取得三级评审员证书的科技辅导员进行培训和考核,并对合格者进行注册登记;结合各种大赛对科技辅导员进行发明创造、科学论文、无线电等业务培训,提高科技辅导员的业务能力和水平。

(韩　静)

【社区科普工作】 2004年有21个居委会(小区),被评为市级科普示范小区,有12户家庭被评为市级"科学文明家庭"。3月份区科协在东新街召开了有中国科协普及部部长和全国三省五市科协领导参加的"社区科普大学"现场观摩会,推动了全区居民科学素质的提高。在整顿街道科协组织的基础上,建立了三级科普网,开展规范化、系统化的科普知识培训。

实施万人科普培训计划,组织全区60名科普讲师团队伍,以"崇尚科学文明,摒弃生活陋习"为主题,开展了一系列主题鲜明、群众易于理解和接受的科普宣传教育活动,共有1.3万余名社区居民参加培训,收到明显成效。河东区被中国科协、中央精神文明办评为全国"科教进社区"先进区。

天津市科学技术进修学院河东分院不断完善办学机制,拓宽办学渠道,开办各类职业技能培训,先后举办了手机维修班、调酒师班、计算机平面设计班、英语等级培训班等,完成各类技能培训350人次。

(韩　静)

南开区

【科技工作简况】 2004年南开区坚持不懈地实施科教兴国战略,全面落实科学发展观,用科技进步推动区域经济和社会各项事业健康、持续、快速发展。全区完成生产总值51.8亿元,比上年增长23.8%;社会消费品零售总额达92.4亿元,比上年增长20.4%;实现财政总收入17.94亿元,区级财政收入达7.48亿元,按可比口径增长18.6%。

全力推动南开区科技园建设,确定并启动建设"科贸金街"规划,创建开拓园、创新园等9个"园中园",不断优化园区软硬件环境。成立了规划编制工作领导小组和开发建设办公室,制定出南开"六区三带"规划,确定以红旗路为界将政策区分为东区和西区,以工业园为主体沿红旗路由东向西发展,先期抓好红旗路沿线的科技孵化器群建设。完成与市电子政务专网汇聚实现互连互通,并制定下发了《南开区电子政务信息公开规定》,增大政务公开的覆盖面,南开区政府门户网站获天津市首届政务系统互联网网站评比优秀奖和全国地市电子政务应用调查综合奖。发挥驻区技术中介机构的作用,通过举办或组织参加各种类型的高新技术成果展示会、交易会、项目洽谈会等活动,活跃技术市场,促进区域技术贸易。2004年认定登记技术合同1040项,合同成交额2.73

亿元，其中技术交易额2.2亿元。南开区科技综合实力进一步增强，连续5年获得科技进步监测市内六区第一。

（袁根正）

【科技进步监测】 2004年，南开区按照天津市区县科技进步监测指标体系的要求，认真做好科技进步监测工作，客观地反映出南开区依靠科技进步、促进区域经济和社会各项事业发展的状况以及在科技投入、科技产出、经济和社会各项事业发展的优势和存在的问题，为区委、区政府抓好全区科技工作提供了决策依据。在市内六区科技进步监测中，南开区科技投入第1，科技产出第2，经济发展第3，社会进步第3，综合排序第1。南开区连续5年获得科技进步监测市内六区第一。

（袁根正）

【科技进步奖评审】 南开区实行税收属地化以后，制定了新的科技奖励办法，并通过召开专题会议和区政府网站、科技园网站进行公告，面向区域内所有企事业单位受理、推荐科技项目。经审核，确定了达到申报标准和条件的21个项目，其中工业类6项，信息类5项，医药类10项。通过专家评审委员会评审，经区政府常务会审批，评出一等奖2项，二等奖4项，三等奖8项，占推荐项目总数53.8%。14个获奖的科技项目年创利税2029.6万元，其中利税超过1千万元的1项，过百万元的5项。

（袁根正）

【高新技术产业】 2004年，区政府全力推动科技园建设，荣华时代广场动工兴建，颐高数码广场、蓝天百脑汇大型科技卖场相继开业。创建了开拓园、创新园等9个"园中园"，改造科技园区基础设施，扩建经济服务大厅，继续实行"零费区"政策和推进工商税务全职能"一站式"服务的网上办公。天津高新技术产业园区政策区南开科技园，全年完成国内生产总值15亿元，社会消费品零售额29亿元，技工贸总收入71亿元，出口创汇1.6亿美元，工业总产值40.7亿元，利润2.8亿元；新引进内外资企业615家，注册资金6.8亿元；园内企业累计发展到2300家。

（袁根正）

【信息化建设】 按照市电子政务网建设标准和安全技术规范要求，完成与市电子政务专网的汇聚，实现互连互通。组织实施了以电子政务为龙头建设数字南开的系统工程，进行机关大楼网络完善改造工程，网络设备由集线器升级为交换机，带宽升级为千兆到机关、百兆到桌面，区机关大楼内所有科级单位都能方便快捷地连接因特网，并达到内网与外网的逻辑隔离。在抓好区级机关网络建设的同时，推进基层单位的网络建设。教育系统建成天津基础教育网专网二级节点，实现校校通和远程教育；计划生育系统初步建成区、街、居委会计划生育信息传递网络，实现办公自动化。

利用政府网站加大办事公开力度。7月《中华人民共和国行政许可法》正式实施后，区政府制定下发了《南开区电子政务信息公开的规定》，设立行政许可栏目，所有行政许可事项上网，强化政务公开力度，扩大政务公开覆盖面，同时每天将南开区的重要事件、活动和百姓关注的热点问题在网上发布，确保政务信息每天都有新内容。2004年南开区门户网站获天津市首届政务系统互联网站评比最高奖——优秀奖和全国地市电子政务应用调查最高奖——综合奖。

（袁根正）

【知识产权工作】 2004年，在全区范围内开展了"4·26"知识产权宣传日活动，举办了"领导干部知识产权报告会"、"社区专利宣传展"和"重点企业专利学习交流会"等活动，促进全区知识产权保护意识的提高。在全市专利试点工作验收中，南开区顺利通过验收并名列全市区县第三名。组织召开全区企业专利座谈会，表彰先进企业和先进个人，交流企业专利工作经验，并将专利工作的有关资料和文件汇编成册进行宣传和交流。按照新调整的专利资助办法，全年共受理6批资助企业，资助专利258件，资助金额7.7万元。2004年南开区申请专利1559件，其中发明专利713件，实用新型专利599，外观设计专利247件；授权专利617件，其中发明专利224件，实新型专利331件，外观设计专利62件。

（袁根正）

【科普工作】 南开区科委、科协依靠基层科协组织团结带领广大科技工作者，广泛深入地开展科普活动，大力弘扬科学精神，普及科学知识，努力提高公众科学文化素质。全年开展科普展览、讲座、咨询、参观、放映科普影像等各种活动450场次,发放各种科普宣传材料20万份,制作科普知识展牌700余块,收到“津英杯——阅读电子图书,创造美好生活”网络读书有奖征文826篇。组织全区9个协会、学会开展学术研讨和交流活动。组织开展“科技创新”和“科学·文明·健康”为主题的学术研讨、交流活动10次,科普工作者和科技人员提合理化建议250条,撰写论文120篇,其中获中国辅导员协优秀论文评选一等奖1篇、二等奖2篇,天津市优秀论文一等奖4篇、二等奖7篇。在参加第十九届全国青少年科技创新竞赛活动中,南开区获金牌1块、银牌3块、铜牌1块,并连续7年被评为全国青少年科技创新竞赛活动优秀组织单位。2004年南开区荣获“6·29”全国科普纪念活动日先进集体。

(袁根正)

【科技活动周】 2004年5月17~23日举办的天津市第十八届科技活动周期间,南开区组织开展了内容丰富、重点突出的系列科普活动,共举办学术报告会60场,影视科普展播、科学常识竞赛122场,科普现场会26场,志愿者社会服务活动72次,科技知识宣传活动59次,科普宣传培训班80次,科技工作者座谈会24次,医务工作者义诊咨询服务85次,受益公众达10万多人。

(袁根正)

【社区科普活动】 全区12个街道科协在辖区内组织开展了“让健康走进每个家庭”、“科学就在人生活的点滴中”、“关爱未来,崇尚科学,健康成长”等内容的社区科普活动。在“科普知识进万家”竞赛活动中,被评为市级十佳优秀特色活动,“科普—你我共参与”电影进社区活动、“崇尚科学、健康成长”关爱青少年思想道德建设系列活动和“老少互动学科学”科普板报等活动获得市级优秀科普设计方案奖。

(袁根正)

【青少年科技活动】 在全区各中小学校开展了以提高青少年综合素质为目的,以科技发明、科学论文、生物技术、科技制作为主要内容的科技实践活动,使广大中小学生在这些活动中扩大知识层面,锻炼提高思维能力,增强动手制作能力。在天津市第十九届青少年科技创新竞赛活动中,南开区中小学生获一等奖20项,二等奖21项,三等奖33项。在第四届全国“明天小小科学家”奖励活动中,获二等奖1项;在第二十一届全国青少年信息学奥林匹克竞赛活动中,获一等奖1项、三等奖2项;在第十九届全国青少年科技创新竞赛活动中,获金牌1块、银牌3块、铜牌1块,并且南开区连续7年被评为全国青少年科技创新竞赛优秀组织单位。

(袁根正)

【反邪教活动】 按照天津市反邪教协会的部署和要求,南开区开展了“崇尚科学·关爱家庭·珍惜生命·反对邪教”为主题的警示教育活动。组织区内机关、学校、企业、街道和卫生系统等单位4000多人,参观了由中国反邪教协会主办、天津市反邪教协会和天津科技馆承办的“崇尚科学,关爱生命,维护人权,反对邪教”展览,使人们受到深刻教育。举办了“崇尚科学,破除迷信,清除邪教”社区巡回展,向区属12个街道办事处发放宣传挂图和科普光盘,并分别到各街道社区进行巡回宣传展示。举办了“崇尚科学,反对邪教”研讨会,有7篇论文参加了市反邪教协会组织的论文交流,18名新会员加入到市反邪教协会。建立反邪教科普网站,通过网站介绍、交流全市各区县开展反对邪教活动的经验和信息。

(袁根正)

【科普示范城区建设】 发挥区域科技优势,挖掘、整合区域科普资源,邀请专家学者举办科普讲座,利用南开多媒体宽带网传播前沿科技动态和科技知识,组织干部、群众、青少年到驻区科研院所参观,亲自感受“科学技术是第一生产力”的深刻内涵。利用科技宫网站举办“津英杯——阅读电子图书,创造美好生活”网络读书有奖征文活动,收到全国各地网上发来的稿件826篇。利用南开科技进修学院这个阵地,举办机关干部计算机应用培训班和下岗再就业人员培训班。举办科普活动400余场次,展出各种科普知识展牌700余块,发放各种科普宣传材料20余万份,营造了弘扬科学精神、普及科学知识、传播科学思想和科学方法的社会化大科普氛围,使社会广大公众的科学意识得到不断提高。

(袁根正)

【研制出轮胎耐久/高速性能试验机】 天津市久荣车轮技术有限公司研制的“轮胎耐久/高速性能试验机”,是汽车轮胎开发研究和成品测试必备的检测设

图为四工位轮胎耐久/高速性能试验机

备。该项目技术难度大,创新程度高,采用液压伺服闭环加载技术,整机自动化、智能化水平较高,有技术先进、可靠性高、造型美观和高性能价格比的技术和产品优势,具有自主知识产权,达到国际先进水平。该项成果满足了汽车制造业发展急需的车轮/轮胎安全检测方法和装备需求,解决了长期依靠进口的状况,陆续被境内的外国著名轮胎公司及国内知名轮胎企业订购,还被国家轮胎质检中心、山东质检所和商检所等做为检测设备,占领国内90%以上的市场份额,替代了进口,并从2003年开始陆续出口创汇,创经济效益1300多万元。

(袁根正)

【特大型干式变压器研制成功】 天津市特变电工变压器有限公司采用新技术、新工艺、新结构,开发研制出国内首台用环氧树脂浇注的特种大型干式变压器。该变压器具有防火、环保、可深入负荷中心、节能效果显著等特点,可广泛用于港口、矿山、石油开采、冶金、电厂等重要场所。其结构设计新颖,在高压绕组气道结构、二次绕组换位结构方面填补了国内空白,达到国际先进水平;其产品安全可靠、低噪音、免维护,并拥有多项专利技术,满足了国内市场需求,替代了进口,并取得较大经济效益和社会效益。

图为用环氧树脂浇注的特种大型干式变压器

(袁根正)

河北区

【科技工作简况】 2004年,河北区全面推进"科教兴区"进程,着力抓好科技创新,进一步实施专利工程和技术标准工程,推动科技合作与交流,进一步拓宽民营科技企业发展空间,将区科委的各项职能贯穿到招商引资及对科技企业的管理服务之中,有力地促进了区域经济的发展。根据全国区县科技进步考核的统一要求,2004年区财政科技拨款760万元,占全年区财政支出的1.3%以上,达到国家科技部的要求。完成《天津市区县科技进步考核》和国家科技部组织的《全国区县科技工作问卷调查》两份材料。组织进行河北区2004年度科技进步监测工作,进行数据采集、审核、计算、汇总,并上报市科委。根据天津市科委2003年科技进步监测结果,完成全区2003年度科技进步监测结果分析报告。

(邢　卓)

【科教兴区】 河北区科委深入实施"科教兴区"战略,全面推动科技进步,不断提高综合实力。制定撰写了《河北区2004年度"科教兴区"执行计划》和《河北区2003年度"科教兴区"执行计划的总结报告》。2月25日,区科委组织召开了"河北区2004年科技工作会议"。会上发布了《河北区科技发展计划实施方案》、《关于修订河北区科学技术奖励办法的通知》以及《关于表彰河北区优秀民营科技企业的决定》等文件,对10家优秀民营科技企业及市科委认定的高新技术企业——银博印刷技术发展有限公司进行表彰。拟定了《河北区"十一五"科学技术发展规划》,全面提升科学技术对经济和社会发展的促进和支撑作用。制定并出台了《关于加强河北区科技工作的若干意见》,从政策和制度上保证了"科教兴区"工作的贯彻和落实。

(邢　卓)

【社会发展科技工作】 2004年,河北区在教育、环保、医疗和城市建设等社会发展科技工作方面取得显著成效。区科技辅导员协会和青少年科技领导小组积极推进科普进校园活动，建立了四个科技活动基地。中小学生参加的信息学奥赛获一、二等奖的占全市获奖的84.3%。运用高新技术监控污染源，全区26家污染单位安装了污水流量计和污水处理余氯在线监测装置，提高了环境管理自动化水平。

卫生系统提出“深化继续教育，提倡科教兴区”，组织社区人员参加社区护理和全科医师培训；完成中高级医务人员综述的收集工作，共计30篇；在研课题4项，立项课题1项，新技术引进项目1项。城建系统在房屋修缮中推广使用了新工艺和新材料，有效地减少了修缮所带来的环境污染，提高了劳动效率。经贸系统积极推进企业技术开发，共研发出新产品41项、新技术15项、新项目30项；大力推进企业质量管理工作，经贸系统所属的5家企业通过了ISO 9000目标质量体系认证。

（邢　卓）

【科技成果与奖励】 2004年河北区培育的5个项目申报了天津市各类科技计划，并通过市科委组织的项目答辩。在此基础上，组织重点企业申报国家级新产品项目，天津市禄荣食品厂研发的“悬浮强力生粉”和天津市亚旭科技发展有限公司研发的“大口径计量仪表可控式阀门”，已通过市科委审核并报送国家科技部。其中天津市禄荣食品厂研发的“悬浮强力生粉”被列入天津市2004年火炬计划。协调组织了全国创新基金项目“铁路工程造价管理网络”和天津市科技攻关项目“稀土磁保持脉冲电磁阀”两个项目的验收会。

2004年完成科技成果登记20项，并为2003年登记的22项科技成果颁发了科技成果证书。区科委主持对天津赛德电气设备有限公司研制的市级重大科技成果——“封闭式电源设备”进行鉴定。专家一致认为该成果设计合理、结构新颖，采用先进的模块化组合，具有功能齐全、组合方便、便于应用的特点，具有遥测、遥信、遥控的“三遥”功能，实现远程抄表，其技术水平达到国内领先水平。该项成果被评为天津市2004年科技进步三等奖。为科技园企业益洲电气技术有限公司研制的“FN16-6R型带撞击脱扣熔断器高压负荷开关”组织了鉴定会，专家一致认为该产品设计新颖、技术性能先进，体积小、重量轻、经济适用，其技术水平达到国内领先水平。科技成果的鉴定，使该企业招标成功，一次签单26台，取得了较好的经济效益。天津市津霸能源环保设备厂研制的“建材型太阳能集热板研制与开发”通过了市级计划外成果鉴定。

组织召开了区科学技术奖申报动员会，经过各申报单位主管部门初审上报，受理区级科技进步奖50余项。经评审会评审，评出区级科技进步奖项目42项，其中一等奖3项，二等奖6项，三等奖11项，优秀奖22项。2004年奖金额度增至5万元。

（邢　卓）

【实行党政领导科技进步目标责任制考核】 2004年5月，区科委联合区委组织部、区人事局，对区内30个重点委、办、局党政领导进行了科技进步目标责任制考核，7月份区科技领导小组对党政领导科技进步目标责任制实施情况进行了实地和书面考核。制定了《关于河北区实行党政领导科技进步目标责任制考核试行办法》，提高了全区党政“一把手”对“科教兴区”战略的重视。上报区委、区政府《关于河北区参加2004年度全国科技进步考核情况的汇报》。

（邢　卓）

【民营科技企业】 参加2004年年检的民营科技企业425家，其中新增民营科技企业102家。年技工贸总收入40亿元，纳税总额8214万元。

为支持民营科技企业的发展，为160余家新办民营科技企业办理核发“技术贸易证书”83件，注册资金1.67亿元。在引进新税源的同时，不忽视老税户，以热情周到、快捷到位的科技管理工作，促进民营科技企业的不断发展。河北区科委领导带队，走访了天津市亚旭科技发展有限公司、天津一中网校、天津市吉美有限公司、天津市鼎轩科工贸有限公司、天津市津霸能源环保设备厂、天津白津生焊接中心等民营科技企业，从项目扶植、专利保护、科技成果鉴定和登记等多方面为科技企业提供全方位的服务。通过协调，为民营科技企业申请科技贷款400余万元，同时启动区科技发展基金30万元，重点扶持民营科技企业。

组织4家民营科技企业参加了第十一届天交会，合同交易额达3000多万元。组织申报天津市2004年度百强优秀民营科技企业、天津市2004年度百名优秀民营科技企业家评比活动，天津百利珀金斯环保设备有限公司等8家民营科技企业和8名企业家受到表彰和奖励。

（邢　卓）

【技术市场】　区科委充分发挥对民营科技企业管理与服务的两大职能，注重向企业宣传技术市场政策，鼓励企业登记合同，定期统计数据向市科委报送。至2004年底已认定登记技术合同410份，技术合同成交额2.2亿元。通过深入科技企业，摸清底数，培育科技成果，提高了企业的科技创新能力，民营科技企业产品的科技含量逐步提升。完成2003年技术合同认定登记单位奖励兑现工作。

（邢　卓）

【知识产权工作】　2004年8月河北区科委开始受理专利申请资助，并进行专利申请资助兑现工作。至年底受理专利申请20余件，实施各类专利37项，新增产值7183.1万元，新增利税947.1万元。

结合“4·26”世界知识产权日，召开了“河北区企业专利保护座谈会暨加入WTO与中国知识产权保护”专题讲座，邀请知识产权方面的专业人士围绕“专利保护及专利申请程序”、“注册商标程序”、“企业专利战略”等问题与民营科技企业的技术人员进行座谈。经考核合格，河北区取得专利行政执法资格，并领取专利行政执法证，开始协助市知识产权局办案。

（邢　卓）

【信息化建设】　2004年河北区信息化办办公室制定并出台了《河北区信息化工程建设管理办法》、《河北区政府网站管理办法》，以加强信息化监管力度。设计申报了“津北数码港”项目，经批准被列入天津信息港重点工程。组织实施了机关局域网工程，经过深入引导和组织实施，10余个委、办、局的局域网已经建成，实现了内部办公网上流转和信息共享，增加政府网上审批、网上办公项目，现已增加到15个方面共69项。设计区政府通信网络升级改造工程，建成了河北区政府电话虚拟专网。建成包括28个主栏目的河北区政府网站（www.tjhbq.gov.cn），使网站内容达到6000多页。通过该网站发布招商项目，介绍招商政策、环境；传播政府声音；提供社会查询政府信息的渠道；制作区政府网站英文版；建立统一的委、办、局电子信箱，办理区长电子信箱。河北区政府网站开通以来，共收到群众来信200多件，并得到妥善的回复。

（邢　卓）

【科技活动周】　2004年5月17~23日举办了主题为“科学·文明·健康”的河北区第十八届科技活动周。其间，组织并举办科技活动周开幕式暨领导干部科技报告会、公民健康行动日等18项区级重点活动。本届科技周评出区级先进单位31个，优秀组织者36人。通过科技活动周的开展，进一步提高了全区居民的科学文化素质。

（邢　卓）

【街道社区科普】　2004年1月6日，组织召开了2004年度科普工作会议。会议对2003年度科普工作进行了总结，并部署了2004年的科普工作计划和重点工作。2月按照《优秀科普活动标准》和《优秀科普活动申报表》的要求，评选出在社区成立的鸿顺里街“健康协会”为优秀科普活动上报市科协。3月申报全国“科教进社区”活动先进集体、个人和优秀组织单位，对“科教进社区”活动做出突出贡献的先进集体、个人及工作人员进行表彰。协助江都路街衡山里社区成立的社区科普大学制定章程，推动社区科普工作的开展。7月在全区开展了创建精品科普示范社区活动，制定了《河北区精品科普社区工作标准》，对社区科普工作进行检查、督促和指导。

（邢　卓）

【全国科普日活动】　2004年6月29日及其前后在全区范围内广泛开展了“6·29”全国科普日活动。组织广大科技工作者、科普志愿者和科普工作者，在10个街道的198个社区，直接面向广大群众开展百姓健康、反对生活陋习等科普活动。这次活动全区共悬挂宣传条幅102条，张贴科普挂图2440余张，有社区居民2.9万余人参加。河北区组织的此项活动获得全国科普日活动先进单位称号。

（邢　卓）

【科技进修学院河北分院】　2004年天津市科技进修学院河北分院加大了办学力度。2月，学院调整了机构，重新配备了干部，并就如何加强科技培训、为河北区经济建设服务进行了多次研究，明确了办学方向。3月，该学院与区统计局联合举办了2004年统计人员上岗培训班和统计人员继续教育培训班，对253

名统计人员进行培训,154人获得国家统计局颁发的"统计证",99人获得国家统计局颁发的"统计人员上岗证"。4月,该学院与区统计局联合举办了历时4个多月的统计普法函授班,通过培训考试,有26名学员领取了统计普法合格证书。

（邢　卓）

红桥区

【科技工作简况】 2004年红桥区科技工作努力探索新形势下区域科技管理部门的地位和作用,确定"大科技"观念,形成大科技的工作格局,把提高科技工作在区域经济中的支撑作用作为核心内容,在加速区域科技进步、建立和完善科技创新体系、提高红桥区整体科技素质、促进经济社会持续稳定发展等方面取得成效。

2004年红桥区政府投资2000多万元,购买位于西青道黄金地段的金兴大厦8500平方米的房产,建成红桥电气产业孵化器和生产力促进中心作为区域电气特色产业服务的公共科技平台,同年10月启动建设。2004年,红桥区新增民营科技企业103家,总数达到628家,全年实现技工贸收入22亿元,实现税收6400万元。在天津市优秀民营科技企业和企业家的评选活动中,红桥区有16个单位、13名个人获奖。2004年,红桥区完成天津市科技成果登记项目38项,组织申报科技计划项目6项,国家科技型中小企业创新基金2项,组织科技成果鉴定3项,全区实现技术合同交易2.1亿元,申请专利567项,专利申请量在全市的排名由第六位上升到第三位。

2004年红桥区通过了天津市科技进步考核。在天津市科技进步监测中,红桥区科技进步水平在市内六区总分排名位居第二。10月18日召开的全国县市科技工作会议上,红桥区科委副主任李凤林获全国科技工作先进个人称号。

（穆　岩）

【科技创新服务体系建设】 2004年红桥区进一步加强科技创新服务体系建设。"天津红桥生产力促进中心"于6月8日挂牌成立,办公场所设在金兴科技大厦内。该中心整合了全区已有并形成特色的10项服务功能,可为各类科技型企业提供政策与法规、租赁房屋、企业管理、融资、科技成果交流与合作、企业形象策划、有关商务活动的前期咨询等项服务。红桥电气产业孵化器于6月8日建成并投入使用。该孵化器以金兴科技大厦为载体,总建筑面积3.6万平方米,有孵化单元50个,可为具有发展潜力、具备做大做强条件的新办或初办中小型电气企业提供全方位孵化服务。红桥区电气特色产业公共科技平台于10月开始建设,主要建设信息服务子平台中的"资源信息管理系统"和展示销售子平台中的"电气成果、产品展示销售系统"两个系统。

（穆　岩）

【科技园区建设】 2004年红桥科贸园区积极着手筹建新的硬件载体设施,红桥科技工业园已完成前期规划和土地整理工作。另外,通过建立红桥人才交流中心园区工作站和法律服务中心,为企业提供融通资金、引进项目、促进企业间合作、培训提高业务能力等项具体的帮扶工作,促进园区内企业的发展,使红桥科技园区的整体建设水平稳步提高。2004年红桥科技园区实现新增注册企业100家,累计新增注册资金5000万元,实现技工贸收入8.2亿元,税收3449万元,增加值8894万元,对全区经济发展和科技进步做出了贡献。

（穆　岩）

【民营科技企业】 红桥区通过扩大载体建设,完善政策环境,理顺产权关系,提高服务水平等保障措施,促进了全区民营科技企业的发展。至2004年底,红桥区民营科技企业总数达到628家,完成技工贸收入22亿元,实现缴纳税金6400万元,实现利润1.85亿元,注册资本金累计3.88亿元,资产总额合计33亿元,从业人员达到1.2万人,其中从事科技活动的人员5950人,占49%。在当年天津市优秀民营科技企业和企业家的评选活动中,红桥区有16个单位,13名个人获奖。

（穆　岩）

【知识产权工作】 2004年红桥区知识产权工作,一是建立联络员队伍,推动企业专利制度的建立;二是加大宣传工作力度,提高企业知识产权保护的社会氛围,增加专利申请量,全年组织大型宣传活动2次,发放宣传资料1000多份,组织专利讲座3次,使500多人受益；三是建立红桥专利网站，为100多个单位和个人办理网上检索查询服务；四是在金兴科技大厦生产力促进中心设立专利咨询站，为80多人提供免费咨询服务。

2004年红桥区专利申请量567件，居全市第三位。红桥区还通过了天津市专利试点区的验收。区科委主任马静茹获得全国专利工作先进个人称号，红桥区专利管理办公室被评为天津市专利工作先进集体。

（穆　岩）

【技术市场】 2004年红桥区同北方技术交易市场签订合作协议，建立会员关系，组织开展技术、人才、项目、资金、信息交流活动3次，30多家企业参加恳谈，组团赴国外考查一次，到南方学习一次，促进了国内外、地区间的科技交流与合作。区科委还定期深入到驻区科研院所、大专院校进行现场指导，到中小型科技企业宣讲技术市场政策，引导企业打好科技牌、吃好科技饭，及时为他们办理合同登记。全年组织技术市场讲座和培训5次，350人参加了学习。另外，还经常走访税务部门，做好政策的衔接落实工作，促进技术市场的稳步发展。2004年全区认定技术合同600份，合同成交额2.5亿元。红桥区科委被评为天津市技术市场工作先进单位。

（穆　岩）

【科技成果的申报与鉴定】 2004年红桥区科委充分发挥信息、资金、项目、人才诸备等方面的优势，积极推动企业加大科技投入，研发高新技术产品，积极促进科技成果转化为现实生产力。全年组织项目论证会、评审会、推介会、鉴定会12次，推动企业申报科技型中小企业创新基金2项，其中天津化工研究设计院获得80万元资金支持，组织企业科技成果鉴定3项，引导企业申报天津市科技计划项目6项，其中天津市天骄制药有限公司、天津市精研液压传动有限公司分别获得60万元和50万元资金支持，帮助企业申报天津市重大项目贴息贷款2项，其中天津市天骄化工有限公司获得60万元贴息贷款。完成天津市科技成果登记38项，数量居天津市各区县之首。

（穆　岩）

【科协组织建设与科普工作】 2004年红桥区共有科协基层组织36个，其中区级学会、协会9个，企业科协10个，大专院校、科研院所科协6个，街道科普协会9个，专业学会2个，设有专兼职科协干部近70名。

2004年红桥区建立了区科普培训中心，街、社区建立科普培训站9个，形成了三级科普网络。通过有线电视继续坚持每月播出一期“科学ABC”科普节目，并把节目进行筛选，制作了“走进科普基地”、“生活中的科学集锦”等光盘，作为科普教材，发放到全市300多个科普示范小区。制作了《现代人健康生活》等展牌100多块，深入社区进行巡回展出。通过更新西沽公园百米科普长廊，进一步丰富科普宣传活动。在企业科协中广泛开展的争创市级优秀科普车间活动中，民营科技企业天津润祥机电公司塑胶分公司经市科协组织的专家评审，被评为2004年度天津市优秀科普车间。2004年红桥区被中国科协和全国精神文明办评为全国科教进社区先进集体。

在第十八届科技周活动中，发动和组织全区开展了四大系列12项重点活动。5月22日在中环线、百货大楼、家居购物中心举办了“全民健康联合大行动”、“千人太极拳比赛”等活动，收到很好效果。

（穆　岩）

塘沽区

【科技工作简况】 2004年，塘沽区全面实施“科教兴区”、“人才强区”和“可持续发展”战略，编写完成了《塘沽区科技发展战略研究报告》，提出了今后10~15年科技发展战略定位与发展思路、指导思想与基本原则、战略目标与重点任务。大力推进科技进步和科学普及，被中国科协命名为“全国科普示范城区”。通过了市科委组织的区县科技进步考核。研究出台了《关于进一步加强我区科技工作的若干意见》，进一步强化和完善了科技工作组织领导体制、工作体系、考核机制和投入机制，推动科技工作整体跃上新水平。

2004年，塘沽区组织实施国家级、市级星火计划项目6项，4项市级重点科技计划项目，1项国家科技部农业科技成果转化基金项目和17项区级科技兴农、科技兴区、企业信息化项目。深入开展以“技术创新”为主题的“讲理想、比贡献”活动，有10项被确定为市级“讲理想、比贡献”项目，实现经济效益2000万元。全区专利申请389件，同比增长64%；专利项目实施新增产值7735万元，新增利税1336万元；以提供科技立项、专利资助、实现产业化、企业信息化和开展企业质量管理认证咨询等方式，大力开展科技服务，促进民营科技企业发展，民营科技企业技工贸总收入达到5.66亿元，税收5053万元，同比增长30%。

2004年召开了塘沽区科学技术协会第六次代表大会，总结了5年来科协工作经验，研究部署了今后5年科协工作任务，选举产生了区科协第六届领导机构。共组织开展科普报告、科普展览、科普竞赛等系列活动23项，举办各类科普报告会、研讨会、讲座77场和科普参观、技术交流比武67次，制作并展出科普橱窗15期、科普展牌和黑板报311块、宣传标语68幅，张贴科普宣传挂图300套、宣传画1200张，发放宣传材料200余种13万多份，宣传手册1500本、科技及生活图书20多种1300多册，直接受益公众达数十万人次，普及面达到70%以上；创办了《塘沽科技简讯》，全年共编辑发行25期。

经市科委推荐，2004年国家科技部批准立项滨海生产力促进中心创建国家级示范中心，并获得天津长城质量保证中心颁发的ISO 9000质量管理体系认证证书。该中心共收集高新技术成果和合作项目2000余项，向企业推荐成果和项目200余项；培训人才1500余人次，开展技术咨询服务近万人次。经市科委评审确认，塘沽港口服务特色产业孵化器--津滨科技园为市级重点科技企业孵化器。新招商入驻12家企业，引资额1000余万元，使入驻企业达到39家，注册资金达2500余万元；园内孵化企业全年创营业收入3100余万元，利税400余万元。

（陈　民、孙家琦）

【创建全国科普示范城区】 2001年，经天津市科协推荐，中国科协批准，塘沽区被确定为第二批全国科普示范城区创建单位，创建期为2001~2003年。塘沽区委、区政府高度重视全国科普示范城区创建工作，制定下发了《塘沽区创建全国科普示范城区实施意见》，积极推动创建工作。全区各级科协组织积极开展多种形式的科普活动，为全区广大公众营造了良好的科普氛围。

2004年4月，天津市科协受中国科协委托，组织科普专家团对塘沽区创建全国科普示范城区工作进行了考核验收，一致认为塘沽区创建全国科普示范城区工作，领导重视，思路清晰，目标明确，措施得力，工作扎实，成效显著，同意通过考核验收。10月10日，中国科协下发《关于命名第二批全国科普示范城区和科普示范县（市、区）的决定》，命名塘沽区为全国科普示范城区，成为天津市继和平区、南开区之后的第三个科普示范城区。

（张德泉）

【企业信息化建设】 2004年塘沽区在全区范围内启动并组织实施了企业信息化试点示范工程。受区科委、区信息办委托，天津滨海生产力促进中心组织召开了企业信息化试点示范工作推动会，近50家企业主要负责人和信息化技术人员参加了会议。完成了对全区各企事业单位信息化建设情况调查摸底，建立起企业信息库，企业名录已达180余个。

滨海生产力促进中心与国内神州数码、京渝天河、清华紫光、金碟等10余家软件公司共同搭建起企业信息化技术服务平台，为企业信息化提供技术咨询、技术应用、技术培训和工程监理服务。相继对天津海发珍品实业发展有限公司、天津第一阀门厂、天津贻成集团等10余家企业的信息化建设情况进行调研寻访，在5家企业进行信息化建设试点，20家企业开展信息化建设示范。举办电子商务、电子政务培训班10余期，培训各类人才3500余人次，有力地推动了全区企业信息化建设步伐。

（李　兴）

【知识产权工作】 塘沽区科委于2003年成立了塘沽区知识产权办公室，积极推进全区知识产权试点工作，先后同驻区大企业、科研院所、大专院校及重点民营科技企业等40多个单位建立了工作联系，形成了工作网络；积极开展知识产权培训，为加强知识产权工作打下了良好的基础。2004年以民营高新技术企业为重点，培育、扶持具有自主知识产权的规模型企业，并在3家企业进行专利工作试点，这些试点企业专利申请14件。2004年全区专利申请389件，同比增长64%，其中发明专利申请143件。全区专利申请量连续3年增长20%以上。专利项目实施新增产值7735万元，新增利税1236万元，同比增长40%以上。确定的9项科技兴区工业项目，其中5项拥有专利。获得塘沽区科技进步奖的6个工业项目中，5项拥有自主知识产权。民营高新技术企业昌昊化工公司的“利用高温盐制取水硫酸镁和工业盐技术”项目获得天津市专利项目优秀奖,受到市政府的表彰。塘沽区知识产权办公室被天津市知识产权局、天津市人事局授予“天津市专利工作先进集体”称号。

（朱　岩）

【海洋创业服务中心扩大孵化面积】 塘沽海洋高新区海洋创业服务中心是国内第一家海洋科技创业服务中心。近几年,该中心将工作重心放在引进具有一流技术和自主知识产权及雄厚发展后劲的科技型企业,以优质的服务孵化培育科技企业,促使海洋科技成果尽快实现商品化、产业化。同时,该中心通过调整、改革、整顿、提高,逐步营造出标准化、程序化、制度化的投资服务环境,2004年新增孵化厂房2座、综合办公楼1栋,新增孵化面积1.9万平方米。2004年,该中心在孵企业技工贸总收入6530万元,实现税收340万元,各项经济指标均创历史同期最好水平。

（塘沽区海洋高新区海洋创业服务中心）

【污水治理技术研究与应用】 天津市塘沽区鑫宇环保科技有限公司自1999年起,在餐饮业净化器及集装箱洗涤污水、印染污水、含油废水等方面的生化处理工艺进行了大量的研究,先后在中石化新河油库含油压舱海水治理,天津碱厂含油废水治理,汉沽区和开发区的印染废水治理及市传染病医院、港口医院生活污水治理等17个污水治理工程中得到应用。经市环保局定期检查检测,运行情况良好,有效地解决了现代化生产、生活带来的环境污染和资源浪费等问题,获得良好的社会和环境效益。

2004年,该公司还攻克了悬浮法PVC母液水的治理及回用技术处理工艺。该技术既不需降温冷却,又不需稀释,也不需加入酸和碱中和;不采用投资昂贵的反渗透膜法,而是采用特效生化菌群以曝气生物滤池法直接处理高温高浊度PVC母液水,又经物理化学法处理后,出水回用于PVC生产车间。该公司已有4项专利技术被授权,有关环保产品和污水处理系统获得天津市环保产业协会产品认定的资质证书,2个项目获得塘沽区科技进步奖。

（塘沽区鑫宇环保科技有限公司）

【高压旋喷插芯扩底桩技术】 天津市华正岩土工程有限公司近年来一直重视技术创新与知识产权保护,通过知识产权保护的方式,将取得的技术优势转化为市场竞争优势,促进了企业规模化发展。2004年申请专利13项,获得专利授权2项,还购买6项专利技术。该公司的专利产品——高压旋喷插芯扩底桩,由高压旋喷水泥土桩与强度很高的芯桩两部分组成,其承载力比芯桩承载力提高一倍以上,而每吨承载力造价却降低了一半,具有工程造价低、质量易于保证、无泥浆污染、施工速度快等优点。该专利技术对施工作业地面承载力的要求大大降低,尤其适合沿海软弱地基的施工,市场应用前景广泛,已应用于天津汇洋石油储运公司7.8万立方米储油罐桩基工程等项目。

（天津市华正岩土工程有限公司）

【红鳍东方鲀养殖技术研究】 2004年2~12月,由天津市塘沽区水产局和天津金豚实业发展有限公司共同承担、王振和主持的“红鳍东方鲀冬季育苗及当年养成技术研究”项目,利用现有的对虾育苗水体和养殖条件,采取科研试验与生产相结合的方法,开发红鳍东方鲀全人工繁养技术的新途径,探索红鳍东方鲀亲鱼人工室内控制培育、对比研究亲鱼性腺适时同步发育和提前排卵、幼鱼培育、中间暂养及池塘当年养成等配套技术,并从中摸索、总结出一整套切实可行的越冬、育苗和养成技术要点。经过2004年的实施,全面完成了合同规定的技术经济指标,于2004年11月通过专家组验收。2004年完成初孵仔鱼50万尾、早繁苗25万尾,当年投放早繁苗养成面积27.33公顷,养殖体重平均为487.67克,其中40%达到500克/尾以上,均超额完成合同规定的指标。2004年商品鱼养殖总产值达600万元,纯利200万元。

（孙秀生）

【畜禽废弃脂肪生物利用的产业化开发】 由天津市塘沽区牧洋油脂有限公司薛毅主持完成的《畜禽废弃脂肪生物利用的产业化开发》项目,具有国内先进水平的生产工艺技术,已形成年产3万吨的生产能力,油品生产达到国内先进水平,产值实现1.3亿元,利税650万元。该项目开发的低温酶解提取脂肪技术,有利于提高产品的质量和综合利用水平,制定的食用牛油等相关产品的企业标准,为农产品深加工企业进行技术开发起到了积极的示范作用。

（孙秀生）

汉沽区

【科技工作简况】 汉沽区大力实施科教兴区的发展战略，依靠科技进步，推动技术创新，为全区经济社会协调发展做出了贡献。2004年实施各类科技项目44项，其中接转项目13项，新增31项，并在全区4个镇工业小区分别安排实施了1个区级重点项目。全年共实施市级以上科技项目7个，安排与高校、科研院所合作项目13个。完成星火学校培训项目及农村科技服务体系项目申报工作。汉沽区科技进修分院和农业广播学校已列入第一批国家星火计划农民科技培训星火学校，汉沽茶淀玫瑰香葡萄星火科技专家大院列入第一批国家星火计划农业科技专家大院模式示范单位；汉沽区海淡水养殖协会列入国家星火计划农村专业技术示范协会。

认真推动知识产权保护工作。制定了《专利实施重点企业验收标准》，培育两个企业为专利实施重点企业，帮助建立了专利管理规章制度和专利管理工作职责。组织有关企业参加了第五届中国国际发明展，汉沽区获2金、1银、2铜的好成绩，奖牌总数占全市的一半。积极开展技术中介交易活动，完成合同登记额750多万元。

围绕“学科学·讲科学·用科学”的主题，在全区开展“依靠科学·关爱健康”知识讲座4场，发放健康知识手册1000份，兴办“了解科学知识，养成文明习惯”巡回展。在社区兴办健康讲座7场，发放宣传材料1万多份。9月开展了以“让科学点亮生活”为主题的科技宣传活动月，在全区中小学校开展“给父母送健康格言”活动，共送健康格言1.2万多条，并以科普志愿者队伍为依托，在全区开展了百场讲座，宣传健康向上的生活理念。

组织青少年学生积极参加天津市第十八届科技创新展览，在参展的81件作品中，有33件获奖，其中获全国奖1项，市一等奖1项，二等奖5项，三等奖27项；并组织中小学生参加环保社会实践调查奥林匹克竞赛活动。

举办了汉沽区第十八届科技活动周，围绕“科学·文明·健康”主题，在全区开展了三大系列活动：一是“科学·文明·健康”科普宣传；二是科学健康知识普及；三是科学文明健康研讨。围绕三大系列活动，开展了10项重点活动，教育全区城乡居民树立科学理念，普及健康知识，倡导科学文明的生活方式，创造健康生活的良好环境，提高全民的思想道德素质、科学文化素质和健康素质，为两个文明建设做出更大的贡献。

（苗玉成）

【科技发展战略研究】 汉沽区科委承担的“汉沽区科技发展战略研究”课题，在广泛调查研究、深入客观分析、不断补充完善的基础上，于2004年6月完成《汉沽区科技发展战略研究报告》，并通过市科委组织的专家验收。

该研究报告从汉沽区资源特征、产业结构、发展环境和现实基础出发，坚持科技工作为区域特色经济服务的方向，确定了汉沽区科技发展的战略定位——着眼“两个增强”，实施“三个带动”，即着眼于增强企业持续创新能力和增强区域经济的核心竞争力；发展海洋科技，带动区域经济的科技进步，强化优势产业，带动产业的科技水平不断提高，带动科技事业的全方位对外开放。

（苗玉成）

【新型改性塑料螺纹保护器获金奖】 天津市津英达塑料制品有限责任公司李月宽、贾振祥、李长建等2004年完成的“新型改性塑料螺纹保护器”项目，将先进的PE发泡技术运用于螺纹保护器产品的制作，改善了原有的制作方法，优化了产品的性能，在国内尚属首创。其生产的制品螺纹精度高，抗冲击能力强，耐候性能好；节约能源消耗，缩短制作周期，提高生产效率；产品实用性强，质量稳定，便于推广应用；便于回收利用，利于环保。该产品研制成功后，经有关部门检测完全符合设计要求，达到国家检测标准，取得显著的经济和社会效益。该项目已被授权国家实用新型专利，同时申请国家发明专利，在第五届国际发明专利产品博览会上荣获金奖。

（苗玉成）

【茶淀玫瑰香葡萄栽培技术研究】 汉沽区农林局杨宝栓、王峰、孟玉霞等承担的“利用RAPD技术提高茶淀玫瑰香葡萄优系纯度及标准化栽培技术研究”，为天津市重大农业科技合作项目，于2004年完成。该项目研究开发的内容包括：以汉沽区现有玫瑰香葡萄性状为指标，寻找特异级，构建分子遗传图谱；研究玫瑰香葡萄授粉机理，进行无核剂研究；通过对玫瑰香不同生长期营养状况研究，制定出叶内营养标准，研究玫瑰香葡萄精品管理生产标准。该项目在国内首次提出葡萄无核处理时间的形态判定标准，并筛选茶淀玫瑰香葡萄无核处理的制剂。

（苗玉成）

【粗四氯化钛生产过滤系统研究】 天津化工厂天泰化工公司邵宝顺、周荣会、刘瑞丰等2004年完成的"粗四氯化钛过滤系统创新工艺技术研究"，是粗四氯化钛生产的主要工序。天泰公司首创使用内滤式过滤器代替以浓密机为主要设备的过滤工艺，工艺简单，没有传动设备，故障率低，操作方便。由于是内滤式过滤，泥浆液固比低，大大减少了四氯化钛的损失，降低了生产成本，改变了老工艺传动设备多、工艺复杂、操作不方便、隐患多、损失大的弊端，改进后的生产工艺在国内同行业中处于领先地位。

（苗玉成）

【利用煤制气熬制固体烧碱】 天津市云海碳素制品有限公司陈连云、李明生、刘泰来2004年完成的"利用生产煅烧石油焦的过程熬制固体烧碱"项目，在新建年产2万吨煅烧石油焦炉的同时，利用在生产煅烧石油焦过程产生的大量煤制气，用于生产固体烧碱。其工艺流程为：优质石油焦—煅烧—产生挥发物—煤气发生装置—燃烧产热—熬制烧碱—成品。2004年生产2万吨碱，节约用煤8000吨，折合人民币400万元。

（苗玉成）

【南美白对虾高产养殖技术】 汉沽区水产技术推广站张学彬、李俊平、刘国祥等2003年完成的"不同水源条件下南美白对虾高产养殖技术"项目，对汉沽区淡水、海水、卤淡水三种不同水源条件下养殖南美白对虾进行了高产试验，通过采取系列配套技术取得良好的实验结果，摸索出三种水源条件下的高产养殖模式，对发展南美白对虾养殖奠定了良好的技术基础。2003年试验333.3公顷，总产对虾206.7万千克，总产值4699万元，获效益2641.48万元。

（苗玉成）

【带装饰边的异管散热器】 天津市吉鑫达金属制品有限公司李士军、王洪江、杨同山2004年研制完成的"带装饰过异管散热器"项目，在原有卫浴型、厅室型、工程实用型散热器的横连箱管的两管边缘和管上部增加了两侧花边，改变了原有散热器呆板的形状，提高了艺术效果，增加了装饰性，把吉鑫达牌散热器的装饰性与其他厂家的产品区别开来，突出了品牌效应。该产品是在国家建设部科技发展中心评估的钢制异管散热的基础上，创新开发的新产品，既保留了钢制异管散热器的体积小、重量轻、安装方便、外表美观的优点，又突出了新产品带装饰边的特点，更具市场前景。

（苗玉成）

【企业信息平台】 天津市泛德信息技术有限公司屈泽、金真、包建峰等2003年完成的"企业Web信息平台"，采用微软最新发布的NET技术，B/S架构，客户端全面兼容WINXP、WIN2000、WINNT、WIN9X等操作系统，数据库管理采用MS SQL Server数据库做后台，采用模块化设计开发，流程精细，界面简洁，可操作性极强。已有3家企业采用了该信息平台，并投入到企业的实际工作之中，可使企业每年产生30万元左右的经济效益。

（苗玉成）

【葛柏解酒液的实验研究】 汉沽中医医院毕业东、郭福成、张德祥等2004年完成了"葛柏解酒液对小鼠酒精性肝损伤防治作用的实验研究"。该项研究采用专利制剂——葛柏解酒液，对小鼠酒精肝损伤防治作用进行实验研究，包括急性中毒试验和慢性肝损伤试验共六大部分，试验结果证实，此制剂有显著的解酒及保肝作用，并优于对照组。该课题设计在中药研究中尚属首例，全部研究采用的方法是国际上通用而且是最先进的，在酒精肝病研究中，有几项指标在国际上处于前沿地位。

（苗玉成）

【复合型活菌生物净化剂的应用研究】 汉沽区生态工程研究所曾祥高、张东霞、刘宗礼2003年完成了"复合型活菌生物净化剂在老化池塘的应用研究"。该项目利用复合型活菌生物净化剂在老化池塘繁殖，可切断危害水产养殖的有害病原菌和营养链，减轻水体富营养化，从而达到生物净化、改善水质、防病治病的目的。采用该制剂与传统的化学消毒相比，具有标本兼治、抑菌速度快、方便实用等优点，是一种根除养殖水体的有害病菌、高效速效的微生物制剂，应用效果明显。

（苗玉成）

【美国白蛾防治技术研究与应用】 汉沽区林业工作站王峰、谢红、刘金虎等2004年完成了“美国白蛾无公害综合防治技术研究与应用”。该项目针对国际检疫性病虫害——美国白蛾的监测、预报与无公害防治展开研究，制定出无公害防治技术规范，并在全区城乡大面积推广应用，禁止有毒化学农药使用，推广生物防治技术，推广仿生和生物药剂防虫，有效地控制了疫情的蔓延，减轻了灾害造成的损失，保护了全区林业资源和绿化成果，保护了生态和投资环境，推广面积1133.33公顷，监测覆盖率100%，防治率97%，有虫株率控制在1‰以下，取得了显著的综合效果。

（苗玉成）

大港区

【科技工作简况】 2004年，大港区与中国石油大学联合建设海洋石化技术工程中心项目启动，使海洋石化科技园区形成了一个全方位的产学研基地。海洋石化科技园与南开大学合作启动了园区信息化工程建设，将实现由园区信息化管理向企业信息化管理迈进。

开展专利咨询服务，办理专利申请、无形资产评估、专利检索等项服务30余项。2004年全区专利申请72项，专利授权77项。为强化专利工作手段，制定了《大港区专利资助办法》。完成《大港区科技发展战略研究》。完成大港区第八届科技进步奖的评审。实施《天津市大港区可持续发展实验区总体规划》中35项行动计划项目，对11个项目进行了总体的验收。确定了5项实验区科技示范工程，分别是“大港区农村城市化研究与实践”、“古海岸遗迹贝壳堤剖面设计及加固方法研究”、“大港区农村信息化建设”、“县处级领导干部经济责任审计软件开发”、“大港区治安防控体系建设”。完成国家重点攻关项目“生态小区建设及秸秆气化示范工程”。大港区可持续发展国家级实验区通过中期检查。以创建全国卫生城区和迎接国家可持续发展实验区中期检查为契机，举办了以“科学·文明·健康”为主题的大港区第十八届科技活动周。召开了大港区农业技术联合会第二届理事成员大会，选举产生了新一届理事会。大港区农业技术联合会被列为首批国家级农村区域科技成果转化中心。

（刘秀杰）

【推进高新技术产业化】 2004年，大港区鉴定高新技术成果8项，申报天津市科技攻关计划4项，获天津市科学技术奖5项；认定高新技术企业两家，全区高新技术企业发展到10家，另有一家企业被命名为国家重点火炬计划高新技术企业。3家信息化工程示范企业通过天津市科委验收，大港区制造业信息化技术服务体系成为天津市级示范平台。

推荐申报国家科技型中小企业技术创新基金6项，3项通过国家科技部组织的专家评审，获得基金资金支持。1项列入国家重点新产品财政后补贴项目，2项列入国家重点科技成果推广计划，1项列入市重点科技成果推广计划，3项火炬计划项目通过验收。大港区与高等院校积极开展科技合作和新技术示范推广，在研的3个科技合作项目和2个科技攻关项目进展顺利，均取得阶段性成果。

（刘秀杰）

【产业基地建设】 2004年，大港区围绕冬枣和畜牧两大产业基地建设，实施各类科技计划项目19项，注入科技引导资金26万元。“粮饲兼用玉米试验示范”、“奶牛胚胎移殖示范”、“冬枣无公害化生产”、“提高冬枣座果率技术研究”等项目，均获得成功。畜牧产业基地建设，注重在优质和产业化方向的引导，以团兴畜牧养殖公司、水蓝养殖公司等大型养殖场和重点养殖小区为辐射核心，在品种改良、现代化管理、信息技术、饲料添加等方面开展了研究、示范和推广，并取得成效。

（刘秀杰）

【技术培训】 2004年，大港区农业广播学校和大港区科技进修学院被认定为第一批国家星火计划农民科技培训学校，成为正规的、定点的农民科技培训学校。该校组织开展了包括冬枣、畜牧、果树等在内的各类技术培训40多期，800余人参加了培训。该校还开展了乡村大专班学历教育，经济管理、会计、金融3个专业共招收学员100名。

（刘秀杰）

【民营科技企业】 2004年，大港区发展民营科技企业28家，技术合同认定登记额2036万元。大港区向市科委推荐优秀民营科技企业4个和优秀民营科技企业家4人；向中国民营科技企业协会推荐优秀民营科技企业1个和优秀民营科技企业家1人；向市科委推荐民营科研单位12家，并获市科委审核批准，享受年度有关免税政策；为2家民营科技企业办理了个人会员年检。为扶持民营科技企业发展，对10家民营科技企业兑现了政府奖励政策。

（刘秀杰）

东丽区

【科技综合实力上新水平】 天津市科技进步监测结果显示，东丽区科技综合实力在全市排名第2位，在农口12个区县排名第1位。其中，在4个二级指标中，科技产出指标居全市第一位。在25个三级指标中，高新技术产业增加值、省部级及以上获奖科技成果数、区县级获奖科技成果数、科技发展基金等4个指标居全市第一位；重大科技成果登记数、新产品销售收入占产品销售收入比重2个指标居全市第二位。东丽区科技综合实力又上新水平。

（杜茂忠）

【科技计划项目的实施】 2004年东丽区组织实施6个科技专项计划共75个项目，其中农业产业化专项7项，高新技术及产品专项21项，良种化专项7项，采用新技术专项15项，信息化专项19项，软科学专项6项。列入市级以上科技项目32项，其中新增立项16项。天津市成虹染料化工有限公司开发的“酞菁蓝BGS15307D-1”和天津市仓源机械有限公司开发的“LB3000沥青混凝土拌和设备”2个新产品项目被国家科技部列为2004年国家重点新产品计划。通过科技计划项目的实施，创产值4.02亿元，经济效益1.46亿元。6个科技专项计划的组织实施，充分发挥了科技示范、带动作用，加速了科技成果向现实生产力的转化，推动了全区经济的发展。

（杜茂忠）

【科技成果管理与奖励】 2004年，东丽区完成科技成果登记35项。组织完成了16项科技成果鉴定，其中“节能贮能水锤消除器”项目达到国际先进水平，“天津市东丽区政务宽带网综合应用系统”等8个项目达到国内领先水平，“生猪的安全生产技术研究”等7个项目达到国内先进水平。

东丽区5项科技成果获得2003年度天津市科技进步奖。其中，天津市润拓生物技术有限公司完成的“免疫调节剂胞肽生物预防畜禽疫病的研究”项目获市科技进步二等奖；天津春发香精香料有限公司完成的“天然级肉味香精大规模现代化生产技术开发”，东丽区农林局、天津农学院共同完成的“枣优新品种引进、优选及配套栽培技术研究”，天津市凯华绝缘材料有限公司开发的“压敏电阻、陶瓷电容器专用阻燃环氧包封料”，天津市康达膜材建筑工程有限公司完成的“膜结构建筑设计技术开发与应用”等4个项目获天津市科技进步三等奖。

2004年，开展了2003年度区科学技术奖的受理和评审工作，共评出科技合作奖1项，科技管理奖1项，科技进步奖13项(其中科技进步奖一等奖3项、二等奖3项、三等奖7项)，科技促进奖16项。区政府对评出的获奖项目给予了表彰。

（杜茂忠）

【高新技术企业发展】 2004年，东丽区继续加大对高新技术企业的培育工作，重点对康达膜材建筑工程有限公司、特种电机研究所、富川电机有限公司等企业进行培育。德凯化工有限公司、富川电机有限公司、特种电机研究所、康达膜材建筑工程有限公司等4家企业通过了天津市科委组织的高新技术企业认定，高新技术企业的发展实现了新突破。

（杜茂忠）

【民营科技企业】 2004年东丽区新发展民营科技企业20家，全区民营科技企业总数已达到100家。民营科技企业技工贸总收入9.84亿元，税金1亿元。完成了2003年度民营科技企业所得税奖励的兑现工作，为中环电子仪表公司等27家民营科技企业进行了奖励。在天津市2004年度优秀民营科技企业、优秀民营科技企业家评选工作中，东丽区天大胜远中央空调等5家企业和范喜宏等5人被市科委授予“优秀民营科技企业”和“优秀民营科技企业家”称号。东丽区春发香精香料有限公司总经理张俊杰被中华全国工商业联合会、中华民营科技实业家协会授予中国优秀民营科技企业家称号。东丽区科委主任田先钰在促进民营科技企业发展上成绩显著，受到中国民营科技促进会的表彰。

（杜茂忠）

【科学普及】 2004年东丽区科普工作取得新成绩，获得全国科普示范区称号。成功组织了第十八届科技活动周，充分利用各种宣传媒体加大科学普及的力度，与东丽电视台、东丽电台、《今日东丽报》举办科普栏目，利用东丽广场大屏幕、百米科普画廊，向全区人民宣传普及科技知识。积极参加区委宣传部组织的“六进乡村”活动，现场发放科技资料，认真解答现场群众提出的科技方面问题，受到现场群众的好评。区科委被区文明办评为“六进乡村在行动”先进集体。充分发挥科技网站、科普网站的作用，进行网上宣传普及科技知识。通过编发《科技参考》、《科普快讯》扩大全区科普宣传范围。认真开展青少年科普活动，组织区中小学生参加天津市第十九届青少年科技创新大赛，获得一等奖4名，二等奖17名，三等奖22名。新立村中心小学学生张岩发明的“公厕定时冲水器”在第四届宋庆龄少年儿童发明奖展示评选活动中获得金奖，成为天津市在此次活动中获得的惟一金奖。

（杜茂忠）

【生物预防畜禽疫病的研究】 天津市润拓生物技术有限公司李守军、鲍恩东、李旭东等研究开发的“免疫调节剂胞肽生物预防畜禽疫病的研究”项目，获得天津市科学技术进步奖二等奖。该产品在国际上首先采用低温破壁、低温临界萃取技术，使提取胞肽实现工业化生产，克服了胞肽粗提品产量低、杂质多、副作用大的缺点。该项目具有自主知识产权，降低了动物源性食品的药残和疫病污染，提高了畜禽产品的质量和中国畜禽产品在国际市场的竞争能力。

（杜茂忠）

【阻燃环氧包封料研究】 天津市凯华绝缘材料有限公司任志成、任志军、张健研究开发的“压敏电阻、陶瓷电容器专用阻燃环氧包封料研究”项目，获得天津市科学技术进步奖三等奖。研制生产的环氧包封料EF-150C，各项性能指标达到了国际同类产品水平，环保指标达到国际领先水平。该项成果不仅填补了国内一项空白，而且产品具有很高的性价比。

（杜茂忠）

【天然级肉味香精大规模现代化生产技术】 天津春发香精香料有限公司邢海鹏、盛新渊、元绍博、张继富研发的“天然级肉味香精大规模现代化生产技术”，获得天津市科学技术进步三等奖。该项目以禽畜肉、骨和洋葱等为原料，经各种生化、物化反应制成肉味香精，实现了使用于大规模、多物料特性液体香精大容量范围美拉德反应技术及工艺流程生产线，实现了洋葱油大规模高效、连续、高得率萃取技术及工艺， 实现了具有世界先进水平的香精生产全过程计算机监控管理系统，实现了高精度多段美拉德反应温度自动程序控制， 温度控制精度达到±1℃，实现了主要中间产品自动配料，精度±1.5%，最终产品自动灌装，精度±0.2%。投产4年来，共生产液体香精2648吨，创产值1.06亿元，上缴利税4195万元。

（杜茂忠）

西青区

【科技工作简况】 2004年西青区以观念创新带动科技创新，充分吸纳先进技术，推进科技成果转化，进一步加大引进科技资金、科技项目、新技术成果、科技人才的力度，加大用高新技术改造传统行业的力度，加大对街镇、村、企业科技工作的指导力度，为率先基本实现现代化提供强有力的科技支撑，成效突出。参加并通过了市科委组织的区县科技进步考核；帮助驻区企业引进高新技术和先进适用技术成果共32项，并且建立了中安药业、三环化工两个市级制造业信息化示范企业。农业信息化工程核心示范区建设工作通过了市科委组织的专家组验收。

（马　昱）

【科技奖励和专利工作】 2004年西青区科委受理了

申报区级科技进步奖的项目共23个，经过专家评审，有10个项目获得区级科技进步奖。另外，有1个项目获得市级科技进步奖。西青区专利示范区建设通过市知识产权局验收。2004年全区专利申请量达到100多件。为加强知识产权工作，制定了《西青区专利工作管理办法》、《西青区专利示范企(事)业试点工作方案》。

（马　昱）

【信息化建设】　2004年上半年召开了西青区制造业信息化工作推动会，9个街镇制定并实施了制造业信息化工作方案。三环化工、太平洋制药、宝岛自行车公司、中安药业、消声器厂等单位投入360万元进行了企业进、销存、财务管理等信息系统开发应用工作，中安药业、三环化工两个企业成为市级制造业信息化示范企业。

西青区农业信息化工程核心示范区建设，通过了天津市科委组织的专家组验收。专家组对该示范区建设工作给予了高度评价，认定示范区建设给农业增产、农民增收提供了帮助，各项目标全部达到预定标准，专家建议在全市推广该示范区建设的经验。完成了西青科技网网页更新工作，开发了农业专家系统蓖麻和水稻部分。建立了西营门街王顶堤奶牛场、杨柳青镇曹贵江养鸭场两个市级农业信息化示范企业。在互联网上为两个示范企业建立了网页，接通了宽带，推广应用了生产管理系统。在实施村村通工程方面，按照市农村工作委员会的要求，做好了实施街镇村务管理系统的应用准备工作。

（马　昱）

【组织实施重点科技项目】　2004年，西青区进一步加强了对在研科技项目的管理。由区科委组织实施的工业、农业科技项目共有34项，其中王稳庄镇新丽华色材有限公司的纳米汽车漆中试基本完成，通过对样品的检测，各项指标均优于传统漆，市场前景广阔；新药补肾通淋于2004年9月通过国家科技部中小企业创新基金管理中心组织的验收，项目执行期内累计实现工业增加值390万元，销售收入663万元，利税总额296万元；中津药业VB1重要中间体开发生产γ-氯代乙酰丙醇新工艺项目，已经完成中试放大与设备安装、调试及厂房改造，进入大规模生产阶段，累计实现工业增加值6100万元，销售收入1.1亿元，利税总额2100万元。

（马　昱）

【拓展科技引进领域】　2004年，西青区进一步拓宽科技引进的思路，努力拓展科技引进的领域，积极帮助驻区企业引进高新技术和先进适用技术成果。年内，西青区科委帮助企业引进高新技术和先进适用技术成果共有32项。太平洋制药有限公司生物医药技术开发平台建设等一批科技项目列入天津市科委重点支持的项目。经市科委批准，天津市汽车专业孵化器已在西青区杨柳青镇开发小区内投资建设。

（马　昱）

【科普工作】　组织开展了科技下乡活动，为农民送技术、送科技知识；进行了优秀科普论文评选和表彰活动；加强了科普基地建设，组织中北热带植物观光园申报国家级科普教育基地。成功举办了以“科学·文明·健康”为主题的第十八届科技活动周。科技周期间，共出示展牌310多块，发放各种宣传品3万多张，义务咨询2300多人，500多名机关干部和科技工作者参与了上街进行宣讲、义务咨询，举办各种讲座、学习班、培训班30余次，有3万多名群众参与了活动。西青区辛口镇建立了农民科技图书馆。该馆建筑面积480平方米，设立了4个功能分区，均采用微机管理；图书馆藏书7000余册，涉及农业科技、文化艺术、经济等领域，另有报刊杂志200余种，农业科技光盘100多套，可满足200余名读者同时使用。西青区科协为该馆赠送了40余套微机，并组织专业人员对农民进行计算机培训。

（马　昱）

津南区

【科技工作简况】　2004年，津南区努力落实“科教兴区”战略，积极推进科技兴工、科技兴农，注重科普教育宣传和吸引科技人才，加速科技成果向现实生产力的转化，构筑经济发展的新优势。2004年全区R&D(研究与试验发展)占GDP的1.5%，高新技术产业产值占工业总产值的16%，科技进步对工农业的贡献率、养殖业占农业的比重、特养业占养殖业的比重等指标大幅提高。

2004年全区实施20项农业科技项目，重点推广农业生产实际需要的新技术、新品种、新设施，应用面积达6600公顷以上，其中2个高水平的科技项目申报了天津市科委科技计划项目，2项成果转化项目通过了国家科技部组织的验收。

加强了高新技术和先进适用技术的引进和应用，密切与高等院校和科研院所进行产学研合作，在环保、电子信息、金属制品、机械制造等行业，引进、开发了一批高科技含量、高附加值、高市场占有率的新产品项目，其中列入天津市星火计划项目4项，列入国家级重点新产品2项，获得天津市科技进步三等奖2项。

信息化工作取得重点突破。3家企业被列为天津市制造业信息化工程示范企业。针对津南区的产业特点，大力推广CAD应用技术，其中百家重点企业中大部分企业应用了二维CAD技术或自动检测设备，应用三维CAD技术的企业也有较大的增幅。启动了农业专家系统，建立了10余个示范点，南美白对虾、河蟹、蔬菜等专家系统得到示范与应用，农户可以在生产过程中随时通过计算机网络与专家系统联系，由专家系统自动生成生产建议，指导农民生产。

2004年全区完成科技成果登记7项，申报专利149项，承担市级以上各类项目20余项，完成技改立项36项，开发市级以上新产品40项，其中达到国际先进水平的3项，填补市级空白并达到国内先进水平的15项。这些项目的实施与推广，创造出巨大的经济效益和社会效益，带动了全区的经济和社会发展，充分体现了科技的引领和支撑作用。

（杨晓刚）

【津南国家农业科技园区】 2004年3月，在津南国家农业科技园区奠基建设的国家杂交水稻育种中心天津分中心已基本落成。区财政投资1000万元在园区建成了多功能科普展示大厅和多媒体网络培训教室，从事农业、种养业、信息技术等内容的科普展示与培训。园区引入“专家大院”模式，袁隆平、侯锋、张涌等国内知名院士及专家亲任技术顾问，近百名归国博士录入园区专家库，并将其拥有的科技成果编入了园区对外技术服务项目库，有效地解决了专家与农民的对接，为农业产业化开拓出一条新路。2004年，津南国家农业科技园区与有关高等院校等20多个单位共承担实施市级科技计划项目16项，项目涉及名优花卉、名优水产、小站稻、信息技术、澳洲宝石斑鱼、美国鮰鱼等高档品种及本地人工孵化等，有力地推动了津南区农业生产的发展，提高了农民的收入水平。

（杨晓刚）

【津南区农业专家组】 1994年成立的津南区农业专家组，每三年为一届，组成专家组的成员均是津南区各农口单位具有高级技术职称的农业科技工作人员，包括五个专业组，分别是：高新技术组、经济作物组、蔬菜园艺组、畜牧水产组和农机水利组。农业专家组负责对全区农业科技工作谏言献策，负责区内农业科技项目的论证和实施，并积极承担国家和市级农业科技项目。区科委每年都组织专家组举办座谈会3~4次，农业科技考察1~2次，使专家们在活动中互相交流和学习，增长知识，开阔眼界。专家组成员每年都承担一些市级或区级农业科技项目，并能高效地完成，其中2004年完成了2项国家级农业科技成果转化项目，在全区的农业科技发展中起到了带头作用。农业专家组自成立以来，对津南区农业科技进步和农业结构调整提出了许多合理化建议并得到采纳，其中“继续加大对农业科技的投入，以保持全区农业结构调整的成果”、“加大对无公害农业生产基地建设的管理力度，提高全区农业产品的安全质量水平”等多项建议被区委、区政府及有关部门采纳，并收到良好效果。

（边淑萍）

【引进水产新品种】 2004年津南区实施的水产新品种引进项目取得新突破，对引进的锯缘青蟹进行养殖试验，共投苗2000只，分为混养和精养两种方式，共产成蟹215千克，其中最大的每只650克，最小的每只250克。锯缘青蟹的试养成功，填补了天津市水产品的一项空白，丰富了市场。2004年实施的宝石鲈养殖示范取得阶段性的成果，在市农委申请立项，争取到市级的资金支持。引进了银龙、血鹦鹉等观赏鱼的养殖试验，并取得阶段性成果。

（边淑萍）

【农作物新品种引进与选育】 2004年，津南区引进了农作物新品种——“绿优谷—绿色小米”，并进行试验示范，示范面积0.87公顷，亩产250千克。该品种抗病性强，耐贫瘠，成为津南区又一农作物种植新品种。此外，还对棉花、黄瓜、芹菜、葡萄等新品种进行了种植推广,并选育出白杆实心芹菜。

(边淑萍)

【开展农业技术培训】 2004年津南区农业广播学校(以下简称农广校)充分发挥学历教育和培训的双重职能,培养大中专学历生140人,在校生达到210人。结合全区农业产业结构调整和农民需求,多层次、多渠道、多形式地开展农业实用技术培训和农村富余劳动力转岗培训,年内开办各类培训班15期,培训3000余人次,散发技术资料1000余册。结合区内"村村通"工程,为全区165个行政村每村培训1名农业信息员,加速了农业新技术的传播和应用。针对葛沽镇冬枣种植现状,举办"冬枣新技术"绿色证书培训,聘请专家进行理论讲解和现场指导,提高了果农的种植管理水平,取得显著的经济效益。咸水沽镇北洋村养猪专业户杨亮,几年来先后参加了农广校的"青年农民创业培训班"、"养猪技术培训班"等,学到了选种、科学喂养、人工授精和疾病防治等技术,扩建了养殖场,引进了皮特兰、杜洛克、比利时长白等优良种猪,存栏量达到5000头,2004年被农广校评为致富英才。2004年津南区农广校被天津市农业局评为"天津市农业广播电视系统先进集体",被国家科技部列为国家星火计划农民科技培训星火学校。

(边淑萍)

【"神农"种子成为全国十大名牌之一】 天津神农种业有限责任公司始建于1980年,先后承担完成了国家、市、区级科研项目近20项,经鉴定验收,有的达到国内领先和国内先进水平,大面积推广的品种有数十个,主要以辣椒、黄瓜、白菜和胡萝卜为主,培育的"津育一号"黄瓜等品种被评为天津市名牌产品。"神农"牌良种经农业部蔬菜种子质量检测中心连续3年质量抽测,种子质量均达一级,2001年通过了ISO 9000质量认证,取得了天津市技术监督局计量合格证,"神农"牌种子被誉为全国十大名牌之一。

该公司前身为天津市津南区种子公司,已发展成为体制健全、技术力量雄厚,集科研、生产、加工、经营、开发为一体的面向全国服务的股份制专业化公司。该公司资产已达3000万元,拥有3公顷条件优越、设施齐全的科研育种基地,并在全国7个省市建立制种基地1300公顷,年产销良种40余万千克,销售收入2000万元。该公司自行研制的种子除湿机、包衣机、自动计量装罐机,经专家鉴定达到国内领先水平。

(边淑萍)

【新型牙轮钻头】 天津市立林机械集团有限公司是生产石油、石化机械设备和工具的科技型民营企业,历经20余年的发展,具有较强的经济实力。该公司借鉴国外先进技术,立足国产化要求,自行研制开发出新型牙轮钻头,经鉴定达到国内先进水平。该项技术拥有"带副齿的牙轮钻头"和"渗碳强化牙掌流道"两项专利技术。该钻头通过采用新的布齿方式和硬质合金切削齿,进一步提高了钻头的破岩能力、牙齿寿命和直进能力,通过在胜利油田、大港油田等油田小批量使用,无论从寿命上还是从机械转速上与同类产品比较,均属国内一流产品,已经广泛投入市场。

(杨晓刚)

【中口螺纹对夹闸阀】 天津大站集团所属大站阀门总厂自行研制开发出新型阀门产品——中口螺纹对夹闸阀,填补了国内一项空白,达到国际领先水平。该产品获得实用新型和外观设计两项国家专利,产品结构各零部件紧凑,结构轻巧,安装、拆卸方便,在确保产品使用性能的前提下,大大节省了钢材。该产品属于节能高效、具有良好性价比的轻型环保型阀门,满足了消费者追求产品新、巧、实用的心理,已广泛投入市场。该产品与原来的黄铜法兰闸阀相比,一年降低成本40余万元;与原来的铁制法兰闸阀相比,一年降低成本100余万元。

(杨晓刚)

北辰区

【工业科技】 2004年经天津市科委批准,筹建了北辰区现代生物医药孵化器,为企业提供专业化的技术服务。建成了益益久微生物研发中心,应用微生物方法进行工业废水治理的科学研究,为西堤头化工厂设计建造的微生物污水处理装置,经处理的污水达到排放标准。

引导推动企业开发新产品30个,其中包括大口径纳米POC,EPOCC系列管道、新型工程陶瓷多元复合管道、10%氟硅挫水乳剂等10个高新技术产品。帮助企业进行科技成果鉴定，完成中重公司1070万能H型钢生产线粗精轧设备、中直公司700热轧带钢生产线等5项成果的鉴定。组织企业申报了4项市级新产品计划、11项市级科技攻关计划。积极开展知识产权保护工作，顺利通过了天津市知识产权局对专利试点区的验收。

（刘树清）

【农业科技】 2004年北辰区进一步加快科技兴农步伐，加大农业新技术和新品种引进、示范、推广的力度，围绕农业信息化工程，实施农业技术创新，加大农业结构调整的力度。

种植业重点抓了示范基地的带动作用。10月14日，区科委组织专家对津北蔬菜研究所所承担的“合、叠抱类型大白菜新品种选育”项目进行现场验收，一致认为津北1号、3号大白菜为天津市增添了早熟、中早熟清白帮合、叠抱类型抗病的新品种，可进一步扩大示范面积。

养殖业重点抓了龙头项目的带动作用。4月1日奶牛胚胎移植项目与上海光明梦得公司签订了220头胚胎移植合作协议。8月22日“孔雀乌鸡代孵繁育养殖技术研究”项目通过市级科技成果鉴定。该项目经过两年多的实施，取得了存栏孔雀1000多只的规模，成为天津市规模最大的孔雀繁育基地。

重点抓了项目申报工作，包括北辰区农业信息化示范工程、双街无公害蛋鸡养殖项目等，其中奶牛胚胎移植技术的示范及推广、中韩合作职业技术培训等项目列入市级以上科技项目。北辰区成立了首家民办科技投资促进会，推动了全区科技咨询、服务、中介等服务活动的开展。

（刘树清）

【信息化建设】 2004年3月区委、区政府颁发了《天津市北辰区信息化工程建设管理办法》，规范了全区信息化项目的审批备案、技术审核、工程招标、质量监理、项目验收及责任追究等环节，保证信息化建设健康发展。配合全市电子政务专网完成北辰区汇聚点、接入点的建设，完成镇、村电子政务软件的开发与电子办公试点镇的建设，启动“数字园区”二期工程，“北辰在线”、“北辰商务网”等区政府门户网站健康运转。

制造业信息化工程完成年初制定的“1225”计划，即建成一个中心——生产力促进中心，完成两次培训——“现代企业管理模式研究报告会”和“科技干部管理培训班”，完成20个制造业企业的信息化启动，筛选并树立5个制造业信息化重点示范企业。天津市制造业信息化工程项目——《北辰区制造业信息化生产力促进中心建设》，9月23日通过了市科委组织的专家验收。与9个镇合作完成“商务网培训”9期，广泛推广了“北辰商务网”的应用。

（刘树清）

【玻璃钢梯具】 天津金锚公司采用纳米玻璃钢增强树脂制作的复合材料专用梯具，其机械性能达到美国同类产品的水平，自主研发的稀土铝合金型材强度高、重量轻，结构上具有独特的安全防滑脱装置，可满足欧美等国家和地区的市场要求，现已正式投入生产。2004年产值达600万美元，利税72万美元。

（刘树清）

【工业余热作为动力的制冷项目】 天津市中建热载体有限公司承担的“工业余热作为动力的制冷项目”，利用工业废热解决生产工艺中所需的冷热环境，最大限度的节约能源，降低生产成本，可减少投资和成本近1/2，实现了充分利用能源的目的，现已正式投入生产。2004年产值达3000万元，利税700万元。

（刘树清）

【燃煤电厂烟气脱硫装置】 天津德塔科技公司与德国斯坦米勒公司合作开展燃煤电厂烟气脱硫装置的研制，合资投入5000万元，开发国内的脱硫市场。该项目引进先进的脱硫设计和关键设备，主要解决燃煤电厂脱硫、脱氮、除尘问题，形成烟气脱硫、脱氮、除尘一体化的脱硫副产品综合利用的环保产业链。现已参与广东、山西等地有关项目的投标。

（刘树清）

【H型钢生产线粗精轧设备】 天津市中重科技工程有限公司承担的“1070万能H型钢生产线粗精轧设备”项目，采用具有中辊自位功能及闭口机架的三辊轴承轧机、高钢度短应力万能H型钢轧机及高刚度短应力二辊轧边机，其传动系统采用直流电机通过联合减速机传动，750三辊开坯机采用独创的中辊自位和轴向调整定位技术、闭式机架、滚动轴承支撑轧辊等一系列新技术。该项目采用的短应力万能轧机及轧边机，填补了国内的空白，其结构紧凑，重量轻，刚度大，运行可靠稳定，连轧布置使得轧线生产率提高，采用计算机程序控制，整体水平接近国际先进水平。该项目已通过市科委的成果鉴定，已在山东省使用。

（刘树清）

【非金属外壳低压配电箱】 天津市三源电力设备制造有限公司承担的“FCF-2非金属外壳低压配电箱”，是SMC环保绝缘型低压配电箱，采用SMC新型热固性复合树脂材料，外壳全绝缘、永不生锈、外型美观且能根据周边外景制作出不同颜色、风格的外型箱体，适用于工矿企业和民用建筑中0.4KV低压电网，可作为终端及环网供电的成套设备。该产品与同类型产品相比，具有强度高、重量轻、耐腐蚀、使用寿命长、施工方便、便于保养、成本低、成型工艺简单、耐电弧、阻燃、导电系数小、运输方便、安全、环保等优点，已通过国家电控配电设备质量监督检验中心、天津发配电及电控设备检测所的检验，取得合格证书，同时取得国家强制性的3C认证，并经专家鉴定，评定为国内领先产品等级资格。2004年产量达3000台，产值1950万元，利税480万元。

（刘树清）

【纳米复合粉末渗锌防腐技术】 天津市先知邦钢铁防腐工程有限公司承担完成的“纳米复合粉末渗锌防腐技术”研究，开发出一种新型复合纳米复合粉末渗锌金属构件表面防腐处理工艺，包括金属构件预处理工艺、纳米复合粉末渗锌及金属构件后处理工艺。与传统粉末渗锌工艺比较，该项技术采用纳米锌粉、ZnO等填充剂，纳米稀等活化剂一定重量百分比配置成渗锌剂，通过试验研究确定了最佳渗锌工艺规范，设计研制出规模化和产业化全自动成套生产设备。该项目已通过了天津市科委组织的成果鉴定。

（刘树清）

【防爆带压气液罐装流水线】 天津市长龙液化石油气设备制造厂承担的“防爆带压气液罐装流水线”项目，主要是将机械灌装转盘换代为电子灌装转盘，开发研制适应电子灌装的电子秤、主轴分电器、分气器、自动上下瓶装置等设备，并将它们系统地结合在一起的成套气液灌装流水线，主要用于在易爆炸环境中带压气液介质灌装。该项目的研制成功，不仅保证了石化灌装行业的安全可靠性，而且提高了石化行业灌装设备灌装精度，推动实施了企业的自动化管理水平，是行业传统灌装形式的一次突破和提高。该项技术属于国内首创，达到同行业的国际先进水平。现已完成小批量投产，并正式投入市场。

（刘树清）

【药用塑料瓶生产线基地】 天津市博士力包装技术有限公司承担的“药用塑料瓶生产线基地”项目，投资7000万元，建设1.1万平方米、符合国际CMP标准的新厂区，购进国内外先进的注吹设备，建成亚洲规模最大、全自动、高信息化的药用塑料生产基地，实现规模化生产。该项目的建成，将对中国医药包装行业的现代化进程起到积极的推动作用。

（刘树清）

【刘房子花鸟鱼虫示范基地】 刘房子花鸟鱼虫示范基地占地20公顷，积极引进新品种、新技术，向观光、休闲农业方向发展。花卉基地占地3.3公顷，有优质鹤望兰1.3万株，已成花上市，成为天津和北方最大的鹤望兰种植基地；引进德国一品红、荷兰长寿花等新品种；2004年销售收入180万元。孔雀等珍禽养殖基地占地0.67公顷，引进云南优良蓝孔雀品种，自行繁育蓝孔雀1000多只，成为天津最大的孔雀等养殖基地；该项目已通过市级鉴定。观赏鱼养殖基地占地14.67公顷，引进优良品种，繁育养殖热带鱼、锦鲤等100余个品种，繁育鱼苗200多万尾，销售收入100余万元。虫具葫芦等工艺葫芦基地占地1.33公顷，引进新品种，创造新款式10多个，种植加工工艺葫芦1万多个，成为天津最大的工艺葫芦繁殖加工基地。

（刘树清）

【果树新品生态园示范基地】 刘快庄正东果树种植生态园从2001年起承包20公顷撂荒地，累计投资180多万元，建成有枣、杏、梨、桃、葡萄等各种果树40余个新品种的果树示范基地，带动农民100多户，发展果树面积330多公顷。

（刘树清）

【蔬菜新品种示范基地】 宜兴埠二街蔬菜协会近几年来，每年都要引进3~5个蔬菜新品种，进行试种、示范、推广。2004年这个示范基地又引进6个蔬菜新品种,仅“富尔粉王”、“北斗一号”番茄两个新品种种植面积20余公顷,每亩增收500多元,仅此1项菜农即增收20多万元。

（刘树清）

【观赏鱼繁殖基地】 大张庄镇小韩庄村津辰特种养殖场投资30多万元，建设占地4200平方米的观赏鱼繁殖基地,实现了多品种、产业化、科学化、规范化养殖。通过养殖示范,带动了该村依靠养殖养观赏鱼致富。

（刘树清）

【大田、蔬菜良种示范基地】 由北辰区农林局种子公司牵头实施的“大田、蔬菜良种示范基地建设”项目,每年引进大田新品种5~10个,蔬菜新品种5~10个,通过试种、示范和繁殖,再进行推广。该项目选择土质条件好、便于管理的大张庄镇张五庄村,建设了大田、蔬菜良种繁殖基地,确保了繁种的纯度。

（刘树清）

武清区

【科技工作简况】 武清区全面贯彻落实科教兴区战略,加强技术创新服务机构建设,广泛吸引高科技人才,积极开展新产品、新技术研发,加速高新技术产业化和传统产业现代化，促进产业结构和产品结构的优化升级,推动经济增长方式的根本性转变。

2004年全区取得市级科技成果6项,区级科技成果10项,获市科技进步奖3项,区级科技奖励10项,申请专利247项。至2004年底,全区拥有技术研发和推广机构30个,民营科技企业和技贸机构120家,各类技术协会92个,为促进企业新技术、新产品开发和农业新品种、新技术示范推广提供了科技支撑。

（王明忠、王学铮）

【科技发展战略研究】 武清区科委承担的《武清区科技发展战略研究》课题,在广泛调查研究、深入客观分析、不断补充完善的基础上,于2004年6月完成《武清区科技发展战略研究报告》，并通过市科委组织的专家组结题验收。该报告明确了科技工作的指导方针,提出了“优化环境,汇集科技人才”、“依靠科技人才开展技术创新”、“利用技术创新发展循环经济”的三大战略,制定了切实可行的有效措施,为实现区域经济增长方式战略性转移找到一条有效途径。

（王明忠、王学铮）

【玉米秸秆及饲用玉米产业化技术】 由天津市益生饲料有限公司承担的“玉米秸秆及饲用玉米产业化利用技术研究”项目,对玉米秸秆及饲用玉米进行饲料加工技术研究,提高其利用率和商品价值,使玉米秸秆变废为宝。通过研究玉米秸秆切碎细度与不同精料比例混合的造粒工艺，使之形成精粗配合颗粒饲料,其特点是精粗一体,产品化彻底,具备方便存储和远距离运输等商品特性，解决了秸秆商品化生产的关键问题，并运用了先进的奶牛饲料营养科学与先进的加工制粒技术,并与市场机制合理结合。该项技术2004年3月31日通过天津市科委组织的专家鉴定,达到国际先进水平。

（王明忠、王学铮）

【全国星火科技下千县武清科技咨询活动】 2004年1月17日,由中宣部、国家科技部、国家广电总局组织的“全国星火科技下千县武清科技咨询活动”在武清区河西务镇举行。这次活动向农民发放了科技图书及科技资料，并向“全国星火科技下千县武清图书室”捐赠图书2800册。由中国科学院院士孙九林等十多位专家组成的咨询团进行了现场科技咨询、科技诊断活动。专家咨询团还深入蔬菜棚室、奶牛养殖小区,进场入户进行科技指导,帮助解决生产、养殖中

全国星火科技下千县武清科技咨询活动

的难题。国家农业部农研中心研究员关锐捷、国家农业部中绿华夏有机食品认证中心研究员郭春明向全区的科技人员分别作了《农业产业化经营》、《绿色农产品发展现状及方向》的专题报告。出席这次活动开幕式的有武清区委、区政府和中宣部、国家科技部、国家广电总局等领导同志。

（王明忠、王学铮）

【血必净注射液的研究】 天津市红日药业股份有限公司通过对大量中药组方进行筛选，从中发现了可有效治疗脓毒症和多脏器功能失常综合症(MODS)的中药——红花、赤芍、丹参、当归、川穹复方。在此基础上，采用现代化提取、分离、精制技术，研制成功血必净注射液，经中国中医研究院通过现代药理学、毒理学研究，证明该注射液具有强效拮抗内毒素和炎症介质的功效，后经北京中医药大学等国家临床药理基地大量临床研究证实，其防治脓毒症和多脏器功能失常综合症（MODS）有效率超过85%以上。2003年血必净注射液申请了国家发明专利，2003年6月经国家防治“非典”科技攻关小组和国家食品药品监督管理局批准，进入防治“非典”药品快速审批通道。2004年1月获得新药证书和生产批文。2004年4月，“中药血必净注射液制备及其防治全身炎症反应综合症(SIRS)和多脏器功能失常综合症(MODS)的研究”被批准登记为市级科技成果。

（王明忠、王学铮）

【农村“三废”综合治理技术集成与示范】 2003年武清区科委与武清区上马台镇政府承担的天津市科技发展计划项目“农村‘三废’综合治理技术集成与示范”，于2004年12月24日通过市级验收。该项目针对农村存在合理利用现有卫生资源能力不足及农村“三废”综合治理不当等问题，立足“治理环境污染、建设生态景观和改善社区人文条件”三个层面，以“三废”治理5项适用技术(包括太阳能综合利用、沼气综合利用、三格异物处理、农村信息化、农村生活垃圾无害化处理)的集成与示范为切入点，以实现家居温暖清洁化、三废处理无害化、社区建设文明化为目标，通过加强基础设施改造建设，改善农村生态环境质量，落实村务各项管理制度，达到经济效益、社会效益和环境效益的统一，使农村面貌发生了根本改变，并创建了农村社区环境整治和生态建设的组织推动模式，为农村环境改善和小康社会建设探索出一个工程技术模式，在全市具有很好的示范带动作用。

（王明忠、王学铮）

【专用小麦引种开发】 武清区农业局和中国农业大学农学与生物技术学院合作开展的“主要农作物优质高效新品系引种开发——专用小麦专项”课题研究，2001年7月列为天津市重大农业合作项目。项目实施期间，先后引进优质、专用、特用小麦新品系15个，通过田间对比试验，从中筛选出“农大优93”高筋力优质小麦新品种，其各项检测指标均优于近两年推广种植的“中优9507”，产量指标亩产达到400千克。同时，筛选出的“农大优93”进行播期播量、灌溉方法、施肥技术等配套栽培技术进行研究，用总结制定出的高产栽培技术规范指导生产，实现优种良法、优质高产的统一。在2002~2003年和2003~2004年两个年度，经天津市种子管理站组织的小麦区域试验证明，“农大优93”小麦适应性和丰产性表现较好，于2004年9月17日通过天津市农作物品种审定委员会的品种审定，并被主管部门列为天津市中南部麦区重点推广的品种。

（王明忠、王学铮）

【核果类新品种示范推广】 2001年7月起，武清区林业科学技术推广中心和天津市津农果树研究所合作承担了天津市农村工作委员会下达的“核果类新品种示范推广”项目，根据土壤条件按品种适应性确定推广品种，实现优质丰产。经过3年的研究，累计在武清区推广春艳白桃等核果类果树新品种8个及与其相关配套的“生根粉及地膜覆盖”、“合理密植”、“合理整形修剪”、“土肥水综合管理”、“病虫害综合防治”等先进技术，推广面积达239.47公顷。该项目2004年7月18日通过市农村工作委员会组织的专家验收。

（王明忠、王学铮）

【设施果树优质高效新技术示范】 武清区花木试验场和中国农业大学共同承担的“设施果树优质高效新技术示范”，为天津市农业科技合作计划项目。该项目根据植物生长发育过程中激素平衡原理，采取促控结合的有效措施，调节树体整株营养分配，减少营养消耗，扩大结果分布面积，从而实现成形快、丰产早和果实品质的提高。该项新技术从栽植密度到树体留枝量、留果数量以及环境条件控制等,都有明确的参照数据,操作方便,易于掌握,在核果类果树能够自然生长的区域内,无论是砖混钢架结构日光温室,还是在土墙竹木结构日光温室条件下均可使用,开创了农业现代化管理的典范。该项目于2004年4月通过天津市农村工作委员会组织的专家验收,同年6月登记为市级科技成果。

设施果树优质高效新技术

(王明忠、王学铮)

【西瓜新品种惠农八号】 天津市惠农种业有限公司1992年从引进的二倍体西瓜高代品种中选出生长健壮、高产优质的抗病株,在温室中定向培养,利用病圃通过延时加代及异地加代的有效措施,经6代单株自交、纯化,1995年筛选出综合性状优良的自交系,把其作为父本。对同年引进的5个抗病品种,利用病圃培养、温室加代、单株自交、纯化等手段,经6代分离筛选出优质纯合自交系作为母本,经配制杂交组合、品比试验,培育出高产、抗病新品种——惠农八号。该品种口感好,风味独特,高抗枯萎病,亩产可达6000千克,于2003年12月9日通过天津市农作物品种审定委员会审定。

(王明忠、王学铮)

【区级科技进步奖评选及表彰】 2004年1月13日,武清区召开科技进步奖励大会,对获得2001~2002年度武清区科技进步奖的18项科技成果的承担单位和完成人进行表彰。2001~2002年度武清区科委共受理申报武清区科技进步奖励项目30项,按照《武清区科技进步奖实施细则》及评审标准,经专家组评审,区科委主任办公会审核,报武清区人民政府批准,共有18项获奖,其中一等奖3项,二等奖5项,三等奖10项。

武清区召开科技进步获奖项目奖励大会

(王明忠、王学铮)

【"星火学校"和"科技服务示范单位"挂牌】 2004年10月天津市科委星火计划办公室公布的第一批国家星火计划农民科技培训星火学校和农村科技服务体系建设示范单位名单中,武清区英才培训学校、武清区下伍旗职业中学、天津市农业广播电视学校武清区分校和天津黑马龙头企业技术创新中心、天津市富康龙头企业技术创新中心、天津市武清区汉沽港镇无公害蔬果产销协会被国家科技部分别认定为首批农民科技培训星火学校和农村科技服务体系建设示范单位。

星火学校主要是对农村劳动者进行职业技能和适用技术培训,既加速农村富余劳动力向非农岗位的转移,又使从事农业生产的农民提高生产技术水平,促进农民增收。农村科技服务体系建设示范单位,通过采取"统一采购生产资料、统一提供技术指导、统一回收合格产品"的方式,为生产者提供产前、产中、产后的系列服务,促进新品种、新技术在农村的推广。

(王明忠、王学铮)

【举办第十八届科技周】 2004年5月17~23日,武清区举办了的第十八届科技活动周,开展各种科普活动120项。武清区获得天津市科技周组委会颁发的"优秀组织单位奖",崔庆元等6人获"优秀组织工作奖"。

(王明忠、王学铮)

【科普示范基地与科普车间】 2004年4月,天津天狮集团有限公司日化产品车间与保健品制剂生产车间被天津市科学技术协会命名为2003~2004年度优秀科普车间。2004年5月,武清区汉沽港镇无公害果品生产示范基地、武清区大孟庄镇黑马无公害蔬菜示范基地被天津市科学技术协会命名为市级科普示范基地。 （王明忠、王学铮）

【青少年科技创新大赛活动】 2004年9月,在天津市青少年科技领导小组办公室组织开展的第十九届青少年科技创新大赛活动中，武清区杨村第六小学获得市级科技活动示范校称号,刘立新等5名科技辅导老师获得市级优秀科技辅导员称号，全区24名中小学生获第十九届科技创新大赛奖。

（王明忠、王学铮）

宝坻区

【科技工作简况】 宝坻区深入实施“科技兴区”战略,以科技创新为动力,以科技项目、工程为依托,以企业为龙头,全面推动科技进步,为全区经济社会发展做出了积极贡献。2004年实施科技项目24项,其中国家级项目2项,市级7项,区级15项,3项科技成果通过市级科技成果鉴定和验收，达到国际先进或国内领先水平。全年专利申请23项,同比增长44%,其中发明专利5项,实现发明专利“零”的突破。

民营科技企业——天津市晨光化工有限公司(简称晨光公司)和天津市宝迪农业科技股份有限公司(简称宝迪公司)分别通过天津市高新技术企业认定,填补了宝坻区高新技术企业的空白。晨光公司总经理王辰和宝迪公司总经理徐自力被评为天津市优秀民营科技企业家，晨光公司和天津世星电子有限公司被评为天津市优秀民营科技企业,同时,王辰还被评为全国优秀民营科技企业家。

科普工作坚持实际、实用、实效的原则,重点开展了9项活动:在区广播电台、电视台播出《绿色田野》、《黑土地》科技节目104期，推广实用技术104项;开展“健康防病,科学生活知识进万家”活动,发放科普宣传画500张、《现代人的健康生活》挂图100套、《预防与健康》、《健康新标准》明白纸5000张、《健康在你手中》知识手册500册;编辑出版图书《科学健康常识》2000册、《老年人健康常识》4000册;举办青少年科技创新大赛,收集作品1000余件,选拔76件作品参加天津市青少年科技创新大赛,55件作品获奖,其中一等奖7项,二等奖18项,三等奖30项;举办科技培训班264期，累计培训6.3万多人次,推广新技术175项;开展科普进社区活动,举办“生殖健康展览”,倡导科学文明生活方式,增强了人民群众健康、防病观念和能力;强化农村科普阵地建设,大钟庄镇前鲁沽村建成具有农村特色科普园区——科技广场;开展科普促改厕活动,大钟庄镇成人教育学校“科普促改厕”获市级优秀科普活动奖;加强科技人才培养,150名大专毕业生完成学业走上工作岗位。

（许万记）

【猪血蛋白肽生产技术研究与开发】 天津众天鑫德科技有限公司承担的天津市计划外重大科技项目“猪血蛋白肽生产技术研究与开发”获得成功。该公司开发出“一步法”脱色、消毒、酶水解关键技术,该技术具有设备投入少、工艺流程短、生产成本低等特点,达到国际先进水平。产品猪血蛋白肽为高品质蛋白质原料,含免疫球蛋白、生长因子和小分子肽等多种功能性蛋白质,具有蛋白质含量高、氨基酸平衡、消化率高、适口性好、绿色环保、安全等特点,其中含有的血红蛋白还具有预防年幼动物和高产动物患贫血症功能。该产品的应用与推广,可部分缓解国内饲养蛋白质资源缺乏的情况，并能降低养殖业特别是养猪、养鱼业的生产成本，使饲料工业—畜牧养殖业—畜产品加工业形成良性循环，有良好的生态效益、经济效益和社会效益。

（许万记）

【废纸生产箱纸板废水处理循环回用技术】 宝坻区发达造纸厂是以回收废旧纸箱板为原料生产牛皮挂面箱纸板的企业,年生产能力3.2万吨。平均吨产品水耗25~30吨,最高可达50~70吨。为节约用水和减少对环境的污染,该厂与天津科技大学合作,对水处理系统进行技术改造。采用高效浅层气浮技术去除废水中杂质及悬浮物质,满足造纸机对水质的要求,采用SBR生物处理,即生物旁滤技术对循环水净化,解决了封闭循环污染物积累问题。实现了废水处理循环回用,使吨产品水耗降低至7吨,处理费用仅为0.3元/吨,经济效益和社会效益显著,达到国内领先水平。

（许万记）

【"两带一帮"科技入户工程】 为全面贯彻落实《中共中央、国务院关于促进农民增加收入若干政策的实施意见》,重点解决事关农业增产、农民增收的技术推广难问题，宝坻区科委根据农业经济结构调整和农民技术需求，选择对当地经济发展具有拉动作用的先进实用技术,选派优秀的专业技术人员,开展"两带一帮"活动,即带着技术、带着配套引导资金,直接入户开展科技帮扶活动，帮助农民依靠科技脱贫致富。2004年共选派49名中高级科技人员,带着48项先进实用技术和10万元配套资金，深入到19个乡(镇)、52个行政村、71个科技示范户，进行手把手技术帮扶活动。"两带一帮"活动,共建立了4个农、林、牧、渔不同类型科技示范基地,举办了16期技术培训班,培训农民1700多人(次),不仅解决了农民生产、生活中遇到的技术难题,而且为农民带去了致富手段、门路和信息，大大增强了农民依靠科技致富的信心和能力。破解了农业技术推广难问题,闯出一条新形势下技术推广新举措,对推进全区农业科技进步,促进农业增效、农民增收起到积极推动作用。

（许万记）

【肉用绵羊杂交改良技术推广】 天津市瑞金种羊场与天津农学院共同研究开发的"肉用绵羊杂交改良技术及推广",是天津市"十五"期间重大农业技术推广项目,2004年获得成功。该项目通过人工授精、肉羊杂交改良、肉羊舍饲、肉羊育肥饲料等技术研究与推广,取得显著成效。现存栏优良种羊1155只,其中德国"美利奴"原种羊550只,"无角道赛特"原种羊55只,杂交二代羊150只,杂交三代羊200只,杂交四代羊150只,繁殖成活率达到98%,种羊培育成功率达到85%。改良当地绵羊2万余只,生产杂交羔羊3.4万只。通过采用青贮饲料技术,有效降低了饲料成本,提高了舍饲肉羊质量。2004年8月,天津市瑞金种羊场繁育的优良种羊,参加全国北方肉羊交易会,其中3只萨福克、美利奴、无角道赛特种公羊分获一、二等奖和优秀奖。

（许万记）

【天鹰椒新品种引进与筛选】 宝坻区以盛产天鹰椒闻名,是著名的"三辣之乡",天鹰椒种植面积常年保持在0.53万~0.8万公顷以上。1997年"宝坻三辣"(大葱、大蒜、天鹰椒)被评为天津市农业名牌产品,1999年被纳入国家绿色食品行列。为解决品种、品质退化问题，实施了市农委农业科技成果转化与推广计划项目——天鹰椒新品种引进与筛选。分别从日本和韩国引进"红椒77、天鹰、天宇2号、天宇3号"等4个新品种,经过栽培实验,天鹰品种表现最好,生育期与当地天鹰椒基本相同,亩产干椒230千克左右,椒长5~6厘米,抗病性强,产量高,商品性状好,符合国际市场要求，被确定为宝坻区辣椒生产当家品种,为"三辣"生产优种、优质化奠定了坚实基础。

（许万记）

【创建农村特色科普园区】 大钟庄镇前鲁沽村建成具有农村特色科普园区——科技广场。该广场2004年10月建成并投入使用,总占地1公顷,建有千米科普长廊、文化广场、文化娱乐中心和健身公园,为村民学习科技知识、交流信息、锻炼身体、休闲娱乐提供固定场所。该科普园区具有鲜明的农村特色:一是投资少,适合农村现有经济条件;二是填补了农村没有科学文化活动场地的空白；三是有利于村民学习和交流农业技术与经验。该园的建立对提高村民科技素质,丰富业余文化生活,摒弃陋习,摆脱愚昧,建立科学文明的生活方式起到了重要作用，走出了农村科普阵地建设一条新路。

（许万记）

宁河县

【科技工作简况】 宁河县委、县政府高度重视科技工作,始终把科技进步与技术创新作为实施"科技兴县"战略的重中之重。2004年重新调整了县科技教育领导小组,由县长任组长,县委副书记、县委组织部部长、副县长为副组长,县科委等有关部门一把手为成员,研究解决科教兴县的重大问题。县委、县政府定期研究科技工作,解决科技工作中的重大问题,县委、县政府要求:财政部门要增加对科技的投入,广播宣传部门要认真组织好宣传工作,创造尊重知识、尊重人才的社会环境。有关部门认真落实县政府《关于加快县乡工业企业和高新技术产业发展的若干规定》,大力发展高新技术企业。贯彻天津市委、市政府《关于加强科学技术普及工作的意见》，建立了宁河县科普工作联席会议制度。县委、县政府每年专门召开会议，研究批准科技周的活动方案，责成各部门和各单位认真组织，注重实效。县政府每年把科技工作列入《宁河县人民政府重点工程、重点项目、重点工作安排意见》之中，明确工作目标、工作任务，由县科委主任与主管县长签定工作目标责任书，以此作为年终验收督查的依据。

2004年宁河县科委申报并组织实施国家级、市级科技项目8项，其中国家级星火计划项目1项、市级项目7项，项目进展顺利。宁河县科委还实施了县级试验研究项目13项，这些项目的实施，为农业增效、农民增收起到了促进作用。2004年全县取得市级科技成果10项，3个项目获天津市科技进步三等奖，13个项目获县级科技进步奖。

（李佑强）

【建成现代畜牧技术工程中心】 天津市现代畜牧技术工程中心是天津市宁河原种猪场和天津市畜牧兽医研究所联合组建的新型研究机构，于2003年11月通过天津市科委组织的验收。该中心是全市惟一的畜牧技术工程中心，在家畜品种选育、畜禽疫病防治、动物生物制品、饲料技术、生物有机肥的研制开发等方面取得了显著成绩。截至2004年取得科研成果5项，其中“引进猪种高产仔、抗应激分子育种研究”、“天津地区主要传染病地方毒（菌）株的分离及疫苗的研制”获天津市科技进步二等奖。该中心已成为国内有影响的现代畜牧技术开发与产业化基地。

（李佑强）

【组织农业技术推广】 2004年宁河县科委组织推广了优质南美白对虾虾苗淡化技术推广、棉花保护性耕作技术推广、高蛋白大豆品种及配套栽培技术推广、保护地番茄变茎技术推广、冬枣栽培技术推广、速生丰产林栽培管理技术推广、河蟹标准化养殖技术推广、渠灌区大口径管道节水灌溉技术推广、频振式杀虫灯在蔬菜生产中的应用技术推广、奶牛养殖机械化技术推广等10项农业新技术，成效显著。以前宁河县的农业种植一直以水稻为主，由于连续几年的旱情严重，地下水位下降，减少了粮食作物的种植面积，增加棉花等经济作物的种植。保护性耕作技术是一项减少耕作次数、保土、保墒、增加土壤有机质、降低生产成本、治理沙尘飘移的农机化新技术，它改变了传统耕作方法，秸杆直立越冬，起到固土、固雪、保护土壤、减少风蚀的作用，在拔棉杆的同时清除残膜，减少了污染；改铧式犁翻耕为深松，提高天然降雨入渗率，机械铺膜播种，提高了作业质量，地膜覆盖了60%的地表，解决了农田春季裸露易起沙尘的问题。至2004年底，推广棉花保护性耕作技术4300公顷，收到了增产增效和改善环境的效果。

宁河县自2001年开始引进南美白对虾并大面积推广，获得较高经济效益，但近年来出现了种苗来源混杂、种质退化等养殖问题。为此，2004年组织实施了优质南美白对虾虾苗淡化技术推广，共推广优质虾苗7亿尾，养殖过程中没有病害发生，平均亩产达到250千克，亩效益2000元。

（李佑强）

【无公害蔬菜配套技术研究】 由宁河县蔬菜技术推广中心承担的市级农业科技攻关项目“宁河县无公害蔬菜基地主导品种配套技术研究”，通过试验研究，筛选总结出一套适合宁河县无公害蔬菜生产基地的配套技术体系，提高了县无公害蔬菜生产水平，确保了无公害蔬菜基地示范县水平的逐步提高，从而更好发挥了在全市乃至全国的示范作用。

（李佑强）

【信息化工程】 市级信息化工程项目“宁河县制造业信息化服务体系建设”的实施，对全县工业信息化起到了重要推动作用。2004年先后召开了宁河县制造业企业信息化动员会、培训会，7月21日又召开了现场推动会，市科委有关领导和相关处室负责人参加会议，信息化示范企业——荣亨集团做了典型发言。荣亨ERP系统的成功经验，使与会企业经理深受启发，芦阳化肥公司选派专业人员两次参加信息化培训，自主开发了产供销软件，已进入调试阶段；宝溢公司与天津一软件公司签署了合作协议，实施ERP工程。

（李佑强）

【开展科普活动月活动】 2004年9月，宁河县科协与县教育局密切配合，围绕加强和改进未成年人思想道德建设，举办了为期30天的“拒绝毒品，珍爱生命”巡回展暨“我把健康带回家”为主题的科普活动月。巡回展览期间，芦台城区各学校共计1.5万名学生参观了展览。学生们通过参观，既学到了科普文化知识，又受到“拒绝毒品、拥抱健康、珍爱生命”的教育，受到学生家长的好评。

（李佑强）

【第十八届科技活动周】 宁河县科技活动周组委会围绕第十八届科技活动周“科学·文明·健康”这一主题，组织县卫生局、县环保局、县科协等14个单位，举办科普赶集、科技讲座、科普录相、科普展览、咨询义诊等多项活动，5月17~21日，县农业局、县蔬菜站、县畜牧水产局等组织30多名专业技术人员，分别到东已坨镇、板桥镇、县贸易开发区开展健康宣传、普及发展绿色食品和高效经济作物的标准化种植知识，县畜牧水产技术人员针对畜禽和水产品的养殖以及科学食用等问题向群众答疑解惑，同时发放棉花、蔬菜、畜牧、水产等十几个品种的宣传科普材料6000多份，接待咨询群众1000多人，解答疑难问题100多个，受到广大农民群众的广泛好评。

（李佑强）

【南美白对虾优质高效养殖技术】 天津市天祥水产有限公司自行开发的“在膜覆盖生态系统中南美白对虾优质高效养殖技术”，针对传统池塘养殖存在的诸多问题，研制出膜覆盖生态系统。该系统由沉淀池、生物净化池、储水池和养成池组成，是一个一次进水循环使用的封闭系统，从而提高了可控性，保持了养殖池的水质稳定，水循环和水处理技术使池塘养用水达到零排放，提高了南美白对虾的品质和养殖效益。此项目获2003年度天津市科技进步三等奖。

（李佑强）

【水稻新品种津宁901】 宁河县农业技术推广中心承担的市级农业攻关项目“抗旱耐盐优质水稻新品种选育及其配套技术的研究”，经过几年的努力，完成了水稻新品种——津宁901选育及其配套技术的研究，培育的津宁901水稻新品种于2002年12月通过天津市品种委员会审定，准予应用推广。该品种性状优良，株高90~110厘米，株型紧凑，茎杆粗壮，叶片挺直，茎叶夹角小，受光姿态好，光合效率高，生育期160~170天；穗长19~27厘米，平均穗粒数145粒，大穗270粒以上；千粒重26克左右，品质优；抗病性好，抗叶瘟，中抗穗颈瘟，抗条纹叶枯病和稻飞虱。该品种抗旱、耐盐、丰产，在连续三年的区域试验及生产试验中，亩产量均在600千克以上。该品种适应京津地区干旱少雨的恶劣环境，节水节能，对发展水稻生产有积极的推动作用。此项目获2003年度天津市科技进步三等奖。

（李佑强）

【选育观赏鱼新品种】 天津换新水产良种场经过12年5代选育，成功地选育出体色艳丽、游姿优美、极具观赏价值的观赏鱼新品种——红白长尾鲫、蓝花长尾鲫，2002年经全国原种和良种审定委员会审定、国家农业部批准为观赏鱼新品种。红白长尾鲫、蓝花长尾鲫两个观赏鱼新品种已出口到荷兰、比利时、新加坡等国家，实现经济效益288万元，创外汇8万美元。此项目获2003年度天津市科技进步三等奖。

（李佑强）

【制造业信息化取得成效】 天津市荣亨集团承担的天津市制造业信息化工程项目“荣亨集团ERP-物流系统工程”，于2004年11月3日通过了天津市制造业生产力促进中心组织的专家验收。该项目针对行业特点，以计划为中心，覆盖企业的生产、库存等基础数据管理及业务流程，实现了物流和信息流的统一，为企业后续信息化发展奠定了基础。该系统投入运行后，压缩了生产资金，降低了生产成本，提高了生产效率，经济效果明显。

（李佑强）

静海县

【用高新技术改造提升传统产业】 2004年，静海县围绕用高新技术改造提升传统产业，实施了制造业信息化服务体系建设、采用微机控制和现代生物技术改造独流老醋传统工艺等15项科技项目。由市科委立项的静海县制造业信息化服务体系建设项目，首先在静海县20家企业中推进制造业信息化工程，其中在大邱庄薄板公司等5家重点企业实施了ERP（企业资源计划）技术，在天津市宏达建材厂等15家一般企业实施了计算机单元技术。各企业通过实施信息化工程，降低了生产成本，提高了效率、改善了管理、提升了产品的核心竞争力。4月16日，县科委组织召开了制造业信息化现场会，表彰在制造业信息化工作中做出突出成绩的先进单位，以此推进全县制造业信息化工作。

静海县天津赛德生物制药有限公司承担的2004年度国家创新基金项目——“肿瘤治疗用碘-125密封籽源”，总投资预算500万元，主要研发符合临床使用要求的肿瘤治疗用碘-125密封籽源产品，建立完善的质量控制体系和日生产能力达到500~1000颗的生产线。该项目的研制成功，将为广大肿瘤患者提供一种新的有效治疗药物，提高中国微型密封籽源的研究和制造水平，同时也标志着静海县制药企业自主创新能力的进一步提升。

（刘　颖）

【科技攻关与科技示范推广】 2004年，静海县围绕支柱产业和龙头企业，做好科技攻关和先进实用技术的推广应用，在小枣、生猪、奶牛、蔬菜、大宗作物五大产业和农业科技示范园区，共实施16项市级科技攻关、科技示范推广等项目。在枣产业上，实施了枣树规范化栽培管理技术推广、冬枣选优与标准化栽培技术研究、枣草间作立体生态种植模式的示范与推广、红枣环磷酸腺苷提取及深加工产品开发研究、静海县枣产业关键技术应用研究与示范等5个重点农业项目。在生猪产业上，实施了“旺顺”牌优质风味猪肉配套系育种技术研究与示范、无公害猪肉生产技术推广、生猪生产标准化示范与推广等3个科技攻关与示范推广项目。通过市级科技项目的实施，共引进新技术6项，引进作物新品种20余个，推广应用先进实用技术10项。全县大宗农作物优良品种覆盖率达95%以上，品种更新率达80%。

（刘志忠）

【科技培训】 2004年围绕全县农业结构战略性调整和农业产业化经营，共举办各种类型的培训112期，培训农民9605人次。共向农民赠送农业实用技术丛书2600册，涉及种养殖技术12项；赠送农业实用技术光盘400张，涉及新品种、新技术15项。编辑整理农民科技培训乡土教材两种，印发5000份；向农民发放各类农村实用技术宣传材料20种，近2万份。

各类科技培训取得良好效果。如通过对静海镇高家楼村菜农进行黄瓜栽培及病虫害防治技术培训，使农民掌握了黄瓜科学种植和管理技术，20公顷早春冷棚黄瓜喜获丰收，提前半个月上市，新增效益30%，比普通大棚种植增加收入近10万元。通过对奶牛养殖户进行奶牛饲养及管理技术培训，使全县奶牛养殖产业有了长足进展，2004年新增存栏近5000头，规模在500头以上的养殖小区增加到30多个。针对沿庄地区生产鞭炮的村民转产后就业难的问题，聘请天津市畜牧兽医研究所博士李千军、市农学院教授赵桂敏、市农业技术推广站高级农艺师王瑞卿等农业科技专家和静海县农林牧科技人员，举办了“沿庄镇鞭炮村无公害生猪饲养管理技术”、“肉羊、驴、马养殖技术”、“棉花栽培技术”、“蔬菜种植”等实用技术培训班18期，培训农民3000人次，并将1728册农业实用技术丛书、100张农业实用技术光盘、2000份“农业科技明白纸”无偿赠送给农民。还组织科技人员针对奶牛养殖、无公害蔬菜生产、水产养殖等发展势头强劲的产业深入到农户进行现场指导，受到农民欢迎。通过培训，沿庄镇2004年新增生猪养殖户180户，新增存栏7000头；新增小枣栽植面积33公顷，新增冬枣栽植面积13公顷；新增棉花种植面积330公顷，并且取得很好的效果。

（刘志忠）

【开展青少年科技活动】 2004年，静海县科委、科协组织全县青少年科技爱好者的105个作品参加了“天津市第十九届青少年科技创新大赛”，共有76个作品获奖，其中获市级一等奖14项、二等奖20项、三等奖42项；县科协被评为全国青少年科技创新大赛先进组织单位。组织推荐20篇论文参加了“天津市科技辅导员理论研讨会”，其中获市级一等奖3篇、二等奖6篇、三等奖11篇；有4篇论文被推荐参加全国比赛，获二等奖2篇，三等奖2篇。组织推荐17个项目参加了天津市科技教育工作者发明与教具制作展评活动，其中获市级一等奖2项、二等奖3项、三等奖12项；有5个项目被推荐代表天津市参加全国比赛，均获三等奖。独流镇第二小学被评为天津市科技活动示范学校，县实验小学等4所学校被评为天津市科技活动先进学校，3名教师被评为天津市优秀科技辅导员，2人被评为天津市青少年科技活动优秀组织者。7月28日，中央电视台少儿频道一行6人到县实验中学录制“异想天开”节目，5名学生的发明作品在中央电视台少儿频道播放。

（董　静）

【举办科技活动周】 5月17~23日成功举办以“科学·文明·健康”为主题的静海县第十八届科技活动周。

本届科技活动周特点是主题鲜明，贴近群众、贴近实际、贴近生活；中心突出，坚持了科学发展观，坚持以人为本，促进人的全面发展；发动广泛，形式多样。全县城乡共开展各类活动110余项，其中全县性重点活动8项，乡镇基层活动100余项，参与活动的近40万人次。活动结束后，及时进行了总结，对在活动中涌现出的10个集体和22名先进个人进行了表彰。

（董　静）

蓟县

【科技工作简况】 2004年，蓟县共组织实施各级各类重点科技计划项目62项，其中国家级项目7项，市级项目20项，县级项目35项；科技攻关项目27项，科技推广项目13项，星火计划项目13项，新产品计划项目2项，"两院一校"科技合作项目4项，软课题研究项目3项。投入科技项目经费260万元。科技中介服务机构健康发展，技贸机构达到58家，实现技贸总收入7234万元，创利税267.8万元。专利工作稳步推进，获得专利授权16项，组织专利申报19项，实施专利32项。

（孔宪波）

【深入推进县院合作】 2004年，蓟县与天津农学院、天津市农科院、天津师范大学和天津科技大学开展紧密型科技合作，共引聘农作物栽培、农业信息技术、畜禽病虫害防治等方面的专家、教授28名，共同组织实施科技项目40项，转化推广农业科技成果60多项。举办农业技术培训64场次，培训农民3300多人次，培养农民技术骨干230人。有效地提高了全县的农业科技水平，促进了农业增效、农民增收。

在蓟县政府与天津师范大学建立合作关系的大框架下，该县出头岭镇与天津师范大学签订了镇院合作协议，聘请专家、教授帮助镇里发展食用菌，使该镇的食用菌产业得到空前发展。全镇食用菌大棚发展到500个，从业人员达到3000多人，年产量达到350万千克。

（孔宪波）

【扎实开展科普工作】 2004年，蓟县成功地举办了第十八届科技活动周，开展了科技、文化、卫生三下乡和科普进社区等重点科普活动，共组织"健康咨询及义诊"、"全民健康行动日"等大型活动11项，组织科技赶集27次，更换科普橱窗32个，展出科普挂图2135套，发放科普小册子5350本、明白纸8.5万张。青少年科技创新活动有效开展，有6项作品在天津市第十九届青少年科技创新大赛上获奖。

（孔宪波）

【实施科技特派员行动计划】 2004年，蓟县在全市率先启动实施了科技特派员行动计划，探索和实践科技与农村、农民和农业相结合的有效形式和有效机制。共选派设施农业、食用菌栽培、养殖业、信息化等方面的专业技术人员20名，其中12名来自天津农学院、天津市农科院和天津师范大学的专家、教授。这些科技特派员主要被派驻到乡镇、村和种养殖场（站），使科技人员与农村、农民和农业生产直接对接，科技成果就地转化。

（孔宪波）

2004年科技大事记

1月2日　天津市召开科技工作会议，市委副书记刘胜玉出席了会议。市科委主任李家骏作了工作报告。报告回顾了2003年科技工作情况，提出了2004年科技工作的总体思路和布局，即：聚焦三大科技目标；实施六大科技行动；抓好优化科技进步环境的五项保证措施。

1月5日　中国工程院2003年度院士增选工作结束。天津市鼎名密封公司王玉明当选机械与运输工程学部院士，天津大学叶声华教授当选为信息与电子工程学部院士，天津医科大学郝希山教授和天津药物研究院刘昌孝研究员当选为医药卫生工程学部院士。截至目前，在津两院院士已达28位，其中中科院院士13位，中国工程院院士15位。

1月6日　一项投资5000万元的国家级奶牛胚胎移植项目启动，奶牛胚胎移植技术是目前世界公认的高科技生物遗传技术，解决了制约奶牛发展的数量和品种两大难题。

1月7日　南开大学生命科学学院教授任改新、陈月华课题组主持研究的天津市科技攻关计划项目“新型高效广谱BT15A3杀虫菌株产业化技术研究”项目通过天津市科委组织的成果鉴定。专家认为，该项目成果达到国际先进水平，在农、林、牧、渔行业具有极高的应用推广价值。

1月8日　由天津市委科技工委、市科委、市科协共同举办的送科技下乡活动在津南区举行。这次科技下乡活动的主题是：“送技术、解难题、促转化、增效益”。由知名的水产、保鲜、畜牧等农业专家10余人组成的科技下乡专家服务团，深入到乡镇、农户，以开展技术讲座、技术培训、现场指导、咨询服务等形式，为广大农民解决农业生产中遇到的问题。

1月9日　天津新技术产业园区管委会、海泰控股集团与德国职业教育委员会在华苑产业区签署了建立德国工业园和中国(天津)科学技术应用学院两个项目的合作协议。中国(天津)科学技术应用学院将成为中国第一所科技应用综合学院，计划先期设40个专业，最终根据市场需求可达到100到120个专业。学制由6个月到3年不等，由中德联合培养中、高级专业技术人才。

1月10日　中共中央政治局委员，天津市委书记张立昌在会见市政协港澳委员和海外华侨华人时强调：高水平是财富，低水平是包袱。加快实施“三步走”战略，不追求低水平的总量，要追求先进水平的组合。要把更多的资金、技术和优秀人才吸引到天津来，为促进津港澳地区的经贸交流与合作，加快天津经济和社会发展作出新的更大的贡献。

1月11日　天津市科委在专家充分论证的基础上，确定了2004年科技发展计划第一批预算项目262项，并在科委网站上公示，随后将全面启动实施。

1月12日　天津市科委在天津港宾馆召开了“天津市科委、区县科委主任联席会议”，部署2004年市区县科技工作。18个区县科委、有关大学负责人及专家参加了会议。会议由市科委陈养发总工主持，李家俊主任出席并讲话。

1月21日　中共中央政治局委员、天津市委书记张立昌亲切看望著名数学家、中国科学院外籍院士陈省身，给陈先生拜年，向他表示亲切的问候。张立昌说，陈先生是世界著名的数学大师，在国际数学界享有崇高的威望，培养了一大批优秀的数学人才，使天津的数学研究在国内处于领先地位，为国家建设和天津发展做出了卓越贡献。

是日　由天津红日药业股份有限公司研制成功的中药复方血必净注射液，获得国家二级新药证书和生产批文，填补了目前国内尚无对症治疗脓毒症和多脏器功能失常综合征药物的空白，居国际领先水平。

1月22日　天津市委常委、市委教卫工委书记陈超英，副市长张俊芳与有关方面负责同志一起，先后来到中国科学院院士、生物信息专家、天津大学教授张春霆和中国工程院院士、中西医结合临床医学专家、天津医科大学教授吴咸中家中，向他们致以新春的问候和良好的祝愿，并衷心祝愿他们健康长寿、阖家幸福。

2月5日　中国石化集团天津石油化工公司请来国内部分著名专家、院士等，就发展天津乙烯工程，拉动天津石化工业整体经济增长等进行了专题论坛。专家认为，以乙烯为龙头的石化工业是天津化工产业结构调整的客观要求，也是发挥联合优势的纽带。因此,天津应利用这一优势,建设一个现代化的石化氯碱大基地。

2月10日 由天津红日药业股份有限公司研制成功的中药复方血必净注射液，获得国家二级新药证书和生产批文，填补了国内尚无对症治疗脓毒症和多脏器功能失常综合征药物的空白，居国际领先水平。

2月18日 由天津长芦海晶集团有限公司、天津科技大学、天津滨海大道有限公司合作成立的天津大有海水资源技术开发公司，利用海水日产1000吨纯净饮用水项目正式投入运营,在规模、技术、产能等方面都成为全国海水淡化工程示范基地。

2月20日 中共中央、国务院在北京隆重举行国家科学技术奖励大会。天津市有14项科研成果获得2003年度国家科学技术奖励,其中3项荣获国家自然科学二等奖,11项获国家科技进步二等奖。

是日 天津市科委组织召开了“筹建天津市光电子企业孵化器”研讨会。光电子专家姚建铨院士以及天津大学、南开大学、工业大学等光电子专业的专家、学者40余人参加了会议。

2月23日 “天津市中短期地震预测预报技术系统研究”项目验收暨鉴定会在天津市地震局召开。经专家鉴定项目通过验收。

是日 天津一汽丰田汽车有限公司生产的“花冠”汽车隆重下线。此款汽车为最新的第9代“花冠”,首批上市的汽车搭载了最新技术的vvti1.8升发动机,是丰田旗下销售状况最好的一个品牌,占丰田汽车在世界范围内总销量的20%。

2月24日 来自美国的著名乳腺癌外科专家、乳腺外科协会董事会主席Harness教授与天津市肿瘤医院专家，共同进行了具有世界先进水平的乳腺肿瘤微创手术及乳腺癌前哨淋巴结切除活检手术。

2月26日 知识产权与企业发展国际研讨会在津召开。2003年天津专利申请量达到6812件,各主要指标均进入全国前十名，两年实现专利申请量翻一番,成为全国专利申请量增长最快地区之一。

2月27日 专门为信息技术专业人才与高级专业人才服务的天津市信息技术人才市场正式挂牌。天津市信息技术人才市场隶属于天津市信息中心,专门为信息技术专业人才及各企事业单位搭建服务平台。

2月28日 中国包装科研测试中心检验实验室顺利通过了“中国实验室国家认可委员会(CNAL)”的复评审,再次获得了5年的相关资质。该实验室通过此次CNAL复评审,增扩了95项国际标准和国家标准，扩大了认可范围，为增强实验室的国际合作能力,参与国际竞争,拓展服务领域起到非常重要的作用。

2月29日 天津市委、市政府举行隆重仪式,聘请八位院士为天津市人民政府特聘专家。市委副书记、市长戴相龙向专程来津的5位特聘专家和3位特聘专家委托人颁发《天津市政府特聘专家证书》和铭牌。受聘的8位院士分别是中科院院士、中国科学院副院长、国家纳米科技首席科学家白春礼,中科院院士、中科院物理所研究员赵忠贤,中科院院士、北京大学教授、固体物理所所长甘子钊，中国工程院院士、西北有色金属研究院常务副院长周廉,中科院院士、中国科学院声学研究所所长、国家著名的水声信号处理和水下拖曳声纳设计专家李启虎，中国工程院院士、原中国医学科学院院长、中国协和医科大学校长、国家免疫学著名专家巴德年，中国工程院院士、广州医学院院长、广州呼吸疾病研究所所长、著名呼吸系统疾病专家钟南山和中国工程院院士、中国中医研究院名誉院长、国家中药现代化“973”项目首席科学家王永炎。

3月3日 天津市农业局、农学会在天津市宝坻区王卜庄镇举办农业大集，来自天津市农业技术推广站等十几个单位和部门的100位专家、技术人员为农民发放农业科技书籍、现场解决农业生产中的难题,拉开了2004年春耕生产服务月活动的帷幕。约有15000名农民参加了活动,部分专家还深入农业大户种养现场,实地进行技术指导。

3月5日 天津市宝坻区妇女农业科技指导中心挂牌。为提高广大农村妇女科技素质和致富能力提供快捷方便的服务。服务内容主要涉及农业、林业、畜牧、水产等经营中相关的技术、市场、品种、信息等方面的问题。

3月9日 天津市重点项目——天津工程机械(科技)产业基地在新技术产业园区环外新区开工兴建。该基地是天津工程机械研究院在收购中外建发展股份有限公司，整合天津市工程机械行业的基础上实施的整体迁建项目。

3月10日 国家教育部公布第五届科学技术委员会学部委员名单,天津大学胡小唐、寇纪淞、王静康、王洪礼、元英进、徐可欣6人当选学部委员,任期3

年。教育部科技委是教育部指导高等学校科学技术工作的高级咨询机构，下设数理学部、信息学部、管理科学部等10个学部。

是日　天津中医学院第二附属医院著名妇科专家、博士生导师韩冰教授主持完成的国家中医药管理局、天津市科委重点课题“活血化瘀软坚散结法对子宫内膜异位症神经—内分泌—免疫网络的整体调节作用”，通过中西医专家技术鉴定。该课题组经过十余年的系统研究，取得具有较高理论价值和临床意义的重大成果，在国内居领先水平。

3月11日　经国家科技部批准，国家杂交水稻工程技术研究中心天津分中心科技楼在天津市津南国家农业科技园区正式奠基建设。该中心首席科学家袁隆平院士出席奠基仪式。天津市副市长孙海麟致词。

3月16日　天津大学9所实验室被认定为第一批天津市重点实验室。分别是：生物分子与制药工程实验室、应用催化科学与工程实验室、先进制造技术与装备实验室、现代工程力学实验室、港口与海洋工程实验室、生物医学工程实验室、薄膜物理及低维功能材料设计实验室、过程参数检测技术与信息处理实验室、建筑物理环境与生态技术实验室。

是日　天津市召开科普工作联席会议，听取2003年科普工作总结、2004年科普工作计划及第十八届科技周活动安排。副市长杨栋梁出席并讲话。今年科普工作的主要任务是：宣传贯彻《中华人民共和国科学技术普及法》，继续实施“百万公民科学素质培训计划”，建成10个科普教育基地等。

3月18日　由天津大学黄田教授与课题组承担完成的国家“863”计划“钻石600”型机器人出口英国，成为中国第一台整机出口的机器人。

3月23日　泰达投资控股公司与IBM公司举行天津经济技术开发区公共设施综合信息化与自动化建设项目签约仪式，此次双方合作的项目旨在通过3~5年的时间，面向公用事业，全面推进信息化和自动化建设，提高公用事业信息化程度，以信息化带动工业化。

3月24日　天津市科委主办、市科技大学承办的“工业微生物—高新技术改造传统产业研讨会”在津召开。国家科技部有关部门领导应邀出席。市科委副主任赵海山主持开幕式，市科委主任李家俊出席会议并讲话。

3月27日　“天津市海河水系水资源和水质保障对策研究”课题评审会在天津市科技信息研究所举行。该课题由科技信息研究所主承担，水利、环保、市政、规划等相关部门参加了研究。与会专家一致认为，该项目对于进一步提升海河的环境质量，逐步修复其生态系统具有重要的指导意义，同时也为制定海河两岸综合开发改造方案提供了决策参考，对海河开发建设有着借鉴价值和指导作用。课题的综合研究成果已达到同类研究的国内领先水平。

4月1日　第十一届国际机构学与机器科学世界大会在天津开幕，这是国际机构学与机器科学联合会(简称IFTOMM)首次在中国举办世界大会。会议由IFTOMM中国委员会和天津大学共同承办，IFTOMM副主席、天津大学机械工程学院院长黄田教授担任大会主席。来自美国、英国、德国、法国、俄罗斯、意大利、加拿大等48个国家和地区的近500名专家学者到会。

4月4日　南开大学颁发首届科技成果特别奖，卢桂章、廖代正、陈瑞阳等14名获得国家科技大奖的科研人员分别获得证书及与国家科技大奖等额的配套奖金。

4月10日　天津市政府聘请陈竺、孔祥复、王正国、吴祖泽以及法籍专家雅克·康5位中外院士为天津市政府特聘专家。

是日　天津市科委、计委、人事局、九三学社、新技术产业园区管委会、血液学研究所、法国巴黎血液及血管研究所主办的“干细胞国际论坛”在天津召开。国内外学者就干细胞研究与社会、伦理、法律等关系进行研讨。市科委副主任赵海山就“生物技术的发展现状与天津”进行了专题演讲。

4月11日　由天津市政府与国际脱盐协会共同主办的“海水淡化及利用技术国际研讨会”开幕。来自中国、美国、日本等国在海水淡化与利用领域中享有盛誉的专家230多人，围绕着海水淡化应用技术开发、工程与工艺设计、成套装置的研制以及海洋经济的综合研究等方面进行专题研讨。

4月13日　由天津科技大学研究开发的国家科技部科技成果重点推广计划项目“水溶性纤维素生产技术及应用”通过了天津市科委组织的专家验收。

4月14日　中共中央政治局委员、市委书记张立昌在天津迎宾馆亲切会见瑞士科莱恩集团董事会主席罗伯特·瑞伯一行，双方就扩大合作进行了深入交谈，加快落实已签约项目。双方商定在津建立科莱恩集团研发中心，并决定把天津作为科莱恩集团在中国的产业化基地。

4月17日 天津经济和社会发展战略咨询会在津举行。国家有关部门负责同志和许多国内知名专家出席会议,为天津经济社会发展献计献策。中共中央政治局委员、市委书记张立昌在市迎宾馆会见了出席会议的国务院发展研究中心主任王梦奎和与会专家。市委副书记、市长戴相龙主持会议并讲话,市委副书记、常务副市长黄兴国在会上扼要地介绍了天津经济和社会发展战略构想。

4月18日 2004年天津全国商品交易会开幕,18个区县科委亮相会场。市科委李家俊主任视察了科技团。李主任详细地听取了他们地介绍,对他们的产品表现出了浓厚的兴趣,希望他们继续开发新产品,拓展市场,努力实现国际化。天津新技术产业园区组织25家企业组成电子信息、生物医药、光机电一体化和新材料四大展团格外引人注目。这是园区参加天交会组团阵容最强,参展企业最多,产品门类最广的一次,展示了园区在发展具有自主知识产权的高新技术产业方面取得的突出成就。

4月21日 天津市科委召开"2004年天津市申报国家科技型中小企业技术创新基金项目动员会",自设立"科技型中小企业技术创新基金"以来,天津市已有83个项目获得了国家创新基金资助,获得资助金额达到5434万元,申报立项率达到22.9%,每个项目平均资助强度达65万元。

4月28日 由国家科技部高新技术发展及产业司和全国节约用水办公室共同主办,天津市科委、市经委、市节水办、中化化工科学技术研究院协办,天津化工研究设计院承办的"全国工业节水科技工作交流会"在津召开。会上,国家科技部提出全国工业节水科技试点市的要求,天津市科委负责同志汇报了天津市创建工业节水科技试点市的方案。该方案得到与会领导和专家的肯定。

5月1日 第十一届亚太地区产品优异奖在菲律宾首都马尼拉的三军剧场举行了隆重的授奖仪式。天津中新药业集团隆顺榕制药厂生产的抗癌新药"紫龙金片",获本次评奖的最高奖项"最杰出传统中药奖"。

5月4日 中国生物技术产业发展与人才强国战略研讨会在天津经济技术开发区隆重召开。全国人大常委会副委员长、民盟中央主席丁石孙,天津市委副书记、市长戴相龙出席了会议。

5月9日 天津市重点大型企业集团天士力,以医药学术论坛、商业恳谈及海外经销商培训等一系列学术活动拉开了成立10年的庆典活动。中外学术界、医药界著名专家等近千人参加。作为天津市中药现代化基地的天士力集团,从一个制药企业10年发展成为拥有国内中药第一品牌的复方丹参滴丸并开发出包括化学药、生物药在内的40多个品种,复方丹参滴丸已进入16个国家的医药市场,成为中药走向国际市场的先行者。

5月10日 华立达生物园落成典礼在天津经济技术开发区——泰达工业园区举行。华立达生物工程有限公司聘请中国科学院刘新垣院士、中国工程院杨胜利院士、美国SICORINC制药首席科学家MICHAEL CANNON教授担任科学顾问并颁发了聘书。

5月11日 由天津市人民政府信息化办公室、天津市环保局、天津经济技术开发区管委会联合主办,天津市电子学会、摩托罗拉(中国)电子有限公司、天津市仪器仪表学会承办的"首届中国(天津)国际绿色电子制造技术与产业发展研讨会"在天津经济技术开发区隆重举行。来自美国、日本、韩国、德国等国家和中国台湾、香港等地区及国内大型企业集团、大专院校、科研院所的代表100多人参加了研讨会。

5月12日 由天津科技大学主办的"2004造纸与环境国际研讨会"在津开幕,来自中国、美国、日本、瑞典等11个国家和地区的30余位专家学者参加研讨会,通过这次学术交流,及时把握造纸学科发展前沿,进一步提高中国在该领域学术研究水平。

5月15日 由河北工业大学与美国罗克韦尔自动化公司合建的中国第一个智能电器实验室,在河北工业大学举行了落成典礼。该实验室设计采用目前自动化领域最先进的"工业自动化三层网络体系",实验室先进的可编程逻辑控制装置,满足了飞速发展的网络技术及工业自动化的需求。

5月17日 天津市第十八届科技活动周开幕式暨"全民健康促进行动"启动仪式在天津市人民体育馆举行。100名医学专家现场向市民开展健康咨询服务活动,同时举办了"人体与健康"、"依靠科学,关爱健康"科普展览。

是日 中国第一条聚乙烯安瓿注射液生产线在中国大冢制药有限公司建成投产。该生产线将成型、灌装、封闭一次完成,是国内目前最先进的设备,改变了传统多步生产的方式,降低了药液被污染的几率。

是日 天津市第二届“金桥之友”联谊会在津利华酒店隆重召开，市长戴相龙、副市长崔津渡、秘书长何荣林出席了会议。戴市长希望社会各界继续关心支持企业、金融、科技界的结合，为天津市科技成果的快速转化创造良好的环境和氛围。

5月22日 天津市科委和北京市科委在北京召开京津科技合作座谈会。天津市杨栋梁副市长和北京市范伯元副市长出席会议并发表重要讲话。会议介绍了环渤海区域经济研究和京津合作现状，通报了近期京津两地开展科技合作交流的情况，讨论研究了今后围绕京津优势开展京津科技合作与经济发展等方面的诸多具体问题，并签署了京津科技合作协议。

是日 国家科技部副部长程津培院士来津参加由天津市科委和天津大学共同举办的“化工科技发展论坛”学术活动。中科院、中国工程院等几名院士来津做了专题报告，程津培副部长也做了题为“基础研究的战略地位与化学的发展机遇”的学术报告。

5月23日 天津市第十八届科技活动周活动之一的第七届天津青年科技奖表彰大会暨第四届天津青年科技论坛开幕式在天津礼堂中剧场隆重举行。会上，宣读了《关于授予吴文清等21名同志第七届天津青年科技奖的决定》，与会领导和院士向获奖者颁发了荣誉证书和奖金。

5月24日 由天津大学、中国科学院化学所、天津经济技术开发区管理委员会共同主办的2004国际扫描探针显微术会议暨第八届全国扫描隧道显微学学术会议在天津经济开发区举行，来自中国、美国、德国、英国、法国、日本、奥地利等国家和地区的600多名纳米技术领域的专家学者汇聚津门，共同“扫描”纳米科学与技术研究领域的最新成果和进展。

是日 由中国医药国际交流中心主办的“2004当代国际医药管理与研发论坛”在天津大礼堂举行，来自美国、日本、欧洲及中国医药监管和卫生部门的高级官员、学术权威出席了会议。

5月26日 天津市科普教育基地“科学家世纪园”揭牌仪式在西青区微电子工业园区举行。

6月2日 京津科技合作座谈会在天津市科委召开。北京市科委、国家科技部科技促进发展研究中心、北京决策咨询中心、南开大学经济学院院的专家学者参加了会议。

6月3日 天津市召开中长期科技发展规划战略研究开题报告会。研究分为12个专题，下设44个课题，主要提出未来15至20年科技发展的指导方针和切实可行的战略目标。

6月4日 由天津海水淡化与综合利用研究所设计的中国首台拥有全部自主知识产权的3000吨/日低温多效大型蒸馏法海水淡化装置，在青岛华欧集团黄岛电厂建成并一次试车成功。此台海水淡化装置是“十五”计划国家重大科技攻关项目示范工程。

6月8日 天津市中药现代化重点工程、市重大产业化项目——中新药业现代中药产业园落成并举行典礼仪式。市委常委皮黔生出席典礼并致辞，市科委主任李家俊主任出席典礼仪式。

6月10日 天津市知识产权工作推动会在天津礼堂中剧场隆重召开。会议认真总结2002~2003年全市知识产权工作，明确2004、2005两年的工作任务和发展目标，以提升全市自主知识产权创新能力为行动方向，实施知识产权战略，努力开拓知识产权工作新局面。

6月13日 中国第一个中空纤维膜国家级重点实验室—天津工业大学“中空纤维膜材料与膜过程”建设计划通过天津市和国家教育部专家组论证，该中空纤维系列产品产业化示范工程生产规模位居亚洲第一。

6月15日 由振和企业与天津科技大学合资创办的天津振和生物工程有限公司落户天津经济技术开发区。该公司定位于以生物制剂的研发、生产以及国际物流为一体的集团化经营模式，研制生产的用以预防“三高症”调节肠胃功能的绿色健康食品“A营养素”已被列入国家重点推广项目。

6月16日 国家人事部、科技部、教育部、发改委等6部门联合公布了中国新世纪百千万人才工程国家级人选名单，天津市12名优秀人才入选。他们是：中国医学科学院血液学研究所王建祥，中国电子科技集团公司第十八研究所朱利宏，天津市政工程设计院韩振勇，天津农科院蔬菜研究所孙德岭，南开大学卜显和、田建国、扶磊、李剑鸣，天津大学王成山、钟登华、李永丹，天津水泥工业设计研究院刘志江。

6月19日 国家农产品保鲜工程技术研究中心在天津召开农产品保鲜技术研发与推广研讨会。会议就中国微型节能贮藏设施建造、优质果品、蔬菜贮藏、新型果蔬保鲜膜、物理制冷贮藏等农产品保鲜等问题进行广泛研讨，并将对来自全国各地的果蔬生产企业进行相关技术培训。

6月21日 中新药业现代中药产业园在天津经

济技术开发区落成。这标志着天津中药产业向规模化、集约化、标准化、现代化、国际化迈出实质性的步伐。

6月23日 天津市重大高新技术产业化项目—氨基酸原料药及其制剂产业化项目已正式投入规模化生产,其生产工艺达到世界先进水平,年生产规模为1000吨,产品在全国的覆盖率达100%。

7月3日 中国医学科学院血液学研究所在国际上首次采用动员后的外周血干细胞进行移植,成功地治疗了数十例严重动脉硬化下肢闭塞性脉管炎患者,开辟了外周血干细胞移植治疗肢体缺血性疾病的先河。该项目通过了天津市科委组织的科技成果鉴定。专家认为该成果具有明显的创新性、系统性和实用性,达到国际领先水平。

7月6日 天津市科协召开"纪念《科普法》颁布两周年专家座谈会"。两院院士李正名、吴咸中、王静康、葛墨林、叶声华和科普专家及有关单位的负责同志出席了座谈会。

7月7日 天津市信息化办公室召开市信息化"十一五"发展规划编制工作动员部署会议。天津市信息化"十一五"发展规划包括市信息化发展及信息化推动工业化"十一五"规划、天津市信息产业"十一五"发展规划、天津市信息化科学技术中长期发展研究报告、14个重点调研课题、37个重点专项规划和18个区域专项规划。

7月9日 2002年招收的第一批23名软件工程硕士学员,在南开大学获得软件工程硕士学位(MSE)。成立于2001年的南开大学软件学院,是首批经国家批准的国家级示范性软件学院。该学院与微软、IBM等多家跨国公司建立了合作,共建联合实验室,为首批软件工程硕士学员创造了更有利的教学和实习环境。

7月18日 参加2004北京全球华人生物科学家大会的华人生物科学家访问团来津访问。天津市副市长杨栋梁会见访问团全体成员,对访问团来津参观访问表示热烈欢迎。访问团到中新药业现代中药产业园参观,并就天津中药现代化和生物医药科研发展趋势进行研讨。

是日 中国绿色包装产业苑一期工程暨国家包装科研测试中心在天津经济技术开发区建成投入使用,它是中国惟一绿色包装产业基地,是国家级检验实验室,由科研测试、研发、设计、标准、质量认证、信息网络、物流展销等10个中心和中国包装虚拟大学及包装成果产业化示范基地组成,一期工程竣工投入使用的国家包装科研测试中心,测试设备、技术水平居世界先进行列。

7月20日 由天津市科委、市人事局主办,天津大学集成电路设计技术培训中心承办的"2004天津市集成电路设计产业发展论坛"在天津开幕。天津市委常委、市委科技工委书记陈超英到会致辞并会见了与会的国内外专家。

7月22日 由京津沪3市高新技术成果转化中心联合发起的"全国科技成果转化论坛"在上海召开。会议介绍了京津沪3市开展成果转化工作的经验,专家和企业代表分别发表了演讲和介绍了经验,北京、天津、上海、山西、安徽、武汉、青岛等地代表还签署了"科技成果转化论坛宣言"。

是日 天津市肿瘤医院与美国癌症研究基金会正式签订合作协议,共同投资400余万元人民币,计划5年内在天津市建成拥有5万例标本的亚洲规模最大的肿瘤组织库。这次中、美肿瘤医学领域的合作,将大大提升天津市肿瘤医疗技术整体发展水平,为科研人员开展肿瘤临床和基础研究提供重要技术平台,促进中国在肿瘤预防、早期诊断和寻找新疗法方面实现新的更大突破。

7月31日 天津市政府与日本东京大学签署科技与人才交流合作意向书。双方合作内容包括推进新技术、新产品的研究;推进人员交流;举办学术研讨会、报告会等活动。

8月5日 天津市市长戴相龙会见中芯国际集成电路制造有限公司总裁张汝京一行。该公司落户天津,有利于增强天津电子信息产业的整体竞争实力,形成聚集效应,并拉动相关产业发展。

8月8日 由天津市新技术产业园区内的民营小企业—天津市自仪科贸有限公司承担研制的国家科技部中小企业技术创新基金项目"化工液体智能在线浓度检测仪"通过了天津市科委组织的成果鉴定,该项目处于国内领先水平。

8月9日 由天津市高新技术成果转化中心承担的2005年度天津市科技发展计划项目统一受理及形式审查工作开始启动,这是天津市科委改革科技计划项目管理方式,首次采用新开发的科技发展计划在线服务平台系统开展项目受理工作,所有项目基本情况实现网络查询、交换和处理。

8月22日 在邓小平同志诞辰100周年之际,首届中国青少年科技创新奖颁奖典礼在北京隆重举行。天津大学建筑学院建筑学1999级本科生张昕楠、南开大学化学学院化学专业2000级本科生易龙、天津医科大学基础医学院2000级本科生孙涛、天津市实验中学高三学生柴恭泉4名同学获此殊荣。

8月23日 天津市副市长杨栋梁带领市发改委、经委、科委、新技术产业园区等部门负责同志到国家软件出口基地进行调研，市科委负责同志汇报了天津市软件产业发展及国家软件出口基地建设情况。

是日 天津市高性能计算中心在南开大学成立，这是继上海之后成立的全国第二个高性能计算中心。该中心以跻身全球50强的超级计算机——“南开之星”超级计算机群为支撑,通过高性能计算解决一批大规模科学与工程计算问题，为天津及周边地区提供强大的高性能计算平台，以期将天津市建成中国高性能计算的重要基地。

8月27日 全国第二届DSP（数字信号处理)应用学术会议在天津大学召开。来自全国的专家汇集天津，共同探讨数字信号处理技术在新时期的应用和转化研究。

8月29日 天津市中医药学会心血管病专业委员会在市中医学院第一附属医院挂牌成立。这标志着天津市在应用中医药开展治疗心血管疾病临床研究和科研攻关方面已迈上新的台阶。

9月3日 天津市大港区政府与中国化工蓝星(集团)总公司举行蓝星天津化工新材料基地合作项目签字仪式。该项目被列入天津十大重点工业项目之一，建成后大港将成为全国最大的化工新材料生产基地。副市长杨栋梁和中国化工集团公司总经理任建新等出席签字仪式。

9月4日 第二届天津科技交流学术月开幕。中国科学院院士葛墨林、中国工程院院士刘昌孝参加了开幕式。该学术月活动以“落实科学发展观,促进天津新跨越”为主题。学术月期间共开展百余项学术活动。

9月7日 首届邵逸夫奖在中国香港举办颁奖典礼，南开大学数学研究所名誉所长陈省身教授获数学科学奖。香港特区行政长官董建华及香港著名实业家邵逸夫为陈省身教授颁奖。

9月8日 经国家科技部批准,2004年度国家重点新产品计划已确定，天津新技术产业园区有17项产品被列入国家重点新产品计划。这批列入计划的项目中,达到国际领先水平的2项,国际先进水平的9项,达到国内领先水平的2项。8个项目已申请专利。这批项目涉及电子信息、光机电一体化、新型材料、医药与医学工程、生物技术、新能源与高效节能、环境保护等领域，将成为天津新技术产业园区新的经济增长点。

是日 科莱恩天津技术应用中心成立。天津市政协主席宋平顺出席成立仪式并会见科莱恩颜料及添加剂部全球总裁尼克先生一行。瑞士科莱恩集团公司是世界大型化工跨国公司之一。1995年以来,天津渤海化工集团与科莱恩公司先后投资建立了3家合资公司，鉴于合作双方的友好合作关系及天津市良好的投资环境，科莱恩公司已将天津作为在亚太地区的重点发展基地。

9月13日 天津市科委召开了驻津院所转制情况交流研讨会,22个驻津院所近30位院所长和联络员参加了会议，李家俊主任、陈养发总工出席了会议,科技部政体司体改处翟立新处长、政策处李普处长应邀专程来津参加会议。

9月14~17日 由国家信息产业部、天津市人民政府和PTC理事会共同主办，天津市人民政府信息化办公室、天津新技术产业园区、太平洋电信组织年中会议委员会和迅龙通讯科技有限公司共同承办的太平洋电信组织（PTC)2004年中会暨PTC博览会和第九届中国(天津)信息技术博览会在天津召开。来自美国、日本、韩国等PTC成员及中国电信、中国移动、中国网通、中国联通等45家知名企业参加了展会。会议期间共发布电子信息、生物医药等六大类项目51个,项目总投资额12亿元。

9月15日 由天津市科委、天津新技术产业园区管委会共同主办的Ptc2004年年中会议——中国软件业发展趋势论坛在华苑软件园召开。中、美、日20余名业内知名专家、天津市60余家软件企业的100多位代表参加了本届论坛。

是日 天津市科委组织召开了全市科技企业孵化器工作研讨会，全市21家科技企业孵化器负责人参加了会议。赵海山副主任出席会议并讲话。与会人员就今后孵化器的发展问题进行了讨论。

9月21日 天津经济技术开发区先进信息产品有限公司等8家企业和天津新技术产业园区海泰超导通讯科技(天津)有限公司,被国家博士后管委会批准为博士后科研工作分站。

9月22日 中国涂料工业协会主办的中国国际涂料展在北京国展中心开幕,来自中国、德国、英国、美国、荷兰等18个国家和地区的数百家厂商的上百个知名涂料品牌参加展出。天津四友公司承担的国家重点科技攻关项目“合成叔碳酸工业性实验”开发成功并形成规模化生产的水性涂料“四友叔碳漆”受到好评。

是日 天津市政府举行特聘专家聘请仪式，聘请王阳元、时铭显、邹竞、袁晴棠、张玉奎、丁德文、解思深、简水生、徐玉如、梅自强、季国标、郧贺铨、王占国、万哲先、王启明等15位中国科学院、中国工程院院士为天津市人民政府特聘专家。市委副书记、常务副市长黄兴国向新聘任的专家颁发了证书和铭牌，并在仪式上讲话。

10月12日 天津新技术产业园区管委会在深圳举行投融资重点项目发布会，向参加第六届深交会的中外客商推介园区50个优秀创新创业项目。2000年以来，天津新技术产业园区与科技部火炬中心共建了以“火炬创业园”命名的技术创新基地。目前已形成6个科技园，近50万平方米的孵化面积，1000家企业入驻的创业孵化体系，创新成果不断涌现，科技型企业迅速成长。

10月13日 天津清源电动车辆公司研制的电动汽车，参加了在上海举办的第六届必比登清洁车拉力赛，与国外著名汽车公司的同类电动汽车相比，无论是最新技术的开发、应用还是具体的性能指标，均有创新和突破，各项技术指标达到了国际先进水平。

10月17日 为期6天的第六届中国国际高新技术成果交易会在深圳落下帷幕。天津科技交易团参展的近百项高新技术成果、产品受到极大关注，展区平均每天接待咨询洽谈近千人次，签订合作协议和引资入股金额达20.9亿元，在科技成果转化、开拓市场、招商引资各方面均取得显著成效。

10月18日 天津市发改委确定了2004年工业投资贴息资金安排3项重点：重点支持区县中小企业技术进步和产业升级项目；重点支持国债安排的高技术产业化示范工程地方配套项目，特别是国家软件出口基地中的骨干企业项目；重点支持贷款已落实、项目已开工、2~3年内可产生效益的项目。

是日 天津市市政工程设计研究院成立55周年纪念日。55年来，市政设计院设计了城市重点道路、快速路上万公里，高速公路800余公里，大型立交桥200余座，大型跨河桥梁数百座，排水泵站200多座，成为全国市政工程设计领域的排头兵，市政设计全国领先，为天津市的城建快速发展做出了贡献。

10月20日 由国家教育部、科技部主办的2004年中国大学科技园国际论坛在天津经济技术开发区开幕，来自美国、英国、日本、澳大利亚以及中国各地的大学科技园管理者和部分国内大学科技园依托大学的校长，围绕“大学科技园对推动区域经济和国家经济发展的作用”以及“大学科技园与大学、政府的关系”的主题进行了广泛的交流和探讨。

是日 太阳诱电(天津)电子有限公司在天津市西青区中北镇正式投产，这是国际上颇具影响的电子产品制造企业——太阳诱电株式会社在海外设立的第13个生产基地。太阳诱电(天津)电子有限公司一期投资总额1250万美元，注册资本500美元，预计到年底可实现销售收入2亿元人民币，是2004年国际跨国企业在天津市投资最大的项目之一。

10月23~24日 中国泰达生物论坛在天津经济技术开发区召开。泰达生物论坛由共青团中央、全国青联、国家发改委、中国科学院、国家科技部、国家药监局、天津市政府共同主办。来自海内外的知名专家学者会聚天津，围绕全球生物技术与生物经济发展，研讨生物技术最新前沿进展，探讨生物技术为人类服务的新途径。

10月25日 “超级绿色2004第三届超临界流体技术用于能源与环境国际会议”在天津大学召开，这是超临界流体技术国际组织首次在中国举办的“超级绿色技术”高端会议。天津大学在超临界流体技术前沿研发成果成为会议注目的焦点，专家认为其超临界萃取技术的研发水平处于国内领先地位，达到国际先进水平。

10月26日 经国家教育部批准，天津理工学院更名为天津理工大学。天津理工大学举行成立大会暨揭牌仪式。

11月2日 经国际天文学联合会下属的小天体命名委员会讨论通过，国际小行星中心正式发布第52733号《小行星公报》通知国际社会，将一颗永久编号为1998CS2号的小行星命名为“陈省身星”，以表彰他对全人类的贡献。

11月3日 由农工民主党天津市委会、中华中医药学会、中国中医药研究促进会共同主办的中国·天津中药现代化国际高层研讨会在津举行。来自海内外的近百名专家学者会聚天津，围绕“面向世界构建天津中药现代化创新体系”，就中药现代化的研究成果和今后发展问题进行研讨和交流。

11月4日 第四届移动通信产业（移动应用)国际论坛暨展览会在天津经济技术开发区开幕。天津经济技术开发区的手机产量占全国的18%，成为中国最大的信息产业基地和移动电话机生产基地。

11月6日 由天津市高新技术成果转化中心、技术产权交易所、北方技术交易市场、知识产权服务中心和创业投资中心五家机构联合组建的天津市技术产权交易公司在天津市产权交易中心正式挂牌运行。这是天津市建立的覆盖面广，规模大，集成果转化和技术产权交易于一体的综合服务平台，它的成立将为天津市以及国内外科技成果的转化和技术产权的交易提供全方位的服务。

11月9日 由天津市政府主办的天津市食物与营养高层论坛在天津宾馆隆重召开。国家食物与营养咨询指导委员会领导到会祝贺。副市长孙海麟会见了应邀出席会议的国家食物与营养咨询指导委员会主任、天津市政府农业科技顾问卢良恕院士及天津市食物与营养咨询指导委员会的全体委员。该论坛是市政府为贯彻落实《中国食物与营养发展纲要(2001~2010)》，适应全面建设小康社会需要，提高社会各界对食物与营养的认识，有效推动天津市食物与营养发展工作而召开的。市农业、卫生、科技、教育、质监、商务、财政等有关部门的负责同志，各区县政府主管区县及相关部门负责同志，有关高校、科研单位、协会、学会的负责同志和市农业技术顾问团有关专家共200多人出席了会议。

11月15日 天津巴莫科技股份有限公司申报的“锂离子电池正极系列材料和MH/NI蓄电池隔膜产业化”项目，获得国家发改委2004年信息企业技术进步和产业升级专项重点资金支持。

11月18日 天津市高新技术成果转化中心新址举行了揭牌仪式。这标志天津市高新技术成果转化工作环境建设迈上一个新台阶。杨栋梁副市长为新址揭牌，崔津渡副市长、陈宗胜副秘书长及有关部委领导在参加揭牌仪式后到该中心视察。

11月22日 天津LG渤化VCM/EDC项目合资合同暨投资合同签字仪式在天津迎宾馆举行。天津市市长戴相龙会见韩国LG石油化学株式会社会长成在甲和LG化学株式会社社长卢岐镐一行并出席签字仪式。

11月23日 天津市医学会器官移植学分会成立。天津市委、市政府决定斥资1.3亿元兴建器官移植中心，并列入为天津人民办的20件实事之一。该中心将成为亚洲最大的器官移植基地。卫生部副部长黄洁夫、中国工程院院士吴咸中、郝希山等专家学者参加了成立仪式，

是日 由中国工程院院士、国家中医药研究院首席研究员李连达为技术总监的中药复方新药开发国家工程研究中心惟一(DDC)中试基地，在天津市东丽区中保科技公司落成。

12月1日 泰达成就展于天津经济技术开发区建区20年之际在滨海国际会展中心隆重举行。成就展共分为“辉煌泰达”、“经济泰达”、“人文泰达”、“科技泰达”、“环保泰达”、“未来泰达”六大部分，全面展示泰达在天津市委、市政府的正确领导及全市人民的大力支持下，奋力拼搏、扎实苦干，所取得的巨大成就和丰富经验。

12月3日 国际数学大师、中科院外籍院士、南开数学研究所名誉所长陈省身教授因病医治无效，于12月3日19时14分在天津逝世，享年93岁。陈省身1911年10月28日生于浙江嘉兴。他对整体微分几何的卓越贡献，影响了整个数学的发展，被称为“20世纪最伟大的几何学家”，被国际数学界尊为“微分几何之父”。

12月5日 天津市农委在武清区南蔡村举行天津市农业科技下乡暨科技入户工程咨询现场会。国家农业部选择了天津市武清区为“科技入户工程”试点区。天津市农委计划在武清区奶牛饲养户中培育800~1000个科技示范户，辐射带动全区2000个奶牛饲养户，使示范户农产品产量和收入比上年提高10%以上。

12月6日 天津经济技术开发区迎来建区20周年纪念日。中共中央政治局委员、市委书记张立昌为开发区题词“艰苦奋斗负重前进”。

12月16日 国家环保总局在天津市召开“渤海碧海行动计划”实施情况专门会议。“渤海碧海行动计划”自实施3年来，海洋环境保护工作取得了进展。2004年渤海沿岸一、二类海水比例比2003年同期增加23.1个百分点，四类和劣于四类海水比例下降15个百分点，渤海近岸海域水质得到改善，污染得到控制。

是日 天津伊利萨尔公司推出6种最新节能环保新车型在天津保税区同时下线。该公司2002年在保税区建厂，总投资3000万美元，引进国际先进技术和欧洲最新车型，生产“世纪”、“国际世纪”、“埃维雷斯特”和“新埃维雷斯特”等四大系列8种国内一流的中高档豪华大客车车型，是西班牙在华投资最大的项目。

12月19日 由天津市科委、市农科院、市畜牧局和中国农业大学开展的“天津市规模化养猪场计算机管理系统应用项目”正式启动。中国农业大学畜牧软件开发专家就利用网上管理系统管理大型猪场、开展绿色生态饲养进行了专门讲解。此次京津合作开发、推广生猪饲养管理系统将极大提升天津市畜牧现代化饲养管理水平,降低饲养成本,增加农民收入。

12月20日 天津北方人才港股份有限公司成立3周年。通过3年经营取得了良好的经济效益和社会效益。作为立足天津、面向全国和国际市场的专业性人才开发公司,紧密围绕发展天津优势产业和高新技术产业,实施人才援助、人才培训、猎头服务、管理咨询、人才置业,为企业提高竞争力服务,为天津跨越式发展和参与国际竞争提供人才服务,树立了天津乃至中国高端人才市场的一个独特的品牌。作为全国首家人才产业新型企业,对推进人才资源开发的产业化,加快人才产业的发展做出了有益的尝试。

12月23日 “科技创业、报效祖国——2004海外学人回国创业周”活动在天津经济技术开发区举行。本届创业周吸引了众多海外学子的关注,来自世界各地的200名海外学子来津参加此次盛会。他们的研究成果及海外工作经历主要集中在IT、生物医药、新材料、新能源、金融、企业管理、现代服务业等。现场共达成初步合作意向约60个,双方满意率达到100%。

12月26日 天津市科委召开天津津南国家农业科技园区发展规划暨园区与院校合作座谈会,进一步推动了园区与院校的合作,加强了园区的技术创新能力,促进了园区建设的进程。

12月28日 由天津市特聘教授、天津科技大学“海河学者”王硕博士主持研究的天津市科委重点攻关项目“多残留快速检测试剂盒的研制和开发”课题通过验收鉴定,同时推出世界首个农药多残留快速免疫检测试剂盒。该项研究成果打破了目前世界上仅能作农药单残留快速检测的状况,达到了国际领先水平,为食品安全筑起一道绿色屏障。

12月29日 天津市工业工作会议召开。会议确定,2005年天津市工业将围绕发展壮大优势产业和改造传统产业,重点推进十大关键技术研究的开发推广和应用,全面提升技术装备水平。重点推进的十大关键技术是:芯片设计制造及封装技术;信息技术;海水淡化和综合利用技术;机械装备成套技术;中药提取分离技术;3G宽带移动通信技术;太阳能集热技术和风力发电技术;新型结晶技术;干细胞技术和自动导航定位汽车电子技术。

12月30日 天津市委,市政府召开市科学技术奖获奖人员座谈会。中共中央政治局委员、市委书记张立昌出席并讲话。他强调指出,加快科技创新,是落实科学发展观的必然要求,是实现天津更大发展的惟一出路。要树立强烈的科技意识,进一步增强追求科技进步的紧迫感,坚定不移地实施科教兴市战略,充分发挥科技进步和创新在经济社会发展中的巨大作用,把天津市的改革开放和现代化建设更快更好地推向前进。

副市长杨栋梁宣读了关于2003年度天津市科学技术奖励的决定。表彰了为促进科技进步和创新做出突出贡献的科技工作者。中国科学院院士、天津大学教授余国琮荣获市科技重大成就奖,并获得50万元奖金。湍流及其控制等17项成果获自然科学奖,光纤光栅传感技术与应用等5项成果获技术发明奖,高效圆坯连铸机研制等195项成果获科学技术进步奖。

2004年天津综合科技进步水平位居全国第三。全年取得市级科技成果1408项,其中属于国际领先水平75项,达到国际先进水平282项;专利申请量达到8406件,授权专利2578件;共有两院院士27人,博士后流动站、工作站116个;全年技术交易市场共签订技术合同8002项,合同成交额45.03亿元,比上年增长7.2%。天津新技术产业园区实现快速发展。全年园区实现技工贸总收入659.43亿元,比上年增长35.3%;技工贸总产值595.79亿元,增长35.4%;利润总额23.19亿元,增长35.6%;税金总额35.08亿元,增长35.3%;出口销售收入16.34亿美元,增长28.1%。天津经济技术开发区共有50多个项目进入国家和天津市的各类主体科技创新计划,共得到国家和天津市的经费支持额度高达2.3亿元,项目数量和经费总额创历年来最高。开发区已经成为全国的高新技术研发和产业化基地。

附　录

政策法规

国家科技部《关于进一步提高我国软件企业技术创新能力的实施意见》（2004年4月3日）

软件产业是国民经济和社会发展的基础性、战略性产业,“十五”期间是我国软件产业发展的关键时期。为贯彻落实《鼓励软件产业和集成电路产业发展的若干政策》(国发〔2000〕18号)和《振兴软件产业行动纲要(2002年至2005年)》(国办发〔2002〕47号),掌握软件核心技术和关键技术,加速软件技术的产业化,全面提高我国软件企业的技术创新能力和竞争力,逐步形成我国自主的软件产业体系,特制定本实施意见。

一、提高软件企业技术创新能力的目标和原则

技术创新是软件企业的灵魂,是提高软件企业竞争力的重要手段。知识经济的到来和中国加入世界贸易组织,使中国的软件企业面临着世界上最强大软件企业的竞争,技术创新越来越成为影响软件企业竞争力的关键因素。进一步加强软件企业的技术创新能力,对于振兴我国软件产业具有重要的意义。

到2005年,加强软件企业技术创新的目标是:促进我国软件企业在操作系统、大型数据管理系统、网络平台、开发平台、信息安全、嵌入式系统、大型应用软件系统、构件库等基础软件和共性软件领域的突破,形成一批具有自主知识产权的软件产品和系统,培养一批具有国际竞争力的软件骨干企业,形成我国自主的软件产业体系。

加强软件企业技术创新,要以市场为导向,以企业为主体,以产业化为目标,以面向产业化的基础性、战略性、前瞻性和重大关键共性软件技术研究开发为重点,以完善的软件标准体系和软件评测体系为保证,产学研用相结合,体制创新与技术创新相结合,自主创新与引进消化吸收相结合。

二、国家将采取有力措施,全面促进软件企业技术创新能力的提高

(一)加大对软件核心技术和关键技术研究开发的投入。国家高技术研究发展计划(863计划)经费将重点支持软件开发平台、中间件及其关键技术、嵌入式操作系统、构件库、软件质量工程平台、行业应用中间件平台以及以解决方案和系统原型形式出现的关键支撑技术等。863计划设立软件重大专项,重点研制包括系统软件(操作系统、数据库管理系统)、中间件和重大应用共性软件(如Office、CAD、ERP)在内的我国自主网络软件核心平台,同时加强电子政务、金融系统、电信等行业应用软件的开发和软件技术标准体系的建设。

鼓励以软件企业为主体申请863计划信息领域项目和软件重大专项项目。充分利用国际上开放源代码运动带来的机遇,支持发展Linux系统软件及基于Linux的应用软件,加快构造我国软件产业的自主基础平台和软件应用产品。

科技型中小企业技术创新基金将逐步加大对软件企业软件项目的支持力度和资助金额,对软件项目的资金支持比率将达到基金总额的20%。

(二)加强标准制定、质量保证体系和中介机构的建设。加强软件标准的研究和制定,逐步完善软件标准体系。加强操作系统、大型数据管理系统、网络平台、开发平台、构件库、大型应用软件等基础软件和共性软件的技术标准的研究和制定,以国内骨干软件企业为主体,制定基础软件和应用软件的标准体系。制定国民经济和社会发展关键行业的软件应用标准,制定统一的电子政务、企业信息化、网络教育等领域的应用系统的技术规范和适用框架标准,制定软件质量评测标准规范,提高行业的软件应用水平。

加强软件质量保证体系建设,加强评测工作。国家鼓励软件企业推行质量保证体系建设,逐步要求企业在软件产品开发上遵循国际认可的程序和规范。加快培养软件测试人才,开展软件评测技术的研究。适应软件产业专业分工和服务的需要,建立国家级的软件测试机构,建设软件质量评测平台,提供软件质量评测服务等,形成政府引导、社会各方参与、有效监督和管理的软件评测体系。

大力发展为软件企业服务的中介机构。重点扶持一批专门为软件企业服务的生产力促进中心、软件标准化推广中心、软件产权交易市场等中介服务机构,加强重大软件技术或软件企业的供需信息库以及软件信息网络等基础设施建设,树立服务品牌和信誉,提供信息咨询、软件技术和产权交易等优质服务。

(三)继续加强软件产业基地建设。通过建设完善软件产业基地,对区域内资金、人才、技术密集等优势资源进行优化重组,加快软件研发和成果转化,形成局部聚集和产业集群效应,并利用其辐射效应,带动整个软件产业的技术创新。

在软件产业基地建立软件技术支撑体系,为中小软件企业提供优良的基础设施和先进、开放、配套的软件开发和测试平台,帮助提高软件企业的技术开发能力和管理能力。国家重点支持一批软件专业孵化器,培育新的软件企业。

(四)鼓励软件企业加大软件研发投入,提高技术创新能力。各级政府应认真贯彻落实《关于促进企业技术进步有关财务税收问题的通知》(财工字〔1996〕41号),对符合条件的软件企业研制开发新技术、新产品所发生的各项费用,计入管理费用;赢利软件企业当年发生的技术开发费比上年实际增长10%(含10%)以上的,其当年实际发生额除按规定据实列支外,年终经主管税务机关审核批准后,可再按其实际发生额的50%抵扣当年应纳税所得额。如果税收抵扣数额大于当年应纳税所得额,就不超过应纳税所得额部分予以抵扣,超过部分不再抵扣。企业从事软件技术转让、技术开发业务和与之相关的技术咨询、技术服务取得的收入,免征营业税。

(五)鼓励软件企业在技术创新时广泛开展合作。鼓励跨国公司在我国与我企业、大学、科研机构等联合设立或单独设立研究开发机构,共同研究开发软件产业发展的关键技术,实现较高水平上的技术跨越。鼓励国内软件企业广泛开展产学研合作。

(六)支持各类软件企业设立研发机构。发挥政府在政策和资金等资源配置方面的优势,集中力量努力培育和扶持软件技术创新骨干企业,支持建立一批新的国家软件工程中心,为软件产业发展提供共性技术支撑和服务。

鼓励和支持国家重点软件企业建立技术中心,推动以企业技术中心为主要方式的企业技术创新体制建设。以促进软件企业参与国际竞争为目标,培育软件企业核心竞争力,加大对具有自主知识产权的技术开发的支持力度。

三、软件企业要不断提高对技术创新的认识,努力提高自身技术创新能力

(七)软件企业要进一步提高对技术创新的认识,全面提高技术创新能力。国家规划布局内重点软件企业要建立健全软件技术中心,加速形成有利于技术创新和科技成果迅速转化的有效运行机制。要采用先进的经营管理方法和组织形式,面向市场需求不断开发新技术和新产品。

(八)推行软件工程化开发,提升企业软件开发水平。软件企业要积极推行软件开发过程管理、项目管理、人力资源管理,重视标准化和质量保证体系建设,推广软件构件和复用技术,提高工程化管理能力,实现软件工业化生产。

软件企业要努力提高自身的标准化水平,积极开展质量保证体系评估工作和软件测试工作,规范软件产品的开发和生产过程,保证国产软件质量。

(九)软件企业要加强产学研联合。软件企业应积极联合高等院校和研究机构建立产学研合作机制和机构,共同研究开发和推广软件技术和产品,加强信息交流、学术交流、成果交流和创新经验交流。软件企业可采取合适的方式组成技术创新联盟,加速技术创新进程。

(十)软件企业加强技术创新要与制度创新相结合,以人为本。在企业内部要营造尊重和重视人才的氛围,制定人才培训和培养计划,因人施用。可参照《关于国有高新技术企业开展股权激励试点的指导意见》,通过奖励股权、出售股权和技术折股等方式,建立股票期权等激励制度,稳定优秀人才,确保软件企业的长远发展。

天津市政府《关于进一步实施科技兴贸战略的意见》
(2004年3月22日)

为深入贯彻落实《国务院办公厅转发商务部等部门关于进一步实施科技兴贸战略的若干意见的通知》(国办发〔2003〕92号)和全国科技兴贸大会精神,

把实施科技兴贸战略作为促进对外贸易工作的主线，推动我市高新技术产业和外贸出口向更高水平发展，特提出如下实施意见：

一、实施科技兴贸战略的指导思想和工作目标

以党的十六大关于坚持走新型工业化道路的要求为指针，大力支持和鼓励具有自主知识产权的高新技术产品出口，加快出口促进体系建设，着力优化出口商品结构，加大研发和引进国外先进技术及关键设备的力度，积极运用高新技术改造传统产业，加速实现出口方式的根本转变。

通过实施科技兴贸战略，把促进高新技术产品出口同提高传统商品的技术含量和附加值结合起来，促进外贸出口实现由粗放型向集约型的根本转变。用3至5年时间，力争培育一批出口达上亿美元的高新技术重点出口企业和重点商品，培育一批具有自主知识产权和知名度的自创品牌产品。2004年，我市高新技术产品出口力争达到65亿美元，2010年力争达到150亿美元，年均增长20%以上，占全市外贸出口总额的比重达到50%左右。

二、强化联合工作机制，全面推动科技兴贸工作

加强对科技兴贸工作的领导，健全市科技兴贸领导机构，制定全市鼓励高新技术产品出口的政策规划，进一步发挥科技兴贸联合工作机制的作用，定期研究、协调解决高新技术产品出口中遇到的问题，全面推动科技兴贸工作。

各区、县外经贸部门要根据市科技兴贸领导小组制定的鼓励政策和计划，结合各自区域经济发展规划和产业优势，制定本区域实施科技兴贸工作的方案，加大对高新技术企业的支持力度，促进高新技术企业的快速发展。在全市形成市、区两级工作推动机制，上下联动、整体推进，形成全方位、多层次支持高新技术产品出口的工作格局。

2004年6月底前编制完成《天津市高新技术产品出口企业名录》，以后每年修订一次，对进入高新技术产品出口企业名录的企业给予重点政策扶持和定期跟踪服务。

三、大力扶持优势产业，支持高新技术产品出口

根据全市产业分布和高新技术产品出口的现状，确定我市电子信息、生物制药、新材料、新能源、环保、汽车零部件等作为重点扶持的领域。

（一）大力扶持进入高新技术出口商品名录的企业。对注册资金50万元以上的高新技术生产企业、注册资金100万元以上的高新技术流通企业，帮助办理进出口资格登记。

（二）进一步加大科技兴贸资金支持力度。鼓励出口企业技术创新，增强高新技术产品研发能力。在我市科技攻关计划中增设科技兴贸专项，支持出口企业高新技术产品研发、加强知识产权保护、建立技术标准、建立完善为高新技术产品出口服务的中介服务体系、培训技术人员、促进与国外技术交流等，对科技型企业实施“走出去”战略给予一定扶持和资助。对高新技术产品出口采取立项资助、贷款贴息等多种形式予以支持。加大对列入国家级或市级火炬计划的高新技术出口产品的贷款贴息力度。优选我市高新技术出口产品申报国家科技兴贸行动计划。

（三）建立中小高新技术企业走向国际市场帮扶机制。由市外经贸服务中心联合有关大专院校和我市优秀外贸企业、中小高新技术产品出口企业，建立走向国际市场帮扶机制，帮助缺乏国际市场信息的高新技术产品出口企业开拓国际市场。

（四）扩大高新技术产品出口企业和高新技术产品参加广交会的比例。以第90届全国出口商品交易会（广交会）摊位为基数，再新增摊位优先用于支持高新技术产品出口企业。对新提出申请参加广交会的高新技术产品生产经营企业优先安排；对出口规模快速增长的高新技术产品出口企业优先安排；对扩大经营高新技术产品的进出口企业优先安排。

（五）积极鼓励高新技术企业开拓国际市场。2004年要集中安排部分市外贸发展资金和中小企业国际市场开拓资金，支持高新技术企业开拓国际市场活动。重点安排12项开拓国际市场计划，

帮助高新技术企业、集体民营企业和新获进出口经营权的企业走出去。充分发挥我市在比利时常驻机构的作用，帮助企业开拓欧洲市场。以长兴国际贸易（比利时）有限公司为窗口，建立天津出口商品常年展示洽谈中心和分拨中心，将我市的出口产品由比利时向欧盟其他国家辐射。组织高新技术企业参加欧盟国家举办的国际博览会，促进与法国北加莱、里尔地区的经贸合作，扩大对欧洲市场出口。以保税区在美国南卡州建立的“中国天津商贸工业园”为平台，鼓励企业走出去设点，促进外贸服务和生产加工向境外延伸，带动对美贸易的发展。

（六）积极落实2004年国家高新技术产品技术更新改造项目贷款贴息计划。在认真进行调研摸底的基础上，确定重点项目积极向商务部推荐，争取更多的高新技术企业享受贴息政策，促进全市高新技术

产品出口。

(七)实施品牌战略,支持具有自主知识产权的高新技术产品出口。抓住世界高新技术产业转移的时机,制定各项优惠政策,加大招商力度,努力争取一批世界著名跨国公司在津建立研发中心和高新技术生产基地。吸引并扶持国际一流人才在津创办科技型企业和研发机构。注重引进高科技产品的核心技术和尖端技术,提高我市高新技术产品的实力和水平,带动我市传统产业改造。培育一批在电子信息、生物制药、新材料、新能源、环保等领域的高新技术企业集群。2004年力争使一批具有自主知识产权的高新技术产品进入国家重点出口名牌商品目录。

(八)大力扶持科技型企业实施"走出去"战略。在继续吸引外资投向高新技术产业的同时,积极实施"走出去"战略,支持和推动有条件的科技型企业到境外建立营销网络或设立分支机构、研发中心。充分利用当地的信息、人才、资金,开拓国际市场,培育跨国经营的高新技术产品出口企业。

(九)建立高新技术产品出口企业绿色通道。在我市已有36家出口企业享受便捷通关优惠政策的基础上,进一步扩大便捷通关适用范围。对2003年出口1000万美元以上的高新技术产品出口企业实行便捷通关,创造优质快捷的通关环境。扩大高新技术出口企业分类管理范围,积极推行高新技术产品加工复出口3C免检措施,实行不定期抽检,实现快速通关。对高新技术产品出口企业优先核准出口退税,保证及时足额退付。

(十)支持加工贸易企业与海关联网。积极鼓励加工贸易企业与海关实行联网,用市外贸发展资金对实行加工贸易联网的高新技术产品出口企业给予适度资助。

四、推动我市国家级软件出口基地建设

为促进软件出口工作,以科技兴贸领导小组成员单位为基础共同建立软件出口联席会制度,定期研究、协调解决软件出口工作中的问题。

(一)积极扩大软件出口规模。坚持理念创新、资源整合、管理改革、环境重构的原则,以软件产品出口为导向,以软件出口企业为主体,以软件出口基地为依托,聚合全市人才、技术和管理资源,突出重点,形成特色,有效地促进软件出口规模不断扩大。积极扩大对日本、韩国的软件外包业务;根据我市电子信息产业优势,努力发展通讯领域和消费类电子领域的嵌入式软件配套出口;逐步培育欧美市场。2004年全市软件出口力争达到1亿美元,2006年软件出口力争达到2.5亿美元。

(二)设立天津市软件出口奖励基金。自今年起对软件出口企业进行专项奖励,安排专项资金支持软件出口服务体系建设和具有自主知识产权的软件产品研发。对进入国家出口基地的软件出口企业,加大资金支持力度。

五、加快高新技术产品出口促进体系建设

努力建设高新技术产品出口促进支撑体系,从项目研发、技术改造、资金、贸易便利、市场开拓、人员出入境、信息服务等方面对高新技术产品出口给予政策支持和中介服务。搞好科技兴贸战略研究,为高新技术产品出口创造良好的政策环境。

(一)建立完善高新技术产品出口信贷资金支持体系。在外汇管理上,对高新技术产品的出口企业,予以政策支持。加强对高新技术企业融资服务工作。优先向政策性银行和商业银行推荐重点高新技术出口企业进行信贷授信,加大金融支持力度,解决出口企业资金困难,推动高新技术产品出口。发挥出口信用保险对扩大高新技术产品出口的积极作用,加大对高新技术企业投保出口信用保险的支持力度。在国家资助的基础上,市外贸发展资金对出口信用保险保费贴补率增加到30%,为企业提供信用保险项下的融资便利。

充分发挥政府资金投入的示范效应,吸引和利用社会资金、风险投资,支持高新技术产品的生产和出口。利用出口信息网络平台等形式,组织金融、创业投资公司、高新技术企业、中介服务机构以及政府有关服务部门进行洽谈,为科技兴贸工作搭建融资、合作与信息交流平台。

(二)加强培训交流工作,促进高新技术企业发展。对我市科技兴贸所需国际型、高层次的管理和专业人才采取引进和培养并重的方式,研究制定人才实施计划。有计划地采取国内和国外、请进来和走出去相结合的方式,为高新技术企业进行外贸政策、业务知识和市场开拓等方面的培训。同时举办软件出口、汽车国际化标准、现代物流、跨国公司全球采购等系列讲座与培训。对高新技术企业人员的培训费用给予一定资助。

(三)建设完善的科技兴贸中介服务体系。2004年重点建设一批国际化的生产力促进中心,为行业及高新技术产品出口服务。大力扶持与国际接轨的高水平科技兴贸中介机构,发挥南开大学、天津大学、财经学院等院校及有关咨询机构在科技与国际经贸方面的学科优势、国外合作关系和信息渠道，为我市科技兴贸提供多方面咨询服务，并开展知识产权管理和保护、国际标准认证、技术性贸易措施等相关方面的调研和战略研究。

（四）建设基础信息服务体系。依托科技服务中介机构，建立和完善高新技术产品出口信息服务体系和《高新技术产品对外交易项目库》。

天津市科委、天津市财政局《天津市创业投资机构财税优惠政策实施办法》（2004年5月28日）

第一条 为鼓励国内外创业资本投资我市高新技术产业，促进创业投资事业的发展，根据《天津市促进创业投资业发展暂行规定》（津政发〔2002〕25号），制定本办法。

第二条 本办法适用于在本市注册的创业投资机构。

第三条 本办法所称创业投资机构，是指依法设立并从事创业投资活动的下列机构：

（一）创业投资企业；

（二）创业投资管理企业；

（三）创业投资基金。

第四条 创业投资基金依照国家有关规定设立和管理。

第五条 经天津市科委认定的创业投资机构，投资于本市《创业投资项目指南》规定范围项目的资金，超过其对外投资总额70%的，自获利年度起三年内，按照税法规定缴纳的企业所得税，由同级财政部门返还地方分享部分。

第六条 创业投资机构申请享受本财税优惠政策，应于每年5月15日~5月30日向天津市科委提出资格认定的申请，并提交以下相关材料：

（一）享受本财税优惠政策申请（须写明本公司基本情况、具体所投高新技术项目、投资于本市高新技术产业和其他技术创新产业的投资额占本公司总投资额的比例、申请何种优惠政策等）；

（二）具有投资相关业务审计资格的会计师事务所出具的审计报告（重点审计公司投资状况、投资于本市高新技术产业和其他技术创新产业的投资额占该公司总投资额的比例、盈利情况等）；

（三）投资合同（或协议书）；

（四）年度财务报表；

（五）营业执照复印件（审核原件）；

（六）天津市创业投资协会颁发的《天津市创业投资协会单位会员证书》。

第七条 天津市科委委托天津市创业投资协会办理受理申请、形式审查等具体工作；经认定具备享受本财税优惠政策资格的创业投资机构，由天津市科委出具相关证明。

第八条 具备享受本财税优惠政策资格的创业投资机构（包括外商投资创业投资企业），须报经有关财税部门批准后，享受本办法规定的企业所得税优惠政策。

第九条 为创业投资机构提供服务的各类中介机构，其服务收入可参照上述有关财税优惠政策，具体实施办法另行规定。

第十条 创业投资机构除享受上述规定的优惠政策之外，可以享受国家和本市，以及天津新技术产业园区、天津经济技术开发区、天津港保税区规定的其他有关优惠政策。

第十一条 本办法由市科委、市财政局负责解释。

第十二条 本办法自发布之日起施行。

天津市科委、天津市财政局、天津市国家税务局、天津海关、天津市新闻出版局《天津市科普税收优惠政策实施细则》（2004年12月9日）

第一章 总则

第一条 目的和依据

为保障国家科普税收优惠政策的实施，根据《关于鼓励科普事业发展税收优惠政策问题的通知》〔财税（2003）55号〕（以下简称《通知》）和《科普税收优惠政策实施办法》〔国科发政字（2003）416号〕（以下简称《实施办法》），结合本市实际，制定本实施细则。

第二条 适用范围

本实施细则适用于本市综合类科技报纸、科普基地、进口科普影视作品、科普活动、科普捐赠等事项的认定和政策管理工作。

凡符合本实施细则有关规定的企事业单位、社会团体，党委、政府及其工作部门以及科协、工会、妇联、共青团组织可以向相关管理部门申请认定,经审核批准后享受税收优惠政策。

第三条 管理部门与职责

天津市科学技术委员会(以下简称市科委)负责协调管理和统计,以及科普基地、科普活动的认定;天津市新闻出版局负责综合类科技报纸的认定;天津市财政局、天津市国家税务局、天津市地方税务局、天津海关按各自职责予以核准落实税收优惠政策。

第二章 科技类报纸和音像制品的认定和管理

第四条 认定范围

综合类科技报纸和科技音像制品是指以普及科学知识、倡导科学方法、传播科学思想、弘扬科学精神为宗旨,经批准正式出版的报纸和音像制品。

第五条 认定标准

综合科技类报纸在报纸批准登记时按分类标准进行认定。

科技音像制品由天津市新闻出版局按照中国标准音像制品编码分类代码(ISRC)中的A–马克思主义、列宁主义、毛泽东思想,B–哲学,D–政治、法律,E–军事,F–经济,K–历史、地理,N–自然科学总论,O–数理科学和化学,P–天文学、地球科学,Q–生物科学,R–医药、卫生,S–农业科学,T–工业技术,U–交通运输,V–航空、航天,X–环境科学、劳动保护科学等类别进行认定。

第六条 惩戒措施

违规出版物和多次出现违规的出版社、报社不得享受税收优惠政策。

第三章 科普基地的认定和管理

第七条 认定范围

科技馆、自然博物馆、对公众开放的天文馆(站、台)、气象台(站)、地震台(站)及高校和科研机构对公众开放的科普场馆(场所)可以申请认定,其中:

(一)科技类场馆是指科技博物馆(含科技馆)、青少年科技站(馆、中心)等科学技术类的科普教育场馆(场所);

(二)自然科学类博物馆是指展出生物活体或标本、以研究物种资源为主要功能的自然科学类科普场馆(场所);

(三)高校和科研机构对公众开放的科普基地是指高校和科研机构内设的植物园、标本馆、陈列馆等科普场所。

第八条 认定条件

申请认定的科普基地必须同时具备以下条件:

(一)申请认定科普基地的单位,必须专门从事面向公众的科普活动,有开展科普活动的科普专职人员、场所、设施、工作经费等条件。

(二)面向公众从事《科普法》所规定的科普活动,有稳定的科普经费来源;

(三)有适合常年向公众开放的一定的科普展教设施、器材和固定场所;

(四)累计每年开放时间不少于200天;且每年免费开放累计不少于20天(含法定节假日);

(五)有常设的内部科普工作机构,并配备3名以上专职科普工作人员;

(六)有明确的科普工作规划或年度科普工作计划;

(七)有关科普项目的资金单独核算。

第九条 认定程序

科普基地按照下列程序认定:

(一)符合以上认定条件的科普基地可以提出认定申请,填写认定申请表并附相关材料于当年第一季度、第三季度内向所在区(县)科委申请认定;

(二)区(县)科委收到申请后先行预审,应在十个工作日之内将通过预审的相关材料和预审意见报送市科委审批;

(三)市科委在收到区(县)科委的预审报告后,应在十五个工作日内作出认定或不予认定的决定,并通知相关区(县)科委和被认定的科普基地单位;

(四)市科委认定科普基地单位后于一个月内向天津市财政局、天津市国家税务局、天津市地方税务局和国家科技部备案。

第十条 年度管理

科普基地应于每年年底向所在区(县)科委提交年度报告,内容包括报告当年科普基地工作情况(说明参观对象、人数、开放天数等),并填妥相关统计表格;报告翌年科普工作计划;报告有关科普活动投入及经费使用情况等。

区(县)科委初审后,将审理意见报告市科委。市科委根据区(县)科委初审意见,作出次年是否继续认定的决定。

第四章 进口科普影视作品的认定和管理

第十一条 认定条件

进口科普影视作品申请认定应符合下列条件:

(一)由经认定的科普基地自行进口或委托进口的;

（二）属于《通知》附件2所列税号范围；

（三）必须是为其自用，不得进行商业销售或挪作他用。

第十二条　申请和审批

符合条件的科普基地可以向所在区（县）科委提出申请，并附带进口影视作品的合同、协议（含中文译本）和相关资料。

区（县）科委收到申请后先行预审，应在十个工作日之内将通过预审的相关材料和预审意见报送市科委审批；

市科委在收到区（县）科委的预审报告后，应会同天津市新闻出版局在十五个工作日内做出认定或不予认定的决定，并通知相关区（县）科委和科普基地单位；

市科委认定进口科普影视作品后于一个月内向天津市财政局、国家科技部和新闻出版总署备案。

第五章　科普活动的认定和管理

第十三条　认定范围

市和区（县）的党委、政府及其工作部门以及科协、工会、妇联、共青团等组织开展科普活动可以申请认定。

第十四条　认定条件

申请认定科普活动的，必须同时具备下列条件：

（一）必须是符合《科普法》规定，以普及科学知识、倡导科学方法、传播科学思想、弘扬科学精神为宗旨的社会性、群众性科普活动。票价设定必须面向普通市民；

（二）必须是由地方党委、政府及其工作部门和科协、工会、妇联、共青团主办的；

（三）必须有具体的科普活动方案；

（四）设置有专门的科普活动组织工作机构，有完备的组织管理、财务管理等制度。

第十五条　申请

符合条件的主办者按下列规定申请认定：

（一）主办单位应在科普活动举办前一个月提出申请，申请书中应包括科普活动批件、科普活动方案（指主办单位、承办单位、活动目的、活动规模、请示核定的门票价格等内容）；

（二）区（县）级科普活动向所在地区（县）科委提出申请；市级科普活动向市科委提出申请。

（三）跨市或区举办的科普活动向获得门票核定所在地的政府科技管理部门提出申请，不得重复申请认定。

第十六条　审核

区（县）级科普活动结束后一个月内，主办单位应将科普活动总结报告及相关证明材料、资料报经所在地区（县）审核同意后，由市科委审批。市级科普活动结束后一个月内，将科普活动总结报告及相关证明材料、资料报市科委审批。市科委审核同意后一个月内向天津市财政局、税务局和国家科技部备案。

第六章　科普税收优惠政策及实施

第十七条　科普税收优惠政策适用期限

科普税收优惠政策自2003年6月1日起执行。各类科普事项经认定后，可以享受科普税收优惠政策。

第十八条　科技类报纸、音像制品优惠政策

2003年6月1日~2005年12月31日，综合类科技报纸和科技音像制品在出版环节的发行收入，实行增值税先征后退办法。

第十九条　科普基地优惠政策

科普基地的门票收入免征营业税。

2003年6月1日~2005年12月31日，科普基地从境外购买自用科普影视作品播映权而进口的拷贝、工作带免征关税，不征进口环节增值税，免征对境外单位转让上述播映权等无形资产应代扣（缴）的营业税；以其他形式进口的自用影视作品，免征关税和进口环节增值税。

第二十条　科普活动优惠政策

科普活动的门票收入免征营业税。

第二十一条　对科普基地捐赠优惠政策

企事业单位、社会团体按照《捐赠法》的规定，通过中国境内非营利的社会团体、国家机关对科普基地的捐赠，符合《中华人民共和国企业所得税暂行条例实施细则》第十二条规定的，在年度应纳税所得额的10%以内的部分，准予扣除。

第二十二条　减免办理

被市科委认定科普基地、科普活动的单位，须携带认定批文及营业执照、税务登记证原件及复印件等相关文件，到主管税务部门办理免税等手续。

第二十三条　海关办理免税手续

对经认定的进口科普影视作品拷贝、工作带申请享受税收优惠时，科普基地须持进口科普影视作品批准文件、其他证明文件以及海关要求的其他材料，在科普影视作品进口前向天津海关提出申请。天津海关按规定办理减免税手续。

第七章　附则

第二十四条　应用解释

本实施细则的具体应用问题，由市科委会同有关部门解释。

第二十五条　生效日期

本实施细则自颁布之日起施行。

天津市科委《天津市科委直属企事业单位领导干部年度任期经济责任审计办法(试行)》(2003年9月19日)

第一章　总则

第一条　为了贯彻落实《关于党政领导干部任期经济责任审计若干问题的指导意见》经审办字〔2003〕6号文件精神，结合市科委直属企事业单位党政目标责任制考核，根据《中华人民共和国审计法》、《审计署关于内部审计工作的规定》(中华人民共和国审计署令第4号)、根据《市委办公厅、市政府办公厅关于印发<天津市国有企业及国有控股企业领导人员任期经济责任审计暂行办法>、<天津市区县委管理的处级以下党政领导干部任期经济责任审计暂行办法>的通知》(津党办发〔2000〕27号)和其他有关法律、法规，结合本委实际情况，制定本办法(试行)。

第二条　实施本办法是从源头上预防和治理腐败、促进领导干部廉洁廉政的重要措施，是推进依法行政、依法治国的有效手段。是加强对直属企、事业单位领导干部的任期经济责任审计的有效手段。实施本办法将使经济责任审计工作做到及时、公开、公平、公正，保障国有资产保值增值。

第三条　本办法适用于具有法人资格，实行独立经济核算的直属企业、事业单位。直属单位的领导干部是指企、事业单位法人代表、公司总经理、研究所所长、中心主任或主持工作的负责人。

第四条　本办法所称领导干部年度任期经济责任，是指领导干部年度任职期间对其所在企业单位的资产、负债、所有者权益；事业单位的财政收支、财务收支的有关经济活动应当负有的责任，包括主管责任和直接责任。

第五条　领导干部任期届满，或者任期内办理调任、提拔、轮岗、转职、免职、辞职、撤职、解聘、退(离)休等事项前，以及实行党政目标责任制、年薪制的，在兑现奖励或年薪前对其任期内未审计过的整年度或月份进行审计。

企、事业单位在改制、改组、兼并、破产等国有资产重组的同时，应按国家现行规定进行审计。

第六条　年度经济责任审计，实行“单位自行委托审计与市科委委托审计相结合”的办法。由市科委安排委托审计的单位，不再进行年度单位自行委托审计。年度委托审计的时间为每年的1月中旬至2月底。

第七条　委托审计采用委托社会审计机构依法独立工作的方式进行，接受委托承担经济责任审计任务的社会审计机构是指由市注册会计师协会推荐，市科委经济责任审计联席会确定，并经过培训的具备经济责任审计资质的十家会计师事务所（附件一）。

第八条　为保证审计工作的质量，按照双向选择的原则，各单位必须自行从上述市科委推荐的会计师事务所中进行选择。

第九条　各会计师事务所的审计工作的质量，由经济责任联席会定期进行考核。根据考核结果，对工作质量差的会计师事务所进行调整。

第十条　单位自行委托年度经济责任审计的费用由单位自负，费用标准由被审计单位与社会审计机构按照国家标准协商确定。市科委委托审计经费由市科委科学事业费列支。

第十一条　审计人员办理经济责任审计事项，应当坚持客观公正、实事求是、廉洁奉公和保守秘密的原则，遵守审计回避制度。

第十二条　审计人员依法履行职责，受法律保护。任何单位和个人不得拒绝和阻碍审计人员依法执行公务。被审计的领导干部及其所在单位应积极配合，回答审计人员提出的询问，如实地反映情况。

第二章　审计程序

第十三条　每年度“单位自行委托社会审计机构”时，有关单位结合国有企业的年度会计报表审计、事业单位的年检审计，按照《天津市科委委托经济责任审计程序》自行委托会计师事务所实施审计。

第十四条　每年度“市科委委托社会审计机构”及离任经济责任审计时，按照《天津市科委经济责任审计项目立项程序的暂行规定》，由干部人事部门在每年11月份提出下一年度经济责任审计要求，填写立项审计委托书，报市委科技工委和市科委分管负责人批准。审计处根据批准的立项审计委托书，安排下年度经济责任审计工作计划，编制委托审计预算。

离任经济责任审计结束后，市委科技工委干部处、市科委直属处根据历年审计结果对干部进行任期考核。

第十五条　实施市科委委托审计时，市科委审计处在实施审计前，应提前3天向被审计领导干部所在单位送达审计通知书，同时抄送被审计领导干部本人。

第三章　所需资料

第十六条　被审计领导干部本人及其所在单位应当按照审计要求，及时如实向审计组提供下列有关资料，并对其真实性、完整性负责：

（一）领导干部本人应写出任期内自己负有主管责任和直接责任的资产、负债、所有者权益、财务收支及相应管理事项的书面材料，并于审计工作开始后3日内送交审计组；

（二）任期内有关主管部门下达的经济责任制考核指标；

（三）任期内历年的工作总结，预、决算及其批复，或财务收支计划、财务报告、会计报表、账薄、凭证等会计资料；

（四）任期内重大投资项目及实施结果，对外投资明细表及有关协议、合同等；

（五）各种财产物资盘点表，债权债务清理明细表；

（六）财务收支及相应管理事项，及其他有关经济活动的管理制度、合同等；

（七）科技项目合同，科技项目收支情况表；

（八）基本建设项目预、决算，工程项目承包合同及有关工程资料；

（九）房屋、设备、设施等各种维修项目合同及相关资料；

（十）任期内国家经济监督部门、社会审计、内部审计等其他有关部门作出的重大事项检查结果，处理意见及纠正情况资料；

（十一）审计组认为需要提交的其他资料。

第四章　审计内容

第十七条　审计组（人员）实施领导干部经济责任审计，应当通过对其所在的企、事业单位资产、负债、所有者权益或财政、财务收支的真实、合法、效益情况及国有资产管理情况的审计，查明领导干部本人任期内应当负有的主管责任和直接责任。

审计的主要内容是：

（一）资产、负债、所有者权益（净资产）、收入、费用（支出）和利润的真实性；

（二）预、决算的执行情况或财务收支计划的执行情况；

（三）预算外资金的收入、支出和管理情况；

（四）国有资产的管理使用、安全完整和保值增值情况；

（五）对外投资（含用各种资产投资）及投资效益情况；

（六）经济（科技）合同履行情况及对有关部门拨付的专项经费的使用情况；

（七）专项基金的管理和使用情况及收益的分配情况；

（八）开办的经济实体经营和效益情况；

（九）债权、债务及未了经济事宜情况；

（十）内部控制制度及其执行情况；其他各项管理制度的执行情况；

（十一）遵守国家有关财经法律、法规和规章制度情况；

（十二）经济责任审计考核指标完成情况（见附表二、三）；

（十三）上一年度审计意见的落实情况。

（十四）需要审计的其他事项。

第十八条　审计组采取适当的审计方法，通过审阅领导干部的述职报告和有关资料，审查财务会计报表、会计账簿和凭证，检查实物资产，对审计涉及的有关事项进行调查等方式进行审计。

第十九条　审计组实施审计时，应取得证明材料，记入审计工作记录，写出审计工作底稿。审计工作记录应由相关人员和被审计单位签章认证。

第五章　审计报告

第二十条　审计终结，审计组应于15日内提出《审计报告》。报告一式六份，由被审计单位于3月底前报送经济责任联席会。

《审计报告》的主要内容包括：被审计单位的基本情况；领导干部任期内的资产、负债、所有者权益（净资产）变动情况；领导干部任期内主要业绩；应由其承担主要经济责任的有关事项；经济责任审计考核指标完成情况；上一年度审计意见的落实情况；审计意见和建议等。

第二十一条　审计报告报送前，应征求被审计领导干部本人和所在单位的意见。被审计领导干部本人和所在单位应于接到审计报告之日起十日内，将对审计报告的书面意见送交审计组，十日内未提出书面意见的，视为无异议。审计组应对其提出的审计报告承担有关法律责任。

第六章 审计结论

第二十二条 针对《审计报告》所反映的问题和提出的审计意见和建议，市科委根据不同情况进行处理，即：对财务管理等方面存在的问题，向被审计单位提出《审计意见书》；对违规、违纪问题，向被审计单位作出《审计决定》。《审计报告》、《审计意见书》或《审计决定》下达被审计领导干部及其所在单位，并报送市科委人事教育处、市科技纪工委、市科委监察室。

第二十三条 被审计领导干部及其所在单位，应研究落实《审计意见书》，执行《审计决定》。被审计单位自接到《审计意见书》之日起30日内，应将采纳审计意见的情况以书面形式送交市科委条件财务(审计)处；被审计单位收到《审计决定》之日起30日内必须执行，并按规定时间将执行结果以书面形式报市科委条件财务(审计)处。

第二十四条 被审计单位对《审计意见书》和《审计决定》如有异议，须先执行《审计意见书》和《审计决定》，同时，向市科委提出书面意见。

第二十五条 对拒不执行《审计决定》，无故不落实《审计意见书》，或采取弄虚作假方法拖延执行的行为，一经查出，由市科委给予通报批评，并视情节轻重，依照有关规定处理。

第二十六条 由经济责任审计工作联席会各成员处室定期交流、通报领导干部年度任期经济责任审计的情况，解决领导干部经济责任审计中出现的问题，确保经济责任审计工作顺利进行，使审计结果为领导干部的任用及考核提供可靠的依据。

第二十七条 审计工作结束后，市科委条件财务(审计)处按审计档案管理的规定，建立经济责任审计档案，保管期十年。

第七章 附则

第二十八条 委直属企、事业单位兴办的各类经济实体法人代表(负责人)的经济责任审计由各单位参照本规定执行，并将审计结果抄送市科委条件财务(审计)处、市科委企事业管理处备案。

第二十九条 本规定由市科委负责解释。

第三十条 本办法自颁布之日起执行。本办法在执行过程中如与《天津市科委直属企事业单位领导干部任期经济责任审计办法》(津科发审字[2001]第223号)不一致的，以本办法为准

重要报道

渤海湾畔龙抬头

——记天津经济技术开发区20年暨滨海新区10年发展

《人民日报》编者按：盐碱荒滩上崛起的天津经济技术开发区，走过20年奋力拼搏的历程，已成为现代化工业新城。实践证明，邓小平同志在开发区初创时的题词“开发区大有希望”具有远见卓识。10年来，天津市委、市政府审时度势，在天津临海地区又基本建成了滨海新区。在新区，较为先进的基础设施基本齐全，高新技术和技术密集型的优势产业已形成规模，港口功能进一步扩大，现代物流体系正在形成，对区域经济的辐射、凝聚和带动作用越来越强，呈现出广阔的发展前景。规划建设好天津滨海新区，不仅关系天津的长远发展，而且对于振兴环渤海区域经济有着重要作用。

从荒滩到投资热土构筑产业新高地

渤海岸边，一片曾经寸草不生的盐碱荒滩，经20年风雨洗礼，崛起了一座财富涌流的外向型现代化工业新城——天津经济技术开发区。从1984年12月6日天津开发区始创至今，累计批准三资企业3821家，累计合同外资金额201.9亿美元，全球500强中42家跨国公司投资了87个项目；累计实现生产总值2258亿元，工业总产值6053亿元；累计上缴国家利润310亿元，财政收入达260亿元；人均生产总值达到19.6万元。主要经济指标和投资环境指标连续多年在国家级开发区中保持领先。

33平方公里的昔日盐池滩涂，目前工业用地平均每平方公里投资强度达到5亿美元，平均每平方公里工业产值达到80亿元。

天津开发区惜土如金，从源头上保证土地利用效率，对土地使用设置了多道准入“门槛”。通过制定投资项目评价体系，有选择地引进科技含量高、投资

规模大、经济效益好、污染程度低的项目。在全国率先出台梯度优惠政策，根据不同行业的平均投资密度确定不同的基准地价，将土地价格与行业门类及投资密度挂钩，公开地价并鼓励企业集约利用土地。在规划设计上，明确项目用地建筑密度及容积率，防止多占少用、浪费土地。严格管制土地用途和动工、竣工期限，今年已对工业区约30万平方米闲置土地及在建停工工程收回。开发区对土地实行深度开发，部分建区初引进的中小企业项目，因各种原因已经关闭。由于优质工业用地抵押在银行，天津开发区从清理产权入手，收回这些土地提供给新项目。天津开发区曾提出了闻名全国的“1—2—3”土地开发模式，即土地开发每投入1元人民币，吸引2美元的工业项目投资，创造3美元的工业产值。这一目标早在1991年就已实现。土地存量不变，如何继续提高单位面积的资本密度？天津开发区推行“无地招商”，积极鼓励已经投产的外资企业增资扩股，以少占地甚至不新占土地。今年1至10月，112家企业增资，投资总额增加6.88亿美元，项目平均增资规模为613.99万美元。

从建区到1999年，天津开发区15年累计引进合同外资金额接近100亿美元。最近5年，累计合同外资金额突破了200亿美元。开发区建立初期，对项目几乎没有选择，外资多集中在日用轻工产品行业。随着工业化水平的提高，20世纪90年代，低水平项目逐渐淡出开发区。开发区结构调整、资本重组加速进行，吸引了一大批国际知名企业，使区内产业结构迅速升级为电子、机械、汽车、医药等附加值和科技含量高的行业。从制造到销售再到研发，外资产业链在延长，本地化配套圈在扩大。

目前，天津开发区以产业集群为方向，变靠随机式引进项目、被动接受产业形成的状态，为主动出击、有规划地培育和引导优势产业的形成；变简单依靠大企业的龙头作用自发形成产业集群，为根据产业发展规划有步骤地培养和完善配套环境，构筑产业新高地。天津开发区积极推动汽车与电子两大产业联袂发展，形成更大的聚集优势。摩托罗拉公司首家汽车电子工厂已经在开发区建立，丰田汽车的电子配套企业也陆续进入。自电子通讯、汽车制造之后，下一个重点规模产业将是生物医药，天津开发区已经集中力量和资金，率先建立了华生生物园、生物医药公共实验室，开展生物医药领域科技项目的攻关，孵化生物医药项目。世界性加工制造业基地是天津开发区坚实的目标。

从工业区到标志区科技求创新

为将这片滨海热土升级为经济起飞型的高新技术产品转化主阵地，天津开发区管委会每年拨出可支配财政收入的4%，作为科技发展金，支持企业的研究开发、高新技术成果产业化和实现产业化后的技术改造，拨出可支配财政收入的1%，设立科技风险金，引导社会资金建立风险投资公司和风险投资基金，为创业者提供市场化的融资渠道。1996年至今，天津开发区累计投入科技发展金和风险金已达7亿元。

不久前，商务部公布了国家级开发区2003年度投资环境评价结果，天津开发区继续位居榜首。从“投资者是帝王、项目是生命线”到“为投资者提供方便，让投资者赢得利润”，再进一步提升到“服务也是生产力”，建区20年来，天津开发区一次次更新和提升服务与效能的理念，将投资者的需求视为政府的第一需求。

天津开发区管委会办公楼没有叫做“政府大楼”，而是被称为“投资服务中心”。这幢通体透亮的高大建筑没有高台阶，内部全部实行开放式办公，“一站式”、“一条龙”的项目审批，“一个窗口对外”的管理服务系统，把为投资者服务的理念延伸到每一个环节。

天津开发区在做到了道路、给水、排水、电力、电讯、燃气、供热、宽带网络、卫星接收系统和土地平整的“九通一平”之后，又推进“新九通一平”，即信息通、准入通、配套通、物流通、融资通、市场通、人才通、核算通、人脉通，建立现代城市平台。这几年，天津开发区继创造良好的工业投资硬件外，还在不断加大城市化建设的步伐，使这里既成为创业的热土，又成为宜居的家园。

如今，天津开发区从保育院、幼儿园、小学、中学、涉外中专、职业技术学院到大学教育体系完善，海关大楼、图书馆、足球场、会展中心、国际心血管病医院、热带植物园、生态公园……一大批高水准的城市基础设施建成，滨海金融街、市民广场正在建设，现代化国际港口大都市标志区轮廓凸现。世界60多个国家和地区的人们在这里和谐生活。

从开发区到滨海新区服务环渤海经济带

天津市委、市政府在总结开发区成功经验的基础上，于1994年提出“用十年左右的时间基本建成滨海新区”的阶段性目标：以天津港、天津开发区、天津港保税区为骨架，现代工业为基础，外向型经济为主导,商贸、金融、旅游竞相发展,形成基础设施配套、服务功能齐全、高度开放的现代化经济新区。到2002年底,滨海新区第一阶段的发展目标提前一年实现,生产总值占全市的40.2%,外贸出口达到全市的62%,成为天津市最亮的经济增长点。

滨海新区包括天津港、经济技术开发区、天津港保税区3个功能区,塘沽、汉沽、大港3个行政区和海河下游东丽、津南两区的部分区域,重点规划建设350平方公里。滨海新区位于环渤海湾城市带的交汇处,是我国亚欧大陆桥东部起点之一。10年来,滨海新区持续快速发展,生产总值年均递增20.8%,2003年达977.1亿元;工业总产值年均递增25.9%,2003年达2133亿元;外贸出口年均递增33.3%,2003年达89.38亿美元;高新技术产品产值占新区工业总产值的比重为46%。

新区已形成电子通讯、石油开采及加工、海洋化工、现代冶金、机械制造、生物制药、食品加工七大主导产业。10年与国内各省、市、自治区签订经济合作协议1770项,吸引投资136.7亿元,国内上千家企业与新区产业直接配套。通达160多个国家和地区的天津港正向着年货物吞吐量2亿吨、集装箱吞吐量380万标准箱的目标冲刺,76%以上的货物和60%的集装箱来自全国各地,功能进一步扩大。

目前,天津市正在编制滨海新区总体发展规划,结合国家制订经济及社会发展"十一五"和长远规划统筹安排。新区未来发展总的构想是:从全国和区域经济总体发展的战略格局出发,立足天津,服务环渤海,面向东北亚,建成现代化的世界性加工制造业基地和国际物流中心,在区域经济发展中发挥龙头带动作用。预计2010年,生产总值、工业总产值、外贸出口分别达到2700亿元、7000亿元和超过200亿美元,高新技术产品产值占工业总产值的比重达到60%。

今年8月,国家批准天津港和天津港保税区实行港区联动试点。天津港保税区今年1至10月的进出口货物总值已达到110亿美元,现代物流体系正在形成。立足于改扩建,天津滨海国际机场与首都机场密切配合,将建成国际客运辅助枢纽、国际货运枢纽相结合的大型机场。以天津港为中心,构建对外快速交通网络,在几年内,中心城区、滨海新区、机场、港口进入四通八达的高速公路网不超过15分钟。滨海地区有1200平方公里可供开发的荒地滩涂,摆放建设项目的空间巨大。滨海新区产业传递,对外服务、辐射和带动功能日益增强,构成与周边地区优势互补、共同发展的格局。

中共中央政治局委员、天津市委书记张立昌最近在滨海新区调研时指出,滨海新区是天津的希望、天津的后劲,对服务环渤海地区的经济振兴将发挥重要的作用。新区的建设者要认清肩负的重大责任,抓住历史性机遇,搞好规划,加快建设步伐,增强服务功能,使滨海新区成为世界性加工制造业基地和国际物流中心。(《人民日报》2004年12月4日)

2004年世界十大科技突破

(美国《科学》杂志12月18日公布)

一、美国"勇气"号和"机遇"号火星车今年对火星的探测,是首次在地球之外的另一颗行星上进行的真正野外地质勘察。两辆火星车的发现表明,火星曾经温暖和湿润,有可能在数十亿年前支持生命。

二、在印度尼西亚弗洛勒斯岛上发现已知最小人种的化石。这一名为"弗洛勒斯人"的小人种可能在距今1.8万年前和现代人的祖先共同在地球上生活。它被一些专家认为是过去50年间古人类学中最重要的一项发现。

三、韩国科学家宣布克隆出人类早期胚胎,首次证明克隆技术对人类细胞也适用。

四、继了解了如何将两种基本类型的原子都冷却成凝聚态后,研究人员在2004年开始认真着手对凝聚态这一奇特物质状态进行研究。他们不仅认识到当原子距离更远时凝聚态特性如何变化,而且继早先成功获得气体和液体凝聚态后,又创造出了固体凝聚态。

五、科学家今年的研究证明,基因组中的所谓"垃圾DNA"作用要比原先认为的更重要,这些DNA对于基因在正确的位置和正确的时间"开启"起到关键的帮助。

六、天体物理学家首次发现了成对的脉冲星,对这些天体进行研究也许可为爱因斯坦广义相对论提供最为严格的检验。

七、今年对两栖动物、蝴蝶、植物和鸟类进行的多项大规模研究发现,植物和动物物种的多样性正在下降。

八、科学家今年研究水的结构和化学特性获得了不少新结果,这些结果如能成立,将重塑化学和大气科学等很多研究领域。

九、由公共和私营组织结成的伙伴关系,2004年成为一股强大力量，影响到药物开发及药物提供给发展中国家的方式。

十、研究人员今年找到新方法，可以用来识别过于微小、过于偏远因而肉眼难辨的生命形式。他们从海洋和地下深处取得水样，然后对水中的基因进行测序，通过这种办法发现了很多新的基因和基因组。

2004年中国十大科技进展

（中国科学院院士和
中国工程院院士投票评选）

一、10万亿次高性能计算机启用并跻身世界十强

曙光4000A由中科院计算所、曙光公司、上海超级计算中心共同研制成功，并在2004年6月公布的全球高性能计算机排行榜上位列第十。它的研发成功使中国成为继美国、日本之后第三个能制造10万亿次商品化高性能计算机的国家之一。作为中国国家网格最大的主节点，曙光4000A11月25日在上海超级计算中心正式启用后，将为气象、环保、建筑等多领域用户提供更有力的高性能计算服务。

二、中国首座国产化商用核电站建成投产

秦山核电二期工程2号机组于2004年5月3日正式投入商业运行。至此，由中国自主设计、自主建造、自主管理、自主运营的第一座大型商用核电站1、2号机组全面建成投产，工程设计装机容量为两台60万千瓦级压水堆核电机组，总投资148亿元。在二期工程55项大型关键设备中，有47项实现了国产化，标志着中国实现了由自主建设小型原型堆核电站到自主建设大型商用核电站的重大跨越。

三、西气东输工程全线实现商业运营

全长约4000公里的西气东输工程2004年12月30日实现全线商业运营。8家专业设计院、30多家科研院所，展开了7000余项科技攻关，采用了先进的遥感选线、地质地震灾害评估等方法优化线路走向，采用管道自动焊接技术、全自动超声波检测、空气干燥工艺等高科技手段和设备，保证了工程建设进度和质量。其主力气田塔里木油田克拉2气田如期供气，已探明天然气储量2840亿立方米，是中国目前最大的整装天然气田。

四、我国第一个下一代互联网主干网开通

2004年12月25日，国家发改委等8个部委共同推进的中国第一个下一代互联网主干网CERNET2正式开通，这是目前世界上规模最大的纯IPv6互联网，已覆盖了北京、上海、广州等全国20个主要城市。此举标志着中国下一代互联网建设全面拉开序幕，在世界下一代互联网发展上抢得先机。CERNET2大量采用具有中国自主知识产权的核心网络技术及产品。

五、"探测二号"发射成功"双星探测"计划实现

北京时间2004年7月25日15时5分，"探测二号" 卫星成功地从太原卫星发射中心发射升空，30分钟后准确进入预定轨道。"探测二号"卫星与已在轨运行的"探测一号"卫星构成了具有创新特色的星座式独立探测体系。中国的"双星"与欧洲空间局"星簇计划"组成密切配合的联合探测网，首次实施地球空间六点立体探测。

六、纳米"超级开关"材料研制成功

中科院化学所江雷研究员领导的研究小组成功地通过调节"光"和"温度"实现了纳米结构表面材料超疏水与超亲水之间的可逆转变，制备出超疏水/超亲水"开关"材料，在功能纳米界面材料研究领域取得了重要进展。其论文分别在《美国化学会志》、德国《应用化学》发表后，得到《自然》和《科学》杂志报道的高度评价。

七、高精度水下定位导航系统研制成功

中国测绘科学研究院和中国船舶重工集团公司第715研究所成功研制出国内第一套水下高精度定位导航系统。在浙江千岛湖进行的试验表明，在水深45米左右的水域，系统的水平定位精度达到5厘米，测深精度为30厘米，从而将过去传统水下定位精度从十多米提升到了亚米级，使中国成为继美、法、德之后世界上少数几个掌握水下高精度定位技术的国家之一。

八、中国科学家破解膜蛋白晶体结构难题

中科院生物物理所和植物所的科研人员完成了"菠菜主要捕光复合物的晶体结构" 的测定工作，不仅分离纯化了这一光合膜蛋白，而且在世界上率先测定了这一复合体的三维结构，从而破解了这一国际公认的、具有高度挑战性的前沿难题，推动中国光合作用膜蛋白研究进入国际领先水平。2004年3月18日，《自然》 杂志以封面文章的形式发表了这项研究成果。

九、中国量子信息实验领域取得重大突破

中国科技大学潘建伟教授等通过实验，成功地使一定空间范围内的5个光子之间存在"感应"效应，从而在国际上首次实现了五粒子纠缠态以及终端开放的量子态隐形传输。该成果表明,中国多粒子纠缠态的研究超越了美、法和奥地利等国家,进入国际领先水平。2004年7月1日,《自然》杂志发表了这一重大研究成果。

十、中国海域油气资源战略调查获重大突破

在中国管辖海域全方位进行的新一轮油气资源战略性调查中,新发现一批重要的含油气局部构造,提交了第一批预选井位,初步计算出我国海域油气资源量可达400亿吨以上的油当量。特别是在我国南海深水海域首次发现巨厚中生代地层,沉积地层厚度超过万米,为进一步开展深水领域油气资源调查指明了勘探方向。

索引

主题词索引

主题词	页码
X线影像仪	54
1画	
一溴丙烷	99
乙二醇	104
2画	
二元酸	144
二氧化锰电池	131
二溴甲烷	97
人工限制酶	33
人工骨	184
人体损伤鉴定	262
3画	
三维编织	66
三螺杆泵	120
下承式移动模板	223
卫星电源	133
口腔修复	195
口腔黏附制剂	125
大口径顶管工程	234
大坝安全系统	231
大肠杆菌	32
大鼠腺垂体	176
女性病理骨盆	176
子宫内膜异位症	176
子宫内膜腺癌	192
小片危陋房改造	239
小麦抗白粉病	38
小康住房标准	239
工业工程	24
工程图整合技术	92
己烯	104
干化污泥	226
干式电力变压器	121
干细胞	177,178,182
4画	
不对称合成	31
专线路基设计	247
专家系统	150
中空纤维微孔膜	62
中空纤维膜	67
中药对照品	64,125
中药配方颗粒	126
中药新药筛选	64
中高层钢结构	208
介入治疗	179
内毒素	36
内真菌转接	37
分子组装	42,65
分子聚集体	29
分岔控制	27
化学快速检验	263
区域化调节	37
双向分化	35
双环戊二烯	101
天气预报	266
天体物理	25
天津港回淤规律	242
天津港适航水深	242
天然气供气方式	236
天然气实流检测	256
太阳电池	131,134
心血管内药物	174
手表	141
无公害蔬菜	153
无线传真机	254
无损检测	213
木霉菌制剂	161
气态膜提溴	98
气调贮藏	102
水产品养殖	168
水位计	233
水利工程仿真	57
水泥	146
水环境数值模拟	58
水流泥沙模拟	249
水墨画绘制	58
牙周病	196
牙髓病	196
计量自动监测	256
计量科技	255
计量检定体系	248
车辆识别系统	264
车辆密闭式装置	246
长效防污闪涂料	101
长效复合肥	238
长效避孕埋植剂	192
5画	
丙泊酚	182
东北鹤虱胶囊剂	65
功能陶瓷	67
加密交易系统	56
北方水业网	235
发动机故障诊断	245
发泡材料	68
发菜细胞培养	62
四环素	33
四维拓扑	21
外科矫形	194
头孢菌素	126
对映选择催化	31
平地机	119
平面镜聚光	60
平移大楼	216
灭菌乳	186
玉米免耕播种机	169
生物芯片	123
生物降解聚合物	43
电力大系统	23
电子商务	253
电动车	51,117
电动机软起动器	85
电池材料	44
电网规划	24
电极材料	41,42
电法注水探测	60
电荷传输材料	41
立体传质塔板	99
6画	
交换机智能巡检	252
交通流量监控	243
产前监护	193
优化支撑	252
会议电话系统	252
光子晶体	40
光互连	47
光纤传感系统	46
光纤传感器	54
光纤光栅传感	47
光纤放大器	46
光纤激光器	46
共振筛	27
再生水灌溉	171
农用机场	245
刚性共轭键	42
动力稳定腔	26
动态平衡施肥	160
动态环境模拟	52
动脉粥样硬化	181
印迹材料	31
压电材料	40
合金催化剂	30
回转阀门装置	120
回流区水沙运动	249
在役检验	122

主题词	页码	主题词	页码	主题词	页码	主题词	页码
地层测年方法	270	快速钻井	106	细胞代谢信息	37	食品安全检测	53
地形变测量	272	快速检测试剂盒	256	细菌感染	34	骨龄鉴定	262
地质环境图集	206	快速路	214	经营管理系统	246	10画	
地铁	217,218,220	抄表到户工程	234	肢体缺血性疾病	178	原子荧光光度法	257
地震波	49	抗SARS	36	肿瘤坏死因子	34	恶性肿瘤	177,180,191,192
地震预报	269	抗裂减缩剂	213	肿瘤耐药机制	35	核苷化合物	30
地鳖核酸	65	报警	260,262	苯磺隆	144	氨法脱硫	99
多孔微载体	34	李代数	22	视听新干线	253	流量遥测	171
多西他赛	127	汽车行车记录仪	246	视紫红质	26	浆状氢氧化镁	99
多层螺旋CT	187	汽车排气模拟	116	试油(测试)工艺	105	海水淡化	61,228,229
多金属分子磁体	43	汽液集输泵	121	转基因大豆	37	海水循环冷却	61
多晶硅	45	纳米	136,137,138	转基因技术培育	237	海水提取硝酸钾	98
存储器	46	纳米碳	67	软土地基加固	212	涤纶异形短纤维	103
安全饮用水保障	233	纺织	138,139,140	软基码头结构	242	烟气净化回收	225
安全隔离器	261	肝癌	181	采样理论	22	烧碱	97
安福隆水针	129	芳香纤维	104	金刚石薄膜	44	热能表	256
有机肥发酵菌剂	161	身份识别系统	246	金汤桥开启系统	216	特应性皮炎	183
有机颜料	101	远程控制信号机	263	青光眼	194	狼疮肾炎	183
机务综合管理	246	连铸机	107	非晶硅	47	畜禽疫苗	166
机动车安全检验	265	针刺	200	9画		病虫害预测预报	237
机械手	55	针管式锂锰电池	60	保温管	234	盐酸尼莫司汀	127
污染源调查	49	阻燃环氧包封料	136	保鲜	162,163	盐酸多萘哌齐	130
网络入侵检测	59	阿加曲班	126	城域网智能化	251	盐酸美沙酮	129
老年动脉硬化	199	阿德福韦酯	126	复方丹参	199	监测预警	258
肉羊胚胎移植	165	饮用水保障技术	48	复方丹参滴丸	62	监控	261
自动垂直形变仪	271	8画		复合型种衣剂	160	离子筛	31
自动配气系统	236	供水计量系统	233	总体心功能	187	胶原基骨组织	43
自动售货机	93	供水管网规程	234	总状共头霉	36	脑电觉醒	187
色甘酸钠	129	典型群	22	挤扩灌注桩	211	脑创伤	175
血管成形	182	图像识别	57	显微外科	52	脑梗死	181
血管细胞生成素	64	垃圾中转站设备	225	染色体图像分析	193	航行数据记录仪	247
设施蔬菜	171	垃圾热解处理	225	氟洛芬	63	航空气象	244
过量转化	39	废水处理	226	炭微球	41	航道整治	48,249,250
防水材料	102	废弃物焚烧	50	玻璃钝化芯片	86	调驱技术	105
阵列信号处理	244	房地产分析	59	疫情报告指挥网	185	调频同步广播网	276
7画		拆迁管理系统	238	美扶胶囊	130	透明导电膜	46
住房社会保障	239	河道治理	48	胃癌	180	通里攻下法	174
体外预应力	214	河道清淤	230	胆管结石	188,189	通信网互通技术	253
体外循环	131	泄漏检测	53	草坪科学养管	237	造纸	142
免疫调节剂	167	环糊精聚合物	68	草种筛选制种	237	配合物	28
冷却水处理	100	现代草坪卷	236	荨麻疹	199	钻井液	105
卤水提溴	61	直丝弓矫正技术	195	药代动力学	183	铁路信号机	60
吲达帕胺	130	空中管理	244	药物代谢	65	难采储量开发	59
坚固型计算机	87	空气质量预报	268	药物控释胶囊	63	预应力管桩	212
尾气净化催化剂	116	线性系统	23	药物筛选	183	预测控制	57
尿素水解	28	组合化学	30	误差单向性理论	255	高分子凝胶	25
尿素酶	185	组合函数	22	钢-混结合梁	223	高层超长结构	208

主题词	页码
高纯溴化氢	98
高性能纤维	44
高效溴化剂	61
高密度电法	212
11画	
勘查测绘系统	263
基因电导入技术	54
基因疫苗	32
基因重组	35
基桩检测规程	211
彩色多普勒	190
排气污染物测量	52
排放处理	51
断层图象技术	175
断路器	121
检测实验室	258
检疫除害处理	259
检验检疫	258,259
液压机	119,120
液压剖层机	143
深基坑	222
混沌理论	23
烷基转移催化剂	103
焊接结构延寿	40
眼科超声诊断仪	194
秸秆饲料压块机	170
绿地病虫害防治	237
绿波带控制系统	264
船用引航系统	242
船舶局域网	247
虚拟演播室	275
蛇毒纤溶酶	65
蛋白质分离	32
铣削过程	26
随意骼骨皮瓣	193
黄瓜育种	38
12画	
储层特征	59
博安霉素	127
喉癌	175
富马酸福莫特罗	130
富勒烯	29
搅拌摩擦焊机	121
普鲁兰多糖	145
智能诊断测控	58
智能凝胶	43
替硝唑乳药	197
棉花公证检验	257
棉秆收获机	169
植物护坡	230
植物营养调节剂	156
植被混凝土	226
植酸酶基因	39
氯化溴	97
氯氨酮	182
港机液压系统	243
湍流	25
硬质合金	138
稀土锰氧化物	39
等离子发光	143
紫龙金治癌药	127
紫杉醇	30
缓释微囊	63
腈纶造粒剂	100
舒地尔	124
葡萄埋藤机	169
葡萄酒	145,146
装卸远程控制	243
赋形缓冲减振	51
超级计算机	57
超声波法检测	213
超细晶超高碳钢	68
超临界相态	39
遗传算法	24
锂离子电池	131,133,134
锌银蓄电池	132
集装箱物流管理	243
13画	
嗜肺军团杆菌	185
微生态菌制剂	62
微生物转化法	64
微机械	55,56
微进给平台	53
微粒捕集器	49
微囊生物细胞	176
数字化档案馆	92
数字电视	277
数据记录仪	55
数控测井	106
新品种林果	159
新品种粮食作物	154
新品种蔬菜	151
新药	65
滨海地面沉降	216
路灯自动光控	236
输卵管通液仪	130
输配电系统	23
14画	
墙体裂缝修缮	241
模型试验	248
滴丸	129
熏蒸剂	49
熔体滤芯	103
磁性粉末	67
精馏	100
聚乙烯	104
聚氯乙烯	96
聚酯电容器薄膜	136
膜生物反应器	227
锻造液压机	52
镁基储氢材料	42
15画	
潜油电泵	122
醋酸曲安奈德	197
镍氢电池	133,134
16画	
凝血功能调控	188
激光焊接机	85
燃气管网信息	235
燃料电池	134
膳食纤维	186
薄壁圆筒	27
薯蓣皂素	63
17画	
螺杆钻具	122
21画	
癫痫	179

单位名称索引

单位名称	页码
609电缆有限公司	83
1画	
乙烯厂	104
2画	
人民医院	172
3画	
三效催化剂厂	116
大冢制药公司	130
大营门房管站	224
大港区农业广播学校	379
大港区农委	166
大港区科技进修学院	379
大港发电厂	224
大港西部钻井公司	106
大港油田油气勘探开发技术研究中心	345
大港油田集团中成机械制造有限公司	336,342
大港油田集团井下作业公司	337,343
大港油田集团地质录井公司	343
大港油田集团有限责任公司	82,105,106,122
大港油田集团测井公司	343
大港油田集团钻采工艺研究院	59,331,337
小海地供热站	224
工业自动化仪表研究所	115
工程机械厂	301
中华人民共和国天津出入境检验检疫局	341,346
中医药研究集团	172
中芯国际集成电路制造(天津)有限公司	361
中国天津医药集团中新药业公司	124
中国民用航空学院	22,38,243,332
中国电子科技集团公司第十八研究所	131,132,136,337
中国电子科技集团公司第四十六研究所	81
中国石化集团天津石油化工公司	340,342
中国石油大港油田油气勘探开发技术研究中心	59,105,334,344
中国石油天然气股份有限公司大港油田公司	339
中国华北电力集团公司天津市电力公司	335
中国医学科学院生物医学工程研究所	43,63,193,325
中国医学科学院血液学研究所	34,64,177,284
中国船舶重工集团公司第七〇七研究所	87,335,337,339
中法合营王朝葡萄酿酒有限公司	145,146,299,335
中环电子仪表公司	381
中美史克(天津)制药有限公司技术中心	79,301,299
中海石油(中国)有限公司天津分公司	331

单位名称	页码
中新药业达仁堂制药厂	130
中新药业研究中心	361
中新药业新新制药厂	130
五环工程公司	95
仁立毛纺有限公司	139
今明仪器有限公司	366
双港垃圾焚烧厂	207
天大天财股份有限公司	84,298,326
天大方圆工业结晶科技发展有限公司	81
天发重型水电设备公司	117
天寿食用菌科技有限公司	308
天汽集团	83
天津一机床厂	301
天津一汽丰田二工厂	80
天津一汽丰田汽车有限公司	80,115,117
天津一汽夏利汽车股份有限公司	115
天津七所信息技术有限公司	92,277
天津七所高科技有限公司	341
天津二轻集团	143
天津人民广播电台	267,273,274
天津力神电池股份有限公司	80,300,301,357
天津万华股份有限公司	80,136,342
天津万利天然纤维薄膜有限公司	343
天津三和管桩有限公司	212
天津三泽科技有限公司	81
天津三星电机有限公司技术中心	298
天津三星通信技术有限公司	84,361
天津久安集团有限公司技术中心	298
天津大宇公司	301
天津大有海水资源利用开发有限公司	228
天津大学	23,40,60,227,331
天津大学化工学院	31,63,81,82
天津大学电子医学工程所	81
天津大学电子信息工程学院	81
天津大学机械学院	55,81
天津大学网络教育学院	94
天津大学自动化学院	24
天津大学材料学院	138
天津大学建筑工程学院	211,212
天津大学环境科学与工程学院	67
天津大学研究生院	292
天津大学药学院	126

单位名称	页码
天津大学管理学院	222
天津大学精仪学院	55
天津大沽化工厂	80
天津大沽化工有限责任公司	96,97,80
天津大沽化工有限责任公司技术中心	298
天津大站集团所属大站阀门总厂	384
天津大港鹏翎胶管股份有限公司	326
天津小站稻公司	154
天津工大高新技术实业公司	338
天津工业大学	43,66,139,333
天津工业大学功能纤维研究所	311
天津工业大学复合材料研究所	311
天津工业大学高新技术实业公司	100
天津工业大学膜天膜工程技术公司	321
天津工程师范学院	53
天津工程机械研究院	92,300
天津广播电视电影局	276
天津广播电视电影集团	276,277,342
天津中外建发展股份有限公司	119,299,300,338
天津中医学院	64,76,199,342
天津中医学院第一附属医院	200,337,342,340
天津中油渤星工程科技股份有限公司	337
天津中环三津有限公司技术中心	298
天津中科塑业股份有限公司	138
天津中药制药厂	318
天津中鸥表业集团有限公司	141
天津中阔伟业地基基础技术有限公司	212
天津中集北洋集装箱有限公司技术中心	298
天津中新科炬生物制药有限公司	80
天津中新药业中药现代化技术工程中心	361
天津中新药业隆顺榕制药厂	127
天津中新药业集团股份有限公司	126,129,256,298
天津丰田汽车发动机公司	301
天津六〇九电缆有限公司	298,343
天津内燃机厂	301
天津内燃机研究所	116
天津化工厂	94,96,138
天津化工厂天泰化工公司	378
天津化工研究设计院	100,116,136,335
天津化工研究院防暴检测中心	325
天津化学试剂有限公司技术中心	298
天津双街钢管有限公司技术中心	299
天津天士力集团有限公司	62,298
天津天女化工集团股份有限公司技术中心	298
天津天纺投资控股有限公司	80
天津天狮集团有限公司	299,389
天津天钢集团有限公司	298
天津天海同步器有限公司技术中心	298
天津天铁冶金集团有限公司	80,108,298,337
天津天隆农业科技有限公司	320
天津太平洋制药有限公司	298,348,382
天津巴莫科技股份有限公司	135
天津开发区正泰电器有限公司	85,335
天津心脏病学研究所	311
天津无缝钢管厂	307
天津水运工程勘察设计院	303
天津水泥工业设计研究院	284,331
天津水稻所	156
天津长芦汉沽盐场	136
天津长芦海晶集团有限公司	61,97,99,298
天津长芦海晶集团提溴厂	61
天津世星电子有限公司	390
天津东亚毛纺厂集团有限公司技术中心	298
天津东郊奶牛场	164
天津出入境检验检疫局	257,258
天津北方食品有限公司	144
天津发配电及电控设备检测所	386
天津市七六四通信导航技术有限公司技术中心	298
天津市人民政府信息化办公室	84,94
天津市人事局	357,376
天津市儿童医院	197,344,346
天津市三源电力设备制造有限公司	386
天津市久荣车轮技术有限公司	369
天津市卫生防病中心	172,185,309,341
天津市卫生局	172,184,329
天津市卫生监督检验所	197
天津市口腔医院	184
天津市土壤肥料研究所	161
天津市大港区天成化工厂技术中心	299
天津市大港区水产技术推广站	338
天津市大港医院	345
天津市工业微生物研究所	145
天津市广电网络公司	89
天津市广播电视网络有限公司	276
天津市中心妇产科医院	176,193
天津市中央药业有限公司技术中心	298
天津市中西医结合急腹症研究所	331
天津市中医医院	198,345
天津市中医药研究院	310
天津市中医药研究院附属医院	198,340
天津市中建热载体有限公司	385
天津市中环半导体有限公司	86
天津市中环半导体有限公司技术中心	298
天津市中环系统工程有限责任公司	256,343
天津市中药饮片厂	126
天津市中重科技工程有限公司	385

单位名称	页码
天津市中盐制盐工程技术研究院	168
天津市云海碳素制品有限公司	378
天津市仓源机械有限公司	380
天津市公安交通管理局	263
天津市公安医院	197,342
天津市公安局	259,263,265
天津市公安消防局	262
天津市公路建设发展公司	341
天津市内分泌研究所	339
天津市化工研究院	116
天津市升茂经贸科技开发中心	86,337
天津市天大银泰科技有限公司	52,340
天津市天和医院	345
天津市天诚国际拍卖有限公司	118
天津市天骄化工有限公司	374
天津市天骄制药有限公司	374
天津市天祥水产有限责任公司	345,393
天津市天隆农业科技有限公司	147,148
天津市天磁有限公司	86
天津市天锻压力机有限公司	52,81,119,299
天津市引滦工程于桥水库管理处	231
天津市引滦工程尔王庄水库管理处	231
天津市引滦工程黎河管理处	269
天津市气象局	265,266,267,268
天津市气象台	266,268
天津市气象科学研究所	266,268,335,343
天津市水文水资源勘测管理中心	49,226,257,339
天津市水产局	169
天津市水产技术推广站	168,338
天津市水产研究所	149,168,169
天津市水利工程有限公司	231
天津市水利局	339
天津市水利局通讯管理处	232
天津市水利科学研究所	49,171,204,232
天津市水利基建管理处	213,232,345
天津市计量技术研究所	255,342
天津市计算机学会	306
天津市长龙液化石油气设备制造厂	386
天津市长征医院	183,190,199,345
天津市东丽区农林局	341
天津市北辰区畜牧水产局	343
天津市发展改革委员会	71
天津市头孢药物生产基地津康制药有限公司	126
天津市奶牛发展中心	164
天津市宁河县农业技术推广中心	156
天津市宁河原种猪场	163,392
天津市市政工程设计研究院	212,307
天津市市政工程局质量监督站	220
天津市市容环境工程设计研究所	225,344
天津市汉沽区水产技术推广站	338
天津市汉沽区医院	345
天津市电力公司	88,89,90
天津市电力公司西青供电分公司	336
天津市电力自动化仪表研究所	306
天津市电力科学研究院	101
天津市电子仪表工业总公司	306
天津市电视技术研究所	306
天津市电信公司	251
天津市立林机械集团有限公司	384
天津市轧一制钢有限公司技术中心	298
天津市轧三制钢有限公司技术中心	298
天津市亚旭科技发展有限公司	371
天津市交通局	246
天津市交通科研所	246
天津市交通职业学院	246
天津市产权交易有限公司	348
天津市产品质量监督检验所	308,344
天津市先知邦钢铁防腐工程有限公司	386
天津市光电子联合科学研究中心	361
天津市农业广播电视学校	148
天津市农业广播电视学校武清区分校	389
天津市农业生物技术研究中心	147,165,340
天津市农业机械研究所	170
天津市农业机械推广总站	169
天津市农业技术推广站	157,335
天津市农业信息中心	335
天津市农业科学院信息研究所	335
天津市农产品质量安全监督检测中心	147
天津市农作物研究所	154,320
天津市农村工作委员会	388
天津市农村经济与区划研究所	148
天津市农科院	147,161,395
天津市农科院信息研究所	149,156
天津市刑事科学技术研究所	262,339,344
天津市创业投资发展中心	350,351
天津市华正岩土工程有限公司	376
天津市华钢科技有限公司	80
天津市华特机械有限公司	142
天津市华联有机陶土化工福利厂	136
天津市合运电子科技发展有限公司	81
天津市吉美有限公司	371
天津市吉鑫达金属制品有限公司	378
天津市地下铁道总公司	219
天津市地矿局	206
天津市地质工程勘察院	211,212
天津市地热管理处	331

单位名称	页码
天津市地铁总公司	220,221,222
天津市地税局	88
天津市地震局	269,270
天津市多媒体实验室	306
天津市妇女保健所	176
天津市安定医院	341
天津市成虹染料化工有限公司	380
天津市成套设备工程监理有限公司	118
天津市机电工业控股集团公司	117
天津市机电工业控股集团研究发展中心	299
天津市机动车尾气催化与净化工程中心	116
天津市机械设备成套局	118
天津市百利电气有限公司	121
天津市百利低压电器有限公司技术中心	299
天津市红日药业股份有限公司	123,388
天津市自动化仪表行业技术开发中心	306
天津市自动化学会	306
天津市自来水集团有限公司	48,204,233,235
天津市西青区畜牧水产局	343
天津市西青区新丽华色材有限公司	137
天津市住房委员会办公室	239
天津市劳动卫生职业病研究所	309
天津市医用材料重点实验室	305
天津市医疗器械研究所	65,131
天津市医药科学研究所	65,125,199,340
天津市医药集团	130
天津市医药集团技术发展有限公司	126
天津市园艺工程研究所	153,308
天津市园林绿化研究所	237
天津市宏亚工程咨询有限公司	118
天津市宏达建材厂	393
天津市希望环保科技发展公司	363
天津市扶素生物技术有限公司	318
天津市技术产权交易所	348
天津市技术物理研究所	87
天津市汽车研究所	116
天津市泛亚工程机电设备咨询有限公司	118
天津市泛德信息技术有限公司	378
天津市纺织工业标准检测中心	140,141
天津市纺织纤维检验所	257
天津市纺织集团(控股)有限公司	138,139
天津市纽普兰环保发展中心	344,366
天津市芥园水厂	48,233
天津市财政局	148
天津市邮政储汇局	93
天津市针灸学重点实验室	76
天津市阿斯米机械制造安装工程有限公司	326
天津市乳胶厂技术中心	298
天津市供热交流中心	306
天津市凯华绝缘材料有限公司	136,344,380
天津市制浆造纸重点实验室	73
天津市和平区卫生防病站	185
天津市宝迪农业科技股份有限公司	390
天津市实验动物管理办公室	352
天津市建工设计院	212
天津市建工集团(控股)有限公司	340
天津市建工新型墙体材料技术有限公司	340
天津市建设工程招标公司	118
天津市建设管理委员会	59,146,213,336
天津市建筑工程质量检测中心	307
天津市建筑设计院	208,212,340
天津市建筑材料科学研究所	146,343
天津市房地产经济技术信息中心	238
天津市房地产管理局	239
天津市林业局	158
天津市林业果树研究所	149,307,345
天津市武清区汊沽港镇无公害蔬果产销协会	389
天津市武清区金威奶牛庄园	151
天津市武清区畜牧水产局	165,343
天津市武清区畜牧兽医技术服务中心	164,340
天津市河西区马场医院	186
天津市泌尿外科研究所	35,76,311
天津市环亚环境质量检测有限公司	118
天津市环保产业协会	376
天津市环湖医院	175,181,182,341
天津市环境保护科学院	49
天津市环境保持工作站	171
天津市环境监测中心	197,223
天津市现代中药质量检验中心	256
天津市现代畜牧技术工程中心	392
天津市现场统计研究会	300
天津市知识产权局	82,329,346,385
天津市空间结构研究会	357
天津市肿瘤医院	292
天津市规划和国土资源局	203,204,206,268
天津市质量技术监督局	246,255,303
天津市质量监督检验站	307
天津市软件评测中心	71
天津市金海技术开发公司	211
天津市金能电力电子有限公司	345
天津市金锚家居用品有限公司	344
天津市陕津天然气集输有限公司	236
天津市饲草饲料工作站	166
天津市勃登建筑工程技术发展有限公司	211
天津市南开戈德集团有限公司	298,326
天津市南开医院	188,189,338,340

单位名称	页码
天津市城市建设档案馆	206
天津市城市房屋拆迁管理办公室	238
天津市城市规划协会	205
天津市城市规划设计研究院	203,204
天津市染料工业研究所	338
天津市津农果树研究所	388
天津市津英达塑料制品有限责任公司	377
天津市津南区农林局	340
天津市津南区国祥果树研究所	340
天津市津南区种子公司	384
天津市津南区葛沽镇农科站	340
天津市津能电池科技有限公司	134,318
天津市津能投资公司	134
天津市津康制药有限公司	80,126
天津市津瑞通讯有限公司	254,344
天津市津霸能源环保设备厂	371
天津市测绘院	269
天津市神经病学研究所	175
天津市种子管理站	158
天津市科技进修学院	355
天津市科润农业科技股分有限公司	149,335
天津市结核病控制中心	309
天津市统计局计算中心	91
天津市荣亨集团393	
天津市药品监督管理局	128
天津市药品检验所	125,197
天津市轻工业设计院	331
天津市轻工装备研究所	93,342
天津市食品卫生监督检验所	309
天津市食品营养与安全重点实验室	74
天津市健康教育所	309
天津市原种场	154,155
天津市家畜繁育科技服务中心	163
天津市换新水产良种场	169,342
天津市档案馆	92
天津市海水淡化与综合利用研究所	98
天津市海发工程研究所	98
天津市海岸带公司	242,345
天津市海跃水处理高科技有限公司	343
天津市消声器厂	116
天津市润拓生物技术有限公司	167,336,381
天津市特变电工变压器有限公司	121,342,370
天津市特种设备监督检验技术研究院	308
天津市畜产品质量安全监测中心	147
天津市畜牧局	163,165,343
天津市畜牧兽医研究所	149,392,394
天津市畜牧兽医站	165,343
天津市益生饲料有限公司	387

单位名称	页码
天津市胸科医院	181,198,267,343
天津市通信公司长途通信局	253
天津市铁通计算机网络工程有限公司	263
天津市高性能计算中心	71
天津市高新技术成果转化中心	329
天津市勘察院	211,212,345
天津市商业银行	93,345
天津市康达膜材建筑工程有限公司	346,380
天津市教委	70,172,173
天津市晨光化工有限公司	346,390
天津市清源电动车辆有限责任公司	51,117,319
天津市焊接研究所	121,339
天津市眼眶病研究所	311
天津市笛翔岩土工程科技开发中心	339
天津市第一中心医院	175,187,193,344
天津市第二煤气厂	235
天津市第三中心医院	176,190,340
天津市第三医院	183
天津市第六中药厂	301
天津市职业大学	344
天津市职业病防治院	309
天津市隆庆集团有限公司技术中心	299
天津市博士力包装技术有限公司	386
天津市富康龙头企业技术创新中心	389
天津市惠农种业有限公司	389
天津市普极科技有限公司	93,343
天津市森罗科技发展有限责任公司	102,335
天津市植物保护研究所	153,338,342
天津市植保植检站	160
天津市硬质合金研究所有限公司	138
天津市禄荣食品厂	371
天津市鼎轩科工贸有限公司	371
天津市鼎盛工程机械有限公司	81
天津市塑料研究所测试中心	68
天津市塘沽区水产局	338
天津市塘沽区牧洋油脂有限公司	376
天津市塘沽区鑫宇环保科技有限公司	376
天津市塘沽医院	345
天津市塘沽运输公司	246
天津市塘沽运输公司客运站	246
天津市感染性疾病研究所	311
天津市新纪元卫生保健食品有限公司	197
天津市新丽华色材有限责任公司	136,382
天津市新星兽药厂技术中心	299
天津市新新制药厂技术中心	299
天津市滨海市政建设发展有限公司	214
天津市瑞凯科技发展有限公司	136,138
天津市瑞金种羊场	391

单位名称	页码
天津市福兴达精细有机化工有限公司	64
天津市蓝恒医药化工技术研究所	344
天津市蓟县农机推广站	170
天津市鼓风机总厂技术中心	299
天津市管道工程集团有限公司	234
天津市精研液压传动有限公司	374
天津市翠屏湖科学园	159
天津市影像医学研究所	70
天津市橡胶工业研究所亚腾达橡胶制品发展有限公司	102
天津市橡胶制品一厂	136
天津市蔬菜技术推广站	345
天津市燃气集团有限公司	235,236
天津市糖精厂	144
天津帅超激光工程技术有限公司	366
天津汇洋石油储运公司	376
天津甘泉集团有限公司技术中心	299
天津生物芯片技术有限责任公司	123,361
天津田歌纺织有限公司技术中心	299
天津电气传动设计研究所	366
天津电视台	274,275,267
天津电源研究所	51,299
天津白津生焊接中心	371
天津石化公司	81,103,122,224
天津石化公司乙烯厂	229,292
天津石化公司技术中心	298,310
天津石化医院	196,197
天津石油化工公司乙烯厂	104,337,339
天津石油化工公司研究院	333
天津立林石油机械有限公司	122,326
天津立林机械集团有限公司技术中心	299
天津众天鑫德科技有限公司	390
天津光电通信技术有限公司	81,254,298
天津光学仪器厂	54
天津光明鑫宇人造环境设备有限公司	365
天津兴欣融实业有限公司	62,169
天津军粮城发电厂	336
天津农学院	69,150,170,380
天津农垦集团总公司	236,337
天津农科院蔬菜研究所	284
天津创业环保公司	226
天津创投担保公司	351
天津创投管理公司	351
天津动力机厂技术中心	299
天津华一有限责任公司技术中心	298
天津华汇工程建筑设计有限公司	212
天津华立达生物工程有限公司	124,130,318
天津华特机械有限公司	142,143
天津合材树脂有限公司	101
天津同仁堂股份有限公司	128
天津地质调查研究院	229
天津地热勘查开发设计院	331
天津师范大学	21,36,69,395
天津有色金属集团有限公司技术中心	298
天津有线电视台	275
天津有容蒂康通讯技术有限公司技术中心	298
天津机电工业控股集团公司	117
天津机电国际贸易集团公司	134
天津灯塔涂料股份有限公司技术中心	298
天津百利二通机械有限公司	120
天津百利环保装备集团有限公司技术中心	299
天津百利珀金斯环保设备有限公司	371
天津百奥生物制品有限责任公司	167
天津红港绿茵花草有限公司	236,299,337
天津作物所	156,157
天津医大附属肿瘤医院	180,344
天津医科大学	21,75,318,346
天津医科大学口腔医院	195,196,341
天津医科大学代谢病医院	346
天津医科大学生物医学工程系	70,179
天津医科大学总医院	33,70,188,344
天津医科大学基础医学院	180,293,331
天津医科大学眼科中心	341
天津医科大学第二医院	34,76,311
天津医药科学研究所	64
天津医药集团	318
天津医药集团力生制药股份有限公司	130
天津医药集团中央药业有限公司	129
天津医药集团中新药业隆顺榕制药厂	127
天津医药集团太河制药有限公司	127
天津医药集团同仁堂医药销售有限公司	128
天津医院	184,189,196,197
天津君安生物制药有限公司	80
天津园区企业鼎名密封公司	359
天津园艺所	153
天津宏大纺织机械有限公司	336
天津宏仁堂药业有限公司	130
天津宏达建材机械厂	170
天津技术产权交易有限公司	351
天津汽车工业(集团)有限公司技术中心	298
天津汽车零部件国际化生产力促进中心	116
天津汽车模具有限公司技术中心	299
天津纺织集团天一有限公司	81,139,298,341
天津纺织集团技术中心	298
天津财经大学	220
天津远洋运输公司船务分公司	55,247
天津阿尔斯通水电设备公司	301

单位名称	页码
天津卷烟厂技术中心	299
天津和平海湾电源集团有限公司	133,340
天津国际轮胎橡胶有限公司	102
天津国瑞米业有限公司	154
天津宝成机械集团有限公司技术中心	299
天津实发集团有限公司技术中心	298
天津建工特种砼材料科技发展有限公司	214,307
天津建华管桩有限公司	212
天津性传播疾病研究所	312
天津昌大科技发展有限公司	339
天津林果所	149,160
天津环昊科技发展有限公司	366
天津环保产业集团股份公司	326
天津环保产业集团除尘设备公司	340
天津环球磁卡股份有限公司技术中心	299
天津环境地质研究所	216
天津环境科学研究院	226
天津知识产权服务中心	348
天津郁美净集团有限公司技术中心	298
天津金山电线电缆股份有限公司	118,299
天津金世集团有限公司技术中心	298
天津金豚实业发展有限公司	376
天津金锚公司	385
天津信汇化学品有限公司	81
天津冠芳可乐饮料有限公司	165
天津南大海泰科技有限公司	81
天津南开和成科技有限公司	136,137,319,335
天津城建设计院有限公司	210
天津城建学院	205
天津城建集团	209,214,220
天津城建集团有限公司工程总承包公司	210
天津挂月集团有限公司技术中心	299
天津挂月集团果酒有限公司	345
天津春发香精香料有限公司	339,380,381
天津柯雅美术材料有限公司	143
天津泵业机械集团公司	120,122,299
天津津南国家农业科技园区信息中心	147
天津津酒集团有限公司技术中心	298
天津炭黑厂	223
天津神农种业有限责任公司	384
天津种业公司	157
天津科技大学	36,49,73,395
天津科技大学工业微生物重点实验室	74
天津科润津丰种业有限责任公司	157
天津科润黄瓜研究所	38,320
天津美伦医药集团有限公司	81
天津药业股份有限公司	83,123,318
天津药物研究院	64,125,183,334
天津药物研究院化学制药研究部	125
天津药物研究院制剂中心	125
天津药物研究院药业有限责任公司	126
天津药物研究院药代实验室	183
天津药物研究院新药评价中心	183
天津贻成集团	375
天津钢线钢缆集团有限公司技术中心	298
天津钢铁有限公司	80,107,112
天津钢管有限责任公司	106,107,323
天津钢管集团有限公司检测中心	310
天津振兴水泥有限公司	80,226
天津泰普药品科技发展有限公司	126
天津海上安全监督局航测科技中心	242,345
天津海水淡化与综合利用研究所	62,98,99
天津海发珍品实业发展有限公司	375
天津海事局海测大队	242,345
天津海河乳业有限公司技术中心	299
天津海鸥手表(集团)公司技术中心	298
天津海泰数码科技有限公司技术中心	299
天津海豚炭黑有限公司技术中心	298
天津海豚橡胶集团公司技术中心	298
天津润祥机电公司塑胶分公司	374
天津特精液压股份有限公司技术中心	299
天津真美电气器材有限责任公司技术中心	299
天津起重设备有限公司	118,299
天津通信广播集团有限公司	91,298
天津铁路分局	247
天津高力预一预应力钢绞线有限公司	343
天津减速机股份有限公司技术中心	299
天津商学院	68,92
天津清源电动车辆有限责任公司	117,319
天津理工大学	54,119
天津理工学院	44,101,333,341
天津移动通信有限责任公司	251,252
天津第一市政公路工程有限公司	223
天津第一机床厂	82,299
天津第一阀门厂	375
天津第二市政公路工程有限公司	211,223
天津第三市政公路工程有限公司	210,211
天津第五市政公路工程有限公司	223
天津职业大学	68
天津职业技术师范学院	277,346
天津隆庆集团轻工控股有限公司双轮机械分公司	143
天津博川岩土工程有限公司	212
天津博和利科技公司	317,351
天津博苑高新材料有限公司	135,337
天津奥的斯电梯	301
天津富士达自行车有限公司技术中心	298
天津斯坦雷电气有限公司技术中心	298
天津普通外科研究所	312
天津植保所	154,162
天津渤海化工有限责任公司	61,80,298

单位名称	页码
天津港(集团)有限公司	243,334,343
天津港(集团)有限公司设计研究院	342
天津港务局技术中心	299
天津港回淤研究站	303
天津港建设公司	342
天津港第四港埠公司	344
天津港储运公司	243
天津港湾工程研究所	211,339
天津黑马龙头企业技术创新中心	389
天津鼎盛工程机械有限公司	298,342
天津鼎盛集团	118
天津塑料集团技术中心	299
天津塘沽通用航空有限公司	245
天津新技术产业园区管委会	351
天津新港船厂	298,299
天津滨海国际机场	241
天津蓝天–三洋电源有限公司	300
天津蓝天双环科技有限公司	134
天津蓝天高科电源股份有限公司	134
天津蓝天集团股份有限公司技术中心	298
天津蓝剑网际服务有限公司	80
天津碱厂	61,94,229,376
天津赛恩投资集团有限公司技术中心	299
天津赛象科技股份有限公司	299,360
天津赛德电气设备有限公司	371
天津德塔科技公司	385
天科工程监理所	303
天药药业股份有限公司	81
天铁集团炼铁厂	111
天绿种苗公司	308
天隆生物基因工程有限公司	281
天源检测设备技术服务有限公司	265
天磁公司	87
天锻压力机有限公司	82,117
太平洋制药有限公司	348,382
水利部天津水利水电勘测设计研究院	335,343
王朝公司	145
东丽区天大胜远中央空调	381
东丽区农林局	380
东丽区春发香精香料有限公司	381
东郊污水处理厂	224
乐金电子(天津)电器有限公司	143,144,298,346
北仓污水处理厂	207
北辰区农林局种子公司	387
宁河医院	196
宁河县农业技术推广中心	343,393
市卫生保健学会	357
市公路学会	354
市化学会	354,357
市天文学会	357
市电子仪表学会	355
市交管局车辆管理所	246
市传染病医院	184,376
市农机推广总站	171
市地质学会	357
市地理学会	355
市机械工程学会	354,357
市自动化学会	354
市劳动保护协会	357
市医学会	354,355,357
市园林学会	354,357
市肺科医院	184,224
市标准化协会	357
市科协	354,357
市科技期刊编辑学会	354
市海河医院	184
市消防协会	354,355
市航海学会	354
市第二中心医院	184,310
市锅炉压力容器学会	357
市数学会	355
汉沽中医医院	378
汉沽区生态工程研究所	378
汉沽区林业工作站	379
汉沽区科技进修分院	377
石油大学(华东)	331
节水水处理技术研究会	357
节水灌溉试验研究中心	147
亚洲保康药动力有限公司	192
交通部工程泥沙重点实验室	72
交通部天津水运工程科学研究所	171,242,249,341
交通部西南水利水运科学研究所	303
全国太阳光伏能源系统标准化技术委员会	300
全国太阳能学会光伏专业委员会	300
全国军用电池标准化技术委员会	300
全国碱性蓄电池标准化技术委员会	300
军事医学科学院卫生学环境医学研究所	53
军粮城奶牛场	164
农业生物工程研究中心	147
农产品加工研究中心	308
动物疫病诊断监测中心	147
华士公司	101
华苑软件园公司	351,357
危险废物处理处置中心	207
团兴畜牧养殖公司	379
有机化学工业总公司技术中心	298
机电控股集团公司	82
纪庄子污水处理厂	207,224
老科技工作者协会	357
西堤头化工厂	384

单位名称	页码
达康电器公司	143
迅龙通讯科技有限公司	94
沃芬(天津)药业有限公司	127
纳米创投公司	351
京津玻壳公司	301
凯莱英医药化学(天津)有限公司技术中心	298
国家农业部中绿华夏有机食品认证中心	388
国家农产品保鲜工程技术研究中心	147,162,133
国家杂交水稻育种中心天津分中心	383
宝坻区发达造纸厂	390
宝溢公司	392
建研工程监理有限公司	307
昌昊化工公司	375
果树试验站	308
果树标准化技术研究中心	308
武清区林业科学技术推广中心	388
武清区英才培训学校	389
武清区超跃奶牛养殖场	151
武警医院	184
河北工业大学	85,98,136,367
河海大学	303
现代建筑科技开发公司	307
现代畜牧技术工程中心	147
英发实业总公司	303
英保达资讯(天津)有限公司	361
诚信(天津)创投公司	351
金山电线电缆股份有限公司	117
金兴制革有限公司	143
金纳生物技术(天津)有限公司	318
金耀集团	80,81,348
南大海泰蓖麻工程研究中心	359
南开大学	21,52,138,336
南开大学化学学院	21,292
南开大学功能基因组学研究中心	123
南开大学生命科学学院	32
南开大学光学研究所	60
南开大学物理学院	292
南开大学环境科学与工程学院	227
南开大学现代光学研究所	46
南开大学经济研究所	239
南开大学科学计算研究所	57,71
南开大学高分子所	42
南开大学新能源材料化学研究所	41
南开科技进修学院	369
南郊运输场	246
咸阳路污水处理厂	207,224
城建集团二公司	215
复印设备公司技术中心	298
帝得数码公司	83
挂月集团	81
春合体育用品厂	143,144
津沽小站稻米业有限公司	154
津南区农业广播学校	384
津南国家农业科技园区信息服务中心	320
津科生物工程(天津)有限公司	318
科龙集团	236
健龙保健品有限公司	139
泰达生命科学技术研究中心	71,332
泰达生物医学工程股份有限公司	130
泰达生物技术学院	123
泰达新水源科技有限公司	229
海洋石汕工程股份有限公司维修分公司	331
海蓝德公司	134
爱舍(天津)新型建材有限公司	146
特种电机研究所	380
铁道科学研究院	331
铁道部第一勘察设计院	331
铁道部第三勘察设计院	219,247,334
第一机械工业部工程机械研究所	300
银博印刷技术发展有限公司	370
黄瓜研究推广中心	147
黄庄奶牛场	164
黄河医院	196
傲兰种子经营部	308
博益(天津)气动技术研究所有限公司	236,344
富川电机有限公司	380
强芯半导体公司	351
港口医院	376
催化净化工程中心	51
催化转化器厂	116
塘沽妇幼保健院	196
新大州本田摩托有限公司天津分公司	80
新开河水厂	204
照明学会	357
福亚实业有限公司	143
蓟县林业局	159
蜂窝载体厂	116
解放军总医院	331
赛远保健品有限公司	139
静海县天津赛德生物制药有限公司	394
静海县科技兴农办公室	345
静海县腾达奶牛养殖场	151
德凯化工有限公司	380
摩托罗拉(中国)电子有限公司	79,86,284,337
潘楼垃圾中转站	225
蔬菜育种技术工程中心	147

人名索引

姓名	页码
2画	
丁　千	27
丁　杰	335
丁　锐	220,221,222
丁乃庆	334
丁永君	212
丁伯良	166
丁炳海	342
丁顺利	332
丁晓颖	33
丁浩清	335
丁新龙	341
丁德文	281,289
卜云萍	37
卜显和	284
3画	
万　庆	32
万日明	339
万哲先	281,288
于　刚	93,343
于　泳	341
于　涛	200
于　浩	340
于　强	93,345
于　霖	345
于士柱	335
于文奎	334
于长录	343
于吉令	342
于成水	337
于丽华	33
于建春	200,336
于春风	32
于祖茹	176
于景明	101,338
于新文	345
于福安	154,155
弓丽英	93,345
马　飞	331
马　乔	335
马　惠	344
马　墉	149
马　聪	60
马　融	200,337,343
马义秀	336
马东瑞	43
马平仲	201
马玉新	335
马亚平	242,345
马军海	24
马庆双	337
马成先	338
马红武	37
马妙玲	337
马寿峰	264
马运庆	105
马运明	186
马远良	244,332
马享忧	149
马国玉	333
马宝通	189,193,344
马建民	344
马建侨	223
马忠友	155
马树军	230,345
马津力	274
马研风	30
马恩海	339
马振荣	63
马晓耘	353,356
马铁牛	345
马维东	339
马雪梅	346
马温良	181
马新宾	337
马腾骧	76,311
马德华	151
4画	
云宝庆	337
井文才	47,332
亢一澜	40
仇家山	335
元绍博	339,381
元英进	37
勾承月	338
卞学龙	337
孔　伟	341
孔志相	339
孔祥复	281,287
孔德领	34
孔繁昌	336
尤长城	30
尹立荣	153
尹吉泰	145,335
尹庆文	106
尹庆伟	194,340
尹建忠	179
尹金凤	211,345
尹贻林	341
尹新中	346
巴德年	287
开桂云	46,47,333
文　德	337
文亚昕	254,344
文先哲	105,334
方　晖	34,36
方　强	346
方文惠	334
方向忠	331
方志平	338
方志良	60
方复全	21,293,332
毛玉水	344
毛爱菊	343
牛　昀	341
牛　景	155,156
牛文泰	63
牛文海	336
牛世广	331
牛西泽	333
牛海梅	337
王　元	355
王　文	45,46
王　方	145,335
王　戈	337
王　兰	62
王　宁	262
王　永	262
王　军	49
王　全	336,339
王　庆	338
王　朴	336
王　匡	331
王　岚	94,341
王　芳	253,342
王　辰	346,390
王　征	58
王　松	56
王　雨	190,345
王　坤	331
王　勇	342
王　亮	263,264
王　玲	225,342,344
王　昆	339
王　倩	199,344,346
王　健	253,342
王　峰	211,377,379
王　晖	27
王　莉	162
王　娟	337
王　寅	191
王　康	63
王　敏	225,342,344
王　硕	74,256
王　维	42
王　梅	341
王　强	273,274
王　翔	225,344
王　舒	76,200,336,342
王　蓉	263,344
王　雷	199,346
王　毅	196
王　磊	123
王一平	337,338

姓名	页码
王一菁	42
王万立	342
王义明	199
王卫红	236
王卫国	335
王士鸿	246
王云凤	258,259
王今达	123
王公恕	150
王凤行	156,157,343
王太勇	58,337
王文生	162
王文先	40
王文红	59,336
王文珍	43,276
王文霞	235
王长有	268
王长利	198
王世友	211,222
王世平	210
王世民	181
王世军	162
王世刚	340
王世良	277,342
王世新	331
王东华	339
王东坡	40
王东青	63
王以强	338
王占国	281,282,288
王正国	172,281,287
王民宪	340
王永龙	41
王永成	249,341
王永松	336
王永炎	287
王永春	346
王玉龙	151
王玉明	357,359
王玉林	264
王玉亮	197,345
王玉玲	346
王玉舜	340
王立坤	53
王立春	336
王伟志	339
王兆月	338
王先友	44,332
王全增	331
王兴贺	133,340
王华庆	344
王合英	333
王同有	336
王夙歆	335
王存达	333
王庆人	57
王庆玉	335
王庆伦	33
王庆杰	331
王延让	344
王延群	194,195
王廷梁	275,276
王成山	284
王成扬	41
王红云	182
王红宝	342
王红岩	331
王阳元	281,288
王利兵	258,259,341
王利辉	335
王启明	281,289
王宏杰	277
王宏宾	263
王志生	334
王志刚	335
王志英	334
王来军	30
王秀芝	342
王秀锦	58
王连冬	93,342
王连芬	156,343
王连铮	158
王国昌	42
王国林	182
王国锦	341
王学民	334
王学利	170,345
王学俊	336
王宗畔	332
王宝山	345
王宝玉	243,343
王宝印	276
王建中	340
王建东	336
王建华	339
王建国	112,346
王建祥	284
王建强	337
王承刚	334
王承建	339
王昌禄	39
王明启	153
王松根	331
王绍英	331
王金安	331
王保平	336
王保和	340
王思敬	217
王春江	331
王春阳	336
王春英	169,342
王春常	110
王树生	145,335
王树新	52
王泉友	236
王津星	223
王洪午	199
王洪礼	23,332
王洪光	182
王洪江	378
王洪志	340
王洪俊	344
王贵昌	29,332
王贵珠	339
王家武	158
王家麒	339
王恩祥	100,335
王振立	198,340
王振和	376
王振营	111,337
王晓娜	55
王晓玲	49,181
王校冬	236,344
王栩冬	186
王海云	182
王爱菊	284
王继苓	343
王耕霖	330
王艳飞	151,336
王崇仁	343
王晨宏	43
王淑雯	176,193
王银生	230,340
王隆清	153
王彭延	63
王景怀	157
王景和	191,345
王禄祥	235
王新为	341
王新平	181
王献敏	212
王福宽	334
王福筠	43
王榕树	31
王翠霞	345
王静康	65,66
王增会	57
王增亮	262
王德芝	345
王撷秀	185
王毅军	181
王毅梅	254,344
王震星	338
王燕鸿	49
计建军	194
计欣华	28
车　明	59
车秀阁	46
车树强	198,345
邓　卉	276,277
邓　冰	340
邓　适	339
邓文中	214
邓映峰	335
邓越凡	57
5 画	
丛培金	293
乐培九	249,341
付　梅	22
付卫田	164,340,343
付全鸿	223
付克贞	340
付晋津	236
付海鹏	336
付植桐	344
付鲁华	336
付增英	336
代二庆	344

姓名	页码
代永平	47,332
兰洪霞	340
冯 平	57,268,340
冯 刚	156
冯 凭	340
冯士明	341
冯广轩	336
冯永军	339
冯玉强	243,343
冯亚青	32
冯克岩	223
冯志勇	58
冯建忠	165
冯振月	262
冯淑华	33
冯惠生	334
冯智劼	258
包建峰	378
卢中原	355
卢江浩	331
卢志永	52
卢晓东	263,264
卢桂章	46,52,55,56
厉 斌	29
古 珑	258,259
只达石	75,173,175,341
只德广	334
史广顺	57
史作清	335
史清洪	33,332
史婷娜	337
史瑞文	63
叶世海	41,332
叶正良	62
叶兆祥	190
叶丽虹	32
司书锋	43
司福全	345
宁平治	25
宁作福	335
左松华	340
左惠明	342
平金山	337
母国光	355
甘一如	33,332
甘子钊	282,287
田 心	173,179,338
田 明	242,345
田 林	229,337
田 禾	340
田一梅	24
田乃婷	210
田卫东	146
田云臣	335
田双珠	242,340
田生亮	342
田华明	334
田在善	331
田延岭	53
田志刚	276
田秀霞	343
田芬兰	340
田宝岭	273
田建国	284
田胜敏	343
田淑芬	149,160
田惠光	184
田鲁泉	331
由世俊	219
申 虹	25
申长虹	339
申永华	340
申亚芳	338
白 姝	33,332
白 峰	43
白义川	338
白世基	186
白玉川	57
白玉春	335
白玉荣	267,343
白国义	339
白承铭	22
白武后	59
白春礼	280,281,286
白海力	39,333
白景文	335,346
白智生	236,337
石 光	193
石 楠	205
石学军	338
石学敏	76,172,200,342
石林平	129
石斯发	156
石新华	22
石璐艳	185
龙 平	110,112,337
龙有余	340
6 画	
乔亚莉	67
乔树芳	198,345
乔晓敏	93,343
任永成	346
任安芝	37
任志军	136,344,381
任志华	85,336
任志成	136,344,381
任秀宝	337
任宝生	343
任致远	205
伍孝先	331
伍志刚	335
全怀周	336
关 淳	258,259
关文强	163,333
刘 伟	273
刘 旭	340
刘 军	185
刘 华	37
刘 君	341
刘 卓	210,346
刘 杰	246
刘 畅	63,339
刘 育	29,30
刘 波	341
刘 剑	44,332
刘 洪	219
刘 盾	277
刘 健	93,345
刘 勇	335
刘 奕	340
刘 娜	336
刘 虹	337
刘 莉	133,340
刘 悦	337
刘 寅	181,182
刘 敦	275
刘 斌	331
刘 暌	182
刘 煊	258
刘 毅	262
刘 澎	332
刘 璟	336
刘 巍	342
刘万恩	211,345
刘卫林	340
刘士有	196
刘士玲	341
刘士楠	252
刘子胥	335
刘小兰	197,342
刘广均	280
刘广喜	336
刘云青	211
刘凤山	344
刘凤勇	339
刘文广	43
刘文耀	47,332
刘月琨	267
刘世平	345
刘东生	217
刘东志	41
刘东海	57,336
刘兰萍	346
刘永胜	259
刘永超	339
刘汉卫	344
刘玉全	109,112,225,337
刘玉庆	346
刘玉芹	338
刘玉亮	93,343
刘玉珍	337
刘玉琦	222
刘立军	343
刘立群	254,344
刘亚平	339
刘亚林	195,341
刘华东	210
刘存柱	338
刘庆忠	200,336
刘延平	60
刘旭锴	223,293
刘丽丽	39
刘克祥	157,335
刘吟笙	335
刘宏勋	335
刘志江	284,331
刘志国	47,333
刘志嘉	109,112,344

姓名	页码
刘技文	333
刘远锋	334
刘国祥	378
刘奇才	245,341
刘学友	340
刘学军	155
刘学智	335
刘宗礼	378
刘宗豹	338
刘宗瑜	340
刘定远	334
刘宝坤	338
刘宝海	273
刘建民	54
刘建华	335,345
刘忠信	57
刘拥军	64
刘昌孝	70,172,334,343
刘贤明	344
刘郁彬	111
刘金凤	258,341
刘金平	344
刘金良	335
刘金林	208,338
刘金虎	379
刘雨庭	344
刘剑卿	344
刘勃晨	176
刘春艳	342
刘树明	335
刘树清	112
刘津中	262
刘津祥	234
刘洪波	337
刘洪亮	185,341
刘洪章	160
刘玲蓉	43
刘贵庚	336
刘贵颖	346
刘恩海	157,158
刘恩湖	343
刘晓年	269
刘晓晖	151,152
刘泰来	378
刘海兰	208,338
刘爱玲	336
刘爱荣	343
刘继东	99,334
刘继红	276
刘耕春	342
刘艳格	46
刘铁根	47,54,332
刘彬贤	343
刘淑梅	266
刘清华	338
刘鸿光	253,342
刘富强	334
刘敦平	336
刘景华	185
刘景泰	56
刘舒晨	136,342
刘超英	337
刘雅男	199
刘新元	32
刘新典	39
刘新恒	287
刘殿功	156,343
刘满杰	343
刘瑞丰	378
刘瑞东	112
刘福宏	211,222,223
刘锦霞	67
刘翠乔	59,336
刘德永	338
刘毅梅	341
刘燕军	100,338
匡金枝	339
向　兵	57
吕　英	346
吕光明	336
吕成章	67
吕阿娟	341
吕建华	99,334
吕英芳	344
吕金魁	338
吕春风	110,112,344
吕晓龙	292,293
回世民	339
多　佳	36
孙　义	211
孙　军	331
孙　兵	94,341
孙　彦	33,332
孙　涛	292
孙　颖	66
孙　鹏	93,135,337,345
孙　燕	291
孙卫云	344
孙云文	212
孙元杰	100,335
孙文昌	22
孙世海	338,345
孙兰军	340
孙平川	25
孙永军	230,340
孙玉河	151,336
孙立全	334
孙有富	199
孙伯全	235
孙伯芝	340
孙克俐	27
孙克泰	236,337
孙宏声	182
孙希焕	337
孙国庆	236,337
孙学军	94,341
孙宝盛	229,337
孙建华	36
孙建鹏	334
孙忠友	263
孙林静	155
孙波泉	338
孙金生	168
孙青林	57
孙俊清	23
孙保存	35,180
孙树权	344
孙树和	336
孙洪范	63,332
孙洪霞	337
孙济洲	58,59
孙美君	58
孙家莉	197,342
孙晓慧	345
孙继发	222
孙继朝	343
孙维敏	30
孙德岭	150,152,284,334
孙慧敏	173,341
孙攀峰	85,336
安　刚	46,56
安士亮	334
安树林	44,332
安振月	335
安德洪	336
安德森	187
庄　华	342
庄大方	331
延　峰	336
成法桐	277
扬建军	343
曲　云	63
曲长庆	44,333
曲延大	339
曲和平	93,342
曲英华	331
曲树明	184
朱　琳	62
朱　巍	339
朱士广	339,344
朱少红	57
朱文亭	229,337
朱文玲	332
朱世强	346
朱玉强	268
朱利宏	284
朱明会	342
朱苗勇	334
朱树群	164,340
朱荣芹	338
朱家玲	331
朱振秀	169,342
朱增录	343
朱德江	338
朱慧铭	100,334
权　全	335
毕业东	378
毕玉国	258,259
江　毅	190,194,340
江乐泽	343
江国虹	186
汤　欣	341
汤新国	343
牟善积	160
祁　吉	179,187
祁胜文	26
米　沙	342
纪华安	345

姓名	页码
许　平	342
许　泓	258,259
许　棠	26
许天军	41
许全瑞	49
许言午	356
许京军	282,292,293
许宝忠	336
许宝钧	211
许前欣	161
许春建	100,334
许海彬	341
许镇琳	342
邢　凯	335
邢　琦	63
邢来君	37
邢国平	229,337
邢金兰	211,222,223
邢金泉	337
邢海鹏	339,381
邢福保	163,333
那　平	337
郧贺铨	280,281,288
闫　兵	26
闫卫利	183
闫五四	252
闫凤英	334
闫利峰	223
闫学军	339
闫绍柏	338
闫喜龙	339
闫德意	133,340
闫澍旺	342
阮士怡	199
阮国岭	293
阳忠辉	183
齐　崴	63
齐二石	24
齐秀英	345
齐继祥	343
齐清会	331
齐智征	254,344
7 画	
严　玲	341
严丽峰	87,337
严晔端	339
何　元	344
何　可	31
何　桢	24
何　敏	180,345
何　睿	332
何　鲜	335,343
何丕廉	94,341
何永志	344
何兴东	37
何宗均	161
何建伟	263
何明霞	63
何河通	91,335
何金龙	111
何清宇	331
何喜祝	341
何满潮	331
余　晖	252
余　彪	331
余　斌	338
余　勤	333
余元洲	335
余永奇	169,342
余延栋	337
余志凌	334
余国琮	100,290,334
余松煜	331
余厚新	334
余贻鑫	23,24
佟永领	129
况　丹	185
初绍刚	93,342
别社安	242,340
吴　军	335
吴　萍	67,333
吴　越	336
吴仁彪	244,332
吴文清	104,292,293,337
吴世臻	44,332
吴永红	211,212,345
吴立华	332
吴作成	225,337
吴志强	27,330
吴连海	334
吴国干	331
吴国会	105,334
吴国祥	340,342
吴学良	245,341
吴建有	331
吴杰生	345
吴秉军	210,346
吴俊杰	277
吴冠英	331
吴咸中	172,291,331,355
吴春亚	45,46,47,332
吴祖泽	281,282,287
吴顺川	331
吴晓青	66,333
吴桂萍	31
吴海树	341
吴爱民	336
吴莲英	32
吴彬贵	266
员彩芬	331
宋　洋	336
宋　峰	26
宋　莹	338
宋　蔚	340
宋大祥	355
宋丰举	180
宋开宇	334
宋忆光	262
宋文平	149
宋文芹	330
宋传铭	335
宋全生	60
宋存先	63,332
宋寿顺	331
宋志英	334
宋连久	152
宋卓敏	342
宋国祥	194
宋学东	194
宋治文	149
宋诗铎	34
宋振环	236,344
宋海旺	225,337
宋绪国	247,334
宋谋道	31
宋富锦	342
宋嘉鹏	334
宋德瑛	41,332
宋毅军	338
应红光	334
张　川	339
张　仑	273
张　平	162,337
张　伟	23,331,332,339
张　军	87,274,337
张　弛	342
张　宏	346
张　杰	157,342
张　英	104,337,339
张　范	225,344
张　雨	252
张　洁	263,344
张　勇	335,340
张　恒	337
张　浩	342
张　珩	345
张　艳	341
张　莉	341
张　健	85,253,381,342
张　桦	197,344
张　涌	383
张　萌	337
张　望	274
张　敏	268
张　敬	343
张　强	210
张　斌	151,152
张　勤	338
张　颖	252
张　鹏	30,341
张　赛	341
张　磊	293,338
张　慧	346
张　蕊	344
张　蕾	55,56
张　燕	339
张乃宁	337
张久春	68
张卫红	32
张士英	222
张士群	246
张大卫	26,53
张大宁	198,345
张大刚	236
张大煦	340
张子剑	335
张小兵	25
张丰林	111

姓名	页码
张之伦	186
张云亭	173,343
张介亮	337
张允中	338
张凤珍	242,340
张天华	235
张文生	342
张文军	331
张文林	99,334
张文治	181
张文超	336
张长民	341
张世忠	339
张世林	343
张东利	337
张东霞	378
张以谟	47,332
张冬然	230,340
张加万	59
张永飞	344
张永田	338
张永泓	93,342
张玉凤	40
张玉宏	331
张玉庚	187
张玉环	183,190,345
张玉奎	281,289
张生富	105,334
张石生	235
张立国	34
张立海	43
张亚平	336
张会来	344
张伟刚	46,47,333
张伟明	236,344
张传胜	236,337
张光寅	26
张兴才	331
张兴中	334
张兴会	277
张兴彦	208,338
张再斌	334
张军平	199
张华庆	249,341
张吉祥	42
张宇峰	44,332
张庆栋	336
张庆瑜	335
张百鸣	331
张红光	55
张红锦	210,346
张红霞	332
张芝兰	341
张西江	336
张邦华	31
张延忻	333
张丽莉	28
张伯礼	173,199
张克刚	166
张宏伟	229,337
张岐军	156
张社荣	268,336
张秀生	189
张远华	341
张连云	195,341
张其显	336
张其清	43,193
张国利	333
张国良	335
张国胜	52
张国顺	85,336
张学红	252
张学武	346
张学炜	149,165,338,340
张学彬	338,378
张宗礼	198,345
张宝丰	39
张宝兰	264
张宝幸	338
张宝珍	334
张尚湖	32
张建宁	335,339
张建民	154
张建成	184
张建国	334,344
张建勋	52
张建树	345
张建博	331
张建辉	27
张忠秀	208,340
张忠锋	336
张明慧	30
张昕楠	292
张杰卿	269
张诗武	35,180
张贤瑞	339
张金利	337,338
张金雨	235
张俊红	336
张俊杰	381
张俊英	155,158
张战波	243,341
张春平	26
张春江	164,340,343
张春明	345
张春娅	145,146,335
张春霆	280
张显杰	210
张树林	149,150
张洪杰	184
张胜利	230,345
张胜旗	243,343
张钟嶽	344
张家骅	274
张振学	210
张晓东	32
张晓华	256,343
张桂明	340
张益民	341
张继富	339,381
张铁良	189,344
张培山	256,343
张崇猛	91,335
张清敏	62
张盛如	347
张维铭	180
张鸿毓	345
张喜莲	200,337
张景涛	338
张景增	338
张曾譻	198,340
张渝生	195
张琪昌	23,332
张琳瑛	175,341
张裕卿	63
张裕霞	189
张越青	336
张新军	341
张瑞生	242,345
张福民	335
张福庆	146,160
张鹏飞	100,334
张碧玫	198
张翠芬	270
张德祥	378
张毅民	41
张潮波	26
张璠琦	335
张臻峰	32
张衡益	29,30
张骥祥	277
张耀亭	186
扶　磊	284
时晓伟	156
时铭显	281,288
李　文	189,338
李　宁	338
李　平	200,336
李　弘	43
李　光	336
李　阳	339
李　伟	30
李　华	331
李　军	262
李　芃	277
李　邦	104,337
李　妍	342
李　丽	175,344
李　纯	275
李　明	339
李　杰	335
李　波	59,336
李　威	343
李　峥	337
李　茹	344
李　春	37
李　茜	30,334
李　荣	68
李　娟	339
李　悦	339
李　健	53
李　恩	172
李　桐	339
李　涛	176,177,179
李　梅	336
李　萍	336
李　彬	56
李　鸿	24

姓名	页码
李　强	339,345
李　循	222
李　斌	337
李　禄	337
李　翔	342
李　超	345
李　晶	258,259,341
李　靖	293
李　颖	242,340,343
李　鹏	23,336
李　磊	25
李　慧	337
李　穗	195
李　巍	41,145,146,335
李乃卿	172
李千军	149
李卫民	153
李士军	378
李大华	270
李广田	334
李中立	346
李之铎	208,340
李云海	210,346
李五忠	331
李双会	335
李少川	343
李文兰	333
李文刚	333
李文阳	331
李文春	212
李文润	39
李方涛	343
李月宽	377
李长义	195,341
李长权	342
李长建	377
李长茂	334
李韦华	337,338
李风雷	43
李世明	341
李世博	339
李兰翠	181
李加旺	151
李宁涛	258,259,341
李正名	280
李永丹	284
李永利	336

姓名	页码
李永春	252
李玉玮	176
李生宏	335
李龙燕	346
李会强	183
李光普	345
李全利	346
李全胜	334
李华国	249,341
李同玺	201
李向杰	336
李守军	167,336,381
李安启	331
李庆生	260
李庆国	335,345
李旭东	23,336,381
李汝勤	276,277
李江涛	24
李江深	335
李百荣	335
李红梅	337
李丽红	341
李作勇	93,343
李克莉	191
李君文	185,341
李启虎	287
李妍涵	332
李希宏	104,337
李志青	39,67
李怀智	151,336
李秀兰	330
李良龙	337
李运生	344
李连营	212
李凭力	100,334
李国江	335
李学明	333
李宝元	334
李宝会	25
李宝珍	343
李宝强	342
李建敏	193
李明生	378
李明远	343
李明春	37
李明谦	336
李明楚	59

姓名	页码
李绍武	101,338
李绍稳	262
李茂元	342
李金龙	156,343
李俊文	335
李俊平	378
李养平	220,221,222
李剑鸣	284
李勇建	23
李彦坡	343
李春长	345
李春刚	135,337
李春华	331
李春利	99,334
李柏春	99,334
李树志	345
李树和	338
李津津	343
李洪发	195
李相东	344
李结良	34
李美佳	331
李荣盛	252
李贺伟	265
李贺先	42
李家骥	345
李悦生	236,337
李振甲	331
李桂平	341
李浩川	331
李海峰	332
李素文	334
李素清	208,338
李荷芬	85,336
李莉萍	236
李常建	343
李康应	31
李梅彤	101,338
李淑清	49
李淑菊	151
李维云	198,345
李跃杰	195
李喜宏	163,333
李富桂	342
李景明	331
李雅光	334
李新民	200,337

姓名	页码
李猷嘉	280
李嘉禄	66,333
李翠凤	37
李静宇	276
李鲜枫	242,345
李增勇	135,337
李德才	341
李德民	336
李德兆	136,342
李慧清	336
李燕军	262
李懋学	330
李耀荣	293
杜　江	335
杜　智	176,177,179,181
杜元灏	200,341
杜亚民	223
杜成武	334
杜红杰	343
杜建华	337
杜建成	345
杜欣建	190,340
杜树勋	334
杜洪印	189
杜胜利	38,339
杜满泉	42
来丽萍	336
杨　冬	246
杨　宁	234
杨　龙	242,345
杨　光	343
杨　阳	336
杨　军	194,195
杨　帆	63
杨　明	341
杨　杰	331
杨　勇	210,342
杨　萍	181
杨　菁	332
杨　森	336
杨　溢	186
杨　慧	245,341
杨万龙	339
杨大春	67
杨广荣	335
杨仁池	332
杨文修	331

姓名	页码
杨长明	273
杨丛林	334
杨功流	91,335
杨玉山	182
杨玉兵	334
杨立波	22
杨立峰	338
杨光明	43
杨吉生	67
杨同山	378
杨廷强	225,337
杨红军	338
杨红杰	274
杨丽沛	331
杨宏杰	276
杨志才	334
杨志永	26
杨志安	333
杨志红	345
杨纯正	35
杨依军	162
杨学全	342
杨学军	293
杨宝栓	377
杨宝琦	191,345
杨建江	337
杨明雨	334
杨绍波	331
杨绍普	23,332
杨雨祥	276
杨保和	44,333
杨树人	199
杨树源	173,175,335
杨胜利	288
杨恩东	42
杨振生	334
杨振宇	111
杨振来	262
杨振林	339
杨晓东	277,342
杨海贤	346
杨益忠	335
杨祥海	344
杨继俊	343
杨常泉	200,337
杨媛蓉	338
杨新宇	335
杨新岐	40
杨瑞环	339
杨瑞玲	333
杨耀斌	341
汪　松	355
汪　洋	222
汪　瞧	52
汪济堂	210
沈　菲	332
沈　婕	187
沈绍杰	274
沈美庆	49
沈家祥	280
沈啸洪	198,340
狄　鹏	339
狄东仁	331
肖　刚	340
肖　波	246
肖开祥	256,343
肖长发	44,332
肖仪清	331
肖红路	338
肖志坚	334
肖淑华	334
肖联平	190,194,340
苏　睿	335
苏　静	133,340
苏文利	23,332,338
苏作军	196
苏志刚	244,332
苏京平	155
苏润西	343
苏鹏程	220
谷　健	341
谷守贤	154,155
谷希树	153,338
财音青格乐	37
辛乃宏	168
辛宇光	336
辛运帏	56
邱　宇	333
邱志强	180
邱录贵	334
邱明才	33,357
邱家俊	333
邵　莹	337
邵　蔚	339
邵元和	264
邵永新	270
邵丽云	234
邵秀丽	336
邵宝顺	378
邸选民	262
邸桂娟	346
邹　立	342
邹　竞	281,288
邹永顺	339
邹武新	30
邹晓燕	344
邹富胜	188,189,338
邹朝晖	196
邹雅冰	42
陆　伟	176
陆　敏	334
陆　斌	334
陆　榕	334
陆士新	291
陆文龙	149,151
陆兰丽	68
陆启韶	330
陆建国	263
陆建忠	333
陆建明	340
陆培毅	211,345
陈　丽	163,333
陈　利	66,333
陈　杞	331
陈　迎	333
陈　君	182
陈　竺	280,281,287
陈　杰	342
陈　炜	337
陈　洁	198,340
陈　栋	342
陈　钢	341
陈　悦	197,344
陈　莉	43
陈　湧	29,30
陈　琳	336
陈　磊	37,153
陈乃克	236,344
陈义立	256,343
陈子齐	338
陈小玉	199
陈小环	93,343
陈予恕	27,330
陈化然	269
陈风辉	335
陈世畯	338
陈可欣	180,345
陈正武	336
陈永川	22
陈玉春	157,158
陈立文	293
陈立功	339
陈仲悦	222
陈伟珂	341
陈传宏	330
陈光伟	66,333
陈光辉	340
陈华艳	334
陈宇坤	270
陈庆十	331
陈有孝	339
陈伯夫	340
陈克复	73
陈志坚	343
陈志强	344
陈秀为	340
陈秀增	28
陈谷人	336
陈连云	378
陈和平	264,265
陈国明	331
陈奇志	252
陈宗江	336
陈宝强	234
陈昆明	33
陈泮藻	331
陈秉智	253,342
陈金龙	28
陈俊荣	338
陈宣庆	331
陈津生	36
陈洪金	157,158
陈洪铎	355
陈炳福	344
陈省身	284,290,355
陈祖培	339
陈秋双	293
陈美华	105,334

姓名	页码
陈贵发	211
陈贺新	343
陈恩临	343
陈敖宜	208,340
陈晓东	337
陈桂英	26
陈铁红	25
陈惟珍	210
陈梦熊	217
陈鸿英	199,346
陈朝霞	336
陈超英	91,335
陈瑞阳	330
陈蓓玉	331
陈翠兰	345
陈增强	57
8画	
单文文	331
周　宁	41,342
周　东	342
周　可	340
周　存	100,338
周　伟	341
周　勇	42
周　明	334
周　恒	25,332
周　革	47,332
周　清	66,333
周　琰	53
周　廉	282,287
周　震	44,332
周一路	335
周曰从	234
周世刚	344
周正洪	31
周玉凤	164,340
周玉明	212
周玉贺	339
周玉颖	181
周立山	32
周亦龙	336
周宇辉	334
周孝信	355
周志伟	340
周杨锐	339
周国祥	342
周性伟	22
周明杰	331
周荣会	378
周继峰	339
周铁林	37
周淑云	342
周雪琴	41
周锡礽	27
周潮洪	230,345
国立园	253,342
孟　林	65
孟　春	182
孟　莉	344
孟大勇	344
孟广云	153
孟少甫	344
孟玉霞	377
孟宇澄	340
孟庆安	340
孟自凤	157
孟志国	45,46,47,332
孟宪来	217
孟昭鹏	94,341
孟祥义	335
孟继本	30
孟淑玲	136,342
孟舒献	32
孟新奇	211
孟攀奇	151,336
季　奇	30
季国标	281,289
宗长生	340
尚贞锋	29,332
屈　泽	378
屈庆飞	343
屈晓辉	247,334
岳　进	43
岳　琏	176
岳树源	339
岳翠平	249,341
岳德全	23
庞　立	343
庞文升	263,264
庞冬梅	246
易　龙	292,353,356
易继贵	344
林　海	25
林　鹏	175,344
林士光	112
林文森	198,340
林木强	345
林东风	41
林秀珍	331
林学钰	217
林修文	331
林春友	338
林秩文	194
林航友	54
林艳敏	337
林盛华	330
林维群	246
林瑞超	62
林漫群	344
欧阳中然	337
欧阳效辉	336
欧进萍	331
武　强	339
武凤池	263
武长顺	264,265
武光林	345
武宝岭	338
武海东	337
武绪丽	42
竺致文	332
罗永生	111,112,225,337
罗永庆	337
罗延安	25
罗纪生	25,332
罗君涛	30
罗素敏	263,334
苑淑渝	182
苗建发	345
苗建青	345
范　宇	235
范　寰	340
范一木	179
范云鸽	335
范华炜	346
范晓辉	62
范维佳	341
范喜云	192
范喜宏	381
郑　力	220
郑　刚	212,220,221
郑　帼	100,338
郑广泉	60
郑书忠	100,335
郑云祥	337
郑文杰	258
郑光美	355
郑宇明	93,345
郑学然	334
郑宗富	156,343
郑绍忠	342
郑爱军	335
郑淑国	334
郑嗣华	101,338
郑嘉明	41
郑鹤龄	161
金　真	378
金万昆	169,342
金生明	335
金庆华	25
金庆波	343
金孟珏	339
金建平	235
金显宅	291
金晓洁	339
9画	
侯　锋	357,383
侯文祥	28
侯全新	335
侯庆喜	73
侯和平	230,345
侯宝荣	331
侯建中	263,344
侯树民	220
侯常春	185,341
侯淑珍	330
俞旭峰	334
俞耀庭	34,36
南　莉	341
哈玉洁	151,339
哈孝贤	342
姚　智	173,344
姚　超	331
姚　鑫	182
姚志明	256,343
姚建铨	355
姚树源	193
姚惠发	331
姚慧兰	339

姓名	页码
姚磊华	331
姜　华	339
姜　虹	338
姜　楠	25,332
姜子涛	68
姜文学	193
姜玉明	345
姜忻良	208,221,222,340
姜宗慧	28,330,332
姜恩永	39,67,333
姜恩海	338
姜桂连	334
娄汉国	338
宫立强	342
宫志群	335
宫祥辉	111
施和平	243,341
施荣富	335
昝文安	225,344
柯建仁	122
段　刚	23
段发阶	293
段会文	342
段丽瑶	343
段国栋	344
段学欣	42
洪　武	208,338
洪连成	111
祝业浩	339
祝宪民	336
胡　宁	334
胡　斌	332
胡　静	105,334
胡　震	335
胡小军	330
胡小唐	55
胡云凌	293
胡云峰	163,333,345
胡永雄	337
胡玉海	335
胡芝娟	331
胡国臣	62
胡国武	37
胡国振	331
胡坤太	334
胡学雄	338
胡宗华	197,342
胡树清	336
胡洪亮	334
胡益章	336
胡德均	340
胥　杰	340
荆志东	334
荆洪阳	40
费伟华	339
贺琼义	53
贺德新	212
赵　可	341
赵　龙	337
赵　刚	346
赵　红	339
赵　咏	340
赵　恺	172
赵　航	51,72
赵　富	136,342
赵　强	331
赵　慈	67
赵　新	55,56
赵　颖	47,332
赵义平	43
赵卫平	277,342
赵云岭	277
赵文华	35
赵文胜	337
赵长海	154,155
赵平起	343
赵好力宝	258,341
赵庆波	331
赵延勋	340
赵丽敏	199
赵启仁	331
赵宏志	188
赵希军	337
赵志勇	339
赵志梅	201
赵沧燕	337,338
赵秀兰	35,180
赵秀萍	345
赵国云	336
赵国敏	269
赵学庄	29,332
赵宗武	334
赵宜双	169,342
赵居生	154
赵建国	339
赵忠贤	282,286,355
赵明辉	345
赵英强	340
赵英新	334
赵俊国	345
赵前程	150,334
赵春阳	336
赵春段	343
赵洪武	337
赵晓娜	43
赵素文	341
赵曼旭	212
赵普运	344
赵琦华	28,332
赵雅度	172
赵新华	337
赵静宇	22
赵黎明	59,336
赵嶷飞	243,341
郝　铭	46
郝永娟	342
郝希山	35,173,292,357
郝志勇	336
郝春森	331
钟　欢	62
钟文生	236,344
钟启平	343
钟南山	281,287
钟登华	57,268,292,336
闻义才	337
闻凤英	151,152,293
项　勇	344
项建梅	339
饶克勤	185
饶恩于	37
10 画	
倪　浩	340
倪正东	351
倪红艳	179
倪晓峻	253,342
倪继良	245,341
凌启阆	37
凌跃胜	335
哨洪臣	337
唐　方	198,340
唐　庆	345
唐　锋	332
唐卫东	87
唐丹舟	258
唐友刚	27
唐金魁	43
唐除痴	31
唐晓燕	331
唐致远	60
夏长亮	337
夏秀文	336
夏金明	338
夏德庆	338
奚　鹰	210
徐　华	262
徐　庆	59
徐　波	252
徐　枫	331
徐　强	60
徐　斌	332
徐　瑛	341
徐玉如	281,289
徐安平	26
徐廷献	67
徐自力	390
徐宏涛	276
徐肖豪	243,341
徐进云	100,338
徐学军	106
徐宝强	54
徐建设	343
徐建国	32
徐明霞	67
徐青青	59,336
徐政华	210
徐健学	330
徐效华	63
徐能雄	331
徐维红	338
柴　铭	337
柴细元	343
柴春明	355
柴恭泉	292
栗　力	189,342
栗志成	344
桑东茂	344
涂搴生	23
秦玉文	28

姓名	页码
秦庆华	40
秦宝连	343
秦明放	188,189
秦鸣放	338
秦宵然	32
耿立新	340
耿新华	332
耿新玲	338
耿蔚明	87,337
聂　方	263
聂　臻	336
聂常明	335
袁　兵	337
袁　玲	340
袁　毅	36
袁华堂	42
袁红霞	344
袁希钢	334
袁佳琴	341
袁其平	54
袁国强	53
袁金红	338
袁树忠	46,47,333
袁洪涛	336
袁爱民	337
袁著祉	57
袁隆平	147,280,286,383
袁晴棠	281,290
贾　滨	344
贾士儒	39
贾广霞	44,332
贾长华	343
贾正发	337
贾永平	41
贾庆红	343
贾有良	293
贾克明	274
贾宏杰	23
贾明浩	210,211
贾振祥	377
贾淑杰	199,346
贾德林	338
郭　柯	331
郭　强	252
郭　韬	246
郭天瑛	31
郭文叁	331
郭世铎	331
郭东线	264
郭东辉	192
郭亚新	335
郭共文	342
郭军伟	22
郭军华	336
郭庆秋	342
郭利平	199
郭应禄	172
郭秀丽	343
郭秀萍	136,342
郭绍影	334
郭俊焕	340
郭春林	223
郭晓光	335
郭海成	45,46
郭继成	342
郭继岩	337
郭继霞	236,337
郭富节	338
郭富常	153
郭景强	343
郭意如	345
郭福成	378
钱平生	334
钱忠直	62
钱林玉	211
钱皋韵	280
钱智勇	186
钱碧云	180,345
陶华英	338
陶克毅	30
陶建华	58
陶婷华	337
顾　文	33
顾　平	67,227
顾以保	334
顾永宁	331
顾立军	230,340
顾传庆	335
顾红艳	154,155
顾自豪	153
顾春刚	196
顾晓鲁	339
顾谓建	208,338
高　平	195
高　宇	30
高　有	22
高　勇	342
高　原	263,344
高　晶	334
高　静	182
高义军	343
高文志	336
高文英	344
高世淼	93,342
高永涛	331
高永馨	22
高玉葆	37
高企贤	192
高向耘	342
高孝德	145
高志贤	53
高秀民	236
高秀梅	199
高秀满	336
高连用	334
高国训	153
高学平	44,332
高林汉	41
高育海	345
高英堂	181
高恩庆	43
高梅秀	159,341
高淑红	339
高喜珍	341
高增尚	158
11 画	
商洪才	199
宿吉锋	23
寇承杰	104,337
屠　勇	345
崔　兰	67
崔　屾	67
崔　奕	221,222
崔　晶	154
崔乃强	331
崔广田	211,345
崔广涛	268,336
崔宏宇	149
崔秀珍	344
崔秀敏	63,332
崔连友	335
崔国起	52,340
崔宝英	277
崔尚彦	334
崔现宝	334
崔若昱	189
崔若昱	342
崔俊杰	247,334
崔洪宇	335
崔洪英	344
崔恩珍	343
崔海丰	111
崔维孝	247,334
崔景秋	340
常　改	186
常　明	44,333
常　青	337
常守权	230,345
常学礼	37
常杰峰	334
常春艳	258,259
常晓静	230,345,353
康　军	111
康文达	264
康志勇	339
康晓东	333
康瑞珠	198,345
曹　伟	25,332
曹　晖	87,337
曹万林	331
曹凤新	338
曹文洪	342
曹立强	339
曹志先	57
曹志勇	264
曹建胜	42
曹泽润	331
曹宪茹	243,343
曹洪岩	253,342
曹晓丹	41
曹继华	277
曹催晨	335
曹楚生	280
梁　武	336
梁　科	57
梁　禹	182
梁长虹	343
梁会东	340

姓名	页码
梁志选	343
梁国鲁	330
梁宝芹	340
梁建术	27
梁晓岚	334
梁骏吾	355
梅自强	281,289
盛秋琴	47,333
盛新渊	339,381
章　青	52
章明放	176
续　荣	133,340
萧美茹	201
阎　东	336
阎　兵	53
阎　杰	44,332
阎世平	28,33,330,332
阎仲璞	336
阎守邕	331
阎希成	344
阎虎民	346
阎虎生	335
阎俊爱	268,336
隆言泉	291
隋　华	157,335
隋　茁	343
隋明洁	331
雪　亮	335
鹿　欣	253,342
鹿秀山	135,337
黄　田	26,55
黄　飚	343
黄力军	334
黄大刚	46
黄文强	30
黄世军	223
黄玉荣	334
黄立芳	341
黄全友	265
黄全合	157,158
黄全利	263,265
黄庆林	259
黄启福	172
黄苏萍	185
黄宗凉	337
黄金海	167
黄复清	336
黄象安	333
黄敬孚	197,344
黄熙泰	32
黄德辉	337
黄慧玲	175,341
黄繁嫱	197,345
龚维增	274
12 画	
傅立新	339
傅西林	341
傅志茹	149
富光华	26
强桂芬	340
彭　艺	33
彭　民	341
彭一刚	280
彭泽仁	247,334
彭树森	100,335,339
彭铁成	340
敬得发	135,337
斯志怀	42
景海河	331
曾　澜	331
曾正陪	172
曾安平	37
曾周末	53
曾祥高	378
温　山	277
温　媛	150
温同生	101,338
温廷益	200
游冬青	331
滑双君	59
焦亚男	66,333
焦志勇	26
焦振山	183
程　峰	100,335
程　鹏	21,330
程玉春	340
程庆臣	230,340
程国勇	339
程昌茹	343
程绍玲	30
程保荣	331
程显亮	264
程津培	280
程韫琳	263,264
程翼宇	62
童　刚	338
童峥嵘	54
舒　玮	25,332
舒卫国	343
舒桂明	177
舒歌群	55,293
舒衡生	189,344
葛志忠	338
葛志强	37
葛国政	339
葛建华	331
葛墨林	357
董　勇	337
董　晖	183
董　晶	43
董双忠	189,342
董亚利	343
董孝义	46,47,333
董志广	338
董志国	345
董轶望	336
董晓燕	33,332
董素琴	342
蒋　淳	269
谢　刚	191,345
谢　红	379
谢　英	91,335
谢　辉	51
谢世楞	280
谢仿卿	333
谢承志	33
谢恩杰	343
谢艳秋	190,345
雅　菁	343
雅克·冈	281,287
韩　专	339
韩　冰	201
韩　玲	331
韩　萍	244,332
韩　强	335
韩云芳	28
韩佩珍	345
韩国栋	337
韩宝平	52
韩宝初	344
韩宝航	29,30
韩忠朝	64,177,332,357
韩金玉	110,112
韩俊领	334
韩振勇	210,223,284
韩素芹	267
韩维光	341
韩景献	200,336
韩瑞发	35,76
鲁文东	336
鲁宏华	175,344
13 画	
塞巴那	355
楠古彰仁	154
楼旭日	259
甄永苏	291
窦连贵	340
简水生	281,289
简祯富	24
蒙纳萨	355
褚吉成	41
褚福磊	330
解思深	281,289
解基良	331
路延龄	335
路树清	276
路福平	74
雷建军	336
靳力争	153
靳世久	53
靳和连	246
靳简明	57
鲍立楠	221
鲍恩东	336,381
14 画	
廖子兵	339
廖代正	43,330
熊　杰	337
熊开智	336
熊绍珍	45,46,47,332
熊育婷	245,341
管大勇	335
管长志	153
翟雪梅	42
翟智桐	263
翟燕萍	49
臧风艳	338
蔡　琰	338

冠宇速记
Guanyu shorthand

冠宇

“中英速记” 文字天地

我国速记泰斗唐亚伟先生（中）同我校领导合影

国家速记专业委员会会长韩珠旋同志（中）同我校领导在一起

◀ 今年我校又培训出 “中英文速记”青年教师 16 名

原天津市副市长叶迪生题词

国际首创之“中英文速记”，不仅结束了英、汉速记完全分立的历史，统一了英、汉两大语系的速符体系；开创了一种符号纪录英、汉两大语系语言的新纪元；由于它贴近国际音标，故而还是国人学习英语和英语系人们学习汉语的小火箭！展望未来、随着手写电脑的广泛应用和中英文速记机及其相应软件的出台，有着快速记录和翻译同步完成之特殊功效。

中英合璧的“中英文速记”，一音一符，易学好记，旬月之功，就能学会，从而多掌握一门技能，增强整体素质；在社会、经济腾飞的当代，在人们高效率、快节奏的工作、生活频率中提高竞争能力。

为适应人才国际化的需要，本校常年招收具有中等以上学历的在校、在职及社会各界人士。考试合格后，颁发中国国际人才开发中心监制的“中国国际专业人才资质证书”、天津市劳动局监制的天津冠宇速记职业培训学校的结业证书。无疑它将成为我校向社会各界、企、事业单位等重要部门推荐和各单位选拔多功能、复合型人才和重要依据。

喜读《中英文速记》有感

欣然命笔、吟诗一首

中英新字横空问世，
覆盖全球谱写华章；
简练科学书写流畅，
追稍纵即逝之语音；
写急驰奔放之思想！
承先之志取他所长，
接轨国际创办学堂；
表音文字先进异常，
宜军宜政亦工亦商；
科技攻关竞我所长，
教育科研相得益彰。
尤像神六遨游天际，
又似银河辐射八方；
快速捕捉第六灵感，
即逝语音迅及存档；
益于各语种之交流，
便于世界人民交往；
节时省力与时俱进，
桃李天下国运恒昌。

李树夫

知识改变命运、技能决定前程！

一朝掌握速记、终生受益无穷！

天津冠宇速记职业培训学校

电话：24211702　传真：24211701